2판

# 좌파 현대자본주의론의
# 비판적 재구성

—

박승호 지음

한울
아카데미

이 도서의 국립중앙도서관 출판예정도서목록(CIP)은 서지정보유통지원시스템 홈페이지(http://seoji.nl.go.kr)와
국가자료공동목록시스템(http://www.nl.go.kr/kolisnet)에서 이용하실 수 있습니다. (CIP제어번호: CIP2015006324)

이 책의 초판이 발간된 2004년 '책을 펴내며'에서 나는 잠정적인 결론으로 "자본주의가 신자유주의적 자본주의에 이르러 망조(亡兆)가 들었다"라고 썼다. 그 4년 후 2008년 세계금융공황을 필두로 21세기 세계대공황이 발발했다. 누군가 "100년 만의 홍수"라고 표현할 정도의 대공황이 2008년 시작된 것이다. 주택거품과 이를 밑받침한 금융거품을 통해 거품성장이 한창이던 2004년 당시 나의 이런 전망은 점쟁이처럼 예언한 것이 아니었다. 그러한 전망은 마르크스의 역사유물론적 방법에 입각해서 현대자본주의를 분석해서 얻은 결론으로서 합리적인 예측이었다.

초국적 자본/제국주의 세력의 노동에 대한 유연화·세계화 공세는 세계적 차원에서 노동계급의 빈곤화를 초래해 사회양극화를 극단적으로 심화시켰고, 이는 필연적으로 수요 부족을 가져와 저성장과 과잉생산 경향을 구조적으로 초래했다. 또한 이런 만성적인 저성장은 생산적 투자 기회를 축소시킴으로써 과잉자본을 금융적 투기로 내몰았다. 그래서 자본축적이 금융적 축적 주도로 이루어지고, 이는 금융적 투기로 인한 거품성장과 붕괴, 그에 따른 경제의 불안정화를 가져왔다.

돌이켜 보면, '지구적 자본주의'는 이미 1990년대 말에 과잉생산 공황 조짐을 보이기 시작했는데, 두 차례의 거품성장, 즉 IT거품과 주택거품 성장을 통해 10여 년 동안 그 폭발이 지연되었다가 결국 거품의 붕괴에 의해 2008년 세계금융공황이 폭발했던 것이다. 1997년 동아시아 경제위기, 1998년 러시아와 브라질의 경제위기 등 신흥국들의 경제위기는 '지구적 자본주의'의 과잉생산 위기가 지역적으로 표출된 것이었다. 이 위기는 관리될 수 있었다. 이 위기는 IT거품성장에 의해 폭발이 저지되었으나 2000년 IT거품이 붕괴함에 따라 다시 폭발위기에 몰렸다. 그런데 초국적 자본/제국주의 세력의 개입에 의해 다시 주택거품이 조성됨으로써 다시 폭발이 지연되었다. 또한 파생금융상품에 의해 주택거품은 장기간 거대하게 조성될 수 있었다. 그러나 거품은 필연적으로 붕괴될 수밖에 없다. 장기간 거대하게 조성될수록 그 붕괴 역시 거대하고 여파도 장기간 미치게 된다. 2008년 세계금융공황의 거대한 폭발과 그 이후 지속되고 있는 21세기 세계대공황이 이를 입증한다.

21세기 세계대공황은 1929년 대공황과 비견되는 대공황이다. 1929년 대공황이 독점자본주의와 구 제국주의 체제의 파산이었듯이, 21세기 세계대공황은 신자유주의적 자본주의, 즉 '지구적 자본주의'의 파산이다. 1929년 대공황은 결국 제2차세계대전이라는 참혹한 대규모의 인적·물적 파괴로 이어졌고, 그 과정에서 세계 노동자·민중의 투쟁에 의해 자본주의 체제는 케인스주의적 자본주의 형태로 변화되었다. 21세기 세계대공황은 어떻게 진행될 것인가? 이는 각국 및 세계적 차원의 계급투쟁, 제국주의와 신식민지·종속국 간의 투쟁, 그리고 미국·유럽·일본 제국주의와 중국·러시아 등 신흥 강대국들 간의 대립·투쟁 등에 의해 규정될 것이다.

이 책의 초판이 발간된 이후의 세계자본주의 변화는 마르크스주의 그리고 마르크스의 역사유물론적 방법론에 입각한 이 책의 분석이 타당함을 입증하고 있다. 또한 향후 21세기 세계대공황의 전개를 분석하는 데도 이 책은 여전히 유효하다고 생각한다.

2판에 즈음하여 초판이 발간된 지 10년이 지났으므로 당연히 21세기 세계대공황에 대한 분석을 추가할 필요성이 제기되었고 그 작업을 진행했다. 분석 내용을 부록으로 추가할 계획이었으나 분량이 너무 많아서 부득이 별도의 단행본으로 간행할 예정이다(가제『21세기 대공황의 시대』).

이번 2판에서 본문 수정은 몇 가지 부분적, 기술적 수정을 제외하고는 주로 상품 물신주의와 관련된 부분으로 한정해 이루어졌다. 나는 이 책을 집필할 당시 김수행 교수의 『자본론』 번역본(2001년 제2개역판. 비봉출판사)을 사용했다. 김수행 교수의 번역본은 『자본론』 독일어판의 영역본을 기본 텍스트로 한 것이었다. 그런데 책 출간 이후에 마르크스가 『자본론』 프랑스어 판에서 독일어판을 상당히 많이 수정한 것을 알게 되었다. 마르크스는 프랑스어 판에서 미묘한 부분의 오류를 바로잡고, 또한 표현을 훨씬 더 명료하게 수정했다. 이 책과 관련해서는, 특히 상품 물신주의에 관한 부분에서 마르크스의 중요한 수정을 발견하게 되었다. 그래서 상품 물신주의와 관련해 본문 69~73쪽에서 마르크스가 『자본론』 프랑스어판(Le Capital Livre premier, Paris: Éditions sociales, 1977)에서 수정한 내용을 반영해서 인용문을 고쳤고, 또 그 수정된 인용문과 관련해 본문의 서술을 수정했다. 이 수정은 마르크스가 상품 물신주의에 관한 독일어 제2판(마르크스 자신이 교열한 독일어판 최종본. 1873년 발간)에서의 오류를 자신이 교열한 프랑스어판(1872~1875년)에서 바로잡고 더욱 명료하게 서술한 것을 반영하기 위한 것이다.

이 책의 초판이 안고 있는 내용적 한계를 극복하고 더욱 발전시키는 것은 여전히 과제로 남아 있다. 앞으로 연구를 더욱 진행하여 그 한계를 넘어서는 이론적 발전을 위해 노력하겠다.

이 책을 강의 교재로 계속 사용할 수 있도록 상업성이 없는 2판을 발간할 수 있게 배려해준 도서출판 한울에 감사드린다.

2015년 1월 30일
박승호

　이 책은 필자의 박사학위논문을 약간 수정해 그대로 출판한 것이다. 필자는 박사학위논문을 연구자로서의 자기이해를 위한 과정으로 설정했기 때문에 애초에는 출판할 생각을 전혀 하지 않았다. 특히 전문적인 이론에 대한 비판과 재구성을 시도한 것으로서, 어려울 뿐 아니라 방대한 분량으로 인해 대중용 서적으로 적합하지 않기 때문이다. 그럼에도 출판하기로 한 것은 논문 지도교수인 김수행 선생님의 적극적인 권유 때문이었다. 또한 후배들이 필자가 박사학위논문을 통해 제기한 문제의식을 공유하기 위해서 출판이 필요하다고 권유한 것도 필자로 하여금 망설임을 넘어서게 만들었다.

　이 책은 마르크스의 사상과 이론을 현대적으로 복원시켜서 현대자본주의를 규명해보고자 하는 문제의식에서 씌었다. 그러나 필자의 짧은 연구 기간과 부족한 역량 때문에 현대자본주의에 대한 명료한 이론적 해명을 성취하지는 못하고 기존의 좌파 현대자본주의론에 대해 비판적으로 문제제기하는 수준에 그치고 있다. 이 책이 비판적인 문제제기 수준에서 구성된 것이기는 하지만 분량은 매우 방대하다. 그 이유는 마르크스 이후의 마르크스주의 또는 좌파이론에서 제기하는 거의 대부분의 문제에 대해 비판적인 검토를 시도했기 때문이다. 거칠지만 포괄적인 비판적 검토를 수행한 결과, 비록 하나의 대안적 이론을 정립하는 데까지 이르지는 못했지만 명확한 대안적 관점은 얻을 수 있었다. 구체적인 주제 하나하나에 대한 엄밀한 이론적 검토와 대안적 이론의 완결은 모두 차후의 과제로 남겨진 셈이다.

　필자가 마르크스를 재해석하고 마르크스 이후의 마르크스주의와 좌파이론들을 비판적으로 검토하고 재구성하는 준거는 한국의 현실과 필자의 노동운동 실천 경험이었다. 이론을 낳고 규정하는 것은 현실과 실천이기 때문이다. 특히 필자의 연구를 이끌었던 실천적 문제의식은 마르크스 이후 마르크스주의의 교조화에 따른 불모성과 경제주의에서 오는 협소함, 그리고 현대 좌파이론의 패배주의와 전망의 부재를 극복하는 것이었다. 그래서 필자는 마르크스의 초기 저작과 그의 역저인『자본론』에 이르는 연구과정을 밝혀주는『정치경제학 비판 요강』등에 근거해 마르크스의 인간해방사상과 역사유물론을 복원시키고자 노력했다.

특히 정통 좌파에 의해 부정되었던 마르크스 초기의 '인간주의'를 재평가하고자 했다. 마르크스 초기의 인간주의는 그의 주저인『자본론』전체를 관통하고 있는 '물신주의(fetishism) 비판'에 의해 계승·발전되고 있다. 마르크스의 사상은 무엇보다도 인간해방사상인 것이다. 마르크스의 계급해방이 인간해방으로서의 계급해방이라는 사실은 인간성을 전면적으로 파괴하고 있는 신자유주의적 자본주의 하에서 그 어느 때보다도 명료하게 부각되고 있다. 또한 20세기에 일어난 자본주의의 역사적 전형(轉形), 특히 고전적 제국주의 → 케인스주의적 자본주의 → 신자유주의적 자본주의로의 전형은 자본주의의 역사가 자연법칙이나 경제법칙에 의해서가 아니라 계급투쟁에 의해 구성되어왔음을 보여주었다.

그러나 마르크스는 해답이 아니라 출발점일 뿐이다. 마르크스 자신이 '마르크스주의'를 거부했듯이, 그리고 마르크스가 '온고지신(溫故知新)'과 '실사구시(實事求是)'의 연구자세로 현실에 비추어 겸허하게 자신의 이론을 끊임없이 수정하면서 발전시켰듯이, 마르크스의 사상과 이론은 현대의 우리에게 자본주의를 이해하고 극복하기 위한 출발점으로서 의미를 갖는다. 마르크스 이후의 계급투쟁의 역사적 발전과 그에 따른 자본주의의 역사적 전개는 우리에게 마르크스를 넘어설 것을 요구하고 있다.

마르크스를 넘어선다는 것은 마르크스의 사상과 이론을 낡은 것으로 폐기하는 것이 아니라 마르크스 이후의 역사에 입각해 마르크스의 사상과 이론을 발전시키고 혁신하는 것이다. 특히 마르크스는 자신의 이론체계를 완성하지 못했기 때문에 많은 이론적 공백을 남겨놓았다. 무엇보다도 노동자계급이 스스로 인간해방으로 나아가는 과정에 관한 이론화를 발전시키지 못했다. 이 점에서 성공과 실패로 점철된 20세기의 풍부한 계급투쟁의 역사는 노동자계급의 자기해방으로서의 인간해방투쟁 이론의 발전을 주요한 과제로 제기하고 있다.

이처럼 역사적으로 요구되는 이론적 과제에 비추어보면 이 책은 출발점의 확인과 연구과제의 제기 이상은 아닐 것이다. 요컨대 이론적 해결보다는 수많은 연구과제를 제기한 셈이다. 다만 기존 좌파이론과 같이 경직되고 물신화된 방식으로 제기한 것이 아니라 마르크스의 역사유물론적 방법론에 입각해 주체적이고 개방적인 방식으로 제기하고 있다.

한정된 범위에서 수행된 이 연구를 통해 필자가 얻은 잠정적인 결론은 자본주의가 신자유주의적 자본주의에 이르러 망조(亡兆)가 들었다는 것이다. 신자유주의적 자본주의는 한편으로 정보기술혁명에 의해 달성된 생산력의 고도화가 일어났음에도 자본주의 경제체제의 모순과 불합리성·무능력을 심화시키고 있고, 다른 한편으로 자본주의 국가체제의 비인간성과 폭력성을 갈수록 강화시키고 있다. 반면에 생산력의 고도화와 더불어 세계 노동자·민중의 인간적 욕구도 그만큼 발전해서 인간해방을 더욱 지향해나가고 있다. 21세기로 접어들면서 세계적 차원에서 반(反)신자유주의·반(反)세계화 대중투쟁이 급속히 확산되고 있는 양상은 이를 웅변하고 있다.

요컨대 생산력이 고도화될수록, 따라서 노동자·민중의 인간적 욕구가 발전할수록 자본주의적 생산관계의 불합리성과 무능력, 비인간성 문제가 전면화되고 문제시되어가고 있다. 물론 신자유주의적 자본주의가 스스로 무너지지는 않을 것이다. 그러나 자본주의 체제의 모순이 격화될수록 세계 노동자·민중은 인간해방을 더욱 지향해나갈 것이고, 고양된 인간해방투쟁은 자본주의를 극복한 인간다운 사회의 건설을 향해 역사를 밀고 나갈 것이다.

이 책이 어려운 것은 필자의 연구과정의 기록이기 때문이다. 기존 이론에 대한 비판적 검토를 통해 새로운 관점을 정립해나가는 과정이 그대로 서술되어 있다. 특히 제2장과 제3장은 마르크스의 역사유물론적 방법론을 복원시키고, 마르크스의 정치경제학 비판체계의 이론적 확장을 시도한 것으로서 엄밀한 이론적 검토로 구성되어 있기 때문에 더욱 어렵다. 이에 비해 제4장은 제2장과 제3장에서 재구성한 이론적 틀을 가지고 제2차세계대전 이후 세계자본주의의 역사적 전개를 이론적으로 재구성한 것이기 때문에 상대적으로 구체적이고 실증적이어서 이해하기 쉽다. 이론적 검토에 관심이 없는 독자는 제4장부터 거꾸로 읽거나, 아니면 제4장만을 읽어도 무방하다. 각 장이 어느 정도 완결성과 독립성을 유지하고 있기 때문이다.

필자가 불혹을 넘어선 나이에 뒤늦게 본격적인 연구활동을 시작해 박사학위 논문을 쓸 수 있었던 것은 수많은 분들의 도움 덕분이었다. 무엇보다도 박사과정에 입학하고 논문을 쓰는 것 자체를 가능하게 해주셨고 전폭적인 지원과 지도를 해주신 김수행 지도교수님께 진심으로 감사드린다. 또 심사를 맡아 수고해주시고 격려해주신 서울대학교 양동휴·이근 교수님, 한신대학교 김성구 교수님, 경상대학교 정성진 교수님께도 감사드린다. 논문을 쓰는 과정에서 여러 도움을 제공해준 서울대학교 대학원 경제학부의 수많은 후배들에게 감사드리며, 특히 정성껏 교정·교열을 해준 서울대학교 경제연구소 조교 장시복에게 감사드린다. 이 밖에도 필자의 연구과정에서 정신적·물질적으로 격려와 도움을 주신 모든 분들과 필자의 연구를 격려해주신 노동운동 동지들께 진심으로 감사드린다.

부족한 학위논문을, 더구나 어렵고 두꺼운 분량이라 상업성이 거의 없는데도 책으로 출판할 기회를 주신 도서출판 한울의 김종수 사장님과 한울의 소장학자 기획출판에 필자를 추천해주신 성공회대학교 조희연 교수님께 감사드린다. 또 책으로 만드는 데 수고해주신 도서출판 한울의 관계자 여러분께 감사드린다.

마지막으로 2년여의 논문 집필 동안 필자를 성원해준 가족에게도 감사의 마음을 전하고 싶다. 자식으로서의 도리를 제대로 못하고 있는 아들을 항상 너그럽게 지켜봐 주신 부모님께 감사하는 마음을 올리고 싶다. 또 결혼한 이래 필자 대신 가장의 무거운 짐을 혼자서 지고 살아온 아내와, 아빠 노릇을 제대로 못했지만 건강하고 사랑스럽게 자란 민혜와 민철에게도 고마움과 사랑을 전하고 싶다.

신자유주의적 자본주의는 세계화를 통해서, 그리고 이라크 전쟁과 같은 제국주의 침략전쟁을 통해서 인간성과 사회, 그리고 자연을 파괴하고 있으며, 세계 노동자·민중의 삶을 황폐화시키고 있다. 신자유주의적 자본주의의 이러한 엄혹한 현실은 우리 모두에게 각자의 위치에서 인간해방투쟁에 나설 것을 촉구한다. 이 부족한 책이 이 땅의 인간해방을 위해 애쓰고 있는 모든 분들에게 조금이라도 도움이 되었으면 하는 바람이다. 이 책을 이 땅에 태어나 인간해방을 위해 싸우다 먼저 가신 모든 열사들께 바친다.

2004년 7월
박승호

# 차례

# 제1장
# 문제제기

21세기는 공황과 전쟁으로 시작되었다. 10여 년의 '장기호황'으로 세계경제를 이끌어오던 미국의 '신경제(New Economy)'는 2000년 거품주가가 붕괴되어 폭락하면서 '거품성장'이었음이 드러났고 경기침체로 전환되었다. 다른 한편 미국과 유럽 제국주의는 2001년 9·11 뉴욕테러를 빌미로 아프가니스탄에 침략전쟁을 벌였다. 그리고 미국과 영국은 이라크를 '악의 축(Axis of Evil)'으로 규정하고 2003년 침략전쟁을 감행해 점령한 이후에도 전쟁은 계속되고 있다.

그러나 공황과 전쟁은 이미 20세기 말부터 시작된 것이다. 1997년 동아시아 경제위기는 1998년 러시아 금융위기, 브라질 금융위기로 확산되면서 제3세계 전반의 경제불황으로 발전했고, 그 여파로 미국의 대표적인 헤지펀드인 롱텀캐피탈매니지먼트(LTCM)가 파산위기에 몰리면서 1998년 9월 세계대공황이 우려될 정도로 세계금융위기가 고조되었다. 2001년 아르헨티나의 외채위기 폭발과 민중봉기적인 계급투쟁에서 극명하게 드러났듯이, 신흥시장 나라들은 대부분 세계적 불황 속에서 잠재적 외채위기에 놓여 있다. 전쟁 역시 1990년대에 일상화되었다. 1989~1991년 동유럽과 소련의 현실사회주의가 붕괴한 이후 1991년 제1차 걸프전쟁, 1995년 보스니아 전쟁, 1999년 코소보 전쟁 등의 주요한 전쟁 외에도 아프리카 등에서 국지적 분쟁과 전쟁이 주로 미국 제국주의의 주도로 끊이지 않았다.

이러한 공황과 전쟁의 배후에는 한편으로 1970년대 이후 추진되기 시작했고, 1989~1991년 현실사회주의의 붕괴 이후 더욱 가속화된 '세계화(globalization)'와 그에 따른 '지구적 자본주의(global capitalism)'의 발전이 놓여 있다. 다른 한편으로, 이에 맞선 전 세계 노동자·민중의 반(反)신자유주의·반(反)세계화 투쟁의 급속한 확산이 놓여 있다. 동유럽 및 소련 사회주의의 붕괴 이후 만연되었던 노동자·민중운동의 패배주의·비관주의를 떨치고 계급투쟁이 재개되었다. 1994년 멕시코 싸빠띠스따 원주민 봉기, 1995년 프랑스 공공부문 노동자들의 사유화 반대 총파업, 1996년 한국 노동자들의 정리해고 반대 총파업, 1999년 시애틀 반세계화 시위 등을 계기로 전 세계 노동자·민중은 반신자유주의·반세계화 투쟁에 적극 나서고 있다. 2003년 2월 15일 미국의 이라크 전쟁에 반대해 1,200만 명의 전 세계 노동자·민중이 세계 1,000여 지역에서 사상 최대의 반전시위에 나선 것은 현 시기 대중투쟁이 얼마나 급속히, 그리고 광범위하게 확산되고 있는지를 웅변하고 있다.

세기 전환기의 세계의 이러한 역동적인 변화·발전을 파악하기 위해 현대자본주의, 즉 '지구적 자본주의'를 이론적으로 해명하는 것이 이 책의 목적이다. 좌파이론에서는 일반적으로 현대자본주의의 특징을 '신자유주의' 또는 '세계화' – 또는 이 두 가지를 하나로 합쳐서 '신자유주의적 세계화' – 로 특징짓고 있다. 신자유주의적 질서는 자본의 무제한적 이윤추구의 자유를 보장하기 위한 것이고, 구체적으로 유연화·탈규제·자유화·사유화 등의 내용을 가진 구조조정을 가리킨다. 이는 선진국, 제3세계 가릴 것 없이 세계적인 경제질서로 자리 잡아가고 있다. 동시에 세계화는 '자본의 세계화'로서 신자유주의적 질서를 강제하는 힘으로 파악되고 있다. 그래서 '세계화라는 유령'(Bonefeld, 2000a)이 온 지구를 배회하고 있는 것으로 묘사된다. 대부분의 경우 세계화는 현대세계의 모든 것에 스며든 힘으로 인식되고, 국민국가들로 하여금 지구적 압력에 따르도록 강제하는 힘으로 이론화된다. 요컨대 노동자계급과 국민국가는 자본의 세계화된 권력에 맞서기에는 무기력한 것으로 간주된다.

현대자본주의의 이러한 특징을 이론적으로 해명하고 개념적으로 설명하기 위해 좌파이론 내에서 다양한 현대자본주의론이 제시되고 있다. 정통 좌파의 전통을 계승한 '신자유주의적 국가독점자본주의'론, 1970년대부터 등장한 조절학파의 '포스트포드주의'론과 최근의 '금융주도 축적체제'론, 미국의 급진적 경제학자들의 '사회적 축적구조'론, 그리고 트로츠키주의의 전통을 계승한 브레너(R. Brenner)의 '국제적 경쟁'론, 1970년대 이래 기존 정통 좌파의 경제주의적 편향을 비판하면서 독자적인 이론을 발전시켜온 이탈리아의 '자율주의(Autonomia)' 그룹의 '제국 (Empire)' 이론 등이 현대자본주의에 대한 체계적 이론으로 제시되고 있다. 또한 1970년대 국가논쟁 이래 경제주의와 구조주의를 비판하면서 형성되었고, 1990년 대부터 '개방적' 마르크스주의(Open Marxism)를 표방하는 이론적 흐름도 체계적 인 이론을 제시하지는 않지만 현대자본주의에 대한 주목할 만한 분석을 제출하고 있다.

이에 필자는 1970년대 이후의 현대자본주의를 해명하기 위한 이러한 좌파이론 들을 비판적으로 검토하는 한편, 마르크스의 '정치경제학 비판'의 관점을 발전시 킴으로써 좌파 현대자본주의론을 비판적으로 재구성하고자 한다. 이러한 좌파 현 대자본주의론의 비판적 재구성 작업은 '지구적 자본주의' 자체를 해명하기 위한 것임과 동시에, 1997년 IMF 사태를 통해 '지구적 자본주의'에 깊숙이 통합되어 질 적인 변화를 겪고 있는 한국자본주의를 이해하기 위한 선행작업의 성격도 가지고 있다. 실제로 우리나라의 진보이론 내에서도 신자유주의적 국가독점자본주의이 론, 조절이론, 사회적 축적구조론, 제국이론 등을 수용해 세계경제와 한국경제를 분석하려는 시도가 다양하게 이루어지고 있다.[1] 비판적 검토의 주요 대상이론으 로 조절이론, 브레너의 '국제적 경쟁'론, 그리고 네그리의 자율주의이론이 제시한 '제국' 이론 등 세 이론을 선택하고자 한다.[2]

첫째는 현재 좌파이론 내에서 가장 강력한 영향력을 발휘하고 있는 조절이론이 다. 프랑스의 조절학파를 중심으로 한 조절이론은 1970년대 이후의 현대자본주의

---

1) 신자유주의적 국가독점자본주의이론에 입각한 분석으로는 김성구(1999), 조절이론에 입각한 분석 으로는 이병천(1999; 2001), 전창환(1999b) 등을 중심으로 한 '제도경제연구회'가 가장 정력적으로 활동하고 있고, 서익진(1999; 2002), 강남훈(2002)도 최근 본격적 분석을 시도하고 있다. 사회적 축 적구조론에 입각해서는 정성진(1997)이 있고, 제국이론에 입각한 분석으로는 조정환(2002) 등이 있다.

2) 정통 좌파를 계승한 '신자유주의적 국가독점자본주의' 이론을 본격적으로 검토하지 않는 이유는 그 방대한 이론체계를 본격적으로 검토하려면 상당한 이론작업이 요구되기 때문이다. 또한 국가독점 자본주의이론에 대한 본격적 검토는 현실사회주의의 붕괴와 스탈린주의에 대한 본격적 검토와 맞 물려 있다. 필자의 문제의식은 국가독점자본주의론에 비판적 입장이나, 이에 대한 이론적 비판은 현실사회주의에 대한 분석과 함께 본 논문과는 별도의 이론적 작업으로 남길 수밖에 없다. 다만 여 러 주제와 관련해서 필요할 경우 부분적으로만 검토될 것이다.

에 대해 '포스트포드주의', '금융주도 축적체제' 등을 제시하고 있다. 그 내부에 다양한 흐름이 있지만 기본 방법론에서 구조주의적 접근법을 채택하고 있다는 점에서 공통적이다. 또한 미국의 급진적 경제학자들에 의해 발전된 '사회적 축적구조'론 역시 조절이론과 매우 유사하며, 구조주의적 방법론을 채택하고 있다는 점에서 '미국판 조절이론'으로 평가받고 있다. 이 이론 역시 조절이론의 맥락에서 검토될 것이다.

둘째는 브레너의 '국제적 경쟁'론이다. 이는 '마르크스 이론의 창조적 파괴'라는 격찬을 받으면서 등장해 '브레너 논쟁'을 불러일으킬 정도로 최근 주목받고 있다. 조절이론에 대한 전면적인 비판을 근거로 제시된 브레너의 '국제적 경쟁'론은 자본/노동의 계급관계보다 자본 내부의 경쟁을 현대자본주의의 주된 추동력으로 보는 독특한 방법론에 기초해 1970년대 이후의 '장기침체'와 최근의 세계금융위기 및 축적위기를 해명하고 있다.

셋째는 '자율주의' 그룹의 '제국' 이론이다. 자율주의 그룹은 1970년대 이탈리아의 '아우토노미아(자율주의) 운동'을 통해 이론적으로 발전해왔다. 자율주의 그룹역시 내부에 다양한 입장이 있으나, 자본의 논리로 자본주의 발전을 파악함으로써 경제주의로 귀결된 정통 좌파를 근본적으로 비판하고, '관점의 역전'을 통해 계급투쟁을 자본주의 발전의 추동력으로 복원시킨다는 입장에서 공통적이다. 구조주의적 접근방법에 대한 정반대의 입장에 있으면서도 자본주의 발전단계 구분과 사회체계를 패러다임적 틀로 인식한다는 점에서는 구조주의적 접근방법과 친화성이 있다. 자율주의 그룹을 주도하고 있는 네그리의 '제국' 이론이 주된 검토 대상이다.

이상의 세 이론 가운데, 조절이론과 자율주의이론은 기존 마르크스주의 전통의 경제주의적 편향과 결정론적 경향을 비판하면서 이를 극복하기 위한 시도로서 제기되고 있다는 점에서 기본적으로 공통적이다. 그리고 자본주의 발전과정에서 계급관계와 계급투쟁의 역할을 중요시하고 복원시키려고 시도한다는 점에서도 공통적이다. 이와는 정반대로 조절이론의 극복을 시도하는 브레너의 '국제적 경쟁'론은 좌파이론으로서는 예외적으로 계급투쟁의 역할을 부인하는 방법론에 입각하고 있다.

무릇 어떤 이론작업도 현실로부터 자유로울 수 없다. 이론이 현실에 그 뿌리를 두고 있고 어떤 방식으로든 현실을 반영한다는 의미에서 그러할 뿐 아니라, 이론은 의식적이든 무의식적이든 현실적 함의, 즉 실천적 함의를 반드시 가지게 된다는 점에서도 그러하다. 더구나 진보이론을 표방하며 현실에의 적극적 개입을 추구하는 좌파이론에서는 특히 그 이론이나 분석 결과의 실천적 함의가 매우 중요하다. 그리고 이론의 그러한 실천적 함의는 분석 결과뿐만 아니라 분석방법과도 매우 유기적인 내적 연관을 가지고 있다.

실제로 경제주의적 편향으로 귀결된 정통 좌파적 접근방법과 조절이론의 구조주의적 접근방법은 필연적으로 세계화된 자본, 즉 초국적 자본의 압도적 힘에 대해 무기력할 수밖에 없고, 그 결과 실천적 함의에서 매우 패배주의적이고 비관적인 전망을 가져온다. 이 책에서 본격적으로 검토하는 조절이론의 경우 실천적 대안으로서 '국제적 케인스주의'를 명시적으로 제시하고 있고, 브레너의 경우 암묵적으로 제시하고 있다. 네그리의 '제국' 이론에서는 '지구적 시민권, 사회적 임금권, 정보에 대한 재전유권'을 실천적 대안으로 제시한다. 앞의 두 이론은 패배주의적일 뿐 아니라 체제변혁적 전망을 아예 배제하고 있다. 네그리의 경우 비현실적이다.

좌파이론의 이러한 무기력한 현실인식을 극복하기 위해서는 구조주의와 경제주의에 대한 발본(拔本)적인 비판이 필요하다. 특히 구조주의적 방법론은 현실 분석에서 왜곡과 편향은 물론이고, 실천적 함의에서 개량주의적 일탈이나 경제주의·정치주의 등 온갖 편향을 가져오는 이론적 토대가 되고 있다. 이러한 구조주의적 방법론을 발본적으로 극복하기 위해서는 각 이론의 방법론에 대한 비판적 검토에서 출발해 마르크스의 '정치경제학 비판'과 역사유물론적 방법론에 대한 재해석에 입각해서 현대자본주의 분석을 재구성할 필요가 있다. 특히 필자는 기존 마르크스주의 전통에서 크게 주목받지 못한 마르크스의 물신주의(fetishism) 비판에 주목하고자 한다. 마르크스의 '정치경제학 비판'은 자본주의 사회의 물신주의에 대한 철저한 비판에 입각하고 있다는 점에서 고전파 정치경제학과 근본적으로 구별된다고 보고, 물신주의 비판을 자본주의 분석 방법론의 기초로 삼고자 한다.

필자의 이러한 입장은 경제주의와 구조주의에 대해 발본적인 비판을 수행하면서 대안적 방법론과 이론을 구성해가고 있는 '개방적' 마르크스주의의 관점을 기본적으로 수용하면서 그에 입각해 현대자본주의론을 재구성하는 것을 의미한다. '개방적' 마르크스주의는 조절이론으로 대표되고 있는 구조주의적 접근방법에 대한 비판을 통해 현실 분석에서 이른바 '구조와 투쟁(또는 주체)의 이원론'을 극복하고 구조를 적대적 계급관계의 존재양식 또는 사회적 형태로 간주하며, 따라서 계급투쟁의 결과이자 전제로 이해하는 독특한 접근방법을 발전시키고 있다.

그러나 '개방적' 마르크스주의는 아직 현대자본주의에 대한 체계적 이론구성에까지는 이르지 못하고 있을 뿐만 아니라 몇 가지 한계와 오류를 명확하게 드러내고 있다. 주요한 한계는 '개방적' 마르크스주의의 비판적 방법론에서 중요한 기초를 이루고 있는 '사회적 형태' 개념의 추상성이다. '개방적' 마르크스주의의 현실분석에서 자주 드러나는 추상성과 일면성은 대부분 '사회적 형태' 개념의 추상성에서 비롯되고, '계급관계 환원주의'로 비판되고 있다. 이에 대해 필자는 '자본주의적 계급관계의 가치형태'로서의 '사회적 형태' 개념을 제시함으로써 개방적 마르크스주의의 사회적 형태 개념의 추상성을 넘어서고자 한다. 이 점은 새로운 이론적 기여가 될 것이다. 개방적 마르크스주의의 주요한 오류는 자본주의 역사와 현실에서 제국주의를 부정하고, 따라서 제국주의에 대한 이론화를 결여하고 있다는 점이다. 이는 자본주의적 국가형태의 역사적 전형을 분석할 경우나 자본과 국민국가의 관계를 이론화하는 데서 이론적 오류로 나타난다.

'개방적' 마르크스주의의 이러한 한계와 오류를 극복하기 위해서 필자는 한편으로 마르크스의 역사유물론적 방법에 더욱 충실하게 기초해서, 즉 형태 분석과 '사회적 구성'의 관점에 철저하게 입각해서 마르크스의 '정치경제학 비판'을 확장해 국가와 세계시장에 대한 이론화를 시도하고자 한다. 이러한 이론화 가운데 몇 가지 점은 독자적인 이론적 기여가 될 것이다. 그리고 1970년대 이후의 현대자본주의의 역사적 전형을 구체적으로 분석함으로써 이 책에서 발전시킨 마르크스의 역사유물론적 방법론을 풍부하게 하는 한편, 현대자본주의에 대한 독자적인 해석을 시도하고자 한다.

이 책의 내용은 세 부분으로 구성되어 있다. 현대자본주의론의 방법론 비판, 마르크스의 '정치경제학 비판'의 확장, 1970년대 이후 세계자본주의의 역사적 전형(轉形)에 대한 이론적 재구성이 그것이다.

첫째, 제2장에서는 현대자본주의론의 방법론에 대한 비판을 수행하고, 대안적 방법론으로 마르크스의 역사유물론적 방법을 발전시킨다. 이 책에서 본격적으로 검토하는 현대자본주의에 대한 세 이론은 모두 자신의 독특한 방법론에 입각하고 있다. 그리고 자본주의의 변화·발전에 대한 구체적 분석내용의 차이가 상당 부분은 방법론에서 비롯되고 있다. 따라서 각 이론의 현대자본주의 분석을 구체적으로 검토하기 전에 각 이론의 방법론에 대한 비판적 검토가 선행될 필요가 있다.

각 이론의 방법론상의 문제를 비판한 이후에, 특히 구조주의적 접근방법을 발본적으로 극복하기 위한 대안적 방법론을 모색한다. 구조와 투쟁의 관계에 대한 '비판적 접근방법'의 정립을 위해 마르크스 자신의 역사유물론에 입각한 방법론, 특히 물신주의 비판에 입각해 형태 분석과 '사회적 구성'의 관점을 '개방적' 마르크스주의의 이론적 성과를 토대로 더욱 발전시킨다. 여기에서는 사회관계와 사회적 형태 문제, 물신주의 비판과 추상수준 문제, 실체적 추상(substantive abstraction)에 입각한 자본주의적 사회관계의 구성과 시초축적문제, 그리고 이러한 방법론의 정립에 입각해서 자본-임노동관계를 내적인 모순관계로 해명함으로써 마르크스의 노동가치론에 대한 역사유물론적 해석에 도달한다.

둘째, 제3장에서는 마르크스의 '정치경제학 비판'을 확장시켜 국가와 세계시장에 대한 이론화를 수행한다. 제2장에서 정립한 마르크스의 역사유물론적 방법론에 입각해서 마르크스의 '정치경제학 비판' 체계를 확장해 자본주의 국가형태와 세계시장에 대한 이론화를 시도한다.

국가형태 분석은 '국가도출논쟁'의 이론적 성과를 흡수하는 한편, 마르크스의 '경제적 형태/정치적 형태'에 대한 분석을 독자적으로 새롭게 해석해서, 자본주의적 국가형태에 대한 추상적 규정으로서 '형태적 분리'와 '내용적 통일'을 이론화한다. 이러한 분석은 '개방적' 마르크스주의의 국가론의 한계를 넘어서는 새로운 이론화가 될 것이다. 다음으로 자본주의 국가에 대한 추상적 규정을 토대로 국민국가형태 및 국제적 국가체계에 대한 이론화로 나아간다. 여기에서는 마르크스의 역사유물론의 특징인 '사회적 구성'의 관점에서 국가 간 지배/예속관계인 제국주의 문제를 새롭게 이론화한다. 이것은 '개방적' 마르크스주의가 제국주의 현실을 부정한 이론적 오류를 바로잡는 작업이 될 것이다.

세계시장 분석은 마르크스의 세계시장 개념에 대한 분석을 토대로 세계시장·

국민국가·국민경제 사이의 관계를 이론화한다. 세계적 범위에서의 '자본주의적 생산의 총체'인 세계시장을 자본주의적 계급관계의 '경제적 형태'의 총체로 해석한다. 이에 비해 자본주의적 계급관계의 '정치적 형태'로서의 계급관계의 총괄은 국민국가에서 이루어짐을 밝힌다. 그리고 이러한 계급관계의 '경제적 형태'와 '정치적 형태' 간의 범위의 차이가 '국민경제' 개념을 낳게 되는 것을 해명한다. 이러한 논의를 토대로 국제적 국가체계를 매개로 해서 세계시장·국민국가·국민경제 사이의 연관과 상호 규정관계를 이론화한다. 이러한 이론화는 마르크스의 토대/상부구조, 경제적 형태/정치적 형태 구분 등 형태 분석과 사회적 구성 관점이라는 역사유물론의 강력한 분석력을 확인해줄 것이다.

국가형태와 세계시장에 대한 이론화를 토대로 '세계화 논쟁'에서의 '국민국가의 무력화/소멸'론이나 '국민국가 재구조화'론 등의 세계화론자들과 이를 비판하는 세계화 회의론자들의 주장이 입장의 대립에도 공통적으로 '세계화 물신주의', 즉 세계시장에 대한 물신주의적 개념에 입각하고 있음을 비판한다.

이상과 같은 국가와 세계시장에 대한 제3장의 논의는 한편으로 제2장에서의 역사유물론적 방법론의 정립에 기초해서 이루어질 것이고, 다른 한편으로 제4장에서의 현대자본주의의 역사적 전형을 분석하는 이론적 틀이 될 것이다.

셋째, 제4장에서는 제2·3장에서의 이론화에 근거해 1970년대 이후의 현대자본주의의 역사적 전형을 분석한다. 이 역사적 전형의 원인·과정·결과를 조절이론, 브레너의 국제적 경쟁론, 자율주의의 제국이론 등을 중심으로 비판적으로 검토하는 한편, 계급 역관계 분석에 입각해서 자본축적 형태와 국가형태로 구별해 이론적으로 재구성한다.

먼저 계급 역관계 개념을 마르크스의 역사유물론의 분석적 개념으로 발전시킨다. 이 작업은 네그리의 자율주의이론이 제시한 '투쟁주기' 개념을 비판한 '개방적' 마르크스주의의 논의를 수용하고, 다른 한편으로 '개방적' 마르크스주의의 '자본의 노동에 대한 의존' 개념의 추상성과 일면성을 비판하면서 '계급 역관계'를 분석적 개념으로 정립한다.

다음으로 제2차세계대전 이후 30년간의 장기호황 시기인 '케인스주의적 자본주의'를 분석한다. 이 시기의 계급 역관계는 1917년 러시아 혁명 이래 노동자계급의 공세와 혁명적 계급투쟁에 의해 구성된 것으로, 냉전체제에 의해 상징되듯이 자본과 노동자계급 간에 모순적인 세력균형을 형성했다. 이러한 계급 역관계와 계급투쟁에 의해 '경영자 자본주의'로 특징지어지는 케인스주의적 자본축적 형태와 다른 한편으로 '통합주의' 전략과 복지국가로 특징지어지는 케인스주의적 국가형태가 상호 규정을 통해서 역사적으로 구성되는 과정을 분석한다. 그리고 1960년대 후반부터의 노동자계급의 투쟁이 격화되면서 케인스주의의 위기가 이윤율의 저하, 복지국가의 위기로 표출되는 과정과 이에 따른 1970년대의 격렬한 계급투쟁을 분석한다. 이 계급투쟁에서 자본의 유연화·세계화 공세라는 '위로부터의 계급투쟁'에 의해 노동자계급이 패배하면서 자본의 일방적 우위의 계급 역관계가 구성되어 '신자유주의적 자본주의'로 전형된다.

마지막으로 자본의 유연화·세계화 공세에 의해 구성된 계급 역관계가 신자유주의적 자본축적 형태와 국가형태를 상호 규정 속에서 역사적으로 구성하는 과정을 분석한다. 자본의 유연화·세계화 공세 및 복지국가 해체공세와 다른 한편으로 노동자계급의 저항을 봉쇄하는 데서의 한계에 따른 자본의 '금융적 축적' 전략이 '주주 자본주의'로 특징지어지는 신자유주의적 자본축적 형태를 구성한다. 이러한 신자유주의적 자본축적 형태가 잉여가치를 전유하는 주된 형태가 독점적·금융적 지대 형태로 이루어지고 있음도 해명한다. 신자유주의적 국가형태는 노동규율과 시장규율을 확립하기 위한 자본의 복지국가 해체공세의 일환인 '탈정치화' 전략에 의해 구성되는 한편, 생산된 잉여가치의 지대적 수탈을 보장하기 위해 '경제외적 강제'를 노골적으로 사용할 수밖에 없는 '수탈국가'적 특징을 갖게 되는 과정을 분석한다.

# 제2장
# 현대자본주의론의 방법론 비판

1970년대의 국가 논쟁, 1980년대의 포드주의 논쟁, 1990년대의 세계화 논쟁, 브레너 논쟁 등 좌파 내의 주요 논쟁에서 일관되게 제기되고 논쟁점으로 부각되는 것이 구조주의 방법론이다.

마르크스주의 전통에서는 토대와 상부구조의 관계, 경제적인 것과 정치적인 것 사이의 관계(혹은 경제와 국가의 관계)가 이론적으로 끊임없이 방법론적 쟁점이 되어왔다. 정통 좌파적 입장은 상부구조는 토대를 반영한다는 반영론적 관점, 혹은 상부구조를 토대로 환원하는 환원론적 관점이다. 이러한 반영론적 관점을 경제결정론 또는 경제환원론으로 비판하면서 등장한 것이 구조주의적 관점이다. 알튀세의 구조주의적 마르크스주의는 '상대적 자율성(relative autonomy)' 개념을 도입해 경제·정치·이데올로기 영역 간의 상대적 자율성과 구조적 접합, 그리고 최종심급에서의 경제의 결정이라는 위계적 구조화와 중층결정 등을 개념화함으로써 기계적 경제결정론을 극복하고자 한다. 그러나 이는 '주체 없는 구조'라는 구조주의로 귀결되지만, 마르크스주의 방법론으로 지배적 영향력을 획득한다.

한편, 1970년대 이후 자본축적의 위기가 전개되면서 장기호황과 구조적 불황이라는 새로운 현실에 직면해 이를 해명하려는 다양한 현대자본주의론이 대두된다. 그 가운데 주요한 흐름이 구조주의적 마르크스주의를 경제주의 및 결정론으로 비판하면서 자본주의의 변화·발전 분석에 계급투쟁 요인을 도입해 설명하려는 다양한 형태의 조절이론이다. 조절이론은 제도를 새롭게 강조하면서, 계급투쟁이 제도를 매개로 해서 자본축적의 동학을 규정한다는 새로운 방법론을 제시한다.

필자는 조절이론적 접근방법을 또 다른 구조주의적 접근방법으로 파악하고 이를 비판적으로 검토하기 위해 마르크스주의의 기존의 방법론적 쟁점을 자본축적과 계급투쟁의 관계에 대한 이론화 문제로 설정하고자 한다. 그 이유는 다양한 조절이론적 접근방법이 기존의 방법론적 쟁점에 대한 독자적 해법으로 '축적체제와 조절양식' 혹은 '자본축적 과정과 사회적 축적구조' 등 새로운 개념을 제시하고 있는데, 그 핵심이 자본축적과 계급투쟁의 관계 설정문제이기 때문이다. 축적체제, 자본축적 과정 개념은 자본축적, 경제적 재생산 등을 가리키고, 조절양식, 사회적 축적구조 개념은 대체로 계급관계를 핵심적으로 표현하는 제도들의 집합을 가리키고 있다.

조절이론의 문제제기의 긍정적 측면은 계급투쟁 문제를 전면적으로 제기하는 방식으로 좌파이론의 방법론 논쟁의 문제틀을 바꾼 점이다. 즉, 동일한 내용에 대해 문제 자체를 기존 이론과 다르게 제기한 것이다. 마르크스주의 전통의 해묵은 토대/상부구조 이분법과 그에 따른 토대환원론, 그리고 필연적인 경제주의적 편향(즉, 경제결정론)은 역동적으로 변화·발전하는 구체적 현실을 제대로 설명할 수 없었다. 이러한 경제주의적 편향에 대한 반발은 주의주의적 편향[1]으로 나타났고, 두 관점은 대립하게 된다.

토대/상부구조라는 문제틀이 낳은 경제주의/주의주의를 양 편향으로 비판하면서, 이를 극복하기 위해 등장한 것이 알튀세의 구조주의적 마르크스주의이다. 구조주의적 마르크스주의는 토대/상부구조 문제틀을 변형시켜 경제·정치·이데올로기 영역의 구분에 기초하고 각 영역이 '상대적 자율성'을 가지고 있으며, 구조적으로 접합되어 있되 경제영역이 최종심급에서 규정적 지위를 차지하는 위계적 구조화로 파악하는 구조주의적 문제틀을 제시한다. 그러나 구조주의적 마르크스주의의 새로운 문제틀은 내용적으로 새롭지 않다. 토대/상부구조의 문제틀이 경제·정치·이데올로기라는 구분에서 토대가 경제로, 상부구조가 정치·이데올로기로 세분화된 것 말고는 똑같이 반복될 뿐이다. 또 환원론(또는 결정론)적 관점도 '최종심급에서의 결정'으로 표현만 바뀌었지 내용적으로는 토대(또는 경제)의 규정성을 똑

---

1) 알튀세는 이를 '인간주의'적 편향으로 비판하는데, 자유의지를 가진 인간주체의 활동으로 사회구조의 발생과 동학을 설명하는 조류를 말한다(Jessop, 1990: 294).

같이 반복한다. 정치·이데올로기 영역이 표현하는 계급투쟁은 경제, 즉 자본축적에 종속되는 것이다. 정치구조 및 이데올로기 구조에서 아무리 계급투쟁이 강조되고 계급투쟁에 의해 정치·이데올로기가 결정된다고 하더라도 그렇게 해서 형성된 구조는 최종적으로는 경제구조에 의해 규정되기 때문이다. 따라서 구조주의적 마르크스주의가 새롭게 제기한 핵심적 개념은 '상대적 자율성'이다. 그러나 각 영역의 '상대적 자율성'이라는 개념은 필연적으로 각 영역이 상대적으로 자립적인 하나의 구조를 형성한다는 관념을 낳고, 따라서 각 영역이 모인 총체(또는 체계)는 필연적으로 '구조적 접합'으로 이론화될 수밖에 없다. 요컨대 이들이 구조주의적 마르크스주의로 명명된 것은 '상대적 자율성' 개념이 현실을 구조들의 총체로 파악하는 구조주의적 존재론을 전제하기 때문이다.[2]

따라서 구조주의적 마르크스주의는 토대/상부구조 문제틀을 내용적으로는 전혀 극복하지 못하면서 구조주의적 현실파악이라는 문제만 낳은 셈이다. 즉, 경제구조, 정치구조, 이데올로기구조 등 구조가 역사의 주체로 등장하고 인간은 그 구조의 규정을 받는 것으로 이론화된다. 이른바 '주체 없는 구조'가 등장한다. 구조주의적 마르크스주의는 프랑스의 1968년 혁명에 의해 그 비현실성이 입증된다. 1968년 혁명 이후 구조주의적 마르크스주의는 크게 동요해서 구조에 대한 일면적 강조에서 계급투쟁에 대한 일면적 강조로 입장이 정반대로 선회한다.

조절이론적 접근방법은 구조주의적 마르크스주의가 경제의 자동적인 재생산, 혹은 '주체 없는 구조'로 역사를 서술함으로써 현실변화를 설명하는 데 '무능력'하다고 비판하면서 이를 극복하기 위해 문제틀 자체를 바꾸어버린다. 즉, 토대/상부구조, 그리고 그 재판인 경제·정치·이데올로기 문제틀을 축적체제/조절양식 문제틀로 전환해서 계급투쟁 요소를 총체를 구성하는 요소의 하나로 도입한다. 즉, 자본축적/계급투쟁의 문제틀로 제기하고 있는 것이다.

실제로 대부분의 현대자본주의론에서는 자본주의 발전을 규정하는 여러 요인 가운데 가장 중요한 요인으로 자본축적과 계급투쟁을 제시하고, 이 두 요인을 중

---

2) 포스트마르크스주의는 각 영역의 절대적 자율성을 강조하는데, 이것도 알튀세의 구조주의적 마르크스주의의 유산이다.

심으로 자본주의 발전을 설명한다. 자본축적/계급투쟁 문제틀 속에서 분석하고 있는 것이다. 문제는 이 두 요인의 관계를 어떻게 설정하는가이다. 구조주의적 접근법에서는 이 두 요인이 병렬적으로 나열되고 내재적 관계를 맺고 있는 것이 아니라 외재적 관계 속에서 상호 작용하는 것으로 이론화된다. 즉, 구조 간의 접합 혹은 조응으로 이론화된다.

그러나 실제 분석과정에서는 자본의 이윤추구 논리, 필연적인 경제법칙 등으로 이해되는 자본축적이 자본주의 발전의 규정적 요인으로 되고 계급투쟁은 부차적 요인으로 이론화된다. 자본축적은 자신의 고유한 논리와 법칙에 따라 진행되고, 계급투쟁 요인은 자본축적에 교란요소로 작용하는 것으로 이론화되고 있다. 이것이 구조주의적 방법론의 핵심이다. 이는 '주체 없는 과정', '구조의 역사'로 자본주의의 발전과정을 서술하는 구조주의적 마르크스주의 전통을 재현하는 것이다.

이러한 구조주의적 접근법은 '인류 역사는 계급투쟁의 역사'라는 마르크스의 역사유물론의 기본명제를 내용적으로 부인한다. 그 결과는 자본주의 발전이 자본의 논리와 경제법칙에 따라 일방적으로 관철되는 것으로 묘사되는 경제주의적 편향이나, 자본축적을 규정하는 기술변화(예컨대 정보기술혁명)에 의해 이루어진다는 기술결정론으로 귀결된다. 이러한 결과는 애초에 이들 이론이 의도했던 마르크스주의 전통의 경제주의적 편향을 극복한다는 문제의식과 배치되는 모순된 것이다.[3]

이처럼 좌파이론에서 자본축적은 경제적 토대, 경제적 재생산 등으로 표현되나 하나의 구조 개념으로 파악되는 것이 일반적이다. 또 계급투쟁은 적대적 계급관계에서 비롯된 것으로, 이는 결국 역사의 주체 문제이다.[4] 따라서 자본축적과 계급투쟁의 관계 문제는 존재론·인식론적으로는 구조와 투쟁의 관계 문제를 제기한다.

---

3) 브레너의 '국제적 경쟁'론은 계급투쟁 요인을 아예 무시하고 자본 간 경쟁, 즉 시장 메커니즘에 의해 자본주의 발전을 설명하는 접근방법이므로 이러한 문제가 더욱 심각하게 드러난다.

4) "마르크스주의를 비롯한 좌파이론이 자본축적을 '구조'의 측면에서 접근하는 데 비해, 두 이론(조절이론과 사회적 축적구조 이론: 인용자)은 오히려 '제도'의 함수로 이해한다. 구조와 제도의 차이를 한마디로 설명하기는 쉽지 않으나, 오직 '이 논의의 맥락에서' 구조가 주로 경제적 토대에 관련된 지형을 의미한다면, 제도는 다분히 상부구조의 자율 결정에서 유래하는 정책을 가리킨다"(정운영, 1995: 59).

투쟁(또는 주체)이 구조에 의해 규정된다고 보면 구조주의로 가게 되고, 이는 필연적으로 경제주의적 편향 혹은 기술결정론으로 귀결된다. 반대로 투쟁(주체)이 구조를 일방적으로 규정한다고 보면 주의주의적으로 가고, 이는 필연적으로 계급투쟁을 제한 없이 강조하게 되어 정치주의적 편향으로 귀결되거나, 주체를 계급이 아닌 다중(多衆, multitude)으로 파악하게 되어 문화주의적 편향5)으로 나타나게 된다. 이처럼 구조주의 문제는 단순한 방법론 문제에 그치는 것이 아니다. 그것은 이론적 입장과 실천적 함의를 근본에서 규정하는 사상·철학의 문제이다. 따라서 구조주의적 접근방법의 극복 문제는 매우 중요한 이론적·실천적 과제라 할 수 있다.

구조와 주체를 외적인 관계에 있는 두 실체의 관계가 아닌 내적인 관계에 있는 것으로 파악할 때에만 구조주의와 주의주의에 빠지는 것을 피할 수 있고, 따라서 경제주의·정치주의·문화주의적 편향으로 일탈하지 않을 수 있다. '개방적' 마르크스주의(Bonefeld et al., 1992b)에 따르면, 구조와 주체를 내적 관계에 있는 것으로 파악하는 것은 구조를 주체의 존재양식(또는 사회적 형태)으로 파악하는 것이다. 그래서 구조는 주체의 행위(투쟁)의 산물이지만, 동시에 그다음 시기 주체의 행위(투쟁)의 전제조건이 된다. 따라서 구조와 투쟁의 관계는 역사적 과정으로서만 파악될 수 있고 과정 속의 관계로 파악되어야 한다. 구조주의나 주의주의의 경우 입장은 정반대이지만 모두 구조와 주체가 외적인 관계에서 병렬된다. 즉, 둘 다 독립된 실체로 파악되고 그중의 한쪽이 다른 쪽을 규정하는 외적인 관계에 있는 것으로 이론화되는 것이다.

구조주의적 방법론은 이처럼 존재론·인식론적으로 구조와 투쟁의 이원론에 입각해 있고, 실천적으로 구조 혹은 제도를 신비화시키고 실천운동에 대한 패배주의적 전망을 함의하게 된다. 이를 비판하고 구조와 투쟁의 관계를 내적 관계로 이론화하기 위해서는 마르크스의 물신주의 비판을 '정치경제학 비판'의 근본적인 입장이자 방법론으로 복원할 필요가 있다. 그래서 구조(혹은 제도)란 인간 사이의 사회적 관계가 존재하는 양식(사회적 형태)임을 밝힘으로써 구조와 투쟁의 이원론을

---

5) 계급 정체성 혹은 규정성을 부정하고, 다양한 주체성, 즉 성·인종·종교·문화 등에 따른 차이와 다양성을 인정하고 존중할 것을 주장하는 '포스트모더니즘'이 대표적이다.

극복하고, 구조·제도가 계급투쟁에 따라 끊임없이 변화하는 계급관계의 유동적인 사회적 형태임을 밝혀야 한다.

이를 위해 이 장에서는 마르크스의 방법론적 기초인 물신주의 비판에 입각해 실체/형태 변증법, 즉 '형태 분석'을 복원한다. 그리고 그에 따라 자본주의적 사회관계의 사회적 구성을 살펴본다. 이는 마르크스의 역사유물론에 따르면, 자본주의적 사회관계의 '역사적 구성'으로서 시초축적에 대한 분석을 필요로 한다. 이러한 '형태 분석'과 '사회적 구성'의 관점에 근거해서 주요한 경제적 범주인 자본, 임노동 개념을 재해석함으로써 구조/투쟁 이원론을 근본적으로 극복하고 자본주의 사회 분석에서의 대안적 방법론을 정립한다.


# 1. 자본축적과 계급투쟁의 관계에 대한 구조주의적 접근방법 비판

이 절에서는 구조주의적 접근방법의 대표적 이론이라 할 수 있는 조절이론을 집중적으로 검토해 비판하고, 주요 검토 대상인 다른 두 이론, 즉 브레너의 '국제적 경쟁'론과 네그리의 자율주의이론의 방법론도 비판적으로 검토한다. 그리고 구조주의적 접근방법에 대해 가장 치열한 문제의식을 가지고 그 극복과 대안 모색을 꾸준하게 진행해온 '개방적' 마르크스주의의 방법론을 소개하고, 일정하게 필자의 입장에서 비판을 수행하고자 한다.


## 1) 조절이론의 구조주의적 접근방법

조절이론은 그 내부에 다양한 흐름을 포괄하고 있다. 제숍(Jessop, 1990)은 조절학파 내부의 다양한 흐름을 7개로 분류한다. 프랑스의 3개 학파[그레노블학파, 파리학파, PCF-CME(프랑스공산당-국가독점자본주의)], 암스테르담학파, 서독학파, 북구학파, 북미의 '사회적 축적구조(SSA)'학파가 그것이다. 여기에서는 이 모두를 검토하지 않고 파리학파와 SSA학파를 중심으로 검토하고자 한다.

파리학파는 조절이론의 독특한 개념과 중심적 방법론을 창안하고 지속적으로 발전시켜왔으며, 그에 입각해서 현재까지 왕성한 이론작업을 하고 있기 때문이고, SSA학파는 미국 급진파 경제학자들이 독자적인 문제의식으로 출발해서 파리학파와 비슷한 방법론에 도달했다는 점에서 주목되기 때문이다. 그리고 조절이론의 특징을 풍부하게 이해하기 위해 파리학파의 취약점인 국가론이나 정치적 조절 등을 보완하고 있는 제숍과 서독학파의 히르쉬(J. Hirsch)도 부분적으로 검토한다.

또한 파리학파 내부도 조절이론이 발전하면서 다양하게 분화했다. 초기에는 아글리에타(M. Aglietta), 브와이예(R. Boyer), 리피에츠(R. Lipietz) 등이 주요한 역할을 했는데, 이 과정에서 리피에츠는 생태주의로 방향을 전환했기 때문에 주로 아글리에타와 브와이예를 중심으로 검토한다. 그리고 이 두 사람이 노동가치론을 폐기하거나 중시하지 않는 것과 달리, 노동가치론을 고수하면서 세계체계적 접근방법을 조절이론적 접근방법에 적극적으로 도입하고 있는 셰네(F. Chesnais)도 주요하게 검토한다.6) 파리학파 안의 이들의 차이는 오히려 조절이론적 접근방법의 특성을 잘 드러내주기 때문이다.

좌파 현대자본주의론을 검토하는 데 있어서 조절이론을 우선적으로 주목하는 이유가 있다. 첫째, 조절이론이 1970년대 이후 정통 좌파의 결정론적이고 경제주의적 편향을 극복하고자 하는 좌파혁신의 일반적인 문제의식을 갖고 출발했기 때문이다. 이 점은 미국의 SSA학파도 마찬가지다. 파국론적 인식이나 자본의 논리를 가지고 변화하고 있는 자본주의 현실을 설명하지 못하는 기존 좌파의 '무능력'에 대한 문제제기에서 출발해 조절이론이란 독창적인 접근방법이 제출되었던 것이다. 이러한 문제제기는 광범위한 호소력이 있었다.

둘째, 가장 중요한 것으로, 조절이론의 결론과 대안보다도 이들의 구조주의적 접근방법이 이 시대의 전형적인 분석방법론을 가장 잘 대변하고 있기 때문이다. 조절이론은 상당한 이론적 변화과정을 겪어왔다. 그 이론적 입장의 변화는 조절이론의 주창자인 아글리에타의 경우가 전형적이다. 아글리에타는 마르크스주의적 문제틀의 포기, 구체적으로는 노동가치론의 포기, 케인스주의적 입장으로의

---

6) 셰네를 파리학파에 포함시키는 데는 이론(異論)이 있을 수 있다. 셰네는 아글리에타, 브와이예 등 파리학파 주류와 별도로 이론작업을 수행하고 있고, 노동가치론 등 마르크스주의적 입장을 고수한다는 점에서 이들과 크게 구별되지만, 조절이론적 접근방법을 철저히 수용한다는 점과 아글리에타의 화폐분석, 금융화된 축적체제라는 새로운 성장체제의 등장 등의 이론적 성과도 적극 수용한다는 점에서 파리학파로 포함시켜도 무리가 없을 듯하다.

분명한 선회 등 초기의 문제제기나 문제의식에서 크게 이탈했다. 그러나 그는 조절이론적 접근방법이라는 방법론에서는 일관되고 있다. 조절양식, 축적체제 또는 성장체제라는 매개 개념과 중위이론적 입장은 변함없이 유지되고 있고, 오히려 더욱 세련되고 정교하게 발전되고 있다. 또 최근의 조절이론의 분석 결과 – 예컨대 '근로자사회로의 전환' – 를 수용하지 않는 경우에도 조절이론적 접근방법은 광범위하게 수용되고 있다. 그 결과 조절이론은 분석의 내용인 이론적 결론보다도 그 구조주의적 접근방법이라는 방법론에 의해 대표될 정도이다.[7]

셋째, 앞선 두 가지의 결과로 조절이론이 갖는 영향력 때문이다. 조절이론은 하나의 방법론으로서 정치경제학 안에서 상당한 영향력을 행사하고 있을 뿐 아니라 정치학·사회학·국제정치경제학 등 여타 인문·사회과학에도 광범위한 영향을 미치고 있다.

그러나 방법론이란 그저 형식적 방법론으로서 도구적이기만 한 것이 아니다. 내용과 형식(또는 형태)이 구별되면서도 내적으로 통일되어 있듯이, 방법론은 이론의 내용인 입장·철학 등과 내적으로 연관되어 있다. 최근 파리학파 내부에서 보이고 있는 다양한 입장과 갈등, 상이한 결론 등 모순적 양상은 이처럼 구조주의적 접근방법이라는 방법론을 중립적인 또는 도구적인 것으로 인식하고 현실 분석에 적용하는 과정에서 각자가 입각하고 있는 기본이론의 차이에서 비롯되는 것이다. 그뿐만 아니라 조절이론적 방법론이 전제하고 있는 철학적 입장과 각자가 채택하고 있는 기본이론의 차이에서도 모순이 발생하고 있다. 그 결과 파리학파뿐만 아니라 조절이론적 접근방법을 채택한 다양한 입장의 현실 분석들이 보이고 있는

---

7) 이 점은 1980년대 중반에 조절이론의 10여 년의 성과와 한계를 정리한 브와이예의 평가에서도 확인된다. "1980년대 초두까지는 조절이론적 접근법은 마르크스주의적 분석의 비판적 혁신이라는 맥락 속에 위치하고 있었다고 한다면, 그 이후는 이론적 기준이 분열되어 수용된 것은 아닌가? 실제로 논자나 분석대상에 따라서는 구조형태의 개념을 묘사하거나 조절양식의 개념을 설명하기 위해 지라르, 케인스, 마르크스, 심지어는 제도학파의 창시자들까지 동원하고 있다. ……서로 대립하고 있는 점은 가장 추상적인 개념들과 관련되어 있으며 이들 개념들 자체는 조절이론가들이 각자의 전공분야에서 사용하는 범주들의 기초가 되고 있다. 그렇지만 '이들 매개 개념들의 견고한 핵심'에 관해서는 광범한 일치의 방향으로 나아가고 있다. ……거시경제의 분석은 직접 여러 가치이론에 의문을 던지지 않고서도 이러한 결과로부터 출발하는 것이 가능하다. 더 일반적으로 말하면 태반의 논자들이 '매개 개념들의 하나의 총체'에 관해서는 일치하고 있다고 주장하면서도 이들 개념 자체를 다종다양한 일반적 문제를 속에 끌어다 쓸 수 있는 것이다"(Boyer, 1986: 46~47).

현실과의 괴리, 그에 따른 비현실적인 대안 제시 등도 상당 부분은 방법론에 대한 도구주의적 관점에서 비롯하고 있다고 볼 수 있다.

따라서 본 논문에서는 조절이론 전반을 검토하기보다는 조절이론에 의해 대표되는 조절이론적 접근방법, 즉 자본축적과 계급투쟁의 관계에 대한 구조주의적 접근방법에 초점을 맞추어 비판적으로 검토하고자 한다.[8]

### (1) 조절이론적 접근방법의 방법론적 문제제기

먼저 조절이론적 접근방법의 핵심을 이루고 있는 조절 개념과 주요 매개 개념인 조절양식, 축적체제 혹은 성장체제 개념이 정립되고 발전하는 과정을 살펴보자.[9]

조절이론의 문제의식과 기본개념은 아글리에타(1979)에 의해 창안되었다. 아글리에타는 제2차세계대전 이후의 장기호황과 그에 이은 1970년대 초반의 자본

---

8) 조절이론의 한계와 문제점은 조절이론 안팎에서 많이 제기되고 있다. 그러나 대부분의 경우 일국적 분석틀을 기본적으로 벗어나지 못해서 세계체계 분석이 체계적으로 이루어지고 있지 못한 점, 국가형태에 대한 분석이 취약하다는 점 등에 집중되고 있다. 조절이론 내부로부터의 비판으로는 제솝(Jessop, 1990), 전창환(1999a), 이병천(2001) 등을 참조. 조절이론을 역사유물론의 관점에서 평가하고 비판하는 글로는 권현정(1993)을 참조. 한편, 축적체제, 조절양식, 성장체제 등 매개 개념 그 자체에 대한 근본적 비판은 '개방적' 마르크스주의 그룹에 의해 체계적으로 수행되었다.

9) 권현정(1993)은 조절이론의 주도적 인물인 아글리에타를 중심으로 조절이론의 변천과정을 체계적으로 분석하고 있다. 권현정은 아글리에타가 『화폐와 폭력』(1982)을 기점으로 해서 노동가치론을 포기하고 지라르(R. Girard)의 '폭력론'에 입각해 사회제도의 형성을 설명하는 등 방법론적 전환을 보이는 것으로 평가하고, 그 시점을 기준으로 아글리에타의 작업을 초기와 후기로 구분해 조절이론의 변화를 분석한다. 그래서 초기 아글리에타는 재생산을 적대적 계급관계의 재생산으로 파악하려고 시도함으로써 기존 이론의 경제주의적 편향을 극복하려고 한 것으로 긍정적으로 평가한 반면, 그 후의 조절이론의 발전은 파리학파에 의해 세련화 과정에서 초기의 문제의식에서 이탈해서 경제시스템의 기능주의적 재생산을 위한 조절로 퇴행하게 되고 이를 극복하기 위해 아글리에타가 폭력론에 입각한 후기의 이론을 모색하게 된 것으로 부정적으로 평가하고 있다. 그러나 아글리에타의 첫 저작(1979) 자체가 그의 박사논문을 파리학파가 전면 개작한 것이라는 점에서, 그리고 그 이후의 이론화작업도 조절학파로 불릴 정도로 일정한 교류 속에서 영향을 주고받으며 이루어졌다는 점에서, 파리학파의 이론 세련화 과정이 아글리에타와 별개로 이루어진 것처럼 평가하는 것은 설득력이 없다. 오히려 노동가치론의 포기와 폭력론의 도입 등 기초이론의 변화에도, 또 각자가 입각해 있는 기초이론이 다름에도 이들을 하나로 묶고 있는 것은 조절이론적 접근방법 및 조절양식과 같은 매개 개념들이라는 점에 주목해서, 그러한 접근방법의 발전이라는 차원에서 조절이론의 변천을 파악할 필요가 있다.

축적의 위기 등 자본주의의 장기적 변화를 해명하지 못하는 기존 경제이론의 '무능력'을 비판한다. 그의 비판 대상에는 신고전파의 일반균형이론뿐만 아니라 정통 마르크스주의 이론도 포함된다. 특히 그가 비판의 대상으로 삼은 것은 당시 지배적인 영향력을 행사했던 구조주의적 마르크스주의였다. 그는 신고전파의 '균형' 개념과 마르크스주의의 '재생산' 개념 양자를 모두 비판하면서 그에 대한 대안으로 '조절(regulation)' 개념을 제시한다.

> 만일 어떤 한 체계가 동학으로 묘사되려면 이 체계를 구성하는 관계들이 내적 변형의 논리를 가져야 한다. 자체 변형하는 한 체계의 **조절**을 이러한 방식으로 인식하는 것은, 그 체계의 관계 내부에서 일어나는 변화들을 이 관계들이 항상 하나의 체계로 조직될 수 있게 하는 것으로 이해하는 것이다. ……생산양식의 조절에 대해 말하는 것은, 사회의 규정적 구조가 재생산되는 방식을 일반적 법칙으로 정식화하는 것이다. 이 책의 대상은 자본주의적 생산양식의 **조절**이다(Aglietta, 1979: 32~34. 강조는 인용자).

구조주의적 마르크스주의의 재생산 개념은 존재하는 것이 계속 존재하게 되는 과정만을 보여주는 것으로 체계의 영속성·불변성만을 표현하기 때문에[10] 자본주의 발전의 동태적 과정을 분석하기 위해 '체계의 내적 변형의 논리'를 표현하는 것으로 조절 개념을 도입하는 것이다.[11]

---

10) 구조주의 마르크스주의의 '재생산' 개념에 대해서는 발리바르 역시 자기비판한다. 생산관계의 단순한 확대재생산에 그치는 '비이행기'와 생산관계 자체의 변혁을 가져오는 '이행기'를 기계적으로 구분하는 데서 재생산을 경제주의적으로 파악하는 오류를 범했다는 것이다(Balibar, 1974: 230~231).

11) 제솝은 구조주의적 마르크스주의와 조절이론의 관계를 양면적인 것으로 평가한다. 조절이론은 "'지배적 요소를 가진 구조', 사회구성체, 중층결정, 규정, 기구와 같은 몇 가지 알튀세주의적 개념을 수용했다. 하지만 그들은 『자본론』의 기본구조와 개념에 대한 알튀세의 특이한 독해는 강력히 거부한다. ……파리학파는 구조가 어느 정도 준자동적으로 사회주체들과 무관하게 어떤 현저한 변화 없이 스스로 유지된다는 알튀세주의의 견해를 비판한다. 조절이론가들은 재생산에 대한 알튀세의 통일성에 대한 강조를 거부하면서 조절에서 '통일과 투쟁의 통일'을 강조한다. 그들은 자본관계 자체가 불가피하게 적대·모순·위기를 생산함에도 자본주의가 어떻게 생존할 수 있었는가를 질문한다"(Jessop, 1990: 295).

아글리에타의 이러한 문제의식은 기존 이론이 무능력한 이유를 자본축적에 대해 계급관계 또는 계급투쟁이 갖는 의미와 역할을 제대로 개념화하지 못한 점으로 보고, 이를 극복하기 위해 조절 개념을 도입한 것으로 평가할 수 있다. 즉, 자립적인 토대와 상부구조를 외부적으로 관계시키는 구조주의적 마르크스주의를 비판하면서 토대와 상부구조의 관계를 재구성하려는 시도이다. 요컨대 "상부구조가 자립적인 하부구조에 대해 외부에서 작용한다는 사고를 거부하면서, 그보다는 계급투쟁의 영향 아래 사회적 관계가 제도화되는 것이 그것이 재생산되는 중심 과정임을 밝히려 할 것이다"(Aglietta, 1979: 52). 아글리에타의 이러한 문제의식은 여러 측면에서 확인된다. 그는 조절이론의 연구과제를 다음과 같이 설정한다.

사회체계를 변형시키고 그것의 장기적 응집을 보장하는 힘은 무엇인가? 이러한 응집조건 및 응집양식은 발전할 수 있는가? 생산관계의 질적 변화는 어떠한 조건 속에서 그리고 어떤 과정에 의해 발생하는가? 자본주의의 발전단계를 인식하는 것은 과연 가능하며, 그러한 인식이 이 생산양식의 구조적 위기를 설명할 수 있는가? 현재의 위기는 자본주의 안의 다른 역사적 변화에 후속하는 것인가? 그리고 그것은 미래의 계급투쟁에 대한 가설적 토대를 제공하는가?(Aglietta, 1979: 38)

그리고 이러한 연구과제를 달성하기 위해 "한편으로는 경제적이고 다른 한편으로는 비경제적인, 여러 구조 속에 조직화되어 있는 생산양식이라는 규정적 구조를 스스로 재생산하는 새로운 여러 형태를 창출하는 사회관계의 변화"를 연구할 것을 제안한다. 또 그러한 연구에 역사유물론적 의의를 부여한다. "본질적으로 역사유물론의 일반적 교훈을 명확히 밝히는 것이다. 즉, 계급투쟁의 영향 아래에서의 생산력의 발전, 계급투쟁 조건의 변화, 그러한 발전의 영향 속에서 투쟁이 구체화되는 형태 등을 밝히는 것"(Aglietta, 1979: 38)이다.

이러한 문제의식을 가지고 자본축적과 계급투쟁의 관계를 개념화하는 과정에서 '구조형태(structural forms)' 개념이 도출된다. 구조형태 개념은 나중에 '조절양식' 개념으로 정식화되는 조절이론의 핵심적 매개 개념이다.

아글리에타는 "자본주의 체계의 마르크스주의적 개념을 둘러싼 논쟁의 중심문제는 자본축적의 법칙과 경쟁의 법칙을 통합하는 것"으로 보고, 이 문제를 "자본주의 조절이론의 결절점(結節點, node)"(Aglietta, 1979: 39)으로 파악한다. 그래서 "자본축적의 법칙과 경쟁의 법칙 사이의 접합을 연구하는 것은 임노동관계의 일반화와 그 관계에 의해 구성되는 양극단의 사회계급(부르주아와 프롤레타리아)의 계층화라는 모순적 과정을 구명하는 것을 의미한다. 그것은 자본축적에 의해 발생한 사회계급의 위계와 사회적 통일양식을 무엇이 결정하는가를 묻는 것과 동일하다"(Aglietta, 1979: 40). 또한 자본축적의 법칙과 경쟁의 법칙은 "결코 단순 병렬적이지 않다. 정반대로, 자립적 자본들 간의 경쟁은 자본축적의 추동력인 임노동관계의 기본적 적대성에서 나온다"(Aglietta, 1979: 40)라고 본다.

경쟁 형태는 자본 일반의 확대재생산이 사회계급적 관계 전체에 그 요구를 강제하는 정도에 따라 역사적으로 변화한다. 이 모순적 과정은 국가 그 자체의 구조변화 없이는 발생하지 않는다. 자본가계급이 경쟁의 형태변화에 의해 분화될수록 그 계급은 자신의 통일성을 국가라는 틀 속에서 모색하고, 국가에 의해 지배되는 관계 속에 전 사회를 밀어 넣음으로써 자신의 지배를 더욱더 강화할 수밖에 없게 된다. 이것은 기본적 사회관계의 변화를 구성하는 국가의 경제적이고 이데올로기적인 간섭행위를 초래한다. 우리는 **제도 속에 조직된 계급투쟁의 역사적 산물인 그 복잡한 사회관계를 구조형태라는 용어로 칭할 것이다**(Aglietta, 1979: 41. 강조는 인용자).

즉, 구조형태는 제도로 구조화된 사회적 관계들이며 계급투쟁의 산물로 정의한다. 그리고 구조형태가 축적법칙에 내재한 계급적대를 표출하고 매개함으로써 자본주의 생산양식의 모순을 극복하면서 재생산을 보증하는 것으로 파악한다. 그래서 자본주의 조절을 위한 가장 본질적인 구조형태들로서 단체교섭과 국가를 들고 있다.[12]

그리고 이 구조형태들을 분석하기 위해 아글리에타는 "축적원리보다도 덜 추상적인 중간 개념"(Aglietta, 1979: 96)으로서 '축적체제(regime of accumulation)' 개

---

12) 아글리에타는 도구주의적 국가론을 비판하면서 국가를 구조형태로 파악한다. "새로운 사회적 규준은 중앙을 향해 제도화되어야 하고, 이것은 국가형태를 띤다. 따라서 국가는 시민사회에 침투해 그 사회를 근본적으로 개혁함으로써 발전한다. 이러한 침투와 개혁은 국가가 다름 아닌 임노동관계 존재의 일부를 형성한다는 사실을 보여준다"(Aglietta, 1979: 56).

념을 도입한다. 축적체제는 노동과정의 변화와 임노동자의 존재조건의 변화의 결합방식 및 그에 따른 '상대적 잉여가치' 생산방법의 변화를 말한다.[13] 이 축적체제 개념은 생산 및 노동조직에서의 잉여가치 생산과 실현에 관한 방법뿐만 아니라 자본 재생산의 형태, 임금관계의 형태, 계급구조의 형태, 사회적 노동의 접합형태, 세계시장으로의 통합형태 등을 포괄하는 개념이다. 그리고 이 개념은 미국 자본주의에 대한 구체적 분석에서 자본주의 발전의 단계구분을 위한 개념으로 정식화된다. 그리고 아글리에타는 이러한 구조형태, 축적체제 개념에 입각해 제2차 세계대전 이후부터 1970년대 초반까지의 미국 자본주의를 '내포적 축적체제'와 '독점적 조절'에 의한 '포드주의 축적체제'로 이론화한다.

아글리에타가 창안한 조절이론적 접근방법의 독자성은 토대와 상부구조, 또는 경제적인 것과 정치적인 것 사이의 관계에 대한 기존의 문제틀을 새롭게 구성한 데 있다. 즉, 구조주의적 마르크스주의는 자립적인 토대와 그를 반영하는 상부구조라는 정통관점을 정치·이데올로기 영역의 경제영역에 대한 상대적 자율성, 세 영역의 구조적 접합, 그리고 최종심급에서 경제영역의 결정적 지위라는 개념으로 재구성함으로써 정통 좌파의 결정론적이고 경제주의적 편향을 극복하려고 시도했다. 그러나 아글리에타는 구조주의적 마르크스주의가 여전히 토대와 상부구조의 외적인 관계에 머무름으로써 경제주의적 편향을 극복하지 못함을 비판하면서 문제설정 자체를 바꾼 것이다. 토대와 상부구조의 관계 문제를 영역 간의 관계 문제로 구성하는 것이 아니라 사회관계 특히 계급관계가 각 영역을 모두 규정하는 것으로 구성한 것이다. 즉, '한편으로는 경제적이고 다른 한편으로는 비경제적인' 사회관계, 달리 표현하면 경제·정치·이데올로기 영역의 구분을 넘어서서 존재하는 사회관계가 조직화된 것 또는 구조화된 것인 '제도'를 새롭게 주목하고, 이 제도가 불변적인 자본주의 생산양식(=토대)을 재생산하되, 사회구성체를 끊임없이

---

13) 아글리에타는 축적체제를 "절대적 잉여가치를 정의하는 일반적 규준의 안정적 제약 아래 상대적 잉여가치를 증대시키는 사회적 변형의 형태"로 정의한다. 그런데 그가 사용하는 절대적 및 상대적 잉여가치 개념은 마르크스가 사용한 개념과는 다른 독특한 개념이다. 상대적 잉여가치는 "임노동자계급의 생산과 재생산의 구체적 조직을 구조화하는 관계들의 통일성"으로 정의된다. 이에 따라 축적체제를 외연적 축적체제와 내포적 축적체제의 두 가지로 범주화한다(Aglietta, 1979: 96~99).

변화·발전시키는 추동력으로 파악하는 것이다. 그리고 이러한 맥락에서 추상적인 축적원리와 구체적인 사회구성체 사이의 중간 개념 또는 매개 개념으로서 구조형태, 조절양식, 축적체제 개념이 필요하게 된다.

요컨대 총체로서의 체계를 구성하는 구성요소를 기존 이론과 다르게 설정했다. 구체적으로 말하면, 20세기 미국 자본주의라는 역사적 사회구성체를 분석하기 위해 토대와 상부구조, 또는 경제·정치·이데올로기 영역이라는 구성요소에 대한 분석과 그 연관을 밝히는 게 아니라 구조형태들, 구조형태들의 특정한 접합인 조절양식, 축적체제라는 구성요소로 분석하고 그 연관을 밝히는 것이다.

이러한 조절이론의 독자적 문제틀을 자본축적과 계급투쟁의 관계라는 필자의 문제틀로 전환해서 해석하면, 조절이론은 기존의 자본축적에 대한 경제주의적 분석을 극복하기 위해 조절 개념을 통해 계급투쟁을 적극 도입하려는 시도이다.[14] 그러나 계급투쟁 요인이 자본축적 분석에 직접 도입되는 것이 아니라 구조형태 또는 조절양식을 매개로 해서 간접적으로 자본축적에 개입한다. 즉, 계급투쟁이 사회관계를 변화시키고 특정 제도형태 또는 구조형태를 창조하며, 이 구조형태들이 자본축적과의 관계에서 조절양식으로 접합하게 된다는 것이다. 그래서 자본축적과 계급투쟁의 관계는 축적체제와 조절양식의 관계로 치환된다. 그런데 축적체제와 조절양식의 관계는 초기 조절이론에서는 모호하게 설정된다. 막연한 또는 우연적인 조응관계로서 설정된다.

이를 본격적으로 검토하기 전에 체계의 구성요소로 새롭게 도입된 매개 개념들이 조절이론에서 세련되어가는 과정을 검토할 필요가 있다. 왜냐하면 초기에는 새롭게 도입된 매개 개념들이 엄밀하게 이론화되지 않고 분석상 편의적으로 설정되어 있기 때문이다.

## (2) 조절이론적 접근방법의 세련화와 구조주의적 귀결

이후 파리학파는 조절이론적 접근방법으로 각국의 구체적인 역사분석을 통해

---

14) 아글리에타는 그의 최초의 박사논문(1974)에서 자본주의에 대한 적절한 설명은 축적과 조절이라는 양면에 모두 관련되어야만 한다고 파악하고, 제솝도 조절이론적 접근방법이 자본축적의 두 측면 ─ 물질적 전제조건과 사회적 전제조건 ─ 을 연결시키는 수단을 제공하는 것으로 파악한다(Jessop, 1990: 323).

조절이론을 발전시키는 과정에서 매개 개념들을 다양하게 세련화시킨다.

브와이예는 조절양식을 "개인 또는 집단의 행동 및 절차의 총체"로 규정하고, 그 특성을 "① 역사적으로 규정된 제도형태의 결합을 통해 '기본적 사회관계들을 재생산하는 것', ② 현행의 '축적체제를 유지하고 조종하는 것', ③ 경제의 주체들이 시스템 전체의 조절원리를 내면화할 필요성이 없더라도 '이러저러한 분산적 의사결정의 총체'가 동태적으로 양립하도록 보증하는 것"(Boyer, 1986: 69~70)으로 규정한다.

리피에츠는 조절양식을 "상호 모순되는 개인들의 대립적인 행동들을 축적체제의 전체적 원리에 적합하도록 만드는 다양한 메커니즘의 조합(제도형태들, 네트워크, 명시적·묵시적 규준들)"(Lipietz, 1988)으로 정의하고, 그 구체적 내용으로 ① 기업이나 임노동자가 전체적 원리에 스스로를 적응시키는 습관이나 순응성, ② 시장의 규칙, 노동·사회입법, 화폐·금융 네트워크 등과 같은 제도화된 형태들을 들고 있다.

브와이예는 축적체제를 "자본축적의 진행이 광범하고도 상당 정도 일관된 형태로 보증되는, 즉 과정 자체로부터 부단히 발생하는 왜곡이나 불균형을 흡수하거나 시간적으로 지체시킬 수 있는 규칙성의 총체"(Boyer, 1986: 59)로 정의하고, 축적체제의 다섯 가지 계기로 생산편성·노동편성의 형태, 자본형성의 시간적 범위, 가치분배 내지 소득분배, 사회적 수요의 구성, 비자본주의적 생산양식과의 접합형태 등을 들고 있다.

리피에츠(1989)는 축적체제를 "장기에 걸친 사회적 생산물의 분배양식과 이것들의 체계적인 배분 및 실현양식" 또는 "생산조건의 전화(투하되는 자본량과 부문들 간의 분배, 생산규준)와 최종소비의 조건의 전화(임금소득자와 다른 사회계급의 소비규준, 집단적인 지출 등) 간의 일정한 조응"으로 정의한다. 아글리에타(1982)는 축적체제 대신에 '성장체제' 개념을 사용하며, "재생산표식에서 보이는 것과 같은, 즉 성장과 소득분배의 모델을 묘사하는 발전의 연속성"을 표현하는 것으로 규정한다.

제솝은 파리학파의 다양한 개념 규정을 정리하면서, 조절양식을 "자본주의적 사회관계의 갈등적·적대적 성격에도 자본주의 재생산을 일시적으로 보증할 수 있는 제도적 총체 및 규범의 복합체"로 정식화하고, 축적체제 또는 성장체제를 "생산과 소비의 특정한 패턴"(Jessop, 1990: 300)으로 정식화한다. 그리고 "하나의 축적체제와 하나의 조절양식의 결합체"로서 "발전양식"(Boyer, 1986: 76) 또는 "발전모델"(Lipietz)이 정의된다.[15]

조절이론의 개념들의 이러한 세련화는 『자본주의 조절이론』의 3판 후기에서 아글리에타(1997)가 조절이론적 접근방법이 제기된 이래 20년 동안을 총괄 정리하는 과정에서도 확인된다. 조절이론적 접근방법이 모순·갈등·투쟁의 측면보다는 체계의 '일관성',[16] 시간적으로 중기적인 지속성을 의미하는 '국지적 일관성', '거시경제적 규칙성'[17] 또는 일관성 등에 주요한 관심을 가지고 있음을 표명한다. 그리고 조절양식은 초기의 '계급투쟁의 산물로서의 제도형태'가 아니라 "자본축적에 의해 야기된 왜곡을 국가 안에서의 사회적 응집과 양립 가능한 한도 안에서 억제하는 매개의 총체"(Aglietta, 1997: 17)로 추상적이고 형식적으로 재정의한다. 그리고 "전체적 규칙성을 형성하는 데 기여하는 관계들의 배열"로서의 "중간적 조직"(Aglietta, 1997: 16) 또는 '사회적 매개' 개념이 강조된다.

> 자본주의의 운동 자체 안에서 자본주의는 갈등을 제거하고, 자본주의 그 자체의 발전을 저해하는 역기능을 제거한다. 그러나 그것은 또한 자본주의의 축적욕구에 대립되는 힘과 이 대립을 사회적 매개들에 각인하도록 하는 힘을 야기한다. 이 매개들은 임노동자 사회의 가능성을 역사적으로 실현한다. ……모든 것은 매개의 창출과 매개들의 조절능력에 의존한다. 이에 대한 용어가 확정되지 못했던 『자본주의 조절이론』에서 매개들은 '구조형태' 또는 '제도형태'로 불렸다(Aglietta, 1997: 27).

---

15) 서익진은 한국의 발전모델을 분석하기 위한 분석방법론으로 조절이론적 접근방법을 다음과 같이 정리한다. "발전모델은 특정의 축적체제와 그에 조응하는 조절양식의 총체이다. 축적체제는 안정적인 성장을 가능케 하는 거시경제적 메커니즘으로서 이는 거시적 집체변수들의 특정한 상호관계로 나타낼 수 있다. 조절양식은 특정의 축적체제가 제대로 작동하기 위해서 필요한 미시경제적 규범들의 총체이며, 이 규범들은 일정한 제도적 실천으로 나타난다"(서익진, 2002: 4).

16) "자본주의는 파괴적이면서 동시에 창조적이기 때문에 조절양식을 형성하는 일련의 매개들이 자본주의의 운동에 내재하는 불균형들 간의 일관성을 확립할 때에만 사회를 위한 진보를 야기할 수 있다. 그것이 실현할 때, 이 일관성의 전체적 효과가 바로 성장체제이다"(Aglietta, 1997: 33).

17) "사회가 무엇인가를 연구하기 위해 전체주의(holism)와 개체주의(individualism)라는 철학적 논쟁에 들어가지 않고, 거시경제적 규칙성을 인정할 수 있다. 따라서 경제정책과 긴밀히 관련된 거시경제적 연구 영역이 존재한다. 그것은 이 규칙성에 포함된 전체적 크기들 간의 상호관계를 연구하고, 그것들의 안정성 조건을 적시하고, 예측을 수행하고, 화폐재정적 개입의 전체적 효과를 타진하는 데 있다"(Aglietta, 1997: 29).

실제로 조절이론적 접근에서 매개들은 개인과 사회 간 긴장이 작용하는 관계를 수정하는 매개적 구조이다. 한편에서 매개들은 사적 행위들의 맥락에 관여한다. ……이러한 맥락은 상호 연결된 매개들에 의해 사회적으로 구성된다. 매개들은 관성을 지니며 행동에서 규칙성(routine)을 유지한다. ……다른 한편 이 매개들은 거시경제적 연쇄의 유형들과 전체적 과정을 창출한다. ……요컨대 일련의 매개들은 조절양식을 형성하는 데 기여한다. 조절양식의 지속성은 조절양식에 그것의 일관성을 부여하는 매개들 간의 양립가능성의 지속이다(Aglietta, 1997: 28).[18]

이상의 매개 개념들의 세련화 과정에서 축적체제와 조절양식 간의 관계가 명료하게 드러난다. 축적체제 개념도 논자마다 구체적인 포괄범위에서 차이가 있지만, 기본적으로 일정 기간 ─ 이들의 문제의식에 입각해서 본다면, 장기간 ─ 안정적이고 지속적으로 유지되는 자본축적 과정을 말하고, 안정적인 경제적 재생산 또는 경제적 사회구성체에 가까운 개념이다. 조절양식 개념은 특정한 축적체제의 안정성과 지속성을 보장하는 특정한 제도들의 접합(또는 조합)을 말한다. 따라서 조절양식은 축적체제의 안정적 재생산이라는 요구에 조응하는 것으로 이론화되고 있다. 양자의 관계는 구조적 접합, 구조적 조응관계, 즉 구조기능주의적 관계이다.

파리학파는 양자의 관계가 '기능주의적'이라는 비판에 대해 새로운 조절양식의 출현은 '우연적 발견'임을 강조한다. 즉, 계급적 타협을 제도화한 제도형태는 과거로부터 주어진 조건 속에서 사회적·정치적 투쟁을 통해 우연적이고 역사적으로 형성되는 것이므로, 조절양식의 형성은 '예기치 못한 발견'이라는 형태로 사후적으로 인식된다는 것이다. 따라서 우발적으로 형성된 각종 제도형태들의 조합

---

18) 제도가 투쟁의 산물이라는 관점 역시 계속 유지된다. 단, 초기의 계급투쟁에 대한 강조와 달리 개인과 사회 간의 갈등에서 발생하는 사회적 투쟁 일반으로 추상화된다. "조절이론은 조직화된 집단적 이해를 구성하고 추구하는 능력에 주목한다. 제도의 창조적 활동은 본질적으로 정치적이며, 정치는 결코 개별적 실천이 아니다. 정부의 개입, 집단을 대표하는 조직에 의해 수행되는 사회적 투쟁, 입법자에 의한 타협의 형성 등이 제도의 변형을 고려하는 데 있어서, 그리고 그들 관계의 위계를 기술하는 데 있어서도 동시에 고려되어야 한다"(Aglietta, 1997: 31~32). "조절양식의 일관성은 결코 미리 설정된 일반적인 법칙에 지배되지 않는다. 그것은 '성장체제'로 불리는 역사적으로 특이한 실체이다. 대조적으로 성장체제의 소진의 징후들은 어떤 매개들에 대한 다른 매개들의 역기능에서 발견되어야 한다. 종국에 가서 역기능으로 전화되는 이런 일관성에서 사회와 개인 간의 긴장이 이 매개를 관통하고 있다는 것을 결코 간과해서는 안 된다"(Aglietta, 1997: 37).

에서 일정한 축적체제를 지향할 필연성이 발견되는 것은 언제나 사후적이다. 리피에츠는 조절이론의 이러한 한계를 '사후적 기능주의'로 인정하고 있다(Lipietz, 1985: 16).

여기서 우리의 관심은 자본축적과 계급투쟁의 관계에 대한 이론화이다. 조절이론적 접근방법이 자본주의의 발전 동학을 분석하기 위해 계급관계, 특히 계급투쟁 요인을 적극적으로 도입하려는 문제의식에서 구조형태 또는 제도형태의 특정한 조합인 조절양식이라는 매개 개념을 도입하지만, 계급투쟁은 축적체제의 요구에 조응하는 한에서만 자본축적에 영향을 미치는 것으로 이론화된다. 결국 계급투쟁은 자본축적에 종속되는 것으로 이론화되고 있는 것이다. 따라서 조절이론적 접근방법에 대한 클라크의 다음과 같은 비판은 정당하다.

> 축적체제의 제도화가 계급투쟁의 순수하게 우연한 결과일지라도, 그것은 자본주의적 계급관계를 안정시키는 객관적 조건이며 조절이론이 설명하려는 것도 바로 이러한 안정이다. 계급투쟁은 구조와 투쟁 사이의 관계에서 종속적인 역할을 맡을 뿐이며 그것의 중요성은 축적체제의 구조적 강제에 의해 제한된다. 이러한 이론적 약점은 신고전파의 시장개념에 대한 조절이론의 비판에 이미 내재하고 있다. 사물들 간의 양적 관계가 사람들 간의 사회적 관계들의 물신화된 형태이고, 따라서 시장은 사회적 조절의 한 형태로 간주되어야 한다는 점을 지적한다는 면에서 조절이론은 올바르기는 하지만 독창적이지 않다. 조절이론적 접근의 근본적인 약점은 이러한 통찰을 충분히 수용하고 있지 못하다는 점이다. ……경제적 관계는 사회적으로 조절되지만, 사회적 관계의 조절은 여전히 자본의 확대재생산을 위한 기능적 요구들에 종속적이라는 것을 그들은 인정하고 있다(Clarke, 1988b: 86).

한편 조절이론의 자본축적 과정에 대한 분석은 제도형태들의 구조적 접합관계에 대한 분석으로 귀결되고, 축적체제의 동학은 제도형태들의 순기능·역기능으로서 주요하게 분석된다. 그리고 축적체제의 위기는 조절양식의 역기능에 의한 것으로 파악된다. 이 접근방법에서 체계를 움직이는 주체는 제도형태들인 것이다. 따라서 조절이론 내부에서조차 조절이론이 "사회발전을 복잡한 제도 속에서의 모순적 행위의 결과와 전략적 의미의 주체가 없는 과정으로 파악"(Hirsch, 1990: 56)

하게 된다고 비판한다. "말하자면, 구조주의는 자신들의 방법을 다른 틀로 반복해서 주장하고 있는 셈이다. 왜냐하면 사회적 모순을 경제로 환원하면서 포괄적인 사회화의 상관성으로는 자리매김하지 않았기 때문이다. 조절이론의 '경제주의'적 편향에 관한 비판은 정확한 것이다"(Hirsch, 1990: 57).

### (3) 조절이론의 구조주의적 접근방법 비판

조절이론적 접근방법이 구조주의적 마르크스주의를 비판하고 극복하기 위해 구조형태, 조절양식 개념을 매개 개념으로 도입했음에도 이처럼 구조주의적 경향을 벗어나지 못한 것은 구조주의에 대한 비판이 불철저했기 때문이다. 이론화 과정에서 계급관계 및 계급투쟁을 제도형태라는 또 하나의 구조물을 매개해서 자본축적과 관련짓는 방식으로 개념화하는 과정에서 구조주의의 함정에 다시 빠지게 된 것이다.

이것은 조절이론이 자본주의의 역사적 발전과정에 대한 분석에서 특정 시기의 장기적인 안정과 지속성에 주목하고 그러한 장기적인 안정성과 위기의 분석에 초점을 맞추면서 축적체제 개념이 축적의 '모순적 통합'이 아니라 '체계적 통합'을 강조하는 데서 비롯되고 있다. 초기 아글리에타에서부터 사회체계는 '모순적 총체'가 아니라 '기능적 총체', 즉 조화로운 총체로 일면적으로 파악된다.

> 사회적 체계는 하나의 형태구조(morphology), 다시 말해 질적 차이의 원리와 불균등한 영향에 종속된 관계들에 의해 구조화된 하나의 공간을 구성한다. 이와 같은 체계는 그 체계의 구성요소 각각에 존재하는 기본적인 불변요소, 즉 그 존재가 체계로 하여금 통일성과 응집을 보장해주는 규정적 관계를 재생산하는 방식으로 발전한다. 기본적인 불변요소가 문제시되지 않는 한 체계의 양적 매개변수는 지속적으로 변화할 수 있다. 그러나 그것을 교정하는 메커니즘이 붕괴될 여지가 존재한다. 이 경우 불변요소의 재생산은 직접적으로 위협받고 그 결과, 체계 자체의 존재가 위협받는다. 이러한 일이 발생하면 체계는 조절형태를 변화시킴으로써 그 틈을 메우기 위해 총체적으로 반응한다. 체계의 변화는 다소 심각할 수도 있는 형태구조의 변형 속에서 일어난다. 단절이란 그와 같은 변형의 하나이다(Aglietta, 1979: 42).

이러한 경향은 그의 후기 저작(1997)에서 더욱 강화된다. 예컨대 '체계의 일관성', '국지적 일관성', '거시경제적 규칙성 또는 일관성' 등의 개념에서 확인되듯이, 연구의 초점이 체계의 조화 또는 순기능에 맞추어져 있어서 체계가 조화로운 총체, 기능주의적 총체로서만 파악되고 있다. 따라서 축적체제의 위기는 체제 외적인 것에서 비롯될 수밖에 없게 개념화된다. 축적체제의 위기는 외재적인 계기에 의한 조절의 붕괴를 의미하며, 이러한 위기에 대한 체제의 적응과정의 결과로서 새로운 조절형태가 출현하게 된다. 그래서 위기에 대한 해결책뿐만 아니라 위기의 기원과 전개과정 역시 사후적으로만 설명될 수 있을 뿐이다.

조절이론의 구조주의적 경향은 조절이론이 각국에 대한 비교역사연구를 통해 매개 개념들을 세련화하는 과정에서 제도형태, 조절양식을 '중간조직' 또는 '사회적 매개' 개념으로 더욱 추상적·형식적으로 규정하게 되면서 계급관계 및 계급투쟁의 중요성이 여러 사회관계들 가운데 하나로 격하되는 과정에서 더욱 심화된다.

예컨대 아글리에타(1997)는 포드주의 축적체제에서는 임노동관계의 조절이 조절양식의 지배적 지위를 차지하고 다른 제도형태들과 구조적으로 연관한 것으로 분석한 데 반해, 포드주의 축적체제의 위기 이후 현재 출현하는 축적체제를 금융체제가 임노동관계를 대신해 주도적 지위를 차지하는 '금융주도 성장체제'로 분석하고 있다. 이는 포드주의 축적체제에서 임노동관계에 조절양식의 주도적 지위가 부여된 것이 순전히 역사적 우연이었음을, 따라서 조절이론이 애초에 제기한 계급관계 및 계급투쟁의 중요성은 포드주의 축적체제에서만 체제 내 동학으로 이론화되었음을 확인해준다. 또한 조절이론의 조절양식 개념이 계급관계가 아니라 사회관계 일반이라는 추상적 사회관계로 형식화되고, 계급관계는 수많은 사회관계의 하나로 격하되고 있음을 방증한다.

그리고 제도형태 구성에서 지배적 요소의 변화, 구성요소들 간의 위계화와 접합, 제도형태들의 상대적 자율성 등 구조주의적 개념화가 재현된다. 구조주의적 마르크스주의가 토대와 상부구조 또는 경제·정치·이데올로기 영역 간의 관계 등에서 구조적 접합 개념으로 총체를 구조주의적으로 파악하듯이, 조절이론은 '중범위 분석수준' 또는 '중간이론수준'에서 매개 개념들에 대해 구조주의적 개념화를 통해 축적체제를 분석하는 방향으로 발전하고 있다. 이의 대표적인 사례로 히르쉬, 제숍 등에 의한 주요한 제도형태로서 국가형태에 대해 '정치적 조절' 등의 개념으로 조절이론을 보완·확장하려는 시도를 들 수 있다.

　조절이론이 이처럼 제도를 중심에 놓고 분석하는 제도주의 경향, 그리고 구조주의 경향이 강화되는 방향으로 발전하고 있는 데에는 조절이론의 구조주의적 접근방법이라는 측면 외에, 이들이 채택하고 있는 사회학적 연구방법도 크게 작용하고 있다.

　브와이예는 조절이론적 접근방법의 구체적인 연구방법을 네 가지 주요 단계로 설명한다. ① 주요한 날짜와 상이한 국면에 따라 제도형태를 시대구분한다. ② 이들 형태의 함축적 논리를 상이한 기간의 계량분석적인 검증을 사용해서 결정한다. ③ 거시경제모형을 사용해서 부분논리가 체계 전체를 재생산하는 조절양식을 생성하는지를 검토한다. ④ 거시경제의 장기 동학을 검토하고 내적 경향을 검토하며 상이한 체제와 상이한 구조적 위기를 모형화한다(Boyer, 1986: 91~98).

　또한 아글리에타(1997)가 '포드주의'나 '금융화된 성장체제'를 정식화하는 방식과 절차도 유사하다. ① 이 성장체제하에서 기업행동의 핵심적 변수가 무엇인지, 그리고 이 기업행동에 영향을 미치는 제도 내지 조절양식이 무엇인지를 확정한다. ② 제도형태들, 조절양식의 제약하에서 기업이 행동했을 때 거시경제적 수준에서 어떠한 현상들이 야기되는지를 분석한다. ③ 이러한 거시경제적 현상들 사이의 상호관계로부터 어떤 상태에서 일관성이 확립되는지, 그리고 어떤 일관성을 도출할 수 있는지를 밝힌다. ④ 이렇게 도출된 일관성에 거시적 성장체제의 본질적인 특징을 부여하면서 이 성장체제의 약한 고리를 이끌어낸다.

　구체적으로 보면, ① 기업행동의 핵심변수는 주가수익이며, 기관투자가에 의한 기업지배구조와 세계화가 이 기업행동에 영향을 미치는 주요 조절양식으로 설정된다. ② 기관투자가에 의한 기업지배구조와 세계화의 상호 작용하에서 기업들은 배당을 분배할지 혁신투자를 할지를 결정한다. 그리고 이 결정에 따른 기업의 대응이 기술진보의 방향을 크게 수정한다. 이 성장체제의 활력은 제품수명이 짧은 생산물의 혁신과 서비스의 다변화에서 생겨나기 때문에, 이 성장체제에서의 성장은 특히 자본절약을 목적으로 하는 조직혁신을 위한 투자에 의존한다. 이러한 투자에 의해 이루어지는 재구축의 효과는 고용의 유연화, 임금절감 및 유연화, 서비스업의 저임금 비정규직 고용 증가 등을 가져온다. ③ 재구조화가 일시적으로 고용 파괴와 불안정성을 야기하면서도 종국적으로는 국민경제 전체에 대해 미래 부의 창출을 약속하는 방식으로 조절양식이 재구조화의 파괴적 효과를 소진시키기 위해 작용할 것이고, 따라서 일정한 이행기간 뒤 새로운 성장체제가 출현한다. 이때 규칙성을 수반하는 거시경제적 연쇄가 형성된다. 첫째, 조직혁신을 위한 투자에 의해 야기된 임금비용 절감과 재고감축이 경쟁을 매개로 해서 생산비 절감으로 나타나고 이것이 가격에 반영된다. 둘째, 매출증가와 제품혁신에 의해 창출된 이윤이 배당분배를 가능케 해 주가상승을 뒷받침한다. 셋째, 주가상승은 가계의 부를 증가시키고 조직혁신에 따른 가격인하와 맞물려 소비를 자극한다. 넷째, 소비증대는 성장을 뒷받침하며, 성장은 자본절약과 함께 고용수준을 결정하고 이윤증가를 낳으며, 이는 기관투자가가 요구하는 수익성을 승인한다. ④ 과거 포드주의 성장체제가 노동과정의 위계적 경직성과 비민주성, 그리고 인플레 압력에 취약할 수밖에 없었던 데 비해, 이 성장체제는 주식시장과 채권시장의 민감한 반응을 통해 인플레 압력은 내생적으로 안정화시키지만, 금융세계화하에 구조화된 시스템 리스크에 결정적으로 취약하게 된다. 이 시스템 리스크로 표현되는 금융불안정성과 금융취약성이 이 성장체제의 약한 고리가 된다(전창환, 1999b: 128~133).

그러나 사회현실의 이러한 이론화는 동어반복적 접근에 그칠 위험을 수반한다. 즉, 현실의 표면상의 현상이 당연시되고, 그런 다음에 사회적 발전이 평가되는 것은 이러한 현실의 표면상의 현상에 비추어서이다. 즉, 현상들의 사회적 구성을 개념화함이 없이 현상들을 그 자신의 존재양식, 발전법칙 및 위기경향들로 수용한다. 마르크스의 경우 이론작업의 과제는 다수의 규정들/원인들 및 효과들을 그들의 상호관계 속에서 이해하는 것이다. 사회현실을 구성하는 사회관계들, 특히 계급관계를 강조함이 없이 현실의 표면적인 현상을 개념적 출발점으로 삼는 것은 이론화가 출발하는 지점에서 개념적으로 끝내는 위험을 안게 된다(Bonefeld, 1992a: 127).

그뿐만 아니라 사회변화에 대한 사회학적 접근법은 모든 것을 해명하는 핵심변수들 ― 예컨대 아글리에타(1997)의 경우 기관투자가에 의한 기업지배구조, 세계화 등 ― 을 판정하는 것을 추구한다. "'법칙'에 대한 논의가 유행은 아닐지라도 핵심변수들의 판정이 유행이다. 그리고 종국에는 '법칙'과 '핵심변수'가 똑같게 된다. 즉, 법칙의 판정은 그러한 핵심변수의 판정에 의존하게 되고, 일단 핵심변수가 판정되면 왜 법칙이라고 말할 수 없겠는가? 사회학적 법칙들……은 결정론에 기대게 되고,

그렇게 함으로써 계급투쟁과 역사적 주체 일반을 사회구조 그 자체의 운동을 단지 보완하는 지위로 주변화시킨다"(Bonefeld, 1992b: xvi).

조절이론적 접근방법이 구조주의로 귀결하게 된 가장 근본적인 요인으로 '개방적' 마르크스주의 그룹은 조절이론적 접근방법의 '사회적 형태' 개념에 대한 이해를 근본적으로 비판한다(Bonefeld, 1992b: xv-xvi). 조절이론에서도 애초에 제도형태는 계급관계 및 계급투쟁의 '사회적 형태'로 파악된다.

그런데 조절이론적 접근방법은 '사회적 형태' 개념을 일반적인 것의 특수한 '종류(species)'로 이해한다. 즉, 어떤 것의 형태는 그것이 취할 수 있는 특수한 성격으로 이해된다. 대체로 정통 마르크스주의에서는 형태를 이런 방식으로 이해한다. 이는 일반법칙을 특수한 사례에 적용해야 하는 것으로 이해하는 유물변증법적 개념화나, 일반적인 것과 특수한 것 – 또는 추상적 분석과 구체적 분석 – 사이에 '매개 개념' 또는 '중범위 분석'이 필요하다는 접근방법에 공통적이다. 예컨대 국가는 특수하게 '자유주의적', '파쇼적', '권위주의적' 형태를 취할 수 있고, 축적체제는 '포드주의적', '포스트포드주의적' 형태를 취할 수 있는 것으로 이해한다. 그런데 이러한 이해방식은 일반적인 것을 특수한 것으로부터 분리하고(그렇지 않다면 '매개 개념'이 필요하지 않을 것이다), 또 추상적인 것을 구체적인 것으로부터 분리하는 이중적 분리를 전제하고 있다. 그 결과 형태를 '종류'로 볼 경우 다양한 사회형태의 배후에 있는 근원적인 어떤 것을 찾으려고 노력해야 하고, 따라서 다소간 경제환원론이 되지 않을 수 없다.

이를 비판하면서 '개방적' 마르크스주의는 형태를 존재양식(mode of existence)으로 이해할 것을 제안한다. 즉, 어떤 것은 오직 그것이 취하는 형태 속에, 그리고 형태를 통해서만 존재한다는 것이다. 예컨대 가치는 상품형태, 화폐형태 및 자본형태 속에서 그리고 그것들을 통해서만 존재한다. 따라서 형태를 존재양식으로 이해하면, 일반적인 것을 특수한 것에 내재적인 것으로 볼 수 있게 하고, 추상적인 것을 구체적인 것에 내재적인 것으로 볼 수 있게 한다. 왜냐하면 형태가 존재라면 구체적인 것은 추상적인 것일 수 있고(그 역도 성립), 특수한 것이 일반적인 것일 수 있기(그 역도 성립) 때문이다. 이처럼 형태를 존재양식으로 볼 경우, 형태를 그 자체로 스스로 해독하려고 노력해야 하고 따라서 계급투쟁이 취할 수 있는 여러 가지 형태를 스스로 해명하기 위해 '비판과 모순의 운동'이란 관점을 취하게 된다.

이러한 비판적 입장에서 보면, "조절이론가들이 발견해낸 제도적 형태들은……계급관계의 제도적 형태로서 가장 잘 이해될 수 있고, 이를 통해 생산 및 교환관계의 양적 결정이 자본주의적 계급관계의 재생산을 둘러싼 투쟁에 종속된다는 것을 파악할 수 있다. 조절양식은 계급투쟁의 제도적 형태로 더욱 잘 이해될 수 있다. ……조절양식의 위기는 불균형의 위기로서가 아니라 자본주의적 지배형태의 위기로서 이해되어야 한다"(Clarke, 1988: 87).

이상의 논의를 통해 우리는 조절이론적 접근방법을 자본축적과 계급투쟁의 관계에 대한 이론화를 중심으로 검토한 결과, 조절이론적 접근방법이 애초의 문제제기나 문제의식과는 모순되게 자신이 극복하고자 했던 구조주의에 여전히 머무르고 있음을 확인했다. 또 그 핵심 원인이 물신주의에 대한 불철저한 비판에서 비롯된 구조주의에 대한 불철저한 비판에 기원하고 있음도 보았다.

미국 SSA(Social Structure of Accumulation)학파[19]의 사회적 축적구조론 역시 그 방법론에서 프랑스 파리학파와 매우 유사하다. 기존 경제이론에 대한 문제제기와 비판,[20] 추상적인 이론과 역사분석 사이의 '중위이론 수준',[21] '매개 개념'의 도입, 제도를 중심으로 한 '사회적 축적구조' 개념 설정,[22] 파리학파의 축적체제와 조절

---

19) 최민식은 SSA학파의 이론적 배경에 대해 "어느 한 학파로 설명될 수 없으며, 마르크스주의를 비판·발전시킨 신좌파적 전통과, 신고전파 이론을 비판하고자 하는 입장에서의 제도학파적 전통, 자본주의체계의 불안정 및 불공정 등을 분석한 케인스주의로부터 합리적 핵심을 받아들이는 다원주의적 전통에 서 있는 것"으로 보며, "이론을 전개해나가면서 마르크스주의 이론에 보다 접근하게 되며 서구 마르크스주의 이론을 수용하여 이론을 보다 풍부하고 명료하게 만든다"(최민식, 1994: 5)라고 평가한다.

20) "전통적인 마르크스주의 동학이론은 일반적인 수준에서 자본주의 생산조직을 형상화하는 데 도움을 주지만 생산관계의 특수한 발전은 계급 간 상대적인 힘의 변화와 투쟁도구에 의존하며, 이 또한 생산관계의 성격에 의존한다. 이러한 생산조직과 노자 간 갈등의 형태 사이의 상호 의존성이 의미하는 바는 생산의 성격에 대한 최종적인 서술이 추상적인 수준의 분석에만 의존할 수 없으며 보다 구체적인 결정에도 초점을 맞추어야 한다는 것이다"(Gordon et al., 1982: 41~42).

21) "우리는 장기파동과 자본주의의 단계의 논리에 초점을 두는 중위수준의 분석이 자본주의 발전의 이해에 필수적이라고 제안한다. 우리가 중위수준의 분석을 의도한 목적은 자본주의 발전에 대한 추상적인 전통적 마르크스주의적 분석과 일상생활에 대한 최근의 구체적인 분석을 둘 다 보완하려는 것이다"(Gordon et al., 1982: 42. 강조는 인용자).

22) 프랑스 파리학파의 '조절양식' 개념과 유사한 개념이다. "사회적 축적구조란, 자본주의적 축적과정이 조직되는 특수한 제도적 환경을 의미한다. 자본주의적 축적은 구체적인 역사적 구조, 즉 요소시장에서 투입요소를 구입해서, 상품과 서비스를 생산하며, 상품시장에서 생산물을 판매하는

양식의 조응 개념에 상응하는 자본축적 과정과 사회적 축적구조의 조응 개념[23]
등 기본적으로 동일한 구조주의적 접근방법에 입각하고 있다. 또 기본적으로 자
본축적의 장기적 변동 또는 장기 파동의 해명에 초점을 맞추고 있는 점도 유사하
다. 다만 위기의 원인에 대한 분석에서 차이를 보이고 있을 뿐이다.[24] 따라서 파
리학파의 구조주의적 접근방법이 안고 있는 문제와 한계를 SSA학파의 경우도 대
체로 그대로 안고 있다고 볼 수 있다.

## 2) 브레너의 국제적 경쟁론

브레너(1998; 2002)는 1970년대 이후의 장기침체에 대한 기존이론들의 설명을
'공급 측면 해석'으로 비판하면서 그 대안적 접근방법으로 자본 간 경쟁을 중심으
로 한 설명을 제시한다. 자본주의 발전을 규정하는 것은 계급투쟁이 아니라 자본

---

기업 안에서 이루어진다. 그리고 이 구조는 자본주의적 축적과정에 영향을 주는 다른 구조, 즉 화
폐와 신용제도, 국가의 경제개입 양식, 계급갈등의 성격 등으로 둘러싸여 있다. 우리는 이러한 제
도들의 집합을 **사회적 축적구조**라고 명명한다. 우리가 장기파동을 중시하는 것은 자본주의 경제
의 장기파동이 각각 독특한 사회적 축적구조와 결합되어 있다는 가설에 부분적으로 기인한다. 이
러한 사회적 축적구조들은 계기적인 **자본주의 발전단계들을 규정한다**"(Gordon *et al.*, 1982:
26. 강조는 인용자).

23) 축적위기에 대해 조절이론이 축적체제와 조절양식의 '비조응'으로 파악하는 데 비해, 사회적 축적
구조 이론은 축적과정으로부터 사회적 축적구조의 '이탈'로 설명하나, 기본적으로 두 요소의 대응
관계로 파악한다는 점에서 동일한 것으로 볼 수 있다. "우리는 자본축적 과정에 대한 이러한 분석
에 기초해 **사회적 축적구조**가 자본축적 속도를 번갈아 촉진시키고 억제시킨다고 제안한다. 사회
적 축적구조를 구성하는 제도들이 안정되고 도전 없이 유연하게 작동하고 있다면, 자본가들은 생
산능력을 확대하려는 투자가 안전하다고 느낄 것이다. 그러나 사회적 축적구조가 흔들리기 시작
한다면, 즉 계급갈등이나 과거의 자본축적이 그 제도들을 한계에 이를 때까지 압박하고 그 제도가
정당성을 잃기 시작한다면, 자본가들은 자금을 직접투자보다 금융투자에 더 충당할 것이다"
(Gordon *et al.*, 1982: 47. 강조는 인용자).

24) 구조주의적 접근방법이라는 측면에서는 SSA학파를 '미국판 조절이론'으로 평가해도 무리가 없을
듯하다. 프랑스 파리학파와 미국의 SSA학파 간의 비교와 차이점에 대한 분석으로는 코츠(Kotz,
1990), 제숍(Jessop, 1990), 최민식(1994), 정운영(1995) 등을 참조. "중기적 범위에서 조절이론과
사회적 축적구조 이론은 구조적 강제와 계급갈등이 중요한 역할을 수행하는 시간대를 상대한다.
조절이론은 축적과정에 미치는 계급과 다른 갈등의 독자적 효과를 충분히 주목하지 않는 데 반해,
사회적 축적구조 이론은 구조적 강제에 충분한 비중을 두지 않는다. 중기적 분석으로서 전자는
지나치게 구조주의적이고 후자는 지나치게 주의주의적(voluntarist)이다"(Kotz, 1990: 27).

주의적 경쟁이라는 것이다.[25]

　자본주의는 생산력을 전대미문의 수준으로까지 발전시키지만, 이러한 과정은 그것이 가진 **무계획적이고 경쟁적인** 속성 때문에 파괴적인 방식으로 이루어진다는 사실이 나의 출발점이 된다(Brenner, 1998: 64. 강조는 인용자).

　자본주의적 생산의 무계획적이고 무조절적인 경쟁적 속성, 특히 개별 투자자들의 이윤추구 행위와 여타 생산자들 및 경제 전체의 수익성 사이에 나타나는 괴리이다. 이러한 관점에서 보았을 때, 장기침체의 원인이 된 전체 수익성의 하락은 **노동이 자본에 가한 수직적 압박의 결과라기보다는 자본 간 수평적 경쟁의 격화에서 연유하는 과잉설비 및 과잉생산의 결과**였다(Brenner, 1998: 38. 강조는 인용자).[26]

　브레너의 이러한 관점은 제2차세계대전 이후의 장기호황과 그에 뒤따른 위기 또는 장기침체에 관한 프랑스 조절이론과 미국의 '사회적 축적구조' 이론에 대한

---

25) 브레너의 관점이 제기된 시점(1998)의 정세적 상황은 브레너의 문제의식의 일단을 이해하게 해준다. "현재 위기의 역설은 자본이 스스로 위기에 빠져 있는 것처럼 보인다는 점이다. 1960년대 노동자계급 전투성의 폭발은 1970년대에는 퇴조했고, 노동자계급은 1980년대에 심각한 타격을 입었다. 1990년대 노동자계급 전투성은 전반적으로는 재출현하지 않았다. ……노동자계급은 '자본'에 의해 패배당한 것처럼 보인다. 그럼에도 자본주의는 심각한 위기에 처해 있다. 도대체 자본이 스스로 위기 — 노동자계급의 투쟁에서 '기인한' 것이 아니라 노동의 역사적 패배했음에도 발생한 위기 — 에 빠질 수 있는가?"(Bonefeld, 1999: 5)

26) 그러나 브레너는 이러한 방법론과는 모순되게 실제 분석에서는 계급관계에서의 노동자계급의 패배와 종속을 전후 장기호황의 전제조건으로 제시하고 있다. 이에 대한 구체적인 비판은 제4장에서 수행할 것이다. "냉전의 도래와 함께 미 군정청의 태도는 일변했다. 미 군정청은 보수적 정부 및 강경노선의 사용자와 연합해 이러한 저항을 억압하거나(일본) 견제했다(독일). …… **양국에서 전후 호황은 흔히 말하는 '노동-자본 간 합의'와 노동에 대한 인정보다는 노동의 패배와 명백한 종속에 기초하는 것이었다.** 특히 1950년대 10년 동안의 장기 상승국면의 기초를 세운 자본축적의 장기적 물결은 비상하게 높은 이윤율의 달성에 의해 가능했는데, 이는 그 전제조건으로 노동의 억압과 그에 따른 낮고(생산성 증가에 비해 상대적으로) 느린 임금상승의 수용을 필요로 했다. 따라서 노동의 실질적인 물질적 이득과 그 이면에서 등장하고 있던 노동조합 관료를 통한 (부분적인) 사회·정치적 통합을 가능하게 한 것은 바로 전후의 장기확장 자체였지, 그 역은 아니었다. 노동의 패배와 종속은……독일과 일본 모두에서 1950년대 초반과 중반까지 사용자에 의해 무자비하게 자행된 대규모 계급투쟁의 결과였다"(Brenner, 1998: 98. 강조는 인용자).

전면적인 비판에 기초하고 있다.

공급 측면 접근법의 현대적 형태들 대부분은, 지속적인 이윤압박의 배후에 존재한다고 하는 강력한 노동의 힘이 단순히 초과수요 상태의 노동시장의 결과가 아니라 제2차세계대전 이후 효력을 발휘하기 시작한 역사적으로 특정한 제도적 장치 및 정부정책의 결과였다고 주장함으로써 스스로를 고전적 형태와 구별한다. ……장기침체의 근원을 케인스주의의 모순이라고 통칭할 수 있는 것에서 찾고 있다. 따라서 표면적으로는 유효수요의 문제를 해결함으로써 전후 호황을 가능케 했던 바로 그 제도적 장치 및 정부정책의 실행이 장기침체를 야기한 공급 측면 문제들의 원인이었다고 주장하는 것이다(Brenner, 1998: 48).

공급 측면 이론가들은 전간기의 위기를 불평등 분배 및 과소소비를 통해서, 그리고 작금의 침체를 이윤압박을 통해서 이해하고자 하기 때문에, 자본가와 노동자 사이의 '수직적(시장적 그리고 사회정치적)' 권력관계를 지나치게 강조한다. 그 결과 이들은 생산적 편익뿐 아니라 자본주의 체계의 경제적 중추를 구성하는 기업들 간의 '수평적' 경쟁에서 기인하는 경제적 모순을 과소평가하는 경향이 있었다(Brenner, 1998: 63~64).

브레너는 이러한 비판에 입각해서 대안적 설명방법 또는 접근방법의 필요성을 제기한다.

만약 지속적인 자본주의적 발전이 갖는 역사적 규칙성만을 이해하는 데 그치는 것이 아니라 그 침체가 갖는 역사적 규칙성 또한 발견하고자 한다면, 우리는 **아담 스미스의 자비로운 보이지 않는 손과 공존하고 있는 사악한 보이지 않는 손**에 대한 이론 — 조정을 향해 나아가는 것이 아니라 오히려 그로부터의 일탈을 유도하는 개별적(그리고 집단적) 이윤극대화의 결과로서 나타나게 되는 **일련의 자생적 단계들**을 포괄하는 이론 — 을 필요로 하게 된다(Brenner, 1998: 65. 강조는 인용자).[27]

---

27) 브레너는 이러한 방법론적 입장에 입각해서 1973년 이후의 장기침체에 이르는 기계적인 '연쇄작용'을 설명한다. 이를 도식적으로 정리하면, 제조업 국제경쟁의 격화 → 진입의 증대와 퇴출의 부

결국 브레너의 대안적 접근방법은 신고전파의 '조화로운 시장메커니즘'과 정반대의 '부조화의 시장메커니즘'을 염두에 둔 것으로 볼 수 있다. 그러나 결론이 정반대일지라도 형식은 동일하다. 즉, 시장메커니즘 접근방법이다. 그 결과 브레너는 1970년대 이후 자본주의의 발전과정, 즉 장기침체를 설명하는 데 계급투쟁은 일시적이고 부차적인 교란요인으로 역할한 것으로 평가한다. 즉, 그것의 영향이나 효과는 항상 경쟁의 논리에 의해 극복되는, 따라서 경쟁 논리를 '근본적으로 변형할' 수 없는 것으로 이론화된다.

일반적으로 노동은 장기적인 체계적 침체를 일으킬 수 없다. 왜냐하면 일반적으로 어떤 생산분야에 대한 자본투자의 잠재적 영역은 노동조합, 정당들에 의해 영향을 받거나 또는 규범·가치·국가의 뒷받침을 받는 제도들에 의해 규제되는 노동시장을 넘어서 확장되기 때문이다. 따라서 기업들은 노동자들의 저항력이 취약한 분야에 투자함으로써 노동자들의 제도화된 힘을 우회하고 약화시킬 수 있게 된다. 이들은 반드시 그렇게 해야 하며, 그렇지 않을 경우 경쟁력을 상실하고 다른 자본가들에 의해 패퇴될 것이다. 이와 같은 기본적인 동학은 국가제도에 의해 둔화될 수는 있지만 근본적으로 변형될 수는 없다(Brenner, 1998: 60).

조절이론적 접근방법이 계급투쟁 요인을 자본주의 발전과정에 반영하려는 문제의식, 더 적극적으로는 자본주의 발전동학으로 복원하려는 문제의식에서 제도 등 매개 개념을 도입한 것과는 정반대로, 브레너는 오히려 그러한 문제의식 자체를 비판하면서 계급투쟁 요인을 철저히 무시하거나 종속적 역할로 위치시키는 것이다.

이러한 브레너의 관점은 1970년대의 이른바 '구브레너논쟁'에서 브레너 자신이 봉건영주와 농민 간의 계급투쟁의 효과를 중심으로 봉건제에서 자본주의로의 이행을 설명할 것을 제안한 것과는 정반대의 입장이다(Brenner, 1974). 그 논쟁에서

---

족 → 과잉생산과 과잉설비의 증대 → 제조품 가격에 대한 하방 압력 → 제조업 이윤율의 저하 → 경제 전체 이윤율의 저하 → 장기침체(정성진, 1999). 또한 브레너는 이러한 '연쇄작용'의 역전, 즉 이윤율의 회복은 "오직 고비용·저이윤의 생산수단이 과잉설비·과잉생산 및 저수익성 분야로부터 축출되어 고이윤 분야로 재배치될 때 비로소 가능하다"(Brenner, 1998: 66)고 제시한다.

브레너는 중세 말과 근대 초의 장기적인 경제발전에 대한 기존의 해석인 '인구모델'과 '상업화 모델'을 경제적-결정론적 모델 구성으로 비판하면서, "특정한 계급구조, 특히 그 가운데에서도 소유관계 또는 잉여착취관계가 자리를 잡아가는 상대적으로 독자적인 과정과 무엇보다도 그러한 과정이 불러일으키는 계급갈등을 분석하는 것이 결정적으로 중요하다"라는 방법론적 입장을 견지했다. 즉, "특정한 인구변화와 상업적 변화들이 소득분배와 경제성장에서의 장기적인 추세에 얼마만큼 영향을 미칠 것인가를 결정하는 요인은 계급관계의 구조, 즉 계급 간의 세력구조이지, 그 거꾸로는 결코 아니기 때문"(Brenner, 1974: 21~22)이라는 것이다.

그뿐만 아니라 브레너는 계급투쟁 자체도 경쟁논리의 파생물로 이론화한다. 즉, 계급투쟁은 자본 간 경쟁의 압박에 따라 자본이 노동자계급에 공세를 취하는 자본가의 계급투쟁으로 이론화된다. 그는 "노동자계급의 투쟁이 위기의 원인이 아닌데도 왜 자본이 노동자계급을 공격하는가?"라고 질문하고, 이에 대해 자본은 경쟁적 압력에서 살아남기 위해 노동을 공격할 것이 '요구된다'고 설명한다. 즉, 경제위기가 심화될수록 생산자의 파산, 부도, 기존 자본의 가치감가 등을 통해 자본 간 경쟁이 완화되지 않는 상태에서 노동에 대한 심화된 공세를 '필요로 한다'는 것이다.

따라서 브레너는 계급투쟁마저도 자본 간 경쟁의 논리로부터 도출한다. 요컨대 자본주의 위기에 노동자계급의 투쟁은 별반 역할을 하지 않지만, 그럼에도 자본은 도태되지 않기 위해 노동자계급을 공격하도록 강제된다는 것이다. 여기서 계급투쟁은 '위로부터의 투쟁', 즉 개별 자본들이 경쟁 압력에 적응하기 위해 추구하는 '자본가의 계급투쟁'으로서만 파악된다.

브레너의 이러한 접근방법은 신고전파 접근방법과 동일하다. 신고전파 이론에서는 자본 간 경쟁이 자본주의 세계의 경제발전을 지배하는 경제법칙으로 간주된다. 따라서 브레너의 경쟁 및 계급투쟁 개념이 경쟁에 대한 물신주의적 파악이라는 본펠트의 다음과 같은 비판은 정당하다.

> 브레너의 접근방법은 자본주의적 경쟁의 관점에서 '수요와 공급' 도그마의 재정식화 이상을 제시하지 못한다. 자본 간 경쟁을 기초로 한 자본주의적 재생산 및 그 위기에 대한 설명이 말하고자 하는 관점은 '국내시장에서'의 억압된 임금은 '수출주

도 성장'을 필요로 하며, 따라서 세계시장에서의 '유효'수요에 대한 자본주의적 경쟁의 심화를 야기하고 '과잉생산' 때문에 수익성을 압박한다는 것이다. 이것이 브레너의 시나리오이다. 달리 말하면, 그는 자본주의 위기에 대한 '현상학적' 설명을 거부하는 대신에 그것을 **자본주의적 경쟁 개념이 표현하는 똑같이 '현상학적'인 설명**으로 대체한다. 두 설명 모두 계급관계를 보이지 않게 만들고, 실제로 계급관계의 정반대를 보여준다(Bonefeld, 1999: 21. 강조는 인용자).

브레너의 물신화된 경쟁 개념 대신에 본펠트는 마르크스의 경쟁 개념을 제시한다.

자본주의적 경쟁관계를 구성하는 것은 자본과 노동의 관계, 즉 계급관계이다. ……계급관계, 즉 계급투쟁을 추상하고는 자본의 자본에 대한 관계는 개념화될 수 없다. 경쟁은 계급관계를 전제하고 있고, 계급관계를 보이지 않게 만들며 그 존재를 부정한다. 자본은 자본과 노동의 사회적 관계로 드러나기보다는 단순한 사물로 드러난다. ……자본의 외관상 사물 같음과 경쟁 개념은 상품이 표현하는 동일한 물신화된 세계의 상이한 표현에 속한다(Bonefeld, 1999: 17).

따라서 "경쟁은 자본과 노동 사이의 본질적 관계의 현상형태, 즉 자본과 노동 사이의 계급관계가 사물들 자체 사이의 관계 ─ 즉, 자본과 자본 사이의 관계 ─ 로 스스로를 드러내는 형태이다"(Bonefeld, 1999: 18). 이러한 비판은 다음과 같은 브레너의 경쟁론에 대한 옹호론(즉, 브레너 비판에 대한 반비판)에도 그대로 적용된다.

스미스(Smith, 1999)는 자본과 노동의 모순을 중심으로 하는 '자본 일반'의 추상수준이 자본과 자본의 모순을 중심으로 하는 '다수 자본'의 추상수준보다 '체계 변증법'에서 우선하는 것은 분명하지만, 그렇다고 해서 이것이 역사적 설명에서의 우선을 의미하는 것은 아니라고 하면서, 브레너의 방법은 마르크스의 경제학 방법과 상충되지 않는다고 브레너를 옹호한다. 우드(Wood, 1999)도 '시장 의존성'이 자본주의의 역사적 특수성이라는 사실을 감안한다면, 자본주의 경제변동의 분석에서 '다수 자본', 즉 경쟁의 추상수준이 전면에 부각되는 것은 오히려 당연하다고 브레너를 옹호한다(정성진, 2001: 18).

나중에 '물신주의 비판과 추상수준'에서 자세히 다루겠지만, 이러한 옹호론은 마르크스의 '자본 일반'과 '다수 자본'을 구별하는 추상수준 문제가 물신주의 비판과 밀접하게 연관되어 있다는 점을 또한 간과하고 있다.

결론적으로 브레너는 자본축적과 계급투쟁의 관계에서 계급투쟁을 자본축적으로 환원하는, 시장메커니즘 일원론의 입장을 명시적으로 표방하고 있다. 이는 자본축적과 계급투쟁의 관계에 대한 조절이론의 구조주의적 접근방법과는 구별되는, 계급투쟁을 철저히 무시하는 또 하나의 의식적인 그리고 더욱 철저한 구조주의적 접근방법이다.

## 3) 자율주의적 접근방법의 구조주의 비판과 한계

'자율주의' 그룹의 접근방법은 조절이론으로 대표되는 구조주의적 접근방법과 정반대의 극단에 있는 입장이다. 이 그룹은 이탈리아의 노동자투쟁 속에서 독자적으로 형성되었고 이후 구조주의에 대한 이론적 반정립(反定立)을 형성하고 있다.

대체로 정통 마르크스주의 분석은 자본에 대한 분석과 자본의 발전에 초점을 맞추었고, 좌파이론은 일반적으로 억압을 강조하며, 자본주의의 사악함을 폭로함으로써 대중의 분노를 불러일으키기를 선호해왔다. 그래서 노동자계급을 단지 억압의 희생자들로만 다루는 경향이 있었다. 그러나 이러한 강조는 한편으로 사람들을 분노한 행동으로 떨쳐나서게 하지만, 다른 한편으로는 희생자인 노동자계급이 어떻게 자신을 스스로 해방시킬 수 있는가 하는 문제를 완전히 보류하는 경향이 있다.

1960년대 이래로 이탈리아에서 처음으로 발전한 흐름인 '자율주의적 마르크스주의(또는 노동자주의)'는 투쟁보다 지배를 더 강조하는 마르크스주의 전통을 가장 명확하게 비판했다.[28] 그 출발점은 1964년에 발표된 마리오 뜨론띠(Mario Tronti)

---

28) 이탈리아의 자율주의 그룹뿐만 아니라 1950년대 미국의 존슨-포리스트 운동 등 자율주의적 전통에 대한 간략한 소개는 클리버(Cleaver, 1979: 75~109)를 참조.

의 「영국의 레닌(Lenin in England)」이란 논문이다. 이 논문은 자율주의적 마르크스주의의 접근방법을 형성하는 데 크게 기여했다.

> 우리는 자본주의적 발전을 일차적인 것으로, 그리고 노동자들을 이차적인 것으로 놓는 개념을 가지고 너무 많이 작업해왔다. 이것은 실수다. 이제 우리는 그 문제를 역전시켜야만 하고 극성(極性, polarity)을 뒤집어야만 한다. 그리고 처음부터 다시 시작해야만 한다. 그 시작은 노동자계급의 계급투쟁이다. ……사회적으로 발전된 자본의 수준에서 자본주의적 발전은 노동자계급의 투쟁에 종속된다. 전자는 후자를 뒤따르고, 후자는 자본 자신의 재생산의 정치적 메커니즘들이 조율되어야 하는 속도를 정한다(Tronti, 1964; Holloway, 2002c: 247~248에서 재인용).

노동자계급의 투쟁으로부터 출발하는 이러한 관점의 역전은 노동자계급의 관점을 택할 뿐만 아니라 전통적 마르크스주의 접근방법을 완전히 뒤집으면서 노동자계급의 투쟁을 자본주의 발전을 규정하는 것으로 간주한다. 이것은 자율주의적 접근방법의 '마르크스주의에 대한 코페르니쿠스적 역전'으로 일컬어진다. 이 관점의 역전은 노동자계급을 자본의 역동적인 원동력으로 만들고 자본을 노동자계급의 기능으로 만드는 정식화로 볼 수 있다.

마르크스주의에 대한 자율주의적 재해석은 1960년대 이탈리아에서 급격히 증가했던 공장투쟁에 그 뿌리를 두고 있다. 이 그룹은 활발한 공장투쟁에 자극되어 기존 '마르크스주의 경제학자들'이 통상 간과해왔던 『자본론』 1권의 공장에서의 노동과정의 발전을 다룬 부분을 다시 연구하게 되었다. 마르크스는 노동과정의 발전에 관한 논의에서 자본이 끊임없이 '노동의 다루기 힘든 손'과 투쟁하지 않을 수 없도록 강제되고 공장조직과 기술혁신에서의 변화를 규정하는 것이 노동자들의 이러한 투쟁임을 보여준다. 마르크스는 기계체계를 "완고하지만 신축성 있는 자연적 장애물인 인간의 저항을 최소한도로 축소시키려는 열망"(Marx, 1976b: 541)에 의해 추동되는 것으로 파악한다.

> (따라서) 기계는 임금노동자를 '과잉'으로 만들 준비가 언제나 되어 있는 우세한 경쟁자로서만 작용하는 것은 아니다. 기계는 노동자의 적대세력이며, 자본은 이 사

실을 소리 높여 또 의식적으로 선언하며 또 그렇게 이용한다. 기계는 자본의 독재를 반대하는 노동자들의 주기적 반항인 파업을 진압하기 위한 가장 유력한 무기가 된다. 가스켈에 의하면, 증기기관은 처음부터 '인간력'의 적대물이었으며, 그것은 자본가들로 하여금 노동자들의 증대하는 요구(이것은 겨우 발족하기 시작한 공장제도를 위기에 떨어뜨릴 수 있었다)를 분쇄할 수 있게 했다. 그리하여 노동자들의 반항을 진압하는 무기를 자본에게 제공한다는 유일한 목적에서 출현한(1830년 이래의) 발명들에 대해서는 한 권의 책을 쓸 수 있을 것이다(Marx, 1976b: 584).

자율주의적 접근방법은 공장투쟁에 초점을 맞춤으로써 자본에 의해 도입된 모든 조직적·기술적 혁신들이 노동자들의 불복종(또는 비종속)의 힘을 극복하기 위해 계획된 대응임을 이해할 수 있게 해준다. 그리하여 노동의 비종속을 자본의 추동력으로 이해한다. 자율주의적 접근방법은 이러한 관점의 역전을 통해 노동자계급 투쟁의 역사를 분석하는 방법으로 '계급 구성·탈구성·재구성(class-composition·decomposition·recomposition)' 개념을 발전시킨다.

노동자들은 투쟁의 형태를 발전시킨다. 자본은 질서를 재부과하기 위해 조직화의 새로운 형태(조직혁신) 또는 새로운 기계류(기술혁신)를 도입한다. 이것이 이번에는 비종속의 새로운 형태들, 투쟁의 새로운 형태들을 낳는다. 여기서 이 투쟁들이 일정한 '구성'을 갖고 있다고 말할 수 있다. 어떤 시점에서의 자본은 불변자본과 가변자본 사이의 관계에 의존하는 일정한 기술적 구성과 가치구성에 의해 특징지어진다는 마르크스의 생각을 유추해서, 자율주의적 접근방법은 어떤 특정한 순간의 노동과 자본의 관계를 밝히기 위해 계급 구성 개념을 도입한다.

그래서 노동자계급의 투쟁은 계급 구성의 운동으로 이해될 수 있다. 어떤 특정한 시기의 투쟁형태들은 노동자계급 구성의 표현이다. 이러한 노동의 투쟁에 맞서 자본이 질서를 회복하기 위해 기술혁신이나 조직혁신을 도입할 때, 그들은 노동의 계급 구성을 분쇄한다는 의미에서 계급의 '탈구성'을 목표로 한다. 그러면 자본의 탈구성은 그에 맞선 노동의 새로운 투쟁형태들의 발전을 야기한다. 즉, 노동은 자본의 탈구성에 맞서 계급의 '재구성'을 추구한다. 그래서 노동의 투쟁의 역사는 계급 구성, 탈구성, 그리고 재구성의 운동으로 서술될 수 있다.[29]

나중에 계급 구성 개념은 특정 공장이나 특정 산업에서의 투쟁들과 관련해서뿐 아니라 자본주의 전체에서 투쟁의 역동성을 이해하는 방법으로 발전된다. 그리하여 제1차세계대전까지의 시기에 노동자계급 투쟁은 숙련 노동자가 생산 내부에서 차지하는 특수한 지위에 의해 특징지어졌다고 주장된다. 이것은 노동자계급운동에 조직화의 특수한 형태(숙련 기반의 노동조합주의)와 (노동의 존엄성이라는 관념에 기초한) 특수한 이데올로기를 부여했다. 이를 탈구성하기 위한 경영진의 대응은 테일러이즘의 도입이었는데, 그것은 숙련 노동자를 탈숙련화하고 또 그로부터 노동과정에 대한 통제권을 빼앗기 위해 계획된 것이었다. 이것은 다시 노동자계급의 재구성을 낳는데, 그것은 투쟁의 새로운 형태들(대중파업)과 조직화의 새로운 형태들(일반적 노동조합들)을, 그리고 새로운 이데올로기(노동거부)를 지닌 '대중노동자'이다.

자본에 의한 탈구성 대응은, 네그리(A. Negri) 등 일부 자율주의이론가들에 의해 공장경영의 수준에서가 아니라 국가 수준에서 진행 중인 것으로 간주된다. 이 과정은 노동의 힘이 성장한 것을 인정함과 동시에 그것을 한편으로는 사회민주주의를 통해서 질서 속으로 다른 한편으로는 수요 관리를 통해서 자본주의의 동학 속으로 통합하는 방법들, 즉 케인스주의와 복지국가 또는 포드주의의 발전을 수반한다. 이는 자본의 사회화를, '사회공장(societal factory)'으로의 사회변형을, 그리고 '사회적 노동자(social worker)'라는 새로운 계급 구성의 출현을 낳는다. 이 새로운 구성의 힘은 자본의 사회경영의 모든 측면들과 싸우기 위해 공장을 훨씬 넘어서 나아가는 1960년대 말과 1970년대의 투쟁들에서 표현된다. 이 투쟁들의 힘이 자본에게 경영의 케인스주의적-포드주의 형태를 포기하도록 강제하고 공격의 새로운 형태들 - 예컨대 신자유주의 또는 '제국(Empire)' - 을 발전시키도록 강제하는 것으로 분석한다(Hart & Negri, 2000: 346~369).[30]

---

29) 계급 구성·탈구성·재구성 개념에 관한 자세한 설명은 클리버(Cleaver, 1992), 홀로웨이(Holloway, 2002c: 249~250) 등을 참조.

30) 네그리에 의해 대표되는 자율주의이론을 집대성해 소개한 글로는 조정환(2003)을 참조. "아우또미아를 핵심으로 하는 네그리의 생각이 1960년대에 제도적 좌파에 대한 대항 속에서 발전한 이탈리아 노동자주의(Operasimo)의 비판적 마르크스주의로부터 발원하여 여성운동과 페미니즘, 그리고 조절이론의 영향을 받으면서 1970년대에 자율주의적 마르크스주의로 발전하고, 1980년대에 푸코, 들뢰즈, 가따리로 대표되는 포스트구조주의 철학의 영향을 받아 훨씬 유연하고 심원하게 되었으며, 1990년대에 탈식민주의의 영향과 마이클 하트와의 집단작업을 통해 전 지구적 상황에 대한 대응력을 갖게 되었다"(조정환, 2003: 10).

이와 같은 기본개념에서 드러나듯이 자율주의 접근방법은 계급 구성 개념을 투쟁의 운동을 분석하기 위한 범주로서 뿐만 아니라 자본주의의 한 시기를 특징짓는 방법으로도 사용해 자본주의의 발전단계를 구분한다. 이처럼 자율주의적 접근방법은 구조주의적 접근방법을 근본적으로 비판하고 극복하는 데 있어서 '관점의 역전'을 통해 획기적이고 결정적인 기여를 했다고 평가할 수 있다. 그래서 자율주의적 접근방법은 이후 등장하는 '개방적 마르크스주의'와 더불어 구조주의를 비판하고 대안적 방법론을 제시하는 주요 이론으로 역할하고 있다.

그러나 자율주의적 접근방법은 이러한 기여에도 그 이론의 발전과정에서, 특히 네그리에 의해 주도되는 '제국' 이론으로 발전하는 과정에서 많은 문제점을 표출하고 있다. 자율주의적 접근방법의 문제점에 대해서는 이 책의 각 장에서의 주제별 논의에서 구체적으로 비판을 수행하겠지만, 여기에서는 방법론과 관련한 몇 가지만 간략히 제기하고자 한다.

첫째, 네그리의 자율주의이론은 조절이론의 패러다임적 단계 개념을 수용함으로써 자율주의이론이 원래 제기했던 구조주의적 접근방법에 대한 비판으로서의 의의를 심각하게 후퇴시키고 있다. 자율주의적 접근방법의 주요 개념인 계급 구성 개념을 발전시켜나가는 과정에서 계급 구성은 모든 투쟁들이 분류되어 들어가야만 하는 이념형적 유형 또는 패러다임을 구성하기 위해 사용되는 경향이 발생한다. 예컨대 1960년대 후반의 이탈리아 자동차공장들에서의 투쟁은 노동자계급의 일반적인 운동 속에서 그것들이 차지하는 위치에 따라 이해되기보다는 다른 투쟁들을 재는 척도로 된다. 그 결과 투쟁을 이념형적 유형으로 파악하는 것은 쉽게 무리한 일반화로 귀결되고, 매우 다른 조건들로부터 발생하는 다양한 투쟁들이 강제로 끼워 맞춰져야만 하는 프로크루스테스의 침대와 같은 범주들의 구축으로 쉽사리 나아가는 문제를 야기한다.[31]

둘째, 네그리의 자율주의이론이 1970년대 이후의 현대자본주의를 '제국' 이론으로 분석하는 데 기초가 되는 '비물질적 노동(immaterial labor)' 개념이나 '사회적 노동자' 개념 역시 이념형적 유형 또는 패러다임적으로 파악되어 무리한 일반화로

---

[31] 자율주의적 접근방법의 계급 구성 개념의 문제점에 대한 '개방적' 마르크스주의의 본격적인 비판은 홀로웨이(Holloway, 2002c: 252~260)를 참조.

귀결되어 다양한 노동형태나 노동자 형태들을 무리하게 꿰어 맞추는 개념이 되어 현실정합성을 상실하게 된다. 이 점은 이 책의 제4장에서 구체적으로 비판하겠지만, 형태적 추상화에 따른 '네트워크 물신주의'에서 비롯한 점이기도 하다.

셋째, 네그리의 자율주의이론은 주로 '비물질적 노동' 개념에 입각해서 노동시간이 더 이상 가치척도의 기능을 상실한 것으로 분석하고, 이를 근거로 마르크스의 노동가치론을 폐기함으로써(Negri, 1992; 1994; Hardt & Negri, 2000), 마르크스의 방법론으로부터 결정적으로 일탈한다. 네그리는 마르크스의 노동가치론을 '정치적 노동가치론'으로 대체하는데, 이는 상당 부분 정보기술혁명에 대한 기술결정론적 해석에 근거하고 있다. 이 점 역시 이 책의 제4장에서 구체적으로 비판하고자 한다.

그 결과 네그리의 자율주의이론, 특히 '제국' 이론은 정치주의적 편향을 강하게 나타내고, 구조주의적 접근방법의 쌍생아라 할 수 있는 주의주의적 접근방법으로 일탈함으로써 구조주의적 접근방법을 극복한 대안적 접근방법으로는 실패한 것으로 평가할 수 있다. 구조주의적 접근방법을 극복한 것이 아니라 구조주의적 틀은 패러다임적 유형화 또는 이념형적 유형화로 개념과 단계론에서 그대로 유지되면서 그 주동성(主動性)만이 자본에서 노동으로 대체된 '거울 이미지'적 전환에 그친 것으로 귀결된 것이다.

## 4) 개방적 마르크스주의의 비판적 접근방법

'개방적' 마르크스주의(Open Marxism)는 특정한 현실의 실천을 근거로 해서 형성된 것이 아니라 1970년대 말 알튀세 등 구조주의 마르크스주의가 제기한 '마르크스주의의 위기'론에 대한 대응으로 형성된 이론적 흐름이다. '개방적' 마르크스주의는 영국의 ≪자본과 계급(Capital & Class)≫이라는 잡지를 중심으로 활동하는 좌파이론가들이 결성한 '사회주의경제학자협회(CSE: Conference of Socialist Economists)'의 주요한 이론적 경향의 하나라 할 수 있다. 1980년대부터 ≪자본과 계급≫을 중심으로 한 논쟁 속에서 구조주의 마르크스주의가 제기한 '마르크스주의의 위기'를 정면으로 비판하면서 이론적 입장이 형성·발전되었으며, 이들은 ≪상식(Common Sense)≫이라는 대중적 잡지를 통해서도 자신들의 입장을 표명하고,

1990년대 초반에 자신들의 이론적 입장을 정리해 『개방적 마르크스주의』 Ⅰ·Ⅱ (Bonefeld & Gunn & Psychopedis eds., 1992b; 1992c), Ⅲ(Bonefeld & Gunn & Holloway & Psychopedis eds., 1995b)라는 세 권의 책으로 발간함으로써 공식적으로 '개방적' 마르크스주의를 표방했다.

따라서 '개방적' 마르크스주의는 완결되고 체계적인 이론체계를 갖추고 있지 않으며 형성 중에 있는 이론적 흐름이라 할 수 있다. 말하자면, 1980년대 좌파이론 안의 주요 논쟁인 '국가론 논쟁', '포스트포드주의 논쟁', '세계화 논쟁', '브레너 논쟁' 등 이론적 논쟁과정에서 비판적으로 정립된 이론적 경향 또는 흐름이라 할 수 있다. 특히 이들은 반(反)신자유주의·반(反)세계화 투쟁이 발전하는 과정에서 1994년 멕시코 치아파스주의 '싸빠띠스따 민족해방군'의 무장봉기에 주목하고, 그러한 실천적 혁신을 마르크스주의의 이론적 혁신으로 발전시키기 위한 노력을 집중적으로 기울이고 있다. 최근에는 '보통 사람'이라는 인터넷 사이트(http://www. commoner.org.uk)를 통해 이론적 활동을 활발하게 전개하고 있다.

이러한 특징으로 인해 '개방적' 마르크스주의에는 매우 광범한 이론적 흐름이 함께하고 있다. 그리고 '개방적' 마르크스주의가 구조주의 마르크스주의를 비판·극복하려고 노력하는 과정에서 '자율주의 마르크스주의'의 이론적 성과를 흡수하면서 발전했기 때문에 자율주의 마르크스주의도 '개방적' 마르크스주의에 포괄되어 이론적 작업이 이루어졌다. 그러나 자율주의 마르크스주의가 네그리 주도의 독특한 방법론을 중심으로 발전하게 되면서 방법론에서 '개방적' 마르크스주의는 '자율주의 마르크스주의'와 근본적으로 차이를 드러내게 되었고, 따라서 명확히 구별되는 별개의 이론적 흐름으로 발전하고 있다. 특히 네그리의 『제국』(2000)이 발표된 이후 '개방적' 마르크스주의의 입장에서 네그리의 자율주의이론에 대한 근본적이고 전면적인 비판이 이루어졌다(Holloway, 2002c).

'개방적' 마르크스주의를 이론적으로 주도하고 있는 것은 본펠트와 홀로웨이(J. Holloway)이다. '개방적' 마르크스주의에 참여하는 여러 사람들의 이론적 성과는 『개방적 마르크스주의』 Ⅰ·Ⅱ·Ⅲ 외에 『신자유주의와 화폐의 정치』(Bonefeld & Holloway, 1995c), 『변화의 정치』(Bonefeld & Psychopedis, 2000b), 『노동 논쟁』 (Dinerstein & Neary, 2002a) 등으로 출간되었다.

'개방적' 마르크스주의는 1970년대 말 구조주의 마르크스주의가 제기한 '마르크스주의의 위기'를 정면으로 부정하는 것에서 출발한다. 구조주의 마르크스주의가 선언한 '마르크스주의의 위기'론은 구조주의 마르크스주의에 강하게 영향을 받은 '조절이론' 등의 등장으로 1980년대에 번성하게 되었다. 그런데 '마르크스주의의 위기'는 실제로는 구조주의 마르크스주의의 위기였고, 그것은 당시의 자본의 유연화 공세와 국제금융시장에 의해 부과된 시장규율에 기초한 사회관계의 재구성 시도를 반영한 것이었다. 케인스주의적 국가의 '정당성 위기'와 '마르크스주의의 위기'가 동일시된 것이다. 이러한 '마르크스주의의 위기'에 대한 인정, 즉 '마르크스주의는 낡았고 패배했다'는 명제의 수용은 마르크스주의를 무장 해제시켰다. 이에 따라 과학주의(scientism), 구조의 재도입과 재정식화, 베버적 이념형(Weberian ideal-type) 담론에 의존한 역사적 단계 구분 개념, 그리고 시장 안에서의 개별 주체라는 분석철학 개념 등이 마르크스주의에 결합되었다. 예컨대 조절이론, '포스트마르크스주의', '분석적 마르크스주의' 등이 등장했다. 특히 조절이론은 "재구성되고 재정의된 케인스주의적 기획, 말하자면 새로운 시대에 적합한 케인스주의"(Bonefeld et al., 1992b: x)를 고수한다.

'개방적' 마르크스주의는 이러한 1980년대 마르크스주의를 특정한 사회·정치적 조건의 산물로 평가하고, 과학주의적이고 실증주의적 의미에서 거의 대부분이 '폐쇄적(closed)' 마르크스주의라고 비판한다. "첫째, 자신의 지평을 기존 구조의 위기라는 지평으로 한정하는 마르크스주의는 기존 구조의 위기가 자신의 위기로 되는 식으로 협소해져 있다는 점, 즉 사회적 모순과 그에 따른 혁명적 실천이 시야에서 사라진다는 점이다. 둘째, 1980년대 마르크스주의의 폐쇄성은 현실을 무비판적으로 받아들이고, 따라서 그러한 현실이 스스로를 통합시킬 수 없음을 드러낼 가능성을 사전 봉쇄할 위험을 안고 있다는 점이다"(Bonefeld et al., 1992b: x). 말하자면, 1980년대 마르크스주의는 모두 기존 현실과 그것의 이데올로기적 투영을 너무나 쉽게 인정했기 때문에 부르주아 이데올로기를 뒤좇아 가는 것으로 제한되었다는 것이다. 이처럼 '개방적' 마르크스주의는 1980년대 마르크스주의를 '폐쇄적' 마르크스주의로 비판하면서 이에 대한 대안적인 준거(reference-point)로서 제시되었고, 따라서 구조주의적 마르크스주의를 정면으로 비판하고 근본적으로 극복하고자 하는 이론적 흐름이라고 평가할 수 있다.

'개방적' 마르크스주의의 개방성은 경험적 연구 프로그램을 말하는 것이 아니라 마르크스주의 범주 자체의 개방성을 말하고, 실천적으로는 모든 결정론에 반대해 '모든 것이 확정되지 않은 영역으로 열려져 있다'는 것을 함의한다. 이에 따라 '개방적' 마르크스주의는 방법론을 중시하며 변증법, 비판, 물신주의(fetishism) 등을 마르크스의 방법론으로 주목한다. 예컨대 그동안 정통 좌파 등 주류 마르크스주의에서 주변화되었던 주체/객체 변증법, 형태/내용 변증법, 이론/실천 변증법, 항상 위기에 의해 주도되는 사회의 발전 속에서, 그리고 그것을 통한 범주들의 구성/재구성 변증법 등에 대한 재해석을 통해서 범주의 '개방성'을 추구한다.[32]

특히 개방적 마르크스주의는 "개방적 마르크스주의의 주요 대상은 물신주의"라고 단언할 정도로 마르크스의 물신주의 비판을 중시한다. 그들에게 물신주의는 사회관계를 '사물 같은(thing-like)' 것으로 이론적으로 해석하거나 실천적으로 구성하는 것이다. 물신주의는 사회관계를 상품화된 형태와 구조적인 형태로 왜곡시킨다는 것이다. '폐쇄적' 마르크스주의는 공식적으로는 물신주의를 비난하지만, '모순의 운동'에 적대적이기 때문에 물신주의를 재강화하고 재생산하는 것으로 비판된다. 그래서 구조의 위기는, 그러한 구조를 자신의 준거점으로 삼고 있는 (구조주의적) 마르크스주의의 위기와 동일시하게 되었다는 것이다.

이들은 '개방적' 마르크스주의의 전통을 룩셈부르크(Rosa Luxemburg), 초기 루카치(G. Lukács), 코르쉬(K. Korsch), 블로흐(M. Bloch), 아도르노(T. Adorno), 루빈(I. I. Rubin), 파슈카니스(E. B. Pashukanis), 로스돌스키(R. Rosdolsky), 요한네스 아그놀리(Johannes Agnoli)[33] 등에서 찾는다. 그리고 1960년대 말과 1970년대 초의 전례 없던 계급투쟁의 격화 속에서 진행된 1970년대 방법론 논쟁을 통해 이러한 전통이 복구되었다. 또 영국 '사회주의경제학자협회(CSE)' 내부 논쟁은 '위기에 처

---

32) "과학주의는 폐쇄된 사회적 세계를 반영하고 아부할 뿐이다. 이론의 개방성은 일차적으로는 범주를 말하는 것이고 경험적 지속성은 이차적이다. 모순적 세계의 비판적 자기이해로 스스로를 해석하는 것이 이론의 개방성이다. ……폐쇄적 마르크스주의는 상호 연관된 두 가지 특징을 모두 가지고 있거나 또는 그중의 하나를 가지고 있다. 첫째, 주어진 세계의 지평을 자신의 이론적 지평으로 받아들인다. 둘째, 인과론적이거나 목적론적인 결정론을 천명한다. ……폐쇄성의 이 두 측면은 상호 연관되어 있다. 왜냐하면 지평의 수용은 그것의 불가피성을 수용하는 것이고, 결정론적 이론은 모순적 세계가 내포하는 가능성을 사전 봉쇄하는 데 공모하기 때문이다"(Bonefeld *et al.*, 1992b: xi-xii).

33) '개방적' 마르크스주의라는 명칭은 Mandel & Agnolli, *Offener Maxismus*(Frankfurt/New York: 1980)에서 따온 것이다.

한 케인스주의'라는 토양 위에서 가치, 노동과정, 국가, 세계시장, 사회적 형태 등의 범주에 대한 논의를 재개했고, 이러한 다양한 논쟁은 마르크스주의의 근본 범주들의 개념적·정치적 지위 문제를 쟁점화했다. 짧은 시기 동안 이전에 주변화되어 왔던 주제들이 중심적인 것으로 제기되었다. 그러나 1970년대 계급투쟁이 소진되고 그에 대한 사회민주주의의 대응이 실패함에 따라 원래 주변적이었던 이론은 또다시 재주변화되었다. 1970년대에 이미 존재했던 현실주의적이고 과학주의적인 흐름인 자본-논리학파, 구조주의, '비판적' 리얼리즘, 코포라티즘의 마르크스주의적 통합 등이 다시 우세를 차지하게 되었고, 이들은 1980년대의 색조에 맞게 스스로를 수정했다. 1990년대 개방적 마르크스주의의 대두는 이러한 지적 전통 속에 위치하고 있다.

개방적 마르크스주의의 방법론적 특징 또는 독자적인 이론적 경향이라 할 수 있는 몇 가지 범주에 대한 재해석과 주요 주장을 간략히 살펴보자.

첫째, '개방성'의 중심적 범주는 비판(critique)이다. 개방성과 비판 사이의 연관은 매우 간단하다. 만약 사회가 개방적으로, 따라서 모순적으로 발전한다면, 사회의 모순들은 이들 모순이 취하는 모든 형태의 불안정성을 통해 확인될 것이다. 사회적 '구조'는 모순적 세계에서 불안정하게 존립할 뿐이다. 개방적 마르크스주의의 전통 속에서는 마르크스의 '정치경제학 비판'에서 '비판'을 부르주아 정치경제학뿐만 아니라 정치경제학의 개념(notion) 그 자체 ― 즉, 상품, 화폐, 가치, 자본, 임노동, 국가 등의 범주 그 자체 ― 도 비판하려 했다고 해석한다. 이러한 해석에 따라 인식론, 변증법, 이론과 실천, 위기, 가치이론, 계급, 규범적 가치, 국가이론, 역사유물론, 단계구분 문제 등에서 주류적 마르크스주의와 논점이 형성된다.

둘째, 개방적 마르크스주의는 왜곡되거나 폐기된 변증법을 복원시킨다. 엥겔스의 후기 저작, 레닌과 스탈린의 '유물변증법'에서는 변증법은 예컨대 양질전화의 법칙처럼 자연과 사회의 일반법칙을 암시했다. 또는 영어권 마르크스주의에서는 변증법은 단지 둘 또는 그 이상의 개념 사이의 상호 작용 또는 상호 의존성을 의미하는 것으로 사용되고 있다. 더 나아가 변증법은 불행하게도 마르크스가 사용하지 않을 수 없도록 강제되었던 헤겔적 방해물로서 폐기되고 있다. 예컨대 볼페(Della Volpe), 콜레티(L. Colletti), 알튀세(L. Althusser), 바스카르(Roy Bhaskar) 등은 변증법을 폐기함으로써 마르크스를 실증주의적으로 재구성하는 경향이 있다.

네그리의 자율주의이론 역시 구조주의 마르크스주의를 따라 변증법을 폐기하고 마르크스를 실증주의적으로 재구성한다. 이에 대한 반대 편향으로, 변증법을 대립물의 통일과 모순의 운동을 지시하는 것으로 강조하고 마르크스의 저작에서 모순 관념의 중심성을 강조하는 '헤겔적 마르크스주의'가 있다. 루카치, 코르쉬, 블로흐 등이다. 헤겔주의적 마르크스주의의 변증법 이해는 1970년대의 가치, 국가에 대한 마르크스주의 논쟁의 주요 쟁점이었다. 국가 논쟁의 주제는 '모순 속에 있는 운동'으로 이해되는 변증법이었고, 국가 논쟁의 초점은 국가형태 문제와 부르주아 국가 발전의 역사적 단계구분 문제였다.

셋째, 국가이론에서 구조주의 마르크스주의와 개방적 마르크스주의 간의 차이가 가장 명백하게 드러난다. 풀란차스(N. Poulantzas)와 같은 구조주의 마르크스주의와 제숍과 같은 정세(국면)분석은 국가를 명시적으로든 묵시적으로든 사회의 여러 심급(instance) 또는 영역(region) 가운데 하나로 해석한다. 이들은 국가의 '상대적 자율성'을 강조함으로써만 전통적인 유물변증법적 또는 경제결정론적 마르크스주의와 구별된다. 반면에 변증법적이고 비판적인 '개방적' 마르크스주의는 국가를 계급투쟁이 취하는 형태로서 이해한다. 이 접근법은 '경제적인 것'과 '정치적인 것' 간의 분리를 하나의 활성적인 총체 안에 존재하고 그 총체에 의해 구성되는 차이로 본다. 그런데 구조주의적 접근법은 부르주아 사회 그 자체에 배태되어 있는 경제/정치 분리로부터 방법론적 원칙을 도출한다.

넷째, '개방적' 마르크스주의는 사회적 형태(social form) 개념을 독특하게 재해석하고 발전시키고 있다. 영어권에서 형태는 '종(種, species)'의 의미로 이해된다. 즉, 어떤 것의 형태는 그것이 취할 수 있는 특수한 성격이다. 예컨대 국가는 특수하게 '파쇼적', '권위주의적', '부르주아-자유주의적', '포드주의적', '포스트포드주의적' 형태를 취할 수 있다. 대체로 주류 마르크스주의에서 형태는 이런 방식으로 이해되었다. 이에 반해 개방적 마르크스주의는 형태를 존재양식(mode of existence)으로 해석한다. 즉, 어떤 것은 오직 그것이 취하는 형태 속에, 그리고 형태를 통해서만 존재한다는 것이다. 예컨대 가치는 화폐형태와 신용형태 및 세계시장 속에서, 그리고 그것들을 통해서만 존재한다. 형태에 대한 이러한 이해방식의 차이가 이론적 및 실천적으로 큰 차이를 가져오게 된다.

이론적으로는 더 일반적인 것의 '종'으로서 형태 개념은 일반법칙에 대한 유물변증법적 개념화 ─ 특수한 사회적 사례에 적용되어야 하는 것인 일반법칙 ─ 와 정세(국면)적 접근 ─ 일반분석과 특수분석 간의 간극(gap)을 연결시키기 위한 '매개' 개념의 필요성을 주장하는 ─ 양자 모두의 근거가 된다. 그런데 여기에서 당연한 것으로 전제되는 것은, 일반적인 것을 특수한 것으로부터 분리하고, 또 추상적인 것을 구체적인 것으로부터 분리하는 이중적 분리이다. 반면에 형태를 존재양식으로 이해하면, 일반적인 것을 특수한 것에 내재하는 것으로 볼 수 있게 되고, 추상적인 것을 구체적인 것에 내재하는 것으로 볼 수 있게 된다. 왜냐하면 형태가 현존(existence)이라면, 구체적인 것은 추상적인 것일 수 있고(그 역도 성립), 특수한 것이 일반적인 것일 수 있기(그 역도 성립) 때문이다.

'개방적' 마르크스주의의 이러한 형태 개념은 사회현상의 외적 연관을 추구하는 형태적 추상(formal abstraction)과 구별되는 사회현상의 내적 연관을 추구하는 실체적 추상(substantive abstraction)[34]이라는 독특한 개념화로 발전되며, 이에 근거해 '개방적' 마르크스주의는 형태 분석적 접근방법을 마르크스의 방법론으로 재해석한다. 그래서 구조/투쟁관계에서의 전통적인 이분법(dichotomy) ─ 직접적인 투쟁과 사회적으로 정태적인 구조의 이분법 ─ 은 극복된다. 왜냐하면 계급투쟁은 구성되는 한편 동시에 계급투쟁이 무대에 올리고 재생산하거나 파열시키는 조건들을 구성하고 특징짓기 때문이다. 이러한 개념화를 통해 '개방적' 마르크스주의는 노동자계급의 자기해방으로서의 혁명 또는 노동해방이라는 마르크스의 역사유물론을 명료하게 드러낸다.[35] 다른 한편 자본/노동관계를 외재적 관계가 아닌 내재적 관계로 해석함으로써 구조주의적 접근방법을 근본적으로 극복하고 대안적 개념화에 성공한다. 또한 자본/노동관계를 외재적 관계로 파악하는 네그리의 자율주의이론과도 근본적으로 구별된다. 이에 대해서는 차후에 자세히 논의할 것이다.

다섯째, '개방적' 마르크스주의는 정통 좌파에서 일반적으로 수용되는 자본주의 발전단계 이론을 형태 분석적 관점에 근거해 비판하고 부정한다. 역사를 단계

---

34) 이 개념은 본펠트(Bonefeld, 1992a)에 의해 개발되고 적극적으로 발전되었다.

35) "형태가 종(류)이 아니라 존재양식임을 알게 되면, 우리가 살고 있는 형태 안에서 그 형태를 통해, 그리고 그 형태에 맞서서 행동하는 것이 우리에게 의무가 된다. '최종심급'에서 이러한 형태들은 우리 자신의 것이다"(Bonefeld et al., 1992b: xvii).

로 구분하는 것은 일반/특수 방식으로 형태를 사고하는 것이기 때문이다. 예컨대 우선 사회변화에 관한 '지구적 이론'이 있어야 하고, 그러고 나서 그것의 특수한 또는 정세적 전개가 있다는 식이다. 형태 분석적 관점에서 보면, 자본주의의 역사적 발전은 그 형태의 연속성 속에서만, 그리고 그 형태의 연속성을 통해서만 비연속적인 것으로 해석된다. 그것은 계급에 의해 구성된 모순의 운동을 통해서이다. 구조와 투쟁의 관계가 존재양식으로서의 형태로써 파악된다면, 상이한 단계에 기초한 자본주의의 발전이라는 관념으로 복귀할 수 없다. 예컨대 레닌처럼 자유주의 국가로부터 국가독점자본주의로, 또는 조절이론처럼 포드주의로부터 포스트포드주의로 등등으로 발전단계를 구분할 수 없다는 것이다.

개방적 마르크스주의는 이상과 같은 '비판적 접근방법'에 입각해서 체계적이지는 않지만 가치, 화폐; 공황, 국가, 계급, 세계시장, 케인스주의, 신자유주의 등 주요 쟁점에 대한 독자적 이론화와 자본주의에 대한 변혁적 전망을 모색해나가고 있다. 이러한 이론적 성과는 최근 홀로웨이(Holloway, 2002c)에 의해 집대성되고, 하나의 종합적인 이론체계로 발전하고 있다. 특히 '개방적' 마르크스주의는 1990년대의 반(反)신자유주의·반(反)세계화 투쟁에서 나타나는 실천적 혁신을 주목하고 이를 이론적 혁신으로 발전시키기 위해 적극 노력한다는 점에서 발전이 기대된다.

이 책에서는 구조주의적 접근방법에 대한 근본적인 비판과 대안적 접근방법으로 발전한 '개방적' 마르크스주의의 이론적 성과를 적극 수용하고 그에 기초해서 현대자본주의론의 비판적 재구성을 시도할 뿐만 아니라 '개방적' 마르크스주의의 한계와 오류에 대한 비판을 수행함으로써 '개방적' 마르크스주의의 이론적 성과를 마르크스의 역사유물론적 방법론으로 더욱 발전시키려고 시도하고자 한다.

'개방적' 마르크스주의의 한계와 오류로서 주요하게 두 가지를 제기하고자 한다. 첫째, 주요한 한계로서 '개방적' 마르크스주의의 이론적 입장에서 중요한 기초를 이루고 있는 '사회적 형태' 개념의 추상성이다. '개방적' 마르크스주의 분석에서 자주 드러나는 추상성과 일면성은 대부분 '사회적 형태' 개념의 추상성에서 비롯되고 있고 '계급관계 환원주의'로 비판되고 있다. 이에 대해 필자는 '자본주의적 계급관계의 가치형태'로서의 '사회적 형태' 개념을 제시함으로써 '개방적' 마르크스주의의 '사회적 형태' 개념의 추상성을 넘어서고자 한다.

둘째, 오류로서 '개방적' 마르크스주의는 자본주의 역사와 현실에서 제국주의를 부정한다. 즉, 제국주의에 대한 이론화를 결여하고 있다. 이는 자본주의적 국가형태의 역사적 전형을 분석할 경우나 자본과 국민국가의 관계를 이론화하는 데서 이론적 오류로 나타난다. 이에 대해 이 책에서는 마르크스의 역사유물론적 방법에 더욱 충실하게 기초함으로써, 즉 형태 분석과 '사회적 구성'의 관점을 끝까지 추구함으로써 국가형태, 세계시장으로 마르크스의 '정치경제학 비판' 체계를 확장하는 이론화를 통해 극복하고자 한다.

## 2. 구조와 투쟁의 관계에 대한 비판적 접근

자본축적과 계급투쟁의 관계에 대한 이해, 즉 현대자본주의의 변화·발전 분석에서 계급투쟁의 역할과 의미를 파악하는 데 좌파이론들이 되풀이해서 구조주의적 접근방법으로 귀결되어 계급투쟁을 부차적인 요인으로 개념화하거나 아예 무시하게 되는 가장 큰 이유는 구조 또는 제도에 대한 구조주의적 개념화에 있다. 예컨대 시장, 국가, 각종 제도형태 등 사회적 구조물 또는 사회적 제도를 어떻게 개념화할 것인가가 문제인 것이다.

이 문제를 접근하는 단초는 가치, 상품, 화폐, 자본 등 경제적 범주들을 자본주의적 사회관계의 사회적 형태로 분석하고 해명하는 마르크스의 물신주의 비판에서 찾을 수 있다. 마르크스는 고전파 정치경제학의 주요 범주인 가치, 상품, 화폐, 노동, 자본 등을 개념적으로 파악하기 위해 연구했으며, 『자본론』에서 물신주의 비판과 형태 분석을 통해 자본주의 사회를 근본적으로 해부한 '정치경제학 비판'을 정립했다.

이 책의 주제와 관련시켜 말하면, 물신주의란 사회적 관계를 '사물 같은' 것으로 이론적으로 해석하거나 실천적으로 구성하는 것이다. 그럼으로써 물신주의는 사회적 관계들을 상품화된 형태나 구조적인 형태로 왜곡시킨다(Bonefeld, 1992b, xii). 앞서 검토한 구조주의적 접근방법도 공식적으로는 물신주의를 비판하지만, 실제 분석에서는 그 비판의 불철저함으로 인해 물신주의를 강화하고 재생산하는 것으로 귀결된 것으로 볼 수 있다.[36]

마르크스의 물신주의 비판은 그의 '정치경제학 비판'의 출발점이다. 마르크스는 물신주의 비판을 통해 고전파 정치경제학과 단절하고, 자신의 이론을 또 하나의 정치경제학으로서가 아니라 '정치경제학 비판'으로서 정립한다.[37] 『자본론』총 3권은 정치경제학 비판에, 즉 어떻게 정치경제학의 개념들이 사회적 관계들의 물신화된 현상들로부터 발생하는가를 보여주는 것에 바쳐진다. 마르크스의 물신주의 비판은 그의 형태 분석의 기초이자 전제이다.

고전파 정치경제학과 부르주아이론 일반은 사회적 관계들이 존재하는 형태들 - 상품형태, 가치형태, 화폐형태, 자본형태 등 - 을 당연시하기 때문에 형태 문제 자체를 제기하지 않는다.

> 경제학은 가치 및 가치량을 비록 불완전하기는 하지만 분석했고, 이러한 형태들 속에 숨어 있는 내용을 발견했다. 그러나 경제학은 어째서 이 내용이 그러한 형태를 취하는가, 즉 어째서 노동이 가치로 표현되며, 어째서 노동시간에 의한 노동의 측량(測量)이 노동생산물의 가치량으로 표현되는가라는 질문을 한 번도 한 적이 없었다. ……그러한 형태들도 경제학자의 부르주아적 의식에서는 ……자명한 자연적 필연성으로 나타난다(Marx, 1976b: 102~104).

이에 반해 마르크스는 물신주의 비판과 형태 분석을 통해 고전파 노동가치론을 비판하고, 이윤의 원천으로서의 불불(不拂)잉여노동, 이윤율의 평균화 경향 등을 근본적으로 규명함으로써 자본주의 사회의 해부에 성공한다.

로스돌스키는 『정치경제학 비판 요강』에 대한 연구를 통해, 마르크스의 '정치

---

36) "물신주의에 맹목적인 마르크스주의는 필연적으로 물신화된 마르크스주의이다"(Holloway, 2002c: 213).

37) 마르크스의 '정치경제학 비판'에서 '비판'의 의미는 쟁점이 되고 있다. 물신주의 비판을 마르크스주의의 중심적 개념으로 받아들이는가의 여부에 따라 비판의 의미가 달라진다. '개방적' 마르크스주의에 따르면, 기존의 '비판'에 대한 해석은 마르크스가 고전파 정치경제학만을 비판했고, 그것을 자신의 고유한 혁명적 정치경제학으로 대체하려고 했다고 본다는 것이다. 이는 힐퍼딩, 레닌, 알튀세, 조안 로빈슨 등의 해석으로, 이처럼 해석하면 사회구조는 사실로서 또는 가공물로서 존재한다고 파악하게 되어 이론의 문제는 구조들이 맞물려지도록 해주는 톱니바퀴를 확인하는 것으로 된다는 것이다. 이에 반대해서, '개방적 마르크스주의'는 마르크스가 고전파 정치경제학뿐만 아니라 정치경제학이란 관념 그 자체도 비판하려 했다고 해석한다(Bonefeld, 1992b: xii).

경제학 비판'의 본질적 성과를 다음과 같이 요약한다. "경제학이 사물이 아니라 사람들 간의 관계, 그리고 최종적으로는 계급들 간의 관계에 관한 학문이지만, 이러한 관계들이 항상 '사물'과 연관되어 있으며 '사물로서 나타난다'(엥겔스)[38]는 것을 증명한 것이다. 이러한 발견이 지닌 획기적인 의의는 처음부터 분명하다. 마르크스는 이러한 방식으로만 부르주아 경제학의 물화된 범주를 사회적 생산과정의 정확한 파악으로 대체할 수 있었다(Rosdolsky, 1969: 194). 마르크스는 '정치경제학 비판'의 물신주의 비판적 성격을 명시적으로 정식화하고 있다.

> 우리가 부르주아 사회를 고찰하면 사회적 생산과정의 마지막 결과로서 그곳에는 언제나 사회 자체, 즉 사회적 관계 속에서의 인간 자신이 나타난다. 생산물처럼 고정된 형태를 가지는 모든 것은 이 운동에서 하나의 계기로, 사라지는 계기로서만 나타난다. 과정의 조건들과 대상화들은 스스로 균등하게 과정의 계기들로 나타나며, 과정의 주체들로서는 단지 개인들만이, 하지만 상호관계 속에서의 개인들만이 나타난다. 그들은 이러한 상호관련을 재생산하고 새롭게 생산한다. 그것은 개인들 자신의 부단한 운동과정이며, 이 과정 속에서 그들은 자기를 갱신함과 동시에 그들이 창조하는 부의 세계도 갱신한다(Marx, 1976a II권: 389).

그런데 마르크스주의 전통에서 물신주의 비판은 그 중요성만큼 주목받지 못했다. 루카치(1923)와 비판이론의 전통 — 호크하이머(M. Horkheimer), 아도르노, 마르쿠제(H. Marcuse) 등 — 에서만 마르크스주의의 중심 개념으로 받아들여졌을 뿐이다.[39] 따라서 자본축적과 계급투쟁의 관계에 대한 구조주의적 접근방법에 대한

---

38) 엥겔스가 마르크스의 『정치경제학 비판을 위하여』에 관한 서평(1859)에서 언급한 것이다(Marx, 1975: 198).

39) "주류 마르크스주의 전통 속에서, 물신주의는 언제나 다소간 의심스러운 범주였고 이단의 표시였다. 그것은 언제나, 마르크스주의 정통 교의를 정의한, 그리고 20세기의 전반 3분의 2 시기 동안에 공산당들에 의해 주장되었고 오늘날 마르크스주의 논의의 대부분을 계속해서 지배하는 이른바 '과학성'에 대한 비판으로 제기되었다. 특히 공산당들의 통치 기간에 물신주의의 문제에 대한 강조는 언제나 그것이 함축하는 정치적 또는 물리적 배제의 위험성들을 다분히 지닌 채 '반(反)마르크스주의적 마르크스주의'라는 성격을 어느 정도는 띠고 있었다. 루카치의 책 『역사와 계급의식』은 공산당 안부에 심각한 정치적 문제를 야기했다. 루카치의 저작 속에서 그의 비판의 일관성과 당에 대한 그의 충성심 사이에 이미 존재하던 긴장들은 실제로 그로 하여금 당에 우선권을 부여하

대안적 접근방법을 모색하기 위해서는 마르크스의 물신주의 비판에 입각해서 가치, 상품, 화폐, 자본, 임노동 등 주요한 경제적 범주에 대해 재해석할 필요가 있다. 즉, 경제적 범주를 사회적 구성의 관점에서 파악하는 물신주의 비판을 수행해야 한다. 그래서 자본과 노동의 사회적 관계로서의 자본 개념을 명확히 하고, 이를 토대로 제반 사회적 형태들, 즉 각종 제도형태, 국가형태, 세계시장 등에 대한 물신화된 파악을 비판하고, 이들 여러 형태를 사회적 관계, 특히 자본과 노동의 계급관계의 존재양식 또는 사회적 형태로 개념화함으로써 구조주의적 접근방법에서 전제하고 있는 구조와 투쟁(또는 주체)의 이원론을 근본적으로 극복해야 한다.

## 1) 물신주의 비판

마르크스의 물신주의에 대한 비판이 갖는 의미를 충분히 파악하기 위해서 우선 물신주의 개념 자체를 살펴볼 필요가 있다. 물신주의는 상품생산에 특유한 현상으로, 노동생산물이 상품 형태를 취하는 데서 비롯한 것이기 때문에 기본적으로 '상품 물신주의'로 정식화된다. 마르크스는 이를 교환가치로 표현되는 상품들의 양적 관계의 본질을 분석해 규명한다.

노동생산물이 상품형태를 취하자마자 발생하는 노동생산물의 수수께끼와 같은 성격은 어디에서 오는가? 분명히 이 형태 자체에서 오는 것이다.

인간노동의 동등성이라는 성격은 노동생산물의 가치라는 형태를 취한다. 지속시간에 의한 개별 노동의 측정은 노동생산물의 가치량이라는 형태를 취한다. 끝으로

고 그 자신의 저작을 비난하도록 만들었다. 다른 저자들은 물신주의와 형태에 관한 마르크스의 관심으로 되돌아가려는 그들의 시도 때문에 훨씬 더 심각한 고통을 겪었는데, 루빈과 파슈카니스가 바로 그들이었다. 루빈은 1924년에 출간된 『마르크스의 가치론에 관한 에세이』에서 상품 물신주의의 중심성과 마르크스의 정치경제학 비판에 있어서 형태 개념에 관해 주장했다. ……루빈은 1930년대의 숙청 기간에 어디론가 사라졌다. 파슈카니스도 비슷한 운명을 겪었는데, 그는 『법률의 일반이론과 마르크스주의』에서 마르크스의 정치경제학 비판은 법률과 국가에 대한 비판으로 확장되어야 한다고, 즉 법률과 국가가, 가치, 자본, 그리고 여타의 정치경제학 범주들과 마찬가지로 사회관계의 물신화된 형태들로 이해되어야 한다고 주장했다. 이것은, 법률과 국가가 가치와 마찬가지로 사회관계의 특유하게 자본주의적인 형태임을 의미했다. 소비에트 국가가 자신을 강화하고 있을 때, 이 주장은 당 지도부의 호감을 얻지 못했다"(Holloway, 2002c: 125~126).

생산자들 사이의 관계(그 속에서 그들의 노동의 사회적 성격이 확인된다)는 노동생산물 사이의 사회적 관계라는 형태를 취한다. 이런 까닭에, 이들 생산물은 상품으로, 즉 감각적임과 동시에 초감각적인 물건 또는 사회적인 물건으로 전환된다. ……노동생산물의 가치형태와 가치관계는 노동생산물의 물리적 성질과는 아무런 관련도 없다. 인간의 눈에는 물건들 사이의 관계라는 환상적인 형태로 나타나지만 그것은 사실상 사람들 사이의 특정한 사회적 관계에 지나지 않는다. 그러므로 그 비슷한 예를 찾아보기 위해 우리는 몽롱한 종교세계로 들어가 보지 않으면 안 된다. 거기에서는 인간 두뇌의 산물들이 제각기 특수한 신체를 가진 자립적인 존재로 등장해서 그들 자신이 서로와, 그리고 인간과 소통하고 있다. 마찬가지로 상품세계에서는 인간 손의 산물들이 그와 같이 등장한다. 이것은 노동생산물이 상품으로 나타나자마자 노동생산물에 부착되는 물신숭배(物神崇拜: fetishism), 따라서 이 생산양식과 분리될 수 없는 물신숭배로 불릴 수 있는 것이다(Marx, 1977: 69).

마르크스의 물신주의 비판의 단초는 이미 그의 초기 저작에서 보인다. 『1844년의 경제학철학초고』에서 마르크스는 사적 소유와 소외된 노동의 관계를 고찰하면서 사적 소유, 부 등의 사물을 인간활동, 즉 노동과의 관련 속에서 파악하지 못한 것을 '물신숭배'로 비판하고 있다.

사적 소유의 주체적 본질은, 즉 대자적으로 존재하는 활동으로서의, 주체로서의, 인격으로서의 사적 소유는 노동이다. 노동을 자신의 원리로 승인하는 - 아담 스미스 - 국민경제학이 그리하여 더 이상 사적 소유를 단지 인간 바깥의 어떤 상태로서만 인식하지 않았다는 것. ……그러므로 부의 주체적 본질을 - 사적 소유 내부에서 - 발견한 이 계몽된 국민경제학에게 있어서 사적 소유를 오직 인간에 대한 대상적 본질로서만 인식하는 중금주의 및 중상주의의 신봉자들은 물신숭배자들로, 가톨릭 교도들로서 나타난다. 그런 까닭에 엥겔스는 정당하게도 아담 스미스를 국민경제학 상의 루터라고 불렀던 것이다(Marx, 1844: 290~291. 강조는 인용자).

여기에서 마르크스는 아직 포이어바흐(Feuerbach)의 '추상적 유물론'의 강한 영향하에서 그의 관점으로 '물신숭배'를 비판하고 있다. 그러나 포이어바흐의 '추상적 유물론'에 대한 비판을 토대로 마르크스의 독창적인 '역사유물론'을 정초한 『독일 이데올로기』에서 마르크스는 『자본론』의 '물신숭배' 개념과 동일한 인식에 이미 도달한다. 다만 아직 '정치경제학 비판'을 정립하지 않은 시기이기 때문에 '상품 물신주의' 개념에는 도달하지 못하고 주로 생산력과 생산관계 분석에 입각해서 분석하고 있다.

> 분업은, 인간이 자연성장적인 사회에 살고 있는 한, 따라서 특수이해와 공동이해 간의 분열이 존재하는 한, 그래서 활동이 자유의지에 의해서 분할되는 것이 아니라 자연성장적으로 분할되는 한, 인간 자신의 활동은 인간에 대해 대립하는 낯선 힘, 인간에 의해 지배되지 않고 인간을 굴복시키는 힘으로 전화한다는 사실에 대한 최초의 실례를 우리에게 제공한다(Marx, 1969a: 214).

> 분업에 의한 인격적 힘들(관계들)의 사물적인 힘들로의 전화는, 사람들이 그것에 관한 일반적 관념들을 머리에서 떨쳐버림에 의해서 다시 지양될 수 있는 것이 아니라 개인들이 이러한 사물적 힘들을 다시 자신 아래로 포섭하고 분업을 지양하는 것에 의해서만 지양될 수 있다(Marx, 1969a: 246).

여기서 마르크스는 이미 사회적 분업이 '물신숭배'적 현상을 야기함을 정확하게 분석하고 있다.

이처럼 사람들 사이의 사회적 관계가 사물들 사이의 사회적 관계로 나타나는 것은 사람들의 주관적인 착각 때문에 발생한 것이 아니라 상품생산 및 유통에서 비롯된 객관적 현상이다. 노동생산물의 가치형태와 가치관계는 그 생산물의 생산자들 사이의 사회적 관계를 표현한 것인데, 사람들은 가치형태와 가치관계를 사물들이 가진 물질적 속성으로 인식한다. 이것이 물신주의 현상이다. 따라서 물신주의 현상은 일차적으로 상품생산사회에서의 존재론적 문제이고, 동시에 사람들의 의식형태에서 '환상적인 형태'로 나타나는 인식론적 문제이다. 존재론적 문제인 것은 그것이 상품생산사회에서 필연적인 객관적 실재이기 때문이다. 인식론적 문제인 것은 그것이 사람들의 의식형태에 전도되게 반영되어 '환상적인 형태'로 나타나기 때문이다. 가치, 상품과 같은 부르주아 경제학의 범주들은 현실의 사회적 관계를 올바로 반영하는 "객관적인 진리를 가진 사고형태"(Marx, 1977: 72)이지만, 이들 범주의 내용을 인식하는 사람들의 의식형태에서 종교세계에서와 같은 주객전도가 발생한다. 이런 전도가 발생하는 과정을 좀 더 구체적으로 살펴보자.

마르크스는 상품세계의 이러한 "객관적인 진리를 가진 사고형태"의 근거를 상품을 생산하는 노동의 특유한 사회적 성격에서 찾는다. 그래서 마르크스는 상품세계의 물신주의를 "노동의 사회적 성격의 객관적 현상형태"(Marx, 1976b: 105)라고도 표현한다.

> 일반적으로 말하면, 유용한 물건이 상품으로 되는 것은 이들 유용한 물건이 서로 독립적으로 작업하는 사적 노동의 생산물이기 때문이다. 이들 사적 노동의 총체가 사회적 노동을 형성한다. 생산자들은 그들의 생산물의 교환에 의해 비로소 사회적으로 접촉하기 때문에 그들 사적 노동의 사회적 성격이 최초로 확인되는 것도 이 교환의 한계 내로 한정된다. 또는 사적 노동은 실제로는 교환이 노동생산물 사이에 수립되어진 관계에 의해, 그리하여 간접적으로는 생산자들 사이에 수립되어진 관계에 의해 비로소 사회적 분업으로 나타난다. 그 결과, 생산자들에게는, 자신들의 사적 노동의 관계가, 있는 그대로, 즉 자신들의 노동 자체에서의 인간과 인간의 직접적인 사회적 관계로서가 아니라 오히려 물건과 물건의 사회적 관계로서 나타나게 된다(Marx, 1977: 69).

그런데 상품 생산에 특유한 노동의 사회적 성격은 상품생산이 일반화된 자본주의 사회에 이르러 이중적 성격을 띠게 된다.40)

> 한편으로 사적 노동은 일정한 유용노동으로서 일정한 사회적 욕망을 충족시켜야 하며, 그렇게 함으로써 총노동의 한 요소로서, 자연발생적인 사회적 분업의 한 분야

---

40) "노동생산물은 교환에 의해 비로소 (유용한 물건이라는 감각적으로 다양한 물체와는 구별되는) 하나의 사회적으로 동등한 객관적 실재, 즉 가치를 획득한다. 노동생산물이 유용(有用)한 물건과 가치(價値)를 가진 물건으로 분할되는 것은, 교환이 이미 충분히 보급되어 유용한 물건이 교환을 위해 생산되며, 따라서 물건의 가치로서의 성격이 이미 생산 중에 고려되는 때에만 실제로 나타난다. 이 순간부터 개별 생산자의 사적 노동은 이중의 사회적 성격을 가지게 된다"(Marx, 1976b: 94).

로서, 자신의 지위를 획득해야 한다. 다른 한편 사적 노동이 개별 생산자 자신의 다양한 욕망을 충족시킬 수 있는 것은, 각각의 특수한 유용한 사적 노동들이 서로 교환될 수 있으며 서로 동등한 것으로 인정되는 경우에 한해서다. 서로 상이한 각종 노동의 완전한 동등화(同等化)는, 우리가 그들의 현실적 차이들을 사상(捨象)함으로써만, 즉 모든 노동을 인간노동력의 지출(추상적 인간노동)이라는 공통적인 성격으로 환원(還元)함으로써만 이루어질 수 있다(Marx, 1976b: 94).

그리고 사적 노동의 이러한 이중적 성격은 사적 생산자들의 두뇌에는 실제의 거래(생산물의 교환)에서 나타나는 형태로만 반영된다.

> 생산자들이 그들의 노동생산물을 가치로서 관계를 맺게 할 때, 그들은 자신의 노동생산물이 동일한 인간노동을 숨기고 있는 단순한 외피(外皮)라는 사실을 알고서 그렇게 하는 것은 아니다. 정반대다. 그들은 자신들의 상이한 생산물을 교환에서 동등한 것으로 간주함으로써 자신들의 상이한 노동이 동등하다는 것을 입증한다. 그들은 이것을 의식하지 못하면서 그렇게 한다. 그러므로 가치의 이마에 그것이 무엇인지는 써 붙여 있지 않다. 가치는 오히려 각각의 노동생산물을 하나의 상형문자로 만든다(Marx, 1977: 70).

실제의 교환과정에서 생산자들이 관심을 가지는 것은 생산물 사이의 교환비율, 즉 자신의 생산물과의 교환으로 타인의 생산물을 얼마만큼 얻을 수 있는가이다.

> 이 비율이 어느 정도의 관습적인 고정성을 얻게 되면, 그 비율은 노동생산물의 본성으로부터 발생하는 것 같이 보인다. ……노동생산물의 가치로서의 성격은 노동생산물이 가치량으로 작용할 때 비로소 분명해진다. 왜냐하면 이 가치량은 교환자들의 의지·예견·행위와는 무관하게 끊임없이 변동하기 때문이다. 사회 안에서 교환자들 자신의 운동은 그들에게는 물건들의 운동이라는 형태를 취하는데, 그들은 이 운동을 통제하는 것이 아니라 도리어 그 운동에 의해 통제되고 있다(Marx, 1976b: 96).

그래서 이러한 상품형태, 가치형태는 '사회생활의 자연적 형태라는 견고성'을 획득하게 된다. 나중에 고전파 정치경제학자들이 이에 대해 고찰할 때, "상품가격의 분석이 가치량의 결정이라는 문제를 제기했고, 모든 상품들이 공통적으로 화폐로 표현되고 있다는 사실이 상품은 가치라는 성격을 확정시킨 것이다. 그러나 바로 상품세계의 이 완성된 형태 - 화폐형태 - 가 사적 노동의 사회적 성격, 따라서 개별 노동자들 사이의 사회적 관계를 폭로하는 것이 아니라 도리어 그것을 물건들 사이의 관계로 나타냄으로써 은폐"(Marx, 1976b: 97)하고 있기 때문에, 이러한 형태들의 내용과 의미를 과학적으로 해명하지 못하게 된다.

그리고 이러한 물신화된 형태들이 바로 부르주아 경제학의 범주들을 형성한다. "부르주아 경제학의 범주들은 현실의 사회적 관계들을 반영하는 한 객관적인 진리를 가진 사고형태이지만, 이들 사회적 관계는 상품생산이 사회적 생산양식인 특정한 역사시대에만 속한다"(Marx, 1977: 72). 따라서 마르크스의 물신주의 비판은 자본주의 사회에서 모든 경제적 범주가 사회관계들의 물신화된 형태임을, 즉 사회관계들이 현실에서 존재하는 방식임을 분명히 해준다.[41]

그런데 경제적 범주에 대한 물신주의 비판은 고전파 정치경제학자들에 의해서도 어느 정도 수행되었다. 고전파 정치경제학자들도 "사물의 교환가치를 인간의 생산적 활동의 단순한 표현, 그들의 독자적인 사회적 형태로서, 즉 산업적으로 소비되든 비산업적으로 소비되든, 사물이나 사물로서의 그 사용과 완전히 다른 그 무엇인가를 나름대로 분명하게 파악했다(그러나 리카도는 다른 경제학자들보다 더 분명하게 파악했다). 그들에게 있어서 가치는 사실상 인간의 생산적 활동인 노동의 물적으로 표현된 상호관계에 지나지 않는다"(Marx, 1971: 181).

특히 리카도의 경우 물신주의 비판은 더욱 진전된다.

부의 독립적인 소재적 모습은 사라지고, 부는 단지 인간의 활동으로서 나타날 뿐이다. 인간의 활동, 노동의 결과가 아닌 것은 모두 자연이며, 그 자체로서는 사회적 부가 아니다. 재화 세계의 환영(幻影)은 사라지고, 재화 세계는 끊임없이 사라지면서 또 끊임없이 재생산되는 인간노동의 대상화로서만 나타난다. 소재적으로 고정된 모

---

41) "부르주아 사회가 지닌 관계들과 부르주아 사회의 구조에 대한 이해를 표현하는 범주들"(Marx, 1976a I권: 76). "경제적 범주들은……이 특수한 사회(근대 부르주아 사회: 인용자)의 존재(being) 형태들, 실존(existence)규정들……을 표현한다"(Marx, 1976a, I권: 77).

든 부는 이 사회적 노동의 일시적인 대상화, 생산과정의 결정에 불과하며, 이 과정의 척도는 시간이며, 운동 그 자체의 척도이다(Marx, 1971: 429. 강조는 인용자).

(그래서) 자본-이윤, 토지-지대, 노동-임금이라는 경제적 삼위일체는 자본주의 생산양식의 신비화, 사회적 관계의 물화, 생산의 소재적 관련과 그 역사적·사회적 특수성과의 직접적 융합을 완성한다. 이것은 마법에 걸려 왜곡되고 전도된 세계이며, 그 속에서 자본 도령과 토지 아가씨가 사회적 등장인물임과 동시에 단순한 사물로서 괴상한 춤을 추고 있다. 이러한 그릇된 외관과 기만, 부의 상이한 사회적 요소들의 상호 간의 자립화와 화석화, 사물의 인격화와 생산관계의 물화, 그리고 이러한 일상생활의 신조를 고전파 경제학이 다음과 같은 방식에 의해 해체시켜버린 것은 큰 공적이다. 즉, 고전파 경제학은 이자를 이윤의 일부로 귀착시키고 지대를(평균이윤을 넘는) 초과분으로 귀착시킴으로써 이 둘이 잉여가치라는 점에서 일치하게 했으며, 유통과정을 단순히 형태들의 변환으로서 서술했고, 끝으로 직접적 생산과정에서 상품의 가치와 잉여가치를 노동에 귀착시켰던 것이다(Marx, 1981a: 1023).

그러나 "고전파 경제학의 최고의 대표자들조차 (그들의 비판에 의해 해체된) 환상의 세계에 다소간 사로잡혀 있었는데 이것은 부르주아적 입장에서는 불가피했다. 그리하여 그들은 모두 다소간 앞뒤 사이의 불일치, 풀리지 않는 모순, 반쪽짜리 진실에 빠졌다"(Marx, 1981a: 1023)라고 마르크스는 고전파 정치경제학의 불철저함과 한계를 비판한다. 고전파 정치경제학자들은 모두 경제적 범주들이 일반적으로 물신화된 형태라는 사실, 그리고 자본주의적 생산에서는 이 생산의 본질로부터 필연적으로 사회적 관계가 물신화되어 전도된 방식으로 표현된다는 사실을 철저하게 인식하지 못했던 것이다.

따라서 정치경제학의 모든 범주를 기본적으로 사회관계의 물신화된 형태로 파악하고 규명한 것은 마르크스의 '정치경제학 비판'의 출발점을 이루고, 그의 분석을 고전파 정치경제학과 구분하는 결정적 지점이라 할 수 있다. 이 점은 고전파 정치경제학에 대한 마르크스의 다음과 같은 비판에서 명확히 드러난다.

고전파경제학의 근본적인 결함의 하나는 상품(특히 상품가치)의 분석으로부터

(가치를 교환가치로 되게 하는) 가치형태(form of value)[42]를 찾아내는 데 성공하지 못했다는 점에 있다. 스미스와 리카도와 같은 고전파경제학의 가장 훌륭한 대표자들조차도 가치형태를 완전히 아무래도 좋은 것으로 또는 상품 자체의 성질과는 관계가 없는 것으로 취급하고 있다. 그 이유는 고전파경제학이 가치량의 분석에 모든 주의를 기울이고 있었다는 데만 있는 것은 아니다. 그 이유는 좀 더 깊은 곳에 있다. 노동생산물의 가치-형태(value-form)는 부르주아적 생산양식의 가장 추상적인, 그리고 가장 일반적인 형태이고, 바로 이 형태에 의해 부르주아적 생산양식은 사회적 생산의 특수한 한 종류가 되며 역사적·과도기적 성격을 지니게 된다. 만약 부르주아적 생산양식을 사회적 생산의 영원한 자연적 형태라고 잘못 본다면, 필연적으로 가치-형태, 따라서 상품-형태, 그리고 그것의 더욱 발전된 것으로서의 화폐-형태나 자본-형태 등의 특수성까지도 간과하게 된다(Marx, 1976b: 103~104).

사회적 생산관계의 자립화(외화) 및 사물화(대상화), 사람들 사이의 사회관계의 사물들 사이의 사회관계로의 전도, 주객전도 등으로 나타나는 물신주의는 기본적으로 상품생산 및 유통에서 발생하는 것이지만,[43] 동시에 자본주의적 사회관계 자체에서도 발생한다. 상품 물신주의 현상을 좀 더 이론적으로 개념화하고, 다음에 자본주의적 생산관계하에서의 직접적 생산과정과 유통과정 및 '직접적 생산과

---

42) 가치형태(form of value)와 가치-형태(value-form)는 다른 의미를 갖는다. 가치형태는 교환가치를 의미하는 것으로 '가치의 형태' 또는 '가치의 현상형태'라는 의미인 반면, 가치-형태는 노동생산물의 사회적 형태를 가리키는 것으로 '사회적 형태로서의 가치'를 의미한다. 상품-형태, 화폐-형태, 자본-형태 역시 각각 사회적 형태로서의 상품, 화폐, 자본을 의미한다. 이후 이 책에서 특별한 언급이 없을 경우, 가치형태는 가치-형태(value-form)를 가리키는 것으로 사용하고자 한다.

43) 여기서 상품생산은 자본주의적 생산양식과 구별되는 독자적 생산양식을 상정한 것은 아니다. 오히려 자본주의 생산양식의 두 가지 특징 중의 하나인 상품생산사회라는 측면을 가리키는 것으로 보아야 한다. 마르크스는 상품 물신주의를 정식화하는 『자본론』 제1장 제4절의 말미에서 물신화된 형태들(상품형태, 가치형태, 화폐형태, 자본형태 등)에 대해 "생산과정이 인간을 지배하고 인간이 생산과정을 지배하지 않는 사회구성(체)에 속하고 있다는 도장이 분명히 찍혀 있는 그러한 형태들"(Marx, 1976b: 103~104)이라고 분명하게 언급하고 있다. 또한 "가치규정 자체는 사회적 생산양식의 주어진 역사적 단계를 자신의 전제로 하며, 그 자체로 이 단계와 더불어 주어진다. 즉, 그것은 역사적 관계이다"(Marx, 1976a I권: 249). 따라서 『자본론』 제1장에서 논의되고 있는 상품은 자본주의적 상품이되 자본주의적 사회관계의 규정이 사상된 "부르주아적 생산의 가장 일반적이고 가장 미발달된 형태"(Marx, 1976b: 106)로 파악해야 할 것이다.

정과 유통과정의 통일'로서의 생산과정에서 나타나는 물신주의에 대해 검토하기로 한다.

### (1) 사회관계와 사회적 형태

마르크스의 상품 물신주의는 『자본론』 제1장 제4절 '상품의 물신적 성격과 그 비밀'에서 명료하게 정식화되지만, 그 이전 저작인 『정치경제학 비판 요강』에는 『자본론』의 그러한 서술(발표)에 이르게 된 연구과정, 즉 개념화 과정이 잘 드러나 있어서 마르크스의 물신주의 개념에 대한 풍부한 이해를 가능하게 해준다.

이에 본격적으로 들어가기 전에, 마르크스의 '정치경제학 비판'에서 중요한 역할을 하는 '형태' 개념이 물신주의 비판과 연관되어 있음을 먼저 확인할 필요가 있다. 즉, "어째서 노동이 가치로 표현되는가"(Marx, 1976b: 103)라는 가치의 질적 측면(가치의 양적 측면인 교환가치로서의 가치형태가 아니라 사회적 형태로서의 가치-형태)에 대한 문제의식과 연관되어 있다.

예컨대 마르크스는 계급사회로서의 자본주의 생산양식과 역사적으로 다른 생산양식들과의 구별을 계급지배의 '형태'상의 차이에서 찾는다.[44] 즉, 노동력의 매매를 통한 착취관계가 자본주의 생산양식에서의 계급관계(지배/예속관계)의 역사적으로 특수한 형태이다. 달리 말하면 노동력의 상품화, 노동력의 상품형태를 통한 지배가 자본주의적 계급관계의 역사적 특수성이다. 마르크스는 이를 자본주의

---

[44] "잉여가치를 정확하게 이해하기 위해서는 그것을 잉여노동시간의 응고(凝固)로, 대상화된 잉여노동으로 파악하는 것이 중요하다. 여러 경제적 사회구성체들 사이의 차이는, 예를 들어 노예노동에 근거한 사회와 임금노동에 근거한 사회 사이의 차이는 이 잉여가치가 직접적 생산자인 노동자로부터 착취되는 그 형태에 있다"(Marx, 1976b: 286). "자본에 대한 노동의 종속도 처음에는 노동자가 자신을 위해서가 아니라 자본가를 위해서, 따라서 자본가 밑에서 노동한다는 사실의 형태적인 결과였을 따름이다"(Marx, 1976b: 447). "잉여노동을 전유하는 자와 공여하는 자 사이의 순수한 화폐관계, 예속이 발생하는 한, 이는……판매에 전제된 예속에서가 아니라 판매의 일정한 내용에서 유래한다. 노동조건들의 소유자로서만 구매자는 판매자를 경제적 종속에 몰아넣는다. 정치적·사회적으로 고정된 지배예속관계는 아니다"(Marx, 1969b: 94). "지배예속관계가 노예제, 농노제, 군신제, 그리고 특정한 여타 종속형태 등을 대체하고 들어서면, 변화는 **순전히 형태 변화이**다. 이 형태는 객체적(대상적) 성격을 가지고, 외관상 자발적이며, 순수하게 **경제적이기** 때문에 더 자유롭게 된다. 또한 생산과정에서의 지배예속관계가……과거 생산과정에서의 독자성을 대신한다. 그들에게서 과거 생산과정에서의 독자성의 상실이 현존하며, 지배예속관계 자체가 자본주의적 생산양식 도입의 산물이다"(Marx, 1969b: 96).

적 생산에서 "자본과 노동력의 형태적 교환이 일반화된다"(Marx, 1969b: 138)라고 표현한다. 자본주의 사회가 상품형태에 기초하고 있다는 것은 "상품형태가 노동생산물의 일반적 형태이며, 따라서 상품소유자로서의 인간관계가 지배적인 사회관계로 되는 사회"(Marx, 1976b: 77)라는 것을 의미한다.

따라서 마르크스의 정치경제학 비판에서 (사회적) '형태' 개념의 내용은 기본적으로 상품형태 또는 가치형태 — 직접적으로든 아니면 간접적으로든 — 와 연관된 것으로 보아야 한다. 마르크스는 「직접적 생산과정의 결과들」에서 노동력 매매 문제에 관해 논의하면서 '형태' 개념이 상품형태에 근거한 것임을 강하게 함의한다.

이러한 노동력의 지속적인 매매, 그리고 노동자 자신에 의해 생산된 상품이 그의 노동력의 **구매자** 및 불변자본으로서 지속적으로 맞서는 것 등은 노동자의 자본에의 종속을 **매개하는 형태들**로 나타날 뿐이다. 산 노동은 **대상적**(objective) 노동을 보존하고 증대하는 수단 및 산 노동으로부터 대상적 노동을 자립화시키는 수단일 뿐이다. 이 매개형태(form of mediation)는 이 생산양식에 내재적이다. 이 매개형태는 노동 구매자로서의 자본과 노동 판매자로서의 노동자 사이의 관계를 영구화시킨다. 그러나 그것은 생산수단 소유자들에 의해 영구화된 것으로서의 노동의 예속화 및 **노동소유의** 더 직접적인 형태들로부터 형태적으로만 구별될 수 있는 형태이다. 이 판매와 구매의 매개를 통해 그것은 현실적 거래 및 끊임없이 갱신되는 영속적 의존을 화폐관계에 불과한 것으로 표현함으로써 **가장**(假裝: disguise)한다. …… 특수한 종속관계에 대해 동등하게 자유롭고 동등한 권리를 가진 상품소유자들 사이의 거래·계약이라는 기만적 가상(illusion)을 부여한다. 이 시초의 관계 그 자체는 이제 자본주의적 생산에서 창출된, 대상화된 노동의 산 노동에 대한 지배의 내적 계기로 나타난다. 따라서 두 가지 광범위하게 수용되는 견해는 오류이다.

첫째로, 임노동, 즉 자본가에게 노동의 판매, 따라서 **임금형태**가 자본주의적 생산의 **표면적** 특징일 뿐이라고 생각하는 사람들이 있다. 그러나 그것은 자본주의적 생산관계의 **본질적** 매개형태들 가운데 하나이고, 이 생산관계 자체에 의해 지속적으로 재생산되는 것이다.

둘째로, 이 표면적 관계, 자본주의적 관계들의 이 **본질적 형태성**(essential formality), 이 **기만적 외관**(deceptive appearance)을 자본주의적 관계의 진정한 **본질**

(essence)로 간주하는 사람들이 있다. 따라서 그들은 그들이 노동자들과 자본가들 모두를 **상품소유자들**로 분류함으로써 자본주의적 관계들에 대해 올바로 평가할 수 있다고 상상한다. 그럼으로써 그들은 그 관계의 본질적 성격을 그럴듯하게 얼버무리고 그것의 **종차**(種差: differentia specifica)를 제거한다(Marx, 1969b: 131~132. 강조는 인용자).

마르크스는 여기서 노동력 매매라는 상품관계를 무시할 수 있는 단순한 외적 특징으로 과소평가하는 견해에 대해서는 노동력 상품형태가 자본주의적 관계의 '본질적 매개형태'임을 강조하는 한편, 노동력 매매관계를 자본주의적 관계의 본질로 과대평가하는 견해에 대해서는 그 상품관계가 자본주의적 관계의 '본질적 형태성'이지만 '기만적 외관'임을 명백하게 밝히고 있다. 마르크스의 이 비판에서 확인되는 것은 자본주의적 관계가 상품관계로 환원(또는 해소)될 수 없을 뿐 아니라 상품관계도 자본주의적 관계로 환원(또는 해소)될 수 없다는 것이다.

마르크스는 이를 다음과 같이 일반적으로 표현한다. "일정한 한계 안의 상품유통 및 화폐유통, 따라서 무역의 일정 정도 발전은 자본형성 및 자본주의적 생산양식의 전제이자 출발점이다. ……자본주의적 생산의 기초 위에서만 상품이 생산물의 일반적 형태이며, 이 생산이 발전할수록 모든 생산요소들이 상품으로서 그 과정에 들어간다"(Marx, 1969b: 135). 또한 이 두 관계가 어느 하나로 환원 또는 해소될 수 없다는 점은 마르크스가 『자본론』 3권에서 자본주의 생산양식의 두 가지 역사적 특징으로 상품생산과 잉여가치 생산을 들고 있는 사실에서도 확인된다. 왜냐하면 만약 하나로 환원이나 해소가 가능하다면, 두 개의 특징이 아니라 하나의 특징으로 제시할 수 있기 때문이다.

그렇다면 이 두 관계의 연관은 무엇인가? 자본주의 사회에서 자본/임노동의 계급관계(지배/예속관계)는 직접적으로 지배/예속관계로 나타나지 않고, 노동력 상품의 매매관계, 즉 자유롭고 평등한 상품소유자 간의 교환관계로 나타난다. 계급관계가 상품교환관계로 나타나는 것이다. 따라서 상품관계와 자본주의적 관계의 연관은 '상품관계란 자본주의적 생산관계의 (현상)형태이다' 또는 '자본주의적 생산관계의 (사회적) 형태는 상품형태이다'라고 정식화될 수 있다.

그런데 상품관계는 왜 상품형태로 표현되는가? 자본주의 생산양식에서 상품관계는 본질(또는 실체)인 자본주의적 사회관계의 현상형태(또는 형태)이기 때문에 상품형태인 것이다.45) 따라서 마르크스에게 있어 형태 개념은 본질에 대한 현상형태, 실체에 대한 형태라는 개념으로 사용되고 있다. 그리고 이 형태 개념은 기본적으로 '자본주의적 사회관계의 상품형태'에 근거하는 것이지만, 자본주의 사회에서 상품관계의 일반화에 따라, 즉 모든 사회적 관계의 상품관계화와 모든 사물의 상품화 경향46)에 따라 자본주의 사회의 모든 사회적 현실(또는 표층)을 가리키는 개념, 즉 사회적 형태로 확장될 수 있다.

사회적 형태로서의 가치형태는 상품형태에서 화폐형태, 자본형태로 발전하기 때문에, 또는 자본주의 생산양식의 규정적 형태인 자본형태는 가치형태의 발전된 형태이기 때문에, 마르크스는 "노동생산물의 가치-형태는 부르주아적 생산양식의 가장 추상적인, 그리고 가장 일반적인 형태이고, 바로 이 형태에 의해 부르주아적 생산양식은 사회적 생산의 특수한 한 종류가 되며 역사적 과도기적 성격을 지니게 된다"(Marx, 1976b: 103~104)라고 표명한다.

이 문구의 의미는, 자본주의적 관계가 지배/피지배관계로서의 계급관계라는 점에서는 전(前) 자본주의 사회와 다름이 없으나 그 계급관계가 취하는 형태, 즉 상품형태(또는 가치형태)에서 역사적으로 구별된다는 것을, 따라서 자본주의적 생산양식의 역사적 특징이 '가치형태'에 있음을 가리킨다는 것은 두말할 필요가 없을 것이다. 자본주의적 사회관계와 가치형태의 연관과 구분, 특히 그것이 내용(또는 실체)과 형태의 관계로서 갖는 의미에 대해서 마르크스는 『잉여가치학설사』 2권에서 공황의 원인에 대한 설명에서 잘 보여주고 있다. 즉, 가치형태 자체는 자본주의 사회 변화의 추동요인으로서의 내용이 아니라 변화의 틀로서의 형태에 불과한 것이다.

이(상품: 인용자) 형태가 공황의 가능성, 즉 분리될 수 없이 상호 연계되어 있는 요소들이 분리되고, 따라서 강제적으로 재통일되어야 할 가능성을 내포한다는 점,

---

45) "자본주의적 생산의 틀 안에서 대상이 현상하는 형태, 따라서 이 생산양식에 사로잡힌 사람들의 의식에 현상하는 형태"(Marx, 1969b: 128)라는 마르크스의 표현도 참조.

46) "본성적으로 상품이 아니고 따라서 이런 의미에서 인간적 거래의 밖에 있는 사물들은 그들의 화폐와의 교환에 의해 상품으로 전환될 수 있다"(Marx, 1969b: 167).

다시 말해 그들의 통일이 그들의 상호 독립성에 맞서 폭력적으로 주장된다는 점을 우리는 논의해왔다. 공황의 일반적이고 추상적인 가능성은 내용 없는, 즉 강제하고 추동하는 요인 없는 **공황의 가장 추상적인 형태**를 가리키는 것에 불과하다. 판매와 구매는 분리될 수 있다. 따라서 그들은 잠재적 공황을 표현하고 그들의 일치는 항상 상품에 대한 결정적 요인이다. 그러나 한쪽으로부터 다른 쪽으로의 이행이 부드럽게 이루어질 수도 있다. 따라서 **공황의 가장 추상적 형태**(따라서 공황의 형태적 가능성)는 **상품의 형태변형** 그 자체이다. 즉, 상품의 통일 속에 내포되어 있는 교환가치와 사용가치의 모순, 그리고 더 나아가 화폐와 상품의 모순은 하나의 연관된 운동으로서의 형태변형으로만 존재한다. 공황의 이러한 가능성을 (실제적인) 공황으로 전환시키는 요인들은 이 형태 자체에는 포함되어 있지 않다. 즉, 이 형태는 단지 공황의 틀(framework)이 존재한다는 점을 함의할 뿐이다(Marx, 1968: 509. 강조는 인용자).

상품관계와 자본주의적 관계의 연관에 대한 이 정식화는 이 책에서 처음으로 시도하는 것이다. 이 문제는 마르크스의 '정치경제학 비판'을 이해하는 데 결정적인 중요성을 갖는다. 마르크스는 『자본론』 3권에서 자본주의 생산양식이 다른 생산양식과 구별되는 두 개의 특징으로 노동생산물이 상품으로 생산되는 점과 생산의 목적이 소비나 욕구충족이 아니라 잉여가치 생산이라는 점을 들고 있다(Marx, 1981a: 1083~1086). 그런데 마르크스의 이 정식화는 이후 상품관계와 자본주의적 관계, 가치법칙과 잉여가치법칙, 가치관계와 착취관계, 상품생산과 자본주의적 생산, 상품과 자본, 경쟁과 계급투쟁(또는 자본 간 관계와 자본/임노동관계), 다수 자본과 자본 일반 등 다양한 형태로 대립적으로 개념화되면서 많은 혼란과 논쟁을 불러일으켜 왔다. 자본주의 생산양식에서 둘 가운데 무엇이 더 규정적인가를 둘러싼 논쟁이다.

그러나 어느 것을 강조하든지 간에 이 둘을 병렬적으로 파악한다는 점에서 대부분의 입장은 공통적이다. 즉, 상품관계와 자본주의적 관계의 연관에 대한 이론화가 비어 있거나 불충분했다. 노동력 매매에서 명확히 드러나는 바와 같이, 자본주의적 관계의 형태로서의 상품관계(또는 상품형태)로 그 연관을 정확하게 파악하지 못하고 있다. 또한 이 문제는 마르크스의 방법론을 둘러싼 논쟁에서도 매우 중요한 함의를 갖는다. 즉, '자본주의적 관계의 상품형태'라는 정식화는 마르크스 변증법에서의 주요 개념 쌍인 본질과 현상형태, 내용과 형태, 실체와 형태, 심층과 표층, 생산과 유통 개념에 정확하게 부합한다. 이 관점에서 보면, 마르크스 변증법에 대해 헤겔 변증법의 유물(또는 헤겔 변증법과의 '불장난')로 비난하거나 폄하하는 모든 견해 ─ 특히 구조주의 마르크스주의와 자율주의 마르크스주의 ─ 는 상품관계와 자본주의적 관계의 연관에 대해 적절하게 이론화하지 못한 데서 비롯된 것으로 볼 수 있다. 예컨대 구조주의 마르크스주의에서는 이 두 관계의 연관을 '이중적 접합'(Bidet, 1985)으로 병렬할 뿐이다.

마르크스의 가치형태 분석과 물신주의 비판의 중요성에 주목하고 그에 입각해 구조주의적 접근방법을 극복하고자 하는 '개방적 마르크스주의'는 사회적 형태를 '사회관계의 존재양식(mode of existence)'으로 이해할 것을 올바로 제시하면서도, 형태에 대해 "어떤 것은 오직 그것이 취하는 형태 속에, 그리고 형태를 통해서만 존재한다"는 식으로 추상적으로 규정하고 있다. '개방적 마르크스주의'의 이러한 추상적 접근은 위에서 인용한 마르크스의 노동력 상품에 대한 분석과 대비된다. 형태 문제를 가치형태, 즉 자본주의 생산양식에 의해 고유하게 규정된 것으로 접근하지 않는 개방적 마르크스주의의 추상성은 '형태', '매개' 개념에 대한 다음의 서술에서도 나타난다.

> 마르크스의 경우 사회적 적대는 혼자서는 존재할 수 없다. 적대관계들은 자신을 항상 형태들(가치형태, 화폐형태, 국가형태)로 표현한다. 여기서 형태는 적대관계들의 생활방식으로 드러나고, 그러한 것으로서 형태는 '일반적으로 현실의 모순이 화해되는 방식'(Marx, 1976b: 133)이다. 여기서 '매개'라는 용어는 결정적인 중요성을 가진다. 왜냐하면 그것은 역동적인 적대관계의 존재양식 ─ 적대관계들이 '나란히 존재하도록' 허용하는 ─ 을 의미하기 때문이다. 사회적 적대가 형태들로 존재하는 것은 적대관계들의 모순을 '희석시키지 않는다.' 오히려 이러한 형태들은 이 관계의 존재를 구성한다. 즉, 역사적으로 존재하고 역사적 방식으로 분석되어야 할 하나의 구성이다(Bonefeld, 1992a: 105).

이 인용문에서도 잘 드러나듯이, '개방적' 마르크스주의는 형태에 대한 그러한 추상적 규정 자체가 상품형태(또는 가치형태)에서 유래한 것으로 명료하게 정식화하지 못하고 있다. 그 결과 "예컨대 상품은 화폐형태와 신용형태 및 세계시장 속에서 그리고 그것들을 통해서만 존재한다"(Bonefeld, 1992b: xv-xvi)라는 식의 표현이 나오게 된다. 상품형태, 화폐형태, 신용형태, 세계시장 등은 모두 사회적 형태로서 가치의 존재양식이다. 앞의 문구는 '가치는 상품형태, 화폐형태, 신용형태 및 세계시장 속에서, 그리고 그것들을 통해서만 존재한다'로 표현되어야 정확할 것이다. "화폐와 상품은 모두 가치 그 자체의 상이한 존재양식으로서, 즉 화폐는 가치의 일반적 존재양식으로서, 상품은 가치의 특수한 [이를테면 가장(disguised)된 존재양식으로서 기능할 뿐이다"(Marx, 1976b: 198). 이러한 한계로 인해 '개방적' 마르크스주의는 '계급관계 환원주의'라는 비판을 받게 된다.

> 개방적 마르크스주의자들은 그들의 통찰력을 충분히 밀고 나가지 못한다. 현재 수준에서 그들의 전반적 기획 속에 함의된 환원주의의 위험은 삶의 구체적인 사회적 형태들을 자본주의적 생산양식 내부의 자본과 노동 사이의 주요 모순으로 이론적으로 환원하는 데 기초하고 있다. 따라서 개방적 마르크스주의자들은 사회적 형태들이 어떻게 자본과 노동 사이의 모순을 반영하는가를 성공적으로 묘사하는 반면에, 그들은 사회적 형태들이 또한 어떻게 이 모순을 그들 자신의 고유하고 질적인 방식으로 굴절시키는가를 현재 수준에서는 동일한 통찰력으로 보여주지 못한다. 이러한 실패의 이유 중의 일부는 개방적 마르크스주의 기획의 상대적인 이론적 약점에 놓여 있다. 이 약점은 마르크스주의의 범주들을 굴절 관념에 개방시키지 못한 점과 관련되어 있다. 즉, 개방적 마르크스주의자들은 삶의 사회적 형태들의 변별적인 이데올로기적 특징들 ─ 언뜻 보면 자본과 노동과는 아무런 공통점도 가지지 않는 것처럼 보이는 ─ 을 탐구하는 것을 가능하게 해주는 일련의 범주들을 더욱 발전시켜야 한다(Roberts, 2002: 88).

그런데 이 비판은 '개방적' 마르크스주의가 '계급관계 환원주의'에 빠질 수 있는 위험을 올바르게 지적하면서도, 그 원인이 계급관계와 상품관계의 연관에 대한 불충분한 이론화에서 비롯됨을 정확하게 지적하지 못하고 있다. 그래서 극복 대안으로 제시하는 것도 사회적 형태에 의한 계급관계의 '굴절'이라는 추상적 표현에 그치고 있고, 피상적이고 추상적인 방법론 논의에 머무르고 있다. 즉, '개방적'

마르크스주의의 추상적인 사회적 형태 개념은 형태가 사회관계를 반영하는 측면[47]은 정확히 분석할 수 있지만, 형태의 가치형태적 규정 때문에 발생하는 사회관계의 '굴절', 달리 말하면 왜 사회관계가 그대로 직접적으로 나타나지 않고 (현상)형태로 표현되는가 하는 측면은 적절하게 해명하지 못한다. 추상적으로 자본주의 사회의 물신주의 때문이라고만 파악되고 있는 것이다.

따라서 필자는 '개방적' 마르크스주의의 '사회적 형태' 개념을 '자본주의적 관계의 상품형태'에 근거한 것으로 파악함으로써 '개방적' 마르크스주의가 물신주의 비판이라는 올바른 관점에도 현실 분석에서 나타내는 추상성과 일면성을 전향적으로 극복할 수 있다고 본다.

한편, 필자의 이러한 '사회적 형태' 개념은 조절이론(Aglietta, 1979)에서 사용하는 '사회적 형태' 개념과는 근본적으로 다르다. 아글리에타는 추상적이고 동질적인 가치영역과 구체적이고 이질적인 사용가치영역을 매개하는 이론적 개념으로 '사회적 형태' 개념을 설정한다. 즉, 상품경제에서 "추상적 사회공간과 구체적 활동공간의 통일성, 즉 특수하고 일반적인 노동의 결정을 즉각적으로 인식할 수 없는" '인식론적 문제' 때문에 "이 두 공간을 연결시키기 위해 매개적 이론공간, 즉 **사회적 형태**의 설정이 필요"(Aglietta, 1979: 225)하다는 것이다.

아글리에타의 이러한 개념화는 마르크스의 사회적 범주로서의 사회적 형태 개념과는 전혀 다른 것으로, 분석의 편의를 위한 자의적 개념이다. 따라서 조절이론의 기본 개념인 '구조형태'도 자의적 개념이다. "구조형태는 동일한 기본적 사회관계의 발전으로부터 발생하는 기본적 사회형태의 응집양식이다"(Aglietta, 1979: 225). 그러면서 '단체교섭'을 "임금관계의 다양한 부분적 존재형태를 통합하는 한편 주요한 법적 성문화를 포함하는 구조형태"(Aglietta, 1979: 227)라고 규정한다.

아글리에타의 이러한 자의적이고 혼란스러운 개념 규정은 나중에 구조형태, 제도형태 개념을 '매개' 개념으로 정정하게 만든다. "모든 것은 매개의 창출과 매개들의 조절능력에 의존한다. 이에 대한 용어가 확정되지 못했던 『자본주의 조절이론』(1979)에서 매개들은 '구조형태' 또는 '제도형태'로 불렸다"(Aglietta, 1997: 27).

---

47) 마르크스는 「직접적 생산과정의 결과들」에서 생산과 유통의 연관을 분석하면서 유통에서의 노동력 매매라는 노동력의 상품형태가 생산과정에서의 "자본주의적 관계의 가상적 반영"(Marx, 1969b: 131)임을 밝힌다.

조절이론에서 매개 개념은 사회적 상호 작용의 산물로서의 '사회적 제도'를 가리킨다.

결국 조절이론이 초기(Aglietta, 1979)에 역사유물론 입장을 표방했다가 후기(1982년 이후)에 노동가치론을 포기하는 등 마르크스주의로부터 이탈하게 된 것은 우연적인 발전이 아니다. 애초에 조절이론이 주목한 '구조형태', '제도형태'라는 '조절양식' 개념 자체가 마르크스로부터의 이탈을 내포하고 있었다. 조절이론이 주목한 것은 일관되게 자본주의적 모순, 계급갈등을 조절하는 '제도'에 있었고, '사회적 형태' 개념의 설정에서 드러나듯이 자본주의 사회의 본질을 상품경제로 보는 관점이 혼재되어 있었다.

다음으로, 자본주의적 사회관계와 상품관계의 연관에 주목하는 또 다른 입장인 포스톤(Postone, 1993)을 들 수 있다. 포스톤은 '개방적' 마르크스주의의 일원이 아니지만 마르크스의 상품형태 분석에 주목해 물신주의 현상 자체를 이론적으로 철저히 해명하고자 한다. 그는 자신의 이론을 프랑크푸르트학파의 비판이론에 대한 비판적 검토에 입각해 발전시키기 때문에 마르크스의 물신주의 개념이나 물신주의 비판의 중심성 자체를 전면에 부각시키지는 않는다. 왜냐하면 프랑크푸르트학파가 마르크스의 물신주의 개념을 헤겔주의적으로 왜곡시켰다고 보기 때문이다.

그럼에도 그의 이론은 기존의 좌파이론 가운데 마르크스의 물신주의 이론에 대한 가장 철저한 해명이라는 성과를 가져왔다. 그는 자본주의 생산양식에서 사회적 지배형태가 "추상적이고 비인격적이며 준(準)사물적인 성격"을 가지게 되는 점을 중점적으로 해명한다. 그래서 그의 전면적인 상품형태 분석은 자본주의 사회의 부단한 전형, 특히 의식형태의 전형에 대해 놀라운 통찰력을 제시해주고 있다.

다른 한편, 포스톤은 기존 정통 좌파이론이 계급관계를 중시하고 상품형태를 간과한 점을 비판하면서 자본주의 사회에서의 상품형태의 중요성에 대해 지나치게 강조한 결과, 오히려 계급관계를 상품관계로 환원하는 오류를 범한다. 예컨대 "계급갈등은 상품과 자본의 사회적 형태에 의해 구조화되고, 그 형태 속에 배태되어 있다는 이유에서만 자본주의에서 역사발전의 추동력이다"(Postone, 1993: 319)라는 전도된 인식을 보인다. 그는 자본주의 사회의 본질적 특징과 규정적 관계를 계급관계가 아니라 상품형태(상품관계)에 있다고 봄으로써 마르크스가 상품관계와 자본주의적 관계의 연관에 대한 잘못된 견해로 비판한 두 번째 범주의 오류를 범하고 있다.

그 결과 그가 애초에 자신의 연구목표로 상품형태 분석을 통해 구조와 행위의 이분법에 입각한 구조주의적 접근방법을 극복하는 대안적 접근방법을 정립하겠다고 설정했음에도, 그의 분석은 상품형태에 의해 구조화된 구조주의적 분석으로 귀결되고 만다. 이 책에서는 이어지는 상품 물신주의 분석에서, 포스톤의 상품형태 분석의 이러한 오류에 대한 비판적 인식을 토대로 '자본주의적 생산관계의 상품형태'라는 관점에서 그의 이론적 성과를 재구성할 것이다.

### (2) 사회관계의 자립화 및 사물화(대상화)로서의 상품 물신주의

이제 마르크스에게 있어서 '자본주의적 생산관계의 상품형태'라는 (사회적) 형태 개념은 상품 물신주의에 대한 해명에서 얻어진 것임을 『정치경제학 비판 요강』에서의 논의를 통해 확인하고자 한다. 마르크스는 화폐 또는 교환가치[48]를 분석하면서 상품 또는 화폐의 사회적 매개 기능에서 가치라는 대상화된 형체, 즉 인간노동에 의해 대상화되어 사물화된 사회적 형태의 발생을 해명한다. 상품생산과 유통이 전제하고 있는 사회적 분업에서 상품은 교환수단으로서 사람들이 맺는 사회관계를 매개하는 역할을 하며, 이 매개 과정에서 발생하는 사고상의 추상뿐만 아니라 실제적인 추상과 자립화된 표현양식을 주목하는 것이다.

어떤 순간에든 계산할 때나 부기를 할 때 등 우리는 상품을 가치표장으로 전환시키고 단순한 교환가치로 고정시키며 그것의 소재(素材)와 모든 자연적 속성을 추상한다. 이 형태 변환은 종이 위에서, 머릿속에서 단순한 추상에 의해 진행된다. 그러나 실재적인 교환에서는 실재적인 매개, **이 추상을 실행하기 위한 수단이 필요하다.** …… 상품은 자신과는 다른 것, 자신과는 부등한 그 어떤 것, 즉 교환가치로 정립된다. 우리는 이 상품을 먼저 교환가치로 전환시키고, 그러고 나서 이 교환가치를 다른 것들과 비교하고 교환해야 한다(Marx, 1976a I권: 120. 강조는 인용자).

---

48) 『정치경제학 비판 요강』에서 마르크스는 아직 교환가치와 구별되는 가치 개념에 도달하지 못한다. 즉, 가치의 현상형태 또는 표현형태로서의 교환가치 개념에 이르지 못하고 있기 때문에 교환가치와 가치를 사용가치와 구별되는 동일한 의미로 혼용하고 있다. 그러나 상품교환에서의 가치의 의미를 파악하는 데는 큰 문제가 없다.

상품들을 비교할 때는 이(머릿속의: 인용자) 추상으로 충분하다. 그러나 실제로 교환될 때 이 추상은 다시 대상화되고 상징화되며 부호에 의해 실현되어야 한다. …… 그러한 상징은 일반적인 인식을 가정한다. 그것은 사회적 상징일 수밖에 없다. 그것은 사실 사회적 관계만을 표현한다. …… 사실상 교환의 매개자로 이용되는 상품은 단지 점차적으로 화폐로, 상징으로 전환된다. 이렇게 되자마자 이 상품의 상징이 다시 이 상품 자체를 대체한다. 그 상품은 이제 교환가치의 의식적 부호가 된다(Marx, 1976a I권: 122~123).

특히 상품의 사회적 매개 기능은 단순한 매개 기능으로 끝나는 것이 아니라 기존의 인격적 사회관계들을 해체하면서 새로운 사회관계(상품 생산자 및 소유자로서의 상호의존관계)를 형성하는 역할을 한다는 점이 중요하다.

모든 생산물과 활동이 교환가치로 분해되는 것은 생산의 모든 고정된 인격적(역사적) 예속관계의 해체와 아울러 생산자들의 전면적인 상호 의존을 전제로 한다. 각 개별자의 생산이 다른 모든 사람의 생산에 좌우될 뿐만 아니라 그의 생산물이 그 자신을 위한 생활수단으로 전환되는 것은 다른 모든 사람의 소비에 좌우된다. ……이러한 상호 의존이 부단한 교환의 필요성과 전면적 매개자로서의 교환가치에서 표현된다(Marx, 1976a I권: 136~137).

마르크스의 가치 개념에서 상품, 따라서 상품을 생산하는 노동의 사회적 매개 역할과 사회관계 구성적 성격이 핵심적이라는 점에 주목해서 가치 범주의 발생 근거를 명료하게 밝힌 것은 포스톤(Postone, 1993)이다. 포스톤은 기존의 좌파이론이 상품생산에서 자생적인 사회적 분업으로 인해 사적 노동이 직접적으로 사회적 노동이 아닌 점, 즉 간접적으로 사회적 노동이라는 점에 주목하고, 사적 노동과 대비되는 사회적 노동으로서의 추상노동 개념에 입각해 가치분석을 전개하는 것을 불충분한 이론화로 비판한다. 그리고 노동의 사회적 매개 기능에 전면적으로 입각해서 마르크스의 가치 개념에 대한 재해석을 시도한다.

상품이 규정하는 사회(상품생산사회: 인용자)에서, 한 사람의 노동의 대상화는 다른 사람들에 의해 생산된 재화를 획득하는 수단이다. 따라서 한 사람의 생산물은 그 밖의 사람들에게 재화, 즉 사용가치로서 역할한다. 생산물이 상품이 되는 것은 이러한 의미에서이다. 즉, 그것은 다른 사람들에게 사용가치임과 동시에 생산자에게는 교환수단이다. 이는 한 사람의 노동이 이중적 기능을 가진다는 것을 의미한다. 즉, 한편으로 다른 사람들을 위한 특정한 재화를 생산하는 것은 특수한 종류의 노동이지만, 다른 한편으로 노동은 그것의 특수한 내용과 무관하게 생산자에게 다른 사람들의 생산물을 획득하는 수단으로 역할을 한다. 달리 말하면, 노동은 상품이 규정하는 사회에서 재화를 획득하는 특유한 수단이 된다. 즉, 생산자들의 노동의 특수성은 그들의 노동으로 그들이 획득하는 생산물로부터 추상된다. 지출된 노동의 특수한 성격과 그 노동을 통해 획득된 생산물의 특수한 성격 사이에는 아무런 내적 관계가 없다.

이는 상품 생산과 교환이 지배적이지 않은 사회구성체들과는 전혀 다른 것이다. 그러한 사회구성체들에서는 노동 및 그 생산물의 사회적 분배는 다양한 관습, 전통적 유대, 공식적 권력관계 또는 상상컨대 의식적 결정 등의 결과이다. 비자본주의 사회들에서는 노동은 공공연한 사회관계들에 의해 배분된다. 그러나 상품형태의 보편성에 의해 특징지어지는 사회에서는 개인은 공공연한 사회관계들의 매개를 통해 다른 사람들에 의해 생산된 재화를 획득하지 않는다. 대신에 노동 그 자체가 — 직접적으로 또는 자신의 생산물로 표현된 것으로서 — 다른 사람들의 생산물을 획득하는 '대상적' 수단으로 역할을 함으로써 그러한 관계를 대체한다. **노동 그 자체는 공공연한 사회관계들 대신에 사회적 매개를 구성한다.** 다시 말해, 새로운 형태의 상호 의존이 출현한다. ……그러므로 상품이 규정하는 노동(상품생산노동)은 공공연한 또는 '인지 가능한' 사회관계들에 의해 매개되기보다는 노동이 스스로 구성하는 일련의 구조들에 의해 매개된다. 노동과 그의 생산물은 자본주의에서 스스로를 매개한다. 즉, 그것들은 사회적으로 자기매개적이다(Postone, 1993: 149~150).

포스톤은 상품생산에서의 노동의 이러한 자기매개적이고 사회구성적 성격 때문에 마르크스가 '추상적 인간노동(또는 추상노동)'을 가치의 '실체'로 규정할 수 있었다고 해명한다. 상품생산사회에서 노동은 스스로를 매개하기 때문에 스스로에게 (사회적으로) 근거를 부여하고, 따라서 철학적 의미에서의 '실체(sub-stance)'의 속성을 가지게 된다는 것이다(Postone, 1993: 156).

한편 포스톤의 이러한 논의는 자본주의적 관계 규정을 사상한 상품생산사회에 한정해서 이해해야 할 것이다. 포스톤의 논의를 필자의 관점에서 재구성하면, 자본주의적 상품 생산의 경우 자본주의적 상품, 따라서 자본주의적 노동은 자본주의적 생산관계의 매개형태가 된다. 그러나 이 경우도 자본주의적 노동으로서의 추상노동은 자본주의적 생산관계를 구성하기 때문에 자기매개적 성격에는 변함이 없다. 상품생산의 경우와 비교해보면, 상품형태가 아니라 그로부터 발전한 자본형태(즉, 자본을 구성하는 추상노동형태)로 매개하는 점에서 구별된다.

포스톤의 이상의 논의는 『자본론』 1권 상품의 장에서 '사용가치로서의 상품'의 감각적인 객관적 실재와 달리, '가치로서의 상품'의 객관적 실재는 초감각적[49]이고, "가치로서의 상품의 객관적 성격이 순수히 사회적인 것"(Marx, 1976b: 60)이라는 규정의 의미를 구체화시켜준다. 즉, 가치 개념은 상품, 따라서 상품을 생산하는 노동의 사회적 매개 역할에서 비롯한 것이다. 포스톤은 이러한 논의에 기초해 마르크스의 가치 실체로서의 '추상노동' 개념, 즉 '추상적 인간노동' 또는 '생리학적 의미에서의 인간노동력의 지출' 개념의 근거가 상품생산사회에서의 노동의 매개적 기능이고, 그로 인해 동질적인 가치공간인 사회적 총체를 구성하는 것이 가능하게 됨을 밝힌다.

자본주의에서 노동을 일반적으로 만드는 것은, 단순히 노동이 모든 다양한 특수한 종류의 노동의 공통요소라는 자명한 이치만이 아니다. 오히려 **노동을 일반적으로 만드는 것은 노동의 사회적 기능이다.** 사회적으로 매개하는 활동으로서 노동은 그 생산물의 특수성으로부터, 따라서 노동 자체의 구체적 형태의 특수성으로부터 추상된다. 마르크스 분석에서 추상노동 범주는 이러한 현실적인 사회적 추상과정을 표현한다. 즉, 그것은 개념적인 추상과정에만 기초한 것이 아니다. 사회적 매개를 구성하는 하나의 실천으로서 노동은 노동 일반이다. ……모든 생산자들의 노동은 다른 사람들의 생산물을 획득할 수 있는 수단으로 역할을 한다. 그 결과 '노동 일반'은 사회적으로 일반적인 방식으로 매개활동으로서 역할을 한다. 그러나 추상노동으로서의 노동은, 그것이 모든 생산자들 사이의 매개를 구성한다는 의미에서 사회적으로

---

49) "유령 같은 대상성(objectivity)"(Marx, 1976b: 47).

일반적일 뿐만 아니라 매개의 **성격** 또한 사회적으로 일반적이다. ……모든 개인들의 노동은 사회적 매개를 구성한다. 그러나 각각의 개인 노동은 **동일한** 사회적 매개 방식으로 기능하기 때문에 그들의 추상노동은 다양한 추상노동들의 거대한 집합을 구성하는 것이 **아니라** 일반적인 사회적 매개 ― 달리 말하면, **사회적 총추상노동** ― 를 구성한다. 따라서 그들의 생산물들은 **사회적 총매개 ― 가치 ―** 를 구성한다. 사회 전체의 관점에서 보면, 개인의 구체노동은 개별적이고 질적으로 이질적인 **전체**의 일부이다. 그러나 추상노동으로서 노동은 **사회적 총체**를 구성하는, 질적으로 동질적이고 일반적인 사회적 매개의 개별적 계기이다(Postone, 1993: 151~152).

상품을 생산하는 노동, 즉 추상노동이 사회적 매개 역할을 함으로써 하나의 사회적 총체를 구성하고, 그러한 사회적 총체를 표현하는 것이 가치라는 포스톤의 해석은 사회적 총체로서의 추상노동 개념과 그것의 표현인 사회적 총체로서의 가치 개념을 분명하게 해준다.

추상노동이 인간세계의 사회적 관계를 구성하고, 이는 추상노동이 생산한 상품들의 세계에서는 가치가 상품세계의 사회적 관계를 구성하는 것으로 표현된다. 즉, 가치가 추상노동의 표현형태로서 인간세계의 사회적 관계를 상품세계의 사회적 관계로 표현한다. 따라서 추상노동이 구성하는 사회적 총체와 가치가 구성하는 사회적 총체는 동일한 총체이다. "모든 노동생산물을 무차별적인 인간노동의 단순한 응고물로 표현하는 일반적 가치형태는 그 자체의 구조에 의한 일반적 가치형태가 **상품세계의 사회적 표현**이라는 것을 보여준다. 그리하여 일반적 가치형태는, 상품세계의 내부에서는 노동의 일반적인 인간적 성격이 **노동의 독자적인 사회적 성격**을 형성한다는 것을 밝혀준다"(Marx, 1976b: 86).

즉, '사적 노동'이 한 계기로서 구성하는 사회적 총체에 의해 '사회적 노동(사회적 평균노동)'을 형성해내고, 이는 상품세계에서 '개별적 가치'가 한 계기로 구성하는 사회적 총체에 의해 '사회적 가치(사회적 필요노동시간)'를 형성해내는 것으로 표현된다.[50] 가치 및 추상노동에 관한 포스톤의 이러한 재해석은 상품생산 및 유

---

50) 마르크스의 노동가치론에서 '총체성' 개념은 결정적으로 중요한 방법론적 개념이다. '사적 노동'과 '사회적 노동', '개별적 가치'와 '사회적 가치' 개념은 '총체성' 개념 없이는 이해될 수 없다. 세계시장의 기초 위에서의 추상노동, 사회적 노동, 가치, 총체의 관계에 대해 마르크스는 명료하게 표

통에서 발생하는 사회관계의 자립화(외화)와 사물화(대상화)에 대한 마르크스의 논의에 대한 발전된 재해석을 가능하게 한다.

포스톤의 발전된 재해석을 논하기 전에 먼저 이 문제에 대한 마르크스의 논의부터 살펴보면, 마르크스는 자본주의 사회에서의 상품생산이 야기하는 사회관계의 성격 변화를 역사적 비교를 통해 분석한다. 마르크스는 상품생산과 교환을 매개로 새롭게 구성되는 사회관계가 상품생산자와 교환자들로부터 자립화하고 사물화되어 나타나는 현상 자체를 주목한다. 좀 길지만 세 문구를 인용하고자 한다.

> 서로 무차별적인 개인들의 상호적이고 전면적인 의존이 그들의 사회적 연관을 이룬다. 이 사회적 연관이 교환가치에서 표현되는데, 각 개인에게는 그 자신의 활동이나 생산물이 교환가치 속에서 비로소 그를 위한 활동이나 생산물이 된다. ……활동의 개인적 현상형태가 어떠하든, 그리고 그 활동의 산물이 어떠한 특수한 성질을 보유하든 그것은 교환가치, 즉 일반자(一般者)인데, 여기에서는 모든 개성과 독특성이 부정되고 소멸된다. 이러한 상태는 사실상 개인 또는 가족과 부족(나중에 공동체)에서 자생적으로나 역사적으로 확대된 개인이 직접 자연으로부터 재생산되거나 그의 생산적 활동이나 그의 생산 지분이 일정한 형태의 노동과 생산물에 의거하고, 타인과의 관계도 그렇게 규정되던 상태와는 매우 다르다. 여기에서 생산물의 사회적 형태, 생산에서의 개인의 몫뿐만 아니라 활동의 사회적 성격은 개인들에게 낯선 것, 물적인(objective) 것으로서 현상한다. 그들이 서로 관계하는 것이 아니라(그들과는 독립적으로 존재하고 무차별적인 개인들의 상호충돌에서 발생하는) 관계들에 복속된 것으로 현상한다. 각 개별적인 개인에게는 생활조건이 되어버린 활동과 생산물의 일반적 교환, 그들의 상호 연관이 그들 자신에게는 낯설게, 독립적으로, 하나의 사물로

---

현한다. "해외무역, 즉 시장이 세계시장으로 발전하는 것에 의해서만 화폐는 세계화폐로 발전하게 되고, **추상노동**은 사회적 노동으로 된다. 추상적 부, 가치, 화폐, 따라서 **추상노동**은, 구체노동이 (세계시장으로 포괄되는) 상이한 노동양식들의 총체로 발전하는 정도만큼 발전한다. 자본주의 생산은 가치 또는 생산물에 체현된 노동을 사회적 노동으로 전형시키는 것에 의존한다. 그러나 이것은 해외무역 및 세계시장의 기초 위에서만 가능할 뿐이다. 이것(해외무역과 세계시장: 인용자)은 자본주의 생산의 전제조건이자 결과이다"(Marx, 1971: 253). 따라서 마르크스 방법론에서 변증법은 관건적으로 중요하다. 이는 마르크스의 '정치경제학 비판'을 변증법적 관점을 배제하고 독해하려는 구조주의적 마르크스주의나 자율주의적 마르크스주의의 시도가 왜 마르크스의 가치법칙을 협소하게 이해하거나 불필요한 것으로 왜곡시키게 되는가를 역으로 해명해준다.

현상한다. 교환가치에서 사람들의 사회적 관계는 사물들의 사회적 관계로, 인간의 능력이 사물의 능력으로 전환되었다. ……각 개인은 사물의 형태로 사회적 권력을 보유한다. 사물로부터 이 사회적 권력을 박탈하면, 인간에 대한 인간의 사회적 권력이 있을 것에 틀림없다(Marx, 1976a I권: 137~138).

교환과 분업은 서로 조건이 된다. 각자는 자신을 위해 노동하지만, 그의 생산물이 그에게는 아무것도 아니므로 그는 일반적 생산능력에 참여하기 위해서뿐만 아니라 자신의 생산물을 자기 자신을 위한 생활수단으로 전환시키기 위해서도 당연히 교환해야 한다. 교환가치와 화폐에 의해 매개된 것으로서의 교환은 물론 생산자들의 전면적인 상호 의존을 전제로 하지만 동시에 그들의 사적 이익의 완전한 고립과 사회적 분업도 전제로 하는데, 사회적 분업의 통일과 상호 보완은 개인들 밖에 개인들로부터 독립해서, 말하자면 하나의 자연관계로 존재한다. 각 개인들에 대한 일반적인 수요와 공급의 압력이 서로 무관한 사람들의 연관을 매개하는 것이다(Marx, 1976a I권: 139).

화폐형태에서 ― 화폐가(교환가치의 척도가 아니라) 교환수단인 한에 있어서 ― 화폐의 존재가 사회적 연관의 물화를 전제로 한다는 것, 즉 화폐가 한 사람이 상품을 획득하기 위해서 다른 사람의 수중에 남겨두어야 하는 담보로 현상한다는 것이 경제학자들에게는 분명하다. 여기에서 경제학자들은 인간이 자신들에게는 부여하지 않는 신뢰를 하나의 사물(화폐)에 부여한다고 스스로 말한다. 그러나 그들은 왜 사물에 신뢰를 부여하는가? 그것이 인간의 물화된 관계로서, 물화된 교환가치로서만 그러하다는 것은 명백한데, 교환가치란 인간이 행하는 생산적 활동의 상호관계에 지나지 않는다. ……화폐는 '사회의 동산 담보'로서만 담보 보유자에게 유용한데, 화폐가 그러한 동산 담보가 되는 것은 그것의 사회적(상징적) 속성 때문이다. 그리고 그것이 사회적 속성을 가질 수 있는 것은 개인들이 자신들의 사회적 관계를 사물의 형태를 취할 수 있도록 자신들로부터 소외시켰기 때문이다(Marx, 1976a I권: 141).

마르크스는 이러한 사회관계의 자립화·사물화 현상이 그 어떤 외적인 이유 때문이 아니라 상품생산과 유통 그 자체에서 발생한다는 것을 해명한다.

유통은 일반적 양도가 일반적 전유로, 일반적 전유가 일반적 양도로 나타나는 운동이다. 이 운동 전체가 사회적 운동으로 나타나고 이 운동의 개별적인 계기들이 개인들의 의식적인 의지와 특수한 목적으로부터 출발하는 것처럼, 과정의 총체는 자생적으로 등장하는 객관적 연관, 즉 의식적 개인들의 상호 작용으로부터 유래하지만, 그들의 의식 속에 놓여 있지도 전체로서 그들에게 복속되지도 않는 객관적 연관으로 나타난다. 개인들 자신의 상호 충돌이 그들에게는 그들 위에 서 있는 낯선 사회적 권력을 낳는다. 즉, 그들의 상호 작용이 그들로부터 독립적인 과정이자 강제력을 낳는다. 유통이 사회적 과정의 총체이기 때문에, 동전 한 푼이나 교환가치에서처럼 그것은 사회적 관계뿐만 아니라 사회적 운동 전체도 개인들로부터 독립적인 것으로 나타나는 첫 번째 형태이다. 개인들의 사회적 상호관계가 개인들에 대해 자립화된 권력으로서 나타나는 것은, 그것이 하나의 자연력이나 우연으로 상상되든 또는 임의의 형태로 상상되든, 출발점이 자유로운 사회적 개인이 아니라는 사실의 필연적 결과이다. 유통은 경제적 범주 중에서 최초의 총체성으로서 이러한 결과를 보여주기에 적합하다(Marx, 1976a I권: 184~185. 강조는 인용자).

마르크스의 이러한 해명은 상품생산과 유통에서의 개인들 사이의 사회적 관계가 자립화·사물화(대상화)되는 이유가 상품생산과 유통의 고립적인 형태(또는 사적 형태)에도 그것이 상호 의존되어 있는 하나의 총체를 구성하고 있기 때문임을, 따라서 상품생산과 유통 그 자체로부터 비롯됨을 분명하게 밝히고 있다.

그와 더불어 마르크스의 이러한 해명은 본질과 현상형태의 분리, 또는 실체와 형태의 분리를 강하게 함의한다. 왜냐하면 개인들의 상호 작용, 즉 상호 의존성이라는 '객관적 연관', 즉 '개인들의 사회적 상호관계'가 있는 그대로 나타나는 것이 아니라 '개인들로부터 독립적인 것'으로, 그리고 '개인들에 대해 자립화된 권력'으로 실제로 나타나기 때문이다. 달리 말하면, 상품생산과 유통에서는 실제로 개인들의 사회관계가 개인들로부터 분리되어 하나의 사물처럼 대상으로서 그리고 하나의 외적 강제력으로서 개인들에 맞서게 되는 것이다. 따라서 객관적인 사회관계와 그것의 운동 — 이것들이 본질 또는 실체에 해당한다 — 이 개인에게는 사물 같은 대상과 외적 강제력 — 이것이 현상형태 또는 형태에 해당한다 — 으로 인식된다.51) 그리고 이러한 개인들의 인식은 주관적인 환상이 아니라 근거, 즉 실체와 본질을 가진 인식이다. 따라서 "역사적으로 규정된 일정한 사회적 생산양식(상품생산)의 생산관계에서는 사회적으로 타당하며, 따라서 객관적인 사고형태"(Marx, 1976b: 97~98)라고 할 수 있다. 따라서 마르크스의 물신주의 해명은 상품생산과 유통에서의 '사회관계의 (현상)형태' 또는 '사회관계의 역사적인 사회적 형태'에 관한 해명으로 볼 수 있다.

이것이 마르크스의 물신주의에 대한 비판의 내용을 이루는 사회관계의 자립화와 사물화, 객체의 주체로의 전도 및 그 역, 인간의 소외 등이 의미하는 핵심적 내용이다. 마르크스는 나중에 『자본론』 3권에서 자본주의 생산양식의 역사적으로 고유한 두 가지 특징 가운데 하나로 상품생산을 논하면서, 물신주의 현상의 핵심을 단순명쾌하게 정식화한다. "상품에는 그리고 더욱이 자본의 생산물로서의 상품에는 (자본주의 생산양식 전체를 특징짓는) 생산의 사회적 규정들의 물화(物化, reification)와 생산의 물질적 조건들의 주체화(主體化)가 이미 포함되어 있다"(Marx, 1981a: 1084).

한편 상품생산 및 유통에서 사회관계가 자립화·사물화·주체화하는 (현상)형태로 나타난다는 마르크스의 물신주의 해명은 사회관계에 대한 구조주의적 접근방법이 출현할 수 있는 현실적 근거를 밝혀준다. 상품생산이 일반화한 자본주의 생산양식에서 사회관계는 사회구성원들로부터 자립화되어 사물과 같은 대상으로 나타나고, 그러한 사회관계들의 체계는 스스로 운동하는 대상적인 구조로 나타나기 때문에 사회관계의 체계를 주체와 분리된 구조로 파악하게 된다. 결국 구조와 행위 (또는 주체) 사이의 엄격한 이분법에 입각해서 사회현실을 파악하는 구조주의적 접근방법은 물신주의에 사로잡힌 현실인식에 불과한 것이다.

이러한 논의를 통해서 마르크스에게 있어서 '자본주의적 사회관계의 상품형태'로서의 (사회적) 형태 개념이 '사회관계의 현상형태'라는 상품 물신주의에 대한 해명에 근거하고 있음도 알 수 있다.

다른 한편 마르크스는 상품생산 및 유통에서 발생하는 이러한 물신주의 현상이 사실은 전(前) 자본주의적 생산양식에서의 인격적 예속관계가 자본주의적 생산양

---

51) 이러한 현상은 본질/현상형태 개념 쌍에 대한 비유로 자주 거론되는 예인, 지구의 자전과 공전이라는 본질 또는 실체가 지구에 사는 사람들에게는 태양이 지구를 도는 것과 같은 객관적인 현상(형태)으로 나타나는 것과 동일하다.

식에서 상품교환을 매개로 해서 '사물적(objective) 종속관계'로 치환된 것에 불과한 것으로 비판한다.

　　미발전된 교환, 교환가치, 화폐의 미발전된 체제를 낳거나 발전도가 낮은 이 체제에 조응하는 사회적 관계를 고찰하면 다음과 같은 사실이 처음부터 분명하게 나타난다. 즉, 개인들은 비록 그들의 관계가 더 인격적으로 현상한다고 할지라도, 어떤 규정에 구속된 개인들로서만, 즉 봉건영주와 가신, 지주와 농노 등으로, 또는 카스트 구성원 등으로, 또는 어떤 신분의 일원 등으로만 관계를 맺는다. 화폐관계, 발전된 교환체제에서는(그리고 이 겉모습이 민주주의를 오도한다) 사실 인격적 의존의 유대, 혈연의 차이, 교육의 차이 등이 분쇄되고 절단된다(인격적 유대들은 적어도 인간적인 관계들로 현상한다). 그리고 개인들은 독립적인 것으로 보인다(이 독립성은 단순히 하나의 환상일 뿐이고, 더 정확히 말하자면 — 무차별성이라는 의미의 — 무관심이라 불릴 수 있다). 즉, 자유롭게 서로 접촉하며 이 자유 속에서 교환하는 것처럼 보인다. 하지만 그들이 그렇게 보이는 것은 이 개인들이 접촉하게 되는 조건들, 실존 조건들을 무시하는 사람에 대해서뿐이다. ……전자의 경우에는 다른 개인에 의한 어떤 개인의 인격적 제한으로 나타나던 규정성이 후자의 경우에는 (개인으로부터 독립적이고 스스로 자족적인) 관계들에 의한 개인의 객체적 제약으로 완성되어 나타난다. 개별적인 개인은 자신의 인격적 규정성을 벗어버릴 수 없지만 외적인 관계들은 아마도 극복해서 자신의 지배하에 둘 수 있기 때문에 두 번째 경우에 그의 자유는 더 큰 것처럼 보인다. 그러나 외적인 관계들·조건들을 자세히 연구해보면, 어떤 계급 등의 개인들이 그것들을 지양하지 않고 전체로서 극복한다는 것은 불가능하다는 것이 드러난다. 어떤 개인이 그것들을 우연히 제거할 수는 있다. 하지만 그 조건들에 의해 지배당하는 개인들은 그럴 수 없다. 왜냐하면 그 조건들의 단순한 존립이 개인들의 그것들에 대한 종속, 필연적인 종속을 표현하기 때문이다. 이러한 외적 관계들은 결코 '종속관계'의 폐지가 아니다. 이 외적 관계들은 오히려 이 종속관계의 일반적 형태로의 용해이며, 인격적 종속관계의 일반적 기초의 정교화 및 출현이다(Marx, 1976a I권: 144~146. 강조는 인용자).

　　여기에서도 역시 개인들은 규정된 방식으로만 다른 개인들과 연관을 맺는다. 인격적 예속관계와 대립되는 이러한 물적 종속관계(물적 종속관계란 겉보기에는 독립적인 개인들에게 자립적으로 마주 서는 사회관계들, 즉 개인들 스스로에 대해 자립화된 상호적 생산관계들에 지나지 않는다)도 과거에는 개인들이 서로 의존했던 반면, 이제는 **추상들**에 의해 지배당하는 것으로 나타난다. 그러나 추상이나 관념은 개인들을 지배하는 저 물질적 관계들의 이론적 표현에 지나지 않는다(Marx, 1976a I권: 146).[52]

이러한 물신주의 비판에 입각해 마르크스는 상품교환의 '기만적 외관'에 사로잡힌 부르주아적 자유 개념[53]을 비판한다. 부르주아적 자유가 '자유 일반'을 구현하는 것이 결코 아니다. 왜냐하면 봉건적 속박으로부터 해방된 인간은 자본주의에서 새로운 족쇄, 즉 생산관계의 물화된 지배, 경쟁과 우연이라는 맹목적 힘에 종속되기 때문이다. 한 측면에서 그들은 더 자유롭게 되지만, 다른 측면에서 그들은 덜 자유롭게 된다.

자유경쟁을 인간적 자유의 최후의 발전으로 간주하고, 자유경쟁의 부정을 개인적

---

52) 마르크스는 추상과 관념에 대해 다음과 같이 덧붙인다. "물론 관계들은 관념들을 통해서만 표현될 수 있으며, 따라서 철학자들은 자신들이 관념들에 지배당하는 것을 근대에 특유한 것으로 이해했고, 이 관념지배의 붕괴를 자유로운 개성의 산출과 동일시했던 것이다. 이데올로기적 관점에서 볼 때 관계들의 지배(덧붙여 말하자면, 모든 환상을 벗어버린 일정한 인격적 예속관계들로 다시 전환된 이 객체적 의존)가 개인들의 의식 속에서는 관념들의 지배로 현상하고, 이 관념들, 즉 객체적 의존관계들의 영구성에 대한 믿음이 지배계급에 의해 어떤 방식으로든 확립되고 조장되며 주입될수록 이러한 오류는 쉽게 범해질 수 있었다"(Marx, 1976a I권: 146).

53) "(그 내부에서 노동력의 매매가 진행되는) 유통분야 또는 상품교환분야는 사실상 천부인권의 참다운 낙원이다. 여기에서 지배하고 있는 것은 오로지 자유·평등·소유·벤담(공리주의)이다. 자유! 왜냐하면 하나의 상품(예컨대 노동력)의 구매자와 판매자는 자기들의 자유의지에 의해서만 행동하기 때문이다. 그들은 법적으로 대등한 자유로운 인물로서 계약을 체결한다. 계약이라는 것은 그들의 공동의지가 하나의 공통된 법적 표현을 얻은 최종의 결과다. 평등! 왜냐하면 그들은 오직 상품소유자로서만 서로 관계하며 등가물을 등가물과 교환하기 때문이다. 소유! 왜냐하면 각자는 모두 자기의 것만을 마음대로 처분하기 때문이다. 벤담! 왜냐하면 그들 쌍방은 모두 자기 자신의 이익에만 관심을 기울이기 때문이다. 그들을 결합시켜 서로 관계를 맺게 하는 유일한 힘은 각자의 이기주의, 이익, 사적 이해관계뿐이다. 각자는 오직 자기 자신에 대해서만 생각하고 그 누구도 타인에 대해서는 관심을 기울이지 않는다. 바로 그렇게 하기 때문에 그들은 모두 사물의 예정조화에 따라 또는 전지전능한 신의 섭리에 따라 그들 상호 간의 이익으로, 공익으로, 전체의 이익으로 되는 일을 수행하는 것이다"(Marx, 1976b: 230~231).

자유와 개인적 자유에 기초한 사회적 생산의 부정으로 간주하는 것은 어리석은 것이다. 그것은 편협한 기반 ― 자본의 지배라는 기반 ― 위에서의 자유로운 발전일 뿐이다. 따라서 이러한 종류의 개인적 자유는 동시에 모든 개인적 자유의 가장 완벽한 폐기이며 물질적 권력들, 막강한 사물들 ― 개인들 자신에 대해 **독립적인, 사물들의 형태를 취하는 조건들** ― 아래 개성이 완전하게 예속되는 것이다(Marx, 1976a II권: 318. 강조는 인용자).

사회적 관점에서 보면 노동자계급은 심지어 직접적인 노동과정 밖에서까지도(보통의 생명 없는 노동도구와 마찬가지로) 자본의 부속물이다. 노동자들의 개인적 소비까지도 일정한 한계 안에서는 자본의 재생산과정의 한 계기에 불과하다. ……로마의 노예는 쇠사슬로 얽매여 있었지만, 임금노동자는 보이지 않는 끈에 의해서 그 소유자에게 얽매여 있다. 그가 독립적인 존재인 것처럼 보이는 외관은 개별 고용주들이 끊임없이 바뀐다는 것과 계약이라는 법적 허구에 의해 유지되고 있다. 과거에는 자본은 자유로운 노동자에 대한 자기의 소유권을 행사하기 위해 필요한 때에는 언제나 강제법에 의거했다. 예컨대 1815년까지는 영국의 기계제조 노동자들의 국외 이주가 중형으로 금지되었다(Marx, 1976b: 779~780).

마르크스의 물신주의 현상에 대한 이러한 해명과 비판에 관련해서 포스톤은 사회관계의 (현상)형태가 '대상화되어 객관적인 사물과 같은' 성격을 띠게 되는 근거, 즉 사회관계의 자립화와 사물화의 근거를 상품생산 및 유통에서의 노동의 사회적 매개 기능에서 찾는다. 즉, 기존의 정통 좌파 논의에서처럼 노동의 사회적 성격을 '직접적이냐 간접적이냐' 수준에서 이론화하는 것(사회적 노동의 사적 형태로 인해 발생하는 사회적 총체성 차원)을 넘어서서 포스톤의 재해석은 노동의 사회적 성격의 근거를 노동의 사회적 매개 기능에서 찾는다.

비자본주의 사회들에서 노동활동은 그것이 배태되어 있는 공공연한 사회관계들의 배치구조(matrix)를 통해서 사회적 성격을 갖는다. 사회관계들의 배치구조는 비자본주의 사회들의 구성원리이다. 즉, 다양한 노동들은 이러한 사회관계들을 통해 그들의 사회적 성격을 획득한다. 자본주의 사회의 관점에서 보면, 전(前) 자본주의적 구성체들에서의 관계들은 인격적이고 공공연하게 사회적이며 질적으로 개별적이다(사회집단, 사회신분 등에 따라 차별화되어 있다). 따라서 노동활동은 공공연하게 사회적이고 질적으로 개별적인 것으로 규정된다. 즉, 다양한 노동들은 그들의 맥락인 사회관계들에 의해 의미와 함께 배태되어 있다. 자본주의에서는 노동 자체가 그러한 관계들의 배치구조를 대신해 사회적 매개를 구성한다. 이것은 노동이 공공연한 사회관계들에 의해 사회적 성격을 부여받지 않는다는 것을 의미한다. 오히려 노동은 스스로를 매개하기 때문에, 공공연한 사회관계들의 체계를 대체하는 사회구조를 구성함과 동시에 스스로에게 사회적 성격을 부여한다. 이러한 재귀적(reflexive) 계기는 이 사회적 매개에 의해 구조화된 사회관계들의 특수한 성격뿐만 아니라 노동의 자기매개적인 사회적 본성의 특수한 성격을 규정한다. 자본주의에서 노동의 이러한 자기-근거적 계기는 노동, 그것의 생산물, 그리고 그것이 구성하는 사회관계들에 '물적인(objective)' 성격을 부여한다(Postone, 1993: 150~151).

포스톤의 이러한 재해석은 마르크스의 물신주의 해명을 더욱 명확하게 밝힌 것이라 할 수 있다. 마르크스의 물신주의 해명이 사회관계의 자립화, 즉 사회적 상호 의존관계가 개인들로부터 분리된 하나의 총체로 나타나는 것에 중점을 둔 것이고, 따라서 사회관계의 사물화 또는 대상화 현상은 사회관계의 자립화에 따른 부수현상이다. 즉, 사회관계의 자립화가 인간으로부터 분리된, 따라서 인간적인 것과 구별된다는 의미에서의 사물적인 대상적 성격을 사회관계에 부여한다. 그런데 포스톤의 재해석은 자본주의 사회에서 노동이 사회적 매개활동을 통해 사회관계 자체를 구성하기 때문에 사회관계의 사물화·대상화 현상이 발생한다고 분석한다.

이 책에서는 포스톤의 이러한 재해석을 마르크스의 물신주의 해명을 더욱 발전시킨 것으로 평가하고자 한다. 마르크스의 물신주의 해명이 사회관계의 사물화를 사회관계의 자립화의 부수현상으로 제시한 것인 데 비해, 포스톤의 재해석은 사회적 매개활동으로서의 노동 자체가 사회관계를 구성하고 따라서 사회적 총체도 구성하기 때문에, 노동의 대상적 활동이라는 성격에 의해 사회관계들의 사물화·대상화가 발생하는 것으로 볼 수 있게 함으로써 마르크스의 물신주의 해명을 보완하기 때문이다.

### (3) 자본주의적 생산관계로 인한 물신주의

상품생산과 유통에서 비롯되는 상품 물신주의는 자본주의적 생산관계에서 더욱 강화된다.[54] 직접적 생산자인 노동자로부터 노동조건(생활수단 및 생산수단)의 분리에 입각한 자본과 노동의 적대적 생산관계가 자본주의적 사회관계의 토대를 형성하고 있는데, 이러한 적대적 생산관계로 인해 생산과정, 유통과정 및 생산과 유통의 통일로서의 총과정 각각에서 상품 물신주의는 한층 강화된다. 따라서 여기에서는 상품생산 및 유통, 즉 상품관계와 구별되는 자본주의적 생산관계로 인해 발생하는 물신주의에 집중해서 살펴본다.

먼저 자본주의적 생산과정에서의 물신주의 현상은 자본주의적 노동과정의 사회적 형태에서 비롯된다. 즉, 자본주의적 생산과정은 자연과 인간의 물질대사과정으로서 노동과정 일반일 뿐만 아니라 자본주의적 생산관계의 규정에 의해 가치증식과정이기도 하다.[55] 따라서 노동과정 일반의 자본주의적 형태, 즉 자본주의적 노동과정은 가치증식과정의 수단이 된다. 그래서 직접적 생산과정에서는 자본에 의한 노동의 착취관계가 단순하게 그대로 드러날 것 같지만, 실제로는 자본주의적 형태규정에 따라 왜곡된 물신주의 현상이 발생한다.[56]

첫째로, 자본주의적 생산과정의 사회적 형태규정에 따라 자본주의적 노동과정에서는 즉각적으로 노동자가 생산수단을 사용하는 것이 아니라 생산수단이 노동자를 사용하는 전도 또는 왜곡 현상이 발생한다.

---

54) "(자본이 지배적인 범주이고 규정적인 생산관계를 형성하는) 자본주의적 생산양식에서는 이 요술에 걸려 전도된 세계는 훨씬 더 전개된다"(Marx, 1981a: 1019).

55) "노동과정은 사용가치를 생산하기 위한 합목적적 활동이며, 인간의 욕망을 충족시키기 위한 자연물의 취득이며, 인간과 자연 사이의 신진대사의 일반적 조건이며, 인간생활의 영원한 자연적 조건이다. 따라서 그것은 인간생활의 어떠한 형태로부터도 독립되어 있을 뿐만 아니라 오히려 인간생활의 모든 사회적 형태에 공통된 것이다"(Marx, 1976b: 244). "상품 그 자체가 사용가치와 가치의 통일인 것과 마찬가지로, 상품의 생산과정도 노동과정과 가치증식과정의 통일이어야 한다"(Marx, 1976b: 247).

56) "자본을 우선 직접적 생산과정에서 (잉여노동을 착취하는 것으로서) 고찰한다면, 이 관계는 매우 단순해서 진정한 관련이 이 과정의 담당자인 자본가 자신에게 감명을 주어 그들의 의식 속에 남아 있게 된다. 노동일의 한계를 둘러싼 격렬한 투쟁이 이것을 적절히 증명하고 있다. 그러나 이 직접적인 영역(즉, 노동과 자본 사이의 직접적인 과정의 영역)에서조차 사태는 이러한 단순한 단계에 머물러 있지 않는다"(Marx, 1981a: 1019~1020).

생산과정을 단순한 노동과정의 입장에서 고찰한다면, 노동자는 생산수단을 자본으로서 대하는 것이 아니라 자기의 합목적적인 생산활동의 단순한 수단 및 재료로서 대하는 것이다. ……그러나 생산과정을 가치증식과정의 입장에서 고찰할 때 사정은 달라진다. 생산수단은 즉시 타인의 노동을 흡수하기 위한 수단으로 전환된다. 더 이상 노동자가 생산수단을 사용하는 것이 아니라 생산수단이 노동자를 사용한다. 노동자가 생산수단을 자기의 생산활동의 소재적 요소로서 소비하는 것이 아니라 생산수단이 노동자를 그 자신의 생활과정의 효모로서 소비하는데, 자본의 생활과정은 자기증식하는 가치로서의 자본의 운동에 지나지 않는다.[57] ……**죽은 노동과 살아 있는 노동 사이(즉, 가치와 가치창조력 사이)의 이와 같은 전도 또는 왜곡, 이것은 자본주의적 생산에 특유한 특징이다**(Marx, 1976b: 417~418. 강조는 인용자).

이러한 노동과 노동조건 사이의 전도현상은 자본가 의식에 노동조건의 자연적 형태 그 자체가 자본인 것으로 반영된다.

합목적적인 생산활동으로 단순히 규정되는 노동 그 자체가 상대하는 생산수단은 특정의 사회적 형태하에 있는 생산수단이 아니라 노동의 재료와 수단으로서 소재적 실체를 가진 생산수단인데, 이 생산수단은 사용가치로서 소재적으로만 상호 구별되며 토지는 생산되지 않은 노동수단으로서, 그리고 기타의 것은 생산된 노동수단으로서 구별된다. 따라서 노동과 임금노동이 일치한다면(노동조건이 노동과 대립하고 있는) 특수한 사회형태와 노동조건의 소재적 존재와도 일치하게 된다. 노동수단은 그 자체로서 자본이며 토지는 그 자체로서 토지소유이다. 그리하여 노동에 대한 노동조건의 형태적 자립화, 그리고 이 자립화의 독특한 형태는 사물(즉, 물질적인 생산조건)로서의 노동조건과 분리할 수 없는 속성이 되며(생산요소로서의 노동조건에 필연적으로 속하는) 내재적으로 생긴 성격이 된다. 자본주의적 생산과정에서 특

---

57) "자본주의적 생산의 입장에서 보면, 이 전체 과정은 노동력으로 전환된(본래는 불변적인) 가치의 자기운동이라는 외관을 띤다. 과정도 결과도 모두 이 가치의 자기운동 덕분이다"(Marx, 1976b: 283). 그래서 "노동과정의 입장에서는 객체적 및 주체적 요소(즉, 생산수단과 노동력)로 구별되는 바로 그 자본요소들이 가치증식과정의 입장에서는 불변자본과 가변자본으로 구별된다"(Marx, 1976b: 277).

수한 역사적 시기에 의해 결정된 노동조건의 사회적 성격은 생산과정의 요소로서의 노동조건이 처음부터 그리고 영원히 보유하고 있는 고유한 물적 성격으로 된다(Marx, 1981a: 1017~1018. 강조는 인용자).

둘째, 자본주의적 협업에 따른 노동의 사회적 생산력이 자본의 생산력으로 전도되어 나타난다.

결합된 노동일의 특수한 생산력은 어떤 경우라도 노동의 사회적 생산력 또는 사회적 노동의 생산력이다. 이 생산력은 협업 그 자체로부터 발생한다. 다른 노동자들과 체계적으로 협력하고 있는 노동자는 그의 개인적 한계를 벗어나 그의 종족적 능력을 발전시킨다. ……임금노동자는 동일한 자본, 동일한 자본가에 의해 동시적으로 고용되는 경우에만, 즉 그들의 노동력이 동시적으로 구매되는 경우에만 비로소 협업할 수 있다(Marx, 1976b: 446).

서로 독립된 인간으로서 노동자들은 제각각인 사람들이며, 그들은 자본가와 관계를 맺지만 자기들 서로 간에는 아무런 관계도 맺지 않는다. 그들의 협업은 노동과정에서 비로소 시작되는데, 그때에는 이미 노동자들은 자기 자신에 속하지 않는다. 노동과정에 들어가자마자 그들은 자본에 편입되어버린다. 협업자로서 또는 하나의 활동하는 유기체의 구성원으로서, 그들은 자본의 특수한 존재양식에 지나지 않는다. 그러므로 노동자가 협업에서 발휘하는 생산력은 자본의 생산력이다(Marx, 1976b: 450).

노동의 사회적 생산력이 자본의 생산력으로 나타나는 전도현상은 자본주의적 생산양식에서 상대적 잉여가치 생산방법이 발달함에 따라 더욱 심화된다.[58]

---

58) "진정한 자본주의적 생산양식에서 상대적 잉여가치의 발달 ─ 이것은 사회적 노동의 생산력 발달을 내포한다 ─ 에 따라 노동의 생산력과 사회적 상호관련이 직접적 노동과정에서 노동으로부터 자본으로 이전되는 것으로서 나타난다. 즉, 사회적 노동의 모든 생산력이 노동 그 자체에 속하는 힘이 아니라 자본에 속하는 힘으로서, 즉 자본 자신의 태내에서 생겨나는 힘으로서 나타난다. 그리하여 자본은 이미 매우 신비스러운 것이 된다"(Marx, 1981a: 1019~1020).

셋째, 이 두 가지의 전도현상은 노동자의 형식적 포섭이 실질적 포섭으로 전환되는 기계제 대공업에 이르러 하나의 '기술적 필연성'으로 나타난다.[59]

매뉴팩처에서는 사회적 노동과정의 조직은 순전히 주체적이며 또 부분노동자들의 결합인데, 기계체계에서는 대공업은 전적으로 객체적인 생산조직 ─ 노동자는 이미 존재하는 물질적 생산조건의 단순한 부속물로 된다 ─ 을 갖는다(Marx, 1976b: 517~518).

매뉴팩처와 수공업에서는 노동자가 도구를 사용하는데, 공장에서는 기계가 노동자를 사용한다. 전자에서는 노동수단의 운동이 노동자로부터 출발하는데, 후자에서는 노동자가 노동수단의 운동을 뒤따라가야 한다. 매뉴팩처에서는 노동자는 하나의 살아 있는 메커니즘의 구성원이다. 공장에서는 하나의 생명 없는 메커니즘이 노동자로부터 독립해서 존재하며, 노동자는 살아 있는 부속물로서 그것에 합체되어 있다(Marx, 1976b: 567).[60]

넷째, 임금형태 자체가 전체 노동을 지불노동으로 나타나게 함으로써 착취관계를 은폐한다.

임금형태는 노동일이 필요노동과 잉여노동으로, 또 지불노동과 불불노동으로 분할된다는 것을 전혀 알아보지 못하게 한다. 전체 노동이 지불노동으로 나타난다.

---

59) "상대적 잉여가치의 생산은 진정한 자본주의적 생산방식을 요구하는데, 이 생산방식은 자본에 대한 노동의 형식적 종속(포섭)의 토대 위에서 그 자신의 방법, 수단 및 조건을 만들어내면서 자연발생적으로 발전한다. 이 발전의 과정에서 형식적 종속은 자본에 대한 실질적 종속으로 대체된다"(Marx, 1976b: 685~686).

60) 또한 노동과 노동조건 사이의 이러한 전도현상 자체가 계급투쟁을 격화시킨다. "자본주의 생산양식이 노동조건과 노동생산물에 주는 (노동자로부터의) 독립성과 (노동자에 대한) 소외성은 기계의 출현과 함께 철저한 적대관계로 발전된다. 따라서 노동수단에 대한 노동자의 난폭한 반항은 기계가 출현하자 처음으로 나타난다. 노동수단이 노동자를 파멸시킨다. 물론 이 둘 사이의 직접적 대립이 가장 뚜렷이 나타나는 것은 새로 도입된 기계가 전통적인 수공업 또는 매뉴팩처와 경쟁할 때이다. 그러나 대공업 자체 내부에서도 기계의 계속적인 개량과 자동체계의 발전은 이와 유사한 영향을 미친다"(Marx, 1976b: 579~580).

……노예노동에서는 소유관계가 노예의 자기 자신을 위한 노동을 은폐하는데, 임금 노동에서는 화폐관계가 임금노동자의 무상노동을 은폐한다. 이로부터 노동력의 가치와 가격이 임금의 형태로(또는 노동 그 자체의 가치와 가격으로) 전환되는 것이 얼마나 결정적 의의를 가지는가를 알 수 있다. 현실적 관계를 은폐하고 그와 정반대되는 관계를 보여주는 이 현상형태야말로 노동자와 자본가의 일체의 정의 관념, 자본주의적 생산양식의 일체의 신비화, 자유에 대한 모든 환상, 속류경제학의 모든 변호론적 속임수 등의 기초가 되고 있다(Marx, 1976b: 730).

다음으로 자본주의적 유통과정에서도 특유의 물신주의가 나타난다.

최초의 가치생산의 조건들은 완전히 배후로 밀려난다. ……자본이 직접적 생산과정에서 착취해 상품에 체현시킨 잉여가치가 어느 정도이든, 이들 상품에 포함되어 있는 가치와 잉여가치는 유통과정에서 실현되어야만 한다. 그런데 생산에 투하된 가치를 보전하는 가치나 특히 상품에 포함되어 있는 잉여가치는 유통과정에서 실현될 뿐만 아니라 거기로부터 발생하는 것처럼 보인다. 이러한 외관은 특히 다음과 같은 두 개의 사정 때문에 강화된다. 첫째는 사기·책략·전문지식·숙련·무수한 시장상황에 의해 결정되는 양도이윤(상업이윤) 때문이고, 둘째는 노동시간 이외에 유통기간도 규정적 요소로 개입하기 때문이다. 비록 유통기간은 가치와 잉여가치의 형성에 대해 소극적인 제한으로서 기능할 뿐이지만, 이 유통기간은 마치 노동 그 자체와 마찬가지로 적극적인 원인인 듯한 외관, 그리고 자본의 성질로부터 생기는(노동과는 무관한) 규정을 내포한 듯한 외관을 취하고 있다(Marx, 1981a: 1020).

마지막으로, 직접적 생산과정과 유통과정의 통일로서의 '현실적인 생산과정'에서 물신화·사물화 현상은 더욱 고도화된다. 이 총과정은 "새로운 형태들을 낳는데, 이 형태들 속에서는 내부 관련의 실마리가 점점 더 희미해지며 생산관계들은 서로서로 자립화해서 가치의 구성부분들이 독립된 형태로 고정화된다"(Marx, 1981a: 1021).

우선 잉여가치는 이윤의 형태에서는 노동에 지출된 자본부분(여기로부터 잉여가치가 발생한다)과 관련을 맺는 것이 아니라 총자본과 관련을 맺는다. 이윤율은 그 자신의 법칙들에 의해 규제되는데, 이 법칙들은 잉여가치율이 불변이더라도 이윤율의 변동을 허용하고 심지어 이 변동을 야기하기조차 한다. 이러한 모든 것은 잉여가치의 진정한 성질을 더욱더 은폐하며, 따라서 자본의 진정한 메커니즘을 은폐한다. 이러한 일은 이윤의 평균이윤으로의 전환과 가치의 생산가격(시장가격을 규제하는 평균)으로의 전형과 함께 더욱더 심하게 된다(Marx, 1981a: 1021).

여기에서는 하나의 복잡한 사회적 과정인 자본들의 균등화 과정이 개입하는데, 이 과정은 상품들의 상대적인 평균가격을 그들의 가치로부터 분리시키며 각종 생산분야(특정 생산분야의 개별투자들은 무시한다)의 평균이윤을 각 분야의 자본에 의한 현실적인 노동착취로부터 분리시킨다. 상품의 평균가격은 그 가치(즉, 상품에 실현되어 있는 노동)와 상이하게 보일 뿐만 아니라 사실상 상이하며, 개별 자본의 평균이윤은 그 자본이 자기의 노동자로부터 끌어낸 잉여가치와 상이하다. 상품의 가치가 직접적으로 등장하는 것은 노동생산성의 변화가 생산가격의 등락에 미치는 영향 — 즉, 생산가격의 최후의 한계에 미치는 영향이 아니라 생산가격의 변동에 미치는 영향 — 을 통해서일 뿐이다. 이윤은 이제 오직 부차적으로만 노동의 직접적 착취에 의해 결정되는 것처럼 보인다. 그러나 이것도 외관상 이 착취와 무관하게 보이는 시장가격하에서 이 착취가 자본가에게 평균이윤보다 높거나 낮은 이윤을 실현할 수 있게 해주는 경우에만 그렇다. 정상적인 평균이윤 그 자체는 착취와는 무관하게 자본에 내재하는 것처럼 되며, 극심한 착취 또는 예외적으로 유리한 조건하에서의 평균적인 착취는 오직 평균이윤으로부터의 편차만을 결정하는 것처럼 보이고 이 평균이윤 그 자체를 결정하는 것처럼 보이지는 않는다"(Marx, 1981a: 1021~1022).

따라서 "가치의 생산가격으로의 전화 결과, 기초 그 자체 — 상품에 포함되어 있는 노동시간에 의한 상품의 가치규정 — 가 폐기되는 것처럼 보인다"(Marx, 1971: 483).

그뿐만 아니라 이윤의 기업가이득과 이자로의 분할은 — (유통영역에 근거를 두고 있으며 전적으로 유통영역으로부터 발생하고 생산과정 그 자체로부터는 발생하지 않는 것처럼 보이는) 상업이윤과 화폐거래이윤의 개입에 관해서는 이야기하지 않더라도 — 잉여가치의 형태상의 자립화, 즉 잉여가치의 실체나 본질에 대립하는 그 형태의 고정화를 완성한다. 이윤의 일부(기업가이득)는(다른 부분에 대립해) 자본관계 그 자체와는 완전히 분리되고, 임금노동을 착취하는 기능으로부터 발생하는 것이 아니라 자본가 자신의 임금노동으로부터 발생하는 것으로 나타난다. 이에 대립해 이자는 노동자의 임금노동이나 자본가 자신의 노동과는 무관하며 자기 자신의 독립적인 원천으로서의 자본으로부터 발생하는 것 같이 되어버린다. 자본이 최초에 자본물신(즉, 가치를 낳는 가치)으로서 유통의 표면에 나타났다면, 자본은 이제 또다시 이자를 낳는 자본의 모습에서 그것의 가장 피상적이고 독특한 형태를 드러낸다(Marx, 1981a: 1022).

이자를 낳는 자본에서 자본관계는 가장 피상적이고 물신화된 형태에 도달한다(Marx, 1981a: 475).

이 총과정에서 물신주의를 강화시키는 또 하나의 요소는 지대형태이다.

잉여가치의 독립적인 원천으로서 자본과 나란히 토지소유도 나타나는데, 이 토지소유는 평균이윤에 대한 하나의 제한이며 잉여가치의 일부를(스스로 노동하지도 않고 노동자를 직접적으로 착취하지도 않으며, 이자를 낳는 자본의 경우처럼 자본의 대부에 따른 위험이나 희생과 같은 도덕적인 합리화도 제시할 수 없는) 계급에 이전시킨다. 여기에서는 잉여가치의 일부가 사회적 관계와 결부되어 있는 것이 아니라 자연요소인 토지와 직접적으로 결부되어 있기 때문에, 잉여가치의 각종 부분들의 상호 간의 자립화와 고정화는 완성되고 내적 관련은 결정적으로 파괴되며, 그리하여 잉여가치의 원천은(생산과정의 상이한 물질적 요소들과 결부되어 있는) 각종 생산관계들 상호 간의 자립화에 의해 완전히 은폐되어버린다(Marx, 1981a: 1022~1023).

그래서 가치와 부 일반의 구성부분들과 그들의 원천 사이의 관련을 나타내는 이른바 '자본-이윤, 토지-지대, 노동-임금이라는 경제적 삼위일체'에서 물신주의는 그 정점에 이르게 된다.[61] 그뿐만 아니라 물신화된 관계들, 즉 "생산관계의 사물화나 생산담당자에 대한 생산관계의 자립화"는 "(세계시장, 그것의 상황, 시장가격의 운동, 신용기간, 산업과 상업의 경기순환, 번영과 공황의 교체에 의해) 생산담당자들에게는 불가항력적인 자연법칙으로 나타나서 맹목적인 필연성으로 그들을 지배하게"(Marx, 1981a: 1024) 된다.

### (4) 물신주의 비판과 추상수준 문제

마르크스의 물신주의 해명과 비판은 사실상 마르크스가 고전파 정치경제학에 제기한 가장 근본적인 질문, 즉 '어째서 노동은 가치로 표현되는가'에 대한 답변이다. 마르크스는 이 질문에 대해 자본주의적 관계, 즉 자본/임노동관계 규정을 도입하지 않은 채 답변한다. 가치형태와 물신주의는 기본적으로 상품규정, 즉 상품형태에서 비롯되기 때문이다. 따라서 마르크스의 노동가치론은 물신주의 비판과 불가분하게 연관되어 있다. 마르크스의 노동가치론은 물신주의 해명과 비판에 입각해서 성립된 것이다.

기존의 정통 좌파이론에서 마르크스의 노동가치론은 주로 가치의 생산가격으로의 전형과 관련된 이른바 '전형 문제'에 집중되어 검토되었다. 따라서 상품형태로 인한 물신주의는 그 근본적 중요성에도 불구하고, 헤겔 변증법의 유산 정도로 마르크스의 '정치경제학 비판'에서 비본질적인 부분으로 치부되어왔다. 그 결과 마르크스의 노동가치론의 의미와 의의에 대해 매우 협소하게 이해되거나,[62] 극단적으로는 자율주의 마르크스주의와 조절이론적 접근방법의 대부분에서처럼 아예 포기된다. 그뿐만 아니라 자본주의 생산양식의 기본범주인 가치, 상품, 화폐, 자본 개념에 대한 비판적 이해를 결여하게 된다.

---

61) 속류경제학이 '경제적 삼위일체'의 물신주의 자체에 매몰되어 있는 이유에 대해 마르크스는 다음과 같이 해명한다. "현실의 생산담당자들이 자본-이자, 토지-지대, 노동-임금이라는 피상적이고 불합리한 형태에 매우 만족하고 있는 것은 당연하다. 왜냐하면 그들은 바로 이러한 외관 속에서 움직이고 있으며 이러한 외관과 매일 부딪치기 때문이다. 그러므로 속류경제학 — 이것은 현실의 생산담당자의 일상적인 관념을 현학적이고 다소 교의적으로 번역해 이해할 수 있도록 정리한 것에 불과하다 — 이 바로 이 삼위일체의 공식(모든 내적 관련이 소멸되어 있다)에서 자기의 공허한 자만심의(자연적이고 의심할 수 없는) 토대를 발견하는 것은 매우 당연하다. 이 공식은 또한 지배계급의 이익과도 일치한다. 왜냐하면 이 공식은 그들의 수입원천의 자연적 필연성과 영원한 정당성을 설교하며 하나의 교리로까지 격상시키고 있기 때문이다"(Marx, 1981a: 1023~1024).

62) 예컨대 구조주의 마르크스주의에서는 마르크스의 가치법칙을 노동력의 사회적 배분에 관한 규제 법칙 정도로 협소하게 이해한다.

마르크스의 노동가치론과 물신주의 비판은 '정치경제학 비판' 체계의 토대를 이루고 있다. 노동가치론과 물신주의 비판에 입각하지 않고는 마르크스의 범주 개념과 분석이 제대로 이해될 수 없는 것이다. 이러한 문제점은 전형적으로는 구조주의적 접근방법을 둘러싼 논쟁 – 1970년대부터 국가 논쟁, 포스트포드주의 논쟁, 노동과정 논쟁 등 – 에서 적나라하게 드러났다. 구체적으로는 마르크스의 범주 분석에 대한 혼동이 논쟁으로 표출된 것이다.

마르크스의 『자본론』에는 물신화된 범주 그 자체에 대한 해명, 즉 현상한 그대로의 형태에 대한 형태적 분석과 그러한 범주들에 대한 물신주의 비판으로서의 사회관계적 분석이 혼재되어 있다. 예컨대 전자의 전형적 사례는 자본을 "자기증식하는 가치", "자동적 주체"(Marx, 1976b: 199)로 규정하는 경우이다. 이는 자본주의적 관계의 상품형태 규정으로서, 현실에서 현상하는 그대로의 자본형태에 관한 규정이다. 후자의 전형적 사례는 "자본은 물건이 아니라 일정한 역사적 사회구성체에 관련되는 특정한 사회적 생산관계"(Marx, 1981a: 1004)라는 자본 규정이다. 이는 자본형태의 물신주의에 대한 비판을 통해 얻어진 사회관계적 자본 개념 규정이다.[63] 이처럼 마르크스는 자본이라는 동일한 범주에 대해 전혀 다른 두 종류의 개념 규정을 하고 있다.

그러나 마르크스의 이러한 전혀 다른 개념 규정에는 범주의 물신화된 형태에 대한 규정과 물신주의 비판에 입각한 사회관계적 규정이라는, 결코 혼동될 수 없는 분명한 구별이 있다. 그것은 자본주의의 사회적 현실에 대한 현상(형태)적 차원과 본질(사회관계)적 차원에서의 분석이라는 근본적 대립과 구분이다. 그럼에도 물신주의 비판에 대한 관점과 문제의식이 결여될 경우, 마르크스의 경제적 범주에 대한 구별된 규정을 무차별적으로 혼동되게 사용하게 된다. 예컨대 구조/행위(또는 투쟁)의 이분법에 기초한 구조주의적 접근방법에서는 구조 또는 자본축적은 '자동적 주체'로서의 자본 개념에 입각해 분석하고 행위(또는 투쟁)는 사회관계적 자본 개념에 입각해 분석하는 식이다.

따라서 구조와 행위(또는 투쟁) 사이의 연관에 대한 이론화는 상이한 차원 – 현상형태 차원과 본질 차원 – 의 것을 연관시키는 오류를 범하거나, 설혹 연관을 이론

---

63) 두 개념 규정의 차이는 정치경제학과 '정치경제학 비판'의 차이와 같다.

화하더라도 그 관계는 내재적이 아닌 외재적인 관계로 설정되어 부적절한 이론화로 귀결될 수밖에 없다.

마르크스의 범주 분석을 이해하는 데 범주 규정의 차원에 대한 구별은 이처럼 결정적으로 중요하다. 현상형태 차원에서 경제적 범주는 가치형태의 가장 일반적이고 추상적인 형태인 상품형태로부터 화폐형태, 자본형태로 발전한다. 사회적 형태로서의 가치형태는 상품생산과 유통이라는 상품관계에서 비롯된 것이고, 상품형태 때문에 가치형태가 출현하며, 가치형태는 상품형태로부터 자립화해서 화폐형태로 발전한다. 이러한 발전은 상품교환과정에서 가치와 사용가치의 통일로서의 상품의 내적 모순으로부터 필연적으로 발생한 것이다. 이에 관한 분석이 마르크스의 그 유명한 '가치형태론'이다.

그러나 화폐형태로부터 자본형태로의 발전은 화폐형태의 모순에 따른 필연적 전개 또는 변증법적 이행이 아니다. 마르크스는 자본형태를 화폐형태로부터의 모순적 전개나 변증법적 이행이 아니라 '자본공식의 정식화'로 개념화한다. 즉, 현실에 존재하는 자본/임노동관계와 자본의 운동을 전제로 해서, 그 현실적 존재형태를 반영하는 '정식화'로 이론화하는 것이다. 이는 자본/임노동관계가 가치형태의 모순에서 발생한 것이 아니라 역사적 사건, 즉 시초축적 형태의 계급투쟁의 결과로서 성립되었음을 분명히 한 것이다.

마르크스의 자본 범주에 대한 이러한 정식화는 매우 중요한 의미를 가진다. 자본이 '자기증식하는 가치' 또는 "강화된 가치"(Marx, 1969b: 78)로 현상하는 것은 가치의 자기발전 또는 모순적 자기전개 때문이 아니라 상품생산의 물신주의 때문이다. 즉, 역사적으로 발생한 자본/임노동의 사회관계(지배/예속관계)가 그대로 나타나는 것이 아니라 노동력 매매라는 상품형태로 나타나기 때문이다. 이러한 '자본주의적 사회관계의 상품형태' 때문에 자본 범주는 '자기증식하는 가치'로 자립화되고 사물화된 형태로 나타난다. 달리 말하면, 자본 범주는 자본/임노동관계의 물신화된 현상형태이다.

주류경제학의 자본주의 분석은 모두 물신화된 경제적 범주를 객관적 실체로 보고 그것을 체계적 이론으로 정립한다. 그래서 마르크스는 이러한 주류경제학을, 불완전하기는 했지만 그러한 현상형태를 넘어서 본질을 구명하려고 시도했던 고전파 정치경제학과 구별해서 '과학'이기를 포기하고 부르주아 이데올로기의 변호론에 머무른다는 점에서 '속류경제학'으로 비판했다. 그런데 주류경제학뿐만 아니라 현대자본주의에 대한 수많은 좌파이론들도 명시적으로든 암묵적으로든 물신화된 현상형태로서의 자본형태에 대한 마르크스의 규정에 근거하고 있다. 마르크스의 물신주의 비판이라는 입장이 결여된 것이다. 이러한 좌파이론에서는 자본은 암묵적으로 현실을 규정하는 '전일(全一)적 주체'로 상정된다. 따라서 자본주의적 발전과정은 자본논리의 일방적이고 전일적인 관철로서 해석된다.

이처럼 마르크스의 경제적 범주 분석을 물신주의 비판의 입장에서 파악하지 않을 경우, 예컨대 브레너의 '국제경쟁론'처럼 아무리 마르크스적 용어나 개념을 사용해서 분석하더라도 주류경제학과 마찬가지로 자본주의 현실에 대한 물신적 파악에 그치고, 그것은 필연적으로 자본주의체제의 변화·발전에 대한 실체적 진실을 밝힐 수 없게 만든다. 그래서 브레너의 경우 '경쟁현상학'에 그칠 수밖에 없다.

따라서 마르크스가 자본 일반과 다수 자본(또는 자본 간 경쟁)을 이른바 추상수준의 차이로 엄격히 구분하고, 그러한 구분의 중요성을 누차 강조한 것은 물신주의 비판의 입장에서 볼 때만 제대로 이해될 수 있다. 마르크스는 왜 자본 일반과 다수 자본을 본질과 현상형태로 구별하는가?

> 자본의 일반적이고 필연적인 경향들은 그것들의 현상형태와는 구별되어야 한다. 자본주의적 생산의 내재적 법칙이 개별 자본들의 외적 운동에 표현되어 경쟁이 강제하는 법칙으로 스스로 드러내며, 그리하여 개별 자본가를 추진시키는 동기로서 그의 의식에 도달하는 방식을 여기에서 고찰하려는 의도는 없다. 그러나 이 점만은 분명하다. 즉, 경쟁의 과학적 분석은 자본의 내적 본성이 파악된 뒤에라야 비로소 가능하게 되는데, 이것은 마치 천체의 외관상의 운동은 감각적으로 직접 인식될 수 없는 천체의 진정한 운동을 익히 알고 있는 사람에게만 이해될 수 있는 것과 마찬가지다 (Marx, 1976b: 428).

> 수많은 자본들이 자본의 내적인 규정들을 서로에게 강제하고 자기 자신에게 강제하는 것에 지나지 않는 경쟁에 의해서는, 자본의 본성에 놓여 있는 것이 단지 외적인 필연성으로서 현실적으로 드러날 뿐이다. 따라서 부르주아 경제학의 어떤 범주도 첫 번째 범주, 예를 들어 가치규정(도) 자유경쟁을 통하지(않고서는), 즉 자본들의

상호 작용으로 현상하고 자본에 의해서 규정된 다른 모든 생산 및 교류 관계들의 상호 작용으로 현상하는 자본의 실제적 과정을 통하지(않고서는) 결코 실제적인 것이 되지 못한다(Marx, 1976a: 318).

그리고 방법론상 추상수준의 차이로 설명되어온 이 구분의 근거는 무엇인가? 이 구분은 단순히 헤겔 변증법적 개념 쌍의 문제가 아니라(따라서 불필요하고 비본질적인 구별이 아니라) 자본주의 생산양식의 가치형태적 측면에 대한 물신주의 비판에 따라 필수적으로 제기되는 구별인 것이다. 상품생산의 무정부성과 경쟁을 의미하는 다수 자본은 자본주의적 생산관계 — 즉, 잉여가치 생산 — 인 자본 일반의 존재방식이자 존재형태이다. 다수 자본이란 자본주의적 생산관계의 사회적 형태인 것이다.

자본 범주를 자본 일반과 다수 자본으로 구분하는 것은 가치 범주를 사회적 가치와 개별 가치로 구분하는 것과 동일한 맥락이다. 상품생산에서 개별 가치가 한 계기로서 사회적 총체를 구성하고 그렇게 구성된 사회적 총체가 '사회적 가치(사회적 필요노동시간)'로 표현되듯이(가치의 총체화 과정), 자본주의적 상품생산에서 '자기증식하는 가치'인 개별 자본이 한 계기로서 사회적 총체를 구성하고 그렇게 구성된 사회적 총체가 '자본 일반' 또는 '사회적 자본'(평균이윤율의 형성)으로 표현된다(자본의 총체화 과정)고 볼 수 있다. 그리고 가치의 총체화 과정의 현상형태가 상품생산자 사이의 경쟁이듯이, 자본의 총체화 과정의 현상형태가 개별 자본 사이의 경쟁이다. 상품생산자와 개별 자본에게는 경쟁의 강제력이 각각의 과정을 성립시키는 것으로 나타난다(물신주의 현상). 따라서 개별 가치가 사회적 가치의 현상형태 또는 사회적 형태이듯이, 다수 자본은 자본 일반의 현상형태 또는 사회적 형태이다. 또한 이러한 가치의 총체화 운동은 추상노동의 총체화 운동을 표현하는 것일 뿐이다. 따라서 마르크스의 자본주의 생산양식에 대한 물신주의 비판은 필연적으로 자본 일반과 다수 자본이라는 추상수준의 차이, 즉 자본/임노동관계라는 사회관계 분석과 가치형태 분석으로서의 경쟁분석이라는 구별을 수반한다.

이처럼 본질과 현상형태 또는 사회관계와 사회적 형태 구분을 물신주의 비판에서 비롯된 것으로 이해할 때, 자본 일반과 다수 자본이라는 추상수준의 차이가 추상적인 것(관념적인 것)과 구체적인 것(현실적인 것)의 구별이 아니라는 것이 분명해진다. 가치(또는 '사회적 가치')가 현실적 개념이듯이, '자본 일반'도 현실적 개념이다. 자본 일반은 추상적 자본논리가 아니라 자본주의 생산양식에서 매 시기 재구성되는 하나의 '사회적 총체'인 것이다. 이것 역시 가치가 매 시기 재구성되는 하나의 '사회적 총체'인 것과 마찬가지이다.

"천체의 외관상의 운동(현상형태)"이 현실적이듯이, "감각적으로 직접 인식될 수 없는 천체의 진정한 운동(본질)" 역시 (관념적으로가 아니라) 현실적으로 존재한다. 다만 후자를 모르고서는 전자를 이해할 수 없는 것이다. 마찬가지로 "경쟁의 과학적 분석은 자본의 내적 본성이 파악된 뒤에라야 비로소 가능"(Marx, 1976b: 428)한 것이다. 결국 자본 일반/다수 자본 구분에서의 추상수준의 차이란 관념적이냐 현실적이냐의 구분이 아니라 분석수준, 즉 본질로서의 자본/임노동관계 분석이냐 현상형태로서의 경쟁분석이냐의 구별이다.

이것은 방법론적으로 매우 중요한 함의를 갖는다. 현대자본주의 분석에서 대부분의 좌파이론은 자본 일반 분석을 결여하고 경쟁 분석을 시도한다. 자본 일반은 추상적인 자본논리 정도로 치부되기 때문이다. 그것은 마르크스의 『자본론』에 의해 이루어졌기 때문에, 그것을 전제하고 구체적인 현상분석으로 나아간다. 또는 조절이론처럼 중간이론으로서 매개이론을 통해 현상분석을 시도한다. 그러나 자본 일반/다수 자본 관계를 본질/현상형태로 볼 경우, 현대자본주의의 변화·발전을 분석하기 위해서는 현대자본주의의 자본/임노동관계(자본 일반) 분석에 입각해서 경쟁 분석으로 나아가야 함을 함의한다. 즉, 사회적 현실을 '자본주의적 사회관계의 형태'로 파악해야 함을 의미한다.

더 구체적으로 말하자면, 현대자본주의 분석은 계급관계와 계급투쟁에 따른 잉여가치 생산 및 실현의 분석(계급관계 차원의 가치 분석)과 가치형태로서의 자본 간 경쟁 분석(사용가치 차원의 분석, 따라서 물질적·소재적 재생산 관계를 포함한 자본 간 관계 분석)을 본질/현상형태로서 통일적으로 수행해야 함을 의미한다.[64]

---

64) 이와 같은 명시적인 방법론적 의미를 부여하지는 않았지만, 만델(1975)은 제2차세계대전 이후의 '후기자본주의'를 계급관계와 자본 간 관계의 통일적 파악에 의해 역사적으로 분석하고 있다. 다만 만델은 물신주의 비판 관점에 철저하지 않아서 현상과 본질을 '자본의 운동법칙들'이 매개하는 것으로 이론화하고 있다. "'자본주의 발전의 실상'은 자본의 운동법칙들의 상호 작용 속에서 드러날 것이다. 즉, 표면적인 현상과 자본의 본질 사이를, '다수 자본'과 '자본 일반' 사이를 매개시켜주는 것은 모든 운동법칙들의 총체성이다"(Mandel, 1975: 45). 만델의 이러한 파악은 만델의 입장

다른 한편 마르크스의 '자본의 인격화'로서의 자본가 개념도 물신주의 비판에 입각해서 재해석할 수 있다.

자본가는 오직 인격화된 자본에 지나지 않는다. 그의 혼은 자본의 혼이다. 그런데 자본에게는 단 하나의 충동이 있을 따름이다. 즉, 자신을 가치증식시키며, 잉여가치를 창조하며, 자기의 불변부분인 생산수단으로 하여금 가능한 한 많은 양의 잉여노동을 흡수하게 하려는 충동이 그것이다. 자본은 죽은 노동(주어진 일정한 가치)인데, 이 죽은 노동은 흡혈귀처럼 오직 살아 있는 노동을 흡수함으로써만 활기를 띠며, 그리고 그것을 많이 흡수할수록 점점 더 활기를 띠는 것이다(Marx, 1976b: 307).

'자본의 인격화'로서의 자본가 개념에는 물신주의의 두 가지 계기가 포함되어 있다. 즉, 현실 속에서 물신주의로 인해 두 번의 전도를 반영한 개념화이다. 먼저 자본 범주는 자본/임노동관계의 '전도된 형태'이다. 즉, 주체의 객체로의 전도가 발생한다. 그래서 자본/임노동관계는 사물인 생산수단의 사회적 형태인 자본으로 나타난다. 그 다음에 생산수단의 사회적 형태인 자본은 '자동적 주체'인 '자기증식하는 가치'로 현상한다. 즉, "생산의 물질적 조건들의 주체화(主體化)"(Marx, 1981a: 1084)가 발생한다. 결국 '자본의 인격화'라는 개념화는 자본주의 현실 속에서 발생하는 두 번의 물신주의, 즉 두 번의 전도를 표현하고 있다. 따라서 '자본의 인격화'로서의 자본가 개념은 '자본/임노동관계의 담지자'로서의 자본가를 의미한다.

이러한 파악은 자본가에 대한 기능주의적 개념, 즉 추상적인 '자본기능 또는 자본논리의 담지자'로서의 자본가 개념과 대비된다. 자본가에 대한 기능주의적 개념은 자본축적에 대한 물신적 파악과 결부되어 있다. 즉, 자본축적을 사물로서의 자본의 확대재생산으로 파악하고, 자본가는 그러한 자본축적의 요구를 단순히 기능적으로 수행하는 것으로 파악된다. 반대로 '물신주의 비판'적 자본가 개념은 자

---

을 절충적으로 만든다. 나중에 구체적으로 제시하겠지만, 만델은 '후기자본주의'에 관한 분석 전체에서 계급투쟁 요인과 자본축적 요인을 항상 병렬시킨다. 이러한 절충적 입장은 다수 자본을 자본 일반의 사회적 형태로 파악하는 형태 분석적 입장이 결여된 데서 기인한다. 자본주의적 운동법칙들은 다수 자본과 자본 일반 사이를 매개하는 것이 아니라 자본 일반 ― 즉, 계급관계 ― 의 모순적 운동이 다수 자본운동 ― 즉, 가치형태운동 ― 으로 표현된 것이다.

본축적을 사회관계로서의 자본/임노동관계의 확대재생산으로 볼 수 있게 해주며, 따라서 자본가는 단순히 추상적인 축적요구나 자본논리를 기능적으로 수행하는 것이 아니라 계급관계 및 계급투쟁 속의 한 당사자로서 파악된다. 또한 '자본의 인격화'로서의 자본가 개념은 자본/임노동관계 규정 속에서 구성된 자본가의 의식형태를 표현한다. 자본가는 '자본의 혼(魂)'을 가지게 되는 것이다.

그런데 '자본의 인격화'로서의 자본가 개념은 자본/임노동관계에서 자본가가 인간적 욕구를 지닌 주체로서 임노동자와 관계하지 않는다는 것을 의미한다. 이는 매우 중요한 함의를 가진다. 구조주의 마르크스주의는 마르크스의 '자본의 인격화'로서의 자본가 개념을 마르크스에 대한 구조주의적 해석의 주요 근거로 제시한다. 즉, 마르크스의 이론체계 안에서는 개인으로서의 주체는 아무런 의미나 역할을 부여받지 못한다는 것이다. 자본관계 등 사회적 관계만이 '구조'로서 '과정'의 주체가 된다. 개인은 그러한 사회적 관계의 '담지자'로서만 의미와 역할을 부여받기 때문이다. 따라서 개인이나 투쟁(또는 행위)은 '구조의 효과'로 파악되고, 사회적 관계의 재생산과정은 개인 주체들과는 무관한 '주체 없는 과정' 또는 '주체 없는 구조'로 파악된다. '자본의 인격화'로서의 자본가 개념에 입각하면, 자본주의 사회에서 모든 개인들은 사회적 관계의 담지자로서만 의미와 역할을 부여받기 때문이다. 『자본론』 1권 '서문'에서의 다음과 같은 서술은 이러한 구조주의적 해석을 밑받침하는 것처럼 보인다.

> 자본가와 지주를 나는 결코 장밋빛으로 아름답게 그리지는 않는다. 그러나 여기서 개인들이 문제가 되는 것은 오직 그들이 경제적 범주의 인격화, 일정한 계급관계와 이해관계의 담지자인 한에서다. 경제적 사회구성(체)의 발전을 자연사적 과정으로 보는 나의 입장에서는, 다른 입장과는 달리 개인이 이러한 관계들에 책임이 있다고 생각하지 않는다. 또한 개인들은 주관적으로는 아무리 이러한 관계들을 초월하고 있다고 하더라도 사회적으로는 여전히 그들은 이러한 관계들의 산물이다(Marx, 1976b: 6~7).

그러나 이 인용문에서 '개인'은 모든 개인을 가리키는 것이 아니라 '자본가와 지주'만을 가리키고 있다. 이 점이 중요하다. 마르크스는 임노동자에 대해서는 '경제적 범주의 인격화'라는 개념을 사용하지 않는다. 마르크스는『자본론』초고(1861~1863년) 때까지 '자본의 인격화'로서의 자본가, '노동력의 단순한 인격화'로서의 임노동자라는 개념을 함께 사용했지만,『자본론』최종본(『자본론』1권, 1867년)에서 '노동력의 단순한 인격화'로서의 임노동자라는 서술을 모두 골라서 삭제했다(Bidet, 1985: 301). 이는 마르크스가 자본가와 임노동자를 근본적으로 다르게 파악하고 있음을 확인해준다. 자본은 '하나의 사회적 관계'를 표현하는 경제적 범주이지만, 노동력은 '하나의 자연력'[65]인 것이다. 이는 또한 나중에 '사회적 구성' 문제에서 더 자세히 살펴보겠지만, 마르크스가 노동을 사회의 유일한 구성력으로 파악하는 것과도 관련된다.

여기서 중요한 점은 자본가는 자본관계의 담지자이지만 임노동자는 그렇지 않다는 점이다. 임노동자는 자본관계의 담지자가 아니라 인간적 욕구를 가진 주체이다. 임노동자는 자본관계의 규정을 받지만 인간적 욕구를 지니기 때문에 자본관계에 저항한다. 임노동자가 물신주의를 비판할 수 있는 것, 즉 임노동자에게 물신주의가 완벽하게 작용할 수 없는 것은 바로 이 때문이다. 임노동자의 인간적 욕구가 자본관계와 모순되기 때문인 것이다. 따라서 임노동자는 자본가와 달리 '주체 없는 구조'나 '주체 없는 과정'으로 해소되지 않는다. 이 점에 있어서 자본가와 노동자를 동일하게 자본관계의 담지자로 파악하는 구조주의적 마르크스주의는 결정적으로 오류를 범하고 있다. 결국 자본가와 노동자 간의 계급투쟁은 자본관계에 맞선 인간의 투쟁, 즉 노동자계급의 인간해방투쟁이다. 자본가의 '혼'은 인간의 혼이 아니라 '자본의 혼'이지만, 노동자는 인간의 혼을 가지고 있기 때문이다.

### (5) 물신주의 비판의 방법론적 의의

상품생산이 일반화되어 모든 노동생산물이 상품의 형태를 띠는 자본주의 사회에서 물신주의 현상은 보편적으로 나타난다.[66] 물신주의가 상품형태에서 비롯되

---

65) "노동은 사물로서가 아니라 살아 있는 존재의 능력으로 존재했다"(Marx, 1976b I권: 346).

66) "우리는 이미 자본주의적 생산양식과 상품생산 일반의 가장 단순한 범주들(즉, 상품과 화폐)을 논의하는 곳에서 사회적 관계(이 속에서 부의 소재적 요소들은 생산과정의 담당자 역할을 한다)를 사물 자체의 속성으로 전환시켜버리는 신비화(상품의 경우)나 더욱 뚜렷하게도 생산관계 그 자체를 하나의 사물로 전환시켜버리는 신비화(화폐의 경우)를 지적한 바 있다. 모든 사회형태는 상품생산과 화폐유통을 내포하는 한 이러한 왜곡(또는 전도)을 피할 수 없다"(Marx, 1981a: 1019. 강

고 자본주의적 생산관계에 의해 더욱 심화되기 때문에, 물신주의는 상품형태에만 한정되어 나타나는 것이 아니라 자본주의 사회의 모든 사회적 형태가 보편적으로 '전도된 형태', '도착된 형태', '미친 형태' 등으로 나타난다. 그래서 물신주의 현상은 주요한 경제적 범주들인 가치, 화폐, 자본, 시장 등은 물론이고 제도, 국가 등 사회·정치적 범주 일반에서도 모두 나타난다. 예컨대 화폐물신, 자본물신, 시장물신, 세계시장물신, 국가물신, 제도물신 등이 나타난다. 따라서 물신주의는 자본주의 사회 전체에 스며들어 자본주의 사회 전체가 "마법에 걸려 왜곡되고 전도된 세계"(Marx, 1981a: 1023)로 되며, 사람들의 사회적 삶에 속속들이 파고들게 된다.[67]

그렇다면 자본주의 사회의 물신주의가 표현하는 것, 즉 사람들 사이의 사회적 관계가 사물들 사이의 사회적 관계로 전도되는 것, 생산관계의 자립화와 사물화, "사물의 인격화와 생산관계의 사물화"(Marx, 1981a: 1023), 그리고 그에 따른 "주체의 객체로의 전도 및 그 역"[68] 등은 현대자본주의의 성격과 모순, 변화·발전을 파악하는 데 있어서 어떠한 방법론적 의의를 갖는가?

첫째, 자본주의 사회의 모든 사회적 범주들, 특히 상품, 가치, 화폐, 자본, 국가, 세계시장 등 경제적 범주들을 인간실천의 산물로, 즉 사람들 사이의 사회적 관계가 현실에서 취하고 있는 사회적 형태로 파악해야 한다는 것이다.[69] 예컨대 가치

---

조는 인용자).

67) 모든 것에 스며드는 물신주의의 특징에 대한 연구는, 프랑크푸르트학파의 사물화, 도구적 합리성, 일차원성, 동일성 개념이나, 푸코의 규율 개념 등으로 표현되고 있다(Holloway, 2002c: 92).

68) "자본가의 노동자에 대한 지배는, 따라서 사물의 인간에 대한, 죽은 노동의 살아 있는 노동에 대한, 생산물의 생산자에 대한 지배이다. 왜냐하면 노동자에 대한 지배수단(그러나 단순히 **자본** 자신의 지배수단으로서)이 되는 상품들은 사실상 생산과정의 단순한 결과, 그의 생산물이기 때문이다. 종교의 이데올로기적 영역에서 나타나는 것, 주체의 객체로의 전도와 그 역(逆)은 물적 생산, 실제적 사회생활과정 — 왜냐하면 이것이 생산과정이다 — 과 똑같은 관계이다"(Marx, 1969b: 64). "잉여가치가 이윤율을 통해 이윤의 형태로 전환되는 방식은 생산과정의 진행 중에서 이미 일어나는 주객전도가 더욱 발전된 것에 불과하다. 우리가 본 바와 같이 생산과정에서는 노동의 모든 주체적인 생산력은 자본의 생산력으로 나타난다. 한편에서는 살아 있는 노동력을 지배하는 가치(또는 과거노동)가 자본가로 인격화되며, 다른 한편에서는 노동자는 단순한 객체인 노동력, 하나의 상품으로서 나타난다. 이와 같은 전도된 관계는 생산의 단순한 관계에서조차도 필연적으로 그에 상응하는 전도된 관념, 역전된 의식을 발생시키게 되는데, 이 의식은 현실의 유통과정에서의 변태들과 전환들에 의해 더욱 발전한다"(Marx, 1981a: 49~50).

69) "물질적 생산성에 조응해서 사회적 관계들을 생산하는 인간이 관념도, 범주도, 즉 바로 이들 사회적 관계의 추상적·관념적 표현도 생산한다"(Marx, 1985: 58). "추상이나 관념은 개인들을 지배하

는 "인간활동(노동)의 특수한 사회적 존재양식"(Marx, 1963: 46)이다. 마르크스의 '정치경제학 비판'에서 '비판'은 바로 물신주의 비판인 '형태 분석'을 의미하는 것이고, 이러한 형태 분석에 입각해 정치경제학의 물신화된 경제적 범주들의 내적 연관을 해명하는 것이다.[70] 마르크스 자신도 그의 저작을 "경제적 범주들의 체계 전반에 대한 일반적 비판"(Marx, 1971)으로 이해한다.[71] 이러한 맥락에서 '정치경제학 비판'은 인간의 "사회적 실천의 총체에 대한 이론화"로 파악될 수 있다.

마르크스의 저작은 초인적인 힘을 가진 것으로 나타나는 물신으로서의 가치형태에 대한 비판을 강조한다. 그의 물신주의 비판은 '가치'를 그것의 인간적 내용으로서, 즉 사회관계들이 사물들 간의 관계들로서, 모순적으로 존립하는 전도된 형태로서 이해할 것을 제시한다. 경제적 범주들에 대한 비판은, 경제관계들이 실제로는 인간관계들의 전도임을 보여준다. 달리 말하면 자본주의에서 인간의 사회적 실천의 사회적 성격은 정치경제학의 범주들 속에서/통해서 실현되어야 하는 것이다. 이 범주들은, 그들이 전도된 사회관계들의 구성된 현존을 정립하는 한 적절한 것이다. ……**정치경제학 비판은 사회적 개인이 일상적으로 활동하는 현실은 불변적인 성격, 즉 사회적 개인으로부터 독립적으로 존재하는 어떤 것을 가지지 않는다는 것을 보여준다. 따라서 정치경제학 비판은, 사물들의 전도된 세계를 구성하고 가득 채우며 모순하는**

---

는 저 물질적 관계들의 이론적 표현에 지나지 않는다. 관계들은 관념들을 통해서만 표현될 수 있으며……이데올로기적 관점에서 볼 때, 관계들의 지배가 개인들의 의식 속에서는 관념들의 지배로 현상하고"(Marx, 1976a I권: 146) 있다.

70) "물신화된 세계에 직면해서 우리가 할 수 있는 것은 비판뿐이다"(Holloway, 2002c: 86~87). 예컨대 "가치는 자기의 이마에 가치라고 써 붙이고 있지는 않다. 가치는 오히려 모든 노동생산물을 하나의 사회적 상형문자로 전환시킨다. 뒤에 인간은 이 상형문자의 의미를 해독해서 그들 자신의 사회적 산물의 비밀을 해명하려고 노력한다. 왜냐하면 사용대상이 가치가 되는 것은 언어와 마찬가지로 인간의 사회적 산물이기 때문이다"(Marx, 1976b: 95). "인간생활의 여러 형태들에 대한 고찰, 따라서 이 형태들의 과학적 분석은 그것들의 현실적 발전방향과는 반대의 길을 밟는다. 그 분석은 사후적으로, 따라서 발전과정의 기성의 결과를 가지고 시작한다"(Marx, 1976b: 97).

71) "경제학의 관점을 넘어선 경제 비판으로서 마르크스의 이론은 더 이상 정치경제학이 아니라 비판이론이다. 말하자면, 범주들 및 이데올로기 비판이다. 이러한 비판의 근본 개념들 ― '전도'……'객관적인 환상', '합리적인' 형태 및 '비합리적인' 형태―과 더 나아가 그것들의 생성적 '서술' 방법 ― '미발전된' 및 '발전된' 형태, 즉 '완성된' 형태 사이의 구분을 포함하고 있는 ― 은 양적인 모델이론이라는 의미에서의 경제학과 아무런 관련이 없다"(Backhaus, 1992: 77).

사회적 실천의 총체에 대한 이론화에 해당한다. (이처럼 이해하지 않고) 사물들의 세계를 (실체로) 신봉하는 것은 (현실을) 자본주의적 사회관계들의 구성된 총체로 파악하는 것에 불과하며, 이 구성된 총체에 그것의 현실의 운동과 구성 — 마르크스에게는 비록 전도되었을지라도 현실의 인간의 사회적 실천 — 으로부터 추상된 객체성을 부여한다(Bonefeld, 2002: 81~82. 강조는 인용자).

따라서 이들 범주들의 관계를 파악할 때 각각을 별개의 실체로 파악하고 이들 사이의 외재적 관계로서 파악할 것이 아니라 범주들이 표현하고 있는 사회관계들의 내적 연관을 파악해야 한다. 예컨대 국가와 자본 간의 관계를 외재적인 대립관계에서의 헤게모니 갈등 등으로 파악하는 것은 물신주의적 파악이 될 것이다. 양자의 관계는 사회적 관계들에 의해 내적으로 연관되어 있는 것으로 파악해야 물신주의를 벗어난 파악이 될 것이다.

둘째, 사회적 범주들의 외관상의 고정성·안정성은 잠정적이고 일시적인 것이며, 따라서 자본주의 생산양식의 영원성 또는 '사회의 자연적 형태'라는 인식은 허구적인 것이다. 그것들은 사회적 관계들의 사회적 형태이기 때문에 사회적 관계들의 변화에 따라 끊임없이 유동적으로 변화하는 역사적이고 잠정적인 것이다.[72] 인간 실천의 산물인 사회적 관계들은 인간실천, 특히 계급갈등에 따라 끊임없이 변화·발전한다.[73]

따라서 구조, 패러다임 등 사회적 형태들의 '조응' 또는 '접합'이라는 사회관계들의 고정성을 표현하는 개념이 그 일시적이고 유동적인 성격을 제대로 감안해 이론화되지 않을 경우 필연적으로 사회적 형태에 대한 물신주의적 이론화에 빠지게 된다. 즉, 국가형태, 제도형태, 시장형태 등이 계급관계, 즉 계급투쟁의 전제라는 점에서 이들 사회적 형태들이 인간실천을 규정한다는 점은 올바르나, 이 측면만을 일면적으로 강조하게 되면 구조주의적 관점 — 즉, '주체 없는 구조'의 역사 — 으로 귀결하게 된다. 이들 사회적 형태들, 예컨대 '구조형태', '제도형태' 등은 계급

---

72) "범주란 그가 표현하는 관계와 마찬가지로 영구적이지 못하다. 그것은 역사적이고 잠정적인 산물이다"(Marx, 1985: 58).

73) "오늘날의 사회가 딱딱한 고체가 아니라 변화할 수 있으며 또 끊임없이 변화하고 있는 유기체라는 예감이 지배계급 내부에서도 일어나기 시작했다는 것을 의미한다"(Marx, 1976b: 7).

투쟁의 전제일 뿐 아니라 계급투쟁에 의해 끊임없이 구성·재구성되는 것으로 파악해야 물신화된 관점인 구조주의적 관점을 극복할 수 있다. 물론 이러한 관점이 구조와 제도의 존재 자체, 즉 사회적 관계들의 일시적 고정성과 안정성을 부정하는 것은 결코 아니다.

셋째, 현상(또는 존재)으로부터 '구성'을 분리한 개념은 필연적으로 추상적이고 관념론적으로 귀결된다.[74] 모든 사회적 범주들이 사물들의 관계로 전도된 사람들 사이의 관계라면, 사회적 현상(즉, 사실)을 실체로 전제하는 것은 현상의 형식적 추상(formal abstraction)과 그에 따른 관념론으로 빠지게 된다.[75] 이러한 물신화된 인식에서 벗어나기 위해서는 현상(즉, 존재)을 그것의 역사적 형성, 즉 '사회적 구성'으로 파악하는 탈신비화(즉, 탈물신화)가 요구된다.

방법론 문제에 있어서 이 형식적 추상 문제는 핵심적이다. 앞서 검토한 좌파이론들 대부분이 채택하고 있고, 부르주아이론 일반의 기본적 방법론이 형식적 추상에 기초하고 있기 때문이다. 이 형식적 추상은 현상(또는 존재)으로부터 구성을 분리하는 것이다. 즉, 현상을 그것을 구성하는 사회관계들의 '역사와 역사적 과정'으로부터 분리하는 것이다. 따라서 그러한 형식적 추상은 실체, 즉 '내적 연관'인 '본질적 관계'에 이를 수 없다. 이 문제 자체에 대해서는 다음 절에서 자세히 살펴볼 것이다. 여기서는 이러한 형식적 추상화 자체의 문제에 대해서만 간략히 지적하고자 한다.[76]

형식적 추상의 경우 개념적 위계들이 분류(分類)를 통해 형성된다. 특수자들은 보편자들 아래에 놓인다. 보편자들은 더 높은 보편자들 아래에 놓인다 등등. 개념의 위계적 질서화는 동시에 형식화의 과정이다. 즉, 개념의 특수한 내용으로부터

---

74) "안개처럼 몽롱한 종교적 환상의 현세적 핵심을 분석에 의해서 발견하는 것은, 이와는 반대로, 현실의 생활관계로부터 그것들의 천국 형태를 전개하는 것보다는 사실 훨씬 더 쉬운 일이다. 후자의 방법이 유일하게 유물론적인, 따라서 유일하게 과학적인 방법이다. 자연과학의 추상적 유물론(즉, 역사와 역사적 과정을 배제하는 유물론)의 결함은, 그 대변자들이 일단 그들의 전문영역 밖으로 나왔을 때에 발표하는 그들의 추상적이며 관념론적인 견해에서 곧 드러난다"(Marx, 1976b: 501).

75) '형식적 추상'이란 정태적이고 비모순적인 범주들에 기초해 세계를 개념화하려는 시도로서 운동과 모순에 기초한 '실질적 또는 규정적 추상'과 대립되는 개념이다(Holloway, 2002c: 109).

76) 홀로웨이(Holloway, 2002c: 109~113)를 참조.

점차 분리된다. 그리고 내용으로부터의 추상인 형식화는 연구 대상에 대한 양화(量化)와 산술화(算術化)를 가능하게 만든다. 예컨대 입맞춤과 총탄의 비행이 운동의 형식으로 분류된다면, 다른 대상들이 움직이는 속도를 그것들의 속도와 대조함으로써 양적으로 그것들을 비교할 수 있게 된다. 양화 속에서 모든 내용들은 뒷전에 남는다. 그러나 양화는 수학이 동일화(同一化)에 내재한 형식적 추상들을 전개시키는 방식의 한 측면에 불과하다. 따라서 형식적 추상은 동시에 동질화이다. 일단 특수성들이 무시되면, 동일성과 분류의 전체 구조를 가능한 엄격하게 질서를 잡고 비모순적인 것으로 만들기 위한 형식적 근거를 발전시키는 것이 가능하다. 형식논리학과 수학들은 X=X라는 단순한 동일성으로부터 출발하고, 그것의 의미를 가능한 한 최고의 수준으로까지 전개한다.

넷째, 사회적 범주들에 대한 형태 분석적 관점은 마르크스의 '정치경제학 비판'에서 '경제법칙들'에 대한 기존의 물신화된 파악을 극복할 수 있게 해준다. 마르크스는 가치법칙과 경쟁법칙을 하나의 '자연법칙'처럼 작용하는 것으로 서술한다. "마치 우리의 머리 위로 집이 무너져 내릴 때의 중력의 법칙과 같이 규제적인 자연법칙으로서 자기 자신을 강제적으로 관철"(Marx, 1976b: 96), 또는 "(세계시장, 그것의 상황, 시장가격의 운동, 신용기간, 산업과 상업의 경기순환, 번영과 공황의 교체에 의해) 생산담당자들에게는 불가항력적인 자연법칙으로 나타나서 맹목적인 필연성으로 그들을 지배"(Marx, 1981a: 1024) 등으로 표현한다.

또한 '자본주의적 축적의 일반법칙'으로서 '유기적 구성의 고도화', '이윤율의 경향적 저하법칙', '상대적 과잉인구의 법칙', '노동자계급의 궁핍화 법칙' 등을 제시한다. 이 경우 법칙은 하나의 경향으로서 관철되는 '경향법칙'으로 의미 규정된다. 그런데 좌파이론 내부에서 마르크스의 이러한 법칙 규정은, 마르크스가 경향법칙으로 의미를 부여하고 있음에도 인간의 의지 또는 사회관계와 무관하게 '자연법칙'처럼 작용하는 것으로, 따라서 법칙이 사회관계를 지배하는 것으로 신비화되어 해석되는 경향이 있다.[77]

마르크스의 물신주의 비판과 사회관계의 존재방식으로서의 형태라는 관점, 특

---

77) "(경제학자들에 의해 자연법칙으로까지 신비화되고 있는) 자본주의적 축적의 법칙"(Marx, 1976b: 848).

히 '자본주의적 사회관계의 상품형태'라는 관점에서 마르크스의 법칙을 해석하면 법칙이 사회관계를 지배하는 것이 아니라 오히려 사회관계의 모순적 운동이 법칙으로 표현됨을 쉽게 알 수 있다. 사회관계의 모순적 운동이 '자연법칙'이든 '경향법칙'이든 '법칙'적인 것으로 표현되는 것은 사회관계가 취하고 있는 상품형태 때문이다. 그러나 그러한 법칙은 사회관계, 즉 사람들의 주체적 실천의 결과이다. 나중에 '사회적 구성'에서 자세히 논의하겠지만, 법칙은 자본주의적 계급관계와 계급투쟁에 의해 구성된 것이다.[78]

따라서 사회관계들이 그러한 법칙들에 의해 지배되고 있다고 파악하는 일반적 이해 – 법칙에 대한 신비화된 이해 – 는 물신주의적 파악, 즉 현실에 대한 전도된 인식이다. 이러한 전도된 인식은 사회관계의 상품형태에서 비롯된 것이다. 그러나 물신주의 비판적 관점을 갖는다고 해서 자본주의적 법칙이 사라지는 것은 아니다. 왜냐하면 자본주의적 사회관계는 반드시 상품형태(또는 가치형태)로 존재하기 때문에 그것의 모순적 운동은 반드시 법칙적으로 표현된다.

> 노동시간에 의한 가치량의 결정은 상품의 상대적 가치의 현상적인 운동의 배후에 숨어 있는 하나의 비밀이다. 이 비밀의 발견은, 노동생산물의 가치의 크기가 순전히 우연적으로 결정되는 듯한 외관을 제거하기는 하나 결코 가치의 크기가 결정되는 물적 형태를 제거하지는 못한다(Marx, 1976b: 96~97).

> 마치 과학에 의해 공기의 구성요소들이 발견된 뒤에도 공기 자체는 아무런 변화 없이 그대로 존속하고 있다는 사실과 마찬가지의 절대적 타당성(Marx, 1976b: 96).

따라서 이러한 '법칙들'은 개인들에게는 불가항력적인 외적 강제력, '맹목적 필연성'으로 작용한다. 그리고 개인들이 할 수 있는 최상의 것은 그들 자신을 자신들

---

78) "부르주아 경제법칙들을 설명하기 위해서 **생산관계들의 실재 역사**를 기술할 필요는 없다. 그러나 이 생산관계들을 스스로 역사적으로 형성된 관계들로서 올바르게 파악하고 추론하는 것은 언제나 이 체제의 뒤에 놓여 있는 과거를 가리키는 – 예를 들어, 자연과학에서 경험적 수치들과 같은 – 최초의 균등화들로 인도한다. 그러면 현재에 대한 올바른 파악과 더불어 이러한 암시들은 과거를 이해하는 열쇠를 제공해준다"(Marx, 1976a II권: 84).

이 통제할 수 없는 이 '법칙들'에 적응해나가는 것뿐인 것으로 나타난다. "자본주의 사회에서 사람들은 (계급으로서의) 그들 자신에 의해 만들어진 하나의 현실에 직면하는데, 그 현실은 그에게 낯선 자연적 현상처럼 나타난다. 그들은 전적으로 그것의 '법칙들'의 처분에 맡겨져 있다. 그들의 활동은 그들 자신의 (이기적인) 이해관계를 위해 어떤 개별 법칙들의 냉혹한 실행을 이용하는 것에 한정된다. 그러나 심지어 그러한 '활동을 하는' 동안에조차 그들은 실상 사건들의 객체이지 사건들의 주체는 아니다"(Lukács, 1923: 135).

이러한 맥락에서는 자유는 단순히 법칙들에 대한 지식, 그 법칙들에의 종속, 필연성의 승인에 불과하다. "사회관계가 사물들 간의 관계라는 형태를 취하는 한에서만 사회의 '운동법칙들'에 대해 말하는 것이 가능하다. 비물신화되고 자기결정하는 사회관계들은 법칙구속적이지 않을 것이다. ……그러므로 엥겔스가 그랬듯이, 자유를 필연성에 대한 통찰력으로, 즉 사회의 운동법칙들에 대한 지식으로 환원하는 것은 인간을 객체로 다루는 것이다"(Holloway, 2002c: 213).

'개방적' 마르크스주의는 구조주의적 접근방법을 극복하기 위해 마르크스의 '법칙들'에 대한 탈신비화, 즉 물신주의 비판을 올바르게 시도한다. "자본주의의 객관적 법칙들은 계급적대가 자본주의 사회에서 그 속에서/통해서 존재하는 형태들로 논의되어야 한다"(Bonefeld, 1992a: 125)는 것이다. 본펠트는 자본주의의 객관법칙에 대한 이러한 탈신비화된 관점에 입각해 구조/투쟁의 엄격한 이원론에 근거한 조절이론의 구조주의적 접근방법을 비판한다.

구조와 투쟁의 탈구(dislocation)는 내적 본성으로서 또는 실제적이고 살아 있는 것으로서 함께 속하는 것을 분리시킨다. 객관적 법칙들의 전개와 계급투쟁을 대립시키는 것은 사회적 재생산의 위기 및 그것의 해결을, 경제적 하위체계들과 정치적 하위체계들 간의 상응하는 관계의 구조적 해체나 통합으로 보이는 바의 불가피한 과정으로 볼 수밖에 없게 한다. 투쟁을 발전의 객관적 법칙들의 전개의 효과로 이해하는 것은 위기 그리고/또는 회복의 불가피성을 정립하고, 함의적으로 마르크스주의의 역사를 계급투쟁의 역사로 이해하는 것을 기각한다. 그러한 추론은 목적론적이다. 왜냐하면 위기는 일시적 시기 — 자본주의적 발전의 객관적 법칙들의 전개가 새로운 대응하는 축적체제에 적절한 새로운 지배양식의 출현을 규정하는 — 로 보이기 때문이다. 계급투쟁의 역할은 이런 틀 내부로 엄격하게 한정된다(Bonefeld, 1992a: 125~126).

'개방적' 마르크스주의는 이처럼 자본주의적 발전법칙과 계급투쟁을 병렬적으로 대비시키는 것, 즉 외적으로 연관시키는 모든 접근방법을 올바르게 비판한다. 그런데 '개방적' 마르크스주의의 '법칙들'에 대한 물신주의 비판이 추상적 수준에 머무르는 것은 '자본주의적 사회관계의 가치형태'로서의 사회적 형태 개념이 명료하지 않은 데서 비롯된 것이다. 그래서 '법칙들'을 계급관계와 계급투쟁으로 환원할 위험성을 안고 있다. 또한 이러한 인식의 한계는 '개방적' 마르크스주의가 주의주의적 편향으로 일탈할 가능성의 근거가 된다. 그러나 '법칙들'은 계급관계의 모순적 운동의 표현이지만, 그것이 취하고 있는 가치형태 때문에 결코 계급관계로 단선적으로 환원될 수 없다. 자본주의 생산양식 안에서 '법칙들'의 현존은 결코 환원될 수 없는 물질적 형태를 취하고 있는 것이다.

## 2) 자본주의적 사회관계의 구성과 시초축적

마르크스의 물신주의 비판은 사회와 역사의 주체가 구조나 체계 등 대상적 사물이 아니라 '현실의 살아 있는 인간'임을 분명히 한다. 마르크스의 역사유물론적 관점은 초기 저작부터 일관되게 나타난다.

> 역사는 아무것도 하지 않고, '거대한 부를 소유'하지 않으며, '전투를 하는' 것도 아니다! 그러한 모든 것을 하는 것은, 즉 소유하고 싸우고 하는 것은 인간, 현실의 살아 있는 인간이다. 인간을 자신의 목적을 위한 수단으로 사용하는 것 ─ 마치 역사가 별도의 어떤 사람인 것처럼 ─ 은 '역사'가 아니다. 역사는 자신의 목적을 추구하는 인간의 활동 이외에 아무것도 아니다(Marx·Engels, 1844b: 154. 강조는 인용자).

따라서 물신주의 비판은 역사를 인간의 역사로, '계급투쟁의 역사'로 이해할 것을 제시하고, 이론적으로는 자본주의 사회의 '사회적 구성' 문제를 제기한다.
사람들은 사회를 어떻게 구성하는가? 마르크스는 자본주의 사회의 상품교환,

즉 유통의 외관에 사로잡혀 "사회적 생산과정에서 순전히 원자론적으로 상호관련을 맺는"(Marx, 1976b: 119) 개인들이 사회를 구성한다고 보는 것을 물신주의로 비판하면서, 사회를 개인들의 총체로서가 아니라 개인들 사이의 사회관계들의 총체로 개념화한다. 즉, "사회는 개인들로 구성되어 있는 것이 아니라 이 개인들이 서로 맺고 있는 관계들의 총합을 표현한다. ……노예라는 것, 시민이라는 것은 A와 B라는 사람들의 사회적 규정들·관계들이다. 요컨대 인간 A는 그 자체로 노예가 아니다. 그는 사회 속에서, 사회에 의해서 노예가 된다."[79]

따라서 "우리가 부르주아 사회를 고찰하면 사회적 생산과정의 마지막 결과로서 그곳에는 언제나 사회 자체, 즉 사회적 관계 속에서의 인간 자신이 나타난다. 생산물처럼 고정된 형태를 가지는 모든 것은 이 운동에서 하나의 계기로, 사라지는 계기로서만 나타난다. 과정의 조건들과 대상화들은 스스로 균등하게 과정의 계기들로 나타나며, 과정의 주체들로서는 개인들만이, 하지만 상호관계 속에서의 개인들만이 나타난다. 그들은 이러한 상호관련을 재생산하고 새롭게 생산한다. 그것은 개인들 자신의 부단한 운동과정이며, 이 과정 속에서 그들은 자기를 갱신함과 동시에 그들이 창조하는 부의 세계도 갱신한다"(Marx, 1976a II권: 389).[80]

그뿐만 아니라 마르크스는 사회를 하나의 총체, 즉 자체 모순에 의해 "끊임없이 변화하는 유기적 체계"(Marx, 1976b: 7)로 이해한다. 그렇다면 사람들 사이의 사회관계들의 총체는 어떻게 구성되는가? 즉 사회관계들은 어떻게 하나의 총체로 생

---

79) 그래서 "오히려 그들은 사회 밖에서 인간이다"(Marx, 1976a I권: 264). 사회 속에서의 상호관계에 의한 규정에 대해 마르크스는 『자본론』 1권에서도 언급하고 있다. "이와 같이 상호관계에 의거한 규정은 일반적으로 기묘하다. 예를 들어 어떤 사람이 왕인 것은 오직 다른 사람들이 신하로서 그와 관련을 맺기 때문이다. 그러나 사람들은 반대로 그가 왕이기 때문에 자기들은 신하라고 생각한다"(Marx, 1976b: 73~74). 이처럼 그 자체가 관계인 규정성을 철학에서는 '투영(投影)규정'이라고 한다.

80) 또한 다음의 인용도 참조. "자본주의적 생산과정은 사회적 생산과정 일반의 역사적으로 특수한 형태이다. 이 사회적 생산과정 일반은 인간생활의 물질적 생존조건들의 생산과정임과 동시에 특수한 경제적·역사적 생산관계 안에서 진행되는 과정이어서 이 생산관계 그 자체, 따라서 이 생산과정의 담당자들, 그들의 물질적 생존조건들, 그리고 그들의 상호관계를 생산하고 재생산하는 과정 ― 즉, 그들의 특수한 경제적 사회형태를 생산하고 재생산하는 과정 ― 이기도 하다. 왜냐하면 생산의 담당자들이 자연에 대해 그리고 상호 간에 맺게 되는 이러한 관계들―이 속에서 그들은 생산하고 있다 ― 의 총체가 바로 경제적 구조의 관점에서 본 사회이기 때문이다"(Marx, 1981a: 1009. 강조는 인용자).

성되며, 어떻게 서로 연관되며 변화·발전하는가?

　새로운 생산력과 생산관계들이 무에서 발전하는 것이 아니고, 공중에서, 자기 정
립하는 관념의 품에서 발전하는 것이 아니며, 생산의 주어진 발전과 전래된 전통적
인 소유관계 안에서 이것들에 대립하면서 발전하는 것이라는 점이 숙고되어야 한다.
완성된 부르주아 체계에서 각 경제적 관계는 부르주아적 형태의 다른 경제적 관계를
전제하고, 그리하여 모든 정립된 것은 동시에 전제조건인데, 이것은 모든 유기적 체
계에서 다 그러하다. 하나의 총체로서의 이 유기적 체계 자체는 자신의 전제조건들
을 가지며, 자신의 총체로의 발전은 바로 사회의 모든 요소를 자신에게 복속시키거
나 또는 자신이 아직 결여하고 있는 기관을 사회로부터 창출해내는 것이다. 이것이
유기적 체계가 하나의 총체로 생성되는 역사적 방식이다. 이러한 총체로 생성되는
과정은 유기적 체계의 과정, 즉 발전의 한 계기를 이룬다(Marx, 1976a I권: 281~
282).

　또한 이처럼 사회관계들이 유기적 체계로 생성되어 하나의 총체성을 구성할 때
다양한 사회적 관계들은 상호 간에 어떻게 관련을 맺는가? 마르크스는 사회관계
들이 무차별적으로 관계하는 것이 아니라 위계적으로 관계하는 것으로 이론화한
다. 그는 사회관계들을 '본원적' 관계들과 '파생된' 관계들로 구분함으로써[81] 유기
적 체계가 본원적 사회관계인 자본주의적 생산관계, 즉 자본과 노동의 계급적대
에 의해 통일성을 부여받는 것으로 이론화한다. 마치 "다른 모든 색채에 스며들
고, 이 색채들의 개별성을 수정하는 일반적 조명(照明)"[82]처럼, 자본주의적 생산
관계가 모든 사회관계들에 스며들고, 그 관계들의 개별성을 수정함으로써 사회관

---

81) "2차적인 것과 3차적인 것, 일체의 파생된, 이전된, 본원적이지 않은 생산관계들. 여기에서 국제
　관계들의 영향"(Marx, 1976a I권: 81). 또한 "자본은 부르주아 사회의 모든 것을 지배하는 경제적
　권력이다"(Marx, 1976a I권: 79).
82) 이 비유는 마르크스가 한 사회구성체 안에서 여러 생산양식들이 유기적 통일, 즉 총체를 이루는
　방식에 대해 사용한 것이다. "모든 사회 형태에서 어떤 특정한 생산이 여타의 생산들을 지배하고,
　따라서 그 특정한 생산의 관계들이 모든 나머지 생산관계들에 서열과 영향을 지정해준다. 그것은
　(다른 모든 색채에 스며들고 이 색채들의 개별성을 수정하는) 일반적 조명이다. 그것은 자신 내부
　에서 형체를 부여받은 모든 존재의 특수한 비중을 규정하는 특정한 에테르이다"(Marx, 1976a I권:
　78).

계들의 유기적 체계로서의 자본주의 사회의 통일성을 구성하는 것이다. 다시 말해 자본주의적 생산관계 – 자본과 노동의 계급적대 – 는 자본주의 사회의 모든 사회관계들의 토대, 즉 기초를 이루고 있고 그러한 의미에서 자본주의 사회의 모든 사회관계들에 스며들어 있는 '에테르(ether)'이다.[83]

사회를 사회관계들의 유기적 체계로 파악하는 이러한 이론화는 사회관계들의 물신화된 형태들인 경제적 범주, 사회적 범주, 그리고 더욱 일반적으로 말하면 모든 사회현상들의 관계에 대한 개념화를 가능하게 해준다. 사회관계들의 존재양식, 즉 존재형태인 사회현상들은 외관상 서로 고립된 사실 또는 자립화된 실재로 나타날지라도, 실제로 모든 사회현상은 다른 현상들과의 관계 속에서만 존립하고 있다. 즉, 사회관계들이 서로를 전제하면서 정립되고 위계적으로 통일되어 있기 때문에 사회관계들의 존재양식인 사회현상들 역시 서로를 전제하면서 내적으로 연관되어 존재하는 것이다. 달리 말하면, "모든 현상은 다른 현상들과의 관계 속에서만 존립한다. 또는 다른 현상들 속에 그리고 다른 현상들을 통해서만 존립한다"(Bonefeld, 1992a: 100). 결국 사회관계들의 유기적 체계는 사회현상들의 유기적 연관 또는 통일로 나타나는 것이다.

예컨대 경제적인 것과 정치적인 것, 또는 경제와 국가는 외관상 서로 독립적으로 존재하는 것처럼 보일지라도, 사회적 재생산과정의 계기들로서 서로를 대면할 뿐 아니라 그들의 연관도 하나가 다른 하나를 규정하거나 지배하는 외적으로 관계하는 실체들(entities) 사이의 연관이 아니다. 그것들은 그것들을 구성하는 관계의 존재형태로서 존재하고, 그 관계를 통해 내적으로 연관되어 있는 것이다. 즉, 경제적인 것과 정치적인 것은 자본주의적 계급관계의 서로 다른 특수한 형태들이고, '통일 속의 구분' 또는 '통일 속의 차이'(Bonefeld, 1992a: 119)로 현상하는 존재형태들이다.

따라서 마르크스의 유명한 방법론적 명제, 즉 "경제적 형태의 분석에는 현미경도 시약도 소용이 없고 추상력(power of abstraction)이 이것을 대신하지 않으면 안

---

83) 이것이 '자본과 노동의 적대적 계급관계가 자본주의 사회의 기본모순'이라는 일반적 표현의 의미이다. "부르주아는 생산도구를 끊임없이 변혁하지 않고서는, 그렇기 때문에 생산관계를 따라서 사회관계의 총체를 혁신하지 않고서는 존재할 수 없다"(Marx & Engels, 1848: 5). 또한 이 관점은 모든 형태의 다원주의로부터 마르크스주의를 구별해주는 변별점이다.

된다"(Marx, 1976b: 4)는 명제는 물신주의 비판의 맥락에서만 제대로 이해될 수 있다. 사회현상들을 그것의 외관에 입각한 상호관련이 아닌 본질 또는 실체인 사회관계들과의 연관 속에서 파악하는 것이 바로 '추상력(抽象力)'이다. 왜냐하면 "경제관계들의 현상형태는 경제관계를 잘못 반영하고 있으며 여기에서는 경제관계들이 분명히 불합리하고 완전히 모순적인 것으로 나타나며", 즉 '왜곡되어 전도된 형태', '미친 형태'로 나타나며, 또한 "경제관계와 현상형태 사이의 내부관련이 은폐되어" 있기 때문이다. 그러나 "만약 사물의 현상형태와 본질이 직접적으로 일치한다면 모든 과학은 불필요하게 될 것이다"(Marx, 1981a: 1007). 이러한 일반적 논의는 '자본주의적 사회관계의 가치형태'라는 자본주의 사회에서의 형태규정에 비추어보면 그 의미가 더욱 분명히 드러난다. 따라서 물신주의 비판이야말로 자본주의 사회에 대한 과학적 분석의 출발점이고, 그 분석의 유력한 무기가 바로 '추상력'이다.

그러나 마르크스의 '정치경제학 비판'을 물신주의 비판으로 이해하지 않을 경우 추상은 경험(주의)적 추상으로 이해된다. 경험적 추상은 마르크스가 "자연과학의 추상적 유물론(즉, 역사와 역사적 과정을 배제하는 유물론)"(Marx, 1976b: 501)이라고 비판한 것으로 "현상들의 공통본질을 확인함으로써 현상들의 근거를 마련하는 것을 목표로 하는"(Bonefeld, 1992a: 104) 방법이다.[84] 만약 현상들을 사회관계들의 존재형태로 파악하지 않을 경우 사회현상들에 대한 경험적 추상은 현상들의 외적 연관만을 다루게 된다. 이는 필연적으로 형식논리학에 입각한 형식적 추상(formal abstraction)으로 귀결된다. 즉, 내용으로부터 추상되어 양적 관계 분석에 머무르게 된다. 이러한 경험적 추상의 문제점은 마르크스가 고전파 정치경제학의 한계와 오류 — 예컨대 가치형태 문제에 맹목적이어서 가치형태의 역사성을 인식하지 못하고 가치량 분석에 매몰되는 고전파의 노동가치론 — 에 대한 비판에서 잘 보여준 것이다.

따라서 사회현상을 그 '사회적 구성'에서 파악하기 위해서는 '역사와 역사과정에 입각한 유물론'으로서 사회관계들의 구성을 파악한다는 것의 의미를 구체적으

---

84) 경험적 추상은 자연과학의 경우에는 타당할 수 있다. "자연과학의 추상적 유물론(즉, 역사와 역사적 과정을 배제하는 유물론)의 결함은, 그 대변자들이 일단 그들의 전문영역 밖으로 나왔을 때"에 "추상적이며 관념론적인 견해"에 빠지기 때문이다(Marx, 1976b: 501).

로 살펴보고, 그런 연후에 그에 입각해서 자본주의적 사회관계 가운데 규정적 지위를 차지하고 있는 자본주의적 생산관계, 즉 자본/임노동관계의 '사회적 구성'을 해명할 필요가 있다.

### (1) 실체적 추상

마르크스의 '추상력'이 경험(주의)적 추상 또는 형식적 추상을 의미하는 것이 아니라면, 따라서 '추상적 유물론'이 아닌 '역사와 역사적 과정'에 입각한 유물론의 입장에서의 추상방법은 무엇인가?

우선 사회현상들이 사회관계들의 존재형태라면, 따라서 현상형태와 본질이 다르다면, 사회현상들의 연관을 그 현상형태상의 연관에서가 아니라 그 본질적 연관에서 밝히는 것이 과학의 과제가 된다. 그런데 외관상의 추상, 즉 현상형태상의 추상은 외적 연관만을 파악하는 것이므로 본질적 연관을 밝히기 위해서는 현상형태의 배후에 있는 실체인 사회적 관계들과의 연관을 밝혀야 한다. 달리 말하면 사회현상들의 본질적 연관, 즉 '내적 연관'이란 바로 이 사회관계들과의 연관인 것이다. 따라서 현상형태의 외적 연관을 탐구하는 형식적 추상이 아니라 사회관계들과의 내적 연관을 탐구하는 것이 과학적인 분석방법이고 마르크스의 '추상력'이 의미하는 바일 것이다.

마르크스의 '추상력'을 이해하기 위한 개념으로서 '개방적' 마르크스주의는 '실체적 추상(substantive abstraction)'을 제시하고 있다(Bonefeld, 1992a).[85] 본펠트에

---

85) 용어 문제로 말하자면, '형식적 추상'보다는 '형태적 추상'이 더 적절한 것으로 생각된다. 왜냐하면 마르크스의 물신주의 비판의 핵심이 사회적 형태가 사회적 관계들의 '왜곡되어 전도된' 존재양식임을 밝힌 것이기 때문이다. 마르크스는 대립 개념 쌍으로 실체(substance)와 형태(form), 또는 실체와 현상형태, 내용과 형태 등을 다양하게 사용하고 있다. 예컨대 "원료는 생산물의 실체를 형성하지만 그 형태는 변한다"(Marx, 1976b: 269). "현상형태와 그 속의 실체를 구별할 능력이 없는 협소한 두뇌의 소유자인 부르주아 경제학자"(Marx, 1976b: 773). "모든 상품의 공통된 실체, 즉 물질적 소재, 즉 물리적 규정으로서의 실체가 아니라 상품들, 따라서 교환가치들로서의 그것들의 공통적인 실체는, 그것들이 대상화된 노동이라는 것이다[그러나 자본에 대한 대립물이 구해진다면, 사용가치들의 이러한 경제적(사회적) 실체, 즉 그것들의 형태(이러한 노동의 일정량이기 때문에 이러한 형태로서의 가치)와는 구별되는 내용으로서의 그것들의 경제적 규정만이 문제가 된다. 실체들의 자연적 상이성들에 관해 말하자면, 실체들 중 어느 것도 교환가치와 상품의 규정을 배제하지 않는 한, 어떤 실체도 자본이 그 속에서 자리를 잡고, 그것을 자신의 형체로 만드는 것을 배제하지 않는다]."(Marx, 1976a I권: 273~274)

따르면, "사회현상들의 내적 연관을 탐구하는 것은 사회현상들을 상호 관련된 형태들로, 즉 서로 구별되나 상호 간에 통일되어 있는 복합적 형태들로 구성하는 실체적 추상을 탐구하는 것이다"(Bonefeld, 1992a: 99). "서로 다른 특수한 형태들, 예컨대 경제적인 것과 정치적인 것을 생성하고 동시에 그것들을 통일시키며, 따라서 그것들을 보완적인 사회적 존재형태들로 상호 간에 관련시키는 실체적 추상"(Bonefeld, 1992a: 100)이 자본주의 사회에서 실제로 이루어지고 있다. 따라서 "실체적 추상은 사회현상들 자체의 내적 본성, 즉 사회현상들의 구성과 과정이다"(Bonefeld, 1992a: 100). 요컨대 마르크스의 경우 자본주의 사회에서 모든 사회현상들에 침투되어 있는 '실체적 관계(substantive relation)'는 사회적 생산관계인 자본과 노동 간의 계급적대이고, 따라서 사회현상들은 계급적대의 존재양식 및 운동양식으로 구성된다는 것이다.

'개방적' 마르크스주의에 의해 추상적으로 제시된 이러한 '실체적 추상(real abstraction)' 개념을 좀 더 명료하게 하기 위해 이를 필자의 입장에서 재구성하고자 한다.

우선 마르크스의 '추상력'은 사회현상을 개념적으로 파악하기 위한 관념상의 추상인 것은 분명하다. '구체적 총체'에 이르기 위한 분석방법으로서 우리의 사고 속에서 이루어지는 추상인 것이다. 이 점은 경험적 추상 또는 형식적 추상의 경우와 마찬가지이다. 그러나 마르크스의 '추상력'은 실제 현실 속에서 이루어지고 있는 실체적 추상을 반영한 것이기도 하다. 이 점에서는 경험적 추상 또는 형식적 추상과 근본적으로 구별된다.

이에 대해 마르크스는 체계적으로 서술하지는 않았지만, 저작의 곳곳에서 간헐적으로 추상이 단순한 사고상의 조작이 아니라 자본주의 현실 속에서 작동하는 실제적 추상임을 언급하고 있다. 마르크스의 성숙된 사상을 반영하는 『자본론』 2권에서 추상이 사고상의 추상일 뿐 아니라 실제 현실 속에서 작용하고 있는 것으로 서술하는 결정적인 문구가 나온다.

> 자기를 증식시키는 가치로서의 자본은 계급관계 ― 임금노동으로서의 노동의 존재에 기초하는 일정한 사회적 성격 ― 를 포함하고 있을 뿐만 아니라 자본은 하나의 운동이며 각종의 단계를 통과하는 순환과정인데, 이 과정 자체는 또한 세 개의 상이

한 순환형태를 포함하고 있다. 그러므로 자본은 정지상태의 사물로서 이해될 수가 없고 운동으로서만 이해될 수 있다. 가치의 자립화를 단순한 추상이라고 보는 사람들은, 산업자본의 운동이 바로 이 작동하고 있는 추상(this abstraction in action)이라는 것을 잊어버리고 있다. 가치는 여기에서 각종의 형태, 각종의 운동을 통과하며, 이 운동 중에서 가치는 자기를 유지함과 동시에 증대(증식)시키는 것이다"(Marx 1978: 119. 강조는 인용자).[86]

자본주의 사회의 현실 속에서 '작동하고 있는 추상'이라는 추상 개념은 마르크스의 '추상노동' 개념이 단순한 관념상의 개념일 뿐 아니라 실제 현실에 존재하는 범주로 개념화되고 있는 것과 조응한다. 마르크스는 『정치경제학 비판 요강』 '서설' 중 '정치경제학의 방법'을 논의하는 과정에서 '노동 일체(labor as such)'라는 노동의 추상을 개념화하는데, 이 개념은 나중에 『자본론』 1권 상품에 관한 장에서 '추상노동(abstract labor)'으로 정식화된다.

부를 산출하는 활동의 모든 규정성을 거부한 것은 아담 스미스의 대단한 진보였다 ─ 매뉴팩처 노동이나 상업노동 또는 농업노동이 아니라 전자이기도 하고 후자이기도 한 노동일반. 부를 창출하는 활동의 추상적 일반성. ……따라서 이제 인간이 ─ 어떤 사회형태에서든 ─ 생산자로 등장하는 가장 단순하고 가장 오래된 관계에 대한 추상적 표현을 발견했던 것처럼 보일 수 있을 것이다. 이는 한편으로는 옳고, 다른 한편으로는 그르다. 어떤 특정한 노동 종류에 대한 무차별성은(어떤 특정한 노동 종류가 더 이상 지배적이지 않은) 실제적인 노동 종류들의 매우 발전된 총체를 전제로 한다. 따라서 가장 일반적인 추상들은 하나가 다수에게 공통적인 것으로 나타나고, 모두에게 공통이 되는 그러한 가장 풍부한 구체적 발전에서만 등장한다. 그러면 그것은 더 이상 특수한 형태만으로는 사유될 수 없다. 다른 한편에서 노동 일체

---

86) 다음의 문구도 참조. "자본의 생산과정이 자본의 생산과정으로 나타나지 않고 생산과정 일체로 나타나며, 자본은 **노동과 구별되어** 원자재와 **노동도구**라는 소재적 규정성으로만 나타난다. 경제학자들이 자본을 모든 생산과정에 필요한 요소로 주장하기 위해서 고정시키는 것 ─ 자의적인 추상일 뿐만 아니라 과정 그 자체 내부에서 일어나는 추상 ─ 이 바로 이러한 측면이다. 물론 그들은 이 과정에서 자본의 자본으로서의 형태에 주의하는 것을 망각함으로써 그렇게 한다"(Marx, 1976a I권: 307~308. 강조는 인용자).

라는 이러한 추상은 단순히 노동들의 구체적 총체의 정신적 결과만은 아니다. 일정한 노동에 대한 무차별성은 개인들이 한 노동에서 다른 노동으로 쉽게 이행할 수 있으며, 일정한 노동 종류가 그들에게는 우연적이고 따라서 무차별적인 그러한 사회형태에 조응한다. 여기에서 노동은 범주에 있어서만이 아니라 실제로도 부 일체를 창출하기 위한 수단이 되었고, 더 이상 규정으로서 특수성 속의 개인들과 유착되어 있지 않다. 그러한 상태는 부르주아 사회들의 가장 근대적인 현존형태(미국)에서 가장 발전되어 있다. 요컨대 여기에서는 '노동'이라는 범주의 추상인 '노동 일체', 노동 자체, 즉 근대경제학의 출발점이 비로소 실제로 사실이 된다. 요컨대 근대경제학이 우선적으로 앞세우고 있고, 매우 오래되어 모든 사회형태에 유효한 관계를 표현하는 가장 단순한 추상이, 가장 근대적인 사회의 범주로서 실제로 사실인 것으로 나타난다(Marx, 1976a I권: 74~75. 강조는 인용자).

여기에서 마르크스는 자본주의라는 역사적 사회형태에서 자본주의적 사회관계의 규정하에 있는 임노동을 '노동 일체'로 표현하고 있는데, 이것이 구체노동 일체로부터의 개념적 추상인 노동일반 관념의 의미와 별도로, 자본주의가 발전한 현실에 존재하는 임노동의 존재형태임을 분명히 하고 있다. 이 점은 위의 인용문에 이어지는 다음의 서술에서도 확인된다.

노동의 이러한 사례는 가장 추상적인 범주들조차 ― 바로 그것들의 추상 때문에 ― 그것들이 모든 시기에 유효함에도, 어떻게 추상의 이러한 규정성에 있어서는 역사적 관계들의 산물인가, 그리고 이 관계들에 대해서 이 관계들 안에서만 완전한 유효성을 보유하는가를 극명하게 보여준다(Marx, 1976a I권: 76. 강조는 인용자).

또한 마르크스의 다음의 서술에서 '추상노동' 개념은 훨씬 더 명료하게 제시되고 있다.

노동자 자신은 그의 노동의 규정성에 대해 절대적으로 무차별적이다. 그에게 규정성 자체는 관심이 없으며, 그것이 일체의 노동이고, 그러한 것으로서 자본을 위한 사용가치인 한에 있어서만 관심이 있을 뿐이다. 따라서 노동 자체, 즉 자본을 위한 사용가치로서의 노동의 담지자가 그것의 경제적 성격을 이룬다. 그는 자본가에 대립하는 노동자이다. 이것은 바로 노동의 **규정성과 일정한 장인**의 관계 등을 경제적 성격으로 가지는 수공업자, 길드 조합원 등의 성격이 아니다. 따라서 이러한 경제적 관계 — 자본가와 노동자가 한 생산관계의 극단들로 담지하는 성격 — 는 노동이 모든 기예(技藝)적 성격을 상실할수록, 그의 특수한 숙련이 추상인 것, 무차별적인 것이 될수록, 그것이 갈수록 **순전히 추상적인 활동**, 순전히 기계적이고 따라서 무차별적인, 노동의 특수한 형태에 대해 무차별적인 활동이 될수록, 단순히 **형식적인 활동** 또는 같은 말이지만 단순히 **소재적인 활동**, 형태에 무차별적인 활동 일체가 될수록, 순수하고 적합하게 발전된다(Marx, 1976a I권: 300~301. 강조는 인용자).

따라서 '노동 일체' 또는 추상노동은 인간활동의 자본주의적 존재방식, 즉 자본주의적 형태로 실존한다. 즉, 자본주의하에서의 인간활동의 존재형태에 대한 개념적 파악이다. 그 형태에 무차별적인 인간활동으로서의 추상노동[87]은 단순한 관념적, 즉 머릿속에만 존재하는 개념이 아니라 인간활동의 현실의 존재형태를 반영하고 있다. 따라서 추상노동은 임노동의 존재형태를 반영한 현실적 관념이다.

자본주의적 임금노동의 존재형태를 반영하는 추상노동 개념은 마르크스의 초기 저작에서는 '소외된 노동'으로 개념화되었던 것이다. 마르크스는 『경제학철학 초고』(Marx, 1844)에서 자본주의하에서 노동이 추상노동으로 존재하고, 추상이 자본주의적 사회관계 속에서 작동하는 하나의 현실적 힘임을 함의하는 문구를 여러 곳에서 서술하고 있다(이하 숫자는 페이지, 강조는 모두 인용자).

국민경제학이 프롤레타리아, 즉 자본과 지대 없이 순수하게 노동으로, 그것도 일**면적이고 추상적인 노동**으로 살아가는 자를 단지 노동자로 간주한다는 것은 자명하다. ……국민경제학은 노동하지 않을 때의 노동자는 인간으로 간주하지 않으며, 그때의 간주는 형사 법정, 의사, 종교 통계표, 정치, 거지 단속 경찰에 맡겨버린다(228).

---

87) "노동이 가벼워지는 것조차 고통의 원천으로 되는데, 그것은 기계가 **노동자를 노동에서 해방시키는 것이 아니라 그의 노동으로부터 일체의 내용**을 빼앗아버리기 때문이다. ……개별 기계노동자의 특수한 기능은 기계체계에 구체화되어 있는 과학과 거대한 물리력과 사회적 집단노동 앞에서는 보잘것없는 것으로서 사라져버리며, 이 세 가지 힘들은 기계체계와 함께 고용주의 지배력을 구성하게 된다"(Marx, 1976b: 568. 강조는 인용자).

대부분의 인류를 이렇게 **추상적 노동**으로 환원시키는 것은 인류의 발전에 있어서 어떤 의미를 지니는가?(228)

인간이 한갓 노동인으로서, 따라서 매일매일 그의 충만한 무(無)로부터 절대적 무로 전락할 수 있는, 그의 사회적인 그러므로 그의 현실적인 비(非)현존재로 전락할 수 있는 인간으로서 추상적으로 실존한다는 것(284).

**노동이 아직 그 내용에 상관없게 되는 상태**로, 그 자신으로서 완전한 존재, 즉 모든 다른 존재를 **추상한 존재**로 나아가지 못하는 한(285).

굶주린 인간에게는 음식의 인간적 형태는 존재하지 않고 오직 **음식으로서의 그 추상적 현존재**만이 존재할 뿐이다. 그것은 가장 조야한 형태로도 현존할 수 있을 것이며, 이러한 영양활동이 어떤 점에서 동물의 영양활동과 구별될지에 대해서는 말할 수 없다. 근심에 가득 찬 궁핍한 인간은 어떤 훌륭한 연극에 대해서도 아무런 감각을 가지고 있지 않다. 광물 상인은 단지 광물의 상업적 가치만을 볼 뿐이며 광물의 아름다움이나 그 특유한 본성은 보지 않는다. 그는 어떠한 광물학적 감각도 가지고 있지 않다(304~305).

먹는 일, 마시는 일, 생식하는 일 등은 물론 인간적인 기능들이다. 그러나 그러한 일들을 인간적 활동의 여타 영역으로부터 분리해 최종적이고도 유일한 궁극 목표로 만들어버리는 **추상** 속에서는, 그러한 일들은 동물적인 것이다(272).

화폐의 양이 점점 더 인간의 유일의 유력한 속성이 된다. 화폐는 **모든 존재를 그 추상으로 환원**하듯이, 자신의 운동 속에서 자기 자신을 양적 존재로 환원한다(336).

그(국민경제학자와 자본가)는 **노동자의 활동을 모든 활동의 순수 추상으로 만들**듯이, 노동자를 하나의 감각 없고 욕구 없는 존재로 만들어버린다(338).

이와 같은 마르크스의 언급들은 자본주의적 사회관계에서 '추상'이 현실 속에서 '작동하고 있는 추상'이고, 또한 그러한 '추상'의 작동에 따라 자본주의적 노동이 '추상노동', 즉 그 내용에 무차별적인 (또는 그 인간적 내용이 추상된) 소외된 노동으로 존재함을 충분히 함의하고 있다.[88] 자본주의적 사회관계는 현실 속에서 모든 인간활동에 상품형태를 부과함으로써 '추상노동'으로 끊임없이 환원하고 있고, 모든 인간관계를 상품(관계)화·화폐(관계)화시킴으로써 인간 존재를 그 추상적 존재 또는 소외된 존재로 환원하는 경향이 있는 것이다.

요컨대 자본주의적 사회관계는 가치증식의 맥락에서 모든 존재를 추상화한다. 모든 존재를 가치의 자기증식운동에 통합시키고 종속시킨다. 달리 말하면, 실체적 추상은 자본주의적 사회관계가 자본주의 사회 속의 모든 존재를 한편으로 상품형태·화폐형태로 전환시키는 것을 통해 가치증식과정으로 포섭하거나, 다른 한편으로 가치증식과정의 맥락 속에 포섭하기 위해 형태를 전형시키는 것 ─ 예컨대 자본주의적 국가형태 등 ─ 을 가리키는 것으로 해석할 수 있다. 앞서 논의한 바와 같이, 자본주의적 생산관계 ─ 자본과 노동의 계급적대 ─ 가 자본주의 사회의 모든 사회관계들의 토대를 이루고, 그러한 의미에서 자본주의 사회의 모든 사회관계들에 스며들어 있는 '에테르'일 수 있는 것은 바로 이 자본주의적 생산관계가 작동시키는 '실체적 추상'에 의해서이다.

실체적 추상에 대한 이러한 해석은 자율주의 마르크스주의가 자본주의 사회를 '사회적 공장'으로 파악하는 것의 근거를 제시해주고, 다른 한편으로 '사회적 공장' 개념의 한계를 드러내준다. 즉, 자본주의 사회를 '사회적 공장'으로 파악할 경우의 한계는 자본주의적 사회관계가 상품형태로 표현되거나 모든 존재를 가치증식의 맥락에 포섭하기 위해 상품형태로 전형시키면서 나타나는 굴절·왜곡 측면을 사상함으로써 사회적 형태를 계급관계로 직접적으로 환원시킨다는 점이다. 따라서

---

88) 또한 이러한 해석은 마르크스가 『자본론』 1권 상품에 관한 장에서 상품을 생산하는 노동의 이중성으로서 유용노동과 추상노동을 구분할 때의 추상노동 개념과 모순되지 않는다. "모든 노동은 한편으로 생리학적 의미에서의 인간노동력의 지출이며, 이 동등한 인간노동(또는 추상적 인간노동)이라는 속성에서 상품의 가치를 형성한다. 모든 노동은 다른 한편으로 특수한 합목적적 형태에서의 인간노동력의 지출이며, 이러한 구체적 유용노동이라는 속성에서 사용가치를 생산한다"(Marx, 1976b: 58). 여기에서 추상노동이 '생리학적 의미의 인간노동력 지출'이나 '동등한 인간노동'으로 표현되는 것은 아직 자본주의적 사회관계, 즉 자본/노동관계의 규정이 도입되지 않은 '부르주아 생산의 가장 일반적이고 가장 미발달된 형태'의 상품을 고찰하고 있기 때문이다. 분석의 여기에서의 추상수준에서는 추상노동은 '동등한 인간노동'이라는 점을 강조하고 있다.

'사회적 공장' 개념화는 현실에 대한 과장 등으로 설명력이 떨어질 뿐 아니라 필연적으로 정치주의적 편향으로 귀결될 수밖에 없다.

다른 한편 필자의 해석은 '개방적' 마르크스주의의 '실체적 추상' 개념이 '현실 속에서 작동하는 추상'이라는 점을 강조하는 것 이상으로 나아가지 못한 한계도 극복하고, 그 개념이 갖는 현실적 의미를 훨씬 더 풍부하게 해준다. '개방적' 마르크스주의의 이러한 한계 역시 사회적 형태 개념의 추상성에서 비롯된 것이다.

마르크스의 '추상' 개념을 '실체적 추상'으로 해석하는 지금까지의 논의는 몇 가지 방법론적 문제를 훨씬 더 명료하게 밝혀준다.

첫째, 마르크스의 '추상' 개념을 '실체적 추상'으로 해석하는 것은 자본주의적 사회관계가 자본주의 사회의 모든 존재를 추상시키는 실제 현실을 반영하는 것이라는 점을 분명하게 해줌으로써 분석 편의상 사고에서만 이루어지는 경험(주의)적 추상 또는 형식적 추상과 근본적으로 구별하게 해준다.

> 실체적 추상은 경험적 추상과 달리 실천 속에서, 그리고 실천을 통해 존재하고, 추상이 이루어지는 이론 속에만 존재하는 것이 아니다. 따라서 실체적 추상의 작동은, 사회현실'로부터의' 추상과는 정반대로, 사회현실'의' 추상, 그리고 사회현실 '속에서의' 추상을 구성한다. 즉, 구체적인 것으로 존재하고, 실천 속에서, 사회현실을 통해서 그리고 사회현실 속에서 그리고 사회현실로서 그리고 사회현실의 과정으로서 존재하는 추상이다(Bonefeld, 1992a: 100).

그러나 '개방적' 마르크스주의에서의 이러한 '실체적 추상' 개념은 앞서 비판한 '사회적 형태' 개념과 마찬가지로 매우 추상적으로 규정되고 있다. '실체적 추상'이 '자본주의적 사회관계의 상품형태'를 매개로 해서 작동한다는 사실, 즉 자본주의적 사회관계가 모든 존재에 상품형태(또는 가치형태)를 부과하는 것을 통해서 '실체적 추상'을 현실 속에서 작동시킨다는 사실을 정확하게 지적하지 못하고 있다. 그래서 '개방적' 마르크스주의의 이러한 추상적 개념 규정은 '형태' 개념과 마찬가지로 '실체적 추상' 개념도 애매모호하게 만들고 신비화시키는 경향을 낳는다.

둘째, 마르크스의 '추상' 개념을 '실체적 추상'으로 해석하는 것은 '관념적인 것', 즉 개념, 범주 등을 '물질적인 것이 인간의 두뇌에 반영되어 사고형태로 변형된 것'[89])으로 규정한 마르크스의 변증법적 방법과도 부합된다. 그뿐만 아니라 마르크스의 '추상' 개념이 헤겔 변증법에서 유래한 것이 아니라 마르크스의 독창적인 물신주의 비판에 입각한 '정치경제학 비판'의 결과임을 알 수 있다. 결국, 실체적 추상은 자본주의 사회의 신비화된 가치형태의 운동으로 나타나는 모든 현상들이 실제로는 자본주의적 사회관계의 모순적 운동과정을 표현한 것임을 말해준다.

셋째, 추상을 경험(주의)적 추상 또는 형식적 추상이 아니라 실체적 추상으로 이해할 때, 추상적인 것과 구체적인 것의 관계에 대한 새로운 이해방식이 가능하다. 즉, 구체적인 것은 현실적인 것이고 추상적인 것은 관념적인 것이라는 기존의 이해방식이 아니라, 추상적인 것 역시 현실적인 것으로 파악할 수 있는 것이다. 그래서 구체적인 것은 추상적인 것이고, 역으로 추상적인 것은 구체적인 것이라는 변증법적 이해방식이 가능하다. '구체적인 것 내부의 추상적인 것의 존재 및 그 역'이라는 마르크스의 언급도 실체적 추상 개념에 의해 제대로 이해될 수 있다.

예컨대 구체적 유용노동과 추상노동이라는 노동의 이중적 성격도 이와 같은 맥락에서 올바르게 이해될 수 있다. 구체적 유용노동은 현실적인 것이고 추상노동은 관념적인 것이 아니라, 두 개념 모두 자본주의적 노동의 현실적인 두 측면을 표현하고 있는 것이다. 즉, '노동이 사용가치에서 표현되느냐 가치에서 표현되느냐에 따른 노동의 이중성'(Marx, 1985: 160)인 것이다. 요컨대 구체적 유용노동 속에 추상노동이 실재하는 것이다.

'구체적인 것 내부의 추상적인 것의 존재 및 그 역'에 대한 구조주의적 이해는 구체적인 것과 추상적인 것을 추상수준의 차이로만 이해하는 경험적 추상 개념에 따라 두 가지를 분리된 것으로 파악하고, 따라서 그 추상수준의 간극을 메우기 위해 중간이론 수준의 매개 개념, 또는 구체적인 것과 추상적인 것을 접합시키는 메커니즘으로서의 매개 개념의 도입 필요성을 제기한다.[90] 그러나 이처럼 매개 개

---

89) "나의 변증법적 방법은 헤겔의 그것과 근본적으로 다를 뿐만 아니라 그것과는 정반대의 것이다. 헤겔에게 있어서는 (그가 이념이라는 명칭하에 자립적인 주체로까지 전환시키고 있는) 사고과정이 현실세계의 창조자이고, 현실세계는 이념의 외적 현상에 지나지 않는다. 나에게 있어서는, 반대로, 관념적인 것은 물질적인 것이 인간의 두뇌에 반영되어 사고의 형태로 변형된 것에 지나지 않는다"(Marx, 1976b: 18~19).

90) 예컨대 조절이론의 아글리에타는 구조형태 개념을 도입해야 할 필요성을 인식론적으로 설명한다. "기본적인 인식론적 문제는 추상적 사회공간(동질적인 가치공간)과 구체적 활동공간의 통일

념을 도입하는 것은 분리될 수 없는 분석수준들을 구별하는 것이 된다. 예컨대 경쟁(구체적인 것) ─ 제도형태(중간적인 추상수준, 이른바 매개 개념) ─ 자본논리(추상적인 것)라는 파악이 그러하다. 자본 일반과 다수 자본(경쟁)의 구분은 본질과 현상형태의 구분이고, 현실 속에서는 추상적·관념적인 것과 현실적인 것 사이의 구별이 아니라 모두 현실적인 것이다.

마르크스에 있어서 '추상수준의 차이'란 이론의 서술순서에서 단계적으로 사회적 규정을 더 많이 도입하는 과정, 즉 '직관과 상상을 개념들로 가공한 산물'인 '구체적 총체'(Marx, 1976a I권: 72), 달리 말해 '수많은 규정과 관계의 풍부한 총체'(Marx, 1976a I권: 71)에 이르는 과정에서의 차이이다. 요컨대 추상수준의 차이는 현실적인 것과 관념적인 것의 차이가 아니라 사회적 규정과 관계를 얼마나 도입하는가의 차이로서, 마르크스의 경우 '추상에서 구체로'라는 서술순서 문제로 표현된다.

예컨대 마르크스가 『자본론』 1권에서 상품에 관한 장부터 시작하는데, 이 상품은 자본주의적 상품임을 분명히 하면서도 아직 자본주의적 자본/노동관계의 규정이 도입되지 않은 추상수준에서의 상품을 분석하고 있다. 그래서 노동생산물의 가치형태, 즉 상품형태는 '부르주아 생산양식의 가장 추상적인 그리고 가장 일반적인 형태'(Marx, 1976b: 103~104) 또는 '부르주아 생산의 가장 일반적이고 가장 미발달한 형태'(Marx, 1976b: 106)로서, '더 구체적인 형태' 또는 '그것의 더욱 발전된 것으로서의 화폐형태나 자본형태'(Marx, 1976b: 104)와 구별되는 것이다.

### (2) 사회적 구성과 시초축적

결국 사회현상들에 대한 본질적 이해, 즉 사회현상들의 '내적 연관'을 파악하기 위해서는 사회적 구성, 즉 실체적 추상에 의한 사회관계들의 구성을 밝혀야 한다. 그런데 자본주의 사회를 하나의 유기적 체계로 파악하는 것은 자본주의 사회를

---

성, 즉 구체적이고 일반적인 노동의 결정을 즉각적으로 인식할 수 없기 때문에 이 두 공간을 연결시키기 위해서는 매개적인 이론공간, 즉 사회적 형태공간의 설정이 필요하다"(Aglietta, 1979: 225)는 것이다. 추상적인 사회공간과 구체적 활동공간의 구분은 노동의 이중성, 즉 추상적 노동과 구체적 노동에 조응한 것으로 볼 수 있다. 한편 노동가치론을 포기함으로써 추상적 사회공간을 폐기하는 후기 아글리에타의 경우 구조형태는 새로운 이론적 기초, 즉 지라르의 '폭력론' 위에서 설명된다(권현정, 1993: 13).

그 사회적 재생산과정으로 파악하는 것이다. 사회적 재생산과정에서 사회적 생산
관계들은 전제조건이자 동시에 결과로서 나타난다. 이 사회적 생산관계는 사회적
재생산과정 속의 개인들에게 개인들과 독립적인 "객관적인 조건들, 객관적인 힘
들, 사물들의 측면들로 나타나며"[91] 사회적 재생산과정을 규정하는 것으로 나타
난다.

마르크스는 자본주의적 재생산의 전제조건인 자본주의적 생산관계의 역사적
구성을 '자본주의적 축적에 선행하는 시초축적, 즉 자본주의적 생산양식의 결과
가 아니라 그의 출발점인 축적'(Marx, 1976b: 979)으로 밝히고 있다.

> 자본의 역사적 존재조건은 결코 상품유통과 화폐유통에 의해 주어지는 것은 아니
> 다. 자본은 오직 생산수단과 생활수단의 소유자가 시장에서 자기 노동력의 판매자로
> 서의 자유로운 노동자를 발견하는 경우에만 발생한다. 그리고 이 하나의 역사적 조
> 건만으로도 하나의 세계사를 형성하게 되는 것이다. 그러므로 자본은 처음부터 사회
> 적 생산과정의 하나의 새로운 시대를 선언하고 있는 것이다(Marx, 1976b: 222).[92]

자본주의적 생산관계, 즉 자본/임노동관계의 전제조건은 노동력의 상품화, 즉
노동자의 노동조건들로부터의 분리이다.

> 자본관계는 노동자가 자기의 노동을 실현할 수 있는 조건들의 소유로부터 완전히

---

91) "사회적 재생산과정의 모든 전제조건은 동시에 그것의 결과이고, 그 결과들의 모든 것은 동시에
그것의 전제조건으로 나타난다. 따라서 그 내부에서 사회적 재생산과정이 진행되는 모든 생산관
계들은 그 과정의 조건인 것과 마찬가지로 그것의 산물이다. 사회적 재생산과정의 본성을 있는
그대로 탐구할수록 더욱더 잘 보이는 것은, 궁극적 형태에 있어서 그것이 점차 견고화되고, 그 결
과 그 과정과 독립적으로 이러한 조건들이 그 과정을 규정하는 것으로 현상하며, 그 과정 속에서
경쟁하는 사람들에게 그들 자신의 관계들은 객관적인 조건들, 객관적인 힘들, 사물들의 측면들로
현상한다는 점이다. 자본주의적 과정에서 모든 요소가, 예컨대 가장 단순한 것인 상품조차도 이
미 하나의 전도(inversion)이고, 사람들 간의 관계들이 사물들의 속성들로, 그리고 사물들의 사회
적 속성들에 대한 사람들의 관계들로 현상하게 되는 원인이 됨에 따라 이것은 더욱 그렇게 된다"
(Marx, 1971: 507~508).
92) "자본주의시대를 특징짓는 것은 노동력이 노동자 자신에 대해 그가 가지고 있는 상품이라는 형태
를 취하며, 따라서 그의 노동이 임금노동의 형태를 취한다는 점에 있다. 다른 한편으로 이 순간부
터 비로소 노동생산물의 상품형태가 일반화된다"(Marx, 1976b: 223, 주4).

분리되어 있는 것을 전제로 한다. 자본주의적 생산이 일단 자기 발로 서게 되면, 그것은 이 분리를 다만 유지할 뿐만 아니라 그것을 끊임없이 확대되는 규모에서 재생산한다. 그러므로 자본관계를 창조하는 과정은 노동자를 자기의 노동조건의 소유로부터 분리하는 과정(즉, 한편으로는 사회적 생활수단과 생산수단을 자본으로 전환시키며, 다른 한편으로는 직접적 생산자를 임금노동자로 전환시키는 과정) 이외의 어떤 다른 것일 수가 없다. 따라서 이른바 시초축적은 생산자와 생산수단 사이의 역사적인 분리과정 이외의 아무것도 아니다(Marx, 1976b: 981).93)

그래서 자본주의적 생산의 '역사적 결과가 아니라 그 역사적 토대'(Marx, 1976b: 852)인 시초축적은 노동자로부터 노동조건을 분리시키기 위한 수백 년에 걸친 계급투쟁이었다.94)

생산자를 임금노동자로 전환시키는 역사적 과정은 한편으로는 농노적 예속과 길드의 강제로부터 그들이 해방되는 것으로 나타나는데, 우리의 부르주아 역사가들은 이 측면만을 중요하게 생각한다. 그러나 다른 한편으로 이 새로 해방된 사람들은 그들의 모든 생산수단을 박탈당하고 또 종래의 봉건제도가 제공하던 일체의 생존보장을 박탈당한 후에야 비로소 그들 자신을 판매할 수 있게 되는데, 이 수탈의 역사는 피와 불의 문자로써 인류의 연대기에 기록되어 있다(Marx, 1976b: 982).95)

---

93) "상품과 화폐는 자본으로 전형된다. 왜냐하면 노동자가 그의 노동 자체를 하나의 상품으로 노동의 객관적 조건들의 소유자에게 팔도록 (그의 노동력을 직접적으로 팔도록) 강제되기 때문이다. 이 분리는, 화폐(또는 그것이 대표하는 상품)의 자본으로의 전형을 위한 전제조건인 것과 똑같은 방식으로 자본과 임노동관계를 위한 전제조건이다"(Marx, 1971: 89). "설명이 필요하거나 역사적 과정의 결과인 것은, 살아 있고 능동적인 인간과 그들의 자연과의 신진대사 교환의 자연적이고 비유기적인 조건들과의 통일, 즉 인간의 자연 전유가 아니다. 오히려 인간 현존의 이러한 비유기적 제조건과 이 활동적인 현존 간의 분리, 즉 임노동과 자본의 관계에서만 완전하게 정립되는 분리이다"(Marx, 1976a II권: 114).
94) 마르크스는 이 계급투쟁의 역사적 의미에 대해 다음과 같이 명료하게 밝힌다. "임금노동자와 함께 자본가를 탄생시킨 발전의 출발점은 노동자의 예속상태였다. 그 출발점으로부터의 전진은 그의 예속형태의 변화, 즉 봉건적 착취를 자본주의적 착취로 전환시키는 데 있었다"(Marx, 1976b: 982). "자본주의 체제가 요구한 것은……국민대중의 예속상태이며, 그들을 피고용자로 전화시키고 그들의 노동수단을 자본으로 전환시키는 것이다"(Marx, 1976b: 989).
95) "무일푼의 자유로운 프롤레타리아의 폭력적 창출, 그들을 임금노동자로 전환시킨 피의 규율, 그

무자비한 폭력 아래에서 수행된 교회재산의 약탈, 국유지의 사기(詐欺)적 양도, 공유지의 횡령, 봉건적 및 씨족적 소유의 약탈과 그것의 근대적 사적 소유로의 전환……은 자본주의적 농업을 위한 무대를 마련했으며, 토지를 자본에 결합시켰으며, 도시의 산업을 위해 그에 필요한 무일푼의 프롤레타리아를 공급하게 되었다(Marx, 1976b: 1007~1008).[96]

처음에는 폭력적으로 토지를 수탈당하고 추방되어 부랑자로 된 농촌주민들은 그 다음에는 무시무시한 법령들에 의해 채찍과 낙인과 고문을 받으면서 임금노동의 제도에 필요한 규율을 얻게 된 것이다(Marx, 1976b: 1013).[97]

자본주의적 생산관계인 자본/임노동관계가 형성되는 '역사적 과정'에서 확인되는 것은 노동자의 노동조건으로부터의 분리와 그것을 둘러싼 계급투쟁이 자본/임노동관계의 역사적 전제라는 점이다. 그리고 자본/임노동관계의 창출과정이 폭력

---

리고(노동에 대한 착취도를 강화하면서 자본의 축적을 증진시키기 위해서 경찰력을 동원한) 왕들과 국가의 추악한 조치 등"(Marx, 1976b: 1020). "자본주의적 생산양식의 '영원한 자연법칙'을 해방시키고, 노동자와 노동수단 사이의 분리를 완성하며, 한쪽 끝에서는 사회의 생산수단과 생활수단을 자본으로 전화시키고 다른 쪽 끝에서는 국민대중을 임금노동자로, 즉 자유로운 '노동빈민' ─ 이것은 근대사의 인위적인 산물이다 ─ 으로 전환시키기 위해서는, 위에서 말한 모든 수고가 필요했다. ……자본은 머리에서 발끝까지 모든 털구멍에서 피와 오물을 흘리면서 이 세상에 나온다고 말해야 할 것이다"(Marx, 1976b: 1045~1046).

96) "시초축적의 역사에서는, 자본가계급의 형성에 지렛대로 역할한 모든 변혁들은 획기적인 것들이었지만, 무엇보다도 획기적인 것은 많은 사람들이 돌연히 그리고 폭력적으로 그들의 생존수단으로부터 분리되어 무일푼의 자유롭고 의지할 곳 없는 프롤레타리아로서 노동시장에 투입되는 순간이었다. 농업생산자인 농민으로부터의 토지수탈은 전체 과정의 토대를 이룬다"(Marx, 1976b: 983).

97) "봉건적 가신집단들의 해체와 폭력적 토지수탈에 의해 추방된 사람들……그들의 관습으로 된 생활궤도에서 갑자기 내몰린 사람들이 그만큼 갑자기 새로운 환경의 규율에 순응할 수도 없었다. 그들은 대량으로 거지·도둑·부랑자가 되었는데, 그중 일부는 자기의 성향으로 그렇게 되었지만 대부분의 경우에는 별다른 도리가 없었기 때문에 그렇게 된 것이었다. 따라서 15세기 말과 16세기의 전체 기간을 통해 서유럽의 모든 나라에서 부랑에 대한 피의 입법이 실시되었다"(Marx, 1976b: 109). "부랑죄로 두 번 체포되면 다시 태형에 처하고 귀를 절반 자르며, 세 번 체포되면 그는 중죄인으로서 또 공동체의 적으로서 사형에 처해진다. ……노동하는 것을 거절하는 자는 그를 게으름뱅이라고 고발하는 자의 노예로 선포된다. ……누구나 부랑자의 자녀를 그로부터 빼앗아 도제로서 남자는 24세, 여자는 20세까지 사용할 권리가 있다"(Marx, 1976b: 1010).

적인 계급투쟁이었다는 사실은 자본주의적 계급관계가 상품형태를 자신의 사회적 형태로 취하는 과정이 폭력적이었음을, 즉 자본주의 사회의 가치형태로 인한 자유롭고 평등한 상품소유자 간의 교환이라는 외관(현상형태)이 기만적임을 확인해준다. 이후 이 역사적 전제가 자본주의적 생산의 결과로 정립됨으로써 가치형태 부과의 강제성은 자본/임노동관계 자체에 의해 확보된다. 이것이 이른바 '경제적 강제'이다. 중요한 것은 이러한 강제의 형태 변화 ─ 정치나 무력에 의한 '직접적' 강제로부터 '경제적' 강제로 ─ 뿐만 아니라, 형태만 변화되었지 '강제'가 지속되고 있다는 점이다. 따라서 자본주의 사회에서의 '자유'와 '평등'은 자본주의적 계급관계의 '강제'와 '지배'의 사회적 형태이다.

자본/임노동관계의 이 역사적 전제조건은 자본/임노동관계가 정립되면, 더 이상 역사적 전제조건으로서가 아니라 자본/임노동관계의 결과로서 나타난다.[98] 따라서 자본주의적 재생산과정은 바로 자본/임노동관계의 재생산과정이고, 또한 그 과정에서 결과는 동시에 전제조건으로 정립되어야 하므로[99] 역사적 전제조건은 구성적 전제조건으로 전환된다.

요컨대 노동자의 노동조건으로부터의 분리인 시초축적은 자본주의적 사회관계들에 선행하고 자본이 그로부터 출현했던 하나의 역사적 시대를 가리킬 뿐만 아니라 자본/임노동관계의 구성적 전제조건으로 항상적으로 존속한다. 시초축적이 '역사적 전제'일 뿐 아니라 '구성적 전제'라는 점은 물신주의 비판의 핵심적 지점이다. 그 의의를 본펠트는 올바르게 지적한다.

> 시초축적은 노동력의 특수한 자본주의적 존재양식, 즉 인간의 목적의식적 활동을 노동하는 상품의 형태로 규정하는 것에 있어서 원심점으로 작용한다. 자본주의적 생산과 교환관계가 상품형태를 통해 존립한다면, 시초축적은 인간의 목적의식적 실천

---

98) "처음에는 자본 형성의 조건들로서 나타났던─따라서 자본으로서의 그것의 행동에서 유래할 수 없는─이러한 전제들이 이제는 자본 자신의 실현의 결과, 실재의 결과로서, 그것에 의해 정립된 것으로서─그것의 등장의 조건들이 아니라 그것의 현존의 결과로서─나타난다"(Marx, 1976a II권: 83).

99) "생산관계들 그 자체, 즉 그가 그 속에서 생산하고 그가 주어진 자연적 관계로 여기는 사회적 형태들은 이 특수한 사회적 생산양식의 항상적인 산물─그리고 바로 그 이유만으로 항상적인 전제조건─이다"(Marx, 1971: 514).

을 임노동 형태로 규정하는 비사(秘史)이다. 상품형태는 이 규정을 통해 존립하고 이 규정을 전제하며, 그 형태를 통해 이 규정을 추상적 평등과 자유의 이름하에 부정한다. 이 통찰은 마르크스의 물신주의 비판에서 중심적이다. ……인간활동의 그것의 조건들로부터의 분리는 자본의 실제의 발생과정일 뿐만 아니라 일단 구성되면, 상품형태의 '실제의' 과정이기도 하다. 달리 말하면, 시초축적은 상품형태에서 그것의 '비밀의' 조건, 구성적 전제조건 및 역사적 토대로서 지양되어 있다(Bonefeld, 2002: 73).

포스톤의 경우, 자본주의 생산양식에서 상품형태의 중요성을 정확하게 제기했음에도, 자본/임노동관계와 상품관계의 연관에서 상품형태에 더욱 큰 중요성을 부여하고 오히려 계급관계를 상품관계로 해소하는 경향을 보이는 것은 시초축적이 자본/임노동관계의 항상적인 구성적 전제조건이라는 점을 올바로 파악하지 못하기 때문이다. 그 결과 포스톤은 "계급갈등은 상품과 자본의 사회적 형태에 의해 구조화되고 그 형태 속에 배태되어 있다는 이유에서만, 자본주의에서 역사발전의 추동력이다"(Postone, 1993: 319)라는 전도된 결론으로 나아간다. 그 자신이 상품형태의 물신주의에서 완전히 벗어나지 못한 것이다. 상품형태의 일반화는 시초축적에 의해 비로소 가능했던 것임은 두말할 필요조차 없다.

시초축적이 자본/임노동관계의 구성적 전제조건이라는 것을 달리 말하면, "생산수단은 그것들이 노동으로부터 분리되어 노동과 독립적인 힘으로 대립하는 한에서만 자본으로 되고"(Marx, 1963: 408), 따라서 노동(또는 노동자)으로부터 노동조건의 분리는 '자본의 실제의 발생과정'(Marx, 1971: 422)이다. 이에 마르크스는 자본을 '노동자로부터 생산조건들의 분리'(Marx, 1971: 422)로 개념화한다.

사실상 노동조건과 생산자 사이의 분리가 자본의 개념을 형성하는데, 이 분리는 시초축적과 함께 시작해서 그다음으로 자본의 축적과 집적에서 항상적인 과정으로 나타나며, 지금 여기에서 마지막으로 소수인의 수중으로의 기존 자본의 집중과 다수인의 자본상실로서 나타나고 있다. 이러한 과정은, 만약 구심력과 나란히 상쇄요인들이 집중배제의 방향(자본의 분열, 새로운 독립자본의 탄생 등)으로 끊임없이 작용하지 않는다면, 자본주의적 생산을 곧 붕괴시켜버릴 것이다(Marx, 1981a: 293).

따라서 자본은 '노동과 노동조건들 사이의 하나의 사회적 관계'(Bonefeld, 2002: 74)로 파악될 수 있다.100) 그런데 이처럼 그 사회적 구성에서 파악된 자본 개념은 자본주의 사회에서는 물신주의 현상 때문에 있는 그대로 사람들에게 인식되지 않는다. 노동과 노동조건들 사이의 사회적 관계에서 물신주의 현상, 즉 생산관계의 사물화와 사물의 인격화 및 주객전도 현상이 발생하는 것이다.

인간은 사물들에 의해 대면되고, 노동은 그 자신의 물질화된 조건들을 소외되고 독립적이며 자족적인 주체들, 인격화, 요컨대 다른 사람의 소유로서, 그리고 이 형태에 있어서 노동 그 자체의 '고용주들' 및 '지휘자들'로서 대면한다. 즉, 노동의 조건들이 노동에 의해 전유되는 것이 아니라 노동을 전유한다(Marx, 1971: 475~476).

살아 있는 노동의 객체적 조건들이 주체적 현존으로서의 살아 있는 노동 능력에 대해 분리된, 자립화된 가치들로 나타나고, 따라서 이 노동능력은 그 조건들에 대해 단지 다른 종류의 가치로서(가치로서가 아니라 저들과는 상이한 사용가치로서) 현상할 뿐이다. 이러한 분리가 일단 전제되면, 생산 과정은 이 객체적 조건들을 새롭게 생산하고 재생산하며 더욱 큰 규모로 재생산할 수 있을 뿐이다. ……살아 있는 노동 능력의 객체적 조건들은 살아 있는 노동능력에 대한 자립적인 실존으로 전제되었고, 살아 있는 노동능력과는 구별되고, 이에 대해 자립적으로 마주 서는 주체의 객체성으로 전제되었다. 따라서 이 객체적 조건들의 재생산과 증식, 즉 확대는 동시에 이들을 노동능력에게 무차별적이고 자립적으로 마주 서는 낯선 주체의 부(富)로서 재생산하고 신생산하는 것이다. 재생산되고 신생산되는 것은 살아 있는 노동의 이 객체적 조건들의 현존일 뿐 아니라 이 살아 있는 노동능력에 대해 자립적인, 즉 낯선 주체에게 속하는 가치로서의 그것들의 현존이다. 노동의 객체적 조건들이 살아 있는 노동능력에 대해서 주체적 실존을 획득하는 것이다. 즉, 자본에서 자본가가 되어 나온다(Marx, 1976a II권: 85).

---

100) "노동자들이 노동조건들을 상실한 것은 이 노동조건들이 자본이나 또는 자본가의 처분하에 있는 물건들로 독립적으로 된다는 사실로 표현된다"(Marx, 1971: 271).

따라서 노동의 노동조건들로부터의 분리와 이 노동조건들의 '비(非)노동자' 수중으로의 집중은 자본을 인간의 사회적 실천의 전도된 형태, 즉 인간이 생산과정을 통제하는 것이 아니라 생산과정이 인간을 지배하는 형태로 정립한다. 그리고 자본주의적 재생산과정에서 노동과 노동조건들의 사회적 관계는 임노동과 자본으로서 재생산된다. 이 재생산과정에서 자본은 노동을 임노동으로 전제하고, 임노동은 자본을 자본으로 전제한다. 각각은 서로의 전제조건이다.

생산 및 증식 과정의 결과로서 무엇보다도 자본과 임노동, 자본가와 임노동자의 관계 자체의 재생산과 새로운 생산이 나타난다. 이 사회적 관계, 생산관계는 사실상 이 과정의 물질적인 결과들보다 더욱 중요한 결과로 나타난다. 이 과정 안에서 노동자가 노동능력으로서의 자신과 그에게 마주 서는 자본을 생산하듯이, 다른 한편에서 자본은 자본으로서의 자신과 그에게 마주 서는 살아 있는 노동 능력을 생산한다. 각자는 자기의 타자, 자기의 부정을 재생산함으로써 자기 자신을 재생산한다. 자본가는 노동을 타인 노동으로 재생산하고, 노동은 자본을 타인 자본으로 재생산한다. 자본가는 노동자를 생산하고, 노동자는 자본가를 생산한다. 노동과 노동조건의 사회적 관계가 자본과 임노동, 또는 자본가와 임노동자로 외부화되고 재생산되는 것이다 (Marx, 1976a II권: 81).[101]

자본의 다양한 측면들이 생산의 현실의 담당자들 및 직접적 대표자들로 나타나는 것은(매개 단계가 비가시적으로 될 뿐만 아니라 그것의 직접적 대립물로 전환된) 최종적이고 가장 파생적인 형태들에서이다. 이자를 낳는 자본은 화폐자본가로 인격화되고, 산업자본은 산업자본가로, 지대를 낳는 자본은 토지의 소유자로서 지주로, 마

---

101) "자본주의적 생산은 그 자신의 진행에 의해 노동력과 노동조건 사이의 분리를 재생산한다. 그렇게 함으로써 그것은 노동자를 착취하기 위한 조건을 재생산하고 영구화한다. ……사실 노동자는 자기 자신을 자본가에게 팔기 전에 이미 자본에 속해 있다. 그의 경제적 예속은 자발적 자기판매의 주기적 갱신, 자기에 의한 고용주의 변경, 자기 노동력의 시장가격의 동요에 의해 매개되기도 하고 은폐되기도 한다. 따라서 자본주의적 생산과정은 하나의 연속적인 전체과정(즉, 재생산과정)이라는 측면에서 본다면, 상품이나 잉여가치를 생산할 뿐만 아니라 자본관계 자체를, 즉 한편으로는 자본가를 다른 한편으로는 임금노동자를 생산하고 재생산한다"(Marx, 1976b: 786~787).

지막으로 노동은 임노동자로 인격화된다.[102] 그것들(자본의 다양한 측면들: 인용자)
은(동시에 인격화된 사물들의 단순한 대표자들로 나타나는 독립적인 개성들에 인격
화된) 이러한 경직된 형태들로 경쟁적 투쟁과 현실의 생산과정에 들어간다. 경쟁은
이러한 외부화를 전제하고 있다. 이러한 형태들은 경쟁의 본성과 합치되고 경쟁의
자연적 진화과정에서 등장하기 시작했으며, 표면적으로는 경쟁이 이 전도된 세계의
단순한 운동으로 나타나게 된다. 내적 연관이 이 운동 속에서 드러나는 한에 있어서,
그것은 신비스러운 법칙으로 나타난다(Marx, 1971: 514~515).[103]

따라서 예컨대 자본-이윤(이자), 노동-임금 등과 같이 그 수입에 의해 구별되는
집단들로서의 자본과 노동을 외부화하는 것은 아담 스미스의 '보이지 않는 손'으
로서의 시장 개념과 마찬가지로 자본주의적 생산의 '전도된 세계'를 표현하는 것
이다.

자본의 이러한 전도된 세계를 그 사회적 구성을 통해 파악하지 않을 경우, 자본
을 추상적 시장구조의 논리를 체현한 '자동적 주체'로 보는 관점으로 귀결하게 된
다. 따라서 자본을 '자본의 논리'로 표현되는 하나의 초인적인 힘 또는 논리체계로
이론적으로 합리화하는 것을 피할 수 없게 된다. 왜냐하면 시초축적을 자본/임노
동관계의 구성적 전제조건으로 파악하지 않을 경우, 즉 사회관계를 '역사적 과정'
으로서의 사회적 구성으로 파악하지 않을 경우, 그래서 노동자와 노동조건들의
분리를 단지 역사적 과거로 상정하고 그 분리를 당연한 것으로 받아들이게 되면,
분리의 논리는 자본축적의 결과로서만 이해되기 때문이다. 즉, 더 이상 설명이 필
요 없는 당연한 현실(현상)로 전제된다. 그러한 시각에서는 분리의 논리는 인간 담

---

102) '노동의 인격화로서의 임노동자'라는 표현은 마르크스의 최종저작인 『자본론』 1권에서 모두 삭
제된다. 자본 범주는 사물이지만 노동은 사물이 아니기 때문이다.

103) "그 최상의 사례는 숨겨진 연관을 재발견하려고 하는 과학인 정치경제학 자체이다. 모든 것이 이
최종적이고 가장 외부화된 형태 속에 있는 경쟁에 들어간다. 예컨대 시장가격은 여기서 지배적
요인으로 나타난다. 이는 이자율, 지대, 임금, 산업이윤이 가치의 구성요소들로 나타나고 토지의
가격과 자본의 가격이(조작될 수 있는) 주어진 항목(아이템)으로 나타나는 것과 마찬가지이다.
우리는 아담 스미스가 어떻게 처음에 가치를 임금, 이윤(이자) 및 지대로 환원하고 그런 다음에
역으로 이것들을 상품가격들의 독립적인 구성요소들로 표현하는가를 이미 살펴보았다. 그는 첫
번째 버전에서는 비밀의 연관을 표현하고 두 번째 버전에서는 외적 현상을 표현한다"(Marx,
1971: 515).

지자들(agents)의 행위들을 구조화하는 주체인 자본이라는 '구성된 물신'을 통해서만 이해될 수 있다.

이러한 물신주의적 파악으로 인해 대체로 "정통적 이해방식은 (자본주의적) 구조와 (인간) 담지자 사이의 이러한 분리에 입각하고 있다. 이 방식에서는 이 분리에 새겨진 사회학적 요소들 — 계급 지위, 계급 위치, 계급 특징, 계급구조 등 — 을 도출할 때 설명되어야 할 것을 당연한 것으로 수용한다. 달리 말하면, 현실의 외적인 현상이 주어진 것으로 수용되고, 따라서 경제적 및 정치적 계급 범주들이 그들이 계급 특징으로 기술하는 것을 통해 평가되는 것은 이 외적인 현상에 비추어서이다. 이 외적인 현상이 다름 아닌 (실증주의적 사고에 의해 강조되는) '물질적인' 것, 즉 처리되지 않은 자료(data)이다"(Bonefeld, 2002: 76~77).

요컨대 사회현상들을 사회적 구성으로 파악하지 않는 실증주의적 사고 — 존재와 구성의 분리 — 는 물신주의에 사로잡혀 구조와 인간주체의 이원론으로 귀결될 수밖에 없다는 것을 물신화된 자본 개념은 보여준다. 그리고 구조와 주체의 관계에 대해 최악의 경우 구조가 인간주체를 지배하는 전도된 형태로 파악하거나, 최선의 경우에도 구조와 인간주체가 외재적으로 관계하는 형태로 파악된다. 자본주의의 동학을 자본 간 경쟁으로 파악하는 브레너의 경우나 '자본의 논리' 또는 '자본축적'(계급투쟁과 대립해서)으로 자본주의 발전동학을 파악하는 정통 좌파의 경우가 전자에 해당한다면, 구조와 계급투쟁을 이원론적으로 따라서 그 둘의 관계를 외재적인 관계로 파악하는 구조주의적 접근방법이 후자에 해당한다.

구조와 행위(또는 주체)를 엄격히 구분하고, 주체를 '구조의 효과'로, 즉 '호명된 주체'로 파악하는 구조주의적 마르크스주의는 사회관계의 총체로서의 구조를 주어진 것으로 전제할 뿐 아니라 그 구조는 '자동적 주체'로서 전제되고 있다. 이처럼 주체가 구조의 파생물로서 개념화되기 때문에 '주체 없는 과정' 또는 '주체 없는 구조' 개념이 성립된다. 이 관점은 구조의 생성을 설명하지 못할 뿐 아니라 구조와 주체 간의 관계를 필연적으로 외재적 관계로 파악하게 된다. 그래서 구조와 주체 간의 상호 작용을 아무리 강조하더라도 그 관계는 내재적으로 파악되는 것이 아닌 외재적 상호 작용, 즉 별개의 분리된 두 실체 간의 관계에 머무른다.

예컨대 자본의 재생산과 계급투쟁, 또는 자본축적과 계급투쟁 사이의 관계에 대해 상호 작용이나 변증법적 관계를 말하더라도 이미 자본축적과 계급투쟁은 별개의 실체로 전제되어 있기 때문에 외적인 상호 작용에 그치는 것이다. 구조를 주체에 의해 구성되는 것으로, 즉 주체의 행위의 결과이자 전제로 파악할 때만이 구조와 주체 간의 내적인 상호 작용이 올바로 파악될 수 있다. 말하자면, 자본축적과 계급투쟁의 상호 작용을 그 내적 관계에서 올바로 파악할 수 있는 것이다. 이러한 내적 관계로 파악하는 데 있어서 자본/임노동관계로서의 자본관계로 외부화되기 이전의 근본 개념인 '노동과 노동조건 간의 사회관계'로서의 자본 개념이 결정적으로 중요하다. 자본은 노동과 별도의 실체로서 관계하는 것이 아니다. 실체는 노동뿐이다. 이것이 마르크스의 '자본의 인격화로서의 자본가' 개념이 의미하는 바이다.

따라서 사회와 역사의 주체가 인간이라는 입장에서 자본주의 사회를 사회적 구성으로 파악한다는 것은 사회적 현실을 그 '사회적 구성'에서 파악하는 것이고, 이는 사회관계의 역사적 형성으로부터 존재를 분리하지 않고 '구성'으로 파악하는 것이다. 자본을 사회적 구성의 관점에서 파악하면, 개념적으로 '노동과 노동조건 사이의 사회적 관계', 즉 노동으로부터 분리된 노동조건들이 비생산자의 수중에 집중되어 노동과 대립적으로 관계하는 것으로 볼 수 있다.

마르크스는 자본주의적 생산관계, 또는 자본/임노동관계, 또는 자본관계, 또는 자본을 그 사회적 구성에서 파악해서 『자본론』 3권에서 다음과 같이 명료하게 정리하고 있다.

자본은 물건이 아니라 일정한 역사적 사회구성체에 관련되는 특정한 사회적 생산관계이며, 이 생산관계가 물건에 표현되어 이 물건에게 하나의 특수한 사회적 성격을 부여하고 있을 뿐이다. 자본은 물질, 즉 생산된 생산수단의 총계가 아니다. 자본은 자본으로 전환된 생산수단인데, 생산수단 그 자체가 자본이 아닌 것은 금 또는 은 자체가 화폐가 아닌 것과 마찬가지다. 자본은 사회구성원의 일정 분파에 의해 독점되고 있는 생산수단이며, 살아 있는 노동력으로부터 독립해 이 노동력과 대립하고 있는 노동력의 생산물이자 활동조건인데, 이것들이 이 대립을 통해 자본으로 인격화되고 있다. 자본은 노동자의 생산물이 독립적인 힘으로 전환된 것, 생산물이 자기의 생산자를 지배하고 구매하게 된 것일 뿐만 아니라 노동의 사회적 힘과 그 관련형태가 노동생산물의 속성으로서 생산자와 대립하고 있는 것이다. 그러므로 여기에서는

역사적으로 형성된 사회적 생산과정의 한 요소가 특정의 사회적 형태로, 그리고 일
견 매우 신비스러운 형태로 나타나게 된다(Marx, 1981a: 1004).[104]

## 3) 사회의 구성력으로서의 노동과 노동가치론의 의의

자본주의적 생산관계의 사회적 구성에 관한 앞서의 논의는 자본을 사물('생산된
생산수단')이 아니라 자본과 노동의 사회적 관계, 또는 근본적으로 노동과 노동조
건의 사회적 관계로 개념화하는 것을 가능하게 한다. 또한 자본의 힘으로 나타나
는 것이 실제로는 노동의 사회적 힘이라는 점도 더욱 분명해진다.[105]

이 관점이 중요한 것은 자본과 구조(또는 체계)에 대한 온갖 물신주의적 파악을
피할 수 있게 해주기 때문이다. 사회와 역사의 주체, 창조자로서의 인간활동 - 노
동 - 을 명확히 해주고 자본주의 사회의 구성력으로서 노동을 분명하게 해준
다.[106] 그럼으로써 구조와 주체를 이원론적인 외재적 관계가 아니라 사회적 실천,
즉 계급투쟁을 통해 통일되어 있는 내재적 관계로 파악할 수 있게 해준다.

---

104) "자본 - 하나의 생산요소가 독특한 생산양식에서, 그리고 사회적 생산과정의 독특한 역사적 모
습에서 취하는 형태, 결국 독특한 사회적 형태와 결합되어 그 형태로 표시되고 있는 하나의 생산
요소"(Marx, 1981a: 1005).

105) 앞서 언급한 바 있듯이, 마르크스가 '자본의 인격화'로서의 자본가 개념과 달리 『자본론』 최종본
(『자본론』 1권, 1867년)에서 '노동력의 단순한 인격화'로서의 임노동자라는 서술을 모두 골라서
삭제한 것(Bidet, 1985: 301)은 노동 개념과 자본 개념을 근본적으로 구별하는 일관된 관점의 표
현으로 보인다. 즉, 자본과 노동을 동등한 주체로 개념화한 것이 아니라, 노동과 노동조건의 사
회적 관계로서의 자본 개념과 유일한 사회의 구성력으로서의 노동 개념에 대한 재천명으로 볼
수 있다. 자본은 "노동자의 생산물이 독립적인 힘으로 전환된 것, 생산물이 자기의 생산자를 지
배하고 구매하게 된 것"(Marx, 1981a: 1004)에 불과한 것이다.

106) "살아 있는 노동이 재료에 실현됨으로써 재료 자체를 변화시키면서……재료는 일정한 형태로
보존되고 소재의 형태 변경은 노동의 목적에 복속된다. **노동은 살아 있는 구성적**(form-giving)
**불이다.** 살아 있는 시간에 의한 사물들의 형성으로서의 사물들의 일시성, 그것들의 한시성. 단
순 생산 과정에서-증식과정은 차치하고-사물 형태의 일시성은 그것의 유용성을 정립하기 위
해서 이용된다"(Marx, 1976a I권: 377. 강조는 인용자). 이 문구에서 마르크스는 노동과정, 즉 인
간과 자연의 신진대사 과정에서 노동이 '살아 있는 구성적 불'임을 밝히고 있으나, 이 구절은 사
회현상에 대해서도 마찬가지인 것으로 유추되어 많이 인용되고 있다. 그러나 이러한 인용은 부
적절한 것으로 보인다. 왜냐하면 자본주의 사회에서 노동이 사회적 구성력으로 되는 것은 초역
사적인 인간과 자연의 신진대사 과정에서 노동이 '살아 있는 구성적 불'이어서가 아니라 노동의
사회적 매개 역할이 자본주의적 사회관계 자체를 구성하기 때문이다.

일반적으로 말하면, 주체는 계급투쟁을 통해 구조를 창출하고, 창출된 구조는 계급투쟁 형태를 규정하며, 이 기존의 구조하에서 주체는 계급투쟁의 새로운 형태를 통해 새로운 구조를 형성해가는 것이다. 요컨대 구조는 계급투쟁의 존재양식인 것이다. 자본축적과 계급투쟁의 관계로 표현하면, 자본과 노동의 계급투쟁 자체가 자본축적 형태를 규정하며, 그렇게 해서 형성된 새로운 자본축적 형태는 역으로 계급투쟁의 새로운 형태를 낳는, 내적 관계이고 변증법적 관계인 것이다.

구조주의적 접근방법에서 결정적으로 결여하고 있는 것은 바로 이 관점이다. 이들에게 현실은 주어진 것으로 전제되고, 그 사회적 현실은 형식적 추상을 통해 하나의 유기적 체계, 그러나 구조들의 접합으로 이루어진 구조화된 체계로서 구조들의 조응과 조화로 통일된 총체로 구성된다.[107] 그리고 이러한 구조화된 총체 하에서 구조와 투쟁을 외재적으로 관계시켜 총체의 변화·발전을 파악한다.

조절이론의 경우 초기에는 자본주의의 내적 동학을 임노동관계와 계급투쟁에서 올바르게 찾고자 하나, 계급투쟁의 산물인 제도형태 등 '조절양식'을 매개해서 계급투쟁이 구조인 '축적체제'와 관계하는 것으로 설정함으로써 구조와 계급투쟁이 외재적으로 관계하게 된다. 즉, 축적체제는 자본의 논리 또는 자본축적에 의해 구조로 주어지고, 조절양식은 계급투쟁에 의해 구성된다. 그래서 축적체제와 조절양식이 조응하면 하나의 축적모델(또는 성장체제)이 성립하는 것이다. 조절이론은 최근에는 조절양식의 구성에서 계급투쟁 요인을 아예 버리고 '기업지배구조와 세계화'라는 새로운 요인을 제시한다. 그리고 이 조절양식이 '금융 주도 성장체제'를 구성하고 계급투쟁을 규정한다. 계급투쟁에 의해 자본축적이 규정되는 과정은 사라지고 자본축적에 의해 계급투쟁이 규정되는 과정만 남는다. 따라서 자본주의 사회의 구성력으로서 노동이라는 관점은 완전히 사라지고, '주체 없는 구조(또는 과정)'라는 전도된 물신화된 형태만이 남는 것이다.

한편 물신주의 비판을 통해 자본주의 사회의 구성력으로서 노동을 파악하는 관점은 마르크스의 '정치경제학 비판'에서 노동가치론의 의의를 재평가할 수 있게 해준다. 기존의 노동가치론 논의는 주로 가치의 생산가격으로의 전형 문제를 중

---

107) 구조를 주어진 것으로 전제하는 점은 구조주의적 접근방법의 일반적 특징이다. 이는 형식적 추상방법과 밀접하게 연관되어 있다. 따라서 구조의 생성을 해명하지 못하는 점, 즉 사회적 현실을 사회적 구성으로 파악하지 못하는 '생성으로부터 존재의 분리'도 이 접근방법의 특징이다.

심으로 한 논쟁과 최근의 지식정보산업의 '정보상품'에 노동가치론을 적용할 수 있는가를 둘러싼 논쟁 등 주로 가치의 양적 측면에 집중되어 이루어져 왔다.[108] 가치의 양적 측면에만 집중된 논의를 비판하면서 가치형태 문제를 중심으로 한 가치의 질적 측면에 대한 분석은 '추상노동학파'에 의해 시도되었을 뿐이다.[109] 양적 가치론에 대한 비판적 문제의식의 극단에 자율주의적 마르크스주의가 있다. 이들은 가치의 양적 측면에 대한 경제학적 담론을 정면으로 비판하면서 임노동관계와 계급투쟁을 중심으로 이론을 재구성하기 위해 노동가치론을 아예 기각하고 사회관계에 관한 사회학적 담론으로 나아간다.[110]

물신주의 비판을 통해 노동을 사회의 구성력으로 복원하면, 노동가치론의 질적 측면이 전면적으로 부각된다. 물신주의 비판이 마르크스의 '정치경제학 비판'의 중심적 방법론이라면, 노동가치론은 자본주의 분석과 비판의 중심 개념이자 기초이다. 자본주의 사회에서 '작동 중의 추상'으로서 가치의 자기증식운동, 즉 자본운

---

108) 대표적으로 이채언(Lee, 1990), 강남훈(2002) 등을 참조.

109) '추상노동학파'는 가치의 양적 측면에만 주목하는 노동가치론이 마르크스를 리카도 입장에서 해석하는 '신리카도주의'로 귀결되는 것을 비판하면서, 생산과정의 투하노동이 아니라 교환과정의 '사회적 노동'으로의 승인과정이 가치를 규정한다고 주장한다. 그래서 신리카도주의의 '투하노동학파'와 대비해서 이들을 '추상노동학파'로 부른다. 추상노동학파는 가치량이 아니라 가치형태 문제를 주목하지만, 이들의 추상노동 개념은 '사적 노동'과 대비되는 '사회적 노동' 개념에 가까운 것으로, 결국 추상노동이 자본/임노동관계의 규정보다는 상품관계의 규정에 따른 것으로 이론화하는 데 머무른다. 즉, 자본주의적 사회관계를 시장관계로 환원시킨다(자세한 비판은 De Angelis, 1995: 123 참조). 이는 '추상노동'을 '사회적 노동'으로만 한정함으로써 '표준척도(사회적으로 필요한 노동량)'로서의 '추상노동' 개념으로 귀결된다. 그 결과 추상노동학파는 애초의 가치의 양적 측면에 대한 비판이라는 의도와는 정반대로, 질적 측면에 대한 분석을 양적 문제로 환원하게 된다. 그러한 한계에도 불구하고 추상노동학파의 가치형태에 대한 주목은 나중에 자본주의국가의 성격을 둘러싼 독일의 '국가도출논쟁'에서 가치형태의 중요성으로 부활된다.

110) 노동가치론의 이러한 양적 차원과 질적 차원의 분열에 대해 자크 비데(1985)는 '노동력 지출로서의 가치' 개념을 중심으로 통일적으로 해석할 것을 올바르게 제안한다. 노동력 지출로서의 가치 개념은 통분과 양적 비교가 가능한 동질적인 경제적 공간을 구성할 뿐 아니라 노동력 지출을 둘러싼 계급투쟁을 내포한 사회적·정치적 차원도 포괄하고 있다는 것이다. 비데는 마르크스 저작에서 리카도의 양적 개념으로서의 노동가치론을 극복하기 위한 사고의 발전과정을 추적하면서, 마르크스가 '노동력 지출로서의 가치' 개념에 도달함으로써 리카도의 노동가치론과 근본적으로 단절하고 경제적·정치적 범주로서의 가치 개념을 정립하게 되었음을 밝힌다. 따라서 가치의 실체인 '추상노동' 개념은 상품생산 분석에서의 추상적인 '생리학적 의미에서의 지출'에서 자본주의적 생산관계하에서는 '강제된 지출'로 전화한다는 것이다(Bidet, 1985: 46~124).

동은 자본주의 사회를 하나의 총체로 통일시키고 끊임없이 변혁해가는 원동력으로 현상한다. 이에 따라 자본은 가치증식 — 추상적 부의 축적 — 이라는 사회조직 원리의 '자동적 주체'로 현상한다. 그러나 이것은 전도된 현실이다.

이 전도된 현실을 뒤집어 보면, 자본이란 자본/임노동관계라는 특정한 사회적 생산관계이고, 이 관계는 시초축적이란 역사적 계급투쟁을 통해 성립되었으며, 노동력의 상품형태를 통한 착취라는 계급지배의 역사적 형태이다. 즉, 전(前) 자본주의 시대의 인격적 예속관계와 구별되는 지배/예속관계의 자본주의적 형태이다. 자본축적이란 자본/임노동관계의 확대재생산으로서, 가치형태를 통해 전 사회를 자본주의적 관계로 포섭하고 종속시키는 과정이다. 이 과정에서 지배/예속관계의 확대재생산은 자본주의적 관계가 취하는 상품형태(가치형태)의 물신주의로 인해 객체적 조건과 제약의 지배 — 즉, "(세계시장, 그것의 상황, 시장가격의 운동, 신용기간, 산업과 상업의 경기순환, 번영과 공황의 교체에 의해) 생산담당자들에게는 불가항력적인 자연법칙으로서 나타나서 맹목적인 필연성으로서 그들을 지배"(Marx, 1981a: 1024) — 를 통해 이루어진다. 그러나 이러한 모든 '기만적 외관' — 자본주의 사회의 "자유·평등·소유·벤담(공리주의)"(Marx, 1976b: 230)이라는 외관을 포함해 — 은 자본주의적 관계의 상품형태(가치형태)에서 비롯된 것이고, 자본축적 과정은 그 상품형태적 외관에도 불구하고 자본/임노동관계의 적대적 모순에 의해 추동된다. 이것이 마르크스가 가치형태 분석을 통해 얻은 결론이다.

따라서 마르크스의 가치형태 분석은 고전파 정치경제학의 노동가치론이 물신주의를 근본적으로 해명하지 못해 가치량의 분석에 한정된 양적 노동가치론에 머무른 것을 비판함으로써 마르크스의 노동가치론을 고전파 노동가치론 '비판'으로서 정립시킨다. 동시에 가치형태 분석에 입각해 고전파 정치경제학이 해명하지 못한 노동가치론의 양적 측면도 해결한다. 그러나 마르크스의 노동가치론에 대한 일반적 이해는 마르크스 노동가치론의 질적 측면으로서의 이러한 가치형태 분석을 간과하고 있다. 통상의 이해는, 가치의 원천이 노동이라는 것을 해명했지만 임금과 이윤을 일관되게 해명하지 못한 고전파 정치경제학의 노동가치론의 불완전성을, 마르크스가 노동력 가치로서의 임금, 잉여가치로서의 이윤 개념에 의해 완성시켰다고 평가한다. 그렇게 보기 때문에 가치의 생산가격으로의 전형 문제가 마르크스 노동가치론의 사활적 문제로 제기되고, 노동가치론에 대한 대부분의 좌파 논의가 이 문제에 매달려 왔다.

이러한 점에서 마르크스의 노동가치론에 대한 기존의 논의는 재평가되어야 한다. 기존의 노동가치론 논의는 마르크스의 '정치경제학 비판'을 '완성된' 고전파 정치경제학[111] 수준으로 후퇴시킨 것이다.[112] 따라서 '정치경제학 비판'으로서의 마르크스의 노동가치론은 전면적으로 재평가되어야 하고, 마르크스 이론체계 안에서 그 중심적 의의가 복원되어야 한다.

이 책에 보여준 지금까지의 논의에 따르면, 상품형태에 대한 물신주의 비판과 그 결과로서 정립된 노동가치론 없는 마르크스주의는 존립할 수 없다는 점이 분명해진다. 마르크스의 물신주의 비판과 가치형태 분석으로서의 노동가치론에 입각하지 않은 모든 좌파이론은 마르크스의 '정치경제학 비판'으로부터 일탈할 수밖에 없다.[113] 예컨대 노동가치론을 포기한 조절이론, 브레너의 '국제적 경쟁'론 등은 구조주의(또는 주류경제학 패러다임)로 귀결될 뿐 아니라,[114] 노동가치론을 기각하면서 계급관계와 계급투쟁을 중시하는 자율주의는 계급관계의 가치형태 규정을 무시하기 때문에 정치주의(또는 주의주의)로 일탈할 수밖에 없다.

---

111) 이것은 '마르크스 경제학'이라는 명칭으로 적절하게 표현되고 있다.
112) 이러한 맥락에서 전형논쟁과정에서 '신리카도학파'의 출현은 결코 우연이 아니다.
113) 마르크스의 '정치경제학 비판'으로부터 마르크스주의의 일탈은 19세기 말에서 20세기 초에 이르는 제2인터내셔널 마르크스주의에서부터 비롯되었다. "제2인터내셔널 마르크스주의는 마르크스의 가치론을 폐기하려 했던 베른슈타인이나 뵘바베르크든, 이들에 맞서 마르크스의 가치론을 방어하려 했던 카우츠키나 힐퍼딩이든, 마르크스의 가치론을 리카도적인 가치의 양적 이론으로 환원했다는 점에서 공통적이다. 제2인터내셔널 마르크스주의는 마르크스의 가치론을 가격관계를 규제하는 가치의 양적 이론으로 왜곡함으로써 마르크스 가치론의 진수는 가치형태론과 물신성론에 있으며, 마르크스의 가치론을 고전파 경제학의 가치론과 구별해주는 것은 바로 이 가치형태론과 물신성론이라는 점을 이해하지 못했다. ……가치의 양적 이론과 가치형태론, 물신성론과 소외론의 변증법적 통일이야말로 마르크스의 정치경제학 비판이 고전파 경제학과 근본적으로 구별되는 지점이다. ……베른슈타인과 카우츠키나 힐퍼딩은 물론이고 심지어 룩셈부르크나 레닌조차도 가치형태와 물신성 및 소외를 마르크스 가치론의 중심 개념으로 위치를 정하지 못했다. ……제2인터내셔널 시기 이후 마르크스의 경제학 비판이 경제학으로, 즉 근대경제학과 대립되는 정치경제학 정도로 왜곡·왜소화하기 시작한 것도 주로 이 때문이다"(정성진, 2002: 35).
114) 알튀세, 발리바르의 구조주의 마르크스주의 자체는 마르크스의 물신주의 비판을 헤겔적 유산으로 비판하고 기각함으로써 구조/행위 이원론에 입각한 '주체 없는 구조'라는 개념을 이론화한다.

### (1) 임노동의 모순적 존재형태로서의 '추상노동'

마르크스의 노동가치론이 함의하는 바는 자본축적과 자본주의 사회의 모든 변화를 추동하고 있는 것이 자본/임노동관계와 그 관계의 모순적 운동으로서의 계급투쟁이라는 것이다. 그러므로 자본축적과 자본주의의 변화·발전을 '사회적 구성'의 관점에서 파악하려면 자본/임노동관계의 모순적 운동을 사회적 구성력으로서의 노동에 입각해서 이론화해야 한다.

그런데 노동과 계급투쟁에 대한 강조를 단순하게 파악하면, 자율주의 마르크스주의처럼 노동자계급의 계급투쟁이 자본축적을 일방적으로 규정하는 것으로 나아갈 수 있다. 자율주의는 자본을 노동자계급의 투쟁에 대한 수동적 대응으로 개념화함으로써 자본과 노동의 관계를 모순적인 내적 관계가 아니라 외적으로 대립하는 두 주체의 관계로 이론화한다. 그러나 이러한 관점은 자본주의 사회관계의 가치형태 규정을 무시한 것으로, 자본축적이 계급투쟁으로 직접적으로 환원됨으로써 정치주의적 편향으로 귀결된다.

사회적 구성력으로서의 노동과 계급투쟁의 자본축적에 대한 규정성을 올바로 이론화하기 위해서는 가치형태 규정에 따른 노동의 이중적 성격과 자본/임노동의 내재적인 관계를 주목해야 한다. 자본주의 생산양식에서 계급관계는 지배/예속관계로서 있는 그대로 나타나는 것이 아니라 가치형태로 매개되어 표현되기 때문이다. 이러한 가치형태 규정은 자본과 임노동에 모순적인 존재형태를 부여한다. 예컨대 자본의 운동형태는 자기증식하는 가치의 운동으로 나타난다. 그러나 마르크스는 가치의 실체를 단순한 노동 또는 초역사적인 '노동'으로 파악하지 않는다. 마르크스는 가치 실체를 '추상노동'으로 파악하고 있다. 따라서 자본주의적 노동의 이중적 성격에 대한 마르크스의 규정은 자본과 노동의 모순적인 내적 관계를 파악할 수 있게 함으로써 자본축적을 계급투쟁으로 직접적으로 환원하는 것을 피하는 데 관건이 된다.

자본주의적 생산관계의 규정하에 존재하는 자본주의적 노동형태는 그 유명한 '이중성(二重性)'으로 특징지어진다. 이른바 '구체적 유용노동'과 '추상노동'이 그것이다. 자본주의적 노동의 이러한 이중적 성격(또는 측면)은 자본주의적 생산과정의 이중적 성격에서 비롯된다. 이윤생산이 목적인 자본주의적 생산관계하에서 생산과정은 가치증식과정과 노동과정의 통일로 존재한다. 그런데 자본주의적 노동과정은 '노동과정 일반'이 아니라 가치증식과정에 의해 규정을 받는 노동과정이다. 마르크스는 자본주의적 생산관계의 규정에 따른 자본주의적 노동과정의 변화를 '형식적 포섭(formal subsumption)'과 구별되는 '실질적 포섭(real subsumption)' 개념으로 파악한다. 즉, 노동과정 자체가 가치증식에 적절하도록 끊임없이 변혁된다는 것이다. 따라서 '구체적 유용노동'이 다양한 형태의 자본주의적 노동에서 인간활동의 합목적성, 즉 목적의식적 활동이라는 측면을 표현한다면 '추상노동'은 자본주의적 노동의 자본주의적 특유성, 즉 가치증식을 위해 강제되고 소외된 활동이라는 측면, 따라서 단순화되고 무미건조해지며 그 내용과 무관하게 인간노동력의 지출로서만 의미를 갖는 측면을 표현한다.[115]

여기서 '추상노동'에 대한 규정의 경우, 마르크스가 『자본론』 1권 제1장 '상품'에서 상품생산·상품유통에서의 노동의 이중적 성격에 대한 분석과 자본주의적 생산관계의 규정하에서의 노동의 이중적 성격에 관한 분석이 상충될 수 있다. 그러나 이는 '추상에서 구체로'라는 마르크스의 서술순서 문제에서 비롯되는 것이다. 자본주의 사회는 상품관계(또는 가치관계)와 자본관계(자본/임노동관계)의 이중적 연관(또는 접합) 속에 있다(Bidet, 1985). 이 이중적 연관은 노동력의 상품화에서 전형적으로 통일되어 표현된다. 이 책에서는 이 이중적 연관을 '자본주의적 관계의 상품형태'로 파악한다. 그래서 구체적으로는 노동력의 상품화된 형태인 '임노동' 개념과 그것의 자본주의적 노동형태인 '추상노동' 개념에 의해 통일적으로 표현된다.

따라서 가치 개념과 잉여가치 개념은 각각 그 자체만으로는 완결될 수 없는 '반쪽 개념'으로 볼 수 있다. 가치 개념 없이 잉여가치 개념을 구성할 수 없으며, 가치 개념 역시 잉여가치 개념을 전제하고 있다.[116] 이는 자본주의 사회에서 노동력의 상품화에 의해서만 상품생산이 일반화된다는 마르크스의 지적에서 확인되듯이, 『자본론』 1권 제1장 '상품'에서의 상품은 자본주의적 노동에 의해 자본주의적으

---

115) "대공업이 발전함에 따라 실제적 부의 창조는……오히려 과학의 일반적 상태와 기술진보 또는 이 과학의 생산에의 응용에 좌우된다. ……실재적 부는 오히려 이용된 노동시간과 그 생산물 사이의 엄청난 불비례에서뿐만 아니라 순수한 추상으로 축소된 노동과 그것이 감시하는 생산과정의 강권 사이의 질적인 불비례에서도 표명된다. 그리고 대공업이 이를 폭로한다"(Marx, 1976a II권: 380. 강조는 인용자).

116) 이에 대한 자세한 논의는 비데(Bidet, 1985: 46~124)를 참조.

로 생산된 상품이다. 다만 자본관계의 규정을 사상(捨象)한 추상적 수준에서 가치와 사용가치의 통일로서의 상품, 그리고 상품 이중성의 기초로서의 노동의 이중적 성격을 분석할 뿐이다. 따라서 상품생산에서 추상노동을 '인간노동력 일반의 지출'로 규정한 것과 자본주의적 상품생산에서 추상노동을 '강제되고 소외된 활동' 또는 '인간노동력의 강제된 지출'로서 '그 내용과 무관한 인간노동력의 지출로서만 의미를 갖는 노동'으로 규정하는 것은 모순되지 않는다.

'개방적' 마르크스주의의 경우 초기에는 '추상노동' 개념이 모호했다. 상품관계의 규정에 따른 '사적 노동'과 대비되는 '사회적 노동'으로서의 '추상노동' 개념과 자본/임노동관계의 규정에 따른 현실적 추상으로서 '추상노동' 개념이 혼재한다. 초기의 견해는 대표적으로 본펠트(Bonefeld, 1992a)에서 보이는 것으로, '추상노동 학파'의 '추상노동' 개념과 유사하다.

> 마르크스는 자본주의 사회에서 노동을, 자본의 지휘하에서의 잉여가치 생산(착취)이라는 특정한 사회적 맥락 속에서, 그리고 그러한 맥락을 통해 **추상적 노동**(작업할 보편적 능력과 역량, 동질적인 노동)에 의해 명기되는 것으로 이해했다. 자본주의에서 노동의 규정적 힘의 역사적 특수성은 교환과 생산의(모순적) 통일, 즉 사적 노동이 그것의 공통 실체인 추상노동으로 환원되는 상품 교환에 관한 것이다. 추상노동으로서의, 사적 맥락에 있는 사회적 노동으로서의, 노동의 사회적 규정은 자본을 누군가 다른 사람의 노동의 전유를 증대함에 의해 추상적 부를 확대함으로써 자기증식하는 가치로 규정한다. 즉, 노동(work)의 부과와 화폐로써 노동 생산물의 측정……(Bonefeld, 1992a: 100~101. 강조는 인용자).

그러나 나중에 안젤리스(De Angelis, 1995; 1996)는 상품관계 규정에 따른 '추상노동' 개념을 비판하고 자본/임노동관계 규정에 의한 '추상노동' 개념을 발전시키며, 니어리(Neary, 2002a)에서는 더욱 명확하게 자본/임노동관계 규정에 의한 '추상노동' 개념을 중심으로 이론을 전개한다. 자본주의 현실 속에서는 상품관계 규정과 자본주의적 관계 규정이 동시에 작용하므로 그 구별이 중요하지 않을 수 있다. 그러나 개념적으로는 상품관계 규정에 의한 '사회적 노동'으로서의 추상노동과 자본주의적 관계 규정에 의한 '실체적 추상'으로서의 '추상노동' 개념은 분명히 구별된다.

필자는 그 차이를 상품관계 규정에 따른 추상노동을 '형식적(formal) 추상노동'으로, 자본주의적 관계 규정에 따른 추상노동을 '실질적(real) 추상노동'으로 구별할 것을 제안한다. 이러한 구별은 마르크스의 자본주의적 노동과정에 대한 형식적 포섭과 실질적 포섭의 구분과 조응한다. 상품생산하의 '형식적 추상노동'의 경우에서도 '인간노동력의 지출'은 사회적 평균수준('사회적으로 필요한 노동시간')이 되도록 사회적으로 강제된다(이것이 가치법칙이다). 그러나 자본주의적 생산하의 '실질적 추상노동'은 가치증식을 위해 더 많은 인간노동력의 지출을 강제할 수 있는, 자본주의에 고유한 단조롭고 무미건조한 추상노동으로 끊임없이 변혁된다.

그런데 가치의 실체인 '추상노동' 개념이 현실적인 것이냐 관념적인 것이냐[117]를 둘러싸고 논쟁이 되고 있다. 가치의 양적 차원에 관한 분석에 치중하는 입장에서는 대체로 추상노동을 현실적인 구체노동과 대비되는 '구체노동 일반'이라는 사고상의 개념으로 파악한다. 그러나 자본주의 사회의 구성력으로서 노동을 바라보는 입장에서는, 앞서 '실체적 추상'에서 논의한 바와 같이 '추상노동'은 자본주의적 노동의 역사적 (또는 사회적) 형태로서 실존하고 있는 노동의 존재형태이다. 안젤리스는 마르크스의 저작에 대한 치밀한 검토를 통해 자본주의적 사회관계의 규정하에서 추상노동의 성격을 "소외되고, 강제되며, 끝없이 계속된다"(De Angelis, 1995: 111)라는 세 가지로 밝힌다. 또한 그는 물신주의 비판에 입각해서 추상노동이 이론적 추상을 나타내는 사고상의 개념이나 가치척도가 아니라 현실적으로 존재하는 노동형태를 반영한 개념임을 논증한다(De Angelis, 1996).

자본주의적 생산관계에서는 임노동은 한편으로는 구체노동으로, 다른 한편으로는 추상노동으로 존재하는 모순적 존재이다. 그리고 구체노동은 추상노동에 의해 매개되고 있을 뿐 아니라 추상노동이 노동의 자본주의적 형태에 고유한 성격을 나타내므로 추상노동이 임노동을 규정한다고 할 수 있다.

---

117) 이 논쟁은 추상노동 개념이 역사적인 개념이냐 초역사적인 개념이냐로 표현되기도 한다. 추상노동을 초역사적인 개념으로 파악하는 것은 추상노동을 '구체노동 일반'이라는 관념적 개념으로 파악하는 것과 동일하다. 그런데 마르크스의 개념에 충실하면 인간노동의 목적의식적 활동이라는 측면을 의미하는 '구체노동'이야말로 초역사적인, 모든 시대의 인간활동에 공통적인 특징이고, '추상노동'은 자본주의 생산양식에 고유한 역사적인 특징이다.

    자본주의적 생산관계에서의 노동형태, 즉 임노동의 모순적인 존재형태는 임노동이 사회의 구성력임에도 불구하고 자본의 가치증식 욕구에 종속된 '추상노동' 형태로 실존하는 것으로 표현된다. 목적의식적 활동으로서의 구체노동이 사회구성력으로서의 인간활동을 표현한다면, 가치증식의 수단으로서의 추상노동은 인간활동이 자본의 한 구성요소, 즉 가변자본으로 존재함을 표현한다.118) 그런데 임노동은 자본 내부의 노동으로서만 존재할 수 있다. 즉, 가변자본인 추상노동으로서만 구체노동일 수 있다.

> 노동자계급은 자본 속에, 그리고 자본에 맞서서 존재한다. 반면에 자본은 노동 속에, 그리고 노동을 통해서만 존재한다. 노동자계급의 모순적 현존은 자본의 명령에 대한 그것의 대립명제 속에, 그리고 자본의 형태로 사회적 재생산의 한 계기로서의 그것의 현존 ─ 즉, 자본에 대립하는 것으로서의 **노동과 자본 현존의 한 계기로서의 노동** ─ 속에 드러난다(Bonefeld, 1992a: 102. 강조는 인용자).

    따라서 추상노동으로 표현되는 임노동의 모순적 존재형태, 자본의 내부에 자본의 일부로서만 존재하는 노동 개념은 인간활동의 "소외되고 강제되며 끝없는 노동"(De Angelis, 1995: 111)으로의 전형을 의미한다. 이러한 의미에서 임노동의 모순은 임노동 내부의 인간과 자본(또는 자본관계) 사이의 모순이라 할 수 있다.119) 자본주의 사회관계 속에서 임노동자는 인간적 활동과 인간적 욕구라는 유(類)적 존재 규정과 가변자본으로서의 소외되고 강제된 노동 및 노동력 재생산 수준의 제한된 욕구 충족이라는 임노동 형태의 존재 규정 사이의 모순 속에서 존재한다. 임노동자계급의 모순적 존재에 대해 마르크스는 역사유물론을 최초로 전개했던

---

118) 따라서 자본주의적 노동의 이중적 성격은 임노동이 주체임과 동시에 객체로 규정되고 있음을 의미한다. 구체노동이 임노동의 주체적 표현이라면, 추상노동은 임노동의 객체적 표현이다. 자본주의적 생산관계하에서 임노동자의 주체/객체 동시규정이다.

119) "그 유(類)적 특징에 있어서 사람들이 실천적인 창조적 존재일지라도, 그들은 자본주의하에서는 객체들로 비인간화되고 그들의 주체성을 박탈당한 것으로 현존한다"(Holloway, 2002a: 30). "모든 자본주의적 생산의 근본적 모순은 소외의 범주 속에 표현된 모순, 즉 사용가치 생산에서의 인간 창조성의 잠재력과 자본주의하에서 그 창조성에 부과된 형태(타인의 통제하에서의 가치 창조) 사이의 모순이다. 간단히 말해 구체적 작업(work)의 추상적 노동(labour)으로의 환원이다"(Holloway, 1995a: 46).

『독일 이데올로기』에서 '인격적 개인'과 '계급적 개인'의 구별과 모순으로 이론화한다.

　　분업 안에서 불가피한 사회적 관계들의 자립화에 의해, 각 개인이 인격적인 한에서의 그의 생활과 각 개인이 어떤 노동부문 및 그 노동부문에 속하는 조건들 아래에 포섭되어 있는 한에서의 그의 생활에 하나의 구별이 생겨난다. ……그들의 인격성은 완전히 특정한 계급관계들에 의해서 조건 지어지고 규정된다. ……인격적 개인과 계급적 개인의 구별, 개인에게 있어서의 생활조건의 우연성은, 그 자체가 부르주아의 산물인 계급의 등장과 더불어 비로소 생겨난다. 개인들 상호 간의 경쟁과 투쟁이 비로소 이러한 우연성을 우연성으로서 산출하고 발전시킨다(Marx, 1969a: 247).

　　프롤레타리아들의 경우에는 그들 자신의 생활조건인 노동, 그리고 이와 동시에 오늘날의 사회의 전체 존립조건들인 노동은 그들에게 있어서 어떤 우연적인 것이 되어버린 바, 개별 프롤레타리아들은 이 노동에 어떠한 통제도 가할 수 없고 어떠한 사회적 조직도 그들에게 이 노동에 대한 통제권을 부여할 수 없다. 개별 프롤레타리아의 인격성과 그에게 부과된 생활조건인 노동 사이의 모순이 개별 프롤레타리아 자신에게는 현저하게 나타나는데, 이는 특히 그가 이미 청소년기부터 계속 희생되어왔기 때문이며, 그의 계급 내부에는 그를 다른 계급으로 귀속시킬 조건들에 도달할 기회가 결여되어 있기 때문이다(Marx, 1969a: 248).

　　임노동자의 이러한 모순적 존재 규정이 임노동자 편에서 본 계급투쟁의 근거이다. 자본주의 사회에서 임노동자가 투쟁하는 것은 임노동의 형태규정이 유적 존재로서의 인간을 부정하고 억압하기 때문이고, 따라서 임노동자의 투쟁은 본질적으로 비인간화에 대한 저항이다.

　　'개방적' 마르크스주의의 홀로웨이는 자본/임노동의 내적 관계에 입각해 임노동자의 주체성이 긍정적으로 나타나는 것이 아니라 비인간화에 저항하는 형태로, 즉 인간성과 존엄성의 부정에 맞서는 부정적 형태로 나타남을 근거로 자율주의 마르크스주의의 노동자계급의 투쟁에 대한 긍정적 개념화를 올바르게 비판한다.

자율주의이론의 긍정화는 네그리에 의해 가장 체계적으로 발전되었다. 『야만적 별종』(1991)에서 네그리는 투쟁 이론에 긍정적 기초를 제공하기 위해 스피노자에 대한 연구로 나아갔다. 이 연구에서 그는, 스피노자에 관한 그의 논의를 통해서 사회적 발전은, 또는 더 정확하게 말해 '사회 형태들의 계보학'은 '변증법적 과정이 아니다. 그것은 부정성을 다음과 같은 의미에서만, 즉 과정의 동력이 아니라 적, 파괴되어야 할 대상, 점령해야 되는 공간이라는 의미에서만 함의한다'고 주장한다. 과정의 동력은 긍정적이다. 그것은 '해방을 향한 존재의 지속적인 밀침'이다. 그의 관심은 혁명적 힘(다중의 잠재력)의 개념을 긍정적인, 비변증법적인, 존재론적인 개념으로 발전시키는 것이다. 자율성은 은연중에, 권력(지배자들의 권력)을 부단히 새로운 지형으로 밀치고 있는, 다중의 잠재력의 현존하는 긍정적 욕구·충동으로 이해된다. 주체를 긍정적으로 다루는 것은 매력적이지만, 그것은 불가피하게 하나의 허구이다. 우리를 비인간화시키는 세계 속에서 우리가 인간으로 존재할 수 있는 유일한 방법은 부정적으로, 즉 우리의 비인간화에 대항해 투쟁하는 것뿐이다. 주체를 (잠재적으로 자율적인 것이라고 이해하기보다) 긍정적으로 자율적인 것으로 이해하는 것은 자신이 이미 자유롭다고 상상하고 있는 독방 속의 죄수와 같은 것이다. 이것은 매력적이고 고무적인 관념이지만, 하나의 허구, 즉 쉽게 또 다른 허구에, 총체적으로 허구적인 세계의 구축에 이르는 허구이다(Holloway, 2002c: 257~258).

임노동자의 투쟁이 비인간화에 대한 저항이라는 의미에서 임노동자의 투쟁은 반(反)임노동 투쟁이다. "도망 농노들은 이미 존재하는 그들의 존립조건들을 자유로이 발전시키고 유력한 것으로 만들기를 원했고, 따라서 결국 자유로운 노동에 다다랐을 뿐인 데 반해서, 프롤레타리아들은 인격적으로 가치 있게 되기 위해 그들 특유의 기존의 존립조건인 동시에 지금까지의 사회 전체의 존립조건이기도 한 노동을 지양해야만 한다"(Marx, 1969a: 249).

포스톤은 이 점을 소외된 자본주의적 노동과 발전된 생산력에 의해 가능케 된 더 인간적 노동 간의 모순으로 개념화한다. "사회적 노동의 구조와 관련해서 마르크스적 모순은 자본주의하에서 사람들이 수행하는 노동의 종류와 (만약 가치가 폐지되고 자본주의하에서 발전된 생산적 잠재력이 그들 자신의 노동에 의해 구성된 소외된 구조의 지배로부터 사람들을 해방시키는 데 반성적으로 사용된다면) 그들이 수행할 수 있는 노동의 종류 사이의 점증하는 모순으로 이해되어야 한다"(Postone, 1993: 35).

또한 임노동의 이러한 모순적 존재형태는 임노동자의 의식형태에 반영되어 자기분열과 갈등으로 내면화된다. 임노동자의 내면화된 자기분열과 갈등은 '개방적' 마르크스주의가 제시하는 바와 같이 비인간화에 대한 저항의 형태, 즉 부정적 형태로만 현존한다. 인간적 욕구는 비인간적 임노동 규정에 대한 비판, 거부, 저항의 형태로만 표현되는 것이다. 달리 말하면, 인간적 욕구는 비인간화에 대한 비판, 거부, 저항으로써만 자신의 현존을 드러낸다. '개방적' 마르크스주의는 이를 '노동의 불복종' 또는 '비종속'으로 개념화한다.

이러한 관점은 자본/임노동의 모순과 대립을 상품형태 차원에서의 상품소유자 사이의 대립과 갈등 – 노동력 상품소유자로서의 임노동자 개념과 이에 따른 노동력 상품의 매매조건으로서 임금, 노동시간 등 근로조건을 둘러싼 대립과 갈등 – 으로 파악하는 조합주의적(경제주의적) 임노동자 개념을 거부한다. 이 조합주의적 관점은 자본주의적 관계의 상품형태 차원에서의 갈등과 대립 – 노동력과 가변자본의 '형태적 교환' – 만을 포착할 뿐이다. 그것은 자본/임노동관계의 현상형태 수준에서의 대립과 갈등일 뿐이다. 또한 그것은 자본관계의 계급지배로서의 인간 착취와 억압, 즉 비인간화를 상품형태라는 제한된 틀을 통해서만, 또 그 틀 안에서만 표현한 것에 불과하다.

임노동 형태의 이러한 내적 모순 – 인간과 자본형태 사이의 모순 – 은 여러 형태로 표출된다. 한편으로는 구체노동과 추상노동의 모순으로 표현되고, 다른 한편으로는 임금, 노동시간 등 근로조건을 둘러싼 자본과 임노동 사이의 상품형태적 모순과 투쟁뿐만 아니라 자본주의 타도를 위한 혁명투쟁 등 모든 형태 – 개량적이거나 혁명적인 – 의 반(反)자본 투쟁으로 표출된다.

### (2) 자본의 모순적 존재형태

한편 노동이 자본 내부의 존재라는 노동의 모순적 존재형태는 동시에 자본의 모순적 존재형태를 전제하고 있다. 자본은 노동과 분리되어 실존할 수 없다. 자본은 노동으로부터 자립할 수 없다. 자본의 노동에 대한 이러한 의존성은 가변자본으로서의 노동력의 상품형태 규정에서 비롯하는 것으로, 임노동의 노동일이 필요노동과 잉여노동으로 구성되는 것으로 표현된다. 즉, 잉여노동은 노동일 가운데 필요노동을 초과한 부분으로서만 현존할 수 있다. 자본은 임노동과의 관계에서 잉여노동을 추출하는 한에서만 자본일 수 있다. 따라서 자본의 목적은 잉여노동이지만, 그 잉여노동은 필요노동을 전제하고 있는 것이다. 노동력의 상품형태에 따른 필요노동과 잉여노동의 이러한 모순적 관계를 근거로 마르크스는 '자본은 살아 있는 모순'이라고 규정한다.

> 자본은 노동자들이 필요노동을 초과해서 잉여노동을 하도록 강제한다. 이 방식으로만 자본은 스스로를 실현하고, 잉여가치를 창출한다. 그러나 다른 한편 자본은 필요노동이 잉여노동을 정립하고 이 잉여노동이 잉여가치로 **실현 가능한 만큼/한**에서만 필요노동을 정립한다. 그러면 자본은 잉여노동을 필요노동의 조건으로 정립하고 잉여가치를 대상화된 노동 ─ 즉, 가치 일체 ─ 의 한계로 정립한다. 자본은 잉여노동을 정립할 수 없게 되자마자 필요노동을 정립하지 않는다. 그리고 자본의 기초 위에서 그것은 다르게 될 수가 없다. ……요컨대 자본은 자신의 본성에 있어서 노동과 가치 창출을 무한히 확대하는 자신의 경향과는 모순되는 **제약**을 노동과 가치 창출에 대해 정립한다. 그리고 자본은 자신에게 **특유한** 제약을 정립함과 동시에 다른 한편으로 모든 제약을 뛰어넘으므로 살아 있는(living) **모순**이다(Marx, 1976a II권: 35).

자본 자체의 이러한 모순적 성격에 대해 마르크스는 반복해서 언급하고 있다.

> 필요노동을 최소한으로 줄이는 것이 자본의 경향이듯이, 마찬가지로 가능한 한 많은 노동을 창출하는 것이 자본의 경향이다. 따라서 인구의 일부를 끊임없이 잉여인구 ─ 자본에 의해 사용될 때까지는 일단 쓸모없는 인구 ─ 로 정립하는 것과 마찬가지로 노동인구를 증대시키는 것이 자본의 경향이다. 인간노동을 무한히 추동할 뿐만 아니라 인간노동을 (상대적으로) 불필요하게 만드는 것이 자본의 경향이다. …… 자본은 잉여노동을 정립하기 위해서 끊임없이 필요노동을 정립해야 한다. 자본은 잉여를 증대시키기 위해서 필요노동(즉, 동시적인 노동일)을 증대시켜야 한다. 그러나 자본은 마찬가지로 동시적 노동일을 잉여노동으로 정립하기 위해서 필요노동으로서의 동시적 노동일을 지양해야 한다(Marx, 1976a I권: 424).

자본은 노동시간을 최소한으로 단축하기 위해 노력하는 반면, 다른 한편으로는 노동을 부의 유일한 척도이자 원천으로 정립한다는 점에서, 자본 그 자체가 **활동하는(moving) 모순**이다. 따라서 자본은 노동시간을 잉여노동 형태로 증대시키기 위해 필요노동 형태를 감소시킨다. 따라서 갈수록 잉여노동시간을 필요노동시간을 위한 조건 − 사활문제 − 으로 정립한다. 요컨대 자본은 한 측면에서 보면 부의 창출을 그것에 이용된 노동시간에서 (상대적으로) 독립시키기 위해 사회적 결합 및 사회적 교류뿐만 아니라 과학과 자연의 모든 힘을 소생시킨다. 다른 측면에서 보면 자본은 이렇게 창출된 방대한 사회적 힘들을 노동시간으로 측정하고자 하며, 이미 창출된 가치를 가치로 유지하기 위해 필요한 한계 안에 이 사회적 힘들을 묶어두고자 한다. 생산력과 사회관계들 − 양자는 사회적 개인의 발전의 상이한 측면들 − 이 자본에게는 수단으로만 나타나며, 자본을 위해서 그것의 협소한 기초에서 출발해서 생산하기 위한 수단일 뿐이다(Marx, 1976a II권: 381~382. 강조는 인용자).

이처럼 자본은 필요노동에 대한 반정립으로 현존함과 동시에 필요노동의 부과 속에서, 그리고 그것을 통해서만 현존한다. 이 모순은 '자본주의적 생산관계의 상품형태'라는 상품형태 규정에 의해 발생하는 내용과 형태의 모순으로 볼 수 있다. 즉, 잉여노동 강탈이라는 계급지배로서의 내용과 노동력 상품의 교환이라는 형태 사이의 모순인 것이다.

네그리는 마르크스의 분석 가운데 필요노동과 잉여노동 간의 모순적 관계에 대한 분석에 주목한 최초의 마르크스주의자로서, 이것에서 위기의 근본법칙을 찾고 또 이에 근거해서 '정치적 관계'로서의 계급투쟁을 도출했다(Negri, 1984: 181~209).

'개방적' 마르크스주의는 필요노동과 잉여노동 간의 모순적 관계에 근거해 자본을 하나의 구조 또는 구조화된 실재로 파악하는 것을 비판하면서 '자본은 계급투쟁이다'는 명제를 제시한다.

노동의 이러한 조직은 '임노동' 형태 − 그 소득의 원천에 의해, 그리고 시장에서의 평등하고 자유로운 교환관계로서 기본적으로 규정되는 − 로의 노동의 구성을 수반한다. 노동은 임노동으로서의 존재, 즉 착취가 의존하는 존재(즉, 형식적으로 자유롭고 동등한 상품교환으로서의 가치형태)이지만 동시에 잉여가치 생산(착취)의 특수한 성격을 '제거하는' 존재를 전제한다. 산 노동을 임노동으로 제한하려는 시도는 계급으로서의 노동의 현존의 해체를 수반하고 산 노동을 자본의 한 계기로서 이용한다. 노동이 자본으로부터(혁명적으로) 자립화하는 것을 해체하고, 노동을 가치증식 속의, 그리고 가치증식을 통한 사회현실로 조직하려는 시도는, 완성된 사실이라기보다는 계급투쟁 그 자체 속에서의, 그리고 계급투쟁 그 자체를 통한 하나의 모순 과정이다(Bonefeld, 1992a: 103. 강조는 인용자).

자본은 자본/임노동의 사회적 관계이고, 따라서 계급투쟁으로 현존하는 모순적 존재이다. 그리고 이러한 모순 때문에 자본은 잉여노동을 증대시키기 위해 필요노동과 잉여노동 간의 관계를 끊임없이 변혁하도록 내몰린다.[120] 자본의 내재적 모순에 대한 이러한 개념화는, 예컨대 상대적 잉여가치 생산 및 그에 따른 '자본의 유기적 구성의 고도화'를, 계급투쟁과 구별되고 대비되는 '자본의 논리' 또는 '자본의 경제법칙'으로 이해하는 구조주의적 접근방법과 달리 계급투쟁과의 내적 관계에서 이해할 수 있게 해준다. 자본의 유기적 구성의 고도화는 자본의 내적 모순 또는 필요노동과 잉여노동의 모순적 관계로 인한 계급투쟁의 결과(또는 가치표현)이다.

홀로웨이는 케인스주의의 몰락과정을 분석하면서 자본의 유기적 구성의 고도화와 계급투쟁의 내적 관계에 대해 같은 맥락에서 다음과 같이 제시한다.

자본의 유기적 구성에 대한 강조는 흔히 노동자계급의 투쟁에 의한 위기 설명과 대립적인 것으로 제시되어왔다. 그러나 만약 자본의 유기적 구성의 상승이 계급투쟁에 외적인 어떤 경제법칙으로 간주되지 않고 착취비용 증가의 표현으로 간주된다면, 계급투쟁과 자본주의적 발전법칙 사이의 양극성(兩極性)은 해소된다. 자본이 노동을 효율적으로 착취하는 것이 왜 더욱더 비싸게 되었는가? 노동에 저항하는 반란과 고임금을 위한 투쟁은 착취를 억제하고 분쇄하는 데, 그리고 착취비용을 증가시키는 데 직접적인 효과를 가져왔다. 또한 노동자의 저항과 투쟁은 자본으로 하여금 진실하지 못하고 신뢰할 수 없는 노동자들을 대체하기 위해 기계류를 도입함으로써 '노

---

120) "자본은 부의 생산 자체를 정립하고, 따라서 생산력의 보편적 발전, 그것의 주어진 전제조건들의 끊임없는 혁신을 자신의 재생산의 전제조건으로 정립한다"(Marx, 1976a II권: 177).

동의 다루기 힘든 손'을 우회하도록 재촉하는 일에서 보다 적은 직접적인 효과를 가져왔다. ……자본은 자신에 대항하는 노동의 생산적 힘을 전용함으로써 존립한다. 비록 경쟁의 경제적 압력이라는 형태로 개별 자본에게 기계화의 필요가 부과되지만, 기계화는 계급투쟁에서 분리된 '경제적 경향'이 아니라 생존을 위한 자본의 부단한 투쟁의 일부이다. 즉, 착취비용의 증가는 자본주의적 재생산의 곤란을 표현한다 (Holloway, 1995a: 48~49).

그리고 이는 기본적으로 외적 조건과 관계없는 자본/노동관계의 내적 모순이기 때문에 자본의 유기적 구성의 고도화는 자본주의적 축적의 경향법칙으로 나타난다.

한편 자본축적의 위기인 공황(crisis)도 자본의 이러한 근본적인 내적 모순에 의해 해명될 필요가 있다. 형태 분석의 관점에서 보면, 기존의 공황이론에서 공황의 원인으로 제시되는 과소소비, 부문 간 불비례, 이윤압박 등은 물론이고, 이윤율 저하 및 과잉축적 역시 공황의 원인이라기보다는 공황이 드러나는 형태이다. "자본주의적 공황은 단순히 과잉생산 또는 과소소비 공황도 아니고, 너무나 많은 자본이 포화된 세계시장과 대면하는 자본주의적 과잉축적 공황도 아니다. 자본의 과잉축적은 공황이 드러나는 형태이다"(Bonefeld, 2000a: 52).[121]

마르크스는 공황의 원인을 가장 일반적으로 표현하면, 자본주의 생산양식의 생산력을 절대적으로 발달시키려는 경향과 가치증식을 추구하는 생산관계의 모순이라고 제시한다.

이러한 각종의 영향들은 때로는 공간적으로 서로 나란히 작용하며, 때로는 시간적으로 서로 뒤를 이어 작용한다. 그런데 어떤 특정한 시점에서는 상반되는 요인들의 충돌은 공황에서 출로를 찾는다. 공황은 항상 기존의 모순들의 일시적·폭력적 해결에 지나지 않으며, 교란된 균형을 일시적으로 회복시키는 강력한 폭발에 지나지 않는다.

---

121) "이른바 자본의 과다(過多)는 언제나 기본적으로, 이윤율의 저하를 이윤량에 의해 보상하지 못하는 자본 ─ 새로 형성되는 자본분파는 항상 이렇다 ─ 의 과잉을 가리키거나, 또는 스스로 행동할 능력이 없어 신용의 형태로 대기업의 경영자들에게 그 처분이 위임되는 자본의 과잉을 가리킨다"(Marx, 1981a: 299).

이 모순을 가장 일반적으로 표현하면, 이 모순은 다음과 같은 점에 있다. 즉, 자본주의적 생산양식은 생산력을 절대적으로 — 가치와 이것에 포함되어 있는 잉여가치에 상관하지 않고, 그리고 심지어는 자본주의적 생산이 진행되는 사회적 관계에도 상관하지 않고 — 발달시키는 경향을 포함하고 있는데, 다른 한편으로는 자본주의적 생산양식은 기존 자본가치의 유지와 그것의 가능한 최고도의 증식을 목적으로 하고 있다는 점에 있다. 여기에서 특징적인 것은, 기존 자본가치를 수단으로 이용해서 그 가치를 가능한 최고도로 증식시키려고 한다는 점과 이 목적을 달성하는 방법들이 이윤율의 저하, 기존자본의 가치감소, 그리고 이미 생산된 생산력을 희생으로 하는 노동생산력의 발달을 내포하고 있다는 점이다. ……자본주의적 생산은 이러한 내재적인 한계들을 극복하려고 끊임없이 노력하는데, 그것들을 극복하는 수단들은 이 한계들을 더욱 거대한 규모로 새로이 설정할 뿐이다. 자본주의적 생산의 진정한 한계는 자본 자체이다(Marx, 1981a: 296~297).

마르크스가 말한 공황의 가장 일반적인 원인은 바로 필요노동과 잉여노동의 모순적 관계를 가리킨다. '개방적' 마르크스주의는 필요노동과 잉여노동의 모순적 관계에 입각해 공황의 원인을 해명한다.

각 개별 자본은, 만약 그것의 가치저하를 회피하려면, 점증하는 규모로 잉여가치를 전유하도록 강제된다. 이것은 각 자본에게 필요노동을 그 극단까지 감소시킴으로써 생산과정으로부터 산 노동을 축출할 필연성을 부과한다. 이 과정은 '필요노동과 잉여노동 간의 관계……그리고 그것을 구성하는 계급관계'와 관련된다. 자본은 스스로를 자본으로 보존하기 위해 노동의 생산력을 혁신하는 것 말고는 달리 할 수 있는 것이 없음과 동시에 노동의 생산력의 증대는 자본주의적 축적을 위기에 처하게 만든다. 달리 말하면, 노동을 인적 생산요소로서 자본관계에 통합하는 것을 통해 노동의 전복적인 힘을 봉쇄하는 것은 모순적이다. 즉, 그것은 노동의 생산력의 증대를 통해 노동의 전복적인 힘을 재천명한다. ……노동의 생산적 힘의 착취는 자본주의적 축적을 위기에 처한 것으로 만든다. 왜냐하면 노동은 누진적인 규모의 지속적인 자본축적에 적절한 이윤율로 실현될 수 있는 것보다 훨씬 더 많은 가치를 생산하기 때문이다.

다시 말하자면, 노동의 생산적인 힘의 혁신은 '불변자본에 대한 가변자본의 비율의 상대적 저하'를 수반한다. 이 저하는 사회적 노동생산성의 발전을 나타낸다. 동일한 양의 상품들을 생산하는 데 보다 적은 산 노동이 필요하게 된다. ……잉여노동을 증대시키기 위해 필요노동을 감소시키려는 자본의 경향을 둘러싼 계급투쟁은 가변자본과 관련된 불변자본에의 투자량을 증가시키는데, 이것은 노동에 대한 자본의 명령을 이윤으로 전환시키기 위한 것이다. 그러면 '제한 없이 생산력을 발전시키려는 자본주의적 경향과 축적을 사회적 생산관계의 한계 안에 한정해야 할 필요성 사이의 모순'이 존재한다. 이윤율의 하락과 축적률의 저하 양자 모두는 노동의 생산적 힘을 표현한다. 이윤율의 저하 경향 ─ 이윤율의 저하에 대한 상쇄경향들을 포함한 ─ 은 노동의 생산적 힘의 발전과 '똑같은 의미이다.' 따라서 공황은 단지 잉여가치의 실현에 대한 자본의 과잉축적을 나타낼 뿐만 아니라, 주요하게는 누진적(累進的) 자본축적 ─ 즉, 누진적 노동착취 ─ 을 통한 자본의 보존에 대한 자본의 과잉축적도 나타낸다. 따라서 자본주의적 공황은 자본 개념 안의 노동의 존재를 주장한다. 노동의 생산적 힘의 착취의 다른 측면이 자본주의적 축적의 공황이다(Bonefeld, 2000a: 54~55).

물론 공황의 이러한 일반적 원인은 구체적인 자본축적 과정, 즉 역사적 자본축적 과정에서 다양한 메커니즘을 통해 표출될 것이다. 즉, 기존의 공황이론이 주목한 것은 바로 이 공황의 현실화 메커니즘에 대한 이론화로 볼 수 있다. 따라서 형태 분석에 입각하면, 기존 공황이론에서의 논쟁과 대립의 상당 부분은 자본축적의 모순적 과정에 대한 역사 분석을 통해 재구성되어야 할 것이다. 달리 말하자면, 기존의 여러 공황이론들은 공황에 대한 대립적인 이론이라기보다는 공황의 일반적인 원인이 표출되는 다양한 역사적 형태에 관한 이론으로 재구성될 수 있다. 이 책에서는 형태 분석에 입각한 자본/임노동의 내적 모순관계를 통해 공황의 일반적인 원인을 해명할 수 있다는 점과 기존의 공황이론이 공황의 현실화 메커니즘에 관한 이론이라는 점을 지적하는 데서 그친다. 이러한 관점에 입각한 공황이론의 재구성은 별도의 이론작업으로 이루어져야 할 것이다.

총괄하면, 사회적 구성력으로서의 노동 개념은 임노동과 자본 범주에 대한 물신화된 파악, 즉 노동력 상품 판매자로서의 임노동, 생산수단으로서의 자본이라는 관념을 비판할 수 있게 해준다. 그뿐만 아니라 '자본 내 노동의 현존'으로서의 '추상노동', 필요노동과 잉여노동의 모순적 관계로서의 자본 개념에 입각해 자본/임노동관계를 외재적 관계가 아니라 내재적 관계로 파악할 수 있게 함으로써 자본주의의 발전동학을 일관되게 해명할 수 있게 해준다. 자본주의적 사회관계의 가치형태 규정으로 인해 임노동, 자본 모두 모순적 존재양식으로 현존하고, 자본/임노동관계의 내적인 모순적 운동이 자본축적의 형태를 구성해가는 것이다. 이처럼 자본/임노동관계는 외적으로 대립하는 것이 아니라 그것이 취하는 가치형태 때문에 분리될 수 없이 상호 의존하면서 상호 대립·투쟁하는 모순적인 내적 관계에 있다.

자본과 임노동 각각을 모순적 범주로 파악하고, 자본/임노동관계 역시 모순적 관계로 파악하며, 자본축적의 경향들을 '자본/임노동관계의 모순적 운동'으로 파악하는 이러한 관점은 '개방적' 마르크스주의의 이론적 성과이다. '개방적' 마르크스주의는 자본/임노동관계를 '구조'로 파악하고, 자본축적의 경향들을 그 구조의 '효과'로 파악하는 구조주의적 마르크스주의에 대한 철저한 비판과정에서 '정치경제학 비판'의 관점에 입각해서 마르크스의 기본 범주를 재해석한 것이다. 그래서 마르크스의 '정치경제학 비판'의 관점에 기초해 사회구성력으로서의 노동의 중심적 의의와 자본/임노동관계의 내재성을 규명한 것은 1970년대 이래 '개방적' 마르크스주의의 중요한 이론적 기여로 평가된다(Neary, 1999a: 180).

'개방적' 마르크스주의는 계급관계와 계급투쟁을 중시한다는 점에서 '자율주의' 마르크스주의와 일치하지만, 자본/임노동관계를 내적 관계로 파악한다는 점에서 '자율주의' 마르크스주의와 근본적으로 구별된다. 홀로웨이는 자본/임노동관계를 외재적 관계로 파악하는 네그리의 '제국' 이론을 근본적으로 비판한다.

> 그들의 일반적 기획을 고려할 때, 하트와 네그리가 계급투쟁으로서의 자본 개념을 갖고 있지 않다는 것은 놀라운 일로 보인다. 그것은 그들이 계급투쟁에 중요성을 부여하지 않는 것이 아니라 오히려 그들이 자본을 계급투쟁으로 이해하지 않는다는 것이다. 다시 말해, 그들에게는 자본을 경제적 범주로 다루려는 경향이 존재한다. 그들이 그렇게도 올바르게 공격하는 마르크스주의적 정통교리의 가정들이 (다른 점들에서와 마찬가지로) 재생산된다. ……그러므로 패러다임의 이행을 계급투쟁에 대한

대응으로 이해해야 한다는 그들의 주장과는 명백히 모순되게 그들은 '자본 자체의 발전에 주목하는 것' 외에, 우리는 '또한 계급투쟁의 관점에서 그 계보를 이해해야 한다'(Hardt & Negri, 2000: 234)고 단언함으로써 자본과 계급투쟁의 발전이 두 개의 분리된 과정이라는 사실을 암시한다. '자본 자체의 발전'에 관한 실제적인 분석은 자본과 노동 간의 적대의 관점보다는 과소소비론의 관점에서 이루어진다. ……제국주의에서 제국으로의 운동을 설명하기 위해, 그들은 자본주의는 오직 비자본주의 영역의 식민지화를 통해서만 살아남을 수 있다는 로자 룩셈부르크의 과소소비론을 따른다(Holloway, 2002c: 265).

계급투쟁과 자본을 분리된 것으로 이해하고 '자본주의적 확장의 근본모순'을 노동의 종속에 대한 자본의 의존이 아닌 다른 어떤 것으로 본 결과, 노동의 비종속이 (특히 자본주의의 위기 속에서) 자본의 허약함을 구성하는 방식을 이해하는 것이 불가능해진다. 이 책에는, 네그리의 모든 분석에서와 마찬가지로, 거인들의 충돌이 존재한다. 강력하고 일괴암적인 자본('제국')이 강력하고 일괴암적인 '다중'과 맞서는 것이다. 각 측의 힘은 상대에게 침투하는 것처럼 보이지 않는다. 자본주의적 적대의 두 측 사이의 관계는 외재적인 것으로 다뤄진다. 실제로 그것은 저자들이 자본의 대립물을 묘사하기 위해, 노동에 대한 자본의 의존 관계의 모든 흔적을 잃어버리는 심각한 손실을 지닌 단어인 '다중'이라는 용어를 선택한 것을 통해 알 수 있다(Holloway, 2002c: 266).

노동과 자본을 외부적인 관계에 있는 것으로 이해하는 것은 양쪽의 힘에 대한 역설적인(그리고 낭만적인) 과장에 이르게 된다. 노동과 자본의 관계의 내재적 본성을 탐구하는 데 대한 실패는 자율주의적 분석들로 하여금 노동이 자본주의적 형태들 내부에 존재하는 정도에 대해 과소평가하도록 이끌었다. 노동이 자본주의적 형태들 내부에 존재한다는 사실은 …… 노동의 자본에의 종속과 자본의 내부적 허약함 모두를 의미한다. ……만약 물신주의라는 논점이 잊혀진다면, 그렇게 되면 우리에게는 순수한 두 주체만이 남게 된다. 우리는 '모든 충동에 대한 이성적 통제 속에 있는 강력한 자아, 즉 근대 합리주의의 모든 전통 속에서, 특히 라이프니츠와 스피노자로부터 가르침 받은 종류의 주체'와 남게 된다. 자본의 편에는 완벽한 주체인 제국이 서 있고, 노동자계급의 편에는 투사가 서 있다. 자율주의는 투사의 매개되지 않은 관점에서 바라본 세계에 대한 이론화이다(Holloway, 2002c: 267~268).

자본/임노동관계를 이처럼 내적 관계로 파악하는 이론화는 현대자본주의에서 자본축적 형태의 전형과 자본축적과 계급투쟁의 연관을 내적 관계로 분석하는 중요한 기초가 된다. 또한 구조/행위의 이원론에 입각한 구조주의적 접근방법에 대한 근본적 비판과 대안을 제시해준다. 구조주의적 접근방법은 자본/임노동관계를 외재적 관계로 이론화한다. 구조/행위의 이원론에서 문제의 원천은 구조와 행위에 대한 이론화 자체가 구조/행위를 내적 관계로 연관시킬 수 있는 여지를 봉쇄하고 어떻게 연관시키든 외적 관계일 수밖에 없게 만든다는 점에 있기 때문이다. 자본/임노동관계의 내재적 관계는 구조와 행위를 분리시켜 별도로 파악할 수 없게 만듦으로써 구조/행위 이원론을 근본적으로 극복할 수 있게 해준다.

포스톤(Postone, 1993)은 상품형태(또는 가치형태)의 사회적 매개 역할이 온갖 종류의 인식론적 이분법 – 주체/객체, 물질적 사회생활/문화적 사회생활, 구조/행위, 국가/시민사회 등 – 을 낳는 원인임을 밝히고, 그러한 이분법을 극복하기 위해서는 상품형태 분석을 통해 통일적으로 파악할 것을 대안으로 올바르게 제시한다. 그러나 그는 계급관계 자체를 상품형태 분석으로 해소하는 경향을 보이면서 이분법의 통일적 극복이 구조주의적 통일로 귀결되는 편향을 보인다.

상품이 스스로 시장에 가서 다른 상품과 교환하는 것이 아니라 상품소유자가 교환을 위해 상품을 시장에 가지고 가는 것이라는 마르크스의 언급은 가치형태의 운동이 마치 스스로 일어나는 것처럼 보이는 '기만적 외관'에도 불구하고, 그것은 인간의 사회적 실천의 결과라는 것을 분명하게 해준다. 즉, 계급관계와 계급투쟁의 산물인 것이다. 이는 상품생산의 일반화 자체가 자본/임노동관계의 출현 – 비록 노동력 매매라는 상품형태를 취하지만 – 에 의해 이루어졌다는 역사적 사실에 비추어보아도 명백하다. 가치형태의 운동은 사회관계의 모순적 운동의 존재방식, 즉 사회적 형태인 것이다. 그것이 계급관계로 직접적으로 환원되고 해소되지 않는다는 것은 분명하지만('본질적 형태성'), 동시에 그것의 추동력이 스스로에 있는 것이 아니라 인간의 사회적 실천, 즉 계급대립과 투쟁에 있다는 것 역시 분명하다(물신주의 비판).

# 3. 소결

이상 제2장에서는 대표적인 좌파 현대자본주의론으로 제시되고 있는 조절이론, 네그리의 자율주의이론, 브레너의 '국제적 경쟁' 이론 등의 방법론을 비판적으로 검토하고 그에 대한 대안적 방법론으로 구조와 투쟁의 관계에 대한 '개방적' 마르크스주의의 '비판적' 접근방법을 더욱 발전시켰다.

조절이론은 알튀세의 구조주의적 마르크스주의를 극복하기 위해 '조절양식'과 '축적체제'의 조응관계로 자본주의 사회의 총체를 새롭게 이론화하고 있으나, '계급투쟁의 제도화'인 조절양식은 축적체제의 요구에 조응하는 한에서만 자본축적에 영향을 미치는 것으로 이론화됨으로써 결국 계급투쟁은 자본축적에 종속되는 것으로 이론화되고 있다. 그래서 또 다른 형태의 구조기능주의로 귀결되고 만다. 브레너의 '국제적 경쟁' 이론은 계급투쟁 요인을 완전히 무시하고 자본 간 경쟁을 자본축적의 추동력으로 파악하는 '시장메커니즘' 일원론이라는 근대경제학의 방법론에 입각함으로써 더욱 의식적인 구조주의적 방법론으로 나아간다. 자율주의이론은 자본축적의 추동력이 자본이 아니라 노동이라는 '관점의 역전'을 성취하는 이론적 기여를 했으나, 조절이론의 패러다임적 단계론을 수용하고 마르크스의 노동가치론과 변증법을 폐기함으로써 한편으로 정치주의적 편향을 강하게 나타내고, 다른 한편으로 구조주의적 틀을 패러다임적 유형화 또는 이념형적 유형화로 유지하기 때문에 그 주동성(主動性)만 자본에서 노동으로 대체된 '거울 이미지'적 전환에 그친 것으로 귀결된다.

이처럼 기존의 좌파이론이 구조주의적 접근방법을 극복하는 데 실패한 것은 자본축적과 계급투쟁의 관계 문제, 더 일반적으로 표현하면 구조와 투쟁의 관계 문제를 올바로 이론화하지 못한 데서 비롯된 것이다. 구조와 주체를 외적인 관계에 있는 두 실체의 관계가 아닌 내적인 관계에 있는 것으로 파악할 때에만 구조주의나 주의주의로의 귀결은 피할 수 있다. 구조와 주체를 내적 관계에 있는 것으로 파악하는 것은 구조를 주체의 존재양식(또는 사회적 형태)으로 파악하는 것이다. 그래서 구조는 주체의 행위(투쟁)의 산물이지만, 동시에 그 다음 시기 주체의 행위(투쟁)의 전제조건이 된다. 따라서 구조와 투쟁의 관계는 역사적 과정으로서만 파악될 수 있고 과정 속의 관계로 파악되어야 한다.

구조주의나 주의주의의 경우 입장은 정반대여도 모두 구조와 주체가 외적인 관계에서 병렬된다는 점에서는 동일하다. 즉, 구조와 주체가 모두 독립된 실체로 파악되고 그중의 한쪽이 다른 쪽을 규정하는 외적인 관계에 있는 것으로 이론화된다. 그래서 구조주의적 방법론은 존재론·인식론적으로 구조와 투쟁의 이원론에 입각하고 있고, 실천적으로 구조 또는 제도를 신비화시키고 실천운동에 대한 패배주의적 전망을 가지게 된다.

이를 비판하고 구조와 투쟁의 관계를 내적 관계로 이론화하기 위해서는 마르크스의 물신주의 비판을 '정치경제학 비판'의 근본적인 입장이자 방법론으로 복원할 필요가 있다. 그래서 구조(또는 제도)란 인간 사이의 사회적 관계가 존재하는 양식(사회적 형태)임을 밝힘으로써 구조와 투쟁의 이원론을 극복하고, 구조·제도가 계급투쟁에 따라 끊임없이 변화하는 계급관계의 유동적인 사회적 형태임을 밝혀야 한다. '개방적' 마르크스주의는 마르크스의 물신주의 비판에 입각한 '형태 분석'을 복원하고 사회관계를 유일한 사회구성력인 노동에 의한 '사회적 구성'으로 파악하는 마르크스의 역사유물론적 방법론을 복원시키는 데 이론적으로 크게 기여했다.

'형태 분석'의 출발점은 상품형태로 인한 물신주의에 대한 비판이다. 마르크스는 상품, 화폐, 자본 등 경제적 범주가 물신화된 사회적 형태임을 밝힘으로써 고전파 정치경제학에 대한 근본적 비판으로서 '정치경제학 비판'을 정립할 수 있었다. 사람들 사이의 사회관계가 자립화되고 사물화되어 제도나 구조 등의 경직된 범주로 나타나는 것이 물신주의 현상이다. 이것은 상품생산과 유통에서 일차적으로 비롯되는 것이지만 자본주의적 생산관계에 의해서 더욱 강화된다. 사람들 사이의 사회적 관계가 상품형태(가치형태)로 인해 사물들 사이의 사회적 관계로 치환되는 이러한 물신주의 현상 때문에 사회관계는 자립화되고 사물화된다. 즉, 자본주의적 계급관계는 자본주의 사회의 모든 존재에 가치형태를 부과함으로써 계급지배를 유지한다. 그래서 모든 사회적 현실(또는 현상)은 직·간접적으로 '자본주의적 사회관계의 가치형태'라는 사회적 형태로 나타나게 된다. 따라서 '형태 분석'은 자본주의 사회의 모든 현상을 자본주의적 사회관계의 존재방식으로서의 사회적 형태로 파악하고, 그 형태의 실체인 자본주의적 사회관계를 분석하는 것을 말한다.

이러한 '형태 분석'적 관점은 자본주의적 사회관계 분석을 위해 '사회적 구성'의 관점으로 나아간다. 자본주의 사회를 하나의 '유기적 체계'로 파악하기 위해서는 자본주의 사회를 사람들 사이의 사회관계들의 총체로서 파악해야 하고, 그러한 사회관계들의 총체는 그 '역사와 역사적 과정'을 통해 분석되어야 하기 때문이다. 사람들 사이의 사회관계들이 하나의 '유기적 체계'로 구성·재구성되는 것을 분석하는 것이 '사회적 구성'의 관점이다. 그래서 '형태 분석'과 '사회적 구성'의 관점은 마르크스의 역사유물론이 '정치경제학 비판'을 통해 정립된 역사유물론적 방법론이라 할 수 있다.

자본주의적 사회관계들이 하나의 총체를 구성하는 과정은 자본주의적 계급관계에 의한 '실체적 추상'이 모든 존재와 관계들을 가치증식의 맥락 속에 포섭하거나 전형시키는 것을 통해 이루어진다. 자본주의적 계급관계는 모든 존재를 가치증식의 맥락에서 추상화하기 때문이다. 따라서 자본주의적 사회관계들의 '사회적 구성'을 해명하기 위해서는 자본주의 생산양식의 출발점인 '시초축적'을 분석해야 한다. 노동자의 노동조건들로부터의 분리, 즉 노동력의 상품화는 자본주의적 생산관계의 역사적 전제조건임과 동시에 항상적인 구성적 전제조건이다. 이 전제조건은 수백 년에 걸친 계급투쟁에 의해 성취되었고 자본주의적 사회관계를 재생산하기 위해 계급투쟁을 통해 끊임없이 성취되고 있다. 이로부터 물신화된 범주인 자본은 '노동과 노동조건 사이의 사회적 관계', 즉 노동으로부터 분리된 노동조건들이 비생산자의 수중에 집중되어 노동과 대립적으로 관계하는 것으로, 그 '사회적 구성'의 관점에서 해명된다.

이러한 '형태 분석'과 '사회적 구성'의 관점에서 마르크스의 '정치경제학 비판'을 독해할 때 마르크스의 노동가치론의 의의가 재평가될 수 있다. 물신주의 비판이 마르크스의 '정치경제학 비판'의 중심적 방법론이라면, 노동가치론은 자본주의 분석과 비판의 중심 개념이자 기초이다. 자본주의 사회에서 '작동 중인 추상(abstraction in action)'으로서 가치의 자기증식운동, 즉 자본운동은 자본주의 사회를 하나의 총체로 통일시키고 끊임없이 변혁해가는 원동력으로 현상한다. 이에 따라 자본은 가치증식이라는 사회조직 원리의 '자동적 주체'로 현상한다. 그러나 이것은 전도된 현실이다.

이 전도된 현실을 뒤집어보면, 자본이란 자본/임노동관계라는 특정한 사회적 생산관계이고, 이 관계는 시초축적이란 역사적 계급투쟁을 통해 성립되었으며, 노동력의 상품형태를 통한 착취라는 계급지배의 역사적 형태이다. 즉, 전(前) 자본주의 시대의 인격적 예속관계와 구별되는 지배/예속관계의 자본주의적 형태이다. 자본축적이란 자본/임노동관계의 확대재생산으로서, 가치형태를 통해 전 사회를 자본주의적 관계로 포섭하고 종속시키는 과정이다. 이 과정에서 지배/예속관계의 확대재생산은 자본주의적 관계가 취하는 상품형태(가치형태)의 물신주의로 인해, 객체적 조건과 제약의 지배 ─ 세계시장, 가격변동, 경기순환 및 공황 등 자연법칙과 같은 '맹목적인 필연성'에 의한 지배 ─ 를 통해 이루어진다. 그러나 이러한 모든 '기만적 외관'은 자본주의적 사회관계의 상품형태(가치형태)에서 비롯된 것이고, 자본축적 과정은 그 가치형태적 외관에도 불구하고, 자본/임노동관계의 적대적 모순에 의해 추동된다. 이것이 마르크스가 가치형태 분석을 통해 얻은 결론이다.

'형태 분석'과 '사회적 구성'의 관점에 입각할 때 자본/임노동관계를 모순적인 내적 관계로 이론화할 수 있다. 자본주의적 생산관계에서의 노동형태, 즉 임노동의 모순적인 존재형태는, 임노동이 사회의 구성력임에도 불구하고 자본의 가치증식 욕구에 종속된 '추상노동' 형태로 실존하는 것으로 표현된다. 목적의식적 활동으로서의 구체노동이 사회구성력으로서의 인간활동을 표현한다면, 가치증식의 수단으로서의 추상노동은 인간활동이 자본의 한 구성요소, 즉 가변자본으로 존재함을 표현한다.

따라서 추상노동으로 표현되는 임노동의 모순적 존재형태, 자본의 내부에 자본의 일부로서만 존재하는 노동 개념은 인간활동의 '소외되고 강제되며 끝없는 노동'으로의 전형을 의미한다. 이러한 의미에서 임노동의 모순은 임노동 내부의 인간과 자본(또는 자본관계) 사이의 모순이라 할 수 있다. 자본주의 사회관계 속에서 임노동자는 인간적 활동과 인간적 욕구라는 유적 존재 규정과 가변자본으로서의 소외되고 강제된 노동 및 노동력 재생산 수준의 제한된 욕구 충족이라는 임노동 형태의 존재 규정 사이의 모순 속에서 존재한다. 임노동자의 이러한 모순적 존재 규정이 임노동자 편에서 본 계급투쟁의 근거이다. 자본주의 사회에서 임노동자가 투쟁하는 것은 임노동의 형태규정이 유적 존재로서의 인간을 부정하고 억압하기 때문이고, 따라서 임노동자의 투쟁은 본질적으로 비인간화에 대한 저항이다. 임노동자의 투쟁이 비인간화에 대한 저항이라는 의미에서 임노동자의 투쟁은 반(임)노동 투쟁이다.

노동이 자본 내부의 존재라는 노동의 모순적 존재형태는 동시에 자본의 모순적 존재형태를 전제하고 있다. 자본은 노동과 분리되어 실존할 수 없다. 자본의 노동에 대한 이러한 의존은 가변자본으로서의 노동력의 상품형태 규정에서 비롯하는 것으로, 임노동의 노동일이 필요노동과 잉여노동으로 구성되는 것으로 표현된다. 즉, 잉여노동은 노동일 가운데 필요노동을 초과한 부분으로서만 현존할 수 있다. 자본은 임노동과의 관계에서 잉여노동을 추출하는 한에서만 자본일 수 있다. 따라서 자본의 목적은 잉여노동이지만, 그 잉여노동은 필요노동을 전제하고 있다. 노동력의 상품형태에 따른 필요노동과 잉여노동의 이러한 모순적 관계를 근거로 마르크스는 '자본은 살아 있는 모순'이라고 규정한다.

따라서 자본은 필요노동에 대한 반정립으로 현존함과 동시에 필요노동의 부과 속에서, 그리고 그것을 통해서만 현존한다. 이 모순은 '자본주의적 생산관계의 상품형태'라는 상품형태 규정에 의해 발생하는 내용과 형태의 모순으로 볼 수 있다. 즉, 잉여노동의 강탈이라는 계급지배로서의 내용과 노동력 상품의 교환이라는 형태 사이의 모순인 것이다. '개방적' 마르크스주의는 필요노동과 잉여노동 간의 모순적 관계에 근거해 자본을 하나의 구조 또는 구조화된 실재로 파악하는 것을 비판하면서 '자본은 계급투쟁이다'는 명제를 올바로 제시한다. 자본은 자본/임노동의 사회적 관계이고, 따라서 계급투쟁으로 현존하는 모순적 존재이다. 그리고 이러한 모순 때문에 자본은 잉여노동을 증대시키기 위해 필요노동과 잉여노동 간의 관계를 끊임없이 변혁하도록 내몰린다.

요컨대 자본주의적 사회관계의 가치형태 규정으로 인해 임노동, 자본 모두 모순적 존재양식으로 현존하고, 자본/임노동관계의 내적인 모순적 운동이 자본축적의 형태를 구성한다. 자본/임노동관계는 외적으로 대립하는 것이 아니라 그것이 취하는 가치형태 때문에 분리될 수 없이 상호 의존하면서 상호 대립·투쟁하는 모순적인 내적 관계에 있다.

자본/임노동관계를 이처럼 내적 관계로 파악하는 이론화는 현대자본주의에서 자본축적 형태의 전형과 자본축적과 계급투쟁의 연관을 내적 관계로 분석하는 중요한 기초가 된다. 또한 구조/행위의 이원론에 입각한 구조주의적 접근방법에 대한 근본적 비판과 대안을 제시한다. 구조주의적 접근방법은 자본/임노동관계를 외재적 관계로 이론화한다. 구조/행위의 이원론에서 문제의 원천은 구조와 행위에 대한 이론화 자체가 구조/행위를 내적 관계로 연관시킬 수 있는 여지를 봉쇄하고 어떻게 연관시키든 외적 관계일 수밖에 없게 만든다는 점에 있다. 자본/임노동 관계의 내재적 관계는 구조와 행위를 분리시켜 별도로 파악할 수 없게 만듦으로써 구조/행위 이원론을 근본적으로 극복한다.

# 제3장

# 마르크스의 '정치경제학 비판'의 확장

이제 사회의 구성력으로서의 노동, 자본/임노동관계의 모순적인 내적 관계를 밝힌 지금까지의 논의를 토대로 자본주의적 국가와 세계시장에 대해 이론화하고자 한다. 이 이론화 작업이 필요한 것은 현대자본주의에 대한 논쟁에서 세계화의 내용과 성격, 국민국가의 소멸 여부가 논쟁이 되고 있기 때문이다. 그래서 현대자본주의에 대한 분석에 본격적으로 들어가기 전에 형태 분석과 사회적 구성의 관점에 입각해서 자본주의적 국가와 세계시장에 대해 개념적으로 파악하고자 한다.

이 작업은 마르크스의 '정치경제학 비판체계'에 대한 '플랜' 논쟁으로 알려진 문제이다. 마르크스는 생전에 자신의 '정치경제학 비판'을 완성하지 못했다. 마르크스는 애초에 연구를 구상했던 "자본, 토지재산, 임노동, 국가, 해외무역, 세계시장"(Marx, 1975a: 5) 등의 범주 가운데, 앞의 세 범주(자본, 토지재산, 임노동)에 대해서만 『자본론』전 3권을 통해 어느 정도 다루고,[1] 후반부(국가, 해외무역, 세계시장)에 대해서는 체계적으로 연구하지 못했다.

따라서 이 책에서 형태 분석과 사회적 구성의 관점에서 자본주의적 국가, 세계시장 문제에 대해 이론화하는 것은 마르크스의 '플랜'에 따라 제한적인 범위에서나마 '정치경제학 비판'의 확장을 시도하는 작업이 될 것이다.

---

1) 『자본론』전 3권에서 토지재산, 임노동도 충분하게 연구되지 않았다는 주장, 즉 『자본론』은 기본적으로 '자본'에 관한 연구로 제한되어 있다는 입장도 광범위하게 존재한다. 특히 '임노동'이 『자본론』에서 매우 제한적인 범위에서만 다루어지고 있기 때문에 본격적인 '임노동론'이 별도로 필요하다는 의견은 설득력이 있다. 이에 대한 집중적인 분석과 검토는 리보위츠(Lebowitz, 1992)를 참조.

# 1. 자본주의적 국가형태

시초축적에 의해 역사적으로 출현한 자본주의적 생산관계는 "사회의 모든 요소를 자신에게 복속시키거나, 또는 자신이 아직 결여하고 있는 기관을 사회로부터 창출"(Marx, 1976a I권: 281~282)함으로써 전(前) 자본주의적 생산양식으로부터 '유기적 체계'로서의 자본주의적 생산양식을 형성한다. 하나의 총체로서의 '유기적 체계'로 구성되는 것이다. 이 총체화 과정(총체로 형성되고 끊임없이 재구성되는 과정)에서 자본주의적 생산관계의 가치형태인 자본은 자본주의 사회를 구성하는 추동력(또는 사회조직 원리)으로 현상한다. 따라서 자본은 모든 사회관계들을 자본의 재생산에 '복속'시킴으로써 자본주의 사회를 구성·재구성한다.

자본주의 생산양식이 '유기적 체계'로 발전하는 과정에서 자본은 기존의 사회관계들을 자본주의적 형태로 변형시킨다. 그 대표적인 예가 국가이다. 현대자본주의의 변화·발전에 대한 1970년대 이래 좌파 논쟁의 중심에는 항상 국가문제가 놓여 있다. 근본적으로 국가 개념, 국가와 자본의 관계, 국가와 세계시장의 관계, 국가 간 관계, 제국주의와 식민지 등의 쟁점에서, 특히 자본주의적 국가'형태'가 문제의 초점이다. 요컨대 자본주의적 국가의 성격과 내용, 그리고 한계가 무엇이냐 하는 문제이다.

이 책에서는 자본주의적 국가와 관련된 모든 문제를 검토하는 것이 아니라, 현대자본주의 변화·발전을 파악하기 위해 요구되는 수준의 자본주의적 국가형태 문제, 주요하게는 국가와 시민사회의 관계 — 구체적으로 국가와 자본의 관계, 국가와 계급투쟁의 관계, 국가와 시장의 관계 등 — 와 국민국가 간 관계 등에 대해 '사회적 구성'의 관점과 '자본주의적 사회관계의 가치형태'라는 형태 분석적 관점에서 이론화하고자 한다. 이에 대한 논의는 구별되는 두 차원으로 나누어서 진행할 것이다.

첫째, 국가의 자본주의적 형태, 즉 봉건제 국가형태와 구별되는 자본주의적 국가형태가 무엇인가 하는 문제이다. 이는 자본주의 생산양식에서 국가의 전(前) 자본주의적 형태가 어떻게 자본주의적 형태로 전형되는가 하는 문제를 포함한다. 둘째, 국민국가라는 존재형태와 관련된 국제적 국가체계 문제이다. 여기에는 제국주의 문제도 포함된다.

이러한 논의과정에서 기존의 국가논쟁, 특히 '국가도출논쟁' 등을 비판적으로 검토하면서, 마르크스의 '경제적 강제' 개념이 '경제적 형태'와 '정치적 형태'를 매개하는 중요한 개념임을 새롭게 밝히고, 이 개념을 물신주의적 표현으로 해석함으로써 기존의 국가논쟁에서 자본주의적 국가형태의 '형태적 분리'는 해명하지만 '내용적 통일'을 제대로 이론화하지 못한 점을 극복하는 새로운 이론화를 시도한다. 또 국제적 국가체계 논의에서는 '개방적' 마르크스주의가 제국주의이론을 결여한 것을 비판하며 형태 분석과 사회적 구성의 관점에서 계급관계를 중심으로 한 제국주의이론의 재구성을 시도할 것이다.

## 1) 자본주의적 국가형태의 사회적 구성

기존의 좌파이론에서 자본주의적 국가형태를 둘러싸고 쟁점이 되고 있는 것은 자본주의적 국가의 성격을 어떻게 볼 것인가 하는 문제이다. 정통 좌파는 자본주의적 국가를 지배계급의 도구, 즉 자본가계급의 지배도구로 파악한다. 이러한 도구주의 국가론은 그 근거를 『공산당선언』에 나오는 유명한 문구, "현대의 국가권력은 부르주아계급 전체의 공동업무를 처리하는 하나의 위원회일 뿐이다"(Marx, 1848: 402), "발전과정 속에서 계급적 차이들이 소멸되고 모든 생산이 연합된 개인들의 수중에 집중되면, 공권력은 그 정치적 성격을 상실하게 될 것이다. 본래의 의미에서의 정치권력이란 다른 계급을 억압하기 위한 한 계급의 조직된 폭력이다"(Marx, 1848: 420~421) 등에서 찾고 있다.

이를 이론적으로 더욱 정교화한 밀리반드(Miliband, 1970)의 '도구주의 국가론'을 비판하며, 풀란차스(N. Poulantzas)가 '정치적인 것'의 '상대적 자율성'을 토대로 한 '구조주의 국가론'을 제시하면서 논쟁이 전개된 것이 '밀리반드와 풀란차스 논쟁'이다.[2] '도구주의 국가론'이 국가 행위들이 자본의 요구들로부터 직접적으로 나오는 것이라고 주장하는 '환원주의' 또는 '경제결정론'적 경향을 대표한다면, '구조주의 국가론'은 국가 행위들을 이해하기 위해 자본축적의 조건들에 관심을 기울여야 할 필요성을 부인하는 '정치주의'적 경향을 대표한다고 볼 수 있다. 그러나

---

2) 이에 대해서는 풀란차스(Poulantzas, 1969), 밀리반드(Miliband, 1970), 라클라우(Laclau, 1975), 홀로웨이와 피치오토(Holloway & Picciotto, 1978a; 1978b) 등을 참조.

이 논쟁은 그 상극적인 대립에도 불구하고 공통적으로 "정치적인 것이 '자율적이고 특수한 과학적 대상'으로 설정될 수 있다는 가정"에 근거하고 있기 때문에 "자본주의적 사회관계들의 개별적 형태들로서의 경제적인 것과 정치적인 것 사이의 관계에 대한 부적절한 이론화"(Holloway & Picciotto, 1978a: 151)로 평가된다.

이 논쟁과는 별개로 1970년대에 전개된 독일의 '국가도출논쟁'은 정치연구를 자본축적 분석으로부터 분리시키는 이론들에 대한 비판을 출발점으로 해서, 한편으로 경제적인 것과 정치적인 것의 분리를 인정하면서 다른 한편으로 그러한 분리의 토대를 논리적·역사적으로 자본주의적 생산의 본질에서 찾으려고 시도한다. 즉, 자본주의적 국가형태를, 또는 경제적인 것과 정치적인 것의 분리를 자본 범주로부터 도출하려고 시도한다(Holloway & Picciotto, 1978a).

결국 자본주의적 국가형태에서 논쟁의 초점이 되고 있는 것은 '경제적인 것'과 '정치적인 것'의 연관이다. 이 문제는 자본주의 사회에서 시민사회3)와 국가의 관계, 토대로서의 경제와 상부구조로서의 정치의 관계, 자본(또는 시장)과 국가의 관계 등 여러 가지 다른 쟁점으로 표현되지만, 동일한 성격의 문제이다.

'개방적' 마르크스주의는 독일의 '국가도출논쟁'의 성과를 토대로 '경제적인 것'과 '정치적인 것'의 관계에 관한 기존의 논의 ─ 토대와 상부구조로서 후자가 전자와 반영관계이든, '정치적인 것'의 '상대적 자율성'을 강조하는 것이든 ─ 를, 둘 사이의 관계를 '외적 연관'으로 개념화한 것을 비판하고 그것들의 '내적 연관'을 구명하기 위해 사회적 구성의 관점에서 파악할 것을 제안한다. 즉, 자본주의적 국가형태를 자본주의적 생산관계의 '정치적 형태'로 파악하고, '경제적 형태'와 보완적 관계를 맺고 있는 것으로 이론화한다.4) 이를 마르크스 자신의 논의를 토대로 구체적으로 살펴

---

3) "시민사회는 특정의 생산력 발전 단계 안에서 개인들의 물질적 교류 전체를 포괄한다. 시민사회는 어떤 단계의 상업적·물질적 생활 전체를 포괄한다. 그런 한에서 비록 시민사회가 다른 한편 대외적으로는 국체로서 자신을 주장해야 하고, 대내적으로는 국가로서 편성되어야 할지라도 시민사회는 국가와 국민을 초월한다. 시민사회라는 말은 소유관계들이 고대적·봉건적 공동체로부터 빠져나왔을 때인 18세기에 이미 생겨났다. 시민사회다운 시민사회는 부르주아와 더불어 비로소 발전한다. 그렇지만 어떤 시대에서든 국가 및 그 밖의 관념론적(즉, 이데올로기적) 상부구조의 토대를 형성하는, 생산 및 교류로부터 직접적으로 발전하는 사회조직은 줄곧 이 이름으로 불렸다"(Marx, 1969a: 259).

4) "경제적인 것과 정치적인 것 간의 관계에 대한 연구는 '경제적 토대'가 어떠한 방식으로 '정치적 상부구조'를 규정하는가를 물음으로써가 아니라 부르주아 사회의 사회적 관계들이 갖고 있는 어떠한

보자.

## (1) 자본주의 국가의 형태적 분리

마르크스는 『자본론』 3권에서 계급사회에서 생산조건 소유관계로서의 계급관계(또는 계급적 생산관계)와 그것의 경제적 형태·정치적 형태 사이의 일반적 연관을 명료하게 정식화한다.

불불(不拂)잉여노동을 직접적 생산자로부터 강탈하는 특수한 **경제적 형태**가 지배/예속관계를 규정한다. 왜냐하면 이 지배/예속관계는 생산 그 자체로부터 직접적으로 발생하면서 또한 역으로 생산 그 자체에 대해 하나의 규정적인 요소로서 반작용하기 때문이다. **생산관계 그 자체로부터 발생하는 경제적 공동체의 전체 구조, 그리고 동시에 경제적 공동체의 특수한 정치적 형태**는 이 지배/예속관계에 입각한다.[5] **직접적 생산자에 대한 생산조건 소유자의 직접적인 관계** ― 이 관계의 특수한 형태는 당연히 노동방식, 그리고 사회적 노동생산력의 일정한 발전단계에 항상 상응한다 ― 에서 우리는 언제나 사회구조 전체의 가장 깊은 비밀과 은폐된 토대, 그리하여 또한 **주권·예속관계의 정치적 형태**(요컨대 그때그때 특수한 **국가형태**)의 가장 깊은 비밀과 은폐된 토대를 발견하게 된다(Marx, 1981a: 972~973. 강조는 인용자).

마르크스의 이 정식화는 '자본주의적 국가형태'와 관련해 매우 중요한 시사를 하고 있으므로 그 의미를 자세히 살펴볼 필요가 있다.

첫째, 생산관계의 경제적 형태가 지배/예속관계를 규정한다. 즉, 생산관계의 경제적 형태가 지배/예속관계의 역사적 형태 ― 즉, '경제외적 강제' 또는 '경제적 강제' ― 를 규정한다. 둘째, 한 사회의 경제구조와 정치적 형태는 지배/예속관계의 역사적 형태를 토대로 성립한다. 즉, '경제외적 강제' 또는 '경제적 강제'를 토대로 그 사회의 경제구조 및 정치적 형태가 성립한다. 셋째, 따라서 생산관계의 경제적

---

점이 그 사회적 관계들을 경제적 관계들과 정치적 관계들이라는 서로 분리된 형태들로 나타나게 만드는가를 물음으로써 시작된다"(Holloway & Picciotto, 1978a: 171).

5) 이 부분은 영어본(Penguin Books)과 일어 번역본(久留島陽三·保志恂·山田喜志夫 編, 『地代·收入』, 資本論体係 第7券: 70~71)을 참조해서 한글본의 오역을 바로잡아 재번역한 것이다.

형태6)는 사회구조와 주권·예속관계의 정치적 형태(또는 국가형태)의 토대이다.7)

이 정식화를 토대로 자본주의적 생산관계(또는 계급관계)와 그 경제적 형태 및 정치적 형태 간의 관계를 정리해보면, 자본주의적 생산관계의 경제적 형태가 '경제적 강제'를 낳고, 경제적 강제를 토대로 자본주의적 생산관계의 정치적 형태가 성립된다는 것이다. 그럼으로써 자본주의적 생산관계의 경제적 형태는 계급관계의 정치적 형태(즉, 국가형태)의 토대로 된다는 것이다.

이것의 의미는 매우 중요하다. 자본주의 생산양식에서 자본주의적 관계의 경제적 형태는 직접적으로 그 정치적 형태의 토대로 되는 것이 아니라, '경제적 강제'를 매개로 해서 정치적 형태의 토대로 된다는 것이다. 즉, 경제적 형태와 정치적 형태의 관계는 직접적인 것이 아니라 경제적 강제에 의해 매개되어 정립되는 것이다.8) 따라서 경제적 형태와 정치적 형태의 관계를 규명하는 데는 '경제적 강제' 개념이 관건이다.

마르크스의 『자본론』 3권에서의 이 정식화는 마르크스의 『독일 이데올로기』에서의 최초의 역사유물론에 대한 정초(定礎) 및 『정치경제학 비판을 위하여』 '서문'에서의 그것의 압축적 정식화와의 차이가 주목된다. 즉, 토대/상부구조의 이분법에 입각한 자본주의 생산양식 파악에 있어서 그 동일성과 차이 문제이다. 이는 마르크스의 역사유물론과 '정치경제학 비판'의 동일성과 차이의 문제이기도 하다.

필자는 그 동일성과 차이의 핵심을 '물신주의 비판'으로 파악하고자 한다. 마르크스의 '물신주의 비판'은 역사유물론적 입장에서 고전파 정치경제학 비판을 통해 부르주아 시민사회의 해부로서의 정치경제학 비판을 정립하는 준거점이라는 것이다. 따라서 물신주의 비판은 역사유물론의 구체적 적용으로서의 정치경제학 비판을 정립시켰을 뿐 아니라 정치경제학 비판을 통해 역사유물론을 더욱 발전시켰다고 평가할 수 있다. 그것은 역사유물론의 구체적 적용이라는 점에서 동일성을

---

6) '직접적 생산자에 대한 생산조건 소유자의 직접적인 관계'는 생산관계의 경제적 형태를 가리키는 말이다.

7) 여기서 '지배/예속관계'와 '주권·예속관계'는 지배/피지배관계로서의 계급관계를 의미한다. 생산에서의 사회관계, 즉 생산관계는 계급관계를 의미한다.

8) 토대/상부구조의 이분법에 입각해서 '경제적인 것'과 '정치적인 것'의 관계를 반영관계로 이론화하는 '도구주의 국가론'은 이 '경제적 강제'에 의한 매개 작용을 무시한 것임을 알 수 있다.

유지함과 동시에 역사유물론의 일층 발전으로서 차이를 표현한다.

좀 더 구체적으로 보면, 마르크스는『독일 이데올로기』에서 독일 관념론 비판을 청년헤겔학파의 관념론에 대한 비판을 통해서뿐만 아니라 포이어바흐의 '추상적 유물론'에 대한 비판을 통해서도 수행하고 그 과정에서 '역사유물론'이 정립된다. 이때의 핵심 개념은 '물질적 생활과정'과 '정신적 생활과정'의 구분과 연관이다. 생산력과 '교류형태' – '생산관계'와 같은 의미의 개념 – 로 포괄되는 물질적 생활과정과 "법률적, 정치적, 종교적, 예술적 또는 철학적, 간단히 말해 이데올로기적 형태들"(Marx, 1975a: 7)로 표현되는 정신적 생활과정을 근본적으로 구분하고, 관념론이 후자가 전자를 산출하고 규정하는 것으로 파악하는 것을 '전도'된 인식으로 비판하며, 전자가 후자를 산출하고 규정한다는 역사유물론을 정초한다. 이 것이 토대/상부구조 개념의 내용이다.

그런데 이 개념은 단순한 관념론 비판이 아니라 관념론의 극복, 즉 관념론을 해명하고 대안으로서 물질적 생활과정의 역사, 즉 역사유물론의 기본개념으로 제시된 것이다. 구체적으로 마르크스는 종교, 법, 정치 등은 토대인 물질적 생활과정의 파생물 – '유출(流出)', '반영(反映)과 반향(反響)', '승화물(昇華物)' 등으로 표현되는 – 로서의 의식형태, 따라서 상부구조로 파악한다. 그런데 보다 중요한 것은 그 구분이 아니라 구분된 둘의 연관이다. 이 연관을 정통 좌파에서는 '반영'관계로 추상화시킴으로써 속류화시켰다. 그러나 마르크스는 그 둘의 관계를 '사회관계의 표현으로서의 이념'과 '전도' 개념으로 연관시킨다. "철학자들이 이념이라고 명명하는 하나의 관계"(Marx, 1969a: 261), "관계들은……의식 속에서 개념들로 전화한다", "**통상의** 의식 속에서는 사태가 뒤집혀 있다"(Marx, 1969a: 263). 마르크스는 토대/상부구조의 연관을, 상부구조(정신적 생활과정)가 토대(물질적 생활과정)의 사회관계들을 표현하는 것으로 파악하고 관념론에서는 이 둘의 관계가 '전도'되어 있다고 파악함으로써 관념론을 해명하고 비판한다.9)

한편 마르크스는『독일 이데올로기』에서 역사유물론에 대한 개괄적 서술의 말미를 의미심장한 문답(問答)으로 장식한다.

---

9) 마르크스는 의식형태와 상부구조를 엄밀하게 구별하지 않고 사용한다. 필자는 의식형태가 토대와 상부구조의 관계를 매개한다, 즉 토대의 파생물인 의식형태에 입각해서 상부구조가 정립된다고 파악한다. 마르크스의 역사유물론에서 이들의 연관에 대한 좀 더 엄밀한 연구가 필요하다.

개인들은 언제나 자기들로부터 출발했고, 또 언제나 자기로부터 출발한다. 개인들의 관계들은 그들의 현실적인 생활과정의 관계들이다. 개인들의 관계들이 개인들에 대립해 자립화되는 것은 무엇에 기인하는가? 그들 자신의 생활의 힘들이 그들에 대립해서 압도적으로 되는 것은 무엇에 기인하는가? 한마디로 말하면 **분업인바**, 그것의 단계는 매 시기의 생산력의 발전에 의존한다(Marx, 1969a: 263~264).

이 문답은 마르크스의 초기 역사유물론과 후기 '정치경제학 비판'을 연결시키는 결정적인 문구이다. 마르크스는 『독일 이데올로기』에서는 아직 '상품 물신주의' 개념을 정립하지 못한다. 그러나 자본주의에서의 물신주의 현상 자체(사회관계의 자립화 현상)는 이미 인식하고 있었고, 그것의 원인을 사회적 분업에서 찾고 있다. 나중에 마르크스는 고전파 정치경제학 비판과정에서 사회적 분업의 자본주의적 형태인 상품생산을 분석하면서 상품 물신주의 개념에 도달한다.

달리 말하면, 마르크스는 초기 역사유물론을 정립하는 과정에서는 물질적 사회관계 분석을 토대로 독일 관념론을 비판하는 데 주력하기 때문에 물신주의 현상도 같은 맥락에서 파악하는 것이다. 즉, 자생적인 분업이 사회관계의 자립화 현상을 야기하는 것으로 사회관계 차원에서 추상적으로 파악한다. 마르크스의 이러한 인식은 '정치경제학 비판'에서 자본주의적 상품생산에 대한 구체적 분석을 통해 '사회관계의 자립화와 사물화, 생산관계의 인격화와 전도' 등의 상품 물신주의 개념으로 발전한 것으로 평가할 수 있다.

따라서 『독일 이데올로기』의 이 마지막 문구는 역사유물론과 정치경제학 비판의 동일성과 차이로서의 '물신주의 비판'의 의의를 밝혀준다. 또 '자본주의적 관계의 상품형태(또는 가치형태)'라는 관점에서 사회관계의 모순적 운동으로서 자본주의 생산양식을 해부한 것이 마르크스의 '정치경제학 비판'의 핵심적인 내용, 즉 역사유물론적 내용이라는 이 책의 관점을 뒷받침해준다.

이러한 인식을 근거로 원래의 문제로 돌아가면, 『자본론』 3권에서의 정식화는 『독일 이데올로기』에서의 토대/상부구조 정식화를 물신주의 비판에 입각해서 한층 발전시킨 것으로 평가할 수 있다. 상부구조가 의식형태를 매개로 토대의 사회관계를 표현한다는 추상적 개념화로부터, 자본주의적 생산관계의 '정치적 형태'는 '경제적 강제'를 매개해서 자본주의적 생산관계의 '경제적 형태'를 토대로 해서 성립된다는 보다 구체적이고 엄밀한 개념화로 발전한 것이다.

여기서 자본주의 생산양식의 역사적 특징인 잉여노동의 추출형태로서의 자본
주의적 생산관계의 경제적 형태 – 즉, '경제적인 것' – 가 '자본주의적 생산관계의
상품형태'를 의미한다는 것은 이미 살펴본 바와 같다. 그렇다면 자본주의적 생산
관계의 상품형태는 어떻게 '경제적 강제'라는 지배/예속관계를 창출하는가? 마르
크스는 자본주의 생산양식의 '경제적 강제' 개념을 전(前) 자본주의 생산양식에서
의 '경제외적 강제' 개념과 대비해서 이론화한다.

> 명백한 것은 현실의 노동자가 자기 자신의 생활수단의 생산에 필요한 생산수단과
> 노동조건의 '점유자'이기도 한 모든 형태에서는 소유관계는 동시에 **직접적인 지배/
> 예속관계**로 나타나며, 따라서 직접적 생산자는 부자유민(이 부자유는 부역노동의
> 농노제로부터 단순한 공납의무에 이르기까지 점점 더 약화될 수 있다)으로 나타난다
> 는 점이다. 여기에서 직접적 생산자는 (우리의 전제에 의하면) 자기 자신의 생산수
> 단을 점유하고 있으며 자기의 노동의 실현과 자기의 생활수단의 생산에 필요한 객체
> 적인 노동조건을 점유하고 있다. ……이러한 조건하에서는 명목적인 토지소유자를
> 위한 잉여노동은 **경제외적 강제**(그 형태가 어떠하든)에 의해서만 강탈될 수 있다.
> ……그러므로 여기에서는 **인격적 예속관계**(다시 말하면 정도의 차이는 있지만 인격
> 적인 부자유)와 토지의 부속물로서 토지에 결박되는 것 – 진정한 의미에서의 예속
> – 이 필요하다(Marx, 1981a: 971~972. 강조는 인용자).

봉건제 생산양식에서는 봉건적 생산관계의 경제적 형태, 즉 직접적 생산자가
생산수단을 점유하는 형태가 지배/예속관계의 봉건적 형태로 '직접적인 지배/예
속관계' 또는 '인격적 예속관계'를 필요로 하고, 마르크스는 이를 '경제외적 강제'
로 개념화한다. 그리고 마르크스는 봉건제 생산양식의 인격적 예속관계와 대비해
서 자본주의 생산양식의 '물질적 의존관계'를, 그리고 봉건제의 경제외적 강제와
대비해서 자본주의의 '경제적 강제'를 이론화한다.

자본주의적 생산이 진전됨에 따라 교육·전통·관습에 의해 자본주의적 생산양식
의 요구를 자명한 자연법칙으로 인정하는 노동자계급이 발전한다. 완성된 자본주의

적 생산과정의 조직은 일체의 저항을 타파하며, 상대적 과잉인구의 끊임없는 창출은 노동에 대한 수요·공급의 법칙을(따라서 또 임금을) 자본의 증식욕에 적합한 한계 안에 유지하며, 경제적 관계의 무언의 강제는 노동자에 대한 자본가의 지배를 확고히 한다. 경제외적·직접적 폭력도 물론 여전히 사용되지만 그것은 다만 예외적이다. 보통의 사정하에서는 노동자를 생산의 자연법칙에 내맡겨 둘 수 있다. 즉, (생산의 조건들 자체에 의해 발생하며 그것들에 의해 영구히 보장되고 있는 바의) 자본에 대한 노동자의 종속에 내맡겨 둘 수 있다(Marx, 1976b: 1013. 강조는 인용자).

자본주의 생산양식에서는 자본주의적 생산관계의 경제적 형태, 즉 직접적 생산자가 모든 생산수단을 박탈당한 형태 ― 생활수단을 구입하기 위해 노동력을 상품화할 수밖에 없는 형태, 즉 노동력의 상품형태 ― 그 자체가 보통의 사정하에서는 자본의 노동에 대한 지배를 보장하므로 마르크스는 이를 '경제적 강제'로 개념화한다. 그런데 노동력의 상품화는 '인격적 예속관계'를 필요로 하는 것이 아니라 생산수단으로부터의 분리라는 노동자의 자본가에 대한 '물질적 의존관계'를 필요로 한다. 따라서 물질적 의존관계는 지배/예속관계의 자본주의적 형태이다.

다음으로, '경제외적 강제'를 토대로 봉건적 생산관계의 정치적 형태가 어떻게 정립되고, '경제적 강제'를 토대로 자본주의적 생산관계의 정치적 형태 ― 즉, '정치적인 것' ― 가 어떻게 정립되는가를 살펴보자.

먼저, 봉건제의 경우 봉건적 생산관계의 경제적 형태 자체가 '인격적 예속관계'에 의한 '경제외적 강제'를 필요로 하기 때문에 경제적 형태는 정치적 형태와 분리될 수가 없다. 봉건적 생산관계의 경제적 형태와 정치적 형태는 일치하며 동일한 것이다. 유럽의 중세에서는 "독립적인 사람 대신 모두가 의존적이라는 것 ― 농노와 영주, 가신과 제후, 속인과 성직자 ― 을 발견한다. 여기에서는 인격적 예속이 물질적 생산의 사회적 관계와 이에 의거하고 있는 생활의 여러 부문들을 특징짓는다"(Marx, 1976b: 99).

봉건적 생산관계의 경제적 형태의 이러한 직접적으로 정치적인 성격은 마르크스의 초기 저작에서 잘 분석되고 있다. 여기에서 마르크스는 경제적 형태를 의미하는 '시민사회'와 정치적 형태를 의미하는 '정치사회'의 동일성으로 분석한다. 마르크스는 봉건제에서 시민사회와 정치사회의 동일성이 시민 신분과 정치 신분의 동일성으로 표현되었다고 분석하고 "그들의 신분은 그들의 국가였다"(Marx, 1975b: 72)라고 압축적으로 표현한다. 봉건제에서는 소유, 가족, 노동양식 등 시민생활의 요소들이 영지(領地), 신분 형태 등의 정치생활 요소와 겹쳐진다. 즉, 개인들의 신분이 정치적 지위를 규정한다. 그래서 중세에는 소유, 교역(交易), 사회, 인간 등 각 영역과 더불어 농노, 봉건계급(영주 및 성직자), 상인 및 상인길드 등이 모두 직접적으로 정치적이다. "모든 사적(私的) 영역은 정치적 성격을 가지거나 또는 정치적 영역이다. 즉, 정치는 사적 영역의 특징이기도 하다"(Marx, 1975b: 32).

자본주의의 경우 '물질적 의존관계'에 의한 '경제적 강제'는 어떠한 자본주의적 생산관계의 정치적 형태를 정립시키는가? 역사적으로 자본주의적 국가형태의 정립과정은 봉건적 국가형태의 점진적 해체와 더불어 '정치적 국가'와 '시민사회'의 역사적 분리과정으로 나타났다. 즉, '경제적 강제'는 경제적 형태와 분리된 정치적 형태로서 자본주의적 국가형태를 정립시킨 것이다.

부르주아 정치혁명을 통해 봉건적 국가형태를 해체하고 새로운 국가형태를 구성하는 과정으로서의 자본주의적 국가형태의 출현은 "세계교역의 발전에 대한 자동적 대응도 아니었고, 한 계급으로부터 다른 계급으로의 권력이전 문제도 아니었다. 정치혁명들이 군주권력을 타도함에 따라 국가형태의 역사적 변화가 점진적으로 발생했다. 그리고 사회적 생산관계에 의해 촉진됨과 동시에 그 생산관계들의 표현이었던 근본적 사회투쟁들은 '필연적으로 모든 신분들, 자치체(自治体)들, 길드들, 그리고 특권들을 분쇄했다. 왜냐하면 그것들은 모두 인민의 공동체로부터의 분리의 표현들이었기 때문이다'(Marx, 1975b: 166). 이 투쟁들은 근대국가를 창출하는 한편, 시민사회의 직접적으로 정치적인 성격을 폐지했다. 점차 시민사회 내부의 관계들은……'잡다한 봉건적 유대(紐帶)들'로부터 화폐와 법의 지배에 종속된 근대적인 사적 소유관계의 난폭한 유물론으로, 그리고 만인에 대한 만인의 이기적 투쟁으로 전형되었다"(Burnham, 1995: 150~151).

마르크스는 봉건제에서 자본주의로의 역사적 이행과정에서 신흥 부르주아계급의 봉건계급과의 계급투쟁에 의해 '정치적 국가'가 확립되는 것과 시민사회가 독립적 개인들로 해체되는 것이 동시에 이루어졌음을 강조한다.[10] 그러나 이는

---

10) "정치적 국가의 확립과 시민사회의 독립적 개인들 ― 신분과 길드의 체계 속에서 사람들의 관계

신분관계에 의해 경제적 형태와 정치적 형태가 일치했던 봉건사회에서 그러한 사회관계를 담보했던 군주권력 타도의 직접적 결과인 것만은 아니다. 왜냐하면 경제적 형태와 정치적 형태의 동일성을 새로운 방식으로 재구성할 수도 있었기 때문이다. 그렇다면 왜 자본주의 생산양식의 '경제적 강제'는 자본주의적 생산관계의 경제적 형태인 '시민사회'와 분리된 것으로서 자본주의적 생산관계의 정치적 형태로서의 '정치적 국가'를 정립시키는가?

자본주의에서의 법형태와 국가형태를 자본주의적 상품생산으로부터 도출했던 파슈카니스는 1923년에 이 문제를 정면으로 제기했다.

> 한 계급의 지배가 어째서 계속 그러한 것, 말하자면, 인구의 한 부분이 다른 한 부분에 실제적으로 종속되지 않는가? 어째서 그것은 공적인 국가지배의 형태를 띠는가? 똑같은 말이지만, 어째서 국가 억압의 메커니즘은 지배계급의 사적(私的) 메커니즘으로 만들어지지 않는가? 어째서 그것은 지배계급으로부터 분리되어 사회와는 유리된 비인격적인 공적 권위의 메커니즘 형태를 취하는가?(Pashukanis, 1951: 140; Holloway & Picciotto, 1978a: 172에서 재인용)

파슈카니스의 이 정식화는 1970년대 독일의 '국가도출논쟁'에서 전면에 부각되었다. 바로 이 문제가 독일의 '국가도출논쟁'의 출발점이었고, 논쟁을 통해서도 적절하게 해결되지 못한 채 논쟁 이후 여전히 해결해야 할 과제로 남겨졌다. 독일의 '국가도출논쟁'의 전개를 따라가면서 논의를 진전시켜보자.

오페와 롱게는 정통 좌파의 '도구주의 국가론'을 오류로 비판하면서, 자본주의적 국가는 특정 계급의 이해관계를 대변하지도 특정 계급과 연합하지도 않으며,[11] "자본주의 계급사회의 모든 성원들의 공동이해를 옹호"하고, "자본가의 계급지배가 이미 전제하고 있는 일련의 규칙들과 사회관계들을 보호하고 규제"(Offe & Ronge, 1975: 216)하는 것을 그 기능으로 한다고 주장한다. 그 근거는 "자본

---

가 특권에 의존했듯이 그들 상호 간의 관계가 법에 의존하는 — 로의 해체는 하나의 동일한 행위에 의해 성취된다"(Marx, 1975b: 167).

11) 이는 '독점체와 국가기구의 통합' 개념에 근거한 '국가독점자본주의론'에 대한 비판을 염두에 둔 것이다.

주의적 발전의 동태적 과정이 끊임없이 가치의 상품형태를 마비시키려는 경향"(Offe & Ronge, 1975: 218)이 있기 때문이다. 예컨대 경제불황 시 상품형태를 벗어난 자본과 노동이 "자동적으로 교환관계에 재통합"(Offe & Ronge, 1975: 219)되리라는 보장이 없다는 것이다. 결국 시장의 자기조정적 메커니즘의 실패를 주요한 근거로 제시하고 있는 셈이다. 따라서 이들의 주장은 "상품형태가 자본주의적 국가의 일반균형점"이고, "이 상품형태에서 자본주의 사회의 정치구조와 경제구조가 연결"되기 때문에, "이 두 하위구조가 살아남으려면 상품형태가 보편화되어야 하고"(Offe & Ronge, 1975: 218) 보장되어야 하는 것으로 요약된다. 또한 그에 따라 국가활동의 범위는 "개별 경제행위자의 상품형태를 보장하는 것"으로 일반적으로 규정되고, 국가의 성격은 "자본주의적 교환관계에 기초하고 있는 모든 계급의 일반적 이해를 보호하는 것"(Offe & Ronge, 1975: 219)으로 규정된다.[12]

오페와 롱게의 이러한 주장을 세세하게 검토하기보다는 이 책의 탐구지점에 비추어서만 평가하고자 한다. 이들의 주장은 우선 정치적 형태가 왜 경제적 형태로부터 분리되는가를 분석하기보다는 그 분리를 전제하고 있다. 또한 분리된 두 형태가 상품형태를 통해 연결된다고 봄과 동시에 정치적 형태 ― 이들의 용어로는 '정치구조', '국가' ― 가 상품형태 규정을 받는 것('상품형태의 보장')으로 이론화함으로써 사실상 정치적 형태는 경제적 형태를 그대로 반영하는 것이 된다. 요컨대 자신들이 비판한 '도구주의적 국가론'과 마찬가지로 두 형태 간의 관계를 '경제적 강제'의 매개 없이 직접적인 반영관계로 파악하고 있다. 다른 점은 '도구주의 국가론'이 자본주의적 생산관계의 경제적 형태를 생산관계 그 자체와 동일시하기 때문에 자본주의적 국가를 계급지배의 단순한 도구로 파악하게 되는 반면, 이들은 자본주의적 생산관계의 경제적 형태를 상품형태 그 자체로 파악함으로써 물신주의에 빠져 경제적 형태가 단순한 상품형태가 아니라 '자본주의적 생산관계의 상품형태'라는 점을 보지 못함으로써 자본주의적 국가의 계급지배적 성격을 보지 못하고 '상품소유자 모두의 국가'로 물신적으로 파악하는 오류에 빠진 점이다.

---

12) 이러한 주장에 입각해서 이들은 '행정적 재상품화' 개념으로 모든 국가활동과 국가개입을 세 방향으로 분류한다. 첫째, 노동력의 교육·훈련 등을 통한 노동력의 판매가능성 제고, 둘째, 상품시장의 초국가적 통합, 연구개발정책 등을 통한 자본의 생산품 판매가능성 제고, 셋째, 경쟁에서 탈락한 경제부문들의 계획적 정리 등이다(Offe & Ronge, 1975: 221).

오폐와 롱게의 자본주의적 국가론이 촉발점이 되어 이를 비판하면서 독일의 '국가도출논쟁'이 전개된다. 그 초점은 정치적 형태가 경제적 형태로부터 분리된 원인을 『자본론』의 자본 범주로부터 도출함으로써 자본주의적 국가의 기능과 한계를 설명하려는 것이었다. 논쟁과정에서 세 견해 또는 입장이 제출되었다. 이하에서는 홀로웨이와 피치오토(Holloway & Picciotto, 1978a)에 근거해 세 견해를 검토하고자 한다.

첫째, 논쟁에서 '주류'를 차지했던 입장으로, "하나의 독립된 기구로서의 국가형태의 필요성을 자본 간 관계의 본질로부터 도출"(Holloway & Picciotto, 1978a: 173)하는 견해이다.13) 이 견해는 자본 간 경쟁의 파괴적 성격 – 예컨대 마르크스의 공장법 분석에 나오는 자본 간 경쟁에 따른 노동력 파괴 현상 – 에 주목하고, 그 때문에 자본 일반의 입장에서 총자본의 재생산을 확보할 필요성으로서 국가기능을 먼저 도출한다. 그다음에, 자본 간 경쟁의 피안(彼岸)에 있는 자율화된 국가형태만이 그러한 기능을 담지할 수 있다는 데서 분리의 근거를 찾는다.14) 이 견해의 가장 발전된 형태는 파슈카니스(1923)의 주장을 발전시켜 "사회적 생산이 개별 생산자들에 의한 상품생산으로 파편화된다는 데서 출발해 법과 화폐의 수단에 의해 상품생산자들 사이의 관계를 조정할 필요성"에서 국가의 형태와 기능을 도출한다. 결국 "상품생산자들 사이의 교환관계를 유지하기 위해" 법과 화폐에 의한 조정이 필요하며(국가기능), "그러한 조정은 오직 상품생산관계의 바깥에 서 있는 조직체로부터만 나올 수 있다"는 점에서 국가형태의 분리 근거를 찾는다(Holloway & Picciotto, 1978a: 175).15)

---

13) 이 견해는 물러와 노이수스(Muller & Neususs), 알트바터(Elmar Altvater), 블랑케·유르겐스·카디에크(Blanke·Jurgens·Kastendiek) 등에 의해 제출되었다.

14) 이에 따라 자본주의적 국가의 네 가지 일반기능이 도출된다. ① 생산의 전반적인 물적 조건들의 공급, ② 전반적인 법적 관계들의 확립과 보장, ③ 임노동과 자본 간의 갈등 조정 및 노동자계급에 대한 정치적 억압, ④ 자본주의 세계시장에서 총민족자본의 존립과 확대 보장(Holloway & Picciotto, 1978a: 175).

15) 논쟁과정에서 이 견해에 대해 제기된 비판은 세 가지이다. 첫째, 국가를 자본 일반의 이해관계의 제도화로 설명하는 것은 국가에 대해 자본이 보유할 수 없는 능력과 힘을 전제하는 것이다. 문제는 국가기능으로부터 국가형태를 도출할 것이 아니라 국가형태로부터 기능을 도출하는 것이다. 둘째, 자본 간 경쟁의 적대적 성격으로부터 출발하기 때문에 계급지배의 형태로서의 국가에 대해, 그리고 국가와 노동자계급 간에 존재하는 억압과 정당화 관계를 분석할 수 없다. 셋째, 근본적으

둘째, 노동자계급이 국가를 중립적 심급으로 받아들이는 물질적 토대 문제를 중심적으로 제기하면서 그 답을 "자본주의 사회의 '본질', 즉 계급착취의 본질적 관계들의 분석에서가 아니라 자본주의 사회의 '표층' 분석"에서 찾는 견해이다.[16] 이들은 마르크스의 '삼위일체 공식(자본-이윤, 토지-지대, 노동-임금)'을 근거로 "사회의 전 구성원이 어떤 수입원천의 소유자들로서의 공통된 신분 때문에 (표면적인) 공통이익을 갖고 있다"고 주장하면서 "자율적이고 중립적으로 보이는 국가의 존재를 가능하게 하는 것은 (표면적인 것이라 할지라도) 이 이익공동체"라는 것이다. 그리고 국가형태의 분리의 근거는 "서로 다른 계급의 '재산소유자들(즉, 서로 다른 수입원천의 소유자들)' 간에 존재하는 경쟁관계가 국가를 통하는 것 말고는 자신들의 공통이익을 얻는 것이 불가능하게 만들기 때문에 자율적인 국가가 필요하다"(Holloway & Picciotto, 1978a: 179)라는 것이다. 결국 국가형태의 분리 필요성에 대해서는 첫 번째 견해와 동일하게 된다.[17]

셋째, 첫째 견해의 대극에 있는 견해로, 상품생산자들 간의 관계가 아니라 자본관계, 즉 자본에 의한 노동착취 관계의 본질에서 국가형태를 도출하는 견해이다.[18] 이 견해에 따르면, "자본주의하에서 착취 형태는 직접적인 권력의 사용에 의존하는 것이 아니라 이해되지 않는 재생산법칙들의 은근한 강압에 의존"하기 때문에 "자본주의에서의 잉여생산물 전유 형태는 권력관계를 직접적 생산과정으로부터 빼내어 직접 생산자들로부터 떨어져 있는 입장에 위치시킬 것을 필요로 한다. 따라서 자본주의적 생산과정의 확립에는 권력관계를 직접적인 생산과정으로부터 빼내고 그리하여 개별적인 '정치적' 영역과 '경제적' 영역을 구성하는 일이 수반된다"(Holloway & Picciotto, 1978a: 180). 따라서 국가는 자본 일반의 이해관계의 제도화가 아닐 뿐 아니라 개별적인 집단적 이해관계들과도 유리되어 있다. 그

---

로 비역사적인 견해이다. 자본 간 경쟁에서 논리적으로 국가형태를 도출하고, 계급투쟁은 역사적 분석으로 분리시킴으로써 형태 분석을 추상화시킨다(Holloway & Picciotto, 1978a: 176~178).

16) 이 견해는 플라토우와 후이스켄(Flatow & Huisken)에 의해 제출되었다.

17) 논쟁과정에서 이 견해에 대한 비판으로 제시된 것은, 사회관계 구조의 측면으로부터가 아니라 부르주아 사회의 표층에 나타나는 물신화된 외관으로부터 출발하기 때문에, 그들 자신이 물신주의의 환상에 빠지게 되고 하나의 형태로서의 국가의 본질을 놓쳐버린다는 점이다(Holloway & Picciotto, 1978a: 179).

18) 이 견해는 주로 히르쉬(Hirsch, 1978)에 의해 제시되었다.

결과, 자본주의 사회의 모순들이 국가기구 안에서 재생산되므로 국가의 역할과 기능을 국가형태로부터 도출하는 데 한계가 있음을 이 견해는 제기한다.

다만, 국가는 사회관계의 한 특수한 형태로 존재하므로 국가의 지속적인 존재는 자본관계의 재생산, 즉 자본축적에 의존한다는 점에서 국가형태 규정으로부터 제한을 받는다. 이에 따라 국가 자체의 존재의 전제조건, 즉 지속적인 자본축적의 확보 필요성이 국가행위의 구성과 한계로 된다. 이는 "직접적 생산과정으로부터 분리된 한 심급으로서의 그 형태 때문에 국가는 본질적으로 생산 및 재생산과정의 결과들에 반응하는 것으로 제한"됨을 의미한다. 따라서 국가행위는 "축적과정의 전개에 대한 중재적 반응과정을 통해 전개된다"(Holloway & Picciotto, 1978a: 181). 그래서 이 견해는 이윤율 저하 경향과 그에 대한 상쇄경향들을 국가행위 발전의 주요 동력으로 파악한다. "자본주의에 대해 끊임없이 그 자신의 생산조건들을 재조직해야 할 필요성을 부과하는 계급투쟁의 사회적 과정"(Holloway & Picciotto, 1978a: 182)의 표현인 이윤율 저하 경향에 맞서 국가행위는 그 상쇄경향들을 동원한다는 것이다.[19]

이상의 '국가도출논쟁' 과정에서 자본주의적 국가형태가 '시민사회'로부터 분리된 것은 자본주의적 생산관계의 경제적 형태인 상품형태 규정과 그로 인한 '경제적 강제'에 근거하고 있다는 점은 충분히 밝혀지고 있다. 핵심적으로는 상품형태 규정에 따른 상품관계의 전제조건 — 자유롭고 평등한 계약관계 — 및 '경제적 강제'와 직접적인 폭력(또는 강제)이 모순되기 때문이다.

'국가도출논쟁' 과정에서 제시된 논거들은 주로 파슈카니스가 이미 제시했던 것들이다.

다른 사람에게 부과되고 힘에 의해 확보되는 한 사람의 명령으로서의 강제는 상

---

19) 홀로웨이와 피치오토는 이 세 번째 견해를 '국가도출논쟁'에서 가장 발전된 견해로 평가한다. 특히 형태 분석을 "역사적으로 규정되며 역사적으로 발전해가는 사회관계들의 형태에 대한 분석"으로 파악한 점을 높게 평가한다. 그런데 계급투쟁의 한 과정으로서의 자본축적 과정의 재조직으로서 국가행위의 발전을 분석하기보다 자본축적과 국가행위 간의 관계가 계급투쟁의 중개로 이루어지고 있는 것을 시사하는 점을 문제점으로 비판한다. 즉, "자본축적 과정과 국가활동 사이의 (정치적인) '빠진 고리'에 대한 분석"으로 나아갈 가능성을 비판한다(Holloway & Picciotto, 1978a: 184~185).

품소유자들 사이의 상호관계에 전제된 기본 조건과 모순된다. 따라서 상품소유자들의 사회에서 그리고 교환 행위의 한계들 안에서 강제 기능은 결과적으로 사회적 기능이 될 수 없다. 왜냐하면 강제 기능은 추상적이고 비인격적이지 않기 때문이다. 상품생산사회에서는, 인간 일체 - 특수한 개인으로서의 인간 - 에 대한 종속은 자의적 변덕을 의미한다. 왜냐하면 그러한 사회에서는 그러한 자의적 변덕은 한 상품소유자의 다른 상품소유자에의 종속과 일치하기 때문이다(Pashukanis, 1951: 187~188; Hirsch, 1978: 62에서 재인용).

착취관계가 '독립적이고' '평등한' 두 상품소유자들의 관계로서 형태적으로 효과적으로 구성되는 정도만큼……정치적 계급권력은 공권력 형태를 취할 수 있다. ……부르주아 자본주의 세계를 지배하는 경쟁 원리는……정치권력을 개별기업과 연결시킬 가능성을 제공하지 않는다(Pashukanis, 1951: 186; Hirsch, 1978: 62에서 재인용).

이 문제에 대한 마르크스 자신의 논의를 살펴보자. 마르크스는 『자본론』 1권에서 상품관계에 의한 자유롭고 평등한 계약관계의 규정을 명쾌하게 밝힌다.

상품은 스스로 시장에 갈 수도 없고 스스로 자신을 교환할 수도 없다. ……한 상품의 소유는 다른 상품의 소유자의 동의하에서만, 따라서 각자는 쌍방이 동의하는 하나의 의지행위를 매개로 해서만, 자기 자신의 상품을 양도하고 타인의 상품을 자기의 것으로 만든다. 따라서 그들은 서로 상대방을 사적 소유자로 인정해야 한다. 계약의 형식을 취하는 이 법적 관계는 - 법률체계의 일부이든 아니든 - 경제적 관계를 반영하는 두 의지 사이의 관계이다. 이 법적 관계(또는 의지관계)의 내용은 경제적 관계 그 자체에 의해 주어지고 있다(Marx, 1976b: 108~109).

『정치경제학 비판 요강』에서는 경제적 관계에 의한 규정에 대해 더욱 자세히 설명하고 있다.

이제 개인들과 이들의 상품들의 자연적 상이성……이 이러한 개인들의 통합을 위한 동기, 그들이 평등인들로 전제되고 입증되는 교환자로서의 사회적 관계를 위한 동기를 이루는 한에 있어서, 평등 규정에 덧붙여 자유 규정이 추가된다. A라는 개인이 B라는 개인의 상품에 욕구를 느끼지만, 그는 이를 폭력을 통해 장악하지 않으며 그 반대의 경우에도 마찬가지이다. 그들은 상대방을 소유자로, 그들의 상품에 의지가 관철되는 인격들로 인정하는 것이다. 그런 연후에 여기에 우선 인격의 법률적 계기가 들어오며, 거기에 자유가 포함되어 있는 한에서 자유의 계기도 들어온다. 누구도 타인의 소유를 폭력으로 장악하지 않는다. 각자는 소유를 자발적으로 양도하는 것이다(Marx, 1976a I권: 238).

마르크스는 『독일 이데올로기』에서 비록 추상적으로 분석한 것이지만, 사회적 분업이라는 사회관계 분석을 통해 개별 이해와 공동 이해의 괴리 때문에 "개인들에 대립해 자립화된 가상적 공동체(국가, 법)"(Marx, 1969a: 252)로서 국가형태가 정립된다고 명료한 형태로 국가형태의 분리를 설명한다.

  분업과 더불어 서로 교류하고 있는 모든 개인들의 공동의 이해와 각 개인 또는 한 가족의 이해 사이의 모순이 주어진다. 더구나 이 공동 이해라는 것은 그저 단순히 관념 속에 '보편'으로서 존재하는 것이 아니라, 무엇보다도 현실 속에서 노동을 분담하고 있는 개개인들의 상호 의존성으로서 존재하고 있다. 바로 개별 이해와 공동 이해 사이의 이러한 모순으로 말미암아 공동 이해는 현실의 개별적 및 집단적 이해에서 분리된 채 국가로서, 그리고 동시에 환상적 공동(체)성으로서 독자적 형태를 취한다(Marx, 1969a: 213).

그뿐만 아니라 이에 근거해 마르크스는 자본주의적 국가형태 내부에서 계급투쟁이 '정치적 형태'로 표현될 수밖에 없음도 바로 도출한다. "국가 내부에서의 모든 투쟁들, 민주제·귀족제·군주제 사이의 투쟁, 선거권을 쟁취하려는 투쟁 등은 상이한 계급들 간의 현실적 투쟁들이 수행되는 환상적인 형태들 — 일반적으로, 보편적인 것은 공동적인 것의 환상적 형태에 불과하다 — 에 지나지 않는다"(Marx, 1969a: 213).[20] 그리고 이 국가형태 내부에서의 '정치적 형태'의 계급투쟁 과정에서 국가가 '중재자'로서의 중립적 외관을 획득한다는 점도 밝힌다.

개개인은 단지 자신의 개별 이해만을 추구하는 까닭에 – 즉, 이들 개개인들에 있어서 그들의 공동 이해와 일치하지 않는 이해를 추구하는 까닭에 – 공동 이해는 그들에게 '낯선', 그들로부터 '독립된', 그래서 그 자체가 다시 개별적이고 특유한 '보편' 이해로 간주된다. 또한 그렇기 때문에 그 개인들 자체는, 마치 민주주의에서 그러한 것처럼 이러한 분열 속에서 운동하지 않으면 안 된다. 왜냐하면 다른 한편으로 공동의 이해, 환상적인 공동의 이해에 지속적으로 실제적으로 대립하는 이들 개별 이해들의 실천적인 투쟁은 또한 국가로서의 환상적인 '보편' 이해에 의한 실천적인 중재와 제어를 필요로 하게 만들기 때문이다(Marx, 1969a: 213~214).

그러나 마르크스는 『독일 이데올로기』에서의 국가형태 논의에서 국가형태의 분리되고 중립적인 외관에도 불구하고, 자본주의 국가의 본질로서 계급지배적 성격, 즉 계급지배를 위한 도구적 성격을 국가의 경제적 토대 – 조세, 국채 등 국가의 재정수입 – 에 대한 경험적 분석을 근거로 도출한다. 이는 『독일 이데올로기』에서 마르크스의 주요한 분석 개념이 '물질적 생활과정' 개념임을 상기하면 쉽게 이해될 수 있다. 국가의 본질과 성격에 대한 관념론적 이해를 비판하기 위해 관념론 비판의 근거인 '물질적 생활과정' 개념에 입각해 국가의 '물질적 생활과정' 분석을 통해 국가의 계급적 본질을 규명한 것으로 볼 수 있다.

이 근대적 사적 소유에 조응한 것이 근대국가인데, 이 근대국가는 조세로 인해 점차적으로 사적 소유자들에 의해 매수되고 국채제도로 인해 사적 소유자들의 수중에 떨어져서 그 존립은 증권거래소에서의 국채증권의 등락 속에서 사적 소유자들, 즉 부르주아들이 국가에 부여하는 상업적 신용에 전적으로 의존한다. 부르주아는 그들

---

20) 여기서 '환상적 형태'란 '정치적 형태'를 말한다. 마르크스의 '환상적'이라는 표현은 '내용이나 실체가 아닌 형태적인', 따라서 '기만적인' 표상(또는 의식형태)을 가리키는 용어이다. 국가가 시민사회로부터 분리되어 '환상적 공동체'로 나타나기 때문에 그 국가형태 내부에서의 계급투쟁도 '환상적 형태'로 전개된다는 것이다. "국가란 지배계급의 개인들이 그들의 공동의 이해를 관철하는 형태, 어떤 시기의 시민사회 전체가 총괄되어 있는 형태이기 때문에, 모든 공동의 제도들이 국가에 의해서 매개되어 하나의 **정치적 형태**를 가지게 된다는 결과가 나온다. 따라서 법률이란 의지, 더욱이 그 현실적 토대로부터 떨어져 나온 의지, 즉 자유의지에 근거하고 있는 것 같은 **환상**이 생겨난다. 마찬가지로 권리 또한 법률에 환원된다"(Marx, 1969a: 260. 강조는 인용자).

이 더 이상 하나의 신분이지 않고 하나의 계급인 까닭에, 더 이상 지방적으로가 아니라 전국적으로 자신을 조직하지 않을 수 없게 되고 그들의 평균적 이해에 보편적 형식을 부여하지 않을 수 없게 된다. 공동체로부터의 사적 소유의 해방을 통해서 국가는 시민사회와 나란히 있는, 그리고 시민사회 바깥에 있는 특수한 존재로 되었다. 그러나 국가는 부르주아들이 그들의 소유 및 그들의 이익을 상호 보장하기 위해 대외적으로도 대내적으로도 필요로 하게 된 조직의 형태 이외에 아무것도 아니다(Marx, 1969a: 260).

또한 마르크스는 국가형태의 자립성이라는 외관이 자본주의의 발달에 따라 현실 속에서 쉽게 사라지는 것으로 서술한다.

오늘날 국가의 자립성은 고작 다음과 같은 나라들, 즉 신분들이 완전히 계급들로 발전하지 않은 나라들, 제거되어버린 신분들이 여전히 하나의 역할을 수행하고 있어서 하나의 혼합물이 존재하고 있는 덜 진보한 나라들에서만 보이는데, 그런 나라들에서는 주민의 어떤 부분도 주민의 다른 부분들에 대해서 지배권을 가질 수 없다. 특히 독일이 그러하다. 근대국가의 가장 완성된 예는 북아메리카이다. 요즈음의 프랑스, 영국, 아메리카 저술가들은 모두 국가란 모름지기 사적 소유를 위해서 존재한다는 견해를 피력하고 있으며, 그 결과 이러한 견해는 또한 상식으로 되어 있다(Marx, 1969a: 260).

이상에서 보는 것처럼 마르크스는 『독일 이데올로기』에서 국가형태 분석을 통해 '경제적 강제'에 의한 매개 개념 없이, 국가형태의 자립적 외관에도 불구하고 자본주의 국가의 본질적 성격을 계급지배의 도구로 규정한다.[21] 그 주요한 이론적 근거는 사회적 분업에서의 전체와 개별의 관계, 국가의 '물질적 생활과정'으로서의 경제적 토대, 사회관계로서의 계급 개념 등이다.

여기서 마르크스의 계급 개념은 계급관계를 의미한다. 즉, 사회관계로서의 계

---

21) 마르크스의 『독일 이데올로기』에서의 국가형태 분석이 『공산당선언』에서의 자본주의 국가에 대한 언급과 함께 '도구주의 국가론'이나 풀란차스의 '구조주의 국가론'의 근거가 되고 있음을 쉽게 알 수 있다.

급이다. 사회집단 개념이 아니다. "바로 부르주아들은 계급으로서 지배하기 때문에, 법률 속에서 그들은 자신들에게 보편적 표현을 부여하지 않을 수 없다"(Marx, 1969a: 262). '계급으로서 지배'한다는 것은 사회관계를 통해 지배한다는 것이고, 그렇기 때문에 부르주아계급은 자신들, 즉 자본관계를 보편적 관계로 표방해야 한다. 또한 마르크스의 계급 개념은 '대자적(對自的) 계급' 개념이다. 즉, 부르주아계급은 항상 봉건계급이든 프롤레타리아계급이든 대항계급에 맞서는 계급으로 형성되고 유지되는 것이다.[22]

## (2) 자본주의 국가의 역할과 한계

독일의 '국가도출논쟁'에서 형태 분석의 성과로 국가형태의 시민사회로부터의 분리의 근거는 밝혀졌으나, 국가형태로부터 국가의 기능 및 한계를 도출하는 문제, 즉 국가의 성격 규정 ― 다시 말해 국가형태의 내용규정 ― 은 여전히 논쟁적이고 미해결인 채로 남아 있다. 이는 '정치적인 것'과 '경제적인 것'의 연관에 대한 이론화가 불충분했음을 의미한다. 필자의 입장에서 보면, '경제적 강제'의 매개에 의한 '경제적 형태'와 '정치적 형태' 간의 연관을 제대로 이론화하지 못한 것으로 평가할 수 있다. 이러한 불충분한 이론화는 논쟁과정에서 가장 발전된 견해를 제출한 히르쉬(1978)의 경우 자본축적과 국가행위를 계급투쟁이 매개한다는 이론화로 표현했다.[23]

필자는 앞서 표명한 바와 같이 '경제적 형태'와 '정치적 형태'의 연관을 해명하는 관건이 '경제적 강제'의 매개에 있다고 본다. 그런데 '국가도출논쟁' 과정에서는 마르크스의 '경제적 강제' 개념에 대한 엄밀한 검토가 부재했고, 대체로 마르크스

---

22) "각각의 개인들은, 단지 그들이 다른 한 계급에 대항해 공동의 투쟁을 수행해야만 하는 한에서만 하나의 계급을 형성한다. 그 밖의 경우에 경쟁 속에서는 개인들 자신이 다시 서로 적대적으로 대립한다. 다른 한편, 계급은 개인들에 대해서 다시 자립적인 것으로 되어서, 그 결과 개인들의 이러한 생활조건들은 예정되어 있던 것으로 존재하게 되고, 그 생활상의 지위 및 그와 동시에 그들의 인격적 발전이 계급에 의해서 지시받으며 계급 아래 포섭된다. 이러한 일들은 개별적 개인들이 분업 아래로 포섭되는 것과 동일한 현상이며, 오로지 사적 소유 및 노동 그 자체의 지양을 통해서만 제거될 수 있다"(Marx, 1969a: 245~246).

23) 실제로 히르쉬는 '국가도출논쟁'에서 제출한 자신의 관점을 토대로 조절이론을 수용하고, 조절이론을 마르크스주의 입장에서 이론적으로 더욱 엄밀화하려고 노력하며, 조절이론의 취약한 국가이론을 보강하는 방향으로 이론을 발전시킨다(Hirsch, 1990b).

의 『독일 이데올로기』에서의 국가형태 논의 수준에서 크게 벗어나고 있지 못하다고 평가할 수 있다.

필자는 마르크스가 『자본론』 등에서 '정치경제학 비판'을 통해 발전시킨 '경제적 강제' 개념은 물신주의를 표현한 것으로 해석하고자 한다. 즉, '경제적 강제' 개념은 물신화된 의식형태를 표현한 개념인 것이다. 달리 말해, '경제적 강제' 개념은 '물질적 의존관계'가 의식형태로 반영된 것에 불과하다.[24] 그러나 '물질적 의존관계'는 마르크스의 물신주의 비판에 따르면, 본질적으로 계급적 지배/예속관계이다. "(개인으로부터 독립적이고 스스로 자족적인) 관계들에 의한 개인의 객체적(objective) 제약……외적인 관계들, 조건들……이러한 외적 관계들은 결코 '종속관계'의 폐지가 아니다. 이 외적 관계들은 오히려 이 종속관계의 일반적 형태로의 용해이며, 인격적 종속관계의 일반적 기초의 정교화 및 출현"(Marx, 1976a I권: 145~146)이다. 따라서 '경제적 강제' 개념은 기만적 의식형태를 표현한 것이다.

역으로 말하자면, '경제적 강제'는 저절로 확보되지 않고, 그러한 기만적 의식형태를 가능하게 하는 조건으로서 '물질적 의존관계' ─ 달리 표현하면 자본주의적 생산관계 ─ 를 전제하고 있다. 이것이 저절로 확보된다고 보는 것, 즉 '경제적 강제'를 실제 현실관계로 보는 것은 물신주의에 사로잡힌 인식이다. 예컨대 '형식적 포섭(또는 형태적 포섭)'에 관한 마르크스의 다음과 같은 서술은 상품관계(또는 상품형태)의 물신주의 현상을 그대로 서술한 것이지, 본질적인 관계를 서술한 것이 아닌 것과 마찬가지다. "노동조건들의 소유자와 노동자 자신 사이의 관계를 순수한 매매관계, 또는 화폐관계로 해소하고, 착취관계로부터 모든 가부장적이고 정치적이거나 종교적인 혼합을 제거하는 형태이다. 물론 생산관계 자체가 새로운 지배/예속관계를 낳고 이것이 자신의 정치적 표현 등을 산출한다"(Marx, 1969b: 95).

그뿐만 아니라 자본주의 생산양식에서 "경제외적·직접적 폭력도 물론 여전히 사용되지만 그것은 다만 예외적이다. 보통의 사정하에서는 노동자를 '생산의 자연법칙'에 내맡겨 둘 수 있다"(Marx, 1976b: 1013). 여기서 '경제외적·직접적 폭력'은 "물론 여전히 사용"된다는 점을 주목할 필요가 있다. '경제적 강제'는 결코 완전

---

24) "지배/예속관계가 노예제, 농노제, 군신제, 그리고 특정한 여타 종속형태 등을 대체하고 들어서면 변화는 순전히 형태 변화이다. 이 형태는 객체적(대상적) 성격을 가지고, 외관상 자발적이며, 순수하게 경제적이기 때문에 더 **자유롭게** 된다"(Marx, 1969b: 96).

하지 않을 뿐 아니라 자본주의 사회에서 '경제적 강제' 때문에 '경제외적 강제'가 완전히 사라지는 것이 아니다. 자본주의 생산양식에서 '경제적 강제'가 '경제외적 강제'와 공존한다는 마르크스의 이 서술은 '경제적 강제' 개념이 물신주의를 표현한 개념임을 분명히 해준다. 물신주의가 관철되는 '보통의 사정하'에서는 경제적 강제'로 충분하지만(거꾸로 '경제외적 강제'가 불필요하지만), '예외적'인 경우, 즉 물신주의가 관철되지 않을 경우(즉, 시초축적기처럼 물신주의가 아직 제대로 구축되지 않거나 자본축적의 위기 시처럼 모순과 계급투쟁에 의해 물신주의가 폭로되어 불완전하게 되는 경우)에는, '경제외적 강제'가 여전히 사용된다.

요컨대 '경제적 강제'는 지배/예속관계로서의 계급관계에 필연적으로 요구되는 '강제'의 물신화된 형태일 뿐만 아니라 '경제외적 강제'를 완전하게 대체하지도 않는다. 따라서 불완전한 '경제적 강제'를 보완하기 위해 필연적으로 요구되는 '경제외적 강제'는 계급투쟁 과정에서 자본과 국가에 의한 폭력의 행사로 나타난다. 이는 역사적으로 자본의 폭력적인 계급투쟁과 국가 공권력의 노동자투쟁에 대한 폭력적 진압으로 표현되었다.

그렇다면 자본주의적 계급관계의 정치적 형태가 '경제적 강제'를 매개해서 정립된다는 것은 정치적 형태의 내용규정이 '경제적 강제', 또는 그것의 전제로서 '물질적 의존관계'를 조건으로 확보하는 것임을 의미한다. 이는 '물질적 의존관계'의 제도화·관습화로서의 '규제와 질서'[25]를 의미한다.

현존하는 상태를 법률로서 신성시하고 관습과 전통에 의해 주어진 제한들을 법률적인 제한들로서 고정시키는 것이 사회지배층의 이익이 된다는 것도 어디에서나 마찬가지로 여기에서도 명백하다. ……이러한 일은, 현존하는 상태의 토대(또는 그 상태의 바탕을 이루는 관계)의 끊임없는 재생산이 세월의 흐름에 따라 규칙적이고 질서 있는 형태를 취하게 되면, 자연히 발생된다. 그리고 이러한 규제(regulation)와 질서는 그 자체 모든 생산양식 — 그 생산양식이 사회적 안정성을 얻고 단순한 우연과 자의로부터 독립하려면 — 의 필수불가결한 요소이다. 이 규제와 질서는 한 **생산양식이 사회적으로 확립되는 형태**이며, 따라서 그 생산양식이 단순한 우연과 자의

---

25) 이를 오늘날의 일반적인 표현으로 말하면, '법과 질서'이다.

로부터 상대적으로 해방되는 형태이다. 어떤 생산양식도 생산과정과 그것에 대응하는 사회관계가 정체하고 있는 상태에서는 단순히 자기 자신을 반복해서 재생함으로써 이러한 형태를 얻을 수 있다. 이러한 과정이 일정한 기간 계속된다면 이 형태는 **관습과 전통으로** 확립되고 나아가서 **명문화된 법률로서** 신성시된다(Marx, 1981a: 975. 강조는 인용자).

따라서 자본주의적 국가의 내용규정, 즉 역할과 기능은 '물질적 의존관계'의 확보, 즉 자본주의적 사회관계의 사회적 재생산으로 일반적으로 규정된다. 이처럼 '경제적 강제' 개념을 '물신주의 비판'적 관점에서 독해할 때 독일의 '국가도출논쟁'에서 제출된 '경제적 형태'와 '정치적 형태'의 연관에 대한 첫 번째와 두 번째 견해의 오류를 극복할 수 있다. 그 두 견해는 '경제적 형태'의 상품형태 규정의 물신주의에 사로잡혀 '경제적 형태'와 '정치적 형태' 간의 연관을 이론화할 수 없었다. 즉, 물신주의가 완벽하게 관철된다고 보기 때문에 그 두 형태는 형태적으로 상품형태 규정에 의해 일치하게 되고, 따라서 형태규정만 가능하지 내용규정을 할 수 없다. 그 결과 국가형태로부터 국가 기능을 도출하는 게 아니라 자본주의 국가의 경험적 사실에 근거해 국가 기능으로부터 국가형태를 도출할 수밖에 없게 된 것으로 볼 수 있다.

요컨대 자본주의적 사회관계를 사회적으로 재생산하기 위해 필요한 모든 것 – 주요하게는 사적 소유권 확립 및 보장, 노동력 관리, 화폐 관리, 축적위기 관리 등 – 이 자본주의적 국가의 역할과 기능으로 일반적으로 규정되는 것이다.

자본주의적 국가의 이러한 내용규정은 국가논쟁과정에서 자본주의적 국가가 자본 일반의 이해관계를 대변하고 자본 일반의 요구사항들을 실행한다는 견해로 표현된 것으로 볼 수 있다. 마르크스 역시 "국가란 지배계급의 개인들이 그들의 공동의 이해를 관철하는 형태"(Marx, 1969a: 260), 또는 부르주아계급의 "평균적 이해에 보편적 형식을 부여"(Marx, 1969a: 260)한 것으로 국가의 본질적 성격을 파악하고 있다. 따라서 국가행위의 구체적 내용, 즉 국가개입의 구체적 형태는 자본축적 과정에 따라 달라진다.

그런데 '개방적 마르크스주의'는 도구주의 국가론에 대한 비판의 관점, 즉 기능주의적 국가론을 피하려는 노력 때문에 자본주의적 국가의 내용규정에 소극적이다.

자본주의적 사회관계의 형태로서의 국가의 실존은 자본주의적 관계들의 재생산에 의존한다. ……왜냐하면 국가 자체의 지속적 실존이 전체로서의 자본주의적 사회관계의 재생산의 촉진에 묶여 있기 때문이다. 그러나…… 기능주의적 방식으로, 국가가 하는 모든 것은 반드시 자본의 최상의 이익에 부합할 것이라거나 국가가 자본주의 사회의 재생산을 보장하기 위해 필요한 것을 달성할 수 있다고 가정될 수는 없다(Holloway, 1995b: 180).

'개방적' 마르크스주의가 이처럼 자본주의적 국가의 내용규정에 소극적인 것은 대체로 히르쉬의 이론화를 추수한 것인데, 이는 나중에 살펴보겠지만 국가의 형태규정과 내용규정 간의 모순에 대한 이론화를 제대로 하지 못한 데 그 원인이 있다. 그러나 "자본주의적 관계의 재생산에 의존한다"는 식의 소극적 내용규정, 즉 "재생산과정의 결과들에 반응하는 것으로 제한된다"(Holloway & Picciotto, 1978a: 180)라는 식의 내용규정은 자본주의의 발전과정에서 국가의 적극적 역할을 제대로 평가할 수 없게 한다. 그뿐만 아니라 마르크스의 자본주의 국가에 대한 성격규정과도 배치된다. '개방적' 마르크스주의의 이러한 한계는 마르크스의 물신주의 비판을 강조하면서도 그 관점을 국가형태 분석에 철저하게 밀고 나가지 못한 데서 비롯된 것으로 평가할 수 있다.

자본주의 국가의 역할에 대한 이와 같은 일반적 규정은 '부르주아 사회의 총괄로서의 국가'라는 마르크스의 규정, 즉 계급관계의 총괄로서의 국가 개념에 합당한 것이다. 그리고 자본주의의 역사적 발전과정에서 계급투쟁의 전개와 계급 역관계의 변화에 따라 자본주의 국가의 역할이 변화·발전하는 것을 일반적으로 해명할 수 있다. 즉, 국가 역할의 확대(케인스주의적 국가형태) 또는 축소(신자유주의적 국가형태)라는 외적 현상이 모두 계급관계의 사회적 재생산이라는 요구에 따른 것으로 일관되게 설명할 수 있다.

따라서 국가개입의 증가 또는 '국가화'를 자본주의에서의 역사적 경향으로 파악하는 논의(정성진, 2003), 또는 '개방적' 마르크스주의 이론가들이 "노동과 화폐의 관리가 자본주의 사회들에서의 국가'개입'의 중심축"(Burnham, 2000: 18)이라고 파악하는 것은 대부분 경험적 관찰이나 경험적 추상에 입각한 것으로 부적절하다. 예컨대 '국가화'가 역사적 경향이라면 신자유주의적 국가형태는 어떻게 설명할 것인가? 또 국가독점자본주의론에서 신자유주의 시대에는 국가개입의 형태만이 바뀌었다고 주장하는데, 그렇다면 사회복지제도의 대폭 축소나 공공부문의 사유화 경향 등을 어떻게 설명할 수 있는가?

또한 자본주의적 국가의 본질(또는 성격)은 지배계급인 자본가계급의 계급지배의 도구이다. 그것의 외관상의 분리, 즉 자립성과 그와 연관된 부르주아 민주주의적 형태 ― 대의제 형태와 형식적 민주주의 ― 는 순전히 기만적인 것[26]이다. 자본주의적 국가형태는 상품형태 규정에 따라 모든 사적 개인을 상품소유자로 추상한다. 즉, 국가형태 안에서 모든 개인은 사적 소유자로 형태적으로 동등한 '추상적 개인'으로 전형된다. 그래서 모든 개인은 자유·평등 등의 권리를 동등하게 부여받는 법적 주체로 취급되고, 따라서 대의제 형태 등 부르주아 민주주의를 필연화한다. 그러나 부르주아 민주주의는 추상적·형식적 민주주의이기 때문에 그것의 내용은 계급투쟁에 의해서만 역사적으로 발전한다. 이 형식적 자유·평등은 사적 소유자로서의 자유·평등으로서, 계급적 내용을 사상(捨象)한 사적 소유의 추상적 표현에 불과하다.

예컨대 시초축적 과정에서 자본주의적 관계를 창출하기 위한 국가의 폭력적 개입은 시민사회로부터 분리되어 자본주의적 국가가 형성되는 과정에서부터 그 자립적 외관에도 불구하고 계급관계와 계급투쟁의 한 형태 ― 즉, 정치적 형태 ― 로서의 국가가 자본축적에 직접적으로 개입했음을 보여준다. 마르크스는 『자본론』 1권에서 국가의 폭력적 개입에 대해 언급하고 있다.

자본주의적 생산의 역사적 발생시기에는 사정이 다르다. 신흥 부르주아는 임금을 '규제'하기 위해(임금을 이윤획득에 적합한 범위 안으로 억압하기 위해), 노동일을 연장하기 위해, 그리고 또 노동자 자신을 자본에 정상적인 정도로 종속시켜두기 위해 국가권력을 필요로 하며 또한 그것을 이용한다. 이것이 이른바 시초축적의 하나의 본질적 계기이다(Marx, 1976b: 1013~1014).

임금노동에 관한 입법은 처음부터 노동자의 착취를 목적으로 했으며, 자체의 발

---

26) 내용·실체·본질이 아닌 형태적인 것이고, 형태규정이 내용규정과 대립된다는 의미에서 기만적이다. 예컨대 계급지배라는 불평등한 내용규정과 자유·평등이라는 형태규정은 서로 대립한다.

전과정에서도 언제나 변함없이 노동자계급에 적대적이었다. 임금노동에 관한 입법은 영국에서는 에드워드 3세의 통치 시기인 1349년에 제정된 노동자 법령이 그 시초이다. ……법률에 정한 임금보다 많이 지불하는 것은 금고형으로써 금지되었는데, 보다 높은 임금을 받는 것은 그것을 지불하는 것보다 더 엄한 처벌을 받는다. …… 1360년의 법령은 이 형벌을 한층 더 엄하게 했으며, 심지어 육체적 처벌을 사용해 법정임금률로 노동을 착취할 권한까지 고용주에게 주었다. ……노동자들의 단결은 14세기로부터 (단결금지법이 폐지된) 1825년에 이르기까지 중죄로 취급되었다(Marx, 1976b: 1014~1015).

1813년에 임금규제에 관한 법령들이 폐지되었다. 자본가가 자기의 사적 입법에 의해 자기 공장을 규제하기 시작했으며, 또 농촌노동자의 임금을 구빈세에 의해 불가결한 최저한도까지 보충해주게 되자 그러한 법령들은 필요 없게 된 것이다(Marx, 1976b: 1017).

노동자의 단결을 금지하는 가혹한 법령들은 1825년에 프롤레타리아의 태도가 위협적인 것으로 되자 폐지되었다(Marx, 1976b: 1017).

이(시초축적의: 인용자) 모든 방법들은 봉건적 생산양식의 자본주의적 생산양식으로의 전환과정을 온실 속에서처럼 촉진해서 그 과도기를 단축시키기 위해 국가권력(즉, 사회의 집중적이며 조직적인 힘)을 이용한다. 폭력은 낡은 사회가 새로운 사회를 잉태하고 있을 때에는 언제나 그 산파가 된다. 폭력 자체가 하나의 경제적 잠재력이다(Marx, 1976b: 1033).

그리고 자본주의적 국가의 이러한 계급투쟁으로서의 개입은 자본주의 생산양식이 정립된 이후에도 일상적으로 관철되고 있으며, 자본축적의 위기 ─ 즉, 자본주의적 사회관계 재생산의 위기 ─ 시에 더욱 전면적이고 표면적으로 드러날 뿐이다.[27] 평상시에는 국가형태의 물신적 외관 또는 기만성으로 인해, 그리고 더 중요

---

27) 자본축적 위기 시 계급투쟁의 정치적 형태로서의 국가 개입 문제는 이후 제4장에서 구체적으로

하게는 '생산의 자연법칙' 또는 '경제적 관계의 무언의 강제'라는 물신화된 의식형
태에 의해, 자본주의적 국가의 계급지배적 성격이 의식형태에 표상되지 않을 뿐이
다. 그래서 마르크스는 '정치경제학 비판'을 정립하기 이전인『독일 이데올로기』
에서 이미 사회관계 분석만을 통해서도 자본주의적 국가의 형태뿐만 아니라 그 본
질로서의 계급지배적 성격까지 통찰할 수 있었다.[28] 다만 '정치경제학 비판'을 통
해서 발전시킨 '물신주의' 개념이 명료하지 않았기 때문에『독일 이데올로기』에서
는『자본론』3권에서와 같은 정교한 정식화(Marx, 1981a: 972~973)를 통해 '경제적
형태'와 '정치적 형태' 간의 연관을 밝히지는 못한 것으로 평가할 수 있다.

  '경제적 강제' 개념에 대한 '물신주의 비판'적 관점에서 국가형태의 내용규정을
분석한 지금까지의 논의는 '국가도출논쟁'에서 국가형태로부터 그 내용규정인 국
가의 역할과 기능을 도출하고자 하면서 발생한 혼란과 논쟁을 해결할 수 있는 이
론화의 한 대안을 제시해준다.

  다른 한편, '경제적 강제' 개념을 '물신주의 비판'적 관점에서 독해할 때 자본주
의적 국가의 형태와 내용 간의 모순, 그리고 그에 따른 국가역할의 한계 문제를 경
험적으로 나열하는 것이 아니라 개념적으로 파악할 수 있다.[29]

  자본주의적 국가의 형태와 내용 간의 모순은 간단히 말해 모든 사회구성원의
'환상적 공동체'로서의 국가형태와 자본가계급의 계급지배 도구로서의 국가의 성
격 간의 모순이다. 즉, 계급관계 및 계급투쟁으로부터의 자립성과 중립성이라는
국가의 형태규정과 자본가계급의 계급지배를 위해 계급관계 및 계급투쟁에 개입
해야 하는 국가의 내용규정 간의 모순이다. 모순의 핵심은 자본가계급의 국가를

---

분석할 것이다.

28) 마르크스의 그러한 통찰은 대단한 것이 아니었다. 앞서 인용문에서 보았듯이, 자본주의 국가의
   계급지배적 성격은 그 당시에 이미 상식이었다.

29) "가치과정이 그 속에서/통해서 존재하는 사회적 조건들의 조직은 여기에서는 지배양식으로서의
   국가의 내용 — 국가를 자본주의적 사회관계의 역사적 결과·현실·과정으로 규정하는 것으로 전제
   하는 내용 — 으로 파악된다. 사회적인 것으로부터 정치적인 것의 분리는 사회 안에서 작동한다.
   따라서 형태와 내용 간의 모순, 즉 형식적 자유와 형식적 평등의 일반성을 '공동체'로서 부과하는
   국가의 특수화와 그 내용이 '노동의 노예화의 영속화'(Marx, 「프랑스 1848~1850년의 계급투쟁」:
   30) — 즉, '자본 존재의 필수조건'을 구성하는 영속화 — 인 모순. '국가의 자립화된 권력'은 국가
   를 곧장 가치과정으로 밀어 넣는 형태-규정된 내용을 포함한다. 따라서 국가는……형태와 내용의
   모순적 통일로 구성된다"(Bonefeld, 1992a: 118).

통한 계급지배가 자동적으로 보장되지 않는다는 점이다. 왜냐하면 계급지배 자체가 국가기구 안에서 '정치적 형태'의 계급투쟁을 통해서만 관철될 수 있기 때문이다. 따라서 자본가계급의 계급지배, 즉 자본주의적 사회관계의 재생산은 계급투쟁의 결과에 달린 것이지, 사회관계 자체에 의해서 선험적으로 보장되지 않는다.

개별 자본의 이해관계와 자본 일반의 이해관계의 괴리, 국가 내부에서의 계급투쟁 등의 복잡한 과정은 1850년의 10시간 노동입법을 둘러싼 계급투쟁에 관한 마르크스의 분석에서 잘 나타나 있다.

만약 (자본이 자기증식에 대한 무제한의 충동에서 필연적으로 추구하게 되는) 노동일의 반(反)자연적 연장이 개개의 노동자의 수명을, 그리하여 그들의 노동력의 생존기간을 단축시킨다면, 소모된 노동력의 더 신속한 보충이 필요하게 될 것이며, 따라서 노동력의 재생산을 위한 비용은 더 많아질 것이다. ……그러므로 자본은 자기 자신의 이해관계에 의해 표준노동일을 제정하는 방향으로 나아가는 것 같이 보인다 (Marx, 1976b: 355).

그러나 자기 주위에 있는 노동자 세대의 고난을 부인하기에 '충분한 이유'를 가지고 있는 자본은, 인류는 장차 퇴화할 것이라든가 인류는 결국 사멸해버릴 것이라는 예상에 의해서는 그 실천적 활동에 조금도 영향을 받지 않는데, 그것은 마치 지구가 태양에 떨어질지도 모른다는 예상에 의해서는 자본이 아무런 영향을 받지 않는 것과 마찬가지다. ……'뒷일은 될 대로 되라!' 이것이 모든 자본가들과 모든 자본주의국들의 표어다. 그러므로 자본은 사회에 의해 강요되지 않는 한 노동자의 건강과 수명에 대해 조금도 고려하지 않는다. ……사태를 전체적으로 보면, 이 모든 것은 개별 자본가의 선이나 악의 때문은 아니다. 자유경쟁하에서는 자본주의적 생산의 내재적 법칙들은 개별 자본가에 대해 외부적인 강제법칙으로서 작용한다. 표준노동일의 제정은 자본가와 노동자 사이의 수세기에 걸친 투쟁의 결과다(Marx, 1976b: 360~362).

개별 공장주들이 아무리 옛날부터의 탐욕을 채우기 위해 마음대로 하려고 해도, 공장주계급의 대변자들과 정치적 지도자들은 노동자들에 대한 그들의 태도와 언사를 고쳐야 한다고 명령했다. 왜냐하면 그들은 이미 곡물법의 폐지를 위한 투쟁을 개시했고, 거기서 승리하기 위해서는 노동자들의 도움이 필요했기 때문이다! 그러므로 그들은 자유무역이라는 천년왕국에서는 임금이 두 배가 될 뿐만 아니라 10시간 노동 법안도 채용될 것임을 약속했던 것이다(Marx, 1976b: 377).

공장법들은 근대적 생산양식의 자연법칙으로서, 주어진 환경으로부터 점차적으로 발전해온 것이다. 국가에 의한 그러한 규정들의 정식화, 공식적 인정·선포는 장기 간의 계급투쟁의 결과였다(Marx, 1976b: 379).

이처럼 자본주의적 사회관계의 재생산이 계급투쟁의 결과에 달린 것이지, 사회 관계 자체에 의해서 선험적으로 보장되지 않는다는 점은 마르크스의 역사유물론이 목적론이 아니라 개방적임을 입증하고, 경제결정론 형태의 속류유물론을 비판할 수 있게 해준다. 마르크스의 물신주의 개념을 '물신화', 즉 완성된 사실이 아니라 끊임없는 계급투쟁 속에 있는 과정으로 이해할 것을 제안하는 홀로웨이의 물신화 개념도 이와 같은 맥락으로 이해할 수 있다.

일단 물신주의가 물신화 과정으로 밝혀지면, 모든 범주들의 견고성은 해체되고, 사물들 또는 성립된 사실들로서 나타나는 현상들 – 상품, 가치, 화폐, 국가와 같은 – 은 과정들로서 밝혀진다. 형태들이 살아난다. 범주들은 그들의 내용이 투쟁임을 밝히기 위해 개방된다. 물신주의가 물신화로 이해되면, 사회관계들의 자본주의적 형태들의 생성은 단순히 역사적 관심사가 아니게 된다. 가치형태, 화폐형태, 자본형태, 국가형태 등은 자본주의의 시초에 한 번만 성립되는 것이 아니다. 오히려 그것들은 끊임없이 문제시되고, 사회관계들의 형태들로서 끊임없이 의문시되고, 그래서 투쟁을 통해 성립되고 재성립되는(또는 재성립되지 않는) 것이다. 사회관계들의 형태들은 사회관계들을 형성하는 과정들이다(Holloway, 2002a: 31).

자본주의적 사회관계의 재생산이 선험적으로 보장되지 않는 이유를 국가형태의 계급관계 및 계급투쟁으로부터의 자립성과 중립성이라는 형태규정을 통해 구체적으로 보자. "국가란……어떤 시기의 시민사회 전체가 총괄되어 있는 형태이기 때문에, 모든 공동의 제도들이 국가에 의해서 매개되어 하나의 정치적 형태를 가지게 된다"(Marx, 1969a: 260). 따라서 자본가계급의 공동의 이해는 반드시 법, 제도 등 국가에 의해 매개된 '정치적 형태'를 통해 보편성을 획득해야 계급지배로 관철될 수 있다. 따라서 계급투쟁을 통해 계급지배가 관철될 경우 국가의 모든 활동은 자본주의적 한계를 부여받는다.

노동력을 조직하는 여러 기능(주택, 교육, 숙련, 건강, 사회적 재생산, 규율, 주거 조건, 법적 조항, 법적 권리의 강제, 자유시간의 조직)을 자기 것으로 사취(詐取)하는 국가의 경향과 노동자계급의 열망을 자본과 국가의 역사적 한계 안에서 처리하는 것은 국가 고유의 전제조건 — 잉여가치 생산과 자본의 지배 — 에 의해 제한된다. ……국가는 '우리가 필요한 사물들을 억압적인 형태로만' 제공한다. 국가의 이러한 모순은 완성된 사실로서가 아니라 계급투쟁의 과정으로서 존재한다. 따라서 국가의 계급적 성격을 지적하는 것만으로는 충분하지 않다. 오히려 계급적 성격은 계급지배의 특수한 형태 및 실천……으로서 분석될 필요가 있다. 국가(및 자본)가 계급갈등을 합법성의 부르주아 형태로 제한하고 노동자계급의 열망을 국가(및 자본)의 한계로 한정하려고 시도하는 것은 사회관계의 법제화만을 함의하는 것은 아니다. 그것은 또한 노동자계급의 열망을 인정하고 노동자계급의 열망을, 추상적 시민의 형태를 통해 노동자계급의 투쟁을 처리함으로써 계급으로서의 노동자계급의 존재를 부정하는 방식으로 처리하는 것을 함의한다(Bonefeld, 1992a: 119~120).

그러나 이 과정은 국가에 의해 일방적인 방식으로 관철되는 과정이 아니라 계급 간의 투쟁을 국가가 중재하는 방식으로 관철되어야 한다. 마르크스는 국가에 의한 계급투쟁의 중재방식을 '환상적 공동체'로서의 국가형태 규정에서 개별 이해와 보편 이해 간의 내적 관계의 필연적 귀결로 본다. "공동의 이해, 환상적인 공동의 이해에 지속적이고 실제적으로 대립하는 이들 개별 이해들의 실천적인 투쟁은 또한 국가로서의 환상적인 '보편' 이해에 의한 실천적인 중재와 제어를 필요로 하게 만들기 때문이다"(Marx, 1969a: 214). 또한 국가는 "공적 생활과 사적 생활 사이의 모순, 즉 일반적 이익과 사적 이익 사이의 모순에 그 토대를 두고 있다"(Marx, 1975b: 46). 마르크스의 이러한 논의는 '국가독점자본주의론'의 '국가와 독점체의 융합', '국가의 경제개입' 등의 이론화가 자본주의 국가의 형태규정을 무시한 이론화일 뿐만 아니라, 자본가계급의 계급지배가 자본주의 국가의 형태와 내용 간의 모순을 통해 관철된다는 것도 무시한 것이라는 점을 분명하게 해준다.

구체적으로 국가의 법, 제도, 정책 등은 대의기관이나 여론과정을 거쳐야 하고, 이 과정에서 계급 간의 '정치적 형태'의 투쟁에서 승리해야 관철될 수 있다. 자본주의 국가의 자립성과 중립성이라는 형태규정과 계급지배라는 내용규정 간의 이러한 모순적 운동과정이 그람시의 '헤게모니' 개념의 근거임을 쉽게 알 수 있다. 국가기구 안에서의 '정치적 형태'의 투쟁과정에서 구성원들의 '동의'를 획득해내는 것을 '헤게모니'로 볼 수 있기 때문이다. 그런 의미에서 자본가계급의 계급지배는 국가의 형태규정 때문에 동의를 통한 지배, 헤게모니적 지배로 볼 수 있다.

그러나 '헤게모니' 개념을 '정치적 영역'에만 국한시켜 파악하는 것(또는 좀 더 확장해 정치·이데올로기 영역으로 넓혀서 파악하는 것)은 계급투쟁을 '정치적 형태'(또는 정치·이데올로기적 형태)의 투쟁만으로 한정할 수 있다. 그러나 대부분의 경우 '정치·이데올로기적 형태'의 투쟁은 '경제적 형태'의 투쟁이 치환된 것이다. 좀 더 정확하게 말하면, '경제적 형태'의 투쟁으로 표출된 자본주의적 사회관계의 모순이 '정치·이데올로기적 형태'의 투쟁으로도 표출되는 것이다. 따라서 헤게모니 개념은 정치·이데올로기적 투쟁과 경제적 투쟁을 기계적으로 구분하고 후자에 대한 전자의 우위를 강조하는 일면성에 빠질 우려가 있다. 또한 '헤게모니' 개념을 계급투쟁으로서의 헤게모니라기보다는 정치·이데올로기적인 헤게모니로 파악하는 일면성에 빠질 우려도 있다. 즉, 계급투쟁을 총체적으로, 모든 영역의 투쟁을 '구분 속의 통일'로 보지 못하는 물신주의적 인식에 빠질 수 있다.

요컨대 계급투쟁에 의한 계급 간 역관계의 변화가 자본주의 국가의 역사적 형태의 끊임없는 전형(轉形), 즉 국가기능의 역사적 변화·발전을 가져오는 과정은 바로 자본주의 국가의 형태와 내용의 모순적 운동을 통해서이다. 이른바 '자유방임주의'적 국가형태에서 '포드주의(또는 케인스주의)'적 국가형태로, 다시 '신자유주의'적 국가형태로의 자본주의 국가의 역사적 전형은 바로 '정치적 형태'의 계급투쟁이 자본주의 국가의 형태와 내용 간의 모순적 운동으로 표현된 것으로 분석되어야 할 것이다. 이것은 이 책의 제4장의 과제이다.

자본주의적 국가의 형태규정과 내용규정 간의 모순에 의한 국가형태의 역사적 전형에 관해 여기서 일반적인 수준에서 말할 수 있는 것은 대립되는 두 가지의 '도구주의 국가론'을 모두 극복할 수 있다는 점이다. 즉, 도구주의적 접근의 한편이 내용규정만을 일면적으로 주목해 자본가계급이 국가를 계급지배의 도구로 기능적으로 사용한다고 본다면, 다른 한편은 형태규정만을 일면적으로 주목해 국가의 계급성이 중립적인 것으로, 따라서 국가를 계급투쟁의 장소로만 파악한다. 이 책에서의 규정은 도구주의적 양극단의 일면성을 극복하고 그 두 측면을 모순적 통일로 파악할 수 있게 해준다.

또한 바로 이 자본주의적 국가의 형태와 내용 간의 모순이 자본주의적 국가의 계급지배 도구로서의 한계이다. 이 한계는 단순하게 말하면, 자본가계급이 자본주의 국가권력을 장악한다고 해서 국가권력을 자신들의 이해관계를 위해 무제한적으로 사용할 수 없을 뿐 아니라, 국가권력을 장악한다고 해서 계급지배가 자동적으로 보장되지 않는다는 한계이다. 즉, 자본가계급은 국가권력을 장악하고서도 끊임없이 계급투쟁을 통해서만이 계급지배를 관철할 수 있는 것이다. 이는 자본이 자본/임노동관계에서 상품형태 규정으로 인해 노동을 통해서만 존재할 수 있다는 한계, 따라서 자본은 끊임없는 계급투쟁을 통해서만 잉여가치를 생산할 수 있다는, 즉 자본으로 존립할 수 있다는 한계와 조응한다.

다른 한편 자본주의적 국가의 한계에 대한 이상의 논의를 통해, '도구주의 국가론'의 문제가 자본주의 국가의 성격을 계급지배의 도구로 본다는 점에 있는 것이 아니라 계급지배가 국가의 형태와 내용의 모순을 통해서만 관철될 수 있다는 점을 보지 못하고 자본가계급과 국가의 관계를 기능적 관계로 파악한 점에 있다는 것을 알 수 있다. 이 점은 '상대적 자율성'을 토대로 한 풀란차스의 '구조기능주의적 국가론'에서도 마찬가지다. 이러한 의미에서 독일의 '국가도출논쟁'은 비록 국가의 형태와 내용 간의 모순을 개념적으로 파악하지는 못했지만, 형태 분석적 접근을 통해 '기능주의적 국가론'을 극복할 수 있는 기초를 제공했다고 평가할 수 있다.[30]

이제 지금까지의 국가형태 논의를 총괄하면, 자본주의 생산양식에서 자본주의

---

30) "그것(국가도출논쟁: 인용자)은 경제결정론으로부터, 그리고 국가와 자본주의 사회 사이의 관계에 대한 그토록 많은 토론을 망쳐놓은 기능주의로부터 빠져나오기 위한 기초를 제공했다. 또 그것은 국가를 자본주의 사회의 사회관계들의 총체의 한 계기로서 논의하기 위한 기초를 제공했다" (Holloway, 1995b: 178).

적 생산관계의 '경제적 형태'와 '정치적 형태'의 형태적 분리와 내용적 통일을 총체적으로 파악할 수 있다.

첫째, '정치적인 것'을 자본주의적 생산관계의 정치적 형태로 만드는 것은 '자본주의적 사회관계의 상품형태' 규정이다. 상품형태 규정이 봉건적 국가형태를 자본주의적 국가형태로 전형시킨 것이다. 따라서 자본주의 사회의 모든 사회적 현실은 가치형태(또는 상품형태) 규정을 '본질적 형태성'으로 직·간접적으로 부과받는다는 점이 재확인된다.

둘째, '경제적 형태'와 '정치적 형태'를 분리시키는 근거인 '경제적 강제'는 동시에 두 형태를 내용적으로 통일시키고 있다. 가치형태운동을 취하는 계급관계의 '경제적 형태'인 자본축적은 계급관계를 전제로 하고 있고, 계급관계의 재생산에 의해서만 보장된다. 직접적 생산자의 잉여노동을 추출하는 데 필수적으로 필요한 '강제'가 '경제적 강제'로 부과되기 위해서는 '물질적 의존관계'로서의 계급관계의 사회적 재생산이 확보되어야 하는 것이다. '경제적 강제'란 '물질적 의존관계'의 물신화된 의식형태에 불과하기 때문이다. 따라서 계급관계의 사회적 재생산을 담보하는 자본주의적 국가는 '경제적 형태'로서의 자본축적의 전제조건이다. 가치형태(또는 상품형태)를 통한 자본축적을 보장하는 자본주의적 사회관계의 일상적 유지와 재생산 및 그를 위한 '경제외적 강제'[31]를 자본주의적 국가가 내용적으로 제공하지 않으면, '경제적 형태'의 자본축적은 이루어질 수 없다.

자본주의적 국가가 '공권력'의 형태로 독점하고 있는 물리적 폭력은, 자본/노동관계를 유지하거나 창출하기 위한 노동자로부터 노동조건의 분리를 위해서는 역사적인 시초축적기에서뿐 아니라 항상적으로 사용되고 있다. 예컨대 생산력이 고도화해서 자동화가 진전되고 지식노동이 중요해진 신자유주의 자본주의 시대에 '지적 재산권'이 자본/노동관계를 유지·창출하는 데 결정적으로 작용함에 따라, 자본주의적 국가는 인류 공동의 지적 유산을 '지적 재산권'이라는 이름으로 사유화, 즉 현대판 '엔클로저'를 당당하게 감행하고 있다. 그리고 이를 지키기 위해 '경제외적 강제'인 폭력이 '공권력'의 이름으로 자행되고 있다.

---

31) 이 '경제외적 강제'는 자본주의 사회에서 '정치적 형태', 즉 '공권력' 형태를 취한다. 요컨대 자본주의에서의 '경제외적 강제'는 '정치적 강제'로 개념화할 수 있다.

요컨대 자본주의적 계급관계의 확대재생산은 그것의 '경제적 형태'와 '정치적 형태'라는 분리된 계기들을 통해서 이루어지는데, 그 두 형태는 서로가 서로를 전제하고 있다. 즉, 상호 규정하고 있다. 정치와 경제는 자본주의적 생산양식이라는 하나의 '유기적 체계'의 두 계기로서 통일되어 있는 것이다. 서로가 서로를 전제하고 있고, 서로가 서로의 결과인 두 계기인 것이다. 두 형태 모두 동일한 자본주의적 생산관계의 특수한 사회적 형태이다.

셋째, 따라서 두 형태의 분리는 '가상적인' 또는 '환상적인' 현상형태이다. 이는 두 형태가 현실 속에서 객관적으로 분리되어 실존하고 있는 현실을 부정하는 것이 아니라 그 현상적 분리가 기만적이라는 것이다. 즉, 자본주의 사회에서 정치와 경제는 분리되어 있는 것이 아니라 동일한 자본주의적 사회관계를 구성하는 계기들로서 통일되어 있다. 정경분리가 아니라 '정경유착'이 자본주의 사회의 본질이다.[32)]

따라서 이른바 '경제의 자율성'이라는 속류유물론의 명제는 마르크스가 물신화된 현실을 표현한 것에 대한 오해이다. 그것이 외관상의 자율성에 불과한 것은 정치와 경제의 분리가 외관상의 분리에 불과한 것과 마찬가지다. 이러한 자율적 외관을 '기만적 외관'이 아니라 실체로 파악하는 물신화된 인식이 토대의 자립성, 또는 경제나 '시민사회'의 자립성을 자신의 출발점으로 삼는 정통 좌파의 경제주의이다.

---

32) 그러나 여기서의 '정경유착'의 의미는 국가독점자본주의론에서처럼, 지배계급으로서의 자본가계급 내부의 인적 교류와 융합 등에 근거한 정경유착이 아니다. 그러한 인적 교류와 융합은 부차적인 것이고 파생적인 현상형태이다. 즉, 국가형태의 계급지배로서의 내용규정에 따른 지배계급 내부의 사회적 분업에 불과한 것이다. 여기서의 정경유착은 인적 구성과 교류와는 다른 의미이다. 예컨대 '경제가 정치논리에 휘둘려서는 안 된다'는 부르주아 이데올로기가 거짓말이라면, '정치개혁도 경제논리에 입각해야 한다'거나 '국가의 최우선 임무는 경제살리기'라는 부르주아 이데올로기는 진실이다. 그러나 두 이데올로기 모두 부르주아계급의 계급지배라는 동일한 근거에서 나온 이데올로기다. 각각의 특수한 상황에서 부르주아계급의 이해관계를 다르게 표현하고 있을 뿐이다. 또한 '정경유착'의 현상적 형태로서 인적 교류와 유착도 후진국적 현상이 아니다. 자본주의 일반의 현상이다. 다만 선진국이 좀 더 세련되게 '정경유착'해서, 즉 정경유착 자체가 제도화되어 있어서 눈에 띄지 않는다면, 후진국은 조야하게 '정경유착'해서, 즉 정경유착의 제도화가 불충분해서 두드러지게 보일 뿐이다. 그러나 자본축적의 위기 시에는 선진국도 조야하게 '정경유착'한다. '지구적 자본주의'의 축적위기에 직면한 미국의 부시 행정부와 군수자본·에너지자본의 후진국 뺨치는 적나라한 '정경유착'을 보라!

또한 '정치적인 것'의 '상대적 자율성'이라는 개념 역시 '경제적인 것'과 '정치적인 것'의 현상적 분리를 반영한 개념으로 물신주의에 사로잡힌 이론화이다. 현상적 분리를 내용적(또는 실체적) 분리로 오해한 것이다. 이러한 현상적 분리, 즉 외관상의 분리를 그 본질인 계급관계와의 분리로 파악할 때 '구조주의적 마르크스주의'가 성립된다. 이는 풀란차스의 경우 전형적으로 나타나는데, 그는 '경제적인 것'을 토대 또는 생산관계로, '정치적인 것'을 상부구조, 또는 계급투쟁으로 동일시하는 경향이 있다(Holloway & Picciotto, 1978a: 154~155; Laclau, 1975: 115~121). 이들에게는 자본주의적 계급관계의 사회적 형태로서의 '경제적 형태', '정치적 형태'라는 개념이 없다.

넷째, '정치적인 것', 즉 국가의 활동과 기능의 변화·발전은 국가의 형태와 내용 간의 모순적 운동을 통해 이루어지는데, 이 국가의 형태와 내용 간의 모순적 운동은 스스로 일어나는 것이 아니라 계급관계의 모순적 운동인 계급투쟁에 의해서 추동된다.

> 국가형태의 발전은 정치적이고 이데올로기적인 변화들을 반영하는 것도 아니고 경제적 위기의 단순한 결과도 아니다. 그것은 축적의 위기에 찬 발전에 직면해 자기모순적인 자본주의 국가형태의 운동양식이고, 그러한 것으로서 자본 내 노동의 구성하는 힘의 과정이다. 자본의 한계는 동시에 국가의 한계이다. 즉, 자본 내 노동의 존재, 국가의 활동은 '자신의 고유한 존재의 이 전제조건(자본관계의 재생산)에 의해, 즉 자본의 지속적 축적을 확보할 필요(또는 확보하려는 시도)에 의해 구속되고 구조화된다'(Bonefeld, 1992a: 121).

따라서 국가형태의 전형은 계급투쟁에 따라 변화된 계급 간의 세력관계를 정치적으로 표현한 것이다.

다섯째, '경제적인 것', 즉 자본축적 형태를 전형시키는 것도 계급투쟁이고, '정치적인 것', 즉 국가형태를 전형시키는 것도 계급투쟁이다. 자본축적에서의 계급투쟁이 이윤생산을 둘러싼 '경제적 형태'의 계급투쟁이라면, 국가형태에서의 계급투쟁은 자본주의적 사회관계의 재생산을 둘러싼 '정치적 형태'의 계급투쟁이라는 점에서 두 가지 형태는 외관상 구분된다. 그러나 자본축적 형태와 국가형태는 동일한 계급관계 및 계급투쟁의 두 가지 다른 표현이다.

예컨대 이윤율 저하 경향에 의한 자본축적의 위기 시 자본가계급은 상쇄경향을 동원하기 위해 한편으로는 노동과의 관계에서 임금삭감, 노동강도 강화, 신기술의 도입, 노조무력화 공세 등으로 대처하는데, 이는 경제적 계급투쟁과 자본 간 경쟁을 격화시키는 형태로 나타난다. 다른 한편으로는 자본주의 국가를 통해 법인세 삭감, 금리인하, 사회보장지출 삭감, 해외시장 확대를 위한 정책 등 다양한 경제정책을 추동하는데, 이는 그러한 법·제도·정책을 둘러싼 정치적 계급투쟁을 촉발할 것이다. 결국 두 형태의 계급투쟁은 동일한 자본/노동관계의 위기와 그에 따른 계급투쟁의 다른 영역에서의 표현인 것이고, 각각의 계급투쟁에 따른 자본축적 형태의 전형과 국가형태의 전형은 계급투쟁에 따라 동일한 자본/노동관계의 역관계 변화가 다른 영역에서 표현된 것이다. 물론 각각의 영역에서의 계급투쟁의 양상에 따라 각각의 영역에서의 전형 간에 차이가 생길 수 있지만, 기본적으로 자본축적 형태의 전형과 국가형태의 전형은 동일한 계급투쟁의 결과를 표현한 것으로 통일되어 있다고 볼 수 있다.

따라서 자본축적 형태와 국가형태는 유기적으로 통일되어 자본주의 생산양식을 구성하는 두 계기이다. 자본축적 형태와 국가형태의 관계는 형태상(또는 외관상) 분리와 내용적 통일의 관계인 것이다. 이는 "분리 속의 통일" 또는 "통일 속의 분리"(Bonefeld, 1992a: 113)로 표현되는 관계이다.

자본축적 형태, 국가형태, 그리고 계급투쟁 사이의 연관에 대한 이러한 이론화는 히르쉬(Hirsch, 1978)의 '자본축적과 국가행위를 계급투쟁이 매개한다'는 이론화와 대비된다. 히르쉬의 이 연관 파악은 자본축적과 계급투쟁의 관계, 국가행위와 계급투쟁의 관계를 각각 외적인 관계로 파악한 데서 비롯된 필연적 귀결이다. 자본축적과 계급투쟁이 내적인 관계에 있다는 점은 이 책의 앞서의 논의에서 충분히 밝혔으므로 국가형태와 관련해서만 말하면, 국가행위와 계급투쟁도 외적 관계에 있지 않다. 국가행위 자체는 계급투쟁의 정치적 표현이다. 계급투쟁이 국가행위의 변화를 외부에서 추동하는 것이 아니라 국가의 형태와 내용의 모순을 통해 계급투쟁이 국가행위 변화로 표현되는 것이다. '자본주의적 관계의 정치적 형태'로서의 국가형태라는 점을 다시 확인할 필요는 없을 것이다.

결국 히르쉬의 '자본축적과 국가행위를 계급투쟁이 매개한다'는 이론화는 국가의 형태와 내용 간의 모순적 운동으로서의 국가행위의 변화, 그리고 그 모순의 내적 추동력이 계급투쟁이라는 점을 개념적으로 파악하지 못한 결과이다. 그 결과 히르쉬는 축적체제와 조절양식으로 자본축적 형태 변화를 설명하는 조절이론에서 자본축적 형태, 국가형태 및 계급투쟁의 연관에 대한 자신과 동일한 이론화를 주목하고 조절이론을 비판적으로 수용해 국가론을 발전시킨다(Hirsch, 1990b).

여섯째, 마지막으로 자본주의 사회에서 '경제적 형태'와 '정치적 형태'의 형태적 분리와 내용적 통일 문제는 의식형태 문제, 특히 물신화된 의식형태 문제를 전면적으로 제기한다.[33] 마르크스는 『독일 이데올로기』에서 의식형태가 토대와 상부구조를 매개함을 시사한다.

지금까지의 역사 파악은 역사 속에서 단지 군주 및 국가의 정치적 행동과 종교적 투쟁 및 일반 이론적인 투쟁만을 볼 수 있었을 뿐이며, 특히 역사의 모든 시기에 있어서 그 시기의 환상을 나누어 가지지 않을 수 없었다. 예를 들자면, '종교'와 '정치'는 그 시기의 현실적 동기의 형태들일 뿐이었음에도 불구하고 어떤 시기가 순수하게 '정치적' 또는 '종교적'인 동기들에 의해 규정된다고 상상한다면, 그 시기의 역사 서술가는 그러한 견해를 수용한다. 이 특정한 사람들이 그들의 현실적 실천에 관해 품고 있는 '상상', '표상' 등이 이 사람들의 실천을 지배하고 규정하는 유일하게 규정적이고 능동적인 힘으로 변화된다. 인도인이나 이집트인에게서 발견되는 조야한 분업이 이들 민족의 국가와 종교에 있어서의 카스트제도를 야기한 것임에도 불구하고, 역사가는 그 카스트제도가 이 조야한 사회적 형태를 만들어낸 힘이라고 믿는다(Marx, 1969a: 221~222. 강조는 인용자).

이처럼 마르크스에게 의식형태는 단순히 소극적으로 '물질적 생활과정'의 파생물 ─ 유출, 반영 및 반향, 승화물 ─ 에 그치는 것이 아니라 '정신적 생활과정'을 구성하는 "유일하게 규정적이고 능동적인 힘"이다. 이 '환상적' 의식형태를 매개로 해서 상부구조는 토대의 사회관계를 표현한다. 그래서 '종교'와 '정치'는 "그 시기의

---

33) 이는 마르크스의 '정치경제학 비판' 체계에서 물신주의 비판의 의의 문제일 뿐 아니라, 구조/행위의 엄격한 구분(이원론)에 입각한 구조주의적 마르크스주의에 대한 근본적 문제제기이기도 하다.

현실적 동기의 형태들"에 불과한 것이다. 이것이 『독일 이데올로기』에서 토대/상부구조 개념의 연관이다.

그런데 마르크스의 '정치적 형태' 개념, 국가형태 개념은 주체인 사회구성원들의 물신화된 (또는 환상적인) 의식형태를 전제하고 있다. 마르크스는 『자본론』에서 물신주의 문제를 정확하게 정식화하고, 물신화된 의식형태 문제를 '전도된 형태', '미친 형태' 등으로 자본운동의 모든 곳에서 제기하고, 이 물신화된 의식형태가 자본주의적 관계 자체를 구성하는 것으로 분석한다. 이 물신화된 의식형태 문제는 『독일 이데올로기』의 국가형태 분석에서 '환상적', '기만적'으로 표현되고 있고, 자생적인 사회적 분업에 따른 개인들과 전체로서의 사회와의 관계에서 발생한 것으로 분석되고 있다.

그리고 마르크스는 '환상적' 의식형태를 '이데올로기'로 표현한다. 즉, 마르크스에게 '이데올로기' 개념은 자본가계급에 의한 계급지배를 위한 조작 이전에 상품 물신주의(또는 그것의 사회관계적 실체인 사회적 분업)에서 필연적으로 기인한 것으로 파악되고 있다. 물론 자본가계급은 계급지배를 위해 이러한 이데올로기 현상을 자신에게 유리하게 더욱 체계화하고 이론화한다. 예컨대 마르크스가 비판한 '속류경제학'이 그러하다.

그러나 마르크스는 동시에 물신주의의 불완전함을 물신주의 비판을 통해 보여준다. 물신주의의 불완전함, 따라서 물신주의 비판이 가능한 것은 현실적 사회관계 속에 존재하는 모순 때문이다. 즉, 사회관계가 사회구성원들의 욕구를 충족시키지 못할 때 물신주의는 스스로 폭로되고, 개인들은 물신화된 의식형태에서 부분적으로든 또는 총체적으로든 벗어나게 된다.

여기서 마르크스의 모순 개념을 재검토해볼 필요가 있다. 기존 좌파 논의에서의 '모순' 개념이 너무 추상화되어 있기 때문이다. 마르크스의 역사유물론에서 '모순' 개념은 항상 주체로서의 현실적 인간, 즉 욕구를 가지고 실천하는 사회관계 속의 개인들을 전제하고 있다. 『독일 이데올로기』에서 '물질적 생활과정'을 파악하는 기본 개념인 생산력과 교류형태('생산관계'와 같은 의미) 사이의 모순을 말할 때, 마르크스의 생산력 개념은 개인들의 욕구와 거의 같은 의미로 사용된다. 즉, 마르크스는 개인들의 욕구가 생산력을 발전시키고, 역으로 생산력의 발전이 개인들의 욕구를 발전시키는 상호 작용으로 파악하고, 그런 의미에서 개인들의 욕구와 생산력은 동일한 과정의 다른 표현으로 파악한다. 이는 기본적으로 생산력은 인간의 욕구충족을 위한 생산력이고, 인간 욕구의 발전이 생산력 발전을 추동한다는 실천적 관점의 표현이다.

따라서 마르크스는 생산력과 교류형태 간의 모순을 바로 개인들의 욕구와 교류형태 간의 모순으로 파악한다. 다시 말해 개인들의 교류형태(즉, 생산관계)가 개인들의 욕구를 만족시키지 못할 때 모순이 발생하고, 이 모순이 개인들에게 '족쇄'로 인식되고 개인들이 투쟁에 나서게 됨으로써 교류형태의 교체를 가져온다고 본다. 요컨대 마르크스의 생산력과 생산관계의 모순은 주체로서의 현실적 인간 및 개인들의 투쟁을 전제한 실천적 파악이다. '주체 없는 과정'의 모순으로서 무주체적인 (또는 개인들이 주체인 것이 아니라 구조가 주체인) '구조적 모순'이 아닌 것이다.

그런데 자본주의 생산양식에서 생산은 인간의 욕구충족으로서의 소비를 위한 생산이 아니라 이윤생산, 즉 '생산을 위한 생산'으로 전도됨에 따라 생산력의 발전은 인간의 욕구충족과 무관하게 발전한다. 욕구의 발전에 앞서 비약적으로 발전하는 생산력은, 생산력 발전과 일치하는 수준이 아니라 하더라도 당연히 인간의 욕구를 발전시킨다. 즉, 인간의 욕구수준을 높인다. 따라서 인간의 욕구충족과 생산력 발전 간의 직접적인 연계가 단절되어 있다 하더라도 현실적인 노동자계급의 욕구충족과 자본주의적 생산관계는 모순하게 된다. 따라서 노동자계급은 자본주의적 생산관계를 교체하기 위해 투쟁에 나서게 된다. "대공업은 노동자로 하여금 자본가에 대한 관계뿐만 아니라 노동 자체도 **견딜 수 없도록** 만든다"(Marx, 1969a: 242). "이 소외가 하나의 **견딜 수 없는** 힘으로 되기 위해서는, 다시 말해서 그것에 대항해 인간이 혁명을 일으키는 그러한 힘으로 되기 위해서는, 이 소외가 완전한 '무산자'로서의 인간대중을 산출하되 이와 동시에 현존하는 부의, 그리고 문명의 세계와 모순된 채로 산출하는 것이 필요한데, 이 양 전제는 생산력의 거대한 상승, 즉 고도의 생산력 발전을 전제한다"(Marx, 1969a: 242. 강조는 인용자). 이것이 마르크스의 계급투쟁으로서의 역사유물론, 즉 '실천적 유물론'이다.

이러한 실천적 유물론의 관점을 마르크스는 『독일 이데올로기』에서 다음과 같이 명료하게 서술하고 있다.

물질적 생활의 다양한 형태는 언제나 당연히, 이미 발전되어 있는 욕구들에 의존하며, 이러한 욕구들의 충족뿐만 아니라 산출도 그 자체로 하나의 역사적 과정인바, 이러한 역사적 과정은 양이나 개에게서는 결코 찾아볼 수 없는 것이다. ……모순이 아직 생겨나지 않은 한, 개인들이 서로 교류하는 조건들은 그들의 개인성에 귀속되는 조건들이지 결코 그들에게 외적인 조건들이 아니다. 그리고 그러한 조건들 아래에서는 특정한 개인들, 즉 특정의 관계들 아래에 존재하는 개인들만이 그들의 물질적 생활 및 그 물질적 생활과 관련되는 것을 생산할 수 있다. 따라서 그러한 조건들은 개인들의 자기활동의 조건들이며, 또한 이러한 자기활동에 의해서 생산된다(교류형태 자체의 생산). 그러므로 그 아래에서 개인들이 생산하는 바의 특정 조건은 모순이 아직 생겨나지 않은 한에서는 그들의 현실적 피제약성, 그들의 일면적 현존에 조응하는바, 이 현존의 일면성은 모순의 출현에 의해서 비로소 나타나며, 따라서 이후의 개인들에게만 존재한다. 그럴 경우 이 조건은 하나의 우연적인 족쇄로서 현상하며, 그리하여 그것이 족쇄라고 하는 의식은 이후의 시대에 넘겨진다. 처음에는 자기활동의 조건으로서, 그리고 이후에는 자기활동의 족쇄로서 나타나는 이러한 다양한 조건은 전체 역사 발전 속에서 연관을 맺는 일련의 교류형태들을 형성하는 바, 이 교류형태들의 연관의 본질은 족쇄로 변화된 이전의 교류형태가 하나의 새로운 생산력들에 상응하는, 그리고 그 생산력들과 함께 진보한 개인들의 자기활동의 방식에 상응하는 교류형태로 대체되며, 이 새로운 교류형태 역시 자기 쪽에서 다시 족쇄로 변화해 또 다른 교류형태에 의해 대체된다는 점에 있다. 각 단계의 이러한 조건들은 동일 시기의 생산력들의 발전에 조응하기 때문에, 이러한 조건들의 역사는 동시에, 발전되어나가면서 각각의 새로운 세대로 넘겨지는 생산력들의 역사이며, 이와 더불어 개인들 자체의 능력들의 발전의 역사이다(Marx, 1969a: 251~252).

조금 도식적으로 표현하면, 물신화된 의식형태가 '경제적 형태'와 '정치적 형태'의 형태적 분리를 구성한다면, 그러한 물신주의의 불완전함은 두 형태의 내용적 통일을 구성한다. 이것이 '경제적 강제' 개념의 의미와 역할임은 이미 살펴본 바와 같다. 이를 달리 표현하면, 자본주의 사회의 가치형태(또는 상품형태) 규정이 불완전하기 때문에 물신주의가 전면적으로 관철되지 못함을 의미한다. 따라서 상품형태의 자유와 평등 관계라는 외관에도 불구하고 계급관계는 폭로되고 계급투쟁이 발생한다.

요컨대 자본은 인간을 임노동자로 완전무결하게 전형시키지 못한다. 즉, 인간을 노동력 상품으로, 일하는 기계로 완전히 '실체변질(transubstantiation)'[34]시키지 못하는 것이다. 여기서 생기는 모순 ─ 즉, 인간적 욕구와 자본관계 간의 모순 ─ 이 자본주의 사회에서의 계급투쟁의 근본적 원천이다.

따라서 '주체 없는 과정'으로서의 '구조'는 성립될 수가 없다. 사회관계의 총체로서의 구조는 주체의 의식형태와 주체의 투쟁에 의해 구성되는 것이지 주체와 무관하게 구성되지 않는다. '구조주의적 마르크스주의'에서 주체와 무관하게 구조를 구성하려고 하기 때문에, 주체는 욕구하는 현실적 인간이 아니라 '구조의 효과'로서 산출된 '호명된 주체'로 개념화될 수밖에 없다. 즉, 완전히 물신화된 의식형태의 주체를 전제하게 된다. 결국 구조주의 마르크스주의는 자본주의 사회에서 물신주의가 완벽하게 관철된다고 가정하고 이론을 전개하고 있는 셈이다. 이는 역사적 현실과도 일치하지 않는다. 게다가 그처럼 완전히 물신화된 의식형태를 가진 주체들이 어떻게 혁명적 투쟁에 나설 수 있겠는가? 따라서 구조주의 마르크스주의에서는 구조이론과 별도의 주체의 행위에 관한 이론이 필연적으로 요청된다. 이른바 '주체화 양식' 이론이 구조의 이론인 '생산양식' 이론과 별도로 필요하게 되고, 또 두 이론은 구조/행위가 외적으로 '접합'되듯이, 외적으로 '접합'되어야 한다. 구조주의 마르크스주의는 그러한 방향으로 이론화가 발전하고 있다.

실제로 자본주의는 자신의 진정한 한계인 인간을 결코 극복하지 못한다. 마르크스는 자본주의 공황을 분석하면서 "자본주의적 생산의 진정한 한계는 자본 자체이다"(Marx, 1981a: 297)라고 평가한다. 이 평가는 자본운동, 즉 가치형태운동에서 자본주의적 생산의 한계는 어떤 외부조건에 있는 것이 아니라 자본 그 자체의 원리에 있다는 것을 의미한다. 즉, 자본 그 자체의 논리 때문에 공황이 발생하고, 이는 회피될 수 없다는 것이다. 여기에서 더 나아가면, 그러한 가치형태운동을 가져올 수밖에 없는 것은 결국 자본/임노동관계의 모순, 즉 필요노동과 잉여노동 간의 모순 때문이라고 할 수 있다. 이를 '개방적' 마르크스주의는 '자본 내 노동의 존재' 또는 '자본의 노동에 대한 의존'으로 이론화한다. 이때 이 노동의 의미는 바로

---

34) "임노동 자체는 자본을 전제로 하며, 노동의 편에서 관찰해도 이러한 실체변질이 자신의 힘을 노동자에게 낯선 힘으로 정립하는 데 필요한 과정이다"(Marx, 1976a I권: 315).

노동력 상품으로, 하나의 사물로 실체 변질될 수 없는 인간성을 표현하는 것이다. 물신주의가 완벽하게 부과될 수 없는 것은 노동자의 인간적 욕구 때문이다. 따라서 "자본주의적 생산의 진정한 한계는 자본 자체이다"라는 마르크스의 명제는 '자본주의의 진정한 한계는 인간 자체이다'와 같은 의미로 볼 수 있다.

이처럼 국가형태 분석은 계급투쟁의 규정적 역할을 명확하게 밝혀줌과 동시에 계급투쟁의 형태를 규정하는 데 있어서 의식형태 문제가 결정적으로 중요함을 시사한다. 즉, 자본축적 형태와 국가형태는 계급투쟁에 의해 규정받음과 동시에 의식형태의 매개를 통해 계급투쟁의 형태를 규정한다. 추상적이지만 단순하게 표현하면, 자본축적 형태나 국가형태는 주체인 인간의 사회적 실천의 산물이고, 그 실천과정에서 역으로 대상인 자본축적 형태나 국가형태는 그것들이 의식형태에 표상되는 것을 통해 실천을 규정하는 것이다. "이 특정한 사람들이 그들의 현실적 실천에 관해 품고 있는 '상상', '표상' 등이 이 사람들의 실천을 지배하고 규정하는 유일하게 규정적이고 능동적인 힘으로 변화된다"(Marx, 1969a: 222). 이는 '상상', '표상' 등의 주체의 의식형태의 매개를 통해 구조/행위, 자본축적 형태/계급투쟁 및 국가형태/계급투쟁 등이 내적 관계에 있음을 의미한다. "인간이 환경을 만드는 것과 마찬가지로 환경이 인간을 만든다는 것"(Marx, 1969a: 221)도 인간의 의식형태를 매개로 하기 때문일 것이다.

자본주의 사회의 변화·발전에서 계급투쟁의 역할이 결정적인 것만큼, 다른 한편으로 계급투쟁의 형태를 규정하는 의식형태 문제 – 특히 물신화된 의식형태 문제 – 의 중요성을 국가형태 분석은 그 중요한 예증으로 보여주고 있다. 마르크스는 물신화된 의식을 벗어나는 것, 즉 상품형태(또는 가치형태)의 외관을 넘어서서 계급관계를 인식하는 것을 진정한 계급의식 내지는 혁명적 의식의 출발로 생각한다.

> 생산물들을 자기 자신의 것으로 인식하고, 자신의 실현조건들로부터의 분리를 부당하고 강제적인 것으로 판단하는 것 – 이는 대단한 의식(의 발전)인데, 이 의식 자체는 자본에 기초한 생산양식의 산물이며, 이것의 몰락을 알리는 종소리이다. 이는 스스로 타인의 소유일 수 없다는 노예의 의식, 그의 인격체로의 의식과 더불어 노예제가 인위적인 현존만을 계속 낳았을 뿐 생산의 토대로서 존속하기를 중지했던 것과 마찬가지이다(Marx, 1976a II권: 86).

자본주의적 사회관계하에서의 의식형태 문제는 앞으로 더욱 많은 연구들이 집중적으로 이루어져야 할 것으로 생각된다. 특히 신자유주의 시대의 의식형태를 신자유주의적 계급관계의 물신화된 형태로 폭로하는 것이 중요하다.[35]

## 2) 국민국가형태와 국제적 국가체계

자본주의 사회에서 자본주의 국가가 취하는 형태는 국민국가형태이다. 그리고 자본주의 세계는 이러한 국민국가들의 세계체계이다. 지금까지의 '자본주의 국가형태' 논의는 자본주의 사회에 현실적으로 존재하고 있는 개별 국가들에 대해 직접적으로 논의한 것이 아니라 개별 국가보다는 높은 추상수준에서 자본주의 사회에서 '경제적인 것'과 구별되는 '정치적인 것'으로서의 '자본주의 국가형태'에 대한 것이었다. 다시 말해 '국가도출논쟁'에서 자본주의적 사회관계로부터 '정치적인 것'을 도출한 것은 자본주의 국가가 복수의 국민국가형태로 존재한다는 현실로부터 추상한 논의이다. 이제 추상수준을 더욱 구체화해서, 즉 구체적인 사회관계 규정을 도입해서 국민국가형태와 이들 개별 국민국가들로 구성되는 국제적 국가체계를 개념적으로 파악하고자 한다. 이 문제는 구체적으로는 국민국가들 간의 관계와 국민국가와 자본 사이의 관계를 어떻게 이론화할 것인가 하는 문제로 귀결될 것이다.

---

35) 이 문제와 관련해서 '포스트모더니즘'은 자본주의적 계급관계에 의한 물신화된 의식형태를 인정할 뿐 아니라 찬양하기조차 하고 있다는 점에서 하비는 '포스트모더니즘'을 올바르게 비판하고 있다. "모더니즘의 역사 전반과 포스트모더니즘이라 불리는 운동 사이에는 차이점보다 연속성이 훨씬 더 많다는 것이 나의 결론이다. 포스트모더니즘은 모더니즘 속에 일어난 특정 종류의 위기 가운데 하나라고 보는 것이 더 타당하다. ……포스트모더니즘은……순간성을 강조하고, 타자에 대한 불가해성을 주장하고, 창작행위보다는 텍스트에 매달리고, 허무주의와도 가까운 해체를 선호하고, 윤리적인 것보다는 미학적인 것을 더 좋아하는 등 문제의 본질로부터 너무 멀리 나아가고 있다. ……포스트모던 철학자들은 현대세계의 딜레마를 이해하는 수단 노릇을 하는 분절화나 불협화음을 수용하라고 할 뿐만 아니라 그것을 한껏 즐기라고 말한다. ……포스트모더니즘은 우리로 하여금 물화(reification)와 구획짓기를 받아들이도록, 곧 위장이나 포장, 지역성·장소·사회적 집단화에 관한 모든 물신성을 실제 찬양하라고 한다. 한편 그 깊이나 강도, 범위, 그리고 일상생활에 미치는 힘에 있어 더욱 보편화되어가는 정치·경제적 과정(화폐의 흐름, 국제분업, 금융시장 따위)을 이해하도록 해주는 메타이론을 부정하라고 한다"(Harvey, 1989: 152).

### (1) 국제적 국가체계에 대한 기존 이론 비판

자본주의 세계체계를 구성하는 기본단위로서의 개별 국가, 그리고 그에 의해 규정되는 '국민경제'를 개념적으로 파악하기 위해서는 먼저 기존 좌파 분석에서의 개별 국가에 대한 물신적 파악을 비판적으로 검토할 필요가 있다. 좌파이론 안에서 이 문제에 대한 입장은 상호 대립적인 두 가지 접근방법으로 대별할 수 있다. 개별 국가를 기본분석단위로 채택하는 일국적 접근방법과 세계를 기본분석단위로 하는 세계체계적 접근방법이 그것이다.[36]

첫째, 좌파이론에서는 대체로 개별 국가들의 분리를 전제하는 일국적 접근방법이 일반적이다. 자본주의 사회의 계급적 성격을 강조하고 계급분석을 중시하는 좌파 분석의 성격상 개별 국가를 중시하는 경향이 있는 것이다. 왜냐하면 "사회의 계급 성격에 대한 마르크스주의적 강조는 사회구조와의 관계에 대한 논의를 필요하게 만들며, 사회 및 사회 내 계급들과 그 사회 안의 국가 사이의 상호관계를 가정하는 것이 편리하기 때문이다"(Picciotto, 1991: 217).

특히 신자유주의·세계화의 거센 공세 속에서 '복지국가의 위기', '국가 개혁' 등이 주된 의제로 제기되어왔고, 또한 세계화 논쟁과정에서 국민국가의 무력화가 쟁점이 되고 있다. 그런데 세계화 논쟁과정에서 개별 국가가 배타적인 분석틀로서 수용되고 있는 점은 좌파·우파 모두 똑같다. 예컨대 '대처주의', '레이거노믹스' 등은 국가와 시장 사이의 관계에서의 전 지구적 변화로 파악되기보다는 일국적 현상으로 파악된다. 그러한 분석들은 전 지구적 추세나 발전을 파악하는 방법 문제를 교묘하게 회피할 뿐 아니라 대처주의와 레이거노믹스의 문제를 대처나 레이건 개인의 문제인 것처럼 호도한다.

그런데 개별 국가가 분석의 출발점으로 간주되면, 필연적으로 세계는 국민국가들의 총합으로 제시될 수밖에 없다. 그리고 일국의 경계를 넘어선 추세나 발전은 국가 간 관계의 맥락에서 파악되거나 아니면 유추(類推)의 맥락에서 파악된다. 두 경우 모두 상이한 개별 국가들의 통일성이라는 개념에서 출발하는 것이 아니라 개별 국가들의 분리라는 가정에서 출발한다. 따라서 개별 국가들의 공통의 경향은 국제통화기금(IMF)과 같은 국제기구를 통해 행사되거나 아니면 직접적으로 행

---

36) 이하 기존 좌파의 개별 국가 논의에 대한 비판은 홀로웨이(Holloway, 1995b: 172~180)를 참조.

사되는 권력관계의 국가 간 네트워크의 일부로서만 이해될 수 있다. 그렇지 않으면 공통의 경향은 이념, 정치제도 또는 사회구조 등에서 개별 국가들 사이의 유사성이라는 맥락에서 이해될 수 있을 뿐이다. 이 후자와 같은 비교 접근의 대표적 예가 조절이론적 접근방법이다.

조절이론은 '포드주의'와 '포스트포드주의'라는 일국적으로 정의된 개념들을 설정하고, 유추에 의해 상이한 현상들에 대한 그 개념들의 적용가능성을 논의한다. 그러나 서로 다른 개별 국가들에서 유사한 사회경제적 변화들의 발생에 초점을 맞춘 비교 분석은 시사적이기는 하지만 묘사적이고 피상적인 경향이 있다. 즉, 그 유추들이 불가피하게 기초하고 있는 통일성은 이론화되지 않은 채 남아 있게 된다.

조절이론은 국가 간 압력, 국제기구들로부터의 압력, 그리고 제도적 양식을 강조하는데, 예컨대 국가발전의 변화를 IMF로부터의 압력이라는 측면에서 설명하는 것은 그 문제를 'IMF의 정책지향과 영향력의 배후에는 무엇이 놓여 있는가?'라는 또 다른 수준의 문제를 제기하게 된다. 세네의 여러 나라의 모델 설정과 비교의 경우 이러한 문제가 그대로 드러난다.

'나쁜 자본주의'가 다른 모델들을 자신의 법에 복종하도록 만들 수 있는 수단들이 하늘에서 떨어진 것은 아니다. 그(역사적: 역자) 기원은 '채권자 독재' 또는 '시장의 전제'의 기초를 놓았던 우리가 일종의 '쿠데타'라 부르는 것에 있다. 이 쿠데타란 다름 아닌 미연방준비제도이사회(Fed)의 볼커 총재에 의해 추진되었던 정책이며, 여기에는 긴축통화정책, 확대재정정책, 국고채의 증권화 및 공채의 보유자들인 금융자본가들의 수익을 보장하는 양(陽)의 실질금리 등이 동시에 포괄된다. 그러나 이러한 '독재'를 굳건하게 만든 것은 G7 나아가 OECD의 모든 회원국들의 정부들인데, 왜냐하면 이들은 아직은 시간적 여유가 있었음에도 미국의 개혁조치들을 수용해서 조세를 증대하거나 지출을 제한하기보다는 차입을 고속으로 늘리는 방식을 선택했기 때문이다(Chesnais, 1998: 302).

여기서 '쿠데타'가 발생한 원인과 맥락은 전혀 분석되지 않고 전제되고 있다. 이러한 일국적 접근방법의 근본적인 한계는 개별 국가들의 분리라는 전제에 있으므로, 이를 넘어서기 위해서는 개별 국가들의 통일성에 관한 이론화가 필요하다.

둘째, 세계를 기본 분석단위로 하는 접근방법으로 종속이론과 세계체계(World System)론이 대표적이다. 종속이론은 개별 국가들을 중심과 주변 사이의 양극적 관계(중심에 의한 주변의 착취와 주변의 종속)의 맥락에서 파악하고, 세계의 일원적(一元的) 성격을 강조한다. 따라서 분리된 개별 국가들의 통일성 개념이 존재한다. 그런데 중심과 주변의 양극적 관계는 기본적으로 '중심국가들'과 '주변국가들'의 관계로 파악됨으로 인해, 개별 국가들에 대한 세계체계의 우선성이 강조된다 하더라도 세계체계는 국제적 국가체계로 이해된다. 즉, 개별 국가들의 통일성은 외적 통일성, 외적 관계에 머무른다. 따라서 세계체계 안에서 중심국가들은 지배적 행위자들이 되고, 주변국가들이 종속에서 벗어날 수 있는 유일한 길은 정치적 행위를 통해서뿐이다. 요컨대 종속이론의 경우 개별 국가는 내부와 외부의 구별을 규정하고, 주변국가들의 발전은 중심/주변관계에서 부과되는 외적 제약이라는 맥락에서만 파악된다. 따라서 그 관계의 내적 동학을 이해할 수 있게 할 개념이 전혀 존재하지 않는다.

세계체계론은 그 논리가 종속이론보다 훨씬 더 복잡하고 정교하다.[37] 월러스틴의 세계체계론을 더욱 체계화시킨 아리기(Arrighi, 1990)의 경우 세계체계와 개

---

[37] 여기서 월러스틴이 주창하고 그 이후 하나의 거대한 학파를 형성하고 있는 '세계체계론' 전체를 검토할 수는 없다. 국민국가와 국제적 국가체계에 관한 이론화와 관련해서만 검토할 것이다. 세계체계론에 대한 마르크스주의적 비판으로는 정성진(1999b), 김성구(2002)를 참조. "세계체계론은 노동력의 상품화가 아니라 이윤추구, 축적을 위한 축적, 세계체계에의 상품연쇄를 통한 포섭을 자본주의의 본질이라고 간주한다. 월러스틴은……자본주의를 '시장에서 이윤을 위한 생산, 생산양식'이라고 정의한다. 월러스틴은 노동력의 상품화, 즉 임금노동을 자본주의에 본질적인 것으로 간주하지 않는다. 월러스틴은 '역사적 자본주의'라는 용어를 사용하면서, 자본주의의 역사적 고유성은 '만물의 상품화'에 있다고 주장한다. 그런데 이와 같은 '만물의 상품화'는 노동력의 상품화라는 조건에서만 가능하기 때문에, 노동력의 상품화, 즉 임금노동체제의 등장이야말로 자본주의의 본질적 특징이라고 보아야 할 것이다." "가장 급진적인 월러스틴의 세계체계론조차도 자본주의에 대한 유통주의적 이해, 자본주의 분석에 있어 가치론과 잉여가치 개념의 부재, 콘드라티예프의 장기순환론의 무비판적 수용, 고전적 마르크스주의 전통과 스탈린주의의 단절에 대한 몰이해, 고전적 마르크스주의의 사회주의 혁명론의 부정 등에서 보듯이 고전적 마르크스주의와는 근본적으로 상이하다"(정성진, 1999b). "역사적 자본주의의 본질적 특징을 임노동의 착취와 잉여가치 생산을 위한 축적의 체제로 파악하지 않고 상품화와 시장경제, 시장에서의 자본의 이윤획득에서 찾고, 세계시장의 전개를 축적의 법칙으로서가 아니라 유통과정의 지리적 팽창과 교대로 기술하는 것은, 그가 어떻게 마르크스에 대해 동정적이라 해도 마르크스를 본질적으로 왜곡하는 것이다. 월러스틴에게 있어서는 생산관계라는 문제설정이 존재하지 않는다"(김성구, 2002).

별 국가 간의 관계를 '세계 분업'과 '부(富)의 위계구조' 속에서 끊임없이 진화하는 전체와 부분의 관계로 명료하게 정식화한다.

세계체계론은 마르크스와 슘페터에 근거해 자본주의를 전체의 안정성이 부분들의 끊임없는 변화를 전제로 하는 진화하는 체계로 인식한다. 생산과 분배의 투입들, 산출들, 기법들의 종류와 국제분업의 편익을 영유할 수 있는 차별적 능력을 나라들에게 부여하는 무역 및 자원배분 네트워크에서의 위치는 정치적·경제적·사회적 혁신의 도입 및 확산의 결과로서 부단히 변화하는 것으로 여겨진다(Arrighi, 1990: 99).

여기서 세계적 규모의 분업 개념을 통한 '중심/주변 양극화'라는 세계체계론의 개념화는 종속이론의 '모국/위성' 개념을 넘어선다. 즉, 종속이론이 개별 국가들의 분리를 전제한 채 세계체계의 통일성을 탐색한다면, 세계체계론은 개별 국가들의 분리를 전제하지 않고 진화하는 부분/전체관계로 세계체계의 통일성을 파악한다. "종속이론에서 독립적인 사회들은 잉여추출 메커니즘들에 의해 연결되어 있다. ……이에 대해 세계체계론은 간단히 말하자면 다음과 같이 요약될 수 있다. 즉, 주변적인 축적 및 통치구조가 없다면 중심적인 축적 및 통치구조도 없다는 것이다. ……세계체계론은……주변화와 중심화 둘 다를 포착할 수 있는 개념적 도구들이나, 축적이 형성되고 유지되는 일련의 지속적인 관계들을 정식화하고자 했다"(Martin, 1994: 24~25). 따라서 세계체계론에서 중심/주변관계는 종속이론과는 다른 각도에서 이론화된다.

중심-주변관계는 특정한 활동들이 아니라 세계분업의 편익을 둘러싼 투쟁이 야기하는, 끊임없는 창조적인 파괴와 그다지 창조적이지 않은 파괴의 체계적인 결과에 의해 결정된다. 이러한 체계적인 결과와 관련해서 세계체계론의 중심적인 이론적 주장은 세계분업으로부터의 편익을 영유할 수 있는 한 나라의 능력은 교환 네트워크가 아니라 부의 위계구조에서 그 나라가 점하고 있는 위치에 의해 주로 결정된다는 것이다. 부의 위계구조에서 그 나라가 높이 있을수록 그 나라의 통치자들과 국민들은 편익을 둘러싼 투쟁을 더욱 잘 수행할 수 있게 된다. 혁신과정을 주도하고 통제하거나 혁신과정의 부정적인 효과로부터 자기 자신을 보호할 수 있는 기회들이 부의 위계구조에서 상대적으로 아래에 위치한 나라의 통치자들과 국민들보다 훨씬 많다. 세계체계론은 이러한 부의 위계구조가 구별적인 세 개의 층 또는 집단(중심, 반주변, 주변: 인용자)으로 구성되어 있다고 주장한다(Arrighi, 1990: 99~100).

중심의 부(富)는……과점(寡占)적 부와 유사하다. 그것은 세계 인구 대다수의 빈곤이 지속적으로 재생산되는 것을 전제하는 착취 및 배제의 관계적인 과정에 근거하고 있기 때문에 일반화될 수 없다. 배제과정은 착취과정만큼이나 중요하다. ……이 두 과정은 구별적이지만 상호 보완적이다. ……자본주의 세계경제의 가장 중요한 특징은 동등한 인간 노력에 대한 불평등한 보상과 희소한 자원을 사용하는 데 있어서 불평등한 기회이다. 그 결과 세계 인구의 소수만이 민주적 부(富)를 향유하며 중심의 과점적 부가 창출되고 재생산되는 배제 및 착취 경향들에 대한 끊임없는 투쟁을 통해서만 그러한 부를 향유한다(Arrighi, 1990: 100~101).

그런데 세계체계론의 '착취' 개념은 마르크스의 착취 개념(자본/노동관계에서 잉여노동의 착취)과 다르다. 세계체계론의 착취 개념은 이매뉴얼이 사용한 상품교환관계(국가 간 교역)에서의 불평등교환 개념이다.

이매뉴얼(Immanuel)의 불평등교환 개념은 무역 네트워크에서의 위치와 아무런 관련도 없다. 그것은 동일한 이윤율과 생산성 수준을 지닌, 그러나 임금수준이 상이한 나라들 간의 무역을 가리킨다. 이것은 교역국들 간의 노동자원의 유동성의 결여와 자본자원의 높은 유동성을 전제조건으로 하며, 이로 인해 무역 네트워크에서 그것들이 차지하고 있는 위치와 상관없이 임금수준이 더 높은 나라가 무역의 편익을 영유하게 된다(Arrighi, 1990: 95).

세계체계론은 불평등교환이 중심/주변 양극화의 유일한 메커니즘이 아니라는 점을 강조하고, '부의 위계구조'에 따른 '배제과정', 즉 '과점적 부'에 의한 지배를 더 중시하는 경향이 있다. 그러면서도 중심/주변 구조를 창출하고 재생산하는 데 있어서 불평등교환이 수행하는 결정적 역할을 부정하지는 않는다.

역사적으로 자본주의 세계경제의 공간 안에서 자본은 노동보다 훨씬 더 유동적이었고, 자본주의 세계경제에 통합된 영토들 가운데에서 임금격차는 생산성과 이윤율 격차보다 훨씬 더 컸을 뿐만 아니라 더 빠르게 증가했다. 상대적으로 저임금인 나라들 및 영토들과의 직·간접적인 상품교환의 오랜 역사가 없었다면 중심은 현재 수준의 권력, 부 및 복지에 도달하지 못했을 것이다(Arrighi, 1990: 95).

세계체계론은 자본주의를 기본적으로 상품생산사회로 정의하기 때문에 세계체계의 통일성을 상품관계의 통일성으로 파악한다. "자본주의 세계경제의 본질적인 특성은 최대의 이윤을 실현하는 것을 목표로 하는 시장에서의 판매를 위한 생산이다"(Wallerstein, 1974; Martin, 1994: 27에서 재인용). 이는 세계체계론의 중심 개념이 초기의 '불평등교환'에서 '상품사슬', '상품화 과정' 등으로 발전해가는 데서 잘 드러난다.

'상품사슬(생산과 분배의 최종지점으로부터 거슬러 추적되는 연관된 생산과정들)'. 생산 사이클이나 불평등교환과 같은 개념들과는 달리 '상품사슬'은 세계경제의 여러 지역을 가로지르는 다수의 생산 및 노동과정의 구조화를 추적할 수 있는 수단을, 그것도 교환 메커니즘이나 국경과 관련된 규정적인 제한 없이 추적할 수 있는 수단을 제공한다. 반면에 이 개념의 취약성은 그것이 물질적 상품생산에 의존하고 있다는 점이다(Martin, 1994: 28).

상품화 과정이 중심으로부터 퍼져나가 전(前) 자본주의적 인민에게 침투해가는 상품화의 파생적 과정뿐만 아니라 상품화가 중심 및 주변에서 관계적으로 작동하는 네트워크들 및 관계들이 쟁점으로 되었다(Martin, 1994: 32).

따라서 "자본주의 세계경제는 기축적 분업(세계적 규모의 중심/주변 양극화: 인용자)과 그에 조응하는 국가 간 체계의 구성을 통해 형성되고 재형성되었다"(Martin, 1994: 34)라고 파악된다. 그는 세계체계론을 "국가 형성이 본래부터 관계적인 과정"[38]인 것으로 파악하고, "세계적 규모에서의 축적과 정치권력의 중첩되고 관계적인 성격"(Martin, 1994: 35)을 주장한다. 그 결과 세계체계론은 국가 간 체계를

"중심에서의 국가 형성과 주변에서의 국가 해체의 관계적 과정" 또는 "중심에서의 국가/정치권력의 집중을 주변에서의 국가권력 및 구조의 파편화, 해체와 관련시키는"(Martin, 1994: 36) 접근방법을 채택한다. 39)

요컨대 세계체계론은 세계분업에서의 중심/주변 양극화·정식화와 마찬가지로, 국가 간 체계에서의 '강한' 국가/'약한' 국가 양극화를 정식화한다. 그래서 "세계경제의 근본적인 특성은 기축적 분업과 국가 간 체계 안에서의 양극화이다"라고 정식화한다. 세계체계론은 이러한 경제와 정치에서의 양극화 테제에 대한 두 가지 경험적 근거를 제시한다. "우선 지난 400년의 역사는 (마르크스가 시사한 것처럼) 자본주의 역사를 특징짓는 진보의 역사였다기보다는 매우 엄격한 물질적 조건들에서 무자비한 빈곤의 역사였다는 것, 둘째로, 세계경제 구조의 양극화 추세가 가속적이지는 않을지라도 매우 안정적이었다는 것이다"(Martin, 1994: 38).

그리고 '주변에서의 발전주의는 환상'이라는 테제를 제출한다. "민족적인 자본주의적 축적과 국가권력의 약속들에 결부되어 있는 발전이라는 통념은 잔인한 환상이었을 뿐이다"(Martin, 1994: 38). 따라서 중심/주변의 중간에 '반(半)주변'이라는 범주를 새롭게 추가시키지만, 기본적으로 "공업화의 확산은 반주변의 발전이 아니라 공업활동의 주변화를 의미"(Arrighi, 1990: 115)하는 것으로, 중심/주변의 양극화 구조에는 변함이 없는 것으로 파악한다.

이와 같은 세계체계론의 국민국가와 국가 간 체계에 대한 이론화는 두 가지로 요약될 수 있다. 첫째, '경제적인 것'과 '정치적인 것' – 세계체계론이 '세계분업'과 '국가 간 체계'로 표현하는 것 – 사이의 관계에 대한 파악은 '조응', '중첩' 개념을 사용한 채 엄밀한 이론화가 부재하다. 이는 세계체계론이 주요 행위자를 개별 국가들로 설정한 데40) 따른 필연적 결과로, 정치와 경제는 동일시되고 있고, 세계체계

---

38) "간단히 말해 주변에서의 '약한' 국가 구조들은 중심에서의 '강한' 국가들의 형성과 밀접하게 관련되어 있으며, 또 그것에 의해 형성된다는 것"(Martin, 1994: 34)이다.

39) "이리하여 현재 유럽공동체의 형성, 북아메리카 블록과 일본 중심적인 그룹의 팽창, 중심에 의해 통제되는 초국가적 기구들(IMF, IBRD, GATT, G7, 유엔)의 지배력의 강화는 중심의 외부에 있는 국가들의 해체와 그것들 간의 전쟁이라는 동일한 스토리의 핵심이다. 이러한 시각에서 보면 비중심 지역들에서 중심의 국가유형들이나 제도적 구조들, 민주적 형태들이 반복될 것으로 기대하는 것은 어리석은 일이다"(Martin, 1994: 37).

40) "자본주의적 기업들보다는 '국가들'이 자본축적 과정에서 핵심적인 행위자들이라고 전제한다"

속에서의 위치에 따라 경제와 정치는 동시에 규정되는 것으로 이론화되고 있다.

예컨대 반주변국가들의 권위주의적 정권들은 두 가지의 공통된 성향을 갖는 것으로 이론화된다. "① 자신들의 영토 안에서 개인적인 부의 분배에서 극도의 계급적 불평등을 유지하는 것, ② 세계적인 자본축적 과정에서 종속적인 기능을 수행하는 것"(Arrighi, 1990: 119). 그런데 중심국가들 간의 첨예한 헤게모니적 경합의 장기적인 효과로, 중심국가들에서의 조직된 노동자운동과 주변국가들에서의 민족해방운동이 발전하고, 제2차세계대전 후 중심의 국가들과 자본이 조직된 노동에 양보하도록 강제되었다. 그 결과 중심의 자본들이 반주변에 생산거점을 이전하게 되었고, 반주변에서의 공업화 및 프롤레타리아화가 점차 모순을 격화시켜 1974년 이래 반주변국가들의 권위주의적 정권들이 의회민주주의로 점진적으로 대체되었다는 것이다(Arrighi, 1990: 120~121). 이러한 반주변국가들의 정치에 대한 파악은 계급관계를 부차적 요인으로 도입해서 그 변화·발전을 이론화하고 있지만, 기본적으로는 세계분업 구조에의 '조응' 또는 '중첩'으로서 파악되고 있다.

둘째, 개별 국가들의 분리가 전제되지 않고 개별 국가들이 국가 간 체계를 구성하는 계기들로 이론화되고 있다. 즉, 개별 국가들은 중심국가들과 주변국가들 – 또는 3위계 구조에 따라 중심국가들, 반주변국가들, 주변국가들 – 로 범주적으로 2분할 또는 3분할되어 국가 간 체계를 구성하는 계기들로 이론화되고 있다. 그러나 실제 분석에서는 종속이론과 마찬가지로, 주변 또는 반주변국가들의 발전이 중심/주변 관계에서 부과되는 외적 제약이라는 맥락에서 파악되고 있다. 이는 위의 첫 번째 문제점, 즉 정치와 경제의 관계에 대한 이론화가 부재하고, 다른 한편으로는 자본주의 사회를 상품생산사회로 파악해 세계의 통일성을 상품관계의 통일성으로 파악하는 데서 비롯된 것이다. 결국 세계체계론은 자신들이 제기한 연구과제를 성공적으로 이론화하지 못하고 있는 셈이다.[41) 따라서 세계체계론 역시 종속이론

---

(Arrighi, 1990: 99).

41) 마틴은 세계체계론의 성과를 평가하고 전망하는 글에서 부분적으로 이를 인정하고 있다. "거의 대부분의 연구들은 자본주의 세계경제에 대한 개념적·이론적·역사적 이해에 거의 아무것도 추가하지 못했다. 이들 연구는 범주들과 개념들을 엄격하게 형식화하고 고정된 변수들 간의 양적인 변동을 추구함으로써 이러한 연구방법 자체에 의해 발전될 필요가 있는 것, 즉 세계적 규모에서 자원과 소득의 양극화된 분배를 생산하고 재생산하는 관계적 과정들을 배제한다. 몇몇 경우에는 연구과제의 정식화 자체가 중심/주변관계를 국가 간 관계로 대체한다. 이러한 예들에서는 국가들

과 마찬가지로 개별 국가들의 분리를 넘어선 내적 통일성을 이론적으로 성취하고 있지 못하다고 평가할 수 있다.

'개방적' 마르크스주의는 국민국가형태와 국제적 국가 간 체계에 대한 개별 국가들의 분리를 전제하는 대부분의 좌파이론과 개별 국가들의 외적 통일성에 머무르는 종속이론을 비판하면서 형태 분석에 입각한 이론화를 시도한다. 국민국가는 "사회관계의 지구적 총체의 형태"(Holloway, 1995b: 181)로 개념적으로 파악된다. 이를 자세히 살펴보자.[42]

첫째, 자본주의적 사회관계의 총체는 지구적, 즉 세계적 범위의 총체이다.

> 자본은 본성상 어떠한 공간적 경계도 알지 못한다. 자본주의를 그 이전의 계급착취 형태들로부터 구분하는 노동자의 '자유'는 동시에 (훨씬 더 실제적 의미에서) 착취자의 자유이다. ……영주는 더 이상 자신이 상속받은 농노들을 착취하는 것에 묶이지 않았다. 그러나 자신들의 부를 화폐로 전환할 수 있었고 세계의 어느 곳에서건 노동자 착취로부터 이익을 얻기 위해 그 화폐를 자본으로 사용할 수 있었다. 어떤 특수한 착취자로부터 노동자의 해방, 특수한 노동자집단으로부터 착취자의 해방은, 지리적 위치가 완전히 불확정적인 사회관계의 확립을 의미했으며, 그 속에서 자본은 세계 곳곳으로 이동할 수 있고 또 이동했다. 개인적 속박의 파괴는 또한 지리적 제약의 파괴였다. ……착취관계는 공간 속에 존재한다. 왜냐하면 사람들이 공간 속에 존재하기 때문이다. 그러나 그 공간은 불확정적이며 항상 변화한다. 공간의 절대적 우연성은 화폐로서의 자본의 실존 속에 요약되어 있다(Holloway, 1995b: 183~184).[43]

---

이 이들 범주와 행위자로 되어 국제적 위계구조 안에서 상하로 이동하고, 그 결과 세계체계론 이전의 견해들로 되돌아가 버린다"(Martin, 1994: 40).

42) 이하의 논의는 주로 홀로웨이(1995b)를 참조.

43) "자본주의적 사회관계의 지구적 성격은 자본의 최근의 '국제화' 또는 '지구화'(역사적으로, 그리고 논리적으로 선행한 민족적 사회로부터의 이동을 함축하는 두 개념)의 결과가 아니다. 오히려 그것은 자유로운 노동자와 자유로운 자본가 사이에 화폐를 통해 매개된 관계, 공간적 제약으로부터 해방된 관계로서의 자본주의적 착취관계의 본성 속에 내재한다. 자본주의적 사회관계들의 비공간적·지구적 성격은, 정복과 약탈 속에서의 자본주의적 사회관계들의 유혈적 탄생 이래 자본주의 발전의 핵심적 특징이었다"(Holloway, 1995b: 184).

둘째, 정치적인 것은 자본주의적 사회관계의 총체의 한 계기이다. 정치적인 것, 즉 국가형태는 자본주의적 사회관계의 정치적 형태이므로 국가의 발전은 사회관계의 총체의 발전의 한 계기로 이해될 수 있다.

셋째, 따라서 자본/노동관계의 계기로서의 정치적인 것은 지구적 관계의 계기이고, 국민국가는 본질적으로 지구적 사회(global society)의 파편화 형태이다.

정치적인 것은 지구적 국가의 실존으로 표현되는 것이 아니라 외관상 자율적이고 영토적으로 구분된 복수의 국민국가들의 실존으로 표현된다. 역사적으로 공간적 제약으로부터 착취관계의 해방은 국민국가들의 형태로 새로운 영토성의 발전을 가져왔다. 국가의 개별화, 즉 직접적 착취과정으로부터 강제의 제거(abstraction)는 전혀 다른 운동으로 표현되었다. 즉, 착취관계가 공간적 속박으로부터 해방됨에 따라 자본주의적 착취에 필수불가결한 뒷받침을 제공했던 강제는 새로운 영토적 규정(definition)을 획득했다. 신흥 국민국가들의 중요한 활동은 강제의 영토적 규정, 즉 유랑자를 규정하고 통제하기 위한 일련의 법률 같은 조치들을 통한 신규 '자유' 노동자들의 이동의 제한이었다(Holloway, 1995b: 184~185).

정치적인 것은 영토적으로 정의된 단위들로 분할되었다. 이 분할은 정치적인 것(사회와 국가가 외적으로 관계하고 있다고 생각하면 상실되는 하나의 결정적인 요소)의 이해에 근본적이다. 세계는 국민국가들, 국민적 자본주의들 또는 국민적 사회들의 총합이 아니다. 오히려 정치적인 것의 국민국가들로의 분할된 실존은 세계를 수많은 외관상 자율적인 단위들로 탈구성(해체)한다(Holloway, 1995b: 185).

정치적인 것과 국민국가 사이의 구분은 이처럼 사회관계들의 물신화 또는 경화(硬化) 과정으로서의 국가 개념에 하나의 새로운 차원을 부여한다. 지구적 사회의 국민국가들로의 탈구성은, 일단 국민국가적 경계들이 설정되면 완성되는 그 무엇이 아니다. 이와는 반대로 모든 국민국가들은 지구적 사회관계들의 탈구성이라는 부단히 반복되는 과정에 참여하고 있다. 즉, 국민적 주권의 주장을 통해, '국민'의 장려를 통해, 깃발의식을 통해, 국가(國歌)의 연주를 통해, '외국인들'에 대한 행정적 차별을 통해, 전쟁을 통해. 요컨대 국가의 실존 자체가 바로 인종주의적이다. 사회의 민족적 탈구성의 사회적 기초가 더욱 취약할수록 — 예컨대 라틴아메리카에서처럼 — 그것의 표현형태들은 더욱더 분명하다. 지구적 사회관계들의 이러한 탈구성은 자본주의적 지배에 대한 반대의 파편화에서, 계급으로서의 노동의 탈구성에서 결정적 요소이다(Holloway, 1995b: 185~186. 강조는 인용자).[44]

넷째, 국민국가의 자본에 대한 관계는 민족적으로 고정된 국가의 지구적으로 유동적인 자본에 대한 관계이다.

한편으로 (화폐로서의 자본의 흐름을 통해 매개된) 착취과정의 공간적 해방과 다른 한편으로 (국민국가들의 실존으로 표현된) 강제의 공간적 규정은 자본의 유동성과 국가의 비유동성 사이의 대조로 표현된다. ……국민국가들이 고정되어 있는 반면 자본은 본질적으로 유동적이어서, 가장 큰 이윤이 창출될 수 있는 곳이면 세계의 어디로든 흘러간다. 물론 이 흐름에 대한 장애물, 즉 이 유동성에 대한 한계가 존재한다. 자본의 재생산(기계류, 노동력, 토지, 건물, 상품들 속에서의 그것의 구현을 포함해서)은 생산자본 형태에서의 자본의 (일시적인) 비유동성에 의존한다는 점은 결정적이다. 국가 규제 또는 독점 상황의 존재 등과 같은 다른 장애물들 또한 자본의 자유로운 흐름을 방해한다. 그러나 그 가장 일반적이고 추상적 형태에서, 자본은 지구적이고 유동적이며 빠르게 흐른다. 화폐는 어떠한 개인적 또는 민족적 정서도 모른다(Holloway, 1995b: 187~188).

홀로웨이는 이러한 지구적으로 유동적인 자본과 민족적으로 고정된 국가라는

---

44) 따라서 "국가와 사회의 상호관계라는 '편의적' 가정은 매우 단순한 오류이며, 결정적으로 잘못된 것이다. 만약 자본주의적 사회관계들이 내재적으로 지구적이라면, 각각의 국민국가는 지구적 사회의 한 계기일 것이며, 세계 전역으로 확장하는 사회의 영토적 파편화일 것이다. 어떤 국민국가 — 부국이든 빈국이든 — 도 지구적 자본관계의 한 계기로서의 존재로부터 추상되어 이해될 수 없다. '종속'국가들과 '비종속'국가들 사이에 매우 자주 만들어진 구분도 사라진다. 모든 국민국가들은 역사적으로, 그리고 반복적으로 자본주의적 사회관계의 총체성에 대한 국민국가들의 관계를 통해 규정된다. 예컨대 자본주의적 '주변부'와 관련한 국가도출논쟁의 전개 과정에서 에베르스(Evers)에 의해 설정된 구분 — 경제적 영역과 정치적 영역 사이에 '사회적 동일성'이 존재하는 '중심'국가들과 그러한 동일성이 존재하지 않은 '주변'국가들 사이의 구분(Evers, 1979: 77~79) — 은 전혀 근거가 없다"(Holloway, 1995b: 186).

개념에 입각해 국민국가와 자본의 관계에 대한 좌파이론들을 비판한다.

국민국가의 자본에 대한 관계는 민족적으로 고정된 국가의 지구적으로 유동적인 자본에 대한 관계이다. 국민국가와 세계의 관계, 그리고 국민국가들 간의 관계가 개념화되어야 하는 것은 이 맥락 속에서이다. 이것은 중요하다. 왜냐하면 국가와 자본의 관계를 마치 자본이 비유동적인 것처럼, 마치 자본이 특정한 활동들, 장소들 또는 개인들에게 부착되어 있는 것처럼 논의하는 것은, 특히 좌파에서 공통적이었기 때문이다. 이것은 마치 자본이 특정한 활동에 묶여 있는 것처럼, 자본분파들(섬유자본 대 화학자본, 또는 은행자본 대 산업자본) 사이의 갈등에 의한 정치발전 분석을 낳았고, 또는 현재의 논의에 더욱 부합하게도, 마치 자본이 세계의 일부 특정 부분에 어떤 방식으로든 연결되어 있는 것처럼, 국가와 '민족자본' 사이의 모종의 융합, 통일 또는 결합의 맥락에서 국가에 대한 논의를 낳았다. 국가와 자본의 연계는 가족적 연계, 개인적 커넥션, 군산복합체의 존재 등을 통해 드러난다. 그리고 이 연계들은……국가의 자본주의적 성격을 보여주는 것으로, 또는 (국가독점자본주의 이론들에서처럼) 국가와 독점체들의 '융합'에 의해, 또는 (국가자본주의 이론들에서처럼) 경쟁적 국가자본들의 형성으로, 또는 고전적인 제국주의 이론으로 이론화된다. 이러한 접근방법들은 모두 이 연결관계들을 일시적 계기들로, 자본의 부단한 흐름 속에서의 기항지(寄港地)들로 보는 대신, 마치 자본이 이러한 개인적·제도적 또는 지방적 연결관계에 의해 이해될 수 있는 것처럼 취급한다. 자본가 집단들과 국민국가들 사이에는 개인적, 제도적, 그리고 정치적 연계들이 존재한다는 것은 분명하다. 그러나 '자본가 집단들'은 자본과 동일한 것이 아니며, 국민국가들도 때로는 자신의 자본가 친구들과의 연계를 깨뜨리지 않을 수 없고, 자본의 재생산 전반을 보장하기 위해 그들에 반(反)하는 방향으로 행동하지 않을 수 없다. 국민국가의 상대적 비유동성과 자본의 매우 높은 유동성은 국민국가와 세계자본의 일부 개별 부분 사이에 단순한 관계를 확립하는 것을 불가능하게 만든다(Holloway, 1995b: 188~189).

'개방적 마르크스주의'는 국민국가형태와 국민국가와 자본 간 관계에 대한 이상의 이론화를 토대로 해서 개별 국가 간 경쟁을 '민족자본들' 간의 경쟁이 아니라, 세계 자본을 자국 내부로 유치하고 붙잡아 두려는 국가들의 경쟁으로 파악한다.

어떤 국민국가의 존재가 세계자본주의의 재생산에 의존할 뿐만 아니라 그 국경 내부에서의 자본주의의 재생산에도 의존하는 한에서, 국민국가는 자본을 자신의 영토 내부로 유치하기 위해 노력해야 하고, 자본이 일단 유치되면 그것을 자신의 영토 내부에서 비유동화시키기 위해 노력해야 한다. 국민국가들 간의 경쟁적 투쟁은 민족 자본들 사이의 투쟁이 아니라 세계자본의 일부를(따라서 지구적 잉여가치의 일부를) 유치하려는 그리고/또는 유지하려는 국가들 사이의 투쟁이다. 이 목적을 달성하기 위해 국민국가는 자신의 국경 내부에 (인프라의 제공, 법과 질서의 유지, 노동력의 교육과 조절 등을 통해) 자본의 재생산을 위한 호조건들을 보장하도록 해야 한다. 그리고 국민국가는 자신의 국경 내부에서 활동하는 자본에게, 그 자본의 법적 소유자들의 시민권과 거의 무관하게 (무역정책, 통화정책, 군사적 개입 등을 통해) 국제적 지원을 제공해야 한다(Holloway, 1995b: 189~190).[45]

그리고 홀로웨이는 지구적으로 유동적인 자본과 영토적으로 고정된 국민국가라는 개념과 자본유치 및 유지를 위한 국가 간 경쟁 개념에 입각해, 국제적 국가 간 체계를 중심/주변의 양극화로 파악하는 종속이론과 세계체계론, 그리고 제국주의/식민지로 파악하는 제국주의론을 비판하고, 헤게모니/종속 개념으로 파악한다.

이 경쟁적 투쟁 속에서 헤게모니와 종속의 지위들이 수립된다. 그러나 헤게모니적 지위가 자본을 유치하고 유지하려는 지구적 경쟁으로부터 국가들을 자유롭게 하지는 못한다. 헤게모니와 종속의 상대적 지위들은 궁극적으로 상이한 국가 영토들에서 자본축적을 위한 다소간 우호적인 조건들의 존재에 기초한다. 헤게모니적 권력으로서의 영국의 장기적 쇠락과 미국의 국제적 지위의 오늘날의 불안정성은 이로부터 연유한다. 그리고 자본축적 조건은 자본에 의한 노동착취 조건에 의존한다. 그러나 여기에는 어떠한 직접적인 영토적 관계도 존재하지 않는다. ……국민국가들은 생산

---

45) 이러한 관점은 본펠트에서도 반복된다. "국가들 간의 국제적 관계들은 단지 경제적 상호의존관계인 것만이 아니라 '국가들을 계급관계들의 세계적 구성의 계기들로 구성하는' 사회관계들 속에서/통해서 존립한다. 따라서 국민국가들은 가격의 세계적 위계 속에서 유리한 지위를 확보하기 위해 서로 간에 경쟁한다"(Bonefeld, 2000a: 63).

된 지구적 잉여가치의 일부를 자신들의 영토에 유치하기 위해(또는 그 내부에 유지하기 위해) 경쟁한다. 국민국가들 간의 적대는 (종속이론가들이 제의하는 것처럼) '중심'국가들에 의한 '주변'국가들의 착취의 표현이 아니라, 오히려 지구적 잉여가치의 일부를 자신들의 영토로 유치하기 위한(또는 그들의 영토 내부에 유지하기 위한) 그들 사이의 (극히 불균등한) 경쟁을 표현한다. 그 때문에 모든 국가들은 지구적 노동착취에 이해관계를 가진다. 종속이론가들이 주장하는 것처럼, 국민국가들이 착취에 의해 특징지어지는 양극적 세계에서의 그들의 실존과 연관해서만 이해될 수 있다는 것은 사실이다. 그러나 착취는 부국들에 의한 빈국들의 착취가 **아니라 지구적 자본에 의한 지구적 노동의 착취이다.** 그리고 그 양극성은 **중심/주변 양극성이 아니라 계급의 양극성,** 즉 모든 국가들이 자본의 재생산에 의존하는 국가로서의 그들의 존재 자체에 의해 자본주의적 극에 놓이는 양극성이다"(Holloway, 1995b: 190~191. 강조는 인용자).46)

따라서 결론적으로 국민국가가 지구적 자본관계의 한 계기라는 것은, 어떤 특정한 국민국가의 발전이 그 국민국가가 그 통합적 일부인 자본주의적 사회관계의 발전의 맥락 속에서만 이해될 수 있음을 의미한다. '자본주의적 사회관계의 지구적 발전'

---

46) "비록 국민국가들 간의 관계가 외적 관계로 나타난다 할지라도, 그것을 외적 관계로 이해하는 것은 적절하지 않다. 만약 국민국가가 지구적 자본관계의 한 계기라면, 지구적 자본관계('국제적 자본')도, 여타의 국가들도 그 국민국가에 대해 외적인 것으로는 적절히 이해될 수 없다. 그러므로 어떤 국민국가의 발전을 이해하는 데 있어서 그것은 ('주변'국가의 경우에 종속이론에 의해 선호되는) 국가 발전의 '외적' 규정인들과 (조절이론에서 선호되는) '내적' 규정인들 사이에서 선택을 하는 문제가 아니다. 또한 국가 발전은……내생적 동력들과 외생적 동력들의 조합의 결과로 이해될 수도 없다. 내부/외부, 내적/외적, 내생적/외생적 사이의 구분은 국민국가들의 외관상의 자율성을 재생산하며, 그럼으로써 국민국가적 경계들이 재현하는 사회관계들의 살인적 경직화를 재강화할 뿐 국가발전에 대한 설명으로는 적합하지 않다. 모든 국민국가들은 내적/외적 구분을 현실정치의 핵심적 요소로 조작한다. 예컨대 IMF와 거래하고 있는 모든 국가들은 그러한 거래의 결과들을 외적으로 부과된 것으로 제시하지만, 실제로는 그들은 '민족적' 정치갈등과 지구적 정치갈등의 이음매 없는 통합의 일부이다. 이것은 1976년 IMF에 의해 영국에 '부과된' 조건(영국 우익의 중요한 승리)에도, 그리고 최근 IMF에 의해 베네수엘라에 '부과된' 조건 — 자본축적에 좀 더 우호적인 조건을 창출하기 위한 방식으로 사회를 재구조화하려는 베네수엘라 국가 전략의 중요한 요소를 구성하는 — 에도 똑같이 해당한다. 지구적 자본은 뉴욕, 도쿄 또는 런던 등에 '외적'이지 않은 것처럼, 꼬차밤바, 사까뜰란 또는 심지어 딴노치브래에도 '외적'이지 않다. 비록 그것의 현존 형태들과 결과들이 엄청나게 다르긴 하지만 말이다"(Holloway, 1995b: 191~192).

은 논리적 과정도 아니고 '그 밖의' 어떤 것도 아니며, 갈등 — 비록 파편화되어 있지만, 지구적인 갈등 — 의 역사적 과정이다. 그 갈등의 구조 — 궁극적으로 노동에 대한 자본의 의존 형태, 잉여가치 생산관계 — 는 자본주의적 사회관계에 자본주의의 위기 경향으로 표현되는 특징적인 불안정성을 부여한다. 그 결과 국민국가들의 발전, 각 국민국가들의 상호관계, 그리고 지구적 자본의 계기들로서의 국민국가들의 실존은 자본주의적 계급투쟁의 위기에 찬 발전의 맥락 속에서만 이해될 수 있다 (Holloway, 1995b: 192).

이와 같이 '개방적' 마르크스주의의 국민국가 간 관계(국제적 국가 간 체계) 및 국민국가와 자본 간 관계에 대한 이론화에서 핵심적인 개념은 '지구적 사회관계의 탈구성 및 파편화 형태'로서의 국민국가, '자본의 유동성과 국민국가의 비유동성'에 의해 규정되는 자본과 국민국가 간 관계, 그리고 제한적인 의의를 부여받지만 '자본(또는 잉여가치)의 유치 및 유지를 위한 국민국가 간 경쟁' 과정에서 구성되는 헤게모니/종속 관계 등이다.

그런데 '개방적 마르크스주의'의 국민국가형태에 대한 개념화와 국민국가 간 관계 및 국민국가와 자본 간 관계에 대한 이론화는 자신들이 주요하게 강조해온 마르크스의 방법론, 즉 사회관계로부터 사회적 형태를 역사적 과정에 입각해 구성하는 역사유물론적 방법론[47])을 불철저하게 관철시킨 결과, 형태 분석적 관점에 입각하고 있음에도 불구하고 추상적이고 관념론적인 이론화로 귀결된 것으로 평가하고자 한다. 주요 문제점을 간략히 살펴보자.

첫째, 자본주의적 사회관계의 지구적 총체를 역사적으로 구성되는 과정으로 파악하지 않고 추상적으로 전제하고 있다. 즉, 계급투쟁을 통해 먼저 자본주의적 사회관계를 정립시킨 유럽으로부터 여타 세계의 비자본주의적 사회관계를 자본주의적 사회관계로 전형시켜가는 과정에서 확장되고 재구성되는 지구적 총체로 이

---

47) "안개처럼 몽롱한 종교적 환상의 현세적 핵심을 분석에 의해 발견하는 것은, 이와는 반대로, 현실의 생활관계로부터 그것들의 천국형태를 전개하는 것보다는 사실 훨씬 더 쉬운 일이다. 후자의 방법이 유일하게 유물론적인, 따라서 유일하게 과학적인 방법이다. 자연과학의 추상적 유물론 (즉, 역사와 역사적 과정을 배제하는 유물론)의 결합은, 그 대변자들이 일단 그들의 전문영역 밖으로 나왔을 때에 발표하는 그들의 추상적이며 관념론적인 견해에서 곧 드러난다"(Marx, 1976b: 501).

론화하고 있지 않다. 그 결과 지구적 총체의 구성과정이 제국주의적 확장과정이었고, 그 과정에서 제국주의와 식민지에서 자본주의적 사회관계가 질적 차별성을 가지고 전형되는 점이 간과되고 있다.

홀로웨이의 이론화에는 정상적인 착취와 구분되는 식민지 또는 반식민지 및 신식민지에서의 '초과착취'라는 개념이 없다. "자본은, 식민지 또는 신식민지 상황에서처럼, 그리고 국가들이 조세이득이나 다른 유인책을 통해 자본축적에 매력적인 장소로 만드는 경우(케이먼 군도와 리히텐슈타인은 그 명백한 사례들이다)처럼, 다른 국가의 영토에서의 노동착취의 결과로 한 국민국가의 영토 속에서 축적할 수도 있다"(Holloway, 1995b: 190)는 식의 인식으로 착취와 초과착취를 구별하지 않는다.

둘째, 지구적 사회관계의 탈구성 및 파편화 형태로서의 국민국가는 추상적으로 동질적인 것으로 전제되고 있다. 국민국가형태가 추상적으로 모두 무차별적이라는 점은 그것이 지구적 자본관계의 한 계기라는 것으로부터 곧바로 도출된다.

> 어떤 국민국가 ― 부국이든 빈국이든 ― 도 지구적 자본관계의 한 계기로서의 존재로부터 추상되어 이해될 수 없다. '종속'국가들과 '비종속'국가들 사이에 매우 자주 만들어진 구분도 사라진다. 모든 국민국가들은 역사적으로, 그리고 반복적으로 자본주의적 사회관계의 총체성에 대한 국민국가들의 관계를 통해 규정된다(Holloway, 1995b: 186).

따라서 개별 국가의 특유성은 인정되나 그것은 형태적 무차별성에 입각한 특유성이다.

> 정치적인 것의 국민국가들로의 파편화는, 모든 국가가 특유한 영토적 규정을 가지며, 따라서 그 영토 안의 주민들에 대한 특유한 관계를 가짐을 의미한다. 모든 국민국가는 그 주민들 가운데 일부를 '시민들'……로, 나머지를 '외국인들'로 정의한다. 이 영토적 규정은 각각의 국민국가가 자본주의의 지구적 관계에 대해 상이한 관계를 가짐을 의미한다(Holloway, 1995b: 187).

그런데 홀로웨이는 국민국가형태의 이러한 무차별성의 근거로 '주변'국가들뿐 아니라 '중심'국가들에서도 신자유주의적 공격이 이루어졌다는 것(1992년 9월 16일 영국의 '검은 수요일')을 제시한다(Holloway, 1995b: 186~187). 이러한 파악은 금융위기들이 선진국과 제3세계에 똑같이 계급관계에 영향을 미쳤다는 무차별성에만 주목하고, 그 차이를 형태상의 차이나 양적인 차이로 무시한다. 따라서 1980년대 이래 제3세계에서의 금융위기가 초국적자본 세력에 의한 제3세계의 '재식민지화'(Chossudovsky, 1999)의 계기로 작용한 점은 간과된다. 그뿐만 아니라 국민국가 형태의 역사적 구성 및 자본주의적 전형과정을 고려할 때 제국주의와 식민지·반식민지 국가 간의 차이를 양적 차이로만 환원하는 것은 비현실적이고 따라서 부적절하다.

실제의 역사적 과정에서 보면, 지구적 사회관계의 한 계기로서의 정치적인 것의 파편화 형태인 국민국가는 지구적 총체성의 확장·재구성 과정에서 질적으로 차별적으로 구성된다. 제국주의/식민지라는 국가 간 지배/예속관계하에서 구성되는 제국주의/식민지 국가 간의 차별성이 동질적 국민국가 개념에서는 사상된다. 결국 동등한 국민국가 개념에는 국가 간 지배/예속관계라는 역사적 현실이 간과되고 있다.

여기서 홀로웨이가 주장하는 국민국가형태의 추상적이고 일반적 형태에서의 무차별성은 그야말로 형태규정으로서의 추상적 무차별성, 즉 자본주의적 사회관계가 기존의 국가를 자본주의적 국가형태로 전형시킬 때의 '자본주의적 국가형태'에 대한 규정의 동일성을 의미한다. 그러나 국민국가 간 관계를 이론화할 때는 그러한 추상수준을 벗어나야 할 것이다. 홀로웨이 자신도 국민국가 간 경쟁에서 헤게모니/종속 국가의 차별성을 도입하는 것은 자본주의적 국가형태로서의 추상적 형태규정을 넘어서고 있다. 문제는 여기에 있다. 마르크스가 자본 일반 수준에서 잉여가치의 생산방법으로서 절대적 잉여가치 생산방법과 상대적 잉여가치 생산방법을 개념적으로 구분할 때, 그러한 구분은 계급투쟁을 매개로 역사적으로 성립한 과정을 개념화한 것이듯이, 국민국가 간 관계로서 국민국가 간 차별성을 개념화하려면 계급투쟁 과정에서 국민국가 간 관계의 역사적 구성과정을 이론화할 필요가 있는 것이다.

셋째, 그 결과 국민국가 간 관계는 기본적으로 동등한 국민국가들 간의 경쟁적 관계로 규정되고, 경쟁과정에서 헤게모니 국가/종속국가들이라는 제한적인 차별성만이 발생한다. 그러나 자본주의의 역사적 현실은 제국주의 국가들/식민지·반식민지 국가들 관계가 더 일반적인 국가 간 관계이고, 헤게모니 국가/종속국가들 관계는 부차적인 관계임을 보여주고 있다.[48]

넷째, 자본의 유동성과 국민국가의 비유동성 개념에 입각한 국민국가와 자본 간 관계의 이론화는 국민국가와 자본 간의 복잡하고 모순적 관계를 지나치게 일면화시킨다. 자본주의적 계급관계의 '정치적 형태'로서의 자본주의적 국가의 형태규정과 내용규정, 그리고 형태와 내용의 모순적 관계에 대한 앞서의 이론화와 관련해서 '개방적' 마르크스주의의 자본주의적 국가의 내용규정에 대한 소극적 입장이 이 문제에서 그대로 드러나고 있다. 이런 수준의 소극적 규정으로는 역사적으로 출현했고 또한 현재도 존재하고 있는 제국주의 국가들을 이론적으로 해명할 수 없게 된다.

'개방적' 마르크스주의에서의 국가 간 관계에 대한 이러한 이론화에는 그 밖에도 현대자본주의에서의 자본의 세계화 현상에 대해 착목하고 있다는 점도 지적될 필요가 있다. 이와 관련해서 최근의 서구 좌파이론에서 국가 간 지배/예속관계로서의 제국주의 관계보다도 자본의 세계화에 따른 지구적 총체와 그 내부에서의 헤게모니 국가/종속국가들로서의 차별화에 보다 주목하는 경향이 일반적으로 나타나고 있다. 예컨대 세계화에 대한 대표적인 조절이론이라 할 수 있는 셰네의 『금융의 세계화』(Chesnais, 1996c)도 마찬가지이다.

'개방적' 마르크스주의의 국가 간 관계에 대한 이론화에서의 이러한 한계와 오류를 극복하기 위해서는 형태 분석적 관점뿐만 아니라 사회관계의 역사적 구성과정에 대한 철저한 이론화가 필요하다.

### (2) 제국주의에 의한 국제적 국가체계 구성

여기에서는 마르크스의 역사유물론적 방법론에 철저히 입각해서 '개방적' 마르크스주의의 한계를 넘어서기 위해 제국주의/식민지 관계를 중심으로 한 국민국가 간 관계에 대한 대안적 이론화를 제안하고자 한다. 물론 기존의 제국주의론에 대

---

48) 자본주의 역사에서 헤게모니 국가는 제국주의 열강들의 경쟁과정에서 계속 변천해왔다. 그러나 제국주의/식민지 국가 간 관계가 역전된 사례는 없었다.

한 전면적인 검토를 통한 새로운 이론화를 시도하는 것은 이 책의 범위를 넘어서는 것으로 생각된다. '자본주의적 사회관계의 가치형태'라는 형태 분석적 관점과 사회관계의 역사적 구성이라는 관점에서 기본적인 이론화를 제시하는 것으로 한정해서 제국주의/식민지 관계를 이론화하고자 한다.

제국주의 문제는 현상적으로는 국가 간 관계 문제 - 특히 정치군사적 지배, 국가 간 부등가교환 등 - 로 나타난다.[49] 자본주의 발전단계이론으로서의 제국주의론은 레닌에 의해 정식화된 이래 좌파이론 안에서 대체로 수용되고 있다. 레닌(1968)은 『제국주의론』에서 제국주의에 대해 5개의 기본적 특질을 포함한 것으로 규정한다.

① 생산과 자본의 집적이 고도의 단계에 달해 경제생활에서 결정적 역할을 수행하는 독점체를 형성하기에 이르렀다. ② 은행자본이 산업자본과 융합해서 '금융자본'을 이루고, 이를 기초로 금융과두제가 형성된다. ③ 상품수출과는 구별되는 자본수출이 특별한 중요성을 갖는다. ④ 국제적 독점자본가단체가 형성되어 세계를 분할한다. ⑤ 자본주의 거대열강에 의한 전 세계의 영토적 분할이 완료된다(Lenin, 1968: 122).

그런데 제국주의론은 레닌의 다섯 가지 특성 규정 가운데 강조점에 대한 차이에 따라 크게 세 가지의 다른 견해로 발전한다.

첫째는, 경제주의적 해석으로, 제국주의에서의 독점자본주의와 자본수출을 강조하는 견해이다. 대표적으로는 미국 ≪먼슬리 리뷰(Monthly Review)≫ 그룹의 제국주의에 대한 입장이다. 독점기업의 출현에 의한 독점자본주의를 강조하고, 자

---

49) 좌파이론 안의 주요 제국주의론에 대한 간략한 정리는 정성진(2003) 참조. 정성진(2003)은 주요 제국주의론을 비판적으로 검토하고 네그리와 하트의 '제국' 이론을 비판하면서 21세기 제국주의론에 대한 이론화를 시도한다. 특히 레닌의 자본수출론보다 마르크스의 국제적 부등가교환이론을 통해 세계자본주의의 불균등발전을 더 잘 설명할 수 있다고 주장한다. 그러나 정성진은 제국주의 세계 지배의 최종 한계를 '자본주의의 모순을 전가할 비자본주의 영역의 소멸'에서 찾는 로자 룩셈부르크의 제국주의론에 의지하고 있다. 정성진의 이러한 최근의 입장은 기존 논문(1984)의 입장, 즉 상품교환관계에서의 '불평등교환'뿐만 아니라 국제적 생산관계에서의 '초과착취'도 함께 작용해 중심/주변의 '양극적·이질적 구조'를 구성한다는 입장과는 차이가 있다.

본수출도 식민지 초과이윤 획득보다는 독점기업의 원료 및 해외시장 확보가 더 주요한 유인으로 작용하는 것으로, 따라서 독점초과이윤의 추구가 제국주의의 주된 추동력으로 본다. 또한 제2차세계대전 이후에도 이전의 식민지들로부터 가능한 한 많은 경제적·금융적 이익을 유지·강화하도록 경제적·금융적 의존관계를 지속시키려고 한다고 파악한다(Magdoff, 1969: 37~72).

둘째는, 제국주의에서의 정치·군사적 특징을 강조하는 견해이다.

레닌과 부하린(N. Bukharin)의 제국주의론에서 결정적으로 강조되는 점은, 자본주의가 제국주의 국면으로 들어서게 되면 생산의 고도의 집적의 결과, 경쟁이 국민국가의 경계를 넘어 세계적 규모로 전개되고, 이와 같은 세계시장에서의 국민적 자본 간의 경쟁이 국가를 매개로 한 자본들 간의 경쟁적 투쟁, '국가, 즉 자본' 간의 군사적 및 경제적인 경쟁적 투쟁으로 발전한다는 사실이다(정성진, 2003: 112~113).

제국주의는 단지 영토의 점령만을 뜻하는 것은 아니다. 그것은 군사력에 의해서든 아니면 더 세련된 수단에 의해서든 국민과 토지를 정치경제적으로 광범위하게 지배하는 것을 의미한다. 여러 나라 자본가계급을 온갖 수단으로 지지하는 중심국들이 세계경제를 지배하기 위해 서로 경쟁하면서 주변국에 대해 지배와 권력을 행사하는 세계체제로서의 자본주의이다. (또한) 패권국가들과 약소국들의 관계에서 군사적 정복과 경제 제재의 위협, 그리고 다른 나라 정부와 영토를 실질적으로 지배하기 위한 힘의 행사는 제국주의의 생존양식이다(Tabb, 2001: 123).

경제적 수탈, 정치적 재식민지화 및 군사적 개입(Katz, 2002. 정성진, 2003: 120에서 재인용).

셋째는, 세계적 차원의 불균등발전으로서의 자본주의의 확장을 강조하는 견해이다.

자본주의 세계경제는 전(前) 자본주의·반(半)자본주의·자본주의의 제반 생산관계가 착종된 체제로서 자본주의적 교환관계에 의해 상호 간에 연계되어 있으며 자본주의 세계시장에 의해서 지배되는 체제이다. 세계시장은 자본주의적으로 발전한 경제 및 국가와 저발전 경제 및 국가를 다차원적인 자기조절 체계 속으로 결합시킨 것이다(Mandel, 1975: 51).

그리고 레닌의 제국주의론과 맥락을 달리하지만, 자본주의 세계체계에서 국가 간 관계를 중심/주변 양극화로 파악하는 다양한 부등가교환이론이 있다.[50]

필자는 제국주의 문제를 자본주의적 계급관계의 관점에 입각한 국가 간 관계로 개념화하기 위해 이러한 다양한 견해들을 재구성하고자 한다. 구체적으로는, 제국주의/식민지 관계를 자본/노동관계의 지구적 확장, 즉 자본주의적 관계의 지구적 총체화 과정에서 구성된 국가 간 지배/예속관계로 파악하고자 한다.

제국주의 모국에서 자본주의 생산양식이 상품경제, 즉 상품교환의 발전과정에서 자동적으로 발전한 것이 아니라 계급투쟁을 통한 시초축적에 의해 생산자에게 노동력 상품이라는 가치형태를 부과함으로써, 즉 자본주의적 계급관계를 창출함으로써 정립되었듯이 자본주의 생산양식의 지구적 팽창도 단순한 상품 또는 자본의 운동의 결과가 아니었다. 식민지·반식민지에서 가치형태상으로 상품교환을 토대로 한 자본의 운동으로 나타난 것은 사회관계적 측면에서 보면, 제국주의의 정치·군사적 강제(이른바 '경제외적 강제')에 의한 자본/노동관계의 강제적 창출과정이었다. 초과이윤 획득을 목표로 한 자본수출은 이러한 사회관계적 측면의 가치형태적 표현에 불과하다. 그리고 국제적 국가 간 관계로서의 국민국가형태도

---

50) 이에 대한 자세한 소개와 평가는 정성진(1984, 2003), 이채언(2002)을 참조. 특히 정성진(2003)은 "발전된 자본주의 국가와 덜 발전된 자본주의 국가 간의 가치이전을 분석하는 마르크스의 국제가치론은 오늘 제국주의를 설명하는 중요한 방법론을 제공한다"라고 하며, 마르크스의 국제가치론을 현대의 제국주의론으로 평가하는 점이 주목된다. "오늘 세계자본주의의 불균등발전은 레닌의 자본수출론보다는 마르크스의 국제가치론, 특히 국제적 부등가교환이론으로 더 잘 설명될 수 있다. 마르크스는 생산력이 더 발전한 나라(부국)의 1시간의 노동으로 만들어진 상품이 세계시장에서 생산력이 그보다 덜 발전한 나라(빈국)의 더 많은 시간의 노동으로 만들어진 상품과 교환되는 국제적 부등노동량의 교환과정에서 빈국으로부터 부국으로의 가치이전이 발생한다고 보았다. 국제적 가치이전을 설명하는 마르크스의 국제가치론은 그 자체로 제국주의론이라고 할 수 있다. 왜냐하면 '제국주의는 기본적으로 한 나라에 의한 다른 나라로부터의 가치의 체계적 전유'(Carchedi, 2001b: 216), 다시 말해 '제국주의는 국제적 가치의 체계적 전유, 즉 제국주의국의 자본주의 기업이 피지배국의 기업(및 독립적 생산자)으로부터 체계적으로 가치를 영유하는 것'(Carchedi, 2001a: 155)이기 때문이다"(정성진, 2003: 116~117).

바로 자본주의적 관계의 지구적 총체화 과정에서 구성된다. 따라서 제국주의/식민지 관계는 국제적 국가 간 관계의 구성적 과정의 핵심이었다. 제국주의/식민지 관계의 '사회적 구성'에 관한 이러한 관점을 좀 더 체계적으로 제시하고자 한다.

첫째, 제국주의는 역사적으로 19세기 말 이후 20세기 초에 걸쳐 출현한 현상으로 특정화되어야 한다. 자본주의는 애초부터 제국주의였다는 식으로 자본주의와 제국주의를 동일시하는 견해는 잘못된 것이다. 제국주의는 자본주의 자체와는 구별되어야 한다.

우선 홉스봄의 제국주의에 대한 역사적 서술을 살펴보자.

> 오랜 기간 자본주의 나라들의 경제적·군사적 우위는 도전받지 않았으며 그것을 공식적인 정복으로 전환시키려는 체계적인 시도 또한 존재하지 않았다. 병합과 통치는 주로 18세기 말과 19세기의 마지막 사반세기 사이에 이루어졌다. 그것은 주로 1880년에서 1914년 사이에 이루어졌으며, 유럽과 아메리카 바깥에 존재하는 대부분의 세계는 형식적으로 하나 또는 몇몇 국가들의 공식적인 통치 아래 또는 비공식적인 정치적 지배하의 영토들로 분할되었다. 이를 담당했던 나라들은 주로 영국, 프랑스, 독일, 이탈리아, 벨기에, 미국, 일본이었다(Hobsbawm, 1987: 154~155).

> 1876년과 1915년 사이에 지구 땅의 약 4분의 1이 약 6개국에 의해 식민지로 분배되고 재분배되었다(Hobsbawm, 1987: 157).

> '제국주의'란 단어가 1890년대에 정치적이고 시사적인 단어의 일부가 되었다는 사실……나아가 하나의 개념으로서 제국주의의 의미가 결코 상실되지 않았던 것은 그것이 경제적 차원을 획득하게 되었을 때였다. 제국주의란 용어에서 그것이 기반으로 하고 있는 고대적인 정치적·군사적 정복형태에 대한 준거가 문제의 초점이 아니었던 이유는 바로 이 때문이었다. 황제들과 제국들은 오래된 것이지만 제국주의는 완전히 새로운 것이었다(Hobsbawm, 1987: 159).

자본의 본성이 세계적이라는 추상적 규정이나 자본의 시초축적이 세계적 범위에서 유혈적 약탈 과정이었다는 역사적 사실에 근거해서 자본주의는 처음부터 제국주의적이라고 규정하는 것은 추상적 유물론이다. 자본은 단순한 화폐나 사물이 아니라 자본/노동 간의 사회적 관계이고, 자본운동은 가치형태를 매개로 해서 자본주의적 사회관계의 총체성을 구성하고 확장한다.

자본주의 생산양식을 먼저 정립한 유럽의 선진국들이 여타 세계의 비자본주의적 사회에 자본주의적 관계를 본격적으로 이식·창출하기 시작한 것은 19세기 말 제국주의 시대의 자본수출에서부터이다. 만델(1975)에 따르면, 19세기 말의 자본수출을 계기로 국가 간 관계가 질적으로 변화한다.

산업혁명이 서구에서 시작된 이유는 식민지 정복과 식민지 교역에 의해 세계의 나머지 지역을 조직적으로 수탈한 결과로 과거 300년에 걸쳐 국제 화폐자본과 금이 서구에 집중되었기 때문이다. 이와 같이 해서 서구의 유력한 공업지역들(곧이어 북미 포함)이라는 지구 상의 몇몇 지역에 자본의 범세계적인 집중이 이루어졌다. 그러나 서구에서 출현한 산업자본이 후진국가의 지배계급에 의한 자본의 내부적인 시초축적을 방해할 수는 없었다. 기껏해야 이러한 과정을 완만하게 할 수는 있었다. ……(그러나) 원자재의 자본주의 생산조직을 위해 저발전국가들에 자본이 대량으로 수출됨으로써 중심국가들과 경제적 후진국가들 사이에 벌어진 자본축적과 생산력 수준에서의 양적 차이는 갑자기 질적 차이로 전화되었다. 후진국가들은 이제 후진적일 뿐만 아니라 종속적인 관계에 처하게 되었다. 외국자본의 자본축적에 대한 지배는 후진국가들에서 자본의 시초축적과정을 억눌렀고 산업의 격차는 지속적으로 확대되었다(Mandel, 1975: 62).

만델은 1880년을 전후한 시기의 그러한 질적 변화의 전형적 예로 칠레의 구리광산에 대한 영국자본의 직접투자를 통한 생산관계의 변화를 들고 있다(Mandel, 1975: 59~60). 다시 말해 제국주의 나라들의 자본수출은 식민지·반식민지 나라들의 전 자본주의적 사회관계들을 자본주의적 사회관계로 전형시킴으로써 지구적 자본관계로 통합시켰고, 그럼으로써 자본주의적 사회관계의 지구적 총체성을 유럽을 넘어서 확장시켰다. 따라서 제국주의에서 핵심적인 측면을 식민지·반식민지에서의 근대적 자본/노동관계의 창출로 파악할 필요가 있다. 이는 제국주의 현상에 대해 체계적 이론화를 처음으로 시도한 홉슨에게서도 보인다.

갈수록 커지는 열대상품에 대한 수요와 풍부한 천연자원에 대한 값싼 노동이 고용될 수 있는 세계의 도처에서 투자를 시도하는 근대 공업국들의 엄청난 자본유출이다(Hobson, 1967: 224).

최근에 올수록 자본투자와 토지에 대한 원주민 노동의 조직, 즉 플랜테이션 제도가 새로운 회사들의 정책에서 현저한 역할을 맡게 된다. ……더 이상 무역을 주로 하는 단체로 머물지 못하고, 서구의 시장에 공급하기 위해 백인 경영하에 원주민의 노동으로 농업 및 광업자원을 관리·개발하는 일에 갈수록 더 몰두하게 된다. ……초기의 무역식민지는 산업식민지가 되어 그 주위에서 토지와 광업 이권이 발달했다. 그것은 보호를 위해서, 이권을 더욱 확보하기 위해서, 그리고 협정의 침체나 질서파괴를 억제하거나 처벌하기 위해서 권력을 갖고 있는 산업식민지였다. 다시 말하면, 정치·종교적인 기타의 이익이 갈수록 크게 발생해서 본래의 상업식민지는 더욱 강력한 정치·군사적 성격을 띠게 되고, 통치의 권력은 통상 회사로부터 국가로 넘어가며 막연하게 규정되어 있던 보호령이 점차적으로 식민지의 형태로 이행한다(Hobson, 1967: 225).

상품교역으로서의 세계시장의 존재는 자본주의 생산양식의 역사적 전제이자 토대였지만, 세계시장의 존재 자체가 지구적 차원의 자본주의 생산양식의 정립, 즉 자본주의적 관계의 지구적 총체성을 의미하는 것은 결코 아니다. "세계시장의 형성은 자본주의 생산양식의 전개과정으로……이해되어야 하며, 자본주의 생산양식의 전제조건인 상인자본에 의해 창출된 세계시장과 혼동되어서는 안 된다"(Mandel, 1975: 51). 이에 대해서는 다음의 '세계시장'에 관한 절에서 자세히 논의할 것이다.

둘째, 19세기 말 이후 20세기 초에 걸친 제국주의의 출현은 선진 자본주의 국가들 내부의 계급투쟁 및 계급 역관계의 변화에 의해 추동된 것이었다. 제국주의의 특징으로 일반적으로 논의되는 자본주의의 새로운 발전단계로서의 독점자본주의, 자본수출, 식민지 분할 및 재분할, 제국주의 열강들 간의 경쟁적 투쟁으로서의 식민지쟁탈전 등은 일련의 연관된 과정으로 통일적으로 파악되어야 한다.[51]

그런데 기존의 제국주의 논의는 주로 자본형태의 변화 – 산업자본과 은행자본의 결합으로서의 금융자본 형태 – 와 그에 따른 자본운동 형태의 변화 – 경쟁에서 독점으로의 변화를 가져온 경제적 집중문제, 자본수출 등 – 에 주목해서 제국주의 열강들 간의 경쟁적 투쟁을 분석하는 것이지, 그러한 형태 변화의 배후에서 그러한 형태 변화를 추동한 계급관계 및 계급투쟁 차원에서의 변화에 대한 분석은 부차적 요인으로 병렬될 뿐이다.

예컨대 레닌은 『제국주의론』에서 "금융자본을 토대로 해서 성장하는 경제외적 상부구조, 즉 금융자본의 정치와 이데올로기는 식민지 정복에 대한 열망을 자극한다"라고 하며, 한 프랑스의 부르주아 저술가를 인용한다. 즉, "노동자 대중만이 아니라 중간계급에게까지 압박을 가하는 생활의 복잡함과 곤란함이 증대한 결과, 구문명권의 모든 나라에서 초조·분노·증오가 쌓여 공동의 질서를 위협하고 있다. 따라서 특정한 계급적 통로로 분출되고 있는 에너지가 국내에서 폭발되지 않도록 하기 위해서는 국외로 방출되어 사용되도록 해야 한다"(Lenin, 1968: 117~118).

또한 레닌은 1881년 엥겔스가 편지에서 영국의 직업별 노조에 대해 "중간계급에게 팔렸거나 적어도 이들로부터 돈을 받고 있는 사람들이 이끌고 있는 최악의 영국 노동조합"(Lenin, 1968: 141에서 재인용)이라고 평가하는 것을 인용하면서, "원인은 ① 영국에 의한 전 세계의 착취, ② 세계시장에서의 그 독점적 지위, ③영국의 식민지 독점이며, 결과는 ① 영국 프롤레타리아의 일부분이 부르주아화되고 있다는 것, ②그 부분은 부르주아에게 매수되거나 적어도 그들로부터 돈을 받고 있는 사람들의 지도를 용인하고 있다는 것이다"(Lenin, 1968: 142)라고 언급하고 있다. 또는 "제국주의는 노동자들 사이에서도 특권층을 창출해 이들을 광범한 프롤레타리아 대중으로부터 분리시키는 경향을 가지고 있다"(Lenin, 1968: 141)라고 언급하고 있다.

그러나 1873~1893년의 대불황은 당시 선진 자본주의에서의 자본의 과잉축적의 표현이었고 그 자체가 계급관계의 위기를 표현한 것이었지만, 이 대불황 과정

---

51) 정성진은 "독점자본주의 단계론은 레닌의 제국주의론을 '독점의 경제학'으로 왜소화하고, 레닌이 제시한 제국주의의 다섯 가지 특징 중 독점과 금융자본 및 자본수출 등 세 가지 경제적 특징을 특권화하는 반면, 세계시장에서의 '국가, 즉 자본' 간의 경쟁적 투쟁에 관한 특징, 특히 다섯 번째 열강의 군사적 대결에 관한 특징"을 과소평가한다고 비판하면서, "레닌이 말한 제국주의의 다섯 가지 특징을 하나의 변증법적 총체로 이해"할 것을 올바르게 제시한다(정성진, 2003: 112).

에서 계급투쟁은 한층 격화되었고 그러한 계급투쟁의 일환으로서 제국주의가 등장했다. 19세기 말~20세기 초는 대중적 노동운동과 사회주의운동이 본격적으로 등장한 노동자계급운동의 고조기였다.

> 제국의 시대(1875~1914년: 인용자)는 산업자본주의에 의해, 그리고 그것의 독특한 성격에 의해 창조된 대중적으로 조직된 임금노동자계급의 운동이 갑자기 출현해서 자본주의의 전복을 요구했던 바로 그러한 시대였다. 하지만 그들은 고도로 번창하고 확대되던 경제적 상황하에서 출현했으며, 그들이 가장 강했던 나라의 경우에는 자본주의가 그들에게 이전보다는 약간 나아진 조건을 제공할 수 있었던 시점에서 출현했다. 그 시대는 부르주아 자유주의의 정치적·문화적 제도가 부르주아 사회에 살고 있는 노동대중, 심지어 여성들(역사상 처음으로)까지 포함한 대중에게 확대되었던 때이거나 확대되려고 했던 때였다(Hobsbawm, 1987: 83).

> 많은 수의 정부와 지배계급들을 본질적으로 유사한 곤경에 빠뜨린 것은 바로 1880년대와 그 후에 갑작스럽게 출현했던 국제적인 대중적 노동운동과 사회주의운동이었다. 광범위하게 말하자면, 한정된 헌법이나 제한된 선거권을 가지고 있던 대부분의 유럽 국가들에서 이 세기 중반의 자유주의적 부르주아의 정치적 지배는 1870년대를 거치면서 무너지게 되었다. 그 이유는 다른 데 있었던 것이 아니라 대공황 때문이었다(Hobsbawm, 1987: 218).

선진 자본주의의 노동자계급은 계급적 조직운동으로서의 산별노조운동을 통해 '경제적 형태'의 계급투쟁을 강화했을 뿐 아니라 더욱 중요하게는 보통선거권 쟁취와 사회주의 정당을 통한 '정치적 형태'의 계급투쟁을 본격적으로, 그리고 급격한 속도로 발전시켰다.

이에 대한 광범위한 역사적 사실을 모두 열거할 수는 없다. 후발 선진국인 유럽 대륙의 독일, 프랑스, 이탈리아 등과 미국에서 숙련노동자들만을 배타적으로 조직하는 직업별 노조가 아니라 광범위한 반(半)숙련 노동자들을 계급적으로 조직하고자 한 산별노조 건설운동이 급속히 전개되었다. 협소한 직업별 노조운동의 아성인 영국에서조차 1880년대부터 대중적 노동운동으로서 가스·항만 등을 중심으로 산별노조 건설이 폭넓게 전개되었다(Pelling, 1976). 이러한 계급적 조직화는 전투적 파업투쟁을 통해 임금인상 등 실질적 근로조건 개선에 상당한 성과를 획득했다. 또한 선진 자본주의에서의 '민주화'라 할 수 있는 보통선거권 쟁취를 통한 정치의 민주화는 그 자체가 노동운동의 수십 년에 걸친 투쟁의 성과였다. 그 투쟁의 결실이 19세기의 마지막 사반세기에 맺어졌다.

> 1870년 이후 국가 정치의 민주화는 불가피하다는 것이 점차 명백해졌다. 지배자들이 좋아하든 좋아하지 않든 대중은 정치의 무대로 계속 행진해나갔다. ……남성의 보편선거에 기초하고 있었던 선거체제는 이미 1870년대 무렵이면 프랑스, 독일, 스위스, 그리고 덴마크에 존재하고 있었다. 영국에서도 1867년과 1883년의 개혁법이 선거인 수를 거의 네 배 정도 늘려놓았는데, 이는 20세 이상의 남성 가운데 투표권을 가진 사람이 8퍼센트에서 26퍼센트로 늘어난 규모였다. 벨기에에서는 개혁을 위한 총파업이 일어난 뒤 1894년에 투표체제를 민주화했으며……노르웨이는 투표권자의 수가 1898년에 두 배로 증가했다(16.6퍼센트에서 34.8퍼센트). 핀란드는 독특하게 1905년의 혁명으로 인해 더욱 포괄적인 민주제(성인 가운데 약 76퍼센트)가 가능하게 되었다. 스웨덴에서는 1908년에 선거인 수가 두 배가 되어 노르웨이의 수준에 가까워졌다. 합스부르크제국의 절반이었던 오스트리아에서는 1907년에, 이탈리아에서는 1913년에 보편선거가 도입되었다. 유럽 바깥에서는 미국, 오스트레일리아, 뉴질랜드가 이미 민주적으로 되었고, 아르헨티나는 1912년에 그렇게 되었다. 후대의 기준으로 본다면 이러한 민주화의 정도는 여전히 불완전한 것이었지만, 보편선거하에서 일반적인 선거는 성인 인구 중 약 30퍼센트에서 40퍼센트에 머물러 있었다(Hobsbawm, 1987: 199~200).

그러나 그러한 '민주화'의 효과는 노동자계급의 '정치적 형태'의 계급투쟁의 급격한 고양을 가져왔다.

> 민주적이고 선거에 의한 정치가 허용했던 곳이라면 어디에서나, 혁명적 사회주의(모든 사회주의는 정의상 혁명적으로 간주된다) 이데올로기에 의해 고무되었던, 그리고 그러한 이데올로기를 믿었던 사람들이 지도했던 노동자계급에 기반을 둔 대중

정당들이 역사무대에 등장했으며 또 놀랄 만한 속도로 성장해갔다. 1875년에 통합되어 이미 선거에 참여할 역량을 갖춘 독일의 사회민주당이라는 예외를 제외한다면, 1880년까지도 이러한 정당들은 거의 존재하지 않았다. 그러나 1906년이 되면 이들의 존재는 매우 당연한 것으로 여겨져서……노동자 대중의 존재와 사회주의 정당들의 존재는 이미 하나의 규범이었다. 그것들이 부재하다는 것이 오히려 이상하게 여겨질 정도였다(Hobsbawm, 1987: 246).

유럽에서 사정이 허락하는 거의 대부분의 지역에서 사회주의자들과 노동자당들이 선거에서 상당한 위력을 발휘하고 있었다. 그들은 소수였지만 독일과 스칸디나비아 반도에 있는 나라들에서 이들은 이미 가장 큰 정당을 이루고 있었다. 이들은 전체 선거에서 약 35~40퍼센트 이상의 표를 획득하고 있었으며, 선거권이 확대될 때마다 산업대중은 사회주의를 선택할 준비가 되어 있음을 증명해 보였다. ……작은 나라였던 벨기에의 노동당은 1911년에 27만 6,000명의 당원을 보유하고 있었으며, 독일 사민당은 100만 명 이상의 당원을 갖고 있었다. 그리고 이러한 정당들과 연결되어 있고 흔히 이들 정당에 의해 창설된 정치적으로 덜 직접적인 노동자 조직들 ― 노동조합, 협동조합 ― 은 정당들보다 더 많은 수의 성원을 확보하고 있었다. ……통일되지도 크지도 않았던 프랑스 노동당은 1914년에 약 7만 6,000명의 당원을 갖고 있었지만, 그럼에도 불구하고 140만 명의 투표에 힘입어 선출된 103명의 대표들을 보유하고 있었다. 적당한 정도의 크기를 지닌 이탈리아 공산당 ― 1914년 약 5만 명의 당원을 가지고 있었다 ― 은 자기 당에 투표하는 약 100만 이상의 사람들을 확보하고 있었다(Hobsbawm, 1987: 247).

한편 이러한 노동자계급의 공세에 대항하고, 다른 한편 대불황의 조건을 극복하기 위해 자본가계급은 '과학적 관리'로 대표되었던 대(對)노동공세를 강화하고 경제적 집중을 추구하는 동시에 정치적으로는 사회개혁과 사회보장제도 등을 통한 체제내화 전략을 추구했다. 이에 대한 역사적 서술을 간략히 제시하고자 한다. 먼저 '과학적 관리'를 보자.

공황에 대한 자본주의의 경제적 대응양식은 경제적 집중과 기업 합리화의 복합,

즉……'트러스트'와 '과학적 관리'였다. 이 두 가지는 경쟁과 가격하락으로 인해 상실된 이윤 폭을 확대시키려는 시도였다(Hobsbawm, 1987: 133~134).

경제적 집중과 마찬가지로 '과학적 관리'……또한 대공황의 아들이었다. 그것의 창시자이자 사도였던 테일러는 그의 생각을 1880년 무렵 골칫거리였던 미국 철강산업에 적용하기 시작했다. 그리고 그것은 1890년대에 서쪽(미국)에서 유럽으로 옮아왔다. 과학적 관리는 기업들의 덩치가 커지고 복잡해진 데다가 공황 속에서도 이윤을 얻어야 한다는 압력으로 인해 전통적이거나 경험적인 기업경영방식 — 특히 생산부문에서 — 은 더 이상 적절하지 못하다는 문제를 제기했다. 최대한의 이윤을 남기는 기업을 만들기 위해서는 통제·감시·작업 프로그램에 대한 보다 합리적 또는 '과학적' 방식이 필요했다. '테일러주의'가 직접적으로 노력을 집중했던 것은……어떻게 하면 노동자들에게서 더 많은 작업량을 뺏을 것인가 하는 것이었다. ……하지만 유럽에서는 — 심지어 미국에서도 — 문자 그대로의 실질적인 테일러주의의 목표는 1914년 이전에는 좀처럼 진척되지 못했으며, 제1차세계대전 바로 직전에야 비로소 경영자 집단들 사이에서 익숙한 슬로건이 되어갔다(Hobsbawm, 1987: 135~136).

여기서 중요한 점은 자본의 대(對)노동공세로서의 '과학적 관리'가 20세기 초까지 그다지 성공적이지 못했다는 점이다.[52] 다음으로 자본축적 위기 속에서 경제적 집중 현상이 모든 선진국에서 광범위하게 이루어졌다.

예전의 무제한적 경쟁 추세로부터 대공황기에는 '단독으로 움직이던 다수의 자본가들의 합병' 경향이 놀랄 만큼 분명하게 자리 잡았던 것이 분명하며, 이러한 경향은 새로운 세계적 번영기에도 계속되었다. 독점이나 과두제로의 추세가 급속하게 성장하는 군수산업과 같은 중공업부문, 정부 명령체계에 의존하는 산업들, 석유나 전기 분야와 같은 새로운 형태의 혁명적인 에너지의 생산과 분배분야, 비누와 담배 같은 대량 소비제품들이나 수송분야에서 발생했다는 것은 의문의 여지가 없었다. ……합

---

52) 자본의 '과학적 관리'에 대한 추구가 19세기 말의 숙련노동자들과의 계급투쟁 과정에서 자본이 시도했던 광범위한 '효율성운동'의 일환이었고, 또 가장 뛰어난 자본전략이었다는 점에 대한 자세한 분석은 박승호(1985)를 참조.

병이 시장경쟁의 희생과 사적 기업의 희생을 통한 기업 통합과 더 작은 기업들의 희생을 통한 분명한 이점을 지닌 거대기업과 거대회사들을 초래했다는 것, 그리고 이와 같은 집중이 과두제로의 경향을 함의한다는 데 동의하는 한, 우리가 그것을 무엇이라 부르는가('조합 자본주의', '조직화된 자본주의' 등) 하는 것은 문제가 되지 않는다. 이와 같은 경향은 낡은 형태의 중·소 규모의 경쟁적인 기업들이 매우 강력했던 영국에서도 나타났다(Hobsbawm, 1987: 134~135).

그러나 이러한 자본의 공세와 전략은 노동자계급의 정치적 진출을 봉쇄하지 못했고, 이에 자본은 노동자계급의 체제내화 공세를 시도했다.

지배계급들은 새로운 전략을 선택했다. 전략의 주요한 대상은 1890년대를 전후해서 대중현상으로 갑자기 국제적으로 나타났던 노동운동과 사회주의운동이었다(Hobsbawm, 1987: 222).

정부들의 새로운 전략은 사회개혁과 복지 프로그램이라는 모험에 뛰어들 준비를 갖추는 것이다. 사회개혁과 복지 프로그램은 정부로 하여금 사적인 기업들과 자조(自助)의 영역을 건드리지 않았던 19세기 중반의 고전적인 자유주의적 공약을 훼손하는 것이었다. ……논리적인 비스마르크는 이미 1880년대에 야심에 찬 사회보장계획으로 사회주의자들의 선동 기반을 제거하기로 결정했으며, 그의 이러한 경로를 오스트리아와 1906~1914년의 영국 자유주의 정부(연금, 공공노동거래소, 의료·실업보험)가, 그리고 몇 차례에 걸친 주저 끝에 프랑스(노인연금 지급, 1911년)가 뒤따르게 되었다. 매우 흥미롭게도, 최근에 최고의 '복지국가'라 불리는 스칸디나비아 국가들은 당시에는 이러한 경향에 매우 뒤쳐져 있었고, 다른 여러 나라들은 그저 형식적인 태도만을 취하고 있었으며, 카네기와 록펠러와 모건의 미국에는 그와 같은 정책들이 전무했다. ……독일이라는 예외를 제외하면 사회보장제도는 1914년이 되기 몇 년 전까지도 거의 존재하지 않았으며, 독일에서도 그것은 사회주의 정당의 성장을 멈추게 하는 데 실패했다(Hobsbawm, 1987: 225).

이처럼 대불황기인 19세기 말과 20세기 초에 선진 자본주의 나라들에서는 치열한 계급투쟁이 전개되었다. 정치영역에서의 치열한 계급적 공방을 보자.

제한선거권을 활용한 정치 조작의 대가인 비스마르크는……사회민주주의의 등장에 직면해서는 1879년에 그 당을 불법화시켰다. 절대주의로의 직선적인 복귀는 불가능한 것처럼 보였기 때문에, 그리고 생각할 수조차 없는 것이었기 때문에 ─ 불법화된 사회민주주의자들도 선거에 입후보하는 것은 허용되었다 ─ 그는 실패할 수밖에 없었다. 멀지 않은 장래에─사회주의자들의 경우 1889년 그가 물러난 후 ─ 정부는 새로운 대중운동과 함께 살아갈 수밖에 없었다. ……1886년 벨기에 정부는 벨기에 노동자들에 의한 스트라이크와 소요의 물결을 군대를 동원해 억압 ─ 이것은 서구에서 가장 비참한 사태였다 ─ 했고 소요에 개입했는지 안 했는지를 떠나 사회주의 지도자들을 투옥했다. 하지만 7년 후 효과적인 총파업 직후에 정부는 보통선거권과 유사한 종류의 것을 허용했다. 이탈리아 정부는 1893년 시칠리아 농부들의 봉기와 1898년 밀라노 노동자들의 파업을 막았다. 하지만 여섯 명의 밀라노 인이 사망한 후에 정부는 정책을 바꾸게 되었다. 일반적으로 말해, 대중운동으로서의 사회주의가 등장했던 1890년대는 새로운 정치전략의 시대가 시작된 전환점이 되었다(Hobsbawm, 1987: 220).

제국주의는 이러한 '경제적 형태' 및 '정치적 형태'의 계급투쟁 과정에서 계급대치의 수세에 몰린 자본과 국가에 의해 추구된 전략이었다. 여기서 중요한 점은 계급투쟁을 총체적으로 파악하는 관점이다. 기존의 제국주의에 대한 분석은 대부분 자본 및 자본운동의 형태상의 변화에 대한 분석에 머무르거나,[53] 그렇지 않으면 자본형태 변화와 계급투쟁 요인을 병렬적이고 대립적인 요인으로 파악하는[54] 경

---

53) 대표적인 것은 《먼슬리 리뷰》 그룹의 제국주의 분석이다.
54) 홉스봄의 분석이 대표적이다. 그는 제국주의의 원인에 대해 역사적 관점에서 여러 요인들로 종합적으로 설명할 것을 시도하나, 결국 경제적 요인을 강조하는 것으로 귀결된다. 홉스봄은 대불황에 대한 자본의 주요 대응의 하나로 경제적 집중과 '과학적 관리' 외에 제국주의를 든다. "기업문제를 해결하기 위해 가능한 세 번째 방식은 제국주의였다. 공황과 세계의 식민지적 분할의 역동적 단계 사이에는 시간적인 우연의 일치가 존재함을 알 수 있다. ……그 관계는 단순한 인과관계가 아닌 한층 복잡한 것이었다. 그럼에도 불구하고 시장을 찾게 되는 생산의 압력처럼, 이윤이 많이 남을 투자를 찾는 자본의 압력은 팽창정책 ─ 식민지 정복을 포함한 ─ 에 상당 부분 기여했다"(Hobsbawm, 1987: 136~137). 또 계급투쟁 요인도 제국주의와 연관시키지만 이데올로기 공

제주의적 해석을 크게 벗어나지 못하고 있다. 문제는 초과이윤[55])을 추구하는 자본수출의 계급관계적 맥락을 밝히는 것이다.

　자본이 해외로 보내진다면, 그 이유는 그 자본이 국내에서 절대적으로 사용될 수 없기 때문은 아니다. 오히려 그 자본이 해외에서 보다 높은 이윤율로 사용될 수 있기 때문이다. 그러나 이 자본은 본국에 대해서, 그리고 취업노동인구에 대해서는 절대

---

세로서만 의미를 부여한다. "실제로 노동운동의 등장 또는 좀 더 일반적으로 민주적인 정치의 등장은 신제국주의의 등장과 분명히 깊은 관련이 있다. 1895년 저 유명한 제국주의자 로즈(Cecil Rhodes)가 만일 시민전쟁을 피하고자 한다면 제국주의자가 될 수밖에 없다고 갈파한 이래, 대부분의 관찰자들은 이른바 '사회 제국주의', 즉 경제적 개선이나 사회개혁 또는 다른 방식으로 국내의 불만을 잠재우기 위해 제국주의적 팽창을 이용했다는 것을 잘 알고 있었다. 정치가들이 제국주의의 잠재적인 이점에 대해 너무도 잘 알고 있었다는 것은 전혀 의문의 여지가 없다. 어떤 경우 — 독일이 그렇지만 — 에는 제국주의의 등장은 기본적으로 '국내정치의 우선성'이란 측면에서 설명될 수도 있다. 이럴 경우 아마도 제국이 직·간접적으로 불만에 찬 대중에게 경제적 혜택을 가져다줄 수 있을 것으로 생각했던 세실 로즈의 사회 제국주의라는 판본은 별로 적실성이 없어 보였다. 식민지 정복 그 자체가 중심부 나라의 노동자들에게 고용의 안정이나 실질임금의 상승을 가져다주었다는 증거는 없으며, 과잉인구를 갖고 있던 나라들에게 식민지로의 이민이 안전판을 제공할 것이라는 생각은 선동적인 환상 이상의 것은 아니었다. ……좀 더 적실성 있는 설명은 유권자들에게 돈이 더 많이 들어가는 개혁보다는 영광을 주겠다는 그 익숙해진 관행이었다. ……일반적으로 제국주의는 대중, 특히 잠재적으로 불만을 가진 자들로 하여금 스스로 제국 국가, 그리고 민족과 동일시하도록 고무했고, 그리하여 그들에게 무의식적으로 자신들이 속한 사회가 정당성과 정통성을 가진 국가에 의해 대표되는 사회적·정치적 체제라는 점을 주입시켰던 것이다. ……한마디로, 제국은 훌륭한 이데올로기적 응고제를 만들어냈던 것이다"(Hobsbawm, 1987: 173~175). 홉스봄은 이러한 평가를 토대로 제국주의의 주요 추동력으로 자본 간 경쟁으로서의 보호주의를 들고 있다. "19세기 후반의 제국주의는 의심할 바 없이 새로운 것이었다. 그것은 기업의 불확실성 시대에 시장을 보호하고 유지하려는 압력에 의해 강화된, 경쟁적인 산업적·자본주의적 국민경제들 간의 경쟁이 낳은 새로운 결과물이었다. 한마디로, 제국주의는 '관세와 팽창이 지배계급들의 공통적 요구사항이 되어버린' 시대였던 것이다. 그것은 사적 자본주의와 공적인 자유방임 정책들로부터 이탈해간 과정의 일부였으며, 경제적 문제에 대한 국가 개입의 증대는 물론, 거대 합병기업들과 과두제의 등장을 함의했다. 제국주의는 지구경제에서 주변부들이 점차 중요해져갔던 시대였다. ……그러나 1873년 이후 자본주의와 비산업화된 세계로의 팽창 사이에 존재하는 이러한 연결점에 관한 한, 국내정치에서 대중선거정치에 적응해갔던 국가들에서 그랬던 것처럼, '사회 제국주의'가 이와 같은 부분을 담당했는지는 의심스럽다. ……19세기 후반의 제국주의를 특정한 자본주의적 발전에서 떼어놓으려는 모든 시도는 이데올로기적 행위로 간주되어야만 한다"(Hobsbawm, 1987: 179).

55) "1870년대의 끔찍한 붕괴 이후에 문제가 되었던 것은 생산이 아니라 이윤획득 가능성이었다" (Hobsbawm, 1987: 122).

적으로 과잉인 자본이다. 이 과잉자본은 자본수출의 형태로 상대적 과잉인구와 나란히 존재한다(Marx, 1981a: 304~305).

만델의 분석에 의하면, 이 시기에 선진 자본주의 나라들에서, 한편으로는 "장기적으로 산업예비군이 감소하고 노동자조직이 강화되었으며, 이러한 현상을 통해 실질임금이 완만하지만 지속적으로 상승"(Mandel, 1975: 81)했고, 다른 한편으로는 국내에 "통일된 자본시장이 형성됨으로써 국민경제의 단일한 이자율 및 이윤율이 형성"되었으며, 따라서 "국내 여러 지역들에서 임금수준의 격차는 일정한 한계를 초과할 수 없었다"(Mandel, 1975: 91)는 점에서 1880년대 해외의 초과이윤을 찾아서 대규모 자본수출이 이루어졌다.

만델은 왜 1870년대 이후에 선진국에서 자본수출이 나타나기 시작했는가를 해명하기 위해 몇 가지 요인을 분석한다. 1870년대를 전후한 조건의 변화로서, 선진국 내부에 산업예비군이 풍부한 조건에서 감소한 것으로 전환한 점, 노동운동이 취약한 상태에서 바뀌어 강력하게 대두된 점, 그리고 농업과 초기의 근대적 대규모 공업 간 생산력 수준의 격차가 커서 농업지역이 '내부 식민지'로서 불평등교환이나 초과이윤의 원천이 되었는데, 이제는 그 생산성 격차가 원자재 가격의 상승을 가져와 이윤율을 저하시키는 요인으로 작용한 점, 마지막으로 이윤율 저하와 과잉자본의 발생 등을 들고 있다(Mandel, 1975: 79~91).

특히 만델은 "왜 제국주의 국가들로부터 '외부 식민지역들'로 수출된 자본이 먼저 '내부 식민지역들'을 산업화하기 위해 사용되지 않았을까?"라는 의문을 제기하고, 이 의문에 대해 국민경제 단위의 통일된 생산가격체계로써 설명한다.

통일된 생산가격체계가 작용하고 있다는 바로 그 이유 때문에 농업지역에서는 어떠한 초과이윤도 획득될 수 없었다. ……반면에 범세계적 규모에서 통일된 자본시장, 통일된 생산가격체계 및 통일된 이윤율이 존재하지 않는다는 바로 그 사실 때문에 후진국가들에 대한 자본수출을 통해 막대한 이익을 볼 수 있었다. 임금수준에서의 격차는 매우 컸고, 후진국가의 농업 및 광업에 단지 매뉴팩처 내지 초기 공업적 방법을 도입함으로써 획득할 수 있는 초과이윤은 상당했기 때문에, 제국주의 자본이 '외부 식민지역들'에서 획득할 수 있었던 이윤율(초과이윤율)은 애초에 동일한 자본이 '내부 식민지역들'에서 획득하기를 기대했던 이윤율보다 훨씬 높았다(Mandel, 1975: 91~92).

만델의 이러한 초과이윤을 추구하는 자본운동 분석은 당시 계급 역관계 변화의 조건을 밝혀주고 있다. 즉, 19세기 중반의 급속한 자본축적의 진전과 유럽으로부터 해외로의 대규모 노동력 이동[56]이 유럽에서의 산업예비군의 고갈 요인으로 작용했고, 다른 한편 그로 인한 계급적 압력을 국내에서 전가하거나 보상할 수 있는 농촌지역에서의 초과이윤을 획득할 조건이 상실되었던 것이다.

이러한 계급 역관계 변화의 조건은 대불황기의 계급투쟁에 의해 현실화되었다. 소수의 숙련노동자들의 조직화에 그친 직업별 노조운동에서 광범위한 반숙련·미숙련 노동자의 조직화로 나아간 대중적 노동운동(산별노조운동)에 의한 계급투쟁 격화가 계급 역관계의 변화를 초래한 것이다. 그리고 이러한 '경제적 형태'의 계급적 압력보다 더 중요하게는 노동자계급의 '정치적 형태'의 계급투쟁의 발전, 즉 정치적 민주화와 사회주의 정당의 급속한 성장은 사회개혁과 사회보장제도의 확산을 강제할 정도로 지배계급에게 위협적이었다.

이 시기가 전반적으로 노동자계급운동의 고양기였음은 분명하다. 지배계급은 노동자계급의 계급적 진출을 체제내화하기 위한 온갖 시도를 통해 체제내화에 어느 정도 성공했다.

마르크스주의가 지배적이었던 1889년의 인터내셔널에 집착하고 있었던 새로운 노동자 정당들이 부르주아 국가, 그리고 일국적인 체제와 모든 협상을 거부하면서……정치적으로 매우 어려운 상황이 전개되었다. ……그러나 1900년이 되자 모든 사회주의적 대중운동에 중도적인 또는 개혁적인 진영이 나타났다. ……다른 한편 자신들의 강력한 지지 부대인 대중이 최대한 가시적으로 성장할 수 있는 것을 허용했던 까닭에 마르크스주의 정당들도 열정적으로 대중선거에 참여했다. 그 때문에 대중선거주의의 정치는 이러한 정당들을 체제 내부에 조용히 통합할 수 있게끔 했다

---

56) "노동력이 서구로부터 해외로 ─ 맨 먼저, 그리고 가장 많이 북미로 ─ 급속도로 방해받지 않고 이동했는데, 1851~1909년 사이에 북미로 2,250만 명이 이민을 갔다. 1821~1850년 사이의 이주인구가 200만 명이었는데, 1861~1890년까지의 30년 사이에는 900만 명에 달했다"(Mandel, 1975: 81).

(Hobsbawm, 1987: 223).[57]

그 결과 지배계급은 정치적 통합에 일시적으로 성공했다. "1880년과 1914년 사이에 지배계급들은 두려움에 떨고 있었음에도 불구하고 의회 민주주의가 자본주의 체제의 정치·경제적 안정성과 양립할 수 있다는 것을 증명했다"(Hobsbawm, 1987: 209). 그러나 그것은 불안정한 성공이었고, 노동자계급운동은 전반적으로 상승세를 타고 있었고 계급적 진출이 계속되고 있었음은 1917년 러시아 혁명과 그 후 독일·오스트리아 등 유럽 일부 지역에서의 혁명 시도에서 절정에 도달한 점에서 드러난다. 이 점은 "1917~1920년 당시에는 레닌뿐만 아니라 부르주아 체제를 지배하고 있었고 대표했던 사람들도 적어도 일시적으로는, 장기적 전망 속에서는 세계의 사회주의화가 불가피한 것으로, 그리고 실현 가능한 것으로 간주했다"(Hobsbawm, 1987: 575)라는 데서도 확인된다. 그 시대는 노동자계급에게는 '희망의 시대'였다.

> 1880년대 이래로 사회주의 노동자 정당들의 급격한 부상이 정당들의 지도자들뿐만 아니라 그것의 지지자나 구성원들에게도 흥분과 희망, 즉 자신들의 승리가 역사적으로 불가피한 것이라는 느낌을 주었다는 것은 매우 자연스러운 일이었다. 공장과 작업장, 그리고 광산에서 직접 노동하던 이들에게 이전에는 결코 그와 같은 희망의 시대가 있어본 적이 없었다(Hobsbawm, 1987: 247~248).

이러한 총체적 계급관계의 위기와 계급적 압력하에서 발생한 과잉자본의 출구로서 자본수출이 이루어진 것이다.[58] 물론 계급투쟁은 경제적일 뿐만 아니라 정

---

57) 그뿐만 아니라 대중의 정치적 조작을 위한 다양한 상징 조작(예컨대 국가와 국기) 및 대중문화의 발명 등에 대해서는 홉스봄(Hobsbawm, 1987: 226~232)을 참조.

58) 자본수출의 의미를 기본적으로 제국주의 국가 내부의 계급관계의 맥락에서 찾으려는 이러한 해석은 제국주의 열강들의 자본수출 가운데 식민지·반식민지로의 유출액 비중이 작은 점을 근거로 해서 제국주의에서 자본수출의 의미를 축소하는 견해에 대한 비판도 될 수 있다. 자본수출의 의의를 부인하는 홉스봄(1987)의 서술 가운데, 자본수출의 내용은 오히려 필자의 주장을 뒷받침한다. 즉, 초과이윤의 추구라는 외관상의 모습은 실제로는 과잉자본의 출구 모색이었던 것이다. "국내에서 보장될 수 있는 것보다도 더 많은 이윤율을 획득하기 위한 자본의 압력 때문이었다거나 외국자본과의 경쟁에서 안전한 투자를 확보하려 했기 때문이었다는 설명은 그다지 설득력이 없어

치적·이데올로기적인 계급투쟁으로서 진행되었고, 제국주의의 특징과 출현도 이러한 총체적 계급투쟁의 맥락에서 파악해야 한다는 것은 두말할 필요가 없다.

셋째, 제국주의/식민지는 기본적으로 국가 간 지배/예속관계이고, 이러한 경제외적 강제를 통해 식민지에서 자본주의적 관계를 창출하는 과정이었으며, 그것은 식민지 초과착취와 초과이윤으로 귀결되었다. "식민지 등에 투하된 자본에 관해서 말한다면, 그 자본이 더 높은 이윤율을 얻을 수 있는 이유는, 거기에서는 발전수준이 낮기 때문에 일반적으로 이윤율이 더 높고, 노예와 쿨리(하층 노동자) 등을 사용하기 때문에 노동착취도도 높기 때문이다"(Marx, 1981a: 283).

식민지·반식민지에서의 자본주의화, 즉 자본주의적 관계의 창출과정은 제국주의의 정치·군사적 지배를 통한 식민지·반식민지에서의 시초축적 과정이었다. 이과정은 선진국에서의 시초축적과 마찬가지로 폭력적인 계급투쟁 과정임과 동시에 선진국과는 달리 전 자본주의적 관계들을 다양한 방식으로 접합·공존시키는 과정이기도 했다. 이에 대해서는 홉슨이 생생하게 증언하고 있다.

영국의 경우에는 정치적 팽창이 보통 산업개발에 종속되어 있기 때문에 토지나 광물에 대한 권리를 부여하는 조약 또는 이권은 노동의 지배 없이는 거의 가치가 없다. 토지의 종획은 원주민의 농업이나 목축업을 위한 자유로운 토지를 제한함으로써

---

보인다. 왜냐하면 영국의 자본수출은 19세기의 마지막 3분의 2 시기에 엄청나게 확대되었는데, 실제적으로 그러한 투자로부터 얻은 수입은 영국의 국제수지균형에 본질적인 요소가 되었던 까닭에, 홉슨이 지적했듯이 새로운 제국주의를 자본수출과 결부시키는 것은 충분히 자연스러운 것이었다. 하지만 새로운 식민지 제국에 이와 같은 대량의 자금이 실질적으로 유입되지 않았다는 점을 부정할 만한 근거는 거의 없다. 영국 해외투자의 대부분은 급속하게 발전하고 있었던 미국은 말할 것도 없고, 오래된 백인 정착지 식민지들로서 점차 독립된 지배를 인정받았던 지역(캐나다, 오스트레일리아, 뉴질랜드, 남아프리카)과 아르헨티나와 우루과이 같은 '명예' 지배지역이라 불릴 수 있는 지역으로 유입되었다. 그러나 분명한 점은, 투자를 담당했던 은행가들의 수입을 고려한다면, 그러한 투자의 대부분은(1913년에는 약 76퍼센트) 국내 산업자본의 이윤율보다는 분명히 높지 않았지만 영국 정부의 국채에 투자하는 것보다는 훨씬 더 많은 이자를 받을 수 있었던 — 영국 정부의 이자율 3퍼센트에 비해 약 5퍼센트의 이자를 받을 수 있었던 — 철도와 공공설비에 대한 공공대출의 형태를 취하고 있었다. 그러한 투자들은 이윤이 많이 남는 투자보다 훨씬 안전하다고 생각되었다"(Hobsbawm, 1987: 168. 강조는 인용자). "1914년에 영국의 장기 공채자본의 거의 절반은 캐나다와 오스트레일리아와 라틴아메리카에 투자되고 있었다. 또한 1900년 이후 영국 저축의 절반 이상은 해외에 투자되었다"(Hobsbawm, 1987: 183).

원주민 노동의 공급을 용이하게 하는데, 보통 그것만으로는 충분하지가 않다. 개개의 노동자에게 압력을 가해서 임금노동 '계약'을 체결시키기 위해 다양한 방법이 채택되고 있다. 직접적인 강제를 별도로 한다면, 가장 단순한 방법은 추장들을 매수해서 그 종족의 구성원들에게 그의 '영향력'을 이용하게 하는 것이다(Hobson, 1967: 233).

원주민 노동에 대한 수요가 크게 늘어나고 있는 곳에서는, 원주민에게 금납과세를 강요하는 방법이 새로운 중요성을 갖는 것으로 보인다. 그들은 노동계약을 받아들여야만 돈을 벌 수 있다. 그래서 오두막세·인두세 또는 노동세로 부과되는 직접과세 제도가 고안되는 것이다. ……남아프리카에서 직접세가 표방하는 주요한 목적은 세입의 조달이 아니라 노동의 강제이다. 예컨대 모든 남성 원주민은 매년 3개월간 '그 지방의 경계 밖에서 복무하고 있었거나 고용되어 있었음'을 증명할 수 없을 경우 1년에 10실링의 '노동세'를 납부해야 한다는 법률이 제정되었다(Hobson, 1967: 239).

자본주의 상품이 자본주의 세계시장을 창출했고 넓혀간 점, 즉 지구의 가장 먼 극한까지 자본주의 상품이 유통되고 근대의 자본주의적인 대규모공업에서 생산된 상품이 우세하게 되었다는 점은 사실이다. 그러나 동시에 자본주의 상품이 모든 곳에서 자본주의 생산양식을 일반화시키지는 못했다. 이와 반대로 소위 제3세계에서 그것은 자본주의 생산양식, 특히 자본주의적 대규모 공업의 일반화를 방해하는 전(前)자본주의 생산관계들과 자본주의 생산관계들의 특수한 착종형태를 만들고 강화시켰다(Mandel, 1975: 63).

식민지 시초축적 과정은 착취관계를 넘어선 초과착취관계의 창출이라는 점에서 선진국 시초축적과 질적으로 구분된다. 즉, 제국주의 자본과 정치권력은 식민지 시초축적 과정에서 노동력 가치 이하의 저임금을 핵심적으로 추구했다.

노동력상품 교환에서의 불평등교환, 즉 노동력의 가치 이하로의 임금지불에 의존하는 가치이전은 평등한 노동력상품 교환하에서도 발생하는 정상적 착취를 넘어선

'초과착취'로 정의될 수 있다. 세계적 규모에서의 자본과 노동의 교환, 즉 국제적 생산관계에 기초한 착취에서 특징적인 것은 이와 같은 노동력의 가치 이하로의 임금지불인 초과착취이다(정성진, 1984: 193).

식민지와 비공식적 종속의 기능은 중심부 경제의 보완물이었지 그것과 경쟁하는 것은 아니었다. ……백인들의 경제적 이해는 비용이 적게 들고 계속 값싸게 유지될 수 있는 원주민들로 구성된 노동력과 자원을 결합하는 데 있었다(Hobsbawm, 1987: 168).

이것은 제국주의 자본에 의한 식민지 초과이윤에 대한 추구로 표현되었고, 노동력 가치 이하의 초과착취를 위해 자본주의화 과정에서 전일적인 자본주의화가 아니라 전 자본주의적 생산양식과의 접합·공존의 추구로 나타났다. 정성진은 "노동력 상품의 부등가치교환, 즉 노동에 대한 보수가 노동력가치대로가 아니라 그 이하로 결정된다는 사실, '노동력가치 이하로의 임금지불'"을 "자본과 노동 간의 불평등교환"으로 정의하면서, 일반상품의 부등노동량교환과 부등가치교환으로서의 불평등교환과 구별한다. 그리고 "노동력 상품이 불평등교환되는 초과착취 하에서는 노동력 재생산의 애로, 즉 노동력 축소·고갈이 초래"되며, "중심부 자본은 주변부 노동력에 대한 정상적 착취에서 초과착취로 나아갈 경우 반드시 노동력의 재생산 문제에 봉착하게 된다. 이러한 주변부에서의 노동력의 재생산 문제를 해결해주는 메커니즘이 바로 자본주의적 생산양식과 전 자본주의적 생산양식의 접합이다. 즉, 중심부 자본은 주변부 노동력에 대해 가치 이하의 임금을 지불하고, 나머지 노동력의 재생산비용은 전 자본주의적 생산양식에 전가함으로써 초과착취에 수반되는 노동력의 재생산 문제를 해결한다"(정성진, 1984: 192~194).[59]

제국주의 자본에 의한 식민지 초과착취는 식민지·반식민지의 자본주의적 관계를 일차적으로 규정하는 요인이다.[60] 그리고 이러한 초과착취관계를 담보한 것

---

59) "제국주의는 자본주의 경제와 가족경제 간에 유기적 관계를 설정함으로써 자기이익을 위해 저임금노동력을 재생산하는 메커니즘을 확립한다"(Meillassoux, 1981: 95. 정성진, 1984: 194에서 재인용).

60) "이러한 국제적인 자본과 노동의 교환관계, 즉 국제적 생산관계에 기초한 착취는 국제적인 자본

은 제국주의의 정치·군사적 지배, 즉 제국주의/식민지라는 국가 간 지배/예속관계이다. 따라서 제국주의의 식민지 정치권력은 식민지 계급관계의 '정치적 형태'이다. 이는 식민지·반식민지에서의 민족모순이 계급모순의 사회적 형태임을 의미한다. 외관상 계급모순과 민족모순이 중첩된 것으로 나타나지만, 민족모순은 계급모순의 '정치적' 표현형태인 것이다.

앞에서 인용한 '개방적' 마르크스주의의 홀로웨이는 계급모순과 민족모순을 양자택일적인 것으로 이론화한다. "착취는 부국들에 의한 빈국들의 착취가 아니라 지구적 자본에 의한 지구적 노동의 착취이다. 또한 그 양극성은 중심/주변 양극성이 아니라 계급의 양극성, 즉 모든 국가들이 자본의 재생산에 의존하는 국가로서의 그들의 존재 자체에 의해 자본주의적 극에 놓이는 양극성이다"(Holloway, 1995b: 191). 여기서 홀로웨이가 '계급의 양극성'과 '중심/주변 양극성'을 대립시키는 방식으로 이론화한 것은 초과착취 개념에 응축되어 있는 '계급관계의 정치적 형태'로서의 제국주의의 식민지권력을 파악하지 못하고, 따라서 두 양극성을 통일적으로 파악하지 못한 결과이거나 추상수준을 혼동한 데서 비롯한 것이다.

넷째, 제국주의/식민지 또는 중심/주변의 부등가교환 역시 국가 간 지배/예속관계를 전제한 (또는 토대로 한) 상품교환관계를 통해 이루어진다. 제국주의 국가들에 의한 식민지 국가들의 '착취'가 자본주의적 상품관계를 통해 일상적으로 이루어진 것이다.

여기서 제국주의/식민지 또는 중심/주변 간의 부등가교환 문제를 둘러싼 복잡한 논쟁을 자세히 다룰 필요는 없을 것이다.[61] 제국주의/식민지 간의 상품교환,

---

들 간의 교환관계에 기초한 수탈보다 더 중요하며 또 그것을 규정한다. 상업적 착취라는 용어가 묘사하고 있는 현실은 마르크스가 국제적 생산관계라고 불렸던 것의 하나의 결과일 것이다. ……이처럼 자본주의에 고유한 국제적 생산관계가 공업국의 자본가들로 하여금 피지배국의 노동대중도 착취할 수 있게 하는 것이다"(C. Bettelheim, 1972. 정성진, 1984: 192에서 재인용). "마르크스주의자로 알려진 연구자들의 저개발 문제에 관한 최근의 많은 연구들은 노동의 착취보다는 불평등교환에 역점을 두고 있다. 그러나 교환이 가치를 창조한다는 주장을 고전파처럼 용인하지 않는 한, 제국주의 국가의 부유화는 국제무역에 의해서가 아니라 저개발국의 노동자의 착취에 의해서밖에는 생겨날 수 없다"(Meillassoux, 1981: 91. 정성진, 1984: 192에서 재인용).

61) 이에 대해서는 정성진(1984), 이채언(2002)을 참조. 특히 정성진(1984)은 논쟁과정의 여러 입장을 자본축적의 역사적 발전과정에서의 조건 변화에 따른 가치법칙의 관철 정도의 확장으로 해석해 이론적 종합을 시도한다.

즉 국제교역 과정에서 노동생산성의 격차에 따른 부등노동량 교환으로서의 부등가교환을 확인하는 것으로 충분하다. 그런데 이러한 의미의 부등가교환은 제국주의/식민지 간의 국제교역만이 아닌 동등한 국민국가 간의 국제교역에서도 발생한다.[62] 제국주의/식민지 간의 교역에서 문제는 가치법칙의 수정(modification)으로서의 부등가교환을 넘어서는 가치법칙의 변형(essential modification)으로서의 부등가교환, 즉 교역과정에서의 국가 간 착취이다.

가치법칙의 수정은 가치법칙의 위배가 아니라 가치법칙의 관철이다. 왜냐하면 가치법칙이 수정되는 것이 국민국가를 경계로 한 자본 간 경쟁의 제한이라는 우연적 요소에서 발생한 것이기 때문이다. 그러나 가치법칙의 변형은 가치법칙의 위배로서 가치법칙이 본질적으로 변형되는 국제적 사기행위, 비정상적인 교역의 문제이다. 마르크스는 『잉여가치학설사』 3권에서 가치법칙의 변형으로서의 국가 간 착취에 대해 언급한다.

세이(Say)가 단 하나 옳은 얘기를 한 적이 있는데, 그것은 리카도의 무역이론에 대한 그의 각주에서였다. 이윤은 다른 사람이 잃어야만 한 사람이라도 벌 수 있게 되어 있는 사기행위를 통해서도 생겨날 수 있다는 것이다. 일국 안에서는 득과 실이 서로 상쇄되어 이런 일이 불가능하지만 서로 다른 나라들끼리의 무역에서는 그렇지 않다. 세이가 지적하지는 않았지만 리카도의 이론에 따르더라도 일국의 3노동일은 타국의 1노동일과 서로 교환될 수 있다. 여기서 가치법칙은 본질적으로 변형(essential modification)된다. (그렇지 않다면: Order) 상이한 나라들끼리의 노동일 관계는 일

---

62) 마르크스가 『자본론』 1권에서 다룬 국제교역에서의 가치법칙의 수정명제는 제국주의/식민지 관계를 전제한 것이 아니라 동등한 국민국가들 사이에서 자본주의 생산양식이 보다 발전한 나라와 덜 발전한 나라 사이의 생산력의 차이, 즉 노동생산성의 차이가 노동강도의 차이로 전화해서 가치이전이 발생하는 메커니즘을 설명한 것이다(Marx, 1976b: 757~759). 좀 더 명시적 설명은 『자본론』 3권에서 이루어진다. "대외무역에 투하된 자본은 더 높은 이윤율을 얻을 수 있다. 왜냐하면 우선 여기에서는 덜 발달된 생산설비를 가진 타국에 의해 생산되는 상품들과 경쟁하므로, 선진국은 경쟁국들보다 싸게 판매하더라도 그 상품의 가치 이상으로 판매하기 때문이다. 선진국의 노동이 더 높은 비중의 노동으로 실현되고 있는 한 이윤율은 상승한다. 왜냐하면 (국내에서는) 질적으로 더 높은 노동으로서 지불받지 못하던 노동이 (대외무역에서는) 그러한 것으로 판매되기 때문이다. 선진국이 상품을 수출하고 상품을 수입하는 상대국에 대해서도 동일한 관계가 성립할 수 있다. 즉, 그 상대국은 자기가 수취하는 것보다도 큰 대상화된 노동을 현물로 제공한다"(Marx, 1981a: 282~283).

국의 숙련/미숙련노동과 복잡/단순노동의 관계와 유사한 것이 될 것이다. 이 경우 부국은 빈국을 착취한다. 이 착취관계는 존 스튜어트 밀이 그의 『몇 가지 미해결된 문제들에 대해서』에서 설명했듯이 무역을 통해 빈국이 상호이득을 얻는 바가 있어도 마찬가지이다(Marx, 1971: 105~106. 'Order'는 독일어본에서만 나오고 영어 번역본에는 누락되어 있어 필자가 인용하면서 특별히 구별해서 표기했다. 이채언, 2002: 220~221에서 재인용).

국가 간 착취에 대한 마르크스의 또 다른 언급은 『공산당선언』에서 나온다.

한 개인에 의한 다른 개인의 착취가 폐기되는 것과 같은 정도로 한 국민에 의한 다른 국민의 착취도 폐기될 것이다. 한 국민 안에서의 계급들의 대립이 없어짐과 아울러 국민 상호 간의 적대적 자세도 없어질 것이다(Marx, 1848: 418. 강조는 인용자).

기존의 부등가교환에 관한 논의에서는 국가 간 착취로서의 부등가교환을 비정상적이고 예외적인 경우로만 다룬다. 그러나 제국주의/식민지 간의 교역은 국가 간 착취로서의 부등가교환이 비정상적이고 예외적인 것이 아니라 정상적이고 일상적으로 이루어지고 있는 것으로 보아야 한다.

무역이 두 나라 쌍방의 완전한 자유의사에 의해 이루어진 경우도 드물었다. 교역관계는 여러 가지 경제적 또는 경제외적 강제를 통해 강요되었고, 해당국 안에서도 계급 간의 대립, 그룹 간의 대립을 통해 정치적으로 강행되었다. 국제가치의 결정방식도 시장원리에 따른 국제시장가치에 의해 이루어지는 경우가 정상이지만, 그와는 다른 방식으로 이루어진 경우도 많았다. 비정상적인 방식으로 교역조건이 결정되는 경우는 수출가격이 그 상품의 국내가치에다 그 나라 통화의 환율을 곱한 값, 즉 국제시장가치로부터 크게 괴리되는 경우이다. 초기 식민지 개척 당시의 무역이나 무역봉쇄 또는 전시 중의 나라와 교역하거나 세계시장에 눈이 어두운 나라와 교역할 때, 후진국이 생산할 수 없는 군사무기·위성항공부품 등을 교역할 때 흔히 그런 비정상적인 교역조건이 적용된다. 그런 경우에는 가치법칙의 본질적 변형이 발생한다고 『잉여가치학설사』 제3편에서 마르크스가 주장했다(이채언, 2002: 220).

과거 선진국은 자국에서는 생산이 되지 않는 천연자원을 후진국으로부터 구입할 때 정상적인 방식으로 무역하지 않았다. 무력을 사용해 강탈하거나, 무력으로 현지 회사를 설립해서 생산과 수출을 전담시키거나, 현지주민의 저항으로 무력강점이 불가능하면 현지의 분업관계를 자국에 의존하는 바가 크도록 만들어놓음으로써 궁박 (窮迫)수출 메커니즘을 구축해 구매자의 요구에 적합한 가격으로 판매하지 않을 수 없도록 만들어놓았다. 그 외에 후진국이 선진국 제품을 구입할 때에도 궁박수입 메커니즘의 작용을 받는데, 힘센 나라는 기술을 훔치거나 기술자를 납치해 자체적으로 기술을 개발할 수도 있겠지만, 그렇지 못하면 그들이 부르는 값에 구매해야 한다. 이 때는 가치법칙의 본질적 변형이 불가피한데, 자국에서 생산이 불가능할 경우 특히 그렇다(이채언, 2002: 221).

제국주의/식민지 교역관계에서 비정상적 교역,[63] 궁박수출 및 궁박수입 메커니즘[64] 등이 구조화되는 것은 국가 간 지배/예속관계에 의해 가능한 것이며,[65] 이를 통해 국가 간 착취가 일상적으로 이루어지고 식민지 국가들로부터 제국주의 국가들로의 가치이전이 구조화된다. "일국의 모든 사람들이 일률적으로 무역에 의해 이익을 보는 경우는 한 나라가 다른 나라를 착취하는 경우, 비정상적인 무역에 의해 가치법칙 자체가 본질적으로 변형되는 경우이다"(이채언, 2002: 228).

다섯째, 제국주의/식민지 관계는 세계적 차원의 계급 역관계의 변화에 따라 이후 제국주의/신식민지 관계로 그 형태는 변화하나 국가 간 지배/예속관계는 여전

---

63) 여기서 예로 든 것 외의 것으로는 환율정책을 들 수 있다. "외환시장에서 인위적으로 국내통화가치를 낮게 유지하거나 높게 유지하면 국민노동 전체가 실제보다 과대평가 또는 과소평가될 수 있다. 정상적인 무역에서도 부국에 의한 빈국의 착취가 이런 경우에 가능한데, 그것은 기축통화국과 여타국 사이의 관계에서 두드러진다"(이채언, 2002: 214). "등가교환 속에서의 부국에 의한 빈국의 착취는 기축통화국의 타국에 대해 강요하는 환율정책을 통해서만 이루어진다"(이채언, 2002: 227).

64) 정성진(1984)도 이러한 맥락에서 비교생산비 원리를 비판하고 있다. "무역을 하면 반드시 가치가 중심부로 무상 이전되는데도 불구하고 주변부가 무역을 하지 않을 수 없게 만드는 것, 그것이 자본주의적 국제분업과 무역의 본성이다"(정성진, 1984: 182).

65) 궁박수출이나 궁박수입을 수요독점과 공급독점 등 독점에 의한 것으로 파악하는 것은 피상적일 수밖에 없다. 독점에 의한 강제인 것처럼 나타나는 외관은 그러한 독점을 강제하는 사회관계, 즉 국가 간 지배/예속관계를 은폐하고 있다.

히 관철되고 있다. 따라서 제국주의/식민지 관계는 일회적·일시적 관계가 아니라 19세기 말 이래 자본주의 세계체계의 국가 간 지배/예속관계로서 질적 규정성을 획득하고 있다.

제2차세계대전 이후 식민지의 신식민지로의 재편, 즉 식민지·반식민지 국가들이 정치적 독립을 획득하나 경제적 예속관계는 계속 유지된다는 점은 논란의 여지가 있으나, 대부분의 좌파이론에 의해 일반적으로 수용되고 있다. 이러한 식민지의 신식민지로의 형태변화는 세계적 규모의 계급투쟁, 즉 제국주의 안의 계급투쟁과 식민지·반식민지에서의 반제·민족해방투쟁 형태로 표출된 계급투쟁에 의해 세계적 계급 역관계에서 자본이 수세에 몰린 결과였다.

이에 대해 상론할 수는 없지만, 대표적인 사례로 1905년, 1917년 러시아 혁명에 의한 사회주의 국가의 출현, 그리고 식민지 혁명으로서의 1910년 멕시코 혁명을 들 수 있다.

19세기 서유럽의 역사가 프랑스 혁명의 그림자 속에서 형태를 갖추어나갔던 것처럼, 제1차세계대전 이래로 세계의 역사는 현실적인 것이든 아니면 상상된 것이든 간에 레닌의 그림자 속에서 형태를 갖추어나갔다. 역사는 두 경우 모두 그러한 그림자로부터 천천히 벗어났지만, 전적으로 그렇게 되지는 못했다. 1914년에 정치가들이 전전의 시대 분위기 속에서 1848년을 떠올렸던 것처럼, 1980년대에 정치가들은 제3세계든 또는 서구 국가든 어떤 곳에서나 정권이 전복될 때마다 '마르크스주의 권력'의 두려움 또는 희망을 떠올리게 되었다(Hobsbawm, 1987: 575).

당시 더욱 간과되었던 혁명이 1910년 멕시코에서 시작되었다. 이 혁명이 미국을 제외한 다른 나라들로부터는 별다른 주목을 끌지 못했는데……멕시코 혁명은 대단히 중요한 것이다. 그 이유는 그것이 제국의 세계 안에 존재했던 모순의 직접적인 산출물이었기 때문이며, 또한 노동하는 대중이 중요한 역할을 수행했던 식민지와 종속된 세계에서 발생한 최초의 혁명이었기 때문이다. 당시로서는 제국주의적 지배에 커다란 위험으로 인식되지는 않았지만, 반제국주의적이며 나중에 식민지 해방운동이라고 불리는 이와 같은 움직임은, 세계 중심부의 낡고 새로운 식민지 제국들 안에서 계속해서 발전해나갔다(Hobsbawm, 1987: 503~504).

오늘날의 자본주의 세계체계에서의 국민국가들의 모습은 19세기 말~20세기 초의 제국주의에 의한 식민지 분할과 양차 세계대전 및 그 후의 식민지·반식민지 국가들의 독립에 의해 형성된 것이다.[66] 즉, '지구적 사회의 파편화된 형태'로서의 국민국가형태는 제국주의에 의해 역사적으로 구성되었다. 또한 19세기 말 이래의 제국주의/(신)식민지 관계라는 국가 간 지배/예속관계가 형태 변화에도 불구하고 여전히 지속되고 있다.

식민지·신식민지에서의 국가 간 지배/예속관계의 존재는 제국주의 국가들의 부르주아 민주주의 국가형태와는 구별되는 식민지 국가의 폭력적인 지배형태와 신식민지 국가의 군사독재 정권형태 또는 더 일반적으로 '권위주의 정권'형태로 표현된다. 또한 식민지·신식민지에서 '경제적 강제'와 '경제외적 강제' 간의 구분이 흐릿해지는 것으로 표현된다. 식민지·신식민지 국가들은 자본주의적 국가임에도 불구하고 자본/노동관계의 창출·유지를 위해 제국주의 국가들과 달리 '경제외적 강제'가 일상적으로 행사되는 것이다. 한마디로 식민지·신식민지 국가들에서는 경제와 정치가 분리되어 나타나지 않고 일치되어 나타나는 경향이 있다. 초과착취관계를 유지하기 위해 국가의 직접적인 노동탄압이 그 대표적 사례이다.[67]

결론적으로, 국가 간 지배/예속관계로서의 제국주의/(신)식민지 관계는 제국주의 국가들 내부의 계급관계와 식민지·신식민지 국가들 내부의 계급관계를 차별적으로 규정한다. 각각은 착취관계와 초과착취관계로 질적으로 차별화되고, 이는 지구적 계급관계가 균일적으로가 아니라 불균등하게 총체화됨을 의미한다. 그리고 이처럼 자본의 운동을 매개해서 불균등하게 구성된 지구적 계급관계는 식민

---

66) "오늘날의 세계는 제국의 시대와 그것의 붕괴 뒤에 남겨진 역사적 형태를 상기하게끔 하는 모습을 갖추고 있다. ……20세기 후반의 UN이 다수의 '제3세계('서구' 열강이라는 정서의 바깥에 존재하는)'라 불리는 지역 출신의 국가들을 포함하고 있는 현상은 이들 나라들이 제국의 시대에 제국주의 열강들 사이에서 이루어진 세계분할이 남긴 유물이었기 때문에 절대적으로 가능했다. 프랑스 제국의 탈식민화는 20여 개의 새로운 국가들을 만들어냈고, 영국 제국의 탈식민화는 훨씬 더 많은 수의 국가를 만들어냈다"(Hobsbawm, 1987: 581~582).

67) 또 1997년 한국의 IMF사태와 IMF협정 체결 등 이후 전개과정은 국제적인 사기행위가 아닌가? 즉, 정상적인 경제적 전개과정으로 보기 어렵다. 이 과정에서 '경제적 강제'와 '경제외적 강제'는 구별되지 않는다. 즉, 외환위기라는 경제적 강제와 IMF·미국·일본 등의 정치적 압력이라는 경제외적 강제는 통일되게 작용했다. 달리 말하면, 국제적 지배/예속관계에 의해서 '경제적 강제'가 관철되었다. 순수한 경제적 강제, 순수한 시장논리가 아니었던 것이다.

지·신식민지의 생산관계 및 국제교역관계에서 가치법칙의 변형으로 표현된다.

제국주의/식민지·신식민지 간의 교역관계에서 부등가교환이 가치법칙의 위배로서 가치법칙의 변형이라는 점은 앞서 지적한 바이다. 그런데 식민지·신식민지에서의 초과착취관계를 가치법칙의 변형으로 해석하는 것은 논란의 여지가 있다. 자본/임노동관계에서 노동력가치대로의 교환이 정상적 착취관계이고, 이는 동등한 인간을 전제하고 있다. 그리고 이 의미는 노동력가치가 사회·역사적 요인에 따라 유동적이라 하더라도 개념적으로 그러하다. 그런데 초과착취관계에서 노동력가치 이하로 교환된다는 것은 동등한 인간이 아니라 인간차별로 볼 수 있기 때문에, 이는 자본/임노동관계에서의 가치법칙 위배이고, 따라서 가치법칙의 변형으로 볼 수 있다. 마르크스는 『자본론』 1권에서 가치 개념의 전제로서 '동등한 인간'을 강조하고 있다.

> 상품가치의 형태에서는 일체의 노동은 동등한 인간노동, 따라서 동등한 질의 노동으로서 표현된다는 사실을 아리스토텔레스는 가치형태의 분석으로부터 끌어내지 못했다. 왜냐하면 그리스 사회는 노예노동에 의거하고 있었고, 따라서 인간과 인간노동력의 부등성을 그 자연적 토대로 삼고 있었기 때문이다. 일체의 노동은 인간노동 일반이기 때문에, 또 그런 경우에만 동등하며 동등한 의의를 가진다는 가치표현의 비밀은 **인간의 동등성**이라는 개념이 대중의 선입관으로 확립되었을 때 비로소 해명될 수 있는 것이다. 그러나 이것은 상품형태가 노동생산물의 일반적 형태이며, 따라서 상품소유자로서의 인간의 상호관계가 지배적인 사회관계로 되어 있는 사회에서만 비로소 가능한 것이다. 아리스토텔레스의 천재는 바로 그가 상품의 가치표현에서 하나의 동등관계를 발견한 데서 훌륭하게 나타나고 있다. 다만 그가 생존하고 있던 사회의 역사적 한계 때문에 이 동등관계가 '실제로' 무엇인가를 그는 해명할 수 없었던 것이다(Marx, 1976b: 76~77. 강조는 인용자).

이처럼 식민지·신식민지의 생산관계 및 국제교역관계에서 가치법칙의 변형, 즉 식민지 초과이윤과 부등가교환은 식민지에서 생산된 잉여가치의 제국주의로의 이전을 가져온다.

경제적 관점에서 보면, 제국주의는 국제적 가치의 체계적 전유, 즉 제국주의국가들의 자본주의 기업들이 예속된 국가들의 기업들(및 독립생산자들)로부터 체계적으로 가치를 전유하는 것이다. 이것은 경제적 조건들(예컨대 예속된 국가들의 경제의 특수한 구조화)과 비경제적 조건들(정치적·군사적·법률적·제도적 등등)을 모두 필요로 한다. ……오늘날 경제적 제국주의의 중심부에서 가치의 전유는 적어도 네 가지 방식으로 일어난다. ① 해외 직접 및 간접투자에 대한 이자와 이윤의 송금, ② 외채에 대한 이자 지불, ③ 국제무역에 내재한 부등가교환, ④ 세뇨리지, 즉 헤게모니 국가의 통화가 국제통화로 사용되는 데 따른 이득(Carchedi, 2001a: 155).

그리고 지구적 계급관계의 이러한 차별적인 구성은 재생산과정에서 그 차별성을 더욱 확대시킨다. 식민지 초과이윤과 불평등교환에 의한 제국주의로의 부의 이전은 제국주의 국가들 내부의 계급투쟁을 통해 계급관계의 안정화, 즉 노동자계급의 체제내화의 물적 토대로 작용한다. 반면에, 식민지·신식민지 국가들에서는 초과착취, 불평등교환에 의한 부의 유출로 인해 계급관계의 불안정화, 즉 계급투쟁의 혁명화를 항구적으로 내포하게 된다.

제국주의 나라들의 상황은 레닌의 분석대로, "원인은 영국에 의한 전 세계의 착취, 세계시장에서의 그 독점적 지위, 영국의 식민지 독점이며, 결과는 영국 프롤레타리아의 일부분이 부르주아화되고 있다는 것, 그 부분은 부르주아에게 매수되거나 적어도 그들로부터 돈을 받고 있는 사람들의 지도를 용인하고 있다는 것이다"(Lenin, 1968: 142). 더 일반적으로는 계급투쟁의 격화가 독일, 이탈리아, 일본 등 일부 국가들에서 파쇼적 반동 과정을 과도적으로 거치기는 하지만, 기본적으로 노동자계급의 시민권 획득, 사회보장제도의 확충 등 사회민주주의적 복지국가 형태로 국가형태를 전형시켰다.

이에 반해 식민지·신식민지 또는 제3세계 국가들의 상황은 19세기 말 이래 계급투쟁에 의한 혁명적 위기의 반복적 출현으로 나타나고 있다. 제3세계에서의 "전 자본주의적 생산관계들과 자본주의적 생산관계들의 특수한 착종형태"는 "반세기 이상에 걸쳐서 종속국가들에서 항구화된 혁명적 위기가 만연된 중요한 원인"이었고, 또한 "이들 종속국가들이 제국주의 세계체제에서 가장 약한 고리로 남아 있을 수밖에 없는 기본적인 이유"(Mandel, 1975: 63)이기도 하다. 이런 의미에서 사회관계적 측면에서 보면, 제국주의는 계급모순의 전가, 즉 계급투쟁 또는 혁명의 식민지·신식민지로의 수출이라 할 수 있다.

따라서 국제적 국가 간 체계는 동질적인 국민국가들을 계기로 해서 구성되는 것이 아니라 질적으로 차별화된 제국주의/(신)식민지 국가들로 이분할되어 구성된다고 할 수 있다. 이처럼 크게 이분할된 구조는 여러 지표에서 확인된다.

> 프리만(Freeman)의 추계에 따르면, 1995년 세계시장에서 미국의 1노동시간은 인도의 80노동시간과 교환되었는데, 이 비율은 1980년의 두 배였다. 이는 1980년 이후 국제적 부등노동량교환에 의거한 빈국에서 부국으로의 가치이전, 즉 제국주의적 수탈이 증대되고 있음을 보여준다. 세계화는 국제적 가치이전을 심화시켰으며, 이에 따라 1980년대 이후 세계적 규모에서 빈익빈 부익부 현상이 더욱 심화되었다. ⋯⋯ 1980년대 이후 발전도상국 전체는 평균적으로 전혀 성장하지 않았으며, 그 결과 선진국과 발전도상국의 경제적 격차가 더욱 확대되었다. ⋯⋯선진국의 1인당 소득 대비 발전도상국의 1인당 소득의 비율은 1961~1997년 동안 동남아시아 지역을 제외하고는 모두 저하했다. 즉, OECD 제국 대비 1인당 소득의 비율은 사하라사막 이남 아프리카 지역의 경우 1961~1965년 3.4%에서 1996~1997년 1.5%로, 라틴아메리카 지역의 경우 1961~1965년 15.4%에서 1996~1997년 11.2%로 저하했다(정성진, 2003: 117~118).

세계체계론의 아리기는 1938~1983년 사이의 45년에 걸쳐 1인당 국민총생산의 변화 추세를 분석한 결과, 분석 대상 93개국 중에서 88개국의 상대적 위치가 변함이 없음을, 특히 75개국에서 중심·반주변·주변의 3그룹 간 구조적 격차(중심 10개국, 반주변 21개국, 주변 44개국)가 안정적으로 지속되었음을 밝히고 있다(Arrighi, 1990: 105~116). 반주변은 이른바 '신흥시장' 국가들을 지칭한 것으로 지금까지 논의해온 범주로 본다면 신식민지에 주로 해당한다. 이러한 세계체계론의 분석은 계량분석이라는 한계는 있지만, 제국주의/신식민지 관계에 의한 국가들 간의 질적 차별성이 존재함을 입증해주고 있다.

이분할된 구조에 대한 또 다른 근거는 무디의 1970년대 이래의 세계적 차원의 노동자계급의 상태를 총괄한 분석에서도 나타난다.

1990년대 후반에 세계자본주의의 구조는 분명해졌다. 이제 자본주의는 전 세계적이지만, 세계경제는 여전히 파편화되고 고도로 불균등한 채로 존재한다. 남-북 간의 오래된 격차는 대중의 소득 측면에서는 확대되기만 했다. 남은 북에 기반을 둔 기업체들을 위한 저임금 공급지의 역할에 묶여 있다(Moody, 1997: 436).

자본주의적 관계의 지구적 구성 또는 확장 과정에 대한 이러한 이론화는 국민국가들 간의 관계를 제국주의/(신)식민지 국가들 간의 지배/예속관계와 이러한 지배/예속관계를 매개로 한 제국주의 국가들 간의 경쟁관계라는 구별되는 두 차원으로 구성한다. 따라서 국민국가와 자본의 관계에 대해서도 '개방적' 마르크스주의의 형태적 규정, 즉 자본의 유동성과 국민국가의 비유동성에 따른 관계 규정의 추상적 일면성을 넘어선 복잡한 규정으로 나아가게 한다.

'개방적' 마르크스주의와 같은 추상적 형태규정으로는 자본수출, 제국주의 국가 간 식민지 쟁탈전 등 제국주의에서 나타나는 자본과 국민국가 간 관계를 설명할 수 없다. 또 제국주의를 유동적인 자본을 붙잡아 두기 위한 국가 기능으로 설명하는 것은 자본수출과 모순된다. 예컨대 "국민국가는 자신의 국경 내부에서 활동하는 자본에게, 그 자본의 법적 소유자들의 시민권과 거의 무관하게 (무역정책, 통화정책, 군사적 개입 등을 통해) 국제적 지원을 제공해야 한다"(Holloway, 1995b: 190)라는 서술은 역사적 사실과도 일치하지 않을 뿐만 아니라 논리적으로도 모순된다. 제국주의적 군사개입은 국민적 자본 간 경쟁에서 요구되는 것으로 자본의 국적과 무관할 수가 없다. 그러나 자본의 유동성과 국가의 비유동성이라는 추상적 형태규정과 이 책에서 이론화를 시도한 제국주의/식민지 관계 규정은 모순되지 않는다.

실제 자본의 국적성은 제국주의에 의해 현실적 규정성을 획득한다. 노동자계급과 달리 자본가계급이 국민경제에 이해관계를 갖는다는 점은 마르크스에 의해 추상적으로 제시된 바 있다.

대공업은 일반적으로 어디서나 사회 계급들 사이의 동일한 관계들을 산출했고, 그렇게 함으로써 개별적 민족들의 특수성을 파괴했다. 그리고 마지막으로, 각국의 부르주아가 여전히 별도의 국민적 이해관계들을 가지고 있었던 반면에, 대공업은 하나의 계급, 즉 모든 국민들에서 동일한 이해관계를 가지고 있으며, 그들에게 있어서 민족이란 이미 사라져버린 한 계급, 현실적으로 구세계 전체에서 이탈해 있으면서 또한 그것과 대립하는 한 계급을 만들어내었다(Marx, 1969a: 242).

여기서 부르주아계급의 '국민적 이해관계'는 자본주의적 관계의 총괄로서의 국민국가 또는 국민경제에 대한 계급적 지배를 의미하는 것으로 볼 수 있다. 즉, 부르주아계급은 계급적 지배의 필요성에서 '국민적 이해관계'를 갖는다. 따라서 피지배계급인 노동자계급은 '국민적 이해관계'를 가질 이유가 없다. 이러한 의미에서 자본의 국적성은 우연적이다. 그런데 제국주의/식민지 관계에서 논의하는 국적성은 이러한 국가 간 관계와 무관한 무차별적인 '국민적 이해관계', 즉 즉자적인 국적성이 아니라 국가 간 관계 속에서의 국적성, 국가 간 차별성으로서의 대자적인 국적성이 문제로 된다.

제국주의 이전부터 존재했던 보호무역을 자본의 국적성의 한 표현으로 볼 수도 있다. 그러나 보호무역은 "자유무역 안에서의 방어"[68]에 불과한 것으로, 자유무역, 즉 경쟁을 기본질서로 전제한 바탕에서의 방어적 대응이다. 따라서 제국주의 이전에는 자본의 국적성은 그야말로 영토적 공간 이상의 의미가 없는 추상적 규정성으로서 우연적인 것이다. 제국주의 이전의 국민국가들은 '개방적' 마르크스주의가 이론화한 대로 '지구적 사회의 파편화 형태로서의 국민국가'로서, 국제적인 자본 간 경쟁을 매개하지 않는다. 그러나 선진국 내부의 계급모순의 표현으로서의 제국주의는 국제적인 자본 간 경쟁에 국민국가들을 매개하게 만든다. 즉, 제국주의 국가형태는 위기에 몰린 선진국 계급관계의 '정치적' 표현형태이다. 따라서 국제적인 자본 간 경쟁은 제국주의 국가 간 경쟁으로 표현된다. 그래서 국민적 자본 간 경쟁은 국가를 매개로 한 경쟁적 투쟁, 더 나아가 제국주의 열강들 간의 식민지 쟁탈전으로까지 발전하게 된다.

요컨대 제국주의/식민지·신식민지 관계는 자본과 국민국가의 관계에서 자본에 국적을 각인한다. 일차적으로 제국주의/식민지 국가 간 지배/예속관계에 의해 자

---

68) "경쟁은 실질적 무역 자유이며, 경쟁 속에서 보호관세는 하나의 미봉책, 무역 자유 안에서의 방어일 뿐이다"(Marx, 1969a: 241).

본의 국적이 현실적 규정성을 획득하고, 이에 근거해 제국주의 국가들의 국민적 자본 간 경쟁관계에서 제국주의 자본의 국적이 현실적 규정성을 획득한다. 따라서 자본의 국적성은 제국주의의 국적성이다. 그러나 식민지·신식민지 토착자본의 국적성은 의미가 없다. 제국주의 자본에 예속되거나 종속된 토착자본에게 의미가 있는 것은 자신의 국적이 아니라 지배하는 제국주의 자본의 국적이다. 왜냐하면 예속된 토착자본은 제국주의 자본에 의해 규정받기 때문이다.

오늘날의 세계화된 현실, 즉 자본주의적 사회관계의 지구적 총체화가 더욱 고도화된 현실에서도 제국주의/신식민지 관계라는 국가 간 지배/예속관계가 존속되는 한 자본의 국적성은 그 현실적 규정성을 갖는다.[69]

따라서 제국주의 국가들의 경우 국민적 자본 간 경쟁이 국가 간 경쟁으로 표현되는 것에서 드러나듯이, 제국주의 국가들에서 자본과 국민국가의 관계는 유착관계로 나타난다. 다시 말해 계급지배의 도구로서의 자본주의적 국가가 그 형태적 분리를 벗어던지고 계급지배의 내용적 통일성을 그대로 표현한다. 여기서의 유착관계가 '국가독점자본주의론'에서의 국가와 독점자본의 융합, 자본가계급 내부의 인적 교류 등의 기능적 도구 관계를 의미하지 않는다는 점을 지적할 필요가 있다. 외관상의 분리가 벗겨진다는 의미에서의 유착관계 현상을 의미한다. 구체적으로는 계급관계의 '경제적 형태'와 '정치적 형태'의 내용적 통일성이 국가 기능과 역할의 확대로 나타난다.[70]

계급관계의 위기에서 자본가계급의 '위로부터의 계급투쟁'이 국가의 역할을 변

---

69) 2003년 미국의 이라크 침략전쟁에서 제국주의 열강들의 분열, 즉 미국·영국을 한 축으로 하고, 독일·프랑스를 한 축으로 한 분열은 세계화 시대, 초국적 자본의 시대에도 자본의 국적성이 의연히 현실적 규정성을 가지고 있음을 웅변적으로 보여주고 있다. 카르체디(2001a)는 자본의 세계화 과정에서 초국적 계급의 존재, 즉 세계 부르주아 및 유럽 부르주아가 각종 국제기구 ─ IMF, 세계은행, WTO, UN, EU, NATO 등 ─ 를 통해 구성되는 과정을 검토하면서, 세계 부르주아 안에서는 미국계 초국적 자본이, 유럽 부르주아 안에서는 독일계 초국적 자본이 헤게모니를 행사하고 있음을 밝히고 있다(Carchedi, 2001a: 165~167). 국민국가를 매개로 한 초국적 자본 간 경쟁, 즉 초국적 자본의 국적성은 제국주의적 이해관계에서 비롯된 것이다.

70) 그러나 정경유착은 자본과 국가에 의한 민족주의·애국주의·인종주의 같은 이데올로기 공세에 의해 포장되기 때문에 자본가계급의 지배라는 의미에서 경제와 정치의 일치로 드러나지는 않는다. 제국주의에 있어서 민족주의 이데올로기 공세에 대한 자세한 역사적 사례는 홉스봄(Hobsbawm, 1987: 제6장; 1990)을 참조.

화시킨 것이다. 이는 계급관계의 위기와 계급투쟁이 국가형태의 전형으로, 즉 '자유방임적 형태'에서 '제국주의적 형태'로 전형된 것으로 평가할 수 있다. 계급관계의 '정치적 형태'인 국가형태의 가상적 분리, 즉 물신화된 외관은 계급투쟁의 격화에 의해 찢겨지고, 위기관리를 위한 국가기구의 확장, 사회개혁과 사회보장제도 확충, 군수산업 육성과 군비지출의 증대 등 제2차세계대전 이후 정형화되어 나타난 '복지국가' 또는 '국가독점자본주의'의 특징은 '제국주의 국가형태'에서부터 비롯되고 있다.

선진 각국의 내부 계급투쟁 양상에 따라 파쇼적 국가형태를 과도적으로 거친 경우도 있지만, 기본적으로 제국주의 국가형태로부터 국가 기능 및 역할의 확장이 본격화된다. 그 이후는 국가 기능의 양적 증가이지 질적 변화로 보기는 어렵다. 국가형태의 변화는 각국 내부의 계급투쟁 상황과 그것들의 총체로서의 세계적 차원에서의 계급투쟁 및 계급 역관계의 변화를 표현하는 것이다. 독일, 이탈리아, 일본에서 전형적으로 등장했던 파쇼적 국가형태의 계급투쟁적 맥락에 대해 홉스봄은 압축적으로 잘 평가하고 있다.

> 이탈리아의 지오리티(1842~1928년)는 그 첫 번째 운명의 길을 걸어간 사례다. ……그는 1900년대 초반 이탈리아 정치를 성공적으로 '관리'하는 데 대단히 뛰어난 재능을 발휘했다. 노동자들을 달래고 길들이고, 정치적 지지를 돈으로 사고, 굴리고 거래하고, 허용하고, 대립을 감추었다. 전후 이탈리아가 사회적으로 혁명적인 상황에 처하게 되면서, 이러한 전술들은 궁극적으로 그를 실패하게 만들었다. 부르주아 사회의 안정성은 문자 그대로 노동운동에 대항한 계급전쟁을 수행함으로써, 즉 노동운동이 혁명을 성공시키지 못하도록 무장했던 중간계급의 갱들인 민족주의자들과 파시스트라는 수단을 통해 다시 유지되었다. (자유주의적) 정치인들은, 민족주의자들과 파시스트들을 자신들의 체제로 통합시킬 수 있을 것이란 헛된 희망을 가지고 그들을 지지했다. 1922년에 파시스트들은 정권을 장악했으며 그 후 민주주의, 의회, 정당들, 그리고 낡은 자유주의적 정치가들은 제거되었다. 이탈리아의 사례는 많은 것들 가운데 하나였을 뿐이다(Hobsbawm, 1987: 576).

또한 식민지·신식민지 국가형태에서는 외관상 분리를 벗어던진 정치와 경제의 일치현상이 훨씬 더 노골적으로 나타난다. 제국주의 자본과 제국주의 식민지권력 또는 신식민지권력의 관계는 훨씬 더 유착 또는 일치되어 나타나기 때문이다. 식민지 권력 형태는 말할 것도 없고 신식민지 권력의 권위주의적 형태가 다른 한편으로 '대리정권', '예속 또는 종속 정권'이라는 종속국가적 형태로 표현되는 것은 이 때문이다. 제국주의 자본의 이해관계를 직접적으로 표현하기 때문이다. 1980년대 이후 제3세계 또는 신흥시장 국가들에서 등장한 '종속적 신자유주의 국가형태'도 이와 같은 맥락에서 평가할 수 있다.

이제 우리는 지구적 자본관계의 총체에 대한 역사적 구성과정에 대한 이상의 이론화를 통해, 즉 '개방적' 마르크스주의의 추상적 유물론을 극복하고서 그들과 동일한 일반적 결론에 도달할 수 있게 된다.

국민국가가 지구적 자본관계의 한 계기라는 것은, 어떤 특정한 국민국가의 발전이 그 국민국가가 그 통합적 일부인 자본주의적 사회관계의 발전의 맥락 속에서만 이해될 수 있음을 의미한다. '자본주의적 사회관계의 지구적 발전'은 논리적 과정도 아니고 '그 밖의' 어떤 것도 아니며, 갈등 ― 비록 파편화되어 있지만, 지구적인 갈등 ― 의 역사적 과정이다. 그 갈등의 구조 ― 궁극적으로 노동에 대한 자본의 의존 형태, 잉여가치 생산관계 ― 는 자본주의적 사회관계에 자본주의의 위기 경향으로 표현되는 특징적인 불안정성을 부여한다. 그 결과 국민국가들의 발전, 각 국민국가들의 상호관계, 그리고 지구적 자본의 계기들로서의 국민국가들의 실존은 자본주의적 계급투쟁의 위기에 찬 발전의 맥락 속에서만 이해될 수 있다(Holloway, 1995b: 192).[71]

추상적이지만 지구적 자본관계의 총체화 과정 속에서 국민국가를 하나의 매개형태 또는 사회적 형태로 파악하는 이러한 기본관점은 이후 계급투쟁에 따른 자본주의적 국가의 역사적 전형을 분석하는 데 매우 중요한 분석관점을 제시해주기 때문에 중요하다. 국민국가형태의 역사적 전형이 세계적 차원의 계급관계와 계급

---

71) 결국 홀로웨이의 국민국가형태에 대한 분석의 한계와 오류는 국민국가형태의 추상적 형태성에만 머무르고, 그것의 역사적 구성과정, 즉 계급관계의 매개형태로서의 국민국가형태에 대한 구체적인 분석(즉, 역사적 분석)을 결여한 데서 비롯된 것임을 알 수 있다.

투쟁에 의해 역사적으로 구성된다는 점을 명확하게 해주는 것이다. 필자는 이후 제4장에서 이러한 국민국가형태의 사회적 구성의 관점에서 케인스주의적 국가형태에서 신자유주의적 국가형태로의 역사적 전형을 분석할 것이다.

## 2. 세계시장

현 시기의 자본주의, 즉 '지구적 자본주의(global capitalism)' 또는 '신자유주의적 자본주의(neoliberal capitalism)'의 본질적 특징의 하나로 '세계화(globalization)'가 거론된다.[72] '세계화'는 '자본의 세계화', '금융의 세계화'라는 개념에서 드러나듯이 매우 단순한 내용을 표상한다. 그러나 동시에 세계를 포괄하는 개념이므로 매우 복잡한 내용을 함의하고 있다. 현대자본주의에 대한 좌파이론에서 '세계화'는 직접적으로든 간접적으로든 '세계시장'을 함의한다. 먼저 세계화 논의의 일반적 양상을 간략히 살펴보자.

'세계화'의 엄밀한 의미와 중요성은 계속 논란이 되고 있다. 그러나 응집력 있는 국민경제와 국내사회라는 관념은 더 이상 견지되기 어렵고, 일상생활은 지구적 힘들에 의존하게 되었다고 일반적으로 상정된다. 세계화를 정의하는 요소들은 다수이고, 다음과 같이 요약될 수 있다. 즉, 지구적 금융구조의 출현이 금융의 생산에 대한 지배를 가져왔고, 금융규제의 국민적 체계를 잠식해온 것으로 간주된다. 금융자본은 자신의 고유한 권리로 독립적이고 강력한 지구적 힘으로 되어온 것으로 간주된다. 그리고 초국적기업들과 초국적 은행들의 형태로 지구적 과점들이 출현했다. 이들은 가장 강력한 행위자들인 것으로 간주된다. 초국적기업들과 금융자본의 지구적 작동은 국경 없는 세계를 가져온 것으로 이야기된다. 요컨대 세계화는 국민국가의 규제적 능력을 심각하게 약화시킨 것으로 간주된다.

'경제'는 '탈국민화'되어 국민국가의 '경쟁국가'로의 전형을 가져온 것으로 간주된다. 이러한 '국가'는 자신의 범위를 넘어선 '경제'의 요구와 필요에 종속된 것으로 간

---

72) '신자유주의'와 '세계화'는 현대자본주의의 현상적 특징의 두 핵심으로 흔히 이야기된다. 그래서 현대자본주의의 특징은 압축적으로 '신자유주의적 세계화'로 개념화되기도 한다.

주된다. 그 결과 국민국가들은 전 지구적으로 제멋대로 할 수 있는 자본을 꾀어서 자신의 영토에 붙잡아 두기 위한 비교우위를 획득하기 위해 서로서로 경쟁하는 것으로 간주된다. 요컨대 경쟁국가는 사회적 결과들에는 상관없이 자신의 영토에 자본투자를 유치하려고 하는 '초자유주의적' 국가로서 파악된다(Bonefeld, 2000a: 31~32. 강조는 인용자).

이러한 세계화 주창자들의 견해에 맞서 세계화에 대한 비판가들은 일련의 경험적 증거를 근거로 해서 "초국적기업들이 세계화의 주창자들이 상정하는 것처럼 제멋대로 할 수 있는 것이 아니라는 점, 그리고 국민국가는 규제권력으로서 여전히 중요하다는 점, 또 우리는 세계경제의 세계화보다는 지역화를 목격하고 있다는 점"을 제기하고, "국제적으로 고착된 국민국가가 경제를 규제하는 정치전략은 여전히 어떤 가능성을 지니고 있다"(Bonefeld, 2000a: 32)고 주장한다.

이처럼 세계화 논쟁의 쟁점은 이론적으로 국민경제와 국민국가 사이의 관계로 요약될 수 있다.[73] 그런데 국민경제와 국민국가의 관계는 세계시장과 국민경제의 관계, 국제적 국가체계와 국민국가의 관계, 세계시장과 국제적 국가체계의 관계 등에 대한 이론화를 통해서만 파악될 수 있다. 특히 세계시장을 어떻게 볼 것인가 하는 문제가 사실상 논의의 토대를 이루고 있다.

따라서 이 책에서는 현대자본주의의 주요 특징의 하나인 세계화 문제를 개념적으로 파악하기 위해 마르크스의 세계시장 개념에 대한 검토를 토대로, 형태 분석적 관점과 사회적 구성의 관점에 입각해서 문제의 핵심인 국민경제와 국민국가 사이의 관계에 대한 이론화를 시도하며, 이에 근거해 좌파이론에서의 세계화 논쟁을 비판하고자 한다.

---

73) "세계화의 주창자와 비판가들 사이의 핵심적인 차이는 국가의 경제를 규제하는 능력에 대한 그들의 개념에 놓여 있다. 즉, 주창자들은 국가는 무기력하게 변했다고 주장하고, 비판가들은 국가는 여전히 잠재적으로 강력한 힘이라고 주장하는 것이다. 그렇다면 국가와 경제 간의 관계는 무엇인가?"(Bonefeld, 2000a: 32) 나중에 자세히 검토하겠지만, '개방적' 마르크스주의는 세계화 논쟁의 쟁점을 국가와 경제, 즉 '정치적인 것'과 '경제적인 것'의 관계 문제로 추상화시키고 있다. 그러나 논쟁의 초점은 국가와 경제의 추상적 관계 문제보다 훨씬 더 구체적이고 복잡한 문제인 국민국가와 국민경제의 관계에 있다.

## 1) 자본주의적 생산의 총체로서의 세계시장

### (1) 마르크스의 세계시장 개념

마르크스는 세계시장을 무엇으로 파악하는가? 마르크스는 세계시장에 대한 체계적 분석을 남기지 않았다. 다만 그의 전 저작에서 단편적으로 세계시장에 대해 언급하고 있을 뿐이다. 특히 마르크스의 '정치경제학 비판체계'에 대한 구상, 이른바 '플랜'에서 대강의 구상을 밝히고 있는데, 그의 세계시장 개념에 대한 이해에 중요한 단서를 제공하고 있다.

마르크스의 '플랜'을 검토하기 전에 마르크스의 세계시장 개념이 자본주의적 세계시장이라는 점, 즉 자본주의 생산양식에 의해 창출된 세계시장이라는 점을 먼저 분명히 할 필요가 있다. 마르크스는 자본주의 생산양식의 역사적 전제조건으로 세계시장을 언급한다.

> 상품유통은 자본의 출발점이다. 상품생산과 상품유통, 그리고 상품유통의 발달된 형태인 상업은 자본이 성립하기 위한 역사적 전제조건을 이룬다. 16세기에 세계무역과 세계시장이 형성된 때로부터 현대적인 자본의 역사가 시작된다(Marx, 1976b: 189).

여기서 언급된 세계시장은 전(前) 자본주의적 세계시장이다. 자본주의적 생산방식이 아닌 다른 방식으로 생산된 상품들의 세계무역과 세계시장은 자본 성립의 역사적 전제조건이다. 즉, "일정한 한계 안의 상품유통 및 화폐유통, 따라서 무역의 일정 정도 발전은 자본형성 및 자본주의적 생산양식의 전제, 출발점이다"(Marx, 1969b: 135).[74] 이와 구분되는 자본에 의해 생산된 상품들의 세계무역과 세계시장이 마르크스의 고유한 세계시장 개념이다.

---

74) 어느 정도의 상품생산과 상품유통이 자본주의적 관계의 전제가 되는 이유는 그것이 일정한 생산력 발전의 표현이기 때문이다. "자본주의적 관계들이 정립되는 것은, 사회적 생산의 일정한 역사적 수준에 도달해 있어야 한다는 것을 전제한다. 낡은 생산관계를 넘어서고 자본주의적 틀로의 전환을 강제할 수 있도록 과거의 생산양식의 틀 내부에서조차 일정한 욕구 및 일정한 생산 및 교통수단이 발전되어 있어야 한다. 노동의 자본에의 형식적 포섭을 허용할 정도까지만 발전되면 된다"(Marx, 1969b: 133).

이러한 구분의 의미는 마르크스에게 일관되는 자본주의적 생산관계의 상품관계에 대한 규정성, 생산의 유통에 대한 규정성 등과 마찬가지로 세계시장에 있어서도 그 표층에서 이루어지는 상품교환관계는 그 심층인 자본주의적 생산관계에 의해 규정되고 있다는 점을 분명히 하는 것이다. 마르크스는 『자본론』 3권에서 자본주의 생산양식의 발달, 특히 대공업의 등장에 따라 상업자본에 의해 창출되는 세계시장에서 산업자본에 의해 창출되는 세계시장으로 세계시장의 내용이 변화한다는 점을 강조하고 있다.

　　16세기와 17세기에 지리상의 발견들과 함께 상업에서 일어난 대변혁들 ─ 이것들은 상업자본의 발전을 급속히 촉진했다 ─ 은 봉건적 생산양식으로부터 자본주의적 생산양식으로의 이행을 촉진한 하나의 주요한 계기가 되었다는 것은 조금도 의심할 여지가 없다. 그러나 바로 이 사실이 전적으로 그릇된 견해들을 낳았다. 세계시장의 갑작스런 확대, 유통하는 상품들의 비상한 증대, 아시아의 생산물과 아메리카의 재보(財寶)를 획득하려는 유럽 각국 사이의 경쟁, 식민제도, 이 모든 것들은 생산에 대한 봉건적 제한들을 타파하는 데 근본적으로 기여했다. 그렇지만 근대적 생산양식의 제1시대인 매뉴팩처는 이것을 위한 조건들이 이미 중세에 창조되어 있었던 곳에서만 발달했다. 예컨대 네덜란드와 포르투갈을 비교해보라. 그리고 16세기와 부분적으로는 17세기에도 상업의 갑작스런 확대와 새로운 세계시장의 창조가 낡은 생산양식의 몰락과 자본주의적 생산양식의 발생에 지대한 영향을 주었지만, 일단 자본주의적 생산양식이 창조되자마자 그 바탕 위에서 상업의 갑작스런 확대와 새로운 세계시장의 창조가 일어났다. 세계시장 그 자체는 자본주의적 생산양식의 기초를 이룬다. 다른 한편으로 점점 더 큰 규모로 생산하려는 이 생산양식의 내재적 필연성은 세계시장의 끊임없는 확대를 강요하며, 이리하여 상업이 산업을 변혁시키는 것이 아니라 산업이 끊임없이 상업을 변혁시킨다. 더욱이 상업지배권도 이제는 대공업의 다소간의 우세와 결부되어 있다. 예컨대 영국과 네덜란드를 비교하라. 지배적 상업국인 네덜란드의 몰락사는 상업자본이 산업자본에 종속되어가는 역사이다 (Marx, 1981a: 398~399. 강조는 인용자).

　　시초에는 상업은 길드공업과 농촌가내공업 및 봉건적 농업을 자본주의적 경영으로 전환시키기 위한 전제조건이었다. 상업은 생산물을 상품으로 발전시킨다. 왜냐하면 상업은 생산물을 위한 시장을 창조하기 때문이고, 상업은 새로운 상품등가물을 공급하고 생산을 위해 새로운 원료와 보조재료를 공급하며, 이리하여 처음부터 상업에 바탕을 두고 있는 새로운 생산분야들 — 국내시장과 세계시장을 위해 생산할 뿐만 아니라 세계시장에 의해 규정되는 생산조건들에 기초하고 있는 새로운 생산분야들 — 을 개척하기 때문이다. 매뉴팩처가 어느 정도 강화되면 — 대공업의 경우는 더욱 그렇지만 — 생산자가 자기를 위한 시장을 창출하며, 자기의 상품을 사용해 시장을 정복한다. 상업은 이제 산업생산의 봉사자가 되는데, 시장의 끊임없는 확장은 산업생산의 생존조건의 하나이다. 점점 증대하는 대량생산은 기존의 시장을 범람시키고, 이리하여 끊임없이 그것을 확장시키려고 하며, 그것의 한계를 돌파하려고 한다. 이 대량생산을 제한하는 것은 상업(이것이 현재의 수요를 표현할 뿐인 한)이 아니라 기능하고 있는 자본의 규모와 노동생산력의 발전 정도이다(Marx, 1981a: 403).

마르크스는 이와 같은 자본주의 생산양식에 의해 창출된 세계시장 개념에 입각해 중상주의를 비판한다.

근대적 생산양식에 관한 최초의 이론적 논술인 중상주의는 필연적으로 유통과정의 피상적인 현상들(이것들은 상업자본의 운동에서 독자성을 획득하고 있다)로부터 출발했으며, 그리하여 외관만을 파악했을 따름이다. 이렇게 된 이유는, 부분적으로는 상업자본이 자본 일반의 최초의 독립적인 존재형태이기 때문이며, 또 부분적으로는 상업자본이 봉건적 생산의 최초의 변혁기, 근대적 생산의 발생기에 미친 압도적 영향 때문이다. 근대경제에 관한 진정한 과학은, 이론적 고찰이 유통과정으로부터 생산과정으로 옮겨갈 때 비로소 시작된다(Marx, 1981a: 403~404).

세계시장의 이러한 내용 변화는 또한 그 현상형태도 변화시킨다. 즉, 국민들 상호 간의 '무역전쟁'이 벌어진다.

이전에는 여러 국민들이 상호 결속되어 있는 한 손해가 없는 교역을 했던 반면에, 매뉴팩처와 함께 여러 국민들은 하나의 경쟁관계에, 전쟁, 보호관세 및 수입 금지 등으로 싸움이 이루어지는 상업투쟁에 들어섰다. 그 이후로 교역은 정치적 의미를 가진다(Marx, 1969a: 237).

아메리카에서의 금은의 발견, 원주민의 섬멸과 노예화 및 광산에서의 생매장, 동인도의 정복과 약탈의 개시, 아프리카의 상업적 흑인 수렵장으로의 전환, 이러한 것들이 생산의 자본주의적 시대를 고(告)하는 새벽의 특징이었다. 이러한 목가적인 과정은 시초축적의 주요한 계기들이다. 그 뒤를 이어 일어난 것은 지구를 무대로 하는 유럽 국민들의 무역전쟁이었다(Marx, 1976b: 1033).

식민제도, 국채, 무거운 조세, 보호무역제도, 무역전쟁 등은 매뉴팩처 시기에는 새싹에 불과했는데 대규모 공업의 유년기에는 거대하게 번창한다(Marx, 1976b: 1041~1042).

다른 한편 마르크스는 자본주의적 세계시장의 창출이 자본주의 생산양식의 내적 필연성,[75] 즉 자본 개념 자체에 직접적으로 주어져 있는 것으로 파악한다.

자본의 일반적 개념이 고찰되는 여기에서 중요한 것은 자본은 **생산과 실현의 통일**이고 이 통일은 **직접적인** 것이 아니라 조건들, 그것도 **외적인** 조건들과 결부되어 있는 **과정**으로만 나타난다는 것이다. ……자본에 의한 **절대적 잉여가치** ─ 더 많은 대상화된 노동 ─ 의 창출은 유통영역이 확장되는 것, 그것도 끊임없이 확대되는 것을 조건으로 한다. 한 지점에서 창출된 잉여가치는 그것과 교환될, 다른 한 지점에서 창출된 잉여가치를 필요로 한다. ……따라서 자본에 기초하는 생산의 한 조건은 영역이 직접 확대되든 또는 동일한 영역에서 더 많은 지점들이 생산 지점들로 창출되든, **끊임없이 확대되는 유통영역의 생산**이다. 처음에 유통이 주어진 크기로 나타났다면, 여기에서는 변동하는 크기, 생산 자체에 의해서 확장되는 크기로 나타난다. 그리하여 유통은 이미 생산의 한 계기로 나타난다. 따라서 자본은 한편으로 끊임없이

---

75) "대외무역의 확대는 자본주의적 생산양식의 유년기에는 이 생산양식의 기초였지만, 이 생산양식이 발달함에 따라 이 생산양식의 내적 필연성 ─ 점점 확대되는 시장에 대한 요구 ─ 에 의해 이 생산양식 자체의 산물로 되었다"(Marx, 1981a: 282).

더 많은 잉여노동을 창출하는 경향을 가지듯이, 다른 한편으로 더 많은 교환점들을 창출하는 보완적인 경향을 가진다. 즉, 여기에서 **절대적** 잉여가치, 또는 잉여노동의 관점에서 보면 자기 자신에 대한 보완으로서 더 많은 잉여노동을 야기하는 경향, 다시 말해 기본적으로는 자본에 기초한 생산, 또는 자본에 조응하는 생산양식을 전파하는 경향. 세계시장을 창조하는 경향은 자본 개념 자체에 이미 직접적으로 주어져 있다. 어떤 한계든 극복될 수 있는 제약으로 현상한다. 우선 생산 자체의 각 계기를 유통에 복속시키고, 교환에 들어가지 않는 직접적인 사용가치의 생산을 지양하는 것, 즉 자본의 관점에서 볼 때 과거의 자생적인 생산양식을 자본에 기초한 생산으로 대체하는 것. 여기에서 무역은 더 이상 자립적인 생산들 사이에서 이들의 잉여를 교환하기 위해서 진행되는 기능이 아니라 본질적으로 일체를 포괄하는 생산 자체의 전제이자 계기로 나타난다(Marx, 1976a II권: 17~18).

자본은 자신의 이러한 경향에 따라 자연숭배와 기존 욕구의 일정한 한계 안에서의 자급자족적 충족과 낡은 생활양식의 재생산뿐만 아니라 국민적 제약들과 편견들도 뛰어넘는다. 자본은 이 모든 것에 대해서 파괴적이고 끊임없이 변혁시키며, 생산력의 발전, 욕구의 확대, 생산의 다양화, 자연력과 정신력의 착취 및 교환을 방해하는 모든 제약을 무너뜨린다. 그러나 자본이 그러한 모든 한계를 제약으로 정립하고, 따라서 **관념적으로** 그것을 초월한다고 해서 그것이 이 한계를 **실제로** 극복했다는 것은 아니다. 그러한 모든 제약은 자본의 규정에는 모순되므로 자본의 생산은 끊임없이 극복되면서 마찬가지로 끊임없이 정립되는 모순들 속에서 운동한다(Marx, 1976a II권: 20~21).

대공업은 경쟁을 보편화했고(경쟁은 실질적 무역자유이며, 경쟁 속에서 보호관세는 단지 하나의 미봉책, 무역자유 안에서의 방어일 뿐이다), 교통수단과 근대적 세계시장을 창출했으며, 상업을 자신에게 굴복시켰고, 모든 자본을 산업자본으로 전화시켰으며, 그리고 이로써 자본들의 급속한 유통(화폐제도의 완성)과 집중을 산출했다. 대공업은 보편적인 경쟁을 통해 모든 개인들로 하여금 자신들의 에너지를 극도로 긴장시킬 것을 강요했다. 대공업은 가능한 한 이데올로기, 종교, 도덕 등을 파괴했고……모든 문명국과 그 속의 모든 개인으로 하여금 욕구의 충족에 있어서 세계

전체에 의존하도록 만들고, 개별 국민들이 지금까지 지니고 있었던 자연성장적 배타성을 타파한 한에서 대공업은 최초로 세계사를 산출해내었다(Marx, 1969a: 240).

자본주의 생산양식의 발달에 따른 상대적 잉여가치 생산방법의 발달은 세계시장을 양적으로뿐만 아니라 질적으로 더욱 발전시킨다.

다른 한편으로 상대적 잉여가치의 생산, 즉 생산력의 증대와 발전에 기초한 잉여가치 생산은 새로운 소비의 생산을 필요로 한다. 유통 안에서 소비권이 생산권과 마찬가지로 확대되는 것이다. 첫째로, 기존 소비의 양적인 확대가 있다. 둘째로, 기존의 필요욕구들이 광범위한 권역에 전파됨으로써 새로운 필요욕구들을 창출하는 것이다. 셋째로, 새로운 욕구들의 생산과 새로운 사용가치들의 발견 및 창출이다. 이를 다른 말로 표현하자면, 획득된 잉여노동이 단순히 양적인 잉여로 머물지 않고, 노동 (그리하여 잉여노동)의 질적인 차이들의 영역이 동시에 끊임없이 증대되고 다양해짐에 따라 자체 안에서 더욱 분화된다는 것이다. 예를 들어 이전에는 100의 자본이 투하되다가 이제 생산력의 배증에 의해 50의 자본만 투하하면 될 경우에, 50의 자본과 이에 부응하는 필요노동이 자유롭게 된다. 그러면 자유롭게 된 자본과 노동을 위해서, 새로운 욕구를 충족시키고 초래하는 질적으로 상이한 새로운 생산영역이 창출되어야 한다. 기존 산업의 가치는 자본과 노동의 비율이 새로운 형태로 정립되는 새로운 산업을 위한 기금으로 창출됨으로써 보존된다. 요컨대 사물들의 새로운 유용한 속성들을 발견하기 위한 자연 전체의 탐사, 모든 낯선 풍토와 나라들의 생산물의 보편적인 교환, 자연 대상들을 새롭게 (인위적으로) 가공함으로써 이들에게 새로운 사용가치를 부여하기……사용가능한 새로운 대상들과 아울러 기존 대상들의 새로운 사용 속성, 원자재 등으로서의 새로운 속성들을 발견하기 위해서 대지를 전면적으로 탐사하기 등이 있다. 따라서 자연과학은 최고 수준까지 발전한다. 마찬가지로 사회 자체로부터 유래하는 새로운 욕구들이 발견, 창출, 충족된다. 사회적 인간의 모든 속성(qualities)의 개화(開花)와, 속성과 관계가 풍부하기 때문에 가능한 한 욕구가 풍부한 형태로의 사회적 인간의 생산이 마찬가지로 자본에 기초한 생산의 조건이기 때문이다. 다시 말해 사회적 인간은 다방면으로 향유하기 위해 향유능력을 가져야 하기 때문에, 즉 고도로 계발되어 있어야 하기 때문에 가능한 한 총체적이고 보편적인 사회생산물로서의 사회적 인간의 생산이 자본에 기초한 생산의 조건이 된다. 이는 분업, 새로운 생산 영역들, 즉 질적으로 새로운 잉여노동의 창조일 뿐만 아니라 기존 생산으로부터 분리된, 새로운 사용가치를 지닌 노동의 창조이기도 하다. 이는 끊임 없이 확대되고 포괄하는 노동 종류들, 생산 종류들의 체계의 발전으로서, 여기에는 끊임없이 확대되고 풍부해지는 욕구체계가 조응한다(Marx, 1976a II권: 19~20).

이상의 논의에서 마르크스의 세계시장 개념은 자본주의 생산양식에 의해 생산된 상품시장으로서의 세계시장이고, 자본주의적 생산의 내적 필연성에 따라, 그리고 경쟁을 통해 모든 전 자본주의적 생산양식뿐만 아니라 온갖 '국민적 제약과 편견들'을 파괴하며 "모든 문명국과 그 속의 모든 개인으로 하여금 욕구들의 충족에서 세계 전체에 의존하도록" 만드는 세계시장이다. 따라서 세계적 범위에서의 상품교환관계로서의 세계시장은 표층, 즉 형태규정인 것이고, 그것이 내포하고 있는 심층, 즉 그것이 표현하고 있는 내용은 자본주의 생산양식의 확산, 세계적 범위에서의 사회적 분업의 발달 ― 즉, 새로운 생산영역들의 창출, "끊임없이 확대되고 포괄하는 노동 종류들, 생산 종류들의 체계의 발전" ― 그리고 이에 조응하는 "끊임없이 확대되고 풍부해지는 욕구체계" 등이다.

따라서 세계시장은 단순한 세계상품시장 형태에 그치는 게 아니다. "세계시장에서 생산은 자기의 모든 계기들을 지닌 총체로서 정립되지만, 동시에 모든 모순들이 작동한다. 이리하여 세계시장은 이제 전체의 토대(substratum)로 될 뿐만 아니라 전제로 된다"(Marx, 1976a I권: 219). 즉, "세계시장은 자본주의 생산의 기초이자 사활적인 요소이다"(Marx, 1981a: 127).

이처럼 마르크스에게 세계시장은 자본주의적 생산의 총체, 따라서 잉여가치 생산과 실현의 총체를 구성하는 개념이다. 달리 말하면, 세계시장은 자본주의적 계급관계의 '경제적 형태'의 총체를 구성하는 개념이다. 그리고 자본주의 생산양식의 발전에 따라, 즉 자본주의적 계급관계의 변화·발전에 따라 세계시장의 내용과 형태도 변화·발전한다. 마르크스는 『자본론』 1권에서 '자본주의적 축적의 역사적 경향'에 대해 논하면서 '자본주의 체제의 국제적 성격의 강화'를 자본의 집중 현상과 더불어 주요한 경향의 하나로 제시한다.

이러한 집중(즉, 소수 자본가에 의한 다수 자본가의 수탈)과 병행해서 기타의 발전도 더욱더 대규모로 일어난다. 즉, 노동과정의 협업적 형태의 성장, 과학의 의식적·기술적 적용, 토지의 계획적 이용, 노동수단이 공동적으로만 사용될 수 있는 형태로 전환되는 것, 모든 생산수단이 결합된 사회적 노동의 생산수단으로서 사용됨으로써 절약되는 것, 각국의 국민들이 세계시장의 그물에 얽히는 것, 따라서 자본주의체제의 국제적 성격의 증대 등등이 더욱더 대규모로 일어난다(Marx, 1976b: 1049. 강조는 인용자).

마르크스의 여러 저작에 산재해 있는 세계시장에 관한 다음의 단편적 서술들은 이러한 세계시장 개념을 뒷받침해준다.

각 산업의 기반으로부터 자생적(natural) 기반을 제거하고, 그것을 각 산업 밖에 있는 그것의 생산조건들로 이전시켜 일반적 연관을 맺도록 하는 것 ― 그리하여 불필요한 것으로 나타났던 것을 필요한 것, 역사적으로 산출된 필요성으로 전환시키는 것 ― 이 자본의 경향이다. 따라서 일반적 교환 그 자체, 세계시장, 따라서 세계시장을 구성하는 활동·교류·욕구 등의 총체가 모든 산업의 일반적 기초가 된다(Marx, 1976a II권: 161).

세계시장 공황에서 부르주아 생산의 모든 모순들이 집합적으로 폭발한다. 특정한 공황들(그들의 내용과 규모에서 특정한)에서 그 폭발들은 단지 돌발적이고 고립적이며 일면적일 뿐이다(Marx, 1968: 534).

세계무역의 위기는 부르주아 경제의 모든 모순들의 실질적인 집적과 강제적인 조정과정으로 간주되어야 한다(Marx, 1968: 510).

세계시장에서 비로소 화폐는 (그 현물형태에 추상적 인간노동이 직접적으로 사회적으로 실현되어 있는) 상품으로서 완전히 기능한다. 화폐의 존재양식이 그 개념에 부합하게 된다(Marx, 1976b: 181).

해외무역, 즉 시장이 세계시장으로 발전하는 것에 의해서만 화폐는 세계화폐로 발전하게 되고, **추상노동**은 사회적 노동이 된다. 추상적 부·가치·화폐, 따라서 **추상노동**은, 구체노동이 (세계시장으로 포괄되는) 상이한 노동양식들의 총체로 발전하는 정도만큼 발전한다. 자본주의 생산은 **가치**, 또는 생산물에 체현된 노동을 사회적 노동으로 전형시키는 것에 의존한다. 그러나 이것은 해외무역 및 세계시장의 기초 위에서만 가능할 뿐이다. 이것(해외무역과 세계시장: 인용자)은 자본주의 생산의 전제조건이자 결과이다(Marx, 1971: 253).[76]

## (2) '플랜'과 국민경제

이제 마르크스의 이러한 세계시장 개념을 토대로 마르크스의 '정치경제학 비판체계'의 '플랜'을 검토함으로써 세계시장과 여타 범주와의 연관을 살펴보자. 마르크스의 '정치경제학 비판체계'에 대한 구상은 『정치경제학 비판 요강』(1857~1858년 저술)과 『정치경제학 비판을 위하여』(1859년 출판)의 '서문' 등 네 곳에서 간략하게 제시되고 있다.

1. 책의 순서는 분명히 다음과 같아야 한다. ① 대체로 모든 형태의 사회에서 볼 수 있는 일반적이고 추상적인 규정들. ② 부르주아 사회의 내부구조를 이루는 범주들로서 기본계급들의 존립조건을 가리키는 범주들. 자본, 임노동, 토지재산. 이들의 상호관계. 도시와 농촌. 거대한 세 사회계급들. 이들 사이의 교환·유통. (사적) 신용제도. ③ 부르주아 사회를 총괄하는 형태로서 국가. 국가 그 자체의 고찰. '비생산적' 계급들. 조세. 국가채무. 공적 신용. 인구. 식민지. 국외이주. ④ 생산의 국제적 관계. 국제분업. 국제적 교환. 수출과 수입. 환율. ⑤ 세계시장과 공황(Marx, 1976a I 권: 80).

---

76) "게다가 **단순한 노동자들로 이루어진 대중** − 자본으로부터 또는 어떠한 협소한(욕구) 충족으로부터도 단절된 대량의 노동자의 힘 − 이 존재하게 되는 것, 그리하여 또한 확실한 생활원천으로서의 이러한 노동 그 자체가 경쟁으로 인해 더 이상 일시적이지 않게 상실되는 것, 이러한 노동이 완전히 불안정한 처지에 놓이는 것은 세계시장을 전제로 한다. 이렇듯 프롤레타리아가 오로지 세계사적으로만 존재할 수 있음은, 그들의 사업인 공산주의가 '세계사적' 존재일반으로서만 현존할 수 있는 것과 마찬가지이다. 각 개인들의 세계사적 존재, 바꾸어 말하면 직접적으로 세계사에 결합되어 있는 개인들의 존재"(Marx, 1969a: 215~216).

2. 교환가치, 화폐, 가격을 고찰하는 제1부에서는 상품은 항상 이미 있는 것으로 나타난다. ……그러나 상품세계는 스스로 자기 자신을 넘어서서 '생산관계들'이라고 규정되는 경제적 관계들로 나아갈 것을 지시한다. 따라서 생산의 내부구조가 제2부를 이룬다. 전체가 국가로 총괄되는 것이 제3부를, 국제관계가 제4부를, 그리고 세계시장이 종결을 이룬다. 세계시장에서 생산은 자기의 모든 계기들을 지닌 총체로서 정립되지만, 동시에 모든 모순들이 작동한다. 이리하여 세계시장은 이제 전체의 토대로 될 뿐만 아니라 전제로 된다. 이때 공황은 이 전체를 넘어서라는 전반적인 지시이고 새로운 역사적 형태를 취하라는 촉구이다(Marx, 1976a I권: 219).

3. I. (1) 자본의 일반 개념. (2) 자본의 특수성: 유동자본과 고정자본(생활수단으로서, 원료로서, 노동도구로서 자본). (3) 화폐로서 자본. II. (1) 자본의 양. 축적. (2) 자기 자신으로 측정한 자본. 이윤, 이자. 자본의 가치: 즉, 이자와 이윤처럼 자기 자신과 구별되는 자본. (3) 자본들의 유통. (가) 자본과 자본의 교환. 자본과 수입의 교환. 자본과 가격들. (나) 자본들의 경쟁. (다) 자본들의 집중. III. 신용으로서 자본. IV. 주식자본으로서 자본. V. 화폐시장으로서 자본. VI. 부의 원천으로서 자본. 자본가. 자본 다음으로 토지재산을 다룰 것이다. 토지재산 다음으로는 임노동을 다룰 것이다. 이 세 가지(자본, 토지재산, 임노동)가 전제된 위에서, 이제 내적 총체성에서 정의된 유통으로서 가격들의 운동. 다른 한편으로, 생산이 위의 세 가지 기본형태들과 유통의 전제들에 의해 정립되는 것으로서 세 개의 계급. 다음으로 국가(국가와 부르주아 사회. 조세 또는 비생산적 계급들의 존재. 국채. 인구. 대외적 국가: 식민지. 해외무역. 환율. 국제주화로서 화폐. 끝으로 세계시장. 부르주아 사회가 국가를 넘어 확대. 공황. 교환가치에 의거한 생산양식과 사회형태의 해체. 개인적 노동을 사회적 노동으로, 그리고 사회적 노동을 개인적 노동으로 실제로 정립하는 것)(Marx, 1976a I권: 263).

4. 나는 부르주아 경제체제를 다음과 같은 순서로 연구한다. 자본, 토지재산, 임노동 ; 국가, 해외무역, 세계시장. 근대부르주아 사회를 구성하는 3대 계급의 경제적 존립조건이 첫 세 주제에서 분석되며, 나머지 세 주제의 상호 관련은 자명하다. 자본을 다루는 첫 번째 책의 첫 부분은 다음과 같은 장들로 구성된다. ① 상품, ② 화폐

또는 단순한 유통, ③ 자본 일반(Marx, 1975a: 5).

이상 네 가지 마르크스의 '플랜'을 둘러싸고 마르크스의 '정치경제학 비판체계'에 대한 이른바 '플랜 논쟁'이 아직도 계속되고 있다.[77] 이 논쟁 자체를 상세히 검토하는 것은 이 책의 범위를 넘어서는 것이므로 기본적으로 마르크스의 '추상에서 구체로'라는 서술원칙에 따라 자본, 토지재산, 임노동 ; 국가, 해외무역, 세계시장 등의 범주가 '구체'로 상승함으로써, 즉 더욱 많은 사회관계 규정들을 도입함으로써 이론화되어야 한다는 입장만을 확인하고,[78] 특히 후반부 범주들(국가, 해외무역, 세계시장)의 연관에 한정해서 검토하고자 한다.

"'자본·토지재산·임노동·국가·해외무역·세계시장(과 공황)' 중 전반부의 세 주제는 대체로 『자본론』세 권에서 '자본의 지배가 관철된다는 전제하에서' 다루고 있지만, 후반부의 세 주제에 관해서 마르크스는 어디에서도 체계적으로 연구하지 않았다"(김수행, 2003: 28). 그런데 후반부 세 주제 가운데 '국가'는 해외무역, 세계시장으로의 구체화 과정에서 출발점으로서 역할을 할 뿐만 아니라 '국가' 범주는 '부르주아 사회를 총괄하는 형태', '국가와 부르주아 사회', '대외적 국가' 등 다양하게 규정되고 있어서 논란이 되고 있다.[79]

우리는 이미 앞에서 '자본주의적 국가형태'를 자본주의적 관계의 '정치적 형태'

---

77) 이에 대한 상세한 소개와 평가는 로스돌스키(Rosdolsky, 1969 1권: 36~100)와 리보위츠(Lebowitz, 1992: 30~44) 등을 참조. 일본에서의 논쟁에 대해서는 木下悦二·村岡俊三 編(1985)을 참조.

78) 이 입장은 로스돌스키(Rosdolsky, 1969)와 리보위츠(Lebowitz, 1992)가 취하는 것으로, 전반부(자본, 토지재산, 임노동)는 '이론'으로 후반부(국가, 해외무역, 세계시장)는 '역사'로 단절적으로 파악하는 '역사적 자본주의'론(Arrighi)의 입장이나, 전반부를 원리론, 후반부를 단계론 및 현상분석으로 구분하는 견해(대표적으로 일본의 우노학파)와는 구별되는 입장이다.

79) "국가에 관해서, 마르크스는 한편으로는 '부르주아 사회를 총괄하는 형태' 또는 '국가와 부르주아 사회'를 이야기하고, 다른 한편으로는 '대외적 국가'를 이야기하고 있다. 따라서 엄밀하게 말하면, '국가'는 전반부를 종결하는 주체일 뿐 아니라 후반부를 개시하는 주제라는 의미를 지니게 된다. 그 이유는 다음과 같다. 첫째로, '부르주아 사회를 총괄하는 형태'로서 국가는, 부르주아 사회의 3대 계급인 자본가계급·토지소유자계급·임금노동자계급 사이의 갈등과 투쟁이 국가에 집중하고 국가를 통해 매개된다는 것을 의미하기 때문에 국가가 사실상 전반부를 종결하게 된다. 둘째로, 후반부의 해외무역과 세계시장(과 세계시장 공황)은 '대외적 국가' 또는 '국민국가', 나아가서는 '국민경제'를 전제해야만 논의가 가능하기 때문에 '국가'가 후반부의 출발점이 되지 않을 수 없다"(김수행, 2003: 27).

로서 파악한 것을 토대로 해서 '국민국가형태'와 '국제적 국가체계'를 이론화한 바 있다. 마르크스의 '플랜'에 나오는 '부르주아 사회를 총괄하는 형태로서 국가. 국가 그 자체의 고찰', '국가와 부르주아 사회'라는 규정에서의 '국가'는 바로 추상적인 '자본주의적 국가형태'를 가리키는 것이고, '대외적 국가' 규정은 '국민국가형태'를 가리킨다는 것은 쉽게 알 수 있다. '부르주아 사회를 총괄하는 형태'로서의 '자본주의적 국가형태'와 '국민국가형태'의 차이는 추상수준의 차이이다. '자본주의적 국가형태' 또는 '국가 그 자체'의 고찰은 "문제를 애매하게 하는 모든 부차적인 사정들을 떠나 연구대상을 순수한 형태로 고찰하기 위해서, 상업세계 전체를 한 나라로 보며, 또 자본주의적 생산이 모든 곳에서 확립되어 모든 산업부문들을 지배하고 있다고 가정"(Marx, 1976b: 791)하고서 이루어진 것이다. '국민국가형태'는 그 가정을 완화해서, 즉 복수의 국가 존재라는 현실규정을 도입해서 이론화된다. 또 세계시장이 자본주의적 생산의 총체라는 점도 위에서 이미 살펴보았다.

문제는 국민국가, 해외무역, 세계시장의 연관인데, 여기서 '국민경제' 범주가 제기된다. "식민지. 해외무역. 환율", "'비생산적' 계급들. 조세. 국가채무. 공적 신용. 인구. 식민지. 국외이주", "생산의 국제적 관계. 국제분업. 국제적 교환. 수출과 수입" 등이 국민국가를 단위로 이루어지고 세계시장으로 총괄된다고 할 때, 세계시장과 국민국가의 접합점으로서 '국민경제' 범주가 제기되는 것이다. 실제로 마르크스는 '국민적(national)'이라는 형용사를 저작 곳곳에서 사용하고 있다. 예컨대 마르크스는 『자본론』 1권에서 세계시장에서의 가치법칙의 수정에 대해 설명하면서 "개개의 나라들이 그 구성부분으로 되어 있는 세계시장", "국민적 평균수준", "국민적 노동", "국민적 노동강도와 노동생산성"(Marx, 1976b: 758) 등의 개념을 사용하고 있다.

'국민경제'를 개념적으로 파악하려는 시도 가운데 일본 좌파 내부의 논쟁을 통해 정리된 대표적인 '국민경제' 개념을 살펴보자.

국민경제는 가치법칙을 필두로 한 자본주의의 경제법칙이 거기에서 관철되는 바의, 하나의 '총체로서의 사회', '사회유기체'이고, 자본관계와 함께 사회적 분업 체계를, 더 나아가 국가, 시민사회를 포괄하는 것으로 이해된다. 바꾸어 말하자면, 국민경제는 '자립적인 재생산체로서 고유한 운동과 발전을 수행하는' 것으로 인식된다.

이리하여 세계시장에 용해되지 않는다는 의미에서의 자립성을 국민경제에서 찾을 수 있을 것이다. 또한 동시에 역사적 형성의 문제가 아니라 논리적·구조적 문제로서, 국민경제는 국가로부터도 자립하고 있음을 시사하는 것이다(木下悅二·村岡俊三 編, 1985: 360).

일본 좌파들의 이러한 국민경제 개념은 조절이론 등 기본적으로 일국적 분석단위를 채택하고 있는 대부분의 서구 좌파들도 공유하고 있다.[80] 그러나 이처럼 국민경제를 '자본주의적 생산의 총체'로 파악하는 개념화는 앞서 살펴본 마르크스의 '자본주의적 생산의 총체'로서의 세계시장 개념과 상충된다. 이처럼 국민경제의 개념적 파악은 시민사회, 국가, 가치법칙 등에 대한 이해와 맞물려 있기 때문에 간단한 문제가 아니다.

마르크스 자신도 1861~1863년 사이 초고를 집필 중에 루드비히 쿠겔만에게 보내는 서한(1862년 12월 28일)에서 '플랜'의 후반부에서 가장 어려운 부분이 국민경제에 대한 국민국가의 관계 문제 — 사회의 상이한 경제구조에 대한 상이한 국가형태의 관계 — 일 것으로 예상하고 있다.

이제 마침내 제2부가 완성되어 즉시 인쇄할 수 있도록 정서하고 퇴고했습니다. ……이것은 제1분책(『정치경제학 비판을 위하여』: 인용자)의 속편입니다만, 『자본론』이 제목이고 『정치경제학 비판을 위하여』는 단순히 부제로 해서 독자적으로 발간됩니다. 사실 이 책은 제1부의 제3장을 이루는 것, 즉 '자본 일반'만을 포괄하고 있습니다. 따라서 자본 간 경쟁이나 신용제도는 거기에 포함되어 있지 않습니다. 영국인이 '정치경제학의 원리'라고 부르는 것이 이 책에 포함되어 있습니다. 이 책이 (제1부분과 더불어) 핵심적 부분이고, 이것에 이어지는 전개('플랜'의 후반부: 인용자)는 (사회의 상이한 경제구조에 대한 상이한 국가형태의 관계를 예외로 하면) 이미 제시된 것에 기초해서 다른 사람에 의해서도 쉽게 상술될 수 있을 것입니다(Marx & Engels, 1985: 131~132. 강조는 인용자).

---

80) 서구 좌파이론에서 미국 경제, 독일 경제, 앵글로색슨 모델, 라인 모델 등 다양한 표현들은 모두 일국 자본주의로서의 '국민경제'를 의미한다.

이처럼 현 시기 세계화 논쟁에서 쟁점이 되고 있는 국민경제와 국민국가의 관계 문제는 바로 '플랜' 후반부의 연관을 밝히는 핵심적 문제이다. 국민경제와 국민국가의 관계 문제는 정확하게는 국민국가/국제적 국가체계, 국민경제/세계시장 사이의 관계에 대한 이론화를 매개해서 해명될 수 있을 것이다. 이 문제는 전면적인 검토를 필요로 한다.

## 2) 세계시장 · 국민국가 · 국민경제의 관계

이 세 범주 간의 관계를 파악하기 위해서, 우선 마르크스의 '자본주의적 생산의 총체'로서의 세계시장 개념을 철저하게 살펴보고, 다음으로 '부르주아 사회의 총괄'이 국민국가 단위로 이루어진다는 것의 의미를 살펴본 후, 세계시장과 국민국가의 접합점으로서 국민경제를 규정하는 순서로 검토하고자 한다.

### (1) 세계시장과 국민국가

우선, 마르크스의 세계시장 개념에 따르면 자본주의적 계급관계의 '경제적 형태'로서의 가치형태운동, 즉 자본에 의한 가치운동은 세계적 범위에서 이루어지는 것이지 국민적 범위에서 이루어지는 것이 아니다. 즉, 가치법칙은 세계적 범위에서 성립되고 관철된다는 것이다. 가치법칙은 상품의 운동을 통해 성립된다. 상품의 가격경쟁을 통해 가치법칙이 강제되고, 상품을 생산하는 노동을 이동시킨다. 그런데 상품은 기본적으로 국경을 넘어 자유롭게 이동한다고 볼 수 있지만, 노동력의 경우는 그렇지 않다. 일반상품과 달리 특수상품인 노동력은 기본적으로 국민국가가 관리하기 때문에 국경을 넘는 자유로운 이동이 제한된다.[81] 이 노동 이동의 제한 때문에 가치법칙은 세계시장에서는 수정된다. 즉, 가치의 총체화 작용 — 사회적 평균노동시간으로서의 '사회적 가치'를 구성하는 과정 — 에 일정한 제약이 작용한다. 노동강도에서 세계적 평균수준의 형성이 수정되고, 나라 간 노동생산성의 차이가 노동강도의 차이로 전화한다. 물론 이처럼 가치법칙이 수정되더라도 가치법칙은 관철된다.

---

81) 이것이 자본주의적 계급관계의 '정치적 형태'인 국민국가의 영토적 규정성의 의미이다.

국내에서의 경쟁과 해외에서의 경쟁이 그 정도의 차이는 있을지라도, 경쟁은 기본적으로 국내외를 불문하고 이루어진다. 마르크스는 상품의 운동이 가격경쟁을 통해 선진국(이른바 '문명국')은 물론이고 식민지에서도 전 자본주의적 생산양식을 파괴하고 자본주의적 생산양식을 확산시키는 효과(이른바 '문명화 효과')에 대해 수차례 언급하고 있다. 『공산당선언』에서의 웅변적 묘사를 보자.

자신의 생산물의 판로를 부단히 확장하려는 욕구는 부르주아를 전 지구상으로 내몬다. 부르주아는 도처에서 뿌리를 내려야 하며, 도처에서 정착해야 하고, 도처에서 연계를 맺어야 한다. 부르주아는 세계시장의 개발을 통해서 모든 나라들의 생산과 소비를 범세계적인 것으로 탈바꿈시켰다. 반동배에게는 대단히 유감스럽게도 부르주아는 공업의 발밑에서 그 민족적 기반을 빼내가 버렸다. 오래된 민족적 공업들은 파멸되었고 또 나날이 파멸되어가고 있다. 이 공업들은 그 도입이 모든 문명국가들의 사활문제가 되고 있는 새로운 공업들에 의해, 즉 더 이상 현지 원료를 가공하지 않고 아주 멀리 떨어진 지방의 원료를 가공하는, 그리고 그 제품이 자국 안에서뿐만 아니라 모든 대륙에서 동시에 소비되는 공업들에 의해 밀려나고 있다. 국산품에 의해 충족되었던 낡은 욕구들 대신에 새로운 욕구들이 등장하는데, 이 새로운 욕구들은 그 충족을 위해 아주 멀리 떨어진 나라들 및 풍토들의 생산물들을 요구한다. 낡은 지방적·민족적 자급자족과 고립 대신에 민족들 상호 간의 전면적 교류와 전면적 의존이 등장한다. 그리고 이는 물질적 생산에서나 정신적 생산에서나 마찬가지이다. 개별 민족들의 공동창작물은 공동 재산이 된다. 민족적 일면성과 제한성은 더욱더 불가능하게 되고, 많은 민족적·지방적 문학들로부터 하나의 세계문학이 형성된다.

부르주아는 모든 생산도구들의 급속한 개선과 한없이 편리해진 교통에 의해 모든 민족들을, 가장 미개한 민족들까지도 문명 속으로 끌어넣는다. 부르주아의 상품의 싼 가격은, 부르주아가 모든 만리장성을 쏘아 무너뜨리고 외국인에 대한 야만인들의 완고하기 그지없는 증오심을 굴복시키는 중포(重砲)이다. 부르주아는 모든 민족에게 망하고 싶지 않거든 부르주아의 생산양식을 채용하라고 강요한다. 그들은 소위 문명을 도입하라고, 즉 부르주아가 되라고 강요한다. 한마디로 부르주아는 자신의 모습대로 세계를 창조하고 있는 것이다(Marx & Engels, 1848: 403~404).

역사적으로 17세기 매뉴팩처의 성장 이래 자본주의적 생산에 의해 확장된 세계시장은 대공업 창출의 강력한 '추동력'으로 역할했다.[82] 다른 한편 마르크스는 '시민사회'가 국민국가를 초월한다고 명확하게 말한다.

시민사회는 특정의 생산력 발전 단계 안에서 개인들의 물질적 교류 전체를 포괄한다. 시민사회는 어떤 단계의 상업적 물질적 생활 전체를 포괄한다. 그러한 한에서 비록 시민사회가 다른 한편 대외적으로는 국체(國體)로서 자신을 주장해야 하고, 대내적으로는 국가로서 편성되어야 할지라도 시민사회는 국가와 국민을 초월한다 (Marx, 1969a: 259).

따라서 마르크스의 '시민사회' 또는 '부르주아 사회' 개념은 기본적으로 국민국가를 단위로 한 국민적 시민사회가 아니라 세계시장을 가리키는 세계시민사회, 세계 부르주아 사회를 의미하는 것으로 보아야 한다. 가치운동은 세계적 범위에서 하나의 총체를 구성하고, 따라서 가치법칙도 비록 현실적 제약에 따라 수정되더라도 세계시장 차원에서 성립되고 관철되는 것이다. 이처럼 파악하는 것이 마르크스의 '자본주의적 생산의 총체'로서의 세계시장 개념과 부합한다. 형태 분석적 관점에서 보면, 자본주의적 계급관계의 '경제적 형태'는 세계시장에서 총체를 구성하는 것이다.[83] 상품운동, 즉 상품유통과 그에 따른 상품관계의 세계적 성격에 대해 마르크스는 다음과 같이 웅변적으로 표현한다.

---

82) "상업과 매뉴팩처가 17세기에 영국이라는 한 나라로 끊임없이 집중되어나갔던 것은 점차 이 나라를 위한 하나의 상대적 세계시장을 창출했으며, 또한 그럼으로써 이 나라의 매뉴팩처 생산물들에 대한 수요를 창출했는데, 그 수요는 기존의 산업적 생산력들로서는 더 이상 충족시킬 수 없는 것이었다. 생산력들을 넘어설 만큼 성장한 이 수요는 대공업 — 공업적 목적들을 위한 자연력들의 적용, 기계, 최대한으로 확장된 분업 — 을 산출함으로써 중세 이후 사적 소유의 제3기를 야기한 추동력이었다"(Marx, 1969a: 241).

83) 물질적 생활과정이 세계시장 차원에서 구성된다는 점을 명확하게 보여주는 마르크스의 다음과 같은 언급도 참조. "이처럼 우리의 파악에 따르자면, 역사의 모든 충돌은 생산력과 교류형태 사이의 모순에 그 기원을 두고 있다. 덧붙이자면 이 모순이 한 나라 안에서 충돌로 나아가기 위해서 그 나라 안에서 그 모순이 극점으로 추동될 필요는 없다. 확대된 국제적 교류에 의해서 생겨난, 산업적으로 발전된 나라들 사이의 경쟁은 발전된 산업을 별로 가지고 있지 못한 나라들에서도 유사한 모순을 산출하기에 충분하다(예를 들면 독일의 잠재적 프롤레타리아는 영국 산업의 경쟁에 의해서 현상화되었다)"(Marx, 1969a: 243).

화폐가 세계화폐로 발전되듯이, 상품소유자는 세계주의자(cosmopolitan)로 발전
된다. 인간 상호 간의 세계주의적 관계는 원래 그들의 상품소유자로서의 관계이다.
상품은 즉자·대자적으로 어떤 종교적·정치적·민족적·언어적 제약에도 초연해 있다.
그들의 일반적 언어는 가격이고, 그들의 공동체는 화폐이다. 그러나 국내 주화에 대
립되는 세계화폐의 발전과 더불어 상품소유자들의 세계주의는 인류의 소재(素材)대
사를 방해하는 전래의 종교적, 민족적, 기타 편견들에 대응되는 실천적 이성의 신앙
으로서 발전된다. ……상품소유자에게는 국적이 '기니의 각인일 뿐이라는' 것은 명
백하다. 상품소유자에게는 전 세계가 하나의 시장 - 세계시장 - 이라는 관념으로
등장한다(Marx, 1975a: 147).

또한 마르크스의 세계시장 개념은 그의 분업에 관한 언급에서 더욱 명확하게
드러난다. "각 나라 내부의 산업과 교역의 관계들은 그들의 다른 나라들과의 교통
에 의해 지배되고 세계시장과의 관계에 의해 조건지어진다."[84] 이것은 세계시장
이 수많은 국민국가들과 그들의 '국민경제들'의 총합이 아니라는 것을 명확하게
밝혀준다.[85] 국민경제들이 국제적 분업을 통해 어떻게 세계시장의 계기들로서
하나의 총체를 구성하는가에 대해 '개방적' 마르크스주의의 본펠트는 다음과 같이
명료하게 설명한다.

세계시장은 자본주의적 현존의 총체 - 즉, 국민국가에 위치한 산업이 그것의 자
본주의적 산업으로서의 생활(livelihood)을 그것을 통해 획득하는 하나의 총체 - 를
구성한다. 그래서 세계시장은 국민적 경계들 내부에서, 국민적 경계들 간의, 그리고
국민적 경계들을 넘어선 자본주의적 생산의 '지상명령'으로 된다. 더 나아가 그러한 지
상명령으로서 국민적 경계들 내부의 교역과 산업은 동시에 국민적 경계들을 넘어선
교역과 산업이 된다. 그러면 '국내적' 노동 착취의 생산성은 세계시장 속에서, 그리고
세계시장을 통해서 그것의 생활을 획득한다. '국내적' 노동착취를 채우고 지지하며 모
순하는 것은 바로 이 세계시장이다. '국내적' 노동착취가 자본주의적 생산으로서 생활

---

84) 마르크스, 「혁명운동」, *MEW* 6, 149쪽(Bonefeld, 2000a: 37에서 재인용).
85) "가치에 기초하는 생산양식을 갖는, 더욱이 자본주의적으로 조직된 국민을 단지 국민적 욕구를
위해 노동하는 전체로서 고찰하는 것은……잘못된 추상이다"(Marx, *MEW* 25: 859).

을 획득하는 것은 세계시장 속에서, 그리고 세계시장을 통해서인 것이다. 따라서 분업에 대해 말하기를 원하는 사람은 누구든지 세계시장에 대해 말해야 한다고 마르크스는 주장한다("Brief an P. W. Annenkow vom 28. 12. 1846," *MEW* 4: 550). 분업은 국제적 분업을 수반하고, 분업은 국제적 분업 없이 파악될 수 없다. 달리 말하면, '국민적인 것'은 공간의 영토화로서의 그것의 생활을 획득하는데, 그 생활은 국제적 분업에 의해 유지되고 국제적 분업을 통해 존립된다(Bonefeld, 2000a: 37).

'자본주의적 생산의 총체' 또는 '자본주의적 생산의 기초'로서의 세계시장이란 바로 자본주의적 사회관계의 '경제적 형태'가 세계시장에서 총체를 구성한다는 의미이고, 따라서 세계시장은 분리된 국민국가들 또는 국민경제들의 총합이 아니라 국제적 분업에 의해 내적으로 통일된 계기들로서의 국민경제들이 세계시장에서 하나의 총체를 구성하고 있다.

그런데 국민국가는 세계시장처럼 단순하지 않다. 마르크스의 자본주의적 국가형태에 관한 논의는 대부분 세계가 하나의 국가를 구성한다는 가정하에 이루어진 것이고, 따라서 국민국가보다 더 추상적인 국가형태 규정이다. 그럼에도 마르크스의 '부르주아 사회를 총괄하는 형태'로서의 추상적 국가형태 규정은 기본적으로 국민국가형태에 그대로 적용된다. 말하자면, 자본주의적 계급관계의 '정치적 형태'는 세계국가형태가 아니라 국민국가형태로 총괄되는 것이다. 마르크스의 다음의 인용문들은 부르주아의 계급적 지배가 국민국가형태를 통해 이루어짐을 잘 시사하고 있다.

부르주아는 생산수단, 소유 및 인구의 분산을 점점 더 폐기한다. 부르주아는 인구를 밀집시키고, 생산수단을 집중시키고, 소유를 소수의 손에 집적시켰다. 이로부터 나오는 필연적 결과는 정치적 중앙집권이었다. 상이한 이해관계들, (상이한) 법률들, (상이한) 정부들, (상이한) 관세들을 갖고 있던, 그리고 거의 동맹관계에 의해서만 연결되어 있던 독립적 지방들이 하나의 국민, 하나의 정부, 하나의 법률, 하나의 전국적 계급이해, 하나의 관세구역으로 통합되었다(Marx & Engels, 1848: 405).

프롤레타리아들은 사회의 개인들이 자신들에게 지금까지 하나의 총체적 표현을 부여했던 형태, 즉 국가와의 직접적 대립 속에 존재하며, 그리고 그들의 인격성을 관철하기 위해서는 이 국가를 전복해야 한다(Marx, 1969a: 249).

어느 특정한 생산력들이 그 내부에서 이용될 수 있는 조건들은 사회의 어느 특정한 계급의 지배의 조건들인바, 소유로부터 유래하는 그 계급의 사회적 힘은 그 각각의 시대마다의 국가형태 속에서 자신의 실천적·이데올로기적 표현을 가지며, 따라서 모든 혁명적 투쟁은 그때까지 지배해왔던 계급에 겨누어진다는 것(Marx, 1969a: 219).

이처럼 '부르주아 사회의 총괄'이 국민국가형태로 이루어질 수밖에 없는 것은 자본주의적 계급관계의 '정치적 형태'가 비록 물신화되어 추상적 개인들의 '환상적 공동체'로 나타나지만, 사물들 사이의 관계가 아니라 사람들 사이의 관계로 나타나기 때문이다. '경제적 형태'는 가치형태운동, 즉 상품·화폐·자본 등 사물들 사이의 운동을 매개한 가치의 운동으로 나타난다. 다시 말해 사물들의 운동으로 나타난다. 반면에 '정치적 형태'는 '가치형태 규정'에 따라 계급적 존재가 '추상적 개인'으로 환원되고, 이러한 추상적 개인들의 '환상적 공동체'로서 국가형태를 구성하지만, 그럼에도 '정치적 형태'는 사물들 사이의 관계가 아니라 사람들 ─ 비록 '추상적 개인들'이지만 ─ 사이의 관계로 나타난다. 따라서 자본주의적 계급관계의 '정치적 형태'는 세계적 범위에서가 아니라 국민적 범위, 즉 국민국가형태로 총괄될 수밖에 없다. 다시 말해 부르주아 사회를 구성하는 3대 계급인 노동자계급, 자본가계급, 토지재산계급은 국민국가형태에서 '정치적'으로 총괄된다.

따라서 '정치적' 계급투쟁은 기본적으로 국민국가형태 안에서 법률, 제도, 정책, 선거 등을 통해 이루어지거나 국가혁명으로 표출된다. 자본가계급의 노동자계급에 대한 '정치적' 지배가 국민국가형태로 이루어지기 때문에 노동자계급의 정치적 투쟁도 일차적으로는 국민국가형태로 전개되는 것이다. 마르크스는 이에 대해 노동자계급은 '국민적 이해관계'를 가지고 있지 않음에도 불구하고 자본가계급의 정치적 지배가 국민국가형태로 이루어지기 때문에 일차적으로 일국적 형태를 띠게 된다고 분석한다.

부르주아에 대항하는 프롤레타리아의 투쟁은 내용상으로는 그렇지 않음에도 불구하고 형태상 처음에는 일국적이다. 각국의 프롤레타리아는 당연히 맨 먼저 그들 나라의 부르주아를 끝장내야 한다(Marx & Engels, 1848: 411).

노동자들은 조국이 없다. 그들에게 없는 것을 그들로부터 빼앗을 수는 없다. 프롤레타리아는 우선 정치적 지배권을 장악해야만 하며, 국민적 계급으로 올라서야 하며, 스스로를 국민으로서 정립해야만 하기 때문에 비록 부르주아가 생각하는 의미에서는 아닐지라도 아직은 그 자체로 국민적이다(Marx & Engels, 1848: 418).[86]

## (2) 국민국가와 국민경제

이처럼 자본주의적 계급관계의 '경제적 형태'가 총체를 구성하는 세계시장과 그 '정치적 형태'가 총괄되는 국민국가형태는 그 포괄범위가 일치하지 않는다. 여기서 '국민경제'와 '국제적 국가체계' 문제가 제기된다. 자본주의 세계는 하나의 유기적 총체를 구성하고 있고, 그것의 토대가 '경제적 형태'의 총체로서의 세계시장이다. 그러나 세계시장이라는 토대에 입각한 상부구조는 세계국가가 아니라 '국제적 국가체계'이다. 왜냐하면 자본주의적 계급관계의 '정치적 형태'는 세계국가형태가 아니라 국민국가형태로 총괄되기 때문이다. 자본주의 생산양식이 먼저 성립한 선진국들은 내부 계급관계의 위기에 따라 자본운동을 매개해서 자본주의적 계급관계의 지구적 확장으로 나아가는데, 이 과정은 제국주의/식민지 관계를 매개해서 이루어진다는 점은 앞서 논의한 바 있다.

여기서 주목할 것은 자본주의적 계급관계의 '경제적 형태'의 총체화 운동은 그 '정치적 형태'인 국민국가를 매개해서 이루어진다는 점이다. 다시 말해 세계시장의 발달과정은 '경제적 형태'에서만의 단선적 운동, 즉 가치형태상의 운동만으로 이루어진 것이 아니다. 그것이 근본적으로 자본주의적 계급관계의 '경제적 형태'인 한, 그것은 반드시 '정치적 형태'를 매개해서 운동한다. 이는 사물들의 운동으

---

86) 이러한 실제의 정치적 관계 때문만이 아니라 '국민'이라는 물신적 의식형태 때문에도 투쟁은 일국적 형태를 취하게 된다. "이러한 모순은 겉보기에는 한갓 그 국민적 의식 내부의 모순으로서 현상하는 까닭에 이 국민에게는 투쟁도 또한 이 국민적 오물에만 한정된 것처럼 보이는데, 왜냐하면 바로 이 국민이 즉자·대자적으로 오물이기 때문이다"(Marx, 1969a: 212).

로 나타나는 것이 실제로는 사람들의 운동이라는 물신주의 비판의 관점에서 보면 자명하다. 이 과정에 대해서는 이미 앞에서 자세히 고찰한 바 있다. 따라서 세계 시장의 구성과정은 동시에 제국주의/식민지 관계를 중심으로 한 '국제적 국가체계'의 구성과정이다. 그래서 세계시장이라는 토대에 조응하는 상부구조는 세계국 가나 국민국가가 아니라 '국제적 국가체계'인 것이다.

그런데 세계시장의 구성이라는 이러한 가치의 총체화 운동과정에서 국민국가 형태에 조응하는 것으로 '국민적' 토대인 '국민경제' 개념이 등장한다. 결론부터 말하면, '국민경제' 개념은 물신적 개념, 즉 기만적 의식형태이다. 국민국가형태가 '환상적 공동체'라는 기만적 의식형태, 따라서 '정치적 형태'로 나타나는 것과 유사하게, 그러나 국민국가형태가 가치의 총체화 운동이라는 계급관계의 상품형태에서 비롯되는 환상인 것과는 정반대로 '환상적 공동체'로서의 국민국가형태가 역으로 그에 상응하는 '경제적 형태'로서의 '국민경제'라는 기만적 의식형태를 낳는다.

이것은 계급관계가 실제로 국민국가 단위로 파편화되어 존재함으로써 더욱 강화된다. 예컨대 노동력 이동의 자유가 국민국가 범위 내로 제한되고, 이것은 가치 운동에서 가치법칙의 수정·변형으로 나타난다든지, 환율·국제수지·국민소득 등 국민국가 단위로 경제적 지표가 집계되고, 경제정책이 국민국가 단위로 실시되기 때문에 '국민경제'가 '경제적 형태'상으로도 하나의 총체를 구성하는 것처럼 나타난다. 마르크스는 환율의 존재가 마치 '국민적 교역'이 존재하는 것 같은 착각을 불러일으키는 점에 대해 명시적으로 지적하고 있다. '경제적 형태'에서의 이해관계 대립에서 '국민적 이해관계'는 결코 존재하지 않는 것이다.

분업이 밀집, 결합, 협업, 사적 이해관계의 대립, 계급 이해관계, 경쟁, 자본 집중, 독점, 주식회사들 — 전자에 대한 대립을 스스로 야기하는 통일의 수많은 대립적 형태들 — 을 낳듯이, 사적 교환은 세계무역을 낳고, 사적 독립은 소위 세계시장에의 완전한 의존을 낳으며, 분산된 교환행위들은 적어도 사적 교환의 정산을 기록하는 회계를 가진 은행제도를 낳는다. 비록 각 국민 내부의 사적 이해관계들은 각 국민을 그 국민이 가지는 '성숙한 개인들'만큼 많은 국민들로 분할하지만, 또한 비록 여기에서 수출업자들의 이해관계와 수입업자들의 이해관계가 대립되기는 하지만 등등, 국민적 교역(상업)이 환율의 형태로 존재하는 것 같은 외양을 획득한다. 아무도 이것을, 화폐시장 개혁을 통해 대내외적 사적 교역의 토대를 폐지할 수 있다는 것을 믿을 근거로 삼지 않을 것이다(Marx, 1976a, I권: 140).

이처럼 '정치적' 계급관계가 국민국가형태로 총괄되는 데서 비롯되는 물신화현상으로 국민경제는 계급관계의 '경제적 형태'의 총체로서 현상한다. 따라서 자본주의적 계급관계의 경제적 형태, 즉 가치운동의 총체를 구성하는 것은 실제로는 세계시장인데도 불구하고 물신화된 의식형태에서는 국민경제가 가치운동의 총체를 구성하는 것으로 나타난다. 즉, 국민경제에서 가치법칙이 성립하고 관철되는 것으로 이해되고,[87] 그에 따라 '국민경제'는 세계시장으로 환원되지 않는 독자성을 갖는 것으로 이론화된다.

또한 국민국가들이 독자적인 것으로 파악되어 국민국가들 간 관계가 외적 관계로 이론화되듯이, '국민경제들'도 독자적인 것으로 파악되어 '국민경제들' 간의 관계 역시 외적 관계로 이론화된다. 당연히 세계시장은 독자적인 '국민경제들'의 외적 결합 이상으로 이론화될 수 없게 된다.[88]

그러나 물신주의 비판의 관점에서 보면, '국민경제들'이 분리되어 존재하고 외적으로 관계하는 것이 아니라 분리되어 있지 않고 내적으로 통일되어 세계시장을 구성하는 것으로 파악된다. 즉, 국내시장과 해외시장의 구분은 외관상의 구분 또는 분리에 불과한 것이다.

'국민경제'에 대한 물신적 의식형태를 비판하더라도 남는 문제는 일반상품시장과는 다른 '국민적' 노동시장(즉, 노동력 상품에 관한 한 노동시장은 복합시장으로서의 세계시장을 구성한다는 점)과 '국민적' 평균이윤율의 존재이다. 이 두 가지는 국민경제의 상대적 자립성, 즉 국민경제들의 분리의 주요한 근거로 자주 제시된다. 만약

---

87) 이러한 파악은 앞서 인용한 일본 좌파이론에서 명료하게 정식화되고 있는데, 그처럼 파악하는 것은 마르크스가 가치법칙이 세계시장에서는 '수정'된다고 표명한 것과 정면으로 대치된다.

88) 이러한 물신적 해석의 하나의 근거로 "개개의 나라들이 그 구성부분으로 되어 있는 세계시장"(Marx, 1976b: 758)이라는 마르크스의 세계시장 규정이 자주 거론된다. 그러나 마르크스의 이 규정은 가치법칙의 국제적 수정을 논하는 과정에서 노동이동의 제한으로 인해 세계적 차원에서 노동강도의 평균화 원리가 제한된 형태로 관철된다는 가치법칙 '수정'의 원인을 설명하기 위해 사용한 것이다. 즉, 노동이동은 나라별로 제한되어 있기 때문에 평균적 노동강도는 국민적 평균들의 위계로만 존재한다는 설명을 위한 것이다. 따라서 이 규정을 가치법칙이 국민국가 단위로 성립되고 관철된다는 것의 근거로 삼을 수는 없다.

국민경제들의 분리가 외관상의 분리이고 실제로는 세계시장에서 내적 통일을 이루고 있다면, 이들 '국민적' 현상들은 어떻게 설명할 수 있는가?

먼저 '국민적' 노동시장 형성의 문제는 노동력 상품의 특수성에서 비롯된다. 일반상품은 사물로서 존재하지만 노동력 상품은 인간 존재와 분리될 수 없다. 즉, 노동력은 사물로서 존재하지 않는다. 따라서 노동력의 경우 자본주의적 계급관계의 경제적 형태와 정치적 형태가 분리되지 않고 총체로서 존재한다. 즉, 노동력에서 표현되는 '경제적' 계급관계와 '정치적' 계급관계는 직접적으로 통일되어 있다. 예컨대 임금, 고용 등의 경제적 근로조건은 노동자의 정치적 지위에 따른 정부의 임금정책, 노동법 등 정치적 조건과 분리되어 있지 않고 통일적으로 작용해서 노동력의 조건들을 규정한다.[89]

따라서 노동시장으로 표현되는 노동력의 구성은 노동력의 '경제적 형태'뿐만 아니라 '정치적 형태'에 의해서도 규정된다. 노동력 상품의 경우 '경제적' 계급관계는 '정치적' 계급관계로부터 분리될 수 없기 때문에, 다시 말해 자본가계급의 노동자계급에 대한 계급적 지배가 국민국가형태로 구성되기 때문에 노동시장은 기본적으로 '국민적' 노동시장으로 구성된다. 이는 국민국가 간 노동이동의 제한이 완화된다고 하더라도 마찬가지다. 왜냐하면 '정치적' 계급관계는 국민국가형태로 총괄되기 때문이다. 즉, 개별 노동력의 이동의 자유와 관계없이, 또 설혹 노동력의 대규모 이동에 따라 '정치적' 계급관계가 변화되더라도, 그 변화는 기본적으로 '국민적' 계급 역관계의 변화이기 때문이다. 이 점은 식민지·신식민지 국가에서의 '초과착취관계'의 존재에서 잘 드러난다. 제국주의 자본과 제국주의 국가의 지배/예속을 받는 식민지·신식민지에서는 국제적 노동력 이동 여부와 관계없이 초과착취관계가 유지된다. 그 내부에서의 계급투쟁에 의해 계급 역관계가 바뀌지 않는 한 그러하다.

노동자계급은 기본적으로 일국적 규정 속에 존재한다. 따라서 노동력 상품의 가치운동은 세계시장에서 총체를 구성하지 않는다. 즉, 세계적 범위에서 임금의 평균화 원리는 작동하지 않는다. 이로 인해 노동력을 포함한 모든 상품들의 운동

---

89) 구체적인 예를 들면, "노동이동의 자유에는 직업선택의 자유와 교육 및 훈련의 기회균등이 포함된다"(이채언, 2002: 199).

을 통해 성립되는 가치법칙은 세계시장에서 수정·변형된다. 여기서 노동력 상품의 특수성 때문에 가치법칙이 국민경제에서 성립되고 관철되는 것이 아니라 세계시장에서 성립되고 관철되지만 수정·변형되어 관철된다는 점이 중요하다. 가치법칙은 기본적으로 노동력이 생산한 상품들의 운동을 통해 성립하는 것이지, 노동력 그 자체의 직접적인 운동에 의해 성립되는 것은 아니다.

다음으로, '국민적' 평균이윤율의 형성 문제를 보자. 이 문제에서는 상품 운동과 자본 운동의 형태상의 차이가 중요하다. 물론 자본주의 생산양식이 정립되면 모든 상품은 상품자본으로서 존재하며, 따라서 자본 내의 형태적 구별만이 존재한다. 즉, 자본은 화폐자본, 생산자본, 상품자본이라는 상이한 형태를 계기적으로 취하며 형태 변환을 통해 자기증식하고, 따라서 '과정으로서의 자본'이다. 또 자본주의적 생산과정에서 자본의 세 기본형태는 동시에 공존한다. 여기서 문제로 되는 것은 자본운동의 형태상의 구별이다. 상품자본의 운동이 상품유통이라는 형태, 즉 사물의 운동이라는 형태를 취하고, 따라서 기본적으로 세계적 범위로 이루어진다면, 화폐자본과 생산자본은 그렇지 않다. 우리가 단순한 상품유통과 구별해서 자본운동이라고 말할 때에는 기본적으로 자본/임노동관계로서의 자본을 말한다. 즉, 자본운동은 단순한 사물의 운동이 아니라 자본/임노동관계라는 사회관계의 창출 또는 이동과 관련된다. 이 점에서는 화폐자본과 생산자본의 구별은 부차적이다.[90)]

상품유통으로서의 상품운동은 기본적으로 국민국가의 규정을 받지 않는다. 말하자면 세계적 범위에서의 자유경쟁이다. 관세 등 온갖 보호무역정책은 '자유경쟁에 대한 방어적 대응'에 불과한 것이다. 여러 장애물에도 불구하고 기본적으로 세계적 범위에서 상품 간 경쟁이 관철된다.[91)] 그러나 자본운동은 사람들 사이의

---

90) 이른바 '포트폴리오 투자'라 해서 자본관계와 무관하게 금융시장 안에서만의 운동을 전개하는 '화폐자본'을 별도로 한다면, 고전적 '자본수출'은 기본적으로 자본관계, 즉 생산자본과 직접적으로 연결된다. 이처럼 자본관계의 창출과 관련된다는 점에서 화폐자본과 생산자본은 구별되지 않는다. 즉, '해외직접투자'로서의 자본운동이다.

91) "산업자본가는 끊임없이 세계시장에 직면하며, 그는 자기 자신의 비용가격을 국내의 시장가격과 비교할 뿐만 아니라 세계 전체의 시장가격과 비교해야만 한다. 이전에는 이 비교는 거의 전적으로 상인들의 업무였으며 이리하여 상업자본은 산업자본에 대한 지배를 확보한 것이었다"(Marx, 1981a: 403).

사회관계와 직접적으로 관련된 문제이기 때문에, 다시 말해 사물의 운동을 매개한 사회관계가 아니기 때문에 기본적으로 국민국가의 규정을 받게 된다. 자본주의적 국가의 일반적 역할이 자본주의적 사회관계의 재생산이고, 그 주요한 형태가 노동력관리, 화폐관리, 위기관리 등이라는 점에서 볼 때, 자본운동에 대한 이러한 국민국가의 규정은 우연적이고 일시적인 제약이 아니다. 자본운동은 단순한 가치형태의 운동이 아니라 '정치적' 성격도 띠고 있는 것이다. 그래서 자본운동은 반드시 국민국가를 매개해서 이루어진다. 역사적으로 자본수출이 제국주의 국가형태를 매개해서 이루어졌고, 일반적으로는 국제적인 자본 간 경쟁은 여러 형태의 국민국가 간 경쟁으로 표출되어왔다.

'개방적' 마르크스주의는 상품운동과 자본운동의 이러한 형태상의 차이로 인한 중요한 질적 차이를 간과한다. 본펠트는 "상품은 즉자·대자적으로 어떤 종교적·정치적·민족적·언어적 제약에도 초연해 있다. 그들의 일반적 언어는 가격이고, 그들의 공동체는 화폐이다"(Marx, 1975a: 147)라는 마르크스의 서술에 근거해 "따라서 자본은 상품자본, 화폐자본 또는 생산자본의 어느 것이든 간에 민족적 성격도 애국적 소속도 가지고 있지 않다. 그것의 애국주의는 화폐이고, 그것의 언어는 이윤이다"(Bonefeld, 2000a: 39)라고 비약한다. 상품의 세계적 성격에서 상품자본·화폐자본·생산자본의 세계적 성격을 도출하는 것은 비약이다. 이는 상품이나 화폐(자본으로서의 기능을 제외한 화폐)의 운동, 즉 상품세계의 운동과 사회적 관계로서의 자본의 운동, 즉 인간세계의 운동이라는 형태상의 차이가 가져오는 현실적 차이를 무시하는 데서 비롯된 것이다.[92]

따라서 자본의 자유로운 이동에 의해 확보되는 평균이윤율은 자본이동의 현실적 제약 때문에 국민국가 내에서만, 즉, '국민적' 평균이윤율로 구성된다. 그러나 상품운동과 달리 자본운동이 국민국가를 매개해서 이루어지더라도 '국민적' 평균이윤율의 격차는 자본운동을 야기한다. 즉, '국민적' 평균이윤율이 낮은 나라에서 '국민적' 평균이윤율이 높은 나라로 자본이 이동한다. 이것은 현실적으로 세계적 평균이윤율이 존재하는 것은 아니지만, 세계적 평균이윤율 형성의 압력이 항상

---

92) 이처럼 자본운동의 형태상의 차이를 간과하는 '개방적' 마르크스주의의 입장은 국가 간 지배/예속 관계인 제국주의/식민지 관계를 부정하는 입장과도 연관되어 있다고 생각된다.

작용한다는 것을 의미한다. 따라서 세계적 평균이윤율은 잠재적으로는 형성된다고 할 수 있다.

그러나 "이윤율 균등화는 세계시장의 '수준'에서 획득된다는 사정은 개별 자본가는 '항상 그 앞에 세계시장을 직면하고 비교하며, 그 자신의 비용가격들을 국내에서의, 그리고 세계에서의 시장가격들과 끊임없이 비교해야 한다'(Marx, 1981a: 403)는 것을 의미한다"(Bonefeld, 2000a: 53)고 보는 것은 상품 간 경쟁과 자본이동을 구별하지 못한 데서 비롯된다. 상품 간 경쟁이 아니라 자본이동의 자유에 의해 구성되는 이윤율 균등화는 세계시장 수준에서는 잠재적으로만 구성될 뿐이다. 여기서 중요한 것은 세계적 범위에서 이윤율 균등화 압력이 작용하고 있으나 현실화되지는 않고 잠재적으로만 존재한다는 것이 개념적으로 이윤율 균등화가 세계시장에서 획득된다는 것을 부정하지 않는다는 점이다.

이 점에서 자본운동은 노동력의 이동과 근본적으로 구별된다. 노동력의 경우 세계화된 현실에서는 그 이동의 자유가 크게 확대되었지만, 그럼에도 불구하고 그 이동은 양적으로 한계가 있을 뿐 아니라[93] 질적으로도 노동력에 대한 국민적 규정, 즉 '정치적' 계급관계의 국민국가에 의한 총괄 때문에 가치법칙은 수정·변형될 수밖에 없다. 그러나 자본운동은 국민국가를 매개하기는 하지만, 세계적 평균이윤율을 잠재적으로라도 구성한다. 즉, 세계적 평균이윤율은 자본이동의 제한에 의해 잠재적인 압력으로만 존재하고 현실화되지는 못한다. 만약 자본이동의 제약이 완전히 없어진다면, 세계적 평균이윤율의 구성은 현실화될 것이다. 그러나 그

---

93) "자본 이동이 지구적 금융 네트워크의 전자적 순환을 통해 자유롭다고 하지만, 노동은 여전히 많은 제약을 받고 있고, 가까운 미래에도 제도, 문화, 국경, 정치, 외국인혐오증 등에 의해 계속 제약받을 것이다"(Castells, 2000: 312). "이민노동자들이 대부분의 국가들, 특히 미국, 캐나다, 오스트레일리아, 스위스, 그리고 독일 등에서 노동시장 내에서의 중요성이 더욱 증가함에도 불구하고, 이 현상이 노동력이 점차 지구화되는 것을 의미하지는 않는다. 물론 지구적 시장 범역을 갖는 노동력도 존재하나 이는 매우 적은 숫자이며, 혁신적인 연구개발, 최첨단의 공학, 금융관리, 선진 사업서비스, 그리고 오락 등의 고숙련 전문직에 한정된다. 그들은 세계 전체를 통제하는 지구적 네트워크의 결절 사이를 오간다. ……개발도상국이나 선진국 모두에서의 대다수 노동력은 여전히 국가에 묶여 있다. 실제로 전 세계 노동자의 3분의 2는 땅에 묶여 있는 농업 노동자다. ……고난도의 지식창출자·상징조작자(네트워커, 명령권자, 혁신자 등)를 제외하고는, 가까운 미래에는 엄격한 의미에서의 통합된 지구적 노동시장이 나타나지 않을 것이다. 인구이동에서 더 중요한 것은 전쟁과 기아로 인한 인구의 이동이다"(Castells, 2000: 316).

러한 제약이 상당한 정도 존재하는 한, 현실적으로는 '국민적' 평균이윤율 형성에 머무른다.

자본이동의 제약은 개념적 제약이 아니라 현실적 제약이다. 왜냐하면 자본 개념은 원래 세계적이기 때문이다. 따라서 자본이동의 완전한 자유는 현실적으로 불가능한 것은 아니다. 자본운동은 노동력의 이동과 달리 사회적 관계의 이동이기 때문에 노동력의 직접적인 이동 없이도 가능하다. 1970년대 이래의 신자유주의적 세계화는 실제 국민국가들에 의한 자본운동의 제약을 철폐하는 방향으로 나아가고 있고, 그 제약이 세계적 차원에서 철폐되는 만큼 세계적 평균이윤율의 구성은 현실화될 것이다. 그러나 신자유주의적 세계화 속에서도 자본운동 제약의 철폐는 부분적이거나 자본운동 자체의 '정치적' 성격으로 인한 제약 – 단순히 어떤 나라의 평균이윤율이 높다는 이유만으로 자본이동이 일어나지 않고 그 나라의 정치적 안정성 등을 고려하는 측면 – 때문에 여전히 세계적 평균이윤율은 현실화되지 못하고 있고 '국민적' 평균이윤율만이 구성되고 있다.

그런 점에서 "생산자본의 국제화가 지배적이 되는 후기자본주의 단계에서는 다국적자본에 의한 세계규모적 자본의 집적·집중운동이 자본의 국제화를 극한까지 몰고 갈 뿐만 아니라……노동과정 자체까지 국제화되기에 이른다. 그리하여 세계시장은 이제 단일시장으로서의 면모를 완벽하게 갖추게 된다. 이에 따라 세계시장에서도 부문 내 경쟁뿐만 아니라 부문 간 경쟁도 본격화되어, 이윤율의 국제적 균등화 경향이 현실화된다"(정성진, 1985: 190)는 평가는 과도하다.

따라서 노동력 이동의 제한이라는 근본적 한계 때문에 가치법칙이 수정·변형되는 것과는 달리, 평균이윤율이 현실적으로 세계적 범위에서가 아니라 '국민적' 범위에서 구성되는 것은 가치법칙의 수정이 아니라 단지 가치법칙의 관철이 현실적으로 제약당하는 것일 뿐이다. 즉, 가치법칙은 세계시장에서 성립되고 관철되지만, 평균이윤율은 자본운동의 현실적 제약 때문에 '국민적' 범위에서 구성되는 것이다.

만델은 150년에 걸친 자본주의 세계시장의 발전에 대한 분석을 토대로 '국민적' 평균이윤율의 형성을 다음과 같이 요약한다. "자본주의적 생산관계들의 조건하에서 통일된 생산가격체계(즉, 광범위한 이윤율의 균등화)는 국민경제 단위의 시장 안에서만 가능하다. ……통일된 생산가격체계는 '국민경제' 단위의 시장 안에서 성립될 수 있기 때문에 여러 국가들의 상품가치체계는 서로 다르다. ……"(Mandel, 1975: 72).

이러한 만델의 서술은 마치 국민경제 단위로 가치의 총체화 운동이 전개되는 것 같은 오해를 낳을 수 있다. 실제 만델은 세계적 평균이윤율의 전제로 '자본주의 세계국가'를 제시하고 있다. "소유자의 국적에 관계없이 전 세계에 걸쳐 자본이 자유롭게 이동하고 배분됨으로써 이윤율이 범세계적으로 균등화되어야만, 즉 단일한 자본주의 세계국가 안에서 동질적인 자본주의 세계경제가 이루어져야만 가치법칙을 통해 전 세계에 걸쳐 통일된 상품가치체계가 성립될 수 있다"(Mandel, 1975: 72).

그러나 세계국가가 존재하지 않더라도 이윤율 균등화 압력은 세계시장 차원에서 작동한다는 점이 확인될 필요가 있다. 현실적 제약에 따른 국민경제 단위의 평균이윤율이 국민경제 단위로 가치의 총체화운동이 전개됨을 의미하지 않는다는 것은 마르크스가 『자본론』3권에서 '이윤율의 저하경향의 법칙'에 대한 '상쇄요인들'의 하나로 대외무역을 논하면서 식민지 초과이윤이 본국의 평균이윤율 구성에 참가한다고 분석한 데서도 확인된다.

식민지 등에 투하된 자본에 관해 말한다면, 그 자본이 더 높은 이윤율을 얻을 수 있는 이유는, 거기에서는 발전수준이 낮기 때문에 일반적으로 이윤율이 높고, 노예와 쿨리(하층 노동자) 등을 사용하기 때문에 노동착취도도 높다는 데 있다. 이처럼 (식민지의) 일정한 생산분야에 투하된 자본이 생산해 본국에 가져오는 더 높은 이윤율이 ─ 독점에 의해 방해받지 않는 한 ─ 본국에서 일반적 이윤율의 균등화에 참가해 그것만큼 일반적 이윤율을 상승시키지 못할 이유가 없다. 특히 문제의 (식민지의) 자본투하 분야들이 자유경쟁의 법칙에 종속되고 있는 경우에는 그러하다(Marx, 1981a: 283).

이상에서 살펴본 '국민적' 노동시장, '국민적' 평균이윤율의 형성 등은 모두 계급관계의 '경제적 형태'의 운동, 즉 노동력 상품·자본 등 가치형태의 운동에 대한 계급관계의 '정치적 형태', 즉 국민국가의 규정성 또는 반작용에 따른 것이다. 그리고 국민국가의 '경제적 형태'에 대한 이러한 반작용에 의해 '국민경제'라는 물신적 의식형태가 산출됨을 알 수 있다. 따라서 세계시장을 토대로 구성된 '국제적 국가체계'에 의해 규정되는 '국민국가형태'는 자본주의적 계급관계의 '정치적 형태'로서 현실적 규정력을 갖지만, '국민경제'는 국민국가의 현실적 토대가 아닌 '환상적' 토대이다. 즉, '국민경제'에서 자본주의적 계급관계의 '경제적 형태'의 총체가 구성되지 않는다. '국민경제'의 '상대적 독자성'은 물신적인 의식형태, 즉 '가상적인' 독자성이다.[94] '국민경제'는 세계시장으로부터 분리되어 구성되지 않는다. '국민경제들'의 분리는 외관상의 분리인 것이다.

이제 국민경제와 국민국가의 관계를 정리해보자. 국민경제와 국민국가의 관계는 단선적·일방적 관계가 아니라 세계시장 및 국제적 국가체계에 의해 매개되는 상호 작용하는 복합적 관계임이 밝혀졌다. 국민경제는 세계시장의 분리될 수 없는 한 계기로서 구성되고, 동시에 세계시장을 토대로 구성된 국제적 국가체계에 의해 규정되는 국민국가의 반작용을 받는다. 달리 말하면, 국민경제는 세계시장이라는 '경제적 형태'와 국민국가라는 '정치적 형태'에 의해 동시에 매개되어 구성된다.

이러한 복합적 관계를 밝히는 과정에서 형태 분석적 관점의 분석적 힘과 마르크스의 토대/상부구조 구분의 유효성이 거듭 확인된다. 토대와 상부구조의 관계는 어느 한쪽이 다른 한쪽을 규정하거나 다른 한쪽으로 환원되는 일방적 관계에 있는 것이 아니다. 그렇다고 해서 단순한 두 요인으로서 대등하게 병렬되어 상호 작용하는 관계(외적 관계)에 있는 것도 아니다. 토대와 상부구조는 각각 자본주의적 계급관계의 '경제적 형태'와 '정치적 형태'로서 상호 전제, 상호 규정하는 두 계기, 즉 하나의 총체를 구성하는 두 계기(내적 관계)인 것이다.

또한 자본주의 생산양식에서의 가치형태의 운동, 즉 가치법칙에 대한 기계적 이해, 좀 더 정확하게는 물신적 이해를 벗어나는 것의 중요성을 확인해준다. 가치법칙은 개인의 의지나 의도와 무관하게 작용한다는 점에서 마치 자연법칙처럼 작

---

94) "국민경제는 그 자체가 하나의 완결된 경제영역으로, 세계시장을 그러한 국민경제들이 접촉하는 장으로 이해"하는 것을 비판하면서 '국민적' 노동시장을 근거로 국민경제들의 '상대적 독자성'을 주장하는 입장도 국민경제에 대한 물신적 파악이라는 점에서는 동일하다. "세계시장은 국민경제들의 단순한 집합체가 아니다. 국민경제의 경우에는 이미 세계시장이 배후에 예정되어 있고, 세계시장의 경우에는 그 내부의 지역들이 국민경제들로서 상대적 독자성을 가진 것이 내포되어 있는 것으로, 양자를 분리할 수 없다"(木下悦二·村岡俊三 編, 1985: 267).

동하지만, 그 자체가 자연법칙인 것은 아니다. 이 점이 중요하다. 가치법칙을 자연법칙으로 이해하면, 가치에 대한 엄밀한 양적 규정 문제로 빠지기 쉽다. 그러나 자본주의 사회에서 가치형태는 계급관계의 사회적 형태(경제적 형태)일 뿐이다. 따라서 수학적으로 엄밀하게 양적으로 파악하는 양적 규정이 주된 측면이 아니다. 계급관계의 사회적 존재양식 또는 표현형태로서 계급관계와의 연관 속에서 파악하는 질적 규정이 주된 측면이다.

이에 대해서는 『자본론』 1권 출간 이후 가치법칙에 대한 기계론적 이해에서 비롯되는 오해에 대한 엥겔스의 거듭된 경고에서도 확인된다.

> 저희들에게 있어서 소위 '경제법칙'이란 결코 영원한 자연법칙이 아니라 역사적인, 생성하고 소멸하는 법칙이며, 근대 정치경제학의 법전은 경제학이 그것을 객관적으로 올바르게 작성하는 한 근대 부르주아 사회가 존재할 수 있게 하는, 한마디로 말하자면 이의 생산 및 교류조건이 추상적으로 표현되고 개괄되는 제반 법칙과 조건의 요약입니다. 따라서 저희들에게는 이들 법칙의 어느 것도 그것이 **순수하게 부르주아적인 관계**를 표현하는 한에서 근대 부르주아 사회보다 더 오래된 것이 아닙니다(Marx & Engels, 1985: 141. 엥겔스가 프리드리히 알베르트 랑게에게 보낸 1865년 3월 29일자 서한).

더구나 가치법칙의 엄밀한 양적 규정은 현실사회가 완전하게 자본주의적 사회관계로 구성되어 있지 않다는 점 때문에 더욱 제한된다.

> 가치법칙과 이윤율에 의한 잉여가치 분배도 꼭 마찬가지입니다. 양자는 자본주의적 생산이 모든 곳에서 완전히 수행된다는 전제, 즉 사회가 지주, 자본가(산업가 및 상인), 노동자와 같은 근대계급들로 구성되었고 모든 중간단계는 제거했다는 전제 하에서 비로소 완전히 근사하게 실현되기에 이릅니다. 이러한 조건은 영국에서조차 존재하지 않으며 결코 존재하지도 않을 것입니다(Marx·Engels 1895: 297. 엥겔스가 콘라트 쉬미트에게 보낸 1895년 3월 12일자 서한).

현실의 역사적 과정은 만델의 다음과 같은 서술에 가까울 것이다.

개별기업에서나 범세계적으로나 자본은 중심 - 달리 말하면 역사적 탄생지 -
으로부터 주변으로 압력을 가한다. 자본은 끊임없이 새로운 영역으로 그 자체를 확
장하려 하고 단순상품 재생산분야를 자본주의적 상품생산권으로 전화시키려 하며,
여태껏 사용가치만을 생산해온 분야를 상품생산으로 대체시키려 한다. ……따라서
자본주의 세계경제는 전(前) 자본주의·반(半)자본주의·자본주의의 제반 생산관계가
착종된 체제로서 자본주의적 교환관계에 의해 상호 간에 연계되어 있으며, 자본주의
세계시장에 의해서 지배되는 체제이다(Mandel, 1975: 50~51).

그러므로 세계시장에서의 가치법칙의 수정·변형 등을 수학적 잣대로 평가하는
것은 무의미하다. 세계시장에서 가치운동의 총체화 과정에는 국민국가의 규정에
의해 제약받아 가치법칙은 수정·변형될 수밖에 없다. 중요한 것은 가치법칙의 그
러한 수정·변형에도 불구하고 그러한 가치형태의 운동을 통해 자본주의적 계급관
계의 모순이 운동한다는 점, 가치형태의 운동을 통해 자본주의적 계급관계의 지
구적 총체화가 이루어진다는 점이다. 가치법칙에 대한 이러한 형태 분석적 관점
만이 마르크스의 역사유물론적 방법에 입각해 세계시장·국민국가·국민경제 간의
관계를 개념적으로 파악할 수 있다.

## 3) 세계화 논쟁 비판

신자유주의와 맞물린 세계화를 둘러싼 좌파 내부의 논쟁은 광범위하게 전개되
고 있다. 다양한 견해들이 제출되고 있는데, 그 모두를 개괄하는 것은 이 책의 범
위를 넘어서는 것이므로, 여기에서는 세계화를 자본주의의 새로운 현실로 평가하
는 이른바 '세계화 주창자들' 또는 세계화론자들과 세계화의 현실 자체에 회의적
인 '세계화 비판론자' 또는 '세계화 회의론자들' 사이의 논쟁을 세계시장, 국민국
가, 국민경제의 관계에 한정해서 검토하고자 한다.[95]

---

95) "세계화 명제에 대한 주요 반응들은 '많은 것은 변화하지 않았다'(태양 아래 새로운 것은 아무것도
없다)는 구약성경의 전도서 같은 주장이거나 '모든 것이 새롭다'는 선언 가운데 하나이다. 회의론
자와 현실주의자들이 세계화론자의 주장들을 일축하고 국가의 '권력'을 재천명한다면(Hirst &
Thompson, 1996), 자유주의자들과 포스트모더니스트들은 정치적 권위의 주요 형태로서의 국가

세계화론자들의 주장을 그 가운데 전형적인 두 견해, 즉 세계화에 따른 국민국가의 무력화/소멸을 주장하는 헬드(Held, 1992; 1999)와 세계화에 의한 국민국가의 구조변화를 주장하는 콕스(Cox, 1992)를 중심으로 간략히 살펴보자.

먼저, 세계화와 국민국가의 관계에 대한 대중적 견해인 세계화에 따른 국민국가의 무력화/소멸을 주장하는 헬드에 따르면, 세계화는 "단일국가(심지어 지배적인 국가들)의 통제를 넘어서 전개되는 지구적 경제체계의 출현, 특정 국가들이 전혀 영향을 미칠 수 없는 초국가적 연계 및 소통의 네트워크 확장, 가장 강력한 국가들의 행동범위를 제한할 수 있는 국제적 조직화에서의 거대한 성장, 정부들과 그들의 시민들에게 통용되는 정책의 범위를 축소시킬 수 있는 지구적 군사질서의 발전 등을 포함한" 전적으로 새로운 "국제적 질서"를 의미한다(Held, 1992: 32~33). 이러한 국민국가 무력화론은 더욱 강력하게 표명되기도 한다.

새로운 현실은 자본의 국제적 이동성 및 조직화와 역사적 전례가 없는 노동의 분산 및 파편화 간의 거대한 비대칭성이다. 자본주의의 세계화는 동시에 그에 대한 저항을 야기하지 않았다. 오히려 저항을 분산시키고 허를 찔러 제압했다. ……미래는 국민국가를 압도하고 있는 일련의 힘들에게 속한다. 그러한 힘들은 자본에 의해 포획되거나 추동되어왔다. 지난 50년 동안 국제주의가 여러 측면을 변화시켰듯이. 여기서 좌파가 주도권을 만회하는 데 실패하는 한, 현재의 체계의 앞날은 창창하다 (Anderson, 1992: 366).

의 후퇴 및 심지어 소멸을 지적한다"(Burnham, 2000: 10). 특히 버넘은 세계화론과 포스트모더니즘의 연관에 주목한다. "부르주아 사회과학은 진정한 '헌신적인 유행 추종자'이다. 따라서 푸코, 데리다, 로타르 등의 저작이 1980년대 초반에 마력을 발휘하기 시작할 때 '새로운 패러다임'이 '차이', '진기함', '특이성' 및 주관주의와 권능의 미시정치학을 축복하기 시작했다는 것은 놀랄 만한 일이 아니다. 포스트구조주의를 어떻게 독해하든지 간에 상대주의적 메시지는 분명하다. 즉, 근대주의의 메타담론(metanarrative. 특히 마르크스주의)은 기각되어야 한다는 것이다. 1990년대 사회과학의 '세계화' 발견은 거대 메타담론의 재도입으로 나타났다. 즉, '중국의 모든 벽을 무너뜨린' 자유시장의 움직일 수 없는 행진. 그러나 '패러다임 전환자들'의 수중에서 '세계화' 현상은 포스트모던한 이데올로기와 절대적으로 양립할 수 있었다. 실제로는 그것은 푸코적인 '이론' 담론을 완벽하게 보완했다. '하나의 논리로서의 세계화'라는 초기의 평가들은 결함이 있는 것으로 생각되었으나, 이제는 '세계화'는 수많은 논리들을 가진 하나의 과정이고, 심지어 '지역주의' 및 탈중심화와도 모순이 없는 것으로 주장되었다. 무엇보다도 '세계화'는 총체화된 권력의 거대한 근대적 상징인 국민국가의 죽음을 의미했다"(Burnham, 2000: 9).

따라서 헬드(1995)는 세계화에 의해 기존의 좌파 전략과 실천이 시대에 뒤떨어졌다고 주장한다.[96] 현재의 좌파 전략들은 이전의 자본주의의 '국민적' 단계에는 적합한 것이었을지 모르나, 이제는 세계화에 의해 무용지물이 되었다는 것이다. 이러한 평가가 좌파 안에서는 일반적이다. 예컨대 "100여 년 동안 민주주의의 힘들과 국민국가는 점진적으로 자본주의를 굴복시켜왔는데, 이제 형세가 역전되었다. 분할되고 분열되어 있기 때문에 국민국가들과 그들의 미약한 국경들은 세계화된 자본주의 경제에 아무런 실제적 저항도 할 수 없다. 자본주의는 국가를 복종시키려고 한다. 즉, 궁극적으로 자본주의는 전혀 국가 없이 지내기를 원한다"(Albert, 1993: 256). 새로운 세계질서는 국민적 정부들의 민주적 통제를 벗어났고, 그래서 민주주의는 이제 '초국민적(trans-national) 시민사회'를 통해 조율되는 '초국민적' 사안으로 되어야 한다는 것이다.[97]

그런데 헬드의 국민국가의 무력화/소멸론은 조절이론적 국가론으로 제시된 '포스트포드주의 국가'론에 기초하고 있다.[98] 즉, "포스트포드주의 국가는 초자유주의적이고 점차 아래로부터, 위로부터, 그리고 수평적으로 '구멍 뚫리게 된다.' 국민국가의 일부 역할들은 범지역적 또는 국제적 기구들로 이양되고, 나머지 일부는 국민국가 내부의 지방적 수준으로 양도된다. 그리고 나머지 일부는 새로 등장한 (지역적 및 지방적인) 수평적 네트워크 ─ 중심국가들을 관통하고 여러 국민국가들의 지방과 지역을 연결시키는 ─ 에 의해 강탈된다"(Burnham, 2000: 12).[99]

---

96) 오페(Offe, 1996: 108)도 헬드와 마찬가지로 "긍정적으로 조정된 정책"을 제공하는 "능동적이고 예방적인 국가"라는 좌파 기획은 "명백히 소진되었다"고 주장한다.

97) 버넘은 헬드의 이러한 주장이 포스트모더니즘과 유사하다고 평가한다. "'신'사회운동의 의제를 석권한 포스트모더니즘의 정치학과 분명한 유사점이 있다. 관료적이고, 위계적이며 기술관료적인 국민적 정치 및 대의 형태(노동조합주의를 포함)는 개인적 자율성과 자기관리에 기초한 포스트유물론적 정치에 의해 대체되어야 한다는 것이다"(Burnham, 2000: 12). 또한 "시장권력 주장의 이러한 극단적인 버전은 ≪포춘≫/≪이코노미스트≫의 국제화 과정에 관한 견해 ─ (아마 별 문제의식 없이) 우리가 지구적 옵션(선택권)을 가진 국적 없는 기업들에 의해 지배되는 국경 없고 국적 없는 세계에 살고 있다는 주장 ─ 에 기초하고 있다"(Burnham, 2000: 13)고 비판한다.

98) '포스트포드주의' 개념은 조절이론가들뿐만 아니라 국가이론가들, 정치사회학자들, 그리고 산업관계 분야의 수많은 사람들에게 선호되고 있다. '포스트포드주의 국가'론은 제솝(Jessop, 1993)에 의해 가장 잘 이론화된다. 즉, 생산의 국제화와 연관된 '포스트포드주의적 축적체제'는 '포스트포드주의 국가'의 정립을 요구한다는 것이다. '포스트포드주의 논쟁'에 대해서는 본펠트와 홀로웨이(Bonefeld & Holloway, 1991), 클라크(Clarke, 1991) 등을 참조.

다음으로, 세계화에 의한 국민국가의 구조변화를 주장하는 콕스에 따르면, 세계적 범위에서의 자본의 경쟁 논리는 "세계경제의 공공연한 요구에 대한 국내경제의 종속"을 가져온다. "국가들은 어쩔 수 없이 세계경제로 인격화된 모호한 것(nebuleuse)[100]에 대해 더욱 효과적으로 책임져야 한다. 그리고 그들은 세계화, 상호 의존 및 경쟁력 등의 새로운 용어를 통해 그들 자신의 공공대중의 눈과 귀로 이러한 외부의 책임성을 신비화시키도록 제약되었다"(Cox, 1992: 27. 강조는 인용자). 따라서 국가는 "세계화의 맹공격 이전까지는 외부 교란으로부터 국내 복지를 지키는 보루 역할을 했지만, 이제는 세계경제로부터 국민경제로의 전달벨트"(Cox, 1992: 31)로 바뀌었다. 이처럼 콕스는 세계화에 의해 국민국가는 파괴된 것이 아니라 전형되었다고 주장한다. 즉, 국민국가는 대내외적으로 구조 및 역할이 재조직화된다는 것이다. 그의 주장은 다음 세 가지 근거에 입각하고 있다(Cox, 1987: 253~265; 1996).

첫째, 국민국가들은 역사적으로 국내의 복지/고용을 유지하기 위해 파괴적인 외부적 힘들로부터 국민경제들을 보호하는 완충기/방파제 역할을 해왔다. 그런데 1973년 이후 국민국가들의 이러한 우선적 역할은 세계경제의 공공연한 요구들에 국내경제를 적응시키는 것으로 전환되었다.

둘째, 이러한 전환은 국민국가 정부들의 구조에 영향을 미쳤다. 세계경제와의 '연결로' 역할을 하는 부서들이 정부 안에서 우세하게 되었다. 예컨대 산업부와 노동부는 이제 재무부에 종속된다.

셋째, 합의를 형성하는 초국가적 과정(OECD, IMF, G7)을 거치게 된다. 이 국제기구들이 주요 국가기구들에게 국내 정책들을 제정하는 가이드라인을 전달한다. 따라서 국민국가의 역할은 국내 경제를 세계경제의 공공연한 요구들에 적합하게 만드는 것을 지원하는 역할로 된다. 국민국가는 세계경제로부터 국내 경제로의 전달벨트이다. 즉, 국민국가는 '외부를 내부로(outside-in)'라는 방식으로 국제화된

---

99) 풀란차스, 제숍, 히르쉬 등에 의해 발전된 구조주의적 국가론에 대해서는 앞서 자본주의적 국가형태를 논하는 과정에서 검토한 바 있다. 구조주의적 국가론의 구조기능주의에 대한 철저한 비판은 본펠트(Bonefeld, 1992a)를 참조. 특히 제숍의 가장 발전된 국가론인 '전략관계적 국가'론에 대한 비판은 손호철(1994)을 참조.

100) 세계경제 또는 세계시장에 대한 이러한 개념화는 아담 스미스가 '시장 메커니즘'을 '보이지 않는 손'에 의해 지배되는 그 무엇으로 이론화한 것을 흉내낸 것이다(Bonefeld, 2000a: 34).

다. 이것이 '국가의 국제화'이다. 결국 국민국가는 자신보다 더 거대하고 '정부 없는 지배'를 조정하는 어떤 것의 속국으로 된다. 이 과정에서 국민국가는 국민경제를 지구적 자본의 요구와 규제 요청들에 적응시키는 데 능동적으로 관여한다.[101]

이러한 세계화 주창자들의 주장에 대해 세계화 회의론자 또는 비판가들은 세계화 현실 자체에 대해 이의를 제기하면서 세계화 주창자들의 실천적 함의를 비판하며 그에 대한 대안을 제시한다. 또한 세계화 현실 자체에 대한 비판은 세계화를 자본주의의 장기적 역사 속에서 해석함으로써 '새로운 현실'로서의 세계화라는 세계화론자들의 주장을 비판한다.

20세기 초기에 자본의 국제화는 마르크스주의 이론가들의 공통의 관심사였다. ……그리고 이것은 전혀 놀라운 일이 아니다. ≪파이낸셜 타임즈≫의 한 시사해설가가 지적했듯이, '1914년 이전에는 세계경제는 수많은 측면에서 오늘날만큼 통합되어 있었고, 어떤 측면에서는 오늘날보다 더 통합되어 있었던' 것이다. 실제로 한 분석가는 19세기 후반과 20세기 초반에 세계금융시장은 '그 이전 시기나 그 이후 시기보다 더 전면적으로 통합되어 있었다'고 주장하고 있다. 따라서 자본의 국제화에 관한 20세기 초반 마르크스주의자들의 관심사는, 점차 통합되고 세계화되는 자본주의 경제를 형성해가는 장기추세에서 기인한 것이었다. 이러한 관점에서 본다면, 불황, 전쟁, 그리고 전후복구가 국내 경제를 내향적인 것으로 만들었고, 그래서 대개 독립되고 '관리된' 국민경제 시기의 도래를 예고했기 때문에, 예외적인 것은 1929년부터 1960년까지의 30년 동안의 기간이라는 것이 분명하게 된다. 실제로 1950년경 제조업 교역의 산출량에 대한 비율은 1900년 수준의 절반으로 하락했다. 따라서 국민경제들의 통합의 증가와 무역 및 투자의 세계화는 대체로 1980년대와 1990년대의 새로운 현상이 결코 아니다. 대신에 그것은 최소한 19세기까지 거슬러 올라가는 추세 ─ 세계대공황, 세계전쟁 및 그 여파에 의해 극적으로 (그러나 일시적으로) 교란되었던 추세 ─ 를 재개하는 것으로 간주되는 편이 더 나을지도 모른다(McNally, 1999b).

---

101) 세계화에 있어서 국민국가의 능동적 역할에 대해 세계화 비판가인 패니치(Panitch, 1994)는 콕스보다 더 적극적으로 평가한다. 패니치는 세계화가 경제를 케인스주의적 규제·제약들로부터 자유롭게 하기 위한 시도로서 국민국가에 의해 추동되었다고 주장한다. 따라서 세계화를 신자유주의적 정치기획(project)으로 평가한다.

세계화 비판가들에게는 국민국가적 전략들과 세계화에 대한 국제적으로 조정된 대응이 여전히 가능하다. 모든 것은 '지배 메커니즘'의 발전에 달려 있다(Hirst & Thompson, 1996). 그래서 한편으로, "국가의 전형에 대한……전략적 논의의 새로운 방향"(Panitch, 1994: 87)으로서 "생산적 자원, 소득 및 노동시간의 급진적 재분배"(Panitch, 1994: 89)를 성취할 수 있도록 민주주의에 기초한 '국내 케인스주의'로의 복귀, 즉 "더욱 내향적인 경제로의 전환"(Panitch, 1994: 89)을 요구하거나, 다른 한편으로 경제적 규제에 대한 국민국가적 전략들이 안착될 수 있는 '국제 케인스주의'적 기관을 요구한다(Hirst & Thompson, 1996).

이처럼 세계화 논쟁의 쟁점은 "자본이 돌이킬 수 없이 국가의 속박을 벗어났는가 여부이거나, 국가가 자본에 대한 규제적 통제를 재획득할 수 있는가 여부"(Bonefeld, 2000a: 34)이다. 이 세계화 논쟁에 대해 '개방적' 마르크스주의는 세계화론자나 세계화 비판자 가릴 것 없이 모두 세계시장에 대한 물신적 이해에 빠져 있고, '경제적인 것'과 '정치적인 것', 즉 경제와 국가의 형태상의 분리를 실체적 분리로 파악하는 오류를 범하고 있다는 두 지점을 핵심적으로 비판한다.

첫째, 콕스의 '세계경제로 인격화된 모호한 것'이라는 표현에서 전형적으로 드러난 세계경제 또는 세계시장에 대한 물신적 이해이다. 즉, "세계시장은 저항할 수 없는 '객관적인 강제력'으로 이해된다"(Bonefeld, 2000a: 44). 이러한 물신적 이해는 또한 지구적 자본관계를 자본/노동의 지구적 계급관계로 파악하는 게 아니라 자본 간 경쟁으로 파악하는 물신적 이해와도 맞물려 있다.

세계화 논쟁에서 세계화, 세계경제, 세계시장은 현상적으로 묘사되거나 '모호한 것'으로 신비화된 채 그 사회적 구성이 이론화되지 않는다. "이해되어야 할 필요가 있는 것이 이성을 넘어선 그 무엇, 즉 보이지 않는 그 무엇으로 전제되고"(Bonefeld, 2000a: 34) 있다.[102] "만약 '경제발전'이 실제로 보이지 않는 손에 의해 지배된다면, 우리의 사회적 세계를 인간에 의해 만들어지고 인간의 구성하는

---

102) "세계화는 단순히 경제적인 것의 세계화로만 간주된다. 그러나 지구적인 것이란 도대체 무엇인가? 그것은 어디에 존재하는가? 지구적인 것이 초국민적인 것이라면, 그것의 위치는 어디인가? 세계화에 관한 대부분의 당대의 저작은 세계시장이란 관념, 즉 그것의 생성과 구성이 잘해야 전제되거나 최악의 경우 무시되는 하나의 사물로서 단지 당연히 주어진 것이라는 관념을 전제하고 있다"(Bonefeld, 2000a: 35).

힘에 의존하는 하나의 세계로 이해하는 것은 쓸모없는 것으로 변해버릴 것이다. 요컨대 콕스뿐만 아니라 세계화 논쟁 전반 역시 노동과 자본 간의 근본적 관계를 개념화하는 데 실패하고 있다. 이 관계는 이론화되지 않은 채 남겨져 있고, 자본을 자기 관계로 이해하는 것에 의해 대체되고 있다. 이러한 방식에서는 노동은 임노동, 즉 하나의 노동하는 상품으로서만 이해될 수 있을 뿐이다. 그 결과 가치의 실체로서의 노동은 이론적으로 배제"(Bonefeld, 2000a: 34~35)된다.

따라서 세계화에 따른 국민국가의 변화와 관련해서 "계급관계(그리고 함의상 계급투쟁)는 구조화 과정에 외부적인 것으로 간주되고, 노동과 국가 그 자체는 포스트포드주의 경제의 요구들에 무기력하고 수동적으로 대응하는 것으로 묘사"(Burnham, 2000: 14)될 수밖에 없다.

그러나 마르크스의 경우 "세계시장은 상품형태의 물신주의의 보편적 현존으로 정립된다. 따라서 세계시장의 강제적 성격은 실제적인 현존을 갖는다. 그러나 그 객관적인 강제력은 세계시장 그 자체로부터 유래하지 않는다. 세계시장은, 지구적 자본세계를 구성하는 계급관계들로부터 추상되어 파악될 때에만, 마치 하나의 즉자적인 사물인 것처럼 나타난다. 즉자적인 사물로서의 세계시장 개념은 '조건들, 즉 존재조건들 – 그 내부에서 이러한 개인들이 접촉하게 되는 – 로부터' 추상되어 있다"(Bonefeld, 2000a: 44).

그래서 "객관적인 강제력으로서의 자본의 지구적 세계에 초점을 맞추는 접근법들은 이미 전제된 것을 단지 기술할 뿐이다. 즉, 사회적 현존은 객관적 경제법칙들의 틀 안에서 획득되는데, 그 경제법칙들의 합리성은 주역들에게 스스로를 '객관적으로' 부과하고, 지구적 자본의 요구들에 대한 경제적 조정의 규정적인 조건들을 작동시킨다. 달리 말하면, 인간의 사회적 실천은 경제법칙들을 수행할 운명을 지닌 그 무엇으로 간주된다. ……인간의 생산관계들은 보이지 않는 그 무엇에 의해 지배되고, 이 보이지 않는 것이 인간 존재의 조건 및 상황들을 규정한다. ……따라서 사회적 실천은 인간의 이해력과 구성력을 초월한 어떤 것에 기원을 둔다. 달리 말하면, 사회적 현존은 하나의 사회적 행위라기보다는 하나의 운명"(Bonefeld, 2000a: 47)으로 간주된다. 그러나 "세계의 구성이 개인들의 배후에서 이루어진다고 하나, 그래도 그것은 그들의 작업이다"(Marcuse, 1988: 151. Bonefeld, 2000a: 47에서 재인용).

세계화 논쟁에서 공통적으로 드러나는 이러한 세계시장의 물신주의, 즉 세계
시장의 자립성과 인간에 대한 '소외된 힘'으로의 현상에 대해 마르크스는 일찍이
『독일 이데올로기』에서 명쾌하게 밝힌 바 있다.

세계사적인 활동으로의 그들의 활동의 확장과 함께 각 개인들이 점점 더 그들에
게 낯선 하나의 힘 ─ 그래서 그들이 그 힘의 압박을 소위 세계정신 따위의 간계(奸
計)로 생각해왔던 힘 ─ 밑에, 즉 점점 더 대규모로 커져서 마침내 그 자신을 세계시
장으로서 증명하는 하나의 힘 밑에 노예화되어갔다는 것은 마찬가지로 지금까지의
역사 속에서 확실히 하나의 경험적 사실이다(Marx, 1969a: 218).

(또는) 전면적인 의존성, 즉 개인들의 세계사적 협업의 이 최초의 자연성장적 형
태는, 인간 상호 간의 작용으로부터 창출되었지만 지금까지는 인간에게 완전히 낯선
힘으로서 외경시되어 인간을 지배해왔던 이러한 힘들(Marx, 1969a: 218).

이제 이러한 발전과정에서 서로서로 작용하는 개별적인 영역들이 더욱 확장될수
록, 또한 더욱 완성된 생산양식, 교류, 그리고 이를 통해 여러 국민들 사이에서 자연
성장적으로 생겨난 분업 등에 의해서 개별적 민족들의 원시적 폐쇄성이 파괴될수록
그만큼 역사는 세계사로 되어가는 바, 그 결과 예컨대 인도와 중국의 무수한 노동자
들이 생계를 잃게 만들고 이 제국들의 존재형태 전체를 뒤바꾸는 기계가 영국에서
발명되었을 때, 이 발명이 하나의 세계사적 사실로 되는 일이 일어나는 것이다. ……
역사의 세계사로의 이러한 전환이란 '자기의식', 세계정신 또는 그 외의 어떤 형이상
학적인 유령의 단순히 추상적인 행위와 같은 것이 전혀 아니며, 완전히 물질적이고
경험적으로 확증 가능한 행위, 가고 서고 먹고 마시고 옷 입는 각 개인들이 그 증거
를 제공하는 행위라는 결론이 나온다(Marx, 1969a: 218).

세계시장의 물신주의에 대한 마르크스의 비판은 『정치경제학 비판 요강』에서
'상품 물신주의 비판'으로 더욱 발전된다.

세계시장에서 모든 사람과 개인의 연관, 그러나 동시에 이 연관의 개인 자신들로

부터의 독립성은 이미 세계시장의 형성이 그 자체로부터의 이행조건을 포함할 정도로 높은 수준으로 발전했다(Marx, 1976a I권: 142).

(각 개인의 활동이 포함되어 있는) 세계시장의 자립화는 화폐관계(교환가치)의 발전과 더불어 성장하며 그 역도 성립하기 때문에, 생산과 소비에서의 일반적인 연관과 전면적인 의존은 소비자들과 생산자들의 상호 독립 및 무차별성과 더불어 성장하기 때문에, 그리고 이 모순이 공황 등에 이르기 때문에 이 소외가 발전됨에 따라 동시에 이 모순 자체의 토대 위에서 소외를 지양하려는 시도가 나타난다(Marx, 1976a I권: 142).

요컨대 '자본주의적 생산의 총체'로서 "자본주의적 교환관계들의 토대이고 또한 교환을 통해 착취관계들의 토대"(Bonefeld, 2000a: 48)인 세계시장의 '전제조건'은 생산수단으로부터 분리되어 "스스로에게 대립해서 현존하는 인간노동"(Bonefeld, 2000a: 51)이다. 그리고 이 인간노동, 즉 세계시장에서 '사회적 노동'으로 실현되는 '추상노동'을 구성하는 사회관계는 "필요노동과 잉여노동 간의 관계, 즉 지구적 범위에서 (사회적) 노동일을 구성하는 자본과 노동 간의 계급적대이다"(Bonefeld, 2000a: 51). 결국 세계시장은 "자본 개념 내부의 노동의 존재 — 즉, 지구적 명령관계, 그리고 그러한 것으로서 이러한 명령의 모순적 구성 속에서 그리고 그것을 통해서 존립하는 관계, 다시 말해 위기에 찬 착취관계 및 (그에 따른) 계급투쟁 관계 — 에 의해 구성되는 공간"(Bonefeld, 2000a: 46)인 것이다.

따라서 "자본의 세계사는, 마치 자본이 경제적 메커니즘 — 신자유주의적 용어로 말하면, 보이지 않는 손을 통해 자기 규제되는 — 에 불과한 것과 같은, '자본'의 세계화에 의해 특징지어지지 않는다. 또한 케인스주의적 용어로 말하면, 그것은 선의의 국가기구들에 의해 잘 규제되면 유용한 경제적 기능들을 수행하는 경제적 메커니즘도 아니다. 자본은 자본과 노동 간의 일정한 사회적 생산관계이다. 따라서 세계화는 '자본'의 세계화만을 의미하는 것이 아니라 오히려 자본의 노동에 대한 의존의 세계화이다. 요컨대 세계시장 사회의 창출은 결과적으로 노동의 생산적이고 전복적인 힘의 집단적 잠재력의 확장으로 될 것이다"(Bonefeld, 2000a: 58).

한편 세계화 논쟁에서 세계시장에 대한 이러한 물신적 이해는 자본에 대한 물신적 이해와 불가분하게 연결되어 있다. "세계화 논쟁은 자본을 경쟁하는 자본가적 이해관계들로, 특히 초국적 은행들과 다국적기업들의 전략적 선택과 결정으로 이해하는 것을 전제하고 있다. 그 논쟁은, 자본주의 발전을 구성하고 규정하는 것은 자본 간 경쟁이라는 것을 제시한다"(Brenner, 1998). 요컨대 "세계화 논쟁은 특히 초국적 은행들과 다국적기업들의 전략적 계산들을 합리화하고, 그들의 '행위'의 사회·정치적 결과들 같은 것을 추적하는 것을 추구한다. 달리 말하면, 세계화 이론은 그것의 이론적 관점을, 혼자 힘으로, 그리고 그 자체로 존재하는 경제적 힘이라는 자본의 자기 이미지에 맞춘다"(Bonefeld, 2000a: 44~45). 이것은 자본에 대한 전형적인 물신적 이해이다.[103]

그러나 "정치경제학 비판의 관점은 자본의 물화된 현존을 수용하는 것이 아니라 그것의 사회적 구성을 연구하는 것이다"(Bonefeld, 2000a: 44). 따라서 지구적 자본관계를 이해하기 위해서는 지구적 자본 간 경쟁이 아니라 지구적 착취관계, 지구적 계급관계를 분석해야 한다. "지구적 자본관계를 이해하는 것은 착취관계들에 대한 탐구를 통해 전진해야 하고, 그것은 자본의 노동에 대한 의존을 이해하는 것을 통해서 이루어진다. 자본은 노동으로부터 스스로를 해방시킬 수 없다. 즉, 자본은 노동에 맞서야만 하고, 그것이 노동자들에게 필요노동을 부과할 때에만 그것은 노동에 맞설 수 있다. 자본은 아무것도 아닌 것을 위해 경쟁하지 않는다. 그것은 노동으로부터 추출되는 추상적 부에서의 보다 큰 몫을 위해 경쟁하는 것이다"(Bonefeld, 2000a: 45).

세계화에 대한 물신적 이해는 조절이론에서도 드러난다. 대표적인 조절이론가인 셰네의 경우 아글리에타 등 파리학파 주류와는 달리 마르크스주의적 문제틀 속에서 이론을 전개하지만, 아글리에타의 '금융주도 축적체제'라는 무개념적 파악

---

103) "가치의 운동은 마치 그것이 하나의 '자립적 사물'인 것처럼, 즉 역사적으로 능동적이고, 사회관계들 위에 서 있으며, 그래서 사회관계들을 구조화하고, (마치 그것이 자신의 고유한 권리로 불가항력적인 힘인 것처럼) 사회적 개인들을 지배하는 '자립적 사물'인 것처럼, '기본적인 자연적 과정에 있는 힘으로 행동하는' 하나의 자립적 운동으로 표현된다. 그러나 가치를 그 형태적 운동 양식 — 즉, '가치를 창조하는 사물로서의 자본의 물신주의' — 으로 바라볼 때에만, 가치는 이러한 자립적 사물이다. ……세계시장을 객관적으로 강제적인 사물로 파악하는 관념과 같이, 내용 없는 형태로서의 가치 개념은 부르주아 사회의 종교, 즉 상품 물신주의를 신봉한다. 달리 말하면, 그것은 즉자적인 사물로서의 자본 개념을 신봉한다"(Bonefeld, 2000a: 46).

을 기본적으로 수용할 뿐 아니라 세계화에 대해서도 물신적으로 파악한다. 즉, 자본의 세계화는 사회계급들과 구별되는 실체를 가진 현상으로 파악된다.

> 각국의 현존 사회계급들은 자본의 세계화를 놓고 각자 나름의 노림을 가지고 있다 — 세계화를 자신들에게 가장 적합한 방향으로 추동하기 위해서 또는 거기에 저항하기 위해 — 는 엄밀한 인식은 물론, 각국의 국가기구들과 정부들의 역할은 세계-체계의 구도를 형성하는 데 영향을 준다(Chesnais, 1998: 292).

여기서 사회계급들, 즉 계급관계와 분리되어 파악되는 '자본의 세계화'란 도대체 무엇인가? 셰네는 '국가의 쇠퇴'(신자유주의의 주장) 또는 '국민국가의 종말' 같은 테제에는 동의하지 않고, "자본의 세계화가 낳은 상황으로부터의 출구는 정치적 활동의 외부에는 있을 수 없으며, 우리가 직면하고 있는 현실에 대한 이론적 비판은 그러한 정치적 활동의 여러 차원들 중의 하나"(Chesnais, 1998:292)라고 주장한다. 따라서 셰네에게 '자본의 세계화'는 계급관계나 '정치적 활동'과는 분리되어 있는 객관적인 경제적 현상일 뿐이다.

세계화에 대한 이러한 물신적 이해는 '생성과 존재의 분리'에 입각하고 있다. 즉, '금융주도 축적체제'의 형성과정은 '가정'으로 전제되고, 형성된 체제의 '시스템적 관계들', 즉 기능적·조응적 관계들만이 탐구된다.[104] 이 '시스템적 관계'에 대한 탐구는 주로 '메커니즘'의 분석으로 나타난다.[105] 따라서 메커니즘 분석은 사회관계들이 구조들 간의 기능적 인과관계 또는 구조들의 효과로서만 분석되어

---

104) "이 책에서 다루어진 소재들은 시스템 자체가 변화하고 있다는 가정에 입각해 분석되었다. 이 가정이란 무역, 직접투자 및 통화·금융제도들의 자유화 및 탈규제로 고삐 풀린 자본의 세계화가 취했던 특수한 형태들이 금융 주도 글로벌 축적체제의 출현을 낳았다는 것이다. 이제부터는 이 가정을 바탕으로 도출된 요소들을 종합하고 특정한 축적체제가 형성되었다고 말할 수 있게 해주는 시스템적 관계들을 개략적으로 묘사하고자 한다"(Chesnais, 1998: 292~293).

105) 예컨대 "금융자본에 특유한 우선순위들이 확장될 수 있게 만든 주요 메커니즘들", "'좋은 자본주의들'의 대규모 주체들이 '나쁜 자본주의'에 순순히 항복하거나 자발적으로 복종하게 되는 메커니즘들"(Chesnais, 1998: 302)이라는 표현이나, "이 체제가 어떻게 디플레이션과 불황을 누적시키는 메커니즘들을 창출하는지를 알아볼 필요가 있다." 또는 "우리가 세계화의 '누적적 악순환'이라 부르는 것은 두 부류의 메커니즘의 만남과 그 누적적 효과에 바탕을 두고 있다"(Chesnais, 1998: 306).

필연적으로 '모순적 총체'가 아니라 '기능적 총체'로 나아간다.106) 그러면서 체계의 '생성' 과정은 하나의 '쿠데타', 구체적으로는 각국 정부들에 의해 주도된 쿠데타로 묘사된다.

> '나쁜 자본주의'가 다른 모델들을 자신의 법에 복종하도록 만들 수 있는 수단들이 하늘에서 떨어진 것은 아니다. 그(역사적: 역자) 기원은 '채권자 독재' 또는 '시장의 전제'의 기초를 놓았던 우리가 일종의 '쿠데타'라 부르는 것에 있다. 이 쿠데타란 다름 아닌 미연방준비제도이사회(Fed)의 볼커 총재에 의해 추진되었던 정책이며, 여기에는 긴축통화정책, 확대재정정책, 국고채의 증권화 및 공채의 보유자들인 금융자본가들의 수익을 보장하는 양(陽)의 실질금리 등이 동시에 포괄된다. 그러나 이러한 '독재'를 굳건하게 만든 것은 G7, 나아가 OECD의 모든 회원국들의 정부들인데, 왜냐하면 이들은 아직은 시간적 여유가 있었음에도 불구하고 미국의 개혁조치들을 수용해 조세를 증대하거나 지출을 제한하기보다는 차입을 고속으로 늘리는 방식을 선택했기 때문이다(Chesnais, 1998: 302).

결국 역사적 우연현상인 각국 정부들의 쿠데타에 의해 '금융주도 축적체제'가 성립된 것으로 분석되고, 이 체제 자체는 '시스템적 관계'로 이루어진 총체, 즉 기능적이고 조화를 이룬 총체로 분석된다. 그러나 왜 미국 정부가 쿠데타를 일으켰고, 왜 각국 정부는 긴축정책 등을 수용했는지는 설명되지 않는다. 즉, 자본의 세계화 또는 '세계체계'의 사회적 구성은 해명되지 않은 채 전제되고 있다.107)

---

106) 셰네는 '세계체계'를 "단일한 축적체제의 틀에서 차별화된 국민적 상황들"로 파악한다. "현실에는 정치적·경제적으로 차별화되고 위계화된 하나의 총체가 실재한다. 이 총체는 단기에서 중기에 걸쳐 비균일적이고 독자적인 방식으로 변동할 수 있는 국민적 또는 '대륙적·지역적' 경제상황들과 양립될 수 있다"(Chesnais, 1998: 310). 그러나 이 총체는 위계화된 총체이기는 하나 모순적 총체인 것은 아니다.

107) 그러면서도 실천적 대안은 자본주의 자체의 지양으로 제시된다. 여기에서도 조절이론적 접근방법에서의 구조주의와 주의주의의 공존과 접합을 볼 수 있다. 구조적 모순을 극복할 수 있는 요소가 구조 분석 자체에서는 전혀 주어지지 않고 그 구조 전체에 대한 인간의 극복으로만 제시되기 때문이다. "현 사회에서 발언권을 가진 사람들은 대부분 '근대성'의 새로운 형태들을 반기고 또 강요되고 있는 새로운 '적응들'을 정당화하기에 바쁘다. 만약 '현실주의'가 존재한다면 그것은 오로지 자본주의 생산양식을 초월해야 할 필요성이 전례 없이 커지고 있으며 이러한 전망이 구체

둘째, 세계화 논쟁에서 국가와 경제 간의 관계는 사회조직의 두 개의 상이한 실체로 파악된다. 즉, "(세계화가 국가에 맞서 시장에 유리하게 균형을 잡는다는 것과 함께) 국가와 시장을 대립적인 사회조직형태들로 봄으로써……암묵적으로 자유주의/현실주의적 입장 - 사회현실을 경직된 범주들로 분리시키고 인위적으로 분해된 현상들 간의 외부적 연결을 추구하는 - 을 따른다"(Burnham, 2000: 15). 그 결과 "'세계화론자들'은 정치적인 것을 규정하는 것은 경제라고 주장하고, 비판자들은 국가는 여전히 경제를 규제할 수 있는 능력이 있다고 강변한다. 그렇다면 문제는 정치적인 것과 경제적인 것 가운데 어느 것이 상대적 자율성을 가지는가 하는 점이다. 그것은 경제에 주어져야 하는가 아니면 그것은 - 최소한 잠재적으로 - 국가에 남아 있는 것인가 하는 문제이다"(Bonefeld, 2000a: 33).

이런 방식의 접근방법이 자본주의적 국가형태의 물신주의에 사로잡혀 있다는 점은 앞서 자본주의적 국가형태를 검토하는 과정에서 충분히 비판된 바 있다. "국가와 경제는 두 개의 분리된 사회조직 실체가 아니다. 또 세계화가 국가와 경제 간의 균형을 경제에 유리하게 깨뜨렸고, 국민경제를 사회정의의 사회민주주의적 원칙들에 따라 조직하는 국가의 능력을 잠식했다고 주장될 수 없다. ……요컨대 국가와 경제는 외적으로 관계되는 실체들 - 그중의 하나가 나머지를 규정하는 - 로 존재하는 것이 아니라 그들을 구성하는 관계의 형태들로 존재한다. 둘 다 자본주의적 착취관계들의 형태들로서 통일 속의 구별이다"(Bonefeld, 2000a: 39~40).

따라서 국가와 경제 간의 관계를 형태적 분리로 파악하지 못하고 실체적 분리로 파악하기 때문에, 세계화 논쟁은 그 이론적 정교화에도 불구하고 "단순하게 '국가'와 '시장'에 관한, '상호 의존성', '상호 작용', '영향' 및 '자율성'에 관한, 동어반복적 평가만을 생산하고 있다. 그러한 것들은 세계 정치경제학인 복합적이고 유기적인 일련의 사회관계들을 파악하지 못한다"(Burnham, 2000: 15).

'개방적' 마르크스주의는 이러한 형태 분석적 관점에서 '국민경제', '국민적' 자본주의 개념을 신랄하게 비판한다. 비판의 초점은 "세계시장이란 초국민적인 그 무엇이 아니라는 것, 그리고 국민적 공간은 세계시장을 통해 존립한다는 것"

---

화되도록 집단적 작업의 실행이 강력하게 요청되고 있음을 다시 거론하기 시작하는 것이 아닐까?"(Chesnais, 1998: 319)

(Bonefeld 2000a: 35)이다.

'국민경제'라는 개념, 즉 상이한 '국민적 자본주의'라는 개념(Hirsch, 1989)은 무의
미하다. 즉, 그것은 잘해야 경제적 민족주의의 이론과 실천(List, 1841)과 연관된 국
민적 발전방법이란 관념에 자신을 빌려주거나, 최악의 경우 민족주의의 반동적이고
낭만적인 관념과 실천에 자신을 빌려주는, 결과에서 원인으로 소급하는 개념이다.
물론 보호주의는 '국민경제'를 보호하는 매우 강력한 수단이었고, 여전히 그러하다.
그러나 국민경제가 세계시장과 독립적이지도 않고, 그것이 단순히 세계시장과의 관
계 속에서 존재하는 것도 아니다. 오히려 국민경제는 세계시장 속에서, 그리고 세계
시장을 통해서 존립한다. 따라서 보호주의는 단지 '자유무역 안에서의 방어조치'에
불과하다(Bonefeld, 2000a: 40~41).

이러한 비판의 근거로 마르크스의 '부르주아 사회' 개념이 '국민적' 사회를 의미
하지 않는다는 점을 제시한다. "세계화 논쟁과 달리 '부르주아 사회'란 용어는 그
시초부터 계급 분열된 사회를 의미할 뿐 아니라, 바로 이러한 이유 때문에 자본의
지구적 우애감정(cosmopolitanism)을 의미하기도 한다. 마르크스에 따르면, "화폐,
즉 일반적 교환이 세계화폐로서, 즉 세계적 교환으로서 존립하듯이, 상품들의 소
유자, 즉 부르주아는 세계주의자이다"(Marx, 1975a: 147).[108] 그러한 것으로서 민
족 부르주아 개념, 즉 국민적 자본주의 개념은 오류이다"(Bonefeld, 2000a: 40).[109]

---

108) 상품의 세계적 성격에서 자본의 세계적 성격을 도출하는 것이 비약이라는 점은 앞서 지적한 바
있다. 이러한 이론적 비약이 가져오는 문제점은 뒤에서 국민국가와 국민경제의 관계를 검토하
면서 논할 것이다.

109) 세계화 논쟁에서 "'국민적'이란 관용어는 일종의 이해관계 및 공유된 가치의 동질성 – 즉, '하나
의 국민적 배'(Reich, 1991 참조)라는 은유에 의해 대체로 호명되는 동질성 – 을 나타낸다. 라이
히와 같은 세계화론자들은, 그러한 통합된 국민적 사회가 실제로 세계화에 앞서 존재했고, 세계
화는 (사회적 필요에 따라 '자신의' 국민경제를 규제하는) 국가의 역량을 잠식했으며, 그 결과 '사
회경제적 라인들이 점차 깨뜨려진' 사회(hirsch, 1997: 46)에 이르게 했다고 주장한다. 그러나 특
히 라이히의 과거의 한 국민국가라는 이미지, 즉 '한 국민적 배'라는 은유가 로마 시대 이래 유기
적 또는 조합주의적 사회 – 지위와 관계없이 모두가 사회적으로 명료한 임무를 수행하는(즉, 다
수는 노를 젓고, 소수는 운전대를 잡고 조정하는) – 라는 보수적 개념을 지지한다는 점이 지적
될 수 있다. 따라서 세계화의 힘들에 의해 잠식되고 있는 '한 국민경제'라는 개념은……세계화가
(예전에 '계급 라인들'에 따라 국민적으로 통합된) 사회를 분할한다는 관념과 마찬가지로 완전히

또한 국민국가가 시장에 대해 '권력'을 상실했다는 대중적인 주장을 '오도된' 주장으로 비판하면서, 1970년대 중반 이래 국민국가형태의 변화를 자본축적 위기 속에서의 광범위한 계급투쟁의 맥락에서 해석할 것을 제시한다. 세계화, 즉 "국제적 재편 과정"에 포함된 국민국가형태의 변화에 대한 기본 관점은 "노동규율을 더욱 엄격하게 부과하고 자본/노동관계를 재구성하려는 시도" 또는 "그 뿌리가 자본/노동 갈등에 있는 문제들을 해결하려는 시도"(Burnham, 2000: 10)로서 국민국가에 의해 수행되고 도입된 것으로 파악하는 것이다. 즉, 계급지배의 '정치적 형태'로서 국민국가라는 관점을 견지하면서 계급투쟁의 '정치적' 표현으로서 국민국가형태의 변화를 파악하는 것이다.

이러한 관점에서 '개방적' 마르크스주의는 세계화 논쟁이 케인스주의에 대해 과대평가하고 자본주의의 발전과정을 모순적이지만 연속적인 과정으로 보지 않고 단절적인 과정으로 인식하는 데 그친다고 비판한다.

세계화 논쟁은 자본주의 발전의 역사를 두 개의 상이한 단계로 구분한다. 세계화의 개시 전 단계는 경제적 민족주의의 이론적 시각을 통해 탐구된다. 그리고 세계화 단계는 경제적 자유주의의 이론적 시각을 통해 탐구된다. 세계화론자들에게는, 세계화는 세계적 규모의 시장 자기-규제를 위해 민족적 규제체계들에 맞서는 방향을 가진 신자유주의적 전략이다. ……세계화는 '민족적 케인스주의' - 따라서 완전고용과 포괄적인 복지 제공 - 를 잠식한 힘으로 파악되는 것 같다. 자본이 세계화되기 전에 케인스주의적 완전고용 및 복지정책이 정말로 국민국가의 중심적 우선권이었던가? ……세계화 논쟁은 경험적 자료를 추상적인 이론적 용어들로 일반화하기 위해 설정된 분석적 관점에 기초하고 있다. 이것은 그 논쟁이 자본의 이데올로기적 투영들을 현실과 혼동한다는 것을 함의하는 것이 아닌가? ……세계화는 마치 그것이 객관적으로 전개된 발전인 것처럼 취급된다(Bonefeld, 2000a: 61~62).

세계화에 선행한 국민국가의 '민주주의적' 성격에 대한 주장들은, 마치 '신'사회운동들의 역량이 정치적 권력 및 대의의 기존 구조들을 대체하는 것처럼 과도하게 이

_____

무의미하게 된다"(Bonefeld, 2000a: 40).

상주의화되어 있다(Burnham, 2000: 13).

이에 대한 구체적인 것은 이 책의 제4장에서 자세히 고찰할 것이다. 이와 같은 세계화 논쟁에 대한 '개방적' 마르크스주의의 두 가지 핵심적 비판에 입각해 그들의 입장을 다음과 같이 총괄 평가해볼 수 있다.

> 세계화 논쟁은 자본의 현존의 중심에 놓여 있는 바로 그 모순을 제기하는 데 실패한다. 그것은 노동이 자본 — 세계화된 자본이라 할지라도 — 개념 내의 존재라는 사실을 무시한다. 자본은 노동으로부터 도주할 수도 없고 스스로를 해방할 수도 없다. 자본의 모순적 구성을 개념화하는 대신에, 세계화 논쟁은 그것이 표면상 설명하고자 설정한 것을 이미 전제하는, 추상적 일반화를 제공한다(Bonefeld, 2000a: 58~59).

세계화 논쟁에 대한 '개방적' 마르크스주의의 이러한 비판은 기본적으로 올바르다고 평가된다. 그런데 앞서 국민국가형태와 국제적 국가 간 체계의 사회적 구성을 이론화하는 과정에서 드러났던 '개방적' 마르크스주의의 불충분한 형태 분석, 즉 역사적 구성에 입각한 형태 분석을 끝까지 밀고 나가지 못한 점이 여기에서도 드러난다. 국민경제가 독자적 총체를 구성하지 않고 세계시장의 통합된 일부로서 존재한다는 점에서 세계시장은 국민경제들의 총합이 아니다라는 비판은 올바른 것이지만, '개방적' 마르크스주의의 분석은 그 지점에서 멈추고 만다. 물신주의 현상에 대한 비판에 입각해서 '국민적' 현상들에 대한 분석으로 나아가지 않고, '국민적' 현상들을 무시해버린다. 즉, '국민적' 현상들에 대한 이론화에 실패하고 있다.[110]

---

110) '국민적' 현상들에 대한 이론화의 실패를 잘 보여주는 다음의 서술을 참조. "'국부(國富)' 개념은 무의미하다. 부는 '국가' 또는 '민족'을 부유하게 하기 위해' 창출되지 않는다. 또한 부를 생산하는 것이 국가의 목적도 아니다. 그럼에도 불구하고 '국민경제', '국민적 이해관계'라는 개념은 국내 노동자계급(들)으로 하여금 그들의 고용을 유지하기 위해 더욱더 크게 노력하도록 유인하는 강력한 무기이다. 경쟁국가라는 동시대의 관념이 보여주는 바와 같이 '만약 자본이 기계의 사용이 이곳에서 허용할 순수익을 최대한 많이 얻을 수 있도록 허용되지 않는다면, 그것은 해외로 유출될 것'이고, '노동수요에 심각한 하락'(리카도)으로 귀결될 것이라는 점은 의심할 여지가 없다"(Bonefeld, 2000a: 60~61). '그럼에도 불구하고' 왜 그런가에 대한 해명이 없다.

이는 마르크스가『자본론』1권에서 '국민적' 현상을 '가치법칙의 국제적 수정'을 통해 가치법칙 차원에서 해명하려고 한 것과 크게 대비된다. 특히 자본주의 사회에 대한 분석이『자본론』에서 다루어진 자본, 토지재산, 임노동 등을 넘어서서 국가, 해외무역, 세계시장으로 더욱 '구체로 상승'함으로써 '구체적 총체'를 재생산한다는 '정치경제학 비판'의 서술원칙에서 볼 때 '개방적' 마르크스주의의 이러한 불충분한 이론화 문제는 더욱 명확하게 드러난다.

'개방적' 마르크스주의의 이러한 이론적 한계는 그 접근방법의 추상성에서 비롯된 것으로 보인다. 앞서 지적한 바 있듯이, '개방적' 마르크스주의는 마르크스의 '사회적 형태' 개념을 '자본주의적 사회관계의 가치형태'라는 자본주의 생산양식에 고유한 규정으로 명료하게 출발하는 게 아니라 '사회적 관계의 존재양식'이라는 추상적 규정에서 출발한다. 그 결과 가치형태에 대한 구체적 분석이 결여됨으로써 '개방적' 마르크스주의는 끊임없이 모든 사회적 형태를 직접적으로 계급관계로 환원하려는 경향이 나타난다. 반면에 국가형태에 대한 분석, 특히 국민국가형태 분석에서는 역사적 구성을 분석하지 않고 추상적 형태 분석에만 머무른다.

이러한 문제점들로 인해 국민국가와 국민경제의 관계를 분석하는 데서 드러나는 한계를 몇 가지 지적하고자 한다.

첫째, '자본주의적 생산의 총체'로서 세계시장에서 가치운동의 총체화가 이루어져 세계시장에서 가치법칙이 성립되고 관철되지만, 국민국가의 규정에 의해 가치법칙은 수정·변형된다는 점이 무시된다. 대표적으로 '국민적' 노동시장은 바로 국민국가의 규정에 따른 것이고, 이 때문에 가치법칙이 수정된다는 점이 무시된다. 따라서 이러한 가치법칙의 수정·변형이 역으로 각국 계급관계에 미치는 영향이 무시된다. 그래서 20세기 초 이래 식민지·신식민지 국가들에서, 선진 자본주의 국가들과 달리 왜 혁명적 상황이 자주 반복되는지에 대한 이론적 근거가 무시된다.

둘째, 국민국가형태가 세계시장을 토대로 한 국제적 국가체계로 규정된다고 보면서도, 그 국제적 국가체계의 사회·역사적 구성을 분석하지 않고 국민국가에 대한 형태적 추상성에 머무른다.

자본은 그 시초부터 지구적 현상이었다. ……클라크는 '자본은 그 탄생부터 세계적 권력이다'(Clarke, 1988a: 178)는 것을 보여준다. 이러한 통찰은 근본적으로 중요하다. 왜냐하면 그것은 '역사상 처음으로 등장했던 세계시장, 국제적 자본주의, 사회관계들의 지구적 체계'가 동시에 국민국가로서 출현했다(Baker, 1991: 205)는 점을 밝혀주기 때문이다. 국민국가 및 세계시장의 수립 양자 모두 봉건적 사회관계들을 혁명적으로 바꾸었던 동일한 사회적 투쟁들의 산물이었다. 그러면 이러한 방식으로 '국가의 국민적 통합 문제는 국제적 국가체계의 통합 문제로부터 분리될 수 없었다'(Clarke, 1988: 179). 국민국가의 출현은 '국가들의 국제적 체계로서 기원되었다'(Picciotto, 1991: 218). 즉, '국제적 생산관계, 국제적 분업, 국제적 교환 및 수입, 환율'(Marx, 1976a I권: 80) 등에 기초하고 있는 국가 간 관계들의 '체계'(Bonefeld, 2000a: 41).

세계시장, 국제적 국가체계 및 국민국가의 관계에 대한 이러한 인식은 세계시장에 대한 마르크스의 구별 ─ 즉, 동일한 상품형태임에도 불구하고 상업자본이 주도한 전(前) 자본주의적 세계시장과 산업자본이 주도한 자본주의적 세계시장의 역사적 구별 ─ 을 간과하고 있음과 동시에, 국민국가 역시 자본주의 생산양식에 의해서 자본주의적 국가형태로 전형된다는 점을 간과하고 있다. 그렇지 않다면 16세기 자본주의 생산양식의 역사적 전제로서의 세계시장과 국민국가의 출현을 동일시할 수 없다. 여기에 포괄될 수 있는 것은 자본주의 생산양식이 먼저 발생한 유럽의 선진국들뿐이다. 세계시장 자체가 자본주의적 세계시장으로 전환되고 확장되는 과정이 역사적 과정이듯이, 국민국가들이 세계시장에 포섭되어 자본주의적 국가형태로 전형되는 것도 역사적 과정이었다. 특히 수많은 식민지·반식민지 국가들을 고려할 때 국제적 국가체계의 역사적 구성은 19세기 말~20세기 초의 제국주의에 의해 완료되었다고 보는 것이 타당할 것이다. [111]

따라서 위 인용문은 세계시장, 국제적 국가체계 및 국민국가의 관계에서 유럽의 역사를 세계의 역사로 일반화하고(유럽중심적인 역사적 구성), 그에 입각한 국민

---

111) 마르크스의 '플랜'에 나오는 '식민지'나, 『공산당선언』에 나오는 '한 국민에 의한 다른 국민의 착취', '국민들 상호 간의 적대적 자세'(Marx & Engels, 1848: 418) 등은 국민국가 간 착취와 적대, 즉 자본주의적 계급관계에 의해 구성된 국가 간 지배/예속관계로서의 제국주의에 대한 단초를 보여준다.

국가에 대한 추상적 형태규정에 불과하다. 이러한 평가는 아래 인용문에서 나타나는 국민국가들의 무차별성, 즉 국민국가에 대한 추상적 형태규정에 의해 확인된다.

> 국민국가의 자본에 대한 관계는 민족적으로 고정된 국가의 세계적으로 유동적인 자본에 대한 관계로 나타난다. 그러나 클라크(1992: 136)가 지적한 바와 같이, '국가가 민족적 기반 위에 정치적으로 구성된다 할지라도, 그것의 계급 성격은 민족적 용어로 정의되지 않고, 자본주의적 소유법 및 계약법은 민족적 법체계들을 초월하며, 세계화폐는 민족통화들을 초월한다.' 국민국가들은 각국이 화폐자본의 흐름을 자신의 특정한 영토로 끌어들이려고 노력함에 따라 서로 경쟁 속에 있다. 그뿐만 아니라 그들은 세계적 자본흐름 내부의 특정한 결절점(node)들로 존재한다. 국민국가는 세계적 착취관계들을 통해 존재하고, '세계적 규모의 자본축적의 모순적 형태에 의해 부과된 한계 내로' 제한된다(Bonefeld, 2000a: 60).

세계시장과 국민국가의 관계에서 국민국가의 계급적 성격만을 강조하는 이러한 파악은 국가와 경제의 관계에서 자본주의적 국가형태 규정이라는 추상적 수준에 그대로 머물러 있다. 자본주의적 국가형태라는 추상적 규정 안에서, 마치 가치법칙이 국민국가의 존재에 의해 국제적으로 '수정·변형'되듯이 국민국가들 사이의 내용적 차별성 ─ 즉, 제국주의 국민국가와 식민지·신식민지 국민국가 ─ 을 이론화하지 못하고 있다. 이는 마르크스의 '국민국가 간 착취'와 '국민국가 간 적대'에 대한 파악보다도 이론적으로 후퇴한 것이고, '개방적' 마르크스주의의 추상성, 즉 불철저한 형태 분석에서 비롯한 것이다.

이러한 이유 때문에 '국민경제'에 대한 다음과 같은 비판은 올바른 것이지만 현실적으로는 공허하다. '국민적' 현상들에 대한 설명력이 없는 것이다.

> 더구나 이 국가 간 체계는 그 시초부터 '생산과 교환의 지구적 맥락' 안에 깊이 배태되어 있었다. 달리 말하면, '세계시장은 국민경제 속에 통합되어 있다.' ……또한 세계시장은 국민경제들의 통합성을 잠식해온 최근의 힘도 아니다. 그러한 '통합성'은 결코 존재하지 않았고, 오늘날의 자본주의 세계의 '새로운' 성격을 나타내기 위해

과거로 거슬러 올라가 그것을 해석하는 것은 무의미하다. 오히려 세계시장은 그 시초부터, 국가들과 동일시됨이 없이 '국가들의 영토 안에서/통해서' 존립한다(Bonefeld, 2000a: 42).

이 책의 앞부분에서 세계시장·국민국가·국민경제 간의 관계를 이론화한 바 있듯이, 세계적 범위에서의 자본주의적 사회관계의 '경제적 형태'와 '정치적 형태'의 관계는 일방적 규정관계가 아니라 하나의 유기적 총체를 구성하는 토대와 상부구조로서의 상호 규정에 의한 복합적 과정이다. 세계시장·국민국가·국민경제의 관계가 토대로서의 '경제적 형태'와 상부구조로서의 '정치적 형태'에 의한 복합적 상호 규정에 의해 구성된다는 필자의 입장의 단초는 마르크스의 다음의 서술에서도 보인다.

이러한 역사 파악의 근거는 현실적 생산과정을 그것도 직접적 생활의 물질적 생산으로부터 출발해 현실적 생산과정을 전개하는 것, 그 생산양식과 연관된, 그리고 그 생산양식에 의해 산출된 교류형태를, 따라서 그 다양한 단계에서의 시민사회를 역사 전체의 기초로서 파악하는 것, 그리고 시민사회를 그 행동에서 국가로서 표현하는 것, 이와 함께 종교, 철학, 도덕 등의 의식의 각종 이론적 산물들과 형태들을 시민사회로부터 설명하고, 또한 그 형성과정을 시민사회로부터 추적하는 것 등에 있는데, 이렇게 함으로써 사태는 그 총체성 속에서 (그래서 또한 이들 다양한 측면들의 상호 작용도) 표현될 수 있다. 이러한 역사 파악은 관념론적 역사관처럼 어떤 시대에 있어서도 범주들을 추구하는 짓 따위는 하지 않으며, 언제나 변함없이 역사의 실제적 지반 위에 서 있다(Marx, 1969a: 220).

## 3. 소결

이상 제3장에서는 현대자본주의의 역사적 전형을 본격적으로 분석하기 위한 이론적 관점을 구축하기 위해 마르크스의 '정치경제학 비판'을 확장해 자본주의적 국가와 세계시장에 대한 이론화를 시도했다.

마르크스는『독일 이데올로기』에서 정립한 역사유물론의 중심 범주인 토대/상부구조를『자본론』에서 자본주의적 계급관계의 '경제적 형태'/'정치적 형태'의 구분과 연관으로 더욱 발전시킨다. 자본주의적 생산관계의 경제적 형태가 '경제적 강제'를 낳고, 이 '경제적 강제'를 토대로 자본주의적 생산관계의 정치적 형태가 성립된다는 것이다. 그럼으로써 자본주의적 생산관계의 경제적 형태는 계급관계의 정치적 형태(즉, 국가형태)의 토대로 된다. 요컨대 자본주의 생산양식에서 자본주의적 관계의 경제적 형태는 직접적으로 그 정치적 형태의 토대로 되는 것이 아니라 '경제적 강제'를 매개로 해서 정치적 형태의 토대로 된다.

'국가도출논쟁'의 이론적 성과는 자본주의적 국가의 '형태적 분리'를 해명한 점이었다. 즉, 자본주의적 국가형태가 '시민사회'로부터 분리된 것은 자본주의적 생산관계의 경제적 형태인 상품형태 규정과 그로 인한 '경제적 강제'에 근거하고 있다는 것이다. 그러나 국가 논쟁의 한계는 자본주의적 국가의 시민사회로부터의 분리의 근거는 밝혀냈지만, 그러한 국가형태로부터 국가의 기능 및 한계를 도출하는 문제, 즉 국가의 성격 규정을 해결하지 못했다는 점이다. 필자는 마르크스가『자본론』등에서 '정치경제학 비판'을 통해 발전시킨 '경제적 강제' 개념이 물신주의를 표현한 것으로 해석한다. '경제적 강제' 개념은 '물질적 의존관계'가 의식형태로 반영된 것에 불과한 것이다. '경제적 강제'는 저절로 확보되지 않고, 그러한 기만적 의식형태를 가능하게 하는 조건으로서 '물질적 의존관계' – 달리 표현하면 자본주의적 계급관계 – 를 전제하고 있다.

'경제적 강제'는 지배/예속관계로서의 계급관계에 필연적으로 요구되는 '강제'의 물신화된 형태일 뿐 아니라 '경제외적 강제'를 완전하게 대체하지도 않는다. 따라서 불완전한 '경제적 강제'를 보완하기 위해 필연적으로 '정치적 형태'의 '강제'가 요구된다. 자본주의적 계급관계의 정치적 형태가 '경제적 강제'를 매개해서 정립된다는 것은 정치적 형태의 내용규정이 '경제적 강제'의 전제인 '물질적 의존관계'를 확보하는 것을 의미한다. 따라서 자본주의적 국가의 내용규정, 즉 역할과 기능은 '물질적 의존관계'의 확보, 즉 자본주의적 사회관계의 사회적 재생산으로 일반적으로 규정된다.

한편 '경제적 강제' 개념을 '물신주의 비판'적 관점에서 독해할 때, 자본주의적 국가의 형태와 내용 간의 모순, 그리고 그에 따른 국가역할의 한계 문제를 개념적으로 파악할 수 있다. 자본주의적 국가의 형태와 내용 간의 모순은 모든 사회구성원의 '환상적 공동체'로서의 국가형태와 자본가계급의 계급지배 도구로서의 국가의 성격 간의 모순이다. 즉, 계급관계 및 계급투쟁으로부터의 자립성과 중립성이라는 국가의 형태규정과 자본가계급의 계급지배를 위해 계급관계 및 계급투쟁에 개입해야 하는 국가의 내용규정 간의 모순이다. 모순의 핵심은 자본가계급의 국가를 통한 계급지배가 자동적으로 보장되지 않는다는 점이다. 왜냐하면 계급지배 자체가 국가기구 안에서 '정치적 형태'의 계급투쟁을 통해서만 관철될 수 있기 때문이다. 계급투쟁에 의한 계급 간 역관계의 변화가 자본주의 국가의 역사적 형태의 끊임없는 전형, 즉 국가기능의 역사적 변화·발전을 가져오는 과정은 바로 자본주의 국가의 형태와 내용의 모순적 운동을 통해서이다.

국민국가들 간의 관계인 '국제적 국가체계'에 대해 좌파이론의 대부분은 국민국가들의 분리를 전제하는 일국적 접근방법을 취하고 있다. 그러나 이러한 일국적 접근방법은 국민국가들 간의 내적 통일성을 이론화하지 못하고 있다. 반면에 일국 단위가 아니라 세계를 기본단위로 분석하는 종속이론과 세계체계론은 중심/주변 양극화 명제를 통해 국민국가들 간의 내적 통일성에 대한 이론화를 시도하지만, 국민국가들의 내재적 관계로서 이론화하기보다는 외재적 관계로 이론화함으로써 국민국가들 간의 내적 통일성을 이론화하는 데 실패한다.

이를 극복하고 국민국가들 간의 내적 통일성을 이론화하기 위해 '개방적' 마르크스주의는 형태 분석에 입각한 국제적 국가체계에 대한 이론화를 시도하지만, 국제적 국가체계의 사회적 구성을 역사적으로 분석하기보다는 자본주의적 사회관계의 지구적 총체를 추상적 형태규정 수준에서 분석함으로써 제국주의/식민지 관계라는 역사적 현실을 간과하고 국제적 국가체계의 내적 통일성의 핵심인 국가 간 지배/예속관계를 부정하는 이론적 오류를 범하게 된다. 즉, 계급투쟁을 통해 먼저 자본주의적 사회관계를 정립시킨 유럽으로부터 여타 세계의 비자본주의적 사회관계를 자본주의적 사회관계로 전형시켜가는 과정에서 확장되고 재구성되는 지구적 총체로 이론화하고 있지 않다. 그 결과 지구적 총체의 구성과정이 제국주의적 확장과정이었고, 그 과정에서 제국주의와 식민지에서 자본주의적 사회관계가 질적 차별성을 가지고 전형되는 점이 간과되고 있다. 그래서 '개방적' 마르크스주의의 분석에는 정상적인 착취와 구분되는 식민지 및 신식민지에서의 '초과착취'

라는 개념이 없다.

'개방적' 마르크스주의의 국민국가들 간 관계에 대한 이론화에서의 이러한 오류를 극복하기 위해서는 형태 분석적 관점뿐만 아니라 사회관계의 역사적 구성과정에 대한 철저한 이론화가 필요하다. 국제적 국가체계 구성과정의 핵심인 제국주의/식민지 관계는 자본/노동관계의 지구적 확장, 즉 자본주의적 관계의 지구적 총체화 과정에서 구성된 국가 간 지배/예속관계로 볼 수 있다. 이에 대한 이론화는 몇 단계를 통해 이루어진다.

첫째, 자본주의적 제국주의는 역사적으로 19세기 말~20세기 초에 출현한 현상으로 특정화되어야 한다. 둘째, 19세기 말~20세기 초 제국주의의 출현은 선진 자본주의 국가들 내부의 계급투쟁 및 계급 역관계의 변화에 의해 추동된 것이었다. 제국주의는 이 시기 대불황 속에서의 '경제적 형태' 및 '정치적 형태'의 계급투쟁 과정에서 계급대치의 수세에 몰린 자본과 국가에 의해 추구된 전략이었다. 총체적 계급관계의 위기와 계급적 압력하에서 발생한 과잉자본의 출구로서 이루어진 자본수출이 자본주의적 생산관계의 이식·창출로서 제국주의의 핵심이다. 셋째, 제국주의/식민지는 기본적으로 국가 간 지배/예속관계이고, 이러한 '경제외적 강제'를 통해 식민지에서 자본주의적 관계를 창출하는 과정이었으며, 그것은 식민지 초과착취와 초과이윤으로 현상했다. 넷째, 제국주의/식민지 또는 중심/주변의 부등가교환 역시 국가 간 지배/예속관계를 토대로 한 상품교환관계를 통해 이루어진다. 제국주의 나라들에 의한 식민지 나라들의 '착취'가 자본주의적 상품관계를 통해 일상적으로 이루어진다. 다섯째, 제국주의/식민지 관계는 세계적 차원의 계급 역관계의 변화에 따라 이후 제국주의/신식민지 관계로 그 형태는 변화하나 국가 간 지배/예속관계는 여전히 관철되고 있다. 따라서 제국주의/식민지 관계는 일회적·일시적 관계가 아니라 19세기 말 이래 자본주의 세계체계의 국가 간 지배/예속관계로서 질적 규정성을 획득하고 있다.

결론적으로 국가 간 지배/예속관계로서의 제국주의/(신)식민지 관계는 제국주의 국가들 내부의 계급관계와 식민지·신식민지 국가들 내부의 계급관계를 각각 착취관계와 초과착취관계로 차별적으로 규정한다. 따라서 국제적 국가체계는 동질적인 국민국가들을 계기로 해서 구성되는 것이 아니라 질적으로 차별화된 제국주의/(신)식민지 국가들로 이분할되어 구성된다고 할 수 있다.

세계화 논쟁의 쟁점은 이론적으로 국민경제와 국민국가 사이의 관계로 요약될 수 있다. 이 문제는 바로 마르크스의 '정치경제학 비판 체계 플랜' 후반부의 연관을 밝히는 핵심적 문제이기도 하다. 국민경제와 국민국가의 관계는 세계시장과 국민경제의 관계, 국제적 국가체계와 국민국가의 관계, 세계시장과 국제적 국가체계의 관계 등에 대한 이론화를 통해서 파악될 수 있다. 특히 세계시장을 어떻게 볼 것인가 하는 문제가 논의의 토대를 이루고 있다.

마르크스의 세계시장 개념은 자본주의 생산양식에 의해 생산된 상품시장으로서의 세계시장이고, 자본주의적 생산의 내적 필연성에 따라, 그리고 경쟁을 통해 모든 전 자본주의적 생산양식을 파괴하며 모든 개인으로 하여금 욕구들의 충족에서 세계 전체에 의존하도록 만드는 세계시장이다. 따라서 세계적 범위에서의 상품교환관계로서의 세계시장은 표층, 즉 형태규정인 것이고, 그것이 내포하고 있는 심층, 즉 그것이 표현하고 있는 내용은 자본주의 생산양식의 확산, 세계적 범위에서의 사회적 분업의 발달, 그리고 이에 조응하는 '끊임없이 확대되고 풍부해지는 욕구체계' 등이다. 따라서 마르크스에게 세계시장은 자본주의적 생산의 총체, 따라서 잉여가치 생산과 실현의 총체를 구성하는 개념이다. 달리 말하면, 세계시장은 자본주의적 계급관계의 '경제적 형태'의 총체를 구성하는 개념이다.

마르크스의 '시민사회' 또는 '부르주아 사회' 개념은 기본적으로 국민국가를 단위로 한 국민적 시민사회가 아니라 세계시장을 가리키는 세계시민사회, 세계 부르주아 사회를 의미한다. 가치운동은 세계적 범위에서 하나의 총체를 구성하고, 따라서 가치법칙은 비록 현실적 제약에 따라 수정되더라도 세계시장 차원에서 성립되고 관철된다. 따라서 세계시장은 분리된 국민국가들 또는 국민경제들의 총합이 아니다. 국제적 분업에 의해 내적으로 통일된 계기들로서의 국민경제들이 세계시장에서 하나의 총체를 구성하고 있다.

마르크스의 '부르주아 사회를 총괄하는 형태'로서의 국가형태에 대한 추상적 규정은 기본적으로 국민국가형태에 그대로 적용된다. 자본주의적 계급관계의 '정치적 형태'는 세계국가형태가 아니라 국민국가형태로 총괄된다. '부르주아 사회의 총괄'이 국민국가형태로 이루어질 수밖에 없는 것은 자본주의적 계급관계의 '정치적 형태'가 비록 물신화되어 추상적 개인들의 '환상적 공동체'로 나타나지만, 사물들 사이의 관계가 아니라 사람들 사이의 관계이기 때문이다. 따라서 '정치적' 계급투쟁은 기본적으로 국민국가형태 안에서 법률, 제도, 정책, 선거 등을 통해 이루어지거나 국가혁명으로 표출된다.

이처럼 자본주의적 계급관계의 '경제적 형태'가 총체를 구성하는 세계시장과 그 '정치적 형태'가 총괄되는 국민국가형태는 포괄범위가 일치하지 않는다. 여기서 '국민경제'와 '국제적 국가체계' 문제가 제기된다. 자본주의 세계는 하나의 유기적 총체를 구성하고 있고, 그것의 토대가 '경제적 형태'의 총체로서의 세계시장이다. 그러나 세계시장이라는 토대에 입각한 상부구조는 세계국가가 아니라 '국제적 국가체계'이다. 왜냐하면 자본주의적 계급관계의 '정치적 형태'는 세계국가형태가 아니라 국민국가형태로 총괄되기 때문이다. 세계시장의 구성과정은 동시에 제국주의/식민지 관계를 중심으로 한 '국제적 국가체계'의 구성과정이다.

그런데 세계시장의 구성이라는 이러한 가치의 총체화 운동과정에서 국민국가형태에 조응하는 것으로 '국민적' 토대인 '국민경제' 개념이 등장한다. 이 '국민경제' 개념은 물신적 개념, 즉 기만적 의식형태이다. '환상적 공동체'로서의 국민국가형태가 그에 상응하는 '경제적 형태'로서의 '국민경제'라는 기만적 의식형태를 낳는다. 따라서 '국민경제'가 가치운동의 총체를 구성하는 것으로 나타난다. 또한 국민국가들이 독자적인 것으로 파악되어 국민국가들 간 관계가 외적 관계로 이론화되듯이, '국민경제들'도 독자적인 것으로 파악되어 '국민경제들' 간의 관계 역시 외적 관계로 이론화된다. 그렇게 되면 세계시장은 독자적인 '국민경제들'의 외적 결합 이상으로 이론화될 수 없게 된다. 그러나 실제로는 '국민경제들'이 분리되어 존재하고 외적으로 관계하는 것이 아니라 분리되어 있지 않고 내적으로 통일되어 세계시장을 구성하고 있다.

요컨대 국민경제와 국민국가의 관계는 단선적·일방적 관계가 아니라 세계시장 및 국제적 국가체계에 의해 매개되는 상호 작용하는 복합적 관계이다. 국민경제는 세계시장의 분리될 수 없는 한 계기로서 구성되고, 동시에 세계시장을 토대로 구성된 국제적 국가체계에 의해 규정되는 국민국가의 반작용을 받는다. 국민경제는 세계시장이라는 '경제적 형태'와 국민국가라는 '정치적 형태'에 의해 동시에 매개되어 구성된다.

이상의 이론화에 비추어볼 때, 좌파이론에서의 세계화 논쟁의 한계는 세계화론자나 세계화 비판자 가릴 것 없이 모두 세계시장에 대한 물신적 이해에 빠져 있고,

'경제적인 것'과 '정치적인 것', 즉 경제와 국가의 형태상의 분리를 실체적 분리로 파악하는 오류를 범하고 있다는 점에 있다. 그 결과 세계화 논쟁은 그 이론적 정교화에도 불구하고 단순하게 국가와 시장에 관한 '상호 의존성', '상호 작용', '영향' 및 '자율성'에 관한 동어반복적 평가만을 생산하고 있다. 또한 국민국가와 노동(또는 계급투쟁)은 세계화 과정에 외부적인 것으로 간주되고, 세계화에 무기력하고 수동적으로 대응하는 것으로 파악된다.

# 제4장

# 1970년대 이후 세계자본주의의
# 역사적 전형에 대한 비판적 재구성

제4장에서 필자의 현대자본주의에 대한 연구관점은 1970년대 전후 자본축적의 위기와 그 위기 속에서의 장기간의 계급투쟁의 결과 1980년대 이후 현대자본주의의 자본축적 형태와 국가형태에서 역사적 전형이 일어났다고 보고, 이 전형의 원인, 과정, 성격 및 모순을 분석하는 것이다. 대부분의 좌파이론은 '포스트포드주의', '금융화된 축적체제', '통화주의체제', '신자유주의체제', '제국' 등 서로 다른 용어를 사용하고 있지만, 기본적으로 1970년대를 전후한 현대자본주의의 전형을 전제하고 분석하고 있다. 다만 그 원인, 과정, 성격 및 모순에 대해서 서로 다른 요인들을 제시하고 있다.

이 장에서는 현대자본주의에 대한 좌파이론 가운데 대표적인 세 이론, 즉 조절이론, 브레너의 '국제적 경쟁' 이론, 자율주의의 '제국' 이론 등을 비판적으로 검토한 이후, 현대자본주의의 역사적 전형을 이론적으로 재구성하고자 한다. 이러한 비판적 재구성의 관점은 앞서 방법론 비판과 '정치경제학 비판'의 확장으로서 국가형태 및 세계시장에 대한 이론화에서 채택한 마르크스의 역사유물론적 방법, 즉 형태 분석과 사회적 구성의 관점이다. 따라서 제4장에서는 현대자본주의에 대한 마르크스의 '정치경제학 비판'적 재구성을 시도한다.

1970년대 이후의 현대자본주의의 변화를 역사적 전형으로 파악하는 필자의 관점은 통상의 자본주의 발전단계 구분과는 구별된다. 그동안 좌파이론 내에서는 자유방임주의(또는 경쟁)·독점·국가독점자본주의라는 3단계 구분이 일반적이었다. 그러나 1970년대 이후 '신자유주의' 또는 '통화주의'의 출현은 이러한 단계구분에 대해 근본적인 문제제기를 한다. 기존 단계구분의 경우 자본 간 경쟁의 형태나 국가개입 형태 또는 '생산의 사회화'의 정도 등을 단계구분의 근거로 제시한다. 그러나 대체로 단계이행의 원동력으로 자본축적 형태를 공통적으로 제시하고, 계급투쟁은 잘해야 부차적 요인으로 추가될 뿐이다.

여기에서 자본주의 발전단계 구분 문제 자체를 자세히 검토하기는 어렵지만, 형태 분석과 사회적 구성의 관점에서 보면 기존의 자본주의 발전단계 구분이 논리적 단계 설정 시도에 따라 대부분 단계를 하나의 패러다임으로 파악하는 문제점, 즉 구조주의적 개념화 문제를 안고 있다는 점은 지적할 필요가 있다. 조절이론의 경우 전형적으로 드러나듯이, '제도체계'를 패러다임으로 이해함으로써, 즉 모순적 측면보다 조화와 조응하는 측면만을 강조함으로써 사회를 '모순적 총체'가 아니라 '기능적 총체'로 파악하게 된다. 이는 필연적으로 현실을 이론에 꿰맞추는, 즉 패러다임과 일치하는 현실만을 과장하는 현실 왜곡을 가져오게 된다. 이론체계는 모순이 없는 패러다임으로 이해할 수 있지만, 현실 자체를 패러다임으로 파악할 수는 없다.

그러나 사회적 구성의 관점이라 해서 모든 단계 구분을 반대하는 것은 아니다. 패러다임적 단계구분을 반대하는 것이다. 계급투쟁과 계급 역관계의 변화에 따라 자본주의 사회는 역사적 전형을 거듭해왔다. 그러한 역사적 전형의 특징·형태를 근거로 역사적 시대구분은 얼마든지 가능하다. 다시 말해 단계구분을 위한 '매개이론' 또는 '중범위이론'은 불필요하다는 것이다. 패러다임적 단계구분은 자본주의의 발전을 '하나의 지배 패러다임에서 또 다른 패러다임으로의 교체'로 이해할 수 있다는 가정에 기초하고 있고, 이러한 패러다임적 접근방법이 필연적으로 '기능주의'와 '현실 왜곡'으로 귀결되기 때문이다.[1]

기존의 자본주의 발전단계 구분이 안고 있는 문제점에 대해서 클라크는 다음과 같이 올바르게 지적하고 있다.

자본주의 생산양식의 단계 구분은 경험주의 — 정치적 기회주의를 정당화하기 위해 역사적 우연성을 강조하는 — 와 환원주의 — 독단적인 근본주의를 정당화하기

---

1) 패러다임적 단계구분의 문제점에 대한 비판은 홀로웨이(Holloway, 2002c: 260~264)를 참조.

위해 자본주의 생산양식의 불변의 운동법칙을 강조하는 ― 사이의 중간 길을 찾으려는 시도이다. 자본주의 생산양식의 '단계 구분'은 '매개적 구조들' ― 당면 국면에 개입할 수 있는 정치전략을 위한 과학적 근거를 제공하도록 특정한 역사적 시기에 관통하는 규칙성과 체계적 특징들을 규정하는 ― 을 정의하는 방식을 제공하는 것으로 상정된다(Clarke, 1992: 133).

단계 구분은 그것이 제기한 문제, 즉 단순한 '본질주의적' 구조주의의 정태적 물신주의를 넘어서는 문제를 해결하지 못한다. 왜냐하면 그것은 단지 구조들 ― 그 각각이 똑같이 정태적이고 물신적으로 남아 있는 ― 을 증식시킬 뿐이기 때문이다. 자본주의 생산양식의 단계 구분은, 숙명론적인 본질주의와 정치적 기회주의 사이의 중간 길을 제공하기는커녕 단지 역사적 특이성을 역사적 우연성과 구조적 필연성의 상호 배타적인 형태들로 받아들이는 것일 뿐이다. 그 어느 형태도 정세의 개방성 또는 결정론의 이름으로 양자택일적으로 정치적 기회주의를 정당화하는 데 기여한다. 또 둘 다 현재를 과거로부터 단절하고, 그래서 우리가 역사의 교훈을 배우는 것을 가로막는다(Clarke, 1992: 149).

이 장에서는 형태 분석 및 사회적 구성의 관점에서 현대자본주의를 분석하기 위해 자본주의 생산양식을 구성하는 주요한 두 계기인 '경제적인 것'과 '정치적인 것', 또는 자본축적 형태와 국가형태를 분석한다. 즉, 현대자본주의의 변화·발전을 구체적인 자본축적 형태 및 국가형태의 전형으로 이론화한다. 이를 위해서 자본축적 형태와 국가형태를 각각 '경제적 형태'와 '정치적 형태'로 취하고 있는 계급관계를 선차적으로 분석한다. 즉, 계급투쟁 및 계급 역관계의 변화가 자본축적 형태와 국가형태의 변화·발전으로 표현되는 것으로 분석한다. 따라서 분석은 크게 두 차원으로 나뉜다. 그 하나는 사회관계 분석으로, 이는 주로 계급투쟁과 계급 역관계의 변화에 대한 분석이고, 다른 하나는 형태 분석, 즉 '경제적 형태'와 '정치적 형태' 분석이다. 형태 분석은 구체적으로 가치형태 분석으로서 자본축적 형태 분석, '정치적 형태' 분석으로서 국민국가형태 및 국제적 국가체계 분석을 포함한다.

계급투쟁과 계급 역관계를 분석하기 위해서는 특정 시기의 계급투쟁의 조건을 특정한 '경제적 형태'와 '정치적 형태'에서 분석하고, 그러한 조건하에서의 계급투쟁의 형태 – 노동자계급의 투쟁뿐만 아니라 자본가계급의 전략도 함께 – 를 분석한다. 계급투쟁의 조건은 특히 노동력 구성의 물질적 기초로서 노동과정의 기술형태와 조직형태가 중요하다. 계급투쟁은 기본적으로 국민국가 단위로 수행되기 때문에 크게 선진국과 제3세계의 두 부류로 나누어 분석하고, 그것을 세계적 차원에서 총괄해서 세계적 계급투쟁과 계급 역관계로 분석한다.

계급투쟁 형태는 경제적 파업투쟁이나 정치투쟁 등 가시적인 조직적 투쟁형태만이 아니라 무단결근·이직·태업 등에 의한 생산성 저하와 같은 개별적이고 소극적인 투쟁형태도 주목한다. 자본과 국가의 전략으로는 성·인종·자본규모·고용형태 등에 의한 노동자계급의 차별화를 통한 노동력(labor force) 구성 – 예컨대 독점자본에 의한 '3분할 분단노동시장', 정규직·비정규직의 차별적 구성 등 – 이 중요하다. 계급 역관계에 대한 지표로는 생산성 증가율, 잉여가치율을 표현하는 소득분배비율(혹은 이윤율) 등을 활용한다.

자본축적 형태에 대한 분석은 가치형태운동이 세계시장에서 총체화되므로 기본적으로 세계적 차원에서 분석한다. 세계적 차원이라 하더라도 주요 제국주의 국가들, 특히 미국, 유럽, 일본의 세 축이 지구적 자본축적을 주도하고 있으므로 이들을 중심으로, 그러나 신식민지인 제3세계와의 연관 속에서 분석한다. 그런데 주요 국민경제에 대한 분석보다는 자본운동의 형태에 대한 분석이 중요하다. 즉, 제국주의 독점자본의 축적형태에 대한 분석이 중요하다. 또한 제국주의 독점자본의 축적형태의 변화를 자본 간 경쟁의 맥락에서가 아니라 계급관계와 계급투쟁의 '경제적' 표현으로서 분석한다. 일국적 독과점에서 세계적 독과점으로의 발전이나 생산적 축적과 투기적 축적 등 자본운동 형태의 변화를 중심으로 하고, 그러한 변화과정에서 독점자본 간 경쟁의 표현으로서의 제국주의 국가 간 경쟁 등을 분석한다. 그래서 '경영자 자본주의'에서 '주주 자본주의'로의 변화를 계급 역관계의 변화가 '경제적'으로 표현된 것으로 분석한다. 또한 브레턴우즈 체제로 표현되는 세계 달러체제의 변화도 분석한다.

국가형태에 대한 분석은 국민국가형태와 국제적 국가체계에 대한 분석으로 나뉜다. 국민국가형태 분석은 계급관계가 기본적으로 국민국가로 총괄되므로 각국 계급투쟁의 정치적 표현으로서 제도 변화, 국민국가 역할의 변화 등을 분석한다.

국민국가의 역할이 자본주의적 사회관계의 재생산이기 때문에, 특히 핵심적 기능인 화폐와 노동에 대한 통제, 위기관리에 대한 분석이 중요하다. 즉, 통화 및 재정정책, 사회복지정책, 노동정책, 경기대책 등을 계급관계의 관리라는 차원에서 분석한다. 또한 제국주의 국가들의 내적 필요(계급관계)에 의한 국제적 국가체계의 변화, 특히 IMF, WTO 등의 국제기구를 통한 제국주의/신식민지 관계의 변화에 대해 분석한다.

따라서 분석은 1970년대 전반 제국주의 국가나 제3세계 국가들에서의 계급투쟁에 따른 세계적 범위의 자본축적의 위기국면에 대한 분석, 이러한 위기국면에 대한 대응으로서의 '위로부터의 계급투쟁'으로서 자본과 국가의 공세 및 그로 인한 계급투쟁의 형태에 대한 분석, 그 계급투쟁의 결과로서 자본축적 형태와 국가형태의 변화에 대한 분석 등의 순서로 진행한다.

1970년대의 자본축적의 위기국면에 대한 분석은 전후 세계경제의 장기호황과 케인스주의적 복지국가가 1970년대에 위기에 처하게 된 원인에 대한 분석이 핵심이다. 이에 대한 분석은 전후 30년간의 특징과 모순을 자본축적 형태와 국민국가 형태 및 국제적 국가체계에서 이론화하는 것이다. 조절이론의 생산성 위기론, 브레너의 국제적 경쟁 격화론, 자율주의의 계급투쟁론 등 세 이론을 중심으로 자본축적 형태와 국가형태에 대한 각 이론의 주장을 비판적으로 검토하면서 형태 분석과 사회적 구성의 관점에서 재구성한다.

1970~1980년대의 위기 속에서의 계급투쟁 양상에 대해서는 미국, 영국에서 시도된 신자유주의적 공세와 이에 대한 노동자계급의 대응을 중심으로 분석한다. 미국, 일본, 유럽 등 선진국 노동자계급의 대응, 제3세계의 외채위기와 이에 맞선 계급투쟁 형태도 분석한다. 이러한 구체적 분석을 토대로 계급투쟁을 세계적 차원에서 총괄해서 노동자계급 패배의 원인을 분석한다.

1980년대 이후 세계적 범위에서 노동자계급의 패배에 따른 신자유주의적 구조변화, 즉 대내적 구조조정과 국제적 재구조화(재편성)를 네 차원 — 계급 역관계 변화의 표현으로 노동자계급의 재구성(유연화 형태의 파편화), 자본축적 형태의 변화로서 금융적 축적(신용과 부채)과 '주주 자본주의', 국가형태의 변화로서 '탈정치화 전략'과 '수탈국가', 국제적 국가체계의 변화로서 경제적 재식민지화(이른바 세계화) — 에서 분석한다.

# 1. 제2차세계대전 이후의 장기호황과 1970년대의 자본축적 위기의 성격

1970년대 자본축적 위기의 성격과 그 후의 자본주의의 역사적 전형에 대해서는 '포스트포드주의' 논쟁과 브레너 논쟁 등을 통해 좌파 내부에서 치열하게 논쟁이 전개되어왔고, 현재도 계속 진행 중이다. 위기의 원인 또는 성격에 대한 규정과 위기 이후의 자본주의의 역사적 전형의 특징 또는 성격에 대한 규정은 밀접하게 맞물려 있다. 따라서 현대자본주의의 성격 분석을 위해서는 1970년대 자본축적 위기에 대한 분석이 전제로 요구된다. 그런데 1970년대 자본축적 위기의 원인에 대한 규명은 제2차세계대전 이후의 장기호황의 성격과 특징에 대한 분석을 또한 필요로 한다.

그러므로 논의는 전후 장기호황의 성격에 대한 분석부터 출발한다. 제2차세계대전 이후의 30여 년에 걸친 장기호황은 '황금기'로 일컬어질 정도로 자본주의 역사에서 독특한 특징을 보여주었다. 조절이론이 이 '황금기'를 '포드주의' 축적체제로 개념화한 것을 비롯해, 이 시기는 '케인스주의' 시대, '복지국가' 시대, '국가독점자본주의' 단계 등 다양한 이름으로 특징화되고 자본주의 발전의 한 단계로 설정된다.

1970년대의 자본축적 위기는 1974~1975년의 세계공황 때문에 가시적으로 표출되었고, 논자마다 약간의 차이는 있지만 대체로 1960년대 후반부터 나타나기 시작한 이윤율의 저하 경향을 그 근거로 한다. 그래서 위기의 성격에 대한 논쟁은 1960년대 후반 이래의 이윤율 저하의 원인이 무엇이냐를 둘러싸고 벌어지고 있다. 그 원인을 자본축적, 즉 자본 간 경쟁에서 찾느냐 아니면 계급투쟁, 즉 노동자계급의 투쟁에서 찾느냐에 따라 입장이 크게 양분된다. 브레너(Brenner, 1998; 2002)가 전자에 속한다면, 조절이론(Aglietta, 1978)과 자율주의이론은 후자에 속한다. 후자 가운데에서도 자율주의이론이 노동자계급의 투쟁으로서의 계급투쟁 요인을 선명하게 부각시키는 편이라면, 조절이론은 계급투쟁의 제도형태인 조절양식에서 원인을 찾기 때문에 직접적인 노동자계급의 투쟁보다는 생산성 저하에서 이윤율 저하의 구조적 원인을 찾는다.

그러나 조절이론은 후기로 가면 갈수록 간접적으로나마 계급투쟁을 강조하는 입장에서 자본축적을 강조하는 입장으로 선회하며, 브레너 논쟁이 출현하면서 절충적 견해들이 강화되고 있다. 방법론 차원에서 자본축적과 계급투쟁을 이윤율 저하에 작용하는 두 요인으로 병렬시키면서, 특정한 시기에는 자본축적이 주요 요인으로 등장할 수도 있다는 식으로 절충된다. 마르크스주의로부터 이탈했다는 집중 비판을 받은 브레너 자신이 논쟁에 대한 반박 과정에서 이처럼 방법론에 대해 절충적 입장을 취하며, 브레너 논쟁에 참여하는 긴딘(Gindin, 2001),[2] '역사적 자본주의'의 아리기(Arrighi, 2003)[3] 등도 이러한 절충적 방법론을 표명한다. 이처럼 현대자본주의 논쟁은 방법론 측면에서는 자본축적과 계급투쟁이 두 요인으로 병렬되고 외적 관계로 설정되는 절충론이 강화되고 있고, 내용적 측면에서는 브레너의 자본축적 우위론이 보완되면서 강화되는 방향으로 전개되고 있다.

따라서 제4장 제1절에서는 1970년대의 자본축적 위기의 성격에 대한 재검토를 위해 '케인스주의 복지국가' 시기의 특징·성격·모순을 계급 역관계 분석에 입각해 자본축적 형태, 국가형태(국민국가형태 및 국제적 국가체제)를 분석함으로써 각 이론을 비판적으로 평가하는 한편, 독자적으로 이론적 재구성을 시도하고자 한다.

---

2) 긴딘 역시 방법론적으로 계급투쟁과 자본 간 경쟁을 병렬시키는 이원론적 입장을 표명하고 있다. "자본주의 동학은 경쟁과 계급의 상호관계, 즉 어떻게 서로가 ― 경제, 문화, 국가를 통해 ― 영향을 주고, 침투하며, 서로를 제약하는지에 관한 것이다. 브레너가 그렇게 강조한 높은 고정비용도 경쟁적 압력과 계급 저항 두 가지 모두에 대한 대응으로서 노동을 통제하고 대체하는 수단으로서만 이해될 수 있는 것이다. 계급의 역할을 부차적인 것으로 환원하는 것은 계급에 기초한 국가의 중요성을 축소하고 왜곡시키는 결과를 초래한다. 따라서 그것은 이론 내부에 경제적 편향을 형성시키는 경향이 있다"(Gindin, 2001: 4).

3) "브레너의 수직적 갈등(계급투쟁: 인용자) 및 수평적 갈등(자본 간 경쟁: 인용자) 사이의 엄격하고 조급한 구별과 수직적 갈등을 수익성의 일반적이고 지속적인 하락에 대한 가능한 설명요인에서 선험적으로 배제하는 것은 두 종류의 갈등 사이의 복합적이고 역사적인 상호 작용을 해명하는 데 부적절하다"(Arrighi, 2003: 31). 그러면서 아리기는 "상호 작용하는 요소들 가운데 어느 하나에 인과적 우선성을 부여하는 것과 관련된 어려움"(Arrighi, 2003: 56)을 강조하고, 이에 대한 해결방안으로 여러 요인의 인과적 연관보다는 조합적 연관을 제시한다. 그래서 브레너의 '불균등발전'은 그러한 조합의 한 요소에 불과하다고 평가한다. 그리고 '사회적 및 정치·경제적 관점'으로서, 세 가지 주요한 요인, 즉 정치적 요인으로서 세계헤게모니체제, 경제적 요인으로서 자본축적 및 자본 간 경쟁, 사회적 요인으로서 계급투쟁을 제시해서 세 요인 간의 상호 작용을 통해 1970년대 이후의 자본축적 과정을 분석한다(Arrighi, 2003: 56~71). 아리기는 세계헤게모니체제를 1차적 규정요인으로 보면서, 그 규정하에서 자본 간 경쟁과 계급투쟁을 도입한다. 따라서 아리기는 브레너의 관점을 보다 일반적이고 포괄적인 틀 속에서 재위치시키고 자본 간 경쟁과 계급투쟁의 관계에서는 자본 간 경쟁이 우위에서 규정하는 것으로 브레너의 관점을 승인함으로써 브레너의 관점과 분석을 보완하는 입장을 취하고 있다.

## 1) 계급 역관계와 노동력 구성: 노동자계급의 공세와 자본의 전략적 대응

### (1) 계급 역관계의 분석방법

계급투쟁과 계급 역관계는 자본주의의 변화·발전의 추동력이자 실체임에도 불구하고 그것을 분석적으로 이론화하기가 매우 어렵다. 더구나 계급 역관계를 양적인 지표로 분석하기는 더욱 힘들다. 마르크스의 개념 가운데 계급 역관계에 해당하는 것은 착취율 또는 잉여가치율 개념이다. 그러나 잉여가치율이 정확하게 계급 역관계를 반영하는 것도 아니다. '상대적 잉여가치' 개념이 보여주는 바와 같이, 동일한 역관계하에서도 생산력 수준, 즉 기술적 기초에 따라 필요노동이 줄어들면서 잉여가치율은 증대될 수 있기 때문이다. 또 현실적으로 활용 가능한 통계에서 잉여가치율을 직접적으로 표현하는 지표도 없다. 임금분배율 또는 이윤분배율 등이 잉여가치율의 간접적 지표로 활용될 수 있을 뿐이다. 또한 이윤율의 추이도 간접적으로는 계급 역관계의 변화를 반영하는 것으로 해석할 수도 있다. 그러나 이윤율은 잉여가치율보다 더 간접적으로만 계급 역관계를 반영한다. 따라서 계량적인 통계지표를 사용해 계급 역관계의 추이를 분석할 경우 매우 조심스럽게 이루어져야 한다. 즉, 계급관계와 계급투쟁의 총체적인 맥락 속에서만 잉여가치율이나 이윤율 등의 양적 지표의 변화가 계급 역관계의 변화를 나타내는 정도를 올바르게 판단할 수 있는 것이다.

따라서 계급 역관계의 분석은 계량적인 분석이 아닌 질적인 분석을 필요로 한다. 계급 역관계는 다양한 계급투쟁으로 표현된다. 특히 총자본과 총노동 간의 대립·투쟁을 표현하는 대(大)투쟁에서 계급 역관계의 유의미한 변화가 일어난다. 예컨대 유럽의 경우 산별교섭에서의 대표적인 산별노조의 상징적인 투쟁, 1968년 프랑스와 이탈리아를 중심으로 유럽 전체를 휩쓴 '유럽 혁명', 영국의 1984~1985년의 광부노조 파업, 미국의 1981년 항공관제사 파업, 한국의 1987년 노동자대투쟁 등이 그러하다. 또 정부의 주요한 경제정책, 특히 긴축정책 또는 팽창정책, 노동법 개선 또는 개악과 같은 제도적 변화 등도 계급 역관계의 명확한 변화를 표현한다.

그러나 이러한 계급 역관계의 유의미한 변화는 어느 날 갑자기 이루어지는 것은 아니다. 자본 자체가 계급투쟁이고 모순이기 때문에 계급관계는 항상적인 대립·갈등 속에 있고, 따라서 기본적으로 유동적이다. 이는 계급 역관계가 일상적으로 유동적임을 의미한다. 특정한 제도나 정책으로 표현되는 계급 역관계하에서도 그것을 변화시키기 위한 노동자계급의 저항 또는 자본가계급의 '위로부터의 계급투쟁'이 끊임없이 이루어지기 때문이다. 이러한 일상적이고 잘 눈에 띄지 않는 작고 미묘한 변화들이 일정한 방향으로 축적되고 발전되어 모순이 격화되면 새로운 가시적인 투쟁 또는 제도나 정책의 변화로 나타나고, 그러한 투쟁과 제도·정책의 변화가 계급 역관계의 유의미한 변화를 가시적으로 표현한다.[4] 그러므로 계급 역관계의 질적 분석은 계급투쟁의 형태에 대한 분석이다. 노동자계급의 다양한 저항형태뿐만 아니라 자본가계급의 '위로부터의 계급투쟁' 형태 - 주로 자본가계급의 '전략' 또는 '기획'으로 표현되는 - 도 계급투쟁 형태 분석에는 포함된다.

계급 역관계의 이러한 질적 분석, 즉 계급투쟁 형태 분석을 위한 적절한 개념으로 '자율주의'적 접근방법은 '투쟁주기'(cycle of struggles)와 '계급 구성·탈구성·재구성' 개념을 제시한다. 앞서 제2장에서 살펴본 대로 이 개념들은 마르크스가 자본축적을 분석하기 위해 사용한 '경기순환'과 '자본의 유기적 구성' 개념을 유추해서 노동자계급의 투쟁을 이론화하기 위한 것이다. 노동자계급이 자본가계급에 맞서 특정한 투쟁형태를 '구성'하고, 이에 맞서 자본가계급은 노동자계급의 투쟁형태를 분쇄하기 위해 이를 '탈구성'하며, 그러면 노동자계급은 다시 자본가계급의 '탈구성'에 맞서 새로운 투쟁형태를 '재구성'한다는 것이다. 그리고 이 전체 과정이 하나의 '투쟁주기'를 형성한다(Cleaver, 1992).[5]

---

4) 이를 '양적 변화의 질적 변화로의 전화'로 설명할 수도 있을 것이다. 그런데 계급 역관계의 질적 변화라는 표현이 자본관계의 질적 변화, 즉 자본주의 자체의 극복으로 오해될 소지가 있기 때문에 여기서는 '일상적 변화'와 '유의미한 변화'로 구별하고자 한다. 그러나 내용적으로는 '양질 전화'의 의미와 같다. 계급 역관계의 일상적이고 비가시적인 변화의 축적이 유의미하고 가시적인 변화를 가져오는 것이다.

5) "계급 구성은 부단히 변화한다. 자본에 저항하는 노동자들이 자신들을 집합적으로 **구성**하려 할 때마다 자본은 이 위협적인 결합을 **탈구성**하거나 분쇄하려 노력할 수밖에 없다. 자본은 생산수단을 끊임없이 혁신한다거나 조직혁신과 기술혁신을 통해서 위험한 노동자들을 분할·탈숙련화·제거하고 주기적으로 구조조정을 벌이는 식으로 이런 일들을 해낸다. 그러나 자본은 임금을 통해서 노동을 조직하는 힘에 의존하는 까닭에 자신의 적대자를 완전히 파괴할 수 없다. 스스로를 재편할 때마다 자본은 새롭고 다양한 유형의 노동을 보충할 수밖에 없으며, 그렇기 때문에 저항과 대항 주도권이라는 생생한 능력을 지닌 다양한 노동자층을 중심으로 노동자계급이 **재구성**될 가능성을 열어놓

필자는 자율주의적 접근방법의 이 개념들을 채택하지 않는다. 왜냐하면 노동자계급의 투쟁형태를 구성·탈구성·재구성으로 파악하는 것은 자본주의의 변화·발전에서 노동자계급의 투쟁의 중심성을 인정하고 출발점으로 하는 점에서는 올바르나, 이러한 '투쟁주기'를 자본주의 발전의 단계구분과 연결시키고 패러다임적 개념화[6]로 나아가면서 많은 문제점을 가져오기 때문이다. 자율주의의 투쟁주기 개념에 대해 '개방적 마르크스주의'는 몇 가지 점에서 근본적인 비판을 수행한다.

첫째, 자본주의에서 노동자계급의 주체성은 자율주의가 주장하는 것처럼 긍정적이 아니라 부정적으로만 표현된다. 즉, 자본주의에서 투쟁은 주체성의 부정에 대항하는 운동, 부정적 운동이다.

대부분의 자율주의이론은 투쟁의 운동을 긍정적인 운동으로 표현한다. 자율주의 이론에 의해 취해진 양극(자본/노동 ― 인용자)의 역전은 긍정적인 것을 자본의 편으로부터 자본에 대항하는 투쟁의 편으로 이동시킨다. 정통 마르크스주의 이론에서 자본은 자본주의적 발전의 긍정적 주체이다. 자율주의이론에서 노동자계급은 긍정적인 주체가 된다. 계급 구성과 계급 재구성이라는 긍정적 개념들이 노동자계급의 편에 두어져 있는 반면, 탈구성이라는 부정적 개념이 자본의 편에 두어져 있는 이유가 그것이다. 양극의 역전 속에서, 동일성은 자본의 편에서 노동의 편으로 움직이지만 그것은 폭발되지 않고 심지어 도전받지도 않는다. 이것은 잘못된 것이다. ……우리가 존엄성의 관계들을 구축할 수 있는 유일한 방법이 존엄성을 부정하는 관계들의 부정을 통하는 길뿐이기 때문이다. 그러므로 우리의 운동은 무엇보다도 먼저 부정적

---

을 수밖에 없다. 이와 같은 구성·탈구성·재구성의 과정이 바로 **투쟁주기**를 구성한다. 이 개념은……한 주기에서 또 다른 주기로 넘어가는 과정에서 노동의 특정한 영역(산업 프롤레타리아), 특수한 조직적 전략(전위정당), 특수한 문화적 형태(「인터내셔널가」 부르기)의 주도적 역할이 쇠퇴하거나 낡은 것이 되거나 추월될 수 있다는 점을 인정하기 때문에 중요하다. 네그리가 주장하듯이, 노동자계급은 단번에 만들어지기보다는 지속적인 변형과정을 통해서 수차례 '재형성'된다"(Witheford, 1999: 151~152).

6) 자율주의이론에서는 20세기의 세 가지 투쟁주기를 단계구분의 근거로 삼는다. 즉, 19세기 중반부터 제1차세계대전까지를 '전문노동자(숙련노동자)'의 투쟁주기, 그 이후부터 제2차세계대전 후의 '황금기'까지의 포드주의 시기를 '대중노동자'의 투쟁주기, 1970년대 이후의 포스트포드주의 시기를 '사회적 노동자'의 투쟁주기로 본다. 이에 대한 자세한 설명은 위데포드(Witheford, 1999: 163~176)를 참조.

인 운동, 즉 동일성에 대항하는 운동이다. 탈구성하는 것은 우리이다. 우리는 파괴자들이다. 구성하기 위해, 동일성을 창출하기 위해……안정성을 창출하기 위해, 우리의 부정성을 가두고 부정하기 위해 끊임없이 애쓰는 것은 자본이다. ……우리의 운동은 부정적인 것이며 계급화를 거부하는 것이다. 치아빠스에서의 사빠띠스따의 봉기나 브라질의 땅 없는 사람들의 운동(MST)을 시애틀의 인터넷 노동자들의 투쟁과 결합한 것은 공동의 긍정적 계급 구성이 아니라 오히려 자본주의에 대항하는 그들의 부정적 운동의 공동체이다(Holloway, 2002c: 252~253).

둘째, '계급 구성'을 긍정적으로 개념화함으로써 발전단계 구분의 기초를 제공하는데, 이에 따라 현실의 다양한 투쟁들을 특정한 유형 또는 패러다임에 꿰맞추게 된다.

특수한 투쟁들을 노동에 대한 자본의 의존의 전반적 운동의 맥락 속에서 분석하기……보다는, 특수한 투쟁들(예컨대 1970년대 초 피아트 노동자들의 투쟁들)로부터 투영해 그 투쟁들을 자본주의 발전의 특정 단계에 전형적인 것으로 간주하는 경향이 있다. 이 경우에 '계급 구성' 개념은 모든 투쟁들이 분류되어 들어가야만 하는 이념형적인 유형 또는 패러다임, 즉 하나의 표제를 구성하기 위해 사용된다. 그리하여 이탈리아 자동차 공장들에서의 투쟁들은 노동에 대한 자본의 의존의 일반적인 운동 속에서 그것들이 차지하는 위치에 따라 이해되기보다는 다른 투쟁들을 재는 척도로 된다. 이러한 절차는 (반드시 그렇지는 않지만) 생경한 일반화로, 매우 다른 조건들로부터 발생하는 투쟁들이 강제로 끼워 맞춰져야만 하는 프로크루스테스의 침대와 같은 범주들의 구축(構築)으로 쉽사리 나아간다(Holloway, 2002c: 253~254).

셋째, 투쟁의 이러한 긍정적 개념화는 자본과 노동을 내적 관계에 있는 것이 아니라 외적 관계에 있는 것으로 파악하는 데서 비롯한다.

노동자계급과 자본의 관계가 내적 관계로 간주되면, 투쟁은 필연적으로 부정적이다. 그것은 우리를 에워싸는 것에 대항하는 투쟁, 즉 우리를 에워싸는 것 속에서 그에 대항하는 투쟁이며, 내부에서 그것 너머로 투사하되 부정의 입장에서 투사하는 투쟁이다. 그것은 단지 외부의 적(자본)에 대항하는 투쟁일 뿐 아니라 우리 자신에 대항하는 투쟁이다. 왜냐하면 자본의 내부에 있는 우리의 실존이란 자본이 우리 안에 있음을 의미하기 때문이다. 그렇지만 노동자계급과 자본의 관계가 외적인 어떤 것으로 간주된다면, 우리의 투쟁은 긍정적인 어떤 것으로 간주될 것이다. 우리가 자본의 외부에 서 있다면, 문제는 우리의 긍정적 힘, 즉 우리의 자율성을 어떻게 증가시킬 것인가 하는 것이 된다. 그러나 그것은, 투쟁의 주체가 긍정적임을, 그리고 그 적이 외부적인 어떤 것임을 함의한다. 따라서 그것은 보다 더 발본적인 입장인 것처럼 보일지 모르지만, 실제로 이 접근법은 혁명적 투쟁의 의미를 제한한다. 긍정적 접근법에서 투쟁은 우리 외부에 있는 것을 변형하는 것이다. 반면 부정적 접근법에서 투쟁은 우리 자신을 포함해 모든 것을 변형하는 것이다. 이러한 요소들(외적 해석과 내적 해석)은 모두 자율주의적 전통 속에 존재한다. 그렇지만 많은 경우에 우세한 것은 외적인, 즉 '반(反)작용적인' 해석이다. '자본주의적 형태들의 역사는 항상 필연적으로 **반작용적** 역사이다'(Hardt & Negri, 2000: 268). 따라서 자본주의적 발전의 동학은 노동자계급 운동의 힘에 대한 반작용 또는 반응으로 이해된다. 자본의 발전은 공공연한 반란의 순간에 드러나는 노동자계급 운동의 힘에 대한 자본의 방어적 대응으로 이해되는 것이다. ……자율주의이론은 계급투쟁을 종속적 역할로부터 해방시키지만, 그것이 자본과 노동의 관계를 반작용의 관계로 간주하는 한, 여전히 그것을 자본의 외적인 논리에 대면하고 있는 상태로 내버려둔다. 차이가 있다면, 그것은 자본의 논리를 '경제적' 법칙들과 경향들로 이해하지 않고 적을 물리치는 정치적 투쟁의 맥락에서 이해한다는 점이다. ……노동자계급 운동의 힘에 직면해 자본은 통합된 세계자본주의로 발전하는데, 그것의 유일한 논리는 권력 유지의 논리이다. 아마도 불가피한 것이겠지만, 노동/자본관계에 대한 반작용적 이해는 자본주의에 대한 거울 이미지 관점으로 귀착된다. 노동자계급 운동의 힘이 점점 더 커질수록 자본가계급의 대응은 그만큼 일괴암적이고 전체주의적으로 된다. 자율주의이론은 마르크스의 투쟁이론으로서의 성격을 재천명한 것에서 결정적이었지만, 투쟁에 대한 마르크스 이론의 실제적 힘은 자본과 노동 사이의 극성의 역전에 있는 것이 아니라 그것의 해체에 있다(Holloway, 2002c: 255~257).

넷째, 따라서 주체를 긍정적으로 다루는 것은 불가피하게 하나의 허구이다.

우리를 비인간화시키는 세계 속에서, 우리가 인간으로 존재할 수 있는 유일한 방법은 부정적으로, 즉 우리의 비인간화에 대항해 투쟁하는 것뿐이다. 주체를 (잠재적으로 자율적인 것이라고 이해하기보다) 긍정적으로 자율적인 것으로 이해하는 것은 자신이 이미 자유롭다고 상상하고 있는 독방 속의 죄수와 같은 것이다. 이것은 매력적이고 고무적인 관념이지만 하나의 허구, 즉 쉽게 또 다른 허구에로, 총체적으로 허구적인 세계의 구축에로 이르는 허구이다(Holloway, 2002c: 257~258).

다섯째, 계급투쟁에 대한, 그리고 계급 구성에 대한 네그리의 긍정적 개념이 초점을 맞추는 것은 '패러다임' 개념인데, 이러한 패러다임적 접근방법은 필연적으로 기능주의로 귀결된다.

하트와 네그리(Hardt & Negri, 2000)의 주장은 하나의 지배 패러다임에서 또 다른 패러다임으로의 이행에 초점을 맞춘다. 이 이행은 주로 제국주의에서 제국으로의 이행으로 설명된다. 하지만 이것은 또 근대성에서 탈근대성으로, 훈육에서 통제로, 포드주의에서 포스트포드주의로, 산업경제에서 정보경제로의 이동으로 다양하게 묘사된다. 여기에서 우리의 관심을 끄는 것은 그 명칭이 무엇이냐가 아니라, 하나의 지배 패러다임에서 또 다른 패러다임으로의 교체로, 즉 하나의 질서체제에서 다른 질서체제로의 교체로 자본주의가 이해될 수 있다는 가정이다. ……이 패러다임적 접근법은 세계에서 일어나는 현재적 변화들을 이해하기 위한 방법으로서 분명한 매력을 갖고 있다. 그것은 외관상 공통점이 없는 수많은 현상들을 하나의 응집적인 총체로 결합할 수 있게 한다. ……그러나 패러다임적 접근법의 문제는, 그것이 구성으로부터 실존을 분리시킨다는 것이다. 그것은 지속의 관념에 의거한다. 사회는 일정한 기간 상대적으로 안정적인 것으로, 그리고 이 기간에 우리가 일정하게 견고한 변수들을 식별할 수 있는 것으로 그려진다. ……하나의 패러다임은 질서정연한 상응의 세계를 그린다. 출발점인 부정적 충동은 긍정적 과학으로 역전된다. 노동자계급의 거부는 질서의 세계 속으로 삽입된다. 비록 하트와 네그리가 질서는 무질서에 대한 대응으로 이해되어야 한다고 주장하지만, 사실상 그들이 패러다임적 접근법이 함축하는 질서의 우월성을 피하기란 어렵다. ……비록 그들이 거부는 지배의 추동력이라고 주장하지만, 거부는 사실상 종속적 지위로 떨어진다. ……패러다임적 접근법은 분류를 극단으로까지 끌고 간다. 새로운 것을 포획해 그것을 분류하고 그것에 꼬리표를 붙여서 패러다임적 질서에 부합되게끔 만들려는 욕망이 존재한다. 구질서의 사망을 선언하고 새로운 질서를 선포하려는 부적절한 조급함이 존재한다. …… 어떤 통치체계가 위기에 처하자마자 곧바로 새로운 통치체계가 선포된다. '이 지점에서 훈육적 체계는 완전히 진부한 것으로 되고 따라서 버려져야 한다. 자본은 노동력의 새로운 질에 대한 부정적 반영과 전도를 완수해야만 한다. 자본은 다시 한번 명령할 수 있도록 자신을 조절해야 한다'(Hardt & Negri, 2000: 276). 새로운 명령에로의 조절은 기획으로 간주될 뿐만 아니라 현실로 가정된다. 이것이 새로운 패러다임의 실체이다. 이것이 제국이다. 모든 것을 조화롭게 맞아 들어가는 것으로 만들려는 욕망, 새로운 패러다임을 이미 확립된 것으로 보려는 욕망은 종종 쉽사리 매우 비현실적으로 보이는 과정에 이르게 된다. ……패러다임적 접근법은 차츰 기능주의로 변화한다. 조화로운 것들의 세계에서 모든 것은 기능적이다. 모든 것은 일관성 있는 전체의 유지에 기여한다. 그러므로 네그리와 하트에게 있어서 위기는 파열의 계기라기보다는 자본주의 갱생의 힘, '창조적 파괴'이다(Holloway, 2002c: 260~263).

필자는 개방적 마르크스주의의 자율주의적 '투쟁주기' 개념에 대한 이러한 비판을 올바른 것으로 수용해 노동자계급의 투쟁을 기본적으로 부정적인 것, 즉 자본의 노동에 대한 규정(지배와 통제)을 부정하는 것으로 파악하고자 한다. 자본주의 현실을 구성하는 근본적 사회관계인 자본/노동관계 자체가 모순적인 내적 관계에 있고, 따라서 노동자계급의 투쟁은 자본관계에 대한 부정(반대 또는 거부)으로 표현되기 때문이다. 그뿐만 아니라 노동자계급의 투쟁형태는 노동자계급의 존재형태가 다양한 것만큼 다양하게 표출된다.

따라서 자본/노동관계의 모순적인 내적 관계를 표현하고 노동자계급의 다양한 투쟁형태를 모두 포괄하기 위해서는 자율주의이론의 '계급 구성·재구성' 개념보다는 오히려 '계급 역관계' 그 자체가 분석적 개념으로서 더 적절하다. 왜냐하면 자본주의 현실에서 자본은 특정한 계급 역관계의 규정 속에서 자본관계를 유지·강화시키기 위해 전술·전략적으로 대응하고 노동자계급은 이에 맞서 투쟁에 나서기 때문이다.

이 점에서도 '개방적' 마르크스주의는 그 추상성과 일면성의 한계를 보인다. 개방적 마르크스주의는 자율주의의 '계급 구성·재구성' 개념을 올바르게 비판하면서도, 그에 대한 적절한 대안을 제출하지 못하고 있다. 그리고 '자본의 노동에 대한 의존' 또는 '자본 내 노동의 존재' 개념에 의존한 분석에 머무르고 있다. '계급 역관계'와 같은 적절한 분석 개념을 발전시키지 못하기 때문에 개방적 마르크스주의는 구체적 현실 분석에서 자율주의의 '패러다임'적 단순성에 따른 현실 왜곡과 일면성을 비판하지만, 그 스스로도 추상성과 일면성을 벗어나지 못한다.

자본의 지배가 관철되는 자본주의 사회인 한 계급투쟁이 현실을 구성한다고 하는 것의 의미는 계급투쟁의 결과인 계급 역관계의 규정을 받은 자본의 전략적 대응과 그에 따른 노동자계급의 투쟁에 의해 자본주의 사회의 역동성이 구성된다는 뜻이다. 따라서 자본주의 사회의 이러한 역동성을 구체적으로 분석하기 위해서는 계급 역관계 분석 → 자본의 전략 분석 → 노동자계급의 투쟁형태 분석 → 새로운 계급 역관계의 형성 분석 순서로 나아가는 것이 적절하다.

따라서 이 책에서는 자본의 전략적 대응으로서, 자본의 노동에 대한 전반적인 규정, 즉 작업조건 및 형태, 임금형태 및 수준, 고용형태를 포함한 사업장 차원의 조건들, 노조활동에 대한 제반 규정, 사회적 차원에서의 다양한 사회보장제도와 정치활동 등 사회·정치적 규정들을 총괄해서 자본의 '노동력 구성' 개념으로 표현하고자 한다. 그리고 자본에 의한 특정한 '노동력 구성'에 맞서 이를 부정하고 저항하는 노동자계급의 다양한 투쟁형태를 분석하고, 이러한 노동자계급의 투쟁을 분쇄하기 위해 자본이 대응전략으로서 노동력을 재구성하는 것, 즉 새로운 계급 역관계를 분석한다. 그럼으로써 특정한 자본축적 형태 및 국가형태의 역사적 전형에 대한 분석을 시도하는 것이다. 자본가계급의 지배가 관철되고 있는 자본주의 사회에서는 이처럼 자본에 의한 노동력 구성 → 노동자계급의 저항 → 자본에 의한 노동력 재구성으로 노동자투쟁을 파악하는 것이 노동자계급을 '부정적 주체'로서 개념화하는 것에 더욱 합당하다.

### (2) 전후 장기호황기의 계급 역관계

제2차세계대전 직후의 계급 역관계를 선진국과 제3세계로 나누어 살펴본 뒤 세계적 차원에서의 계급 역관계를 분석한다. 이 시기의 계급 역관계는 기본적으로 1929년 대공황과 제2차세계대전 기간의 계급투쟁 형태에 의해 규정된다. 또한 대공황과 제2차세계대전 시기의 계급투쟁 형태는 그 뿌리가 제1차세계대전까지 거슬러 올라가고, 더 나아가 제1차세계대전 이전의 19세기 말경부터의 제국주의 시대까지 거슬러 올라간다. 특히 제2차세계대전 전후의 계급 역관계는 냉전체제의 출현에서 드러났듯이 선진국보다 제3세계에서의 계급 역관계가 세계적 차원의 계급 역관계에 더욱 주요한 영향을 미쳤다.

먼저 제2차세계대전 직후의 선진국의 계급 역관계에 대한 기존 좌파이론의 평가부터 검토해보자. 선진국의 계급 역관계에 대해서는 전후 장기호황의 조건으로서 상반되는 평가가 제시되고 있다. 자본축적을 강조하는 이론 — 예컨대 브레너 이론 — 에서는 노동자계급의 패배와 자본에의 종속이 높은 잉여가치율(또는 이윤율)을 보장해 전후 장기호황의 토대가 되었다고 평가하는 반면, 계급투쟁 요인을 강조하는 조절이론과 자율주의이론에서는 전후 케인스주의 복지국가를 노동자계급의 공세와 강력한 힘을 자본이 인정하고 노동자계급에게 양보한 결과로 평가한다.

먼저 브레너의 경우, 전후 장기호황의 중요한 전제조건으로 자본에 의한 노동자계급의 제압을 강조한다. 미국의 계급상황과 독일 및 일본의 계급상황이 상당히 다른 경로를 밟지만, 제2차세계대전 직후에는 노동자계급의 패배와 자본에의 종속이라는 점에서 기본적으로 동일하다고 평가한다.

미국의 노동운동은 1930년대 산별노조를 위한 역사적 투쟁을 통해 스스로를 갱신하고 다시 활성화되었다. 그러나 미국 노동운동은 전시 동안의 관료화와 전후의 정치적 억압에 의해 심각하게 약화되었다. 그러나 미국 경제가 세계경제의 지배적 위치에 도달했던 바로 그 과정은 노동의 힘에 예기치 못한 활력을 불어넣는 데 필요한 지렛대를 제공했다. 산업화의 장기적 과정은 한때 농업과 소규모 산업에 거대하게 존재하던 예비노동력을 고갈시켰다. 따라서 자본축적의 대대적 물결은 급격히 초과수요 상태의 노동시장을 형성시켰다. 더구나 최소한 1950년대 중반까지도 미국 산업은 본질적으로 어떠한 종류의 해외 경쟁에 대해서도 경쟁력을 확보하고 있었는데, 이는 노동조합이 요구조건을 제출하기에 앞서 반드시 고려한 조건이었다. 그러므로 한국전쟁 시기처럼 경기순환의 상승국면이 실업을 줄일 무렵, 미국의 노동은 임금을 급격히 인상시킬 정도로 충분히 강력하고 전투적이었다고 해야 할 것이다(Brenner, 1998: 97. 강조는 인용자).

미국의 상황과는 반대로 독일과 일본의 제조업체들이 마련한 전후 팽창의 기초는 숙련수준에 비해 극단적으로 낮은 임금을 받는 노동력에 기반을 두고 있었다. 이 두 사회에서 노동대중의 대부분이 위장실업 형태로 농업부문, 소규모 산업 및 소매업에 남아 있었다. 따라서 독일의 경우, 동유럽으로부터의 대규모 이민으로 증가된 산업예비군은 최소한 1950년대 후반까지 장기에 걸쳐 임금에 대한 강력한 하방압력으로 작용했다. 또한 이 두 경제에 거대하게 존재하던 농업부문과 소규모 산업은 경제 전체적으로도 대폭적인 생산성 이익을 향유하기 쉬운 경로를 열어놓았다. 즉, 적은 비용으로 노동을 저생산성 부문에서 고생산성 제조업 부문으로 이동시킬 수 있었던 것이다. 더구나 **전후 노동운동의 결정적 패배와 새롭게 출현하고 있던 보수적 노동조합 조직** ─ 이들은 자본축적의 조건을 가장 중요시했다 ─ 의 등장은 이러한 이동과정을 통한 자본의 이익을 보호했다. 1930년대를 통해 독일과 일본에서 등장한 파시즘과 권위주의 체제는 노동조직을 파괴했으나, 전투적 노동자 저항은 군사적 패배 직후 최초에 군정청이 취한 친노동조합적 정책에 힘입어 터져 나왔다. 하지만 냉전의 도래와 함께 미 군정청의 태도는 일변했다. 미 군정청은 보수적 정부 및 강경노선의 사용자와 연합해 이러한 저항을 억압하거나(일본) 견제했다(독일). ……양국에서 전후 호황은, 흔히 말하는 '노동-자본 간 합의'와 노동에 대한 인정보다는 **노동의 패배와 명백한 종속**에 기초하는 것이었다. 특히 1950년대 10년 동안의 장기상승국면의 기초를 세운 자본축적의 장기적 물결은 비상하게 높은 이윤율의 달성에 의해 가능했는데, 이는 그 전제조건으로 노동의 억압과 그에 따른 낮고 (생산성 증가에 비해 상대적으로) 느린 임금상승의 수용을 필요로 했다. 따라서 노동의 실질적인 물질적 이득과 그 이면에서 등장하고 있던 노동조합 관료를 통한 (부분적인) 사회·정치적 통합을 가능하게 한 것은 바로 전후의 장기확장 그 자체였지 그 역은 아니었다. **노동의 패배와 종속**은……독일과 일본 모두에서 1950년대 초반과 중반까지 사용자에 의해 무자비하게 자행된 대규모 계급투쟁의 결과였다(Brenner, 1998: 97~99. 강조는 인용자).

주요 선진국의 계급상황에 대한 브레너의 이러한 평가는 근거를 명시적으로 밝히고 있지는 않지만, 만델의 분석에 기초하고 있다.[7] 특히 산업예비군에 대한 만델의 상세한 분석(Mandel, 1975: 165~178)을 토대로 하고 있다. 사실 브레너는 자신의 도발적인 문제제기 — "장기침체의 원인이 된 전체 수익성의 하락은 노동이 자본에 가한 수직적 압박의 결과라기보다는 자본 간 수평적 경쟁의 격화에서 연유하는 과잉설비 및 과잉생산의 결과였다"(Brenner, 1998: 38) — 때문에 계급투쟁 요인을 무시했다는 집중적인 비판을 받았지만, 논쟁이 진행되는 과정에서 그가 계급투쟁 요인을 무시하지 않았다는 반(反)비판이 제기되었다. 브레너를 옹호하는 스미스의 아래와 같은 반비판을 보자.

　자본/임노동관계가 자본주의를 다른 생산양식과 구별시켜주는 본질적 사회관계라는 점, 노동자계급이 생산해서 자본가가 전유하는 잉여가치 자체가 단위 자본들 사이에서 그것이 배분될 때 논리적 우위성을 갖는다는 점은 분명 마르크스주의의 핵심이다. 그러나 이와 같은 '수직적' 계급관계가 항상 우선시되어야 하는 것은 아니

---

7) 브레너 논쟁과정에서 브레너의 분석과 만델(Mandel, 1975)의 유사점과 차이는 거의 주목받지 못했는데, 상당한 유사점이 발견된다. 어떤 측면에서는 기본적으로 만델 분석의 연장선상에 있는 것 — 만델 분석을 지지하든 반대하든 — 으로 평가할 수도 있다. 전후 장기호황의 기초에 대해 만델은 '제5장 후기자본주의에서의 자본의 증식·계급투쟁 및 잉여가치율'에서 자신이 주요 요인으로 주목하는 기술혁신과 산업예비군의 효과에 대해 상세한 분석을 전개한다. 이 과정에서 계급투쟁 요인은 기술혁신과 산업예비군 요인에 비해서는 경시되고 병렬되지만 명시적으로 도입되고 있다. 만델은 장기호황의 기초와 관련해서는 계급투쟁 요인을 기술혁신이나 산업예비군 효과보다 부차적인 것으로 분석하나, 1960년대 후반 장기호황이 종말을 맞게 되는 원인으로는 계급투쟁 요인을 주요 요인으로 제시한다(브레너와는 반대로). 브레너는 전후 장기호황의 기초에 대해서는 만델보다 훨씬 더 계급투쟁 요인을 전면적으로 부각시킨다. 브레너의 이러한 분석이 만델의 분석에 기초하고 있다는 것은 다음의 만델의 분석을 보면 명백히 드러난다. "독일에서는 1933년 후와 1945년 후에 다른 대부분의 제국주의 국가들에서는 1945년 후에 이루어졌던 잉여가치율의 상당한 상승이 실제로 자본축적의 장기적 가속화 현상, 즉 '팽창기조의 장기파동'으로 귀결되기 위해서는 두 가지 부가 요인이 필요하다. 그 두 요인은 끊임없이 확대되는 시장과 그러한 확대를 통해서 잉여가치율이 급격하게 하락하지 않는 또는 이윤율의 급격한 하락이 초래되지 않는 조건이다. ……기술의 근본적인 혁신을 통해서만 모든 산업분야가 누진적으로 성장하고 노동생산성이 상당한 정도로 상승되었으며, 동시에 소비재 판매시장의 확대와 더불어 상대적 잉여가치 생산이 상당한 정도로 증대되었다(따라서 임금소득자의 실질소득도 증가했다). 이러한 현상이 가능했던 **전제조건은 산업예비군이 계속 재구축되었기 때문에 (더 나아가 주체적 요인의 결과로서 노동자들의 투쟁력이 상대적으로 약화되었기 때문에) 평균 이상의 잉여가치율 수준이 계속 견지될 수 있었던 상황**이다. 바로 이와 같은 상황이 1947년의 통화개혁 후의 '독일의 경제기적' 및 약간의 편차는 있지만 제2차세계대전 후 여타 제국주의 국가들에서의 모든 '경제기적'의 본질을 이룬다"(Mandel, 1975: 164~165. 강조는 인용자).

다. 원칙적으로 최소한 다음의 두 조건이 성립한다면 특정한 역사서술에서 자본 단위들 사이의 '수평적' 관계를 강조하는 것이 정당화된다고 믿는다. ① 자본 간 관계가 상당히 높은 정도의 '상대적 자율성'을 누리는 것이 틀림없는 경우. 이는 자본 간 관계가 궁극적으로는 자본/노동 동학으로부터 분리될 수 없다고 하더라도 그 동학의 단순한 계기들로 직접적으로 환원될 수 없다는 것을 의미한다. ② 노동자계급 쪽에서의 낮은 수준의 계급의식과 대변 때문에 문제되는 시기에 명백한 계급갈등이 상대적으로 정지되어 있는 경우(Smith, 1999: 166~167).

계급관계가 생산양식을 항상 본질적으로 규정한다는 것이 이 생산양식 내에서의 모든 역사적 국면에 관한 적절한 인과적 설명을 제공한다는 것은 아니다. 이들은 두 개의 전혀 다른 문제이다. ……계급투쟁의 역사적 효과는 퇴조기와 고조기가 있기 마련이다. 퇴조기 동안에는 자본 간 경쟁과 같은 다른 요인들에 더 큰 비중이 부여된다(Smith, 1999: 169).

앞서 인용한 브레너의 전후 장기호황의 기초로서의 계급 역관계에 대한 서술을 보면, 이러한 반비판은 나름의 근거가 있다. 브레너는 계급투쟁 요인을 무시한 것이 아니라 '계급투쟁의 결과 노동의 패배와 종속'이 '명백한' 계급투쟁의 '퇴조기'이기 때문에 '자본 간 경쟁'이 주요 요인으로 등장한다고 보는 것이다. 이 점에서는 브레너는 논리적으로 수미일관하지 못하다고 비판되어야 한다. 특히 그의 다음과 같은 반비판은 앞서 인용한 자신의 서술과 모순된다.

만약 맥날리(McNally, 1999a)가 '자본/노동관계 일반, 특히 노동의 작업(work)에 대한 저항으로부터 고정자본의 성장을 도출하지' 못한 점에 대해 나를 비난한 것이라면, 나는 그것을 감수하겠다. 자본/노동관계가 경쟁 압력과 연관해서 고려되지 않는다면, 고정자본의 성장은 자본/노동관계로부터 전혀 도출할 수 없다는 것이 나에게는 거의 자명한 것 같기 때문이다. ……경쟁 위험이 없다면 자본가들에게 노동과정을 강화시킬 어떠한 강제도 없게 될 것이다(Brenner, 1999b: 13).

또한 브레너의 다음의 서술도 그렇다.

요점을 간결하게 하면, 사회적 소유관계가 직접적 생산자들을 경쟁에 종속시키지 못하는 경제에서는 임노동이 일반적이라 할지라도 자본축적 법칙은 유지되지 못할 것이다. 사회적 소유관계가 직접적 생산자들을 경쟁에 종속시킨 경제에서는 임노동이 부재하더라도 자본축적 법칙이 통용될 것이다(Brenner, 1999b: 14~15).

브레너의 이 반비판은 그가 자본주의의 기본특징 또는 기본적 규정을 자본/노동의 계급관계가 아니라 상품관계(즉, 경쟁으로 표현되는 가치형태)에 두고 있음을 드러낸다. 마르크스는 두 가지를 모두 자본주의 생산양식의 역사적 특징으로 보고, 그 둘의 관계를 대립적이거나 배타적인 관계가 아니라 '자본/노동계급관계의 상품형태'로 통일적으로 파악한다는 점은 앞서 제2장에서 논의한 바 있다.

어쨌든 브레너는 적어도 전후 장기호황에 대한 분석에서는 계급투쟁 요인을 무시하지 않았고, 오히려 제2차세계대전을 전후한 시기의 계급투쟁에서 노동자계급이 패배해서 명백하게 자본에 종속된 계급 역관계가 잉여가치율과 이윤율의 상승을 가져왔고, 이러한 고이윤율이 전후 장기호황의 원천이라고 보고 있다. 이와 관련된 방법론에서의 문제는 브레너가 사실상 계급분석에 기초하고 있으면서도, 이론 전개에서는 계급 역관계를 하나의 외부조건, 즉 외생변수로 보고, 자신의 분석은 내생변수(자본 간 경쟁)의 분석으로만 한정한다는 점 ─ 신고전파 이론에서 전형적으로 드러나는 바와 같은 ─ 에 있다. 즉, 브레너는 방법론적으로 경제주의적 경향 ─ 이론의 역할을 경제적 형태의 분석, 즉 가치형태 분석에 국한한다는 의미에서 ─ 을 원천적으로 안고 있는 것이다.

제2차세계대전 전후의 계급 역관계가 노동자계급의 패배와 명백한 종속이었다는 브레너의 평가와는 완전히 상반되게, 오히려 노동자계급의 세력과 힘이 상승했다고 평가하는 견해는 자율주의와 조절이론에서 제시된다. 노동자계급의 투쟁에 의한 '케인스주의적 복지국가'의 구성에 관한 자율주의이론의 주장부터 살펴보자.

그(숙련노동자들의 저항: 인용자)에 따라, 자본은 자신을 구하기 위해서 조직과 기술을 철저하게 재편했다. 이런 재편은 전문노동자들[8)]에게 권력을 부여해주는 기술적 기반을 파괴하고, 점점 더 성장하고 있는 산업노동자층과 전문노동자를 분리시킴으로써 노동자계급의 권력을 해체하려는 목적을 가지고 있었다. 현장에서는 테일러주의적 과학적 관리의 초시계(스톱워치)와 상황판이 숙련노동자의 생산관리 능력을 파괴하는 데 사용되었다. 원래 조직혁신을 통해서 시도되었던 이런 탈숙련화는 곧이어 포드주의적 일괄조립라인에도 적용되었다. 이와 동시에, 사회주의라는 위협에 직면한 정부는 경기순환을 안정화하고 사회적 불안을 가라앉히기 위해서 사회적·경제적 사안들에 더 많이 간섭하는 실험적 행보를 사상 최초로 보여주기 시작했다.

그러나 이런 재편은 대중노동자라는 새로운 계급적 주체가 출현할 수 있는 모체를 낳았다. 포드주의적 공장, 특히 훗날 선진경제의 중추가 되는 거대 자동차공장은 잔혹할 정도의 속도로 움직이는 자동화 기계에 종속된 몰개성적 노동자들을 공간적으로 집중시켰다. 그 결과 포드주의적 공장은 계급연대의 형성을 위한 전례 없는 조건을 창출해냈다. 대중노동자들은……일괄조립라인에서 무의미하게 사라지고 있는 삶을 자본이 보상하게 만들도록 투쟁했다. 노동자들은 더 이상 생산을 통제할 수 없게 되었으며, 단지 생산을 멈추게 할 수 있을 뿐이었다. 일괄조립라인이 작업 중지와 사보타지에 취약하고, 점점 더 비용이 높아지는 고정자본을 놀리지 않도록 관리하는 데에도 비용이 든다는 점이 공격지점이 되었다. 1937년 북아메리카의 플린트 공장에서 전개된 연좌농성이 좋은 본보기가 된 투쟁주기 속에서, 대중노동자들

---

8) "자율주의자들은 전문노동자(숙련노동자)의 시대를 19세기 중반부터 제1차세계대전까지로 본다. 오늘날에는 기계화된 공장체계에 흡수되어 있지만, 그때까지는 숙련된 지식과 기술을 소유했던 숙련노동자의 전략적 위치 때문에 전문노동자라는 명칭이 나왔다. 이런 노동자들은 생산과정의 통제, 인간의 존엄성과 노동의 가치보존에 초점을 둔 투쟁의 핵심이었다. 공장 외부에서는 자본의 사회 포섭이 상대적으로 초보적인 상태였다. 제국주의의 팽창이라는 면에서 보자면, 국가의 활동은 대체로 생산과 소비를 조화시키지 못해 호황·불황이라는 파국적인 경제주기를 가져오는 특징이 있는 자유시장을 비호하는 데 제한되어 있었다. 당시의 사회주의적 계획은 노동자들이 산업생산을 관리한다는 개념을 중심으로 구축되었다. 생산적 공장노동이 해방을 가져올 것이라는 점은 전혀 의문시되지 않았다. 좌파 정당들은 전문노동자의 기술적 구성을 반영하는 경향이 있었는데, 그 이유는 전위적 지도부('전문' 정치가로 단련된 중핵)를 제외하고는 흔히 전문노동자가 구성원이었기 때문이다. 이런 기반으로 구성된 혁명조직에는 레닌주의 당들뿐만 아니라 독일의 금속산업 노동자들처럼 기술적으로 숙련된 노동자들에게 크게 기대고 있는 평의회 공산주의 운동도 포함된다. 20세기 1/4분기 동안 그런 조직들은 자본에게 강력한 위협으로 다가왔다. 1917년 볼셰비키라는 전위정당이 승리를 거두자 이런 위협은 이제 대재앙의 차원으로까지 여겨졌다"(Witheford, 1999: 164~165).

은 기계화된 공장을 저항의 요새로 바꿀 수 있는 효과적인 방법을 발견하게 되었다.

자본은 새로운 노동자계급의 힘을 억누르고자 훨씬 더 혁신에 매진했다. 여기에서는 생산성을 둘러싼 협상, 즉 노동조합에게 정기적인 임금인상을 약속해줌으로써 경영자들이 작업장에 대한 통제력을 유지하고자 했던 협상이 결정적인 요소가 되었다. 원래 마지못해 체결된 것이긴 했지만, 결과적으로 각 기업들은 노동자계급의 힘이 한데 뭉치는 것을 가로막는 방편으로서 이런 협약을 수용하게 되었다. 생산성과 임금의 결합은 기술혁신을 추진할 뿐만 아니라 노동자 저항을 잠재우는 데에도 도움이 되었다. 이런 '노사관계'가 제도화되자 좀 더 포괄적인 사회적 관리계획이 등장했다. 이 또한 노동자계급이 투쟁으로 획득한 것인데, 국가가 지불하고 관리하는 보상과 문화시설 같은 사회적 임금(복지기금, 실업수당, 연금, 건강보험, 의학·교육·여가시설 등)이 공장임금에 점점 더 많이 추가되기 시작했던 것이다. 자본은 새로운 축적구조에서 발생한 이런 양보를 사회적 불만을 예측하고, 기계화된 일괄조립라인에서 대량으로 쏟아져 나오는 상품의 시장을 확보하는 수단으로 사용함으로써 또다시 손해를 만회했다. 자율주의자들이 '계획국가'라고 파악했던 국가, **정부가 케인스주의적 경제·복지 프로그램을 통해서 자본주의의 활동을 지원해주는 이런 국가는 이처럼 대립과 협력이 복잡하게 상호 작용하면서 생겨났다**(Witheford, 1999: 165~167. 강조는 인용자).

자율주의이론에서는 명백하게 노동자계급의 투쟁과 압박에 의해 전후 '케인스주의 복지국가'가 형성되었다고 주장한다. 일괄조립라인의 대량생산체계에 의해 창출된 '대중노동자'가 일괄조립라인의 약점을 이용한 투쟁을 통해 자본을 압박함으로써 생산성과 임금을 연계한 자본-노동협약을 만들어냈고, 다른 한편으로는 국가를 투쟁으로 압박해 사회보장제도를 확충하도록 밀어붙였으며, 그 결과 대량생산 대량소비체제, 케인스주의 복지국가가 탄생하게 되었다는 것이다. 따라서 노동자계급의 투쟁과 사회주의국가의 등장이라는 노동자계급에게 유리하고 자본에게 불리한 계급 역관계가 전후 '케인스주의 복지국가'의 기초를 이룬다고 평가한다.

한편 조절이론은 미국의 전후 장기호황기에 대해 '포드주의' 축적체제라고 명명하는데, 그 기초를 이루고 있는 계급 역관계에 대해서 자율주의이론만큼 명시적으로 평가하지는 않는다. 조절이론은 계급투쟁의 산물로서 제도형태를 강조하기 때문에, 이 시기의 주요 제도형태들, 즉 단체교섭 제도, 임금의 생산성 연동제, 간접임금 비중을 증대시키는 사회보장제도, 소비자신용을 비롯한 각종 신용제도, 관리통화제도, 과점적 대기업체제, 케인스주의적 개입국가 등이 '독점적 조절양식'을 형성해 '내포적 축적체제'를 구성한다고 본다. 여기서 중요한 점은 노동과정에서의 기계화와 높은 노동강도에 의한 고생산성과 고임금 및 대량소비의 제도적 연계이다. 이러한 연계는 주로 단체교섭의 제도화와 국가의 노동력 재생산에 대한 개입에 의해 이루어진다. 따라서 조절이론은 단체교섭의 제도화와 국가에 의한 사회보장제도의 확충을 이끌어낸 1930년대(미국의 경우)의 계급투쟁을 강조한다는 점에서 노동자계급에 유리한 계급 역관계가 포드주의 축적체제의 기초로 이룬다고 평가하는 것으로 볼 수 있다.

전쟁 직후의 기간은 이후의 노동운동의 발전에 매우 중요한 시기였다. 전쟁기간 누적되었던 임금 및 노동조건에 대한 불만에 의해 고무된 대량파업은 노동자계급에게 일련의 경제적 승리를 안겨주었다. 그러나 이러한 승리가 오래 지속될 수는 없었는데, 이는 동일한 정세 속에서 노동운동이 정치적 전선의 중요한 싸움에서 패배했기 때문이다.

대공황으로 인한 경제적 파탄이 야기한 혼란의 와중에서 권력을 상실한 미국의 보수진영은 뉴딜 정책 기간 상당히 약화되었다. 그러나 이러한 상황은 오래가지 못했다. 산업 및 금융계는 전시경제 덕분에 연방정부와 긴밀한 유대를 이루었고 행정부에 대해 강력한 지위를 획득할 수 있었다. 같은 기간에 전 대중매체를 동원했던 주요 반노동자계급 이데올로기 공세가 시작되었다. 이 공세의 궁극적 목적은 1935년의 와그너법을 완전히 개정함으로써 법률상 인정되었던 노동조합의 새로운 힘을 분쇄하는 것이었다. 반노동 공세는 전후 복구시기의 물자부족을 이용해 1946년의 파업시기에 새로운 정점에 도달했다. 심지어 전쟁기간 남부·서부·중서부의 여러 주들이 클로즈드 숍을 금지하는 입법을 통과시켰다. ……1947년 의회는 거의 모든 세부조항에서 고용주의 요구를 충족시키는 태프트-하틀리법을 통과시켰다. 이 법은 와그너법의 진보적 조항들을 말소하고 사회적 갈등을 해결하는 새로운 헌장이 되었다(Aglietta, 1979: 228~229).

태프트-하틀리법을 무효화하려는 노동조합의 시도는 곧 소멸되었다. 트루먼 대통령이 냉전주의를 엄숙히 개시한 이후 정세는 급격히 악화되었다. 반노동자계급 이데올로기 공세는 반공산주의 공세화해서 극심하게 전개되었다. 그것은 전반적인 공포와 고발이 속출하는 분위기 속에서 한국전쟁 때 절정에 이르렀다. CIO에 가맹한 노조들 가운데 좌익 활동가들이 대량 축출되자 노조는 결정적으로 약화되었고, CIO는 매우 제한된 목표를 지닌 협소한 조합주의적 태도로 AFL과 밀접한 관계를 맺게 되었다. 이러한 조합주의는 단체교섭의 내용 자체를 점차 빈약하게 만들었고······결과적으로 소수의 시민운동으로부터 출발해 사회보장제도의 확대운동과 베트남 전쟁에 반대하는 대중운동을 거쳐 경제적 차별에 반대하는 투쟁에 이르기까지 1960년대에 걸쳐 정치적 투쟁이 진행되었을 때 조직화된 노동운동은 전혀 없거나 극히 제한되어 있었다. ······태프트-하틀리법은 포드주의의 사회적 변화에 의해 도입된 대중조합주의에 타협적 조합주의를 적응시키는 정치·법률적 관계를 창출함으로써 이전에는 숙련노동자들에 의해서만 실행된 타협적 조합주의를 제도화했다. 이러한 적응은 AFL 중심의 구래의 타협주의적 조합과 1930년대 계급투쟁에서 생성된 새로운 중심인 CIO의 통합에 의해 1954~1955년에 공고화되었다(Aglietta, 1979: 230~231).

그래서 조절이론은 미국의 경우, 자본과 노동의 계급투쟁의 공방 속에서 1950년대 중반 AFL-CIO의 통합에 의해 노동자투쟁이 임금 중심의 경제투쟁으로 제한된 단체교섭으로 정착된 것을 포드주의 체제의 확립으로 평가한다(Aglietta, 1979: 232~235).

동일한 시기의 계급 역관계에 대한 이러한 상반된 평가를 어떻게 볼 것인가? 역사적 사실은 하나일 것임이 분명하다. 그런데도 상반된 평가가 나오는 것은 주목하는, 또는 강조하는 측면이 다른 데서 비롯될 수 있다. 브레너의 경우 계급투쟁에서 노동자계급이 패배한 역사적 사실을 주목하고 강조한다면, 자율주의이론은 일괄조립라인에서 노동자계급 투쟁의 새로운 고양을 주목하고 강조한다. 조절이론의 경우 제도형성에 초점이 맞추어져 있기 때문에 노동과 자본 간의 계급투쟁 공방이 어떻게 제도를 생성하고 변화시키는가를 주목하고 강조한다. 즉, 상반된 평가의 근거가 서로 다른 측면을 강조하는 데서 비롯되고 있다. 결국 노동자계급의 투쟁과 승리, 자본가계급의 공세와 승리가 혼재되어 있는 현실에서 총체적인 계급 역관계에 대한 평가가 상반되는 것은 제2차세계대전 전후의 계급투쟁 상황을 더욱 포괄적인 역사적 맥락 속에서 파악하느냐 아니냐의 여부에서 근본적으로 비롯되고 있다.

역사적 맥락에서 계급 역관계를 파악한다는 것은 특정시기뿐만 아니라 더욱 긴 시간적 맥락에서 평가함과 동시에 일국적 맥락만이 아니라 세계적 맥락 속에서 평가한다는 것을 의미한다. 이처럼 더 넓은 역사적 맥락에서 1945년 전후의 계급 역관계를 평가하면 이 시기 계급투쟁 및 계급 역관계의 양면적 성격을 총체적으로 평가할 수 있다. 즉, 장기적으로는 19세기 말 이래 노동자계급의 공세가 지속되는 과정에서 노동자계급이 러시아 및 제3세계 일부지역의 혁명투쟁에서 승리하고, 선진국에서 패배하는 양면적 상황이 이 시기의 세계적 계급 역관계를 규정하고 있다. 이러한 세계적 계급 역관계의 규정은 제2차세계대전 후 소련에 이어 동유럽 나라들의 사회주의화에 따라 '냉전체제'라는 자본주의진영 대 사회주의진영 간의 체제대립으로 외부화되어 나타났다. 그리고 냉전체제라는 세계적 계급관계의 '정치적 형태', 즉 국제적 국가체계는 각 나라의 계급투쟁에 역으로 반작용했다.

개별 국가의 계급 역관계는 이러한 세계적 규정하에서 나라별로 특수한 형태로 나타났다. 특히 선진국인 오스트리아, 이탈리아, 브라질 등에서 노동자계급의 혁명투쟁이 패배하고, 그에 따라 자본가계급이 한편으로는 혁명적 노동운동 또는 변혁적 노동운동을 무자비하게 탄압하고, 다른 한편으로는 노동자계급을 체제 내로 포섭하기 위한 양보와 타협을 한 것이 제2차세계대전 직후의 계급 역관계를 구성했다. 즉, 자본가계급이 노동자계급의 투쟁을 봉쇄하기 위해 탄압과 양보를 동시에 하지 않을 수 없었던 계급 역관계, 세계적 차원에서 노동자계급의 공세에 의해 자본가계급이 수세에 몰린 장기적 과정에서 구성된 계급 역관계였다.

홉스봄의 이 시기 역사적 서술은 이러한 계급 역관계를 잘 묘사하고 있다.

제1차세계대전의 발발에서부터 제2차세계대전 종전 직후까지의 몇십 년은 …… 파국의 시대였다. ……보수주의적 지식인들조차 그 사회가 살아남을 것이라는 쪽에 돈을 걸려 하지 않았던 경우가 몇 번이나 있었다. 그 사회는 두 번의 세계대전에 의해서 뒤흔들렸고, 부르주아적·자본주의적 사회에 대한 운명적 대안임을 주장하는

체제 — 처음에는 전 세계 육지의 6분의 1 이상을 차지했고, 제2차세계대전 이후에
는 세계인구의 3분의 1 이상에 달한 — 에 권력을 부여한 두 차례 물결의 전 세계적
반란과 혁명을 뒤이어 겪었다. 제국의 시대와 그 이전에 세워진 거대한 식민지제국
이 뒤흔들렸고 부서져 먼지가 되었다(Hobsbawm, 1994: 20).

전쟁과 혁명을 면했던 미국까지도 붕괴할 것 같았다. 경제가 비틀거리는 동안, 파
시즘과 그것의 위성격인 권위주의적 운동들 및 체제들이 부상함에 따라 1917~1942
년에 유럽의 가장자리와 북미 및 오스트랄라시아(호주, 뉴질랜드 및 그 부근의 남태
평양 군도의 총칭) 지역을 제외한 모든 곳에서 자유민주주의 제도들이 실질적으로
사라졌다(Hobsbawm, 1994: 21).

자유주의적 자본주의는 공황, 파시즘, 전쟁이라는 삼중의 도전을 받고 간신히 살
아남았을 때조차 혁명의 전 세계적 진전에 직면한 것처럼 보였다. 그러한 진전은 이
제 제2차세계대전 이후 초강대국으로 부상한 소련을 중심으로 이루어질 수 있었다.
……자본주의에 대한 사회주의의 세계적 도전이 보인 위력은 자본주의가 약한 데에
기인한 것이었다. 파국의 시대에 19세기 부르주아 사회가 붕괴하지 않았더라면 10
월혁명도 소련도 없었을 것이다. ……그(사회주의: 인용자) 경제체제가 대안으로 보
이게 된 것은 1930년대의 대공황 덕분이었고, 소련이 히틀러를 패배시키는 데에 반
드시 필요한 도구가 되고, 그럼으로써 양대 초강대국……중의 하나가 될 수 있었던
것은 파시즘의 도전 덕분이었다(Hobsbawm, 1994: 22).

이처럼 제2차세계대전 전후의 계급 역관계를 객관적으로 평가하기 위해서는
19세기 말 이래 노동자계급의 투쟁이 고양되어온 장기적 과정 속에서 평가하는
것이 중요하다.[9]
19세기 말 이래 모든 선진 자본주의 나라들에서 노조운동과 사회민주당의 대
두로 표현된 노동자계급의 조직화와 정치세력화가 고양되었고, 이는 1917년 러시

---

9) 제2차세계대전 이후 케인스주의의 대두를 장기적이고 역사적인 계급투쟁과 계급 역관계의 맥락에
   서 가장 탁월하게 분석한 것으로는 홀로웨이(Holloway, 1995a)를 참조. 이하의 논의는 그의 분석
   에 의존한 것이다.

아 혁명에서 그 절정에 달했다. 선진 자본주의 나라들의 계급모순의 치환된 표현인 제국주의 전쟁이었던 제1차세계대전은 계급모순을 더욱 격화시켰고, 그 와중에 러시아 혁명이 성공한 것이다. 또 러시아 혁명의 성공은 전 세계 혁명운동을 고무시켰고, 1918년의 독일혁명, 1919년 헝가리 혁명 등으로 선진 자본주의 나라들을 뒤흔들었다.

> 1917년 이후 격동의 시대의 간접적인 결과는 직접적인 결과만큼이나 깊었다. 러시아 혁명 이후의 시기는 식민지 해방과 탈식민화 과정을 열었고, 유럽에 야만적인 반혁명정치……와 사회민주주의 정치 둘 다를 가져왔다. ……최초의 (비태평양) 사회민주주의 정부나 사회민주주의 연립정부는 1917~1919년에 수립되었고(스웨덴, 핀란드, 독일, 호주, 벨기에), 몇 년 내에 영국, 덴마크, 노르웨이가 그 뒤를 이었다. 우리는 그러한 정당들의 온건성 자체가, 구정치체제가 그 정당들을 기꺼이 흡수하고자 한 것과 마찬가지로, 주로 볼셰비즘에 대한 반작용이었다는 것을 잊는 경향이 있다. 요컨대 단기 20세기의 역사는 러시아 혁명과 그것의 직접적·간접적 결과 없이는 이해할 수 없다(Hobsbawm, 1994: 122~123).

제1차세계대전 종전 후 자본주의 체제의 위기 상황에 대해 지배세력 내부에서 낡은 질서를 비판하면서 새로운 질서를 요구하는 개혁의 요구가 등장했다. 이에 따른 1920년대의 전략적 논쟁들은 주요하게 세 가지 쟁점을 중심으로 이루어졌다. 첫째, 새로 탄생한 노동자국가인 소련을 인정할 것인가 봉쇄할 것인가 하는 문제. 둘째, 제1차세계대전 중의 전시경제에 의한 국가의 경제에 대한 개입주의적 역할을 유지할 것인가 아니면 전쟁 전의 자유주의 국가로 돌아갈 것인가 하는 국가의 역할 문제.[10] 셋째, 국가 역할 문제와 관련된 핵심적인 문제로 금본위제로 복귀할 것인가 아닌가의 문제.

이 세 가지 주요 쟁점을 둘러싸고 전쟁 전의 구체제로 돌아가자는 '반동주의자들'과 변화된 현실을 인정하고 자본주의를 개혁하자는 '진보주의자들' 간에 대논

---

10) "일반적으로 1945년 이후의 '케인스주의' 국가와 관련된 모든 기능들이 1920년대에 이미 주장되었다"(Holloway, 1995a: 30).

쟁이 벌어졌다. 지배세력 내부의 이 논쟁에서 '진보주의자'의 대표주자 중의 하나가 케인스(J. M. Keynes)였다.[11] 이 논쟁은 정치인, 관료, 부르주아 지식인 등 지배세력 내부에서 광범위하게 벌어졌다. 진보주의자들은 베르사유 강화조약 협상에서 소련을 배제하거나 독일에 복수를 하기보다 독일을 재건하고 러시아를 세계무역 속으로 재통합할 것을 주장했고, 전쟁 동안 국가가 직·간접적으로 장악한 생산과 교통의 주요 부문들에 대해 국민복지를 위해 계속 통제할 것을 주장했다. 또한 번영을 유지하기 위해 금본위제로의 복귀를 반대했다.

논쟁과 현실에서 진보주의자들이 패배하고 반동주의자들이 승리했다. 소련에 대해서는 봉쇄정책이 취해졌고, 독일에는 비현실적으로 가혹한 배상금이 청구되었으며, 전시에 국가가 통제했던 산업들은 개인 소유자들에게 되돌아갔다. 또 이러한 모든 자유주의적 구체제를 상징하는 금본위제로 복귀했다.[12]

1920년대의 이러한 전략논쟁은 지배세력 내에서 "1917년 10월혁명에 의해 상징되는 새로운 권력에 대한 두 가지의 전략적 대응들 사이의 충돌이었다"(Holloway, 1995a: 32). "'구세계 쪽'이 사회 내의 역관계의 변화를 인식하지 못하거나 인식하기를 거부했음에 반해, 진보주의자들은 노동과의 새로운 화해를 주장했다. 이것은 노동을 편드는 것을 의미하는 것은 아니다. ……오히려 이것은 새로운 상황의 인식에 기초를 둔 전략, 노동자계급을 자본주의 내부에 존재하는 발전의 힘으로 통합할 전략, 노동자계급의 권력을 노골적으로 패퇴시키지는 않지만 그것을 봉쇄하고 재규정하는 전략을 발전시키는 것을 의미한다"(Holloway 1995a: 34).

---

11) "'진보주의자들'과 '반동주의자들' 사이의 첫 번째 충돌은 제1차세계대전 직후 베르사유 강화조약 협상에서 일어났다. 각국 대표단들 가운데 일부였던 많은 젊은 개혁가들은, 그들의 지도자들이 세계사에 하나의 새로운 시대를 창출하는 일보다 '적나라한 무력의 사악하고 낡은 음모'에 더 큰 흥미를 갖고 있다는 것을 깨닫고는, 넌더리를 내며 사임했다. 케인스도 사임한 사람들 중의 한 사람이었는데, 그는 영국 대표단의 한 사람으로 출석했다"(Holloway, 1995a: 28).

12) 이 당시 금본위제가 계급관계 속에서 갖는 의미는 1933년 미국의 루스벨트 행정부가 금본위제를 포기하고 관리통화제를 도입할 때 당시 지도적 사회민주주의자였던 버나드 바루치(Bernard Baruch)의 평가에서 잘 드러난다. "그것은 무질서한 군중의 지배 이외의 어떠한 것도 아니다. 아마도 나라 사람들은 그 사실을 아직 모를지 모른다. 하지만 내가 볼 때는, 우리가 프랑스 혁명보다도 더 격렬한 혁명 속에 살고 있음을 깨닫게 되리라고 생각한다. 무질서한 군중은 정부의 자리를 차지했고 이제 부(富)를 장악하려 하고 있다. 법과 질서에 대한 존중은 사라지고 없다"(Holloway, 1995a: 53).

제1차세계대전 이후의 전개과정에서 1929년의 세계대공황은 구질서의 최후의 붕괴였고 구지배양식의 최후의 와해였다.

> 대공황은 장기 19세기의 경제와 사회로 돌아갈 수 있다는 어떠한 희망도 파괴해 버린 재난이었다. 1929~1933년의 시기는, 이제부터는 1913년으로 돌아가는 것을 불가능할 뿐만 아니라 상상도 할 수 없는 것으로 만들어버린 대협곡이었다. 구식의 자유주의는 죽었거나 운이 다한 것으로 보였다(Hobsbawm, 1994: 154).

그리고 이러한 의미에서 역사발전에서 하나의 전환점으로 작용했다.[13] 1920년대에 정치적 지배집단이 구체제의 질서를 완강하게 고수한 반면, 자본가들은 이미 새로운 질서를 적극 모색하기 시작했다. 테일러주의(과학적 관리)와 결합된 포드주의의 확산은 러시아 혁명이 상징하는 '불만의 시대'에 대한 새로운 대응을 의미했다. 이 새로운 시도는 한편으로 노동의 힘을 인정하고, 즉 '자본의 노동에 대한 의존'을 승인하며, 다른 한편으로는 그러한 노동의 힘을 상품 수요로 전환시키려는 것이었다. 대량생산과정에서의 노동의 소외와 불만을 대량소비과정에 노동자를 포섭함으로써 보상하고, 내구 소비재를 중심으로 한 시장을 확장시켰다. 변화된 계급 역관계에 대한 자본의 이러한 새로운 시도와 전략은 대공황을 계기로 급격히 확산되었다. 수익성의 붕괴는 자본/노동관계의 재조직을 강제했다. 그리고 자본의 재편 전략은 구질서를 고수한 정치적 지배세력을 압박해 변화하도록 강제했다.[14]

그러나 케인스주의로 상징되는 새로운 계급 역관계에 입각한 세력균형은 단선적으로 구성된 것은 아니었다. 자본의 새로운 전략의 단순한 관철이 아니라 그 구

---

13) 홀로웨이는 "1929년의 위기가 실제로 제1차세계대전에 선행한 미해결의 경제적 위기의 지속이었다면, 왜 그것은 노동의 권력이 가장 강력했을 때 일어나지 않았는가?……1917년에 가장 극적으로 보였던 노동자계급의 권력과 12년 후 자본주의의 붕괴 사이의 연관은 무엇인가?"를 묻고, 이에 대해 신용팽창이 두 위기의 탈구를 가져온 것으로 대답한다. "1929년의 대공황은 기본적으로 '1917년 10월혁명의 또 다른 얼굴'이었는데, 신용팽창이 수익성 하락을 지연시키고 생산관계의 재구조화를 한편으로 지연시키는 동시에 더욱 절박한 것으로 만들었다"(Holloway, 1995a: 37~40)는 것이다.

14) 고든 등(Gordon et al., 1982)을 참조.

성과정 자체가 노동자계급의 투쟁에 의해 추동되었다. 미국의 1930년대 산별노조 건설투쟁은 새로운 계급질서를 현실화시킨 추동력이었다. '뉴딜(New Deal)'을 약속한 루스벨트의 대통령 당선, 1935년의 '와그너법(Wagner Act)' 제정과 루스벨트 행정부의 노동정책들을 강제한 것은 산별노조(CIO)로 조직된 노동자계급의 대공세였다. 이러한 역사적 계급투쟁의 결과, 구성된 새로운 세력균형이 '케인스주의적 복지국가'로 제도화되었다.

한편 1920년대 이래의 새로운 계급 역관계에 대응한 자본의 다양한 시도와 전략, 그리고 계급투쟁 과정에서 형성된 '케인스주의적' 자본축적 형태 및 국가형태는 선진 자본주의 각 나라에서 형성된 여러 역사적 형태 가운데 하나에 불과했다. 그것이 세계적 차원으로 확산 또는 일반화된 것은 제2차세계대전을 통해서였다. '케인스주의적' 형태와 경쟁하는 독일, 이탈리아, 일본의 파쇼적 형태가 각국의 상이한 계급 역관계와 계급투쟁 과정을 통해 구성되었고,[15] 두 번째 제국주의 전쟁인 제2차세계대전에서 케인스주의적 형태와 각축을 벌였다. 따라서 제2차세계대전은 대공황의 파산 및 가치저하 수준을 훨씬 능가하는 불변자본의 파괴와 가치저하, 그리고 노동력의 대규모 폐기를 통해 전간기(戰間期)의 재편성을 완성했다.

다른 한편 선진 자본주의에서의 이상과 같은 과정은 제국주의 모순과 위기의 표현인 양차 대전 과정에서 고양된 식민지·반식민지 나라들에서의 민족해방투쟁과 동시에 일어났다. "1945년 이후 동아시아와 동남아시아에서 수립된 공산주의 체제들(중국, 한국의 일부, 프랑스령 인도차이나) 역시 전시 저항운동의 산물로 간주되어야 한다. ……세계 사회혁명의 첫 번째 물결이 제1차세계대전에서 비롯되었듯이, 그 두 번째 물결은 제2차세계대전에서 — 비록 전혀 다른 방식이기는 하지만 — 비롯되었다. 이번에는 전쟁에 대한 혐오가 아니라 전쟁의 수행이 혁명에 권력을 가져다주었다"(Hobsbawm, 1994: 118). 따라서 제2차세계대전 이후의 전후 질서, 즉 자본축적 형태와 국가형태는 선진국, 식민지·반식민지 나라들에서의 계급관계

---

15) "세 가지 길이 지적·정치적 헤게모니 쟁취를 다투었다. 마르크스주의적 공산주의가 첫 번째 길이었다. ……두 번째 길은 자유시장이 최선의 것이라는 믿음을 잃고 비공산당계 노동운동과 온건한 사회민주주의의 일종의 비공식적 결합이나 영구적 연계를 통해 개혁된 자본주의로서, 세계대전이 끝난 뒤에 가장 효과적인 길로 드러났다. ……세 번째 길은 파시즘이었다. 공황은 파시즘을 세계적 운동, 더 적절히 말해서 세계적 위험으로 바꾸어놓았다"(Hobsbawm, 1994: 154~155).

의 총체로 구성되는 세계적 계급 역관계에 의해 형성된 새로운 세력균형을 표현한다.16)

요약하면, 제2차세계대전을 전후한 시기의 계급 역관계는 상반된 평가가 제기될 정도로 양면성을 지닌다. 이는 계급적 적대와 세력균형을 동시에 표현하는 전후 냉전체제의 정립으로 압축적으로 드러났다. 자본주의적 계급관계의 적대적 모순은 한편으로는 대공황과 제국주의 전쟁으로 표출되었고, 다른 한편으로는 그 과정에서 계급투쟁을 격화시켰다. 세계적 차원의 계급투쟁의 결과, 부분적으로는 소련을 중심으로 동유럽 등에서 사회주의 혁명이 성공해 소비에트 블록(block)을 형성했고, 식민지·반식민지 나라들은 정치적 독립을 쟁취해 신생독립국 ─ 이 나라들의 다수는 나중에 '제3세계'를 구성한다 ─ 으로 탄생했다. 사회주의 진영의 등장은 자본주의 세계시장의 축소를 의미할 뿐 아니라, 자본/노동의 적대적 대립이 냉전체제라는 외부화된 대립으로 정립되었음을 의미했다. 이 냉전체제는 자본주의 세계의 계급투쟁의 역사적 결과이면서, 이후 축소된 자본주의 세계의 계급 역관계의 전제조건을 구성한다. 즉, 지구적 외연을 갖는 냉전체제는 자본주의 세계 내부에서 계급 역관계의 구성적 전제로 작용한다.

이 점이 중요하다. 냉전체제는 소련이 자본주의 세계 외부에서 위협적인 존재로 작용한 데서 비롯된 것이 아니라,17) 사회주의 진영의 존재 자체가 자본주의 세계 내부의 계급투쟁을 훨씬 더 첨예화시키는 내적 요인으로 작용한 데서 비롯한 것이었다. "냉전은 파국의 시대가 결코 끝나지 않았으며 세계자본주의와 자유주의 사회의 미래가 전혀 확실하지 않다는……제2차세계대전 종전 직후로서는 충

---

16) 계급 역관계는 그 적대적 모순과 대립 때문에 끊임없이 유동적이다. 그러나 대립에도 불구하고 통일의 측면, 즉 자본주의적 관계의 통일성을 유지하려면 일정한 세력균형, 잠정적으로 안정적 역관계를 동시에 요구한다. 이것이 세력균형이며 통상 제도로 표현된다. 특정한 경제적·사회적·정치적 정책과 제도는 바로 계급 역관계의 일시적 세력균형을 의미한다. 이러한 제도와 정책의 고정적 외관이 '구조' 개념을 낳는다.

17) "소련은 자신의 부대 ─ 소련의 주된 군사적 자산 ─ 를 거의 미국만큼이나 빨리 해산함으로써 절정기인 1945년에 거의 1,200만 병력이었던 적군이 1948년 말까지 300만 병력으로 줄었다. 어떠한 합리적 평가로도 소련은 적군(赤軍) 점령군의 세력권 밖에 있는 어느 누구에게도 당장의 위협이 되지 않았다. 종전 후 소련은 고갈되고 피폐한 폐허였고, 평화 시의 경제는 갈가리 찢긴 상태였으며, 정부는 주민을 믿지 않았다. ……종전 이후 소련의 기본자세는 공격적이 아니라 방어적인 것이었다"(Hobsbawm, 1994: 326~327).

분히 있을 수 있었던 서방 측 생각에 기반을 둔 것이었다"(Hobsbawm, 1994: 323). 제2차세계대전 직후의 자본주의 세계의 상황은 자본가계급에게 매우 불안정한 것이었다.

자본주의 체제의 장기적 전망에서 볼 때, '물질적' 파손보다도 훨씬 더 심각한 것은 자본주의 체제가 하나의 사회체제로서 효과적으로 기능하는 것을 위협하는 요소들이었다. 패전국들에서 전쟁으로 인해 자본가계급은 불신당할 수밖에 없었다. 그들이 파시즘과 전쟁의 가공할 결과에 협조했다는 사실은 정치 영역과 산업 영역에서 자본가계급의 권위를 손상시켰다. 동시에 조직화된 노동은 전승국들에서도 매우 강화되었다. 사람들은 모일 수 있는 계기가 있는 곳에서는 어디에서나 근본적인 사회·경제적 개선을 요구했다. 더욱이 혼란에 빠져 있는 것은 자본주의 국가들의 내부적인 구조만은 아니었다. 국민국가들 사이의 구래의 위계질서는 무너졌고, 식민지의 계속적인 지배는 위협당하고 있었으며, 자본주의는 적대적인 사회체제, 즉 소련의 사회체제(소련의 위신은 전쟁을 통해 엄청나게 신장되었다)와 대치하고 있었다 (Armstrong *et al.*, 1991: 27~28).

해방된 나라들과 점령된 나라들 중 많은 나라에서 종전 직후의 상황은 온건파 정치가들의 위치를 잠식하는 것으로 보였다. 온건파 정치가들은 서방의 맹방들을 제외하고는 지지하는 세력이 거의 없었고, 정부 안팎의 공산주의자들 ― 종전 이후 도처에서 과거 어느 때보다도 훨씬 더 강력해지고 때때로 그들 나라의 최대 정당과 최다득표 세력으로 부상한 ― 에 의해 포위당했다. 프랑스의 수상(사회주의자)은 워싱턴에 가서 경제적 지원을 해주지 않는다면 자신이 공산주의자들에게 질 것 같다고 경고했다(Hobsbawm, 1994: 323~324).

미국에서조차 대부분의 관찰자들은 제1차세계대전 종전 후에 일어났던 것에서 유추해서 전후에 심각한 경제위기가 발생할 것을 예상했다. ……실제로 미국 정부의 전후계획은 전쟁 재발의 방지보다 대공황 재발의 방지……에 대해서 훨씬 더 구체적으로 관심을 기울였다. ……(그뿐만 아니라) 전전의 국제체제는 붕괴했고, 그럼으로써 미국은 유럽의 넓은 지역과 비유럽 세계의 훨씬 더 넓은 지역에서 막강해진

공산주의 소련과 대치해야 했다. 비유럽 세계의 정치적 미래는 매우 불확실해 보였다. 이 폭발적이고 불안정한 세계에서 일어나는 일이라면, 그 어떤 것도 아마도 자본주의와 미국 둘 다 약화시키고, 혁명에 의해서 혁명을 위해 생겨난 권력을 강화할 것이라는 사실을 제외하고는 말이다(Hobsbawm, 1994: 323).

따라서 공산주의와의 정치·군사적 대결을 표방한 자본주의 세계의 '냉전'은 대외적으로 사회주의권에 대한 '봉쇄' 정책이었을 뿐만 아니라, 보다 중요하게는 자본주의 세계 내부의 노동자계급 투쟁에 대한 봉쇄를 목표로 한 것이었다. 예컨대 "서구에서는 공산주의자들이 정부에서 사라졌고 영구적으로 정계에서 추방당했다. 미국은 1948년 이탈리아 선거에서 공산당이 승리할 경우에 군사적으로 개입할 것을 계획했다"(Hobsbawm, 1994: 334).

이처럼 제2차세계대전 이후 장기호황을 규정하는 세계적 계급 역관계는 냉전체제로 표현되는 적대적 대립과 세력균형 속에서 계급적·혁명적 운동세력에 대한 봉쇄(배제 및 탄압)와 노동자계급의 체제 내 포섭 ─ 즉, 노동자계급에 대한 양보 ─ 이라는 양면성을 띠는 모순적이고 역동적 과정으로 구성되었다. 이는 선진국, 제3세계 모두에서 상이한 양상으로 드러났지만 동일한 과정이었다. 특히 1949년 중화인민공화국 수립, 1950년 한국전쟁, 1959년 쿠바 혁명, 1960년대 베트남 전쟁 등 제3세계의 투쟁이 이 과정의 역동성을 추동했다. 냉전체제에서는 제3세계가 경쟁의 주요 무대였던 것이다.

요컨대 이 시기의 계급 역관계를 노동자계급의 일방적 공세에 의한 자본의 양보라든가, 또는 정반대로 노동자계급의 철저한 패배와 종속이라고 평가하는 것은 모순적 과정에 대한 일면적 평가일 수밖에 없다. 전자의 경우 복지국가의 출현과 선진국 노동자계급의 생활 향상은 설명할 수 있지만, 일본과 독일에서 점령국 미국이 노동운동을 탄압하고 이후 노사협력체제의 기본틀을 형성했던 측면은 설명할 수 없다. 자율주의이론이 이 범주에 속한다. 조절이론 역시 좀 더 복잡하게 설명하고 있지만 기본적으로 이 범주에 속한다고 할 수 있다. 후자의 경우 종전 직후의 선진국에서의 계급투쟁에 대한 자본가계급의 혹독한 탄압은 설명할 수 있지만, 선진국 노동자계급의 생활향상, 특히 복지국가의 출현은 설명할 수 없다. 실제로 브레너는 선진국 간의 불균등발전, 특히 미국 대 독일 및 일본 간의 불균등발전을 설명하는 데는 냉전체제 요인을 주요한 외부조건으로 도입하나 장기호황 자체의 설명에는 계급 역관계의 모순적 측면보다는 노동자계급의 패배와 종속이 기초가 되었다고 단선적으로 설명한다(Brenner, 1998: 94~107).[18]

'케인스주의적 복지국가'와 장기호황이라는 모순적 현상 — 노동자계급의 복지증대와 높은 이윤율 및 축적률의 공존이라는 점에서 — 은 이 시기의 모순적 계급 역관계의 표현이었다. 즉, 기본적으로 전 세계 노동자·민중의 혁명적 진출과 공세에 대한 자본의 전략적 대응으로 구성된 계급 역관계와 세력균형을 반영한 것이었다.

이 점에 있어서 홀로웨이가 케인스주의의 핵심적 특징을 "노동자계급의 조직적 힘에 대한 인정"이고, "노동에 대한 자본의 의존을, 자본 내부에 자본에 저항하는 노동의 현존(presence)의 힘을 제도적 형태로 분명히 표현"(Holloway, 1995a: 26)한 것이라고 평가한 것은 기본적으로 올바른 평가이면서도 추상적이고 일면적이다. 이 시기의 자본가계급의 전략적 대응은 1880년대 독일 노동자계급의 혁명적 진출에 대한 비스마르크(Bismarck)의 전략적 대응과 유사한 양면성을 지닌다고 볼 수 있다.

> 복지국가의 궁극적인 원리는, '모든 프랑스 남녀에게 (그들이 노동을 통해 스스로 생존수단들을 조달할 수 없을 경우) 이러한 수단들을 확보해주도록 고안된 사회보장의 완전한 계획'을 요구했던 프랑스 레지스탕스 선언에서 잘 요약되고 있다. ……이러한 원리는 1940년대의 발명품이 아니다. 대규모의 사회보험은 비스마르크로부터 영감을 얻은 황제의 다음과 같은 성명 — '사회적 병리의 치유는 사회민주주의자들의 과격성을 억압하는 것을 통해서뿐만 아니라 동시에 노동대중의 복지의 적극적인 확대를 통해 추구되어야 한다'(Rimlinger, 1971: 114) — 을 좇아 1880년대에 독일에서 도입되었다(Armstrong et al., 1991: 210~211).

---

18) 암스트롱 등도 브레너와 비슷하게 이 시기의 계급 역관계를 일면적으로 파악한다. "미국은 효율적인 세계자본주의 체제의 재건을 위해서는 다른 나라에서의 '사회적·금융적 기강'의 회복을 전폭적으로 지원하는 것이 필요하다고 파악했으며……소련에 대한 적대성은 노동운동을 탄압하는 유용한 무기인 것으로 판명되었다. ……유럽 대륙과 일본의 노동운동은 참혹하게 패배했다. ……미국 노동운동의 전후 공세는 악의에 찬 반공주의적 분위기 때문에 봉쇄되었다. 이리하여 새로운 자본주의적 팽창을 위한 기초 조건은 이미 확립되었으며, 1950년대와 1960년대의 대호황의 토대는 마련되었다"(Armstrong et al., 1991: 167~169).

따라서 자본주의 세계 내부의 혁명적 세력에 대한 탄압과 노동자계급의 체제 내 포섭이라는 양면 전략은 사회주의진영과의 적대적 대립 속에 있었던 이 시기 자본가계급의 기본 전략이었다. 헤게모니 국가로서의 미국의 유럽 및 일본 등 선진국들과 제3세계의 신생독립국들에 대한 세계전략을 규정한 것도 이것이었고, 선진국 자본가계급의 국내전략의 기본도 이것이었다. 자본의 이러한 전략적 대응과 그에 따른 계급투쟁이 전후 장기호황의 자본축적 형태 및 국가형태를 기본적으로 규정했다.

## 2) 케인스주의적 자본축적 형태

반세기에 걸친 격렬한 계급투쟁 과정에서 현실사회주의 국가들이 성립하고 하나의 진영으로서 자본주의 세계와 대립하게 된 것은, 자본주의 세계에서 경제와 정치의 '외관상 분리'를 심각하게 손상시켰고, 그 '내용적 통일'을 그대로 드러내게 만들었다. 국가의 개입 증대, 혼합경제, 국가독점자본주의 등 다양한 용어로 표현되는 경제의 정치화 현상이 그것이다. 냉전체제에 의해 외적으로 강제된 계급 역관계는 자본주의 세계의 자본축적 형태와 국가형태에 노동자계급 투쟁의 봉쇄라는 기본 방향을 부여했다. 따라서 자본축적 형태와 국가형태는 각각 토대와 상부구조로서 상호 전제, 상호 규정하면서 자본주의 세계의 역사적 총체를 구성했다.

종전 직후 2년간은 전쟁의 폐허와 혼란 속에서 계급투쟁이 역동적으로 발전하고 노동자계급의 계급적 진출이 확산되었다. 전쟁의 폐허 속에서 경제재건이 지연되자 유럽 대륙과 일본에서 생계유지를 위한 임금인상 요구로부터 노동자 통제와 주요 산업 국유화 요구로 점차 현장 노동자들의 요구수준이 높아졌다. 패전국 독일과 일본에서는 노동자계급의 조직화가 급속도로 이루어졌다. 또 노동자계급이 반파쇼 투쟁의 선두에 섰던 프랑스와 이탈리아에서는 공산당과 노조 지도부의 억제에도 불구하고 임금인상을 요구하는 비공식 파업이 확산되었다. 상대적으로 전쟁 피해가 적었던 미국에서도 종전으로 전시호황이 끝나자 임금감소에 직면한 미국의 노동자계급은 전시에 확대된 조직력을 바탕으로 임금인상요구 파업을 벌여 1946년 미국 사상 최대의 파업으로 인한 노동일 손실을 기록했다(Armstrong et al., 1991: 34~114).

당시 선진 자본주의 나라들 내부에서 압도적인 경제적 우위를 차지하고 있었던 미국은 1947년 3월 공식적으로 '냉전'의 개시를 선언한 '트루먼 독트린'을 발표했고, 곧이어 그 실행계획으로 유럽의 경제재건을 위해 '마셜 플랜(Marshall Plan)'으로 알려진 '유럽부흥계획(European Recovery Programme)'을 발표했다. 미국의 냉전 선포는 역동적인 계급 역관계에 대한 대응으로 미국의 전후 정책 변화를 의미했다. 승전국이자 점령국인 미국은 초기에는 유럽과 일본의 경제재건에 어떠한 관심도 표명하지 않았고, 미국 자본의 이해관계에 입각해 독일과 일본 등 패전국이 다시는 미국의 경쟁상대가 될 수 없도록 가혹한 배상을 부과해 생산기반을 파괴하는 한편, 일본의 거대 재벌그룹과 독일의 거대 은행을 분할·해체하는 것을 골간으로 하는 경제재편을 추진했다.

미국이 일본에 대해 구상한 초기 배상정책은 '일본의 공격에 의해 피해를 입은 인근 아시아 나라들보다도 일본의 높은 생활수준을 유지하는 것을 돕는 어떠한 조치도 취해서는 안 된다'는 것으로, 대규모의 생산설비를 인도하는 형태로 배상을 부과할 계획이었다. 비록 배상계획은 실행되지는 않았지만, 일본 재벌기업의 경쟁력을 분쇄하기 위해 '계열'그룹의 해체와 노조운동의 장려 정책을 채택했다. 이 정책은 일본 재벌기업의 국제경쟁력이 극도로 낮은 임금비용을 토대로 한다는 분석에 근거한 것이었다.

한편, 미국의 독일 점령정책은 초기에는 프랑스의 지지하에 독일자본주의를 복구하기보다는 파괴하는 방향으로 구상되었다. 심지어 독일을 탈공업화해서 지배적인 농업경제로 전환하자는 구상도 검토할 정도였다. 또한 일본에서와 마찬가지로 장래의 공격 가능성을 막는다는 명분하에 최소 수준의 물질적인 복지를 제공하기에 필요한 것 이외의 모든 생산설비는 철거되어 배상금으로 외국에 실려 가게 되어 있었다. 서방 측 점령지역에서 1,800개의 공장들이 철거되도록 계획되었고, 실제로 1946년에 자본스톡의 약 2%를 구성하는 생산설비가 철거되었다. 그리고 노조운동의 역사와 전통이 강한 독일에서는 일본과 달리 노조활동을 탄압하고 불허했다(Armstrong et al., 1991: 63~69).

애초의 이러한 미국 정책이 180도 전환해 유럽과 일본의 경제재건을 위한 원조계획인 '마셜 플랜'을 추진하게 된 것은 서유럽에서의 계급투쟁의 발전 때문이었다. 즉, "노동자계급의 상태가 악화될 경우는 말할 것도 없고 개선되지 않는다면,

대중투쟁이 불가피하게 폭발할 것이라는 사실"과 "경제상황의 악화는……사회화와 계획, 그리고 노동자통제에 대한 요구를 발생시킨다는 점", 그리고 "유럽과 일본의 자본가계급은 스스로의 힘으로는 이러한 압력에 대처할 수 없는 처지에 놓여 있었기"(Armstrong et al., 1991: 121) 때문이었다.

당시의 계급 역관계의 핵심을 1947년 2월 어느 경영자 모임에서 미국의 한 관리는 더욱 명백하게 지적했다. "세계무역에 대한 미국의 계획이 실패한다면, 세계의 여타 나라들에서 국유화의 확산이 촉진될 것이다. ……세계를 휩쓸고 있는 그 운동에서 우리도 벗어날 수는 없을 것이다. 주요한 나라들이 사회주의화한다면, 미국에서 진정한 사적 기업을 유지한다는 것은 불가능하지는 않다 하더라도 지극히 어려울 것이다"(Kolko & Kolko, 1972: 338; Armstrong et al., 1991: 121에서 재인용).

한편 미국 정부는 종전 후 미국 노동자계급의 강화된 조직력과 전투성에 대한 대응으로 1947년 '마셜 플랜'이 발표된 시점에 노조활동에 강력한 제약을 가하는 노동악법인 태프트-하틀리 법안(Taft-Hartley Bill)[19]을 통과시켰다. 동시에 산별노조회의(CIO) 내부에서 대대적인 공산주의자 색출 및 축출 공세가 이루어졌다(Armstrong et al., 1991: 125~130). 미국 내에서의 이러한 매카시즘 광풍은 1940년대 후반부터 시작해 한국전쟁을 전후해서 그 절정에 달했다. 노동현장에서 전투적이고 변혁지향적인 활동가들 수만 명이 '빨갱이'로 몰려 축출되었고, 1950년대 중반경 보수적이고 개량주의적인 AFL 주도하에 AFL-CIO 통합이 이루어졌다.

미국의 대외정책으로서의 '트루먼 독트린' 및 '마셜 플랜'과 국내 노동정책의 일환인 태프트-하틀리 법안은 당시의 계급 역관계에서 '사회적 기강'의 재확립 ─ 즉, 계급투쟁의 봉쇄 ─ 이라는 동일한 목표를 지향한 것이었다. "제2차 세계대전이 끝날 무렵 자본의 주된 관심사는 사회주의에 대한 동경으로부터 노동자 조직을 분리시키는 것이었다. 그리고 현장의 전투력을 통제 가능한 경제주의로 전환시키는 것이었다"(Gindin, 2001: 5). 다만 그 해당 지역이 다를 뿐이다. 미국의 대외정책과

---

19) 그 주요 내용은 클로즈드 숍(closed shop)의 불법화, 비공식파업 및 보이콧 불법화, '국민적 건강과 안정'에 영향을 줄 수 있는 파업에 대해 노동쟁의 조정기간을 80일로 연장하는 법원의 명령을 요구할 수 있는 비상조처권을 대통령에게 부여, 공무원 파업 금지, 불법파업에 대한 고소 허용, 노조의 연방선거 후보에 대한 정치헌금 금지, 노조 간부에게 비공산당원 선서 요구 등이었다(Armstrong *et al.*, 1991: 128).

국내 노동정책은 모두 냉전 선포에 따라 '공산주의의 위협'을 명분으로 해서 관철되었다. 이는 단순한 이데올로기 공세에 그치는 문제가 아니라, 당시의 계급 역관계에 대한 자본가계급의 전략적 대응이었다. 즉, 냉전체제가 자본주의 세계 내부의 계급투쟁을 더욱 첨예화시킴으로써 내적 규정요인으로 작용한 결과였다.[20]

이처럼 케인스주의 시기의 장기호황과 복지국가형태, 국제적 국가체계는 분석적으로만 구분 가능한 것이지 구체적 현실에서는 긴밀하게 통일되어 있다. 각각이 내적 계기로서 하나의 총체를 구성하고 있는 것이다. 다시 말하자면, 이 시기 장기호황의 원인과 성격, 세계적 차원에서의 불균등발전과 그에 따른 독일 및 일본 경제의 부상과 미국 경제의 상대적 쇠퇴, 그리고 1970년대의 장기호황의 종식과 축적위기의 도래 등은 '경제적 형태'상의 동학 – 자본주의적 경제법칙들이나 경쟁논리 – 만을 가지고는 해명될 수 없다. 그것은 '지구적 냉전체제'라는 총체 속에서의 계급 역관계의 모순적 역동성에 의해서만, 그리고 자본축적 형태와 국가형태의 상호 규정 속에서만 제대로 해명될 수 있다.

여기에서는 이 시기 자본축적 형태 전반에 대한 고찰보다는 자본축적 형태에 대한 논쟁점을 중심으로 자본축적의 역사적 형태를 재구성하고자 한다. 그런데 자본축적, 즉 자본의 총체화 운동은 세계적 차원에서 이루어지기 때문에 일국적 차원의 자본축적 형태에 대한 분석보다는 세계적 차원의 축적형태에 대한 분석이 우선되어야 하나, 두 가지 이유로 일국적 차원의 자본축적 형태를 먼저 검토하고자 한다.

첫째, 계급 역관계의 '경제적 형태'로서 자본축적 형태를 파악하기 때문에 자본축적의 전형적인 형태를 일국적 차원에서 먼저 파악하는 것이 분석편의상 유리하기 때문이다. 둘째, 이 시기의 자본축적의 역사적 형태의 특정한 맥락 때문이다. 즉, 제1차세계대전부터 전간기, 그리고 제2차세계대전이 끝날 때까지 국제교역이나 국제적인 자본운동이 크게 제약되었다. 대부분의 자본운동은 제국주의 간의

---

20) 이러한 사실은 1980년대 초반 미국 레이건 행정부에 의한 '제2차 냉전'이 1970년대의 자본축적의 위기와 계급투쟁의 격화를 배경으로 하고 있다는 점에서 재삼 확인된다. "1970년대 중반에 세계는 제2차 냉전이라고 불리는 시대에 들어갔다. 제2차 냉전은 세계경제의 큰 변화, 즉 1973년부터 20년간을 특징지었고 1980년대 초에 절정에 달했던 장기적 위기의 시기와 일치했다"(Hobsbawm, 1994: 341~342).

적대적 경쟁 때문에 제국주의 블록 내의 운동으로 크게 제한되어 이루어졌던 것이다. 따라서 서술순서를 일국적 차원의 자본축적 형태 분석에서 세계적 차원의 자본축적 형태로 전개하고자 한다. 그러나 이것은 세계경제의 분석을 일국경제 분석의 결합 또는 접합으로 파악하는 관점에서 비롯된 것이 아님은 두말할 필요가 없을 것이다.

### (1) 생산적 축적(고도성장)과 '경영자 자본주의'

전후 장기호황기의 자본축적 형태에 대해서는 두 가지 점에서 크게 논쟁이 되고 있다. 장기호황의 원인이 무엇이냐는 문제와 장기호황의 메커니즘이 무엇이냐는 문제가 그것이다. 이 시기의 자본축적 형태에 대해서는 조절이론(Aglietta, 1979)이 '포드주의 축적체제'로 개념화한 것, 즉 장기호황의 원인과 메커니즘에 대한 이론화가 대체로 수용되고 있다. 조절이론이 비판·극복하고자 했던 국가독점자본주의론에서조차 조절이론의 '포드주의 축적체제' 이론화를 비판적으로 수용할 정도이다. 그런데 브레너가 조절이론에 대해 전면적으로 비판을 제기하면서 논쟁이 되고 있다.

또 조절이론의 경우 '포스트포드주의' 논쟁 등을 거쳐 1970년대 자본축적의 위기 이후에 출현한 축적체제를 '금융화된 축적체제'로 정식화하게 되면서, 금융시스템의 중요성을 이론에 새롭게 도입하고, 그 결과 '포드주의 축적체제'에 관한 초기의 이론화(Aglietta, 1979)에 금융문제를 추가해 재해석하게 된다. 필자는 조절이론의 이러한 후기 입장(Aglietta, 1997; 전창환, 1999b)이 조절이론의 구조주의적 접근방법에 더욱 충실한 것으로 보고, 이를 주목하고자 한다.

장기호황의 원인과 메커니즘은 별개의 문제이지만 논리적으로 연관된 문제이고, 실제 각 이론에서 혼합해서 설명하고 있으므로 별도로 분리해서 검토하지 않고 합체된 문제로 동시에 검토하고자 한다. 이 시기 자본축적 형태와 관련해서 핵심적인 문제는 장기간의 고도성장이 왜, 어떻게 가능했는가 하는 문제이다.

먼저 조절이론의 '포드주의 축적체제'부터 살펴보자. 조절이론(Aglietta, 1979)은 전후 장기간의 고도성장을 대량생산-대량소비 체제에서의 고생산성-고임금-고이윤의 선순환으로 설명하고, 이를 가능하게 한 핵심적인 요인으로 제도형태로서의 '단체교섭'에 주목한다. 즉, 노동자계급의 세력 증대에 의해 계급투쟁의 산물로서 단체교섭이 생산성-임금 연동제를 확보해 제도화함으로써 고생산성-고임금-고이윤의 선순환 메커니즘이 작동해 장기간의 고도성장을 가능케 했다는 것이다.

이 선순환 메커니즘은 자본가계급이 노동과정에서 대량생산과 고생산성을 확보하는 포드주의적 노동편성 원리와 노동자계급의 소비생활을 대량생산에 포섭하는 대량소비의 소비양식의 접합을 통해 임노동의 재생산을 안정적으로 확보함으로써 가능케 되었다. "포드주의는 임노동의 보편화에 따른 대량생산을 구성하는 **소비양식과 생산과정 간의 접합원리**"(Aglietta, 1979: 147)인 것이다.

포드주의적 노동편성 원리는 테일러주의를 더욱 발전시킨 '반(半)자동 일괄생산공정'에 의해 대량생산과 고생산성을 확보할 수 있었고, 노동자계급의 전 자본주의적 소비양식을 파괴하고 '마이 홈', '마이 카' 및 내구 소비재로 상징되는 획일적인 자본주의적 소비양식을 창출함으로써 노동력 재생산과정을 재편해 대량소비를 가능하게 했다. 그래서 "포드주의는 역사상 처음으로 상품의 개별적 소유가 구체적인 소비실천을 지배하는 노동자계급의 소비규준을 창출해냈다. 이것은 전통적인 생활방식과 비교해, 또 소비관습의 안정화에 어떠한 토대도 제공하지 못했던 극빈과 극도의 불안정한 시기의 노동자계급 최초의 경험과 비교해 반전이 일어난 것이다"(Aglietta, 1979: 192).

따라서 "노동자계급의 소비규준의 형성을 보증하고 그 발전을 조절할 수 있는 사회적 제어장치"인 단체교섭이 제도화된 것은 "제2차세계대전 이후 포드주의의 개화에 앞서 위기와 격렬한 계급투쟁의 시기"(Aglietta, 1979: 193)를 거쳐 이루어졌다. 이처럼 격렬한 계급투쟁의 산물로서의 단체교섭은 하나의 '사회적 타협'을 의미했다. 즉, 단체교섭은 계급투쟁의 쟁점이 임금인상에 국한되도록 제한하고 국가는 단체교섭을 통해 노사 간에 합의된 생산규준과 소비규준을 사회적으로 확산시키고 각종 사회복지정책을 통해 노동력의 재생산에 직접적으로 개입하게 된다.

이에 따라 조절이론은 단체교섭 제도, 임금의 생산성 연동제, 간접임금의 비중증대, 신용화폐에 의한 관리통화제도, 소비자 신용을 포함한 각종 신용제도, 과점적 대기업체제, 케인스주의적 개입국가 등이 상호 연계되어, 즉 접합되어 '독점적 조절'이라는 케인스주의적 조절양식을 구성하고 '내포적 축적체제'로서의 '포드주의 축적체제'를 구성함으로써 전후의 장기 고도성장이 가능했다고 분석한다.

포드주의가 노동과정을 사회적 소비규준과 긴밀히 결부시키는 사회관계의 총체를 발전시키면서 잉여가치율을 증가시키는 한, 소비수단 생산부문은 소비 그 자체에서 나타나는 활력을 부여하고 있는 것처럼 보인다. 계획적 노후화 및 계속적인 자본 잠식을 대가로 양 부문 사이의 일정한 발전의 조화 덕분에 축적은 상대적으로 규칙적인 리듬을 유지했기 때문에 유효수요라는 문제는 그렇게 심각한 것이 아니었다. '소비사회'는 자본주의 모순을 결정적으로 해결한 것처럼 보였고, 위기를 소멸시킨 것으로 보였다. 이것이 제2차세계대전 이후의 20년간에 걸쳐 확인된 변화로……실질임금의 상대적인 규칙적 상승은 잉여가치율의 상승을 반영한 사회적 실질임금비용의 계속적인 하락에 의해 가능해졌다(Aglietta, 1979: 196).

전후 장기호황에 대한 조절이론의 이러한 분석의 독창성은 기존 좌파이론에서 주목하지 않았던 소비과정에 대한 분석을 노동과정 분석과 연관시켜 자본축적 과정 분석에 도입한 점이다. 그럼으로써 자본축적 형태를 노동과정뿐만 아니라 소비과정에서의 노동력 재생산과정도 고려해 그 둘을 통일적으로 분석한 것이다. 어쨌든 초기 조절이론은 '임노동관계의 재생산'을 중심으로 자본축적 형태를 분석하고, 따라서 계급투쟁의 산물로서의 '단체교섭'을 가장 핵심적인 조절양식으로 파악한다.

그러나 후기로 넘어오면, 강조점이 초기의 계급관계와 계급투쟁에서 '제도'로 옮겨지면서[21] 단체교섭은 이 시기 조절양식을 구성한 여러 제도형태 가운데 하나로 격하되고, 단체교섭 제도 외에 '기업지배구조', '관리된 금융시스템' 등이 주요한 제도형태로서 추가된다.[22] 즉, 미국의 경우 장기적으로 안정적인 경영권의 확보를 가능하게 했던 경영자지배구조, 독일 및 일본과 같은 '라인형 자본주의'에서의 기업에 대한 장기적인 이해관계자인 은행에 의한 기업규율 등 기업지배구조가 사회적 조절에서 차지하는 기능이 강조된다. 이는 1970년대 축적위기 이후에 등장한 이른바 '주주 자본주의'적 특징과 대비되어 포드주의 축적체제에서의 '경영자 자본주의'로 개념화되는 특징이다. 또한 1970년대 이후의 '금융세계화'와 대비

---

21) 이에 대해서는 이 책의 제2장 중 '조절이론의 구조주의적 접근방법'에서 자세히 검토한 바 있다.

22) 이에 대해서는 아글리에타(Aglietta, 1997), 전창환(1999b; 2002) 등을 참조.

되어 포드주의 시기의 조절의 화폐·금융적 차원으로서 은행 중심의 관리된 금융 시스템, 단기자본 이동의 규제와 고정달러본위제를 핵심으로 한 브레턴우즈 체제 등도 주요한 제도형태로 추가되고 있다.

특히 1933년 대공황의 재발을 방지할 목적으로 금융자본의 집중화와 소유집중을 제한하기 위해 제정된 글래스-스티걸 법안(Glass-Steagall Act)에 기초해 확립된 '관리된 금융시스템'의 기능이 강조된다. 이 법안은 은행/증권의 분리만을 규정한 것이 아니라 예금보험제도, 중앙은행의 역할 강화, 금융안전망의 확보 등 금융제도 전반을 포괄적으로 규정함으로써 '관리된 금융시스템'을 확립했다. 그래서 은행 간 경쟁을 제한하고 예금금리의 상한을 설정함으로써 금융자본을 통제해 생산적 투자를 지원하는 금융시스템으로 기능하게 만들었다. 이에 따라 경영자들이 자율적인 권한을 가지고 내부유보를 늘리고 기업확장을 위해 재투자하는 것이 가능했다. 그리고 이러한 금융규제가 가능했던 것은 "조직노동자-경영자-뉴딜적 관료를 중심으로 한 케인스적 타협과 연대가 금리생활자와 금융자산보유자 및 이들의 이해를 반영하는 금융자본·금융엘리트들을 압도할 수 있었기 때문이다"(전창환, 2002: 456).

따라서 포드주의적 대량생산-대량소비체제는 "기업의 주요 재원들의 배분을 결정하는 권한이 경영자에게 집중되어 있는 경영자자본주의에서 경영자가 주주의 이해(주주가치 극대화)에 일정한 제한을 가하면서, 다른 한편 노동자와의 타협으로 자신의 경제적 권력을 유지·확대하려는 목적으로 내부유보의 확보와 재투자라는 전략을 채택한 결과"(전창환, 2002: 456)로 재해석된다.[23] 이러한 재해석은 포드주의 축적체제와 조절양식에 대한 전면적인 재해석이다. 노동자계급의 투쟁에 의한 단체교섭 제도는 여전히 조절양식을 구성하는 주요 제도형태로 남아 있으나, 초기와 달리 후기에서는 부차적 제도형태로 강등되고, 기업지배구조와 금융시스템과 같은 제도형태의 기능, 특히 '경영자 자본주의'라는 제도형태가 규정적인 제도형태로 기능한 것으로 이론화되고 있다. 이에 따라 '포드주의 축적체제'는 '금융규제하의 포드주의적 경영자 자본주의'로 재정의된다(전창환, 2002: 453~458). 그 작동 메커니즘은 다음과 같다.

---

23) 이와 같은 관점은 뒤메닐과 레비(Dumenil & Levy, 2002)에서도 보인다.

포드주의적 기업들은 생산비용에 마진율을 더한 형태로 가격을 결정한다. 임금비용이 생산비용의 주요 구성요소이기 때문에 명목가격은 명목임금에 의존한다. 그런데 명목임금은 단체교섭에 의해 결정된다. 단체교섭은 임금상승을 생산성향상에 연동시킴으로써 실질임금을 향상시킨다. 생산성 향상의 이득은 단체교섭과 상품가격에 대한 기업의 지배력에 따라 분배된다. 따라서 실질임금은 생산성 증가율에 따라 상승하고 이윤율도 안정적으로 확보된다. 그 결과 소비와 투자가 서로 자극하는 형태로 증가하는 선순환이 발생한다(전창환, 1999b: 101).

　　한편 브레너(Brenner, 1998; 2002)는 장기호황에 대한 조절이론의 분석을 노동자계급의 세력증가 → 자본과 노동의 협약(생산성 및 물가와 연동한 임금 상승 강제) 및 복지국가 강제 → 수요 창출과 완전고용 유지로 요약하면서,[24] 이를 공급 측면 이론으로 명명하며 비판한다. 그가 제시하는 대안적 분석은, 노동자계급의 철저한 패배로 인한 높은 이윤율 → 높은 자본축적률 → 생산성·고용·실질임금의 상승 → 투자수요·소비수요의 증가라는 선순환과정이다. 브레너는 특히 이 과정에서의 선발 선진국과 후발 선진국 간의 불균등발전을 강조한다.

　　1930년대 말 이후 미국 기업들과 1940년대 말 이후 일본, 독일, 기타 서유럽 기업들은 높은 이윤율을 달성해 전후 장기호황의 근본 전제조건을 마련했다. 우선 이러한 높은 이윤율은 전투적 노동자투쟁을 억압하거나 봉쇄하는 것에 기초해 달성되었다. 선진 자본주의 세계 전역에서 일어난 전투적 노동자투쟁은 1930년대 중반과 제2차세계대전 직후 자본주의 지배질서를 위협했지만 결국 모두 진압되었고, 노동자는

24) "공급 측면에서……장기호황의 기초는, 전후 시기의 과소소비 – 전간기 위기의 배후에 있었다고 여겨지는 – 의 극복 및 높은 수준의 사업 확신의 출현을 가능케 했던 지속적인 수요 성장에서 찾을 수 있다. ……수요 성장의 열쇠는 1945년 이후 선진 자본주의 국가의 정치경제에서 나타난 노동의 급부상이었다. 노동의 부상은 임금이 생산성 및 물가와 연동되어 상승할 것을 보장하는, 대개 정부에 의해 승인된 자본과 노동 사이의 타협 – 이른바 '자본과 노동의 협약(accord)' – 을 확립시켰다. 복지국가의 출현, 특히 경기변동에 대해 완충작용을 했던 실업보험의 성장 또한 결정적인 역할을 수행했다. ……정부 역시 케인스주의적 재정·통화정책을 채택해 수요를 안정화시켜서 경기변동을 완만하게 하고 높은 수준의 고용을 유지할 수 있었다. 그럼에도 불구하고…… 전후 호황을 뒷받침했던 수요 팽창을 만들어낸 바로 그 제도들이 장기에 걸쳐서는 친노동적이고 반자본적인 시장 상황을 만들어냄과 더불어 사회·정치적 힘의 균형을 전도시키는 효과를 가져왔기 때문에, 경제성장의 성공이 장기에 있어서는 스스로의 토대를 무너뜨리게 되었다"(Brenner, 1998: 49).

계속 예속적 지위로 내몰리게 되었다. 그리하여 실질임금은 생산성 수준과 비교해 하락할 수밖에 없었으며, 그로 인해 제조업체들은 자본스톡 대비 대규모 잉여를 얻을 수 있었다. 이러한 대규모 잉여를 통해 확보된 높은 이윤율은 높은 자본축적률로 이어져 호황을 견인하고, 생산성, 고용, 실질임금 역시 급격히 증가했다. 자연히 투자수요와 소비수요의 급격한 가속화가 뒤따라 전체적으로 나선형 선순환을 보이게 되었다(Brenner, 2002: 46).

그런데 미국은 선도(先導)국으로서 종전 직후 출발점에서는 다른 선진국에 비해 확고한 우위를 점할 수 있었으나, 바로 그러한 우월한 지위로 인해 높은 수준의 투자 증가율을 유지하기 어려웠고, 반면에 후발 선진국인 독일, 일본, 프랑스, 이탈리아 등은 오랫동안 높은 수준의 자본축적률을 지속적으로 달성할 수 있었기 때문에, 즉 선진국들 내부의 불균등발전에 있어서 후발 선진국들의 높은 자본축적률이 전후 세계경제의 장기호황의 추동력이었다고 평가한다(Brenner, 2002: 47~48).

미국의 경우 브레너는 그 이유를 대규모 매몰 고정자본으로 이미 체현된 미국의 초기 선진기술, 전시 및 전후의 완전고용으로 인한 산업예비군의 부족, 좀 더 이윤성 있는 투자처로서의 서유럽의 등장에 따른 미국 자본의 국내 투자 기피 등을 들고 있다. 그래서 국내 투자 증가율의 감소로 생산성 증가율이 둔화하고 실질임금은 증가함에 따라 미국에서는 이미 1950년대 말 이윤율이 압박되었다는 것이다(Brenner, 2002: 47~48).

후발 선진국들의 경우, 풍부한 산업예비군의 존재로 임금인상을 억제할 수 있었고, 기술추수자의 이점, 정부의 적극적인 보호무역주의 정책과 자본 지원책, '금융억압'에 의한 투기활동 규제와 국제자본 이동 통제, 미국의 냉전전략에 따라 후발 선진국 자본들에게 미국 시장 개방 및 막대한 원조 제공, 그리고 저평가된 환율 허용 등 여러 요인 때문에 지속적인 높은 자본축적률이 가능했다. 특히 브레너는 냉전체제 때문에 미국의 후발 선진국들에 대한 전면적인 지원책이 미국의 이해관계와도 부합했다는 점을 강조한다(Brenner, 2002: 49~53).

이처럼 브레너는 전후 장기호황과 그 후의 장기침체 모두를 전후시기에 걸쳐 작동한 "불균등발전과 국제적 경쟁의 특정한 역사적 양식"(Brenner, 1998: 85)으로 일관되게 설명한다. 즉, 이 시기 자본축적을 주도했던 선발 선진국 ― 미국(및 영국) ―

과 후발 선진국 – 독일, 프랑스 등 유럽 대륙과 일본 등 – 의 '결합 및 상호 작용'으로서의 불균등발전으로 설명한다.

불균등한 국제적 진화의 과정 속에서, 국제경제 가운데 일찍부터 발전했으며 지배적 위치에 서 있던 블록 – 특히 미국(아울러 영국) – 은 기술적 리더십의 유지, 사회경제적 합의의 진전, 세계경제에서 헤게모니적 입지의 유지 등의 불리한 조건으로 인해 어려움을 겪어야 했다. 다른 한편 일본과 독일 – 나중에 가서는 동아시아의 일부 국가들 – 을 위시한, 국제경제에서의 일부 후발 블록은 기술적으로 후발주자이고, 사회경제적 발전은 뒤쳐져 있으며, 세계적 헤게모니에서는 주변부에 위치하고 있다는 후발주자의 잠재적 이점을 활용해 이득을 볼 수 있었다. 장기호황과 장기침체의 성격을 결정한 것은 바로 옛 블록과 후발 블록의 결합 및 상호 작용이었다(Brenner, 1998: 85~86).

예컨대 독일과 일본 제조업의 수출을 통한 고도성장은 냉전적 대립으로 인해 미국이 국내 및 해외시장에서 이 나라들이 자신의 시장 점유율을 잠식하는 것을 용인해주었기 때문에 가능했다. "후발주자들이 이룩한 성공적 발전은 오직 선도자들, 특히 그들 시장과의 국제경제적 관계 덕분에 가능했다"(Brenner, 1998: 86)는 것이다.

한편 장기호황에 대한 이러한 설명에서 브레너는 그가 방법론적으로 강조했던 국제적 경쟁 요인보다 그러한 경쟁의 조건인 사회·정치적 조건을 강조하고 있다.

따라잡기(catch up) 과정은 1950년 이후 사반세기에 걸쳐 독일과 일본 경제의 의심할 수 없는 중핵이었지만, 이것은 다음과 같은 조건이 있었기 때문에 가능했다. 즉, 그것은 이들 경제가 제2차세계대전 직후의 시기에 사회경제적·정치제도적 전환에 성공해 빠른 자본축적과 대규모 기술변화를 이룰 수 있는 능력을 제고시켰고……또한 미국에서 자본축적과 혁신을 위한 경제적·사회적·정치적 조건이 상대적으로 지나치게 불리해졌기 때문이었다(Brenner, 1998: 96).

브레너는 그러한 사회·정치적 조건으로서 계급 역관계와 기업과 은행의 관계 등을 제시한다. 우선, 전후 선진국 대부분에서 노동자계급은 계급투쟁에서 패배해 무력하게 되었지만, 선진국 간에 계급 역관계의 차이가 존재한다는 것이다. 이 차이는 각 나라에서 산업예비군의 고갈 정도가 다르다는 것을 배경으로 한다. 즉, 미국은 급속한 산업화로 산업예비군이 거의 고갈된 상태인 데 비해, 유럽과 일본은 농업부문과 소규모 산업 등에서 위장실업의 형태로 광범위한 산업예비군이 존재함으로써 임금하방 압력으로 작용했다는 것이다. 그리고 이러한 배경의 차이에 더해, 노동자계급의 힘에서도 차이가 났다. 독일과 일본에서는 노동자계급이 미국에서보다 계급투쟁에서 자본가계급에게 더 철저하게 패배하고 협조적 노사관계가 더욱더 정착되었다.[25] 그 결과 생산성 상승에 비해 임금 상승이 억압될 수 있었다는 것이다.

다음으로, 독일과 일본에는 후발 선진국으로서 형성된 제도적 환경으로서 "산업과 은행은 동맹을 맺거나 '합병'하려는 경향을 보이거나, 세계시장 점유율 확대를 위해 경쟁할 능력을 갖추도록 하는 데 있어서 경제적 수단과 정치적 수단을 통해 국가의 지지를 받는 경향"(Brenner, 1998: 102)이 있는 반면, 미국과 영국에서는 선발 선진국으로서의 경쟁력 우위로 인해 국내 경제의 발전보다는 해외로 진출하려는 경향이 있어서, 국내 제조업을 위한 제도·정치적 요구들이 덜 발전되었다. 심지어 미국과 영국에서는 다국적기업 및 은행 분파와 국내 기반의 산업 분파 간에 이해관계가 대립하기도 하고, 그처럼 대립할 경우 미국과 영국의 정부는 다국적기업 및 은행의 자본 국제화를 지지하는 정책을 시행했다.

따라서 전후 독일과 일본의 이례적인 고속성장을 가능케 한 것은 수요 부양의 케인스주의적 제도형태에 있었다기보다는 독일과 일본, 특히 일본이 누렸던 사회·정치적 조건 – 노사협조적인 계급 역관계, 기업과 은행의 밀착관계 및 국가의 지원 등 – 에 있었다는 것이다. 반대로 "자유무역과 함께 국제경제에서의 자유로운 투자접근과 미국 정부의 케인스주의적 수요 부양은 수출을 더욱 고양하는 데, 그리고 미국 제조업자들 중 주도적 경쟁자의 자본축적을 고무하는 데 큰 도움을 주지

---

25) "독일과 일본의 기업들은 국제경쟁에서 미국(그리고 영국)의 기업들보다 더 효과적으로(자본의 관점에서) 경쟁할 수 있었다. 이는 특히 기업 수준 및 공장 수준에서의 제도 – 일본의 기업별 노조와 독일의 노동자평의회 – 를 확립하고 운영함으로써 가능했는데, 이로써 노동자들의 요구를 수익성 요구에 맞춰 좀 더 정확하게 조정할 수 있게 되었던 것이다"(Brenner, 1998: 99).

못했다"(Brenner, 1998: 106).

결국 브레너의 장기호황에 대한 해명에서 결정적인 것은 경쟁 자체가 아니라 경쟁의 조건들 — 특히 그 가운데에서도 계급 역관계 — 에 있음을 알 수 있다. 그렇다면 브레너는 경쟁 요인을 강조한 자신의 방법론적 입장과 모순되게, 경쟁 요인이 경쟁 메커니즘으로서 작용했음을, 즉 원인이 아니라 원인이 관철되는 메커니즘에 불과했음을 스스로 입증한 셈이다.

따라서 전후 장기호황의 원인에 대한 조절이론의 설명과 브레너의 설명이 갖는 차이점은 계급 역관계에 대한 상이한 판단과 주요한 제도적 환경에 대한 상이한 강조에 있고, 이 차이에 따라 장기호황의 메커니즘이 달라진다. 특히 계급 역관계에 대한 정반대의 판단이 상이한 메커니즘으로 설명하게 만드는 데 주요하게 작용한다. 그런데 초기 조절이론(Aglietta, 1979)의 계급투쟁에 대한 강조에서 크게 후퇴한 후기 조절이론의 전후 장기호황 메커니즘에 대한 재설명(Aglietta, 1997; 1998; 전창환, 1999b; 2002)은 브레너의 설명과 일정 부분 — 금융시스템과 같은 제도적 요인 등 — 에서는 유사함도 알 수 있다.

자율주의이론의 전후 장기호황에 대한 분석은 앞서 인용한 위데포드(Witheford, 1999: 165~167)에서 잘 드러나듯이, 초기 조절이론의 분석과 유사하다. 다만 조절이론이 노동자계급의 투쟁에 의해 추동된 여러 제도형태들의 기능적 연관을 패러다임적으로 '포드주의적 축적체제'로 이론화한 데 비해, 자율주의이론은 계급투쟁의 역동적 과정에 의해 단체교섭과 복지국가형태가 역사적으로 구성되는 것으로 이론화하고 있다. 그러나 자율주의이론 역시 이 시기를 '대중노동자'의 계급투쟁에 의해 구성되는 하나의 패러다임적 단계로 파악한다는 점에서 조절이론과 차이가 없다. 또 자율주의이론은 가치형태 분석, 즉 구체적인 자본축적의 메커니즘에 대한 분석을 결여하고 있으므로 계급 역관계에 대한 분석 자체가 곧바로 자본축적 형태에 대한 분석을 대체하고 있다고 할 수 있다.

필자는 전후 장기호황의 자본축적 형태에 대한 크게 대별되는 두 범주의 이론, 즉 한편에는 노동자계급의 저항과 진출을 강조하는 조절이론과 자율주의이론, 다른 한편에는 노동자계급의 패배와 종속을 강조하는 브레너의 분석 등을, 앞서 이 시기의 계급 역관계에 대한 분석에서와 마찬가지로, 일면적인 것으로 평가한다. 각 이론의 방법론상의 문제점에 대해서는 앞서 제2장에서 충분하게 비판적으로 검토한 바 있기 때문에, 여기서는 그러한 방법론상의 문제점이 구체적인 분석에서 어떻게 일면적 분석으로 귀결되었는지 하는 점과 특히 후기 조절이론이 1970년대 자본축적 위기 이후의 신자유주의에서의 '주주 자본주의'와 대비해 이론화한 이 시기의 '경영자 자본주의'가 이 시기의 계급 역관계에 대한 물신화된 개념이라는 것을 형태 분석적 관점에서 해명하고자 한다. 이것은 계급 역관계와 계급투쟁의 '경제적 형태'로서의 이 시기 자본축적의 역사적 형태에 대한 재구성이 될 것이다.

세 이론 모두에서 공통적인 특징은 전후 장기호황 과정을 단선적으로 설명하려고 한다는 점, 즉 하나의 패러다임 – 기능적 총체 – 으로 파악하고자 한다는 점이다. 강조점은 서로 다르지만, 조절이론은 제도형태들의 기능적 연관을 통해 이 시기를 하나의 패러다임으로 이론화하고자 하고, 브레너는 일정한 사회·정치적 조건들을 외부조건으로 중요하게 전제하지만 전체 과정을 경쟁이라는 단일 메커니즘을 통해 설명하고자 한다. 이 두 이론의 경우 자본주의 사회의 총체를 '모순적 총체'로 파악하기보다는 '기능적 총체'로 파악하는 경향이 분명하게 드러난다.

조절이론의 경우 초기에서부터 조절이나 조절양식 개념 자체가 그러한 경향성을 표현한 것이었으나, 후기에는 이 경향성이 더욱 강화되고 있다. 브레너의 경우 1970년대 이후의 장기침체에 대한 해명에 중점을 두고 경쟁 메커니즘이 신고전파처럼 균형을 향해 작용하는 것이 아니라 '불균형화'로 일탈한다는 점을 강조하지만, 전후 장기호황의 경우는 경쟁 메커니즘의 선순환을 강조한다. 결국 두 이론 모두 전후 30년에 걸친 장기호황의 과정을 하나의 단일하고 통일된 선순환과정으로 파악한다는 점에서 '패러다임적 접근'을 채택하고 있다.

반면 자율주의이론은 비교적 계급투쟁의 역동적 과정을 통해 케인스주의 복지국가의 성립을 구성하고자 하나, '대중노동자'의 출현으로 상징되는 노동자계급의 저항과 진출이라는 단선적인 계급 역관계로 단순화시켜 설명할 뿐 아니라, 역시 전체 과정을 하나의 패러다임적 단계로 파악한다. 그래서 조절이론이나 브레너처럼 현실을 '기능적 총체'로 파악하지 않고 '모순적 총체'로 구성하고자 하나 실제로는 패러다임적 접근으로 귀결됨으로써 현실을 '기능적 총체'로 파악해 지나치게 단순하고 일면적인, 따라서 비현실적인 분석에 그치고 있다.

전후 장기호황에 대한 분석이 이처럼 자본주의 사회를 '기능적 총체'로 파악하는 패러다임적 접근이나 일면성에 빠지지 않기 위해서는 우선적으로 계급 역관계와 계급투쟁을 친노동이냐 친자본이냐, 또는 노동에 유리하냐 자본에 유리하냐, 또는 승리냐 패배냐 하는 식의 이분법에 입각해 단선적으로 파악하는 것을 넘어서야 한다.

제2차세계대전 전후의 계급 역관계는 노동에 유리하냐, 자본에 유리하냐 하는 식으로 단선적으로 파악될 수 있는 것이 아니라, 모순적이고 복합적이어서 노동자계급 입장에서도 승리와 패배가 동시에 존재하고, 자본의 입장에서도 탄압과 양보를 동시에 수행하는 전략적 대응이 강제되는 모순적 현실이었음은 앞서 분석한 바 있다.

계급투쟁 역시 단선적이지 않았다. 전후 장기호황 전 시기에 걸쳐 자본의 일방적 공세라든가 노동의 일방적 공세로서의 계급투쟁이 전개되었던 것이 아니라, 쌍방의 공방이 끊임없이 진행되었고 그에 따라 계급 역관계도 끊임없이 유동적으로 변화했던 것으로 보아야 한다. 이처럼 자본주의 사회를 적대적 계급투쟁에 의해 끊임없이 구성·재구성되는 모순적 총체로서 변화·발전하는 것으로 이론화할 필요가 있다.

우선, 전후 장기호황을 '황금기'로 이상화(理想化)한 것 자체가 사후적인 인식이다.[26] 또한 "황금시대는 본질적으로 선진 자본주의 나라들의 것이었다. ……그 나라들은 이 수십 년 내내 전 세계 생산고의 약 4분의 3과 전 세계 공산품 수출액의 80% 이상을 차지했다"(Hobsbawm, 1994: 361~362). 그뿐만 아니라 그 선진국들 간에도 매우 불균등하고 20여 년 전체가 '풍요한 사회'였던 것도 아니다.

유럽 국가들과 일본에게는 전쟁으로부터의 회복이 최우선적인 문제였고, 1945년 이후 첫 몇 년간 그 나라들은 자신의 성공도를 단순히, 미래가 아니라 과거를 기준으로 잡은 목표에 얼마나 근접했는가로 평가했다. 비공산주의 국가들에서 회복은 전쟁과 레지스탕스의 유산인 사회혁명과 공산주의 세력 확대에 대한 공포를 물리치는 것도 또한 의미했다. (독일과 일본을 제외한) 대부분의 나라들이 1950년까지는 전전

---

26) "관찰자들 — 우선적으로 경제학자들 — 이 세계, 특히 선진 자본주의 세계가 자신의 역사에서 전적으로 예외적인 국면, 아마도 유일한 국면을 막 통과했음을 깨닫기 시작한 것은 대호황이 끝난 뒤였다"(Hobsbawm, 1994: 360).

(戰前)의 수준으로 돌아갔지만, 초기의 냉전과 프랑스와 이탈리아에서의 강력한 공산당의 존속은 행복감에 젖는 것을 방해했다. 어쨌든 성장의 물질적 이득이 느껴지는 데에는 약간의 시간이 걸렸다. 영국에서는 1950년대 중반이 되어서야 그러한 이득이 느껴지게 되었다. ……이탈리아의……가장 번영한 지역에서조차 '풍요한 사회'의 이득은 1960년대가 되어서야 일반화되었다. 게다가 대중적 풍요를 누리는 사회의 비밀무기인 완전고용도 1960년대가 되어서야 일반화되었다(Hobsbawm, 1994: 360~361).

더 나아가 그 시기는 냉전의 긴장 속에서 제3세계의 민족해방투쟁이 끊임없이 진출하고 있었고, 선진국들 내에서도 '68혁명'과 같은 치열한 계급투쟁으로 점철되었다.

따라서 이 시기를 이론적으로 재구성하는 데 있어서 일차적으로 필요한 것은 장기호황 또는 고도성장이라는 외관이 주는 획일성·일관성 또는 하나의 패러다임과 같은 균일성의 이미지를 넘어서는 것이다. 고도성장이라는 균일적 외관의 이면에 있는 모순적이고 역동적인 계급투쟁의 과정을 이론화해야 한다. 즉, 제도들의 기능적 연관이든, 경쟁 메커니즘이든, 또는 일방적인 노동자계급의 공세이든 이러한 요인들이 기능적 총체로서의 단일한 패러다임을 구성한 것으로 보지 않아야 한다.

필자는 이 시기 선진국들에서 장기간의 고도성장이 유지되었던 과정에 대해 다음 세 가지 가설을 제시하고자 한다.

첫째, 이 시기 안정적이고 지속적인 자본축적의 토대를 이룬 것으로 평가되고 있는 단체교섭 제도의 정착은 모순적이고 복합적인 계급 역관계의 산물이었다. 노동자계급의 일방적 공세의 산물도 아니고, 노동자계급의 패배에 따른 체제내화의 산물도 아니었다. 패배와 승리가 중첩된 모순적 계급 역관계, 즉 역사적 세력균형의 표현이었다.[27] 임금-생산성 연동제나 임금-물가 연동제는 이러한 세력균형 ─ 세력관계의 현상유지 지향 ─ 을 상징한다.

둘째, 자본의 높은 이윤율을 장기간 가능하게 한 여러 조건 가운데 가장 결정적

---

27) 이는 '역사적 타협'이나 '합의의 정치(politics of consensus)'로 불리기도 한다.

으로 작용한 조건은 단체교섭 제도에 의한 노사관계의 안정화나 산업예비군 효과가 아니라, 성·인종차별을 이용한 노동력의 차별적 재구성이었다. 단체교섭 제도가 정착할 수 있었던 것은 그 제도에 의해 혜택을 받을 수 있는 노동자계급이 백인 남성 노동자로 제한되었기 때문이다. 즉, 여성과 비백인 소수 인종은 그 제도로부터 배제되었다. 또 선진국들에서 급속한 자본축적 과정에서 산업예비군이 고갈되었음에도 자본의 높은 이윤율이 지속될 수 있었던 것도 여성과 소수 인종에 대한 초과착취 때문이었다.

셋째, 냉전체제의 강제로 인한 자본주의 국가의 '통합주의 전략' 때문에 자본축적 과정에서 발생하는 모순이 국가에 전가될 수 있었던 것이 고도축적의 장기화를 가능케 했다. 특히 자본에 의한 노동력의 차별적 재구성에 따른 모순은 이들 차별당한 노동자계급의 투쟁에 의해 복지국가로 전가되었다. 자본축적에서의 모순이 복지국가의 모순으로 치환되었던 것이다. 이 차별화 모순은 케인스주의적 복지국가를 구성하는 주요한 한 계기로 작용했을 뿐 아니라 나중에 복지국가의 위기 자체가 자본축적의 위기를 촉발하는 계기로 작용하게 만들었다.

필자의 이러한 가설은 자본축적 형태를 계급투쟁과 계급 역관계의 '경제적 형태'로 파악하고, 따라서 자본축적 형태는 그 자체로 분석될 수 없고 국가형태와의 상호 규정 속에서만 그 동학이 파악될 수 있다는 방법론적 입장에 근거하고 있다.

세 가지 가설에 대해 각각 더욱 자세히 살펴보자. 먼저 단체교섭 제도의 정착 문제를 보면, 단체교섭 제도는 1920년대의 '포드주의적 거래'와 1930년대의 '뉴딜 정책'으로 상징되는 케인스주의적 복지국가라는 두 요인에 의해 역사적으로 구성되었다. '일당 5달러'로 상징되는 포드주의적 거래는 일괄조립라인에서의 높은 수준의 소외와 지루함을 파격적인 고임금으로 보상하는 자본과 노동의 거래이다. 조립라인에 대한 노동자들의 거부가 높은 노동이동으로 표출되고 이는 생산성에 심각한 타격을 입혔으며, 이를 극복하기 위한 자본의 대안적 전략이 고임금 전략이었다. 포드주의적 노동과정에 대한 노동자의 저항을 봉쇄하고 자본주의적으로 통합하는 방식으로 고생산성-고임금의 조절양식이 탄생되었던 것이다. 이것이 하나의 지배적 양식으로 확립될 수 있었던 것은 고임금 전략이 동시에 상품의 실현 문제, 즉 수요 문제를 해결하는 전략이기도 했기 때문이다.

다른 한편, 반(牛)자동 일괄조립라인의 확산에 따른 노동자계급의 동질화와 조직화는 대공황을 계기로 해서 계급적 투쟁으로 발전했고, 이는 1930년대 뉴딜 정책과 복지국가를 강제했다. 독점대기업에서의 노동조합 인정과 단체교섭의 제도화는 케인스주의적 복지국가의 첫 번째 구성요소였다. 노동자계급의 이러한 계급적 진출이 임금협상이란 체제내화의 통로로 협소하게 된 것은 제2차세계대전 전후(前後)의 계급투쟁의 산물이었다.

그러나 1947년의 태프트-하틀리 법안에 의한 노동운동의 제한과 후퇴는 단순히 노동자계급의 철저한 패배의 결과인 것은 아니다. 이는 1935년의 와그너법에 의한 '이보 전진' 후의 '일보 후퇴'를 의미했다. 그 의미는 더 넓은 사회정치적 맥락, 즉 이 시기의 계급 역관계에서 살펴보아야 한다. 세계적 차원에서의 혁명적 계급투쟁과 사회주의진영의 발흥은 제2차세계대전 후 선진 자본주의 나라들에 케인스주의적 복지국가를 강제했다. 케인스주의적 복지국가는 혁명적 세력과 운동에 대한 봉쇄와 노동자계급의 체제 내 포섭이라는 이중전략의 정치적 표현이었고, 이는 단체교섭을 임금을 둘러싼 경제투쟁으로 제한시켰던 것이다.[28]

따라서 노동조합의 인정과 단체교섭의 제도화는 임금과 고용에 대한 사회적 규제를 의미했다. 이 점이 중요하다. 자본은 이윤추구를 위해 자의적으로 임금과 고용에 대해 '경영권'을 행사할 수 없게 되었고, 이는 자본운동에 중요한 제약으로 작용했다. 1970년대 자본축적의 위기에서 자본가계급의 전략적 대응은 임금과 고용의 사회적 규제 철폐에 최우선 순위를 부여한다. 그래서 자본가계급에 의해 이윤추구에 걸림돌이 되는 '경직성' 또는 시장논리의 위배라는 이데올로기 공세의 초점이 되는 것이 바로 이 사회적 규제이고, 이 규제를 제도적으로 담보한 노동조합이다.

또한 단체교섭의 제도화는 역동적인 계급투쟁 과정에서 노동운동 형태와 자본운동 형태에 중요한 영향을 미쳤다. 먼저 단체교섭의 제도화가 노동운동 형태에 미친 영향은 공식적인 노동운동인 노동조합과 노동자정당 – 사회민주당 또는 노동당 – 이 각각 노무기구화·국가기구화되어 체제로 통합되어갔다(Holloway, 1995a: 45~53)는 점이다.

---

28) 노동조건 전반에 관한 계급적 투쟁의 무기가 될 수 있었던 단체교섭이 임금교섭으로 협소화되고, 기술혁신 및 노동조직 재편에 관한 통제권을 자본이 확보하게 되는 미국에서의 계급투쟁 과정에 대한 상세한 설명은 아글리에타(Aglietta, 1979: 228~237)를 참조.

계급투쟁이란 노동조합의 공식적 파업이나 노동자정당의 집권이나 친노동정책 같은 것만을 의미하지 않는다. 노동자계급 대중은 일상적으로 자본관계에 저항한다. 특히 포드주의적 노동편성 원리는 업무의 파편화와 높은 노동강도를 초래해 노동의 소외를 심화시키는 만큼 노동자들의 일상적인 저항은 노동에 대한 거부로 표출되었다. 예컨대 사보타지, 무단결근, 비공인(非公認) 파업(일명 '살쾡이' 파업) 등이 발생했다. 이러한 눈에 띄지 않는 일상적 저항들이 대규모 임금파업들보다 생산성과 수익성에 훨씬 더 심각한 영향을 미치기 시작했다. 포드주의 조립라인의 '기술적 경직성' 때문이다. 노동자들의 이러한 일상적 불만과 저항에 직면해 자본은 이를 더 높은 임금으로 무마하는 식으로 대응했다. 또 새로운 노동과정의 도입을 관철시키기 위한 수단으로 임금인상을 사용했다. 따라서 임금협상이 조직된 노동자계급 저항의 초점이 되었다. 이 과정에서 노동조합은 노동자의 불만과 저항을 임금요구로 전환시키는 '불만의 관리자들'로 전락했다.

개별 자본 또는 개별 산업 차원에서 노동자계급의 높아진 임금인상 요구를 노조를 통해 통제하기 어렵게 되자 1960년대 중반부터는 임금억제를 위해 국가에 의한 소득정책이 추진되었다. 자본축적에서의 모순이 국가로 전가되는 모순의 치환현상으로, 이른바 '경제의 정치화' 현상이다. 노사정 합의, 즉 사회적 합의주의 형태를 통한 임금억제 정책은, 그러나 대가를 필요로 했다. 자본의 임금억제 요구에 직면해 모순적 입장에 처하게 된 노동조합은 임금억제에 대한 합의의 대가로 정부정책에서의 양보 ― 경제발전계획, 고용보장정책, 복지국가 혜택의 확장, 물가안정정책 등 ― 를 요구했다. 결국 자본을 위한 착취의 직접비용(임금)의 억제는 간접비용(국가지출의 증가)이라는 대가를 치러야만 했다.

일반적으로 케인스주의적 자본축적 형태에 대한 서술은 이론에서나 역사에서나 평화적이고 순조로운 것으로 묘사된다. 단체교섭, 노사협약, 노사정 합의 등 계급투쟁의 결과에서는 그에 이르는 계급투쟁의 과정은 드러나지 않고 교섭과 협상만이 드러난다. 그러나 이러한 외관상의 사회적 합의 이면에는 역동적인 계급투쟁의 과정이 항상 놓여 있었다. 눈에 띄게 드러나는 노동자의 파업투쟁은 물론이고, 그보다 더욱 중요하게는 노동자계급 대중의 포드주의적 노동과정에 맞선 일상적인 저항이 끊임없이 계급 역관계를 유동화시켰다. 계급투쟁의 이러한 역동적 과정을 거세한 이 시기의 모습에 대한 한 역사가의 피상적인 묘사를 보라.

'케인스주의적' 결합은 정치적 구조물이었다. 그것은 대부분의 '서방' 나라들에서 우파와 좌파 사이의 효과적인 정책합의에 기반을 두었다. 파시스트-초민족주의적 극우파는 제2차세계대전으로 정치무대에서 제거되었고, 공산주의라는 극좌파는 냉전으로 제거되었다. 케인스주의적 결합은, 또한 노동자의 요구는 이윤을 잠식하지 않는 범위 내로 제한하고 이윤의 장래전망은 막대한 투자를 정당화할 정도로 높게 유지하기로 한, 고용주들과 노동자조직들 사이의 암묵적·명시적 합의에도 기반을 두었다. 막대한 투자가 없었다면 황금시대에 노동생산성의 눈부신 성장이 이루어질 수 없었을 것이다. 실제로 공업이 가장 발달한 16대 시장경제국들에서는 투자가 1년에 4.5%씩의 비율로 증가했는데, 이는 1870년부터 1913년까지 시기의 약 3배에 달하는 수치이다. ……합의는 실제로 3자 간의 합의였다. 정부가 공식적·비공식적으로 자본과 노동 사이의 제도화된 협상을 주재했던 것이다. 자본과 노동은 이제, 적어도 독일에서는 습관적으로 '사회적 파트너'로 묘사되었다. ……이는 3자 모두가 받아들일 수 있는 거래였다. 높은 이윤의 장기적인 호황기에 고임금에 별로 개의치 않은 고용주들은 앞으로의 계획 수립을 더욱 쉽게 해주는 예측 가능성을 환영했다. 노동자들은 정규적으로 인상되는 임금과 특별급여, 그리고 꾸준히 확대되고 더욱 후해진 복지국가를 얻었다. 정부는 정치적 안정, 공산당의 약화(이탈리아 제외), 거시경제적 운용……을 위한 예측 가능한 조건을 얻었다. 또한 자본주의 공업국들의 경제는 눈부신 성과를 보였다. 완전고용과 정규적으로 상승하는 실질소득에 기반을 두고 사회보장제도……로 보강된 대량소비경제가……처음으로 출현했다는 점만으로도 그러한 평가를 내릴 수 있다(Hobsbawm, 1994: 392~393).

이 과정에서 노동조합은 자본의 노무기구를 넘어 국가기구로 통합되어갔다. 또한 집권한 노동자정당 역시 국가기구로 통합되어갔다.[29] 따라서 제도화된 노동의 권력으로서 노동조합의 권력은 국가 내부에 통합되어갈수록 조합원들을 대

---

29) "전후 자본주의 지배양식에서 노동의 권력을 (체제 내로) 전환시켜내는 데 있어서 노동조합들이 수행한 중심적 역할은 종종 노동조합과 밀접한 연결을 갖는 당들에게 정치체제 내에서의 특권적 지위를 부여했다. 특히 1960년대 중반에서 말까지 축적의 어려움이 더욱 분명하게 됨에 따라 종종 사회민주당들은 심지어 자본의 대변조직들에 의해서조차 노동의 요구를 통제할 수 있는 유일한 당으로 선호되었다. 대표적인 사례는 1974년 2월의 선거 직전에 영국산업연합(CBI)이 노동당의 승리를 선호했다는 그 '누설된' 폭로였다"(Holloway, 1995a: 52).

표하거나 통제하는 데 있어서 점점 더 비효율적으로 되었고, 점차 공허한 권력, 실체 없는 권력으로 전락했다. 이것은 선진국 노동운동에서 한편으로 미국의 실리적 조합주의, 유럽의 사회적 합의주의 운동노선에 따른 노사협조주의로, 다른 한편으로 노조 상층부의 관료화 및 평조합원과의 괴리로 표현되었다.

다음으로, 단체교섭의 제도화가 자본운동 형태에 미친 영향은 자본의 유기적 구성의 고도화가 가속화되었다는 점이다. 포드주의 노동과정의 기술적 경직성과 노동자들의 일상적 저항은 한편으로 생산성 증가율의 둔화를, 다른 한편으로 실질임금의 증가를 초래하는 경향을 가져왔다. 생산성을 증대시키기 위한 포드주의적 노동편성 원리는 노동자들의 일상적 저항에 의해 생산성 증가에 점차 한계를 드러내고 동시에 불만을 무마하기 위해 더 높은 임금인상으로 보상해야 했기 때문이다.

따라서 한 노동자를 더욱 효율적으로 착취하기 위해서 자본은 점점 더 많은 기계류와 원료에 투자해야만 했다. 즉, 동일한 착취율 또는 이윤율을 유지하기 위한 비용이 점점 더 증가했다. 이는 자본의 유기적 구성의 고도화로 표현되었다. 이는 한편으로 규모의 경제에 대한 추구와 다른 한편으로 노동절약적 기계화의 추진으로 나타났다. 즉, 포드주의적 노동편성 원리를 기반으로 한 노동과정에서 단체교섭의 제도화는 높은 자본축적률을 강제했다. 요컨대, 고도성장은 이 시기 계급 역관계의 경제적 표현이었다. 달리 말하면, 임금과 고용에 대한 사회적 규제가 자본으로 하여금 존립을 위해서 끊임없는 생산적 재투자를 강제했던 것이다.

다음으로, 높은 이윤율이 장기간 지속될 수 있었던 주요 조건이 자본에 의한 노동력의 차별적 재구성이었다는 두 번째 가설을 좀 더 자세히 살펴보자. 장기호황기의 높은 이윤율의 토대 또는 배경으로 선진국들에서 산업예비군의 역할에 대해서는 만델에 의해 잘 분석되었다.

서독에서 전후에 1,000만 명 이상의 피난민 및 수백만 명의 외국노동자를 흡수했듯이, 이탈리아에서는 남부 농업지대에서 북부 공업지대로 수백만 명의 농민과 농촌거주자들이 유입되었고, 일본에서는 근대적인 대기업에 의해 경제의 전통적 부문에 종사하고 있던 수백만 명의 농민 및 농업노동자가 흡수되었으며, 미국에서도 도시 근로자군으로 1,000만 명 이상의 기혼여성 및 400만 명 이상의 농부, 소작인, 농업노

동자가 유입되었다. 일본에서도 농촌지역 및 '전통적' 산업분야의 노동예비군이 고
갈되기 시작했을 때 역시 여성들이 임금노동자군으로 상당한 정도로 유입되었다(특
히 장기간의 전후 호경기에 뚜렷했다). 실제로 일본의 여성 임금노동자 수는 1950년
의 300만 명에서 1960년에는 650만 명, 1970년에는 1,200만 명으로 증가했다. 이러
한 운동 방향은 평균 이상의 잉여가치율의 장기적 지속을 위한 ─ 평균이윤율 하락
의 장기적 저지, 따라서 자본축적에서의 장기적인 평균 이상의 증대를 위한 ─ 필요
충분조건이다. 이와 같은 이유로 1950~1965년 동안 일본에서 약 700만 명의 노동자
가 농업분야로부터 유입되었다. 같은 기간 제조공업의 임금소득자 수는 2배로 증가
했다(450만 명에서 900만 명으로). ……이와 같은 이상(理想)적 성장의 비밀이란 별
것이 아니다. 1960~1965년 동안 제조공업의 1임금소득자당 실질임금은 겨우 20%
증가한 반면, 1인당 노동생산성은 48%까지 상승했다. 따라서 상대적 잉여가치 생산
이 방대하게 증대되었다(Mandel, 1975: 167~168).

전후 고도성장에 필요한 노동인력은 대부분 농업부문, 여성, 그리고 이주노동
자에 의해 충원되었다. 특히 농업부문의 생산력 발전에 따른 불완전 고용 인력의
프롤레타리아화와 가사노동에 종사하던 여성 인력의 노동력으로의 참여가 중요
했다.

1950~1970년에 인구증가와 함께 (선진국) 취업자 총수는 약 30% 증가했다. 이
사실 자체만으로도 노동자계급의 크기는 약 1/3 정도 증가한 셈이지만, 프롤레타리
아의 증가율은 취업자 총수의 증가율보다 훨씬 더 컸다. 왜냐하면 선진국에서 취업
자 총수가 4,600만이나 증가한 반면, 자영업자 및 '가족 노동자'의 수는 2,000만이나
줄어들었기 때문이다. 1954년에는 취업자 가운데 31%가 후자의 범주에 속했지만,
1973년에는 이 비율이 17%로 줄었다(Armstrong *et al.*, 1991: 255).

1940년에는 16세 이상 미국 여성의 약 27.4%만이 유급고용이었으나, 1970년에는
42.6%로 증가했다. 기혼여성들의 유급고용은 16.7%에서 41.4%로 더욱 크게 증가했
다. 1970년에 15세에서 64세까지의 유급피고용자 가운데서 여성 비율은 스웨덴이
59.4%, 일본이 55.5%, 영국이 52.1%, 서독이 48.6%였으며, 이탈리아는 겨우 29.1%

에 불과했다. 이탈리아에는 여전히 실질적인 산업예비군이 중부와 남부의 미개발지역에서 나타난다(Mandel, 1975: 177).

그리고 농업부문으로부터의 이전이나 여성 노동력에 비해 양적 비중은 작았지만 이주노동자의 역할도 무시할 수 없었다.

> 서독에서는……외국노동자가 1960년 중반에는 27만 9,000명……1965년 중반에 100만 명을 돌파해……1971년에는 200만 명을 상회하는 수준에 도달했다. ……서독 자본주의는 남부 유럽으로부터의 노동의 대이동이 없었더라면 이윤율의 파국적인 하락 없이 1960년대에서와 같은 산출량의 방대한 증대를 달성할 수 없었을 것이다. 약간의 편차는 있지만 프랑스, 스위스, 베네룩스 3국에서도 사정은 동일한데, 1958~1971년에 걸친 기간 200만 명의 외국인 노동자가 그러한 국가들 내의 프롤레타리아로 흡수되었다(Mandel, 1975: 166).

그런데 장기호황기의 고도성장에 필요했던 노동력으로 충원된 이들에게 산업화와 복지국가의 혜택이 모두 돌아갔는가? 또 이들의 역할이 단지 완전고용에 따른 노동시장의 압력을 누그러뜨림으로써 높은 이윤율을 보장하는 역할에 그쳤는가? 제2차세계대전 이후 고도성장 과정에서 대거 충원된 노동인력 가운데 다수를 구성하는 여성 노동자와 비백인 소수 인종 노동자들은 산업예비군의 풀(pool)로서 역할을 했을 뿐만 아니라, 더욱 중요하게는 그들의 초과착취를 통해 자본이 높은 이윤율을 누릴 수 있는 핵심 기반이 되었다.

'황금기', '장기호황'이라는 이 시기에 대한 묘사는 '풍요로운 사회' 또는 '미국적 생활양식(American life style)'[30]이라는 이미지와 결합하면, 선진국 노동자계급은 모두 단체교섭의 제도화에 의한 고임금과 복지국가에 의한 사회보장제도로 풍요로운 삶이 보장되었던 것처럼 보인다. 그러나 그러한 케인스주의적 복지국가의 시민은 백인 남성 노동자로 제한되었다. 대부분의 여성과 흑인 등 비백인 소수 인종은 배제되었다.

---

30) 마이홈, 마이카, 백화점 쇼핑, 주말여행 등 미국 중산층의 풍요로운 소비생활을 상징한다.

(미국) 복지국가의 주요한 제도적 기반은 뉴딜의 형태로 기업, 조직된 노동, 그리고 정부 간에 사회적 계약이 이루어졌을 때인 1930년대 노동조합의 동원에서 연유하며, 이는 제2차세계대전 후 경제성장의 기반과 복지국가의 팽창을 위한 정치적 틀을 마련했다. 이러한 사회적 계약은 소수 인종과 1960년대 동안 집단적 행동의 전선을 형성하게 되었던 새로운 사회운동들, 즉 가장 주목할 만한 것으로 여성운동, 공동체조직, 환경론자들, 반문화보호론자, 그리고 때로 반전운동과 관련되어 있던 인종해방운동을 배제했다(Castells, 1989: 294~295).

기혼여성 및 청소년과 이민노동자(미국의 경우, 소수 인종 및 민족을 포함. 흑인, 푸에르토리코인)에 의해 이루어지는 노동력의 부가적 유입이 산업예비군의 보존 및 재구성에서 이중적 역할을 한다는 사실은 매우 중요하다. 한편으로 그들의 고용률 변화폭은 '가족의 가장'인 '안정적' 노동자들의 그것보다 훨씬 넓다. 다른 한편으로 부르주아가 그들의 소득은 '가족예산'에 대한 '보조역할'에 불과하다고 가정하듯이, 그들은 그들의 노동력에 대해서 훨씬 적은 가치를 지불받는다. 그들의 임금은 때로는 노동력의 물질적 재생산에 필요한 수준을 하회해서 그들의 생존을 유지해나가기 위해 복지기금, 사회보장 또는 불법적인 방법에 의한 소득 등에 의존해야만 한다. 따라서 그들의 노동력 재생산비용 중 일부는 '사회화'된다. 1968년 미국에서는 1,000만 명의 임금노동자의 시간당 임금이 1.6달러 미만이었고, 350만 명이 시간당 1달러 미만이었다. 반면에 제조업의 평균임금은 시간당 3달러를 초과했으며, 건설업에서는 4.4달러에 달했다. 현재 광범위한 문헌에서 '하층 프롤레타리아'에 대한 제국주의 국가의 초과착취 문제를 다루고 있다(Mandel, 1975: 177~178).

외국노동자들이 지나친 '국내고용의 변동'에 대한 교묘한 안전판으로서 이용된다는 것은 1966~1967년에 걸친 서독의 경기침체에 의해 분명히 밝혀졌다. 즉, 1966년 6월과 1968년 6월 사이에 40만 명 이상의 외국노동자가 직업을 잃었다. 이러한 현상은 푸에르토리코인, 멕시코인, 그리고 (최근에는) 중앙아메리카의 이민노동자에 대한 미국의 태도에서도 찾아볼 수 있다. ……이민노동자들의 대부분이 미숙련 노동자이며, 그들의 직업은 거대도시경제에서도 가장 고되며 가장 더럽고 가장 보수가 적은 직업에 한정되어 있다. ……그리하여 자본에 의한 프롤레타리아 내부의 새로운 계층화가 '토착'노동자와 '외국인' 노동자 사이에서 교묘하게 이루어진다. 고용주들은 이것을 이용해 미숙련노동자들의 임금을 일시에 인하시킬 수 있는 것이다. ……외국인 노동자에 대한 차별대우는 서유럽에서 지배적이며……(Mandel, 1975: 176~177).

성차별과 인종차별을 이용한 자본의 이러한 차별적 노동력 구성은 선진국에서 일반적으로 나타났는데, 미국의 경우 전형적으로 '이중노동시장'으로 나타났다(Gordon et al., 1982). 고용안정과 고임금, 내부승진 등이 보장된 독점대기업을 중심으로 한 '1차 노동시장'과 고용불안, 저임금으로 특징지어지는 중소영세기업을 중심으로 한 '2차 노동시장'으로 노동시장이 분절되었다. 또 '1차 노동시장'은 업무의 독립성과 전문성, 그리고 임금수준 및 승진기회 여부에 의해 '독립 1차 시장'과 '종속 1차 시장'으로 분절되어 있었다. 그래서 전체적으로 노동시장은 3분할된 것으로 나타났다. 그런데 관리·전문·기술직('독립 1차 시장')과 대기업 생산직·사무직('종속 1차 시장')은 대부분 백인 남성 노동자들에게만 허용되며, 여성과 이주노동자 및 비백인 소수 인종에게는 하급 사무직·중소영세기업의 생산직·서비스직('2차 시장')만이 허용되었다. 이러한 3분할 노동시장은 대체로 노동자계급의 1/3씩을 수용했다.[31] 요컨대 미국의 경우 노동자계급의 2/3 정도만이 대량생산-대량소비체제에 통합되었고 나머지 1/3은 배제되었다.

포드주의 체제에 통합된 노동자계급의 비율은 노동운동의 전통과 그에 따른 계급 역관계에 따라 선진국들 내에서도 차이가 났다. 예컨대 노동운동이 취약한 일본의 경우 '종신고용'으로 상징되는 고용안정과 고임금이 보장된 핵심노동자의 비율은 20~30% 정도, 즉 1/3 이하에 불과했다.[32] 전후 일본의 고도성장, 즉 '일본의

---

31) 미국의 경우 "1970년에 독립 1차 분절은 비농업 총고용의 약 1/3이었고, 종속 1차 분절은 1/3보다 약간 적었으며, 2차 노동자는 1/3보다 많았다"(Gordon et al., 1982: 286). 또 노동시장의 이러한 3분할은 대기업 생산직을 중심으로 노조가 조직화된 선진국 노동조합의 조직률과도 대략 일치한다. "선진국에서 노조 가입 노동자 수는 1952년의 약 4,900만 명에서 1970년에는 6,200만 명으로 증가했다. 그러나 노동자들의 노조 가입률은 1952년의 37%에서 60년대 후반부에는 31%로 감소했다"(Armstrong et al., 1991: 257).

32) 일본의 경우 선택받은 핵심 노동자는 25% 이내에 불과했다. "전후 미국의 자본 조직화와 일본 산업자본의 일반적인 조직화를 구분하는……특징은 하청에 대한 강한 선호이다. 일본은 거대한 고용업체로 이루어진 경제가 아니다. 오히려 일본의 비농가 노동력 가운데 88%는 중소기업 부문에

기적'의 비결은 바로 자본가계급이 노동력의 차별적 구성에서 선진국 어느 나라와도 비교할 수 없을 정도로 대성공한 데 있었다. 따라서 일본의 고도로 '유연한' 하청 중심의 노동조직의 편성은 1970년대의 세계적 자본축적의 위기를 겪으면서 국제적 경쟁 메커니즘을 통해 세계 전체로 확산되었다.

이러한 노동력의 차별적 구성이야말로 장기호황기의 높은 이윤율의 지속을 담보한 가장 중요한 조건이었다. 여성 노동자 및 소수 인종 노동자(이주노동자를 포함한)에 대한 임금, 고용안정, 사회복지 등에서의 전면적인 차별을 통해 자본은 이들을 초과착취할 수 있었고, 그러한 초과착취가 백인 남성 노동자들의 지속적인 실질임금 상승 압박에도 불구하고 높은 이윤율을 장기간 유지할 수 있었던 조건이었던 것이다. 바꾸어 말하면, 자본은 단체교섭의 제도화로 인한 고용과 임금의 사회적 규제에 맞서 성과 인종을 이용한 노동력의 차별화 전략으로 대응함으로써 높은 이윤율을 유지하려고 했다.

미국의 경우 이처럼 차별화된 노동력이 민간부문 노동자의 40%에 이르렀다. "공공부문과 민간부문을 합한 경우에 2차 부문에 고용된 노동자의 비율이 36%였음에 비해 민간부문만의 경우에 민간노동자의 거의 40%가 2차 부문에 고용되었다"(Gordon et al., 1982: 286). "조합원들은 총보수 기준 시간당 30달러 이상을 받고, 이 가운데 65.5%만을 현금으로 받는다. 비조합원들은 그보다 적은 21.03달러를 받고, 더 많은 비율인 73.9%를 현금으로 받는다(Employment Cost Index, 2002). 노조 프리미엄 — 유사한 상황의 비조합원보다 높은 보수 — 은 1940년대 이를 측정하기 시작한 이후로는 계속 있었다"(Ghilarducci, 2003).

그동안 좌파이론 내에서 자본에 의한 노동력의 차별적 구성 문제는 전후 장기 호황의 핵심적 구성요소로 부각되지 못했다. 초기 조절이론(Aglietta, 1979: 205~224)이나 만델(Mandel, 1975)에 의해 성차별 및 인종차별을 이용한 노동자계급의

---

고용되어 있다. 50% 이상이 30명 미만의 정규직을 고용한 업체에서 일하고, 42%는 10인 미만의 업체에서 일한다. 북미나 서유럽의 기준으로 보면, 심지어 일본의 대기업조차도 많은 인원을 고용하지 않는다. ……예를 들면, '부품의 60~70%를 자체 생산한 1980년대 미국 자동차회사와는 달리, 일본의 주요한 생산업체는 30%만을 자체 생산하고 나머지는 관련 업체 체계를 통해 하청을 주었다'"(Coates, 2000: 307~308). 하청이 광범위하게 조직된 일본에서 "1981년 5~29인을 고용하는 제조업체의 평균임금은 500인 이상을 고용하는 기업체의 평균임금의 57%에 불과했다"(Armstrong et al., 1991: 385~386).

계층화와 차별화 현상이 언급되고 있으나, 잉여가치율의 제고를 위한 요인들 가운데 하나로 분석될 뿐이지 장기호황의 핵심 구성요소로 평가하지는 않는다.[33] 이 시기 노동자계급을 '대중노동자'로 추상화시켜 파악하는 자율주의이론이나, 브레너의 국제적 경쟁론에서는 노동력의 차별적 재구성 문제는 별로 주목되지 않고 있다.[34] 이 노동력의 차별적 구성 요인은 장기호황을 유지하는 핵심 구성요소였을 뿐만 아니라, 케인스주의적 복지국가를 구성하는 주요 계기의 하나로도 작용함으로써 이 시기 계급 역관계를 변화시킨 주요 추동력이었다.

마지막으로, 자본축적에서의 모순이 복지국가의 모순으로 치환됨으로써 장기호황이 지속될 수 있었고, 역으로 복지국가의 모순이 자본축적의 모순을 더욱 악화시켰다는 세 번째 가설을 살펴보자.

케인스주의적 국가형태의 구성 자체에 대해서는 다음 절의 국가형태 분석에서 구체적으로 분석하기로 하고, 여기에서는 케인스주의적 국가형태가 당시의 계급 역관계에서 자본/노동관계의 사회적 재생산을 위해 '통합주의 전략'을 취하도록 강제되었다는 것을 전제한 바탕에서 논의를 진행한다. 자본에 의한 노동력 차별화 전략에 의해 노동력 재생산비 이하의 저임금 수준에서 빈곤화를 강제당한 소수 인종 노동자들과 일부 여성 노동자들 - 예컨대 미국의 경우 흑인들과 중남미의 스페인계 이주노동자들 - 은 도시에서 슬럼가를 형성하면서 이른바 도시문제를 발생시켰다. 소수 인종들의 사회적 배제와 그에 대한 저항은 왜곡된 형태로, 즉 마약, 폭력조직, 범죄 등 도시문제로 표출되었다.

포드주의 체제에서 배제당한 노동자계급의 하층은 1960년대 초반부터 성차별

---

33) 미국판 조절이론이라 할 수 있는 '사회적 축적구조(SSA)' 이론이 '분단노동시장' 이론을 통해 노동시장의 분단화를 가장 체계적으로 분석했다(Gordon et al., 1982). 그러나 이 이론 역시 노동력의 차별적 구성 문제를 장기호황을 구성하는 여러 제도 가운데 하나로만 평가하고 있고, 계급 역관계와 관련해서는 노동자계급의 분절화·파편화가 노동운동의 분열과 파편화를 초래해 노동운동의 힘을 약화시켰다는 측면만을 강조할 뿐이다(Gordon et al., 1982: 313~321). 1차 노동시장의 실질임금 상승의 압박에도 불구하고 자본의 높은 이윤율이 지속될 수 있었던 핵심적 요인으로서 2차 노동시장의 의의를 제대로 평가하지 못하고 있다.

34) '개방적' 마르크스주의 역시 자본에 의한 노동력의 차별적 구성 전략의 중요성을 주목하지 못하고 있다(Holloway, 1995a). 자율주의이론의 '대중노동자' 개념의 패러다임적 추상성과 단순화에 대해 근본적인 비판을 수행하고 있는 점에 비추어볼 때, '개방적' 마르크스주의가 노동력의 차별적 구성에 주목하지 않는 점은 이해하기 어렵다.

에 반대하는 여성운동, 인종차별에 반대하는 흑인들의 민권운동, 빈민공동체운동, 소수 인종공동체 운동 등 다양한 형태의 저항으로 분출했다. 백인 남성 노동자 중심의 조직화된 노동운동이 이들 차별되고 배제된 노동자계급의 하층을 외면함에 따라 이들은 노동운동과 구별되는 '신사회운동'으로 대두되었다. 이처럼 포드주의 체제로부터 배제당한 하층 노동자계급의 투쟁이 케인스주의적 복지국가를 사회·역사적으로 구성하는 또 하나의 주요한 계기로 작용했다.

미국에서의 복지국가의 발달은 두 가지 주요 역사적 시기에 기원하는 두 가지 주요 사회적 경향에 연유한다. 첫째 시기는 경제위기와 노동투쟁이 뉴딜과 이에 의한 연방 소득이전 프로그램의 대대적 흐름을 유도해 1935년 사회보장법을 예고했던 1930년대이다. 둘째 시기는 도시 위기와 지역사회 투쟁이 지방 정치인들의 연합을 강제하고, 그 범위가 민주당의 '위대한 사회' 프로그램을 훨씬 능가해 보수적 닉슨 행정부 동안 1970년대에 걸쳐 확대되었던, 새로운 일련의 집단적 자격 프로그램을 배양했던 1960년대이다. 복지국가의 이 두 번째 바퀴를 특징짓는 것은 한편으로 대광역도시 지역의 내부도시들에 대한 강조이며, 다른 한편으로 지방정부의 역동성과 지방 정치무대에서의 이 역동성의 결정적인 역할이다(Castells, 1989: 304).

새롭고 약한 정치적 연대가 1960년대 말 미국의 대부분 대도시들에서 나타났으며……'친성장'연합(pro-growth coalition)이라고 특징짓던 정치적 집단화를 확대시키고 탈안정화시킴으로써 1960년대 초 국지적 정치제도를 통제했던 기업-노동의 정치적 동맹이 다양한 소수 인종들과 공동체들에게 양보하도록 하는 힘을 구축했다. 권력을 유지하기 위해 친성장연합은 빈민 도시공동체를 포괄하는 복지국가를…… 확대해야 했다. 1969년경 일단 제도들이 자리를 잡게 되었을 때 복지자격 체계의 관료적 논리는 서비스, 지불, 직장이라는 점에서 이 제도들을 밀어붙여서, 미국 내부 도시들을 강력한 재분배 기계로 전환시켰다(Castells, 1989: 294~295).

하층 노동자계급의 차별화에 대한 저항은 국가의 사회보장 지출의 증가를 강제했고, 이것은 한 나라 전체에서의 계급적 관점에서 보면, 노동력 재생산비 이하의 차별적 직접임금이 간접임금으로 보상되었던 것으로 볼 수 있다. 즉, 자본의 차별적 노동력 구성 전략은 한편으로 자본의 높은 이윤율을 유지해주었지만, 그 대가로 복지국가의 사회보장 지출을 증대시켰다. 이와 더불어 1960년대 중반경부터 포드주의 체제에 통합된 노동자계급의 포드주의적 노동과정에 대한 저항이 더 높은 임금에 의해서만 봉쇄됨에 따라, 앞서 첫 번째 가설에서 분석했듯이, 이 모순 역시 간접임금의 증대, 즉 복지국가의 사회복지 지출의 증대로 전가되었다.

이처럼 상이한 두 원천으로부터의 투쟁, 총체적으로 말하면 분할된 노동자계급 각각의 계급투쟁이 복지국가의 확장 ─ 복지국가의 사회적 구성 ─ 을 가져왔다. 1960년대 중반부터 복지국가의 사회보장 지출이 급속히 증가했고,[35] 동시에 이를 수행하기 위한 공공부문 고용의 급격한 팽창을 가져왔으며,[36] 그 과정에서 복지국가의 관료화 문제를 야기시켰다. 이것이 의미하는 바는 노동자계급의 분할된 두 계층 각각에서의 노동자들의 투쟁은 '경제적 형태'의 계급모순을 '정치적 형태'의 계급모순, 즉 복지국가의 급속한 팽창으로 치환시켰고, 이러한 모순의 치환이 높은 이윤율과 높은 자본축적률의 장기화를 연장시켰던 조건이었다는 점이다.

그러나 그것은 고도축적 과정에서 발생한 '경제적 형태'의 모순을 해결한 것이

---

35) "복지국가는 전후 기간에 엄청나게 확대되었다. (선진국) 국내 총생산 중 정부의 민간용 지출이 차지하는 몫은 1952년 15%에서 1973년 24%로 증가했다. 이러한 거대한 확대는 결코 좌파 정부에 의해서만 수행된 것은 아니었다. ……복지지출의 확대는 1950년대보다 1960년대에 눈에 띄게 빨라졌다"(Armstrong et al., 1991: 211). "대체로 1960년대 중반에서 1970년대 후반에, 세 가지 병렬적 경향들이 미국의 도시조직을 심원하게 전환시켰다. 첫째, 보건, 사회보장 그리고 가장 큰 증가를 보이는 공공지원 등 사회복지 지출이 정부의 총지출에서 차지하는 몫은 실질적으로 증가했다. 전반적으로 정부의 국내 지출은 1969년 GNP의 20.3%에서 1977년 GNP의 25.9%로 성장했다. 보다 유의하게, 이 시기 대부분 미국은 여전히 베트남 전쟁에 개입되어 있었지만 국내 지출과 방위 지출의 비율이 2:1에서 4:1로 변했다. 정부의 총지출에 대한 사회복지 지출의 비중은 1948년 37%에서, 1966년 41.1%, 1973년 52.3%, 그리고 1980년 56.8%로 증가했다. 사회보장은 총사회복지 지출의 몫에서 1950년 21%에서 1980년 46.5%로 증가했으며, 보건과 의료 지출은 같은 기간 13%에서 20%로 증가했다. 둘째, 기금 흐름의 증대가 연방정부로부터 주 및 지방정부로 이루어졌으며, 이들은 사회 재분배의 주요 주체가 되었다. ……셋째로, 새로운 도시복지국가의 가장 기원적 경향들 가운데 하나로……'빈곤과의 전쟁', '모델 도시들', 그리고 침체된 도시 지역과 소수 인종들을 겨냥한 수많은 범주의 프로그램들이 사회복지의 풍부하고 복잡한 지리를 창출했으며 ……"(Castells, 1989: 305~306).

36) 선진국의 "국가 고용은 1960년에는 취업자 총수의 약 11.5%였는데, 1974년에는 약 14.5%로 증가했다. ……국가복지제도가 미약한 일본의 경우 국가 고용은 총고용의 약 2% 정도밖에 안 된다"(Armstrong et al., 1991: 257).

아니라, '정치적 형태'의 모순으로 치환시킨 것에 불과했다. 이에 따라 복지국가의 모순이 계급투쟁의 새로운 무대로 되었다. 1960년대에 인권, 주거, 교육, 보건, 교통 등에 대한 사회적 투쟁들이 다양하게 분출했다. 또한 이러한 사회적 압박은 복지국가의 비대화와 관료화를 심화시킴으로써 복지국가의 민주적 개혁에 대한 요구와 투쟁을 더욱 격화시켰다.

경제의 정치화 또는 국가화를 의미하는 복지국가의 거대한 팽창은 자본주의 국가의 모순을 전면화시켰다. 자본주의적 국가의 내용과 형태의 모순이 '권위주의적 국가형태'로 드러났던 것이다. 자본주의적 국가의 형태규정에 따라 '정치적 형태'의 계급투쟁에 의해 복지국가적 내용이 강제되었지만, 그렇게 해서 국가에 부여된 사회적 조직화는 자본주의 국가의 고유의 역할 ─ 즉, 자본주의 국가의 내용규정 ─ 인 자본/노동관계의 사회적 재생산이라는 맥락에서 이루어지기 때문에 필연적으로 소외된 형태의 사회적 조직화를 가져왔다. 즉, 민주적인 사회적 통제가 아니라 권위주의적 국가통제 형태로 나타났다. 이는 자본주의적 노동과정이 민주적인 사회적 통제가 아니라 위계적인 자본가 통제로 조직화된 것과 마찬가지이다.

1960년대의 복지국가 확장에 따른 권위주의적 국가통제에 대한 갈등은 마침내 '1968년 유럽 혁명'으로 폭발했다. 프랑스에서 교육문제에 대한 국가의 권위주의적 통제에 맞서 학생들의 대중투쟁이 폭발했고, 이는 광범위한 국민대중의 지지를 받았으며, 그 과정에서 국가기구에 통합된 노동운동 상층부(노조운동 및 노동자정당의 관료층)의 억압에도 불구하고 평조합원들이 자신의 요구를 가지고 이 투쟁에 동참하는 총파업투쟁에 나서면서, 이 투쟁은 혁명적인 사회투쟁으로 확산되었다.[37] 프랑스의 투쟁은 이후 유럽 전체로 확산되었고, 강도는 약하고 노동자계급의 대중적 투쟁으로까지 확산되지는 않았지만 미국과 일본에서도 베트남전 반대투쟁과 맞물려 학생들을 중심으로 한 광범위한 반전투쟁으로 확산되었다.

전체적으로 볼 때 1968년 투쟁은 국가의 권위주의적 통제에 맞선 광범위한 대중투쟁으로 나타났고, 이는 정부의 임금억제정책에 대한 저항으로 발전했으며 1960년대 말 선진국들에서의 '임금폭발'을 가져왔다. "1968~1970년에 파업 물결

---

37) 프랑스의 이른바 '1968년 5월 사태'의 전개과정에 대한 압축적인 개괄은 암스트롱(Armstrong *et al.*, 1991: 295~304)을 참조.

이 유럽을 휩쓸었다. 프랑스에서 1968년 5월 사태는 3주간의 총파업을 촉발했다. 다음해에는 독일과 네덜란드가 노조의 승인을 받지 않는 비공인파업 물결에 휩싸였고, 이탈리아도 노사관계가 불안했던 '뜨거운 가을(Hot Autumn)' 동안에 마찬가지였다. 영국에서는 '불만의 겨울(Winter of Discontent)'이었던 1969~1970년에 윌슨 정부의 소득정책이 붕괴했다. 파업 노동자들은 이전에 비해 두 배 가까운 임금 상승을 획득했다"(Armstrong et al., 1991: 283).

그리고 포드주의 체제에서 배제당한 하층 노동자계급 – 공공부문의 여성노동자들, 이주노동자 등 소수 인종 노동자들 – 이 투쟁과정을 주도했다.[38] 계급투쟁의 이러한 역동성은 복지국가의 모순과 그를 둘러싼 계급투쟁이 '경제적 형태'의 계급투쟁으로 전화·발전하고 있음을, "공장투쟁들과 사회적 투쟁들의 상호침투"(Holloway, 1995a: 50)를 의미했다. 다시 말해 '경제적 형태'와 '정치적 형태'의 계급투쟁의 총체성과 상호 규정을 보여주었다.

1960년대 말경의 계급투쟁의 폭발적인 역동성은 또한 계급 역관계의 변화를, 따라서 장기호황의 종말을 예고하는 징후였다. 단체교섭의 제도화와 노동력의 차별적 구성 전략을 통한 노동자계급 투쟁의 봉쇄가 일차적으로 '경제적 차원'에서 한계에 도달했으나, 그 모순은 복지국가로 전가되어 치환됨으로써 장기호황은 일정기간 지속될 수 있었다. 그러나 복지국가의 모순이 누적되어 마침내 폭발함으로써 더 이상의 봉쇄가 어려워지게 되었음을 1960년대 말의 계급투쟁의 역동성은 보여주었다.

이는 제2차세계대전 이후에 형성된, 냉전체제로 상징되는 계급 역관계의 역사적 세력균형의 파열을 의미했다. '1968년 유럽 혁명'은 자본가계급의 노동자투쟁 봉쇄를 파열시켰다는 점에서 하나의 전환점이었다. 이후 변화된 계급 역관계를 반영하는 '경제적 형태'의 계급투쟁이 격화되었고, 케인스주의적 자본축적 형태와 국가형태는 위기에 처하게 된다. 장기호황은 종말로 나아가게 되었고, 새로운 계급 역관계를 구성하기 위한 치열한 계급투쟁의 시기를 거쳐 새로운 자본축적 형태와 국가형태의 구성으로 나아가게 된다.

---

38) 미국에서 이러한 배제된 노동자계급의 복지국가에 대한 투쟁과 베트남의 민족해방투쟁이 노동조합의 전투적 투쟁들을 자극하고 확산시키는 상호 작용 과정에 대해서는 클리버(Cleaver, 1995: 227~233)를 참조.

필자의 이와 같은 가설에 입각한다면, 장기호황기의 자본축적 형태는 조절이론, 자율주의이론, 그리고 브레너의 국제적 경쟁론이 상정하는 바와 같은 패러다임적인 '기능적 총체'로 구성되었던 것이 아니라, 장기호황이나 '황금기'라는 조화로운 이미지와는 달리 그 이면에서 계급투쟁의 역동성에 의해 계급 역관계의 끊임없는 모순적 운동이 전개되었음을 알 수 있다. '경제적 형태'의 계급모순은 '정치적 형태'의 계급모순으로 치환되고, 그 모순이 다시 '경제적 형태'의 계급모순을 역규정하는 상호 규정 속에서 계급 역관계의 모순적 운동이 이루어진 '모순적 총체'로 이해할 수 있다. 케인스주의적 자본축적 형태는 케인스주의적 국가형태와의 상호 규정 속에서 계급투쟁의 역동성에 의해 모순적으로 구성되었던 것이다.

이러한 가설과 분석은 두 가지 점에서 '개방적' 마르크스주의의 케인스주의에 대한 분석(Holloway, 1995a)을 보완하는 한편, 그것을 넘어서고 있다. 첫째, 계급관계의 '경제적 형태'와 '정치적 형태'로서의 자본축적 형태와 국가형태의 역사적 구성을 상호 규정하면서 역동적으로 구성되는 총체의 두 계기로 이론화함으로써 '자본의 노동에 대한 의존' 개념을 중심으로 케인스주의를 분석하는 '개방적' 마르크스주의의 추상성과 일면성을 극복하고자 한 것이다. 둘째, 전후 장기호황기의 자본축적 형태와 국가형태의 상호 규정을 추동하는 계급투쟁의 역동성을 분석하는 데 있어서 자본의 차별적 노동력 구성 전략을 또 하나의 중요한 요인으로 도입함으로써 '단체교섭 제도'에 포섭된 노동자계급의 투쟁을 중심으로 이론화하는 '개방적' 마르크스주의보다 더욱 복합적인 계급투쟁의 역동적 과정을 분석하고자 한 것이다.

끝으로 후기 조절이론(Aglietta, 1997; 1998; 전창환, 1999; 2002)이 전후 장기호황기를 '금융규제하의 포드주의적 경영자 자본주의'로 재정의하는 점을 특별히 검토하고자 한다.[39] 후기 조절이론에서 '포드주의 축적체제' 개념을 이처럼 재해석하는 데서 강조점은 금융규제보다는 '경영자 자본주의'라는 개념에 있다. 이는 신자유주의적 자본주의에서의 '주주 자본주의'와 대립 쌍을 이루는 개념화로, 후기 조절이론의 '제도'에 대한 강조와 구조주의적 접근방법을 전형적으로 잘 드러내고

---

39) 이 재정의는 초기의 '포드주의적 임노동관계'를 중심으로 한 이론화에서 '관리금융제도', '경영자 자본주의'라는 기업지배구조 등 두 가지 제도형태를 추가한 세 제도형태들의 제도적 연관으로서 '포드주의 축적체제'를 재이론화한 결과이다.

있다.

또한 후기 조절이론에서는 세력관계의 편성도 초기 조절이론과는 완전히 다르게 이론화된다. 초기 이론이 노동자계급의 투쟁, 즉 계급투쟁을 조절양식과 축적체제 성립의 주요 추동력으로 이론화한다면, 후기 이론은 기업지배구조라는 제도형태를 조절양식과 축적체제 성립의 주요 '매개'로 이론화하면서, 경영자층(또는 산업자본)과 주주(또는 금융자본) 간의 갈등이 주요한 대립으로 설정되고, 산업자본 세력을 중심으로 노동자계급과 케인스주의적 국가 관료세력이 연대해 금융자본 세력을 억제하는 사회세력들의 대립이 포드주의 축적체제의 주요 추동력으로 이론화된다. 요컨대 이론화의 중심이 노동자계급과 계급관계에서 경영자층과 사회 세력관계로 확실히 이동한다. 이러한 이론적 입장의 변화를 압축적으로 가장 잘 표현하고 있는 것이 '경영자 자본주의' 개념이다.

필자는 후기 조절이론의 '경영자 자본주의' 개념이 전후 장기호황의 계급 역관계에 대한 전도된 표현, 즉 물신화된 파악임을 비판하고자 한다. 전후 장기호황기의 자본주의 사회의 총체를 구성한 계급 역관계는 한편으로 단체교섭을 제도화한 케인스주의적 자본축적 형태로, 다른 한편으로 자본 간 경쟁을 제한하고 국가가 경제에 적극적으로 개입하는 케인스주의적 복지국가형태로 표현되었다. 구체적으로 말하면, 단체교섭의 제도화는 개별 자본 차원에서 자본으로서의 존립을 위해서도 끊임없는 생산적 재투자를 강제했고, 케인스주의적 복지국가는 냉전체제에 의해 강제되어 완전고용을 이데올로기적으로뿐만 아니라 실제로도 제1의 정책 목표로 설정했다.

이처럼 이 시기의 계급 역관계는 개별 자본의 운동에 대해 이중적으로 사회적 통제를 가했다. 한편으로 임금과 고용에 대한 사회적 규제는 생산된 잉여가치를 확대재생산을 위해 재투자하도록 경제적으로 강제했고, 다른 한편으로 케인스주의적 복지국가는 완전고용이라는 정책 목표를 실현하기 위해 관리통화제도와 '관리된 금융시스템'을 통해 자본의 투기적 운동을 규제하고 개별 자본의 생산적 투자로 유도했다.[40] 다시 말해 자본의 이윤추구 자체가 일정한 범위로 제한되었다.

---

40) 케인스주의에서 투기소득과 금융소득(이자, 배당금) 등 지대소득 추구자(rentier)에 대한 증오와 완전고용과 이를 성취하기 위한 경제성장에 대한 강조는 너무나 유명하다.

생산성-임금 연동제, 고정환율제도에 의한 자본이동의 통제, 투기활동의 제한 등은 이러한 사회적 규제의 다양한 형태들이었다.

그 결과 이윤의 대부분은 사내 유보되어 확대재생산을 위해 재투자되었고, 이는 설비투자 확대와 생산성 증가에 의해 누적적으로 자본의 거대한 집적을 가져왔다. 그 효과는 소유와 경영의 실질적 분리라는 외관을 강화시켰고, 주주와 대비되는 경영자 권력의 구조적 강화를 초래했다. 이는 주주에 대한 낮은 배당률과 경영자 권한의 비대화로 나타났다. 이것이 의미하는 바는 산업자본의 성장과 금융자본의 억제이다. 따라서 산업자본은 사내 유보금으로 투자자금을 조달함으로써 점차 은행이나 주식시장에 대한 의존에서 벗어난다. 즉, 산업자본의 금융자본으로부터의 분리·자립화 현상이 발생한다. 이 과정은 미국의 경우 전형적으로 나타났고, 독일·일본의 경우에도 기업과 은행의 관계가 제도적으로 미국과 크게 달랐음에도 불구하고 유사하게 나타났다.[41]

따라서 전후 장기호황기에 독점자본의 상징적 형태는 거대한 법인기업으로 나타난다. 이는 고전적 제국주의 시대의 독점자본을 상징했던 거대 은행과 구별된다. 이러한 외관이 '경영자 자본주의' 개념을 구성한다. 즉, 고전적 제국주의 시대나 나중의 신자유주의 시대에 보이는 금융자본 ― 그 형태가 은행이든 기관투자가·주주이든 간에 공통적으로 소유자본가를 의미하는 금융자본 ― 의 우위와 달리, 케인스주의 시대에 산업자본의 우위로 나타나는 현상을 개념화한 것이다. 그래서 조절이론의 '경영자 자본주의' 개념은, 비록 임노동관계와의 연계 속에서 파악되고 있다고 하더라도 기본적으로 자본/노동의 계급관계가 아니라 자본 간 경쟁관계 또는 자본분파 간 관계로서의 금융자본/산업자본 관계를 중심으로 파악되는 개념화이

---

41) 독일의 독특한 '관계금융'에서도 이미 1937년 회사법의 제정에 의해 소유와 경영의 분리가 법적으로 확립되었고, 주거래은행의 영향력은 기업이 유보이윤으로 부채비율을 낮추고 복수의 은행들과 거래하면서 줄어든 반면 경영자 자율성은 강화되었다. 제2차세계대전 후에는 냉전에 따라 소련에 대한 방파제 역할이 부여되면서 전전의 기업체제가 그대로 존속되었다. 특히 공동결정제도와 직장평의회를 통해 기업과 작업장 차원에서 노동자참가가 제도화됨에 따라 '경영자 자본주의' 체제는 더욱 강화되었다. 또한 "네트워크 소유관계와 은행들의 위탁주식에 대한 의결권 대리행사 제도로 적대적 M&A가 불가능했기 때문에 기업들은 자본시장의 단기주의 통제와 간섭으로부터 벗어날 수 있었다"(조영철, 2001: 44~50). 일본의 경우는 전후 '계열(系列)' 해체 작업이 한국전쟁의 발발로 중단되어 '계열' 형태가 유지되었으나, '계열' 내에서 은행보다는 기업의 발언권이 강화되고 은행의 역할이 부차화되는 것으로 나타났다.

다. 그러나 자본을 자본/노동의 사회적 관계로 파악할 때, 산업자본과 금융자본의 분리현상 자체가 외관상의 분리일 뿐 아니라 산업자본과 금융자본의 갈등과 대립 자체가 계급모순의 치환된 형태에 불과하다.

자본주의 발전에서 화폐자본(또는 금융자본)과 생산자본(또는 산업자본)의 관계 문제는 주식회사 형태의 출현에 의한 소유와 경영의 분리 문제와 밀접하게 연관되어 있다. 19세기 말 자본의 집적·집중 운동은 주식회사 형태를 지렛대로 해서 독점자본을 출현시켰다. 힐퍼딩(Hilferding, 1910)이 독점자본을 산업자본과 은행 자본이 '융합'한 '금융자본'으로 개념화한 이래, 독일형의 은행자본 우위의 융합, 미국형의 산업자본과 은행자본의 결합 등 금융자본 개념 자체가 논쟁이 되어왔다. 신자유주의 시대에 기관투자가 형태의 금융자본이 등장하면서 금융자본을 어떻게 이해할 것인가, 그리고 금융자본과 산업자본의 관계 문제가 다시 쟁점이 되고 있다(김성구, 2000; 2003; Chesnais, 1997).

이 책의 형태 분석적 관점에서는 자본을 하나의 사회관계로 파악하기 때문에, 자본의 집적·집중에 따른 독점자본의 '존재형태'는 계급 역관계에 따라 화폐자본과 생산자본의 융합 또는 분리 등 다양한 형태를 취할 수 있다고 본다. 즉, 고전적 제국주의 시대에는 은행자본과 산업자본의 융합 형태로, 제2차세계대전 후의 장기호황기에는 산업자본의 분리·자립화와 은행자본에 대한 우위 형태로, 또 신자유주의 시대에는 금융자본(기관투자가 형태)의 분리·자립화와 산업자본에 대한 우위 형태로 변화·발전한다. 이러한 독점자본의 존재형태의 다양성 ─ 즉, 외관상의 분리와 결합의 다양한 형태 ─ 은 자본의 형태 변환과 자립화 때문에 발생한다.

즉, 자본은 '화폐자본 → 생산자본 → 상품자본 → 화폐자본'이라는 형태 변환을 통해서 이윤을 창출하고 자본으로서의 존재를 획득한다. 가치 및 잉여가치의 생산과 실현 과정으로서의 자본인 것이다. 그런데 자본주의 현실에서 자본의 형태 변환의 총과정이 분절화되고, 분절화된 각 과정이 상이한 개별 자본에 의해 수행됨에 따라 자본 기능의 분업(분화와 전문화)과 자립화가 발생한다. 즉, 금융자본,[42] 산업자본, 상업자본으로 분화되어 총체적으로 잉여가치를 생산하고 실현한다. 그

---

42) 명칭의 혼란을 피하기 위해 화폐자본이 자립화한 것을 금융자본, 생산자본이 자립화한 것을 산업 자본, 상품자본이 자립화한 것을 상업자본으로 통일해서 표기하기로 한다. 각각은 자본의 형태 변환의 기능들이 분화·자립화한 형태를 나타낸다.

런데 주식회사 형태의 독점자본이 출현하면, 소유와 경영의 분리가 발생하면서 금융자본과 산업자본의 관계가 변화한다. 역사적으로 금융자본(은행형태의)이 대부자본으로서 산업자본과 관계를 맺는 방식으로부터, 주식소유를 매개로 금융자본과 산업자본의 융합과 금융자본에 의한 산업자본 지배방식으로 변화한다. 고전적 제국주의 시대의 소유와 경영의 분리는 형식적이었고, 내용적으로 소유와 경영의 일치, 즉 소유자본가인 금융자본이 지배했던 것이다. 이것은 자본의 집중운동을 통한 독과점의 역사적 형성의 결과였다.

금융자본과 산업자본의 이러한 관계형태는 전후 장기호황기에는 역전된다. 계급 역관계의 변화에 따라 소유와 경영의 실질적 분리가 발생하고, 산업자본의 분리·자립화와 산업자본 우위의 관계형태로 전환된다. 그러나 이것은 자본운동에 대한 사회적 규제에 따른 독점자본의 존재형태상의 변화이다.

앞서 분석한 바와 같이, 전후 장기호황기가 고전적 제국주의 시대나 신자유주의 시대와 구별되는 특징은 자본의 이윤추구에 대한 사회적 규제에 있었다. 산업자본의 분리·자립화나 산업자본의 금융자본에 대한 우위 자체가 자본운동에 대한 사회적 규제의 치환된 표현이었다. 그리고 그러한 사회적 규제는 전후 장기호황기의 계급 역관계의 반영이자 표현이었다. 따라서 '경영자 자본주의' 개념은 장기호황기의 계급 역관계에 대한 전도된 인식이다. 즉, 계급 역관계의 표현인 자본운동 형태에 사로잡힌 물신화된 인식임을 알 수 있다. 동시에 이러한 인식은 제도형태를 계급관계의 사회적 형태로 인식하지 못한 '제도물신주의'에서도 기인하고 있다. 이러한 물신화된 개념은 전후 장기호황기를 실제로 구성했던 계급투쟁의 역동적 과정을 은폐함으로써 현실 인식을 왜곡한다.

(2) 브레턴우즈 체제: 자본 간 경쟁의 제한과 미국 자본의 국제화

제2차세계대전의 종전 후 경제·군사적으로 절대적 우위에 있었던 헤게모니 국가[43] 미국이 유럽 및 일본 등 선진국들과 제3세계의 신생독립국들에 대해 취한

---

43) '헤게모니 국가'는 세계자본주의의 통일성을 표현하는 개념이다. 즉, 세계자본주의가 세계시장을 통해 가치의 총체화운동을 전개하고, 이것은 자본주의적 사회관계의 세계적 차원에서의 총체화 운동이 가치형태상으로 표현된 것인데, 이러한 세계자본주의의 통일성은 국제적 국가체계의 통일성을 매개해서 이루어진다. 그리고 국제적 국가체계의 통일성은 '헤게모니 국가'에 의해 담보된

세계전략은 이 시기의 세계적 차원에서의 계급 역관계에 의해 규정되었음은 앞서 살펴본 바 있다. 냉전체제로 상징되는 이 시기의 계급 역관계는 미국의 세계전략으로서, 자본주의 세계 내부의 혁명적 세력에 대한 탄압과 노동자계급의 체제 내 포섭이라는 양면 전략을 강제했다. 따라서 전후 자본주의 세계의 경제질서를 규정한 것은 이러한 미국의 세계전략이었다. 이것은 국제통화제도로서의 '브레턴우즈 체제'(Bretton Woods system) 및 IMF와 국제무역제도로서의 'GATT 체제'로 표현되었다.

이 시기 세계적 차원에서의 자본운동을 규정했던 것은 브레턴우즈 체제였다. GATT 체제는 기존 제국주의적 경쟁에 의한 무역장벽을 허물고 세계교역을 점진적으로 확장시키는 일반적인 질서였음에 비해, 브레턴우즈 체제는 국제통화체제와 자본 간 이동에 대한 규정 등 실제적인 자본운동의 큰 틀을 규정했기 때문이다.

브레턴우즈 체제의 성격과 내용에 대해서는 조절이론과 브레너의 분석에서 크게 쟁점이 되지 않고 상당 부분 일치한다. 각 이론이 입각하고 있는 기초이론의 차이에도 불구하고[44] 달러 헤게모니, 관리통화제도, 고정환율제도에 의한 자본의 국제 간 단기이동 통제 등에서 일치하며, 이러한 성격이 냉전체제와 미국 헤게모니에 의해 규정되었다는 점에서도 일치한다. 다만, 국제적 불균등발전, 특히 미국과 독일·일본 간의 불균등발전의 원인에 대해 조절이론이 각 나라의 제도적 차이를 강조한 반면, 브레너는 계급 역관계의 나라 간 차이를 강조한 점에서 차이를 보이고 있다. 한편, 후기 조절이론은 브레턴우즈 체제를 포드주의적 임노동관계에 조응한 국제금융시스템으로서 '포드주의 축적체제'를 구성하는 주요한 제도형태로 추가해서 이론화하고 있다.

그런데 두 이론 모두에서 브레턴우즈 체제의 이러한 성격과 내용이 당시의 계급 역관계의 국제경제적 표현이었다는 점을 명시적으로 이론화하지 않고 있다. 여기에서는 브레턴우즈 체제의 계급적 성격, 즉 당시의 계급 역관계의 국제적 표

---

다. 국제적 권력관계의 통일성은 '헤게모니 국가'에 의해 이루어지기 때문이다. 이 책에서는 '헤게모니' 개념 자체에 대한 충분한 검토를 결여하고 있기 때문에, 이처럼 세계자본주의의 통일성을 담보하는 세계적 권력관계라는 의미에서 '헤게모니 국가' 개념을 사용하고자 한다.

44) 특히 조절이론의 아글리에타는 독특한 화폐이론에 대한 방대한 연구를 통해 국제통화제도와 자본주의 동학에 대한 풍부한 연구를 제시하고 있다. 이에 대한 소개와 연구는 전창환(1994; 1999c)을 참조.

현이라는 관점에서 세계적 자본축적 형태를 어떻게 규정했는가와 계급 역관계의 변화에 따라 어떻게 모순적으로 운동했는가를 간략하게 살펴보고자 한다.

1944년 맺어진 브레턴우즈 협정의 기본 내용은, 첫째, 금과 연계된 달러를 국제통화로 인정하고 각국의 국민통화는 달러의 일정비율로 평가되는 달러본위제(dollar-standard), 둘째, 환율의 단기변동을 제한하는 고정환율제, 셋째, 통화투기를 억제하기 위한 자본이동 제한, 넷째 각국의 거시경제정책의 자율성 보장 등으로 요약할 수 있다(전창환, 1999c: 225~226).

협정의 이러한 내용은 미국 헤게모니를 반영한 달러 헤게모니를 제외하면, 핵심은 국민경제를 세계시장에서의 자본운동으로부터 일정하게 격리시키려는 전략이다. 이 전략은 전혀 새로운 것은 아니었다. 이미 1936년 대공황과 제국주의적 경쟁의 와중에서 영국, 프랑스, 미국은 국제경제질서의 회복을 위해 세 나라 간에 '3자 협정'을 맺음으로써 세 주요 통화권 사이의 고정환율을 유지하기 위해 개입하기로 합의했다. 그리고 이 3자 협정은 더 거슬러 올라가면 1933년 미국 루스벨트 대통령이 금본위제를 포기하고 관리통화제도로 전환한 데서 비롯된 것이었다. 또 당시 국제통화질서를 지배했던 금본위제의 포기 자체는 강력한 사회적 압력에 대응할 수 있기 위해 국민경제의 관리를 세계시장으로부터 분리시키려는 조치였고, 그러한 의미에서 루스벨트의 뉴딜 정책의 본질적 부분이었다(Holloway, 1995a: 53~58).

결국 브레턴우즈 체제는 1930년대 이래의 노동자계급의 계급적 진출에 따른 압력으로 금본위제가 포기되면서 국제적 금본위제에 대한 대안적 국제통화 질서로 역사적으로 구성되었다고 할 수 있다. 국내 노동자계급의 진출과 압력이라는 계급 역관계가 관리통화제도를 도입하게 만들었던 것과 마찬가지로, 그리고 그 연장선상에서 국민경제를 세계시장의 압력으로부터 분리시켜 정치적으로 조절할 수 있도록 고정환율제, 자본의 단기이동 통제 등을 세계적 차원에서 제도화한 것이다. 달러 헤게모니를 명시적으로 인정한 점을 제외하면,[45] 브레턴우즈 협정은 관리통화제도와 동전의 양면을 이루는 것이다. 이처럼 일국 차원의 관리통화제도

---

45) 물론 달러 헤게모니 역시 이 시기의 지배세력 내부의 역관계를 반영한 것으로, 미국의 헤게모니가 영국의 헤게모니를 대체하기 시작한 제1차세계대전 이후부터 나타나기 시작한 것이었고, 그것이 브레턴우즈 협정에 의해 공식화되었을 뿐이다.

가 국제적으로 브레턴우즈 협정으로 표현된 것은 그 제도들이 모두 동일한 계급 역관계를 반영하고 표현하기 때문이다.

따라서 브레턴우즈 협정이 1947년 공식적으로 발효되었으나 실제로는 유럽통화의 교환성(convertibility)이 회복된 1958년 이후부터 본격적으로 작동하기 시작했고, 1971년 미국 닉슨 행정부의 달러-금태환 포기선언으로 붕괴되었기 때문에, 매우 불안정하고 단명한 체제였다는 조절이론의 평가(전창환, 1999c: 224~225)는 매우 피상적인 평가이다. 이는 '제도'라는 현상만을 보고 그 제도의 사회적 실체인 계급 역관계를 보지 못한 데서 비롯된 평가이다. 브레턴우즈 협정은 그것의 공식화나 제도로서의 정착 여부와 관계없이, 전후 국제통화질서를 실제로 지배했다. 모순되고 혼란된 당시의 세계경제질서가 자리 잡혀갈 때 그 방향을 지시했던 기본지침이었고, 무질서 속에서 그러한 방향성이 관철될 수 있도록 추동했던 것은 당시의 계급 역관계와 계급투쟁이었다.[46]

요컨대 브레턴우즈 체제의 골격은 제1차세계대전 이래의 계급투쟁과 계급 역관계의 변화에 따라 역사적으로 구성되었고, 그 핵심은 달러 헤게모니와 국민경제의 세계시장으로부터의 일정한 격리였다. 이러한 격리는 국민경제를 세계시장으로부터 일정하게 보호하기 위한 것이었고, 구체적으로는 케인스주의적 경기조절정책, 특히 신용팽창정책을 구사할 수 있도록 하기 위해서였다.

"제2차세계대전의 제국주의 승전국들은 브레턴우즈에서 국제통화체제를 결성했는데, 그것은 각국의 국내 차원에서는 이미 인정되고 있었던 인플레이션적 신용팽창을 국제적으로 확산시키기 위한 기초를 제공하는 데 주안점이 있었다"(Mandel, 1975: 454). 또한 미국은 세계경제를 재건하기 위해 달러 헤게모니에 입각해 국제적 차원에서도 케인스주의적 신용팽창정책을 구사했다. "미국 정부의 마셜 플랜과 그와 비슷한 '달러 원조계획'들은 국내경제에서의 케인스정책과 매우

---

46) 따라서 브레턴우즈 협정을 둘러싼 지배세력 내부의 갈등과 대립은 과장되어서는 안 된다. 영국의 케인스안(案)과 미국의 화이트안(案)의 대립은 세계화폐의 창설 대 달러본위제, 단기자본이동에 대한 규제 대 허용 등이 주요 쟁점이었다. 예컨대 단기자본이동 문제와 관련해 국제금융자본, 특히 미국의 금융엘리트들의 반발이 심해서 협정의 최종안에서 "자본이동에 대한 규제가 강제적인 것이 아니라 자발적인 것으로 변경되었다"(전창환, 1999c: 224)는 것이다. 그러나 이러한 지배세력 내부의 갈등은 계급 역관계에 의해 규정된 브레턴우즈 협정의 기본성격과 관련해서 어떠한 변화도 가져올 수 없는 부분적 이해관계의 대립이었다.

유사한 영향을 자본주의 국제경제에 미쳤다"(Mandel, 1975: 455).

케인스주의적 자본축적 형태의 이러한 역사적 특징이 통상의 '일국자본주의론'의 근거로 작용했음을 쉽게 알 수 있다. 이 시기에 '세계자본주의'가 아니라 '일국자본주의'적 현상이 강하게 표출되었고, 따라서 일국경제의 자립성이라는 이론이 성립할 수 있는 근거가 되었다. 전후 황금기의 자본주의 분석에 근거를 둔 대부분의 이론, 특히 조절이론의 경우 일국경제의 자립성을 이론적 전제로 삼기 때문에 세계자본주의와 일국경제의 관계에 대한 이론화 자체가 부재하게 된다. 그러나 브레너(1998)의 지적대로, 독일과 일본 경제의 전후 비약적 성장은 냉전체제하의 세계자본주의라는 틀 없이는 해명될 수 없듯이 이 시기의 일국경제적 현상 자체가 세계적 계급 역관계에 의해 규정받은 현상이었다.

브레턴우즈 체제의 이러한 기본성격은 국제통화체제에 근본적인 불안정성을 부여했다. 달러 헤게모니에 입각한 이 체제는 미국 경제의 절대적 우위와 안정성을 토대로 한 것이기 때문에 달러가치의 안정성에 절대적으로 의존하고 있었다. 그런데 달러는 세계의 기축통화이면서 동시에 미국의 국민통화이다. 국민통화로서의 달러는 미국 내의 계급 역관계에 따라 인플레이션적 신용팽창이 허용되어 있기 때문에 미국 내의 계급 역관계의 변화에 의해 불안정해질 수밖에 없다. 그리고 달러의 불안정화는 곧바로 브레턴우즈 체제의 불안정으로 전가되어 국제통화체제 자체의 불안정으로 나타나게 된다.

또한 고정환율제 자체가 불안정성의 또 다른 원천으로 작용했다. 고정환율제는 국민통화에 대한 단기적인 투기를 차단한 것이었지만, 그 대신 만성적인 국제수지균형 문제를 낳았다. 따라서 환율재평가의 필연성이 명백해질 경우 이를 예상한 통화투기가 발생할 수 있다. 이는 실제로 1967년 영국 파운드화의 위기와 투기, 그리고 평가절하로 나타났다.

실제로 1960년대 후반부터 달러화의 불안정성이 심화되었다. 케인스주의적 정책에 따른 항구적인 신용팽창이 인플레이션으로 나타났다. 또한 1960년대 후반, 한편으로 계급투쟁의 격화로 인한 복지국가의 모순에 의해, 다른 한편으로 베트남 전쟁 수행에 따른 막대한 군비지출로 인해 거대한 재정적자가 나타났다. 이에 따라 달러가치가 불안정해졌다. 일국적으로 그리고 국제적으로 신용팽창에 의하지 않고서는 사회적 긴장을 봉쇄하는 것이 불가능하다는 사실이 통화 불안정성의

증가로 표현되었던 것이다.[47]

달러 불안정화는 마침내 골드러시(gold rush), 즉 달러인출 사태를 야기했고, 더 이상 견디지 못한 미국 닉슨 정부는 1971년 달러-금태환 정지를 일방적으로 선언함으로써 브레턴우즈 체제는 사실상 붕괴되었다. 당연히 고정환율제는 더 이상 유지되지 못했고 1973년부터 변동환율제가 공식화되었다.

결국 브레턴우즈 체제는 노동자계급의 투쟁을 봉쇄하기 위해 미국 경제에 기초해서 일국 차원의 케인스주의적 축적형태를 국제적으로 보장하는 것이었다. 이 체제는 국제적 차원에서의 자본 간 경쟁을 제한함으로써, 더 나아가 사회주의진영과의 냉전에 대한 방파제로서 일본과 유럽경제의 재건을 위한 정치적 고려에 의해 이들에게 미국의 국내 및 해외시장을 개방함으로써 선진국들 사이의 불균등 발전, 특히 미국의 일정한 희생하에 독일과 일본이 수출주도적 자본축적을 급속하게 이룩할 수 있는 국제적 조건을 형성시켰다(Brenner, 1998: 104~107). 이 시기 세계무역의 증가율은 공업생산의 증가율보다 훨씬 더 컸다. 일본과 유럽 선진국들의 수출이 크게 신장한 반면, 미국의 수출시장 점유율은 축소되었다. 식민지 및 반식민지 나라들이 세계무역에서 차지하는 비율은 급격히 저하되었고 국제교역에서 식료품 및 원자재가 차지하는 비율 역시 현저히 저하됐다(Mandel, 1975: 441).

한편 브레턴우즈 체제에서 미국 자본의 국제화, 즉 다국적기업화가 활발하게 전개되었다. 이 시기 자본수출의 압도적 비중은 미국 자본이 차지하고 있었고, 이 시기 해외직접투자의 97% 이상이 선진국 다국적기업에 의해 이루어졌으며, 투자액의 70% 이상이 선진국 간의 상호 투자 형태로 이루어졌고, 나머지가 선진국에서 개도국으로 이루어졌다(하선목, 1989: 12). 미국은 유럽 재건이라는 정치적 목표를 위해 상품시장은 유럽 자본에 개방했고, 동일한 목표로 유럽에 적극적으로 자본수출을 했다. 또한 1957년 유럽공동시장(EEC)의 발족으로 인한 높아진 무역장벽에 대한 대응으로 미국 자본의 유럽 진출은 더욱 강화되었다.

다른 한편 미국은 다른 제국주의 나라들이 약화되자 중남미에 대한 배타적 헤

---

47) 미국의 인플레이션은 1960년대 중반까지는 매우 낮았다. 1952~1967년에 미국의 도매물가지수는 겨우 연 0.8% 상승했다. 그러나 1960년대 말에 케인스주의적 정책과 베트남 전비지출의 증가로 인해 미국의 물가 안정이 흔들렸다. 1967~1970년에 도매물가는 연 3.3% 상승했다(Armstrong *et al.*, 1991: 251~252).

게모니를 강화하기 위해 중남미에 대한 자본수출에 집중했다. 1960년대 중반까지 미국의 자본수출은 유럽, 캐나다, 그리고 중남미 지역에 집중되어 이루어졌다.[48] 유럽과 일본은 1960년대 후반에 이르러서야 미국에 대한 진출을 중심으로 다국적화에 나서기 시작했다.[49]

그러나 이 시기의 자본수출은 세계적인 자본축적에서 그리 큰 의미를 가진 것은 아니었다. 이 시기의 자본수출을 주도했던 미국의 경우 1956~1970년 동안의 자본수출 규모는 미국의 총민간투자의 4%에 불과했다(Armstrong et al., 1991: 242). 미국 자본이 더 값싼 노동을 이용하고 EEC의 무역장벽을 회피하기 위한 것이 자본운동의 주된 형태였다고 볼 수 있다. 오히려 절대적 규모에서는 작지만 이 시기에는 미국, 영국, 프랑스의 신식민지적 관계를 유지·창출하기 위한 자본수출이 중요한 의미를 가지는 것이었다고 평가할 수 있다. 이에 대해서는 국제적 국가체계 문제에서 다시 검토하기로 한다.

## 3) 케인스주의적 국가형태

전후 장기호황기의 역사적 국가형태, 즉 국민국가형태와 국제적 국가체계는 기본적으로 냉전체제가 상징하는 계급 역관계에 의해 규정되었다. 이를 포괄적으로 '케인스주의적' 국가형태로 부르기로 하자. '케인스주의적' 국가형태는 '케인스주의적' 자본축적 형태와 상호 전제, 상호 규정하면서 계급투쟁과 계급 역관계의 역동성에 의해 역사적으로 구성되었다. 이는 '케인스주의적' 국민국가로서의 복지국가, 냉전체제하의 자본주의 세계의 국제적 국가체계로서 신식민주의를 중심적 내용으로 해서 구성되었다.

'케인스주의적' 국가형태에 대한 분석은 국민국가형태에 대한 분석에서 국제적

---

48) 1966년 미국의 해외직접투자스톡의 나라별 비중은 유럽 31.6%, 캐나다 30.3%, 개도국 26.8%(하선목, 1989: 64).

49) 해외직접투자에서 미국, 영국, 프랑스, 서독, 일본 등 5개국의 비중은 1960년대와 1970년대에 81~94%이고, 그 내부구성은 미국의 격감, 영국과 프랑스의 완만한 감소, 서독과 일본의 급속한 증가로 변화했다(하선목, 1989: 57~58). 선진국 간 상호 투자가 주로 동일산업에서 이루어진 현상은 한편으로는 시장경쟁의 표현이고, 다른 한편으로는 과점적 세계시장구조를 유지하기 위한 전략이었다(하선목, 1989: 93).

국가체계에 대한 분석으로 전개될 필요가 있다. 제2차세계대전 이후 국제적 국가체계는 냉전체제로 표현되는데, 그것의 내용이 헤게모니 국가인 미국이 제국주의간 경쟁을 규제하면서, 전후 미국에서 정립된 '케인스주의적' 국민국가형태를 국제적으로 확산시킨 것이었다. 다른 한편으로 제3세계에 대해서는 사회주의진영과의 체제경쟁으로 표현되었듯이, 신식민주의 전략으로 기존의 제국주의/식민지관계를 재편해 포섭하는 것이었다.

### (1) 국민국가형태: 통합주의 전략과 복지국가

'케인스주의적' 국민국가형태에 대해 조절이론과 자율주의이론이 구체적인 분석을 제시한 반면, 브레너(1998; 2002)는 별도의 분석을 수행하지 않는다. 브레너의 경우 국민국가는 국민적 자본의 요구를 그대로 수행하는 식으로, 즉 국민국가와 국민적 자본이 동일시되고 있다. 이는 자본 간 경쟁을 주요 요인으로 보는 관점에서의 필연적 시각이다. 즉, 자본 전략이 곧 국가 전략이 되는 식이다. 다만 자본 내부의 분파적 경쟁에서는 대자본의 이해관계를 국가가 대변하는 것으로 이론화되고 있다. 예컨대 미국에서 다국적기업들의 이해관계와 국내 기반 기업들 간의 이해관계가 대립될 때, 미국 정부는 다국적기업들의 이해관계에 따라 행동하는 것으로 묘사된다. 한마디로 브레너의 경우 국민국가는 자본가계급의 지배도구라는 도구주의적 국가관으로 귀결된다.[50]

조절이론[51]과 자율주의이론에서의 이 시기의 국민국가형태에 대한 분석은 내용상 큰 차이가 없다.[52] 자본축적 형태에 대한 계급투쟁적 해석을 조절이론보다

---

50) 이러한 도구주의적 국가관은 만델(1975)의 경우에도 명시적으로 표방되고 있다.

51) 조절이론의 경우 파리학파 등 조절이론의 원류(Aglietta, 1979)에서는 국가에 대한 분석이 치밀하게 전개되지 못했고, 조절이론 패러다임을 수용한 히르쉬(Hirsch, 1983; 1985; 1990; 1997) 등에 의해 '포드주의 국가'론으로 발전했다. 이 책에서는 주로 히르쉬의 논의를 조절이론의 국가론으로 검토하고자 한다.

52) 이러한 유사성은 네그리의 자신의 입장에 대한 평가에서도 확인할 수 있다. 네그리는 자율주의의 입장이 조절이론에 침투한 것으로 평가한다. "나는 여기서 최근 몇 해 동안 접촉해왔고, 나의 견해가 전개되는데 관련된 몇 가지의 과학적 입장들, 즉 철학적 및 경제학적 입장들을 지적하고 싶다. 우선 첫째로, 조절학파를 언급하겠다. 조절학파가 1970년대에 아직 전투적 사유학파를 구성했을 때, 나는 우호적인 교류를 맺고 있었다. ……노동자계급의 '기술적 구성' 및 '정치적 구성' 범주들을 둘러싸고 '노동자투쟁 — 자본주의 발전'이란 테마와 그 테마의 구조적 전개에 관한 정식화

더 선명하게 표방하고 있는 자율주의가 '케인스주의적' 국민국가형태에 대해 '계획국가'로 개념화함으로써 '안전국가'로 개념화하는 조절이론보다 더욱 선명하게 이 시기의 국민국가형태의 성격에 대한 분석을 시도하고 있다. 그래서 자율주의 이론의 '계획국가' 개념부터 검토하고자 한다.

네그리는 계급분석적 시각에서 케인스주의를 분석한 유명한 논문(1988)에서 '케인스주의적' 국가형태에 대한 비판을 시도한다. 자본주의 국가는 1917년 러시아 혁명과 1929년 세계대공황을 계기로 해서 '권리국가'에서 '계획국가'로 전형되었다는 것이다.

> 10월혁명은 일거에 전복이라는 정치적 특질을 노동자계급의 물질적 필요와 투쟁 속으로 도입했다. 그것은 구축될 수 없는 하나의 유령과 같은 것이었다. ……노동자계급 자율성의 용인은 그것을 정치적으로 통제할 능력을 수반해야만 했다. ……1926년 영국에서의 총파업……이 패한 이후 곧 1917년의 유령이 새롭고 더 위협적인 모습으로 다시 나타났다. 1929년에 뒤이은 붕괴는 이러한 잠재적 위협 덕분에 그만큼 더 치명적인 것이었다. ……1929년 이후의 대공황은 진리의 계기였다. 즉, 그것은 노동자계급에게 가해진 이전의 기술혁신적 공격이 자본의 구조에 반향되는 계기였으며, 또 그것의 한계를 입증하는 계기였다. 1917년의 교훈은 이제 체제 전반에 가해진 이러한 '지연된 반작용'에 의해 자기 자신을 부과했다. ……이러한 의미에서 **1929년 이후의 위기는 현대국가의 출현에서 결정적 중요성을 갖는 하나의 계기를 표현한다.** 그 위기의 주된 피해자는 자유주의적 입헌국가의 물질적 기초였다. ……1929년 '검은 목요일'의 월스트리트의 붕괴는……**권리국가(Right State)**[53] — 이것은 '공정한 과정'이라는 부르주아적 규약을 통해 개인의 권리를 형식적으로 보호하

---

는……마리오 트론티(1966)에 의해, 그리고……로마노 알퀴아티(1975)에 의해 처음으로 다듬어졌다. 이러한 주제들이 프랑스인들(Boyer, Lipietz, Coriat)에 의해 채택된 것은 그 후의 일이다. 최근 몇 년 동안 조절학파의 입장은 극적으로 변화했다. ……그 학파는 경제학적 관점에서 볼 때 명백한 개량주의로 규정된다. 반면에 철학적 관점에서 볼 때, 조절학파는 내 견해로는 앙드레 고르(Andre Gorz)의 정치적 신칸트주의에 대한 독해에서 도출한 주의주의적이고 평가적인 선택에 더욱더 커다란 우선권을 부여했다"(Negri, 1992: 165~166).

53) '권리국가'는 '공적·사적 권리들을 보증하고 보호할 사법적 체계의 선재(先在)에 의해 정당화된 국가'로 정의된다(Negri, 1988: 65).

는 것을 목표로 하는 국가권력기구로, 그리고 부르주아의 사회적 헤게모니를 보증하기 위해 설치된 국가권력으로 이해된다 — 의 역사적 종말을 표시했다. 그것은 국가와 시장의 분리라는 고전적 자유주의 신화의 최종적 매장, 즉 자유방임주의의 종말이었다(Negri, 1988: 64~65. 강조는 인용자).

1871년 이후의 시기는, 따지고 보면 점증하는 국가개입으로, 그리고 생산양식의 사회화로 간주될 수 있다. 새로웠던 것, 그리고 이러한 계기를 결정적으로 만든 것은 노동자계급의 출현에 대한 인식이었으며, 노동자계급이 체제의 필연적인 특징으로 제시한 체제 내부의 피할 수 없는 적대……에 대한 인식이었다. ……일단 적대가 인식되자 문제는, 그 적대로 하여금 그것의 한 극이 독립적 파괴행동으로, 나아가 이 적대관계로부터 자유로이 단절되는 것을 막는 방식으로 기능하게 만드는 것이다. 노동자계급 정치혁명을 피할 수 있는 길은 이 새로운 계급 역관계를 인식하고 그것을 수용하는 것, 그리고 다른 한편으로 노동자계급으로 하여금 자신의 끊임없는 권력투쟁을 체제 내부의 역동적 요소 속으로 '승화'시키도록 할 전반적 메커니즘 내부에서 움직이도록 만드는 것뿐이었다. 노동자계급은 '소득혁명'의 조절된 국면에 의해 그때그때 역동적으로 재조절되었던 일련의 균형 메커니즘들 내부에서 기능적으로 통제되어야만 했다. 국가는 이제 말하자면, 시민사회로 내려갈 태세가 되어 있었고, 자신의 합법성의 원천을 균형 상황의 영구적 재조절 과정 속에서 지속적으로 재창출할 태세가 되어 있었다. 조만간 투쟁하는 세력들 간의 소득 재균형화의 이러한 메커니즘은 계획이라는 형태로 접합되었다. 헌법의 새로운 물질적 기초는 계획자로서의 국가, 또는 계획으로서의 국가로 되었다(Negri, 1988: 66~67. 강조는 인용자).

이처럼 네그리는 자유방임주의적 '권리국가'로부터 '계획국가'로의 국가형태의 전형이 노동자계급의 투쟁에 의해 이루어졌음을 분명하게 이론화하고 있고, 주로 케인스의 유효수요·화폐·이자율·완전고용 이론을 계급적으로 해석함으로써 그러한 결론을 얻어내고 있다.[54] 그리고 케인스주의의 핵심을 경기조절정책, 재정·통

---

[54] "케인스와 더불어 부르주아 과학은 뚜렷한 도약을 이루었다. 그것은 노동자계급을 자본 내부의 자율적 계기로 인정한다. 유효수요 이론을 가지고서 케인스는 투쟁하는 계급들 사이의 세력균형이라는 정치적 개념을 정치경제학 속으로 도입한다"(Negri, 1988: 92).

화정책 등과 같이 시장의 무정부성을 시정하기 위한 정책적 개입이라는 단순한 수준을 넘어서서 국가가 '사회적 자본'으로서 직접 생산적 주체로 되는 것을 들고 있다. 그래서 '케인스주의적' 국가형태는 단순한 '개입주의 국가'가 아니라 '계획국가' 또는 '사회적 국가(social state)'로 이론화된다.

위기는 미래에 대한 확신과 미래의 확실성을 파괴했고 결과들과 결론들이 예측과 부합해야만 한다는 자본의 기본적인 관계를 깨뜨렸다. 그래서 케인스의 제1의 명령은 미래에 대한 공포를 제거하라는 것이었다. 미래는 마치 현재처럼 고정적이어야 한다. 관례는 보증되어야만 한다. 여기에서 우리는 개입주의에 대한 우리의 첫 번째의 엄격한 정의를 갖게 된다. ······투자위험은 제거되거나 또는 관례에 맞게 낮추어져야 한다. 그리고 국가는 경제의 이 기본적 관계를 보증하는 기능을 떠맡아야 한다. 국가는 미래로부터 현재를 방어해야 한다. 만약 이러한 일을 하기 위한 유일한 길이 미래를 현재 내부로부터 투영하고, 미래를 현재의 예측에 따라 계획하는 것이라면 국가는 계획자의 역할을 떠맡기 위해 자신의 개입을 확대해야 한다. ······이것은 자본의 생산적이고 정치적인 지배계급들을 규합하는 첫걸음이자 최초의 형태 — 아직은 간접적이지만 매우 필요한 형식—이다(Negri, 1988: 86~87. 강조는 인용자).

두 번째 요소가 개입주의의 정의에 추가된다. 여기에서 **국가는 생산적 자본의 배타적인 집단적 대표자**로 보인다. 특수한 정치적 필요성들이 케인스로 하여금 이러한 결론에 이르게 했다. 이미 기대(expectation)에 관한 자신의 분석에서, 그는 — 투기와 같은 병리학적 요소들과 더불어 — 경쟁의 양상들, 기대상의 오류들 등과 같은 체제를 붕괴시킬 위험이 있는 일단의 구조적 요소들을 확인했다. 병리학적 요소들이 법의 지배에 의해 제거될 수 있다는 것으로는 충분치 않다. 병리학적 요소들과 구조적 요소들은 실질적으로 제거되어야만 한다. 그 어떤 경우에도 그것들이 체제의 미래의 안전을 위태롭게 하도록 내버려두어서는 안 된다. '내 입장에서 볼 때, 나는 이 자율에 영향을 미치는 것을 겨냥한 단순한 화폐정책의 성공에 대해 지금 다소간 회의적이다. 나는 국가가······투자를 직접 조직할 책임을 그 어느 때보다도 더 크게 져야 한다고 생각한다'(The General Theory: 164). 미래에 대한 확고하게 뿌리박힌 전반적 보증이 요구된다. 사법적이고 간접적인 국가개입의 형태들로는 충분하지 못할 것이다. 국가가 현재와 미래를 연결 짓는 근본적인 경제적 관계를 보증하는 것으로 는 충분치 않다. 뭔가 더 나아간 것이 요구된다. **국가 자체가 경제적 구조가 되어야만 한다.** 그리고 국가가 경제적 구조가 됨으로써 하나의 생산적 주체가 되어야 한다. 국가는 모든 경제적 활동에 대한 책임의 중심이 되어야만 한다. 이것은 거대한 일보 전진이다! ……현재를 미래에 연결 짓는 관례를 보증함에 있어서 국가는 여전히 자본가들을 위해 복무하는 하나의 구조물이다. 그렇지만 국가가 자기 자신을 직접적으로 생산적 자본으로 제시할 때에 그것은 시장경제가, 그리고 자신과 개별 자본가들과의 간접적 관계가 초래할지도 모르는 구조적 마찰들을 극복하기 위해 애쓴다. 그래서 그것은 **새로운 국가형태**가 된다. 즉, **사회적 자본의 국가**가 된다(Negri, 1988: 88~89. 강조는 인용자).

그래서 "국가는 이제 더 이상 단순히 경제적 지지나 자극 또는 안정화와 혁신의 원천에 그치지 않는다. 국가는 경제적 활동의 원동력이 되었다. 여기에서 자유방임주의에 대한 비판은 극한에 도달한다. 즉, 사회 그 자체는 공장의 주형(鑄型) 속에 던져 넣어진다"(Negri, 1988: 91~92). 이러한 '계획국가' 개념은 국가를 매개로 자본주의적 원리에 입각한 사회 전체의 조직화를 의미하는 것으로, 자율주의이론에서 나중에 '사회적 공장(social factory)'[55] 또는 '공장 사회(factory-society)' 개념으로 발전한다.[56]

---

55) "자본주의가 발전할수록, 즉 상대적 잉여가치의 생산이 모든 곳에 침식해 들어가면 갈수록, 생산-분배-교환-소비의 순환은 더욱더 발전할 수밖에 없다. 즉, 자본주의적 생산과 부르주아 사회, 공장과 사회, 사회와 국가의 관계가 점점 더 유기적으로 되어가는 것이다. 자본주의 발전의 가장 높은 단계에서 사회적 관계는 생산관계의 계기가 되며, 사회 전반이 생산의 각 부분이 된다. 한마디로 말해, 사회 전체가 공장의 기능을 수행하며 공장은 사회 전체를 배타적으로 지배하는 자신의 능력을 확장시킨다"(Tronti, 1973; Cleaver, 1992: 137에서 재인용).

56) 자율주의이론에서는 전반적으로 개념과 용어 사용에서 매우 혼란스럽다. 이는 마르크스의 범주나 개념을 자의적으로 적용하거나 확장하는 데서 비롯된다. 특히 네그리의 용어 사용에서 가장 심각하게 나타난다. 위데포드는 자율주의이론의 '사회적 공장' 개념을 마르크스의 '집합적 노동자' 개념과 연관시키는데, 이는 내용적으로 전혀 상이한 개념을 동일한 것으로 연관시키는 것이다. "'사회적 공장'이라는 자율주의적 마르크스주의의 개념은 마르크스의 예상을 뛰어넘을 만큼 성장한 '집합적 노동자'에 대한 이론이다"(Witheford, 1999: 153). 마르크스의 '집합적 노동자' 개념은 자본주의적 생산에서 집적·집중의 발달에 따른 생산의 사회화, 또는 생산의 집단화를 의미한다. 이에 비해 자율주의이론의 '사회적 공장' 개념은 자본주의의 발전에 따른 사회적 분업의 발전, 삶

따라서 '계획국가'는 노동자계급의 투쟁, 특히 '대중노동자'의 투쟁에 대한 대응으로서 '자본주의적 개혁주의'라는 성격을 띤다.

　국가형태들의 변화와 관련해 오직 뉴딜의 경험만이 우리가 케인스주의의 근본적 특징 ─ 활동하는 경제적 세력들 사이의 변화된 관계에 대한 인식, 그리고 이 새로운 맥락에서 자본의 헤게모니의 이에 상응하는 재구조화 ─ 이라고 생각한 바의 것을 분명히 밝혀준다고 말할 수 있다. ……여기에서 우리는 끝으로, 그 자신의 자기보존을 위해 '영구혁명'의 개념을 대담하게 채택하고 복원하는 자본주의 국가를 본다. 그것은 인민주의적 또는 전통주의적 진보 이데올로기들의 오명을 피하면서, 자본주의 국가로서의 자신의 계급적 본질을 단호히 주장하면서, 아무런 유보조건 없이 그렇게 한다. 강제된 것은 자본주의적 개혁주의인데, 그것은 체제 내에서의 불균형들에 대한 사회민주주의적 탄식과는 거리가 멀며, 자기 자신의 재생산에 의해 자신의 문제를 풀 수 있음을 최고로 확신하는 그러한 개혁주의이다(Negri, 1988: 104).

　당연히 '계획'은 자본주의적 '지배'를 위한 것이다. "계획은 발전을 위한 것이 아니라 지배를 위한 것이다. 아니 오히려, 노동자계급이 너무 강력해지기 시작해서 발전 없이는 어떠한 지배도 있을 수 없는 한에서만 발전을 위한 것이다. ……이러한 목적을 달성하기 위해 노동자계급의 파괴와 국가의 재구조화를 꾀하려는, 그리고 노동자계급 자율성의 파괴의 계획화를 꾀하려는, 그리고 이윤율과 이윤량의 회수의 계획화를 꾀하려는 투쟁이 있다(Negri & Hardt, 1994: 292).

필자는 네그리의 이러한 '계획국가' 개념을 두 가지 점에서 비판하고자 한다. 첫째로, 우선 이 개념은 '도구주의적 국가론'에 입각하고 있다. 네그리는 '코뮤니즘적 국가이론'에서 자신의 국가론을 정리하는 과정에서 '국가도출논쟁'을 검토한 후에 다음과 같이 '도구주의적 국가론'을 드러낸다.

　마르크스는 우리에게 국가에 대한 이미지를 남겨주었다. 엥겔스가 말했듯이, 그

─────

의 상품화 등 모든 사회적 관계가 상품(화폐)관계 또는 자본/노동관계로 변환되는 사회의 자본주의화를 의미한다. 내용적으로 구분되는 개념인 것이다.

이미지 속에서 사적 소유의 공적 경영은 자본을 재생산하며 착취를 심화한다. 오늘날 우리는 이 지형으로 더욱더 깊이 이동한다. 그렇지만 마르크스도 엥겔스도 우리가 여기서 발견하는 계급투쟁의 수준을 예견할 수 없었다. 권력들의 이중성 상황의 지속, 즉 자본주의적 권력에 적대적인 노동자들의 권력의 출현과, 착취의 이론(가치이론) 사이의, 이 지점에서 열려진 관계가 발전되어야 한다. **집합적 자본가로서의 국가는, 가치법칙……에 따라 착취를 관리하는 자이며, 모든 착취를 그에 따라 계획하는 자이다**(Negri & Hardt, 1994: 292. 강조는 인용자).

여기서 네그리는 마르크스의 국가론 자체를 도구주의적 국가론으로 해석하고 있다. 따라서 그의 분석에서 국가와 자본은 구별되지 않는다. '국가형태 비판'이라는 책의 부제에도 불구하고, 국가는 '집합적 자본가' 또는 '자본 일반'과 동일시되고 있다. 가치형태, 즉 자본축적 형태와 구분되는 '국가형태'에 대한 이론화가 결여되어 있고, 총자본의 전략 수준에서 국가형태가 분석되고 있다. 따라서 계급투쟁적 관점의 강조에도 불구하고, '케인스주의적' 국가형태는 자본축적 형태와의 상호 규정 속에서 구성되는 방식으로, 즉 '모순적 총체'의 한 계기로서 구성되는 것으로 이론화되지 않고, '기능적 총체'의 한 요소로 기능적으로 이론화되고 있다.

둘째, 네그리의 '계획국가' 개념은 전형적인 '패러다임적 유형화'에 입각한 것으로 현실에 대한 단순 추상에 따라 현실을 단순화함으로써 '케인스주의적' 국가형태를 일면적으로만 파악하게 한다. 이는 '개방적' 마르크스주의가 일관되게 비판한 것으로(Holloway, 2002c), 필연적으로 현실에 대한 왜곡된 상을 제시한다. 즉, 이 시기의 노동자계급 투쟁을 포드주의 체제에 포섭된 '대중노동자'의 투쟁으로 단순화시키고, 이 대중노동자에 대한 대응 또는 전략으로서 '계획국가'가 이론화됨으로써, 한편으로는 '케인스주의적' 국가형태를 이상화시키고 다른 한편으로는 '케인스주의적' 국가형태의 역동적 구성과정을 단순화시킴으로써 현실을 왜곡시킨다.

앞서 분석한 바 있듯이, '케인스주의적' 국가형태는 '대중노동자'만이 아니라 '대중노동자'에서 배제된 하층 노동자계급의 투쟁에 의해서도 구성되었다. 그뿐만 아니라 '대중노동자/계획국가'란 정식화를 통해서는 '케인스주의적' 자본축적 형태와 국가형태 간의 모순적이면서 역동적인 상호 규정 과정을 포착할 수 없다. 그래서 자율주의이론에서의 자본주의 발전단계 구분에서 혼란과 애매모호함이 발생하게 된다.

대표적인 사례가 '사회적 공장'과 '사회적 노동자' 개념이다. 자율주의이론가들 내에서도 그 개념 규정이 다르다. 위데포드는 "자율주의자들은 대중노동자 시대를 사회적 공장이 출현한 순간"(Witheford, 1999: 167)으로 파악한다고 서술하는데,[57] 하트와 네그리(Hardt & Negri, 2000)는 1968년 유럽 혁명 이후의 신자유주의 시기를 '사회적 공장'과 '사회적 노동자'에 의한 시기로 구분한다.[58] 이는 초기에 자율주의이론이 '사회적 공장'을 계획국가에 의한 노동력의 재생산과정에 대한 포섭 등 자본에 의한 사회적 조직화를 '사회적 공장'으로 개념화하다가, 이후 이론화 과정에서 개념 자체를 바꾼 결과이다.

따라서 '대중노동자/계획국가'라는 정식화에 의해서는 '케인스주의적' 자본축적 형태와 국가형태하에서 예컨대 차별되고 배제되었던 여성노동자, 이주노동자 등 하층 노동자계급의 투쟁은 포착될 수 없다. 자율주의이론에서는 이들 하층 노동자들이 1968년 이후에 새롭게 등장하는 '사회적 노동자'로 개념화된다. '대중노동자/계획국가'와 '사회적 노동자/위기국가' 식의 단순도식화 내지 패러다임적 정

---

57) "20세기 초부터 전투적 노동운동의 다양한 위협을 받았던 모든 선진 자본주의 사회는 '권리국가'에서 '계획국가'로 이행해 나아갔다. 자유시장을 유지하는 데 필요한 조건을 안정화시키는 활동만 하던 국가가 이제 학교, 병원, 복지기관, 그 밖에 여러 제도들을 통해서 노동력의 재생산을 관리하는 활동까지 하게 되었다는 것이다. 이런 이행은 혁명의 위험을 피할 수 있는 동력이 되기도 했으며, 자본주의가 새로운 성장단계로 나아갈 수 있는 기초가 되기도 했다. 교육·보건제도, 그리고 계획국가가 추구했던 다양한 사회복지 프로그램이 포드주의 시대에 강화된 과학기술 발전에 필요한 노동자계급을 교육받은 건강하고 평화적인 '인적 자본'으로 길러줄 수 있었기 때문이다"(Witheford, 1999: 219).

58) '사회적 공장'과 동일한 개념인 '공장-사회'라는 개념을 네그리는 대중노동자 시대가 아닌 사회적 노동자 시대의 특징으로 개념화하고 있다. "근년에 우리가 주목해온 노동의 변형이라는 가장 중요한 일반적 현상은 우리가 공장-사회라고 부르는 것으로의 이행이다. 공장은 이제 더 이상 노동과 생산의 패러다임적 장소 또는 집중으로 간주될 수 없다. 노동과정들은 공장 담벽 외부로 넘어가서 사회 전체를 뒤덮었다. 바꾸어 말하면, 생산의 장소로서의 공장이 분명 쇠퇴했지만 그것이 공장 생산체제와 그 원리의 쇠퇴를 의미하지는 않는다. 오히려 그것은 생산의 장소로서의 공장이 이제 더 이상 사회 속의 특정한 부지(敷地)에 제한되지 않음을 의미한다. 그것은 마치 바이러스가 퍼지는 것처럼 사회적 생산의 모든 형태들을 통해 스며들어 왔다. 사회 전체는 이제 공장의 체제에 의해, 즉 특별히 자본주의적인 생산관계들의 규율들에 의해 철저히 침투되어 있다"(Negri & Hardt, 1994: 39).

식화는 "생경한 일반화로, 매우 다른 조건들로부터 발생하는 투쟁들이 강제로 끼워 맞춰져야만 하는 프로크루스테스의 침대와 같은 범주들"(Holloway, 2002c: 254)로 구축된 것이라는 비판을 면하기 어렵다.

다음으로, 조절이론의 '케인스주의적' 국민국가형태에 대한 이론을 검토해 보자. 히르쉬(1983; 1985)는 '케인스주의적' 국가형태의 특징을 '복지국가', '개입주의 국가', '안전국가'로 개념화한다. 이러한 세 가지 특징은 이 시기의 '포드주의적 축적모델'에 의해 규정된다.

> 포드주의 축적모델의 확립은 사회화 형태와 정치체계 구조에 결정적인 결과를 낳았다. 생활과 사회관계의 '전(前) 자본주의적' 형태, 전통적인 문화와 (특히 노동자의) 환경은 해체되었다. 강제된 유동성, 소비자 개인주의, 전통적 가족과 공동체 구조의 약화는 사회적 해체를 점점 더 명확히 했다. 이를 기반으로 해서 원자화된 개인으로 구성되며, 화폐에 의해 매개된 사회관계, 외적으로 강제된 노동분업과 산업적 시간경제(economy of time), 그리고 이전보다 훨씬 관료조직에 의해 조절되고 통합되는 사회로 특징지어지는 '강제적으로 현대화된' 대중사회가 발전되었다(Hirsch, 1985: 53).

여기서 '복지국가'나 '개입주의 국가'라는 특징화는 일반적인 것이므로 생략하고, '안전국가(security state)'로 특징화되는 것을 살펴보기로 한다. '안전국가'란 개념화는 조절이론이 생산과 소비를 통합하는 이론체계로 성립된 특징에서 유래한다. 즉, 소비를 자본주의적으로 포섭함으로써 전 자본주의적 생활양식 또는 소비양식이 해체되고 새롭게 자본주의적 대량소비양식으로 대체된다는 점을 중시한다(Aglietta, 1979). 즉, "현대 복지적·개입주의적 국가는 세계시장에서의 경쟁 압력, 점증하는 자본의 집중, 그리고 사회적 해체하에서 태어났다. 그것은 경제적·사회적 재생산과정을 시장메커니즘과 자발적 사회관계 네트워크의 효율성에만 맡기는 것이 점점 더 불가능하다는 것을 입증한다. 자본의 집중과 사회적 해체는 관료제화의 증가와 조절·통제·감시 국가의 확장을 낳고 있다"(Hirsch, 1985: 53).

요컨대 사회적 해체와 그것의 자본주의적 재조직화, 즉 국가에 의한 관료적 조절·통제·감시가 '안전국가'로 이론화된다. 국가에 의한 경제적 과정에의 개입도 포함되지만, 더 강조점이 두어지는 것은 노동력의 재생산과정에 대한 국가의 개입이고 이를 '안전국가'로 개념화하고 있다. 히르쉬의 이러한 '안전국가' 개념은 히르쉬가 제2차세계대전 이후의 독일의 국가형태에 대한 분석을 중심으로 해서 그것을 '케인스주의적' 국가형태로 일반화하는 데서 비롯하는 측면이 강하다.[59]

그런데 히르쉬의 '안전국가' 개념화에는 자본주의 국가형태에 대한 기본적인 시각이 전제되어 있다. 즉, 자본주의 국가형태를 "특수한 축적전략이나 축적모델"이 현실화하는 데 필요한, 그에 조응하는 "정치적·이데올로기적 헤게모니 구조와 적절한 정치체계 형태, 즉 노동자계급을 억압하고 계급관계를 제도화하는 방식"(Hirsch, 1985: 48)으로 파악한다. 히르쉬의 이 관점은 '국가도출논쟁'에서 그가 견지했던 입장, 즉 '자본축적과 국가행위를 계급투쟁이 매개한다'(Hirsch, 1978)에서 한편으로 조절이론을 수용하고, 다른 한편으로 제솝(Jessop, 1983; 1984)의 '구조기능주의적 국가론'을 접합해서 구성된 관점이다. 그 결과 구성된 것이 '정치적·이데올로기적 헤게모니 구조와 정치체계 형태' 개념이다.

히르쉬의 '헤게모니 구조' 개념은 제솝의 '헤게모니 기획(project)'을 조절이론의 방식으로, 즉 계급투쟁에 의해 매개된 것으로, 제도화 또는 구조화된 것으로서의 '헤게모니 구조'이다. 그러나 원래 헤게모니라는 개념 자체가 자본가계급이나 지배계급의 '전략'을 개념화한 것이듯이, 히르쉬의 '헤게모니 구조' 개념은 제솝의 '헤게모니 기획' 개념과 차별성이 없다. 그런데 이러한 관점에서의 국가형태 개념화는 국가형태를 계급투쟁에 의해 구성된 것으로 보기보다는 자본가 전략으로 본다는 점에서 근본적인 문제를 안고 있다.[60] 그래서 조절이론의 구조주의적 접근

---

59) "국가 관료적 조절은 경제과정의 일차적인 기반이 되고, 또한 새로운 생산 및 소비패턴에 적합한 노동력을 유지하고 지도하기 위한 전제조건이 되고 있다. 기술적으로 고도로 발달된 산업자본과 금융자본의 복합체는 한편으로 국가행정과 밀접하게 결합하고, 다른 한편으로는 복지관료제의 네트워크와 결합했다. 이러한 두 측면은 포드주의 사회화의 동전의 양면을 표현하고 있다"(Hirsch, 1985: 54).

60) 필자는 제솝의 자본가 전략으로서의 '헤게모니 기획' 개념에 대한 '개방적 마르크스주의'의 비판이 타당하다고 본다. "풀란차스에 입각해서 제솝은 정치적인 것과 경제적인 것 간의 관계에 대해 '국면적'(또는 '관계론적') 접근법을 주장한다. 그 가장 극단적인 시각에서는 투쟁과 전략을 동등시할 뿐만 아니라 계급투쟁을 자본전략과 동등시하기도 한다. 풀란차스에서의 규정적인 구조 문제(예컨대 최종심급에서 정치적인 것을 규정하는 경제적인 것)를 극복하기 위해 제솝은 '구조적 결합' 또는 '접합' 이론을 제안한다. ……제솝에게 있어서 정치적 체계를 이해하는 과제는 기능주의에

방법이 안고 있는 문제점을 그대로 안고 있다. 매개, 구조적 접합 또는 연관 등 복잡한 과정을 거쳐 이론화하지만, 결국에는 자본축적의 요구에 조응하는 자본가 전략 개념으로 귀결되고 만다. 한마디로 "국가형태는 축적체제의 '요구'로부터 도출되고, 이러한 요구가 충족되는 방식을 확인하는 것이 외관상 사회적 변화와 새로운 제도적 배열에 대한 설명을 구성한다"(Burnham, 2000: 12).

요컨대 자율주의이론이나 조절이론은 모두 '케인스주의적' 국가형태의 역사적 형상에 대해 비슷한 특징화를 시도하고 있다. 다만 노동자계급의 투쟁에 대한 자본가계급의 대응이라는 관점을 강조하는 자율주의이론에서는 '계획국가'를 강조하고, 자본축적의 요구에 조응하는 국가형태 개념과 자본가계급, 특히 헤게모니 자본분파의 전략에 의해 국가구조가 형성된다고 보는 조절이론에서는 '안전국가'를 강조하고 있다. 또한 이처럼 비슷한 현상에 대한 상이한 이론화에도 불구하고,

___

빠지지 않고 정치적인 것과 경제적인 것 간의 '미필연(未必然)적 조응'을 이론화하는 문제이다. 따라서 제숍은 국가에 대한 관계론적 접근법에 관심을 갖는다. ……접합양식은 역사적으로 구체적인 상황 속에 있는 정치적, 경제적 및 이데올로기적 체계들의 집중을 가능케 하고, 이러한 세 체계들을 규정적 형태로 역사적으로 특수한 국면으로 통일시킨다고 말해진다. 상이한 체계들이 조응하고 보완적인 접합양식으로 통합되어가는 메커니즘은, 자본의 헤게모니 기획(project)이다. 사회적 신체의 분할된 부분들은, 그들이 어떻게 해서든 드러나지 않는 결합 주체에 의해 기획으로 조정되기 전까지는 통일되지 않는다. 제숍은 성공적인 헤게모니 기획이 경제발전의 특수한 모양의 필요에 조화되는 결과를 가져온다는 점을 함의하고 있는 것 같다. 정치 영역은 그것의 자기규정되고 폐쇄된 작동을 통해 경제체계의 필요에 조응하는 산출을 제공하는 것으로 간주되기 때문에, 이러한 조응의 정확한 역사적 작동은 전략적 힘 ― 상이한 제도 영역을 융합시키는 헤게모니적 실천을 촉진하는 ― 과 관련된다. 이것은 자본주의적 재생산에 관한 기능주의적이고 주의주의적인 견해인 것 같다. ……즉, '자본 논리학파(logician)에 의해 구축된 추상적이고, 전일적이며 본질화된 자본의 요구(needs)와 운동법칙은, 일련의 구체적이고 경쟁하며 우연적인 자본의 논리와 결합된다.' 따라서 구조주의에 맞서 본질화된 운동법칙을 정립하는 역할을 맡고, 또한 헤게모니적 이해관계의 구조화 ― 국가를 장악하고 역사적으로 특수한 접합양식의 형태를 부여하는 것을 목표로 한 ― 를 통해 주의주의의 역할을 맡는다. ……그 결과 자본은 더 이상 계급투쟁으로 존재하지 않고, 자본은 사회 전체에 침투한다. 그보다도 사회 현실은 다중의 원인과 효과에 의해 규정되는 것으로 간주되고, 그것의 통합은 지배적인 헤게모니적 자본 논리 ― 즉, 구조적 발전의 규정된 형태 내에서 한 자본 논리의 다른 자본 논리에 맞선 이해관계에 기초한 투쟁으로부터 도출되는 논리 ― 의 부과에 의해 확보된다. ……사회적인 것에 대한 국가의 역할을 새롭게 재구축하는 틀 내에서, 계급투쟁은 종속적 역할을 하는 것, 즉 사회 현실의 불가피한 전형(轉形)을 가속화하거나 지체시키는 것으로 간주된다. 기본이 되는 것은, 구조적으로 운명지어진 발전 내에서 국가를 장악하고 접합양식과 우연적 과정을 재결합시키려고 시도하는 데 있어서 상이한 자본전략들 간의 투쟁이다"(Bonefeld, 1992a: 95~98).

두 이론은 이 시기의 국가형태를 패러다임적 정식화로서 파악한다는 점, 즉 '기능적 총체'의 일부로서 국가형태를 파악한다는 점에서는 공통적이다. 또한 두 이론 모두 국가형태를 자본가계급의 전략으로 파악한다는 점에서도 일치한다. 자율주의이론이 계급적대 속에서 자본가계급의 계급적 전략으로 파악한다면, 조절이론에서는 노자 간 계급투쟁에서 유래하기보다는 자본분파 간의 경쟁 속에서 유래하는 헤게모니 자본분파의 전략으로 파악하는 점[61])에서 상당한 차이가 있지만 말이다. 어느 경우이든 '케인스주의적' 국가형태를 계급 역관계 및 계급투쟁에 의해 역동적으로 구성되는 것으로, 즉 '모순적 총체'의 한 계기로서 이론화하고 있지 않다.

필자는 이 시기의 계급 역관계가 자본가계급에게 '통합주의 전략' 또는 '정치화 전략'[62])을 강제했고, 그 결과 계급투쟁의 역동적 과정을 통해 '복지국가'가 구성된 것으로 파악하고자 한다.

'케인스주의적' 국가형태를 '계획국가'나 '안전국가'라는 측면보다 '통합주의 전

---

61) 제솝의 경우 '헤게모니 기획'이 자본분파들 간 경쟁에서 헤게모니 자본분파의 전략이라는 점이 분명하다. "축적전략이 우선적으로 생산관계를 지향하고, 따라서 계급세력 간의 균형을 지향하는 반면, 헤게모니 기획은 전형적으로 경제적 관계뿐만 아니라 시민사회 및 국가영역에 근거한 더 넓은 이슈들을 지향한다. ……이런 의미에서 헤게모니 기획이 단순히 계급관계와 관련될 뿐만 아니라 '국민적·대중적'인 것과 관련되어 있다고 주장할 수 있다"(Jessop, 1983: 30~31)고 일반적으로 규정하지만, "헤게모니는 헤게모니 계급(분파)의 단기적 이해관계의 희생과 기획에 동원된 사회세력에 대한 물질적 양보를 수반한다"(Jessop, 1983: 30)고 함으로써 실질적으로는 자본분파들 내부의 헤게모니 경쟁으로 개념화된다. 왜냐하면 노동자계급과 자본가계급 간에 헤게모니 경쟁을 벌이지는 않기 때문이다. 히르쉬도 표현은 다르지만 유사하게 서술한다. "'케인스주의 국가'는 국가화된 대중통합정당과 정치기구에 코포라티즘적으로 결합된 노동조합의 지배적 지위로 특징지어진다. ……사회민주주의 (그리고 이와 유사한) 정당들은 노동자계급의 정치적 통합, 노동조합의 코포라티즘적 통합, 개입주의 국가의 현대화 정책 수행에 있어서 특히 중요하다. 지속적인 성장과 상대적인 완전고용은 이러한 조절형태의 일차적인 전제조건이고, 이 조절형태는 관련 자본분파와 노동자계급의 일부를 편입해 성장과 완전고용을 위해 강력한 이익카르텔을 제도화한다"(Hirsch, 1985: 54~55). 히르쉬는 이러한 '이익카르텔'을 그람시의 '역사적 블록' 개념으로서 사용한다(Hirsch, 1985: 49). 두 사람 모두 계급관계나 세력균형을 거론하지만 자본분파 개념에 입각해서 전략을 개념화하고 있다는 점에서 기본적으로는 지배세력 내부의 경쟁하는 전략 개념으로서의 '헤게모니 기획'이다.

62) 이 개념은 버넘이 1945년부터 1980년대 중반까지의 영국 정부가 채택한 전략을 "노동과 화폐를 관리하는 '통합의 정치(politics of incorporation)'" 또는 그 이후의 신자유주의 시기의 '탈정치화(depoliticization)'와 대비해서 '정치화(politicization)'로 개념화한 데서 착안한 것이다(Burnham, 2000: 18~19).

략 또는 '경제의 정치화'에 따른 '복지국가'로 특징화하는 것이 이 시기의 계급 역관계의 표현으로서의 국가형태를 더 잘 이론화한다.[63] 왜냐하면 자본주의 국가의 경제개입 - 경기조절정책을 통해 간접개입하든, 국가자본으로 직접 개입하거나 노동력 재생산과정에 직접 개입하든 - 은 계급관계의 위기 속에서 경제와 정치의 '외관상의 분리'가 깨지고, 그것의 '내용적 통일'을 드러내는 것으로, '자립적 경제'의 정치화로 파악할 수 있기 때문이다. 원래 자본주의 국가형태는 시민사회, 즉 경제로부터 '정치적 국가'로 분리되었던 것인데, 냉전체제로 상징되는 계급관계의 위기 또는 적대적 불안정이 '정치적 국가'의 경제 또는 시민사회에 대한 개입을 초래한 것으로 볼 수 있다.

이것은 외관상으로는 국가의 시민사회에 대한 개입, 또는 국가에 의한 시민사회의 조직화 - 시민사회의 국가에의 종속이라는 표현도 마찬가지 의미이다 - 로 현상하지만, 내용적으로는 '경제적 형태'의 계급관계에 대한 '시장적 조절'[64]이 아닌 '정치적 조절'이다. 그리고 그러한 정치적 조절의 핵심은 단체교섭의 제도화에서 드러나듯이, '통합주의 전략'이다. 계획화는 통합주의 전략의 여러 수단 가운데 하나의 수단에 불과하다. 따라서 국가의 경제개입을 강조하는 '계획국가'나 국가의 노동력 재생산과정에 대한 개입을 강조하는 '안전국가'보다는 '복지국가'가 '케인스주의적' 국가형태의 본질적 특징이다.

자본주의 국가의 고유한 역할은 자본/노동 계급관계의 사회적 재생산이다. 따라서 이 시기 국가는 계급관계의 위기에 대한 정치적 대응으로서, 개별 노사관계에서의 역관계의 반영이자 자본의 전략으로서 성립된 단체교섭을 사회적 차원에서 정당화·일반화하는, 예컨대 미국의 경우 '와그너법'(1935)을 제정한다든지, 사회보장제도 등의 확충을 통해 '복지국가'를 표방하는 방식으로 노동자계급을 체제 내로 포섭하는 '통합주의 전략'을 추구한다. 이 전략을 밑받침하기 위해서 또는 이 전략을 국민국가 또는 국민경제 차원에서 구체화한 것이 '계획경제'라 할 수 있다. 완전고용을 보장하기 위해서는 고도성장이 요구되고, 고도성장을 실현하기 위해서는 자본 간 경쟁을 제한하는 한편 국가의 직·간접적인 경제에 대한 개입을 필요

___

63) 물론 앞서 살펴보았듯이, 자율이론이나 조절이론 모두 '케인스주의적' 국가형태가 '복지국가'적 특징을 지닌다는 점을 부정하지 않는다. 문제는 강조점과 그 연관이다.

64) 이것은 정치적으로 '자유방임주의'로 표현된다.

로 한다. 경기순환의 악영향을 제어하고 조절하기 위한 불황대책으로 재정·통화정책을 구사하고, 자본축적의 애로에 대해서는 직접 국가자본으로 참여함으로써 해결하는 것이다.

자율주의이론의 경우 '케인스주의적' 국가형태를 내용적으로는 계급 역관계에 의해 강제된 것으로 파악함에도 불구하고, 또한 그러한 노동자계급의 진출에 대한 승인과 대응전략으로 파악함에도 불구하고, 그 특징을 '계획국가'로 개념화하는 것은 자본과 국가에 대한 구별, 즉 자본축적 형태(가치형태)와 국가형태를 구별하지 않고 국가를 자본으로 해소하기 때문이다.[65]

다른 한편 '케인스주의적' 복지국가가 자본가계급의 일방적인 전략으로 단선적으로 관철되었던 것이 아니라 계급투쟁에 의해 구성되었다는 점은 앞서의 분석에서 누차 지적되었다. 특히 '케인스주의적' 자본축적 형태의 모순, 조직화된 노동자계급뿐만 아니라 배제되고 차별된 하층 노동자계급의 투쟁이 국가형태로 전가 또는 치환되면서 '복지국가'적 내용이 구성되었다는 점은 강조되어야 할 것이다. 그러한 계급투쟁 과정에 의해 '케인스주의적' 복지국가는 '케인스주의적' 자본축적 형태와 상호 규정되면서 '모순적 총체'의 한 계기로서 역동적으로 구성되었다고 할 수 있다.

---

65) 네그리의 이러한 '계획국가' 개념에서 또 하나 드러나는 것은 자본과 노동의 분리 관점(즉, 자본과 노동의 외재적 관계)이다. 경쟁형태라든지 가치형태를 중시하지 않고 계급투쟁을 강조하는 네그리의 관점에서 가치형태운동의 변화를 표현하는 자유방임주의 또는 경쟁과 대비되는 '계획'을 총자본의 핵심전략으로 파악하는 것은 의아스럽다. 이는 계급관계와 가치형태의 유기적 연관에 대한 이론화의 결여, 즉 자본과 노동을 별도의 실체로 파악하는 관점의 표현으로 해석된다. 즉, 자본과 국가에 대해서는 철저히 자본의 입장에서 파악하고 개념화하지, 자본이나 국가 자체를 '계급관계의 사회적 형태'로 보지 않는 것이다. 따라서 부르주아 의식에 반영된 대로 개념화한다. 그래서 노동자계급 힘의 승인이라는 기본시각에도 불구하고 그러한 것과의 어떠한 연관도 드러내지 않는 자본의 언어인 '계획국가'로 개념화한다. 이 점은 '개방적 마르크스주의'가 자율주의이론에 대해 가하는 비판인 '거울 이미지'적 개념화, 즉 적대적 양극의 단순한 전도(또는 외적 전도)로서의 노동자계급적 관점이라는 비판(Holloway, 2003c)이 타당함을 보여준다. 이는 네그리의 자본전략에 대한 개념화가 구체적인 계급투쟁에 대한 역사적 분석에 입각하기보다는 부르주아 이데올로그 — 케인스, 슘페터 등 — 에 대한 분석을 통해 얻어지고 있음을 확인해준다. 그래서 자본의 전략도 매우 단선적, 즉 패러다임적으로만 파악된다. 자본축적 형태이든 국가형태이든 모순적 계급투쟁 과정에서 구성되는 것으로 보기보다는 두 적대적 실체인 노동과 자본의 전략들이 충돌하는 것으로 이론화된다. 문제는 자본의 대응을 전략적으로 파악한다는 점에 있는 것이 아니라 그 전략을 패러다임적인 전략으로 단선적·기능적으로 파악한다는 점이다.

### (2) 국제적 국가체계: 냉전체제와 신식민주의

제국주의 나라들에서의 노동자계급의 정치적·혁명적 진출은 제국주의 내부의 모순을 격화시켜, 한편으로 제국주의 간 식민지 쟁탈전으로 발전해 두 차례의 세계대전과 1929년 세계대공황을 촉발했고, 다른 한편으로 식민지·반식민지 나라들에서 제국주의 간 갈등과 모순의 격화 속에서 식민지 민족해방투쟁을 고양시켰다. 그래서 제2차세계대전의 종전과 소련을 중심으로 한 사회주의진영의 발흥에 따라 기존의 제국주의 나라들을 중심으로 한 구(舊)식민지체제는 붕괴되었다. 낡은 국제적 국가체계가 무너진 것이다.

종전 후 세계적 계급 역관계는 한편으로 동서대립에 의한 냉전체제로 정립되었고, 다른 한편으로 제3세계로 불리는 신생독립국들로 표현되었다. 이 시기 식민지·반식민지 나라들에서의 민족해방투쟁 역량의 고양은 상징적일지라도 제1세계 및 제2세계와 구분되는 '제3세계'로 나타났다고 할 수 있다. 이러한 역관계의 변화가 제국주의의 후퇴를 강제했고, 제국주의 세력의 식민지 전략을 변화시켰다. 이 시기 계급 역관계가 제국주의 세력에게 제국주의 나라들 내부에서 변혁적 세력에 대한 탄압과 노동자계급의 체제 내 포섭이라는 양면전략을 강제했다면, 제3세계에 대해서는 '반혁명전략'과 '자본주의화 전략'이라는 양면전략을 강제했다. 이른바 '신식민지 전략'이다.

신식민지 전략은 적대적인 사회주의진영에 맞서 제국주의 세력이 한편으로는 제3세계의 민족해방투쟁 역량을 봉쇄하고(반혁명전략), 다른 한편으로는 제3세계 나라들을 자본주의 체제로 편입시키기 위한 전략(자본주의화 전략)이다. 한마디로 형식적으로는 정치적 독립을 허용하면서 제3세계 내부에 종속적·매판적 자본가계급을 육성해 자본주의 세계체계에 붙들어 두려는 전략이다.

신식민지 전략은 종전 후 자본주의 세계 내에서 경제·정치·군사적으로 절대적인 힘의 우위에 있던 헤게모니 국가 미국에 의해 세계적 범위에서 추진되었다. 미국의 '반혁명전략'은 중국내전에서 국민당 지원, 한국전쟁, 베트남 전쟁, 알제리 전쟁(프랑스) 등으로 나타났고, '자본주의화 전략'은 전후 제3세계를 대상으로 한 개발원조 형태로 나타났으며, 중남미의 '수입대체' 또는 '수출촉진' 성장모델에 의한 급속한 자본주의화(공업화) 전략을 추진하는 것으로 표현되었다.

이러한 제2차세계대전 후의 신식민주의에서 핵심적인 것은 제3세계 나라들이 정치적 독립에도 불구하고 경제적으로 제국주의적 지배/예속관계에서 벗어나지 못했다는 점이다. 또 미국의 '반혁명전략'에서 드러나듯이 정치적 독립 역시 형식적인 것이었다. 1959년 쿠바 혁명 이후 중남미 나라들에서 노동자·민중의 자주적·혁명적 진출이 고양되자 군사쿠데타를 통한 독재체제가 일률적으로 들어서는 것에서 확인되듯이, 사실상 미국 제국주의의 정치적 지배·예속 역시 지속되었다. 다만 정치적 지배방식이 제국주의적 직접지배에서 신식민지의 토착 지배세력을 통한 간접지배로 바뀐 것뿐이다.

경제적 신식민주의에서는 식민지 초과착취관계를 유지하면서 자본/노동관계를 확대시키는 것, 그리고 그를 통한 신식민지 토착자본가계급을 육성하는 것이 핵심이었다. 이것은 '경제적 강제'를 통해 가능했다. 즉, 이미 식민지 시절 정립된 국제분업체계를 통해 한편으로는 남북교역관계에 의해서 경제적 지배/예속관계가 유지될 수 있었고, 다른 한편으로는 중남미 나라들에서 집중적으로 보이는 바와 같이 해외직접투자의 형태로 미국 자본이 직접 진출함으로써 제3세계 경제에 대한 지배를 강화시켰다.

이러한 과정을 통해 제3세계에서의 초과착취관계는 유지되었다. 그리고 초과착취관계에 필수적인 정치적 억압 역시 정치적 독립에도 불구하고 권위주의적 형태로 재편되었다. 즉, 제국주의 식민지 권력에서 토착지배세력에 의한 권위주의 정권으로 바뀐 것이다. 이것 역시 '형태상의 변화'에 불과한 것이었다. 정치적 억압관계는 유지되었다. 요컨대 신식민지 초과착취관계는 한편으로는 제국주의 자본에 의한 수요 독점이나 공급 독점이라는 '경제적 강제'를 통해서, 다른 한편으로는 신식민지 정치권력의 억압, 즉 '경제외적 강제'에 의해 구성되고 재생산되었다.

한편 제3세계에서 초과착취관계의 확장은 '수입대체' 모델이나 '수출촉진' 모델의 경제개발전략에 의해 추진되었다. 이러한 공업화 전략에 따른 자본주의화는 자본주의적 관계의 확산을 의미했고, 이는 제국주의 자본의 초과이윤66)뿐만 아니

---

66) 만델은 식민지 초과이윤의 수준을 다음과 같이 추정한다. "미국회사들의 해외 자본투자로 인한 이윤율에 대해 미국의 공식기관이 계산한 수치를 통해서도, 상이한 국제적 이윤율이라는 마르크스의 고전적 명제가 충분히 입증될 수 있다. ……1967년 미국회사들의 해외투자에 대한 수익률은 유럽에서 7.4%, 남미에서 12.3%, 아시아에서 14%, 아프리카에서 19.7%를 각각 보였다. 1970, 1971 및 1972년에 미국의 해외투자에 대한 공식 이윤율은 반식민지 지역에서 각각 20.1%, 21.8%, 및 22.3%였고, 제국주의 나라에서는 각각 13%, 13.5% 및 15%였다. 이러한 수치들은 드러난 이윤

라 토착 자본가계급의 초과이윤을 통한 축적도 가져왔다. 그러나 토착 자본가계급의 초과이윤과 그에 의한 자본축적은 제국주의 나라들과의 교역에서 부등가교환에 의해 수탈됨으로써 제한되었다.

만델은 고전적 제국주의 시기와 달리 신식민주의 시기에 제국주의 자본에게는 식민지 초과이윤보다 부등가교환을 통한 간접적 수탈이 양적으로 더 커지는 추세가 1960년대 초엽부터 시작되었다고 분석한다. 그 이유는 한편으로는 신식민지 나라들에서의 민족해방투쟁 고양에 대한 자본 측의 '전술적' 대응 때문이고, 다른 한편으로는 다국적 기업들의 전략이 신식민지 나라들의 국내시장에 대한 지배력의 확장을 목표로 한 결과로 본다. 그래서 "이러한 과정이 진행되면, 소위 '토착' 부르주아는 제조산업에서의 우위를 상실하게 되고, 토착·외국·민간 및 공공 자본을 결합한 합작회사(joint venture)가 제국주의 후기자본주의 또는 신식민주의적 국면의 주요한 특징 중의 하나로 등장하게 된다. ……1967년에 미국의 다국적기업들은 남미에서 550개 이상의 합작회사에 참여했다"(Mandel, 1975: 339).

만델에 따르면, 신식민주의에서의 제국주의/식식민지의 경제적 관계는 "단지 착취형태에서 두 가지 변화가 있었을 따름이다. 즉, 첫째로 식민지 초과이윤의 비중이 '부등가교환'을 통한 가치이전과 비교할 때 상대적으로 감소되었다. 둘째, 노동의 국제분업이 식료품류 및 원자재류가 산업소비재와 교환되는 '전형적'인 부등가교환 외에도, 경공업제품이 기계류나 설비재 및 차량류와 교환되는 형태로 서서히 변화하기 시작한다. 그러나 궁극적으로 볼 때 가치의 이전현상은 특수한 형태의 생산이나 일정한 정도의 산업화 수준과 연계되어 있지 않고, 자본축적과 노동생산성 및 잉여가치율 수준의 상대적 격차와 연계되어 있다"(Mandel, 1975: 359).

요컨대 신식민주의는 국가 간 지배예속관계와 초과착취관계가 그대로 유지되면서 초과이윤과 부등가교환 형태로 가치이전이 지속되고 있다는 점에서 식민주의와 내용적으로 차이가 없고 다만 그 '형태'만이 달라졌을 뿐이다. 이 점에 있어서 만델의 견해와 이 책의 입장의 차이는 부등가교환의 내용에서 만델이 생산성

---

을 근거로 산출된 것이다. 따라서 이윤의 은폐기술은 제국주의 나라보다는 반식민지 지역에서 훨씬 더 개발되어 있기 때문에, 반식민지 지역에서의 공식 이윤율은 실제 수치보다 훨씬 떨어질 것이다. 퓔러는 콜롬비아에서 공식 이윤율은 6.7%에 불과하지만, 실질이윤율은 136%에 달하는 제약회사의 경우를 인용한다"(Mandel, 1975: 345).

격차에 따른 부등노동량의 교환만을 이야기한다면, 이 책에서는 앞서 국가형태 분석에서 제시했듯이 그것에 더해 비정상적인 가치이전 - 궁박(窮迫)수출 메커니즘 및 궁박수입 메커니즘에 의한 가치이전 - 이 추가된다는 점이다. 그러나 만델 역시 비정상적인 가치이전을 부분적으로는 언급하고 있다. "세계시장에서 중심부 나라는 이제 기계류 및 설비재의 독점 판매자로 등장하는 한편, 반식민지 나라는 원자재류의 독점 판매자로서의 지위를 상실해버렸다. 따라서 반식민지 나라에 대한 교역조건이 더욱 악화됨으로써 한 지역에서 다른 지역으로 가치가 꾸준히 이전된다"(Mandel, 1975: 362).

식민주의와의 '경제적 형태'의 차이는 신식민지 나라들에서의 자본축적의 진전 정도, 즉 자본주의화 정도에 따라 달라진 것이다. 예컨대 신식민지 나라들 일부에서 "노동력이 저렴하기 때문에 세계시장에서 경쟁력 있는 수출용 경공업 완제품을 생산하는 산업이 생성될 수 있다. ……한국·홍콩·대만 등에서 미국 시장을 겨냥한 트랜지스터 기계류의 생산, 북미 및 서구 시장을 겨냥한 아시아의 섬유산업 및 아프리카의 식품가공산업, 시계제조산업의 반식민지 나라로의 이전 등에서 이러한 현상이 잘 나타난다"(Mandel, 1975: 365).

그러나 이 시기의 제3세계의 자본주의화, 즉 자본축적은 제한적일 수밖에 없었다. 초과착취관계와 제국주의로의 가치이전 때문에 국내시장의 확대가 근본적으로 제한되기 때문이다. 즉, 초과착취관계로 인해 국내소비가 근본적으로 제약되었고, 토착 부르주아의 경우 제국주의로의 가치이전으로 자본축적 자체가 일정하게 제한되었기 때문이다. 그래서 이 시기 제3세계의 자본축적 수준은 제국주의 자본의 해외직접투자 - 새롭게 제3세계로 유입된 자본수출이든, 제3세계에서 제국주의 자본이 벌어들인 초과이윤의 재투자이든 - 에 의해 기본적으로 규정되었다. 예컨대 미국 다국적기업에 의한 직접투자가 집중되었던 중남미지역에서 제3세계 가운데 가장 확실하게 자본주의화가 진전되었다.

따라서 이 시기 신식민주의는 안정적으로 유지되기 어려웠다. "세계시장체계 내에서 저발전국가들이 철저한 산업화를 이룰 수 있는 가능성은 '고전적' 제국주의 시기에서와 마찬가지로……신식민주의 시기에도 전혀 없다. 개발과 산업화 수준 및 생산성의 지역 간 격차는 꾸준히 증대되고 있다. 이러한 조건하에서 반식민지 나라에서 만성화된 사회적 위기상황이 지속되게 하는 메커니즘은 계속 작용할 것이다"(Mandel, 1975: 367).

제3세계의 이러한 사회경제적 조건은 계급투쟁을 격화시켰다. 특히 1949년 중국 혁명의 성공, 1959년 쿠바 혁명의 성공, 그리고 1960년대 베트남의 완강한 민족해방전쟁 등에 의해 고무된 제3세계의 계급투쟁과 민족해방투쟁은 1960년대 제3세계의 정치·사회적 불안과 소요로 나타났고, 이에 대한 미국 제국주의의 '반혁명전략'은 중남미와 아시아를 중심으로 한 제3세계 나라들에서 군사쿠데타를 통한 정치적 억압의 강화로 표현되었다.

특히 1960년대 미국 제국주의에 맞선 베트남의 민족해방투쟁은 이 시기 제3세계의 초과착취관계에 맞선 계급투쟁의 상징으로서 자리 잡았고, 그에 따라 미국 제국주의는 자본주의 체제 수호 차원에서 세계의 '경찰국가'로서 전면적인 군사개입으로 나아가지 않을 수 없었다. 따라서 베트남 민족해방전쟁은 미 제국주의에 막대한 군사비 지출을 강제함과 동시에 융단폭격 등으로 나타난 제국주의의 비인간성과 야만성을 폭로함으로써 제국주의 세력의 정당성에 심각한 타격을 입혔다. 이는 미국을 중심으로 세계 전체, 특히 제국주의 나라들에서 광범위한 반전운동을 야기시켰다. 그 결과 베트남 전쟁은 미국의 헤게모니를 약화시킨 주요 계기의 하나가 되었다. 이처럼 베트남 민족해방투쟁을 필두로 한 이 시기 제3세계의 계급투쟁은 세계적 계급 역관계를 변화시킨 주요 추동력으로 작용했다.[67]

## 4) 케인스주의적 자본축적 형태 및 국가형태의 모순과 계급투쟁

1960년대 후반부터 이윤율의 저하로 나타나기 시작한 '케인스주의적' 자본축적 형태의 모순은 복지국가로 전가됨으로써 일시적으로 은폐되었으나, 그처럼 치환된 계급모순은 '케인스주의적' 복지국가의 모순으로 표출되었다. 1968년 '유럽 혁명'으로 표출된 폭발적 대중투쟁은 바로 '케인스주의적' 복지국가의 모순의 폭발

---

67) 이 시기 베트남 민족해방투쟁이 선진국에서의 신사회운동이나 노동자계급투쟁에 미친 영향이 얼마나 컸는가는 잘 알려진 사실이다. 1968년 2월 베트남의 '구정(舊正)대공세'가 미국을 결정적으로 패퇴시킴으로써 사실상 승리를 획득했다는 소식에 의해 고무되고 자신감을 얻은 선진국의 학생·시민·노동자들이 국가의 '권위주의적 형태'에 맞서 과감한 투쟁에 나서게 되었고, 이것이 '68혁명'을 촉발한 한 계기가 되었다. 이 과정에 대한 자세한 역사적 기록은 프레이저(Fraser, 1988), 알리와 왓킨스(Ali & Watkins, 1998), 카치아피카스(Katsiaficas, 1987) 등을 참조.

이었다. 이후 선진국 나라들은 격렬한 계급투쟁의 시기에 돌입했다. 제2차세계대전을 전후해 정립된 세계적 계급 역관계가 변화하고 세력균형이 파열되면서 계급투쟁이 전면화한 것이다. 이후 세계자본주의는 자본축적의 위기와 복지국가의 위기가 동시에 폭발하면서 구조적 위기로 나아간다.[68]

1970년대를 전후한 자본주의의 구조적 위기에 대해 조절이론, 자율주의이론, 브레너 등은 그 원인을 둘러싸고 논쟁을 벌이며, 그에 따라 그 이후 전형된 자본축적 형태와 국가형태에 대한 매우 상이한 이론화로 나아간다. 즉, '케인스주의적' 축적형태와 국가형태에 대한 분석에서 각 이론이 현상적 특징화에 있어서는 유사한 분석을, 그 메커니즘에 대해서는 상이한 분석을 제시했는데 반해, '케인스주의적' 축적형태 및 국가형태의 위기의 원인에 대해서는 상반되는 분석을 제시하고, 그러한 원인 분석을 토대로 신자유주의 시기에 대해서는 전혀 상이하게 평가하고 분석한다.

따라서 여기에서는 위기의 원인을 둘러싼 논쟁을 비판적으로 검토하는 것을 토대로 형태 분석과 사회적 구성의 관점에서 원인을 재구성한 다음, 계급투쟁에 의한 자본축적 형태와 국가형태의 전형(轉形)을 추적하고자 한다.

### (1) 노동자계급 욕구의 발전과 케인스주의적 자본주의의 모순

'케인스주의적' 자본축적 형태 및 국가형태의 위기는 이윤율 저하, 인플레이션 악화, 재정위기 등으로 표출되었는데, 이 위기의 원인에 대한 논쟁, 즉 전후 장기호황이 종식된 이유에 대한 논쟁은 그동안 좌파이론에서 일반적으로 수용되었던 조절이론이나 자율주의이론의 분석에 대해 브레너가 전면적으로 비판하고 자본 간 국제적 경쟁의 격화를 대안적인 주요 원인으로 제시하면서 논쟁으로 발전하고 있다.

조절이론과 자율주의이론은 노동자계급의 투쟁과 저항을 장기호황 종식의 주요 요인으로 본다는 점에서 일치하며, 조절이론이 노동자계급 저항의 증가로 인한 포드주의적 조절양식의 붕괴에 강조점을 둔다면, 자율주의이론은 노동자 저항의 증가가 가져온 '계획국가' 형태의 모순에 강조점을 둔다는 점에서 차이가 있다.

---

68) '구조적 위기'란 표현은 자본주의의 '체제적 위기'의 순화된 표현이다.

먼저 조절이론과 자율주의이론의 원인에 대한 설명을 비판적으로 검토한 후에 브레너의 이론을 비판함으로써 필자의 입장에서 케인주의적 형태의 위기를 이론적으로 재구성하고자 한다.

먼저 조절이론의 경우, 초기 조절이론에서는 포드주의 축적체제의 위기를 노동과정과 임노동자 재생산의 위기, 즉 '임노동관계 자체의 재생산의 위기'로 본다면, 후기 조절이론에서는 이 요인에 '관리된 금융시스템'에 따른 인플레이션 요인을 추가한다. 초기 조절이론이 제시하는 위기의 원인을 보면, 생산과정에서 노동자투쟁의 증가로 생산성이 저하하는 요인과 소비과정에서 '집합적 소비재' ─ 주택·의료·교육·교통시설 등 ─ 의 비용이 상승함에 따라 노동력 재생산비용이 증가하는 요인이 함께 작용해서 포드주의 축적체제의 생산-소비 간의 선순환이 붕괴된다는 것이다. 노동과정에서 구상과 실행의 분리, 노동의 세분화와 단순화라는 포드주의적 노동편성 원리가 기술적·사회적 한계에 봉착하게 된다. 한층 강화된 단순반복적이고 파편화된 작업에 대해 점차 노동자들이 저항하게 되고 따라서 생산성상승이 둔화됨에 따라 포드주의적 노동편성은 사회적으로 한계를 드러내게 된다. 그리고 노동편성에서의 이러한 사회적 한계는 일괄조립라인이라는 생산기술의 경직성으로 인해 더욱 생산성 상승을 둔화시키는 노동조직의 기술적 한계를 동시에 드러내게 된다.[69] 포드주의의 이러한 기술적·사회적 한계에 따른 노동생산성 상승의 둔화는 생산성의 지속적인 상승을 전제로 수립된 생산규준, 분배·소비규준의 연계에 부조응(不調應) 또는 부정합(不整合)을 야기한다. 이에 따라 소득분배를 둘러싼 노자 간의 대립이 격화되면서 생산 ─ 소득 ─ 수요의 선순환에 교란이 발생하게 된다. 이 과정에서 핵심은 계급투쟁의 격화이다.

포드주의의 위기는 먼저 노동조직양식의 위기이다. 이것은 무엇보다도 생산과정에서의 계급투쟁의 격화로 표현된다. 과업의 파편화와 노동조건이 문제시됨에 따라

---

69) "노동의 강화, 탈숙련화, 단조롭고 소외된 노동이 증가함에 따라 비조직적이고, 일시적이며, 은폐된 저항형태들이 나타난다. 이 저항들은 이익관료제의 수준에서 이루어지는 조절보다 하위수준에서 전개되는데, 기술적으로 고도로 발전되고 상호 연관된 생산체계가 더욱 복잡해지고 취약해짐에 따라, 그리고 고수준의 투자로 인해 비생산적인 장애들, 즉 결근·태만·사보타지의 비용이 점점 더 커짐에 따라 아주 중요해진다"(Hirsch, 1985: 56).

이 투쟁은 이러한 형태의 노동과정 중에서 조직된 생산관계에 고유한 잉여가치율 상승에 대한 한계를 분명하게 보여주었다. 이것이야말로 위기의 근원이다. 위기는 사회적 실질임금비용의 저하가 멈추면서 나타날 수도 있지만, 이 비용의 저하가 멈춘 것은 산발적인 갈등의 폭발이나 만성적인 저항과 더불어 생긴 것으로, 그러한 갈등이나 저항에 따라 포드주의가 확립한 여러 작업규율이 검토된 것이라 할 수도 있다. 그래서 이 위기가 생산·교환관계에까지 확대되어 내포적 축적체제를 혼란시키는 것이다(Aglietta, 1979: 197).

다른 한편 소비과정에서도 문제가 발생한다. 포드주의하에서 사적 재화의 대량소비에 기초한 소비양식은 점차 집합적 재화(collective goods)에 더욱 의존하게 된다. 전 자본주의적 생활양식이 파괴되면서 노동력 재생산을 위한 소비양식의 일반적 조건을 사회적 차원에서 보장하는 것이 필요해지기 때문이다. 그런데 자동차를 위한 도로건설처럼 포드주의적 노동과정은 이 집합적 재화를 생산하는 데에는 부적합하다. 집합적 재화들은 기존의 지배적인 노동과정의 틀 내에서 상품화될 수 없게 되고, 그에 따라 노동력의 '사회적 재생산비'가 상승하게 된다. 따라서 노동력 재생산 비용의 상승은 상대적 잉여가치의 증대에 대한 상쇄력으로 작용해 마침내 잉여가치의 증대 자체를 위협하게 된다.[70] 결국 포드주의 축적체제의 한계는 증가하는 소비규준의 부담을 흡수할 만큼 급속한 생산성 상승이 지속될 수 있는가에 달려 있는 것으로 분석된다.

그런데 이러한 노동과정상의 한계는 자동화의 진전에 의해 극복되기 어렵다. "자본의 유기적 구성의 고도화를 보상하기에 충분한 직접적 노동시간의 절감을 이룰 수 있을 정도의 기계화"(Aglietta, 1979: 197)를 이루기에는 기술적 한계가 있기 때문이다. 따라서 "노동규율에 대한 노동자계급의 강력한 저항"을 회피할 수 없다. 이에 따라 "소비재 부문의 축적이 처한 곤란은 실업의 증가와 고용불안의

---

70) "포드주의는 기계화된 노동과정과 상품의 엄밀한 사적 소비 사이에 배타적인 연결 관계를 수립하는데, 그것에 의해 소비규준이 발전함에 따라 이른바 집합적 소비비용이 급속히 증가한다. 포드주의의 위기가 일단 노동조직의 특수한 형태에 대한 도전으로 표현되면, 이와 같은 현상은 상대적 잉여가치의 상승을 상회해 그 발전 추세를 반전시키게 된다. 이것이야말로 1960년대 중반 이래 성장의 사회적 비용으로 알려진 문자 그대로의 폭발을 보게 되는 이유이다"(Aglietta, 1979: 198).

점증을 초래한다. 동시에 기계화된 조립생산에서의 생산성 향상이 고갈되었기 때문에 자본가는 옳든 그르든 직접임금의 구매력에 대해 정면 공격을 감행한다"(Aglietta, 1979: 198). 자본가계급이 생산성 저하에 따른 비용증가를 가격인상으로 전가함으로써 인플레이션을 유발시킨다는 것이다.

그뿐만 아니라 집합적 소비비용이 급속히 증가한 것은 간접임금의 증가로 표현된다. "총부가가치 단위당 직접임금 비용은 제2차세계대전 이후 상승이 가장 작았던 것에 비해, 총부가가치당 간접임금의 비용은 반대로 단연 최고의 증가를 보이는데, 그 증가는 1965년 이래 특히 폭발적이었다. ……직접임금(경영·기술·상업에 종사하는 간부직의 임금을 포함한다)의 총비율은 제2차세계대전 후 그대로 유지되어온 반면, 임금과 사회보장 분담금 합계의 총비율은 1960년에서 1965년까지의 빠른 확장기간에만 안정되었을 뿐, 그 이후로는 급속히 증가하기 시작했다"(Aglietta, 1979: 200).

따라서 "포드주의에 특징적인 사회적 소비규준은 노동자계급의 사적 소비의 발전을 단지 임금관계에서의 적대관계를 강화시킴으로써, 그리고 임금관계를 노동력 유지 사이클의 연속성을 보증하는 조건으로 일반화시키면서 조정할 수 있다는 것을 보임으로써 보완할 수 있다. 즉, 실업자나 환자를 위한 대비, 가족수당의 보장, 퇴직자의 연금수당에까지 일반화된다는 것을 말한다. 기계화 원리에 맞추어 노동집단화의 자극하에서 임금관계가 보편화되어, 그 결과 소비양식의 일반적인 조건은 전 사회적 규모로 보장되어야 한다. 소비의 사회화가 계급투쟁의 결전장이 되고 결정적인 쟁점이 된다"(Aglietta, 1979: 200).

요컨대 포드주의에서 노동자계급을 포섭하기 위한 소비양식이 유지되려면, 생산성을 높이기 위해 일괄조립라인의 노동강도를 더욱 강화시켜야 하는 한편, 소비양식을 안정화시키기 위해서는 소비자 신용제도, 의료보험 등 사회복지 서비스제도, 실업보험, 노인연금 등 사회보장제도의 일반화로 나아가야 한다는 것, 즉 소비가 사회화되어야 한다는 것이다. 따라서 임금관계의 일반화는 소비의 사회화를 요구하는 계급투쟁으로 발전될 수밖에 없고, 그에 따른 소비의 사회화는 간접임금의 급속한 상승으로 표현된다. 대표적인 예가 의료서비스의 경우이다. 그래서 "포드주의 노동조직의 위기가 동시에 자본가계급이 사회지출의 감감을 일반적으로 시도한 시기였으며, 재정의 감축을 선도한 시기였다는 것은 놀랄 만한 일이 아니다. 이들 현상은 모두 임금관계의 재생산 위기를 전체적으로 나타내는 것이다"(Aglietta, 1979: 202).

이처럼 초기 조절이론은 1960년대 후반부터의 이윤율의 저하현상과 인플레이션, 그리고 국가의 재정위기의 원인을 포드주의적 조절양식의 기술적·사회적 한계에서 찾는다. 후기 조절이론은 여기에 관리된 금융시스템의 인플레이션에 대한 취약함을 포드주의 조절양식의 위기의 한 요인으로 추가한다. "생산성 상승의 둔화와 함께 관리된 금융시스템하에서 인플레 압력이 강력하게 나타나기 시작했다. 즉, 생산성 상승이 꾸준히 이루어질 때에는 이 인플레 압력이 흡수될 수 있었지만, 생산성 상승이 둔화되면서 관리된 금융시스템에 의해 제공된 신용 확대와 인플레 압력은 더 이상 흡수될 수 없게 되었다. 포드주의는 관리된 금융시스템이라는 조절양식의 최대의 아킬레스건인 인플레 압력에 심각한 취약성을 드러내게 되었다"(전창환, 1999b: 102).[71]

조절이론의 국가론을 보완하고 있는 히르쉬에 따르면, "테일러주의적 노동과정의 구조가 생산성 위기를 가져온다면 그것의 조직적·정치적 '상부구조', 즉 관료적으로 중앙집중화되고 코포라티즘적으로 통합된 노동조합들의 체계, 그리고 제도화된 사회보장체계 또한 이전보다 훨씬 더 명확하게 가치증식과정의 장애로 나타난다"(Hirsch, 1985: 56).[72] 다른 한편으로는 "세계시장에 중점을 두는 '성장정책'

---

71) 관리된 금융시스템이 인플레 압력에 취약하게 되는 메커니즘은 다음과 같다. "이자율이 규제되었던 과점적 은행 중심의 관리된 금융시스템하에서는 계획된 투자가 필요저축을 초과할 경우, 이 초과된 투자에 저축이 늘어나는 방식으로 조정이 이루어진다. 즉, 유휴생산설비가 존재할 경우에는 기업이 유휴생산설비의 가동률을 높이는 방식으로 대응함으로써 생산과 소득이 증가하게 되고, 이 소득증대를 통해 높은 투자수준에 필요한 저축이 창출된다. 그리고 유휴생산설비의 가동률이 높을 경우, 필요저축 수준보다 계획된 투자지출이 초과하게 되면 상업은행과 중앙은행이 신용을 제공해 이 초과분을 흡수하기 때문에 인플레 압력이 발생한다. 이 물가상승으로 인해 강제저축이 증가하게 되고, 이렇게 증가된 강제저축이 높은 투자지출 수요를 충당하게 된다. 요컨대 이 금융시스템하에서는 거시경제적 불균형의 조정에서 저축이 주도적인 역할을 담당한다. 바로 이 때문에 포드주의적 축적체제하에서는 인플레 압력이 내재화될 수밖에 없었으며, 생산성 상승이 뒷받침되지 못할 경우 포드주의적 성장체제의 호순환을 깨뜨리는 위협요소로 작용했던 것이다"(전창환, 1999b: 111).

72) "관료적 복지국가에 편입된 의료-산업복합체는 비용을 상승시키는 동시에 효율성을 감소시키는 거의 통제할 수 없는 동학을 발전시킨다. 성장률이 하락하고 사회적 손실(실업, 노동의 마멸)이 증가함에 따라 사회보장체계는 재정을 대규모로 증대시키고, 따라서 국가 재정위기의 본질적인 요인이 된다. 동시에 포괄적이고 단일한 임금계약을 추진하는 중앙집중화된 노동조합이 존재했

의 요구와 물질적 양보 및 보상의 유효성에 입각한 다원적·코포라티즘적 대중통합체계 간의 모순이 증가"(Hirsch, 1985: 58)했다. 요컨대 포드주의 조절양식에서 발생한 생산성 위기는 '복지국가·개입주의국가·안전국가'라는 국가형태와 부정합하게 되었다는 것이다.

한편 자율주의이론에서는 장기호황의 종식을 노동자계급 투쟁의 확산과 격화, 즉 요구수준의 질적·양적 확대에 따른 '계획국가'의 위기에서 찾는다.

일반적으로 계획자 국가(planner-state)의 위기는 자본주의적 발전을 위한 국가개입의 기획으로서, 거대한 규모의 소득에 대한 조절의 정치, 본질적으로 금융적인 도구화, 그리고 경향적으로 사회주의적인 이데올로기 등에 기초한 케인스주의 국가의 위기를 의미한다. 이 위기는 주로 경제적 메커니즘에서의 국가의 불충분한 현존(presence), 개입의 불충분한 자동성(automatism)에 의해 규정된다. 이 국가는 단순하고 직접적인 정치적 파열(요구들의 질)에 의해, 그리고 재생산과정의 자본주의적 비례의 파열(요구들의 양)에 의해 계획된 영역을 공략하는, 높은 수준의 노동자투쟁들에 직면한다. 달리 말해, 계획된 자본의 새로운 상황들 가운데 많은 경우에서, 참여와 선택의 도구들의 내재성은 충분히 효과적이지 못했다. 노동자의 공격을 억누르고 질식시키는 자본주의적 기구는 지금까지 억압적 도구들과 기술혁신의 조심스런 투약에 의해, 그리고 갈등들에 대한 정치적 합의 도출과 지속적 저지의 투약에 의해 스스로의 역할을 다해나갈 수 없었다.

이러한 상황에서 노동자계급의 투쟁은 국제 프롤레타리아 투쟁의 대규모적인 지지를 받으면서 국가 프로그래밍을 위기에 처하게 할 수 있었고, 체제의 근본적 위기를 포함하는 과정들을 작동시킬 수 있었다. 이윤율의 하락……은 이렇게 해서 가치화의 메커니즘들을 직접적으로 타격하는 것을 넘어서서 이윤에 대한 대중적 공격과 연결된다. 이 대중적 공격이 이윤율과 이윤량을 재확립하기 위해 추구된 모든 낡은 길들의 종말(아니면 적어도 약화)을 규정했다. 자본의 역사에서 처음으로, 자본은 발전과 위기의 경제적 법칙이 패퇴되어진, 그러한 규모의 공격을 당해야 했다(Negri

---

기 때문에 임금소득자들은 급작스럽고도 전반적인 실질임금 수준의 하락을 저지할 수 있는 최소한의 방어적 지위를 보장받는다. ……핵심 산업부문 종사자에 대한 실질임금의 대폭 삭감과 사회보장체계의 전면적인 축소에는 반대할 수 있었다"(Hirsch, 1985: 57).

& Hardt, 1994 I권: 287~288. 강조는 인용자).

　이처럼 '케인스주의적' 자본축적 형태와 국가형태의 위기에 대한 설명에서 조절이론과 자율주의이론은 사용하는 용어들은 서로 다르지만 내용상 거의 일치한다. 위기의 원인을 조절이론은 포드주의적 조절양식의 기술적·사회적 한계에서, 자율주의이론은 '계획국가'의 불충분함과 불철저함에서 찾고 있지만, 둘 모두 핵심적으로 노동자계급의 투쟁에서 원인을 찾고 있고, 또한 단일 메커니즘, 단일 패러다임으로 설명하고 있는 점도 일치한다.

　우선 두 이론에서 노동자계급의 투쟁은 동일한 노동자계급의 일부만의 투쟁, 즉 조절이론은 포드주의체제에 포섭된 노동자들, 자율주의이론은 '대중노동자'만의 투쟁을 중심으로 하고 있다. 두 이론 모두에서 차별되고 배제된 노동자계급의 투쟁은 이론에서도 배제되고 있다.[73]

　다음으로, 조절이론의 조절양식 개념에 포함된 내용을 자율주의이론은 '계획국가'로 표현하고 있을 뿐이다. 조절양식을 구성하는 제도형태가 모두 국가를 매개로 해서 성립하는 것이고, 자율주의이론에서는 '계획국가'가 경제의 중심으로 활동하기 때문이다. 특히 조절이론의 구조주의적 접근방법은 애초에 자본주의 현실을 '기능적 총체'로 개념화하기 때문에, 포드주의 축적체제의 위기를 주요 제도형태 간의 부조화·부조응으로, 즉 조절양식의 역(逆)기능으로 설명하는 점은 쉽게 알 수 있으나, 자율주의이론이 케인스주의 국가의 위기를 패러다임적으로 설명하는 점이 주목된다.[74]

---

73) 조절이론의 경우 소비의 사회화 및 이를 둘러싼 계급투쟁의 격화, 그리고 그에 따른 국가의 재정 위기를 설명하는 과정에서 이러한 이론적 배제가 현실에 대한 단순화와 일면적 설명으로 왜곡되는 것을 단적으로 보여주고 있다. 복지국가의 위기에는 차별화된 노동자계급의 투쟁이 결정적으로 작용했는데, 이러한 사실은 전적으로 무시되거나 아니면 생산규준-소비규준의 패러다임에 꿰맞춰서 도출되고 있다.

74) 자율주의이론의 이러한 패러다임적 파악은 앞선 인용문에 이어지는 다음의 서술에서 더욱 선명히 드러난다. "자본주의 경제학의 고전적 연계관계들 — 인플레이션, 경기침체, 실업, 위기, 그리고 재구조화 — 은 이제 권력의 과잉에 의해 재강화되는 한에서만 작동할 수 있다. 이러한 연계관계의 자생성은 무너져왔다. 오히려 자생적인 것은 자본주의적 과학과 경험의 관점에서의 모순적 연계관계들의 동시성이다. 역설적이게도 통합의 구조들에 의한 위기의 증폭과 확대재생산이 성숙한 자본주의 국가의 기능들과 구조의 상호 연결된 연속성(compactness)과 관련해 자생적으로

따라서 두 이론이 모두 1960년대 후반부터의 노동자투쟁의 격화에 주목하고 이것으로 장기호황의 종식을 설명하는 것은 올바르지만, 두 이론 모두 현실을 '기능적 총체'로서 패러다임적으로 파악하기 때문에, 이 시기의 계급투쟁의 역동성이나 '케인스주의적' 자본축적 형태와 국가형태 간의 상호 규정 과정이 드러나지 않는다. 단지 하나의 완결된 패러다임 – '포드주의적 조절양식'이든, '계획국가'이든 – 의 조화를 노동자투쟁이 깨뜨렸다는 식의 설명에 그치고 있다.[75]

한편, 브레너(1998)는 조절이론을 정면으로 비판하면서 자본 간 국제적 경쟁 요인에 입각해서 장기호황 종식의 원인을 제시한다. 제2차세계대전 후 1965년경까지 지속된 장기호황은 주로 '후진성의 이득'에 기초한 일본과 독일의 수출주도 경제성장에 힘입은 것이었다. 그런데 독일과 일본의 수출 공세는 미국 제조업 제품의 가격에 대한 저하 압력을 가중시켜 미국 제조업의 이윤율을 저하시킴으로써 결국 1965~1973년 이후 미국의 경제위기가 시작되었다. 그리고 미국의 무역수지 적자와 독일과 일본의 국제수지 흑자의 누적은 달러화의 가치저하와 마르크화와 엔화의 가치상승을 야기해 독일과 일본 제품의 가격에 대한 하방 압력을 낳았고, 이에 따라 이윤율 저하와 경제위기가 독일과 일본으로 확산되면서 세계 경제위기가 도래했다는 것이다.

이러한 경쟁 메커니즘에서 핵심적인 역할을 한 것은 1965~1973년 제조업 부문에서의 이윤율 저하가 명목임금 상승의 가속화나 생산성 상승의 둔화 때문이 아니라 국제적 경쟁 압력 때문에 제조업자들이 비용이 증대한 만큼 가격을 상향 책정할 수 없었기 때문이라는 점이다. 즉, 장기침체의 개시는 저비용의 독일 및 일본 제품이 세계시장에 갑자기 대거 유입되고 이것이 제조업 부문의 과잉설비와 과잉생산을 초래한 데서 비롯되었다. 그런데 경쟁과정에서 신기술·저비용 기업이 진입하는데도 불구하고 구기술·고비용 기업이 충분히 퇴출하지 않기 때문에 과잉설비와 과잉생산이 유지되었다(구조조정의 실패). 구기술·고비용 기업은 자신

---

되다. 노동자들의 투쟁의 '투입'은 제도적 혼돈을 규정하면서, 그리고 마침내 스스로 사회적 투쟁들의 새로운 수정들을 낳으며, 또 어쨌든 투쟁들의 소통과 순환의 조건인 하나의 포괄적으로 비판적인 '산출'을 결정하면서, 그 위기의 개별 논리들을 증폭시키고 재생산하는 변환(conversion)의 과정에 상응한다"(Negri & Hardt, 1994 I권: 288. 강조는 인용자).

75) 이는 '생성과 현존의 분리' 또는 자본주의 현실을 사회적·역사적 구성으로 파악하기보다는 구조적 연관이나 기능적 메커니즘으로 파악하는 데서 비롯한 것이다.

의 고정자본의 제약(매몰비용) 때문에, 신기술·저비용 기업의 진입에도 불구하고 유동자본에 대해 평균이윤율을 획득할 수 있는 한 퇴출하지 않으며, 이 때문에 총자본에 대한 이윤율이 저하했다는 것이다.

> 자신들의 유동자본……에 대한 평균 수익률을 획득할 수만 있다면 그들로서는 그 분야에 머무르는 것이 합리적이기 때문이다. 그 이유는 바로 그들의 고정자본이 '매몰'되어 있다는 것, 즉 이미 지불되었다는 것……때문이다. ……그러므로 저비용 기업들의 재화 가격이 고비용 기업들로 하여금 그들의 유동자본에 대해서조차 평균이윤율을 확보할 수 없게 할 정도까지 하락하지만 않는다면, 고비용 기업들은 그들의 재화 가격을 낮추어서 시장 점유율을 계속 유지하려 하게 된다(Brenner, 1998: 71).

> 이들은 그 분야에서 오랜 시일에 걸친 활동을 통해 얻은 시장에 대한 정보, 공급자 및 구매자와의 우호적인 관계, 그리고 무엇보다도 기술적 노하우를 보유하고 있으며, 이러한 것들은 모두 이들 기업의 중요한 자산이 된다. 유형 고정자본뿐만 아니라 이러한 '무형' 고정자본 역시 오직 기존의 생산 분야에서만 실현될 수 있으며 다른 분야로 이전할 경우 상실되기 때문에, 이들 기업들은 다른 분야보다도 이미 자신들이 안착해 있는 분야에서 수익성 높은 투자 및 경쟁력 있는 생산을 위해 더 나은 기회를 가질 수 있다. 이미 예견치 못한 비용 절감의 희생양이 된 바 있기 때문에 이들은 전력을 다해 자신들의 시장을 방어함과 아울러 추가적인 고정자본에 대한 투자를 통한 혁신과정을 가속화함으로써 역공을 가하고자 할 것이다(Brenner, 1998: 82).

브레너는 이윤율 저하의 원인을 자본 간 경쟁에서 찾는다는 점에서 여타의 이윤율 저하 공황론과 구별된다. 예컨대 "자본의 유기적 구성의 고도화(죽은 노동에 의한 산 노동의 축출)에서 찾는 '근본주의자'나 노동자들의 임금인상에 따른 이윤압박설 또는 생산성 둔화에서 찾는 신리카도주의 공황론 및 조절이론(또는 사회적 축적구조론)과 구별된다. 즉, 이윤율 저하의 원인을 자본 간의 국제적 경쟁의 격화가 초래한 과잉설비·과잉생산의 증대에서 기인하는 가격에 대한 하방압력에서 찾는다. 과소소비설과의 차이는 과잉생산의 원인으로 대중의 구매력 부족이 아니라 자본 간 국제적 경쟁을 강조하고, 공황의 원인을 과잉생산 자체가 아니라 과잉생산에서 비롯된 가격에 대한 하방압력과 그 결과로서 나타난 이윤율 저하라고 본다는 점에서 근본적으로 구별된다"(정성진, 2001).

따라서 브레너는 노동자계급의 투쟁 때문에 이윤율이 저하한 것이 아니라 이윤율 저하를 노동자계급에 대한 착취 증대를 통해 상쇄하려는 자본의 시도가 노동자투쟁을 격화시켰다고 본다. 그리고 조절이론이 주장하듯이 생산성 위기가 수익성 위기를 초래한 것이 아니라, 반대로 수익성이 저하해서 투자가 제대로 이루어지지 못했기 때문에 생산성 상승의 둔화 현상이 나타났다고 주장한다.

브레너의 이러한 주장은 격렬한 논쟁을 불러일으켰고,[76] 현재도 진행 중에 있다. 여기에서 이 논쟁의 세세한 부분을 모두 다룰 필요는 없을 것이다. 또 이 책의 제2장 방법론 비판에서 방법론 차원에서 기본적인 비판을 수행했으므로 여기에서는 위기의 원인에 대한 설명과 관련해서만 비판적으로 검토하고자 한다.

첫 번째로, 장기호황의 종식을 초래한 이윤율 저하 위기에 대한 분석에서 계급 역관계에 대한 분석을 결여하고 있다.[77] 이는 앞서 장기호황의 원인과 메커니즘에 대한 분석 과정에서 확인되었듯이, 브레너는 장기호황의 주요한 원인으로 특정한 계급 역관계 ─ 노동자계급의 철저한 패배와 종속 ─ 를 전제했다. 비록 외부 조건으로서 제시한 것이었지만, 높은 이윤율의 원천으로 높은 잉여가치율을 제시했다(Brenner, 1998: 97~99). 그런데 바로 그 장기호황의 종식을 가져온 이윤율 저하의 원인을 분석하는 데 있어서는 어떠한 계급 역관계에 대한 분석도 없다.

이는 논쟁과정에서 제시한 자신의 반론 ─ 노동자계급의 힘이 약할 때는 계급관계보다는 자본 간 관계가 주된 측면이 된다 ─ 과도 어긋난다. 그 반론에 입각한다면,

---

76) '브레너 논쟁'이라 일컬어질 정도의 논쟁이 벌어졌다. *Historical Materialism* 4·5호(1999)가 이 논쟁만을 위한 지면으로 특집호로 꾸려질 정도였다. '브레너 논쟁'에 대한 개괄적 소개는 정성진(2001)을 참조.

77) "브레너가 계급을 주변화시킨 것은 주요한 사회적 전환들(shifts)을 고려할 때 특히 문제가 된다. 그러한 이행의 본성 ─ 그것들은 결국 사회적이고 통제의 문제를 포함하며, 계급관계의 유지 내지 재정립의 문제이다 ─ 은 경쟁의 모순보다는 더 확장된 조망을 필요로 한다. 1960년대 말에 사실상 무엇인가가 '불어 닥치고' 있었다. 그러나 자본의 대응은 단지 이윤, 임금, 물가상승, 미국 자본의 유럽으로의 유출, 그 세기에 처음 생긴 미국의 무역 적자, 달러 부족의 위협 또는 다른 경제적 요소들로만 이해될 수는 없다. 엘리트 집단이 느낀 혼돈의 절박한 느낌 ─ 해외에 대한 통제와 국내적 합법성의 상실 ─ 은 경제적 요인이 1960년대를 상징하는 사회적 저항이나 혼돈과 결합될 때에만 설명될 수 있다"(Gindin, 2001: 5).

1970년대를 전후한 시기의 계급 역관계도 분석하고 제2차세계대전 직후의 계급 역관계에 대한 분석처럼 그 시기의 계급투쟁에 대한 평가를 제시해야 한다. 브레너는 그 시기의 계급투쟁의 역사에 대해 철저히 무시한다. 다만 노동자계급의 투쟁력에 의한 '완전고용 임금압박'론을 비판하면서, 노동자계급의 투쟁은 일시적으로만, 그리고 국지적으로만 이윤율을 저하시킬 수 있고, 궁극적으로는 경쟁 메커니즘에 의해 그러한 성과는 무효화된다는 일반론적인 입장만을 되풀이하고 있다.

　물론 노동시장의 작동은 정치적 측면을 지닌다. 임금의 결정은 사회적 규범과 가치뿐만 아니라 상당 부분 계급투쟁에 의해 '정치적으로' 이루어진다. ……일반적으로 노동은 장기적인 체계적 침체를 일으킬 수 없다. 왜냐하면 일반적으로 어떤 생산 분야에 대한 자본투자의 잠재적 영역은 노동조합·정당들에 의해 영향을 받거나 또는 규범, 가치, 국가의 뒷받침을 받는 제도들에 의해 규제되는 노동시장을 넘어서 확장되기 때문이다. 따라서 기업들은 노동자들의 저항력이 취약한 분야에 투자함으로써 노동자들의 제도화된 힘을 우회하고 약화시킬 수 있게 된다. 이들은 반드시 그렇게 해야 하며, 그렇지 않을 경우 경쟁력을 상실하고 다른 자본가들에 의해 패퇴될 것이다. 이와 같은 기본적인 동학은 국가제도에 의해 둔화될 수는 있지만 근본적으로 변형될 수는 없다(Brenner, 1998: 59~60).

　경제투쟁에서 노동의 승리는 상대적으로 국지화되는 경향이 있다. 따라서 노동자들의 실력행사에서 비롯되는 수익성 저하 역시 국지화되는 경향이 있다. 그럼에도 불구하고 사용자들로 하여금 사력을 다해 평균이윤율을 얻게끔 하는 체계 전반적인 일반화된 압력이 존재한다. 따라서 노동자들의 이득이 사용자들의 이윤율을 평균 이하로 저하시키는 한에 있어서만, 사용자들은 자본축적을 둔화시킴으로써 노동자들의 이득을 무산시키는 조건을 창출하게 된다. 노동자들의 행동은 확실히 특정한 시공간 내에서는 수익성을 저하시킬 수 있지만, 일반적으로는 공간적으로 일반화(체계 전체에 걸쳐)되고 시간적으로 장기적인 수익성 저하를 일으킬 수 없기 때문에 위기를 양산할 수는 없다(Brenner, 1998: 61).

요컨대 브레너는 장기호황의 원인이나 그것의 종식의 원인을 분석하는 데 방법론적 일관성이 없다.

둘째로, 첫 번째 문제와 밀접히 연관된 것으로 브레너에게는 자본축적 형태의 전형(transformation) 개념이 없다. 달리 말하면 그에게는 시기구분이나 시기의 이행 개념이 없기 때문에 모호함이 발생하고,[78] 그가 정력적으로 수행한 이른바 공급 측면 이론 — 노동자계급의 투쟁력에 따른 이윤율 저하 — 에 대한 비판이 그 적실성을 상실하게 된다.

브레너가 비판의 대상으로 삼는 조절이론 및 미국의 사회적 축적구조론(SSA), 이윤압박론 등은 모두 1960년대 후반과 1970년대 전반을 하나의 이행기, 즉 케인스주의적 자본축적 형태로부터 다른 축적형태 — 포스트포드주의나 신자유주의적 축적형태 — 로의 이행기·전환기로 보고 이론화를 시도한다. 즉, 1970년대 중반 이후의 장기침체는 새로운 자본축적 형태로 상정하기 때문에 장기호황 종식의 원인과 새로운 자본축적 형태의 분석은 연관은 있지만 별개의 문제로 설정된다. 말하자면, 자본축적 형태의 전형 개념에 입각해서 분석하기 때문에 이행기·과도기가 반드시 설정된다.[79] 이행 시점을 엄밀하게 특정화하는 문제가 아니라 장기호황 종식의 원인과 장기침체의 원인이 별도의 분석을 필요로 하는 문제라는 점이 중요하다.

그런데 브레너에게는 장기호황 종식의 원인이 바로 장기침체의 원인이다. 장

---

78) 이 점에 대해서는 논쟁과정에서 크로티에 의해 이행 시점의 엄밀성 부족으로 제기된 바 있다. "브레너의 이론에서는 과잉투자에서 과소투자로의 전환 시점에 관한 언급이 없어 혼란스럽다. …… 1970년대의 과잉투자를 위기의 원인으로 설명하다가, 이윤율이 회복되지 않는 것을 이제 과소투자로 인한 생산성 저하로 돌린다. 이런 혼란은 과잉과 과소로의 이행에 대한 이론적·역사적 시점의 엄밀성이 없기 때문이다"(Crotty, 1999). 이에 대해 브레너는 다음과 같이 반론을 제기한다. "1965~1973년 사이의 이윤율 감소가 1973년 이후의 투자의 저성장을 가져왔다는 점, 즉 축소된 투자가 이윤율 회복의 실패와 연결되고, 제조업에서의 과잉생산 — 한편으로는 너무 많은 투자, 다른 한편으로는 불충분한 퇴출—이 이윤율 회복 실패의 근원이며 1990년대 후반까지 장기침체가 지속되는 원인이다. 즉, 1965~1973년 이윤율 축소와 관련해 새로운 분야로 자원이 할당된 것이 아니라(퇴출), 현상유지를 위해 투쟁했다. 따라서 논리에 일관성이 있다"(Brenner, 1999a). 그런데 필자가 제기하는 문제는 전환 시점의 문제가 아니라 전형이나 이행이라는 개념 자체가 없다는 점이다.

79) 예컨대 계급투쟁의 관점이 가장 선명한 자율주의이론의 경우 1970년대, 특히 1971년에서 1982년까지를 명확하게 새로운 국면으로 넘어가는 이행기 내지는 과도기를 설정한다"(Negri, 1992: 145).

기호황의 종식과 장기침체는 별도의 분석을 필요로 하는 두 문제가 아니라 한 메커니즘 내의 동일한 문제로 설정되고 있다. 브레너의 이러한 분석시각은 조절이론 등 공급 측면 이론을 현실에 비추어 비판하는 과정에서 그대로 드러난다. 브레너는 공급 측면 이론이 현실과 맞지 않는 증거로 세 가지를 제시한다. 첫째, 노동운동이 강한 영국이나 약한 일본이나 예외 없이 모두 나타나는 장기침체의 보편성,[80] 둘째, 장기침체 발발 및 다양한 국면들의 동시성,[81] 셋째, 장기침체의 지속성[82]이다.

요컨대 브레너는 1970년대 중반 이후의 장기침체라는 현실을 근거로 1960년대 후반 이후의 장기호황의 종식의 원인을 설명하는 조절이론 등이 현실과 맞지 않다고 비판하는 셈이다. 전혀 엉뚱한 비판이다. 따라서 브레너의 공급 측면 이론에 대한 비판은 그 적실성을 상실하고 있고, 오히려 자신의 물신주의적 시각 – 가치형태운동에 매몰되어 자본 간 경쟁만을 경제 분석으로 사고하는 경제주의적 관점 – 만을 폭로하고 있다.[83]

---

80) "그렇다면 과연 세계 모든 곳에서 노동자들이 이윤을 압박하기에 충분한 만큼의 힘을 축적했기 때문에 장기 침체가 나타났다는 해석이 타당하다고 볼 수 있을 것인가?"(Brenner, 1998: 62)

81) "선진국 경제에서 장기침체는 1965년에서 1973년 사이의 동일한 시점에 발발했다. 나아가 1970~1971, 1974~1975, 1979~1982, 1990~1991년의 동시적인 경기후퇴가 지속되면서 장기침체의 연속적인 단계들이 나타났다. ……전후 시기 선진 자본주의 국가에서의 경제 및 제도의 발전과정은 비교적 유사했다. 비록 일본의 경우를 고려해보거나 또는 미국과 유럽을 비교해보았을 때에는 반드시 그렇다고 할 수는 없지만. 하지만 이는 제도 발전 및 정책 형성의 경로, 자본축적 및 기술변화의 경험, 자본-노동관계 – 좀 더 일반적으로 말하자면, 정치 – 의 전개과정 등이 주요 자본주의 경제에서 유사했기 때문에 동일한 시점에 노동시장 및 계급 역관계에 동일한 변화가 나타나서 이윤율에서도 본질적으로 동일한 전개과정이 나타났다는 것과는 완전히 별개의 문제이다. 노동의 힘은 자국 내의 조건에 따라 상이하게 결정된다는 사실에 비추어볼 때, 어떻게 노동의 실력행사가 장기침체라는 국제적으로 일치된 전개과정을 설명할 수 있을지는 이해하기 어려운 노릇이다"(Brenner, 1998: 62~63).

82) "침체가 매우 오랫동안 지속되고 있다는 사실은 공급 측면 접근법에 있어서는 치명적인 사실이라고 할 수 있다. 어떤 노동조합, 노동운동 또는 사회민주당 정부가 특정한 공간, 특정한 시기에 이윤율을 저하시킬 수 있다고 보는 것은 별반 문제가 되지 않는다. 하지만 사용자들이 선택 가능했던 대안(특히 이윤압박이 일어나는 분야로부터의 철수를 포함하는 투자의 재분배)과 노동자들의 장기적인 이해(특히 별다른 대안이 없는 상태에서 자본축적의 지속에 대해 이들이 가지는 의존성 및 관심)를 고려해본다면, 노동자들의 힘이 워낙 효과적이었고 굽힘이 없었기 때문에 1/4세기에 가까운 기간 침체국면이 지속되었다고 보는 것은 거의 불가능하다"(Brenner, 1998: 63).

83) 다음 절(節)의 신자유주의적 자본축적 형태 분석에서 확인되겠지만, 브레너의 분석은 장기호황

따라서 장기호황 종식의 원인을 노동자계급의 투쟁을 중심으로 제시한 이론들에 대한 브레너의 비판은 잘못된 것으로 평가할 수 있고,[84] 대안적 원인으로 브레너가 제시한 국제적 경쟁 요인과 고정자본 제약론은 부적절한 것으로 평가할 수 있다. 또한 경쟁 압력에 따른 이윤율 저하를 노동자계급에 대한 착취 증대를 통해 상쇄하려는 자본의 시도가 노동자투쟁을 격화시켰다고 평가하고, 수익성이 저하되어 투자가 제대로 이루어지지 못했기 때문에 생산성 상승의 둔화 현상이 나타났다는 브레너의 주장은 현실에 대한 완전히 전도된 설명이다. 브레너는 자신의 경제주의적 시각 때문에 당시의 계급투쟁의 역사를 철저히 왜곡시킨 것이다.

이제 케인스주의적 자본축적 형태와 국가형태의 위기에 관한 세 이론의 분석을 비판적으로 검토한 것을 토대로, 장기호황의 원인과 메커니즘에 대한 앞서의 분석의 연장선상에서 1970년대 위기의 성격을 재구성하고자 한다.

케인스주의적 자본축적 형태와 국가형태의 상호 규정을 통한 모순적 운동에 대해서는 가설적이지만 이미 분석한 바 있다. 이 시기의 위기는 노동자계급 투쟁의 격화에 따라 그러한 모순적 운동이 더욱 심화되고 이윤율 저하와 복지국가의 위기라는 형태로 표출된 것이었다.

1968년 '유럽 혁명'을 전환점으로 해서 세계적 계급 역관계가 변화하기 시작했다. 노동자계급의 투쟁을 계기로 계급 역관계가 변화함에 따라 선진국 내부에서

---

종식의 원인이 아니라 오히려 1970년대 중반 이후 — 즉, 신자유주의 시대 — 의 장기침체의 원인에 대한 '경쟁현상학'적 분석으로 부분적으로나마 타당성을 가지고 있다.

84) 다른 각도에서 브레너의 조절이론 등에 대한 비판의 부적절성을 정확하게 지적한 뒤메닐과 레비도 참조. "브레너는 공급 측 경제학자들 중에서 어떤 학자들에 대해 이윤율의 저하를 이윤 압박으로 설명한다고 비판하면서도, 자기 자신은 이윤율의 저하를 마크업의 감소(즉, 임금몫의 상승)로 설명하고 있다! 단지 차이가 있다면, 임금의 상승이 공급 측 경제학자들에게는 노동자들의 압력에 의해서 일어났다는 것이고, 브레너 자신에게는 임금 상승이 자본 간의 경쟁의 결과로 일어났다는 것이다"(Dumenil & Levy, 1999b: 74). "브레너의 주장은 경쟁과 실질임금률 상승이 각각 독립적으로 이윤율 저하에 기여했다는 것이 아니라, 경쟁은 실질임금 상승의 원인이며, 실질임금 상승이 이윤율 저하를 가져왔다는 것이다. (경쟁의 격화로 한 산업에서의 가격의 하락은 다른 산업에서의 이윤율을 상승시키기 때문에) 브레너는 경쟁만으로는 전체 이윤율 저하 추세를 설명하는 것이 어렵다는 것을 이해하고 있었다. 실제로 전체 산업의 이윤율이 하락하기 위해서는 하락한 가격이 노동자들의 구매력을 상승시킬 수밖에 없었다"(Dumenil & Levy, 1999b: 77). 여기에 추가적으로 지적한다면, 가격하락에 의한 실질임금 상승이 관철되는 것도 특정한 계급 역관계를 전제하고 있다. 요컨대 뒤메닐과 레비의 브레너 비판은 자본 간 경쟁 메커니즘이 계급 역관계의 현상 형태 또는 현상 메커니즘임을 확인해준다.

는 나라별로 치열한 계급투쟁이 전개되었다.[85] 계급투쟁 과정은 자본축적 형태에서의 모순이 모두 국가형태로 전가되어 집중되었고, 그래서 국가정책 ― 그리고 유럽의 다수 나라들에서는 때때로 정권 ― 을 둘러싼 계급투쟁으로 나타났다. 이러한 투쟁은 선진국 가운데 영국에서 가장 전형적으로 나타났다. 특히 인플레이션의 가속화, 정부의 소득정책(임금억제정책) 및 재정지출의 확대 등을 매개로 노자 간에 투쟁이 격화되었으며, 그 과정에서 '케인스주의적' 자본축적 형태와 국가형태의 모순을 더욱 첨예화시켰다. 마침내 1973년 오일쇼크(Oil Shock)가 촉발제로 작용해서[86] 1974~1975년 세계적 공황이 발생했고, 불황 속에서 계급투쟁은 더욱 격화되었다. 자본축적 위기의 현상형태는 침체 속의 인플레이션 현상(스태그플레이션)과 국가의 재정위기, 그리고 브레턴우즈 체제의 붕괴 등이었다.

이 과정에서 전후 케인스주의 체제는 세계적 차원에서 붕괴했고, 새로운 계급

---

85) '68혁명'에서 떨어져 있었던 미국에서도 상황은 마찬가지였다. "1960년대 후반의 반역적 상황에서 노동자계급의 투쟁이 체제 차원의 영향을 주기에는 너무나 국지적이었다는 브레너의 주장은 믿을 만하지 못하다. 전체적 수준에서 조직화된 행동이 무조건적으로 필수적인 것은 아니다. 몇 개의 핵심적 나라에서 일어난 산발적 행동도 엘리트 사이에 위협을 가할 수 있으며, 소득의 계급적 분배에 대한 직접적 영향을 뛰어넘을 수 있다. 미국 노동자의 노쇠한 세대의 계급운동은 사라졌을 수 있다. 그러나 새로운 세대는 평화적 질서 정립을 더욱 어렵게 했다. ≪포춘≫은 '생산직 노동자들이 불온하다'(Blue Collar Blues)라는 문구를 통해 젊은 노동자계급이 과격한 파업으로 직장 내 권위구조에 대항하고 지역 관공서를 추방했던 상황을 묘사하고 있다(*Fortune*, January, 1969). 이러한 모습들은 실질임금과 단위 노동비용의 경향으로서 일어날 수 있는 것들 이상의 것을 말해준다. ≪비즈니스 위크≫(1969년 5월 3일자)는 젊은이들의 반역적 행위가 캠퍼스에서 고립된 것이 아님을 느끼면서 학생운동의 행동과 태도가 '……분명히 산업적 규율에 대한 병적인 징조. 이러한 비이성적 행동이 산업으로 퍼져나간다면 그 결과는 엄청난 재앙이 될 것이다'는 것을 경고했다. ……자본가의 해결책은 항상 축적에 영향을 주는 노동자의 역량을 공격하는 형태를 포함한다. 1960년대의 결과로 공격의 목표는 노동자의 조직적 역량이었다"(Gindin, 2001: 5~6).

86) 베트남 민중이 미국을 패퇴시킴으로써 미국 제국주의를 결정적으로 약화시켰고, 이는 나중에 아랍세계의 자원민족주의를 고양시켰으며, 결국 이스라엘-아랍 전쟁을 계기로 1973년 석유국유화와 석유가의 대폭인상을 가져왔다. 따라서 1974~1975년의 세계적 공황의 원인이 오일쇼크 때문이 아니라 1960년대 말부터의 선진국에서의 계급 역관계 변화와 계급투쟁의 표현으로 보아야 하고, 그러한 의미에서 오일쇼크는 세계적 공황의 '격발제'로서 역할했다는 일반적 평가는 정당하다. 그러나 이러한 평가는 선진국 중심의 관점을 표현한 것이기도 하다. 오일쇼크 자체가 이 시기 제3세계에서의 민족해방투쟁의 산물이고, 따라서 세계적 차원에서의 계급 역관계의 한 구성부분이므로, 오일쇼크 역시 우발적이고 우연적 요소가 아니라 이 시기 세계공황을 야기한 한 구성요소로 평가되어야 할 것이다.

역관계를 구축하기 위한 계급투쟁이 전개되었다. 이러한 계급투쟁에서의 전환점이 되었던 주요 사태는 1979년 영국 대처 보수정권의 등장과 미국 연방준비제도 이사회의 이자율 인상을 통한 통화긴축정책의 전격적인 실시, 1980년 미국 레이건 공화당 정부의 등장과 1981년 미국 항공관제사 파업에 대한 폭력적 진압, 1984~1985년 영국 광부노조 파업에 대한 폭력적 파괴 등이었다.

그러나 이러한 전환점이 한두 가지의 사건에 의해 '쿠데타'처럼 이루어진 것은 결코 아니었다. 1970~1980년대 전반에 걸친 장기간의 계급투쟁의 총체적 결과로 보아야 할 것이다. 대체로 1980년대 전반에는 새로운 계급 역관계에서의 세력균형 ― 새로운 계급 역관계의 고착화로서의 제도와 정책의 변화 ― 을 정립하기 위한 계급투쟁에서 노동자계급의 패배와 자본가계급의 승리가 명확히 드러났다. 새로운 자본축적 형태와 국가형태로의 전형이 이루어진 것이다.

이 시기의 계급투쟁에 따른 케인스주의의 위기의 현상형태에 대해 간략히 살펴보고자 한다. 위기적 양상은 자본축적 형태와 국가형태가 상호 작용하면서 복합적으로 나타났다. 먼저 자본의 경우 포드주의적 노동과정에 대한 노동자계급의 저항이 1960년대 중반부터 생산성 상승의 둔화와 임금인상 요구로 표출되고 이에 따라 이윤율이 저하하자, 이에 대해 한편으로 상품가격으로 전가(이른바 마크업)하고, 다른 한편으로 생산성 증가를 위한 투자증대로 대응했다. 전형적인 케인스주의적 방식으로 대응한 것이다.

그런데 자본의 이러한 대응은 인플레이션 압력으로 나타났고, 국제경쟁력의 문제로 제기되자 각국 정부는 디플레이션 정책과 소득정책(임금억제정책)으로 대응했다. 이 과정에서 국가기구로 포섭된 노동자정당과 노동조합이 협조했다. 다른 한편, 자본은 케인스주의적 방식으로 생산성 상승의 둔화와 이윤율의 저하 경향이 극복되지 않자 생산성 상승을 위한 규율 제고와 임금억제를 위한 생산성 협약을 강화하는 방향으로 대응했다. 이러한 자본과 정부의 대노동공세에 억눌렸던 노동자계급의 불만은 '1968년 유럽 혁명'을 계기로 해서 폭발적인 임금인상요구 투쟁으로 터져 나왔다(〈표 4-1〉 참조). 이 과정에서 한편으로 정부의 소득정책에 의해 가장 피해가 컸던 공공부문의 하층 노동자들과, 다른 한편으로 자본의 임금억제에 의해 가장 피해가 컸던 이민노동자 등 하층 노동자들이 투쟁에 가장 앞장섰다.[87]

<표 4-1> 유럽의 임금 폭발(1965~1970년)

| | 파업 | 화폐임금 | 실질임금 |
|---|---|---|---|
| 프랑스 | | | |
| 1965~1967 | 2,569 | 5.8 | 2.9 |
| 1968~1969 | 76,000 | 11.0 | 5.4 |
| 독일 | | | |
| 1966~1968 | 147 | 5.6 | 3.3 |
| 1969~1970 | 171 | 12.0 | 9.2 |
| 이탈리아 | | | |
| 1966~1968 | 10,761 | 6.9 | 4.3 |
| 1969~1970 | 29,356 | 11.3 | 7.3 |
| 영국 | | | |
| 1967~1969 | 4,774 | 6.9 | 2.4 |
| 1970~1971 | 12,265 | 12.0 | 3.9 |

주: 1) 파업: 연간 평균 파업일수(단위: 1,000일).
  2) 임금: 연간 평균 변동률(단위: %).
자료: Armstrong *et al.*(1991), p.284.

이에 대해 자본은 비용증가를 가격으로 전가함으로써 1960년대 말경부터 인플레이션이 가속화되고,[88] 이는 역으로 노동자들의 임금인상 요구투쟁을 강화시키는 상승작용을 했다. 그러나 생산성 위기와 이윤율 저하경향은 지속된다. "사용자가 국제경쟁의 압력과 고정환율제 때문에 가격인상을 통해 '과잉의' 임금상승을 상쇄할 수 없는 경우에는 수익성이 저하할 수밖에 없었다"(Armstrong et al., 1991: 278). 이윤율은 1960년대 말을 기점으로 해서 급격히 저하하기 시작했다.

이 과정에서 "정부는 임금상승이 수익성에 미치는 나쁜 영향을 상쇄하기 위해, 신용의 급속한 팽창을 촉진해야 한다는 강한 압력에 직면했다. 정부가 이 압력에 순응했으므로 급속한 인플레이션이 초래되었다. 자본가들 역시 이윤율 저하가 의미하는 축적의 감소를 받아들이려 하지 않았다. 자본가들은 신용기관을 이용해

---

87) 1960년대 말의 '임금폭발'의 과정과 원인에 대한 분석은 암스트롱 등(Armstrong *et al.*, 1991: 281~289)을 참조.

88) "1965년 선진국에서 소비재 가격은 연 3% 상승했지만, 1973년에는 연간 평균 인플레이션율이 7.8%까지 상승했다." "미국의 인플레이션은……1960년대 말에 케인스주의적 정책과 베트남 전비지출의 증가로 인해……1967~1970에 도매물가지수로 연 3.3% 상승했다"(Armstrong *et al.*, 1991: 278, 252).

|  | 1960~1973 | 1973~1989 | 1973~1975 | 1975~1979 | 1979~1982 | 1982~1989 |
|---|---|---|---|---|---|---|
| 미국 | 4.0 | 2.6 | -0.8 | 4.1 | -0.1 | 4.0 |
| 유럽 | 4.7 | 2.2 | 0.7 | 3.4 | 0.9 | 2.7 |
| 일본 | 9.6 | 3.9 | 0.7 | 5.1 | 3.7 | 4.3 |
| OECD | 4.8 | 2.7 | 0.1 | 3.9 | 0.8 | 3.6 |

자료: Armstrong et al.(1991), p.342.

차입금의 비율을 증가시킴으로써 축적률을 유지할 수 있었다. 특히 독일과 미국
에서는 기업 차입금이 1960년대 초·중반보다 1970년대 초반에 더 높았다. 일본과
프랑스에서도 기업 차입금은 1973년에 절정에 달했다"(Armstrong et al., 1991:
278~279).

다른 한편 유럽과 미국의 경우 1960년대 중반 이후의 정부의 소득정책은 그 반
대급부로 사회보장지출의 확대를 가져왔고, 이에 더해 미국의 경우 차별되고 배
제된 하층 노동자계급의 투쟁은 지방정부를 통한 사회복지지출의 팽창을 가져왔
다. 그래서 1970년대 초반에 이르면 정부의 사회복지지출이 급속히 증대한다. 여
기에 1970년대 초반부터 수입원자재의 비용이 급속히 증가했고, 1973년의 오일
쇼크가 가세했다.

한편에서는 노동자들이 투쟁적인 임금협상에 의해 실질소득을 증가시키려 하고,
다른 한편에서는 자본가들이 추가적인 차입을 통해 축적을 유지하려고 애쓰는 과정
에서, 이러한 높은 원료가격은 투쟁 없이 흡수될 수는 없었다. 사용자들은 높은 제품
가격을 통해 그 부담을 노동자에게 전가했다. 노동자들은 이에 대해 더 높은 임금을
요구했다. 정부는 보다 높은 가격 수준을 유지하는 데 필요한 신용팽창을 허용했다.
부담의 일부는 원료생산국으로 향한 선진국의 수출품 가격이 상승할 때 (따라서 교
역조건의 악화가 감소할 때) 소멸되었다. 그 나머지의 부담은 임금이 물가를 따라가
고 물가가 임금을 따라갈 때 노동자와 자본가들 사이에서 왔다 갔다 했다. 그 최종적
결과는 더 심한 인플레이션이었다(Armstrong *et al.*, 1991: 280).

마침내 케인스주의의 위기는 1973년 오일쇼크를 계기로 해서 1974~1975년 세

<표 4-3> 이윤율(1968~1975년)

(단위: %)

| | 선진국 | 미국 | 유럽 | 일본 |
|---|---|---|---|---|
| **산업 전체** | | | | |
| 1968 | 19.3 | 17.1 | 18.8 | 30.8 |
| 1973 | 15.4 | 13.2 | 16.0 | 21.6 |
| 1975 | 11.7 | 11.0 | 11.4 | 14.5 |
| **제조업** | | | | |
| 1968 | 26.8 | 28.8 | 17.4 | 52.8 |
| 1973 | 21.9 | 22.0 | 15.4 | 38.8 |
| 1975 | 13.1 | 16.2 | 8.8 | 15.2 |

자료: Armstrong et al.(1991), p.336.

계적 공황으로 폭발했다. 공황에 따른 침체와 그럼에도 불구하고 가속화되는 인 플레이션, 즉 스태그플레이션이 심화되고, 이윤율은 급격히 저하되었다(<표 4-2> 와 <표 4-3> 참조).

1929년의 경우보다 더 거대한 주가폭락이 이미 진행 중이었다. 1973년 9월에서 1974년 9월까지 주가는 일본에서 23%, 영국에서 55% 하락했다. 이 기간 소비자 물 가는 15% 가량 상승했으므로 주식의 실질가치는 더 하락한 셈이었다. 영국의 실질 주식가격은 제2차세계대전 수준으로 하락했다. 세계은행체제도 균열되기 시작했다. 1974년 6월 26일 독일의 최대 민간은행인 헤어슈타트(Herstatt) 은행이 외환투기에 따른 손실로 도산했다. ……전 세계적으로 소규모 은행으로부터 화폐가 인출되었 다. ……이때 이미 공황은 시작되고 있었다"(Armstrong et al., 1991: 333~334).

한편 이러한 위기의 전개과정에서 브레턴우즈 체제는 일찍이 1971년 붕괴하고 실질적인 변동환율제로 이행했다. 브레턴우즈 체제의 붕괴과정에서 외형적으로 는 1960년대 후반부터의 '유로달러시장'의 급성장과 외환투기, 특히 달러투기가 결정적인 역할을 수행했다. 그런데 유로달러시장의 형성과 성장 자체가 케인스주 의적 축적형태의 모순의 표현이었다. 즉, 1960년대 중엽부터 "미국계 초국적기업 들이 자국으로 송금하지 않은 해외이윤을 생산에 재투자하지 않고 런던의 역외시 장에서 운용했기 때문"(Chesnais, 1996b: 23)에 유로달러시장은 급성장할 수 있었

442 좌파 현대자본주의론의 비판적 재구성

다.[89] 따라서 유로달러시장의 발흥 자체가 1960년대 중반 이후부터의 자본축적의 곤란의 한 표현이자 자본의 대응전략이었다. 동시에 케인스주의적 규제를 벗어난 '금융 세계화'의 출발점을 형성한다.

그리고 유로달러시장의 금융자본이 투기적 활동을 벌일 수 있었던 것은 미국 경제에서 케인스주의적 축적형태, 특히 신용팽창에 따른 달러약세 때문이었다. 또한 달러위기는 미국 국내의 금융자본의 투기적 이탈을 부추겼다. 여기에 1971년 2/4분기에 미국의 무역수지가 처음으로 적자를 나타냈다. 달러 유출은 더욱 가속화되고, 금태환 요구가 쇄도하자 결국 1971년 8월 15일 닉슨 대통령은 달러의 금태환 중지를 일방적으로 선언하지 않을 수 없었다. 이후 변동환율제와 외환투기가 일상화되었다.

요컨대 노동자계급의 투쟁을 봉쇄하기 위한 국제적 자본이동 통제체제로서의 브레턴우즈 체제는 노동자계급의 투쟁을 관리하기 위한 케인스주의적 신용팽창 정책을 일국적 차원에서 보장하는 것이었으나, 이제 바로 미국에서 한편으로 1960년대 중반 이후 노동자계급의 투쟁으로 인한 국내 사회복지지출의 증대와 다른 한편으로 베트남 전쟁 수행에 따른 군비지출로 재정적자가 누적되면서 인플레이션을 심화시켰고, 이는 달러 불안정을 야기했다. 노동자·민중의 투쟁이 달러 불안정으로 표현되었던 것이다. 이러한 달러 불안정 속에서 이윤율 저하라는 자본축적의 곤란에 대해 자본은 금융적 축적 또는 투기적 축적 전략으로 대응하게 되었고, 그러한 자본의 투기적 운동이 브레턴우즈 체제를 무너뜨렸던 것이다.

결국 케인스주의의 위기 속에서 케인스주의에 따른 여러 사회적 규제 가운데 국제적 자본이동에 대한 사회적 규제가 자본에 의해 제일 먼저 분쇄되었다. 유로달러시장을 중심으로 한 금융자본의 투기적 운동은 오일쇼크 이후 오일달러가 유입되면서 한층 강화되었고, 1974~1975년 세계공황 이후 계급투쟁 과정에서 자본의 주요한 무기 가운데 하나가 되었다.

---

89) 유로달러시장의 형성과정에는 다른 계기들도 작용했다. 예컨대 소련 및 동구 등 공산권에서 몰수를 우려해서 역외시장인 유로달러시장에 달러를 예치한다거나, 1973년 이후의 오일쇼크로 인한 막대한 오일달러의 유입 등도 주요한 계기들이었다. 그러나 초기에 공산권의 달러예치로 시작했다고 하나 유로달러시장이 번성하게 된 규정적 요인은 미국계 초국적기업들의 본국으로 송금되지 않고 재투자되지 않은 해외이윤이었다.

(2) 계급투쟁과 신자유주의적 자본주의로의 이행

1974~1975년 세계공황 자체가 선진국 노동자계급과 제3세계 노동자·민중의 투쟁에 의해 야기된 자본축적 위기였지만, 그것은 동시에 계급투쟁을 한층 격화시키는 계기가 되었다. "케인스주의는 30년간의 투쟁과 수백만 민중의 죽음을 인수해 수립되었다. 거의 30년간의 상대적 안정의 시기가 지난 후 자본주의는 다시 혼돈 속으로 들어갔다. …… 심연은 열려 있다"(Holloway, 1995a: 60). 변화된 계급 역관계에 의해 기존의 세력균형이 파열된 상태에서 격렬한 계급투쟁이 전개되었던 것이다.

이 시기의 계급투쟁 역시 역사적 맥락 속에서 평가되어야 할 것이다. 1974~1975년 세계공황에 의해 비로소 촉발된 투쟁이라기보다는 1960년대 후반 이래 노동자계급 투쟁의 고양과 그 표현으로서 이윤율 저하라는 조건에서 발생하기 시작한 역사적 계급투쟁의 연장선상에서 평가되어야 하는 것이다. 그러한 역사적 맥락에서 1968년 '유럽 혁명'과 세계적인 계급투쟁의 고양은 하나의 전환점, 즉 노동자계급 투쟁이 급격히 고양되는 전환점이 되었다. 그 이후 자본과 노동 간의 계급투쟁은 공방을 주고받으며 격렬하게 진행되어 대체로 1980년대 초반에 자본의 반격과 공세에 의해 자본의 승리와 노동자계급의 패배로 결말지어졌다.

자본은 처음에는 케인스주의의 테두리 내에서 노동자계급투쟁을 봉쇄하려고 시도했다. 즉, 1960년대 중반 이후 정부를 앞세워 주로 소득정책(임금억제정책)을 통해 노동자계급의 투쟁을 봉쇄하려고 했으나, 노동운동 상층의 국가기구로의 포섭을 통한 소득정책은 결국 실패했다. 기층 노동자계급이 1968년의 폭발적인 투쟁을 계기로 투쟁을 통해 소득정책을 무력화시켰던 것이다. 그러나 자본과 정치권력은 1970년대 전체 기간을 통해 이러한 '사회적 협약'을 통한 노동자계급투쟁의 봉쇄전략을 되풀이해서 시도했다. 그러나 반대급부로 내세운 물가안정과 성장정책이 자본의 비협조로 실패하자 노동자계급은 다시 투쟁에 나섰다. 결국 '사회적 협약' 전략은 극히 일시적으로만 효과를 보았고, 번번이 좌절되었다.

예컨대 영국의 경우, 자본과 정치권력은 1974~1975년 세계공황 이후의 불황 속에서 공식적으로 케인스주의의 포기를 선언하며 긴축정책을 전면화하는 한편, 노동자계급의 투쟁은 여전히 '사회적 협약'의 틀로 묶어두려고 시도했다. 이러한 계급투쟁의 양상은 선진국마다 노동자계급의 역량에 따라 상이하게 전개되었다.

노동자계급의 역량이 강고한 유럽 대륙의 경우 1970년대 중반의 세계공황과 불황 속에서도 케인스주의적 축적형태와 국가형태가 그대로 유지되었던 반면, 노동자계급의 역량이 가장 취약한 미국이나 일본의 경우 자본의 유연화 공세와 복지국가 해체공세가 쉽게 관철되어나갔다. 영국의 경우는 노동자계급의 역량이 그 중간 정도에 해당하면서 자본과 노동 간의 공방이 가장 치열하게 오고 갔다.[90]

1970년 집권한 영국 보수당 정부는 노동운동의 힘을 약화시키기 위해 노동법을 개악하고, 임금억제정책을 실시하는 등으로 노동자계급과 대립하게 되었고, 보수당 정부의 반노동정책에 반대하는 영국 최대 노조인 탄광노조의 파업이 진행되는 가운데 실시된 1974년 2월 총선에서 보수당은 "누가 영국을 지배하는가"라는 슬로건을 내걸고 노조운동을 공격했지만, 결과는 보수당의 참패와 노동당의 승리로 귀결되었다. 이처럼 자본축적의 위기 속에서 계급투쟁은 경제적 및 정치적 형태 모두에서 격렬하게 전개되었다.

이 계급투쟁에서 자본의 대응전략은 한편으로 '탈집중화(decentralization)' 전략을 통해 노조의 힘을 무력화하는 것이었고, 다른 한편으로 복지국가의 해체 전략이었다. 탈집중화 전략은 1980년대 계급 역관계가 완전히 자본에게 기운 이후 '유연화' 전략으로 입체적으로 전개되었던 바의 출발점이었다. 이러한 자본의 전략은 국제경쟁을 매개해서 일본의 '도요타주의(Toyotaism)'가 전 세계로 확산된 것이었다. 이에 맞선 노동자계급의 대응은 노동자통제의 강화, 생산의 국유화 또는 사회화 전략이었으나, 이는 공식적 노동운동(노동조합 및 노동자정당)에 의해 전면적으로 제기되지도 못했고 따라서 쉽게 좌절되었다.

먼저 자본의 대응전략을 간략히 살펴보자. 자본의 대응 전략은 국제적 경쟁을 매개해서 자본에게 확산되었다. 그런데 국제적 경쟁의 격화는 1960년대 중반 이후의 이윤율 저하경향의 연장선상에서, 그리고 1970년대 초반의 급격한 이윤율 저하와 1974~1975년 세계공황에 의해 현실화되었다.

---

90) 영국에서의 자본축적 위기에 대한 자본과 노동의 공방이 국가 정책과 선거를 둘러싸고 어떻게 전개되었는가에 대한 자세한 분석은 고세훈(1999), 김영순(2001) 등을 참조. 또 계급투쟁 과정에 대한 간략한 요약은 고세훈(2000: 85~105)을 참조. 스웨덴 등 스칸디나비아 3국의 경우는 이 시기에 노동자계급의 역량에 기초해 복지국가를 완강하게 유지해갈 수 있었다. 그러나 이 나라들은 소규모 경제로서 세계자본주의의 흐름에 규정적 영향을 미치지 못했으므로 여기에서는 주된 검토의 대상이 아니다.

물론 그 배경에는 전후 장기호황기의 세계적 불균등발전에 따른 일본과 독일의 급속한 생산력 발전이 놓여 있다. 그러나 불균등발전 자체가 경쟁 격화의 원인은 아니다. 장기호황과 높은 이윤율이 보장되는 한 불균등발전은 경쟁의 격화 없이 수용될 수 있었다. 그러나 이윤율 저하가 현실화되고 불황이 전면화되어 수요의 성장이 급격히 둔화되면 국제적 경쟁이 전면화된다.

그리고 그 국제적 경쟁의 내용은 비슷한 기술수준을 전제할 때 비용경쟁, 즉 잉여가치율과 자본의 유기적 구성도에 의해 결정되는 이윤율을 규정하는 필요노동과 잉여노동의 관계 문제 — 계급 역관계 문제 — 로 된다. 계급 역관계는 잉여가치율뿐만 아니라 자본의 유기적 구성도에도 영향을 미침으로써 이윤율을 직접적으로 규정하기 때문이다. 가격경쟁은 이윤율 경쟁 또는 비용경쟁의 다른 표현이다. 특히 1968년 폭발적 대중투쟁 이후 노동자계급의 진취적인 진출 — 노동과정에 대한 노동자통제 요구 — 과 임금인상 요구를 가격인상으로 전가하는 것(마크업)이 국제적 경쟁에 의해 어려워질수록 자본에게 이윤율 저하 압력은 노동자계급의 조직된 힘에서 비롯한 것으로 나타난다.

따라서 자본가계급의 대응의 초점은 노조운동세력의 약화에 맞추어졌다. 이를 위한 첫 번째 전략이 '탈집중화' 전략이었다. 대규모 공장에 더 이상의 증설투자를 하지 않고 중규모 공장을 신설하거나 외주·하청을 대폭 확대했던 것이다. 즉, 노동조합을 회피하고 노조가 없거나 취약한 지역[91]과 규모로 신설투자를 실시했다. 이는 선진국에서 1970년대 초반부터 소규모 기업 고용의 급격한 증대로 표현되었다.[92]

---

91) "선진국 내에서는 노동자들의 전투성이 전통적으로 강했던 지역에서 자본이 빠져 나갔다. 영국의 경우 1960년대부터 자본은 대도시권에서 소도시로 이동하기 시작했다. 분명히 노사관계가 하나의 이유였다. 미국의 경우에는 노동자조직이 취약한 남부의 '태양지대(sunbelt)'로 제조업이 옮겨갔다"(Armstrong et al., 1991: 387).

92) "소규모 기업에서의 고용이 점점 중요해지고 있음을 보여주는 증거가 있다. 100인 이하를 고용하는 사업체가 전체 고용에서 차지하는 비율은, 미국의 경우 1970년 49.5%에서 1985년 55.9%로, 일본의 경우 1972년 71.5%에서 1981년 77.1%로, 독일의 경우 1977년 47.0%에서 1985년 49.6%로 각각 증가했다. 그러나 이러한 증가분의 약 절반가량은 (소규모 사업체가 지배하는) 서비스 분야로 고용구조가 변한 데서 기인한 것이다. 소규모 공장의 고용 증가 추세는 제조업 내부에서도 확인된다. 그 가장 극적인 사례가 영국인데, 이 나라에서는 소규모 공장의 고용비율이 1974~1975년 19.7%에서 1983년 26.2%로 증가했으며, 거대 공장의 고용비율은 급격한 감소를 보였다"(Arm

1970년대 노동자계급의 진출과 자본축적의 위기에서 자본의 이러한 '탈집중화' 전략을 가장 전형적으로 보여준 사례는 이탈리아였다.[93] 당시 이탈리아는 1968 년 '유럽 혁명'에 연이은 1969년의 '뜨거운 가을' 이래 1970년대 전체 기간에 걸쳐 노동운동의 세력과 영향력이 유럽에서도 가장 강력하게 확장되었다. 이탈리아 경제는 급속한 임금인상, 높은 인플레이션과 재정적자의 지속적 확대 등 위기양상을 나타냈고, 이탈리아 통화인 리라화의 평가절하에 의한 수출증대를 통해 경제성장을 유지해가고 있었다. 1970년경부터 이탈리아가 유럽 선진국들보다 더 저임금이라는 장점이 노동자계급의 투쟁에 의해 사라지게 되자 자본가계급은 대응책을 강구하기 시작했다.

1972년 노동운동의 주력인 금속산업노조에 맞서 금속산업 자본가들은 금속산업협회를 전(全) 고용주협회와 별도로 구성하면서 자본가들의 대응이 공세적으로 전환하기 시작했다. 그 선두에 이탈리아 최대기업인 피아트사의 자본가가 앞장섰다. 이탈리아 자본가들은 한편으로 당시 노조운동에 최대의 영향력을 발휘하던 이탈리아 공산당(PCI)을 끌어들여 1975년 노사정 타협을 이끌어냈다. 즉, 물가연동 임금제와 합리화에 따른 실업급여법안[94]에 합의한 것이다. 여기에 집권세력으로 인정받는 것을 추구했던 이탈리아 공산당은 1976~1979년 '역사적 타협(historical compromise)'을 실현하기 위해 기민당 정부에 협력하면서 노조운동으로 하여금 임금억제와 합리화 해고를 수용하도록 강요했다.

이탈리아 자본가계급은 이처럼 노조운동의 전투성을 노사정 협약을 통해 봉쇄하는 한편, 노조세력을 무력화하기 위해 생산의 탈집중화와 외주·하청 전략을 본격적으로 추구했다. 이 전략은 명백하게 반노조 전략으로 의식적으로 추진되었다. 공장 증설은 철저하게 정치화된 노동자계급이 존재하지 않는 고실업의 남부 농촌지역에 중규모 공장을 신설하는 방향으로 이루어졌고, 생산과정의 많은 부분을 외주·하청으로 빼돌렸다.

---

strong *et al.*, 1991: 387).

93) 이하의 논의는 베다니(Bedani, 1995: 197~208)에 의존한 것이다.

94) 이것은 합리화에 따라 해고된 노동자들에게 최대 12개월 동안 기존임금의 80%를 실업급여로 지급하기로 한 것으로, 이 가운데 72%는 정부가 부담하고 기업주는 8%만 부담하기로 한 법안이다. 즉, 합리화에 따른 해고의 부담을 거의 전적으로 정부에 떠넘긴 것이다.

특히 외주·하청 전략은 이탈리아의 지하경제를 악용하는 것이었다. 이탈리아의 노동자 보호법안은 15명 미만의 소규모 기업에는 적용되지 않는다는 점을 악용해 영세소규모 기업에 외주·하청을 준 것이다. 외주·하청의 경우 노조가 없거나 허약해서 파업위협도 거의 없고 마음대로 해고할 수 있는 등 자본은 현장통제를 완벽하게 구사할 수 있었다. 또한 산업안전이나 의료보험 및 사회보험 기여금도 모두 회피할 수 있어서 저임금을 향유할 수 있는데, 이러한 임금 외 부가급여가 노동비용의 38%에 해당했다. 이러한 소규모 업체로의 외주·하청은 섬유·의류·제화 등 노동집약적 산업뿐만 아니라 전자·컴퓨터 등의 조립공정에까지 확산되었다. 그래서 여성 노동자, 미숙련 남부 노동자, 불법이주 노동자 및 학생 등을 저임금으로 고용했다. 이탈리아의 경우 이러한 초과착취에 입각한 지하경제의 규모가 GNP의 25%에 이르는 것으로 추산되었다. 1971~1981년 동안의 제조업 고용은 특히 이탈리아 중부 및 북동부 지역에서의 소규모 기업에서만 증대했다. 이러한 탈집중화 전략을 가능하게 했던 것은 물론 정보기술 등 신기술의 도입이었다.

따라서 1970년대 이탈리아 경제의 활력의 대부분은 중부 및 북동부 지역의 소규모 기업들에서 나왔고, 일부는 남부 지역의 생산성이 더 낮은 공기업 및 서비스 부문에서 나왔다. 이러한 생산의 재구조화는 계급 역관계를 근본적으로 바꾸었다. 그 결과로 "1980년 9월에 피아트 노조는 33일간의 파업을 마친 후 2만 3,000명의 해고와 잉여 노동자 전출을 수락해야만 했다"(Armstrong et al., 1991: 380). 1970년대 중반까지 노동자계급의 공세로 구성되었던 계급 역관계가 자본의 '탈집중화' 전략에 의해 완전히 바뀌었음이 확인된 투쟁이었다. 이러한 역관계의 변화는 '역전된 뜨거운 가을(Hot Autumn in Reverse)'로 명명되었다. 이처럼 1970년대의 노동자계급의 진출과 자본축적 위기에서 자본의 전략적 대응은 국제적 경쟁을 매개로 일본의 '도요타주의'의 국제적 확산으로 나타났다. 노조세력을 무력화하기 위한 생산의 탈집중화 전략은 1970년대 말~1980년대 초에는 확실하게 계급 역관계를 역전시켰다.

노동자계급의 패배는 독일에서도 나타났다. 1977년 독일 노조들은 임금가이드라인에 대한 노사정 협상을 거부하고, 인쇄업의 경우 신기술 도입에, 기계산업의 경우 직무 저하(degradation of job)에 맞서 싸우거나, 철강산업의 경우 주 35시간 노동을 요구하는 투쟁을 전개해서 1978~1979년 대규모 파업물결이 잇달았으나,

독일 자본가들은 대규모 해고로 맞섰다. "기계산업에서만 파업 참가자의 3배에 달하는 약 20만 명의 노동자들이 해고되었다. 6주간 파업이 계속되었던 철강산업에서는 사용자들이 자동차 부속품 생산공장의 파업에 대해 다른 공장의 노동자계급도 해고하는 방법으로 대응했다. 해고에 따른 재정적 압박으로 인해 노동자들은 사실상 사용자가 제시하는 조건에 순응하지 않을 수 없었다. ……1979년에 철강노조와 엔지니어링 노조는 1983년까지 모든 비임금 투쟁을 중단하는 것을 수용하지 않을 수 없었다"(Armstrong et al., 1991: 382~383). 계급 역관계가 바뀐 것이다.

미국과 영국의 경우 정부가 전면에 나서서 노조 무력화 공세를 취했다. 미국의 경우 1981년 8월 레이건 행정부는 항공관제사 노조의 파업을 공권력을 동원해 분쇄했다.[95] 노조원 1만 1,000명 전부를 해고하며 영원히 복귀를 못하도록 했고, 노조 간부들을 구속시켰다. 파업 패배 후 새로 고용된 항공관제사들은 노동쟁의에 참가하지 않겠다는 것을 서약했다. 미국에서 항공관제사 파업 분쇄는 "기타의 국가부문 노동자들도 위협했으며, 이에 의기양양해진 사기업 부문의 일부 사용자들은 노조를 와해시키려고 했다. 사기업 부문에서 노동자들은 임금삭감, 임금동결, 작업규칙 강화 및 기존 계약의 조기 재협상 등의 형태로 경영자에게 큰 양보를 해야만 했다"(Armstrong et al., 1991: 380).

영국의 경우 노동당 정부의 강제적인 소득정책을 노동조합이 거부하면서 노동당 정부가 붕괴되었고, 그에 뒤이은 선거에서 보수당 대처 정부가 등장했다. 노동조합을 '내부의 적'으로 간주한 대처 정부는 1980년과 1982년의 고용법(Employment Acts)을 통해 클로즈드 숍을 금지하고, 노조는 자기 행위로 말미암아 기업이나 타인이 입게 된 손실을 배상해야 하며, 제2차적 쟁의행위인 지원파업과 동정파업을 불법화시키는 등 노동조합의 권리와 활동을 크게 제한시켰다(김수행, 2003b: 43). 그리고 1984~1985년 정부의 탄광 폐쇄에 맞선 영국 최대의 노조인 광부 노조의 파업에 대해 대처 보수당 정부는 만반의 사전준비를 통해 분쇄했다. "효과적인

---

95) 로널드 레이건(Ronald Regan)은 노조 지도자 출신으로서 최초의 미국 대통령이 되었는데, 1980년 10월에 자신의 입후보를 찬성하는 항공관제사 노조 위원장에게 편지를 보냈다. "내가 대통령으로 당선된다면 (귀 노조원들에게) 가장 최신의 장비를 제공하고 직원 수와 노동일을 조정해 최상의 공공 안전을 도모하도록 모든 필요한 조치를 취할 것입니다. ……나는 우리 행정부가 대통령과 귀 노조원들 간의 협동정신을 불러일으키기 위해 당신과 친밀하게 대화할 것을 약속드립니다"(Armstrong et al., 1991: 380). 레이건은 10개월 후에 항공관제사 노조의 파업을 분쇄했다.

피켓팅을 저지하기 위해 전례 없는 경찰력(매일 약 8,000명)이 동원되었고, 1만 1,000명 이상의 광부들이 체포되었다. 또한 정부의 새로운 고용법에 의해 노조의 재산을 압류했다. 결국 노조는 파업에 돌입한 지 1년 만에 성과 없이 직장에 복귀했다. 그 여파는 참혹했다. ……파업이 종결된 지 4년 반 동안 갱의 반 정도가 폐쇄되었고, 낡은 작업방식이 해체되고 신기술이 도입됨에 따라 11만 5,000명이 직장을 잃었으며, 생산성이 두 배 가까이 상승했다. ……치열한 노사 대결 이후 진행된 야만적인 합리화의 실례로서 영국석탄산업에 필적한 것은 없을 것이다" (Armstrong et al., 1991: 382).

이처럼 노자 간 '경제적 형태'의 계급투쟁은 1970년대 전체에 걸쳐 치열하게 전개되었고, 대체로 1979년 2차 오일쇼크 이후의 불황 속에서 자본가계급의 반격에 의해 노동자계급의 패배가 현실적으로 명확하게 드러났다. 그러나 이러한 노동자계급의 패배는 한 번의 투쟁에서의 패배가 아니라 1970년대 동안에 걸친 자본의 '탈집중화 전략'에 의한 계급 역관계의 변화에 기초한 것이었다. 이러한 계급 역관계의 변화에 의해 자본은 1960년대 말부터 분출된 노동자계급의 공세를 분쇄하는 한편, 1980년대에 전면적인 재구조화 공세로 나아감으로써 자본의 일방적 우위의 계급 역관계를 정착시키게 된다. 이 점에서 1980년대 초반은 하나의 전환점이 되었다.[96] 1968년이 노동자계급의 공세에 의해 전후 정립된 계급 역관계의 파열을 가져온 전환점이었다면, 1980년대 초반은 계급투쟁의 공방 속에서 자본의 반격에 의해 자본의 일방적 우위의 역관계로 전환된 전환점으로 평가할 수 있다. 이러한 전환은 선진국의 연간 파업일수의 변화에서도 확연히 드러난다(〈표 4-4〉 참조).

한편 케인스주의적 국가형태에 대한 자본가계급의 반격은 1974~1975년 세계공황 이후 완전고용을 목표로 한 케인스주의적 재정·금융정책의 포기와 통화주의적 긴축정책으로의 전환, 복지국가의 축소 공세로 표현되었다. 자본의 이러한 반격은 외환투기에 의한 국제적 자본운동을 통해 이루어졌다. 즉, 1971년 미국의 금태환 정지 선언으로 브레턴우즈 체제가 붕괴한 이후 고정환율제에서 변동환율제로 전환됨에 따라 초국적 금융자본의 투기적 운동에 의한 환율변동을 매개해서

---

96) "노조운동의 점진적 쇠퇴로 요약되는 자본/노동 간 역관계의 역사적 역전은 1980년대 자본주의의 재구조화의 초석이 되었다"(Castells, 1989: 46).

**〈표 4-4〉 파업일수(1953~1987년)**

| | 1953~1961 | 1962~1966 | 1967~1971 | 1972~1976 | 1977~1981 | 1982~1987 |
|---|---|---|---|---|---|---|
| 미국 | 113 | 79 | 165 | 105 | 90 | 28 |
| 일본 | 45 | 25 | 19 | 21 | 5 | 2 |
| 프랑스 | 41 | 32 | 350 | 34 | 23 | 13 |
| 독일 | 7 | 3 | 8 | 3 | 8 | 9 |
| 이탈리아 | 64 | 134 | 161 | 200 | 151 | 93 |
| 영국 | 28 | 23 | 60 | 97 | 112 | 88 |

주: 공업 및 수송 분야의 노동자 100명당 연간 평균 파업일수.
자료: Armstrong et al.(1991), p.379.

정부의 정책 전환이 이루어졌던 것이다.

우선 불황 속의 높은 인플레이션 현상인 스태그플레이션에 직면해 케인스주의의 핵심인 완전고용을 위한 재정·금융 확장정책은 공식적으로 포기되었다. 영국의 노동당 정부는 1976년 케인스주의가 "실업을 축소시키지 못할 뿐 아니라 인플레이션을 악화시켜 수출 감소와 실업 증대를 초래한다"며 케인스주의적 정책을 포기하고, "임금상승을 억제해 인플레이션을 억제함으로써 수출증대와 실업 축소를 달성"(김수행, 2003b: 22)하려고 했다.

이러한 정책 전환은 1976년 12월 국제수지 적자의 누적에 따른 파운드화 위기에 대해 기존의 방식인 파운드화 평가절하로 대응한 것이 아니라 IMF에 긴급구제금융을 요청하는 방식을 통해 이루어졌다. 그래서 구제금융의 조건으로 사회보장지출의 삭감, 임금상승의 억제, 긴축통화정책을 실시했던 것이다. 이는 불황 시 케인스주의적 수요확장정책과는 정반대인 수요 축소정책, 즉 불황유발정책이다. 실제로 영국 노동당 정부는 '사회적 협약'을 통한 일방적인 임금억제정책에 초점을 맞추었다.

미국의 경우, 1975~1976년의 뉴욕 시 재정위기를 계기로 해서 복지국가 해체 공세가 본격화되었다. 미국 복지국가 구성의 두 원천은 앞서 분석한 바와 같이, 1930년대의 노동자계급의 공세에 의한 사회보장 및 실업보험 제도와 1960년대 포드주의 체제에서 배제되고 차별화된 하층 노동자계급의 공세에 따른 지방정부에 의한 사회적 안전망 — '빈곤과의 전쟁', '모델 도시들', 그리고 특히 침체된 도시지역과 소수 인종들을 겨냥한 수많은 범주의 프로그램들을 통한 사회복지(Castells, 1989: 306)

– 이다. 그런데 1974~1975년의 세계공황 속에서 자본의 공세는 더욱 취약한 세력구조에 의해 지지되고 있던 1960년대 사회운동에 의한 지방정부의 사회복지체제에 우선적으로 초점을 맞추었다.[97]

소수 인종 인구가 대규모로 유입된 뉴욕 시는 1960년대 재정지출이 급격하게 팽창했고, 세금 및 공적 보조로 감당이 어려워지자 채권을 발행해 재정을 조달했다.[98] 1975년 6월 시정부 부채는 123억 달러에 달했고, 이 중 40%는 1년 내 상환해야 하는 단기채권이었다. 그런데 1975년 2월 뉴욕 시가 새로운 채권을 발행했는데, 은행가협회는 이 채권의 인수를 거부하면서 더 이상의 새로운 대부를 중단했다. 이러한 재정위기에 대처하기 위해 '비상재정관리위원회'가 꾸려졌고, 여기에는 자본가 대표들도 포함되었으며, 시 예산과 금융을 통제했다. 이후 긴축예산이 편성되고 사회복지지출과 사회서비스 노동자들의 대규모 감축이 뒤따랐다. "복지지출은 감소되었고, 시 직장의 약 25%가 제거되었는데, 이에는 경찰력의 20%, 교사 1만 9,000명, 그리고 거리청소원 2,000명이 포함되었다"(Castells, 1989: 315). 또 공공부문노조의 연금기금의 약 3분의 1을 시의 재정을 위한 채권 구입에 투입할 것이 강제되었다. 그뿐 아니라 병원, 학교, 교통, 쓰레기수집, 공원 및 레크리에이션 서비스 등의 수수료가 인상된 반면, 인원과 서비스는 대폭 감소되었다. 뉴욕 시는 이러한 금융적 및 정치적 재구조화를 토대로 1980년대 균형예산에 도달했다.

뉴욕 시의 재정위기와 그에 대한 변화된 대응방식은 국가의 역할변화와 그에 따른 계급 역관계의 변화를 극명하게 보여주었다. 그리고 그러한 맥락에서 케인

---

97) "경제 재구조화 과정의 주요 요소로서 복지국가에 대한 공격은 복지제도들의 방어에서 가장 취약한 선에 따라, 즉 선출된 소수 인종 관료들과 격리된 공동체 조직에 의해서는 거의 유지될 수 없는 지방복지국가에서 먼저 발생한 반면, 예산상으로 훨씬 유의한 사회보장이나 실업보험과 같은 주요 자격 프로그램들은 조직된 노동의 취약성에도 불구하고 레이건 경제의 활황기 동안 거의 상처 입지 않은 채 모면할 수 있었다. 공화당 내 강력한 분파와 더불어 뉴딜의 역사적 연합은 신보수주의 폭풍에 저항해 그 기반의 많은 부분들을 장악하기에 충분히 강력했지만, 반면 1960년대 환경론자들에 의해 정복된 규제 제도들과 도시빈민들에 의해 획득된 안전망은 복지국가를 와해시키고자 하는 거친 시도들로 고통을 받았다"(Castells, 1989: 296~297).

98) 시 정부의 재정은 점차 주 및 연방 보조에 의존하게 되었는데, 이는 1959년 시 수입의 28%에서 1969년에는 47%로 급증했다. 1960년대 동안 주 보조는 250%, 연방 보조는 706%가 증가했다. 더 이상의 보조가 어려워지자 뉴욕 시는 뉴욕 은행들에 채권을 발행해 재정을 조달했다. 그래서 미국의 주요 은행들에게 채권 수익은 1960년 은행 수익의 21.6%에서 1979년에는 50%에 이를 정도였다(Castells, 1989: 313~314).

스주의적 국가형태의 한 전환점으로 평가된다.[99] 사회복지는 간접임금 또는 '사회적 임금'에 해당한다. 따라서 사회복지의 확충은 노동자계급 투쟁의 산물이고, 미국의 경우 이는 조직된 노동자계급뿐 아니라 차별화된 노동자계급의 투쟁의 결과였다. 그런데 사회복지의 부채에 의한 재정조달은 케인스주의적 복지국가로 전가된 사회적 임금에 대한 통제의 실패를 의미한다. 즉, 노동자계급 투쟁의 봉쇄가 복지국가의 재정위기로 표현됨으로써 더 이상의 봉쇄가 어려워졌음을 의미한다.

이러한 재정위기에 대해 케인스주의적 복지국가는 그동안 유지해왔던 채무에 대한 지불보증을 거부함으로써 '최종대부자'로서의 역할을 거부했다(Marazzi, 1995: 126~127). 그리고 사회복지에 대한 통제를 금융자본에 넘겨주었다. 즉, '정치적 조절'을 포기하고 '시장적 조절'을 도입한 것이다.[100] 금융자본에 의한 '시장적 조절'을 통해 지방정부의 긴축정책, 즉 사회복지 감축으로의 전환이 이루어졌다. 이는 케인스주의적 국가형태의 '통합주의 전략'과 대비되는 '탈정치화 전략'이라 할 수 있다.[101]

그뿐만 아니라 사회복지 지출에 공공부문 노조의 연금기금을 투여함으로써 노동자계급 내부의 분할지배를 관철시켰다. 사회복지 또는 사회적 안전망에 의해 제공되는 사회적 임금에 크게 의존하는 하층 노동자계급과 공공부문 노동자들 간의 이해관계를 대립시킨 것이다. 이러한 금융체계의 구조적 변화는 이후 신자유주의적 자본축적 형태에서의 '금융적 축적'으로 발전하는 출발점을 이룬다.[102]

---

99) 뉴욕 시의 재정위기와 그에 대한 자본과 정치권력의 대응방식의 변화에 주목하고 하나의 전환점으로 평가하는 것으로는 마랏찌(Marazzi, 1995)와 카스텔(Castells, 1989: 291~325) 등을 참조. 카스텔은 "1975~1981년 사이 뉴욕 시의 재정위기는 사실 도시복지국가의 의도된 와해의 사례"(Castells, 1989: 313)라며, "이는 탁월하게 민주당 시에서 민주당 시장에 의해 매우 거친 결정에 따라 수행되었으며, 재구조화의 상당 부분은 레이건이즘 자체 또는 심지어 공화당 행정부와는 연계되지 않은 채 단지 경제위기와 사회적 갈등에 의해 위협받게 된 계급적 이해관계의 방어와 연계되었음을 드러내었다"(Castells, 1989: 317)고 평가한다.

100) '시장적 조절'이란 시장논리에 의한 운영을 말하는 것이고, 시장논리란 바로 자본논리, 즉 자본의 이윤논리이다.

101) 이에 대해서는 신자유주의적 국가형태에서 자세하게 논의할 것이다.

102) 마랏찌는 뉴욕 시의 재정위기에 대한 자본과 정치권력의 대응방식을 이후 선진국 내에서의 복지국가 해체방식의 전범(典範)으로 평가하는 한편, 1976년 '킹스턴 협정'에서의 변동환율제로의 공식적 전환이 마찬가지로 각국에 통화긴축의 논리를 부과한다고 평가한다. 즉, 국민통화의 평가절하는 공공부문의 비용 상승과 공공부채의 이자율 상승을 야기함으로써 뉴욕 시의 재정위기에

<표 4-5> OECD 주요국들의 사회복지지출 성장률(1960~1981년)

(단위: %)

|  | 1960~1975 | 1975~1981 |
|---|---|---|
| 캐나다 | 9.3 | 3.1 |
| 프랑스 | 7.3 | 6.2 |
| 독일 | 7.0 | 2.4 |
| 이탈리아 | 7.7 | 5.1 |
| 일본 | 12.8 | 8.4 |
| 영국 | 5.9 | 1.8 |
| 미국 | 8.0 | 3.2 |
| 호주 | 9.6 | 2.4 |
| 오스트리아 | 6.7 | 5.0 |
| 네덜란드 | 10.4 | 1.6 |
| 노르웨이 | 10.1 | 4.0 |
| 스웨덴 | 7.9 | 4.7 |

자료: 김태성·성경륭(1993), p.260.

케인스주의적 국가형태로부터 신자유주의적 (또는 신보수주의적) 국가형태로의 '쿠데타'적 전환으로 평가되는 1979년 미국 연방준비제도이사회의 금리인상을 통한 통화주의 정책으로의 급격한 전환[103]은 이처럼 1970년대 전반에 걸친 계급투쟁 과정의 연장선상에서, 그리고 그에 따른 계급 역관계의 변화를 상징하는 자본가계급의 반격으로 이루어진 것이었다.

자본에 의한 케인스주의적 복지국가의 전반적인 해체공세는 1980년대부터 본격적으로 이루어졌다. 영국의 대처 보수당 정부와 미국의 레이건 공화당 행정부가 그 선두에서 복지국가에 대한 공격과 해체를 급격하게 관철시켜나갔고, 노동자계급의 역량이 좀 더 강고한 유럽 대륙에서는 계급적 공방을 주고받으면서 더

---

서와 마찬가지로 국제적 범위에서 사회복지 지출의 삭감을 강제하는 역할을 한다는 것이다. 마랏찌는 이를 '화폐 테러리즘'으로 명명한다(Marazzi, 1995: 129~132). 요컨대 국제적 자본운동에 의한 환율변동은 국민국가의 정책 자율성을 침해하고 '시장적 조절'을 통해 긴축전략을 관철시키게 된다. 헨우드 역시 1975년 뉴욕 시의 재정위기에 대한 대응방식이 이후 복지국가 해체와 제3세계 외채위기에 대한 선진국 자본과 정치권력의 대응방식의 출발점 및 전범이 되었다고 평가한다(Henwood 1998: 471~474).

103) 조절이론이나 금융세계화를 강조하는 대부분의 좌파이론에서는 이 사건을 국민국가에 의한 '쿠데타'로 평가한다. 셰네(Chesnais, 1996b; 1997)를 참조.

완만한 형태로 복지국가의 해체가 이루어졌다. 이러한 복지국가 해체공세는 선진 국들에서 사회복지 지출의 성장률의 둔화로 나타났다(〈표 4-5〉 참조). 그러나 어느 경우이든 브레턴우즈 체제의 붕괴 이후 활발해진 자본의 국제적 이동, 즉 초국적 자본의 운동이 케인스주의적 복지국가의 해체를 강제했다. 그 양상의 차이는 각 나라의 계급 역관계의 차이에 따른 것이었다.[104]

1970년대의 계급투쟁 과정에서 이상과 같은 자본의 반격과 공세에 대한 노동자 계급의 대응은 어떠했는가? 1968년 '유럽 혁명' 과정에서 제출된 노동자계급의 진 취적 요구들, 그리고 1973년 영국 노동당의 급진적 정책강령(Labour's Programme 1973), 1976년 스웨덴 노동조합운동이 제기한 '임노동자기금(WEF)'에 의한 생산수 단 소유의 사회화 전략, 1981년 프랑스 미테랑 사회당 정부가 실시한 국유화 조치 등이 이 시기의 노동자계급 운동, 즉 노조와 노동자정당이 1970년대의 자본축적 위기에 대해 제출한 대응전략이었다.[105]

1968년 '유럽 혁명' 과정에서 제기된 노동자계급의 새로운 요구는 기존의 임금 과 복지라는 금전적 요구를 넘어선 작업장에 대한 노동자통제 등 산업 민주주의 였다. 그러나 프랑스의 경우 노동운동 지도부에 의해 노동자계급의 이러한 새로 운 요구는 거부되었다. 좀 더 포괄적으로 1968년 5월의 혁명적 상황에서 프랑스 노조운동 및 공산당은 혁명적 진출을 거부하고 오히려 노동자계급의 총파업 투쟁 을 억압하는 데 주력했다(Armstrong et al., 1991: 289~304).

영국 노동당은 1973년, 1930년대 이래 가장 과격한 사회주의 문건으로 평가되 는 '정책강령'을 채택했다. 이 강령은 경제의 광범위한 국유화 또는 사회화를 추구 한 것으로 1960년대 말 이래의 노동자계급의 공세적 진출과 1970년대 초반 보수 당 정부의 반노조정책에 의해 급진화된 노조운동에 의해 채택된 것이었다. 주요 내용은 '전국기업위원회(National Enterprise Board)'라는 일종의 국가주주회사의 설 립과 '협정계획(Planning Agreements)'의 제안이다. 전자는 국가가 핵심적인 25개 제조업체의 인수를 포함해 필요하다고 인정되는 개별기업의 주식을 강제로 매입

---

104) 노동자계급의 조직화가 비슷하게 상당한 수준에 이르렀지만 역량의 차이가 존재했던 영국과 스 웨덴에서 복지국가의 해체를 둘러싼 계급투쟁의 양상이 어떻게 다르게 나타났는가에 대한 비교 연구로는 김영순(2001)을 참조.

105) 이 가운데 '사회화 전략과 관련된 소개와 평가는 김성구(2003)를 참조.

할 수 있는 권한을 갖게 함으로써 해당기업과 그 기업에 속한 산업, 나아가 국민경제 전반에 대한 계획과 통제를 확보하도록 한 것이었다. 후자는 국가가 100여 개의 대기업체들로부터 가격, 이윤, 투자 등에 대한 정보 요구권을 담보케 하는 데 그 목적이 있었다. 그러나 노동당의 이러한 사회주의적 공약106)은 1974년 집권 노동당의 의회 지도부에 의해 집행과정에서 유명무실해지면서 사실상 무산되었다(고세훈, 2000: 89~90).

스웨덴의 '임노동자기금'은 이 시기 유럽 사회민주주의에서 제출한 가장 급진적 기획이었다. '임노동자기금'안(案)은 민간 대기업의 이윤의 20%를 신규발행주식의 형태로, 노동조합이 소유·관리하는 임노동자기금에 매년 의무적으로 적립하게 함으로써 장기적으로 노동조합이 민간 대기업들의 지배주주가 되도록 한다는 것이었다. 그런데 임노동자기금안은 애초에 자본축적 위기에 대한 대안으로서 제기되었던 것이 아니라 고수익 부문 노동자들의 연대임금정책에 대한 불만을 해소하기 위한 해결책으로 제시되었다. 즉, 기업의 수익성 수준에 관계없이 동일노동에 대해 동일임금이 지급되도록 하는 것을 목표로 한 연대임금정책으로 인해 고수익 대기업들의 초과이윤이 크게 증가하자 고수익 대기업의 노동자들이 연대임금정책 자체에 대해 이의를 제기하게 되었고,107) 이를 해결하기 위해 스웨덴 생산직노총(LO)이 임노동자기금안을 제시했던 것이다. 이 기금을 통해 연대임금정책으로 인해 고수익 기업들이 누려온 초과이윤을 회수하자는 것이었다.

그러나 생산수단의 소유라는 자본주의의 근본문제를 변경하는 문제이므로 자본가계급은 전면적으로 거부했고, 이에 따른 치열한 계급투쟁 과정에서 노조와 사민당 정부는 이 기금안을 자본축적 위기에 대한 대안으로도 제시했다(신정완,

---

106) 이 정책강령은 1974년 노동당의 '선거강령'에서 민간기업과의 강제적 계획협정 체결, 4대 시중은행의 국유화, 복지급여의 포괄적 확대, 상원 폐지, 핵무기의 폐기와 NATO 체제로부터의 후퇴 등으로 표현되었다(김영순, 2001: 193).

107) 물론 그 이면에는 스웨덴 모델 자체의 모순이 놓여 있었다. 중앙단체교섭과 연대임금정책을 골간으로 한 스웨덴식 노사관계, 거대기업 위주의 성장주의적 경제정책, 보편주의적 복지국가, 조합주의적 의사결정구조 등을 특징으로 한 스웨덴 모델은 장기호황 과정에서 고수익 대기업 자본가들로의 재산과 경제권력의 집중을 초래했다. 또한 사민당 정부와 생산직노총(LO)의 협력하에 이루어진 자본 주도의 강력한 산업합리화는 노동강도의 강화와 산업 간 및 지역 간 빈번한 노동이동을 초래함에 따라 평조합원들의 불만이 고조되었다. 이에 대해 평조합원들은 1960년대 말 이후 비공인 파업의 형태로 그들의 불만을 표출했다(신정완, 1998: 388~389).

1998: 387~398). 임노동자기금안은 1976~1983년 동안 계급투쟁의 쟁점이 되었고, 이 과정에서 총력대응한 자본가계급이 분열된 노동운동진영을 누르고 승리했고 임노동자기금안은 유명무실하게 되었다.[108] 또 이 계급투쟁에서의 패배로 인해 노동자계급은 더욱 분열되었고, 자본가계급이 중앙단체교섭을 탈퇴함에 따라 노동운동은 약화되었으며, 사민당 정부는 1980년대에 기업의 수익성 제고, 시장에 대한 규제 완화, 복지국가 팽창 억제 등을 통해 경제성장을 달성한다는 신자유주의적 성격을 가진 '제3의 길' 정책으로 전환했다.

1981년 집권한 프랑스의 미테랑 사회당 정부는 케인스주의적 정책의 급진화를 통해 저성장, 고실업, 고인플레이션 등 자본축적의 위기를 타개할 것을 시도했다. 즉, 국유화의 확대를 통해 투자와 현대화를 촉진하기 위한 국가통제를 증가시킨다는 급진적 정책이었다. 1982년 국유화의 확대 이후 산업 판매액 가운데 국유기업의 비중이 거의 두 배로 되어 30%에 이르렀다.[109] 그러나 미테랑 정부의 케인스주의적 정책의 급진화는 세 차례의 프랑화 평가절하 후 자본유출과 외환투기 압력에 굴복해 1983년 팽창정책에서 긴축정책으로 전환했다. 그리고 임금-물가 연동제의 해체, 재정긴축, 금융 규제완화, 법인세 감축 등으로 전면 후퇴했다. 결국 미테랑 정부의 국유화 정책은 부실기업을 국가가 인수해 국민의 세금으로 합리화 작업을 추진하는 것으로 귀결되었고,[110] 1986년 이후 우파 정부는 수익성을

---

108) 스웨덴의 양대 노총 중의 하나인 중하위 사무직 노총(TCO)은 기금 논쟁이 격화되자 정치적 중립을 선택했고 "스웨덴의 유권자 중 임노동자기금안을 지지하는 유권자는 20% 선에 머물러 총유권자 중 사민당 지지비율 45%의 절반에도 못 미쳤다. 스웨덴 유권자들의 과반수는 스웨덴 모델식의 온건한 개혁정책에는 지지를 보내지만, 임노동자기금안과 같은 급진적 기획에는 부정적인 입장을 가졌던 것이다"(신정완, 1998: 390).

109) 대기업 위주의 국유화는 2,000명 이상의 제조기업 고용의 47.7%를 국유기업이 포괄할 정도에 이르렀다. "정부가 인수한 것은 전기·전자·화학에서 다섯 개의 주요 산업그룹, 두 개의 가장 큰 철강그룹, 39개의 은행, 두 개의 중요한 금융지주회사, 항공·컴퓨터·통신·제약 부문에서 각각 한 개의 대규모 회사 등이었다. 국유화의 영역이 매우 광범위했으나 결코 몰수는 아니었다. ≪파이낸셜 타임즈≫에 따르면, 5대그룹의 주식 소유자들은 회사들이 적자를 보고 있었다는 사실을 감안하면 '너무 많이 보상받았다'"(Armstrong et al., 1991: 470).

110) 1981~1982년 사회당 정부가 실시한 국유화의 성격에 대한 자세한 분석은 스미스(1990) 참조. 스미스에 따르면, 사회당 정부의 국유화는 공공부문의 확장이 원래 갖는 사회화의 성격과는 무관했다. 사회당이 집권을 위해 공산당과의 선거연합 때문에 사회화를 공동강령으로 채택했지만 실제로는 그럴 의사가 없었기 때문에 사회주의적 국유화와는 거리가 멀었다고 평가한다. "인간에 의한 인간의 착취 시스템을 깨뜨리기 위한 수단"으로서의 국유화는 선거를 위한 '수사(修辭)'

회복한 기업들을 대폭 민영화했다.[111]

이상에서 간략히 살펴본 대로 이 시기 노동자계급의 투쟁은 1968년 투쟁 이후 기층대중은 급진화되고 자본축적의 위기에 맞서 급진적 요구를 제출함에 비해, 노조운동 및 노동자정당 상층부는 그러한 급진적 요구들을 형해화시켜 케인스주의의 테두리 내에서 그것을 유지하거나 급진화하는 형태로 대응했다. 특히 집권 노동자정당은 자본축적의 위기에서 노동자계급 대중의 아래로부터의 급진적 요구들에 대해 한결같이 그것을 무력화·형해화하는 데 결정적 역할을 했다. 이에 대한 자세한 분석이 필요하겠지만, 이 책의 지금까지의 제한적 분석에 따르면 이러한 현상은 케인스주의적 국가형태하에서 제도화된 노동운동이 국가기구로 포섭된 결과로 볼 수 있다.

그러한 케인스주의적 대응조차도 자본가계급의 저항에 부딪혀 오래 지속되지 못하고 좌절했다. 특히 브레턴우즈 체제의 붕괴로 자유로워진 국제적 자본운동이 외환투기를 통해 케인스주의적 정책들을 무력화시키고 긴축정책으로의 전환을 강제했다. 요컨대 1970년대 케인스주의의 위기에 직면해 자본은 '탈집중화 전략'이나 국제적 자본운동 등 새로운 전략으로 케인스주의를 공격하고 긴축정책과 복지국가 해체공세를 구사한 반면, 노동자계급 - 특히 노조운동 및 노동자정당의 상층부 - 은 케인스주의를 유지·급진화시키는 '낡은' 전략으로 대응함으로써 계급투쟁에서 패배했다고 할 수 있다.

한편, 이 시기에 노동자계급의 역량이 조직화되어 가장 강력했던 스웨덴은 자본축적의 위기 속에서도 케인스주의적 복지국가를 가장 오랜 기간 존속시켰다. 그뿐만 아니라 케인스주의적 형태하에서도 노동자계급의 조직된 힘이 강제하는 계급 역관계에 의해 생산력의 발전이 사회복지에 기여할 수 있는 가능성을 보여

---

였기 때문에 "새 공기업들은 투자전략이나 고용정책, 그리고 노사관계에서 사회주의적인 어떤 것이라기보다는 외국의 자본주의적 경쟁자들을 보다 근접하게 닮았⋯⋯다. 결국 좌파의 국유화는, 국가의 후원하에 열악한 자본주의적 기업들이 재구조화되고 합리화되는 국가자본주의 형태를 강화했다. 이런 점에서 공기업은 사적 자본가적 권력을 잠식하기보다는 이를 지탱해주는 데 기여했다"(Smith, W. Rand, 1990: 285).

111) 당시 국유화된 한 기업 사장의 발언은 이 시기 국유화의 성격을 웅변적으로 보여준다. "국유화의 주된 근거 중의 하나는 국유화가 기업들을 국제적으로 경쟁력 있게 만들기 위해 필요한 자금을 기업들에게 이전하는 것을 조직하는 유일한 수단이라는 점이다"(Armstrong et al., 1991: 472).

주었다.

스웨텐에서 사회적 연대의식과 평등주의는 매우 강했고, 노조는 취업 노동자의 매우 많은 부분을 포섭하고 있었다. ……1973년 이래 생산성 증가의 '대부분'이 복지국가의 개선(공공서비스 부문의 고용과 이전지출을 포함한), 그리고 평균노동시간의 단축에 사용되었고, 이리하여 평균노동자의 소득에서의 소비는 처음보다 작게 되었다. 많은 가족의 소비가 제2취업자에 의해 증가하고, 생활수준이 복지서비스의 개선과 노동시간의 단축으로 향상되었(다). ……더욱이 '연대임금정책'이 남성과 여성의 임금격차, 그리고 각 부문 내의 임금격차를 계속 줄여 스웨텐을 세계에서 가장 평등주의적 임금구조를 가진 나라 중의 하나로 만들었다(Armstrong et al., 1991: 479).

결국 1970년대의 자본축적의 위기는 생산력의 발전이 노동자의 필요노동의 감축과 물질적 생활수준의 향상에 기여하는 데서 자본주의적 생산관계가 부과하는 역사적 한계를 보여주었다. 자본주의적 생산관계는 케인스주의적 형태조차도 일정한 정도 이상은 결코 허용할 수 없었던 것이다.

자본주의적 생산관계의 역사적 한계라는 이러한 역사적 맥락은 이 시기 계급투쟁 과정을 지배하고 추동했던 것이 무엇인가 하는 문제, 즉 계급투쟁의 성격이 무엇인가를 분명하게 해준다. 이 시기의 계급투쟁은 1960년대 후반부터 1970년대 전체에 걸쳐 장기간 격렬하게 전개되었고, 또한 노동자계급의 주도로 일어난 계급투쟁이었다. 그래서 당시의 자본축적의 위기에 대해 노동자계급의 과도한 요구 투쟁이라는 '노동자책임론'이 쉽게 제기되었다. 실제로 당시 계급투쟁 과정에서 위기의 노동자책임론은 자본과 정치권력이 노동운동을 공격할 때 사용한 주요한 이데올로기 공세였다. 과연 그러한가?

이 시기의 계급투쟁은 노동자계급의 욕구의 증대, 즉 인간적 욕구의 발전에 의해 추동된 것이었다. 이는 '케인스주의적' 자본축적 형태 및 국가형태하의 장기 고도성장에 따른 비약적인 생산력의 발전의 필연적 귀결이었다. 한편으로, 생산력의 발전은 모든 사회적 관계에서 자본주의적 모순, 즉 소외된 인간관계를 심화시켰다. 예컨대 생산과정에서의 테일러주의의 심화에 따른 단순·무미건조한 소외된 노동,[112] 대량생산과 대량소비 과정에서의 환경파괴, 그리고 '풍요로운 사회'

에도 불구하고 성(性)·인종을 매개로 한 인간차별 등이 전면화되었다.

다른 한편으로 생산력의 발전은 자본주의적 생산관계의 이러한 모순에 대한 노동자계급의 의식을 고양시켰다. 이는 생산력 발전이 필연적으로 수반하는 노동자계급의 욕구의 발전에 따른 것이다. 예컨대 대량소비를 위한 자본의 광고는 노동자계급의 물질적 욕구를 발전시켰고, 자본관계의 보편화 및 상품관계의 보편화는 가치형태 및 국가형태에서 표방되는 형식적인 자유와 평등의식을 보편화시킴으로써 자유와 평등에 대한 인간적 욕구를 발전시켰다. 물론 이러한 인간적 욕구는 부정적인 형태로, 즉 비인간적 노동에 대한 반대, 인간차별에 대한 반대, 불평등에 대한 반대, 국가의 권위주의적 행태에 대한 반대로서의 반권위주의 요구 등으로 표현되었다. 생산력의 고도발전에 토대를 둔 노동자계급의 이러한 인간적 욕구의 발전은 '68혁명'에서 가장 급진적이고 대중적으로 표출되었는데, 자본주의적 질서 자체를 부정하는 체제변혁적 요소도 포함하고 있었다.

요컨대 광범위한 형태로 전개된 이 시기의 경제적·정치적 계급투쟁은, 장기고도성장에 의한 비약적인 생산력 발전을 매개해서 증대된 노동자계급의 (물질적 욕구를 포함한) 인간적 욕구가 보편화된 자본주의적 사회관계의 모순의 심화에 맞서서 투쟁으로 분출된 것이었다. 말하자면, 자본주의가 고도로 발전시킨 생산력 ─ 따라서 노동자계급의 고도로 발전한 인간적 욕구 ─ 과 자본주의적 생산관계의 모순 때문이었다.

이러한 맥락에서 노동자투쟁의 증가를 장기호황을 종식한 주요 원인으로 보는 조절이론 등에 대해 위기의 '노동자책임론' ─ 노동자계급의 과도한 요구 ─ 을 제기하는 부르주아 이데올로기와 동일시하는 브레너의 다음과 같은 관점은 아주 잘못된 것이다.

마르크스주의자 및 급진파는 장기침체를 이윤압박 ─ '지나치게 강력한' 노동으로부터의 자본에 대한 압력을 반영하는 ─ 에서 연유하는 '공급 측면' 위기로 설명한다는 점에서 자유주의 및 보수주의와 궤를 같이한다. 이를 통해서 그들은 작금의 위

---

112) 예컨대 소외된 노동에 대한 저항으로 볼 수 있는 "노동자들의 무단결근의 경우 프랑스는 1961년 4%에서 1974년에는 8.5%, 서독은 1966년 4%에서 1974년에는 11%로 증가했다"(김희삼, 1994: 23).

기를 전간기(戰間期) 동안의 장기침체 ─ '지나치게 약한' 노동으로부터의 압력을 반영하는, 고이윤율로 인해 초래된 '수요 측면' 또는 '과소소비' 위기 ─ 와는 정반대의 성격을 갖는 것으로 규정한다(Brenner, 1998: 47).

이 시기에 문제가 된 것은 노동자계급의 과도한 요구가 아니라 높은 생산력에도 불구하고 인간적 욕구충족에는 무관심한 자본주의적 사회관계였다. 즉, 이윤추구를 지상목표로 하는 사회조직원리가 문제시되었고, 따라서 이윤 자체가 위협을 받게 된 자본의 위기, 자본주의 체제의 위기였다. 이 시기 노동자계급의 요구는 생산력의 발전에 근거한 정당한 요구였던 것이다. 그럼에도 불구하고 자본가계급의 반격과 노동자계급운동의 내적 한계에 따른 계급투쟁에서의 노동자계급의 역사적 패배는 역사적 반동인 신자유주의적 자본주의를 초래했다고 평가할 수 있다.

## 5) 소결

제4장 제1절에서는 형태 분석 및 사회적 구성의 관점에서 1970년대 이후 현대자본주의를 분석하기 위한 선행작업으로 제2차세계대전 이후 장기호황기를 계급역관계, 자본축적 형태, 국가형태로 나누어 분석하고 1970년대 자본축적 위기의 원인을 분석했다.

역사적 맥락에서 1945년 전후의 계급 역관계를 평가하면, 장기적으로는 19세기 말 이래 노동자계급의 공세가 지속되는 과정에서 노동자계급이 러시아 및 제3세계 일부지역의 혁명투쟁에서 승리하고, 선진국에서 패배하는 양면적 상황이 이시기의 세계적 계급의 역관계를 규정하고 있다. 따라서 제2차세계대전을 전후한 시기의 계급 역관계는 상반된 평가가 제기될 정도로 양면성을 지닌다. 이는 계급적 적대와 세력균형을 동시에 표현하는 전후 냉전체제의 정립에서 압축적으로 드러났다. 사회주의 진영의 등장은 자본주의 세계시장의 축소를 의미할 뿐 아니라 자본/노동의 적대적 대립이 냉전체제라는 외부화된 대립으로 정립되었음을 의미했다.

'케인스주의적 복지국가'와 장기호황이라는 모순적 현상 ─ 노동자계급의 복지증대와 높은 이윤율 및 축적률의 공존이라는 점에서 — 은 이 시기의 모순적 계급 역관계의 표현이었다. 즉, 기본적으로 전 세계 노동자·민중의 혁명적 진출과 공세에 대한 자본의 전략적 대응으로 구성된 계급 역관계와 세력균형을 반영한 것이었다. 따라서 자본주의 세계 내부의 혁명적 세력에 대한 탄압과 노동자계급의 체제 내 포섭이라는 양면 전략은 사회주의진영과의 적대적 대립 속에 있었던 이 시기 자본가계급의 기본 전략이었다. 헤게모니 국가로서의 미국의 유럽 및 일본 등 선진국들과 제3세계의 신생독립국들에 대한 세계전략을 규정한 것도 이것이었고, 선진국 자본가계급의 국내전략의 기본도 이것이었다. 자본의 이러한 전략적 대응과 그에 따른 계급투쟁이 전후 장기호황의 자본축적 형태 및 국가형태를 기본적으로 규정했다.

장기호황 또는 고도성장이라는 균일적 외관의 이면에 있는 모순적이고 역동적인 계급투쟁의 과정에 대해 세 가지 가설을 제시했다.

첫째, 이 시기 안정적이고 지속적인 자본축적의 토대를 이룬 것으로 평가되고 있는 단체교섭 제도의 정착은 모순적이고 복합적인 계급 역관계의 산물이었다. 노동자계급의 일방적 공세의 산물도 아니고, 노동자계급의 패배에 따른 체제내화의 산물도 아니었다. 패배와 승리가 중첩된 모순적 계급 역관계, 즉 역사적 세력균형의 표현이었다. 임금-생산성 연동제나 임금-물가 연동제는 이러한 세력균형 — 세력관계의 현상유지 지향 — 을 상징한다.

둘째, 자본의 높은 이윤율을 장기간 가능하게 한 여러 조건 가운데 가장 결정적으로 작용한 조건은 단체교섭 제도에 의한 노사관계의 안정화나 산업예비군 효과가 아니라 성·인종을 이용한 노동력의 차별적 재구성이었다. 단체교섭 제도가 정착할 수 있었던 것은 그 제도에 의해 혜택을 받을 수 있는 노동자계급이 백인 남성 노동자로 제한되었기 때문이다. 즉, 여성과 비백인 소수 인종은 그 제도로부터 배제되었다. 또 선진국들에서 급속한 자본축적 과정에서 산업예비군이 고갈되었음에도 불구하고 자본의 높은 이윤율이 지속될 수 있었던 것도 여성과 소수 인종에 대한 초과착취 때문이었다.

셋째, 냉전체제의 강제로 인한 자본주의 국가의 '통합주의 전략' 때문에 자본축적 과정에서 발생하는 모순이 국가에 전가될 수 있었던 것이 고도축적의 장기화를 가능케 했다. 특히 자본에 의한 노동력의 차별적 재구성에 따른 모순은 이들 차별당한 노동자계급의 투쟁에 의해 복지국가로 전가되었다. 자본축적에서의 모순이 복지국가의 모순으로 치환되었던 것이다. 이 차별화 모순은 케인스주의적 복지국가를 구성하는 주요한 한 계기로 작용했을 뿐 아니라 나중에 복지국가의 위기 자체가 자본축적의 위기를 촉발하는 계기로 작용하게 만들었다.

냉전체제로 상징되는 이 시기의 계급 역관계는 헤게모니 국가 미국의 세계전략으로서의 자본주의 세계 내부의 혁명적 세력에 대한 탄압과 노동자계급의 체제 내 포섭이라는 양면 전략을 강제했다. 이 전략은 이 시기 세계적 차원에서의 자본운동을 규정했던 브레턴우즈 체제를 통해 관철되었다. 브레턴우즈 체제를 통해 표현된 것은 미국 헤게모니를 반영한 달러 헤게모니와 국민경제를 세계시장에서의 자본운동으로부터 일정하게 격리시키려는 전략이었다. 브레턴우즈 체제는 1930년대 이래의 노동자계급의 계급적 진출에 따른 압력으로 금본위제가 포기되면서 국제적 금본위제에 대한 대안적 국제통화 질서로 역사적으로 구성되었다. 국내 노동자계급의 진출과 압력이 관리통화제도를 도입하게 만들었던 것과 마찬가지로, 그리고 그 연장선상에서 국민경제를 세계시장의 압력으로부터 분리시켜 정치적으로 조절할 수 있도록 고정환율제, 자본의 단기이동 통제 등을 세계적 차원에서 제도화한 것이었다. 요컨대 브레턴우즈 체제는 노동자계급의 투쟁을 봉쇄하기 위해 미국 경제에 기초해서 일국 차원의 케인스주의적 축적형태를 국제적으로 보장하는 것이었다.

이 시기의 계급 역관계는 자본가계급에게 '통합주의 전략' 또는 '정치화 전략'을 강제했고, 그 결과 계급투쟁의 역동적 과정을 통해 '복지국가'가 구성되었다. '케인스주의적' 국가형태를 '계획국가'나 '안전국가'라는 측면보다 '통합주의 전략' 또는 '경제의 정치화'에 따른 '복지국가'로 특징화하는 것이 이 시기의 계급 역관계의 표현으로서의 국가형태를 더 잘 이론화한다. 왜냐하면 자본주의 국가의 경제개입은 계급관계의 위기 속에서 경제와 정치의 '외관상의 분리'가 깨지고 그것의 '내용적 통일'을 드러내는 것으로, 따라서 '자립적 경제'의 정치화로 파악할 수 있기 때문이다. 원래 자본주의 국가형태는 시민사회, 즉 경제로부터 '정치적 국가'로 분리되었던 것인데, 냉전체제로 상징되는 계급관계의 위기 또는 적대적 불안정이 '정치적 국가'의 경제 또는 시민사회에 대한 개입을 초래한 것으로 볼 수 있다.

이것은 외관상으로는 국가의 시민사회에 대한 개입, 또는 국가에 의한 시민사회의 조직화로 현상하지만, 내용적으로는 '경제적 형태'의 계급관계에 대한 '시장적 조절'이 아닌 '정치적 조절'이다. 그리고 그러한 정치적 조절의 핵심은 단체교섭의 제도화에서 드러나듯이, '통합주의 전략'이다. 계획화는 통합주의 전략의 여러 수단 가운데 하나의 수단에 불과하다.

'케인스주의적' 복지국가는 자본가계급의 일방적인 전략으로 단선적으로 관철되었던 것이 아니라 계급투쟁에 의해 구성되었다. 특히 '케인스주의적' 자본축적 형태의 모순, 즉 조직화된 노동자계급뿐만 아니라 배제되고 차별된 하층 노동자계급의 투쟁이 국가형태로 전가 또는 치환되면서 '복지국가'의 내용이 구성되었다.

이 시기의 계급 역관계는 또한 제3세계에 대해서는 '반혁명전략'과 '자본주의화 전략'이라는 양면전략을 강제했다. 이른바 '신식민주의 전략'이다. 신식민주의 전략은 적대적인 사회주의진영에 맞서 제국주의 세력이 한편으로는 제3세계의 민족해방투쟁 역량을 봉쇄하고(반혁명전략), 다른 한편으로는 제3세계 나라들을 자본주의 체제로 편입시키기 위한 전략(자본주의화 전략)이다. 한마디로, 형식적으로는 정치적 독립을 허용하면서 제3세계 내부에 종속적·매판적 자본가계급을 육성해서 자본주의 세계체계에 붙들어 두려는 전략이다.

이러한 신식민주의에서 핵심적인 것은 제3세계 나라들이 정치적 독립에도 불구하고 경제적으로 제국주의적 지배/예속관계에서 벗어나지 못했다는 점이다. 또 미국의 '반혁명전략'에서 드러나듯이 정치적 독립 역시 형식적인 것이었다. 다만 정치적 지배방식이 제국주의적 직접지배에서 신식민지의 토착 지배세력을 통한 간접지배로 바뀐 것뿐이다.

경제적 신식민주의에서는 식민지 초과착취관계를 유지하면서 자본/노동관계를 확대시키는 것, 그리고 그를 통한 신식민지 토착자본가계급을 육성하는 것이 핵심이었다. 이것은 '경제적 강제'를 통해 가능했다. 즉, 이미 식민지 시절 정립된 국제분업체계를 통해 한편으로는 남북교역관계에 의해서 경제적 지배/예속관계가 유지될 수 있었고, 다른 한편으로는 해외직접투자의 형태로 미국 자본이 직접 진출함으로써 제3세계 경제에 대한 지배를 강화시켰다. 이러한 과정을 통해 제3세계에서의 초과착취관계는 유지되었다. 그리고 초과착취관계에 필수적인 정치적 억압은 권위주의적 형태로 재편되었다.

그러나 제3세계의 자본주의화, 즉 자본축적은 제한적일 수밖에 없었다. 초과착취관계로 인해 국내소비가 근본적으로 제약되었고, 토착 부르주아의 경우 제국주의로의 가치이전으로 자본축적 자체가 일정하게 제한되었기 때문이다. 따라서 이 시기 신식민주의는 안정적으로 유지되기 어려웠다. 제3세계의 이러한 사회경제적 조건은 계급투쟁을 격화시켰다. 베트남 민족해방투쟁을 필두로 한 이 시기 제3세계의 계급투쟁은 세계적 계급 역관계를 변화시킨 주요 추동력으로 작용했다.

케인스주의적 자본주의의 위기는 노동자계급 투쟁의 격화에 따라 케인스주의적 자본축적 형태와 국가형태의 상호 규정을 통한 모순적 운동이 더욱 심화되면서 이윤율 저하와 복지국가의 위기라는 형태로 표출되었다.

1968년 '유럽 혁명'을 전환점으로 해서 세계적 계급 역관계가 변화하기 시작했고 선진국 내부에서는 나라별로 치열한 계급투쟁이 전개되었다. 계급투쟁 과정은 자본축적 형태에서의 모순이 모두 국가형태로 전가되어 집중되었고, 그래서 국가정책을 둘러싼 계급투쟁으로 나타났다. 이러한 투쟁은 선진국 가운데 영국에서 가장 전형적으로 나타났다. 특히 인플레이션의 가속화, 정부의 소득정책(임금억제정책) 및 재정지출의 확대 등을 매개로 노자 간에 투쟁이 격화되었으며, 그 과정에서 '케인스주의적' 자본축적 형태와 국가형태의 모순을 더욱 첨예화시켰다. 마침내 1973년 오일쇼크가 촉발제로 작용해 1974~1975년 세계적 공황이 발생했고, 불황 속에서 계급투쟁은 더욱 격화되었다. 자본축적 위기의 현상형태는 침체 속의 인플레이션 현상(스태그플레이션)과 국가의 재정위기, 그리고 브레턴우즈 체제의 붕괴 등이었다. 이 계급투쟁에서 자본의 대응전략은 한편으로 '탈집중화' 전략을 통해 노조의 힘을 무력화하는 것이었고, 다른 한편으로 복지국가의 해체 전략이었다.

노자 간의 '경제적 형태'의 계급투쟁은 1970년대 전체에 걸쳐 치열하게 전개되었고, 대체로 1979년 2차 오일쇼크 이후의 불황 속에서 자본가계급의 반격에 의해 노동자계급의 패배가 현실적으로 명확하게 드러났다. 그러나 이러한 노동자계급의 패배는 한 번의 투쟁에서의 패배가 아니라 1970년대 전반에 걸친 자본의 '탈집중화 전략'에 의한 계급 역관계의 변화에 기초한 것이었다. 이러한 계급 역관계의 변화에 의해 자본은 1960년대 말부터 분출된 노동자계급의 공세를 분쇄하는 한편, 1980년대에 전면적인 재구조화 공세로 나아감으로써 자본의 일방적 우위의 계급 역관계를 정착시키게 된다. 이 점에서 1980년대 초반은 하나의 전환점이 되었다.

케인스주의적 국가형태에 대한 자본가계급의 반격은 1974~1975년 세계공황 이후 완전고용을 목표로 한 케인스주의적 재정·금융정책의 포기와 통화주의적 긴축정책으로의 전환, 복지국가의 축소 공세로 표현되었다. 자본의 이러한 반격은 외환투기에 의한 국제적 자본운동을 통해 이루어졌다. 미국의 경우, 1975~1976년의 뉴욕 시 재정위기를 계기로 해서 복지국가 해체공세가 본격화되었다. 이러한 재정위기를 계기로 금융자본에 의한 '시장적 조절'을 통해 지방정부의 긴축정책, 즉 사회복지 감축으로의 전환이 이루어졌다. 자본에 의한 케인스주의적 복지국가의 전반적인 해체공세는 1980년대부터 본격적으로 이루어졌다. 영국의 대처 보수당 정부와 미국의 레이건 공화당 행정부가 그 선두에서 복지국가에 대한 공격과 해체를 급격하게 관철시켜나갔고, 노동자계급의 역량이 보다 강고한 유럽 대륙에서는 계급적 공방을 주고받으면서 더 완만한 형태로 복지국가의 해체가 이루어졌다. 브레턴우즈 체제의 붕괴 이후 활발해진 자본의 국제적 이동, 즉 초국적 자본의 운동이 케인스주의적 복지국가의 해체를 강제했다.

요컨대 1970년대 케인스주의의 위기에 직면해서 자본은 '탈집중화 전략'이나 국제적 자본운동 등 새로운 전략으로 케인스주의를 공격하고 긴축정책과 복지국가 해체공세를 구사한 반면, 노동자계급 ─ 특히 노조운동 및 노동자정당의 상층부 ─ 은 케인스주의를 유지·급진화시키는 '낡은' 전략으로 대응함으로써 계급투쟁에서 패배했다고 할 수 있다.


## 2. 신자유주의적 자본주의의 성격과 모순

필자는 1970년대의 자본축적의 위기 속에서 전개된 격렬한 계급투쟁의 결과, 1980년대 초반을 전환점으로 한 자본의 신자유주의 공세가 자본의 일방적 우위를 확보하는 새로운 계급 역관계를 구성했다고 보고, 1980년대 이후의 세계자본주의를 '케인스주의적 자본주의'와 구별되는 '신자유주의적 자본주의'로 파악하고자 한다.

이 책에서 '신자유주의적 자본주의'로 개념화하는 것은 '케인스주의적 자본주의'처럼 '하나의 장기적인 안정적 자본축적'의 새로운 형태로서 파악하는 것이 아니라는 점을 미리 지적할 필요가 있다. 자본주의의 발전단계나 시기를 '케인스주의적 자본주의'에 고유한 — 자본주의의 전체 역사에서 보면 예외적인 — 특징인 '장기적인 안정적 자본축적' — 따라서 조화로운 '기능적 총체'를 상정한다 — 을 기준으로 개념화하는 것은 '조절이론'에 의해 유포된 관념이다. 이는 전후 장기호황기의 역사특수적 내용을 단계나 시기 또는 축적체제의 일반적 기준으로 제시하는 것으로 잘못된 것이다.

여기에서 '신자유주의적 자본주의' 개념은 조절이론적 축적체제 개념이 아니라 1970~1980년대 이후의 현대자본주의의 역사적 형태 — '모순적 총체'로서의 — 를 지칭하는 것이며, '계급 역관계'를 기준으로 해서 '케인스주의적 자본주의' 시대와 구분하고자 한다. 따라서 '신자유주의적 자본주의'는 불안정한 자본축적을 특징으로 할 수도 있다.

자본의 일방적 우위라는 새로운 계급 역관계는 1989~1991년의 동구 및 소련의 붕괴에 따라 현실사회주의권이 자본주의로 체제전환하게 됨에 따라 세계적 차원에서 확실하게 고착화되었다. 필자의 이러한 입장은 1970~1980년대 초반을 이행기로 해서 세계자본주의의 역사적 형태가 전형되었다고 평가하는 입장이다.

이러한 입장은 또한 1970년대 자본축적의 위기가 21세기로 접어든 현재까지도 해소되지 않고 '구조적 위기'로서 계속되고 있다는 '장기침체론'적 입장(Brenner, 1998; 2002)과는 구별된다. 브레너의 경우 계급 역관계의 변화에 따른 자본축적 형태 및 국가형태의 전형 개념이 아예 없다. 브레너와는 달리 조절이론은 1980년대를 전후해서 포드주의 축적체제에서 '포스트포드주의' 축적체제 또는 '금융화된 축적체제'로 전형되었다고 평가하고, 자율주의는 이 시기의 전형을 '대중노동자'로부터 '사회적 노동자(social worker)'로의 이행으로 분석하고 새로운 '투쟁주기'로 평가한다.

따라서 1980년대 이후 전형된 현대자본주의인 신자유주의적 자본주의의 성격을 이 시기에 새롭게 구성된 계급 역관계에 대한 분석, 그리고 그에 입각한 신자유주의적 자본축적 형태 및 국가형태의 분석을 통해 살펴보고자 한다.

논의를 압축적으로 진행하기 위해 1980년대 이후의 현대자본주의에 대한 주요한 세 논쟁, 즉 정보화 논쟁, 금융화 논쟁, 세계화 논쟁을 중심으로 분석하고자 한다. 계급 역관계 분석은 정보기술혁명[113]을 둘러싼 정보화논쟁을 중심으로 각 이론들을 비판적으로 검토하고, 자본의 '유연화(flexibilization)' 전략에 의한 자본의 일방적 우위의 계급 역관계를 구성한 것으로 평가한다. 신자유주의적 자본축적 형태 분석은 금융화 논쟁을 비판적으로 검토하고 자본의 '투자회피' 전략에 따른 금융적 축적 또는 투기적 축적으로 평가하며, 그러한 축적형태를 반영하고 표현하는 것으로서 '주주 자본주의'를 해명한다. 신자유의적 국가형태 분석은 세계화 논쟁을 비판적으로 검토하고 '수탈국가'와 '경제적 재식민지화'로 그 특징을 이론화하고자 한다.

## 1) 자본의 유연화·세계화 공세에 의한 계급 역관계의 역전과 노동자계급의 파편화

노동자계급의 투쟁에 의해 촉발된 1960년대 말부터의 케인스주의적 자본축적 형태와 국가형태의 위기는 1970년 중반의 세계공황을 전후로 격렬한 계급투쟁을 초래했고, 이 과정은 다른 한편으로 격화된 국제적 경쟁으로 표현되었다. 그리고 국제적 경쟁을 매개해서 자본의 일방적 우위의 계급 역관계에 기초한 일본적 생산방식 — 도요타주의의 '탈집중화' 전략 — 이 1970년대부터 선진국에서 자본의 새로운 전략으로 급속히 확산되었음은 앞서 분석한 바 있다.

또한 노동자계급이 자본축적의 위기에 대해 장기호황기의 케인스주의적 정책의 연장선상에서 그것의 유지 내지는 급진화로 대응했으나, 이는 브레턴우즈 체제의 붕괴에 따른 국제적 자본운동에 의해 외환투기 압력으로 무력화되었음도 살펴보았다. 자본은 이윤율의 급격한 저하로 표현된 이 시기의 자본축적 위기를 케인스주의하에서 성장한 노동자계급의 조직화된 힘에서 비롯된 것으로 보고 노동자계급의 조직된 힘을 약화·무력화하는 데 반격과 공세의 초점을 맞추었다. 요컨대 자본은 계급 역관계의 역전을 추구했다.

---

113) '정보기술혁명'이라는 기술혁명은 초기에는 주로 1970년대 이래의 컴퓨터의 발전에 따른 정보기술을 중심으로 한 '극소전자혁명(Micro-Electronic Revolution)'으로 논의되다가, 이후 광섬유의 개발 등 통신기술의 발전에 따라 '정보기술혁명'으로 되었으며, 1990년대 인터넷의 등장으로 완성되는 기술혁명이다.

자본의 이러한 '위로부터의 계급투쟁'은 노조와의 정면대결과 무력화 공세, 생산과정의 재구조화, 케인스주의적 팽창정책의 긴축정책으로의 전환, 완전고용에서 반인플레이션으로의 경제정책 목표의 전환, 복지국가의 축소 등으로 나타났다. 이는 케인스주의적 자본축적 형태 및 국가형태의 새로운 형태로의 전형을 추구한 것이었다. 특히 자본의 노조 무력화 공세와 생산과정의 재구조화 전략은 서로 맞물려 있는 과정으로서, 자본의 총체적 공세의 토대를 이루었다. 자본은 이 과정에서 정보통신기술을 적극적으로 활용했다. 따라서 이른바 '정보기술혁명'으로 불리는 생산의 새로운 기술적 기초는 이 시기 계급 역관계를 규정하는 물질적 토대라 할 수 있다. 따라서 정보기술혁명과 이 시기 생산과정 재구조화의 연관을 어떻게 볼 것인가는 1970년대 이후 현대자본주의를 파악하는 데 결정적으로 중요하다. 이 문제는 '정보화 논쟁'을 통해 쟁점이 되고 있다.

'정보화 논쟁' 전반에 대한 검토는 이 책의 범위를 넘어서는 것이고,[114] 여기에서는 계급 역관계에 대한 분석과 관련된 범위에서 조절이론과 자율주의이론에서의 분석을 비판적으로 검토한다. 브레너의 경우 이에 대한 본격적인 분석을 결여하고 있다. 기존 이론에 대한 이러한 비판을 토대로 형태 분석과 사회적 구성의 관점에서 신자유주의 시기의 계급 역관계를 자본의 유연화·세계화 공세와 노동자계급의 파편화, 그에 따른 자본의 일방적 우위의 역관계로 분석하고자 한다.

### (1) 기존 이론의 계급 역관계 분석 비판

초기 조절이론은 노동과정의 기술적 기초로서 '극소전자혁명'에 주목하고 포드주의 축적체제의 위기를 극복한 새로운 축적체제로 '네오포드주의' 또는 '포스트포드주의' 축적체제의 성립 가능성을 제기한다.

아글리에타(1979)는 포드주의 축적체제의 위기를 벗어나기 위해서는 집합적 소비재의 노동과정을 혁신함으로써 노동력의 재생산 가치가 저하해야 할 것으로 전망하고, 이를 위한 정보기술의 활용가능성을 주목한다. "네오포드주의로 불리는 노동과정이 출현함으로써 그러한 과정이 이미 준비되어 있는지도 모른다. 위

---

114) '정보화 논쟁'은 '후기산업사회'론, '정보화사회'론, '포스트모더니즘' 등 매우 다양한 형태로 정보기술혁명이 현대자본주의에 미친 영향을 둘러싼 논쟁으로 전개되고 있다.

계적 통제에 의해 규율화되고 파편화된 노동의 기계화 원리는 반(半)자율적 집단 안에 조직된……정보화 원리로 대체되는 경향으로 노동과정이 크게 일변해왔다는 것이 중요하다. ……병원, 교육제도, 공해 감시, 공공교통기관 조직에서……집합적 소비재의 사용법을 근본에서부터 전환하는 동시에 그 생산에 있어 노동력의 커다란 절약을 초래할 수 있는 노동조직 원리가 중요하다는 것이다"(Aglietta, 1979: 203).

이후 초기 조절이론은 브와이예, 리피에츠 등에 의해 극소전자혁명에 의한 생산의 자동화, 유연화, 다품종소량생산체제, 노동자계급의 파편화 등 노동과정과 임노동관계의 재구조화를 중심으로 각국의 사례연구를 통해 다양한 모델 구성을 탐구한다. 예컨대 리피에츠는 유연화에 기초한 새로운 사회적 타협을 모색하는 '포스트포드주의'와 생산성 상승에 따른 소득분배가 배제된 테일러주의의 심화라는 '네오테일러주의'가 새로운 축적체제로 발전할 수 있는 가능성을 제기한다. 115)

그러나 초기 조절이론의 '포스트포드주의'론은 광범위한 사례연구에도 불구하고 '포스트포드주의'를 하나의 축적체제로 이론화하는 데 실패한다. 이러한 실패는 기본적으로 조절이론의 구조주의적 접근방법에서 기인한다. 즉, 포드주의 축적체제와 조절양식의 개념화에서 잘 드러났듯이, 조절이론은 '주요한 제도형태 간의 조응을 통한 안정적인 자본축적'을 중심적 개념으로 삼고 있는데, 1970년대 이후의 자본주의 현실에서 그러한 안정적인 축적이 이루어지지 않았기 때문에 '축적체제'란 개념틀로는 현실을 이론화할 수 없었다. 말하자면 포드주의 축적체제처럼 장기호황이 도래해야 새로운 축적체제로 개념화할 수 있는데, 1970년대 이후 안정적인 장기호황은 결코 현실화되지 않았기 때문이다.

더구나 조절이론이 포드주의적 임노동관계에 대한 대안으로 상정하는 '포스트포드주의'는 정보기술을 이용한 노동과정의 혁신을 토대로 생산성이 상승하고 새

---

115) 초기 조절이론에서의 다양한 이론적 모색에 대한 소개와 요약은 정명기(1992)를 참조. 그러나 '포스트포드주의' 축적체제라는 개념 자체가 갖는 실천적 함의는 포드주의의 위기에 따른 자본주의의 재편이 성공하리라는 가정이다. 이 가정은 "자본주의가 필연적으로 붕괴되리라는 과학적 사회주의의 신념이 전도된 형태"(Witheford, 1999: 134)이고, 자본주의의 위기에서 자본주의를 넘어설 수 있는 실천적 가능성 자체를 원천적으로 배제한다(Bonefeld et al., 1992b). 이러한 가정하에서 문제로 되는 것은 어떤 종류의 자본주의 체제가 등장할 것인가, 그리고 노동자와 사회운동이 자본과 얼마나 좋은 타협을 이룰 수 있는가의 여부일 뿐이다.

로운 계급타협이 성립함으로써 안정적인 자본축적이 이루어지는 축적체제인데, 현실에서 정보기술에 의한 유연화는 노동자계급의 무력화를 목표로 추진된 것이었고 계급타협을 가능케 할 계급 역관계를 오히려 파괴하는 방향으로 작용했기 때문이다. 한마디로 '포스트포드주의 축적체제'는 현실에 존재할 수 없었던 것이다.

여기에서는 조절이론, 특히 프랑스 조절학파가 1990년대 초반까지 정력적으로 수행했던 '포스트포드주의'에 대한 수많은 연구들을 구체적으로 검토하지 않기로 한다. 왜냐하면 조절이론의 논의 자체가 '포드주의 축적체제'를 투영한 하나의 새로운 '이념형'으로서 '포스트포드주의'를 제시하고, 그러한 이념형에 현실을 꿰맞추려 했기 때문이다. 조절이론의 '임노동자 민주주의', '노동의 인간화' 논의가 모두 비현실적인 환상이었음은 자본주의 현실이 이미 입증했다.

예컨대 조절이론이 '신보수주의'에 맞서 위기극복전략으로 제시한 '임노동자 민주주의'란 정보기술에 기초해 노동과정을 구상과 실행의 재통합 방향으로 재편성하고 교섭에 기초한 노동자의 참여를 보장함으로써 생산성 향상과 임노동관계의 민주주의를 동시에 달성하는 새로운 모델을 구축하자는 제안이었다. 그러나 정보기술의 기초 위에서 민주주의와 효율성의 양립 가능성을 주장한 조절이론은 정치적으로는 사회민주주의를 추구하는 스웨덴 모델 – 칼마주의 – 을 지지하면서도 경제적 효율성 기준으로는 일본 모델 – 도요타주의 – 을 가장 높게 평가하는 등 현실 분석에서 일관성도 견지하지 못했다. 결국 노동의 인간화와 노동생산성을 동시에 달성했다고 선전된 스웨덴 모델의 볼보자동차 칼마 공장과 우데발라 공장에 대해 1992년 경영난을 이유로 자본이 일방적으로 폐쇄를 선언함으로써 '포스트포드주의'론은 더 이상 지속될 수 없게 되었다.[116]

따라서 조절이론의 '포스트포드주의' 축적체제론은 결국 포기되었고, 나중에 1990년대 중반경 미국만의 상대적인 장기호황 현상이 출현했을 때, 그것에 주목해서 '금융화된 축적체제'론이 이론화된다(Aglietta, 1997; 1998). 그러나 '금융화된 축적체제'론은 초기 조절이론과의 단절을 통해 이루어진 것이었다. 초기 이론에서의 임노동관계, 즉 계급관계를 중심으로 한 조절양식 개념을 포기하고 이 책의

---

116) 조절이론의 '포스트포드주의'론에 대해 자세하게 소개하고 비판적으로 평가한 논문으로는 김희삼(1994)을 참조.

제2장 방법론 비판에서 검토했듯이, 구조주의적 접근방법에 좀 더 충실한 방법론에 따라 미국 경제에서의 지배적인 제도형태인 기업지배구조와 세계화를 중심으로 이론화한 것이다.[117]

어쨌든 극소전자혁명이 계급 역관계에 미친 영향에 대한 초기 조절이론의 분석은 '포스트포드주의'론이 기대했던 것과는 정반대로, 극소전자혁명에 따른 생산의 유연화가 노동자계급을 약화시켰다는 것으로 요약할 수 있다. "유연적 전문화와 자동화에 의한 대규모 구조적 실업의 발생, 정보기술의 발달에 따른 고용의 불안정, 노조 가입률의 저하, 전국노조의 탈집중화와 분열, 증가하는 여성 노동자와 파트타임 노동자 등에 의해 노동력의 수요와 공급이 제도화된 형태로 규범화되었던 포드주의적 원칙이 시장원리로의 회귀를 강요당함으로써 노조의 사회적 세력이 크게 약화되었다"(정명기, 1992: 252~253). 그리고 포드주의적 코포라티즘이 노동자계급의 양극화와 핵심적 노동자집단에게만 적용되는 '선별적 코포라티즘(selective corporatism)'으로 대체된 것으로 분석된다.

한편 '포스트포드주의'를 포기하고 '금융화된 축적체제'로 이론화한 후기 조절이론은 1980년대 이후의 계급 역관계 분석을 세력관계 분석으로 대체한다. 앞서 케인스주의적 자본축적 형태에서 검토했듯이, 장기호황기에는 산업자본 세력이 중심이 되어 노동자계급 및 케인스주의적 국가관료세력과 연대해 금융자본 세력을 억제하는 '금융규제하의 포드주의적 경영자 자본주의'였는데, 1970년대 말부터 그동안 억압당해온 금융자본 세력이 반격을 가하기 시작해서 새로운 세력관계가 형성되었다. 우선 금융자본 세력 – 금리생활자, 금융자산보유자, 금융자본, 금융엘리트들 – 은 인플레 압력에 의해 음(陰)의 실질이자율로 손해를 보아왔는데, 이에 맞서 대내외 금융자유화를 요구하는 한편 단기자본 이동에 대한 브레턴우즈 체제의 통제를 무력화시켰고 정부에 고금리정책으로의 전환을 요구했다. 금융자본 세력의 이러한 요구는 1970년대 말과 1980년대 초에 레이건 정부와 대처 정부에 의

---

117) 이에 대해서는 나중에 신자유주의적 자본축적 형태에서 본격적으로 검토할 것이다. 어쨌든 조절이론은 '포스트포드주의' 축적체제론에서 '금융화된 축적체제'론으로 전환하는 과정에서 구조주의적 접근방법에는 더욱 충실해지게 되지만, 내용적으로는 이론적 파산에 이르게 되었다고 평가할 수 있다. 이러한 이론화에서의 단절과 전환 과정은 조절이론으로는 1980년대 이후의 자본주의의 현실을 설명할 수 없음을 스스로 입증한 것이었다.

해 수용되어 자본이동에 대한 규제를 포함한 금융관련 규제가 대폭적으로 완화되었다. 한편 산업자본 세력 – 구체적으로는 경영자들 – 은 수익성 저하와 인플레 압력에 따른 위기에 대해 기존의 노자 간의 사회적 타협을 해체하는 방식으로 대응했는데, 이는 한편으로 유연화 전략을 구사하면서 다른 한편으로 생산거점을 전 세계로 확산시키는 세계화 전략으로 나타났다. 그리고 자본축적 위기 이후 수요 감퇴와 수익성 저하에 대응해 산업투자보다는 수익성이 높은 금융투자에 주력함으로써 경제의 금융화로 나아갔다.

요컨대 산업자본 세력은 노동자들과의 타협을 추구하기보다 기관투자가 등 금융자본 세력과 연대해 노동자계급을 억압하는 새로운 세력관계를 구축했다. 이것이 '금융화된 축적체제'이다. 말하자면 금융자본 세력이 중심이 되고 주도해 산업자본 세력과 신자유주의적 관료들이 연대해 노동자계급을 억압하는 축적체제인 것이다. 이러한 신자유주의적 세력관계 형성에서 중심적인 것은 '금융의 세계화'이다(Aglietta, 1997; 1998; 전창환, 1999; 2002).[118]

결국 후기 조절이론에서는 정보기술을 이용한 자본의 유연화 전략은 새로운 '금융화된 축적체제'의 구성의 일부를 이루고 있지만, 주도적 역할을 하는 것은 아니다. 즉, 더 이상 계급 역관계는 자본축적 형태와 국가형태의 전형에서 주도적 역할을 하지 않는다.

다음으로 1970년대 이래 극소전자혁명을 중심으로 한 정보기술, 특히 컴퓨터를 활용한 생산의 유연화가 계급 역관계를 자본의 일방적 우위로 역전시켰다는 함의를 갖는 조절이론의 분석과는 정반대로, 자율주의이론은 극소전자혁명과 통신기술의 발달 등 정보기술혁명이 노동과정의 기술적 기초를 변혁시킴으로써 계급 역관계에서 노동의 일방적 우위로 발전할 가능성을 제기한다.

자율주의이론은 이 시기의 계급투쟁과 계급 역관계에 대해 독특하게 분석한다. 즉, 1970년대 후반경부터 이탈리아를 비롯한 선진국에서 전통적 산업노동자

---

118) "(금융)세계화가 포드주의의 위기에 대한 자본의 사활을 건 투쟁이라는 사실이 분명해졌다. 이 투쟁과정에서 국제적 금융자본은 제도화된 사회적 이해의 타협체제를 근저에서 파괴했다. 이런 측면에서 세계화는 자본, 특히 초국적 자본의 정치적 전략(프로젝트)이며, 이 전략으로 인해 국가의 구조와 기능도 완전히 탈바꿈하게 된다. 신자유주의는 이런 정치적 프로젝트를 이데올로기적으로 정당화한다"(전창환, 1999b: 105).

계급의 투쟁이 약화·패배했다는 사실은 인정하나, 산업 노동자계급의 이러한 전투성의 약화가 비(非)보장 노동자층 – 학생, 여성, 실업자 – 의 전투성 강화에 의해 보완되었다고 본다. 달리 말하면, 노동이 사회 전체로 확산되면서 노동자계급이 '사회적 노동자'로 재편되면서 노동자계급의 '계급 재구성'이 진행되었다는 것이다. 그 과정에서 자본은 "복지국가하에서 매개 역할을 수행한 보장 노동자층의 권력 – 그것은 노동조합과 노동자당과 같은 조직형태에 축적되어 있었다 – 을 약화시키면서, 비보장 노동자층의 요구를 체제 내로 흡수하기 위해 신자유주의적 구조조정을 수행한다. 노동자계급의 삶의 위기는 이 재구조화 과정에서 프롤레타리아에게 가해지는 공세의 결과물이다"(조정환, 2003: 359).

따라서 "프롤레타리아의 자율투쟁이 패배했다는 생각을 도입함이 없이 신자유주의로의 이행을 설명해준다. 그리고 이러한 분석은 자율주의적 운동 흐름이 퇴각했다는 생각 없이 신자유주의적 이행이 가져다준 고통을 설명해준다"(조정환, 2003: 359~360)는 것이다.[119] 이 시기의 계급 역관계와 계급투쟁에 대한 자율주의이론의 이러한 애매모호한 평가는 자율주의이론의 난점과 한계를 적나라하게 드러내고 있기 때문에 좀 더 자세히 살펴보기로 한다.

신자유주의로의 이행과 신자유주의 시대에 대한 자율주의이론의 분석에서 핵심적 개념은 정보기술혁명에 따른 '비물질적 노동(immaterial labor)' 형태의 출현과 그에 의한 '사회적 노동자'로의 '계급 재구성'이다. 앞서 케인스주의적 국가형태 분석에서 지적했듯이, 자율주의이론의 주요 개념은 개념 자체가 계속 변화하기 때문에 혼란스럽지만 네그리의 최근 저작인 『제국』(2000)에서 논의한 것에 기초할 때 '사회적 노동자'는 1968년 이후의 자본주의적 생산의 재구조화와 지구적 팽창에 의해 창출된 새로운 '투쟁주기'의 노동자계급을 개념화한 것이다.[120] 네그리는

---

119) 이러한 분석은 1970년대 이후의 자본주의가 직면한 위기가 1968년 이후 노동자계급의 불복종성에 기초하고 있고, 그것은 노동자계급의 투쟁에 의한 이윤율 저하와 그 투쟁을 회피하기 위한 수단으로서의 금융자본화로 나타나고 있다는 평가를 토대로 한다. 즉, 노동자계급 투쟁이 위기를 규정하는 한편 자본이 위기를 극복하기 위해 노동자계급에 대한 신자유주의적 공세로 대응한 결과라는 것이다. 따라서 신자유주의는 위기를 극복하는 것이 아니라 위기를 일상화하고 영속화하며 전 지구화하는 전략으로 파악된다(조정환, 2003).

120) 자율주의이론가인 위데포드의 설명에 따르면, 자본의 정보적 재편과정에서 새로운 혁명적 투쟁주기를 이끌 주체로 '사회적 노동자'를 상정하고 있다. "로마노 알콰티가 1970년대의 학생반란을 분석하면서 처음 사용했던 이 개념은 주로 네그리의 저서와 연관이 있다. '공장에서 이뤄지는 적

탈근대화를 '생산의 정보화'로 특징지을 정도로 정보기술혁명을 강조한다. 즉, '서비스 제공과 정보처리가 경제적 생산의 핵심'을 차지하는 산업 패러다임을 구성한 것은 '제3차 산업혁명'으로서 정보기술혁명이다(Hardt & Negri, 2000: 370~396).

컴퓨터에 의한 자동화와 통신기술의 발달에 따라 산업의 중심이 2차 산업에서 3차 산업(서비스업)으로 이동하게 된다. "서비스업은 건강 보호, 교육, 그리고 금융에서부터 운송, 오락(연예), 그리고 광고에 이르기까지 광범위한 활동들을 포함한다"(Hardt & Negri, 2000: 376). 이 서비스업의 직무들의 일반적 특징은 지식, 정보, 정서, 그리고 소통(communication)이 중심 역할을 한다는 점이다. 그래서 경제 전반이 "생산 흐름들과 네트워크들의 중요성이 증가하는 방향"(Hardt & Negri, 2000: 377)으로 나아가고, "모든 생산형태들은 세계시장의 네트워크 안에, 그리고 정보서비스 생산의 지배 아래 존재"(Hardt & Negri, 2000: 379)하게 된다. 따라서 이러한 '정보 경제'에서는 "정보와 소통이 생산과정에서 근본적 역할을 수행"(Hardt & Negri, 2000: 381)한다는 점이 핵심이다. 그리고 이에 따라 노동의 질과 본성이 변화하게 된다. 네그리는 정보기술혁명에 따라 변화된 노동을 '비물질적 노동'으로 개념화한다. 구체적으로 "서비스, 문화상품, 지식, 또는 소통과 같은 비물질적 재화를 생산하는 노동"(Hardt & Negri, 2000: 382)이 그것이다.

이 '비물질적 노동'의 출현은 노동과정의 실질적인 동질화를 가져온다. 즉, "생산의 컴퓨터화와 더불어 구체적 노동의 이질성은 축소되는 경향이 있고, 노동자는 자신의 노동대상에서 점점 더 분리된다"(Hardt & Negri, 2000: 384). 그래서 컴퓨터는 보편적 도구로 되며 노동은 "생산의 컴퓨터화를 통해 추상노동의 지위로 향한다"(Hardt & Negri, 2000: 384~385).[121] 다른 한편 정보화, 즉 컴퓨터화에 의한 비물질적 노동과 다른 차원으로서 소통에 의한 비물질적 노동도 있다. "인간의 접촉

---

접적인 생산과정에서 집단화된 노동자계급이, 새로운 노동자계급의 잠재력을 대변해주는 사회적 노동력으로 이행해 나아가는 과정'을 설명하려 했던 네그리는 이 개념을 '계급 개념을 둘러싼 가장 혁신적인 어휘'라고 말했다. 그의 주장에 따르면, 이 개념은 '오늘날의 생산과 재생산 전반을 설명하는 데에까지 확장된 개념으로서 자본주의가 사회와 사회적 노동 전체를 지배하는 규모를 밝혀내는 데 훨씬 포괄적이고 적합한 개념이다'"(Witheford, 1999: 177).

121) 여기서 네그리의 '추상노동' 개념은 마르크스의 구체노동과 구별되는 '추상노동' 개념과 다르다. 네그리는 이질적인 구체노동의 동질화라는 측면과 노동대상으로부터의 분리라는 측면에서 '추상노동' 개념을 사용하고 있다. 네그리는 마르크스의 기본 개념이 '정보 경제'에서는 더 이상 타당성을 상실하게 된다고 보고, 자신의 독자적인 개념을 발전시킨다.

과 상호 작용이라는 정서적 노동(affective labor)"이 그것이다. "예컨대 공공의료는 보호노동과 정서적 노동에 주로 의존하며, 엔터테인먼트 산업 역시 정서의 창조와 처리에 초점을 맞춘다. 이러한 노동은 신체적이고 정서적일지라도, 노동의 결과물들, 즉 안심, 행복, 만족, 흥분, 또는 정열을 만질 수 없다는 의미에서 비물질적이다. ……(이러한) 비물질적 노동에서 본질적인 것은 정서의 창조와 처리이다. 그런 정서적 생산, 교환, 그리고 소통은 일반적으로 인간적 접촉과 연관된다"(Hardt & Negri, 2000: 385).

이에 따라 네그리는 비물질적 노동의 세 가지 형태를 구분한다. 첫째, 산업생산에서 정보화나 소통기술들을 통합해 생산과정을 변형시킴에 따라 제조업의 물질적 노동이 비물질적 노동과 혼합되고 비물질적 노동화되는 것, 둘째, 창조적이고 지성적인 처리이거나 일상적인 상징적 일들의 처리에서 나타나는 분석적이고 상징적인 일들을 하는 비물질적 노동, 셋째, 정서의 생산과 처리를 포함하고 가상적이거나 현실적인 인간적 접촉, 즉 신체적인 양식의 노동이다(Hardt & Negri, 2000: 386).

그런데 이러한 다양한 형태의 비물질적 노동의 규정적 특징은 "협업이 노동 자체 속에 완전히 내재하고 있다는 점"(Hardt & Negri, 2000: 386)이다. 즉, 비물질적 노동은 "직접적으로 사회적 상호 작용과 협업을 포함"하기 때문에 이전의 노동형태들과 달리 "외부로부터 부과되거나 조직화되지 않는다. 오히려 협업은 노동활동 그 자체에 완전히 내재적이다"(Hardt & Negri, 2000: 386). 네그리의 자율주의이론 전개에서 이 점은 결정적인 역할을 한다. 이에 따라 "사회적 생산력과 생산관계 자체 사이의 직접적 변형 가능성(translatability)이 존재"하게 되고, "생산양식은 매우 유연해서 생산력의 운동, 즉 생산에 참여하는 모든 주체들의 운동과 실제로 구별이 어렵다"(Negri, 1992: 130).

다른 한편 '비물질적 노동'으로 특징지어지는 '정보 경제'로의 이행은 생산의 극적인 탈집중화(분산)와 '네트워크 생산(network production)'을 초래한다. 즉, '산업 경제' 시대의 일관조립 조직모델은 '정보 경제' 시대의 네트워크 조직모델로 대체된다. 정보와 소통이 중심적 역할을 하기 때문에[122] 생산적 협업과 효율성이 더

---

122) 이러한 특성에 입각해서 네그리는 서비스 및 내구재를 생산하는 정보생산노동이 '추상적 협업'

이상 인접성과 집중화에 의존하지 않게 되는 것이다. 따라서 "노동 협업의 네트워크는 영토적이거나 물리적인 중심을 필요로 하지 않는다"(Hardt & Negri, 2000: 388). 네그리의 이른바 '탈중심화·탈영토화' 명제의 기초는 이처럼 정보기술혁명에 의한 물리적 생산과정의 변화이다.

따라서 "낡고 수직적인 산업 및 기업 모델과는 반대로, 생산은 이제 수평적인 네트워크 기업들로 조직되는 경향이 있다"(Hardt & Negri, 2000: 389). 물론 이러한 탈중심화와 세계화는 상응하는 생산통제의 '집중화'를 촉진한다. 이 역시 정보통신기술의 발전에 따라 기술적으로 얼마든지 가능하다. 노동활동에 대한 통제는 "네트워크 생산의 가상적 원형감옥 속에서 계속될 수 있다"(Hardt & Negri, 2000: 390). 특히 제조업의 지리적 분산은 점점 더 집중화된 경영과 계획을, 따라서 전문화된 생산자 서비스들 ─ 예컨대 금융서비스 ─ 의 새로운 집중화를 필요로 한다. 그리고 소통 네트워크가 '정보 경제'의 본질적 조건으로 된다. '정보고속도로'는 따라서 로마 제국에서 도로건설, 그리고 19세기와 20세기의 제국주의 경제들에서 철도 건설이 그러했던 것처럼 지구적 통제의 본질적 조건이다.[123]

다른 한편 생산의 탈영토화에 의해 가능해진 자본의 이동성 증가는 노동의 교섭력을 약화시켜서 불안정 고용 등 비정규직을 확산시킨다. "확실한 안정성과 계약의 힘을 누려왔던 전체 노동인구는 점점 더 불확실한 고용상황에 처하게 되었다. 일단 노동의 협상 지위가 약화되면 네트워크 생산은 자유계약노동, 가정노동, 파트타임노동, 그리고 삯일과 같은 다양하고 낡은 비보장 노동형태들을 받아들일 수 있다"(Hardt & Negri, 2000: 389~390).[124]

이처럼 네그리의 자율주의이론은 '비물질적 노동'이 경제와 사회 자체를 근본적으로 변화시키는 것으로 분석된다.[125] 그 결과 "정치경제학의 중심 범주들을

---

에 의존한다고 본다(Hardt & Negri, 2000: 388).

123) 다만 과거의 도로나 철도와 정보고속도로의 차이는 "그것이 새로운 **생산과정** 안에 박혀 있고 새로운 **생산과정**에 완전히 내재적이라는 사실이다. 현대적 생산의 정점에서, 정보와 소통은 바로 생산된 상품이며, 네트워크 자체가 생산과 유통 모두의 장소이다"(Hardt & Negri, 2000: 391).

124) 이것은 네그리 이론의 '기술결정론'적 측면을 단적으로 드러내주는 전도된 설명이다. 나중에 자세히 살펴보겠지만, 노동의 비정규직화를 양산하는 자본의 '유연화' 공세가 네트워크적 생산형태를 가져온 것이지, 정보기술에 의한 네트워크적 생산이 비정규직을 가져온 것은 아니다.

125) 네그리에게 '비물질적 노동'은 "대량화된 지적 노동, '일반적 지성'의 노동"(Hardt & Negri, 2000:

규정하는 구별들은 흐려지는 경향이 있다. 생산은 재생산과 구별할 수 없게 되고, 생산력은 생산관계와 병합되고, 불변자본은 가변자본 안에서 생산 주체들의 두뇌들, 신체들, 그리고 협업에서 구성되고 재현되는 경향이 있다. ……착취를 주로 소통 및 협업과 관련해 재정의한다. 착취는 협업의 수탈……이다"(Hardt & Negri, 2000: 489).

따라서 네그리는 정보기술혁명에 기초한 생산과정의 변화에서 노동의 일방적 우위의 계급 역관계의 가능성 또는 잠재력을 찾는다. "오늘날 생산성, 부, 그리고 사회적 잉여의 창조는 언어적, 소통적, 그리고 정서적 네트워크들을 통한 협업적 상호 작용의 형태를 띤다. 자기 자신의 창조적 에너지를 표현하는 데서 비물질적 노동은 일종의 자생적이고 초보적인 코뮤니즘을 위한 잠재력을 제공하는 것 같다"(Hardt & Negri, 2000: 387). 이처럼 "비물질적 노동력의 다양한 흐름들이 함께 엮어진 상태"로 "유연하고 유목적인 생산적인 사회적 협업의 모든 장"에서 노동하는 것이 '사회적 노동자'의 형상이다(Hardt & Negri, 2000: 516).

네그리의 이러한 '비물질적 노동'과 '사회적 노동자' 개념은 자율주의이론가들 내에서도 격렬한 비판과 논쟁을 불러일으키고 있다. 자율주의이론 내부의 비판적 입장은 '정보 경제'에서 노동이 단일화되고 권능을 얻었다기보다는 훨씬 더 파편화되고 위계화되었다고 보며, 네그리가 계급투쟁의 시기를 구분하려고 무리하게 '비물질적 노동'과 '사회적 노동자' 개념을 일반화하고, 투쟁의 최선두를 찾으려 하는 경향 때문에 매우 상이한 종류의 노동들을 단일 생산체계에 편성하는 자본의 경향을 무시했다고 비판한다.[126]

---

61)과 함께 새로운 생산력 형태를 구성하는 핵심적 개념으로서 마르크스의 노동가치론을 부정하고 자신의 독자적인 "새로운 정치적 가치론"을 구성하는 기초이다. 이에 대한 노동가치론적 관점에서의 비판은 신자유주의적 자본축적 형태에서 논의하기로 한다.

126) 자율주의이론 내부의 논쟁에 대한 소개는 위데포드(Witheford, 1999: 191~198) 참조. 위데포드에 따르면, 이탈리아 자율주의자 세르지오 볼로냐는 하나의 거대이론을 통해서 노동력을 재구성할 때에 발생할 수밖에 없는 현실의 복잡성에 대한 억압이라는 점에서 네그리의 '사회적 노동자' 테제를 강력하게 비판했고, 독일의 자율주의자인 조지 카펜치스는 양극화의 관점에서 네그리를 혹독하게 비판했다. 즉, 1970년대 중반 자본은 대중노동자를 탈구성하며 두 방향으로 재편했다는 것이다. 석유, 전기, 핵에너지, 극소전자 같은 '에너지/정보' 영역에 집중된 첨단기술 부문을 성장시키는 방향과 낮은 기술의 '서비스'부문, 즉 여성들을 고용하거나 부분적으로는 가정에서 이루어지는 전통적인 불불 재생산 노동을 직접적인 착취지대로 변형시킨 부문을 창출하는 방향

이러한 내부의 비판에 대해 네그리는 '사회적 노동자'를 탈구성하려는 자본의 '분할 지배' 전략에는 심각한 한계가 있다고 반박하며 자신의 입장을 고수한다. 즉, 사회적 차별(아파트헤이트) 정책을 수행하려는 자본의 경향이 아무리 강력할지라도 이 경향은 노동을 공동의 하부구조에 의존하는 단일하고 통일된 체계 안으로 포섭하려는 경향과 모순되고, 기술적 지식과 능력의 보급은 격렬히 진행되는 자본의 순환과정에 의해 보편화될 수밖에 없기 때문에 안전하고 믿을 만한 노동자층에만 국한될 수 없다는 것이다(Witheford, 1999: 196~197).

이 논쟁에 대해 위데포드는 절충적 입장에서 각 주장이 근거하고 있는 현실의 차이로 평가한다.

오늘날의 계급 구성을 현실적으로 평가하려면 네그리가 초점을 맞췄던 계급(노동의) 재구성 가능성, 카펜치스나 다른 자율주의자들이 강조한 (자본의) 탈구성 능력을 모두 고려하는 것이 필요하다. 현재에는 이 두 가능성이 모두 존재하며, 구체적인 사례에서 다양한 모습을 띨 수도 있다. 네그리의 분석은 놀랄 만큼 각 부문을 횡단해 서로 결속했던 프랑스의 운동에 뿌리를 두고 있다. ……이보다 우울한 카펜치스의 전망은 재난이라고 할 만큼 원자화된 미국 노동자계급의 모습을 반영하고 있다(Witheford, 1999: 197~198).

그러나 이 논쟁은 각 주장이 입각하고 있는 구체적 현실의 차이로 해소될 수 없는 근본적 입장의 차이, 특히 기술과 생산관계의 연관에 대한 관점의 차이를 포함하고 있다.

필자는 정보기술혁명과 관련한 신자유주의 시기의 계급 역관계에 대한 네그리의 이러한 분석이 네그리의 의도와는 정반대로 기술결정론에 빠져 이 시기의 계급투쟁의 양상과 계급 역관계에 대해 크게 왜곡된 분석을 제시하고 있다고 평가

으로 재편했다. 전자는 자본이 이윤 획득의 첨단부문을 제공해주었고, 후자는 임금관계를 안정화시키는 데 필요한 대규모 고용을 보장해주었다는 것이다. 그런데 이 두 부문의 노동력은 차별적으로 구성되었다. 첨단부문의 고임금, 고숙련, 안정적 고용과 서비스부문의 저임금, 탈숙련, 불안정 고용으로 차별화되었고, 이것은 전자의 백인 남성 노동자, 후자의 여성·청년·유색인 노동자들로 성과 인종을 이용해 차별적으로 구성한 것이었다. 이러한 양극화 양상을 무시할 경우, 백인 남성이 가장 쉽게 노동하는 경험을 보편화할 위험에 빠진다고 네그리를 비판한다.

한다.

첫째로, '비물질적 노동' 개념은 실제의 역사적 현실과 너무 동떨어져 있다. 자율주의 내부의 논쟁에서 잘 비판되었고, 앞서 케인스주의의 위기와 계급투쟁에서도 분석했듯이, 정보기술은 자본의 반격, 즉 '위로부터의 계급투쟁'의 주요 수단으로 이용되었다. 카스텔이 올바르게 지적하듯이, 정보기술의 도입이 노동에 미친 영향은 정보기술이 사용되는 형태와 그것이 응용되는 목적에 의해 규정되는데, 1970년대 이후 정보기술의 확산은 자본의 재구조화 전략의 강력한 도구였다(Castells, 1989: 243). 정보기술은 계급 역관계를 역전시키기 위해 적극 도입되었던 것이다.[127]

그런데 네그리는 이런 역사적 맥락과 무관하게, 정보기술에 의해 변화된 생산과정에서 새롭게 형성된 '비물질적 노동'의 핵심적 특징을 '네트워크화' ─ 네트워크 생산·통제 등 ─ 로 파악하고, 여기에서 "사회적 생산력과 생산관계 자체의 직접적 변환 가능성" 또는 "생산력과 생산관계의 병합"을 도출하고 있다. 그야말로 정보기술 도입의 사회적·정치적 맥락과 무관하게 그러한 정보기술에 의해 새롭게 구성된 '네트워크'의 잠재력을 평가하고 있는 것이다. 여기에서 네그리는 '사회적 생산관계'와 '기술적 생산관계'를 혼동하고 있다.

카스텔(Castells, 1989)은 정보기술의 영향을 분석하면서, 자본/노동관계로서의 '사회적 생산관계'와 정보기술에 의한 네트워크 형태의 '기술적 생산관계'를 구별하고, 양자가 상호 작용하지만 기본적으로 사회적 생산관계가 기술적 생산관계를 규정하는 것으로 올바르게 파악한다.[128] 정보기술에 의한 '네트워크 생산'이라는

---

127) 예컨대 미국 카터 행정부의 국가안보 자문역이자 '삼각위원회'(The Trilateral Commission)의 창설자 가운데 한 명인 즈비그뉴 브레진스키가 "새로운 기술, 새로운 과학, 극소 컴퓨터, 새로운 커뮤니케이션 수단"을 기반으로 한 '전자기술혁명'을 예고한 정보혁명 이론의 창시자였듯이 "원래 제2차세계대전 말부터 국제공산주의운동을 봉쇄하기 위한 군사도구로 개발되어왔던 컴퓨터나 정보통신 장치들이 1970년대 중반 이후부터는 자본주의적 규율과 생산성을 재확립하려는 '명령, 통제, 커뮤니케이션, 지식'의 체계로 국내에 적용되기 시작"(Witheford, 1999: 172~173)했다.

128) 카스텔은 "정보기술들의 근본적 영향이 생산과 관리의 조직에서, 그리고 국가기관들의 권력이 행사되는 영역에서 이루어진다"(Castells, 1989: 19)는 자신의 가설을 입증하기 위해 생산양식과 구별되는 '발전양식' 개념을 새로 도입한다. 생산양식이 계급관계, 즉 사회적 생산관계에 의해 규정되는데 비해, 발전양식은 기술적 생산관계에 의해 규정된다. "발전양식은 구조적으로 결정된 목적 또는 수행원리를 가지며, 이를 둘러싸고 기술적 과정들이 조직된다. 산업주의(산업적

생산력 형태는 '기술적 생산관계'이지 '사회적 생산관계'가 아닌 것이다. 이를 혼동한 네그리는 정보기술이 '생산력과 생산관계의 병합'을 가져온다고 잘못 분석하고 있다. 따라서 정보기술을 이용한 자본의 재구조화 전략은 계급 역관계를 역전시키기 위해 노동과정의 동질화가 아니라 노동과정의 분절화·위계화·파편화를 통한 양극화를 가져왔다고 보는 것이 타당하다. 이에 대해서는 이후 자세히 분석할 것이다.

네그리의 '비물질적 노동' 개념에서 드러나는 이러한 혼동과 과장은 정보통신기술에 의한 '네트워크' 형태에 사로잡힌 인식이므로, 필자는 이를 '네트워크 물신주의'로 평가하고자 한다. 계급 역관계를 역전시키기 위한 자본의 재구조화 전략이라는 '사회적 생산관계'에서 비롯된 기술적 생산관계의 '네트워크' 형태를 이 시기의 '사회적 생산관계'의 사회적 형태로 이해하지 못하고, 정보통신기술의 기술적 필연성에 의한 것으로 파악하기 때문이다. 그리고 생산·유통·통제의 네트워크 형태는 '비물질적 노동'의 핵심적인 특징인 '정보'와 '소통'이 이루어지는 물질적 토대이므로 네그리의 '비물질적 노동' 개념은 '네트워크 물신주의'의 결과로 볼 수 있다. 동시에 '네트워크 물신주의'에 사로잡혀 네트워크 생산형태에서 '코뮤니즘의 잠재력'을 찾는다는 점은 기술결정론이라는 비판을 면할 수 없다.[129]

---

발전양식)는 경제성장, 즉 산출극대화를 지향한다. 정보주의(informationalism, 정보적 발전양식)는 기술적 발전, 즉 지식의 축적을 지향한다"(Castells, 1989: 27). 그런데 사회적 생산관계와 기술적 생산관계는 상호 작용하기는 하지만 중첩되지는 않는다. 왜냐하면 양자는 상이한 분석적 차원들과 관련되기 때문이다. 즉, 전자는 사회조직의 원리와 관련되고, 후자는 사회의 기술적 하부구조와 관련된다. 그리고 "기술적 생산관계들은 사회적 생산관계, 경험, 그리고 권력에 역사적으로 의존하기 때문에 발전양식들은 재구조화 과정에 의해 그 구조와 지향이 형성되는 경향이 있다"(Castells, 1989: 28~29).

129) 특히 네그리의 『제국』에서 '탈근대화, 즉 생산의 정보화'에 관한 장(Negri, 2000: 370~396)에서의 논의는 신자유주의 시대의 노동·생산·경제 등 사회 전반의 변화를 정보기술에 의한 기술결정론적 관점에서 서술되고 있다. 네그리의 이러한 기술결정론은 '네오러다이즘(Neo-Luddism)'의 비관적 기술결정론과는 구별되는 것으로, 낙관적 기술결정론이라 할 수 있다. '네오러다이즘'은 프랑크푸르트학파의 '지배로서의 기술' 개념을 계승해 1970년대 이후의 정보기술을 활용한 자동화와 정보화가 노동과정과 매스미디어, 국가 등에서 자본의 지배력을 절대적으로 강화함으로써 노동자계급을 철저히 무력화시켰기 때문에 정보통신기술 자체를 거부하는 것 이외에는 대안이 없다고 주장하는 비관적 기술결정론이다. '네오러다이즘'의 대표적 이론가로는 노블(David Noble), 웹스터(Frank Webster), 로빈스(Kevin Robins) 등이 있다. '네오러다이즘'에 대한 간략한 소개와 평가는 위데포드(Witheford, 1999: 112~123)를 참조.

둘째로, '비물질적 노동' 개념 자체가 과도한 일반화로 인해 정보기술의 도입에 의한 노동의 실제적 변화를 과장할 뿐 아니라 개념에 현실을 무리하게 꿰맞추고 있다. 우선 네그리가 '비물질적 노동'의 세 가지 유형으로 분류한 것 가운데 '정서적 노동'은 정보기술에 의해 새롭게 창출된 것이 아니라 사회서비스 노동으로서 한편으로 생산력의 발전에 따라, 그리고 다른 한편으로 자본주의적 사회관계의 확장에 따라 이미 20세기 들어서부터 확장되기 시작했었다. 특히 제2차세계대전 이후 이른바 대량생산과 대량소비에 의해 선진국에서 전통적 소비양식이 해체되고 노동력 재생산과정이 상품화되면서 대규모로 확장되었다. 따라서 사회서비스 노동을 그 기술적 측면에서의 '비물질성', 즉 재화생산이 아니라는 점에 근거해 '비물질적 노동'으로 포괄하는 것은 정보기술과 무관한 것을 무리하게 포괄하는 일반화이다.[130]

또한 '비물질적 노동'의 나머지 두 유형은 생산력의 발전에 따른 두 측면을 말하고 있다. 하나는 정보통신산업이라는 새로운 산업의 창출이고, 다른 하나는 생산력의 발전, 특히 정보통신산업에 의한 자동화기술의 발전에 따라 기계적인 단순 반복적 노동이 감소되고 과학기술 등에 기초하는 지식노동의 증대이다. 이는 마르크스가 이미 제기했듯이, 생산에서 과학기술 등 '일반지성'의 역할이 직접노동보다 더 중요한 비중을 차지하게 된다는 생산력 발전의 표현이다. 그래서 생산의 자동화가 진전될수록 노동의 성격 자체가 직접적인 육체노동에서 노동과정에 대한 감시·관리노동으로 바뀌어가는 한편, 연구개발 등 지식노동이 중요해진다.

이처럼 네그리는 상이한 성격의 노동형태나 노동의 변화를 '비물질성'이라는 물리적 형태에 기초해 '비물질적 노동'으로 억지로 포괄하고 있다. 필자의 입장에서 본다면, 내용 없는 '형태적 추상'에 의한 무리한 일반화, 따라서 무개념적이고 잘못된 일반화를 시도하고 있는 것으로 비판할 수 있다.

그렇다면 네그리가 '비물질적 노동'에서 실제로 주목하고자 하는 것은 무엇인가? 그것은 정보통신산업의 노동이나 '정보'의 '소통'과 관련된 노동의 변화이다. 대표적으로는 다양한 형태의 정보처리노동, 즉 정보의 생산·유통·가공과 관련된

---

130) "1960년대에 나타난 사회서비스업의 증가는 후기산업주의의 도래 때문이기보다는 사회운동의 영향력의 확대에 기인했다"(Castells, 2000: 291).

노동이다. 그런데 정보처리노동은 급속하게 증가해왔고 앞으로도 더욱 확대될 것이다.[131] 그러나 1970년대 이후 20세기 말까지의 신자유주의 시기를 놓고 볼 때, 일국 차원에서도 그렇고 더구나 세계적 차원에서 보면 이러한 정보처리관련 노동의 비중은 전체 노동자계급 내에서 매우 제한적이다.[132]

요컨대 노동자계급의 노동 형태를 이러한 정보처리 관련 노동이 대표한다고 할 수 없다. 그뿐만 아니라 정보처리 관련 노동은 자율주의 내부의 비판이 지적한 것처럼 투쟁의 최선두에 있었던 것도 아니다. 예컨대 자율주의이론에서 그 근거로 자주 제시하는 싸빠띠스따 투쟁이나 런던의 부두노동자 투쟁 또는 학생들의 투쟁은 정보처리 관련 노동자들의 투쟁이 아니었다. 이들 원주민, 부두노동자, 학생들이 투쟁에 정보통신기술을 도구로 활용했던 것에 불과하다. 마치 자본이 노동운동을 무력화하기 위한 재구조화 공세에서 정보통신기술을 도구로 활용했듯이 말이다. 따라서 '비물질적 노동'이 현 시기의 노동자계급 투쟁의 최선두에 있는 것이 결코 아니다.

결론적으로 네그리의 '비물질적 노동' 개념은 1970년대 또는 1980년대 이후의 노동자계급의 존재형태나 투쟁형태를 대표하거나 포괄할 수 없다. 그러므로 '비물질적 노동' 개념으로 신자유주의 시대의 노동자계급의 존재형태나 투쟁형태를 분석하는 것은 필연적으로 '일면적 도식화'에 따른 현실왜곡을 가져올 수밖에 없다.

셋째로, '비물질적 노동'의 과도한 일반화와 현실왜곡은 또한 '사회적 노동자' 개념의 애매모호함을 가져온다. 우선 네그리 자신이 '사회적 노동자' 개념 자체를 양의(兩意)적으로 사용하고 있다. 다음의 인용문에서 네그리는 '사회적 노동자'를 케인스주의 시대의 '대중노동자' 개념이 표상하는 '직접적인 생산적 노동'과 대비되는 개념으로 사용함과 동시에 '사회적 생산 네트워크 속으로 이전된 노동협업의 기능복합체'라고 해서 신자유주의 시대의 노동자계급 전체를 표상하는 것으로도

---

131) 예컨대 정보화 시대의 총아이자 대표적 산업인 금융서비스 등 생산자서비스업은 급성장하고 있지만 고용에서 차지하는 비중은 1990년 선진국에서 7~14% 수준이다(Castells, 2000: 290). 신흥공업국들에서 그 비중은 훨씬 더 떨어진다.

132) 이 점에서 네그리의 '비물질적 노동' 개념은 너무나 비현실적인 과도한 일반화이다. 예컨대 1968년 이후의 시기의 특징에 대해 "노동의 실체라는 관점에서 프롤레타리아의 구성은 전적으로 추상적·비물질적·지적(知的)이며, 노동의 형태라는 관점에서는 유동적이고 다가(多價)적……이다"(Negri, 1992: 136)는 식의 일반화는 얼마나 현실과 동떨어진 파악인가!

사용하고 있다.

　새로운 시기는 1968년 직후에 시작되는데, 다음과 같은 특징을 지닌다. 노동과정
은 항상 더욱 발본적으로 공장자동화와 사회의 컴퓨터화에 의해 조건 지어진다. 직
접적인 생산적 노동은 생산과정에서 중심성을 상실하는 반면, '사회적 노동자'(그리
고 이것은 사회적 생산 네트워크 속으로 이전된 노동협업의 기능복합체이다)가 헤게
모니적 지위를 차지한다(Negri, 1992: 135).

　또한 "통화주의가 노동자계급과 사회적 프롤레타리아 양자에 대항해 통제와
억압의 무서운 고안물로 위조되어왔음을 인정해야만 한다"(Negri, 1992: 146)고 언
급함으로써 '노동자계급'과 '사회적 프롤레타리아'를 구별되는 범주로 사용하고
있다. 여기서 '노동자계급'은 '전통적 산업노동자계급'으로서 케인스주의체제에
포섭된 이른바 "보장 노동자층"을 말하는 것이고, '사회적 프롤레타리아'는 "비보
장 노동자층(학생, 여성, 실업자)"(조정환, 2003: 359)을 가리키는 것으로 볼 수 있다.
　자율주의이론이 실제로 학생, 여성, 실업자, 원주민 등 사회적 소수자 내지는
'비보장 노동자층'의 투쟁에 주목하고 그것을 토대로 이론화를 발전시켜온 점에
비추어보면, 자율주의이론의 '사회적 노동자'는 "비보장 노동자층"을 주요하게 염
두에 두고 이론화되어 온 맥락이 한편으로 존재한다. 다른 한편으로 네그리에 의
해 발전된 정보기술혁명에 기초한 '비물질적 노동' 개념을 중심으로 새롭게 이론
화되고 있다. 이런 두 맥락이 혼재하면서 '사회적 노동자' 개념이 애매모호해지고
있다고 평가할 수 있다. 이러한 평가는 '사회적 노동자' 개념에 대한 위데포드의
다음과 같은 논평에서도 확인된다.

　사회적 노동자라는 개념은 '낡은' 노동자계급 이론과 '새로운' 사회운동 분석의 결
합이자 종합이다. 네그리는 '두 개의 근본적인 축'이 교차하는 지점에서 새로운 주체
가 발생한다고 주장한다. 두 축 가운데 하나는 '사회에서 노동의 세계로' 나아가며
'페미니즘, 생태학, 젊은이들, 반인종차별주의 투쟁, 사회적 행동주의, 그리고 근본
적인 문화적 변화와 환원불가능한 풀뿌리 자율성'의 관심사를 노동현장으로 이전시
킨다. 두 축 가운데 또 다른 하나는 '노동의 세계에서 사회로' 나아간다. 이를 통해서

자본주의 재편과 '다양한 사회계층 모두에게 가중되는 착취'를 비판할 뿐만 아니라, 경제질서의 형성과정에 요구되는 권력의 강화도 비판한다. 이런 흐름의 융합 속에서 '착취에 맞서는 계급투쟁의 전통적인 구성요소가 새로운 해방운동과 재통합'될 가능성도 나타난다(Witheford, 1999: 183).

그러나 '비물질적 노동'에 근거한 '사회적 노동자' 개념이 과도한 일반화로 비현실적이기 때문에 이 개념은 네그리 이론 자체에서 '두 축'의 '결합이자 종합'으로 나타나는 것이 아니라 혼재하면서 양의적으로 사용될 수밖에 없다. 따라서 '사회적 노동자' 개념으로는 1970년대 이후의 노동자계급의 존재형태와 투쟁형태를 포괄하기 어렵다. 한편으로 '사회적 노동자' 개념을 '비보장 노동자층'으로 사용할 경우에는 '보장 노동자층'을 이론적으로 무시하거나 간과하게 되고, 다른 한편으로 '비물질적 노동' 개념으로 사용할 경우에도 '사회적 노동자' 개념은 소수의 '정보처리 관련 노동'만을 포괄하기 때문에 대다수의 생산적 직접노동 및 사회서비스 노동을 이론적으로 무시하게 되기 때문이다. 결론적으로 네그리의 '사회적 노동자' 개념은 1970년대 이후의 노동자계급의 존재형태와 투쟁형태를 포괄하기에는 부적절한 개념이다.

네그리의 자율주의이론이 신자유주의 시기를 분석하는 데서 드러내는 이러한 이론적 난점과 그에 따른 한계와 오류는 기본적으로 패러다임적 접근방법에서 비롯된 것이다. 네그리 자신이 인정했듯이(Negri, 1992: 165), 네그리는 조절이론의 패러다임적 시기구분을 수용해서 자본주의 발전의 단계구분을 이론화한다. 조절이론과의 차이는 단계구분의 기준이 조절이론의 '조절양식'이 아니라 노동자계급의 투쟁, 즉 '투쟁주기'라는 점이다. 이 과정에서 네그리는 조절이론을 '기능주의', '개량주의', '경제적 객관주의'(Negri, 1992: 166)로 비판하면서도 패러다임적 접근방법은 수용했다.[133) 자본주의 현실을 '기능적 총체'로 파악하는 패러다임적 파악

---

133) 네그리의 다음의 서술은 '포스트포드주의'라는 용어 사용이 단순한 용어의 차용이 아니라 '축적 모델' 개념의 수용에서 드러나듯이 패러다임적 접근방법의 수용임을 확인해준다. "포스트포드주의를 새로운 사회적 노동조직 및 새로운 축적모델의 주요 조건으로, 포스트모더니즘을 이러한 새로운 생산양식에 적합한 자본주의 이데올로기로 파악한다. 이 두 가지 조건들을 함께 어울러 자본 속의 사회의 '실질적 포섭'이라 부른다"(Negri, 1992: 133). 그래서 자본주의 발전단계를 '노동과정, 소비규범, 규제규범(또는 조절양식), 노동자계급의 정치적 또는 사회적 구성'이라는 네

과 그에 따른 패러다임적 단계구분은 '전문노동자', '대중노동자', '사회적 노동자'라는 단일 개념으로 각 시기의 노동자계급의 존재형태와 투쟁형태를 포괄하려고 시도하게 만들고, 따라서 과도한 일반화와 일면적 도식화로 귀결될 수밖에 없다.

이러한 패러다임적 단계론은 전후 장기호황이라는 역사적 시기의 특수한 현상인 '장기적인 안정적 자본축적'을 대상으로 이론화한 것이기 때문에 이 장기호황기의 분석에서는 현실 자체의 큰 흐름은 놓치지 않고 파악할 수 있었다. 물론 앞서의 분석에서 비판했듯이 그 장기호황기에조차 그러한 패러다임적 현실 파악은 현실을 패러다임에 꿰맞추기 때문에 불가피하게 일정한 현실 왜곡 − 특히 차별화되고 배제된 하층 노동자계급의 존재와 투쟁을 이론적으로 배제하는 − 을 가져왔고, 이론의 현실정합성에 일정한 한계를 부과했다.

그런데 그 장기호황기를 벗어난 시기, 즉 장기호황기 이전이나 이후의 현실 분석에서는 이러한 패러다임적 단계론은 현실설명의 적실성을 거의 상실하게 된다. 특히 장기호황기 이후인 1970년대 이후의 현대자본주의 분석에서 패러다임적 단계론은 한계를 넘어 대부분 오류에 빠진다. 왜냐하면 조절이론의 '포스트포드주의'라는 개념 자체가 보여주듯이, 장기호황기 이후의 현대자본주의를 장기호황기에 역사특수적으로 적합한 분석틀에 꿰맞추려고 하기 때문이다. 조절이론의 '포스트포드주의'론이 어떻게, 그리고 왜 실패하고 포기되었는가는 앞서 살펴보았다.

네그리의 자율주의이론 역시 조절이론과 마찬가지로 패러다임적 접근방법으로 인한 곤란에서 벗어나지 못한다. 그 결과 네그리 자율주의이론의 최신판이라 할 수 있는 『제국』은 신자유주의의 광풍에 패배하고 비관주의에 빠져 있는 사람들에게 '낙관적인 전망'과 '통쾌함'을 선사할지는 모르지만, 동시에 이념형적 유형화로 인해 "생경한 일반화"(Holloway, 2002c: 254)를 가져오고, 현실적 설명력을 상

가지 기준을 통해 특징화한다(Negri, 1992: 133~136). 조절이론과의 차이는 '노동자계급의 정치적 구성'이라는 기준이 추가된다는 점뿐이다. 애초에 자율주의이론이 '자본의 논리'로 자본주의 발전을 설명하는 모든 구조주의적 접근방법에 대한 '코페르니쿠스적 전환'으로서 '노동자주의'로부터 출발했다는 점에 비추어볼 때, 네그리의 자율주의이론이 구조주의적 접근방법의 대표주자인 조절이론의 패러다임적 단계론을 수용했다는 점은 매우 역설적이다. 그래서 네그리의 자율주의이론에 관한 한, 그 '전환'은 방법론적으로는 여전히 현실에 대한 구조주의적 파악에 머무르면서 그 구조의 추동력만 '자본의 논리'에서 '노동의 투쟁'으로 전환한 것에 불과하다는 '거울 이미지'적 개념화라는 '개방적' 마르크스주의의 비판(Holloway, 2002c)이 타당함을 알 수 있다.

실하게 된다. 이 점에서 네그리의 '비물질적 노동' 개념과 '사회적 노동자' 개념은 모두 패러다임적 접근방법에서 비롯된 '생경한 일반화'의 난점과 오류를 안고 있다고 할 수 있다.

요컨대 1970년대 이후의 신자유주의 시대를 분석하는 데 있어서 네그리의 자율주의의 이론적 무능력은 '네트워크 물신주의'에 따른 기술결정론과 패러다임적 접근방법에서 기인한 것으로 평가할 수 있다. 그래서 자율주의이론의 신자유주의 시대의 계급 역관계에 대한 분석은 애매모호하게 제시된다. 케인스주의 시기에 대해 명시적으로 노동자계급의 투쟁과 공세에 의해 케인스주의적 자본축적 형태 및 국가형태가 구성된 것으로 분석한 것과는 달리, 이 시기의 계급 역관계 분석은 일관성이 없고 모순적으로 제시된다.

네그리는 처음에는 '1970년대 자본의 프로젝트', 즉 자본의 재구조화 전략을 ① 포드주의 노동과정에서 대중노동자의 헤게모니를 파괴하기 위해 탈중심화 전략을 구사하고 대신에 사회적 지식의 수탈과 사회적 노동 네트워크의 자본화에 초점을 맞춘다. 즉, '사회적 노동자'의 착취에 집중한다. ② 사회의 컴퓨터화를 통해 사회(즉, 재생산과 유통)를 생산 속에 통합하는 전략, 즉 소통의 생산적 사용과 외부 (공장)에서 사회 그 자체의 내부(소통)로 사회의 통제프로그램의 이전을 포함한다. ③ 위기를 계획하는 '위기국가' 형태, ④ 착취체계의 세계적 확산으로서의 세계화 전략 또는 신제국주의 등 네 가지로 요약한다(Negri, 1992: 145~146). 그래서 "1970 년대 이래 우리는 재구조화와 억압이라는 가장 잔혹하고 우둔한 시기에 사는 불운을 맛보았다"(Negri, 1992: 143)고 평가하는 데서 드러나듯이, 이 시기가 노동자 계급의 투쟁이 아니라 자본의 재구조화 공세에 의해 사회적으로 구성되었다고 본다. 그러나 정보통신기술에 기초한 자본의 재구조화 공세가 '비물질적 노동'과 '사회적 노동자'를 낳게 되어 새로운 '계급 재구성'의 잠재력을 가지게 되는 것으로 이론화한다. 네그리는 이 잠재력을 "오늘날 코뮤니즘의 구성은 성숙해 있다"(Negri, 1992: 164)는 테제로 표현하거나, '초보적 코뮤니즘의 잠재력'(Hardt & Negri, 2000: 387)으로 표현한다.

자율주의이론가 위데포드도 자본의 재구조화 공세와 그에 따른 사회적 구성을 이처럼 자본의 공세와 노동자계급의 패배, 그에 따른 생산 및 사회의 재편, 그리고 재편된 사회에서의 '사회적 노동자'의 계급투쟁의 재개로 이해한다. 즉, 자동화와 유연화 전략을 앞세운 자본의 재구조화 공세에 의해 노동자계급이 투쟁에서 패배하고, "이런 패배 때문에 임금뿐만 아니라 사회적 임금을 공격하는 신자유주의가 등장할 여지가 생겨났으며, 복지국가가 해체되기 시작했다"(Witheford, 1999: 176). 그러나 이러한 자본의 재편에 의해 변화된 생산과정이 '사회적 노동자'를 구성하고 "비록 그 형태가 변하긴 했지만 완전히 제거되지 않은 계급투쟁, 다양한 갈등의 지점에서 굴절된 계급투쟁을 재등장시킬 수밖에 없다. 오늘날처럼 자본이 모든 곳으로 스며든 세계에서 투쟁의 핵심 전선이 존재할 수 없다. 그 대신 가정, 학교, 대학, 병원, 미디어를 꿈틀거리며 관통하는 투쟁이 존재할 뿐이다. 이 투쟁은 작업장에서의 파업으로 대치할 뿐 아니라 복지국가의 해체에 맞서는 저항, 공정한 임금지불, 아동보호, 육아, 건강보조금 요구, 환경파괴에 대한 저항이라는 형태를 취한다"(Witheford, 1999: 181).

그래서 "네그리는 이미 1980년대부터 새로운 투쟁주기의 기미가 나타났다고 주장한다. 주로 유럽의 상황에 초점을 맞추면서, 네그리와 그의 동료들은 자본의 신자유주의적 재편에 도전하는(간호사들, 미디어 노동자들, 학생들의) 운동들을 주시해왔다"(Witheford, 1999: 183)는 것이다.

그런데 네그리의 『제국』에서는 1970년대의 자본의 재구조화 공세가 완전히 다른 맥락에서 재해석된다. 1970년대의 자본의 재구조화 공세는 '패러다임 전환'을 의미하는데, 이것은 1960년대와 1970년대의 사회적 투쟁 속에서 등장한 '프롤레타리아의 새로운 주체성'에 대한 자본의 적응과 이것의 지배를 위한 것이었다는 것이다.[134]

이 시기의 사회적 투쟁들은 "(노동력의) 재생산 비용과 사회적 임금을 높였을 뿐만 아니라……더욱 중요하게는 노동 자체의 특질(quality)과 본성(native)을 변화시

---

134) 이는 자율주의의 고유한 입장인 '노동자주의' — 자본은 노동을 뒤따르면서 지배한다 — 의 재천명에 입각한 것이다. 즉, "프롤레타리아의 권력은 자본에 한계를 강요하고 위기를 결정할 뿐만 아니라 전형의 조건과 본성을 지시한다. 프롤레타리아는 실제로 자본이 미래에 어쩔 수 없이 채택해야만 할 사회적이고 생산적인 형태들을 발명한다"(Negri, 2000: 356). 그래서 "자본은 새로운 패러다임을 발명할 필요가 없었는데(자본이 그렇게 할 수 있을 때조차도), 정말로 창조적인 계기는 이미 발생했기 때문이다. 자본의 문제는 오히려 자연과 노동의 새로운 관계, 즉 자율적 생산관계 안에서 이미 자율적으로 생산되고 정의된 새로운 계급 구성을 지배하는 것이었다. ……자본은 노동력의 새로운 특질을 부정적으로 반사시키고 전도시켜야만 한다. 자본은 다시 한번 명령할 수 있기 위해서 스스로 적응해야만 한다"(Negri, 2000: 365).

컸다"(Hardt & Negri, 2000: 362). 즉, 이 시기의 '신사회운동들'은 '사회적 공장이라는 훈육체제'를 거부하고, "좀 더 유연한 창조적 힘을 높이 평가하고, 좀 더 비물질적 생산 형태라고 할 수 있는 것을 높이 평가한다"(Hardt & Negri, 2000: 362). 그 예 중으로 네그리는 학생운동, 훈육체제의 거부를 표현하는 것으로서의 1960년대 히피와 마약 현상, 흑인 노동자들의 노동거부, 페미니스트운동 등을 들면서 "운동의 전체 모습과 막 솟아나는 전체 대항문화는 협동과 소통의 사회적 가치를 강조했다. 새로운 주체성들의 사회적 생산과 재생산이 지닌 가치에 대한 이런 대대적인 가치 재평가는 노동력을 강력하게 전형시키는 길을 열었다"(Hardt & Negri, 2000: 363)고 평가한다. 신사회운동이 새롭게 지향했던 가치의 지표들인 "이동성, 유연성, 지식, 소통, 협동, 정서"가 이후 수십 년 동안 자본주의적 생산의 전형을 규정했다는 것이다. 요컨대 "새로운 주체성의 출현은 포드주의에서 포스트포드주의로, 근대화에서 탈근대화로 생산을 재구조화하는 것을 미리 보여주었다. ……새로운 세계에서 번성할 수 있는 유일한 자본형태는 노동력의 새로운 비물질적, 협동적, 소통적, 그리고 정서적 구성에 적응하고 그 구성을 지배하는 형태일 것이다"(Hardt & Negri, 2000: 365).

네그리의 이러한 재해석은 현실의 사회적 구성, 즉 신자유주의로의 이행의 사회적 구성에 대한 것이라기보다는 현실에 대한 '자율주의이론'적 재구성이라 평가할 수 있다. 단적인 예로 '이동성·유연성'이 노동자계급의 새로운 주체성, 새로운 가치지향이라는 해석은 얼마나 현실과 동떨어진 것인가? 앞서 분석했듯이 '임금의 하방경직성'이 노동자계급의 힘을 인정한 것이었다면, 케인스주의의 위기 속에서 '경직성'에 대한 자본의 공격은 단체교섭의 제도화와 복지국가의 확충으로 표현된 계급 역관계에 대한 공격이었다. '경직성'을 비판하고 '유연성'을 지향한 것은 자본이었다. 그래서 노동자계급을 강력하게 해주는 계급 역관계에 대한 공격이 자본의 '유연화 전략', '유연화 공세'가 아닌가? 또한 케인스주의의 위기와 신자유주의로의 이행에서 자본의 '이동성'은 노동자계급의 투쟁을 무력화시키고 복지국가를 해체시키는 데서 자본의 가장 강력한 무기로 역할했던 게 아닌가?

따라서 네그리의 '패러다임 전환'에 대한 이러한 무리한 재해석은 '비물질적 노동', '사회적 노동자'라는 현실정합성이 없는 무리한 개념에 입각해서 현실을 억지로 재구성한 것에 불과하다. 그래서 1970년대 전후의 치열한 계급투쟁의 결과로 계급 역관계의 역전이 이루어졌고, 그에 따라 신자유주의 구조조정이 관철되었던 역사적 과정을 심각하게 왜곡하고 있다. 이러한 현실에 대한 왜곡된 해석의 또 하나의 극치는 미국 노동자계급이 세계에서 가장 강력하다는 네그리의 평가이다.

우리는 어떻게 미국이 위기를 뚫고 자신의 주도권을 유지할 수 있었는가를 자문함으로써 프롤레타리아의 이러한 결정적 역할에 대해 첫 번째 힌트를 얻을 수 있다. 그 대답은 대부분 역설적이게도 미국의 정치가나 자본가의 천재성에 있는 것이 아니라 미국 프롤레타리아의 힘과 창조성에 있다. ……이제 국제적인 자본주의 명령의 패러다임 전환의 측면에서는 미국의 프롤레타리아가 국제적 또는 다국적 노동자들의 욕구와 열망을 가장 충실하게 표현한 주체적 모습으로서 나타난다. 유럽과 다른 지역에 비해 미국 프롤레타리아가 당과 조합으로 대표되는 비율이 가장 낮기 때문에 미국 프롤레타리아가 약하다는 통상적인 생각에 반대해, 아마도 우리는 정확히 그러한 이유들로 인해 미국 프롤레타리아가 강하다고 보아야 할 것이다. 노동자계급의 힘은 대표제도에 있는 것이 아니라 노동자들 스스로의 적개심과 자율성 속에 있다. 이것은 미국 산업 노동자계급이 지닌 실질적인 힘을 표현한 것이다. 더욱이 프롤레타리아의 창조성과 투쟁성은 아마도 더욱 중요하게는 공장 밖에서 노동하는 주민들에게 있었다. 심지어 (그리고 특히) 능동적으로 노동을 거부했던 사람들은 심각한 위협과 창조적 대안들을 내놓았다. ……미국의 주도권은 실질적으로 미국 프롤레타리아의 적대적 힘에 의해 유지되었다(Negri, 2000: 356~357).

또한 이 해석은 네그리의 '거울 이미지'적 개념화, 즉 자본을 통해서 노동자계급을 해석하는 역해석 관점을 잘 드러내주고 있다. 미국 자본가계급이 가장 강력한 것을 통해 미국 노동자계급이 가장 강력하다고 해석하는 식이다.

네그리의 자율주의이론의 이러한 변화 때문에 자율주의이론의 신자유주의 시대의 계급 역관계에 대한 평가는 혼란스럽고 애매모호하게 제시되고 있다. 네그리의 자율주의이론에 충실한 조정환은 신자유주의 구조조정을 "복지국가하에서 매개 역할을 수행한 보장 노동자층의 권력……을 약화시키면서, 비보장 노동자층의 요구를 체제 내로 흡수하기"(조정환, 2003: 359) 위한 것으로 해석하고, 이것이 "프롤레타리아의 자율투쟁이 패배했다는 생각을 도입함이 없이 신자유주의로의 이행을 설명해준다. 그리고 이러한 분석은 자율주의적 운동 흐름이 퇴각했다는 생각 없이 신자유주의적 이행이 가져다준 고통을 설명해준다"(조정환, 2003: 359~ 360)는 이해하기 어려운 애매한 분석을 제시할 수밖에 없게 된다. 이 분석은 1970 년대 이후의 역사적 현실에 비추어보면 이해하기 어렵다. 왜냐하면 신자유주의 구조조정은 '보장 노동자층'뿐만 아니라 '비보장 노동자층'도 공격했기 때문이다. 미국과 영국의 경우 사회복지 지출의 삭감으로 대표되는 복지국가에 대한 공격은 일차적으로는 바로 '비보장 노동자층'을 겨냥한 것이었다.

그러나 자율주의이론의 '대중노동자' 투쟁주기에 비추어보면, 자율주의이론의 이러한 분석은 이해가 된다. 즉, 1917년부터 1968년의 '대중노동자' 시기는 그 이전 시기의 '전문노동자'를 공격하고 테일러주의에 의해 새로 창출된 '대중노동자' 의 요구를 수용하는 방식으로 구성되었듯이, '사회적 노동자'의 투쟁주기도 '대중노동자' ― 여기서는 '보장 노동자층'을 의미한다 ― 를 공격하고 새로 등장한 '사회적 노동자' ― 여기서는 '비보장 노동자층'을 의미한다 ― 의 요구를 수용하는 방식으로 구성되는 것으로 유추될 수 있는 것이다. 결국 네그리의 자율주의이론은 '대중노동자' 투쟁주기의 분석틀에 그 이후의 자본주의 현실변화를 꿰맞추어 해석하고 있는 것이다. 여기에서 자율주의이론의 신자유주의 분석에서의 이론적 무능력이 드러나고 있다.

신자유주의 시대에 대한 분석에서 자율주의이론의 이러한 이론적 무능력은 어디에서 오는 것인가? 노동운동사에서 일반적으로 운동이 전진과 후퇴를 반복하면서 발전한다는 일반적 관점과는 달리 자율주의이론에서는 노동자계급의 패배를 인정할 수 없다. 왜냐하면 '계급 구성·탈구성·재구성'이 하나의 '투쟁주기'를 구성한다는 기본관점 때문에 신자유주의 시대도 이 틀에 맞추어 이론화해야 하고, 그렇다 보니 '신사회운동'에 초점을 맞출 수밖에 없다. 그래야 『제국』에서의 네그리의 재해석처럼 '투쟁주기'에 맞추어 신자유주의 시대 또는 '제국' 시대를 일관되게 분석할 수 있기 때문이다. 결국 자율주의의 '투쟁주기'라는 분석틀로는 이행 또는 전형을 설명하기 어렵다. 또한 조절이론과 마찬가지로 자율주의이론도 전후 장기호황기에 역사특수적으로 적합한 분석틀로서 이론화가 되었기 때문에 장기호황기의 '대중노동자' 시대에는 어느 정도의 설명력을 가질 수 있으나 그 이후의 자본주의 현실에 대한 분석에서는 그 적실성을 상실하고 있는 것으로 평가할 수 있다.

결국 이 책에서 주요하게 검토하고 있는 세 이론은 모두 1970년대 자본축적의 위기 이후의 현대자본주의의 계급 역관계에 대한 분석이 결여되어 있거나 실패하고 있다. 브레너의 경우와 조절이론은 계급 역관계 분석을 결여하고 있다. 조절이론의 경우 '포스트포드주의'론에서는 부분적으로 시도하다가 포기했고, '금융화된 축적체제'론에서는 계급관계가 더 이상 주도적 역할을 하지 않고 종속변수로 전락하기 때문에 계급 역관계 분석을 시도하지 않는다. 다만 '금융 세계화'가 노동에게 불리한 계급 역관계를 초래한다고 분석하는 데 그친다. 자율주의이론은 계급 역관계에 대한 적절한 분석에 실패하고 노동의 일방적 우위의 역관계가 조성될 '잠재력' 또는 '가능성'만을 제시하고 있다.

### (2) 자본의 유연화·세계화 공세와 노동자계급의 파편화

필자는 1980년대를 전후해서 케인스주의 시기의 계급 역관계가 역전되어 자본의 일방적 우위의 계급 역관계가 구성되었고, 이러한 새로운 계급 역관계가 1990년대 후반을 전환점으로 한 노동자계급의 계급투쟁에 의해 다시 도전을 받고 있다고 평가하고자 한다. 즉, 1980년대 이후의 신자유주의 시대의 계급 역관계는 기본적으로 자본의 일방적 우위의 역관계로 규정하고자 한다. 계급 역관계의 이러한 새로운 구성은 1970년대의 계급투쟁의 결과이고, 계급 역관계의 이러한 변화에 따라 현대자본주의는 신자유주의적 자본주의로 전형되었다고 보는 것이다. 따라서 자본의 일방적 우위의 계급 역관계는 신자유주의적 자본축적 형태 및 국가 형태로 표현된다고 본다. 예컨대 신자유주의적 구조조정, 금융화, 세계화 등은 이러한 신자유주의적 형태의 구체적인 형상들이다.

신자유주의 시기로의 전형을 초래한 계급 역관계의 역전과 자본의 일방적 우위의 역관계의 정립에 대한 분석을 위해서는 여러 요인들에 대한 복합적인 분석이 이루어져야 하겠지만, 핵심적으로는 '신자유주의 구조조정'으로 역사적으로 존재했던 것, 즉 1970년대 이래의 자본의 재구조화 공세를 중심적으로 분석할 필요가 있다. 이 공세는 케인스주의의 위기를 둘러싼 계급투쟁을 분석하면서 앞서 제시했듯이, 조직된 노동운동 세력에 대한 무력화 공세, 즉 '경제적 형태'의 계급투쟁에서는 자본의 '탈집중화 전략'이 주요한 역할을 했고, 복지국가에 대한 해체공세, 즉 '정치적 형태'의 계급투쟁에서는 금융자본의 국제적 운동이 주요한 역할을 했다. 특히 자본의 '탈집중화 전략'은 1980년대 이후 정보통신기술을 활용한 생산의 유연화와 세계화 공세로서 계급 역관계의 역전을 가져오고 그것을 고착화시키는 데 결정적 역할을 수행한다. 따라서 여기에서는 우선적으로 정보기술혁명을 활용한 생산과정의 전형에 대한 분석을 토대로 계급 역관계를 평가하고자 한다.[135]

1970년대 컴퓨터의 발전을 중심으로 한 '극소전자혁명'으로부터 시작한 정보기술혁명은 자본주의 사회를 광범위하게 변화시켰다.[136] 그 변화의 폭과 범위는 '후기산업사회'에서부터 '정보사회'론에 이르기까지 1970년대 이전의 '산업사회'와 근본적으로 구별되는 것으로 평가될 정도로 거대한 것이었다. 네그리의 자율주의 이론 역시 정보기술혁명을 '제3차 산업혁명'으로 명명할 정도로 기계제대공업을 가져온 '제2차 산업혁명'과 똑같은 비중과 중요성을 갖는 기술혁명으로 평가한다.[137] 정보기술혁명이 과연 기계제대공업을 가져온 '산업혁명'과 같은 수준의 변화를 초래했는지는 여전히 논쟁이 되고 있다. 이에 대한 논란은 이 책의 범위를 넘어서는 문제이다. 여기에서 문제가 되는 것은 그 정보기술혁명과 1970년대 이래의 자본의 재구조화 공세와의 연관이다.

그런데 정보기술혁명이 현대자본주의에 미친 영향을 분석하는 데 있어서 우파는 물론이고 좌파까지도 정보기술혁명의 거대한 효과에 압도되어 많은 경우 '기술결정론'으로 경도되고 있다. 즉, 의식적·무의식적으로 정보기술혁명에 따른 '기술적 필연성'에 의해 자본주의 사회의 변화가 초래된 것으로 설명하게 된다. 1970년

---

135) 금융자본의 국제적 운동은 이 시기 자본의 또 다른 주요한 전략이었던 '투자파업' 전략의 표현이라고 할 수 있다. 이에 대해서는 신자유주의적 자본축적 형태에서 자세히 분석하고자 한다.

136) 정보기술혁명(Information Technology Revolution)은 극소전자공학, 컴퓨팅(하드웨어와 소프트웨어), 원격통신·방송, 광전자공학뿐만 아니라 유전공학에서도 수렴되는 일련의 정보기술의 발전을 의미한다. 정보기술의 발전에서 핵심적인 것은 정보처리 및 커뮤니케이션 기술이다. 1970년대 이후의 발전의 주요 계기는 1971년 마이크로프로세서 발명, 광섬유의 산업용 생산, 1975년 마이크로 컴퓨터 개발, 1977년 PC 소프트웨어(운영체제) 시판 등으로 정보기술혁명은 1970년대에 태동한 혁명이었고, 미국에서 집중적으로 발전했다. 카스텔은 1970년대의 정보기술의 집중적 발전과 1970년대의 경제위기의 동시 발생은 '역사적인 우연의 일치'였지만, 정보기술의 '개발과 응용, 그리고 궁극적으로 그 내용'은 그것이 확산된 역사적 정황, 특히 이 시기의 경제적·조직적 재구조화 과정에 의해 구체적으로 규정되었다고 평가한다(Castells, 2000: 54~115).

137) 그래서 네그리는 '제2차 산업혁명'이 1848년부터 1968년의 1세기가 넘는 기간 '전문노동자'와 '대중노동자'의 투쟁주기를 가져온 기술적 토대였다면, 정보기술혁명을 1968년 이후의 '사회적 노동자' 시기를 초래한, '코뮤니즘'의 기술적 토대로까지 평가한다(Negri, 1992).

대 정보기술혁명과 자본의 재구조화 공세의 연관을 분석하는 데 있어서도 마찬가지로 '기술결정론'이 반복되고 있다.

예컨대 네그리의 자율주의이론이 그 대표적인 예이다. 자본이 재구조화 공세에 정보기술혁명을 활용한 것을 인식하면서도 '비물질적 노동'이나 '사회적 노동자' 개념에서 확인되었듯이 정보기술혁명의 효과, 즉 정보기술혁명에 기초한 생산과정의 변화를 분석하고 평가하는 데 있어서 '기술결정론'에 빠지게 된다.

카스텔의 경우, 초기에는 정보기술혁명의 이러한 거대한 효과를 충분히 고려하면서도 '사회적 생산관계'와 '기술적 생산관계'라는 개념적 구분을 통해 정보기술혁명과 자본의 재구조화 공세가 상호 작용하면서도 자본의 재구조화 공세에 의해 정보기술의 구체적 형태가 규정되는 것으로, 즉 '사회적 생산관계'가 '기술적 생산관계'를 규정하는 것으로 분석함으로써 '기술결정론'에 빠지는 것을 모면한다. 카스텔은 『정보도시』에서 '기술결정론'에 대한 명확한 비판적 입장에 서서 정보기술이 생산의 재구조화 과정에서 어떻게 활용되었는가, 그리고 그 결과 전형된 생산과정의 네트워크 형태를 자세히 분석하고 있다. 즉, "기술은 비록 매우 강력한 도구이긴 하지만 경제적·사회적·제도적 변화들에 의해 지배되는 조직적 재구조화 과정의 도구에 불과"(Castells, 1989: 169)했다는 명확한 입장을 가지고 1970년대 이후의 자본축적 형태 및 국가형태의 광범위한 전형을 분석하고 있다.

그런데 그 카스텔조차도 『정보도시』에서의 '기술결정론'에 대한 비판적 입장은 『네트워크 사회의 도래』(2000)[138]에서는 포기되고, 오히려 정보기술혁명에 의한 자본주의적 사회관계의 변화란 입장, 즉 '기술적 생산관계'가 '사회적 생산관계'를 규정하는 것으로 전도된다. 카스텔의 이러한 입장 변화는 우회적으로 이루어진다. "기술결정론의 딜레마는 아마도 설정이 잘못된 문제일 것"이라며 "기술은 사회를 결정하지 않지만, 기술은 사회를 구현한다. 그러나 사회도 기술혁신을 결정하지 않는다. 단지 사회는 기술을 이용할 뿐이다. 이런 사회와 기술의 변증법적인 상호 작용"(Castells, 2000: 26)이라는 기술과 사회의 '이원론'으로 후퇴함으로써 『정보도시』에서 견지했던 기술결정론 비판적 입장을 포기하고, 사실상 '기술결정론'

---

138) 이 책은 카스텔의 『정보시대: 경제, 사회, 문화』 3부작(1996~1998년) 가운데 첫 번째 저작으로 1996년에 초판이 나왔고, 2000년 전면 개정판으로 출간되었다.

에 투항한다. 그리고 "기술의 의도하지 않은 사회적 결과의 중요성"(Castells, 2000: 27)을 강조하면서 정보기술혁명에 의해 전면적으로 변화된 현대자본주의 사회를 '네트워크 사회(network society)' 또는 '정보화 자본주의(informational capitalism)'로 규정하며 일반적 분석을 시도한다.

> 정보시대에는 지배적인 기능과 과정이 점차 네트워크를 둘러싸고 조직되는 것이 역사적인 추세이다. 네트워크는 우리 사회의 새로운 사회적 지형을 구성하며, 네크 워킹 논리가 확산되면서 생산, 경험, 권력, 그리고 문화적인 과정과 결과에 대한 실 질적인 조정이 이루어지고 있다. ……네트워킹 논리는 네트워크를 통해 표현되는 특정 사회적 이해관계를 규정하는 사회적 규정인자보다 더 높은 수준의 그것을 유발 시킨다고 주장하고 싶다. 즉, 흐름의 권력이 권력의 흐름보다 더 우선하는 것이다. 네트워크의 존재유무, 그리고 각 네트워크의 다른 네트워크에 대한 역관계가 우리 사회에서 지배와 변화의 핵심적인 원천이 되고 있다. 그러므로 우리가 네트워크 사 회라 불러 마땅한 사회에서는 사회적 행동보다는 사회적 지형이 더 우위에 있다는 특징이 있다(Castells, 2000: 605~606).

여기에서 '기술결정론'적 입장으로의 완전한 선회가 확인된다. 즉, '기술적 생산 관계'가 '사회적 생산관계'보다 우선하고 규정하는 전도가 이루어지고 있다. 이런 입장에 입각해 카스텔은 '정보화 자본주의'의 두 가지 근본적 특징으로, 자본주의 가 '지구적'이라는 점과 '금융 흐름의 네트워크를 중심으로 구성되어 있다'는 점을 제시한다. "요컨대 점차 정보 네트워크에 의해서 금융 흐름이 무시간적 공간에서 운영되는 지구적 금융시장에서 자본축적이 진행되고, 가치창출이 발생되고 있 다"(Castells, 2000: 608)는 것이다. 모든 산업의 자본이 "이윤창출이라는 상품화된 민주주의로 동질화되는 금융 흐름의 메타-네트워크로 전환"되기 때문에 "네트워 크화된 자본주의 시대에 돈을 벌고 잃고, 투자하거나 저축하는 근본적인 실체가 금융영역 내에 있게"(Castells, 2000: 609) 된다. 따라서 "축적의 과정은, 이윤을 내 는 기업에의 투자와 지구적 금융 네트워크에서 결실을 맺게 하는 축적된 이윤의 활용 사이의 상호 작용에 의거"하고 있고, 또한 "생산성, 경쟁력, 그리고 모든 부 문에서의 투자와 장기계획에 대한 적절한 정보에 의해 좌우된다"(Castells, 2000:

609).

자본이란 하나의 사회적 관계라는 근본사실을 몰각한 이러한 전도된 인식은 '정보화 자본주의' 시대의 '자본가계급'을 "전자네트워크에 의해 작동되는 금융 흐름으로 구성된 얼굴 없는 집합적 자본가"(Castells, 2000: 613)로 규정하는 데에 이르면 자본물신주의의 극치에 이른다. 카스텔에게는 "상품으로 상품을 생산하고 돈으로 돈을 끝없이 추구하는" 것이 "자본주의의 순수한 표현"(Castells, 2000: 611)이다! 앞서 필자가 '네트워크 물신주의'라고 명명할 정도로 정보기술혁명의 효과가 거대함을 실감하지 않을 수 없다. 그것의 압도적 효과 때문에 자본이 '하나의 사회적 관계'라는 근본관점을 상실하는 '자본물신주의'에 사로잡히게 되고, 따라서 사회의 네트워크화 또는 경제의 금융화 현상을 이 시기 계급 역관계의 '기술적·사회적 형태'로 파악하지 못하게 된다.

그러나 카스텔(1989; 2000)은 정보기술혁명에 대한 광범위한 분석을 탁월하게 수행하고 있으므로 필자는 이상과 같은 카스텔에 대한 비판적 관점에서 그의 풍부한 분석을 비판적으로 재구성할 것이다. 필자는 자본의 재구조화 공세가 정보기술혁명을 활용한다는 입장, 즉 '사회적 생산관계'가 '기술적 생산관계'를 기본적으로 규정한다는 일관된 입장에서 신자유주의 시대의 생산과정의 전형과 자본의 일방적 우위의 계급 역관계의 정립을 분석하고자 한다.

이 시기 생산과정의 전형이 가장 전형적으로 이루어진 미국을 중심으로 정보기술혁명을 활용한 자본의 재구조화 공세와 그 결과를 '사회적 구성'의 관점에서 역사적으로 구성해보자.

1970년대의 계급투쟁의 격화와 그에 따른 자본축적의 위기에 대한 자본의 대응은 1974~1975년의 세계공황, 1979년 2차 오일쇼크에 따른 불황 속에서 일차적으로 공장폐쇄, 대량해고, 자산매각, 그리고 투자감축 등으로 나타났다. 이러한 대응은 불황과 이윤율 저하에 대한 경제적 대응이면서 동시에 조직된 노동자계급에 대한 공세였다. 이것이 조직된 노동자계급에 대한 공세적 성격을 갖는다는 점은 그 이전의 케인스주의 시기의 불황에 대한 자본의 대응과의 현격한 차이에서 확인된다.

그러나 이러한 소극적 대응을 넘어선 자본의 조직된 노동자계급에 대한 본격적인 공세는 1970년대 후반부터 다양한 이름으로 전개되었다. 이른바 '감량경영

(Downsizing)', '합리화(Rationalization)', '재구조화(Restructuring)', '리엔지니어링 (Reengineering)' 등이 그것이다. 이러한 공세는 산업에 따라 차이가 있지만 거의 동시적으로 추진되었고, 1980년대에는 일반화되었다. 오늘날 '신자유주의적 구 조조정'이라고 통칭할 수 있는 이러한 자본의 공세는 '탈집중화 전략' 또는 좀 더 일반적으로 '유연화 전략'으로 압축할 수 있다. 이 유연화 전략을 가능케 한 기술 적 기초가 정보기술혁명이었다. 정보통신기술은 컴퓨터화와 커뮤니케이션에 기 초한 자동화·네트워크화 등을 가능케 했던 것이다.

자본의 재구조화 공세를 '유연화' 공세로 개념화할 수 있는 것은 자본의 반격과 공세의 초점이 케인스주의적 사회형태의 '경직성', 즉 조직된 노동자계급의 힘에 기초한 사회적 규제를 파괴하는 것이기 때문이다. 따라서 공격의 초점은 조직된 노동자계급의 힘을 무력화시키는 것과 제도화된 사회적 규제를 폐지하는 것이었 다. 전자는 생산과정에 대한 유연화 공세로 표현되었고, 후자는 탈규제·자유화· 사유화 등으로 표현되었다.

자본의 '유연화' 공세의 모델은 일본적 생산방식, 즉 '도요타주의'였다. '도요타 주의'는 전후 장기호황기에 일본에서 성립되었는데, 이는 자본의 일방적 우위의 계급 역관계를 토대로 구성된 생산방식이었다. 일본적 생산방식이 형성된 역사적 조건은 두 가지로 평가된다.[139] 첫째, 자본부족이었다. 제2차세계대전의 패전국 이었던 일본은 자본부족이 심각해 "경쟁력을 개선시키고, 급진적인 임금 하락을 동반한 노동강도 강화, 노동시간 연장, 그리고 다단계 생산망 등을 통해 비용을 줄 일 것"(Moody, 1997: 140)을 요구받았다. 둘째, 1950년대 초반의 노동운동에 대한 철저한 파괴였다. 즉, 자본의 일방적 우위의 계급 역관계가 전제되었다.

전후 일본의 이러한 특수한 조건에서 성립된 '도요타주의'는 "적시생산, 다기능, 직무순환, 팀 작업, 품질관리, 수량적·기능적 유연화, 대규모 외주"(Moody, 1997: 140) 등을 그 특징으로 한다. '도요타주의'가 자본 간 경쟁을 통해 가장 경쟁력 있 는 생산방식으로 드러난 1970년대 이후 다른 선진국들에 확산되고 일반화되면서 서구에서는 이를 '린 생산방식(lean-production)'으로 개념화했다.[140] 그래서 "그것

---

139) 이에 대해서는 무디(Moody, 1997: 140~141), 코우츠(Coates, 2000: 309~320) 등을 참조.

140) '린 생산방식'은 일본적 생산방식의 특징을 '마른 수건도 쥐어짠다'는 군살빼기(lean)로 파악한 개념이다. '린 생산방식'은 '긴장에 의한 관리(management by stress)'로도 특징화된다. 즉, "긴

이 부분적으로 실행되건 또는 완전히 실행되건, 상이한 이름들이 부여되건, 아니면 노동자들의 저항에 의해 수정되건 상관없이 '린 생산방식'의 기본적 특질은 일본 자동차산업에서 발전해 이 산업 저 산업에서 세계적인 '최선의 실행'으로 인지되었고, 전 세계로 퍼져나갔다"(Moody, 1997: 168).

1980년대 이후 본격적인 자본의 '유연화' 공세에 의해 확산된 '린 생산방식'은 정보기술혁명의 성과에 의해 기술적으로 훨씬 고도화될 수 있었다.[141] 여기에서 '린 생산방식'을 발명한 것은 정보기술혁명도, 경쟁도 아니었다는 점을 강조할 필요가 있다. 1970년대에 정보기술혁명이 본격적으로 이루어지기 이전에 '린 생산방식'은 이미 일본에서 역사적으로 존재하고 있었다. 1970년대 이후 정보기술혁명은 '린 생산방식'의 발전을 더욱 촉진했을 뿐이다. 또한 1970년대 이전에 일본에 존재했던 '린 생산방식'이 1970년대 이후에야 세계적으로 확산되고 일반화된 것은 현상적으로는 자본 간 국제적 경쟁이 강제한 것으로 나타나지만, 내용적으로는 1970년대 이후 계급 역관계를 역전시키려는 자본의 재구조화 공세 때문이었다. 자본 간 경쟁에서 경쟁력을 규정하는 것은 계급 역관계인 것이다. 이를 잘 보여주는 사례가 독일 자동차산업에서의 '린 생산방식'의 도입과정이다.

포드주의적 작업방식은 1960년대 말과 1970년대 초에 노동자들이 컨베이어 라인에 저항하는 광범위한 집단행동을 일으킴으로써 약간의 변화를 겪는다. 즉, 노동자들의 무단결근이나 무단조퇴, 태업, 병가율, 이직률 등과 같은 직무불만족 지표들이 증대했을 뿐 아니라, 급기야는 파업·농성·점거 등과 같은 적극적이고 폭발적인 저항도 강하게 나타났다. 1969년 9월의 전국적인 파업과 1972년 뮌헨의 BMW 공장, 1973년 쾰른의 포드 공장, 1975년 넥카술름의 폭스바겐 공장의 노동쟁의는 그 대표

장에 의한 관리는 생산을 통제하고 생산성 향상을 촉진하기 위해 물리적·사회적·심리적 긴장 등 모든 종류의 긴장을 이용한다. 이 방식은 체계적인 노동강도 강화와 각종 부품의 적시조달, 세부작업과정에 대한 엄격한 통제 등 모든 것을 적절히 결합시켜서 노동자들에게 숨쉴 틈도 주지 않고 조그마한 실수도 허용하지 않는 생산체계를 만들고자 한다"(Parker & Slaughter 1994: 52~53).

141) 무디의 '린 생산방식'에 대한 평가를 참조. "린 생산방식의 진정한 유연성은 주로 정보화시대의 기술과, 외주·하청, 임시적 노동, 구식의 속도증가, 노동시간의 연장 등과 같은 작업조직의 낡은 형태에 수반되는 노동관행, 이 양자를 결합시키는 데에 있다. 생산연쇄의 탈집중화 경향을 제외하면 린 생산방식에서 특별히 '포스트포드주의'적인 것은 없다"(Moody, 1997: 141~142).

적인 사례들이다. 이러한 비상상황에 직면해서 독일 정부와 기업가들은 나름의 대책을 강구한다. 그들은 한편으로는 1972년의 '직장노동자대표법'과 1976년의 '신공동결정법'을 통해서 노동자의 평화적인 경영참가를 제도적으로 보완하고, 다른 한편으로는 1975년부터 독일 정부와 노동조합·기업이 공동으로 '노동의 인간화' 프로젝트(작업과정 자체를 혁신해서 노동만족도와 노동생산성을 향상시킨다는 프로젝트)를 구체화시켜 폭스바겐 사 등에서 인간적인 작업방식을 실험하게 된다. 이 새로운 방식에서는 노동자들이 평생 한 가지 작업만을 하는 것이 아니라 여러 가지 작업을 돌아가며 하게 되고, 일괄조립라인에 개별적으로 붙어서 하는 것이 아니라 하나의 작은 팀으로 나뉘어 고정된 작업대에서 작업하게 했다. ……그러나 이것은 기업 측이 생산성 효과가 의문시된다고 발을 빼는 바람에 잘 진전되지 못했다. 그러다가 1970년대 중반 이후 일본 자동차산업이 미국에서는 물론이고 세계적으로 성공을 거두어 모두의 관심을 끌면서, 그 경쟁력의 원천이 어디에 있는가라는 물음에 대한 보고서들이 1980년대 이후로 많이 나오기 시작한다. 결론은 기술이나 시장, 국가정책, 문화 같은 것보다도 그 특유의 '생산방식'이 문제라는 것이다. 결국 각 나라의 자동차공장 노사들은 '일본적 생산방식' 내지 '린 생산방식'을 배우기 위해 일본을 여행하게 된다. 과거 1970년에 노동조합이 노동의 인간화를 위한 '팀 작업'을 주장할 때는 반신반의하고 거부까지 하던 독일 자동차업계의 경영자들이 이제는 오히려 '팀 작업'을 하지 않으면 생존이 어렵다고 아우성을 치게 된 것이다. ……그 뒤 독일 자동차산업에서는 일본의 '린 생산방식'이 독일식으로 변형된 형태라 할 '그루펜 아르바이트'가 유행처럼 퍼지게 된다(강수돌, 1996: 291~292).

요컨대 1980년대 이후 선진국에서 신자유주의적 구조조정에 의해 '린 생산방식'이 일반화된 것은 정보기술혁명 때문도 아니었고 경쟁 때문도 아니었다. 1970년대의 자본축적의 위기와 계급투쟁의 격화에서 계급 역관계를 역전시켜 자본의 일방적 우위의 역관계를 구축하려는 자본의 반격과 공세 때문이었다. 그리고 그 과정은 자본 간 경쟁 메커니즘을 통해 개별 자본에게 강제되었다. 이처럼 신자유주의 시기의 생산과정의 전형을 그 사회적 구성, 즉 계급관계 및 계급투쟁에 의한 역사적 구성의 관점에서 보면, '사회적 생산관계'가 '기술적 생산관계'를 규정하고 있음이 명확하게 드러난다.

1980년대 이후 '린 생산방식'으로 정립된 자본의 '유연화' 공세가 생산과정의 전형을 통해 조직된 노동자계급의 힘을 무력화시키고 노동자계급의 투쟁을 봉쇄하는 방식을 간략하게 살펴보자. 자본은 생산과정에 컴퓨터를 도입하면서 크게 두 범주의 변화를 추구했다. 자동화와 노동조직의 재편성이 그것이다. 즉, '기술적 생산관계'를 변화시켰다.

첫째, 자동화의 경우는 정보기술혁명에 의해 이 시기에 대규모로 실현되었지만, 사실 이 시기에 새롭게 제기된 것은 아니다. 18세기 말~19세기 초의 산업혁명에 의해 기계제 대공업이 성립된 이래 자본은 노동자계급의 투쟁을 무력화하고 봉쇄하기 위해 기계의 도입, 즉 기계화를 지속적으로 발전시켜왔다. 정보기술혁명에 의한 생산의 자동화는 그러한 기계화의 연장선상에서, 그리고 그것의 질적인 변화로서 '자동화'라고 볼 수 있다. 19세기의 마르크스는 이미 기계화의 발전논리에 입각해서 '자동기계'의 출현을 예상하고, 그것이 가져올 변화와 사회적 의미에 대한 분석까지도 초보적으로 제시한 바 있다.[142] 따라서 '자동화'는 기계에 의해 수행될 수 있는 인간의 기계적 노동을 기계에 의해 대체하는 것이고, 그런 의미에서 기본적으로 노동절약적이다.

1980년대 '합리화', '감량경영' 등으로 이름으로 수행된 '자동화'는 대량감원을 초래했다. 이것은 '기술적 생산관계'의 변화에 따른 것이었지만, '공장자동화'의 경우 그 자체로 조직된 노동자계급에 대한 공격이었고 명백히 그러한 의식을 가지고 자본에 의해 이루어졌기 때문에, '자동화' 역시 '사회적 생산관계'의 필요와 요구에서 적극적으로 추진되었다고 할 수 있다. 그런데 '사무자동화'의 경우 자본 간 경쟁에 의해, '비용절감' 압박에 의해 강력히 추동되었고, 한편으로 사무직 노동자의 대량해고와 다른 한편으로 남아 있는 사무직 노동자의 양극화 ― 소수의 관리노동화와 다수의 저임금·단순노동화, 즉 '프롤레타리아화' ― 를 초래했다.[143]

---

142) 마르크스는 『자본론』 1권에서의 '노동과정과 가치증식과정'의 분석뿐만 아니라, 『정치경제학 비판요강』에서 과학기술이 생산과정에 적극적으로 활용된 결과로 초래될 고도화된 생산력에서의 변화와 그것의 사회적 의미에 대해 암시적인 분석을 제시하고 있다(Marx, 1976a II권: 379~389).

143) 민간 사무직 노동자들은 대부분 노조로 조직화가 안 되어 있고 또 조직화되어 있더라도 투쟁력이 약했기 때문에 자본은 '사무자동화'를 큰 저항 없이 급속하게 추진할 수 있었고, 그 결과 제조업 생산과정에 비해 자동화가 매우 급속하게 이루어졌다.

컴퓨터에 의한 '자동화'와 연관된 변화로 시장수요에 대한 자본의 적응능력을 개선시킨 생산의 기술적 '유연화'가 이루어졌다. 컴퓨터통합생산(CIM), 유연생산체제(FMS), 적기생산방식(JIT), 총체적 품질관리 등이 그것이다(김희삼, 1994). 특히 만성적인 수요부족과 그에 따른 과잉설비는 경쟁을 격화시켜 소비자의 다양한 수요에 맞추어 생산하는 유연생산체제로 전환할 것을 강제했다. 그래서 '규모의 경제(economies of scale)'를 추구하는 소품종 대량생산에서 '범위의 경제(economies of scope)'를 추구하는 다품종 소량생산으로 전환하는데, 컴퓨터통합생산은 범용(汎用) 기계설비를 가능케 했다. 적기생산체제는 광범위한 하청체계를 효율적으로 운영하는 것으로 하청체계로 나타나는 비효율성 및 비용 — 특히 부품공급과 재고관리에서의 — 을 모두 하청업체에 떠넘김으로써 '모기업'의 비용절감을 추구한 것이었다.

둘째, 자동화보다 더욱 중요한 측면은 정보기술혁명을 활용한 노동조직의 재편성이었다. 정보기술을 이용한 노동조직의 재편성은 두 가지 방향으로 이루어졌다. 노동과정 및 고용의 '탈집중화'와 노동과정 내부의 직무재편성이 그것이다.

우선 자본은 조직된 노동자계급에 대한 직접적 공격으로서 노동자계급의 '탈집중화'를 다양한 형태로 시도했다. 그 가운데 가장 중요한 것이 노동과정의 '탈집중화'로서의 외주·하청이다. 포드주의 일괄조립라인 생산체제의 거대화가 동시에 조직된 노동자계급의 힘의 거대화로 발전하는 것을 차단하는 한편, 기존의 노동자계급의 힘을 약화·무력화시키는 가장 강력한 무기가 바로 외주·하청이었다. 외주·하청 그 자체는 물론이고 외주·하청의 위협만으로도 노동자계급의 단결을 파괴하고 노동자 내부의 경쟁을 강화시킬 수 있기 때문이다.[144] 생산의 '탈집중화'로서 외주·하청은 정보기술혁명에 의해 더욱 단순화된 작업공정, 즉 저숙련이 요구되는 공정을 저임금·무노조 지역으로 이전시켰다. 특히 무노조 지역에 하청공

---

144) "외주와 외주의 위협은 회사의 내부 및 외부의 상이한 공장들에서 일하는 노동자들 사이에 경쟁을 도입하는 기초가 된다. ……GM의 한 노동자는 그것을 이렇게 묘사하고 있다. '일자리를 유지하기 위해 외부의 부품공급업자들과 맞서 입찰할 기회가 주어질 때, 많은 조합원들은 비용을 줄이고 품질과 서비스를 개선할 혁신적인 제안을 개발하기 위한 노동과정 분석에 셀 수 없는 시간을 소모했다.' 이러한 특별한 상황에서 GM은 어떻게 해서든 결국 외주를 놓았다. 그러나 그 과정에서 조합원 스스로가 어떻게 하면 속도를 높이고 그들의 작업량을 늘릴 수 있는가를 경영진에게 알려주었다"(Moody, 1997: 156~157).

장을 설립하거나 외주를 주는 것이 광범위하게 추진되었다. 이른바 '오염되지 않
는 공장'이라는 무노조 공장에 대한 자본의 선호는 이 시기 자본의 '유연화' 공세가
무엇을 노리고 있었는지를 극명하게 보여주었다. 여기에 비용절감을 위한 저임금
까지 목표로 할 경우 저숙련을 필요로 하는 단순조립공정이나 노동집약적인 공정
을 제3세계로 이전하게 되어 '생산의 세계화'를 가져왔다. 이것은 '유연화' 공세에
의한 세계화이므로 '유연화' 형태의 세계화라 부를 수 있다. 이에 대해서는 조금
뒤에 생산의 세계화 논의에서 별도로 논의하고자 한다. 여기에서는 이러한 외주·
하청 연쇄의 말단부가 다양한 형태의 '가내노동'으로 연결되었다는 점만 지적하고
자 한다. '가내노동'은 제3세계에서뿐만 아니라 선진국에서도 광범위하게 부활했
다. 대표적인 예가 의류산업이지만 자동차산업에서조차 외주·하청의 말단이 '가
내노동'으로 확장되었다(Moody, 1997: 161).[145]

노동자계급의 고용과 단결에 대한 직접적 공격으로서의 외주·하청과는 다른
형태지만, 비슷한 효과를 노리고 자본은 고용의 '탈집중화', 즉 '유연화'를 시도했
다. 단기계약·임시직·시간제노동··용역파견 등 비정규직 노동자의 고용을 확대하
고, 다른 한편 변형노동시간제·변형노동일제·교대근무제 등을 통해 고용된 노동
력을 신축적으로 사용함으로써 최소고용을 시도했다(김희삼, 1994). 이러한 노동
시간의 정상적 편제를 변형하는 것뿐만 아니라 연장근로(시간 외 근무)를 수요변동
에 대한 주요 대응방식으로 활용하기도 한다. 이에 따라 미국에서는 1990년대 경
기가 회복되어 수요가 증가할 때 연장근로가 일반화되었고, 미국은 선진국에서
유일하게 평균 노동시간이 증가한 나라가 되었다(Moody, 1997: 159).

또한 임금의 '하방경직성'에 대한 '유연화' 공세는 '탈규제'의 미명하에 최저임
금의 인하, 물가연동제 폐지, 임금교섭의 분권화, 성과급제의 도입, 사회복지지출
의 삭감 등 다양한 형태로 나타났다. 예컨대 미국의 레이건 행정부는 최저임금제
를 "대공황 이래 가장 격심한 침체와 실업을 야기한 원흉"으로 몰아세워, 최저임

---

145) 미국 의류산업의 경우, 정보기술의 발달을 활용해 비공식경제의 '초과착취공장들(sweatshops)'
이 뉴욕, 로스앤젤레스 등 대도시에서 부활하는 데 대해서는 카스텔(Castells, 1989: 250~251) 참
조. 또 미국의 다양한 비공식경제에 대해서는 카스텔(Castells, 1989: 272~275)을 참조. 제3세계
의 '가내노동'을 활용하는 것으로 악명 높은 생산의 세계화의 대표적인 사례로는 의류산업의 '베
네통', 신발산업의 '나이키'가 잘 알려져 있다.

금을 정부의 입법이 아닌 시장의 힘에 내맡겼다. 그래서 1985년의 최저임금은 평균임금의 39%로 1950~1960년대의 평균임금 50%보다 대폭 하락했다(김희삼, 1994: 72).

이러한 자본의 여러 시도들은 '비용절감'을 명분으로 노동자계급의 조직된 힘을 약화·무력화시키기 위한 것이었다. 즉, 고용과 임금에 대한 사회적 규제에 따른 '경직성'을 공격하는 형태였고, 그러한 공세를 통해 조직된 노동자계급의 힘을 약화·무력화시켰다. 자본은 이러한 노동과정 및 고용의 '탈집중화' 공세를 '수량적 유연성'이라는 기술적 용어로 정당화했다. 또한 '감량경영', '구조조정', '합리화'라는 표현을 통해 '자동화'에 따른 불가피한 인력감축을 표방하면서 실제로는 '수량적 유연성'을 위한 인력감축과 불안정고용을 은폐했다.

다음으로 노동과정 내부의 직무재편성은 '리엔지니어링'으로 표현된 것으로, 일괄조립라인의 '경직성'으로 인한 노동자의 불만과 저항, 그리고 그에 따른 생산성 저하에 대한 자본의 대응전략이다. 직무순환·직무확대·직무충실화 등 직무 재설계를 통한 노동자의 '다능공화'를 토대로 하고, 소집단 노동·팀 작업·제안제도·품질관리·개선활동 등 노동자의 참여를 제고하는 작업방식으로 재편하며, 이를 위한 사내훈련(OJT·Off-JT)·공공직업교육 등을 실시하는 것이었다(김희삼, 1994).

'노동의 인간화'로 잘못 이름 붙여진 이러한 직무재편성은 실제 직무재편성 후 '긴장에 의한 관리'라고 불릴 정도로 노동강도의 강화와 업무과중화를 초래했고 일자리 감소를 가져왔다. 이것은 테일러주의나 포드주의의 극복이 아니라 그 연장에서의 확장이고 변형이었다. '다능공화'라는 표현이 잘 말해주듯이, 단순반복 기능을 여러 개 수행한다고 해서 구상과 실행이 통일되고 노동의 소외가 극복되겠는가?

예컨대 '팀 작업'은 "노동자들에게 권한을 부여하거나 자율성을 보장하는 것이 아니라, 오히려 한숨 돌릴 여유도 없이 시간이 짜인 표준화된 노동"(Moody, 1997: 146)이었고 노조를 우회함으로써 노조의 현장통제를 무력화시켰으며, '노사협조주의'를 주입시키는 이데올로기적 효과도 가져왔다(Moody, 1997: 152~154; 김희삼, 1994).146) 자본은 직무재편성을 중심으로 한 작업방식의 재편을 '기능적 유연성'

---

146) 이처럼 '린 생산방식'은 단순한 '기술적 생산관계'가 아니라 '사회적 생산관계'의 규정을 받는 '기

으로 기술적으로 표현함으로써 그것이 갖는 노동자계급에 대한 '유연화' 공격을 은폐한다.

'인간성을 옹호하고 신자유주의에 반대하는 운동 런던 위원회'(fHUMAN, 1997)는 1980년대 이래 전면화된 자본의 이러한 유연화 공세에 따른 '노동의 유연화'를 '유연화 착취(Flexiploitation)'로 적절하게 개념화한다. 자본의 유연화 공세는 노동자계급을 투쟁에서 패배시키는 한편 조직적으로 해체시키고, 나아가 계급으로서 존재하지 못하도록 완전하게 분해하려는 전략적 대응이고, 이는 노동자계급에게 '불안정', '굴욕' 및 '엄격한 노동규율'을 강요함으로써 착취의 정도를 강화시키고 있다는 의미에서 '유연화 착취' 전략인 것이다.

물론 자본의 이러한 '유연화' 공세가 일방적으로 관철된 것은 아니었다. 각국 또는 각 산업이나 각 기업의 역관계와 노동자계급의 저항에 따라 '린 생산방식'이 실현된 형태는 다양하게 나타났다. 미국과 유럽의 대부분의 노동조합운동은 '린 생산방식'에 저항하지 않거나, 그것을 적극 수용하기까지 했다(Moody, 1997: 168~176; fHUMAN, 1997). '린 생산방식'의 원조(元祖)인 일본에서는 정보기술혁명을 활용한 자본의 '유연화' 공세가 노동자들의 '과로사'가 사회문제화될 정도로 강화되었다. 따라서 자본의 '유연화' 공세로서의 '린 생산방식'은 선진국에서는 대부분 관철되었다.

생산의 세계화의 진전에 의해 자본주의화가 급속히 진행된 제3세계 신흥공업국들의 경우에도 나라마다 시차가 존재하지만, 자본의 '유연화' 공세는 '신자유주의적 구조조정'으로 전면적으로 강제되었다(Chossudovsky, 1997). 자본주의화가 가장 진전된 중남미 나라들은 1980년대 외채위기를 계기로 해서 강제되었고, 1990년대 동유럽의 '체제전환국'들에게, 그리고 1990년대 후반 동아시아 위기 이후의 동아시아 나라들에게 강제되었다. 이에 대해서는 신자유주의적 자본축적 형태 및 국가형태에서 자세히 다루고자 한다.

---

술적 생산관계'인 것이다. '기술적 생산관계'의 입장에서 자동차공장에 정보기술이 도입된 후의 변화에 대한 카스텔의 평가를 참조. "정보화한 노동과정의 특성은 협력, 팀 작업, 노동자의 자율성과 책임감을 요구하며, 이것 없이는 신기술은 잠재력을 모두 발휘할 수 없다. 정보화한 생산이 가지는 특징인 네트워크가 모든 기업에 퍼져나가고 있으며, 노동자들 간, 노동자와 관리자 간, 인간과 기계 간의 정보처리와 항상적인 상호 작용을 필요로 하고 있다"(Castells, 2000: 329).

요컨대 일본적 생산방식 – 도요타주의 – 은 1970년대 이후의 자본의 '유연화' 공세에 의해, 외형적으로는 국제적 경쟁 메커니즘을 통해서, 그리고 정보기술혁명에 의해 기술적으로 더욱 정교화되고 세련화된 '린 생산방식'으로 '세계화'되었다. 그 결과 자본의 의도대로 일본에서와 마찬가지의 자본의 일방적 우위의 역관계를 정립시켰다고 평가할 수 있다. 물론 나라마다 계급 역관계의 차이에 따라 다양한 변이들이 존재하지만 기본적으로 자본의 일방적 우위의 역관계라는 점에서는 공통적이다.[147] 또한 이러한 계급 역관계는 1980년대 말과 1990년대 초의 소련과 동구권의 현실사회주의가 붕괴함에 따라 한층 강화되었다. 자본의 유연화 공세는 '신자유주의적 세계화'로 더욱 거침없이 전 세계에서 관철되었다.

다른 한편 '생산의 세계화'는 두 가지 구별되는 맥락하에서 이루어졌다. 유연화 공세로서의 생산의 세계화는 선진국 자본이 제3세계의 저임금·무노조 지역을 찾아가는 형태가 주종을 이룬다면, 자본 간 경쟁을 매개해서 이루어진 생산의 세계화, 즉 주로 국제적 경쟁에서 보호주의에 대한 대응으로 선진국 자본 간에 시장의 상호 침투를 위해 이루어진 세계화 형태가 있다. 전자를 '유연화' 형태의 세계화로, 그리고 후자를 '시장지향' 형태의 세계화로 구분할 수 있다. 둘 다 이 시기의 계급 역관계를 반영하고 표현한 것이라는 점에서는 동일하다. '시장지향' 형태의 세계화도 비록 국제적 경쟁을 매개한 것이지만, 이 국제적 경쟁 자체가 1970년대의 계급투쟁의 격화에 따른 이윤율 저하에 의해 초래된 것이었기 때문이다.[148]

---

147) 미국의 경우 자본의 일방적 우위의 계급 역관계는 1980년대 들어서 '양보교섭'의 급증에서 잘 확인된다.

**미국 노조운동의 양보교섭의 추세(단위: %)**

| 내용 | 1975 | 1980 | 1981 | 1982 | 1983 | 1984 | 1985 | 1986 | 1987 | 1988 |
|---|---|---|---|---|---|---|---|---|---|---|
| 양보교섭 | 6.1 | 4.5 | 25.7 | 50.7 | 52.2 | 79.3 | 84.4 | 76.0 | 86.4 | 91.4 |
| 임금삭감 | 0.9 | 0.2 | 2.6 | 44.8 | 40.1 | 14.8 | 67.0 | 67.2 | 20.5 | 19.6 |

주: 제조업의 노조원 중 해당연도 단체교섭 계약자에 한함(1988년은 5월까지의 수치임).
자료: 김희삼(1994: 74)의 〈표 4-1〉에서 재구성.

148) 크로티 등(Crotty *et al.*, 1997)은 1970년대 이후 경쟁의 성격이 전후 장기호황기의 '제한적이고 상호 협력적인 경쟁'에서 '무제한적이고 강제적인 경쟁'으로 전환되었다고 평가한다. 경쟁의 성격의 이러한 전환은 이 시기의 이윤율 저하로 표현된 자본축적의 위기가 계급 역관계와 계급투쟁에서 비롯된 구조적 위기였음을 반영한 것으로 볼 수 있다. 현상적으로는 이윤율 저하위기는 각국의 보호주의를 강화하는 형태로 나타났고, 이에 대한 자본의 대응이 상품수출을 통한 경쟁

두 가지 유형의 생산의 세계화는 결합되어 추진되었으나, 개념적으로는 명확히 구별된다. 1970년대 이후 '시장지향' 형태의 생산의 세계화는 이 시기의 국제적 경쟁의 격화와 브레턴우즈 체제 붕괴 이후의 보호주의의 강화에 따라 강력히 촉진되었다.[149] 특히 1970년대 이후 정보기술의 발달은 다양한 시장수요에 맞는 생산, 즉 유연생산체제의 도입을 주된 경쟁형태로 강제했기 때문에 '시장지향' 형태의 세계화가 선진국 자본들 간에 서로의 시장에 대한 상호 침투로서 강력하게 추진되었다. 양적인 비중에 있어서는 '시장지향' 형태의 세계화가 '유연화' 형태의 세계화에 비해 압도적으로 크다. 1970년대 이후의 생산자본의 국제적 이동, 즉 해외직접투자의 2/3 이상이 이 범주에 속한다. 선진국 시장이 세계시장의 절대적 비중을 차지하고 있기 때문이다.[150]

그러나 '유연화' 형태의 생산의 세계화는 그 맥락이 '시장지향' 형태의 세계화와 확연히 구별된다. 선진국의 조직된 노동자계급을 회피하기 위해 저임금·무노조의 제3세계에서 생산입지를 찾기 때문이다. 이 경우 생산의 세계화는 선진국 시장으로의 역수출을 목적으로 한 세계화이다. 그래서 노동집약적인 산업과 단순반복적인 저숙련의 단순조립공정들이 대대적으로 제3세계로 이전되었다.[151] 이것이

---

에서 자본수출을 통한 경쟁, 즉 '교차투자'의 형태로 나타났던 것이다. 경쟁형태의 이러한 변화를 시장형태의 측면에서 보면, '시장지향' 형태의 세계화는 1970년대를 전환점으로 한 국제적 경쟁에 의해 일국적 독과점 형태에서 세계적 독과점 형태로의 이행을 가져왔다. 자본운동의 이러한 시장형태에서의 변화도 역사적 맥락에서 파악되어야 할 것이다.

149) 1970년대 이전의 시장지향적인 생산의 국제화는 주로 미국 자본에 의해서 이루어졌다. "최초이자 가장 오래된 국제적 생산연쇄의 형태는, 특정국가(또는 그 주변)의 시장을 겨냥해 생산하기 위해, 생산이 그 나라에 입지하는 것이다. ……이러한 경우 생산은 '생산입지국'에서 생산을 수행하기 위해 생산부품을 기업의 '모국'에서 가져온다는 점에서만 국제적이다. 일반적으로 이러한 방식은 1920년대와 1930년대 포드나 GM과 같은 미국 자동차기업들이 국제적으로 활동한 방식이다. 당시 이들은 타국 시장을 겨냥한 생산을 위해 영국, 독일, 아르헨티나, 멕시코에 투자했다. 이는 당시 시장의 보호장벽이 매우 높았던 것에 기인한다"(Moody, 1997: 118). 전후 장기호황기에 유럽공동시장의 보호주의 장벽에 대응하기 위한 미국 기업의 유럽에서의 생산입지에 대해서는 앞서 케인스주의적 축적형태에서 살펴본 바와 같다.

150) 미국, 유럽연합, 일본 등 세계자본주의의 "3극은 전 세계 내수판매의 80%가 발생하고, 수출의 75%가 종결되는 곳이다"(Moody, 1997: 124).

151) 그러나 이러한 제3세계로의 생산의 이전이 과장되어서는 안 된다. 1970년부터 1987년까지의 세계 자동차산업과 그것의 주요 공급원인 타이어와 철강 생산에서 '중심부'와 '주변부' 간의 생산배분 구조상의 변화에 대한 한 연구에 따르면, "자동차산업 자체에서는 비록 주변부 산업의 성장이

1970년대 이후의 '신국제분업'을 형성했고, 제3세계 일부 나라들로 구성된 이른바 '신흥공업국(NICs)'의 출현을 가져왔다.

이 두 가지 유형의 생산의 세계화는 국제분업의 다양한 지형을 창출해왔고 끊임없이 변화해왔다. 그리고 두 가지 유형의 결합으로 '지역화 또는 권역화(localization)'를 창출했다. 즉, 국제분업이 선진 자본주의의 3극인 미국·유럽·일본을 중심으로 주변의 제3세계와 결합된 형태의 세계화, 즉 지역경제 블록화를 가져왔다. 북미자유무역지대(NAFTA), 유럽연합(EU), 일본을 중심으로 동남아경제권(ASEAN) 등이 그것이다. 이는 '생산의 권역화' 또는 '권역화된 외주'의 형태로 생산의 세계화가 이루어지고 있음을 의미한다(Moody, 1997: 121~126).[152] 요컨대 저임금·무노조를 추구하는 '유연화' 형태의 생산의 세계화가 '적기생산'이라는 '린 생산방식' 자체의 논리에 의해 '생산의 권역화' 또는 '권역화된 외주' 전략으로 제한되어 실현되고 있는 것이다.[153]

예컨대 "1980년대 미국의 3대 자동차 회사들이 수십 개의 부품공장과 다량의 엔진공장, 여기에 심지어 일부 첨단기술의 조립공장들을 멕시코에 건설하고, 그 생산물의 대부분을 미국에 수출"(Moody, 1997: 119)했다.[154] 일본 자동차업체들도 점점 더 많은 부품을 동아시아에서 생산했는데, 처음에는 한국과 대만, 그리고 나

---

있었지만 중심부에서 주변부로의 이동은 거의 없었"고, 타이어의 경우도 마찬가지였으며, 오직 철강만이 주변부로의 이동을 보였다고 한다. 북미와 유럽에서 철강생산이 1980년대부터 급격하게 줄어든 결과였다. "한국, 브라질, 멕시코가 자동차의 생산 및 수출국으로 성장했음에도 불구하고 여전히 최종 생산의 90% 이상은 미국이나 캐나다, 유럽, 일본에 남아 있다"(Moody, 1997: 135). "1970년대 이래 북에서 남으로의 제조업 생산에서의 실질적인 이동은, 세계 전체 제조업의 4% 정도였다. 이것은 상당한 양이기는 하지만, 초기동성(super mobility)이라는 (선진국에서의: 인용자) 탈산업화 명제를 확증시키지는 못한다"(Moody, 1997: 135).

152) 그래서 '지역화'를 '세방화(世邦化, Glocalization: Globalization+Localization)'라고도 부른다 (De Angelis, 1996b: 124).

153) 카스텔은 이러한 '권역화된 외주'를 1980년대 미국의 다양한 산업에서의 '재구조화'에 대한 광범위한 사례연구를 통해 '생산의 탈집중화와 집중화'의 동시과정 또는 '세계적 탈집중화와 지역적 재집중화'로 파악한다(Castells, 1989: 139~168).

154) 그러나 미국의 경우, 미국 자체가 거대한 영토와 인구를 가진 하나의 권역이라 할 수 있으므로 미국에서는 '권역화된 외주' 자체도 제한적이다. 자동차산업의 경우 "외주에 의한 생산의 다수는 여전히 국내에서 수행되었으며, 그들의 점점 더 많은 부분이 노조가 존재하지 않고 저임금인 지역에 입지했다"(Moody, 1997: 137).

중에는 더욱 저임금 지역인 인도네시아, 말레이시아, 필리핀으로 외주를 주었다. 그뿐 아니라 미국에 진출한 일본 자동차업체들도 마찬가지다. 1980년대에 미국에 진출한 일본의 완성차 공장들도 멕시코에 미국으로 수출하기 위한 부품공장을 설립했다. 동유럽이 개방된 이후 유럽연합에 진출한 자동차기업들도 체코, 헝가리, 폴란드 등 저임금 나라들에 부품공장들을 설립했다(Moody, 1997: 119~120).155) 1990년대 이후 중국으로의 해외직접투자(FDI)의 집중은 중국이라는 거대한 단일 시장을 가진 저임금의 나라가 그 자체 하나의 '권역'이 되기 때문에 '시장지향' 형태와 '유연화' 형태의 세계화가 동시에 이루어지고 있는 것으로 볼 수 있다.

따라서 생산의 세계화156)는 동시에 '생산의 권역화'로 현실화되고 있다. 이는 '시장지향' 형태의 세계화와 '유연화' 형태의 세계화가 결합되어 있고, 따라서 생산의 세계화와 권역화가 상호 강화하는 방향으로 작용하기 때문이다. 제국주의 자본 간 경쟁의 격화에 따라 '시장지향' 형태의 생산의 세계화가 진전될수록 그에 수반되는 '유연화' 형태의 세계화로서 생산의 '권역화'도 강화된다. 따라서 생산의 세계화와 권역화는 대립적이거나 모순적이지 않고 제국주의 자본 간 경쟁을 매개해서 자본의 '전략'으로서 동시에 추진되고 있다. 그리고 자본에 의해 동시에 추진되는 생산의 세계화와 권역화는 세계 노동자계급을 경쟁으로 내몰고 있다. 자본은 선진국 노동자계급 간의 경쟁,157) 제3세계 노동자계급 간의 경쟁, 그리고 선진국

---

155) 동유럽이 개방되기 이전에는 유럽연합 내에서 상대적 저임금지역에 속하는 스페인, 포르투갈 등에 부품공장들이 입지했다(Moody, 1997: 137).

156) 여기서 '세계화'는 '권역화'와 구별되는 의미에서, 즉 해외직접투자가 권역을 넘어서 세계적 범위에서 이루어진다는 의미로 사용한다. 즉, 생산의 세계화는 생산의 권역화로 환원되거나 한정될 수 없는 것이다. 또한 권역화에도 포함되지 못한 다수의 나라들, 즉 제3세계 나라들 가운데 소수의 신흥공업국들(20개 개도국)을 제외한 다수의 나라들이 포괄되지 않기 때문에 '세계화'가 제한적이라는 지적은 지금 논의의 맥락에서는 무의미하다. 왜냐하면 자본주의적 세계화란 세계시장을 염두에 둔 것이고, 세계시장이란 지구적 차원에서 끊임없이 확장되는 유동적 범위를 가진 개념이지만, 항상 포괄되는 부분으로만 구성되기 때문이다.

157) 일반적으로 생산의 세계화가 선진국 노동자와 제3세계 노동자 간의 경쟁을 강화시키는 측면만을 생각하기 쉬우나, 생산의 세계화는 선진국 내부의 노동자 간, 그리고 선진국들 노동자 간의 경쟁도 강화시킨다. "서구에서 노동시장의 유연성을 증대시키고 복지국가를 쇠퇴시키는 압력은 동아시아에서 발생한다기보다는 미국과의 비교에서 발생한다고 볼 수 있다. 일본 기업은 유연한 고용을 하고 있는 미국 기업과 점점 더 경쟁해야 하는 상황에서, 전체 노동력 중 특권적인 30%의 노동력에게 종신고용 관행을 계속 적용하기는 힘들어질 것이다"(Castells, 2000: 320~321).

과 제3세계 노동자계급 간의 경쟁을 동시에 강화시키고, 이러한 경쟁을 세계 노동자계급의 단결과 힘을 약화·무력화시키는 유력한 수단으로 활용하고 있다. 그 결과 자본은 각국 노동자계급에게 이른바 '바닥으로의 경쟁(race to the bottom)'을 강제해서 노동조건의 하향평준화를 관철시키고 있다.[158)]

생산의 세계화와 권역화는 1970년대 이후 동시에 급속하게 진행되었고,[159)] 이는 '네트워크 생산', '네트워크 기업', '초국적기업' 개념을 낳았다. 실제로 '초국적기업'은 세계경제의 주요 생산자로 등장하고 있고, 세계무역의 확대 역시 대체로 초국적기업의 생산의 결과이다. "초국적기업들이 기업 내 자회사들 사이에서 발생하는 국제 간 무역(세계무역의 3분의 1)을 포함, 세계 총무역의 3분의 2를 차지하고 있기 때문이다"(Castells, 2000: 160).[160)]

---

158) 국제적 경쟁 메커니즘을 통해 노동조건의 하향평준화가 이루어지는 과정에 대해서는 크로티 등 (Crotty *et al.*, 1997)을 참조.

159) 생산의 세계화는 거대하게 진전되고 있다. "생산위계의 정점에는 100대 초국적기업들이 있는데, 이들 모두는 북의 선진국들에 기반을 두고 있다. 은행이나 금융기업을 제외하고서, 1993년 이들 100대 초국적기업들은 전 세계에 걸쳐 3조 7,000억 달러의 자산을 소유하고 있으며, 이 중 1조 3,000억 달러는 '모국' 외부에 있다. ……초국적기업들은 북의 국가들에서 약 5,100만 명, 개발도상국에서 약 1,200만 명, 도합 약 7,300만 명의 노동자들을 직접 고용한다. 하청업자나 기타 다른 경로를 통한 간접 고용을 포함하면, 그 수치는 두세 배까지 불어날 것으로 추정된다. 이렇게 늘어난 추정치도 세계 25억 노동력의 약간의 비율만을 나타낼 뿐이지만, 이들은 가장 초국적화되었고 전 세계적 축적의 중심부에 가장 많이 존재하는 노동력 부분이다"(Moody, 1997: 127). "해외직접투자(FDI)는 1980~1995년에 네 배로 증가, 세계 전체의 생산과 무역의 성장보다 훨씬 빨랐다. 해외직접투자가 세계 자본형성에서 차지하는 비율은 1980년대 2%에서 1990년대 중반 4%로 배증했다. ……해외직접투자의 대부분은 몇몇 OECD 국가에서 비롯되고 있다. ……세계 전체 해외직접투자에서 미국이 차지하는 비중은 1950년대 50%에서 1990년대에는 25%로 떨어졌다. 다른 주요 투자회사들은 본사가 일본, 독일, 영국, 프랑스, 네덜란드, 스웨덴, 스위스에 있다. ……해외직접투자는 지구적 경제의 주요 생산자인 다국적 기업들의 팽창과 관련이 있다. 해외직접투자는 선진국에서 빈번하게 인수·합병(M&A) 형태를 취하며, 개도국에서도 점차 같은 추세다. 연간 초국적 M&A는 1992년 총FDI의 42%에서 1997년 59%로 상승했……다. 해외직접투자의 주요 출처는 다국적기업들이다"(Castells, 2000: 159~160).

160) "1998년에 약 5만 3,000개의 초국적기업이 있었으며 이들의 해외 자회사는 약 45만 개였고, 세계 총판매액은 (세계무역 총액을 초과하는) 9조 5,000억 달러에 달했다. 그들은 세계 총생산의 20~30%, 세계무역의 66~70%를 차지하고 있다. 초국적기업의 부문별 구성은 20세기 하반기에 크게 바뀌었다. 1950년대까지 해외직접투자의 대부분은 1차 부문에 집중되었다. 1970년까지 1차 부문의 해외직접투자는 총투자액의 22.7%에 불과한 반면, 2차 부문은 45.2%, 3차 부문은 31.4%였다. 1994년에는 투자의 새로운 구조가 감지될 수 있었다. 서비스산업에 대한 해외직접투자가 전체 투자의 53.6%를 차지한 반면, 1차 산업에 대한 투자는 8.7%, 제조업 점유율은

그런데 생산의 세계적 네트워크화로서의 '초국적기업'의 형상이 자본의 초국적
화를 의미하는 것은 아니다. 왜냐하면 제국주의 자본 간 경쟁 때문에 자본은 '시
장지향' 형태의 생산의 세계화를 추진한 것이고, 제국주의 자본이 제3세계의 초과
착취관계를 활용하기 위해 '유연화' 형태의 생산의 세계화를 추진한 것이기 때문
이다. 생산의 세계화와 권역화는 결코 제국주의 자본의 국적성을 뛰어넘는 것이
아니다. '초국적기업'의 '초국적성'은 형태상의 특징이다. 즉, '기술적 생산관계'의
'초국적성'이다. '초국적기업'은 결코 제국주의 자본으로서의 국적성을 상실하지
않는다. 즉, '사회적 생산관계'의 국적성이 사라지지 않는다. 선진국과 제3세계의
차별성은 제3세계의 초과착취관계라는 점에서 여전하다. 달리 말하면, '유연화'
형태의 생산의 세계화 전략은 제3세계의 초과착취관계를 필요로 하며 요구하고
있다.[161] 또한 제국주의 자본의 국적성은 제국주의 자본 간 경쟁과 그것의 표현
인 3극을 중심으로 형성된 권역화에서 그 존재를 드러내고 있다. 이 점은 신자유
주의적 국가형태에서 자세히 살펴보겠지만, 제국주의 자본 간 경쟁이 제국주의
국가 간 경쟁으로 표현되는 제국주의 자본과 제국주의 국가의 강한 연계에서도
확인된다.

요컨대 기존의 제국주의/신식민지 관계에 의한 세계적 차원에서의 계급관계의
위계적 편성은 생산의 세계화·권역화에 의해 해체되고 동질화되는 것이 아니라,
그 위계화와 차별화를 더욱 고착시키고 강화한다. 지구적 자본의 유연화·세계화
공세는 제3세계의 저임금, 즉 초과착취관계를 전제하고 이루어지는 것이며, 제3

---

37.4%로 줄어들었다. 그래도 초국적기업은 세계 제조업 수출의 대부분을 차지했다"(Castells,
2000: 161).

161) 네그리는『제국』에서 제국주의론을 비판하면서, 1970년대 이후 세계자본주의는 제국주의에서
'제국'으로 이행한 것으로 평가하는데, 그 근거 가운데 하나가 생산의 세계화 또는 자본의 초국적
화에 의해 선진국의 제3세계화, 제3세계의 선진국화라는 상호 침투가 발생한다는 점, 즉 선진국
에도 제3세계와 마찬가지로 하청관계에서 성·인종차별을 이용한 초과착취관계가 발생한다는
점과 제3세계에도 초국적 자본에 의한 첨단산업부문의 존재와 그에 고용된 고임금계층이 발생
한다는 점을 제시한다. 그러나 이러한 관점은 선진국과 달리 제3세계에서 국민국가형태를 매개
해서 기본적 계급관계가 초과착취관계로 구성된다는 점을 간과하고 있고, 또한 선진국의 하청연
쇄의 말단에 존재하는 제3세계형의 초과착취관계라는 극히 일부의 계급관계를 선진국 일반의
계급관계로 확대해석하고 있다. 따라서 네그리는 선진국과 제3세계의 계급관계를 파악하는 데
있어서 질적 차별성을 무시할 뿐 아니라 각 경우에 부분을 전체로 혼동하는 오류를 범하고 있다.

세계 나라들 간의 경쟁을 강화시킴으로써 오히려 하향평준화로서 초과착취관계를 강화시킨다. 제국주의 나라들 간의 경쟁도 마찬가지로 노동자계급의 근로조건을 하향평준화하는 압력으로 작용한다. 그러나 제국주의 나라들에서의 하향평준화는 노동자계급의 저항에 의해 제한된다. 제3세계의 초과착취관계로까지 하향평준화가 이루어지는 것은 아니고, 제3세계 나라들과의 질적 차별성은 유지된다.

따라서 초국적 자본의 초국적 형태는 외관상의 것이다.[162] 생산의 세계적 네트워크는 네트워크적 형태에도 불구하고 정보기술혁명에 의해 가능해진 통제의 집중화를 통해 변함없이 위계적 통제를 실시하고 있다.[163] 생산의 세계적 네트워크

---

162) 초국적기업에 대한 대부분의 논의는 그 외관상의 형태에 머무르고 있다. 카스텔의 경우를 보자. "이런 다국적기업들은 얼마나 모국을 고려하고 있을까? 그들은 최고경영진에서, 기업문화에서, 그리고 출생지 정부와의 특권적인 관계에서 그들의 민족적 모체 징후를 끈덕지게 풍기고 있다. 하지만 몇몇 요인들은 이 기업들의 다국적 성격을 점점 강화시키고 있다. 외국 자회사들의 판매와 수익은 각 기업, 특히 미국 회사들의 총수익에 상당한 비율을 차지한다. ……가장 유능한 간부들은 출신국에 상관없이 기업명령체계 속에서 승진해, 고위층을 더욱더 다문화적으로 혼합시키는 데 기여한다. 비즈니스와 정치적 교섭은 아직도 중요하지만 기업이 활동하는 국가적 배경에 한정된 것이다. 따라서 어떤 기업의 지구화 범위가 크면 클수록 각국의 여건에 따라 비즈니스 교섭과 정치적 관계의 스펙트럼 또한 커진다. 이런 의미에서 그들은 초국적기업이기보다는 다국적기업이다. 말하자면 국적과 국가적 배경에 무관심하기보다는 다수 국가에 대한 충성심을 갖는다"(Castells, 2000: 163~164).

163) 생산의 세계화가 인수·합병(M&A)이나 신규투자로 이루어지는 경우는 물론이고, 다양한 '전략적 제휴'나 '합작투자'의 경우에도 기술공정, 재정, 품질 등에 대한 위계적 통제는 여전히 관철된다. "생산체계 자체는 모든 자본주의적 생산의 위계적 유형에 따른다. 따라서 거대 기업이나 정부가 지배적 역할을 하는 것은 명백하다. ……(탈집중화에도 불구하고: 인용자) 현실화되는 것은 자본이 작은 단위나 고립된 생산지역으로 이동하는 탈조직화된 파편화가 아니라, 오히려 소수의 거대기업들에 의해 지배되는 명백한 위계화이다. 오늘날의 위계적 생산연쇄는 주로 북의 십여 개의 주요 산업 강대국들의 기업 본부에 의해 지휘되며, 때때로 북의 더욱 저임금인 지역을 통해 경제적 남으로 이어진다"(Moody, 1997: 131). 네트워크 형태와 정보기술에 의한 쌍방향 소통 가능성이라는 기술적 형태는 그 네트워크 형태의 위계적 내용과 전혀 모순되지 않는다. 오히려 네트워크 형태에 주목하면서 그 위계적 내용을 부정하거나 간과하는 것이 '네트워크 물신주의'라 할 수 있다. 대표적인 예가 카스텔의 '네트워크 기업' 개념이다. "네트워크 기업은 **특정기업 형태로서, 그것의 수단체계는 목적을 가진 자율적인 체계들끼리의 상호교류에 의해 구성된**다. 그러므로 네트워크의 구성요소들은 자신의 네트워크에 대해서 자율적이면서 동시에 의존적이고, 아마도 다른 네트워크의 일부일 것이고, 그러므로 상이한 목적을 달성하기 위한 수단체계의 일부로 작동할 것이다. 그러므로 해당 네트워크의 실행성과는 네트워크의 두 가지 근본적인 특성에 따라 달라질 것이다. 즉, 구성요소들 간의 잠음이 없는 의사소통이 쉽도록 하는 구조적 능력인 연결성(connectedness), 그리고 네트워크 전체의 목적과 해당 구성요소 각자의 목적들

는 균질적인 네트워크가 아니라 자본의 위계적 통제에 의해 분절화·위계화·차별화된 구성요소들에 의한 네트워크이다. 이것은 '사회적 생산관계'가 '기술적 생산관계'를 규정하기 때문인 것이고, 세계적 네트워크를 구성하는 각국의 구성부분은 각 나라 ─ 선진국이든 제3세계이든 ─ 의 계급 역관계의 규정을 받기 때문이다. 세계적 네트워크에 대한 이러한 사회적 규정은 초국적 생산 네트워크가 초국적기업들을 중심으로 하면서도 초국적기업들을 넘어선 '복합적 네트워크 형태'[164]로 구성되어 있다 하더라도 마찬가지이다.

마지막으로, 자본의 '유연화' 공세와 '세계화' 전략은 조직된 노동자계급의 힘을 무력화시킴으로써 자본의 일방적 우위의 역관계를 정립했는데, 이는 동시에 노동자계급의 양극화·파편화를 초래했다. 이것은 자본의 유연화·세계화 전략이 동시에 노동자계급에 대한 차별화 전략이기도 했기 때문에 그 필연적 귀결이다. 구체적으로 자본은 고용구조·분배구조에서 성·인종·연령 등을 이용해 노동자계급을 차별화함으로써 '분할지배'를 관철시켰다. 이는 노동시장의 양극화로 나타났다. 케인스주의적 자본주의에 대한 앞서의 분석에서 살펴보았듯이, 차별화 전략은 신자유주의 시기에 새롭게 등장한 것은 아니다. 케인스주의 시기에도 조직된 노동자와 미조직된 여성과 소수 인종 노동자들을 차별화함으로써 자본은 고이윤의 장기호황을 유지할 수 있었다. 그것은 '이중 노동시장' 또는 '3분할 노동시장'으로 나타났다.

신자유주의 시기에는 자본이 조직된 노동자계급에 대한 유연화·세계화 공세를 통해 '이중 노동시장'의 '1차 노동시장'에 속했던 보장된 노동자계급을 양극 분해시켰다. 즉, 정보기술을 이용한 자동화·유연화·세계화를 통해 '1차 노동시장'에 속했던 관리직·사무직·전문기술직·독점대기업 생산직 노동자들을 차별적으로 재편

---

간의 이해 공유 정도를 나타내는 일관성(consistency)이 바로 그것이다. ……네트워크 기업은 지구적 정보화 경제의 문화를 구체화시킨 것이다. 그리고 그것은 지식을 처리함으로써 신호를 상품으로 변형시킨다"(Castells, 2000: 242).

164) 즉 "생산과정은, 여러 장소에서 수많은 회사가 생산한 부분품들을 결합하고, 그리고 생산 및 상업화의 새로운 형태, 즉 유연성을 가진 대량주문생산 형태로 특정한 목적과 특정한 시장을 위해 조립"되는 형태로 구성되며, 따라서 초국적 "생산시스템은 기업과 각 주요 기업의 분권화된 사업단위 및 중소기업 네트워크 사이의 전략적 제휴와 임시적인 협력 프로젝트의 결합에 의존한다"(Castells, 2000: 165~166).

성함으로써 노동자계급을 양극 분해시킨 것이다.

카스텔에 따르면, 노동자계급의 이러한 양극화는 정보기술에 따른 직종구조의 양극화, 즉 기술적 양극화에서 비롯한 것이 아니었다. 1970년대 이후 직종구조의 일반적 추세는 "경영직·전문직·기술직 등의 지위 상승, 기능공과 설비조작공의 비율 감소, 그리고 사무직 노동자와 판매직 노동자의 증가"(Castells, 2000: 295)가 보이나, 직종구조의 양극화, 즉 직종 상층과 하층의 동시증가 현상은 명백하지 않았다는 것이다. 직종구조의 상층을 구성하는 "'화이트컬러' 직종(판매 및 사무직 노동자 포함)뿐만 아니라, 정보직업(관리자, 전문가, 기술공)의 경우에도 그 상대적 비중이 점차 증가하는 일반적 경향이 존재"(Castells, 2000: 297)하지만, 직종구조의 하층을 구성하는 "반숙련 (종종 미숙련) 서비스 및 운송 노동자들의 증가율은 관리직·전문직·기술직 노동력의 증가율보다 낮았기"(Castells, 2000: 298) 때문이다.[165]

카스텔은 미국뿐만 아니라 유럽과 일본의 변화에 대한 종합검토를 통해 양극화가 '사회적 차별'에 따른 양극화임을 밝힌다.

선진 사회에서 사회적·경제적 양극화가 진행되고 있다는 확실한 신호가 있지만,

---

165) 카스텔은 자신의 이전 저작인 『정보도시』에서는 정보기술을 이용한 자본의 재구조화가 1980년대 이후의 직종구조의 급격한 양극화로 나타날 것으로 분석했다(Castells, 1989: 238~239). 첫째, 제조업의 경우 정보기술혁명에 의한 자동화에 따라 대량해고가 발생했을 뿐 아니라 남아 있는 노동력은 양극적 직종구조로 재편되었다. "극소전자에 기초한 가공기술들의 집약적 침투에 의해 육성된 제조업에서뿐만 아니라 첨단기술 제조업에서의 양극적 직종구조는 노동자들의 두 가지 주요 집단들의 병렬에 의해 특징지어진다. 이들은 한편으로 대부분 백인 남성들로 구성된 전문직, 기술자, 그리고 기능공들, 그리고 다른 한편으로 저기능 저보수의 직접 제조 직장들로서 일반적으로 여성과 소수 인종들에 의해 유지되는 집단이다." 둘째, "서비스 일자리의 엄청난 증가로 1982~1995년 사이 모든 새로운 일자리들의 75%를 차지할 것이다. 이러한 일자리 대부분은 건물잡역부, 현금수납인, 비서, 웨이터, 일반 사무원 등 저기능·저보수 직종들일 것이다." 셋째, "전문직과 기술직 같이 고수준 직종들이 점하는 총고용에서의 비중은 유의하게 증가하고(1982년 16.3%에서 1995년 17.1%로), 반면에 총계에서 조작공들의 비중은 12.8%에서 12.1%로 다소 감소할 것이다." 그 결과 "직종들의 스펙트럼에서 상위와 하위가 동시적으로 성장해, 전체 인구분포에서 양극단 위치의 상대적 비중이 증가"해서 "재구조화 과정은 상이한 산업들과 직종들에서 강조점이 변화할 수 있지만 대체로 전체 직종구조의 상향화와 하향화를 동시적으로 이끄는 것"으로 분석했다. 카스텔은 나중에 『네트워크 사회의 도래』(2000)에서 이러한 『정보도시』에서의 양극화 분석이 사회적 양극화와 직무구조의 기술적 양극화를 혼동한 것으로 평가하고 바로잡는다.

이 현상은 직종구조상의 문제이기보다는, 직종이 동일하더라도 그 사람이 종사하는 산업부문과 기업에 따라 지위가 달라지는 것에 기인한다. 사회 양극화의 근본원인은 직종별 차별화이기보다는 부문별 특징, 영토별 특징, 기업특수적 특징, 성·인종·연령 등의 특징들이다. 정보화 사회는 분명히 불평등한 사회이지만, 불평등은 직종구조에서의 상대적인 상향 조정에 기인한 것이기보다는 노동력 내부와 주변에서 발생하는 배제와 차별에 기인한다(Castells, 2000: 163).[166]

선진국에서 '사회적 차별'에 의한 노동자계급의 양극화를 보여주는 전형적인 사례는 비정규직 고용형태의 급증이었다. 비정규직 고용형태가 선진국 전체 노동력의 3분의 1에 이르게 되었다.[167] 이러한 사회적 차별은 성·인종·연령을 이용해서 이루어졌다. 비정규직 고용형태에는 여성·비(非)백인 소수 인종·청년 노동자들이 주로 고용되었다. 특히 여성 노동자들이 다수를 차지하고 있다.[168] 여기

---

166) 따라서 대량실업이나 불안정고용의 원인을 정보기술혁명에 따라 새롭게 요구되는 숙련의 부족에서 찾고, 따라서 교육훈련을 주요한 대책으로 제시하는 이른바 저소득의 '노동자책임론'은 허구적인 자본의 이데올로기이다. "OECD, IMF, 그리고 서구의 주요 국가 정부모임에서 우세한……입장은 실업, 불완전고용, 소득 불균등, 빈곤, 사회적 양극화 등 목격되고 있는 경향들은 대체로 노동시장의 유연성 부족으로 악화되는 숙련 불일치의 결과라는 것이다. 그 관점에 따르면, 직업·고용구조가 정보화한 직무에서 요구되는 숙련의 교육에 따라 상향조정될 수 있음에도 교육체계의 수준이 매우 낮거나 현재 등장하고 있는 직업구조에서 요구되는 새로운 숙련을 제공하기에는 부적합해서, 노동력이 새로운 업무를 수행할 수 없다"(Castells, 2000: 369)는 것이다. 카스텔은 이러한 견해를 비판하기 위해 소득 불평등 증가의 원인이 숙련의 차이가 아니라는 실증적 근거로 "미국 내 저숙련 노동자의 비중은 감소했으나, 동일 산업 내에서 저임금 노동자의 비중은 증가했다"는 점과 "미국에서 실질임금의 감소가 주로 아주 낮은 교육을 받은 사람에게 발생하기도 했지만, 대학교육을 받은 샐러리맨의 임금 역시 1987~1993년 사이에 정체 상태였다"는 점을 제시하고 있다(Castells, 2000: 370).

167) 1994년 OECD 나라들 가운데 미국을 제외한 모든 나라들이 유연한 노동배치에 고용된 노동력, 즉 비표준형태의 고용이 30% 이상이었고, 미국의 경우 1990년에 27.9%였고, 2000년에는 35%를 차지할 것으로 추정되었다(Castells, 2000: 354~357).

168) 여성 노동력의 급격한 증가가 1970년대 이후의 선진국 노동시장의 주요한 특징이었다. "15~64살 연령대의 노동력에서 여성 참여비율이 미국의 경우 1973년 51.1%에서 1998년 70.7%로 증가했고, 영국의 경우 53.2%에서 67.8%로, 프랑스의 경우 50.1%에서 60.8%로, 일본 54%에서 59.8%, 독일 50.3%에서 60.9%, 스페인 33.4%에서 48.7%, 이탈리아 33.7%에서 43.9%, 핀란드 63.6%에서 69.7%, 전 세계에서 가장 높은 여성노동 참여율을 보이는 스웨덴은 62.6%에서 75.5%로 증가했다"(Castells, 2000: 338).

에 생산의 '탈집중화'로서의 '유연화' 공세에 의한 다양한 외주·하청은 그 하청고리의 말단이 '가내노동'으로까지 연결됨으로써 '2차 노동시장'을 대폭 확대시켰다. 결국 선진국의 '이중 노동시장'은 재구성되었다. 케인스주의적 자본축적 형태에서 3분의 2 정도를 차지했던 고임금·고용보장의 '1차 노동시장'이 대폭 축소되었고, 저임금·불안정고용의 '2차 노동시장'이 3분의 2 정도를 차지하는 식으로 역전되었다. '1차 노동시장'에 속했던 노동자층이 자본의 '유연화' 공세에 의해 정리해고된 이후에는 '2차 노동시장'으로 재편입된다든지, 청년 노동자층의 신규고용은 '2차 노동시장'에서 시작한다든지 하는 식으로 노동시장이 재편된 것이다. 그뿐만 아니라 "다소 많은 월급을 받고 더 안정적인 핵심 노동력 역시 기업의 핵심에서 일할 수 있는 기간이 단축됨으로써 유동적인 처지에 놓이게 된다"(Castells, 2000: 372).[169]

자본에 의한 이러한 사회적 차별화를 통한 양극화로서의 노동력 재편성은 '20대 80 사회', '한 나라 두 국민 전략', '이중도시' 또는 '이중사회' 등으로 다양하게 표현된 바와 같이, 소수의 고숙련·고임금·고용보장의 상층 노동자층과 다수의 저숙련·저임금·불안정고용의 하층 노동자층으로 양극화시켰다.[170]

노동자계급의 이러한 차별적 양극화는 각국 내부에서, 그리고 동시에 세계적 차원에서 분배구조의 양극화, 즉 소득분배의 불평등의 심화로 나타났다. 소득과

---

169) "미국과 OECD 나라의 다소 유연한 노동시장에선, 다운사이징이 노동생활의 일부분이 되어가고 있다. 나이든 노동자들은 기업이 자신의 노동력을 '합리화'할 때 특히 더욱 취약하다. 다운사이징은 많이 지불해야만 하는 '구식'의 나이든 고용인을 더 젊고 최근에 교육받은, 그리고 상대적으로 임금이 적은 노동자들로 바꿔, 그 수를 감소시키는 것의 완곡한 표현이다. 나이든 노동자들은 젊은 노동자들과 달리, 장기실업으로 고통받으며, 일단 재고용되더라도 급격한 임금감소로 고통받는다. ……이는 심지어 제대로 교육받은 (고숙련의) 노동자들조차도 이제는 광범위한 의미의 고용불안정성에 시달리게 되었다는 것을 의미한다"(Castells, 2000: 372).
170) 카스텔은 정보기술혁명에 의한 '노동과 고용의 전환'에 대한 광범위한 분석의 결론을 다음과 같이 내리고 있다. "표면적으로는 직종구조 양끝에서 최상층과 최하층이 증가해서 사회가 이중화되었거나 되어가고 있으며, 그 결과 중간층은 감소하는 것으로 보인다. 그리고 중간층 감소의 속도와 비중은 국제분업상에서의 해당 국가의 지위와 정치 분위기에 달려 있다. 그러나 사회구조를 더욱 깊이 살펴보면, 근본적인 과정은 정보화한 노동, 즉 네트워크 사회를 촉진하는 노동의 탈집중화에 의해 촉발되고 있다"(Castells, 2000: 375~376). 카스텔이 여기서 명백히 하고 있지 않는 것은 '노동의 탈집중화'가 자본이 계급 역관계를 역전시키기 위해 '유연화' 공세를 가한 사회적 결과이지 기술적 필연성이 아니라는 점이다.

부의 양극화는 대량실업, 실질임금 정체 및 하락, 노동강도의 강화, 노동시간의 연장, 불안정고용의 확산, 비공식부문의 확산, 외주·하청으로 인한 저임금 일자리의 증가, 사회복지 지출의 감소 등 다양한 형태로 표현되었다.171)

한편, 노동자계급의 이러한 차별적 양극화 현상은 동시에 노동자계급의 파편화·개별화를 수반한 것이었다. 노동자계급의 파편화·개별화 역시 '유연화' 공세에 의한 노동과정의 분절화나 컴퓨터화에 따른 직무의 개별화의 기술적 결과는 아니었다. 기술적 가능성으로만 따지면, 네그리의 분석(2000)처럼 네트워크를 통한 '소통(커뮤니케이션)'에 의해 얼마든지 파편화·개별화를 극복하고 오히려 작업장을 넘어서서 지역적·세계적 단결로까지 나아갈 수 있다. 노동자계급의 양극화가 '사회적 차별화'에 의한 것이기 때문에, 자본의 '유연화' 공세는 노동자계급 내부의 경쟁을 작업장·지역·국가·세계적 차원에서 각각 강화시켰고, 그와 같이 구조적으로 강제된 노동자계급 내부의 경쟁이 노동자계급을 파편화·개별화시켰던 것이다. 여기에는 신자유주의적 국가형태 및 이데올로기 공세 등이 입체적으로 추가되었고, 그러한 자본의 입체적 공세의 결과로 계급적 단결의 해체로서 파편화·개별화가 이루어졌다.172)

---

171) "정보화 사회와 지구적 경제로의 역사적 전환과정은 노동의 근로조건과 생활 전반의 악화를 특징으로 하고 있다. 이러한 악화는 다른 배경에서 다른 형태를 취한다. 유럽에서는 구조적 실업의 증가, 미국에선 실질임금의 하락(적어도 1996년까지는), 불평등 증가, 일본에선 노동력의 불완전고용과 분절화의 강화, 개발도상국의 새로이 통합된 도시노동자의 비공식화 및 하락, 정체된 저개발국에선 농업노동의 주변화 등이 진전되고 있는 것이다. ……이 경향들은 정보화 패러다임의 구조적 논리에서 발생한 것이 아니라 최근의 자본/노동관계의 재구조화 결과이다"(Castells, 2000: 369). "인플레이션을 촉발하지 않으면서 이윤압박을 역전시키기 위해, 국가경제와 민간기업은 1980년대 초반부터 고용창출 없는 생산성 증대(유럽)나 수많은 신규고용의 비용 감소(미국) 등의 방법을 사용해 노동비용에 영향을 미쳤다"(Castells, 2000: 374). "유럽연합 지역에선 젊은 노동자의 진입제한과 나이 들거나 경쟁력 없는 부문과 기업에 있는 노동력의 조기퇴출 등으로 인해 실업이 증가했다. 개발도상국의 경우 적어도 30년 동안 공식적 도시노동시장과 비공식적 도시노동시장 간의 접합모델을 특징으로 하고 있는데, 이는 성숙단계의 경제에서 새로운 기술적·조직적 패러다임 때문에 확산된 유연한 형태의 모델과 유사한 것이다"(Castells, 2000: 373).

172) 카스텔은 노동자계급의 이러한 파편화·개별화를 정보기술을 활용한 자본의 재구조화에 의한 노동 양극화의 공간적 차원인 '이중도시'의 산물로 본다. "재순환, 저급화, 노동의 조건화는 영토적으로 분화되고, 문화적으로 분절화되고, 사회적으로 차별화된 수많은 지역사회의 편성을 유도하며, 이러한 지역사회는 도시 내 그들의 영토적 분화에 반영되고 이에 의해 증폭된 새로운 생산

요컨대 1980년대를 거치면서 자본의 유연화·세계화 공세는 자본의 일방적 우위의 계급 역관계를 확고하게 정착시켰고, 1990년을 전후한 소련 및 동구권의 붕괴에 의해 한층 더 힘을 얻게 되었으며, 1990년대 전반은 자본의 일방적인 '신자유주의적 세계화'가 거침없이 전면화되었다. 이러한 자본의 '신자유주의적 세계화'는 1990년대 후반부터 노동자계급의 반격을 불러일으켰고, 그에 따라 세계적 차원에서 계급투쟁이 다시 격화되었으며, 1990년대 말경에는 다시 자본축적의 위기에 빠지게 된다. 이와 같은 계급 역관계의 신자유주의적 구성과 그에 따른 계급투쟁은 신자유주의적 자본축적 형태와 국가형태로 표현된다.

　　'개방적' 마르크스주의는 신자유주의 시대의 계급 역관계에 대한 명시적 분석을 결여하고 있다. 이 점은 '개방적' 마르크스주의가 케인스주의 시대에 대해 자세한 계급 역관계 분석을 수행하고 그에 기초해 그 시기의 자본축적 형태와 국가형태를 분석했던 것과는 대비된다. 대신에 '개방적' 마르크스주의는 신자유주의 시대의 패배주의와 비관주의를 조장하는 조절이론을 중심으로 한 구조주의적 접근방법에 대한 비판에 주력했다. 그 결과 계급투쟁을 무시하거나 부차적 요인으로만 이론화하는 정통 좌파와 구조주의적 접근방법이 '자본의 논리'의 관철로서 신자유주의 시대의 현실을 분석하는 것에 대해 집중적으로 비판했다. 그리고 그러한 비판의 주요한 근거로 '자본의 노동에 대한 의존', 즉 '자본 내 노동의 존재'라는 개념을 제시한다.

　　그러나 '개방적' 마르크스주의는 정통 좌파와 구조주의적 접근방법에 대한 비판에서는 강력하고 설득력 있는 논리를 전개하나, 신자유주의 시대의 현실에 대한 대안적 분석에서는 추상성과 일면성을 넘어서지 못한다. '개방적' 마르크스주의는 자율주의, 특히 네그리의 자율주의이론에 대해서 근본적인 비판을 수행하면서도, 자율주의이론에 대한 대안적인 계급 역관계의 분석을 제시하지 못하고 있으며 자율주의와 마찬가지의 편향성을 보인다. 즉, '자본의 노동에 대한 의존' 개념에 주로 의거해 신자유주의 시대를 분석하다 보니 자본의 신자유주의 공세에도 불구하고 노동자계급의 투쟁에 의해 그 공세가 일방적으로 관철되지 못한다는 점이나, 또는 다양한 국지적 또는 세계적 차원에서의 금융위기가 노동자계급 투쟁

---

관계에서 극히 상이한 지위들 때문에 계급을 구성할 수 없다"(Castells, 1989: 289).

의 경제적 표현이라는 식의 일면적이고 부분적 분석에 그치고 있다.

이러한 분석은 1990년대 전반의 서구 좌파를 짓눌렀던 패배주의와 비관주의를 이론적으로 극복하는 데는 긍정적 기여를 했지만, 그 이상의 현실에 대한 구체적 해명이라는 점에서는 일면성을 벗어나지 못하게 만들었다. 필자는 앞서 지적한 바와 같이, '개방적' 마르크스주의의 이러한 한계는 한편으로는 이론적 추상성 때문이고 다른 한편으로는 자율주의의 '투쟁주기'에 대한 비판에도 불구하고 '자본의 노동에 대한 의존' 개념을 '계급 역관계'와 같은 분석적 개념으로 발전시키지 못한 이론적 무능 때문이라고 평가한다.

## 2) 신자유주의적 자본축적 형태와 금융적 축적

신자유주의 시대에 구성된 계급 역관계의 특징은 앞서 자세히 분석한 바대로 1970년대 케인스주의 시대의 위기에 대한 대응으로서 자본의 '위로부터의 계급투쟁'으로서 유연화·세계화 공세에 있다. 그리고 이에 대해 노동자계급의 대응이 무기력해서 계급투쟁에서 자본에게 패배함으로써 전반적으로는 자본의 유연화·세계화 공세가 관철되는 형태로 나타났다. 그러나 자본의 유연화·세계화 공세가 관철되는 과정에서도 노동자계급의 투쟁은 항상 존재했으며, 그러한 노동자계급의 투쟁이 자본의 유연화·세계화 공세를 일정하게 굴절시켰다. 이러한 자본의 유연화·세계화 공세와 그에 따른 계급투쟁은 신자유주의 시기의 자본축적 형태와 국가형태를 규정하고 구성했다.

여기에서는 자율주의이론, 조절이론, 브레너, 그리고 '개방적' 마르크스주의의 신자유주의적 자본축적 형태에 대한 분석을 간략하게 평가하고, 앞서의 계급 역관계 분석에 입각해 신자유주의적 자본축적 형태의 기본적 특징을 몇 가지로 제시하고자 한다. 그리고 각 이론에 대한 세부적인 비판적 평가를 수행하지 않는 것은 자율주의이론, 조절이론, 브레너 등의 이론이 신자유주의 시대의 계급 역관계에 대한 분석이 결여되었거나 분석에 실패했고, 이에 따라 이들 이론의 신자유주의적 자본축적 형태에 대한 분석의 현실정합성이 크게 떨어지기 때문이다. 따라서 각 이론의 기본적 특징과 문제점만 간단히 지적하고, 필자의 입장에서 신자유주의적 자본축적 형태에 대한 이론적 재구성에서 필요한 만큼만 각 이론의 분석을 비판적으로 재구성하고자 한다.

### (1) 기존 이론의 신자유주의적 자본축적 형태 분석에 대한 비판

먼저 세 이론 가운데 자율주의이론의 신자유주의적 자본축적 형태에 대한 분석을 가장 비현실적인 것으로 평가하고자 한다. 특히 네그리의 자율주의이론은 1970년대 자본의 노동자계급에 대한 '재구조화' 공세를 인정하면서도, 자본의 재구조화 공세 자체를 구체적으로 분석하기보다는 그 재구조화 공세의 도구로 활용된 정보기술에 의해 변형된 생산과정의 변화에 주목한다. 그래서 정보기술에 의한 생산과정과 노동형태 자체의 변화를 '비물질적 노동'과 '사회적 노동자' 개념으로 포착한다. 그리고 '네트워크 생산'에서의 노동의 협업이 직접적으로 생산력으로 된다는 점에 착안해 "노동력을 '가변자본'으로 간주하는, 즉 자본에 의해서만 가동되고 일관적으로 될 수 있는 힘으로 간주하는"(Hardt & Negri, 2000: 294) 마르크스의 노동가치론을 낡은 것으로 평가하고, 따라서 폐기하며 '정치적 노동가치론'을 제기한다.

그래서 더 이상 가치형태(자본축적 형태)의 매개를 거치지 않고 계급투쟁은 정치투쟁으로 존재하게 된다. 따라서 자본과 노동의 계급투쟁이 아니라 '제국'과 '다중'의 정치투쟁, 즉 권력투쟁이 문제로 된다. 이러한 네그리의 분석은 '생산의 정보화', '경제의 정보화', 네트워크 기업으로서의 초국적기업 등에 입각해서 '초국적 네트워크 권력'으로서의 '제국' 개념을 도출하는 것을 통해 이루어지고 있다.[173]

필자는 네그리의 자율주의이론을 생산과 조직의 기술적 형태에 사로잡힌 '네트워크 물신주의'로 앞서 비판적으로 평가한 바 있다. 네그리의 분석에서 자본축적 형태와 관련된 것은 '경제의 정보화'와 '세계화'이다. '경제의 정보화'에 대해서는 앞서 계급 역관계 분석에서 충분히 비판한 바 있다. 네그리에게 '세계화'는 정보기술에 기초한 탈집중화·탈영토화된 세계적 네트워크 생산이며, 그에 따라 더 이상 '외부가 없는' '통합된 세계시장'을 의미한다.

---

173) 네그리의 '제국' 이론에 대한 정통 좌파적 입장에서의 본격적인 비판으로는 정성진(2003)을 참조. 여기에서는 '초국적 네트워크 권력'으로서의 '제국' 개념이 카스텔(2000)의 '초국적 네트워크 생산' 개념과 상당히 유사한 개념화라는 점을 지적하고자 한다. 정치권력과 통제형태를 파악하는 데 있어서 그것의 '네트워크적 형태'에 착안하기 때문이다.

이것 역시 한편으로는 세계화에 대한 기술결정론적 파악이며, 다른 한편으로는 '세계시장'에 대한 물신주의적 파악이기도 하다. 신자유주의 시기의 '세계시장'의 사회적 구성을 분석하는 것이 아니라 세계화를 세계시장의 '통합'으로 파악하고 있기 때문이다. 세계시장 개념 자체는 그것을 구성하는 다수의 국내시장들이 외관상의 분리를 넘어서 내적으로 이미 '통합'되어 있음을 또는 '통일'되어 있음을 전제하고 있다. 요컨대 네그리의 신자유주의적 자본축적 형태에 대한 분석은 '정보화'와 '네트워크화'라는 추상적이고, 기술결정론적 분석 이외의 자본축적의 역사적 형태에 대한 구체적 분석이 없다.

다음으로, 조절이론의 신자유주의적 자본축적 형태 분석은 '포스트포드주의'론이 포기된 후 아글리에타에 의해서 '금융화된 축적체제'론으로 제시되었다(Aglietta, 1997).[174] 이는 조절이론 내부에서도 격렬한 논쟁을 불러일으켰고,[175] 셰네(Chesnais, 1997; 2002)는 아글리에타의 '금융화된 축적체제'론을 비판하는 한편, 신자유주의 시기의 자본축적 형태에 대해 '금융 지배적인 세계적 축적체제'론을 제시했다.

아글리에타는 1990년대에 미국과 유럽에 '금융화된 축적체제'가 출현했다고 평가하며, '기업의 세계화'와 '기관투자가에 의한 기업지배구조'가 주요한 조절양식으로 작동한다고 본다. 그래서 조직혁신 투자 → 생산비 절감(임금비용 절감과 재고 감축) → 가격경쟁력 → 이윤증가 → 배당분배 및 주가상승 → 가계 부(富)의 증가 및 가격인하에 따른 소비증대 → 성장촉진 → 고용증대라는 '호순환'이 형성된다는 것이다. 이 축적체제는 금융시장(주식시장 및 채권시장)의 민감한 반응에 의해 인플레 압력을 내생적으로 안정화시키는 장점이 있는 반면, 금융세계화에 내재적인 '시스템 리스크',[176] 즉 금융불안정성과 금융취약성이 약점이라고 본다. 아글리에타가 이 '금융화된 축적체제'의 안정적인 재생산을 단언한 점에 대해 조절이론 내부의 논쟁이 집중되고 있다. 아글리에타의 '금융화된 축적체제'는 1993년 이

---

174) 이에 대한 소개와 비판은 전창환(1999b)을 참조.
175) 조절이론 내부의 논쟁에 대한 간략한 소개와 아글리에타에 대한 비판은 셰네(Chesnais, 2002)를 참조.
176) '시스템 리스크(systemic risk)'란 개별 행동들의 상호 작용이 교정적 조정으로 귀착되기는커녕 오히려 불균형을 더 확대시킬 때 시장에서의 투기운동의 전파로부터 결과되는 총체적인 불안정의 위험을 말한다.

래 미국의 장기적인 거시경제적 호순환, 즉 "낮은 실업률, 저인플레, 고성장, 고주가, 달러 강세"(전창환, 1999b: 125)에 주목한 것으로, 조절이론의 구조주의적 접근방법에 가장 충실하게 이론화한 것으로 평가할 수 있다. 그리고 미국의 '신경제'가 2000년 장기호황을 끝냄으로써 이러한 개념화가 잘못되었다는 것은 현실에서 이미 입증되었기 때문에 이에 대해서는 더 이상 검토할 필요가 없을 것이다.

여기에서는 조절이론적 접근방법을 고수하면서도 아글리에타와는 다르게 '금융 지배적인 세계적 축적체제'로 이론화한 세네의 견해를 주요하게 검토하고자 한다. 세네는 아글리에타와 달리 마르크스주의 틀 내에서, 그리고 레닌의 제국주의론의 연장선상에서 금융자본을 파악하고, 신자유주의 시기 자본축적의 '지대적 특성'(금융이득, 독점자본의 중소자본 수탈 등)을 강조하며, "'임노동관계'의 변화와 (임금수준, 계약기간, 작업의 '유연성', 기업 내 노동조건 등에서) 착취율의 심화에 근거"하고, 그 작동이 주로 "금융자본의 작용과 선택에 의해 좌우된다"(Chesnais, 1997: 146~147)라는 점에서 '금융 지배적인 세계적 축적체제'로 이론화한다. 이처럼 이론화하는 과정에서 세네는 '산업자본의 금융그룹화' 등 신자유주의 시대의 중요한 양상을 이론화하나, 전반적으로는 조절이론의 구조주의적 접근방법으로 인한 한계를 벗어나지 못한다.

가장 결정적인 한계는 '금융 지배적인 세계적 축적체제'를 하나의 사회적 구성으로 파악하는 데 실패하고 있다는 점이다. 세네는 이 축적체제의 역사적 구성에 대한 이론화를 시도하나, 케인스주의의 위기 속에서 전개된 계급투쟁의 맥락에서 파악하지 못한다.[177] 그 결과 노동의 유연화와 고용 불안정화가 "새로운 기업지

---

177) 이러한 이론적 실패는 정치와 경제의 연관에 대한 잘못된 이론화에서 기인한다. 즉, 세네는 "경제적인 것과 정치적인 것을 동시에 생각한다"며 "금융 지배적인 세계화된 축적체제의 생성은 경제에 대해서 의존하는 만큼 정치에도 의존한다. 오로지 저속한 신자유주의 저작들에서만 국가가 '시장'의 '외부'에 있다고 주장될 뿐이다. 현실에서 '시장'의 승리는 가장 강력한 자본주의 국가들의 정치적 심급의 반복된 개입 없이는 이루어질 수 없었을 것이다. 새로운 축적체제의 지형과 그 지배적 메커니즘이 출현하기 위한 조건은 정치적인 것과 경제적인 것의 긴밀한 접합을 통해서 생성되었다"(Chesnais, 1997: 150)고 제기한다. 그러나 이러한 경제와 정치의 '접합'은 외적 관계로서의 접합이다. 경제와 정치는 별개로 파악된다. 다음의 서술은 경제와 정치가 어떻게 별개로 파악되는지를 잘 보여준다. "산업자본과, 더 나아가 화폐형태로 가치증식하는 금융자본이 전 세계적으로 자기 전개를 하기 위해서 되찾은 — 1914년 이래로 불가능했던 — 이러한 자유는 (자본주의 전체 역사에서 가장 길진 않더라도 꽤 긴) '영광스러운 30년' 동안의 지속적인 장기축

배구조와 자유화 및 규제완화와 세계화 과정에서의 이중적 효과"(Chesnais, 2002: 14)로서 나타나는 것으로 전도되어 파악된다.[178] 이는 종종 자본의 유연화 공세를 자본의 '경쟁전략'으로 현상적으로 파악하는 것과 동일한 맥락이다.[179]

이러한 현상적 파악은 자본주의 현실을 '내생적 메커니즘'(Chesnais, 1997: 170)으로 파악하려는 구조주의적 접근방법의 필연적 귀결이고, 또한 "금융화된 체제의 구조 속에서 금융시장이 차지하는 지위"(Chesnais, 2002: 15)를 결정적으로 중시하는 관점으로 이어지게 된다. 그래서 세네는 자본축적의 '지대적 특성'에 주목하면서도 '금융 지배적인 세계적 축적체제' 또는 '금융화된 세계적 축적체제'(Chesnais, 1997: 146)로 신자유주의 시기의 자본축적 형태를 특징화하고 있고, 이 점에서는 세네가 비판하는 아글리에타와 동일하다. 즉, 세네는 조절이론의 구조주의적 접근방법뿐만 아니라 금융시스템을 규정적인 것으로 파악하는 '금융화된 축적체제'라는 아글리에타의 이론화를 몇 가지 차이에도 불구하고 그대로 수용하고 있다. 따라서 아글리에타에 대한 세네의 비판의 초점도 '금융화된 축적체제'가 '안정적'이 아니라 '불안정'하다는 점, 그리고 호순환이 아니라 악순환을 하게 된다는 점에 맞추어져 있다.

그 결과 세네의 마르크스주의적이고 레닌주의적인 '금융 지배적인 세계적 축적체제'론은 이 축적체제에서의 진정한 세계대공황의 "진앙은 금융시스템일 것이다"(Chesnais, 1997: 182)라는 인식과 이 축적체제에서의 '우익과 좌익의 진정한 구분'이 금융부문과 채권자들의 특권 ─ 채권자들의 '독재' 또는 채권자들이 '시장'을 통해 행사하는 '폭정' ─ 에 맞선 민주주의와……진정한 '시민권'을 위한 투쟁 ─ 예컨대 부채거부 ─ 에 있다고 주장하게 된다(Chesnais, 1997: 174). 세네의 공황에 대한 이러

---

적에 힘입어 회복한 힘에 속한다. 그러나 1970년대 말 '보수혁명'이 실패했더라면, 자본은 자신의 목표에 이르지 못했을 것이다"(Chesnais, 1997: 150~151). 여기서 경제는 힘을 회복했는데, 그것만으로는 부족했고 '보수혁명'의 성공도 중요했다는 식이다. 즉, 자본축적의 위기 ─ 자본의 위기 ─ 와 '보수혁명'의 내적 연관, 달리 말하면 계급관계의 '경제적 형태'와 '정치적 형태'로서의 내적 통일성에 대한 인식이 결여되어 있다.

178) 실제로는 그 반대이다. 자본의 유연화 공세와 금융적 축적 전략이 기업지배구조의 변화와 규제완화, 자유화, 세계화를 가져왔다.

179) "포드주의적 조직형태들로부터의 유연성에 기초한 다른 조직형태들로의 이행은 본질적으로 관리층이 생산조직을 기업의 **경쟁전략**……에 조응시키려고 노력한 결과이다"(Chesnais, 1996c: 279. 강조는 인용자).

한 피상적이고 메커니즘적인 파악이나 '반(反)금융자본 연합전선'이라는 제한적인
실천적 전망은 결국 세네의 마르크스주의 지향적 입장에도 불구하고 그가 견지하
고 있는 조절이론의 구조주의적 접근방법에서 오는 것으로 평가할 수 있다. 또한
자본축적에서 금융시장의 주도성이란 현상적인 것이고, 본질적으로 특정한 계급
역관계와 자본의 축적전략의 산물임을 파악하지 못하게 하는 것도 구조주의적 접
근방법의 한계에서 오는 것으로 볼 수 있다.

요컨대 세네의 '금융 지배적인 세계적 축적체제'론은 신자유주의적 자본축적
형태에 대한 현상적 파악 또는 전도된 파악으로 평가할 수 있다. 필자는 세네에
의해 신자유주의적 자본축적의 특징으로 파악되었으나 구조주의적 접근방법으로
인해 불충분하게 이론화된 '산업자본의 금융그룹화', '경제의 금융화', 자본축적의
'지대적 특성' 등을 비판적으로 발전시키고자 한다.

세 번째로, 브레너의 '국제적 경쟁'론은 신자유주의적 자본축적 형태의 '현상
학', 즉 현상적 전개형태에 대한 매우 구체적이고 풍부한 분석을 제시해주고 있
다.[180] 1970년대 이후의 '장기침체'에 대한 브레너의 두 번째 저작인 『붐 앤 버블』
(2002)은 브레너가 처음에 제기했던 '계급관계에 대한 자본 간 경쟁관계의 우위'라
는 논쟁적 관점(Brenner, 1998)을 여전히 유지하고 있으나, 그 경직성을 완화해 계
급관계와 계급투쟁에 대한 분석이 대폭 강화되어 있다.[181] 그러나 브레너는 1970

---

[180] 브레너의 '국제적 경쟁'론은 1970년대 이후의 '장기침체'에 대한 해명에 중점을 둔 것이고, 브레
너의 '케인스주의'에 대한 분석은 그러한 1970년대 이후의 분석관점을 과거로 확장시켜서 이루
어진 것으로 생각된다. 1970년대 이후 특히 1980년대 이후의 신자유주의 시대를 분석하는 데 있
어서 브레너 분석의 일정한 현실정합성은 전후 장기호황기의 케인스주의 시대에 대한 분석에서
그 이론의 현실부정합성과 대조를 이룬다.

[181] 예컨대 미국 경제가 1993년경 경기회복에 이르기까지의 1980년대 이후의 과정에 대한 장문의
분석을 총괄하는 다음의 인용문을 보라. 자본 간 경쟁보다는 오히려 계급투쟁에 중심을 두고 총
괄평가하고 있다. 브레너의 이러한 경직적 입장의 완화는 이른바 '신브레너 논쟁'의 성과로 볼
수 있다. "1990년대 중반 미국 기업은 1980년대와 비교할 때 장기간의 잔혹한 합리화와 재분배
과정에 의해 대체로 상황이 크게 개선되었다. 15년 정도에 걸쳐 제조업체들은 연속적으로 구조
조정을 실시했고, 낡은 잉여설비를 모두 폐기하고 수많은 노동자들을 내쫓는 과정에서 생산성을
상당히 향상시켰다. 한편, 제조업체는 10년간의 실질임금 동결을 통한 노동자의 희생과 10년간
의 달러 평가절하를 통한 해외 경쟁자들의 희생을 기반으로 해서 막대한 이윤을 챙겼다. 이러한
경기회복 과정이 마무리될 무렵에야 비로소 제조업체는 자본축적을 실질적으로 점차 증가시키
기 시작했고, 그로 인해 생산성을 향상시켜 이윤율을 추가로 크게 증가시켰다"(Brenner, 2002:
126~128).

년대 이후 세계시장에서의 제조업 부문의 경쟁 격화로 인해 누적된 과잉생산과 과잉설비가 이윤율 저하를 야기하고, 이 이윤율 저하가 초래한 장기불황이 1990년대 이후에도 계속된다는 입장을 여전히 유지하고 있다.

특히 브레너의 1980년대 이후 현대자본주의에 대한 분석은 신자유주의 시대의 현상적 특징인 '금융적 축적' 또는 '금융시장의 주도성'에 대해 실물부문과 금융부문이라는 분석적 구별을 통해 '투기적 축적' 또는 '거품성장'으로 해명함으로써 금융시장의 주도성이 하나의 외관 또는 '환상'임을 밝힌 점은 높이 평가할 수 있다. 1990년대 미국 신경제의 호황을 금융부문과 실물부문의 상호 작용을 통해 분석한 점 ─ 특히 1997년 이후 2000년까지의 호황을 주로 주가 상승의 자산효과로 인한 소비지출과 투자증가에 기인한 '거품호황'으로 해명한 점 ─ 은 돋보인다.

그러나 브레너의 1980년대 이후 신자유주의에 대한 분석은 이러한 장점과 성과에도 불구하고, 자본 간 경쟁 위주의 현상분석이라는 기본 관점 ─ 좀 더 완화된 입장으로서 계급투쟁과 계급관계를 부차적 요인으로 도입할 경우에도 마찬가지 ─ 으로 인해 결정적 지점에 대한 설명에서 전도된 연관을 제시하거나 설명하지 못하는 한계를 드러낸다. 그 결과 브레너 분석은 매우 기계적인 가치형태운동의 현상학으로 나타난다.

예를 들어 자본의 투자증가와 그에 따른 자본스톡의 증가는 노동생산성 상승을 가져오고, 이는 산출증가와 이윤증가를 가져와 다시 자본의 투자를 증가시킨다는 기계적인 선순환 메커니즘으로 모든 것을 설명한다. 반대의 경우에는 반대의 기계적인 악순환 메커니즘이 작동한다. 그런데 선순환 메커니즘이냐 악순환 메커니즘이냐를 규정하는 결정 변수는 이윤율인데, 출발점으로서의 이윤율은 메커니즘 외부에서, 즉 '사업환경'으로 이야기되는 국제적 경쟁조건, 환율, 정부정책, 계급관계 등 외부 조건에 의해 규정된다. 이 외부 조건 가운데 브레너는 국제적 경쟁조건을 규정적인 것으로 본다. 환율이나 금리를 중심으로 한 정부정책이나 임금수준 등의 계급 역관계는 국제적 경쟁력에 영향을 미치는 요소로서 연관된다.

결국 브레너의 '경쟁현상학'에서 실질적인 규정요인은 정부정책이나 임금수준으로 표현되는 계급 역관계이다. 브레너는 케인스주의적 자본축적 형태의 분석에서뿐만 아니라 신자유주의적 자본축적 형태에 대한 분석에서도 자신의 방법론과 실제 분석이 모순되고 있다. 그래서 브레너의 신자유주의적 자본축적 형태에 대한 분석은 이른바 '경쟁현상학'으로서, 그것도 제한적으로만 현실정합성을 획득하는 수준에 그치고 있다.

가장 결정적인 한계는 브레너가 생산과정에 대한 분석을 결여하고 있다는 점이다. 브레너는 실물부문과 금융부문을 구별해서 분석함으로써 자본축적의 동학으로서 잉여가치 생산과 그것을 반영한 것으로서의 이윤율 개념의 중심성을 일정하게 보여주고 있으나, 그러한 성과는 그것이 유통과정을 중심으로 한 분석이라는 점에서 근본적인 한계를 안고 있다. 즉, 자본주의 생산양식에서 잉여가치의 생산과 실현은 생산과정과 유통과정의 통일로서 총과정으로 이루어지고 있는데, 브레너는 오로지 유통과정에서 파악한 이윤율 개념 ─ 노동생산성, 자본생산성, 임금, 인플레, 환율, 주가, 금리 등의 지표를 통해 구성되는 ─ 에 의존하고 있다. 브레너는 생산과정에 대한 본격적인 분석을 결여하고 있는 것이다.[182] 이것은 브레너가 시장메커니즘 속에서의 자본 간 경쟁관계를 분석의 중심에 놓는 방법론적 입장에서 비롯된 것이다. 그래서 그의 분석에서는 노동생산성, 임금, 환율이 이윤율을 규정하는 주요 변수로 등장하지만, 노동생산성조차 생산과정에 대한 질적 분석을 통해서라기보다는 유통과정에서 투입된 물량과 산출된 물량의 양적 관계로서만 분석된다.

브레너의 생산과정 ─ 따라서 계급관계 ─ 에 대한 분석의 결여는 치명적인 결과를 가져온다. 브레너의 분석에는 '생산의 세계화' 개념과 분석이 없다. 그의 분석에서 자본 간 경쟁은 국가 간 무역을 통해서만 파악된 경쟁이다. 신자유주의 시대의 중요한 특징 가운데 하나인 생산의 세계화와 초국적 자본에 대한 개념과 분석이 없는 것이다. 이 점은 브레너가 조절이론 등이 일국자본주의 분석에 머무르고 세계자본주의는 그러한 일국자본주의의 외적 접합에 불과한 점을 신랄하게 비판

---

182) 브레너의 『붐 앤 버블』에서 90쪽에 달하는 미국의 1970~1990년대의 경제회복을 위한 구조조정 과정에 대한 자세한 분석 가운데 생산과정에 대한 분석은 다음의 인용문보다 더 자세한 분석이 없다. "일본식 '린 생산'의 도입은 작업장 노동강도를 강화시켰는데, 이는 노동자가 최소한의 보호조차 받지 못하는 무노조 부문으로 노동을 재배치하는 아웃소싱을 통한 생산연쇄의 재편과 마찬가지의 효과를 발휘했다. 이 시기에 기업들은 정보기술을 컴퓨터 기반 생산과 CAD와 같은 여러 가지 방식으로 제조업 생산에 적용하기 시작했지만, 그 영향은 낮은 투자 수준 때문에 제한적이었다"(Brenner, 2002: 113). 수많은 노동생산성, 자본생산성에 대한 지표 제시와 고용감축, 노동강도, 임금감축 등에 대한 언급에도 불구하고 그러한 계량적 지표를 구성하는 구체적 노동과정에 대한 분석이 결여되어 있는 것이다.

하고, 자신은 처음부터 세계자본주의의 관점에서 일국자본주의를 분석하겠다고 천명한 방법론적 입장(Brenner, 1998)에 비추어볼 때 의아스럽다.

또한 『혼돈의 기원』(1998)에서 전후 장기호황기의 미국, 독일, 일본의 불균등 발전을 분석하면서, 미국 내에서 초국적 자본분파와 국내기반의 자본분파 간에 이해관계의 대립이 있다는 점을 명시적으로 분석했음에도 불구하고, 1970년대 이후 본격화된 세계화 현상과 세계자본주의의 주요 생산력으로서 초국적 자본의 출현에 대해 아예 분석하지 않는 것은 이해하기 어렵다. 브레너의 세계자본주의적 관점이란 무역을 통한 각국의 경쟁과 각국의 불균등발전 분석에 그치고 있다. 따라서 브레너의 자본 간 경쟁 분석은 현실 설명에서 제한적일 수밖에 없다. 신자유주의 시대 자본 간 경쟁의 주요 형태인 초국적 자본 간 경쟁을 분석하지 않고 있기 때문이다.[183]

이러한 자본의 유연화·세계화 공세로서의 생산의 세계화와 권역화에 대한 개념의 결여는 브레너의 구체적 분석에서 두 가지 잘못된 결과를 가져왔다. 우선 1980년대의 구조조정 과정에서 기업 간 인수·합병 또는 '기업사냥'을 브레너는 자본의 '투기적 축적'의 하나로 과소평가한다. 이것은 인수·합병의 외관에 사로잡힌 잘못된 피상적 평가이다. 1980년대 미국에서 가장 격렬하게 이루어졌던 기업 간 인수·합병 열풍은 자본의 '유연화·세계화' 공세의 표현이었다. '유연화' 공세, 즉 '합리화', '구조조정', '감량경영'에 나서지 않은 기업은 적대적 인수·합병의 표적이 되었고, 따라서 노동에 대한 유연화 공세는 자본에게 사활적인 문제로 강제되었다. 말 그대로 자본 간 경쟁을 통해 자본의 노동자계급에 대한 유연화 공세가 강제되었던 것이다. 단순한 금융기관의 '투기행위'로서 '기업사냥'이 아니었다. 이것은 동시에 일국적·국제적 차원에서의 자본의 집중운동이기도 했다.

또 하나의 브레너의 잘못된 분석은 '과잉설비' 문제이다. 브레너의 제조업 부문의 과잉설비·과잉생산과 그에 따른 경쟁격화와 이윤율 저하 명제에서 중심적인

---

183) 초국적 자본은 세계무역의 3분의 2를 지배하고 있다. 그 절반에 해당하는 세계무역의 3분의 1은 초국적기업 내부의 교역이다. 따라서 초국적 자본이 세계적 생산력을 지배하고 있는 신자유주의 현실에서 일국 GDP 개념이나 국경을 기준으로 일국 단위로 계정되는 무역수지 개념은 갈수록 그 현실 설명력이 제한적일 수밖에 없다. 오히려 일국 단위 계량지표들은 그 나라의 계급 역관계와 관련해서 그 적실성을 찾을 수 있을 것이다.

변수인 과잉설비 문제에 대해 브레너 자신은 일관되지 못하고 있다. 브레너의 애초의 기본 입장은 매몰비용의 거대한 규모와 매몰 유형자본 때문에 가격하락 압력에도 불구하고 유동자본에 대한 평균이윤율만 보장되면 업종전환을 하지 않고 버틴다는 개별 자본의 이해관계에 근거해서 구조조정 과정에 고비용·저효율의 기업퇴출이 충분히 이루어지지 않는다는 것이다(Brenner, 2002: 63).

그러나 브레너는 다른 한편에서 국제적 차원에서 과잉설비를 이야기할 때는 총수요의 증가율 둔화와 연관된 것으로서의 과잉설비 문제로 제기한다. 예컨대 "과잉 고비용 저이윤 생산수단이 정리되고 소득이 노동에서 자본으로 대규모로 재분배되는 상황은 국제경쟁력과 이윤율을 회복하기 위한 필수 전제조건이었다. 그러나 이러한 조건들만으로 **국제적으로 과잉설비와 과잉생산, 좀 더 일반적으로는 수요증가의 위축**에 직면한 제조업 부문의 회복을 추동하기에는 역부족이었다"(Brenner, 2002: 89. 강조는 인용자).

그런데 자본의 유연화·세계화 공세로서 생산의 세계화를 고려하면, 세계적 차원에서 과잉설비가 유지된 하나의 근거를 해명할 수 있다. 즉, 1980년대 '시장지향'의 생산의 세계화는 초국적 자본의 국제적 인수·합병을 가져왔다. 그 과정은 자본축적의 위기 속에서 보호무역주의가 강화되면서 일본과 유럽, 미국 자본 간에 상호침투, 교차투자로서 거대한 인수·합병 붐을 가져왔다. 이러한 인수·합병은 각국의 경쟁상대인 초일류기업이 상대국의 이류기업 또는 하위의 기업을 인수·합병하는 방식으로 주로 이루어졌다. 예컨대 유럽과 일본의 자본이 경쟁관계에 있는 미국의 초일류기업이 아닌 하위 기업들을 인수·합병했던 것이다.[184] 이러한 생산의 세계화가 함의하는 바는 만약 그런 식의 생산의 세계화가 일어나지 않았다면, 장기불황하의 경쟁격화 과정에서 퇴출되었을 기업들이 인수·합병을 통해 생존하게 되었다는 것이다. 따라서 위기 속에서의 국제적 경쟁격화의 산물인 세계적 인

---

184) 1980년대 자동차산업, 전자산업, 컴퓨터산업에서 세계적 차원의 인수·합병이 얼마나 활발하게 이루어졌고, 그 과정에서 세계적 차원의 독과점이 형성되어가는 과정에 대한 사례연구로는 황현기(1991)를 참조. 또한 이러한 세계적 차원의 독과점 형성 과정은 일국 차원의 독과점의 강화와 동시에 일어났다. 즉, 일국적·세계적 차원에서 자본의 집중운동이 동시에 이루어졌던 것이다. 그뿐만 아니라 황현기의 사례연구는 초국적 자본 간의 중층적 경쟁, 즉 동일 국적의 자본 간 경쟁과 다른 국적의 자본 간 경쟁이 복합적으로 이루어지고 그 과정에서 매우 복합적인 제휴·협력 관계와 경쟁관계가 동시에 구축되었음을 잘 보여준다.

수·합병 그 자체가 과잉설비를 온존하는 결과를 가져온 것으로 볼 수 있다.

다른 측면에서 자본의 '유연화' 형태의 세계화는 제3세계로의 생산설비 이전이나 생산설비의 신설, 즉 '신국제분업'과 '신흥공업국'의 등장을 설명해준다. 이것은 브레너가 '신흥공업국'의 등장을 과잉설비의 한 요인으로 파악하는 것이 잘못된 것임을 보여준다.[185] 비록 부분적으로 선진국 자본과 경쟁적인 제조업 부문이 존재하지만, '신흥공업국'의 제조업은 기본적으로 초국적 자본의 국제하청으로 성립되고 발전한 것으로 보아야 할 것이다.

이처럼 생산과정에 대한 분석을 도입하면, 특히 계급 역관계 분석에 입각한 신자유주의 시기의 자본의 유연화·세계화 공세라는 관점에서 생산과정을 분석하게 되면, 1980년대의 과잉설비 문제에 대해 다르게 해명할 수 있다. 일반적으로는 세계적 차원에서의 총수요 증가율의 둔화와 과잉설비·과잉생산은 직접적으로 연관되어 있다. 왜냐하면 과잉설비·과잉생산은 기본적으로 수요와 관련한 상대적인 개념이기 때문이다. 그리고 이러한 세계적 총수요를 규정하는 것은 단·중기적으로는 계급 역관계에 따른 노동자계급의 소비능력과 자본의 투자수요이다. 투자 역시 자본의 전략으로 볼 수 있으므로 총수요를 규정하는 것은 계급 역관계이다. 정부부문을 포함해도 마찬가지이다.

다른 한편, 브레너의 각국 경제를 중심으로 한 자본 간 경쟁 분석은 본인이 의도하지 않은 결과를 가져온다. 즉, 브레너의 자본 간 경쟁 분석은 그것이 갖는 이러한 결함 때문에 자본 간 경쟁이라기보다는 오히려 각국 간 경쟁 또는 각국 간 불균등발전에 대한 분석이라 할 수 있는데, 본인의 의도와는 정반대로 자본 간 경쟁의 분석이 아니라 각국의 계급 역관계에 대한 분석이라는 함의를 가지게 된다. 예컨대 브레너의 경쟁력 분석에서 결정적인 두 변수인 임금과 환율에 대한 분석이 함의하는 것은 바로 각국의 계급 역관계의 차이에 대한 분석인 것이다.[186] 국가

---

185) "다른 한편으로 국제적으로 많은 제조업 업종에 과도한 진입이 있었음에도 불구하고 여전히 후발지역을 기반으로 한 신흥 저비용 생산자들은 시장에 진입해 이윤을 얻을 수 있었다. 그리하여 신흥 저비용 생산자들은 좀 더 값싼 제품을 이미 공급 과잉 상태인 제조업 부문에 더 많이 공급했고, 그 결과 가격 하락 압력과 이윤율 하락 압력은 더욱 커졌다. 요컨대 퇴출이 거의 없었을 그뿐만 아니라 진입이 너무 많았다"(Brenner, 2002: 63).

186) 브레너는 무의식적으로 환율 변동의 의미를 항상 실질임금과의 연관 속에서 파악하고 있다. 다음의 인용문을 보라. "플라자 합의와 그 후의 결과는 미국 제조업 회복의 전환점이자 세계경제

간 경쟁력의 전부는 아니라 할지라도 기술격차를 제외하면, 그 주요한 측면이 국가 간 계급 역관계의 차이라는 점, 즉 자본 간 경쟁은 계급 역관계의 표현에 불과하다는 점을 브레너의 분석에서 확인할 수 있다.

브레너 분석의 두 번째 결정적인 한계는 국가이론의 결여이다. 브레너 분석에서 국가이론, 즉 자본축적과 국가의 연관에 대한 이론화가 결여되어 있는 것은 계급관계 분석의 중요성을 무시한 데서 비롯한 것이다. 자본축적 형태를 자본 간 경쟁 중심으로 분석하기 때문에 계급관계와 계급투쟁의 총괄로서의 자본주의 국가에 대한 이론화가 불필요한 것이다. 따라서 브레너의 정부정책에 대한 분석은 계급관계에서 자본의 기능적 도구로 파악되고, 따라서 국가는 자본과 동일시된다. 그리고 자본 간 경쟁은 국민경제 간 경쟁과 동일시된다. 그러한 관점의 표현이 '미국 자본'과 '일본 자본', '독일 자본' 간의 경쟁이다. 따라서 정부정책에 대한 분석은 매우 자의적이고 분석력이 떨어진다.[187]

이것은 계급 역관계와 계급투쟁의 관점에서만 정부정책의 필연성이 도출되는데, 그러한 관점이 결여되어 있기 때문이다. 따라서 밑으로부터의 계급투쟁에 의해 정부에 부과된 한계는 무시된다. 레이거노믹스에서 군비지출 계획의 계급적

---

전체의 주된 분수령이었음이 입증되었다. 그로 인해 달러화는 10여 년 동안 엔화와 마르크화에 대해 다소 지속적으로 또 대폭 평가절하 상태를 유지했다. 또 이는 10년 동안 실질임금 증가율을 제로 수준으로 유지시켰다"(Brenner, 2002: 99. 강조는 인용자). 국가 간 경쟁력을 크게 좌우하는 환율변동의 계급적 의미는 환율의 평가절하 → 수입품 물가상승 → 실질임금 저하라는 맥락에서 실질임금에 영향을 미친다. 거꾸로 이야기하면, 계급 역관계의 한 지표인 실질임금을 저하시킴으로써 국제적 경쟁에서 상품가격의 하락을 통해 경쟁력을 회복하게 되는 것이다.

187) 예컨대 레이건 정책에 대한 다음의 서술을 보라. "순수 통화주의라고 말할 수 있는 정책의 실행은 약간의 경제안정을 유지하는 것과도 양립할 수 없었다. 1979~1980년부터 기록적인 고금리가 부과됨에 따라 1930년대 이후 최악의 경기후퇴가 발생했고, 제조업 부문의 고비용 저이윤 생산수단이 대대적으로 정리되기 시작했다. 이것은 정부 당국이 원했고 이윤율 회복에 필요한 것이었다. 그러나 1982년 여름으로 접어들면서 급격하게 제한된 신용과 달러 가치 상승은 라틴아메리카의 외채위기를 폭발시켰다. 라틴아메리카의 외채위기는 세계 주요 국제은행들 가운데 일부의 지급능력을 위태롭게 해서 미국발 세계공황을 촉발시키는 듯했다. 케인스주의를 철저히 되살릴 수밖에 없었다. 이러한 결과는 케인스주의와 상반되는 선거운동 당시의 수사에도 불구하고 우연하게도 로널드 레이건의 세금 감면과 군비지출 확대 계획에 의해서 이미 보장되어 있던 것이다"(Brenner, 2002: 74. 강조는 인용자). 레이거노믹스의 핵심정책인 '세금 감면'과 '군비지출 확대계획'이 어떻게 '우연하게도' 맞아떨어질 수 있는가? 브레너의 정부정책에 대한 분석은 이처럼 자의적이다.

성격이나 정부의 통화주의 정책의 한계를 드러내는 1990~1992년의 심각한 경제불황에 대한 분석에서 그러한 요인은 무시되고 있다.

또 정부정책에 대한 분석에서 그나마 분석력을 갖는 게 자본 간 관계에서의 갈등에 대한 조정인데, 주로 산업자본 – 제조업의 이해관계 – 와 금융자본 – 금융적 이해관계 – 간의 갈등 차원에서 분석되고 있다. 대표적인 예가 브레너 분석에서 중요한 비중을 차지하고 있는 환율 분석이다. 1985년 플라자 합의와 1995년 역플라자 합의에 대한 분석이 그것이다. 1985년 플라자 합의는 금융적 이해관계를 희생하면서 미국 제조업을 구제하기 위한 것이었고, 1995년 역플라자 합의는 거꾸로 일본 제조업을 구제함으로써 일본의 금융위기와 그것이 미국의 금융위기로 발전할 것을 예방한 조치였다는 것, 따라서 제조업을 희생하면서 금융적 이해관계를 위해서였다는 것이다.

브레너는 이상과 같은 두 가지 결함, 한마디로 말하면 계급분석적 관점의 의식적 거부와 자본 간 경쟁관계 분석적 관점의 선택 때문에 실물부문과 금융부문간의 연관, 즉 산업자본과 금융자본의 연관을 일면적으로 분석하게 된다. 실물적 축적과 '금융적 축적'으로서의 '투기적 축적'의 연관은 잘 분석되고, 그러한 맥락에서 '거품성장'을 훌륭하게 분석해낸다. 그러나 셰네가 분석한 '산업자본의 금융그룹화'나 새로운 '기업지배구조'로서 '주주 자본주의', 그리고 금융자본의 새로운 형태로서 '기관투자가' – 연기금, 투자은행, 뮤추얼펀드, 보험사 등과 같은 – 의 등장과 전통적 상업은행의 비중 감소 문제와 같은 신자유주의 시기에 새롭게 등장한 중요한 현상들을 놓치게 된다. 브레너는 금융자본의 대표주자로 여전히 전통적인 상업은행을 주요하게 분석하고 새로운 기관투자가들에 대해 분석하지 않는다.

이러한 브레너 분석의 한계는 산업자본과 금융자본은 별개의 실체이고 이해관계가 종종 대립되는 것으로만 파악되고 있지 그들의 '융합'과 같은 결합형태는 분석되지 않기 때문에, 투자저조와 그로 인한 경제의 저성장률 문제를 이윤율 저하에 따른 기계적이고 자동적인 결과로만 보지, 그것이 자본의 '투자파업' 전략의 결과이고 동시에 그와 맞물린 '금융적 축적' 전략 – 실물적 축적과 대비되는 의미에서 – 으로의 전환을 표현한 것이라는 점을 놓치게 된다. 즉, 계급 역관계와 계급투쟁의 '경제적 형태'로서의 자본축적 형태 분석이 되지 못한다.

따라서 브레너는 신자유주의 시대에 산업자본과 금융자본이 별개의 구분되는 실체가 아니라는 점이나, 금융적 축적 또는 투기적 축적은 우연적인 현상이 아니라 신자유주의 시기 자본축적의 주요한 구성요소로서 필연적 현상이라는 점도 파악하지 못한다. 예컨대 1997년부터의 미국의 '거품성장'도 그린스펀 연방준비제도이사회 의장의 금리인하조치의 결과로 인한 것으로 현상적으로 또는 역사적 우연으로 설명하지, 그것을 신자유주의적 축적형태의 필연적 현상으로 분석하지 않는다.

그 결과 브레너의 1970년대 이후의 장기침체에 대한 분석은 풍부한 자료와 현상분석, 그리고 '거품성장' 분석과 같은 부분적 성과에도 불구하고 이론적·실천적 함의는 매우 빈약하고 공허하다.[188] 국제적 경쟁을 중심으로 한 불황과 호황의 기계적 메커니즘 분석을 통해서 얻을 수 있는 실천적 함의는 잘해야 '국제적 케인스주의' 이상을 제시하지 못하기 때문이다.[189]

한편 '개방적' 마르크스주의는 신자유주의적 자본축적 형태와 관련해서 계급투쟁적 관점에서 두 가지 중요한 관점을 제시한다(Bonefeld, 1995c; 2000a; Holloway, 2002c).

첫째, 1980년대 이후의 저성장과 경기침체를 자연스런 경제적 현상이 아니라 자본의 '도주전략'의 결과로 분석한다. 즉, 자본은 노동자계급의 투쟁에 맞서 '자본파업' 또는 '투자파업'으로 맞선다는 것이다. 자본의 투자회피는 노동자계급의 투쟁에 대한 자본의 전략적 대응인 것이다. 동시에 자본의 이러한 도주전략은 국민국가 정부에 의해 '불황유발정책'으로서의 통화주의 정책에 의해 밑받침되었다고 본다. 또한 자본의 이러한 도주전략은 산업자본의 화폐자본화, 즉 금융적 축적과 자본의 세계화로 표현된다. 따라서 '개방적' 마르크스주의는 자본의 도주전략

---

188) 긴딘의 브레너 분석에 대한 다음과 같은 비판은 정당하다. "자본가들의 경쟁이 상대적인 계급의 힘과 무관하게 체제위협적 내부 모순을 갖는다는 결론은 희망을 제시한다고 생각할 수도 있다. 그러나 그러한 모순의 내부에 일부분을 이루는 계급이 부재하다면 그러한 희망은 아무런 의미가 없다. 오히려 그러한 견해는 암묵적으로 두 가지 원치 않는 결론을 남긴다. 자본주의가 자동붕괴되기를 수동적으로 기다리든지, 아니면 – 단순 소박하게 국내적 투쟁으로부터 괴리되어 – 경쟁을 안정화시킬 초국가의 발전을 기다리든지. 이렇듯 '계급으로부터 후퇴'해서 경쟁의 기계적 모순으로 나아가는 것은 브레너 저작에 존재하는 숨은 함의의 일부이다. 역사유물론으로부터 좌파 경제주의로의 분석적 후퇴"(Gindin, 2001: 2)이다.

189) 파인 등(Fine et al., 1999)은 브레너의 접근은 초거대 자본들 간의 조절의 실패를 문제 삼음으로써 결국 국제적 케인스주의라는 개량주의적인 정책적 함의로 귀착된다고 비판한다.

과 그에 따른 세계화를 '노동의 불복종적 권력'에 대한 자본의 대응으로서, 자본의 강함이 아니라 자본의 취약함을, '자본의 노동에 대한 의존'을 드러낸 것으로 평가한다.190)

자본은 화폐자본의 세계적 운동을 통해 노동에게 규율을 재부과하려고 한다. 따라서 헤지펀드(hedge fund)와 같은 투기자본의 운동, 예컨대 외환투기는 바로 신자유주의 시대 초국적 자본의 '헌병'으로서 세계적 차원에서 노동규율을 부과하는 역할을 수행한다고 본다. 세계적 차원의 '화폐 테러리즘'을 통해 각국에 노동규율을 부과하는 것이다. 또한 생산의 세계화로서의 자본의 세계화 역시 노동자계급에게 노동규율을 재부과하는 자본의 강력한 수단이 된다.

둘째, 그러나 자본의 도주전략과 통화주의 정책은 다시 계급투쟁으로 인해 한계에 봉착한다. 예컨대 1979년 미 연방제도준비이사회의 고금리 정책으로 표현된 통화주의 공세는 한편으로는 미국 내 심각한 불황으로 인해 1930년대 대공황처럼 체제붕괴의 위험과 그에 따른 사회적 혼란 위험, 다른 한편으로는 1982년 멕시코의 외채위기에 따른 금융공황의 세계적 확산 위험에 부딪혀 후퇴한다. 복지국가 해체공세로서 재정긴축정책은 유지하지만, 통화긴축은 불가피하게 포기하고 신용팽창정책으로 전환한다. 즉, 총자본은 '반쪽짜리 통화주의' 또는 '통화주의 기조하의 케인스주의'로 후퇴하지 않을 수 없게 된다. 노동자계급에게 시장규율을 재부과하기 위한 통화주의 공세의 이러한 후퇴는 1990년의 심각한 불황에서도 다시 반복된다. 그 결과 신용팽창 정책은 한편으로 한계기업들의 완전한 퇴출을 강제하지 못하고 생존을 보장하게 되며, 다른 한편으로 노동자계급의 투쟁을 소비자신용 형태로 봉쇄함에 따라 기업과 가계의 부채경제화를 초래한다. 노동자계급에게 시장규율을 재부과하는 데 한계가 있는 것이다. 따라서 통화주의의 부분적 후퇴와 부채경제화는 '노동의 불복종 권력'의 표현이자 '자본의 노동에 대한 의존'의 표현으로 본다.191)

---

190) 금융불안정성 또는 금융위기를 이러한 '노동의 불복종 권력'의 표현으로 분석한 대표적인 사례로, 1994년 멕시코 싸빠띠스따 원주민들의 봉기에 따른 멕시코 페소화 위기와 국제적인 금융위기를 분석한 홀로웨이(Holloway, 2000)를 참조.

191) "화폐자본의 잠재적 자립화는 노동의 생산적이고 파괴적인 힘 속에서 또 그 힘을 통해 구성된다. 화폐는 자본이 공장에서의 노동자계급 저항으로부터의 도주하는 형태이다. ……'화폐 투기의 역사적 의의는 그것이 노동자계급과의 직접적 관계를 회피한다는 사실 속에 정확하게 놓여 있

'개방적' 마르크스주의의 신자유주의적 자본축적 형태에 대한 이러한 두 가지 관점은 경제물신주의를 넘어서서 자본축적 형태를 계급투쟁의 관점에서 해명해 준다는 점에서 역사유물론적 자본분석에 크게 기여했다고 평가하고 이를 적극 수용하고자 한다. '개방적' 마르크스주의의 이러한 분석은 기본관점이 올바르고, 자본의 세계화 과정이 자본논리의 관철이 아니라 계급투쟁으로서의 자본의 세계화임을 인식하게 하며, 또한 세계화 과정에서의 노동자계급의 투쟁의 존재를 확인함으로써 자본의 세계화에 대한 패배주의·비관주의적 인식 ─ 요컨대 숙명론적 관점 ─ 을 극복하는 데 크게 기여했다.

그러나 그 추상성과 일면성으로 인한 '계급환원주의'적 경향은 극복되어야 할 과제이다. '개방적' 마르크스주의 역시 생산과정에 대한 구체적 분석을 결여하고 있다. 따라서 자본의 '도주전략'으로서의 자본의 화폐자본화·세계화에 대한 분석이 매우 추상적인 수준에 그치고 있다. 자본운동에 대한 그러한 계급적 관점의 확인 이상의 구체적 분석, 예컨대 자본의 유연화·세계화 공세로서 생산의 세계화라는 구체적 관점으로 나아가지 못하고 있다.

## (2) 금융적 축적(신용과 부채)과 주주 자본주의

1980년대 이후 현대자본주의, 즉 신자유주의적 자본주의의 현상적 특징으로 저성장의 장기화 또는 장기침체(1990년대 미국의 상대적 장기호황은 예외적 현상), 기업 및 가계의 고(高)부채경제(그뿐만 아니라 제3세계의 고국가부채), 과잉자본 또는

---

다.' 그러나 그와 동시에 노동을 착취하기보다는 화폐로부터 화폐를 벌어들임으로써 '가치법칙'을 지양하려는 자본의 시도는, 자본이 현재를 미래로 연장하려는 필사적 시도에서 자신의 수단을 넘어서서 살고 있음을 말해준다. 자본에게 위기는 '노동자계급에 대한 통제 상실'의 증거이다. 이 상실은 현재의 미래로의 양도를 보증하려는 억압적 힘으로서의 화폐라는 무의미한 형태를 말해준다. 오늘날의 위기에 직면해 신용의 지속적 확장은 자본이 자신의 필요에 적절한 착취관계의 재구조화를 부과하는 데 성공하지 못했음을 말해준다. 1960년대 후반 이래 자본은 통제된 디플레이션을 부과하려고 노력해왔고 지구적 규모에서 지속적이고 유례없는 신용 확장에 성공했다. 부채위기는 화폐위기에 붙여진 잘못된 이름이다. 자본은 부채로부터 돈을 버는 방식으로 자신을 만회할 수 없다. 자본은 노동자계급과 대면해야 한다. 자본은 생산에서 노동과의 직접적인 대치를 회피함으로써 계급투쟁으로부터 벗어날 수 없다. 자본은 전 지구적 규모에서 필요노동과 잉여노동 사이의 관계를 가차 없는 강제력으로 부과함으로써만 노동에 대한 자신의 명령을 만회할 수 있다"(Bonefeld, 1995e: 288).

과잉설비, 만성적인 수요부족, 금융위기의 빈발 등이 일반적으로 제시되고 있다 (Monthly Review Editors, 2002b). 앞서 검토한 여러 이론들도 이러한 현상들의 연관 또는 본질에 대해 나름대로 분석을 제시한 것이었다.

필자는 신자유주의적 자본축적 형태의 주요 특징으로 다음 네 가지를 제시하고자 한다. 이러한 네 가지 특징을 1980년대에 구성된 계급 역관계와 계급투쟁의 '경제적 형태'로서 드러난 자본축적 형태의 특징으로 분석하고자 한다.

첫째, 자본의 유연화·세계화 공세는 자본운동형태의 변화를 가져오는데, 한편으로 '지구적 자본'의 출현을 가져오고, 다른 한편으로 '주주 자본주의' 현상으로 전도되어 표현된다. 또한 자본 간 경쟁의 중층적 형태를 통해 과잉설비·과잉생산의 조건을 형성한다. 둘째, 자본의 일방적 우위의 계급 역관계가 부과하는 노동자계급의 궁핍화는 세계적 차원에서 수요성장의 둔화와 저성장을 초래하며, 수출지향적 축적형태와 국민국가 간 경쟁을 강제한다. 셋째, 자본의 유연화·세계화 공세 및 복지국가 해체공세는 노동자계급의 저항 때문에 일정한 한계를 부과받게 된다. 그것은 한편으로 통화주의 정책의 후퇴로서의 케인스주의적 신용팽창 정책의 재도입과 그에 따른 기업과 가계의 부채경제화를 초래하고, 다른 한편으로 자본의 '금융적 축적' 전략을 강제하는 것으로 나타난다. 넷째, 자본의 유연화·세계화 공세와 복지국가 해체공세는 직접금융시장의 발달을 가져오는 한편, 자본은 유연화·세계화 공세와는 구별되는 노동자계급의 저항을 회피하기 위한 '도주전략'으로서 '금융적 축적' 전략을 추구한다. 각각의 특징에 대해 하나씩 구체적으로 살펴보자.

첫째, 계급 역관계를 역전시켜 자본의 일방적 우위의 역관계를 확립하기 위한 자본의 유연화·세계화 공세는 자본 간 경쟁을 매개해서 세계적 차원의 자본의 집중운동, 즉 지구적 독과점화로 나타난다. 이것은 자본의 세계화, 즉 지구적 자본 (global capital)의 출현을 의미한다. 자본이 계급투쟁이듯이 지구적 자본은 자본의 유연화·세계화 공세의 표현이고 결과이다. 지구적 자본은 1970년대 이래의 특정한 계급 역관계와 계급투쟁의 표현인 것이다. 요컨대 계급투쟁 과정에서의 자본의 유연화·세계화 공세가 자본운동형태의 변화를 가져온 것이다. 케인스주의 시대의 일국적 독과점화에서 신자유주의 시대의 세계적 독과점화로 자본의 운동형태가 변화한다.

이러한 의미에서 '세계화'는 지구적 자본의 운동형태를 표현하는 것이고, '자본의 세계화'를 의미하는 것이다. 또한 자본의 세계화는 자본관계의 세계화, 즉 세계적 범위에서의 자본관계의 구성을 의미한다. 비록 자본의 유연화 공세로 인해 자본관계가 분절화·위계화·파편화된 형태로 구성될지라도 자본관계의 구성형태는 세계적 범위에 걸쳐 형성된다.

따라서 계급투쟁의 관점에서 보면, 자본은 유연화·세계화 공세를 통해 세계적 범위에서 노동자계급에 대응하는 반면, 노동자계급은 세계 각지에 파편화된 형태로 위계적으로 편성된 조건에서 국지적 투쟁으로 대응하기 때문에 계급 역관계에서 자본의 일방적 우위가 쉽게 관철될 수 있는 조건이 고착됨을 알 수 있다. 자본의 일방적 우위의 계급 역관계의 안정적 재생산의 조건이 자본관계의 세계적 구성을 통해 확보되는 것이다.

생산의 세계화·권역화라는 지구적 자본의 운동형태는 자본관계의 지구적 구성을 통해 일방적 우위의 역관계를 확보하는 한편, 개별 국민국가들 간의 관계를 지구적 범위의 경쟁관계로 재구성함으로써 지구적 자본의 개별 국민국가에 대한 영향력을 강화시킨다. 자본관계의 이러한 지구적 재구성과정은 세계적 범위에서의 자본 간 경쟁을 통해 강제되었다. 즉, 세계적 범위의 M&A를 통해 자본관계의 지구적 구성은 이루어졌다.

그런데 지구적 자본형태는 무소불위의 권력을 자본에게 부여하는 것으로 설명된다. 즉, 자본의 지구적 형태가 어떠한 사회적 규제도 거부할 수 있는 권력을 자본에 부여하게 된다는 것이다. 그리고 지구적 자본의 새로운 권력은 '자본의 이동성'에서 비롯되는 것으로 설명된다. 즉, 자본의 이동성과 국민국가(및 노동자계급)의 비이동성 또는 고정성, 달리 표현하면, 자본의 탈영토성과 국민국가(및 노동자계급)의 영토성이라는 비대칭성이 자본에게 새로운 권력을 부여한다는 것이다. 그러나 이것은 '형태적 추상'에 입각한 설명, 따라서 피상적 설명이다. 또한 구조주의적 설명이고 따라서 숙명론적 설명이다. 이러한 설명은 이른바 세계화 '불가피론'이나 '대세론'의 변종이다.[192] 그러한 형태상의 차이는 계급투쟁의 조건들,

---

192) 이 점에 있어서 국민국가와 자본의 관계를 민족적으로 고정된 국가의 세계적으로 유동적인 자본에 대한 관계, 즉 자본의 유동성과 국민국가의 비유동성에 입각해 파악하는 '개방적' 마르크스주의는 치명적인 오류를 범하고 있다. 즉, '개방적' 마르크스주의의 의지와는 정반대로 구조적 결

즉 자본운동에 대한 사회적 규제를 둘러싼 계급투쟁의 조건들에 불과한 것이다. 생산의 세계화가 정보기술혁명에 따른 기술적 필연이 아니듯이, 이러한 형태상의 차이가 구조적으로 자본에게 권력을 부여하는 것은 아니다.193)

실제로 1980년대 세계적 차원에서 광범위하게 전개된 탈규제·자유화·개방화·사유화는 지구적 자본의 '정치적 형태'의 운동 또는 계급투쟁의 결과였다. 자본운동에 대한 사회적 규제를 둘러싼 계급투쟁에서 노동자계급이 패배한 것이다. 나라별로 역관계의 차이로 인해 정도의 차이는 있지만 기본적으로 탈규제·자유화·개방화·사유화는 세계적으로 관철되고 있다. 이를 통칭해서 '신자유주의 공세'라고 부른다. 그 핵심은 자본운동에 대한 모든 사회적 규제의 폐지이다. 이에 대해서는 신자유주의적 국가형태에서 자세히 분석할 것이다.

어쨌든 자본운동에 대한 사회적 규제가 나라별로 계급 역관계의 차이에 따라 그 철폐의 정도에서 다르게 나타난다는 사실은 자본의 유동성과 국민국가(및 노동자계급)의 비유동성이라는 형태상의 차이에 의해 신자유주의 공세가 기계적·자동적으로 관철되지 않는다는 것을 확인해준다. 노동자계급의 조직과 힘이 상대적으로 강력한 유럽 대륙의 경우 그렇지 못한 영국이나 미국 등에 비해 노동자계급의 강력한 저항 때문에 사회적 규제의 폐지가 소폭으로 완만하게 이루어지고 있다.

정론 또는 형태결정론에 입각한 설명을 하고 있기 때문이다. 또한 '개방적' 마르크스주의는 그러한 형태적 비대칭성을 초역사적인 특징으로 개념화하고 있는데, 이것 역시 '추상적 유물론'으로서 잘못된 것이다. 자본과 국민국가의 그러한 형태상의 비대칭성이 문제가 되는 것은 특정한 역사적 맥락 속에서이다. 즉, 1970년대 케인스주의적 자본주의라는 특정한 생산력과 계급 역관계 속에서의 계급투쟁과 자본축적의 위기라는 역사적 맥락 속에서 그러한 형태적 비대칭성이 문제시되고 효과를 발휘하게 되는 것이다. 달리 말하면, 형태적 비대칭성이 현실화되는 것, 사회적 맥락에서 의미를 획득하게 되는 것은 자본의 유연화·세계화라는 '위로부터의 계급투쟁' 때문이다. 자본이 형태적 비대칭성을 계급투쟁의 무기로 활용한 것이다. 그러나 19세기 말, 즉 1875~1895년의 '대불황' 시기의 제국주의적 '자본수출'은 1970년대 이후의 생산의 세계화와는 전혀 다른 효과를 가져왔다. 그때의 식민지로의 자본수출은 노동자계급에 대한 '유연화' 공세로서 수행된 것도 아니었고, 국민국가에 대한 자본의 영향력을 강화시키는 효과를 가져온 것도 아니었다.

193) 물론 그러한 조건들은 계급투쟁의 양 당사자들에게 상반되는 효과를 가진다. 즉, 자본에게 유리하고 노동자계급에게 매우 불리한 조건들이다. 그래서 자본의 유연화·세계화 공세는 이처럼 자신에게 유리하고 노동에 불리한 계급 역관계를 창출하기 위한 '위로부터의 계급투쟁'으로서 전개되었고, 그러한 공세의 관철은 계급 역관계의 '역전'으로 평가할 만큼 위력적인 것이었음은 분명하다.

다른 한편, 정도의 차이에도 불구하고 세계적 차원에서 자본운동에 대한 사회적 규제가 폐지되는 방향으로 관철되고 있다는 사실은 계급투쟁을 매개하는 자본 간 경쟁이 노동자계급에게 불리하고 자본에게 유리한 조건을 조성해주고 있음도 확인해준다.

이러한 논의를 전제로 자본 간 경쟁 메커니즘이 어떻게 자본의 유연화·세계화 공세를 확산시켰는가를 살펴보자. 장기침체 속에서 진행된 자본의 유연화·세계화 공세는 자본 간 경쟁을 매개해서 (적대적) 인수·합병의 방식으로 자본에게 강제되었다. 자본이 유연화·세계화 공세를 통해 능동적으로 계급 역관계를 재구성하지 않을 경우 적대적 인수·합병의 표적으로 전락하기 때문에, 자본의 유연화·세계화 공세는 개별 자본에게 사활적인 문제로 제기되고 외적 강제로 부과되었다.[194]

'주주 가치 창조'라는 이름하에 지난 20년 동안 기업 자원들과 수익을 할당하는 데 있어서 기업의 최고 경영진들의 전략적 지향은 '유보 및 재투자'에서 '다운사이징 및 배당'으로 뚜렷하게 이동했다. 새로운 체제 아래 최고 경영진들은 주식에 대한 수익을 증가시키려는 시도 속에서, 노동력 규모를 줄이는 것에 대해 특별히 강조하면서 그들이 통제하고 있는 기업들을 다운사이징했다. 1980년 이래 대부분의 주요 미국 기업들은 미국 경제에서 안정적인 고용과 상당 수준의 임금을 제공하던 일자리들의 수를 줄이는 방식으로 노동력에 대한 리스트럭처링 과정에 참여해왔다. ……1979년부터 1983년까지 전체 경제 수준에서 고용 인구는 37만 7,000명(0.4%)만큼 증가되었으며, 반면 안정적이며 보수가 높은 생산직 일자리들의 대부분을 제공했던 내구재 생산 부문의 고용은 202만 3,000명(15.9%)만큼 감소했다. 놀랍게도 1980년대 중반에 지속되었던 '붐' 속에서 수백 개의 주요 공장들이 폐쇄되었다. 1983년부터 1987년까지 460만 명의 노동자들이 일자리를 잃었고, 그중 40%는 제조업 부문에 해당한다. 보수가 높고 안정적인 생산직 일자리들의 감소는 제조업 부문의 노동조합 조직률 감소(1970년 47.4%, 1983년 27.8%, 1994년 18.2%)에 반영되었다. 1980년대와 1990년대 동안 다운사이징에 대한 미국 기업 경영진들의 선입견과 편애에 의해 영향을 받

194) 1980년대 기업 인수·합병운동은 기업을 단기수익성에 따라 배열되거나 재배열되어야 할 자산꾸러미로 바라보는 재무적 또는 포트폴리오적 기업관을 비금융기업 경영에 강제했다(Crotty, 2002: 217).

왔던 대상은 생산직 노동자들에 국한되지 않았다. 1990년대 초반 '사무직' 부문의 침체로 인해 수만 개의 전문직·행정직·기술직 종업원들의 지위가 제거되었다. ……전체적으로 보았을 때 1990년대 전반에 나타났던 일자리 상실은 대략 14% 수준이었는데, 이는 꽤 높은 비율이었던 1980년대의 10%보다도 더 높은 수준이었다. ……1991년부터는 경제가 회복세로 나아갔지만 일자리 감소 비율은 전에 없이 높은 수준이었으며, 경제성장에 가속도가 붙었음에도 불구하고 그 추세는 1995년 동안 계속되었다. 1980년대와 1990년대에 다운사이징을 이끌었던 주도 세력은 미국의 대기업들이었다(Lazonick & O'Sullivan, 2000: 6~7).

1980년대 경영자의 '도덕적 해이' 문제로 제기된 '주인/대리인 문제(agency theory)', '기업지배구조' 문제로서 케인스주의 시대의 '경영자 자본주의'와 대조적으로 주주의 소유권 행사를 강조하는 '주주 자본주의' 개념의 출현은 이러한 계급투쟁의 역사적 형태를 이론적으로 반영한 것이다. 즉, '주주 자본주의'와 이른바 '단기주의'적 경영은 신자유주의 시대의 '위로부터의 계급투쟁'을 표현한 것이고, 그런 맥락에서 자본의 일방적 우위의 계급 역관계를 표현하고 반영한 것이다.

요컨대 케인스주의 시대의 '경영자 자본주의'가 그 당시의 계급 역관계에 의해 자본에게 강제되었던 사회적 규제 ─ 주로 임금과 고용을 중심으로 ─ 를 표현한 것이었다면, 신자유주의 시대의 '주주 자본주의'는 역전된 계급 역관계에서 자본의 일방적 우위의 역관계에 따라 자본의 이윤추구에 대한 사회적 규제가 폐기된 것을 표현한다. 달리 말하면, 앞서 분석했듯이 '경영자 자본주의'는 자본에게 생산적 재투자 전략이 강제된 사회적 관계의 표현이었고, '주주 자본주의'는 자본에게 그러한 사회적 제약 없이 마음껏 이윤추구를 할 수 있는 자유를 부여하는 사회적 관계를 표현한다. 그러한 전환이 급격하게 이루어지는 만큼 이윤추구의 자유는 '단기수익성주의'로 표현되었다. 당장 적대적 인수·합병의 위협 속에서 '구조조정'을 통한 단기수익성의 향상이 강제되는 상황이었기 때문이다.[195] 그리고 자본의 유

---

195) 따라서 '주주 자본주의'에 대해 '투자가 자본주의(investor capitalism)' 또는 '수탁자 자본주의(fiduciary capitalism)'로도 규정하면서 제기된 '주주 자본주의'에 대한 논쟁은 문제의 핵심에서 비껴난 것이다. 즉, 공적 연기금과 같은 기관투자가가 기업경영전략에 개입하느냐 여부가 논쟁이 되고 "기업재원의 배분에 관한 주요 결정이 기관투자가들이 아니라 여전히 경영자들에 의해

연화·세계화 공세가 일회적 사태나 공세가 아니라 신자유주의 시대 자본의 기본 전략으로 관철되었던 만큼, '단기수익성주의' 또는 '주주가치 극대화'는 상시적 '구조조정'의 경영적 표현이고 반영이라 할 수 있다.

따라서 신자유주의 시대의 특징으로 '주주 자본주의' 또는 '기업지배구조'에 주목해서 '금융 주도' 또는 '금융 헤게모니'를 제기하는 조절이론은 제도물신주의에서 벗어나지 못하고 있는 것으로 평가할 수 있다.[196] 왜냐하면 그러한 제도나 메커니즘의 변화를 가져온 계급 역관계와 계급투쟁이라는 실체를 보지 못하고 현상형태, 즉 사회적 형태의 변화에 사로잡혀 '형태적 추상'을 통해 이론화를 하기 때문이다.

또한 '자본의 세계화', 즉 지구적 자본형태와 관련해 자본 간 경쟁이 중층적으로 이루어진다는 점이 주목된다. 즉, 자본의 세계적 독과점화는 일국적 독과점을 지양하지 않고 보존한 채 이루어지고 있다. 그래서 자본 간 경쟁이 일국적 차원과 세계적 차원에서 동시에 중층적으로 이루어지고 있다. 예컨대 자동차산업의 경우 세계적 독과점화가 진행된다고 해서 일국적 독과점체계가 무너지는 것이 아니다. 일국적 독과점체계가 유지되면서 국제적 M&A나 전략적 제휴관계에 의해 세계적 독과점체계로 발전하고 있다. 그래서 일국적 독과점체계가 '빅 3'라는 세 거대독점자본에 의해 구성되듯이, 세계적 독과점체계가 세계적 '빅 3'로 재편되는 것이 아니다.

따라서 자본 간 경쟁은 매우 입체적·복합적으로 이루어진다. 즉, 한편으로 일국 내 경쟁과 국제적 M&A 및 전략적 제휴가 이루어지는가 하면, 다른 한편으로 일국 내 제휴와 국제적 경쟁(국민국가 간 경쟁)이 이루어지는 등 자본 간 경쟁이 서로 얽히고 중첩되면서 복합적으로 이루어지고 있다(황현기, 1991). 이는 국민국가

---

이루어지고 있다는 점에서 21세기 미국 자본주의가 경영자 자본주의에서 (기관)투자가 자본주의로 이행하고 있다고 보기는 어려울 것"이지만, "주주가치극대화 규준이 경영자에게 부과되는 체제가 될 것"(전창환, 2002)이라는 논의는 맥락을 전혀 잘못 짚은 것이다. 제도나 외관상의 형태에 매몰되어 '경영자 자본주의'나 '주주 자본주의'가 제기된 역사적 맥락, 특히 계급 역관계의 맥락을 몰각한 논쟁인 것이다. '주주 자본주의', '투자가 자본주의', '연금 사회주의' 등의 이데올로기적 성격을 폭로한 기존의 논의를 잘 정리한 글로는 송원근(2002)을 참조.

196) 뒤메닐과 레비(Dumenil & Levy, 2002)도 신자유주의의 특징에 대해 조절이론과 매우 유사한 분석을 제시하고 있다.

의 규정성과 차이에 따른 세계시장의 분절성이 부과하는 '자본의 세계화'의 제한
성이라 할 수 있다. 내적으로 통일되어 있다고 하더라도 세계시장이 개별 국민시
장의 총합형태로 존재하는 데서 비롯되는 이러한 '자본의 세계화'의 제한성이 자
본 간 경쟁의 중층적 형태로 표현된 것이다.197)

세계적 차원에서의 자본 간 경쟁의 이러한 중층적 형태는 공급 측면에서 과잉
생산과 과잉설비 문제의 하나의 조건을 이루게 된다. 자본주의에서 일반적으로
공황이나 불황기에 생산설비의 폐기와 자본의 집중운동이 자본의 이윤율 회복의
중요한 조건을 구성하는데, 1980년대 이래의 장기침체 속에서 자본의 국제적 집
중운동은 세계적 차원에서 생산설비의 폐기를 매우 제한시키는 독특한 형태로 이
루어지고 있다.198) 따라서 수요 측면에서 세계적 수요성장률이 둔화될 때 세계적
차원의 과잉생산·과잉설비의 공급 측 원인으로 작용한다.

둘째, 자본의 유연화·세계화 공세와 그에 의한 자본의 일방적 우위의 계급 역
관계는 세계적 차원에서 노동자계급의 노동조건의 악화를 가져왔고, 이는 세계적
차원에서의 수요성장의 둔화를 결과했으며, 따라서 세계 GDP 성장률의 저하를
가져왔다. 이러한 경향은 자본의 노동자계급에 대한 직접적 공격으로서의 유연
화·세계화 공세뿐만 아니라 그러한 공세의 '정치적 형태'인 복지국가 해체공세에
의해 노동자계급의 사회적 임금이 삭감됨에 따라 더욱 촉진된다. 요컨대 일국적
및 세계적 차원에서의 수요성장률의 만성적 둔화와 그에 따른 낮은 경제성장률은
총체적으로 자본의 일방적 우위인 계급 역관계에 의해 규정받고 있다.

세계시장의 80% 이상 - 구매력 측면에서 - 을 차지하고 있는 선진국에서 유럽
의 만성적인 대량실업, 미국의 불안정고용의 증가와 실질임금의 저하, 일본의 불
안전고용 증가 등으로 수요의 성장이 구조적으로 둔화되고 있고, 이것이 세계경

---

197) 세계시장의 분절화 또는 파편화 형태로 인한 '자본의 세계화'의 제한성의 성격이 양적인 것으로
'세계화'의 진전에 따라 지양될 것인지, 아니면 질적인 것으로 '세계화'의 진전에 의해서도 지양
되지 않는 '세계화'의 한계인 것인지는 더 본격적인 검토가 필요하다. 다만 세계시장의 파편화
형태가 국민국가의 규정성, 즉 국민적 계급 역관계뿐만 아니라 국민적 전통과 문화에서 유래한
것으로 볼 때, 단기 또는 중기적으로 지양되지는 않을 것이라는 점은 분명하다.

198) 예컨대 1997년 IMF 사태 이후 한국 자동차산업의 과잉투자·과잉설비는 폐기됨이 없이 국제적
인수·합병 형태 - 르노삼성차, GM대우차 - 나, 국내 인수·합병 형태 - 현대·기아 - 로 유지
되고 있다.

제의 저성장을 가져오고 있다. 제3세계 나라들에서의 노동자계급의 양극화와 그에 따른 다수 노동자계급의 고용··임금 등에서의 하락은 더욱 극심하다. 특히 1970년대에 신국제분업에 의해 급속한 공업화를 경험한 신흥공업국들은 1980년대 이후 외채위기를 계기로 한 신자유주의 구조조정에 의해 노동자계급의 지위와 상태가 급격하게 악화되고 있다.[199]

세계적 차원에서의 이러한 수요 성장의 둔화는 여러 차원의 자본 간 경쟁을 격화시키는 한편, 각 나라에 수출지향적 자본축적을 강제하고 있다. 제3세계 신흥공업국들이 대체로 수출지향형 축적형태로 구조화되어 있는 점을 별도로 치면, 선진국에서도 수출지향적 자본축적이 강제되고 있다는 점이 신자유주의적 자본축적 형태의 특징이다. OECD 나라들도 모두 '수출 주도 성장' 모델을 채택하고 있다(Chesnais, 1998: 45). 이는 선진국 가운데 수출의 비중(GDP 대비)이 가장 낮았던 미국조차도 수출지향적 자본축적이 강제된 데서 극적으로 확인된다.[200] 미국의 경우 1986년에서 1997년 사이에 "제조업 부가가치에서 제조업 수출이 차지하는 비율이 21%에서 42%로"(Brenner, 2002: 102) 배가되었다.[201]

이처럼 각국이 계급 역관계의 역전에 따라 노동자계급의 소비능력의 성장이 둔화됨에 따라 둔화된 국내 소비의 증가를 수출시장을 통해 벌충하려 하게 되고, 이는 세계적 차원의 경쟁을 더욱 격화시킨다. 따라서 자본의 세계화는 직접적으로

199) 유일한 예외는 중국이다. 지구적 자본의 제3세계에 대한 직접투자의 상당 부분을 흡수하면서 10%대의 고성장을 유지하고 있는 중국은 저임금에 기초한 '세계의 공장'으로 공업화·자본주의화가 급속하게 이루어지고 있다.

200)

**생산 정체와 수출 급증(연평균 변화율)(단위: %)**

|  | 1960~1973 | 1973~1979 | 1979~1990 | 1990~2000 |
|---|---|---|---|---|
| OECD 실질 수출(재화) | 9.1 | 5.7 | 4.9 | 6.7 |
| OECD 실질 GDP | 4.9 | 2.8 | 2.6 | 2.4 |
| 산출 대비 수출 비율 | 1.85 | 2.0 | 1.9 | 2.8 |

자료: OECD, Economic Outlook, no.64, p.A4-A43, 〈표 1〉~〈표 39〉(Brenner, 2002: 84에서 재인용).

201) 선진국 내에서는 수출지향적 자본축적 모델에 가장 가까운 일본의 경우, 1985년 플라자 합의 이후 수출에서 내수로 초점을 전환한 거품성장으로 인해 전 세계 수출에서 일본의 수출이 차지하는 비율이 1986년 10.3%에서 1990년 8.5%로 하락했고, 1986~1990년 동안 제조업 부가가치 대비 제조업 수출비율이 45%를 기록했다(Brenner, 2002: 147~148).

는 '지구적 자본' 간 경쟁을 통해, 간접적으로는 수출지향적 자본축적을 강제함을 통해 '경쟁의 세계화', 즉 세계적 차원의 경쟁을 강화시킨다. 이에 따른 경쟁 강도의 변화는 케인주의 시대의 '제한적이고 상호 협력적인 경쟁'에서 신자유주의 시대의 '무제한적이고 강제적인 경쟁'으로 전환된 것으로 평가된다(Crotty et al., 1997). 이러한 세계적 차원의 경쟁이 자본의 유연화·세계화 공세를 더욱 강제하는 메커니즘으로 작용한다는 점은 앞서 살펴본 바와 같다. 즉, 외관상으로 보면, '자본의 세계화'와 '경쟁의 세계화'는 상호 작용해 서로를 강화시키는 것으로 나타난다. 심지어는 '경쟁의 세계화'가 '자본의 세계화'를 강화시키는 것으로 전도되어 나타난다. 그러나 내용적으로 보면, 계급 역관계와 계급투쟁의 표현인 자본의 유연화·세계화 공세가 세계적 경쟁 메커니즘을 통해 강제되고 있는 것이다. 경쟁 형태는 '세계화'의 원인이 아니라 계급 역관계와 계급투쟁의 '경제적' 현상형태 또는 '경제적' 매개형태로서의 메커니즘인 것이다.

한편 자본의 유연화·세계화 공세와 자본의 일방적 우위의 계급 역관계가 수출지향적 자본축적을 강제하기 때문에 자본의 세계화는 동시에 보호무역주의의 강화를 가져온다. 세계화의 진전과 보호무역주의의 강화라는 모순적 현상이 동시에 일어나는 것이다. 즉, 생산의 세계화의 급속한 진전에도 불구하고 세계시장에서의 수출경쟁은 제로섬(zero-sum) 게임이기 때문에 국민국가 간 경쟁은 한층 강화된다. 제국주의 나라들 간의 무역분쟁, 선진국과 제3세계 간의 무역분쟁 등 모든 개별 국민국가 간의 무역분쟁이 격화된다. 생산의 세계화·권역화의 진전에도 불구하고 자본 간 경쟁의 치환된 형태인 국민국가 간 경쟁이 강화되는 것이다. 이러한 보호무역주의 형태로 표현된 국민국가 간 경쟁은 양자(兩者) 또는 다자(多者) 형태의 자유무역협정(FTA)이라는 '정치적 조절'을 통해서 조절되거나, 세계무역기구(WTO) 차원의 정치적 협상에 의해 규제되고 있다. 이러한 국제적인 정치적 조절이나 협상은 제국주의 나라들의 이해관계가 관철되는 형태로 이루어지거나 제국주의 나라들 간의 이해관계의 대립이 표출되는 형태로 이루어진다. 이는 신자유주의적 국가형태에서 논의할 것이다.

국가 간 경쟁으로서의 보호무역주의의 강화는 환율경쟁에서 가장 극적으로 표현된다. 수출지향적 자본축적이 강제됨에 따른 수출경쟁의 격화는 환율을 국제경쟁력의 주요 지표로 만든다. 1971년 브레턴우즈 체제가 붕괴되고 변동환율제로 이행한 이후 환율 변동은 더 이상 자연스런 경제적 조절현상으로 나타나지 않는다. 기본적으로 경상수지나 국제수지의 변동에 따라 이루어지는 '경제적 조절'로서의 환율변동을 넘어서서, 한편으로 자본의 금융적 축적 전략에 따른 환투기에 의해 '경제적' 환율변동은 크게 증폭되기도 한다. 또한 다른 한편으로 환율에 대한 '정치적 조절'이 강요되기도 한다.

1980년대 이후 외채위기를 겪은 제3세계 신흥공업국들의 대부분이 지구적 자본과 제국주의 세력들의 요구에 의해 자국통화의 대폭적인 평가절하를 강제당한다. '신자유주의 구조조정'의 한 요소로 강제되는 제3세계 통화의 평가절하는 명확히 정치적 성격의 것이다. 즉, 제3세계 통화가치의 평가절하를 통해 실질임금, 즉 노동자계급의 노동력 가치를 떨어뜨림으로써 내핍과 빈곤을 강제하는 것이다.[202] 이것은 신자유주의 시대의 제국주의의 새로운 경제적 형태라 할 수 있다. 환율변동이라는 '경제적' 외관으로 나타나지만 제3세계의 계급 역관계를 변화시키는 '정치적' 내용을 관철시키고 있는 것이다. 이에 대해서도 신자유주의적 국가형태에서 자세히 논의할 것이다.

제3세계의 환율변동과 달리 제국주의 나라들 간의 환율변동에서도 수출지향적 자본축적이 제국주의 나라들에게 강제됨에 따라 '정치적' 조절이 자주 이루어진다. 1985년의 플라자 합의와 1995년의 역플라자 합의가 대표적이다. 제국주의 나라들 간에 환율의 인위적인 '정치적 조절'이 요구되는 것은 세계경제의 통합성이 자본의 세계화에 의해 더욱 높아지고, 이에 따라 상호 의존성이 심화되기 때문이다. 신자유주의 시대 수출지향적 자본축적이 강제되어 국민경제에서 수출이 차지하는 비중이 높아짐에 따라 국민경제 간의 상호 의존성의 심화는 무역을 통한 상호 의존관계의 심화로 표현된다. 그래서 경상수지 및 국제수지로 집계되는 국민

---

202) "IMF는 항상 각국의 통화가 '과도하게 평가절상'되어 있다고 주장한다. 그리하여 일반적으로 구조조정 차관이 제공되기에 앞서 전제조건으로서 통화의 평가절하를 요구한다. '큰 폭의 평가절하'가 발생하면 급격한 물가폭등이 뒤따르며, 이어서 실질소득이 상당히 하락하고, 그와 동시에 경화로 계산된 노동비용도 감소한다. 아울러 통화의 평가절하는 달러로 환산한 정부지출의 규모를 낮추는 효과를 발생시키므로 결국 국가의 세수를 외채상환으로 돌리기가 훨씬 더 용이해진다. 사실 통화의 평가절하는 IMF와 세계은행이 갖고 있는 '비밀 의제'의 핵심이다"(Chossu-dovsky, 1997: 60). "평가절하는……단순히 수출 흐름을 촉진하기 위해서만 사용되는 것이 아니고, IMF가 명목임금의 상승이 정치적으로 불가피한 인플레 상태의 경제에서 실질임금을 감소시키기 위해 의도적으로 사용한 방법이기도 했다"(Payer, 1985: 162).

계정에서의 불균형은 세계경제 시스템의 위기를 초래하기 때문에 국민계정의 심각한 불균형을 '정치적'으로 조절할 필요가 제기되는 것이다.

　그런데 환율의 '정치적 조절'이 의미하는 바는 통화가치의 변동을 통해 실질임금, 즉 노동력 가치를 변동시킴으로써 국가 간 교역의 불균형을 시정하는 것이다. 세계경제의 주요 3국인 미국·일본·독일 간의 환율을 정치적으로 조절한 1985년의 플라자 합의는 미국 달러화 대비 일본 엔화와 독일 마르크화를 대폭 평가절상한 조치였다. 이에 따라 플라자 합의 이후 미국·일본·독일 간의 국제경쟁력이 변화하게 되는데, 이는 주로 노동비용의 변화에서 비롯된 것이었다.

　　1985~1990년에, 그리고 1990~1995년에 엔화와 마르크화의 환율은 달러에 대해 각각 연평균 10.5%와 12.7%, 그리고 각각 연평균 9.1%와 2.5%의 비율로 평가절상되었다. 따라서 1985년에서 1995년 사이에 미국의 달러화 표시 명목임금은 연평균 4.65%의 비율로 상승한 반면, 일본과 독일의 달러화 표시 명목임금은 각각 연평균 15.1%와 13.7%의 비율로 급등했다. 같은 기간에 자국 화폐로 표시된 제조업 단위노동비용은 미국의 경우 연평균 0.8%, 일본의 경우 0.7%, 독일의 경우 3.0%의 비율로 상승했다. 그러나 달러화로 표시할 경우, 제조업 단위노동비용은 미국의 경우 연평균 0.8%, 일본의 경우 연평균 11.7%, 독일의 경우 연평균 11.3% 상승했다. 1995년 달러화로 표시한 제조업 생산직 노동자의 시간당 임금은 미국의 경우 17.19달러, 일본의 경우 23.82달러, 독일의 경우 31.58달러였다(Brenner, 2002: 101~102).[203]

　이러한 플라자 합의를 통한 환율의 정치적 조절이 신자유주의 시대 수출지향적 자본축적 형태에 얼마나 커다란 영향을 미쳤는지에 대해, 브레너는 현상적 기술

---

[203] 브레너는 또한 미국·일본·독일 간의 국제경쟁력에서 생산성 증가율의 차이는 거의 역할을 하지 못했고, 임금상승률의 차이와 환율의 차이가 주된 규정요인이었음도 밝힌다. "1986년에서 1993년 사이에 미국 제조업 생산성 증가율은 연평균 2.5%였다. ……이것은 캐나다와 독일을 제외한 G7 국가 중 어느 나라보다도 더 낮거나, 어떤 경우에는 크게 더 낮은 수치였다. 한편 같은 기간 미국 제조업 부문의 시간당 실질임금의 연평균 상승률은 일본의 2.9%와 독일의 2.85%에 크게 못 미치는 0.15%로 G7 경제 전체에서 가장 낮은 수준을 기록했다. 독일과 일본의 제조업 실질임금은 1985년에서 1995년 사이에 35% 정도 상승한 반면, 미국의 경우 상승폭이 1%도 안 되었던 것이다"(Brenner, 2002: 100).

이지만 잘 요약하고 있다.

플라자 합의와 그 후의 결과는 미국 제조업 회복의 전환점이자 세계경제 전체의 주된 분수령이었음이 입증되었다. 그로 인해 달러화는 10여 년 동안 엔화와 마르크화에 대해 다소 지속적으로 또 대폭 평가절하 상태를 유지했다. 또 이는 10년 동안 실질임금 증가율을 제로 수준으로 유지시켰다. 그리하여 미국 제조업은 경쟁력을 회복하고 수출은 비약적으로 증가했으며, 독일 산업과 일본 산업은 장기적인 위기에 빠졌고, 동아시아 전체는 수출 기반 제조업의 폭발적 성장을 구가했다. 특히 동아시아 경제는 대부분 통화를 달러화와 연동시켰기 때문에 1985년에서 1995년 사이에 달러가치가 떨어지는 동안 자국 제조업 수출기업들이 일본 경쟁자들과 비교해서 주요한 경쟁우위를 갖게 되었다(Brenner, 2002: 99~100).

요컨대 환율의 정치적 조절은 각국의 실질임금에 영향을 미침으로써 국제경쟁력을 조절하며, 그에 따라 수출지향적 자본축적 수준을 좌우함으로써 각 국민경제의 성장률을 규정한다. 따라서 각국의 경제성장률은 제로섬 게임과 같으므로 대립적으로 나타난다. 이는 신자유주의 시대에 미국 대 일본·독일(또는 독일이 중심적 역할을 하는 유럽연합) 간의 대립으로 나타났다. 그리고 이 과정에서 환율의 정치적 조절은 실질임금의 상대적 평가를 매개해서 각국의 계급 역관계의 상대적 차이를 정치적으로 조절하는 것과 같은 효과를 가져온 것으로 평가할 수 있다.

그러나 환율의 정치적 조절은 그 경제적 효과인 각국의 경제성장에 미치는 영향 때문에 장기간 지속될 수는 없다. 플라자 합의 이후 미국 제조업의 부흥과 경제성장의 회복은 일본·유럽연합의 수출 감소와 경제성장의 정체를 대가로 한 것이었다. 이것이 세계경제의 불균형, 특히 일본 경제의 위기로 전화하게 되자 다시 정반대의 정치적 조절을 필요로 하게 되었다. 그것이 1995년의 역플라자 합의이다.[204] 이것은 일본의 엔화 및 독일 마르크화의 평가절하와 미국 달러화의 평가

---

204) 물론 역플라자 합의의 배경은 단순하지 않다. 일본 제조업의 위기 그 자체가 문제가 되었다기보다는 엔화 고평가로 인한 일본 제조업의 위기가 세계금융시장의 위기로 발전할 가능성이 문제였다. 1995년 연초에 멕시코 싸빠띠스따의 무장봉기로 인한 멕시코 페소화 위기가 세계금융시장의 불안정을 증폭시키고 있었다. 여기에 일본 경제의 위기가 일본이 보유한 미 재무부채권의 대

절상을 세 나라 정부가 합의한 것이었다. 역플라자 합의의 경제적 효과는 플라자 합의와 정반대로 나타났다. "달러 가치 상승은 이윤을 압박하고 미국 제조업……을 짓누르기 시작했다. 일본과 독일의 제조업 부문……은 경기회복을 시작했다(그러나 그것은 단명했다). 동아시아는 플라자 합의에 의해 고무된 기록적인 호황에서 미끄러져 역플라자 합의에 의한 통화 평가절상으로 인해 수출부진, 투기거품, 경기침체를 맞게 되었다"(Brenner, 2002: 174~175).

이와 같은 환율의 정치적 조절 과정에서 드러나는 것은 수출지향적 자본축적이 세계적 차원의 계급 역관계가 세계적 수요 성장의 둔화를 규정함으로써 부여하는 자본축적의 한계를 결코 극복할 수 없다는 점이다. 세계적 수요 성장의 둔화가 세계경제에 부과하는 디플레이션적 경향은 환율의 정치적 조절을 통해 일시적으로 다른 나라에게 전가될 수 있을 뿐이다. 디플레이션적 압박이 특정 나라에 집중될 경우 그것은 경제위기, 특히 금융위기로 발전할 가능성 때문에 장기간 지속될 수 없다. 결국 환율의 정치적 조절은 세계적 차원의 디플레이션적 압박을 각 나라가 분담하는 상대적 몫을 일시적으로 조절할 수 있을 뿐이다.

수출지향적 자본축적이 그 자체 신자유주의 시대의 계급 역관계에 의해 강제된 것이고, 지구적 자본주의 차원에서의 '제로섬 게임'적 성격으로 인해 그 한계가 너무나 명백하게 드러나면서, 일본과 미국에서 전형적으로 나타나는 것은 정부의 신용팽창정책에 의해 밑받침된 금융시장에서의 '금융적 축적'과 부동산 투기와 같은 투기적 축적이다. 한마디로 '거품성장'이다. 이는 자본의 일방적 우위의 계급 역관계가 부과하는 생산적 축적의 한계와 자본의 '금융적 축적' 전략이 맞물려 나타난 현상으로 볼 수 있다. 1985년 플라자 합의 이후 일본 경제의 거품성장과 1990년 거품의 붕괴, 1995년 역플라자 합의 이후 미국 경제의 거품성장과 2000년 거품 붕괴 등은 이러한 경향성의 유사한 표현이다(Brenner, 2002).

이상의 첫째, 둘째 특징을 요약하면 다음과 같다. 신자유주의 시대 자본의 유연화·세계화 공세와 그에 따른 자본의 일방적 우위의 계급 역관계가 '지구적 자본주의'를 구성하고 세계적 범위의 자본축적 형태에 부과하는 두 가지 특징, 즉 한편으

---

량투매 사태로 발전할 경우 세계금융시장의 위기가 심각하게 우려되는 상황이었다(Brenner, 2002: 169~175).

로 '지구적 자본'의 출현과 세계적 범위에서의 중층적 경쟁형태 − 이는 공급 측면의 특징으로 볼 수 있다 − 와, 다른 한편으로 세계적 수요 성장의 둔화 및 세계 GDP 성장둔화와 그에 따른 수출지향적 자본축적 형태 − 이는 수요 측면의 특징으로 볼 수 있다 − 는 신자유주의 시대의 세계적 범위의 장기침체와 과잉설비·과잉생산을 해명해준다. 장기침체와 과잉설비·과잉생산이라는 신자유주의적 자본축적 형태의 특징은 자본의 일방적 우위의 계급 역관계가 '지구적 자본' 간 경쟁과 또한 그것의 치환된 형태인 국민국가 간 경쟁을 매개해서 표현된 것이라 할 수 있다.

셋째, 자본의 유연화·세계화 공세와 복지국가 해체공세는 자본 논리의 일방적 관철이 아니라 계급투쟁을 통한 관철이기 때문에 노동자계급의 저항에 직면한다. 노동자계급의 이러한 저항은 파편화된 형태일지라도 자본의 공세에 일정한 한계를 부과한다.

복지국가에 대한 전면적인 재편, 즉 해체는 조직화된 노동자계급의 저항으로 인해 이루어질 수 없었다. 그뿐만 아니라 선별적인 복지국가 해체공세, 특히 하층 노동자계급에 대한 사회복지 지출의 대폭적인 삭감 역시 불황이나 경제위기 시 생존의 위협으로 내몰린 선진국의 하층 노동자계급과 제3세계 노동자·민중의 저항을 불러일으켜 도시폭동이나 사회혼란을 초래하고, 이는 선진국 차원에서뿐만 아니라 세계적 차원에서 체제유지를 위한 신용팽창 정책을 강제했다. 그래서 신자유주의의 통화주의 정책은 노동자계급의 저항으로 인해 '반쪽짜리' 통화주의로 후퇴한다. 즉, 장기침체 속에서 경제불황의 심각화는 사회·정치적 혼란으로 직결되므로 심각한 불황은 신용팽창으로 부양될 수밖에 없게 된다.

미국의 경우 1979~1982년의 통화긴축 정책과 불황이 경제시스템 전반의 붕괴를 야기할 수 있는 '대공황'으로 진전될 가능성 때문에 레이건 정부는 '통화주의'라는 구호에도 불구하고 신용팽창 정책으로 후퇴한다. 이는 특히 1982년 멕시코 외채위기로 촉발된 세계금융위기에 의해 대공황의 우려가 현실화됨에 따라 취해진 조치였다. 1987년 미국 주식시장의 붕괴와 대규모의 긴급 신용팽창 정책, 1989년 저축대부조합(Savings & Loans)의 부도와 이에 따른 금융붕괴를 저지하기 위한 정부의 대대적인 '구제금융' 조치,[205] 1990~1991년의 심각한 불황 시의 저금리 정책

---

205) 1989년 1월부터 1995년 6월까지 747개의 저축대부조합이 정리되었다. 이 과정에서 저축대부조

을 중심으로 한 신용팽창 정책 등도 마찬가지 맥락에서 실시되었다.

일정한 수준 이상으로의 불황의 진전은 자본주의체제 붕괴의 위험을 초래하기 때문에 엄격한 통화긴축 정책은 포기되고 신용팽창을 통해 한계기업들은 연명되었다. 통화주의 정책의 이러한 한계는 '대공황'과 그에 따른 사회·정치적 혼란이, 따라서 '사회주의'의 망령이 항상 작용하고 있음을 확인해준다.[206] '개방적' 마르크스주의의 지적처럼, '자본 내 노동의 존재'는 그 '불복종 권력'을 항상 드러내는 것이다. 이에 따라 신자유주의 시대의 '통화주의'는 '통화주의 기조하의 케인스주의'로 후퇴한다(Bonefeld, 1995d). 그 결과 1980년대 이후 신용팽창에 의한 경기유지는 기업부채와 가계부채의 급증을 초래했다.

통화주의 정책의 이러한 한계는 신자유주의 시대의 자본의 주요한 두 가지 전략, 즉 한편으로 노동자계급에 대한 반격과 공격으로서 진행된 자본의 유연화·세계화 공세 및 복지국가 해체공세와, 다른 한편으로 자본의 '금융적 축적' 전략 간의 연관을 밝혀준다. 즉, 노동자계급의 저항으로 인해 자본의 유연화·세계화 공세와 복지국가 해체공세는 일방적·전면적 관철이 아니라 일정한 한계 내에서만 관철되는 것이고, 노동자계급의 노동규율을 확립하려는 자본의 공세의 이러한 한계가 자본으로 하여금 '금융적 축적' 전략으로 나아가게 강제하는 것이다. 이는 자본의 '금융적 축적' 전략이 '개방적' 마르크스주의가 말하는 자본의 '도주전략'으로서 채택된 것임을 의미한다.

그것은 노동자계급이 신자유주의로 이행하는 1970~1980년대에 계급투쟁에서 패배한 것은 분명한 사실이지만, 그럼에도 불구하고 그 이전 시기에 축적되고 조직된 노동자계급의 힘을 완전히 해체하지는 못한 상태를 반영한 것이다. '자본의 노동에 대한 의존' 내지는 '자본 내 노동의 존재'를 드러내주는 '노동의 불복종 권력'을 확인해주는 것이 자본의 '도주전략'으로서의 '금융적 축적' 전략인 것이다.

다른 한편으로, 자본의 '금융적 축적' 전략은 신자유주의 시대 자본의 일방적 우

---

합 정리에 직접 소요된 비용은 재정부담 1,321억 달러(당시 GDP의 4%)를 비롯해 약 1,601억 달러 규모였고, 이자비용 및 기회비용 등을 포함할 경우 소요된 비용은 총 4,899억 달러(정부 부담 4,263억 달러)에 이르는 것으로 집계되었다(홍영기, 2001: 201).

206) "1990년대 중반의 시점에서 보면, 10년 또는 15년 전에 대부분의 사람들이 10%의 실업률이 주요한 반란, 어쩌면 혁명까지 촉발시킬 것이라고 믿었다는 것이 이상해 보인다"(Esping-Anderson, 1996: 427).

위의 계급 역관계가 상대적인 것임을, 즉 케인스주의 시대의 계급 역관계에 대비되는 상대적 우위의 것임을 확인해준다. 이에 대해서는 복지국가 해체의 제한적 성격, 노동자계급의 끊임없는 저항 – 특히 유럽 대륙에서 나타나는 노동자계급의 완강한 저항 – 과 1980년대 초반 이래 신용팽창 정책으로의 복귀에 의해 입증되었다. 요컨대 자본은 통화주의 정책에 의한 통화긴축을 통해 노동자계급을 '수익성 있는 노동력'으로 재구성하는 데 실패한 것이다(Bonefeld, 1995d: 80~81).

우선 복지국가 해체공세가 가장 강력하게 이루어졌던 영국과 미국에서도 이데올로기 공세에 비하면 실제 복지국가 해체공세는 제한적이었다. 1980년대 영국 대처 정부와 미국 레이건 정부의 통화주의 정책과 복지국가에 대한 공격은 하층 노동자계급의 복지혜택에 초점을 맞춘 것이었고, 조직화된 노동자계급의 사회보장지출 삭감에 대해서는 매우 제한적이었다.[207]

영국의 경우 복지지출 삭감은 하층 노동자계급에 대한 이전지출에 집중되어 이루어졌다.[208] 1979년 선거에서 보수당은 복지국가에 대한 공격을 하층 노동자계급에 대한 이전지출 문제에 한정함으로써 노동자계급의 상층과 하층을 분열시키고 임금에 대한 자율교섭, 감세와 주택 사유화 등을 내세워 상층 노동자계급을 견인해서 승리할 수 있었다. 그러나 대처 집권 후 연금과 의료보험 등 일반적 사회복지 지출의 대대적 삭감계획은 노동자계급 전체의 저항에 부딪쳐 저지되었다(김영순, 2001).

1980년대 '복지국가'를 '영국병'이라 해서 복지국가의 해체를 공세적으로 추진했던 대처 정부는 부분적으로만 성공한 것이다. 대처 정부는 완전고용 정책의 폐기를 통해 대량실업을 창출했고 다른 한편 복지지출의 삭감을 추진했다. 이에 따

---

207) 신자유주의 시대 자본의 복지국가 해체공세가 선진국 일반에서 제한적으로만 관철되었음에 대한 자세한 사례연구로는 에스핑-앤더슨(Esping-Anderson, 1996)을 참조.

208) 물론 영국 노동당 정부는 1974년 집권하면서 영국 노동조합과 이른바 '사회협약'을 통해 인플레 억제를 위해 노조에 임금억제를 요구하는 대신 각종 복지혜택을 확대할 것을 약속했다. 즉, 연금 인상, 장애자급여의 증대, 가족수당의 아동급여로의 대체와 급여액 인상 등 복지확대를 보장하겠다는 것이었다. 그러나 노조가 정부의 소득정책에 협조했던 반면, 정부는 복지확대 약속을 실행하지 않았다. 1974~1979년간 복지지출의 실질성장률은 겨우 0.3%에 불과한 것으로 이 시기의 실업 증대와 인플레 앙진으로 인한 실질임금의 하락을 감안하면 턱없이 낮은 것이었다. 이처럼 영국에서는 이미 1974년 공황 때부터 복지국가의 확대에 대해 제동이 걸리기 시작했다(김영순, 2001: 182~183).

라 실업률은 1979년 4.5%(130만 명)에서 1981년 9.1%(250만 명), 1986년 11.8%(300여 만 명)로 치솟았다. 실업은 하층 노동자계급에 집중되었다.[209] 대처 정부는 또한 1988년 연금과 의료보험(NHS) 등 일반적 복지혜택을 중심으로 한 사회보장 제도의 전면적 개혁을 추진했으나 노동자계급의 광범위한 반발에 부딪혀 크게 후퇴했다. 대신 대처 정부는 실업급여, 보충급여(Supplementary Benefit), 주택복지(공공임대주택) 등 선별적 혜택의 복지지출을 대폭 삭감시켰다. 실업급여와 빈민층에 지급되는 보충급여는 여러 수단을 통해 삭감되었고, 주택에서는 대대적 사유화가 추진되었다. 이러한 선택적 혜택의 복지지출 삭감 공세에 대해 조직화된 상층 노동자계급은 저항하지 않았고 조직화되지 못한 하층 노동자계급은 정치적으로 무력했기 때문이다. 결국 영국에서 복지국가 해체공세는 분할지배 전략에 의해서만 부분적으로 관철될 수 있었다.[210]

그 결과 영국에서 복지국가 해체공세의 피해는 하층 노동자계급에게 집중되었다. 완전고용 정책의 포기에 따른 대량실업도 이 계층에 집중되었고, 이 계층은 최저임금에 대한 탈규제, 실업급여·보충급여의 삭감·공영주택의 사유화와 집세 인상 등으로 이중의 희생을 당하게 되었다. 이는 분배 불평등의 심화로 표현되었다. 상위 1/5가구의 소득이 전체 소득에서 차지하는 비율은 1979년 35%에서 1991년 43%로 증대했다. 반면 하위 1/5가구의 소득이 전체 소득에서 차지하는 비율은 같은 기간 10%에서 6%로 하락했고, 하위 2/5에 해당하는 가구의 그것 역시 같은 기간 14%에서 12%로 하락했다. 그리고 빈곤인구가 급증했다. 통상 빈곤선으로 규정되는 보충급여 수급자의 수는 1979년 총인구의 7.6%에서 1987년에는 13.5%로 두 배 가까이 증가했다. 여기에 보충급여의 수급선 주변의 빈곤인구 비율(보충급여 수급선의 140%에 해당하는 소득자들까지)을 더하면 빈곤인구는 무려 총 인구의 28.4%로까지 증대되었다(김영순, 2001: 273~274).[211]

---

209) 1983~1984년의 경우 비육체노동자들의 실업률이 8%였음에 비해 육체노동자들의 실업률은 22%나 되었고, 하층 노동자계급(반숙련·미숙련 노동자)의 실업률은 무려 32%에 육박했다. 또한 실업의 증가속도도 하층 노동자계급이 가장 급속했다. 결국 실업 증대의 일차적 희생자는 노동시장에서 가장 취약한 지위에 있었던 하층 노동자계급이었다(김영순, 2001: 249).

210) 이와 대비되는 사례는 스웨덴이다. 스웨덴의 경우 자본의 복지국가 해체공세는 노동자계급의 단결에 의해 1980년대에 효과적으로 저지되었고 그대로 유지되었다(김영순, 2001: 277~310). 요컨대 신자유주의 시대 복지국가 해체 여부는 각국의 계급투쟁의 결과였다.

영국의 이러한 빈곤인구는 1980년대 중반부터 도시폭동 등 사회문제를 야기했고, 치안 유지를 위한 경찰력 확충 등 국가지출의 증대를 가져왔다(김수행, 1995). 그뿐만 아니라 대량실업에 따른 실업급여·보충급여 자체의 증대가 복지지출의 증대를 가져왔다. 그 결과 대처 정부의 복지지출 삭감 공세에도 불구하고 복지지출은 크게 감소되지 않았다. 1978년 총공공지출의 55.7%(GDP의 23.7%)를 차지했던 복지지출은 대처 집권 초기 약간 감소했으나, 이후 다시 증가해 집권 후반기인 1988년에는 총공공지출의 55.6%(GDP의 23.2%)를 차지하게 되었다(김영순, 2001: 269).

미국의 경우에도 사회복지의 삭감은 조직화된 노동자계급을 제외한 하층 노동자계급의 지방정부를 통한 사회복지 지출의 삭감이라는 형태로 주로 이루어졌다. 그래서 '보장된 노동자계급'의 사회복지 – 실업보험, 의료보험 등 – 에 대한 직접적 공격은 이루어지지 않았다(Castells, 1989). 1980년대 레이건 정부는 공공부조가 복지의존적인 인구를 양산한다는 이유로 노동유인과 복지를 연결시키는 이른바 WTA(welfare to work) 정책을 실시했다. 빈곤에 대해 교육훈련을 통한 노동능력 향상이나 조기취업 알선 등 노동시장 정책을 통한 해결을 추구한 것이다(이상호, 2001: 114).

이에 따라 하층 노동자계급에 대한 복지혜택 축소는 여러 가지 형태로 이루어졌다. 우선 실업급여 수혜의 자격조건을 강화했는데, 이 최저임금조건(자격이 주어지는 해의 4분기 중 2분기 동안 근무하고, 그해 동안 130~5,400달러의 소득을 벌어야 한다)은 실업 개연성이 가장 높은 저임금 노동자에게 훨씬 불리한 조건이었고, 이에 따라 실업급여 수혜자의 상대적 비율은 1975년 실업자의 81%에서 1987년 26%,

---

211) 이것은 바로 한 나라 '두 국민 헤게모니 전략'이 관철되었음을 의미한다. "대처 정부 시기 동안 영국 국민은 높은 시장소득과 보편적 복지혜택을 누리는 '편안한 영국인'과 실업 및 낮은 임금에 시달리면서 미미한 선별적 복지를 치욕과 함께 수급하는 '비참한 영국인'으로 분리되었다. 즉, 대처는 보편적 프로그램의 해체를 통해 '생산적인 인구'의 시장의존을 최대한 고무하는 데는 실패했지만, 선별적 프로그램에 대한 삭감과 통제 강화를 통해 '비생산적 인구'의 국가의존을 줄이고 '치욕의 공포'에 입각한 노동유인을 강화하는 데는 성공했던 것이다"(김영순, 2001: 275). 대처의 복지국가에 대한 공격은 철저한 선별주의 원칙에 입각해서 '도움을 받을 만한 가치가 있는 빈민'과 '도움을 받을 가치가 없는 빈민'을 구분해 전자에게만 수급권을 주도록 해서 복지수급자에게 엄청난 치욕을 의도적으로 안겨주었다. 이처럼 치욕이 수반되는 국가복지를 수급하는 사람들은 그 치욕에서 벗어나기 위해 자구책을 강구할 것이므로 노동유인을 강화한다는 것이다.

1995년 36%로 하락했다(이상호, 2001: 105~106). 또 실업급여 수준도 1975년 52%에서 1990년 29% 수준으로 하락했다. 4인 가족 기준 AFDC(부양능력이 없는 가정의 아동을 보호하기 위한 요부양가족부조) 중간급여 수준이 1972년 761달러에서 1990년 435달러로 감축되었다. 이에 따라 어린이 빈곤율이 1979년 약 15%에서 1990년 21%로 급상승했으며, 같은 기간 GDP 대비 이전지출(노인 제외) 비율도 하락했다(이상호, 2001: 108).

그 결과 하층 노동자계급을 구성하는 주요 층인 여성과 소수 인종 노동자들에게 빈곤이 집중적으로 나타났다. 1995년 통계에 의하면, 흑인과 히스패닉계(남미계)는 빈곤 확률이 백인보다 2.5배 높으며, 편모가정은 전체 인구의 1/5이지만 빈곤인구의 1/2을 차지하고 있다(이상호, 2001: 111). 노동유인을 해친다는 이유로 미국 공공부조의 중심축을 이루고 있던 요부양가족부조(AFDC)조차 1996년에는 폐지되었다.

다른 한편 연금제도의 사유화를 통한 사회보장제도의 사유화가 적극 추진되어 사회보장에 대한 개인책임을 대폭 강화시켰다. 말하자면 사회보장제도의 '시장화', '개인화'가 추진되었다. 사회복지의 축소 및 사유화와 함께 자본의 유연화·세계화 공세에 의한 저임금·불안전 고용의 대량 창출은 미국에서 '노동빈민'-(working poor)의 대량 창출로 귀결되었다. 그 결과 미국에서는 1990년대 상대적 고성장과 저실업률을 구가했지만 그것은 허울뿐인 수치에 불과했고, 미국 노동자계급의 생활수준은 크게 악화되었다.

그러나 자본의 유연화·세계화 공세와 복지국가 해체공세에 따른 노동자계급의 양극화와 궁핍화는 노동자계급의 생활 유지와 '사회안전망' 차원에서 신용에 의해 보조되어야 했다. 한편으로 자본의 유연화·세계화 공세는 조직화된 노동자계급에게도 실질임금의 저하와 실업 증가를 가져왔고, 노동자계급의 생활수준을 유지하기 위해서 소비자신용이 발달되어야 했다. 다른 한편 하층 노동자계급의 생활 악화와 그에 따른 사회폭동화는 최소한의 '사회안전망' 유지를 강제했다. 예컨대 1992년 52명이 희생된 미국의 로스앤젤레스 흑인폭동에 대해 클린턴 정부는 '빈곤에 대한 전쟁'을 선포했고, 영국에서 1990년 대처 수상을 실각시킨 '인두세' 부과를 포기하면서 보수당 메이저 수상은 '계급 없는 사회'를 창출하겠다고 약속하지 않을 수 없었다(Bonefeld, 1995d: 98).

이는 선진국에서 복지국가의 완전한 해체의 불가능함 또는 복지국가 해체의 일정한 하한선을 부과하는 것이고, 제3세계의 경우 사회복지체계가 거의 부재하기 때문에 최소한의 '사회안전망'을 새로 수립할 필요성을 부과한 것이었다. 동시에 소비자신용의 팽창을 가져왔다. 따라서 자본의 통화주의 공세 — 유연화·세계화 공세 및 복지국가 해체공세 — 는 노동자계급 가계의 부채경제화를 초래했다.

실제로 1980년대 이후 가계부채는 눈덩이처럼 증대되었다. 미국의 경우 1960년대 중반부터 1970년대 중반까지 가처분소득의 80% 수준에 머물러 있던 가계부채는 1970년대 말경부터 90% 수준으로 상승하다가 1980년대 중·후반에 110% 수준으로 급상승하며, 1990년대 중반부터 더욱 급상승해 2002년에는 130%를 넘어설 정도로 증가한다(Shaikh et al., 2003: 4).[212] 가계부채의 이러한 급격한 증가는 기업 부문 부채증가와 더불어 미국의 민간부문 부채를 1980년대 이후 급격히 상승시켰다. 미국의 민간부문 부채는 2000년 GDP의 225%에 이르렀다.[213] 가계부채의 이러한 비정상적인 증가는 미국만이 아니라 일본, 독일, 영국 등 선진국에서 모두 나타나고 있다(Monthly Review Editors, 2002b: 8).

가치증식과정, 즉 자본의 확대재생산의 관점에서 보면 가계의 부채경제화는 가치 및 잉여가치의 생산과 실현과정에서 자본의 근본모순인 필요노동과 잉여노동의 모순적 관계가 표출되는 특정한 역사적 형태를 보여준다. 필요노동과 잉여노동의 모순적 관계는 생산과정에서 필요노동을 줄이고 잉여노동을 늘이는 자본의 공세가 곧바로 가치 및 잉여가치의 실현과정에서 문제를 야기하는 것으로 나타난다. 그리고 생산된 잉여가치의 실현과정에서의 문제는 군비지출과 여피족의 과잉소비로는 해결되지 못하기 때문에 가계의 부채경제화를 필연화한다.

그러나 이 과정은 기계적·자동적 과정이 아니다. 1990년대 이후 일본의 장기침체 사례에서 잘 드러나듯이, 가계의 부채경제화는 노동자계급이 생활수준을 유지·향상하려는 의지 또는 더 이상 내려갈 수 없는 일정한 생활수준에 대한 의지, 다시 말하면 노동자계급의 저항의지를 통해 현실화한다. 일본 노동자계급의 낮은

---

212) 1990년대 중반 이후의 가계부채의 급증은 거품주가에 따른 주식투기 열풍에 의해 촉진된 측면도 있다.

213) 민간부문 부채는 금융부문 GDP의 90%, 비금융 기업부문 45%, 가계부문 70% 등으로 구성되어 GDP의 225%에 이른다(Monthly Review Editors, 2002b: 8; Godley, 2003; IMF, 2002).

저항의지는 정부에서 소비진작을 위해 재정적자를 통해 통화를 아무리 공급해도 소비증가로 이어지지 못했다.

계급관계의 측면에서 보면, 가계의 부채경제화는 신자유주의 시대 자본이 노동규율을 부과하는 역사적 형태이다. 직·간접 임금을 통한 계급관계의 재생산이 노동자계급의 힘의 증대와 투쟁에 의해 위기에 처하자 자본은 직·간접 임금의 삭감을 통해 이윤율을 회복하는 한편 부채를 통해서 계급관계를 유지하고 재생산하는 것이다. '빈곤의 덫' 또는 '부채의 덫'(Bonefeld, 1995d)을 통해서만 노동자계급의 노동규율을 유지할 수 있게 된 것이다. 예컨대 가전제품, 자동차, 주택 등에 대한 할부금융 형태의 소비자신용의 발달은 노동자계급이 해고될 경우 의식주 생활의 박탈을 의미하기 때문에 노동규율을 강제할 수 있다.

이는 신자유주의 시대 자본의 일방적 우위의 계급 역관계의 모순적 형태이다. 한편으로 계급관계가 부채를 통해서 재생산된다는 것은 임금노예적 성격에 채무노예적 성격이 부가되고 있음을 의미하고, 다른 한편으로 자본의 일방적 우위의 역관계에도 불구하고 노동자계급의 저항의 힘을 드러내준다. 노동자계급의 강력한 저항 때문에 채무노예적 성격을 추가하지 않고서는 임금노예적 관계를 유지하기 어렵게 되었음을 의미한다. 이는 자본주의적 지배/예속관계로서의 자본/임노동관계의 위기를 표현한 것이고, 신자유주의 시대 노동자계급이 계급투쟁에서 패배했음에도 불구하고 노동자계급의 의식과 조직형태로 남아 있는 '불복종 권력'을 드러낸다. 따라서 가계의 부채경제화는 자본의 강력함 - 유연화·세계화 공세를 관철시킨 역관계의 일방적 우위 - 을 표현할 뿐 아니라 자본의 취약함 - 노동의 '불복종적 권력' - 도 동시에 보여준다.

생산력과 생산관계의 측면에서 보면, 가계의 부채경제화는 신자유주의 시대 자본주의적 생산관계의 불합리성과 모순을 말해준다. 생산력의 발전은 노동자계급의 생활수준을 일정하게 향상시킬 수 있는 잠재력을 의미한다. 그런데 자본주의적 확대재생산이 가계의 부채경제화를 통해서 이루어진다는 것은 생산력이 아니라 생산관계에 문제가 있음을 보여준다. 물질적 생산력 수준에서는 노동자계급의 생활수준을 일정하게 유지·향상시킬 수 있으나, 자본주의적 임노동관계를 유지하기 위해서 부채관계가 필요한 것이다. 더구나 신자유주의 시대에 노동자계급의 생활수준의 악화와 더불어 부채경제화가 진행되었다는 것은 자본주의적 생산관계의 모순 — 생산력의 발전이 생활수준의 후퇴로 나타난다는 점에서 — 을 표현한다.

동시에 부채경제화는 자본주의적 생산관계의 불합리성을 표현한다. 부채경제화가 다른 한편 생산력의 발전을 억제하기 때문이다. 노동자계급 가계의 부채경제화는 그 자체로 노동자계급의 필요욕구의 발전을 억제함으로써 수요의 성장을 제약한다. 그리고 수요 성장의 둔화로 인한 신자유주의 시대 세계 실질 GDP의 저성장은 바로 자본주의적 생산관계를 유지하기 위해 생산력 발전을 정체시키는 것을 의미한다. 신자유주의적 자본관계는 더 이상 생산력 발전을 촉진하는 것이 아니라 저해하는 방향으로 작용하고 있는 것이다.

요컨대 신자유주의 시대 자본의 유연화·세계화 공세 및 복지국가 해체공세는 노동자계급의 저항 때문에 일정한 한계를 갖게 된다. 노동자계급의 저항은 한편으로 통화주의 정책의 후퇴로서의 케인스주의적 신용팽창 정책의 재도입을 강제해 기업과 가계의 부채경제화를 초래하고, 다른 한편으로 노동규율을 재확립해서 노동자계급을 '수익성 있는 노동력'으로 재편하는 데 한계에 봉착함에 따라 자본에게 '투자파업'으로서의 '금융적 축적' 전략을 강제하는 것으로 나타난다.

넷째, 선진국에서의 1970년대의 계급투쟁의 격화와 자본축적 위기의 역사적 형태는 자본의 '투자파업'을 '위로부터의 계급투쟁'의 주요 전략적 대응으로 역사적으로 제기했다. 즉, 완전고용에 가까운 수준에 도달한 생산력 및 자본축적의 역사적 형태에서의 노동자계급 투쟁의 고양은 자본에게 처음으로 확대재생산으로서의 생산적 축적이 아닌 금융적 축적 형태의 자본축적을 강제했다. 계급투쟁의 역사에서 자본가계급이 의식적인 불황전략, 즉 디플레이션 전략을 채택한 것은 1970년대의 자본축적의 구조적 위기에서 처음이다.

자본주의에서 주기적인 경기순환은 산업예비군을 자동적으로 조절한다. 일반적으로 주기적인 불황을 통해 한편으로 비효율적 자본의 퇴출 및 자본집중과 다른 한편으로 노동절약적인 기술혁신을 통해 노동생산성을 발전시킴으로써 산업예비군을 자본축적에 적절하게 창출·유지한다. 그런데 전후 장기호황기의 고도축적과 노동자계급의 조직화에 의한 계급 역관계의 구성은 1970년대 계급투쟁의 격화와 자본축적의 위기 속에서 통상적인 자본의 대응을 뛰어넘는 새로운 대응형태로서 '투자파업'을 출현케 한 것이다. 즉, 자본의 '투자파업' 전략은 역사적으로 케인스주의적 자본축적 형태 및 그것의 실체인 케인스주의적 계급 역관계를 전제하고 있고, 케인스주의적 자본축적의 위기에 대한 대응으로서 등장한 것이다.

이것은 또한 1970년대 이후 계급투쟁 과정에서 자본의 반격과 공세로서의 유연화·세계화 공세와 복지국가 해체공세가 노동자계급의 저항으로 인해 일방적·전면적 관철이 아니라 일정한 한계 내에서만 관철되었고, 노동자계급의 노동규율을 확립하려는 자본의 공세가 성공하지 못했기 때문에 1980년대 이후에는 명확하게 자본의 하나의 전략적 대응으로서의 '투자파업' 전략이 강제되었다.

그것은 노동자계급이 신자유주의로 이행하는 1970~1980년대의 계급투쟁에서 패배한 것은 분명한 사실이지만, 그럼에도 불구하고 그 이전 시기에 축적되고 조직된 노동자계급의 힘이 자본의 공격에 의해 충분히 해체되지 않은 상태를 반영한 것이다. 또한 '투자파업' 전략은 '개방적' 마르크스주의가 말하는 '자본의 노동에 대한 의존' 내지는 '자본 내 노동의 존재'를 드러내주는 '노동의 불복종 권력'을 회피하기 위한 자본의 '도주전략'임을 확인해준다(Bonefeld, 1995c).

자본의 '투자파업' 전략은 일시적인 투자보류가 아니라 축적전략 자체를 생산적 축적이 아닌 금융적 축적으로 전환한 것을 말한다. 이는 금융 세계화의 출발점으로 알려진 '유로달러시장'의 초기 형성이 미국계 초국적기업의 이윤을 토대로 한 것이었다는 점(Chesnais, 1996b; 1998)이나 몇 가지 사례연구에서 확인되는 '산업그룹의 금융그룹화'(Serfati, 1996), 또는 '비금융 기업의 금융화'(Crotty, 2002) 등을 통해 드러난다. 산업자본 자체가 금융투자와 금융활동에 능동적으로 참여하는 금융자본적 성격과 특성을 가지게 된다. 이에 대한 사례연구가 부족하므로 다른 선진국들에 비해 뒤늦게 자본의 세계화와 금융화에 참여한 프랑스에 대한 사례연구를 보자.

1982년과 1989년 사이에 프랑스 기업들의 자금 운용에서 생산투자의 비중은 76%에서 47%로 급감한 반면 매입 금융자산의 비중은 2.9%에서 35%로 급증했으며, 후자의 증가분에서 유가증권(주식, 채권)과 투자(통화시장 증권, 투자신탁회사)가 각각 차지한 비중은 거의 비슷하다(Serfati, 1996: 181).

프랑스계 대그룹들에게 '글로벌라이제이션'이 의미하는 바는 자산을 다양한 산업적 또는 금융적 형태로 관리할 수 있는 가능성이다(Serfati, 1996: 185).

그들에게 가장 큰 매력은 외환시장에 개입해 신속하게 고수익을 올리는 것이다. 다른 다국적 대그룹과 마찬가지로 많은 프랑스계 그룹들이 '시장' 부서를 설치했으며, 이 부서들 중에는 은행의 시장 부서에 조금도 뒤지지 않는 것들도 있다. ……가장 큰 프랑스계 그룹들은 매일 파리 외환시장에 개입하고 있으며, 그 규모는 1993년에 5억 프랑을 상회했다(Serfati, 1996: 186).

1990년과 1994년 사이에 프랑스 산업의 '구조를 결정하는' 대그룹들의 투자안이 놀랄 만큼 위축된 것(생산적 투자의 40% 감소)은 분명히 비관적인 수요 전망 때문인데, 이러한 투자위축은 오늘날 자본을 부동적 형태보다는 유동적 형태로 유지하려는 그룹들의 의지 때문에 더욱 조장되고 있다(Serfati, 1996: 202).

대부분의 다른 공업국들과 마찬가지로 프랑스에서의 주식 매입은 1980년대 후반 동안에만 여덟 배나 증가할 정도로 막대한 규모였다. 그런데 그 대부분은 대그룹들에 의한 매입이었다(Serfati, 1996: 206).

프랑스 사례연구를 통해 세르파티는 "(산업)그룹이 획득하는 소득 중에서 그룹 스스로 수행한 생산활동과 관련해 창조된 가치에서 나오는 소득과, 주식이나 채권의 보유를 매개로 그룹과 무관한 생산에서 창조된 가치의 일부를 포획함으로써 얻는 소득 사이의 경계가 낮아졌다"(Serfati, 1996: 172)고 평가한다.

미국에서의 '비금융 기업', 즉 산업자본의 금융화에 대한 분석을 시도한 크로티는 1980년대와 1990년대에 한편으로는 낮은 이윤과 외부자금의 높은 비용에 대해, 다른 한편으로는 금융자산의 높은 수익에 대해 산업자본이 두 가지 혁신적 대응전략을 구사했다고 분석한다. 첫째, 금융자산에 대한 투자 비중의 증대, 둘째, 금융자회사를 설립하거나 기존 금융자회사를 확장시키는 것이다(Crotty, 2002: 235).

크로티는 적절한 통계자료의 부재로 '금융화'의 정도를 정확하게 측정하는 데 한계가 있다는 것을 전제로, 두 가지 비금융 기업의 금융화 지표를 제시한다. 하나는 비금융 기업의 생산설비·소프트웨어·재고 등과 같은 유형(有形)자산의 가치에 대한 금융자산의 비율이 1984년까지는 40%까지 완만하게 증가하다가 그 이후는 급속히 증가해서 2001년에는 100%에 달한다는 것이다. 또 하나의 지표는 비금융 기업의 현금 흐름(이자, 배당분 및 실현된 자본이득)에 대한 포트폴리오로부터의 총수익의 비율을 시계열로 추산해보면, 1960년대 중반의 14% 수준에서 1978년의 24%에 도달할 때까지 증가하다가, 그 이후 급격히 증가해 1980년대 후반에는 47%로 정점에 이르며, 1990년대 초반에 하락한 후 1999년까지 다시 증가한 것으로 나타난다(Crotty, 2002: 236~240).

따라서 금융화의 정도를 정확하게 추산하는 것은 자료의 부족으로 한계가 있지만, 신자유주의 시대 비금융 기업의 금융자산이 중요한 의미를 부여할 정도로 증가했다는 것은 분명하다. 또한 미국의 경우 GE, GM, 포드와 같은 대기업의 금융 자회사에 대한 자료는 풍부하나, S&P 500 기업이나 포춘 500 기업과 같은 총괄자료가 존재하지 않지만, 대부분의 비금융 대기업이 주요한 금융자회사들을 거느리고 있다는 것은 공지의 사실이다. 이처럼 "산업그룹들이 순전히 금융적으로 운용하는 금액이 막대하기 때문에, 이제는 국제통화기금(IMF)과 국제결제은행(BIS)조차 이들을 (특히 외환위기를 초래할 수도 있는) 최대의 금융운용자들 무리에 포함시키고 있다"(Chesnais, 1998: 50).

필자는 산업자본의 '투자파업'이 '금융적 축적'으로 실현된 것을 신자유주의 시대 자본의 '금융적 축적' 전략으로 개념화하고자 한다. 이것은 셰네(Chesnais, 1997)의 제안대로 지대적 특성을 지닌 '금융이득'을 추구하는 축적전략이라는 점에서 이윤을 추구하는 생산적 축적전략과 구별된다.[214] 이러한 개념화는 자본의 '금융적 축적' 전략을 자본의 계급투쟁적 전략의 하나로 보는 것이고, 자본의 유연화·

---

[214] 금융지대를 추구하는 '금융적 축적' 전략으로 파악하는 것은 산업자본의 금융활동의 양적 비중을 근거로 '금융화(financialization)'로 파악하는 것과는 달리 질적인 규정이다. '금융화'에 대한 양적 규정은 다음의 인용문을 참조. "한 나라 또는 한 기업의 금융화 정도는 간단하게 금융자산과 실물자산의 합계에 대한 금융자산의 비율로 측정될 수 있다. 좀 더 엄밀히 말한다면, 산업 기업이 엄격한 의미의 금융활동에 더 많은 가용자원을 할당하고, 그럼으로써 주 활동인 산업활동이 위축되는 경우 금융화를 말할 수 있다"(Salama, 1996: 245). '금융화'란 용어를 일반적으로 사용하고 있으므로, 이 책에서는 유연화가 자본의 유연화 전략이듯이, '금융화'를 자본의 금융화 전략, 즉 자본의 '금융적 축적' 전략이라는 의미로 사용하고자 한다. 또한 '금융적 축적'과 '투기적 축적'을 구별해서 사용하고자 한다. '금융적 축적'은 항상 '투기적 축적'의 성격을 지니지만, 모든 '투기적 축적'이 '금융적 축적'인 것은 아니다. 부동산이나 원자재에 대한 투기, 첨단산업에 대한 투기 등의 '투기적 축적'은 '금융적 축적'이 아니다.

세계화 공세인 1980년대 이래의 항상적인 '구조조정'과 함께 신자유주의 시대 자본의 주요한 계급투쟁 전략으로 평가하는 관점이다.

자본의 '금융적 축적' 전략과 자본의 유연화·세계화 공세는 계급관계에서 나온 자본의 전략으로 개념적으로는 명확하게 구별된다. 그러나 자본의 유연화·세계화 공세가 한편으로 자본 간 경쟁을 매개해서 주식시장에서 기업 간 인수·합병 운동으로 나타난다는 점에서 자본의 '금융적 축적' 전략이 주식에 포트폴리오 투자를 할 경우와 중첩되는 측면도 있다. 이처럼 그 현상형태에서 부분적으로 중첩되는 측면이 있지만 내용적으로 두 전략은 명확히 구별된다. 자본의 유연화·세계화 공세가 복지국가 해체공세와 함께 노동자계급에 대한 자본의 반격과 공세를 의미한다면, 자본의 '금융적 축적' 전략은 그러한 자본의 공세의 한계를 반영한 것으로 노동자계급의 저항을 회피하려는 자본의 '도주전략'을 의미한다.[215]

이러한 '금융적 축적' 전략 개념은 '역사적 자본주의'의 아리기의 '금융적 축적' 개념과는 전혀 다르다. 아리기의 '금융적 축적' 개념은 '실물적 축적'과 형태적으로 구분되는 형태적 추상화에 입각한 개념이다.

> 내가 이미 상세히 증명했듯이, 이런 구조조정의 일차적 측면은 세계적 규모에서 자본주의적 축적과정이 실물에서 금융으로 국면을 전환한 것이다. 이런 변화는 자본주의적 축적에서 일탈이 아니고 정상적 발전이다. 600년 전 최초의 발단 이래 오늘에 이르기까지 자본주의 세계경제는 항상 두 개의 국면의 교체를 통해 확대되어왔다. 무역과 생산을 통해 화폐자본이 자기증식하는 실물적 축적 국면과 대부와 투기를 통해 화폐자본이 자기증식하는 금융적 축적 국면이 그것이다. 이런 패턴이 16세기 제노바, 18세기 네덜란드, 19세기 영국에서 재발했음을 지적하면서 페르낭 브로델(Fernand Braudel)이 언급했던 것처럼 '이런 종류의 자본주의적 발전은 모두 금융적 축적의 단계에 도달함으로써, 말하자면 자신이 성숙했음을 선언했던 것 같다. 즉, 그것은 가을의 징후였다.' 브로델이 이렇게 쓰고 있을 때, 1950년대와 1960년대

---

215) '개방적' 마르크스주의는 '금융적 축적' 전략으로 명시적으로 표현하지는 않지만 비슷한 의미를 표현하고 있다. "화폐적 축적은 실제로는 '비고용' 자본, 즉 공장을 떠나 미래의 노동 착취에 내기를 거는 것에서 화폐를 벌어들이는 자본의 축적이었다. 달리 말해 축적의 투기적 차원과 노동의 불복종 권력은 같은 호두열매의 두 부분이다"(Bonefeld, 1995c: 309).

이른바 '자본주의의 황금기'에 출현한 세계적 무역과 생산의 거대한 확대는 1970년 대와 1980년대의 금융적 축적으로 전환함으로써 자신의 성숙을 선언하기 시작했다. ……달리 말하자면, 무역과 생산에서 철수한 중심부의 화폐자본이 궁극적으로 지향 한 특권적 장소는 (반)주변부가 아니라 중심부 내부의 '은신처'로서 역외금융시장이 었다(Arrighi, 1996: 61~62. 강조는 인용자).

이 인용문에서 명료하게 드러나듯이, 아리기의 '금융적 축적' 개념은 1970년대 이후의 자본주의라는 역사적으로 특정한 시기의 자본의 계급투쟁적 '전략'으로 개 념화된 것이 아니다. 16세기, 18세기 등 자본주의적 생산양식이 확립되기 이전부 터 상품경제로서의 세계시장에서 주기적으로 반복되는 실물적 축적과 투기적 축 적의 교대(交代)를 이론화한 것이다. 이러한 이론화는 아리기의 '역사적 자본주의' 가 자본주의적 계급관계가 아니라 상품관계로 자본주의의 본질을 파악하고 있는 점을 드러낼 뿐만 아니라, 그리고 그 결과로서 계급관계적 '전략'으로서 '금융적 축 적'을 파악하는 것이 아니라는 점도 확인해준다. 이것은 계급관계를 몰각한 전형 적인 '형태적 추상'의 결과로서의 무개념적인 이론화이다.

한편 자본의 금융적 축적 전략 또는 그것의 표현으로서 '산업자본의 금융그룹 화 또는 금융화'라는 관점은 산업자본과 금융자본을 별개의 실체로 파악해 양자 간의 이해관계의 대립에 주목하고 그러한 대립을 통해서 자본운동이나 정부정책 을 분석하려는 모든 이론화에 대해 근본적으로 문제를 제기한다. 신자유주의 시 대에는 '지구적 자본' 자체가 산업자본과 금융자본의 결합형태인 것이다.

셰네의 경우 '산업자본의 금융그룹화'를 이론화함에도 불구하고, 산업자본과 금융자본을 대립적으로 파악하고 "금융자본의 작용과 선택"(Chesnais, 1997: 147) 에 의해 체제가 작동된다는 점에서 신자유주의적 자본축적 형태를 '금융 지배적인 세계적 축적체제'로 개념화한 것은 일차적으로 '산업자본의 금융그룹화'를 계급투 쟁의 맥락에서 자본의 '투자파업'으로서의 '금융적 축적' 전략으로 파악하지 못한 데서 기인한다.

다른 한편으로는 신자유주의 시대에 주도적 금융자본으로 등장한 '기관투자가' ─ 뮤추얼펀드·연기금·보험사 등으로 전통적인 상업은행과 구별된다 ─ 에 주목하기 때 문에 금융자본과 산업자본을 별개의 실체로서 대립적으로 파악한다. 셰네를 중심으로 한 '금융 세계화' 연구그룹(Chesnais et al., 1996c)은 1980년대 이후 기관투자가들이 전통적인 상업은행을 압도해서 금융시장을 주도한다고 평가하고, 이 기관투자가들이 금융시장을 통해서 자본축적을 지배한다고 보기 때문에 '금융 지배적인 세계적 축적체제'가 성립한다고 본다. 이 문제는 좀 더 자세히 살펴볼 필요가 있다.

우선 1980년대 이후 금융시장의 양적 비중에서 전통적인 상업은행으로부터 기관투자가로 주도성이 넘어간다. 뮤추얼펀드, 연기금 등 기관투자가의 비중이 전통적인 상업은행을 압도하게 되는 것이다. 미국의 경우, 뮤추얼펀드와 연기금의 비중이 1993년 39.3%로, 은행 25.4%를 훨씬 능가하게 된다.[216] 이러한 금융시장에서의 외형적 변화의 의미를 제대로 파악하기 위해서는 자금조달방식의 변화, 즉 간접금융에서 직접금융으로의 변화를 먼저 해명해야 한다.[217] 이른바 금융의 '탈중개화' 또는 '증권화' 현상의 배경을 밝혀야 하는 것이다.[218] 왜냐하면 케인스주의 시대에는 "금융소득이란 범주는 아주 미미한 존재였고, 심지어는 거의 존재

---

216)

미국에서의 금융기관별 시장점유율의 추이(금융회사들 전체의 자산 총액)(단위: %)

|  | 1948 | 1960 | 1970 | 1980 | 1993 |
|---|---|---|---|---|---|
| 은행 | 55.9 | 38.2 | 37.9 | 34.8 | 25.4 |
| 뮤추얼펀드 | 1.3 | 2.9 | 3.5 | 3.6 | 14.9 |
| 연기금 | 3.1 | 9.7 | 13.0 | 17.4 | 24.4 |
| 증권 브로커 | 1.0 | 1.1 | 1.2 | 1.1 | 3.3 |

자료: Kaufman & Mote(1994), p.7(Guttmann, 1996: 96에서 재인용).

217) 예컨대 프랑스의 경우 경제 전체의 자금 조달에서 은행이 차지하는 비중은 중개율로 측정할 때 1985년의 64.6%에서 1993년의 22.6%로 급감했다(Plihon, 1996: 148). 플리옹은 이러한 현상의 원인을 고금리에서 찾는다. 즉, 기업들이 은행 채무를 통해 생산적 투자자금을 조달하는 '채무경제(overdraft economy)'로부터 탈채무화 및 금융투자 정책을 통해 자신의 이윤을 극대화하려고 하는 '자기자금경제(autoeconomy)'로 이행한다는 것이고, 프랑스에서 1990년대 초 이후에 이러한 현상이 발생했다는 것이다(Plihon, 1996: 144~145). 그래서 기업의 자기금융 비율은 1985년 83%에서 1993년 105.7%로 증가했다. 그러나 이러한 설명은 매우 기계적 설명이다. 또한 자기자금 비율에서의 20% 정도의 양적인 변화가 '채무경제'에서 '자기자금경제'로의 질적 변화라고 판단할 수 있는 근거일 수 있는지도 의문이다.

218) 생산과 유리된 '가공자본'으로서의 주식, 채권과 같은 금융자산의 성장은 국내총생산 대비 금융 거래액의 비율을 크게 상승시킨 주요인이다. 1970년에 15대 1이었던 이 비율은 1980년에 30대 1, 그리고 1990년에는 78대 1로 되었다(Guttmann, 1996: 100).

하지 않는 경우도 있었다. 그러나 1980년대를 거치면서 채권 및 주식시장에 투자된 자본의 소득은 다시 급속하게 증가하기 시작"(Chesnais et al., 1996c: 300)했다. 이 점과 관련해서 1995년 UNCTAD 보고서는 "'영광의 30년' 동안 지독한 저금리 때문에 사실상 소멸했던 금융소득이 근년에 급속하게 증대했다. 새로운 지대수입 계급이 출현해 은행들이 더 이상 매입할 수 없게 된 공공채무증권들을 보유하고 있다"고 말하고 있다.

그런데 금융의 '증권화' 및 '탈중개화' 현상에 대해 '금융 세계화' 연구그룹은 엄밀하게 해명하지 못하고 몇 가지 원인을 현상적으로 나열하고 있다. 금융시장에서 채권시장의 중요성을 강조하는 세네는 '증권화'의 배경을 아주 단순하게 제시한다. 선진국 정부가 재정적자를 공공채권의 발행으로 조달한 것은 "정부들이 과도한 정치적 고통을 초래하지 않는 재정적자의 새로운 보존 방법을 찾고 있었기 때문"(Chesnais, 1996b: 23)이라는 것이다. 또 다른 설명은 기업들이 금융혁신으로 금융시장에서 직접 조달하는 것을 선호하게 되고, 이에 따라 기업에 대한 대출이 급속하게 감소하자 상업은행들도 증권투자에 다양한 방식으로 능동적으로 참여함으로써 1980년대에 신용의 증권화 경향이 가속화되었다는 것이다(Guttmann, 1996: 95~96). 그리고 이러한 금융시장의 성장은 "증시에서의 인수·합병 및 적대적 주식매입을 통한 산업재편이 빈번해지면서 더욱 촉진되었다"(Guttmann, 1996: 95). 결국 "기관투자가들, 각국 재무성, 다국적 은행 및 기업들의 금융부서들은 모두 증권시장에서의 차입이나 투자를 선호하는데, 그 이유는 이 시장에서의 거래기법은 훨씬 더 유연하며 중개비용이 없으므로 비용이 훨씬 적게 들기 때문이다"(Plihon, 1996: 131).

요컨대 '증권화'나 '탈중개화'의 원인은 선진국 정부가 정치적 갈등을 회피하면서 재정적자를 조달하려고 한 점과 정보기술혁명과 금융혁신에 의한 거래비용의 감소로 제시된다. 그리고 금리, 신용 및 자본 이동에 대한 모든 형태의 행정적 통제가 폐지된 목표도 '시장금융의 발전', 즉 직접금융시장의 발전에 있었고, 따라서 탈규제가 금융 세계화의 주요 추동력이었다고 평가한다(Plihon, 1996: 131).

이러한 '금융 세계화' 그룹의 설명은 세네의 정치적 갈등 회피론을 제외하면, 거래비용을 근거로 제도를 설명하는 제도학파의 논리를 '금융 세계화' 과정에 그대로 적용한 설명으로 볼 수 있다. 또한 거래비용을 근거로 제시한 것을 제외하고는 대체로 동어반복적인 현상적 설명이다. 예컨대 탈규제가 금융 세계화의 추동력이라는 연관은 제도를 독립변수로 볼 때만 나올 수 있는 설명이다. 현실에서 탈규제와 금융 세계화는 동일한 현상의 다른 표현이 아닌가?

필자는 미국에서 1970년대 후반 이후 급속히 진전된 '증권화'나 '탈중개화' 현상은 계급관계적 맥락에서 볼 때 자본의 복지국가 해체공세와 유연화·세계화 공세 및 '금융적 축적' 전략과 긴밀히 연관된 것이었다고 가설적으로 제시하고자 한다. 직접금융시장이 발전하게 된 주요 계기로 1974년 종업원퇴직소득보장법(ERISA) 의 제정에 따른 기업연금의 주식운용비율 증가,[219] 1975년 뉴욕 주식시장의 수수료 자유화 조치, 그리고 1974년 해외금융자산에 대한 세금 부과를 통해 자본이동을 통제했던 '이자형평세' 폐지 등이 제시되고 있다(전창환, 2001b: 24).

그러나 그러한 계기들이 직접금융시장의 발전의 계기로 될 수 있었던 것은 1979년 미 연방준비제도이사회의 통화주의로의 전환과 채권시장의 급팽창 및 자유화, 그리고 1980년대 자본의 유연화·세계화 공세와 '금융적 축적' 전략에 의한 주식시장의 활성화 때문이었다. 1979년 고금리와 초긴축통화정책은 노동자계급의 투쟁에 따른 복지국가의 재정위기와 인플레이션에 대한 자본가계급의 전면적인 반격이었다.[220] 즉, 한편으로 반인플레이션을 명분으로 한 고금리는 불황유발효과를 통해 자본의 유연화·세계화 공세를 지원하고, 다른 한편으로 재정위기에 대해서는 1975년 뉴욕 시 재정위기에 대한 '시장적 조절'을 통한 복지국가 해체와 같은 방식으로 복지국가 해체공세를 가함으로써 노동자계급에게 반격을 가했던 것이다.

우선 직접금융시장의 발달과 금융시장의 탈규제와 관련해서 중요한 것은 국공채 시장의 급격한 팽창이었다. 뉴욕 시 재정위기에 대한 대응방식과 "유사한 과정들이 1980년대로의 전환기에 미국의 여러 중심대도시들……에서 이루어졌다" (Castells, 1989: 317). 뉴욕 시에 대한 앞서의 분석에서 확인되었듯이, 복지국가 해

---

219) 이 법은 노동자의 연금수급권을 보호하기 위해 연금의 관리를 기업의 통제로부터 독립시킬 것을 규정한 것이었으나, 독립된 연금관리 수탁자들이 고수익 달성을 위해 연금자산운용에 대한 각종 규제를 철폐할 것으로 요구함에 따라 주식에 대한 포트폴리오 투자가 증가하게 되었다.

220) 1979년 스태그플레이션으로 표출된 자본축적의 위기에 대해 G7 도쿄정상회담에서 반인플레 투쟁에 정책의 절대적 우선권을 두기로 결정했다(Plihon, 1996: 119).

체공세에서의 핵심은 국가 ─ 즉, 미 연방정부 ─ 가 더 이상 '최종대부자'로서의 역할을 거부한 데 있었다. 미 연방정부는 지방정부의 채권에 대한 보증을 거부함으로써 기존에 지방정부 채권을 인수했던 상업은행들이 채권 인수를 거부하게 되었고, 이를 통해 '재정위기 관리'를 명분으로 지방정부의 복지정책을 대폭 삭감했다. 그것이 '시장적 조절'에 의한 복지국가의 해체방식이었다. 그와 동시에 공공부문 노조의 연기금으로 지방정부 채권을 인수하도록 강제했다. 이러한 재정위기의 '시장적 조절'을 통한 해결방식은 1979년 고금리 정책에 의해 더욱 전면화되면서 국공채를 중심으로 한 채권시장의 팽창과 활성화를 가져왔다. [221]

특히 레이건 공화당 정부가 들어서면서 이른바 '레이거노믹스'에 의해 감세정책과 군비지출 확장이 추진되면서 복지국가 해체공세는 가속화되었다. 감세로 인한 조세수입의 감소에도 불구하고 군비지출의 대폭적인 확장에 따른 정부지출의 증가는 복지지출의 대폭적인 감축을 가져왔다. 이는 정부부문의 선별적인 인원감축에서 단적으로 드러났다. 즉, "1980년에서 1987년 사이 정부 각 부처의 피고용자 수를 이용한다면, 법무부는 노동력을 20%로 증원했고 국무부는 5.4%, 그리고 군대는 5.2% 증원"한 반면에, "보건 및 인적 서비스는 12.4%의 고용 감축을, 교육 노동력은 22.4%의 감축"을 가져왔고, 주 및 지방정부에 대한 총연방보조금은 "1980년 연방지출의 15.5%에서 1987년 10%로 실질적으로 떨어졌다"(Castells, 1989: 319).

따라서 레이건 정부는 복지지출의 대폭적 감축에도 불구하고 감세와 군비지출 확장으로 인해 재정적자를 오히려 증폭시켰으며, 이는 경상수지 적자 확대와 함께 '쌍둥이 적자'를 유발했다. 레이건 정부는 재정적자 확대를 1970년대처럼 신용팽창정책 ─ 즉, 통화량 증발을 통한 인플레이션정책 ─ 이 아니라 금융시장에서 국공채 발행을 통해 조달함으로써 채권시장의 급팽창을 가져왔다. 그리고 고금리의 국공채 발행은 재정적자의 부담을 국민 세금으로 떠넘김으로써 한편으로 복지국가 해체 ─ 특히 하층 노동자계급에 대한 복지지출에 대한 공격 ─ 의 정당성을 확보하고, 다른 한편으로 그 자체가 재정적자 확대의 주요 요인으로 작용한다. 예컨대

---

221) G7 나라들의 평균 장기 실질금리(연평균)는 1960~1969년 0.8%, 1970~1979년 -0.5%, 1980~1989년 6.0%, 1992년 5.9%, 1994년 4.6%로 변동했다(Plihon, 1996: 121).

미국의 경우 공공적자는 1980년 GDP 대비 1.3%에서 1985년에는 3.3%로 급증했다(Plihon, 1996: 129).[222]

이 과정에서 채권시장의 탈규제·자유화가 추진되었다. 즉, 거대한 재정적자를 국공채 발행을 통해 조달하기 위해 해외 투자자들에게 채권시장을 개방하는 자유화 조치가 이루어진 것이다. 공공채무 잔고 총액 가운데 외국인 투자자의 보유 비중은 미국의 경우 1979년 18.5%에서 1992년 20.4%로, 독일의 경우 1979년 5.0%에서 1992년 25.9%로, 프랑스의 경우 1979년 0.0%에서 1992년 31.8%로, 일본의 경우 1979년 2.3%에서 1992년 5.6%로, 영국의 경우 1985년 11.4%에서 1991년 12.5%로 증가했다(Plihon, 1996: 128). 이러한 공공채권의 해외투자자 비중은 주식시장에서의 해외투자자 비중에 비하면 매우 큰 비중이다. IMF의 1995년 통계에 따르면, 주식시장의 경우 해외투자자 비중은 미국 8%, 영국 8%, 프랑스 11%이다 (Chesnais, 1998: 56). 따라서 공공채권시장은 '세계금융시장의 척추' 또는 '초석'을 이룬다고 평가된다.[223]

그 결과 국공채시장은 "1980년대 초 이래 초고속으로 성장해서 오늘날 외환시장을 제외한 다른 모든 금융시장을 크게 추월하고 있다"(Plihon, 1996: 134).[224] 공공적자의 확대가 국공채의 1차 시장(즉, 발행시장)을 팽창시키면, 국공채의 2차 시장(즉, 유통시장)은 1차 시장보다 더욱 괄목할 만하게 성장했으며, 그 거래량은 채권투기로 인해 무려 10배나 증가했다. 예컨대 세계 국공채시장에서 가장 큰 비중 (거의 절반의 비중)을 차지하는 미국에서의 1일 평균 거래액은 1980년 140억 달러에서 1985년 555억 달러, 1993년 1,200억 달러로 폭발적으로 증가했다(Plihon,

---

222) 플리옹의 분석에 따르면, 유럽의 경우 공공부채에 대한 이자 부담이 공공적자의 주 원인이고, 그 비중이 갈수록 커지고 있는 것으로 나타난다. 1970년대에 국내총생산 대비 2.1%였던 G7 나라들의 평균 적자는 1990~1995년 사이에 3.6%로 증가했고, 그 결과 공공채무의 비중 역시 크게 증가되어 1990~1995년 사이에 연평균 국내 총생산의 64.3%에 달하게 되었다(Plihon, 1996: 123~128).

223) 기관투자가들의 금융자산 총액의 37~38%는 공채의 형태로 보유되고 있는데, 그 이유는 공채가 안정적이고 확실하며 또 유동적인 수익을 제공한다는 특징을 갖고 있기 때문이다(Chesnais, 1998: 58).

224) "증권시장의 지배적인 형태는 더 이상 주식시장이 아니다. 공공 또는 민간채권 형태로 보유된 금융자산의 총액은 현재 주요 증시들에서의 주식의 시가 총액의 합계보다 더 크거나 적어도 같다"(Chesnais *et al.*, 1996c: 311).

1996: 134~135). 그리고 이러한 국공채시장의 발달에 힘입어 자본의 회사채 시장도 발전할 수 있었다.

요컨대 직접금융시장으로서 국공채시장의 발전과 탈규제는 복지국가 해체공세의 일환이었고, 이는 정부의 재정 및 통화정책에 대한 '시장적 조절'을 가져왔다.[225] 필자는 이를 '탈정치화 전략'으로 부르고자 한다. 이에 대해서는 신자유주의적 국가형태에서 자세히 논의할 것이다.

다음으로 주식시장의 팽창과 활성화는 자본의 유연화·세계화 공세 및 금융적 축적 전략과 직접적으로 연관되어 있다. '금융 세계화'를 중시하고, 특히 연기금이나 뮤추얼펀드와 같은 기관투자가라는 새로운 형태의 금융자본을 주목하는 셰네는 주식시장의 활성화를 기관투자가들과 연관시킨다. "주식시장이 다시 막대한 자본을 유인해 대규모 투기장으로 변모한 것은 1980년대 중엽에 증시 탈규제 조치들이 시행되고, 특히 연기금, 뮤추얼펀드 및 산업그룹들이 증시에 출현한 이후의 일이다"(Chesnais et al., 1996c: 311). 특히 셰네는 1986년 런던 '시티'에서 빅뱅이 일어난 후 주식시장들도 탈구획되고 탈규제된 시점을 중시한다(Chesnais, 1996b).

그러나 제도의 변화란 일반적으로 사회적 관계의 변화 압력이 일정하게 축적된 것을 바탕으로 이루어진다. 1979년 미연방준비제도이사회의 고금리 정책이 느닷없는 '통화주의 쿠데타'가 아니라 1970년대 계급투쟁 과정에서 자본의 통화주의 공세의 연장선상에서 이루어졌던 것처럼, 1986년 런던 '시티'의 빅뱅과 주식시장의 탈구획화·탈규제 역시 주식시장의 자유화에 대한 압력의 결과로서 이루어진 것이었다. 그것은 바로 세계적 범위에서 진행된 1980년대의 인수·합병 흐름의 연장선상에서, 그리고 그 압력에 의한 것이었다. 1980년대 본격적으로 진행된 자본의 유연화·세계화 공세가 자본 간 경쟁을 매개해서 기업 간 (적대적) 인수·합병으

---

225) "공공채무증권이 전 세계 금융자산의 약 3분의 1을 차지하는 상황에서(그 절반은 미국이 발행한 것이다) 시장들은 정부들이 채권자들을 우선적으로 고려하는 정책을 시행할 것으로 기대한다. ……운용자들은 자신의 목적을 달성하는 데 충분한 규모의 금융자산을 직접 또는 지레 효과를 통해서 동원할 수 있기 때문에 '기초여건들'과는 무관하게 거의 의도적으로 위기를 촉발시킬 수 있는 능력을 가지고 있다. 대규모 투기는 왜 '성공'이 보장되는지 또는 투기는 왜 '자기실현적' 능력을 가지는지를 규명하는 것은 어렵지 않다. 그것은 환율의 변동과 금융 자유화로 말미암아 중앙은행들이 시장의 공격을 통제할 수 있는 수단들을 박탈당했기 때문이다"(Chesnais et al., 1996c: 308).

로 표현되었고, 이 세계적 인수·합병 및 상호 주식보유를 담보로 한 다양한 전략적 제휴 운동은 주식시장의 활성화를 가져왔고, 주식시장에 대한 탈규제를 필요로 했던 것이다. 주식시장의 활성화는 자본의 '투자파업'으로서의 '금융적 축적' 전략에 의해 더욱 촉진되었다. 그리고 이처럼 활성화된 주식시장에 연기금·뮤추얼펀드와 같은 기관투자가들이 적극 참여한 것으로 보아야 할 것이다. 그 역은 아닌 것이다.

이처럼 직접금융시장의 발달과 그에 따른 금융시장의 주요 형태가 간접금융시장 — 상업은행을 중심으로 한 대부시장 — 에서 직접금융시장 — 채권시장·주식시장 등 — 으로 전환된 것은, 즉 금융의 '증권화' 또는 '탈중개화' 현상 — 이를 '시장금융화' 또는 금융의 '시장화'라고도 한다 — 은 신자유주의 시대 자본의 유연화·세계화 공세와 복지국가 해체공세의 직접적 결과라 할 수 있다. 또는 그러한 공세의 '경제적' 표현이라고 할 수 있다.

따라서 금융시장이 외부에서 산업자본에게 '단기수익성주의'를 강제하는 것 — 이른바 '주주 자본주의' — 으로 나타나는 현상이 실제로는 자본의 유연화·세계화 공세 — '신자유주의적 구조조정' — 가 주식시장에서의 기업 간 인수·합병운동으로 표출되는 것의 전도된 표현이듯이, 금융시장 — 직접금융시장 — 에 의한 자본축적의 지배라는 '금융지배 축적체제' 또는 '금융화된 축적체제' 개념은 신자유주의 시대 자본의 유연화·세계화 공세 및 복지국가 해체공세의 전도된 표현이다.

이와 마찬가지로 연기금·뮤추얼펀드와 같은 기관투자가의 독립적 외양, 즉 자립적인 금융자본으로서의 외양도 계급관계적 맥락에서 분석하면 사라진다. 금융시장의 주도성과 '금융 세계화'를 강조하는 대부분의 이론에서는 신자유주의 시대 연기금·뮤추얼펀드·보험사 등의 기관투자가의 등장을 주목하고, 이들이 전통적인 상업은행을 추월해서 금융시장에서 주도적 역할을 하는 것으로 이론화한다. 특히 연기금과 뮤추얼펀드를 기관투자가의 대표적 행위자, 지배적 행위자로 파악하고 신자유주의 시대 자본축적 형태를 이들에 대한 분석을 통해 이론화하는 경향이 있다. '주주 자본주의'라든가 '수탁자 자본주의' 등이 이러한 방식의 이론화의 전형적 표현이다.

그런데 이러한 이론화의 주요 근거는 연기금과 뮤추얼펀드의 거대한 양적 규모와 금융시장에서 차지하는 지배적 비중이다. 금융의 '증권화'에 따른 금융시장의 급속한 팽창과정에서 금융기관별 금융자산의 변동은 연기금과 뮤추얼펀드가 은행보다 훨씬 더 크게 증가했다. 1980~1994년 사이에 은행의 금융자산은 3.5배 증가한 반면, 연기금은 5.3배, 뮤추얼펀드는 15.3배 증가했다. 그래서 1994년에는 금융자산의 규모가 연기금은 은행의 4배, 뮤추얼펀드는 은행의 1.5배로 더 커진다.[226] 특히 1990년대에 뮤추얼펀드와 연기금은 각각 연평균 25.2% 및 13.8%의 증가세를 보여 1999년 말에는 각각 4.6조 달러, 7.9조 달러로 증가해서, 예컨대 미국의 주식 및 회사채 시장(24.2조 달러)의 34.3%(연기금 4.9조 달러+뮤추얼펀드 3.4조 달러)를 차지하게 된다(홍영기, 2001: 211).

연기금과 뮤추얼펀드의 이러한 양적 규모와 비중에 입각해서 '금융 세계화' 연구그룹은 기관투자가들을 새로운 형태의 금융자본으로 파악하는 것이다. 그리고 이들 금융자본과 산업자본을 대립적인 실체로 파악하고 그 갈등관계를 이론화한 것이 '주주 자본주의'나 '수탁자 자본주의' 이론이다.

필자는 연기금과 뮤추얼펀드가 산업자본과 구별되는 별개의 실체를 갖지 않는 것으로 파악하고자 한다. 즉, 연기금·뮤추얼펀드는 산업자본과 형태상으로만 구별되고 내용적으로는 자본의 '금융적 축적' 전략에 의해 통일되어 있는 것으로 파악하고자 한다. 이에 대해서는 더 많은 실증적 연구로 밑받침되어야 하겠지만, 연기금과 뮤추얼펀드의 사회적 구성과 실질적 통제권 문제를 통해 기본적으로 입증이 가능하다.[227]

---

226)
1980~1994년간의 투자자별 금융자산의 변동(단위: 10억 달러)

|  | 1980 | 1990 | 1994(3/4분기까지) |
|---|---|---|---|
| 연기금 | 859 | 3,116 | 4,570 |
| 뮤추얼펀드 | 118 | 967 | 1,800 |
| 보험 | 519 | 1,328 | 1,750 |
| 은행 | 342 | 759 | 1,180 |
| 재단 | 48 | 143 | 200 |

자료: Chesnais(1996c), p.35.

227) 여기에서 주요하게 다루지 않는 보험사의 경우 그 규모가 커진 것은 기본적으로 신자유주의 시대의 복지국가 해체공세의 결과로 볼 수 있다. 사회복지 지출의 삭감은 개인들에게 그것을 대신할 사적 보험의 증대를 강제했기 때문이다. 또한 보험회사의 경우에도 기업연금이나 개인연금 등 투자상품을 취급하게 됨으로써 연금업무에 더 관여하게 됨에 따라 보험업과 연금업 사이의 구분이 거의 사라지고 있다(송원근 2002: 344). 결국 보험사의 급성장은 신자유주의 시대 자본의 복지국가 해체공세에 따른 사회보장제도의 사유화 또는 '시장화'의 산물이라 할 수 있다.

연기금과 뮤추얼펀드는 모두 연금제도의 개혁과 밀접하게 연관되어 있다. 연금제도의 개혁과정에 대한 자세한 검토는 이 책의 범위를 넘어선 것이고, 여기서 문제가 되는 것은 연금제도의 변천과정을 직접금융시장의 발달이라는 사회적 맥락 속에서 파악하는 것이다.[228] 신자유주의 시대 연금제도의 개혁은 퇴직소득의 안정적 보장이라는 사회보장적 차원보다는 자본의 '금융적 축적' 전략과 관련된 금융시장의 발달 속에서 제기되고 확산되었다.

미국의 연금제도는 국가에서 그 지급을 보장하는 공적 연금과 기업에서 보장하는 기업연금, 그리고 개인들이 자발적인 저축계정의 가입에 의해 노후소득을 보장하는 개인연금 등으로 구성되어 있다. 미국의 공적 연금은 세금에 의해 운영되고 일정 수입 이상인 모든 고용주·노동자·자영업자에게 강제되는 것이나 노후연금 전체에서 차지하는 비중이 1999년을 기준으로 보면, 12.6%밖에 안 될 정도로 매우 낮다. 지금의 논의에서 문제가 되는 것은 공적 연금을 제외한 기업연금과 개인연금인데, 이는 각각 노후연금의 58.2%, 29.0%로 노후연금 전체의 87.2%를 차지한다(송원근, 2001: 233~235). 이 기업연금과 개인연금이 연기금[229]과 뮤추얼펀드를 구성하고 있다.

기업연금제도는 1974년의 종업원퇴직소득보장법(ERISA; Employee Retirement Income Security Act)을 계기로 체계적으로 발전한다. 기업연금은 민간기업에 의해 운영되는 연금과 연방·주·지방정부의 공공기관, 대학교원 등을 대상으로 하는 공공연금(public pension)으로 구성되고, 대부분의 공공연금과 일부 기업연금은 확정급부형(defined benefit)을 채택하고 있으며, 나머지 기업연금은 모두 확정기여형(defined contribution)이거나 혼합형을 채택하고 있다.[230] 기업연금 58.2% 가운

---

228) 미국 연금제도의 개혁과정에 대한 자세한 논의는 송원근(2001; 2003)을 참조. 1990년대 본격적으로 제기되고 있는 연금제도 개혁은 인구의 급속한 고령화라는 현실적 조건에 의해 촉발된 것이지만, 그것의 논의의 초점은 공적 연금제도의 신자유주의적 재편이라 할 수 있다. 즉, 공적 연금제도의 사유화 확정급부형 연금플랜에서 확정기여형 연금플랜으로의 전환 등 퇴직소득에 대해 사회적 책임보다는 개인의 책임으로 전가하는 방식으로, 즉 안정적 사회보장제도가 아니라 개인의 금융적 투자로 전환시키는 방식으로 진행되고 있다.

229) 연기금은 연금과 기금을 통칭하는 용어이다. 기금(endowment)펀드는 대학 및 사회단체 등의 기부금을 주요 자산으로 운용하는 펀드이다. 기금펀드도 자산의 절반 이상을 주식에 투자하고 나머지는 채권, 헤지펀드, 부동산 등 다양하게 투자한다. 연기금에서 연금의 비중이 압도적으로 크다(송원근, 2001: 244).

데 확정급부형 26.3%와 확정기여형 31.9%로 확정기여형이 더 큰 비중을 차지하고 있다. 확정기여형 – 대표적인 것이 일반 민간 영리기업 노동자를 대상으로 한 '401(k) 플랜'이다 – 은 기업의 부담을 줄일 수 있으므로 기업과 정부에서 적극 권장하고 있다.231) 특히 1980년대의 기업 인수·합병과 구조조정 이후 기업이 확정급부형 연금플랜을 대규모 폐쇄함에 따라 민간기업의 경우 확정기여형이 확산되고 있다.232) 개인연금(IRA) 역시 1974년 ERISA에 의해 최초로 설립되어 기업연금에 해당되지 못한 자영업자 및 개인들을 대상으로 한 것으로, 다양한 혜택으로 인해 대중적인 저축수단으로 발전하고 있다(송원근, 2001: 234~238).

기업연금의 운용형태를 보면, 1999년 기준으로 약 5조 달러의 기업연금은 주식 48.5%, 회사채 5.6%, 국공채 8.8%, 뮤추얼펀드 17.2%, 기타 19.9%로 운용된다. 개인연금의 운용형태는 1999년 기준으로 총 2.5조 달러의 개인연금은 뮤추얼펀드 49.4%, 나머지 50.6%는 증권사·은행·보험사 등에 개인계정으로 설정되어 있다(송원근, 2001: 239). 따라서 통상 주요 기관투자가로 논의되는 연기금과 뮤추얼펀드는 기업연금과 개인연금으로 구성되어 있다. 기업연금의 경우 뮤추얼펀드로 신탁되는 경우를 제외한 대부분이 독립적인 연금펀드를 구성하고, 뮤추얼펀드는 기업연금의 일부와 개인연금의 절반 정도로 구성된다. 1999년 뮤추얼펀드의 49.4%가 개인연금계정(IRA), 31.4%가 기업연금 401(k) 플랜이 차지하고 있다. 뮤추얼펀드는 그 실체가 연기금과 크게 다르지 않다는 것이다. 차이가 있다면 기업

---

230) 확정급부형은 사전에 결정된 연금지급 공식에 의해 연금이 지급되는 것으로 일반적으로 노동자 기여금은 없다. 이에 반해 확정기여형은 노동자와 기업이 각각 부담해야 할 연금 기여액은 확정되어 있지만 연금 지급액은 각출금의 적립 수준과 자산운용 성과에 따라 변동하는 연금계획이다(송원근, 2003: 203~204).

231) "48% 미만의 노동자가 고용주가 후원하는 연금플랜의 혜택을 받고 있다." "제2차세계대전 이후 30년간, 미국 고용주가 후원하는 복지 시스템은 성장해서 노동인구 2/3의 건강보험과 1/2의 연금을 보장했다." "가장 큰 민간부문 고용주로, 85만 명이 넘는 비조합원 노동자들을 고용하는 월마트(Wal-Mart)는 인력의 40% 미만에게 건강보험을 제공하고, 대신 회사는 주로 자사주에 투자하는 개인 저축계정을 후원한다." "1984년에서 1996년 사이에……기업 고용주들은 확정기여형 연금 기여액을 20% 감소시켰다"(Ghilarducci, 2003).

232) 확정급부형보다 확정기여형이 기업에게 여러 측면에서 유리해 확산되는 원인에 대한 자세한 소개는 송원근(2003: 210~211)을 참조. 1996년 통계자료에 따르면, 확정급부형 연금플랜이 고용주들의 노동자 1인당 기여액이 2,204달러임에 비해 확정기여형 연금플랜의 그것은 1,298달러에 불과했다(송원근, 2003: 215).

연금보다는 개인연금의 비중이 크다는 점뿐이다.

따라서 연기금과 뮤추얼펀드의 사회적 실체를 규명하기 위해서는 기업연금을 누가 어떻게 통제하는가를 밝히는 것이 핵심이다. 연기금과 뮤추얼펀드가 노동자들의 퇴직소득 및 저축으로 구성되기 때문에 이들이 주인인 기금의 확대와 주식시장 지배는 '연금 사회주의'로 나아갈 수 있다는 것이 환상이라는 점은 연기금 및 뮤추얼펀드가 최고수익의 원칙에 따라 움직인다는 점, 즉 단기수익주의의 원리에 따라 움직이는 금융자본의 성격을 갖는다는 것에 의해 쉽게 비판된다(Chesnais, 2002).[233] 그러나 연기금과 뮤추얼펀드로 통칭되는 개별 연금펀드를 누가 통제하는가에 대해서는 명료하게 밝혀지지 않고 있다. 1974년 ERISA의 제정에 따라 스폰서인 기업과 독립적인 수탁자에 의해 운영되는 독립된 실체로서 금융자본의 성격을 갖는다는 수준에서 그친다.

그러나 1974년의 노동자의 안정적 연금을 보장한다는 입법취지는 1979년 '신중투자자 원칙'에 대한 재해석에 의해 크게 변질되었다.

고용주들에게 연금적립금의 수준을 결정하는 데 있어서 회계절차상의 상당한 여지를 부여했으며, 연금자산을 기업자금조달 전략으로서 이용하는 계기를 제공했다. 그뿐만 아니라 동 법에서 규정하고 있는 연방급부보증공사(PBGC)를 통한 도산기업 노동자 급부금의 최소보증은 기업들로 하여금 급부금 지불에서 기업자산을 이용할 수 있는 길을 터줌으로써 연금자산과 기업자산이 독립적으로 운용되어야 한다는 ERISA의 본래 취지를 퇴색시켰다(송원근, 2001: 230~231).[234]

그래서 실제로 연기금이 그 소유자, 즉 급부금의 수혜자 및 이들의 대표자에 의

---

233) "오늘날 증시의 가장 큰 손은 기금 관리자들이다. 이들이 주가 '상승'에 지대한 관심을 갖는 까닭은 그럼으로써 그들의 포트폴리오가 증대하기 때문이다. 이들은 또한 겁이 많고 신경질적인 운용자들로서 금융시장에 속하는 대부분의 다른 시장에서와 마찬가지로 주식시장으로부터도 가장 신속히 철수하고 또 모방적 행동을 가장 뚜렷이 드러낸다"(Chesnais et al., 1996c: 312).

234) 그뿐만 아니라 1979년의 재해석은 운용자산의 건전성 유지를 개별 자산에 대해서가 아니라 포트폴리오 투자 전체에 대해서 하는 것을 가능하게 함으로써 연금자산의 투기적 운용에 대한 제약을 철폐했고, 이후 연금자산의 단기투자화·투기화를 촉진시켰다. 그래서 연기금은 점차 장기투자가로서보다는 주식거래자 또는 투기자로 그 성격이 변질되었다(송원근, 2001: 249~250).

해 직접 통제되는 경우는 매우 드물었고, 스폰서인 경영자가 연금이사회를 통제하는 것이 저지되지도 않았다. 따라서 "실제로 연금자산은 경영자의 이익을 위해서 사용되는 경우가 많았다. 즉, 회사의 전반적인 전략 계획을 수립하면서 경영자들은 항상 연금을 고려해서 갹출 수준과 투자 포트폴리오를 구성한다. 예를 들면, 갹출 수준은 종종 회사 전체의 순 현재가치를 기준으로 결정되며, 회사가 가진 다른 자산을 보완하는 방향으로 연금 포트폴리오가 구성되는 것이다"(송원근, 2001: 255).[235]

이와 같은 기업연금에 대한 기업주의 사실상의 통제는 미국의 엔론 사태에서 극명하게 드러났듯이, 연금펀드의 포트폴리오 구성이 기업의 '금융적 축적' 전략에 종속된 형태로 구성되는 결과를 가져왔다. 미국 거대 대기업의 연금펀드의 경우 대부분 주식 포트폴리오에서 자사주 비중이 50%를 넘었다.[236] 연금펀드는 외관상의 독립적 운영에도 불구하고 실제로는 산업자본의 일종의 '금융자회사'로서 역할하고 있는 것이다. 말하자면, 연금펀드는 '산업자본의 금융그룹화'의 한 형태로 볼 수 있다. 그래서 산업자본의 '금융적 축적' 전략에 종속되어 운용되고 있는 것이다. 뮤추얼펀드의 경우도 기업연금과 관련해서는 마찬가지다.

따라서 산업자본 자신이 '금융적 축적' 전략을 구사할 뿐 아니라 기업의 연금펀드들이 기업의 '금융적 축적' 전략에 종속되어 운용된다는 사실은 연기금과 뮤추얼펀드를 산업자본과 대립되는 금융자본으로서 별개의 실체를 가진 것으로 보는 관점에 대해 근본적인 문제를 제기한다고 할 수 있다.

또한 신자유주의 시대의 특징을 '산업과 금융 간의 유착관계의 약화 또는 해체'로 파악하는 '신자유주의적 국가독점자본주의론'(김성구, 2003)에도 이의를 제기한다. 김성구는 "새로운 것의 본질은, 브레턴우즈 체제하에서는 (독점) 이윤에 대한

---

235) 확정급부형 연금플랜이든 확정기여형 연금플랜이든 연금자산의 설계와 운용에서 기업주에 부여된 재량에 따라 기업 이익을 위해 연금플랜을 회계조작에 이용하거나 기업의 자금조달 전략에 이용하는 등의 구체적인 사례는 송원근(2003: 218~221)을 참조.

236) 전체 401(k) 플랜에서 자사주 계정을 채택하고 있는 비율이 평균 38%에 달하고, 특히 5,000명 이상을 고용하는 대기업들의 경우 401(k) 플랜 자산의 약 40% 정도가 자사주식에 투자되고 있다. 초거대기업의 경우 그 비율은 더욱 크다. 예컨대 엔론 사 58%, 프록터 앤 갬블 95%, 파이저 86%, 코카콜라 82%, GE 77%에 달한다. 엔론 사의 경우 엔론 사 파산에 따른 주가폭락으로 엔론 사 직원 1만 1,000명의 퇴직연금기금에서 총 9억 달러의 손실을 입었다(송원근, 2003: 214).

(대주주들과) 주주계급의 전일적이고 배타적인 요구가 노동자계급의 정치적 압력 하에서 사회적으로 제한되고 통제되었던 반면, 신자유주의적 전환 후에는 그 제한과 통제 장치가 철폐되어 (독점)자본의 무절제한 이윤요구가 해방되었다는 점에 있었다"(김성구, 2003: 34)고 올바르게 인식함에도 불구하고 "은행으로부터 보험회사와 연기금 등으로 금융부문의 중심 이동, 은행신용으로부터 주식과 채권발행으로의 자본조달시장의 중심 이동, 신용업무로부터 투자업무로의 은행업무의 이동, 주주가치 극대화 원리의 강화, 투기자본의 이른바 국민성 탈각 등"(김성구, 2003: 33)의 현상에 압도되어 신자유주의 시대의 특징을 산업과 금융 간의 결합의 약화 또는 해체로 보고 있다.

그럼에도 불구하고 "산업독점과 은행독점(또는 금융독점) 간의 융합(경향)이라는 본질의 해체가 아니라 그 융합이 조직되는 제도적 방식의 변화 또는 변종의 변화"(김성구, 2003: 35)라고 주장하고, "신자유주의 금융재편에 대항하는 노동자계급의 전략도 국제투기자본의 운동과 그 통제에 조준하는 것이 아니라 기본적으로는 산업자본과 화폐자본의 융합으로서의 금융자본 자체를 조준해야"(김성구, 2003: 35~36) 한다고 주장하고 있는데, 이는 일관성도 부족하고 설득력도 떨어진다. 이는 자본이 하나의 사회적 관계라는 관점과 기관투자가의 '사회적 구성'이라는 관점을 일관되게 갖지 못한 데서 비롯한 것이다.

그래서 "투기적 화폐자본의 운동에 의해 산업자본과, 그에 따라 노동자계급에 강요되는 구조조정과 경영합리화의 압력"(김성구, 2003: 34)이라는 현상에 대한 무비판적 인식(또는 전도된 인식)도 그대로 수용되고 있다. 또한 '산업자본과 은행자본의 결합'으로서의 '금융자본'이라는 힐퍼딩과 레닌의 개념에 집착한 결과, 신자유주의 시대의 변화에 대해 일관되게 설명하는 데 곤란을 초래하고 있다. 그러한 한계는 '금융자본' 개념 자체가 '형태적 추상'에 입각한 것 – 산업자본과 은행자본의 결합을 독점자본의 특정한 계급 역관계에서의 존재형태로 보기보다는 본질로 본다는 점에서 '형태적 추상'이라 할 수 있다 – 이기 때문에 이미 케인스주의 시대부터 그 현실정합성을 상실하기 시작하고 신자유주의 시대에 들어서면 완전히 비현실적인 개념으로 전락한다. 계급 역관계와 계급투쟁의 관점은 신자유주의 시대의 변화에 대해 더 일관된 해명을 제시해준다.

연기금과 뮤추얼펀드에 대한 이러한 평가는 이후 더욱 많은 구체적 분석에 의해 보강되어야 할 강한 가설일 수도 있다. 그러나 기존의 좌파이론, 특히 '금융 세계화'나 '금융지배 축적'을 강조하는 그룹은 신자유주의 시대의 특징적 현상으로 연기금과 뮤추얼펀드와 같은 기관투자가의 대두에 대해 대부분 우연적 요인으로 분석하고 있다. 셰네는 1979년 고금리의 통화주의로의 전환이 "민간 연기금에 의해 집중되는 저축 액수의 성장이 일정한 한계를 넘어서는 시점과 일치했다. 이러한 일치가 우연의 결과인지, 아니면 의도적 산물인지를 연구할 필요가 있다"(Chesnais, 1997: 163)는 수준의 분석에 그치고 있다. 그러고는 금융 세계화의 세 단계 – 외환시장, 채권시장, 주식시장 – 에 대한 역사적 현상서술이 있을 뿐이다.[237]

지금까지의 분석에 입각해볼 때, 1970년대 중반 이래 자본의 유연화·세계화 공세와 복지국가 해체공세는 '지구적 자본'의 출현과 채권시장·주식시장 등 직접금융시장의 발달과 탈규제를 가져왔고, 다른 한편으로 자본의 '투자파업'으로서의 '금융적 축적' 전략은 이렇게 팽창된 금융시장에서 외환투기, 채권투기, 주식투기 등으로 계기적으로 그 영역을 확장해가며 금융시장에 대한 사회적 규제의 철폐를 세계적으로 강제하고 확산시켜나갔다. 그래서 금융시장에 대한 이러한 사회적 규제의 철폐를 통해 자본의 '금융적 축적' 전략이 세계적 범위에서 관철된 것, 즉 자본이 세계적 범위에서 자본이동의 자유 – 즉, '투기의 자유' – 를 획득한 것이 바로 금융시장의 통합으로서의 '금융의 세계화'이다.

그런데 자본 이동의 자유로서의 '금융의 세계화'는 투기적 축적의 진전에만 그치는 것이 아니다. 금융시장에서의 자본의 투기적 이동과 압력은 자본의 일방적

---

237) 셰네(Chesnais, 1996b)에 의하면, 금융시장이 간접금융에서 직접금융 중심으로 전환되고 세계화되는 과정은 세 단계를 거친다. 이는 외환시장, 채권시장, 주식시장에 대한 규제 철폐와 그에 따른 금융 세계화의 과정이다. 첫째는 1971년 달러의 금태환 포기선언에 의한 고정환율제도의 붕괴와 외환시장의 자유화이다. 둘째는 1979년 미 연방준비제도이사회의 고금리에 의한 통화주의 정책으로의 선회와 그에 이은 금리 자유화와 자본의 대외적 운동에 대한 통제의 철폐, 즉 금융시장의 자유화 또는 '대외적 탈구획화' 조치이다. 이에 따라 1980년대 초부터 국제적 채권시장이 급속히 팽창한다. 셋째는 채권시장이 자유화되고 일정기간이 지난 1986년 런던 '시티'에서 빅뱅이 일어난 후 주식시장들도 탈구획되고 탈규제되었다. 그리고 1990년대 초부터는 신흥공업국들의 주식 및 채권시장이 탈구획화와 탈규제되기 시작하면서 '신흥시장'으로 세계금융시장에 통합되기 시작한다는 것이다. 이러한 단계 구분은 제도의 변화를 중심으로 파악한 것으로, 왜 그러한 제도의 변화가 일어났는지에 대한 해명이 충분하지 않으므로 현상서술에 그친 것으로 평가할 수 있다.

우위의 계급 역관계를 개별 국가, 개별 자본에 강제하는 효과를 갖는다. 특히 외환시장의 탈규제와 이에 따른 외환투기의 압력은 개별 국가들이 계급관계에 대한 케인스주의적 타협을 추구하는 재정·통화 팽창정책을 실행하는 것을 저지하는 이른바 '국제경찰'의 역할을 수행한다(Bonefeld, 1995d: 71~78). 채권시장과 주식시장 역시 개별 국가와 개별 자본에게 노동자계급을 공격하는 통화주의적 긴축을 강제하는 효과를 갖는다. 따라서 외환시장, 채권시장, 주식시장이 계기적으로 탈규제·자유화되고 자본이동의 자유가 확대되면서 진전된 '금융의 세계화' 과정은 동시에 '신자유주의적 세계화' 과정이었다.

이 과정에서 금융자산 가운데 외환의 비중이 가장 크다. 1980~1992년간의 금융자산스톡의 증가를 살펴보면, 1980년에는 외환 43%, 채권 29%(국제채권 2%, 공공채권 18%, 회사채 9%), 주식 28% 등으로 구성되었고, 1992년에는 외환 32%, 채권 39%(국제채권 4%, 공공채권 25%, 회사채 10%), 주식 29% 등으로 구성되었다(Chesnais, 1996c: 33). 자본의 금융적 축적 전략과 그에 따른 금융시장의 투기적 성격은 외환시장과 파생상품 거래에서 가장 극적으로 드러났다.

예컨대 자본통제의 점진적 폐지 이후 일일 외환거래액은 1978년 180억 달러, 1989년 5,900억 달러, 1999년 1조 5,000억 달러에 이르고, 세계 파생금융 약정액(derivative contracts)은 1990년 20조 달러 미만에서 1999년 약 120조 달러에 달했다(Crotty, 2002: 207). 일일 외환거래액 가운데 8%만이 국제적 무역결재나 해외직접투자와 연관된 것이다(Chesnais, 1998: 49). 그런데 외환시장에서의 이러한 투기 거래의 주요 행위자는 헤지펀드가 아니라 연기금과 뮤추얼펀드와 같은 기관투자가들이다.

1992년 유럽통화위기에 대한 IMF의 분석 보고서(1993)는 외환위기에서 연기금과 투자펀드가 주된 역할을 했다는 것을 명확히 밝히면서 "외환시장에서의 거래의 55%는 미국 기관투자가들에 의해서, 그리고 나머지 14.5%는 영국 기관투자가들에 의해서 이루어졌다"고 추정했다(Farnetti, 1996: 230~231). 실제로 헤지펀드들은 기관투자가들이 수행하는 대규모 전투에 선행하는 '첨병'에 지나지 않는다. 연기금과 투자펀드들의 거대한 유동성이 없다면 외환시장에서 헤지펀드들의 역할은 무시할 만한 규모에 불과한 것이다.[238] 국제금융 거래의 투기적 성격을 보여주는 또 하나의 지표는 국경을 초월하는 금융 거래의 GDP에 대한 비율의 변동이다. 이 비율은 1980년 10% 미만에서 1992년 100%를 상회하는 것으로 급격히 증가했다(Plihon, 1996: 133).

따라서 "세계자본주의의 당대적 운동을 이해하려면 그 출발점으로 삼아야 하는 것은 금융영역"(Chesnais, 1998: 16)이고, "금융과 금융시장이 시스템의 정상에 위치한다"(Chesnais, 1998: 34)는 '금융이 지배하는 세계적 축적체제'론은 완전히 전복되어야 한다. 현실의 사회적 구성은 정반대이기 때문이다. 신자유주의적 자본축적 형태를 파악하기 위해서는 자본의 유연화·세계화 공세와 복지국가 해체 공세 및 '투자파업'으로서의 '금융적 축적' 전략이라는 계급관계의 분석이 출발점이 되어야 한다. 그리고 계급 역관계와 계급투쟁이 '자본주의 시스템'의 정상에 위치한다.

자본은 하나의 사회적 관계이며, 달리 표현하면 자본/노동관계의 물신화된 범주가 자본이다. 신자유주의 시대 '지구적 자본'은 지구적 계급관계를 구성하고 산업자본과 금융자본의 결합형태로 존재한다. 산업자본과 금융자본의 통일성은 '산업자본의 금융그룹화'로 표현되는 산업자본의 '금융적 축적' 전략에 의해 확보된다. 한마디로 말하자면, 신자유주의 시대 금융시장과 금융자본의 주도성은 외관상의 주도이고, 산업자본과 금융자본의 분리 및 금융자본의 자립화 역시 외관상의 분리이며, 이러한 신자유주의적 자본축적 형태는 자본의 유연화·세계화 공세와 복지국가 해체공세 및 '금융적 축적' 전략이 관철된 자본의 일방적 우위의 계급 역관계를 표현하고 반영한 것이라 할 수 있다.

경제성장의 저하로 표현되는 확대재생산의 정체와 이에 대비되는 직접금융시장 및 금융자산의 급팽창으로 표현되는 금융적 축적의 급속한 성장, 이에 따른 금융부문의 확장과 자립화 현상, 그리고 투기의 구조화·일상화 등은 실물적 축적과

---

238) 금융위기가 발생하는 현상적 메커니즘에서 기관투자가들의 촉매 역할은 두말할 필요가 없다. "예컨대 미국 최대의 뮤추얼펀드 피델리티(Fidelity)는 1987년 10월 19일 월요일에 시가 10억 달러의 주식 6억 주를 한 번의 거래로 '통째로' 팔아치웠는데, 이것이 금융공황의 시작을 알리는 사이렌이었다. 검은 월요일이라 불리는 이날 하루에 다우존스지수는 약 508포인트 하락하고, 시가 총액은 22.6%나 감소했다. 1994년 12월 말의 멕시코 위기 때도 동일한 유형의 모방행동이 일어났다. 말하자면, 한 투자그룹이 공황상태에 빠지면 다른 투자그룹들도 즉각 그렇게 되는 식으로 순식간에 거의 모든 투자자들이 공황상태에 빠져들면서 폭포식 매도가 일어나 대위기가 발발하는 것이다"(Farnetti, 1996: 231~232).

금융적 축적의 심각한 괴리를 가져왔다. 이는 전형적으로 기업의 실물자산가치와 시장가치(주식평가가치)의 심각한 괴리로 표현되었고, 금융 불안정성 및 그에 따른 경제 불안정성을 일상화시켰다.

또한 '금융 헤게모니하의 금융주도 자본주의'(전창환, 2002)라는 개념화를 통해 세력관계가 금융세력 주도하에 경영자층과 신자유주의적 관료의 연합이 노동자계급을 배제하는 방식으로 재편된다는 인식 역시 금융자본과 산업자본 간의 대립을 실체시하고 별개의 세력으로서 파악하고 있다는 점에서 매우 피상적인 파악이다. 계급 역관계의 역전을 추구하는 자본의 노동에 대한 공세와 자본의 '금융적 축적' 전략이라는 계급관계적 맥락을 전도시킨 물신화된 인식이다.

자본의 '투자파업'으로서의 '금융적 축적' 전략에 대한 분석과 이에 앞선 자본의 유연화·세계화 공세에 대한 구체적 분석은 '개방적' 마르크스주의가 신자유주의 시대를 특징화한 자본의 '도주전략' 개념이 추상적이고 따라서 일면적이라는 측면을 드러내준다. '개방적' 마르크스주의가 '자본의 노동에 대한 의존'을 보여주는 것으로 개념화한 자본의 '도주전략'은 자본의 유연화·세계화 공세와 자본의 '금융적 축적' 전략을 모두 포함하고 있다. 그런데 '개방적' 마르크스주의는 이를 자본의 '화폐(자본)화·세계화'로 표현한다. 즉, 생산자본이 화폐자본으로 형태전환해서 유순한 노동을 찾아 세계화한다는 것이다. 이는 '유연화' 형태의 세계화를 말한다. 그리고 그것이 여의치 않으면 화폐자본으로 계속 머물러 금융적 축적, 즉 투기자본화한다는 식이다. 따라서 이런 식의 개념화에서는 '자본의 노동에 대한 의존'이 부각되는 반면, 자본의 반격에 의한 계급 역관계의 재편으로서의 자본에 의한 노동의 재편이 제대로 평가되지 못한다. 자본의 유연화·세계화 공세가 자본의 반격으로서가 아니라 자본의 '도주'로밖에 파악되지 못하기 때문이다. '개방적' 마르크스주의의 추상성은 항상 일면적 현실 분석으로 귀결되고, 신자유주의 시대의 계급 역관계 분석에서는 주관주의적 편향으로 나타난다.

이상 신자유주의적 축적형태의 셋째, 넷째 특징을 요약하면, 자본의 유연화·세계화 공세와 복지국가 해체공세는 직접금융시장의 발달을 가져오는 한편, 이에 맞선 노동자계급의 저항은 자본의 통화주의 공세에 일정한 한계를 부과해서 케인스주의적 신용팽창 정책을 재도입하도록 강제해서 기업과 가계의 부채경제화를 가져올 뿐만 아니라 자본으로 하여금 노동자계급의 저항을 회피하기 위한 '도주전략'으로서 '금융적 축적' 전략을 추구하도록 강제한다. 그 결과 주기적 거품성장과 금융불안정이 초래된다. 그리고 신용팽창에 따른 부채경제화와 금융적 축적의 가속화 및 생산적 축적으로부터의 분리, 그리고 그에 따른 금융불안정은 신자유주의적 자본축적 형태의 주요 모순으로 나타난다.

이른바 세계화의 신용-상부구조는 직접적인 생산적 활동으로 전환될 수 없는 자본을 표현한다. 달리 말하면, 화폐자본은 확대된 노동에 대한 명령으로 전환될 수 없기 때문에 유휴화된다. ……신용팽창을 통한 과잉축적의 유지는 세계적 규모의 '경제적' 공황의 잠재적으로 재앙적인 투기적 집행연기를 함의한다. 이것은 화폐자본이 미래의 잉여가치에 대한 잠재적으로 무가치한 청구의 형태로 축적되기 때문이다. ……요컨대 화폐적 축적의 생산적 축적으로부터의 분리는 미래에 대한 담보로서 미래의 노동착취에 대한 투기적 거품을 획득한다. 그러면 이 투기적 도박은 자본과 현재의 노동착취 간의 관계의 이완을 가리킨다. 달리 말하면, 신용팽창이 현재의 노동착취를 통해 잉여가치를 창출하는 것에 의해 더 적게 지지될수록 신용구조는 추상적인 자본주의적 부로서의 그것의 명령하는 현존을 지지하는 바로 그 원천에 대한 지배력을 상실할 위험에 더욱더 빠지게 된다(Bonefeld, 2000a: 56).

지금까지 살펴본 신자유주의 시대 계급 역관계와 계급투쟁을 규정한 자본의 유연화·세계화 공세 및 복지국가 해체공세와 그에 따른 계급투쟁이 표현된 신자유주의적 자본축적 형태의 네 가지 특징은 신자유주의 시대 가치법칙의 역사적 현상형태에 독특한 특징을 부여한다. 요컨대 생산된 잉여가치가 수취되는 주된 형태가 '지구적 자본'에 의해 지대(地代)형태를 취하게 된다는 점이다. 이에 대한 주요 근거로 세 가지를 제시할 수 있다.

첫째, 세네에 의해 제시된 것으로, 신자유주의 시대 금융적 축적의 급속한 성장에 따른 결과 생산된 잉여가치가 금융시장에서 '금융이득', 즉 금융지대 형태로 수취된다. 여기에는 여러 경로가 있는데, 주요한 것으로 세 가지를 들 수 있다. 우선, '산업그룹의 금융그룹화'에 따른 '산업 지배적인 금융그룹'에서 이윤의 상당 부분이 금융적 축적에 의한 금융이득 형태로 수취된다. 예컨대 미국의 대표적인 초국적 자본인 GE의 경우, 1999년 전체 수익의 40%를 금융자회사인 'GE 캐피탈'에서 금융이득으로 취득한 것이었다. 다음으로, 초국적 은행 등 금융기관이 제3세계에 대부한 화폐자본의 이자 형태로 제3세계에서 생산된 잉여가치를 수취하고 있다. 마지막으로, 과세를 통해 선진국의 공공부채에 대한 원리금 상환 형태로 OECD 나라들의 GDP의 3~5%가 수취된다(Chesnais, 1997: 168~173).

둘째, 역시 셰네에 의해 제시된 것으로, 자본의 유연화·세계화 공세와 그에 따른 '지구적 자본'의 출현은 그 자체로 위계화된 국제적 네트워크 기업형태를 취하지만, 동시에 국내외적 하청네트워크와 전략적 제휴관계 등을 통해 지배·종속되는 기업에서 생산된 잉여가치를 수탈 또는 착복을 가능케 한다. '지구적 자본'에 의한 이러한 수탈은 일종의 독점적 수탈로서 지대적 성격을 띤다. 그래서 '지구적 자본'의 이윤 가운데 스스로 생산한 잉여가치로서의 이윤과 타 자본에 의해 생산된 잉여가치의 수탈로서의 지대 간의 경계가 모호해진다. 이것은 신자유주의 시대에 새롭게 등장한 것은 아니지만, 자본의 유연화·세계화 공세에 의해 '지구적 자본'의 독점력에 비례해 그 양적 비중이 대폭 커진 것이다(Chesnais, 1997: 169).

셋째, 정보기술혁명을 토대로 신자유주의 시대 주도산업으로 등장한 정보통신 산업에서 가장 전형적으로 나타나고 있고, 일반적으로 말하면 정보기술혁명이라는 생산력 발전의 결과 생산된 잉여가치가 지적 재산권과 같은 독점에 의한 독점 지대로 수취된다. 이에 대해서는 좀 더 자세히 살펴볼 필요가 있다.

우선 마이크로소프트(MS)와 같은 정보산업의 경우 정보상품 생산에 의한 이윤은 특별잉여가치와 지대 및 독점이윤으로 구성된 초과이윤이다(강남훈, 2002: 94~115). 여기서 기술혁신의 결과인 특별잉여가치를 제외하면, 지대와 독점이윤[239]은 모두 생산된 잉여가치의 이전 또는 수탈의 성격을 가진다.

---

239) 강남훈은 지대와 독점이윤을 엄밀하게 구별한다. "가치대로의 교환이 제도적 요인 때문에 불가능하면 독점이 되고, 외부적인 요인 때문에 불가능하면 지대를 발생시키며, 기술적 요인 때문에 불가능하면 특별잉여가치를 발생시킨다. 이 가운데 독점과 지대는 불평등교환을 낳는다"(강남훈, 2002: 183). "정보상품의 경우 지대를 발생시키는 것으로서는 네트워크 효과와 브랜드 효과 등을 들 수 있는데, 두 가지 모두 초과이윤의 주된 원천이 생산요소에 있는 것이 아니라 소비자에게 있다는 것이 특징이다"(강남훈, 2002: 114). "네트워크 효과와 브랜드 효과는 소비자들의 주목(attention)에 의해서 형성된다는 공통점을 가지고 있다. ……네트워크 효과와 브랜드 효과의 차이는 네트워크 효과는 주목을 끌 뿐만 아니라 반드시 사용자가 많아져야 나타나는 효과인 데 반해서, 브랜드 효과는 반드시 사용자가 많아지지 않더라도 나타나는 효과라는 데 있다"(강남훈, 2002: 108~109). 이러한 구분에서 지대 역시 '허위의 사회적 가치'를 창출하는 것이므로 새

예를 들어 마이크로소프트에서 판매하는 윈도 XP에 대해 생각해보자. 윈도의 가격에는 타 기업이 당장 모방하기 힘든 기술격차에서 발생하는 특별잉여가치가 포함되어 있을 것이다. 그리고 베타판이나 패치판을 유상으로 판매한다든지, 여러 가지 응용프로그램을 운영체제에 끼워 팔고, API를 늦게 공개하거나 공개하지 않는 등의 방법으로 자기 회사의 오피스를 지원하고, 바탕화면에서 경쟁회사의 아이콘을 설치하지 않는 조건으로 제품을 제공하는 방식으로 배타적 거래를 강요하는 행위 등을 통해서 벌어들이는 수익은 독점이윤이라고 할 수 있다. 마지막으로 사람들이 비싸더라도 윈도를 구매하지 않을 수 없는 가장 큰 이유는 다른 사람들이 다 윈도를 쓰고 있기 때문인데, 이것은 일종의 네트워크 효과로서 여기서부터 발생하는 초과수익은 지대라 할 수 있다(강남훈, 2002: 111~112).

초기의 특별잉여가치 역시 특허와 저작권을 통해 독점이윤으로 전환되므로,[240] 정보상품의 이윤은 독점적 지대의 성격을 강하게 띤다고 볼 수 있다. 따라서 정보산업의 초과이윤은 대부분 타 산업 부문에서 생산된 잉여가치가 이전된 것이라 할 수 있다.

정보산업에서 나타나는 이러한 현상은 일반적으로 지식노동을 일반노동에 대비해 강조하는 이른바 '지식기반 경제' 또는 '정보 경제'에 그대로 적용할 수 있다. 지식을 개발한 사람이나 자본에게 이득이 되는 경우로는 특별잉여가치, 지대와 독점이윤을 발생시키는 경우인데, 특별잉여가치가 독점이윤이나 지대로 전환될 경우 지식노동을 기반으로 한 자본은 지대와 독점이윤, 즉 독점적 지대를 수취하게 된다. "지식이 늘어나면 사용가치는 분명히 증가하지만 가치는 증가하지 않을 수도 있다는 것이 지식기반 경제의 기본적인 모순"이라 할 수 있고, "이 모순을 자

---

로운 가치를 생산하는 것은 아니라는 점에서 독점과 지대는 가치이전만을 가져올 뿐이다. 여기에서는 강남훈처럼 독점과 지대를 엄밀히 구별하지 않고 가치생산적이 아니라 가치이전적이라는 점에서 독점지대적 성격으로 동일하게 사용하고자 한다.

240) "특별잉여가치도 독점이윤이나 지대로 전환될 수 있다. 특허(patent)와 저작권(copyright) 같은 지적 재산권 제도는 경쟁에 의해서 사라져갈 특별잉여가치를 법률이 정하는 기간 적절한 수준의 독점이윤으로 전환시켜서 고정시키는 역할을 한다. ……표준(standard)은 특별잉여가치를 지대나 독점이윤 형태로 전환시켜 표준제정에 참여한 소수의 과점 기업들이 장기적으로 나누어 가지는 방법으로 이용되고 있다. 사실상의 표준이 됨으로써 발생하는 초과이윤은 지대의 성격을 가진다"(강남훈, 2002: 110).

본주의 내에서 해결하기 위해 지식기반 경제는 지식을 독점하고 지식의 확산을 막음으로써 지식의 증가가 잉여가치의 증가와 연결되도록 만들려고 노력하게 된다"(강남훈, 2002: 184).[241]

바로 이 지식노동 문제가 네그리의 자율주의이론에서 '비물질적 노동' 개념과 중첩된 "대량화된 지적 노동, '일반적 지성'의 노동"(Negri, 2000: 61) 문제이다. 네그리는 정보기술혁명을 토대로 한 새로운 생산력을 표현하는 '비물질적 노동' 또는 '지적 노동'에서 이전의 노동형태와 달리 외부로부터 부과되거나 조직화되지 않고 협업이 노동활동 그 자체에 완전히 내재적인 점(Negri, 2000: 386)에 근거해 "일종의 자생적이고 초보적인 코뮤니즘을 위한 잠재력"(Negri, 2000: 387)을 제공하는 것으로 높게 평가한다. 또한 "생산력과 생산관계가 병합되고" 착취를 "협업의 수탈"로 재정의한다(Negri, 2000: 489). 네그리의 이러한 평가가 '기술적 사회관계'와 '사회적 생산관계'를 혼동한 '네트워크 물신주의'에서 비롯된 것이고 일종의 기술결정론으로 귀결된다는 점은 앞서 비판한 바 있다. 여기서 문제가 되는 것은 신자유주의 시대 정보기술혁명으로 인한 생산력의 발달이 가져온 '지식노동' 또는 '일반적 지성'의 중요성 문제이다.

마르크스는 『정치경제학 비판 요강』에서 기계제 대공업의 생산력 발전에 따른 노동의 성격이 직접적인 노동으로부터 노동과정에 대한 '감시자·규제자'로서의 '지식노동'으로 변화하고 과학기술의 역할이 중요해지는 점을 주목하고, 그러한 변화가 가치법칙에 가져올 변화에 대해 암시한 바 있다.

산업이 크게 발달함에 따라 실질적 부의 창조는 노동시간이나 그 시간에 투입된 노동의 양보다 그 노동시간에 작동시키고 있는 기계 등의 힘에 더욱 의존하게 되며, 이때 '강력한 효율성'은 그 자체가 그 기계를 생산하는 데 소비된 직접노동시간에 비례하는 것이 아니라 오히려 과학의 일반적 발전 정도와 기술의 진보에 의존하는 것이다. ……실재의 부는 오히려 이용된 노동시간과 그 생산물 사이의 엄청난 불비례에서뿐만 아니라 순수한 추상으로 축소된 노동과 그것이 감시하는 생산과정의 생산

---

241) 이 인용문에서 '지식의 증가가 잉여가치의 증가와 연결'이라는 문구는 '지식의 증가가 잉여가치의 이전과 연결'로 표현하는 것이 더 정확할 것으로 생각된다. 왜냐하면 지식의 독점에 의한 것이므로 잉여가치의 생산이 아닌 잉여가치의 이전으로 보는 것이 타당하기 때문이다.

력 사이의 질적인 불비례에서도 표명된다. ……노동은 더 이상 생산과정에 포함되어 있는 것으로 나타나지 않고, 오히려 인간이 생산과정 자체에 감시자와 규제자로서 관계한다. ……그는 생산과정의 주(主) 행위자가 아니라 생산과정 옆에 선다. 이러한 전형(轉形)에서 생산과 부의 커다란 지주(支柱)로 나타나는 것은 인간 스스로 수행하는 직접적인 노동이 아니고, 그가 노동하는 시간도 아니며, 그 자신의 일반적인 생산력의 전유, 그의 자연 이해, 사회적 형체로서의 그의 현존에 의한 자연 지배, 한마디로 말하면 사회적 개인의 발달이다. 현재의 부가 기초하고 있는 타인 노동시간의 절도(竊盜)는 새롭게 발전된, 대공업 자체에 의해 창출된 이 기초에 비하면 보잘것없는 것으로 나타난다. 직접적인 형태의 노동이 부의 위대한 원천이기를 중지하자마자 노동시간이 부의 척도이고, 따라서 교환가치가 사용가치의 척도이기를 중지하고 중지해야 한다. ……이에 따라 교환가치에 입각한 생산은 붕괴하고 직접적인 물질적 생산과정 자체는 궁핍과 대립의 형태를 벗는다(Marx, 1976a II권: 380~381).

이 인용문을 비롯한 『정치경제학 비판 요강』에서의 몇 구절들이 네그리로 하여금 "노동가치의 법칙이 완전히 파산"(Negri & Hardt, 1994: 40) 또는 "가치법칙의 소멸"(Negri & Hardt, 1994: 293)을 단정하도록 추론하는 근거들이다. 그러나 이러한 단선적 해석은 이론의 여지가 너무나 많다. 마르크스의 역사유물론에 비추어 보면, 기술적 기초의 변화 자체가 사회의 변화, 특히 생산양식의 이행과 같은 역사적 사태를 가져온다고 해석하는 것은 전혀 타당하지 않다. 이 인용문 가운데 "직접적인 형태의 노동이 부의 위대한 원천이기를 중지하자마자 노동시간이 부의 척도이고, 따라서 교환가치가 사용가치의 척도이기를 중지하고 중지해야 한다"는 문구에서 '중지해야 한다(must cease)'는 표현에서 보이듯이, 마르크스의 서술은 기술적 기초의 변화에 따른 자연적 과정에 대한 서술이 아니다. 당위 내지는 가치판단이 들어간 서술인 것이다.

이 인용문은 오히려 '일반적 지성' 또는 과학기술의 역할이 생산력에서 차지하는 중요성이 직접적인 노동보다 더 커질 정도로 생산력이 발전할 경우, 따라서 직접적 노동시간이 가치척도로서 기능하는 토대가 약화되었을 때 가치법칙은 어떤 형태로 나타나게 되는가 하는 문제를 제기한다. 이 문제는 바로 신자유주의 시대 정보기술혁명에 의해 자동화가 급속히 진전되고 지식노동이 중요해지고 있는 상황에서 가치법칙은 어떻게 관철되는가 하는 문제이다. 앞서 간략히 살펴본 강남훈(2002)의 지식노동에 대한 노동가치론적 해석에 따르면, 지식노동과 그렇지 않은 보통노동이 혼재하고 있고, 더구나 지식노동이 아닌 보통노동이 사회적 노동의 압도적 비중을 차지하고 있는 현 단계의 생산력 수준에서, 지식노동은 보통노동과의 지식의 격차에 의해서만 차별성을 갖게 되고 자본은 오히려 지식을 독점함으로써 생산된 잉여가치의 이전을 추구하는 경향을 보이고 있다.

따라서 '일반적 지성' 또는 '지적 노동'의 중요성이 커질수록 자본주의적 생산관계하에서는 지적 재산권과 같은 지식의 독점화 경향이 중요해지고 강화되는 경향이 있다. 가치법칙은 '파산'하거나 '소멸'하는 것이 아니라 자본주의적 생산에서 여전히 관철되나, 잉여가치의 전유가 독점적 지대 형태로 이루어지는 경향이 강화되는 것이다. 내용적으로는 가치법칙의 형해화(形骸化)로 볼 수 있다. 왜냐하면 착취적 형태가 수탈적 내용을 가지기 때문이다. 그러므로 문제가 되는 것은 가치법칙의 소멸 여부가 아니다. 가치법칙의 토대가 취약해짐에도 불구하고 가치법칙을 관철되도록 만들고 있는 자본주의적 생산관계 - 지적 재산권이 상징하는 - 의 정당성 여부가 문제로 된다.

이러한 세 가지의 지대 형태, 즉 금융적 지대, 국제하청체제 및 네트워크적 생산형태에서의 독점적 지대, 그리고 '일반적 지성'에 대한 독점적 지대 등으로 생산된 잉여가치가 이전 또는 재분배되고 있는 것이 신자유주의 시대 가치법칙의 역사적 특징이라 할 수 있다. 그러한 지대형태가 차지하는 비중이 얼마나 되는지를 추정하기는 어려우나, 세계적 독점을 통해 독점적 지대를 향유하는 마이크로소프트(MS)와 같은 초국적 자본이나, 대체로 세계적 독과점을 형성하고 있는 대부분의 거대 초국적 자본들이 엄청난 규모의 생산된 잉여가치를 가치이전을 통해 전유하고 있다고 볼 수 있다. 자본의 세계화가 이루어질수록 세계적 독과점을 통한 잉여가치의 이전은 더욱 커질 것이다. 그래서 초국적 자본은 세계화의 진전에 강력한 이해관계를 갖는다.[242]

이처럼 신자유주의 시대 초국적 자본은 지구적 생산관계를 통해 직접적으로 착

---

242) "세계화가 추진되는 계기 중의 하나는 바로 이 지식노동이 가진 규모효과를 극대화하기 위해서이다. 따라서 세계화가 진행될수록 지구 전체에서 부가 평등해지는 경향이 나타나는 것이 아니라 오히려 부가 불평등해지는 경향이 나타나게 된다"(강남훈, 2002: 182).

취할 뿐만 아니라 동시에 다른 자본에 의해 생산된 잉여가치를 다양한 형태로 수탈하고 있다. 신자유주의적 자본축적 형태에서 나타나는 가치법칙의 이러한 역사적 특징은 신자유주의적 국가형태의 구성을 규정하는 주요한 요인의 하나가 된다. 자본축적 형태에서의 수탈적 또는 약탈적 성격은 필연적으로 신자유주의적 국가형태에서 '경제외적 강제'로서의 국가폭력의 행사를 요청하게 만들고, '수탈국가'로서의 경향을 부여한다.

## 3) 신자유주의적 국가형태와 수탈국가

1970년대 이래의 계급투쟁과 계급 역관계의 변화는 자본축적 형태를 변화시켰을 뿐만 아니라 국가형태 역시 변화시켰다. 달리 말하면, 신자유주의 시대 계급역관계와 계급투쟁은 신자유주의적 자본축적 형태와 신자유주의적 국가형태로 각각 경제적·정치적으로 표현된다. 이 시기의 계급투쟁과 계급 역관계의 역동성이 신자유주의적 자본축적 형태와 신자유주의적 국가형태의 상호 규정을 통해서 신자유주의 시대를 구성한 것이다.

케인스주의적 국가형태로부터 신자유주의적 국가형태로의 전형을 추동한 것은 총체적 계급투쟁과 계급 역관계하에서의 '정치적 형태'의 계급투쟁이었다. 신자유주의적 자본축적 형태와 마찬가지로, 신자유주의적 국가형태로의 전형을 추동한 것은 자본의 '위로부터의 계급투쟁'이었다. 1970년대를 전후한 자본주의적 계급관계 재생산의 위기에 직면해 자본은 계급 역관계를 역전시키기 위해 케인스주의적 국가형태를 공격하고 자본의 일방적 우위의 역관계를 구성하기 위해 신자유주의적 국가형태로 전형시켰던 것이다. 따라서 자본의 유연화·세계화 공세는 케인스주의적 국가형태를 둘러싼 '정치적 형태'의 계급투쟁으로 표출되었고, 그에 의해 신자유주의적 국가형태가 구성되었다.

이러한 신자유주의적 국가형태의 구성은 국민국가형태의 전형뿐만 아니라 국제적 국가체계의 전형으로 나타난다. 국민국가의 정책과 제도가 변화하면서 자본주의 국가의 역할과 기능이 변하게 되며, 국제적 국가체계를 구성했던 GATT 체제는 WTO 체제로 개편되고 IMF 체제는 유지되나 그 역할과 기능은 크게 변화한다. 또 '자본의 세계화'를 통해 제국주의/신식민지 관계도 변화해서 '지구적 자본주의'에 더욱 철저히 통합되는 '경제적 재식민지화' 과정을 겪게 된다.

신자유주의적 국가형태의 이러한 새로운 구성은 '세계화 논쟁'에서 한편으로 '국민국가의 무력화/소멸' 논쟁과 다른 한편으로 '제국주의/제국' 논쟁으로 표현되었다. 여기에서는 앞의 '제3장 2절 세계시장' 논의에서 세계시장과 세계화 논쟁 비판을 통해서 확보한 기본관점을 토대로 신자유주의 시대의 국민국가형태와 국제적 국가체계의 변화된 내용을 분석하고자 한다.

### (1) 신자유주의적 국민국가형태: 탈정치화 전략과 '수탈국가'

세계화 논쟁에 대한 비판적 검토에서 이미 지적했듯이, 신자유주의 시대 '국민국가 무력화/소멸'을 둘러싼 논쟁은 국가와 시장의 관계, 또는 국가와 세계시장의 관계를 이론화하는 데 있어서 대부분 양자의 관계를 외적 관계로 파악하고, 세계시장 또는 세계화가 국가를 무력화시키느냐 여부를 논쟁하는 등 대립적 관계로 파악하고 있다는 점에서 근본적으로 오류를 범하고 있다. 이는 일반적으로 말하면, 경제와 정치의 관계에 대한 이론화에서 양자를 별개의 실체로서 외적 관계로 이론화하는 오류의 반복이다.

이 책에서 주로 검토하고 있는 조절이론과 네그리의 자율주의이론에서의 신자유주의적 국가론도 이러한 오류의 범주를 벗어나지 못하고 있다. 조절이론의 국가론이라 볼 수 있는 제솝의 '슘페터주의적 근로복지국가'론(Jessop, 1993)이나 네그리의 '제국'론(Hardt & Negri, 2000)은 '국민국가의 무력화/소멸'론의 입장에 서 있다. 특히 네그리의 '제국'론은 가장 극단적인 '국민국가 소멸'론을 제시하고, 세계시장에 상응하는 단일한 세계국가적 성격을 가진 '제국' 개념을 제시한다.

먼저 제솝에 따르면, 생산의 국제화와 연관된 포스트포드주의적 축적체제는 '포스트포드주의 국가'의 정립을 요구하는데, 선진국의 포스트포드주의 국가는 점차 아래로부터, 위로부터, 그리고 수평적으로 '구멍 뚫리게 되는(hollowing out)' 3중의 '공동화(空洞化)'를 겪게 된다. 국민국가 역할의 일부는 범지역적 또는 국제적 기구들로 이양되고, 나머지 일부는 국민국가 내부의 지방적 수준으로 양도된다. 그리고 나머지 일부는 중심부 나라들을 관통하고 여러 국민국가들의 지방과 지역을 연결시키는 신흥 수평적 네트워크(지역적 및 지방적)에 의해 강탈된다. 그래서 국민국가는 정치투쟁의 제도적 장소 및 담론적 틀로서 여전히 핵심적이지만, 국민국가의 능력은 이 '3중의 공동화' 때문에 이전보다 훨씬 더 제한된다(Jessop, 1993: 265~266). 요컨대 제솝은 국민국가 '무력화'론을 주장한다. 제솝은 이러한 변화를 가져오게 된 원인을 네 가지 '추세'로 제시한다. 즉, 정보기술혁명, 화폐 및 실물 흐름의 국제화, 포드주의적 성장모델에서 포스트포드주의적 성장모델로의 패러다임 전환, 세계경제의 3극화(미국, 일본, 독일의 헤게모니를 중심으로) 등이 그 것이다(Jessop, 1993: 269~274).

이에 근거해서 도출되는 제솝의 '슘페터주의적 근로복지국가(workfare)' 개념은 '케인스주의적 복지국가(welfare)'와 대비시킨 개념으로, 케인스주의의 재분배와 수요 관리 중심에서 슘페터주의의 경쟁과 공급 '혁신' 중심으로의 전형을 표현한다(Jessop, 1993: 274~280). 제솝의 이러한 이론화는 전형적으로 구조기능주의의 결함을 안고 있다. 국가형태는 축적체제의 '필요(needs)'로부터 도출되고, 이러한 필요가 충족되는 방식을 확인하는 것이 외관상 사회적 변화와 새로운 제도적 배열에 대한 설명을 구성한다. 계급관계 및 계급투쟁은 국가의 재구조화 과정에 대해 철저히 외부적인 것으로 간주되고, 노동과 국가 그 자체는 무기력하고, 포스트포드주의 축적체제의 요구들에 수동적으로 반응하는 것으로 묘사되고 있다(Burnham, 2000: 12).

다음으로, 네그리의 '제국'은 '통합된 세계시장'에 조응하는 정치형태로서 '네트워크 권력'이자 '지구적 주권형태'를 의미한다. 네그리는 '제국'을 국민국가의 무력화와 세계시장의 지배 속에서 자본의 초국적 이동과 국제기구들의 확장을 통해 형성된 '초국민적 권력형태'[243]로 본다. 즉, 네그리는 이를 다음과 같이 명료하게 표명한다. "제국의 통합된 세계시장은 자신의 정치형식을 모색합니다. 민족적인 제국주의들은 민족적인 자본의 팽창을 추구했습니다. 반면에 제국은 집단적 자본(모든 자본가들의 자본)의 지배를 추구합니다. ……제국의 법적 질서는 세계시장에 내재적인 적합한 통치일 것인데, 이는 새로운 전 지구적 주권 권력에 의해 운영될 것입니다"(윤수종, 2003: 29).

---

243) "제국주의 열강들 사이의 갈등이나 경쟁이었던 것이, 그들 모두를 과잉결정하고 그들을 통합적인 방식으로 구조화하고, 그리고 그들을 결정적으로 탈식민지적이고 탈제국주의적인 하나의 공통적인 권리 관념하에서 다루는 단일한 권력이라는 이념에 의해 대체되어왔다"(Hardt & Negri, 2000: 35).

네그리는 '제국' 개념을 주체성 및 주권 형태에 대한 집중적 연구(Hardt & Negri, 2000)를 중심으로 도출하므로, 이에 대한 전면적인 검토는 이 책의 범위를 넘어선 문제이다. 여기에서는 세계시장과 국민국가의 관계에 대한 네그리의 파악을 중심으로 네 가지 점에서 간략히 비판하고자 한다.[244]

첫째, '제국' 개념의 근거가 되고 있는 세계시장 개념이 매우 피상적이다. 위에서 인용한 대담에서의 네그리의 언급은 네그리의 기본발상을 아주 명료하게 드러내고 있다. 앞서 세계시장에 관한 논의에서 이미 검토했듯이, 세계시장 개념은 전자본주의적 세계시장에서부터 자본주의적 세계시장, 그리고 자본주의의 역사 내에서도 그 형태와 내용이 끊임없이 변화·발전한다. 즉, 세계시장의 사회적 구성 자체가 해명되어야 한다. 그런데 추상적인 세계시장 개념을 매개로, 또는 근거로 1970년대 이후의 자본주의적 국가의 역사적 전형을 설명하는 것은 잘못된 것이다. '통합된 세계시장' 개념의 무개념성에 대해서는 앞서 비판한 바 있다.

『제국』에는 세계시장을 근거로 한 '제국' 개념이 자주 등장한다. "자본주의 시장의 이상적 형태 속에서는 세계시장에 외부는 없다. 즉, 전 지구가 자본주의 시장의 영역이다. 따라서 우리는 세계시장 형태를 제국적 주권을 이해하기 위한 하나의 모델로서 사용할 수도 있다"(Hardt & Negri, 2000: 256). "위계 및 명령구조로서의 세계시장이 구제국주의가 이전에 영향을 미쳤던 모든 지대와 지역들에서 더욱 중요하고 결정적으로 되었다"(Hardt & Negri, 2000: 337). "세계시장의 완전한 실현은 필연적으로 제국주의의 종말이다"(Hardt & Negri, 2000: 431). "국민국가 경계의 홈 패임을 매끄럽게 하는 전 지구적 통제사회의 확립은 세계시장의 실현과 자본 아래 전 지구적 사회의 실질적 포섭과 함께 진행된다"(Hardt & Negri, 2000: 430).

그리고 '통합된 세계시장' 때문에 제국주의에서 제국으로 이행이 이루어진다고 본다. "근대에서 탈근대로의 이행에서, 그리고 제국주의에서 제국으로의 이행에서, 내부와 외부 사이의 구별은 점차 약화된다"(Hardt & Negri, 2000: 252)라든가,

---

244) 네그리의 '제국'론에 대한 정통 좌파적 비판으로는 손호철(2003), 정성진(2003; 2003b) 등을 참조. 이들의 비판은 네그리의 '제국'론이 갖는 실천적 함의에서의 문제점을 중심으로 비판하고 있다. 특히 제국주의의 부정과 따라서 제3세계의 민족해방투쟁의 진보적 측면 부정, 자본의 세계화에 대한 긍정적 평가, 개량주의적 대안 제시 등을 집중적으로 비판하고 있다.

"자본주의 발전은 세계적 수준에 도달했기 때문에 매개 없이 다중과 직접 대면한다. 따라서 변증법, 즉 사실상 한계와 한계의 조직에 관한 과학은 소멸한다. 국민국가를 폐지하고 따라서 국민국가에 의해 설정된 장애물을 넘어서려는 계급투쟁은 제국의 구성을 분석과 갈등의 장으로 제시한다. 따라서 이런 장애물이 없다면 투쟁 상황은 완전히 개방적이다. 자본과 노동은 직접적인 적대적 형태로 대립한다"(Hardt & Negri, 2000: 318)는 것이다.

둘째, 네그리의 '제국' 개념은 '지구적 자본' 형태 또는 생산의 네트워크 형태에 기초하고 있다. 탈중심화·탈영토화의 네트워크 생산을 추진하는 '지구적 자본'에 조응해서 탈중심화·탈영토화의 네트워크 권력245)인 '제국'이 성립하는 것이다. 네그리에게 '제국'과 '지구적 자본'은 모두 '탈중심화·탈영토화'라는 네트워크 형태에 근거한 개념으로 앞서 비판한 바 있듯이, 형태적 추상에 입각한 '네트워크 물신주의'에서 비롯한 것이다. 다음의 인용문은 이를 잘 보여준다.

제국주의와 달리 제국은 결코 영토적인 권력 중심을 만들지 않고, 고정된 경계나 장벽들에 의지하지도 않는다. 제국은 개방적이고 팽창하는 자신의 경계 안에 지구적 영역 전체를 점차 통합하는, 탈중심화되고 탈영토화하는 지배장치이다. 제국은 명령 네트워크를 조율함으로써 잡종적 정체성, 유연한 위계, 그리고 다원적 교환을 관리한다. ……전 지구적인 근대 제국주의적 지리의 변형과 세계시장의 실현은 자본주의 생산양식 안에서의 하나의 이행을 나타낸다(Hardt & Negri, 2000: 17).

경제적 관점에서 보자면, 유연하고 전 지구적 화폐체계가 조절 기능자로서의 임금체제를 대체한다. 규범적인 명령은 통제 절차와 경찰로 대체되었다. 그리고 지배의 실행은 소통 네트워크들을 통해 이루어진다. 이것이 바로 착취와 지배가 제국적 지형 위에 일반적인 무(無) 장소를 구성하는 방식이다(Hardt & Negri, 2000: 283).

셋째, 국민국가와 자본, 즉 정치와 경제를 대립적인 실체로 파악한다. 네그리의

---

245) "협정과 연합의 네트워크들, 매개와 갈등 해결의 채널들, 그리고 국가들의 다양한 동학의 조정은 제국 안에서 모두 제도화된다. 우리는 전 지구적 국경이 제국적 주권이라는 열린 공간으로 변형되는 첫 번째 국면을 경험하는 중이다"(Hardt & Negri, 2000: 246~247).

독특한 '초월성'과 '내재성' 구도에 입각한 것이지만, 국민국가와 자본을 정치적 권력과 경제적 권력, 즉 상이한 권력형태로서 대립적인 실체로 파악하고 있다는 점은 마르크스의 기본 개념으로부터의 결정적 이탈일 뿐 아니라 네그리의 '제국' 개념의 치명적 결함이다.

계급관계의 가치형태(또는 '경제적 형태')로서의 '경제'(또는 자본축적)와 계급관계의 '정치적 형태'로서의 국민국가 및 국제적 국가체계라는 자본주의 생산양식의 종별적 특징이 사라진다. 계급투쟁과 계급 역관계의 변화에 따른 실체에서의 변화와 무관한 자본형태 및 국가형태에서의 형태적 변화만이 문제가 된다. 그래서 정치와 경제, 즉 '제국'과 세계시장의 구별이 사라지고 서로 뒤섞이며 혼동된다. 형태적 추상에 의한 탈집중화·탈영토화 형태, 네트워크 형태, 유연한 네트워크 통제 형태 등에서 상호 침투와 일치 또는 조응만이 문제인 것이다. 이러한 형태적 추상에서의 근거인 '비물질적 노동', '사회적 노동자', '네트워크 생산' 개념에 대해서는 앞서 계급 역관계 분석에서 비판한 바 있다. 아래의 인용문은 이러한 문제점을 잘 드러낸다.

> 근대적 주권은 근본적으로 사회적 구도 위에 있는 주권자 ― 그것이 군주이든, 국가이든, 국민이든 또는 심지어 인민이든 ― 의 초월성(transcendence)에 근거한다. ……근대적 주권은 영토, 주민, 사회적 기능 등의 사이에 고정된 경계들을 만들고 유지함으로써 작동한다. 그래서 주권은 또한 코드의 과잉, 즉 사회적 흐름들과 기능들의 초코드화이다. 달리 말하면, 주권은 사회적 장의 홈 패임(striation)을 통해 작동한다. 반대로 자본은 초월적 권력 중심에 의거하지 않고 지배관계의 연계와 네트워크를 통해 내재성(immanence)의 구도 위에서 작동한다. ……자본은 초월적인 권력을 요구하는 것이 아니라 내재성의 구도 위에 있는 통제 메커니즘을 요구한다. ……자본은 탈코드화된 흐름들, 유연성, 계속적인 조율, 균등화 경향에 의해 규정되는 매끄러운 공간을 향하는 경향이 있다. 따라서 근대적 주권의 초월성은 자본의 내재성과 충돌한다. 역사적으로 자본은 주권에, 그리고 주권이 지닌 권리와 힘(무력)의 구조들이라는 지지물에 의존해왔지만, 그와 같은 구조들은 계속해서 자본의 작동과 원칙적으로 모순되고, 자본의 작동을 실질적으로 가로막으며, 결국 자본의 발전을 방해한다. ……근대성의 전체 역사는 이러한 모순을 중재하고 매개하려는 시도들이 진

화해온 것으로 이해할 수 있다. 매개의 역사적 과정은 평등한 주고받기가 아니라 주권의 초월적 지위로부터 자본의 내재성 구도로 나아가는 일방적인 움직임이었다(Hardt & Negri, 2000: 422~425).

비록 제국주의가 자본에게 새로운 영토를 확대하고 자본주의 생산양식을 확산시킬 수 있는 수익과 메커니즘을 제공했다 할지라도 제국주의는 또한 다양한 전 지구적 공간들 사이에서 견고한 경계들을, 즉 효과적으로 자본, 노동, 상품의 자유로운 흐름을 막고 — 그래서 필연적으로 세계시장의 완전한 실현을 막으면서 — 내외부의 경직된 관념들을 만들어내고 강화했다(Hardt & Negri, 2000: 430).

금융 흐름과 화폐 흐름은 노동력의 유연한 조직화와 같은 동일한 전 지구적 유형들을 다소간 따른다. 한편으로 투기자본과 금융자본은 노동력의 가격이 가장 낮은 곳으로, 그리고 착취를 보장하는 행정력이 가장 큰 곳으로 간다. 다른 한편으로 노동의 견고성을 아직 유지하고, 노동의 완전한 유연성과 이동성에 반대하는 국가들은 전 지구적 화폐 메커니즘들에 의해 처벌당하고 고문당하고 결국은 파괴당한다. ……화폐정책은 노동정책이 명령한 분할을 강화한다. 폭력, 빈곤, 그리고 실업에 대한 공포는 결국 이러한 새로운 분할을 만들어내고 유지하는 일차적이고 직접적인 힘이다(Hardt & Negri, 2000: 436~437).

국민국가의 쇠퇴는 구조적이고 불가역적인 과정이다. 국민은 문화적 형성체, 소속감, 공동유산이었을 뿐만 아니라 또한 주로 사법 경제적 구조였다. 이러한 구조가 지닌 효과가 쇠퇴한다는 것은 확실히 GATT와 세계무역기구(WTO), 세계은행, 그리고 IMF와 같은 완전하게 전 지구적인 사법 경제적 기구들의 진화를 통해 추적할 수 있다. 이러한 초국적인 사법적 토대에 의해 지탱되는 생산과 유통의 전 지구화는 일국적인 사법 구조들이 지닌 효과를 넘어선다(Hardt & Negri, 2000: 434).

넷째, '계급관계의 총괄로서의 국가' 개념의 포기에 따라 제국주의와 제3세계 간의 구별도 사라진다. "국민국가 권력의 쇠퇴와 국제질서의 해체는 '제3세계'라는 용어의 효과를 결정적으로 없앤다"(Hardt & Negri, 2000: 431). 따라서 '제국'에서 모든 국민국가들의 차이는 질적 차이가 아닌 양적 차이로 해소됨으로써 제국주의 또는 선진국과 제3세계에서의 계급관계의 질적 차이가 무시된다. 이는 앞서 신자유주의 시대 계급 역관계 분석에서 비판한 바 있듯이, 제3세계에서의 초과착취관계라는 현실을 은폐한다.

노동이나 부를 위해 제3세계에서 제1세계로 달아나는 노동자들은 두 세계 간의 경계선을 파괴하는 데 기여한다. 제3세계는 실제로 세계시장의 통일과정에서 사라지지 않고 제1세계로 들어가서, 게토, 판자촌, 빈민가로서 중심부에 기반을 잡고, 항상 반복해서 생산되고 재생산된다. 반대로 제1세계는 증권거래소와 은행, 초국적기업과 화폐와 명령을 지닌 차가운 고층빌딩 형태로 제3세계로 이전된다. ……결과적으로 세계시장 전체는 자본주의적인 경영 및 명령을 효과적으로 적용하기 위한 유일하게 일관된 영역이 되는 경향이 있다. 이때에 자본주의 체제는 세계시장을 조직할 수 있는 자신의 능력을 확보하기 위해서 개혁 및 재구조화 과정을 겪어야만 한다. 이러한 경향은 분명히 1980년대에만 나타나지만(그리고 확실히 소비에트식 근대화 모델의 붕괴 이후 결정적으로 확립된다), 이미 그 경향이 처음 나타난 순간에 그 경향의 주요한 특징들은 분명히 규정된다. 그 개혁 및 재구조화 과정은 전 지구적 과정에 대한 전반적 통제라는 새로운 메커니즘이어야 하며, 그래서 전 지구적인 자본영역이 지닌 새로운 동학과 행위자들의 주체적인 차원들을 정치적으로 조정할 수 있는 메커니즘이어야 한다(Hardt & Negri, 2000: 339~340).

국민국가들 사이의 또는 심지어 국민국가들의 중심과 주변, 북과 남 사이의 지리적 구분은 더 이상 생산, 축적, 그리고 사회적 형태들의 전 지구적 분할과 배분을 파악하는 데 충분하지 않다. 생산의 탈중심화와 세계시장의 공고화를 통해 노동과 자본의 국제적 분업과 흐름은 깨지고 다양화해서 거대한 지리적 지대들을 중심과 주변, 북과 남으로 더 이상 구분할 수 없다. ……즉, 뉴욕과 파리의 착취공장(sweatshop)은 홍콩과 마닐라의 착취공장과 경쟁할 수 있다. 만약 제1세계와 제3세계, 중심과 주변, 북과 남이 지금까지는 사실상 국민국가의 선을 따라 분리되었다면, 오늘날에는 그것들은 분명히 서로 융합되어 있으며, 다양하고 금간 선들을 따라 불평등과 장벽들을 배분한다. 이것은 미국과 브라질, 영국과 인도가 자본주의적 생산과 유통이라는 측면에서 현재 동일한 영토들이라고 말하는 것이 아니라, 오히려 그들 사이에는 본성의 차이는 없고 오직 정도의 차이만 있다고 말하는 것이다. 다양한 국가들과 지역들은 서로 다른 비율로 제1세계와 제3세계, 중심과 주변, 북과 남이라고 생각되었던 것을 지니고 있다. 불균등발전의 지리학, 그리고 분할과 위계의 선들은 더 이상 안정된 일국 경계나 국제 경계를 따라서 발견되지 않고 유동적인 국내 영역들과 초국적 영역들에서 발견될 것이다(Hardt & Negri, 2000: 433).

이처럼 세계화 논쟁에서 나타난 '국민국가 무력화/소멸'론의 대부분은 계급관계와 계급투쟁이 국가형태의 재구조화 과정에 외재적인 것으로 간주되고, 노동과 국가 그 자체는 새로운 자본축적체제 또는 경제의 요구들에 무기력하고 수동적으로 대응한 것으로 분석된다. 그리고 그 과정에서 국가와 시장 또는 자본을 대립적인 사회조직형태들로 봄으로써 국가와 시장을 외적 관계에서 파악하고 있다(Burnham, 2000: 14).

앞에서 살펴본 조절이론과 네그리의 자율주의이론의 신자유주의적 국가론이 갖는 문제점을 극복하기 위해서는 신자유주의적 국가형태의 사회적 구성을 신자유주의적 자본축적 형태와의 상호 규정 속에서 '정치적 형태'의 계급투쟁에 의해 이루어지는 것으로 분석해야 할 것이다. 따라서 신자유주의적 국가형태 분석의 초점은 계급 역관계의 역전을 위한 자본가계급의 '정치적 형태'에서의 '위로부터의 계급투쟁'과 그 결과에 놓여져야 한다.

자본의 유연화·세계화 공세에 의해 생산과정이 재구조화 또는 구조조정되듯이, 자본주의적 국가 역시 자본의 공세에 의해 재구조화됨으로써 케인스주의적 국가형태는 신자유주의적 국가형태로 전형되었다. 따라서 케인스주의적 국가형태에 대한 공격으로 이루어진 국가영역에서의 이러한 계급투쟁의 주요한 네 가지 계기에 의해 정책과 제도의 변화로 나타난 신자유주의적 국가형태의 기본특징이 구성되었다.

첫째, 자본의 유연화·세계화 공세는 '정치적 형태'에서는 자본운동에 대한 모든 사회적 규제의 철폐공세로 표현되었다. 통화주의, 긴축정책, 불황유발정책 등 다양한 이름으로 불리는 자본의 정치적 공세의 핵심은 케인스주의의 핵심인 완전고용정책의 포기이다. 이는 이데올로기적 투쟁에서는 1970년대 계급투쟁의 표현인 인플레이션에 대한 공격으로 이루어졌고, 정부의 경제정책의 최우선순위를 완전 고용에서 '가격안정'으로 전환하는 것으로 나타났다. 고금리의 긴축통화정책은 이를 위한 정책수단이었다.

1970년대 중반부터 명시적으로 나타나기 시작한 이러한 정책전환은 1979년부터는 훨씬 더 공격적으로 제시되었다. 영국 대처 정부의 '국가의 실패' 공세와 미국 레이건 행정부의 '공급중시 경제'로 정식화된 이러한 자본의 케인스주의적 국가형태에 대한 공격은 완전고용을 위한 대항 경기적인(counter-cyclical) 재정 및 통화 팽창정책으로부터 '시장규율'을 확립하기 위한 긴축재정 및 통화정책으로의 전면적 전환을 가져왔다. 그리고 자본의 이윤추구에 대한 사회적 규제의 철폐는 탈규제·자유화의 이름으로 수행되었다.

자본의 유연화·세계화 공세가 자본운동형태의 전형으로 '지구적 자본'으로 출현하는 과정은 '정치적 형태'에서의 자본운동에 대한 사회적 규제 철폐 과정에 의해서만 가능했던 것이다. 따라서 자본, 특히 '지구적 자본'에 의한 자본운동에 대한 사회적 규제의 철폐공세는 신자유주의적 국가형태로 전형하는 출발점을 형성한다.

1970년대 자본축적의 위기에 대한 '위로부터의 계급투쟁'에 의해 자본운동에 대한 사회적 규제의 철폐공세는 케인스주의에 대한 공격으로부터 시작되었고, 선진국 내부에서의 계급투쟁으로 진행된 이러한 사회적 규제의 철폐는 이를 선도한 미국·영국으로부터 자본의 국제적 운동, 특히 외환시장에서의 투기적 운동을 통해 여타 선진국들에 강제되었다. 또한 1982년 멕시코 외채위기 이후 제3세계에는 더 강력한 형태로 강제되었다. 이처럼 자본에 의한 케인스주의적인 '정치적 조절', 즉 일국 차원의 경제에 대한 '정치적 조절'의 철폐 압력은 1980년대 이후 세계 전체에서 강력하게 자본에 대한 사회적 규제의 철폐를 추동했다.

둘째, 자본의 이러한 통화주의 공세를 관철시키기 위해서는 노동자계급에 대한 더욱 공세적인 공격이 요구되었고, 다른 한편 노동자계급의 저항을 분쇄하기 위한 치안의 강화를 필요로 했다. 이는 이데올로기적으로는 '강한 정부', 신보수주의로 정당화되었고, 노동자계급의 투쟁에 대한 폭력적인 탄압뿐만 아니라 노동법 개악으로 나타났다. 신자유주의적 국가형태는 반노동적 정책과 제도변화를 가져왔다. 자본의 노동자계급에 대한 이러한 직접적 공격은 1970년대 사민주의 정당을 통한 코포라티즘적 소득정책, 즉 임금억제의 시도가 1970년대 말경 노동자계급의 저항으로 인해 무력화되는 과정을 거친 이후 시도되었다.

자본의 이러한 '위로부터의 계급투쟁'은 케인스주의적 국가형태하에서의 노동자계급의 조직적 힘의 증대와 투쟁의 고양 및 격화로 인한 계급관계의 위기에 대한 직접적 대응의 성격을 갖는다. 예컨대 레이건 정부가 소련을 '악의 제국'으로 재규정하는 등의 냉전적인 새로운 반공이데올로기 공세와 군비경쟁의 재개, 그리고 그에 입각한 군비지출의 획기적 확대는 세계적 차원에서의 이러한 계급관계의 위기에 대한 정치적 대응이었다. 따라서 케인스주의적 복지국가에 대한 공격으로 정부지출의 축소, 정부규모의 감축 공세에도 불구하고 치안유지와 군비를 위한 지출은 증대했다. 특히 자본의 유연화·세계화 공세에 따른 노동자계급의 양극화·궁핍화, 그리고 그에 의한 노동자계급 저항의 폭동적 폭발 등에 대응하는 과정에서 치안유지를 위한 경찰, 감옥 등 사회안정 유지기구의 팽창은 선진국 일반에서 나타났다. 신자유주의적 국가형태는 계급관계 재생산의 위기에 대응해 계급지배를 위한 '경제외적 강제'로서의 국가권력의 폭력적 성격을 그 중립적 외관을 넘어서 직접적으로 드러내는 경향을 강화시킨다.

셋째, 노동규율을 확립하기 위한 '정치적 형태'에서의 노동자계급에 대한 직접적 공격으로서 사회적 임금을 축소하기 위한 복지국가 해체공세가 일관되게 수행된다. 이데올로기적으로 국가의 재정위기를 빌미로 '작은 정부', '국가의 실패'와 '시장규율의 재도입'으로 정당화되었고, 사회복지 지출의 삭감 공세와 사회복지 지출삭감의 일환으로서 사유화가 대대적으로 추진되었다. 사회적 서비스를 시장화함으로써 의료·교육·노인복지·사회부조 등 '사회적 서비스'에 대한 '정치적 조절'을 '시장적 조절'로 대체시키려고 한다. 조직된 노동자계급의 저항으로 인해 자본의 복지국가 해체공세는 완전하게 관철되지 못하고 부분적으로만 관철되어 주로 하층 노동자계급의 사회복지 축소로 귀결되었지만, 복지국가 해체공세는 사회복지 축소를 넘어선 국가원리의 대체로까지 진전되고 있다.

자본은 자본주의적 국가가 더 이상 자본축적에 대해 '정치적 조절'을 통해 개입할 여지를 차단할 뿐만 아니라 자본주의적 국가 자체를 '신자유주의'적으로 재편한다. 즉, 자본주의적 국가의 고유한 운영원리인 '정치적 조절'을 '시장적 조절'로 대체시킨다. 말하자면, 시장논리, 즉 자본논리가 국가의 운영원리로 관철되는 것이다. 이것은 국가의 관료제에 대한 공격으로 나타났다. 관료제에 대한 공격은 '합리성'과 '효율성'을 명분으로, 더 나아가 '유연성'의 이름으로 관료제의 '경직성'에 대한 공격으로 수행되었고, 국가관료제를 '시장원리'에 따라 재편했다. 노동의 '유연화'가 노동의 '인간화'가 아니었듯이, '탈관료화'는 민주적 운영원리로의 재편이 아니었다. '탈관료화'는 관료제의 운영원리를 '시장원리'로 대체한 것이었다.

복지제도는 '시장적' 복지제도, 즉 '근로-복지'(workfare) 제도로 재편된다. 국가에게는 공동체적 의무이고 개인에게는 인간적 권리로서의 '사회복지'에조차 노동력 매매와 같은 자본주의적 교환원리, 즉 일자리를 구하려는 노력을 전제한 복지혜택으로 그 원리가 바뀌었다. 퇴직연금도 사회보장 차원의 공적 연금제도에서 개인의 기여에 의한 사적 연금제도로 개편되도록 퇴직연금의 '시장화'가 추진되고 있다.

넷째, 노동자계급에 대한 '정치적 형태'에서의 직접적인 공격과는 정반대로 자본에 대한 국가의 일방적 지원은 더 직접적인 형태로 이루어지고 있다. 주로 자본과 부유층에 그 혜택이 돌아가는 조세감면, 기술개발에 대한 직접적 국고지원 등 '공급중시 경제'의 논리로 정당화된 정부의 경제개입 형태는 자본에 대한 직접적 지원으로 나타났다. 그리고 개발된 기술혁신에 대한 '지적 재산권'의 부과를 통해 기술혁신을 촉진하고 보호한다.

정부의 자본에 대한 이러한 직접적 지원은 경제불황을 빌미로 자본의 유연화·세계화 공세에 대한 지원으로서 산업정책을 통해 이루어졌다. '정보고속도로'의 건설이 주요한 국가전략으로 제시되고 추진되었다. 그리고 정부의 이러한 자본에 대한 직접적인 지원은 자본의 유연화·세계화 공세의 자본운동적 표현인 국제적 경쟁의 격화에 의해 '국가경쟁력 강화'를 명분으로 정당화되었다. 이는 신자유주의적 자본축적 형태의 특징의 하나인 자본 간 경쟁의 치환형태인 국가 간 수출경쟁에 의해 더욱 강화되었다. 정보기술혁명의 가속화를 위한 기술개발 지원은 국가차원의 전략사업으로 일반화된다.

미국의 경우 정보기술혁명의 가속화 등 유연화·세계화 공세의 기술적 기초를 확대·발전시킨 기술혁신은 1983년 레이건 정부의 '스타워즈(Star Wars)'로 불리는 군사·기술 프로그램인 SDI(Strategic Defence Initiative)에 의해 재정 지원되었다. 물론 SDI는 산업정책의 일환으로 추진된 것이 아니라 노동자계급에 대한 공격을 정당화하기 위한 신냉전이데올로기 공세의 일환이자 국가의 정당성을 확보하기 위한 정치적 전략이고 대소련 군사전략으로 추진된 것이었다. 그러나 기술적 우위를 통한 군사적 우위를 추구한 SDI는 컴퓨터 하드웨어와 소프트웨어, 통신 및 인공위성, 레이저 및 에너지와 극소전자 기술 등 첨단산업의 기술개발을 위해 막대한 자금을 지원하고 거대한 연구네트워크를 구축했다. 이는 항공우주, 미사일, 통신, 전자부문에서의 전통적 거대 방위산업체들의 자금줄이었을 뿐 아니라 첨단기술의 벤처자본으로도 역할했다.[246]

이와 같은 케인스주의적 국가형태에 대한 여러 측면에서의 자본의 '위로부터의 계급투쟁'은 노동자계급의 저항에 의해 부분적으로 제지를 받았지만, 대체로 관철되었다. 한편으로 자본의 유연화·세계화 공세에 의한 노동자계급의 양극화·파편화라는 노동력의 재구성과, 다른 한편으로 '전쟁국가'와 같은 이데올로기 조작에 의해 노동자계급의 저항을 '분할 지배'를 통해 무력화시켰다. 또한 유럽 대륙 나라들과 같이 노동자계급의 역량이 유지되어 그 저항이 완강할 경우 자본의 국제적 운동을 통해 무력화시켰다. 그래서 나라마다 노동자계급의 계급역량에 따라 그 정도와 형태에서 차이가 있지만 새로운 계급 역관계, 즉 자본의 일방적 우위의 계급 역관계를 표현하는 신자유주의적 국가형태로 전형되었다.

국가운영 원리로서의 '정치적 조절'을 폐기하고 '시장적 조절'의 도입으로 요약할 수 있는 신자유주의적 국가형태의 이상의 네 가지 특징은 '정치의 경제화'(국가의 수반을 '국가 CEO'로 표현하는 데서 전형적으로 드러난다), 시장논리의 절대화, 공공부문의 사유화, 국공채 발행을 통한 공공부채의 시장화, 사회보장제도와 같은 정치적 사회관계의 상품관계화 또는 시장화 등으로 나타나며, 국가의 '시장화' 또는 '자본화'로 요약할 수 있다. 그래서 '신보수주의' 국가로 평가된다.

---

246) SDI 기금은 1986~1990년 기간 미국의 모든 첨단기술 벤처자본의 약 20%에 달할 것으로 추정된다(Castells, 1989: 353). 또한 SDI와 방위산업의 발전은 캘리포니아 주의 급속한 경제성장의 주요 요인으로 작용했다. 캘리포니아 주 전체 고용의 8%는 방위와 직접 관련되어 있고, 40%는 고려된 모든 간접 효과들과 결부되었다(Castells, 1989: 367). 카스텔은 SDI로 대표되는 미국 레이건 행정부의 정책 전환과 그것이 도시구조와 형성에 미친 거대한 영향을 평가하면서 이를 '도시복지국가'에서 '전쟁국가'로의 국가형태의 전환으로 개념화한다. "새로운 국가의 정당성의 일차적 원리는 그 재분배적 역할에서 권력구축 기능으로의 이행이었다"(Castells, 1989: 379)고 파악하는 것이다.

국가의 이러한 '시장화' 또는 '자본화' 과정의 특징은 버넘에 의해 '탈정치화 (depoliticization) 전략'으로 잘 개념화되었다. 버넘은 1980년대 이후 영국에서의 국가의 역할과 기능에 대한 사례연구를 통해 국가정책과 제도수립에서 '재량 (discretion)'에서 '규칙(rules)'으로의 전환을 통해 자본/노동관계에 대한 신자유주 의적 구조조정에 대한 노동자계급의 투쟁을 봉쇄하는 것을 '탈정치화'로 개념화한 다. 즉, 노동자계급의 '정치적 형태'의 투쟁을 봉쇄하기 위한 자본의 전략으로서 정책결정의 규칙화·제도화를 '탈정치화'로 파악한다(Burnham, 2000: 18~19). 이것 은 통화정책에 대한 어떠한 '재량주의'도 거부하고 '규칙화'를 표방하는 통화주의 와 비슷한 효과를 노린 것이다. 요컨대 '탈정치화' 전략은 국가의 '시장화'를 노동 자계급의 저항을 최소화하면서 관철시키는 것이라 할 수 있다.

1970년대 영국에서의 코포라티즘을 통한 반인플레이션 정책은 노동과 자본 간 의 '정치적 형태'의 계급투쟁을 격화시켰고, 이것은 국가의 정치적 권위 그 자체의 위기로 발전할 위험을 수반한 것이었다. 이에 1920년대 금본위제가 했던 역할, 즉 '자동인인 교정 메커니즘'을 통해 인플레이션을 통제하는 '시장적 조절'의 경험을 교훈으로 해서 경제정책에서의 '재량'으로부터 '규칙'으로 전환함으로써 자본/노 동관계에 대한 시장규율의 부과를 '외부화'하는 전략이 시도되었다는 것이다 (Burnham, 2000: 20). 1980년대 이후 반인플레이션과 가격안정성의 유지를 경제정 책의 제1의 목표로 전환하면서 이를 위해 금융시장에 의한 시장규율의 부과를 도 입하는 방향으로 추진한다. 그리고 이에 대한 노동자계급의 투쟁을 회피하기 위 해 '재량에 기초한' 경제전략이 아닌 '규칙에 기초한' 경제전략을 채택하는 것을 시 도했다.

이러한 탈정치화 시도는 크게 두 가지 형태로 나타났다(Burnham, 2000: 19~25). 첫째, 국제통화메커니즘 — 영국의 경우 유럽환율조정메커니즘(ERM) — 과 같은 국제 기구로 역할을 위임함으로써 국민국가에서의 정치적 조절의 여지를 제한하고 하 나의 '자동적 메커니즘'을 구축하는 방식이다.[247) 이는 유럽연합(EU)으로 통합되

---

247) ERM 회원으로 지속적으로 되기 위한 전제조건은 더 낮은 임금과 노동강도의 심화를 통해 단위 노동비용을 삭감하는 것이었다. 환율의 평가절하를 통해 부진한 노동생산성을 보상해주거나, 임금 교섭자들에게 '수용 불가능한' 높은 요구들에 동의하지 못하게 만들었다(Burnham, 2000: 25).

어가는 과정에서 유럽통화연맹(EMU)으로 이행하기 위한 재정수렴규칙 — 즉, 재정 적자의 폭이 GDP의 3%를 넘을 수 없다는 규칙 — 같은 데서도 전형적으로 나타난다. 둘째, 정책 결정에서의 '정치적 조절'의 여지를 축소하기 위해 정책결정과정을 제 도화·투명화하는 한편, 정부로부터 독립적인 국가기구에 결정 임무를 재할당함으 로써 탈정치화를 시도한다. 이의 전형적인 예가 금리 결정 권한을 가진 중앙은행 의 독립화이다.[248]

정부의 정책 결정과정에 대한 이러한 '탈정치화' 전략은 반노동적 신자유주의 정책의 수립과 집행에 따른 노동자계급의 저항을 회피하게 해준다. 예컨대 소득 정책과 같은 고도로 정치화된 전략으로 인한 정치적 계급투쟁의 격화와 정치적 권위의 위기 위험을 회피할 수 있는 것이다. 즉, 긴축정책은 '규칙', '외부제약'과 '세계화'를 통해 정당화되고, 그럼으로써 국가의 '중립성'이 구축된다.

따라서 시장규율을 재도입하기 위한 '탈정치화' 전략은 "고도로 정치적이다. 그 것은 본질적으로 정책 결정의 정치적 성격을 일거에 제거하는 과정"이고, 따라서 "단순한 이데올로기라기보다는, 국가 정책 결정이 수행되는 형태에서의 변화를 반영하는 가장 강력한 형태의 이데올로기적 동원의 하나"(Burnham, 2000: 22)인 것 이다.

버넘은 이처럼 신자유주의적 국가형태에서의 국가의 '시장화' 과정에서 신자유 주의적 정책 및 제도의 수립 절차의 중립성을 '탈정치화' 전략의 중심적 측면으로 강조하고 있는데, 필자는 신자유주의적 국가형태에서의 지구적 자본의 '위로부터 의 계급투쟁'에 의해 자본주의적 국가에 강제되는 '시장적 조절'을 '탈정치화' 전략 의 내용으로 더욱 강조하고자 한다. 노동자계급의 국가권력에 대한 정치적 영향 력을 제거하기 위해 국가운영 원리로서의 '정치적 조절' 대신에 '시장적 조절'을 도 입함으로써 국가운영에 시장규율을 부과하는 것이 신자유주의적 국가형태의 핵

---

248) 이러한 탈정치화 전략의 또 하나의 전형적인 사례로 1997년 블레어 정부에 의해 추진된 재정정 책 수립의 규범화를 들 수 있다. 즉, 재정정책을 두 개의 규칙과 연계시켰다. 첫째, 경기순환에 관해 정부는 투자를 위해서만 차입한다(따라서 공공소비는 과세에 의해 지불되어야 한다). 둘 째, 정부는 국민소득(NI)에 대한 일정비율로서의 공공부채 수준이 안정적 수준으로 유지될 것을 보증한다. 블레어 정부는 이러한 규칙을 재정정책 관리의 다섯 가지 원칙으로 입법화를 제안했 다. 그럼으로써 긴축재정 정책의 정치적 결과로부터 정부를 격리시키려고 한 것이다(Burnham, 2000: 24).

심을 이루기 때문이다. 그리고 그러한 신자유주의적 국가형태의 핵심적 내용은 케인스주의적 국가형태의 '통합주의 전략'과 대비되는 것이고, 자본의 일방적 우위의 계급 역관계를 표현하는 것으로 볼 수 있다.

버넘 역시 국가의 '시장화' 측면을 '탈정치화' 전략의 요소로 지적하고 있으나, 주된 강조를 '통치기술'로서의 '탈정치화' 전략이라는 기술적 측면을 강조하고 있다. 그러나 버넘이 강조하는 통치기술적 측면은 '탈정치화' 전략의 내용인 '시장화' 전략의 표현형태와 같은 것이다. 통화정책에 대한 통화주의의 본질이 노동자계급 투쟁의 봉쇄이듯이, 신자유주의적 국가형태의 '탈정치화' 전략의 본질이 노동자계급 투쟁의 봉쇄를 위한 것이라면, '탈정치화'의 의미는 '정치적 조절' 대신에 '시장적 조절' 원리를 도입하는 것으로 보는 것이 더 적절하고,[249] 그러한 계급적 내용으로서의 '시장적 조절' 원리를 중립적 외관으로 포장하는 것, 즉 이데올로기적으로 조작한 것이 통치기술적 측면으로서의 '탈정치화' 전략인 것이다. 이것은 마치 통화주의가 그 계급적 내용을 '규칙'의 형태로 담아내는 것과 마찬가지이다.

자본주의적 국가가 '탈정치화'되는 정도는 노동자계급의 역량에 따라 나라마다 차이가 있다. 예컨대 영국이나 미국보다는 유럽 대륙 나라들에서 '탈정치화'는 훨씬 더 점진적이고 소규모로 이루어지고 있다. 이는 유럽 대륙 노동자계급의 힘과 투쟁의 결과이다.[250] 그러나 국가의 '시장화' 또는 '자본화'로 요약되는 '탈정치화' 전략은 통치기술적 차원에서의 이데올로기적 조작에도 불구하고 그 정당성에서 매우 취약하다. 즉, 신자유주의적 국가형태는 정당성 위기에 쉽게 직면하게 된다. 이 점이 신자유주의적 국가형태의 주요 모순으로 나타난다. 자본주의적 국가는 일반적으로 자본축적 형태와 '형태적 분리' 및 '내용적 통일'을 통해 그 존립근거를 부여받고, 그에 따른 형태와 내용의 모순적 운동을 통해 계급모순을 완화시키는 국가형태로 전형함으로써 자본주의적 계급관계의 재생산 체제를 유지하는 역할을 한다. 그런데 '형태적 분리'를 상실하게 되면, 즉 '내용적 통일'로서 '국가의 자

---

249) 이런 맥락에서 자본운동에 대한 사회적 규제의 철폐는 '정치적 조절'의 폐지이고, 그 대신에 도입되는 '시장적 조절'이 '시장지향적 규칙들'이라는 새로운 규제를 의미하므로 탈규제(deregulation)이라는 표현보다는 재규제(reregulation)이라는 표현이 더 적절하다는 버넘의 지적(Burnham, 2000: 27)은 타당한 것으로 생각된다.

250) 북구 3국은 물론이고, 독일과 프랑스에서는 '제3의 길' 형태로 영미식 신자유주의보다 더 완만한 형태로 '시장화'가 도입되는 과정에 대해서는 김수행 외(2003)를 참조.

본화'가 전면화될수록 자본주의적 국가에서의 형태와 내용의 변증법을 점차 상실하게 된다. 그렇게 되면 자본주의 체제의 계급모순이 체제의 변형, 즉 국가형태의 전형을 통해 완화되는 메커니즘을 상실하게 되고, 따라서 계급모순은 매개형태 없이 그대로 표출된다.

이것은 자본주의의 계급모순이 단선적으로 격화될 수 있는 가능성을 의미한다. 그럴 경우 계급모순은 폭력적으로 억압되거나 아니면 노동자계급의 투쟁에 의해 체제변혁으로 나아갈 수밖에 없게 된다. 케인스주의적 국가형태에서는 신자유주의적 국가형태에서와는 정반대의 의미에서, 즉 '정치의 경제화'가 아니라 '경제의 정치화'라 할 수 있는 '통합주의 전략'에 의해 케인스주의적 국가형태가 위기에 처하게 되었고, 유럽의 '68혁명'과 같은 체제변혁의 위기로까지 발전했다. 선진국의 공식적인 노동운동이 체제변혁적 전망과 전략을 포기함에 따라 체제변혁적 위기는 폭력적으로 진압되었다.

그 후 진행된 장기간의 계급투쟁에 의해 전형된 신자유주의적 국가형태는 이제 정반대의 의미에서, 즉 '정치의 경제화'라 할 수 있는 '탈정치화' 전략에 의해 국가의 '시장화' 또는 '자본화'에 의해 그 정당성 위기에 직면하게 된다. 예컨대 계급투쟁을 통한 자본에 대한 사회적 규제의 철폐에 따라 신자유주의적 국가형태는 점차 계급관계 및 계급투쟁의 매개형태로서 그 '분리된 외관'을 상실하게 된다. 매개형태로서의 자본주의적 국가, 즉 계급관계의 '정치적 형태'로서의 자본주의적 국가는 계급관계의 '경제적 형태'와의 '외관상 분리'로 인해 가능한 것이다. 그런데 그러한 '외관상의 분리'의 하나의 준거로 역할했던 자본운동에 대한 사회적 규제가 철폐되면, 자본주의적 국가는 점차 그 중립적 외관을 상실하게 되고 '자본의 국가'라는 그 본질을 그대로 드러내게 된다. 이는 절차적 중립성이라는 외관을 이데올로기적으로 조작하더라도 정당성의 취약을 완전하게 은폐하기 어렵게 만든다.

따라서 신자유주의적 국가형태에서 계급모순의 발전 메커니즘은 단순해진다. '국가의 자본화'는 계급모순이 심화되고 그에 따라 계급투쟁이 격화될수록 자본주의적 국가의 중립적 외관을 더욱 무너뜨린다. 즉, 자본주의적 국가의 정당성을 상실하는 '정당성 위기'에 직면하게 된다. 이제 자본주의적 국가의 정당성은 조작적으로만 확보될 수 있다.

예컨대 미국의 군사·기술프로그램인 SDI('스타워즈'로 더 잘 알려진)는 세계적으로 확산되고, 특히 미국에 만연한 반전·반핵운동 등 평화운동 세력의 성장에 대한 정치적 대응으로 등장했다. 즉, "영구평화와 핵무기의 영구 폐기라는 이상을 수용함으로써 레이건 행정부는 이 문제에 대한 양자 간의 정치적 타협이 아니라 미국의 독창성과 자원에만 의존하는 기술적 해결을 제공했다. 백악관 선언의 유토피아적 논조는 미국 선거에서 새로운 정치적 주류가 된 평화-의식적이고 반핵적인 '여피' 유권자들 사이에 새로운 정당성을 찾기 위한 것이었다"(Castells, 1989: 339). 군비경쟁과 군비지출의 확장이 핵 감축과 평화를 위한 것으로 포장되어야만 하는 것이다. 이는 자본주의적 국가의 정당성 위기에 대한 하나의 정치적 대응형태라 할 수 있다.

신자유주의적 국가형태의 이러한 정당성 위기는 앞서 분석한 신자유주의적 자본축적 형태의 역사적 특징에 의해 더욱 강화된다. 신자유주의적 자본축적을 주도하는 '지구적 자본'이 생산된 잉여가치의 이전을 통한 독점지대적 수탈에 의존하는 경향이 강화될수록 자본주의적 계급관계의 재생산을 유지하기 위한 '경제외적 강제'로서의 국가폭력은 더욱더 노골적으로 행사될 것이다. 선진국 내부의 일국적 차원에서의 국가폭력뿐만 아니라 제국주의/제3세계 관계에서도 '경제외적 강제'로서의 군사·정치적 개입이 강화되는 추세를 보일 것이다. 특히 동구 및 소련이 붕괴한 이후인 1990년대 미국 부시 정부의 이라크 전쟁은 물론이고, 클린턴 정부하에서 미국 제국주의는 제3세계에 무차별적으로 정치·군사적 개입을 시도했다(Petras, 2001). '경제적' 세계화는 필연적으로 '무장한' 세계화로 발전할 수밖에 없는 것이다.

이처럼 신자유주의적 국가형태에서 '지구적 자본'의 지대적 수탈을 보장하기 위해 요구되는 '경제외적 강제'가 강화되는 측면을 필자는 '수탈국가'로서의 약탈적 성격이 강화되는 것으로 가설적으로 제기하고자 한다. 따라서 자본주의 세계체제, 즉 '지구적 자본주의'의 상부구조는 신자유주의적 세계화가 진전될수록 정당성 위기에 빠지게 된다. 세계적 범위에서의 '유연화-착취 및 초과착취'에 더해 지대적 수탈이 강화되기 때문이다. 이것의 실천적 함의는 세계적 차원에서의 계급투쟁의 격화이고 체제변혁적 요구가 대중적으로 제기될 가능성이 커진다는 것이다. 이것은 1990년대 중반 이후 반신자유주의·반세계화 투쟁의 급속한 대중적 확산과 특히 1999년 시애틀 투쟁 이후 반세계화 시위의 세계적 확산 속에서 반자본주의적 흐름의 새로운 대두와 확산에서 확인된다.

(2) 신자유주의적 국제적 국가체계 형태: '경제적 재식민지화'로서의 세계화

케인스주의 시대 냉전체제하에서의 '신식민주의'는 1970년대 이후 어떻게 변화되었는가? 제국주의/식민지·신식민지 관계는 일반적으로 제국주의의 계급모순이 전가되는 형태로 국가 간 지배/예속관계의 내용이 변화하고, 그러한 변화된 내용에 대한 제3세계에서의 계급투쟁이 역관계 변화를 통해 제국주의/제3세계 관계를 규정한다.

이런 관점에서 보면, 1970년대의 제국주의 나라들 내부에서 노동자계급의 공세에 의한 계급투쟁의 격화와, 다른 한편으로 그와 연관된 것일 뿐 아니라 제국주의 간 경쟁의 산물로서의 불균등발전의 결과인 미국 헤게모니의 약화는 제3세계에서의 민족해방투쟁의 고양에 의해 한층 가속화되었다. 예컨대 1970년대 중반 베트남 전쟁에서의 미국의 공식적 패배와 철수, 1979년 니카라과의 산디니스타 혁명의 성공 및 이란 회교혁명의 성공 등은 미국의 정치·군사적 헤게모니를 크게 침식했다. 세계적 차원에서 미국의 경제·정치·군사적 헤게모니의 이러한 약화는 레이건 정부가 소련을 '악의 제국'으로 규정하고 군비경쟁을 촉발하는 냉전공세를 재개하는 계기가 되었다.

다른 한편, 세계적 계급 역관계에서 수세에 처하고 계급관계의 재생산 위기에 몰린 제국주의 자본의 반격과 공세, 즉 '위로부터의 계급투쟁'은 제3세계와의 관계에서 직접적인 변화를 초래했다. 여기에는 경제적 신식민주의의 내용을 변화시킨 크게 세 가지의 계기가 작용했다. 첫째, 제국주의 독점자본의 유연화·세계화 공세에 따른 초국적 자본의 제3세계로의 생산기지 이전, 둘째, 초국적 자본의 금융화 축적 전략에 따른 제3세계로의 대부자금 유입, 셋째, 1980년대 초반 제3세계 외채위기를 계기로 한 신자유주의적 구조조정 공세.

결론부터 말하면, 이러한 세 계기를 통해 제국주의/식민지 관계로 표현되는 국가 간 지배/예속관계는 재강화되었다. 한마디로 제3세계는 '재식민지화'되었다. 첫 번째, 두 번째 계기는 제3세계의 자본축적 형태에 큰 변화를 가져왔고, 그에 따라 제3세계 정치형태에도 상당한 변화를 초래했다. 우선 1970년대 저임금·저숙련 및 공해산업의 제3세계로의 생산기지 이전과 국가부채 형태의 자금유입은 제3세

계의 공업화를 급속히 추진했다. 이른바 신흥공업국들(NICs)이 중남미와 동아시아 및 동남아시아에서 탄생하게 되었다. 또 급속한 공업화는 신흥공업국들에 산업프롤레타리아를 대량 창출했고 계급투쟁을 격화시켰다. 그래서 제3세계에서의 계급투쟁과 민주화 요구는 군부독재에 의한 파쇼억압체제를 더 이상 유지할 수 없게 만들었다. 이에 따라 1980년을 전후해서부터 제3세계의 군부독재에 의한 권위주의 정권은 후퇴하고 민간정부로 이행하는 '민주화 이행' 단계를 거치게 되었다. 그러나 이러한 이행은 군부 권위주의 정권에서 민간 권위주의 정권으로의 이행, 즉 '형식적 민주화 이행'이었고, 그것의 성격은 세 번째 계기인 외채위기에 의해 재규정되었다.

제3세계는 1970년대 이래 제국주의 자본의 유연화·세계화 공세와 금융적 축적 전략에 따라 '지구적 자본주의'로 통합되기 시작해 1980년대 외채위기를 결정적 계기로 해서 '지구적 자본주의'에 전면적으로 통합되었다. 이후 제3세계에는 외채위기를 빌미로 해서 초국적 자본 세력에 의한 신자유주의적 구조조정 공세가 반복·심화되었고, 그것의 결과는 '경제적 재식민지화'였다(Chossudovsky, 1997; 1999). 케인스주의 시대 세계적 차원의 계급 역관계에 의해 확보되었던 '신식민지'로서의 형태적 자율성을 다시 상실하게 된 것이다. 경제적 재식민지화 과정은 IMF와 세계은행이 앞장서서 외채상환을 매개로 한 일률적인 신자유주의적 구조조정 프로그램 — 통화의 평가절하, 자유화, 긴축재정, 공공부문 사유화, 탈규제, 개방화 등 — 을 강제함으로써 단계적인 구조개편을 통해 초국적 자본의 직접적인 경제 지배를 확장하는 과정이었다. 또한 사유화·탈규제에 의한 금융투기장화 등을 통해 제3세계 경제를 마음껏 약탈했다(Chossudovsky, 1997).

제3세계가 외채위기를 매개로 해서 '지구적 자본주의'에 통합되는 과정에서 야기된 제3세계의 빈곤화는 물론이고, 세계적인 환경파괴, 마약 재배 확산, 산업의 황폐화, 거대한 이민 발생, 수많은 국지적 전쟁 등의 참상(George, 1992; Chossudovsky, 1997)은 현대판 '시초축적(엔클로저 운동)'으로 불릴 정도로 참혹한 것이었다(Bonefeld, 2000a: 48). 따라서 제3세계의 외채문제는 좀 더 자세히 살펴볼 필요가 있다.

제3세계의 외채는 신자유주의 시대 선진국 노동자계급 가계의 부채와 유사한 성격을 가진다. 즉, 채무를 매개로 해서 자본주의적 사회관계를 재생산하거나 창출한다는 점에서 유사하나, 제3세계의 외채가 선진국에서의 부채와는 비교할 수 없을 정도로 혹독하고 파괴적 성격을 가진다는 점에서 구별된다.

선진국에서 자본의 유연화·세계화 공세 및 복지국가 해체공세와 그에 따른 노동자계급의 양극화 및 궁핍화, 그리고 이와 밀접하게 연관된 '금융적 축적' 전략에 의한 자본축적은 그 모순의 일부를 제3세계에 전가하는 형태로 나타났다. 즉, 선진국 초국적 자본의 금융적 축적 전략은 제3세계에 국가부채 형태로 거대한 자금을 대부했다. 그에 따른 제3세계 외채의 증가는 1980년대 초반부터 세계금융시스템의 위기를 초래할 정도로 그 규모가 커졌다. 선진국에서 1979년부터 고금리의 통화주의 정책을 실시하자 제3세계에서 1982년 외채위기가 발생했고, 이는 선진국의 통화주의 정책에 일정한 한계를 부과하는 계기가 되었다. 다른 한편, 제3세계 외채위기는 선진국 초국적 자본이 제3세계를 '경제적 재식민지화'하는 주요한 지렛대 역할을 했다. 즉, 초국적 자본이 제3세계에서 무제한적으로 이윤을 추구할 수 있는 경제구조로 개편하는 '신자유주의 구조조정'을 강제하는 주요한 계기로 작용했다.

이를 제국주의적 관점에서 보면, 1970년대 중반 이후 급격히 증가한 제3세계 외채는 선진국 자본축적의 모순인 유휴화폐자본, 즉 금융자본의 배출구 역할을 하는 동시에 제3세계에 대한 제국주의적 지배를 강화하는 계기로 되었다. 제국주의는 제2차세계대전 이후 제3세계에서의 민족해방투쟁의 고양 때문에 불가피하게 정치·군사적으로 후퇴하고 완화된 형태의 경제적 지배인 신식민지적 지배형태로 물러설 수밖에 없었는데, 1980년대 외채위기를 계기로 해서 '경제적 재식민지화'라 부를 정도로 제3세계 경제에 대한 지배력을 획기적으로 강화시킬 수 있었다. 요컨대 초국적 자본은 외채위기를 계기로 제3세계의 초과착취관계를 재강화시켰다.

구체적으로 보면, 1973년에서 1982년 사이에 채무국에서 부채는 평균적으로 연간 20%씩 증가했다. 이것은 수출에서의 연간 순증가액이 16%였고 GNP의 연간 성장률이 12%였던 것과 비교하면 매우 빠른 속도이다. 외채는 1972년 110억 달러에서 1982년 거의 8,000억 달러로 증가했다(Bonefeld, 1995d: 82). 1979년 이후 선진국의 통화주의 정책에 의한 고금리는 제3세계 채무국들에서 외채를 첨예한 유동성 위기의 원천으로 바꾸었다. 그리고 국제적 유동성 위기는 현금에 대한 국제적 수요를 더욱 증가하게 했고, 이는 국제 금융 및 신용 체계의 취약성을 증대시켰다. 외채를 상환하기 위해서 어떻게든 수출을 해야 한다는 압박과 사회적 긴장의 고조는 폴란드(1981), 아르헨티나(1982), 멕시코(1982)로 하여금 '지급 불능'(insolvency)을 선언하도록 강제했다. 이러한 채무국의 위기는 화폐의 국제적 유출과 은행에 대한 압박을 통해 선진국들에게로 부메랑이 되어 되돌아왔다. 채권자인 선진국 초국적 은행들의 위기로 전화한 것이다.

마침내 멕시코가 1982년 디폴트(채무 불이행)의 위기에 처하게 되어 국제금융시스템이 붕괴 위기로 내몰리자 미국은 긴축통화정책을 포기하고 이자율을 대폭 인하하며 신용팽창에 호소할 수밖에 없었다. '대공황'의 위험은 통화팽창에 의해서만 회피될 수 있었다. 멕시코 등 제3세계의 외채위기는 제3세계 노동자·민중에게 빈곤과 궁핍을 부과하는 데 있어서 일정한 한계를 의미한다. 즉, 노동자·민중의 저항에 의해 부과되는 한계가 제3세계 외채위기로 표출되었고, 이는 선진국 초국적 은행들의 위기로 확산되어 세계금융체계의 위기로 발전했던 것이다. "통화긴축 정책의 부과는 화폐 자신의 전제조건, 즉 노동의 생산적 활동을 파괴할 위험이 있었다. ……국제신용관계의 붕괴에 직면해서 경제정책으로서의 통화주의는 축적과 위기의 새로운 투기적 지연을 통해 노동을 봉쇄하면서 재정 재분배 정책과 신용팽창 정책으로 중도에 대체되었다. ……케인스주의의 재정 및 신용 팽창주의의 재도입을 가져왔다"(Bonefeld, 1995d: 83).

멕시코의 1982년 외채위기 이후의 사태 전개는 좀 더 자세히 살펴볼 필요가 있다. 제3세계 나라들이 신자유주의 시대에 처한 상황의 전형(典型)이기 때문이다. 외채위기에 대해 선진국 초국적 은행들은 처음에는 1985년 베이커 플랜(Baker Plan)을 통해 채무재조정을 시도하나 실패했고, 1989년 브래디 플랜(Brady Plan)에 따라 부채를 포트폴리오투자로 전환하는 부채-주식 스왑 거래(debt-equity swap)를 도입했다. 초국적 은행들은 이자의 3분의 1을 탕감해주는 선에서 손실을 최소화하고 미국 정부, IMF, 세계은행 등에 의해 채권을 보호받았다(Strange, 1999: 96).

외채는 눈덩이처럼 불어났다. 1980년 502억 달러(GDP 대비 27.7%), 1982년 876억 달러(GDP 대비 87.6%), 1986년 1,005억 달러(GDP 대비 74.3%), 1992년 1,175억 달러(GDP 대비 40.3%), 1996년 1,690억 달러(GDP 대비 56.3%)에 이르렀다(이성형, 1998: 56, 193). 1982년 외채위기 이후 IMF, 미 재무부, 초국적 은행들에 의해 외채

의 원리금 상환을 위해 강요된 안정화 정책과 구조조정[251]은 멕시코의 노동자계급의 생활수준을 급격히 악화시켰다. 1982~1998년의 16년간 성장률은 연평균 1.6%, 1인당 GDP는 1998년도 수준이 1980년 대비 21.3% 감소했다(이성형, 1998: v-vi). 총고용의 60%는 비공식부문(불안정 고용 및 실업)이 담당하고 40%(민간대기업 18%, 국가부문 22%)만을 공식부문이 차지하고 있다. 최저생계비 수준의 저임금층이 총고용인구의 60.42%에 이르렀고, 1982~1993년 사이에 실질임금은 67%가 감소했다. 실질최저임금은 1997년에 1982년보다 72%나 줄어들었다(이성형, 1998: 194~196).

결국 멕시코는 1982년 외채위기를 계기로 개방체제와 신자유주의 구조조정으로 나아가면서 초국적 자본 – 특히 미국계 – 의 국제하청으로 편입된 저임금 체제 – 선진국의 '유연화 착취관계'와 구별되는 '유연화 초과착취 관계'라 부를 수 있는 체제 – 가 강화되는 한편, 초국적 자본의 금융투기판으로 전락했다.[252] 그리고 멕시코를 중심으로 한 중남미 채무국들의 1980년대 구조조정 경험은 1990년 초국적 자본 세력에 의해 '워싱턴 컨센서스(Washington Consensus)'로 정식화되어 이후 동유럽의 체제전환국들, 동아시아 및 동남아시아 등 제3세계 나라들에 대한 신자유주의 구조조정의 전범으로 활용되었다.

그런데 1994년 북미자유무역협정(NAFTA)의 발효에 맞춘 멕시코 원주민 농민들의 무장봉기 – 싸빠띠스따 민족해방군(EZLN) – 는 초국적 자본과 멕시코 정부의 신자유주의 정책에 의한 공유지 사유화를 거부하는 투쟁으로서 멕시코 페소화 위기를 초래했다. 그리고 페소화의 위기는 1995년 멕시코의 외채위기를 촉발해 국제금융시스템 위기로까지 발전했으며 1982년보다 더 큰 규모의 미국의 구제금융에 의해 구제되었다(Holloway, 2000). 싸빠띠스따 봉기는 멕시코 내의 반신자유주

---

251) 1982년 이후 멕시코는 네 번에 걸친 IMF와의 협정, 580억 달러에 달하는 협조융자, 그리고 부채 구성을 6번이나 재편하면서 초국적 은행들에게 1,682억 6,800만 달러의 이자를 지불했다. 이러한 외채이자 지불금액은 1998년까지의 누적외채 1,600억 달러를 상회하는 액수이다(이성형, 1998: v). 제3세계 채무국 전체로 보면, 1982~1990년 개도국에 유입된 총자원은 9,270억 달러에 달했고, 이 기간 개도국들의 외채상환금(원리금)은 1조 3,450억 달러였음에도 불구하고 채무국 전체의 외채규모는 1990년에 1982년보다 61%나 증가했다(George, 1992: 22~23).

252) 1989년 자본시장의 전면개방 이후 멕시코에 유입된 외국자본의 70%는 포트폴리오 투자 형태로 들어왔다. 그래서 초국적 금융자본뿐만 아니라 멕시코 토착 독점자본도 생산적 축적보다는 금융적 축적에 몰두했다(이성형, 1998: 70~85).

의 투쟁과 운동을 확산시키며 기존의 어용노조체계에 맞선 자주적이고 변혁지향적인 노동운동·민중운동을 복원시키는 영향을 미쳤다(이성형, 1998: 185~280).

전반적으로 제3세계의 외채위기를 매개로 강제된 긴축정책과 신자유주의 구조조정은 한편으로 초과착취관계를 강화시키는 제3세계의 '재식민지화'를 통해 제3세계 경제를 '지구적 자본주의'에 철저하게 통합시켰고, 다른 한편으로 신자유주의적 자본주의의 모순을 가장 집약적으로 표출시킴에 따라 제3세계에서 반정부 폭동 형태의 사회적 저항을 야기했다.253) 그래서 제3세계에서의 노동자·민중의 저항은 주로 외채위기 → 세계금융위기의 형태로 간헐적으로 '지구적 자본주의'의 축적위기로 표출되었다.

이처럼 '지구적 자본주의'의 모순이 제3세계에서 가장 집약적으로 표출되고 있고, 인간적 생존의 위기로 내몰린 제3세계 노동자·민중의 저항이 갈수록 대중적으로 확산될 뿐 아니라 민중봉기와 같은 변혁적 형태로 격화됨에 따라 제3세계 국가는 '경제외적 강제'에 의해서만 계급적 지배를 유지할 수 있게 되고 있다.254) 그리고 제3세계 노동자·민중의 이러한 저항은 제3세계의 제국주의적 지배를 위한 제국주의 나라들, 특히 미국의 직접적인 정치·군사적 개입을 강화시키고 있다.255) 제국주의의 제3세계에 대한 정치·군사적 개입의 증가는 부채를 매개로 제3세계에서 생산된 잉여가치의 지대적 수탈을 보장하기 위한 것이고, 이러한 수탈은 더 이상 '경제적 강제'를 통해서 이루어질 수 없고 '경제외적 강제'를 통해서만 이루어질 수 있는 신자유주의적 자본주의, 즉 '지구적 자본주의'의 현실을 그대로 드러낸 것이다.

한편 제국주의 독점자본이 초국적 자본 또는 '지구적 자본'으로 발전하고, 따라서 신자유주의적 세계화에 의해 '지구적 자본주의'로 발전하는 과정에서 기존의 국제기구들 ─ GATT, IMF, 세계은행, UN, NATO 등 ─ 역시 전형되었다. 하나의 총체

---

253) 1980년대 후반과 1990년대 초에 대규모 폭력사태가 발생한 제3세계 15개국, 주로 아프리카와 중남미 나라들에 대한 간략한 정리는 조지(George, 1992: 293~296)를 참조.

254) 1994년 멕시코 치아파스 주의 원주민 농민들인 싸빠띠스따 민족해방군의 무장봉기는 그 대표적인 사례이다. 이에 대해 초국적 자본 세력은 멕시코 정부에게 군대를 동원한 무력진압을 요구했다(Holloway, 2000).

255) 예컨대 1990년대 이후 21세기 초에 이르기까지 중남미 나라들에 대한 미국 제국주의의 정치·군사적 공세의 강화에 대해서는 페트라스(Petras, 2001; 2002)를 참조.

로서의 유기적 체계가 발전하는 과정에서 "사회의 모든 요소를 자신에게 복속시키거나, 또는 자신이 아직 결여하고 있는 기관을 사회로부터 창출"(Marx, 1976a I권: 282)하듯이, 국제적 국가체계를 구성하는 국제기구들의 내용과 형태가 전형되는 것이다. 가장 중요한 변화는 케인스주의 시대 브레턴우즈 체제의 골간을 이루었던 IMF와 세계은행이 초국적 자본의 제3세계에 대한 경제적 착취·수탈을 집행하는 기관으로 그 역할과 기능이 전형된 것이었다. 국제무역질서인 GATT 체제는 강제력을 가지고 제3세계의 시장개방을 집행하는 역할을 주 임무로 하는 WTO 체제로 개편되었다. 또한 초국적 자본의 생산적·금융적 축적을 세계적 차원에서 조율하고 제3세계를 지배하기 위해 필요한 수많은 기구들이 강화되거나 창설되었다. 선진국 채권국들의 모임인 파리클럽, 선진국 정상회담인 G7, 초국적 자본의 사교모임인 '다보스 포럼(Davos Form)', 국제신용평가기관 등이다.

이처럼 '지구적 자본주의'의 제국주의적 성격은 신자유주의적 세계화를 통해 대폭 강화되었고, 제3세계에 대한 제국주의적 지배를 공동으로 관리하기 위한 국제기구들의 발전을 가져왔다. 물론 이러한 과정은 미국계 초국적 자본과 미국의 정치·군사력에 의해 주도되었기 때문에, 미국의 헤게모니를 강화하는 과정이기도 했다. 제국주의 나라들 간의 경쟁과 협력의 모순적 과정에서 세계적 차원에서는 경쟁보다는 협력이 주요 측면으로 작용했다. 이는 주로 '지구적 자본' 형태 때문이다. 고전적 제국주의 시대의 배타적·적대적 경쟁과는 달리 '지구적 자본주의'는 초국적 자본의 제3세계 나라들에 대한 공동지배에 훨씬 더 큰 이해관계를 가지고 있기 때문이다. 이것은 한편으로 제3세계 나라들이 '신식민지' 형태라는 형태적 자율성을 유지하고 있는 상태에서 '경제적 재식민지화' 형태로 재식민지화가 이루어지기 때문에 제국주의 나라들 간의 공존이 가능하고, 다른 한편 미국의 헤게모니가 1990년대 이후 다시 강화되면서 제국주의 간 경쟁이 제약되기 때문에 가능했다.

그러나 1990년대 중반 이후 세계적 차원에서 신자유주의적 세계화에 대한 노동자·민중의 투쟁이 확산, 격화되기 시작하면서 제국주의 나라들 간의 경쟁적 측면이 강화되는 추세이다. 특히 1997년 동아시아 경제위기 이후 '지구적 자본주의'가 위기양상을 표출하기 시작하고, 이에 대한 초국적 자본 세력의 대응방식이 제3세계에 대한 '경제적 재식민지화'의 강화로 나타나고, 제3세계에 대한 침략전쟁 형태로 표출되면서 제국주의 나라들 간의 갈등이 커져가는 양상으로 나타나고 있다.

어쨌든 신자유주의적 국가형태의 '탈정치화' 전략과 '수탈국가'적 성격은 제국주의/제3세계 관계에서 지배/예속관계가 재강화되면서 훨씬 더 노골적으로 나타나고 있다. 앞서 분석했듯이, 제3세계 나라들의 국가형태는 식민지·신식민지의 경우에도 '정치와 경제의 분리'라는 자본주의의 고유한 현상이 왜곡·굴절되어 나타났다. 정치와 경제의 그러한 '형태적 분리'보다는 '내용적 통일'을 훨씬 더 노골적으로 드러내는 경향이 있었다. 제3세계 나라들의 초과착취관계를 재생산하기 위해 '경제외적 강제'의 사용이 불가피했기 때문이다. 그런데 신자유주의 시대로 들어오면, 제국주의/제3세계의 지배/예속관계는 부채와 금융시장을 매개하는 형태를 취한다. 이것은 제국주의의 제3세계에 대한 '탈정치화' 전략이라고도 할 수 있다. 지배/예속관계의 '경제화'·'시장화'로서, 외관상으로는 경제적 지배/예속관계, 즉 경제적 재식민지화 형태를 취하기 때문이다. 그러나 그것의 내용은 이자나 금융이득을 통한 잉여가치의 이전이기 때문에 '수탈'적 성격이 더욱 강화된다.

제국주의/제3세계 관계에서 한편으로 제국주의 나라들의 '수탈국가'적 성격이 강화되고, 동시에 제3세계 나라들의 국가형태에서도 '수탈국가'적 성격이 강화된다. 즉, 제국주의·제3세계 나라들 모두의 국가형태에서 '수탈국가'적 성격이 강화되는 것이다. 이는 제국주의 나라들 내부에서의 '수탈국가'적 성격보다 훨씬 더 강력하게 나타난다. 이러한 성격은 '지구적 자본주의'가 위기 양상을 드러내기 시작한 1990년대 말경부터 제3세계 나라들에 대한 침략전쟁이 자행되는 현실에서 적나라하게 입증되고 있다.

따라서 '지구적 자본주의'의 상부구조인 신자유주의적 국가형태의 정당성 위기는 제국주의/제3세계 관계에서 훨씬 더 첨예하게 드러나고 제3세계 나라들의 반신자유주의, 반세계화, 반제국주의 투쟁, 더 나아가 반자본주의 투쟁이 제국주의 나라들에서보다 더 대중적이고 더 급진적인 형태로 발전하고, 앞으로 더욱 급진화될 것으로 예상된다.

## 4) 소결

제4장 제2절에서는 1970년대의 자본축적의 위기 속에서 전개된 격렬한 계급투쟁의 결과, 1980년대 초반을 전환점으로 한, 자본의 신자유주의 공세가 자본의 일

방적 우위를 확보하는 새로운 계급 역관계를 구성했다고 보고, 1980년대 이후의 세계자본주의를 '케인스주의적 자본주의'와 구별되는 '신자유주의적 자본주의'로 파악하고 분석했다.

신자유주의 시기로의 전형을 초래한 계급 역관계의 역전과 자본의 일방적 우위의 역관계는 1970년대 이래의 자본의 재구조화 공세에 의해 구성되었다. 이 공세는 조직된 노동운동 세력에 대한 무력화 공세에서는 자본의 '탈집중화 전략'이 주요한 역할을 했고, 복지국가에 대한 해체공세에서는 금융자본의 국제적 운동이 주요한 역할을 했다. 특히 자본의 '탈집중화 전략'은 1980년대 이후 정보통신기술을 활용한 생산의 유연화와 세계화 공세로서 계급 역관계의 역전을 가져오고 그 것을 고착화시키는 데 결정적 역할을 했고, 정보기술혁명을 활용한 생산과정의 전형을 토대로 계급 역관계를 역전시켰다.

자본의 이러한 재구조화 공세는 '유연화' 공세로 개념화할 수 있다. 자본의 반격과 공세의 초점이 케인스주의적 사회형태의 '경직성', 즉 조직된 노동자계급의 힘에 기초한 사회적 규제를 파괴하는 것이기 때문이다. 따라서 공격의 초점은 조직된 노동자계급의 힘을 무력화시키는 것과 제도화된 사회적 규제를 폐지하는 것이었다. 전자는 생산과정에 대한 유연화 공세로 표현되었고, 후자는 탈규제·자유화·사유화 등으로 표현되었다. 자본의 '유연화' 공세의 모델은 일본적 생산방식, 즉 '도요타주의'였다.

자본은 조직된 노동자계급의 힘을 무력화시키고 노동자계급의 투쟁을 봉쇄하기 위해 생산과정에 컴퓨터를 도입하면서 자동화와 노동조직의 재편성을 추구했다. 즉, '기술적 생산관계'를 변화시켰다. 특히 정보기술혁명을 이용한 노동조직의 재편성이 중요했다. 이는 노동과정 및 고용의 탈집중화와 노동과정 내부의 직무 재편성을 가져왔다. 그 가운데서도 가장 중요한 것이 노동과정의 탈집중화로서 외주·하청이었다. 노동과정·고용·임금 등에서의 다양한 유연화 공세는 노동자계급을 투쟁에서 패배시키는 한편 조직적으로 해체시키고, 나아가 계급으로서 존재하지 못하도록 완전하게 분해하려는 전략적 대응이었고, 이는 노동자계급에게 불안정, 굴욕 및 엄격한 노동규율을 강요함으로써 착취를 강화하는 '유연화-착취' 전략이었다.

생산의 세계화는 자본의 유연화 공세의 구체적 표현이었고, 다른 한편 경쟁의 격화가 초래한 '시장지향' 형태의 세계화에서 비롯되었다. 유연화 형태와 시장지향 형태의 세계화는 상호 강화하면서 동시에 추진되었다. 그것은 세계화와 권역화(또는 지역화)의 동시 진행으로 표현되었다. 이러한 생산의 유연화·세계화는 세계 노동자계급의 경쟁을 강화시켜 노동조건의 하향평준화를 관철시켰다. 생산의 유연화·세계화에 따라 출현한 네트워크 생산, 네트워크 기업이 바로 초국적기업이다. 그러나 생산의 세계화와 권역화가 제국주의 자본의 국적성을 뛰어넘는 것은 아니다. 초국적기업의 초국적성은 형태상의 특징에 불과하다. 즉, '기술적 생산관계'의 초국적성이다. 각국의 '사회적 생산관계'의 국적성은 사라지지 않는다. 생산의 유연화·세계화는 제3세계의 초과착취관계를 전제한 것이고 또한 요구하고 있다. 또한 제국주의 자본의 국적성도 제국주의 자본 간 경쟁과 그것의 표현인 3극을 중심으로 형성된 권역화에서 그 존재를 확인해주고 있다. 요컨대 제국주의/신식민지 관계에 의한 세계적 차원에서의 계급관계의 위계적 편성은 생산의 세계화·권역화에 의해 해체되고 동질화되는 것이 아니라 그 위계화와 차별화를 더욱 고착시키고 강화한다.

자본의 유연화·세계화 공세는 동시에 노동자계급에 대한 성·인종·연령 등을 이용한 차별화 전략이기 때문에 노동자계급의 양극화·파편화를 초래했다. 이에 따라 불안정고용·저임금의 비정규직 형태가 급증하고, 여성·소수 인종·청년 노동자들이 주로 이러한 초과착취 형태의 차별화의 대상이다. 노동자계급의 이러한 차별적 양극화는 각국 내부에서, 그리고 동시에 세계적 차원에서 분배의 양극화, 즉 불평등의 심화로 나타났다.

1980년대를 거치면서 자본의 유연화·세계화 공세는 자본의 일방적 우위의 계급 역관계를 정착시켰고, 1989~1991년 소련 및 동구권의 붕괴에 의해 한층 더 힘을 얻게 되었으며, 1990년대 전반은 자본의 일방적인 '신자유주의적 세계화'가 거침없이 전면화되었다. 이러한 자본의 '신자유주의적 세계화'는 1990년대 후반부터 노동자계급의 반격을 불러일으켰고, 그에 따라 세계적 차원에서 계급투쟁이 다시 격화되었으며, 1990년대 말경에는 다시 자본축적의 위기에 빠지게 된다.

1980년대에 구성된 계급 역관계와 계급투쟁의 '경제적 형태'로서 드러난 신자유주의적 자본축적 형태의 주요 특징으로 네 가지를 제시했다.

첫째, 자본의 유연화·세계화 공세는 '지구적 자본'의 출현으로 표현되고, 자본 간 경쟁의 중층적 형태를 통해 과잉설비·과잉생산의 조건을 형성한다.

둘째, 자본의 일방적 우위의 계급 역관계가 부과하는 노동자계급의 궁핍화는 세계적 차원에서 수요 성장의 둔화와 저성장을 초래하며, 수출지향적 축적형태와 국민국가 간 경쟁을 강제한다.

셋째, 자본의 유연화·세계화 공세 및 복지국가 해체공세는 노동자계급의 저항 때문에 일정한 한계를 갖게 된다. 그것은 한편으로 통화주의 정책의 후퇴로서의 케인스주의적 신용팽창 정책의 재도입과 그에 따른 기업과 가계의 부채경제화를 초래하고, 다른 한편으로 자본의 '금융적 축적' 전략을 강제하는 것으로 나타난다.

넷째, 자본의 유연화·세계화 공세와 복지국가 해체공세는 직접금융시장의 발달을 가져오는 한편, 자본은 유연화·세계화 공세와는 구별되는 노동자계급의 저항을 회피하기 위한 '도주전략'으로서 '금융적 축적' 전략을 추구한다. 이에 따라 한편으로 세계적 범위의 장기침체와 과잉설비·과잉생산이, 다른 한편으로 부채경제화와 금융적 축적의 가속화 및 생산적 축적으로부터의 분리, 그리고 그에 따른 금융불안정이 신자유주의적 자본축적 형태의 주요 모순으로 나타난다.

신자유주의적 자본축적 형태의 네 가지 특징은 신자유주의 시대 가치법칙의 역사적 현상형태에 독특한 특징을 부여한다. 잉여가치의 주요한 수취형태가 '지구적 자본'에 의해 지대(地代) 형태를 취하게 된다. 이에 대한 주요 근거로 세 가지를 제시할 수 있다.

첫째, 신자유주의 시대 금융적 축적의 급속한 성장에 따른 결과, 생산된 잉여가치가 금융시장에서 '금융이득', 즉 금융지대 형태로 수취된다. 둘째, 자본의 유연화·세계화 공세와 그에 따른 '지구적 자본'은 그 자체 위계화된 국제적 네트워크 기업형태를 취하지만, 동시에 국내외적 하청네트워크와 전략적 제휴관계 등을 통해 지배·종속되는 기업에서 생산된 잉여가치를 수탈한다. 셋째, 정보기술혁명을 토대로 신자유주의 시대 주도산업으로 등장한 정보통신산업에서 가장 전형적으로 나타나고, 일반적으로 정보기술혁명이라는 생산력 발전의 결과 생산된 잉여가치가 지적 재산권과 같은 독점에 의한 독점지대로 수취된다.

이처럼 신자유주의 시대 초국적 자본은 지구적 생산관계를 통해 직접적으로 착취할 뿐만 아니라 동시에 다른 자본에 의해 생산된 잉여가치를 다양한 형태로 수탈하고 있다. 자본의 세계화가 이루어질수록 세계적 독과점을 통한 잉여가치의 이전은 더욱 커질 것이다. 그래서 초국적 자본은 세계화의 진전에 강력한 이해관계를 갖는다.

한편, 자본주의적 국가 역시 자본의 공세에 의해 재구조화됨으로써 케인스주의적 국가형태는 신자유주의적 국가형태로 전형되었다. 따라서 케인스주의적 국가형태에 대한 공격으로 이루어진 국가영역에서의 이러한 계급투쟁의 주요한 네 가지 계기에 의해 신자유주의적 국가형태의 기본특징이 구성되었다.

첫째, 자본의 유연화·세계화 공세는 '정치적 형태'에서는 자본운동에 대한 모든 사회적 규제의 철폐공세로 표현되었다. 통화주의, 긴축정책, 불황유발정책 등 다양한 이름으로 불리는 자본의 정치적 공세의 핵심은 케인스주의의 핵심인 완전고용정책의 포기이다.

둘째, 자본의 이러한 통화주의 공세를 관철시키기 위해서는 노동자계급에 대한 더욱 공세적인 공격이 요구되었고, 다른 한편 노동자계급의 저항을 분쇄하기 위한 치안의 강화를 필요로 했다. 신자유주의적 국가형태는 반노동적 정책과 제도 변화를 가져왔다. 신자유주의적 국가형태는 계급관계 재생산의 위기에 대응해 계급지배를 위한 '경제외적 강제'로서의 국가권력의 폭력적 성격을 그 중립적 외관을 넘어서 직접적으로 드러내는 경향을 강화시킨다.

셋째, 노동규율을 확립하기 위한 '정치적 형태'에서의 노동자계급에 대한 직접적 공격으로서 사회적 임금을 축소하기 위한 복지국가 해체공세가 일관되게 수행된다. 사회복지 지출의 삭감 공세와 사회복지 지출 삭감의 일환으로서 사유화가 대대적으로 추진되었다. 사회적 서비스를 시장화함으로써 의료·교육·노인복지·사회부조 등 '사회적 서비스'에 대한 '정치적 조절'을 '시장적 조절'로 대체시키려고 한다.

넷째, 노동자계급에 대한 '정치적 형태'에서의 직접적인 공격과는 정반대로 자본에 대한 국가의 일방적 지원은 더 직접적인 형태로 이루어지고 있다. 주로 자본과 부유층에 그 혜택이 돌아가는 조세감면, 기술개발에 대한 직접적 국고지원 등 자본에 대한 직접적 지원으로 나타났다. 그리고 개발된 기술혁신에 대한 '지적 재산권'의 부과를 통해 기술혁신을 촉진하고 보호한다.

신자유주의적 국가형태의 이상의 네 가지 특징은 국가운영 원리로서의 '정치적 조절'을 폐기하고 '시장적 조절'의 도입으로 요약할 수 있다. 국가의 이러한 '시장화' 또는 '자본화' 과정의 특징은 '탈정치화 전략'으로 개념화될 수 있다. 노동자계급의 국가권력에 대한 정치적 영향력을 제거하기 위해 국가운영 원리로서의 '정치적 조절' 대신에 '시장적 조절'을 도입함으로써 국가운영에 시장규율을 부과하는 것이 신자유주의적 국가형태의 핵심을 이루기 때문이다.

그러나 국가의 '시장화' 또는 '자본화'로 요약되는 '탈정치화' 전략은 통치기술적 차원에서의 이데올로기적 조작에도 불구하고 그 정당성에서 매우 취약하다. 즉, 신자유주의적 국가형태는 정당성 위기에 쉽게 직면하게 되고, 이 점이 신자유주의적 국가형태의 주요 모순으로 나타난다. '국가의 자본화'가 전면화될수록 계급모순은 매개형태 없이 그대로 표출된다. 이것은 자본주의의 계급모순이 단선적으로 격화될 수 있는 가능성을 의미한다. 그럴 경우 계급모순은 폭력적으로 억압되거나 아니면 노동자계급의 투쟁에 의해 체제변혁으로 나아갈 수밖에 없게 된다.

신자유주의적 국가형태의 이러한 정당성 위기는 신자유주의적 자본축적 형태의 역사적 특징에 의해 더욱 강화된다. 신자유주의적 자본축적을 주도하는 '지구적 자본'이 생산된 잉여가치의 이전을 통한 독점지대적 수탈에 의존하는 경향이 강화될수록 자본주의적 계급관계의 재생산을 유지하기 위한 '경제외적 강제'로서의 국가폭력은 더욱더 노골적으로 행사된다. 선진국 내부의 일국적 차원에서의 국가폭력뿐만 아니라 제국주의/제3세계 관계에서도 '경제외적 강제'로서의 군사·정치적 개입이 강화된다. 이처럼 '지구적 자본'의 지대적 수탈을 보장하기 위해 요구되는 '경제외적 강제'가 강화됨에 따라 신자유주의적 국가형태는 '수탈국가'로서의 약탈적 성격이 강화되었다.

따라서 자본주의 세계체제, 즉 '지구적 자본주의'는 신자유주의적 세계화가 진전될수록 정당성 위기에 빠진다. 세계적 범위에서의 '유연화-착취 및 초과착취'에 더해 지대적 수탈이 강화되기 때문이다. 이것의 실천적 함의는 세계적 차원에서의 계급투쟁의 격화와 함께 체제변혁적 요구가 대중적으로 제기될 가능성이 커진다는 것이다.

제국주의 자본의 반격과 공세는 제3세계와의 관계에서 직접적인 변화를 초래했다. 경제적 신식민주의의 내용을 변화시킨 크게 세 가지의 계기가 작용했다. 첫째, 제국주의 독점자본의 유연화·세계화 공세에 따른 초국적 자본의 제3세계로의 생산기지 이전, 둘째, 초국적 자본의 금융화 축적 전략에 따른 제3세계로의 대부자금 유입, 셋째, 1980년대 초반 제3세계 외채위기를 계기로 한 신자유주의적 구조조정 공세. 이러한 세 계기를 통해 제국주의/식민지 관계로 표현되는 국가 간 지배/예속관계는 재강화되었다. 한마디로 제3세계는 '재식민지화'되었다.

제3세계는 1970년대 이래 제국주의 자본의 유연화·세계화 공세와 금융적 축적 전략에 따라 '지구적 자본주의'로 통합되기 시작해 1980년대 외채위기를 결정적 계기로 해서 '지구적 자본주의'에 전면적으로 통합되었다. 이후 제3세계에는 외채위기를 계기로 초국적 자본 세력에 의한 신자유주의적 구조조정 공세가 반복·심화되었고, 그것의 결과는 '경제적 재식민지화'였다. 케인스주의 시대 세계적 차원의 계급 역관계에 의해 확보되었던 '신식민지'로서의 형태적 자율성을 다시 상실하게 된 것이다.

전반적으로 제3세계의 외채위기를 매개로 강제된 긴축정책과 신자유주의 구조조정이 초과착취관계를 재강화시킴에 따라 제3세계에서 반정부 폭동 형태의 사회적 저항을 야기했다. 그래서 제3세계에서의 노동자·민중의 저항은 주로 외채위기 → 세계금융위기의 형태로 간헐적으로 '지구적 자본주의'의 축적위기로 표출되었다. 제3세계 노동자·민중의 저항이 확산·격화됨에 따라 제3세계의 제국주의적 지배를 위한 제국주의 나라들, 특히 미국의 직접적인 정치·군사적 개입이 강화되고 있다. 따라서 '지구적 자본주의'의 상부구조인 신자유주의적 국가형태의 정당성 위기는 제국주의/제3세계 관계에서 훨씬 더 첨예하게 드러나고 있다.

제5장

# 요약 및 결론

이 책은 현대자본주의인 '지구적 자본주의'를 이론적으로 해명하기 위해 조절이론, 브레너의 '국제적 경쟁' 이론, 자율주의의 '제국' 이론 등 세 이론을 비판적으로 검토하는 한편, 마르크스의 역사유물론적 방법론에 입각해 '정치경제학 비판'을 확장해서 자본주의적 국가와 세계시장에 대한 이론화를 시도하고, 이를 토대로 1970년대 이후의 현대자본주의의 전형을 비판적으로 재구성하고자 했다.

특히 구조주의적 방법론이 현실 분석에서 왜곡과 편향은 물론이고, 실천적 함의에서 개량주의적 일탈이나 경제주의·정치주의 등 온갖 편향을 가져오는 이론적 토대가 되고 있다는 판단에서 구조주의적 방법론을 발본적으로 극복하고자 했다. 이를 위해 필자는 기존 마르크스주의 전통에서 크게 주목받지 못한 마르크스의 물신주의(fetishism) 비판에 주목하고, 물신주의 비판을 자본주의 분석 방법론의 기초로 삼아 이론적 재구성을 시도했다.

분석 결과는 다음과 같이 요약할 수 있다.

1. 마르크스의 역사유물론적 방법론이라 할 수 있는 '형태 분석'과 '사회적 구성'의 관점에서 마르크스의 '정치경제학 비판'을 독해할 때 마르크스의 노동가치론의 의의가 재평가될 수 있다. 물신주의 비판이 마르크스의 '정치경제학 비판'의 중심적 방법론이라면, 노동가치론은 자본주의 분석과 비판의 중심 개념이자 기초이다. 자본주의 사회에서 '작동 중의 추상(abstraction in action)'으로서 가치의 자기증식운동, 즉 자본운동은 자본주의 사회를 하나의 총체로 통일시키고 끊임없이 변

혁해가는 원동력으로 현상한다. 이에 따라 자본은 가치증식이라는 사회조직 원리의 '자동적 주체'로 현상한다. 그러나 이것은 전도(顚倒)된 현실이다.

이 전도된 현실을 뒤집어보면, 자본이란 자본/임노동관계라는 특정한 사회적 생산관계이고, 이 관계는 시초축적이란 역사적 계급투쟁을 통해 성립되었으며, 노동력의 상품형태를 통한 착취라는 계급지배의 역사적 형태이다. 즉, 전(前) 자본주의 시대의 인격적 예속관계와 구별되는 지배/예속관계의 자본주의적 형태이다. 자본축적이란 자본/임노동관계의 확대재생산으로서, 가치형태를 통해 전 사회를 자본주의적 관계로 포섭하고 종속시키는 과정이다. 이 과정에서 지배/예속관계의 확대재생산은 자본주의적 관계가 취하는 상품형태(가치형태)의 물신주의로 인해 객체적 조건과 제약의 지배 − 세계시장, 가격변동, 경기순환 및 공황 등 자연법칙과 같은 '맹목적인 필연성'에 의한 지배 − 를 통해 이루어진다. 그러나 이러한 모든 '기만적 외관'은 자본주의적 사회관계의 상품형태(가치형태)에서 비롯된 것이고, 자본축적 과정은 그 가치형태적 외관에도 불구하고 자본/임노동관계의 적대적 모순에 의해 추동된다. 이것이 마르크스가 가치형태 분석을 통해 얻은 결론이다.

또한 '형태 분석'과 '사회적 구성'의 관점에 입각할 때 자본/임노동관계를 모순적인 내적 관계로 이론화할 수 있다. 자본주의적 생산관계에서의 노동형태, 즉 임노동의 모순적인 존재형태는, 임노동이 사회의 구성력임에도 불구하고 자본의 가치증식 욕구에 종속된 '추상노동' 형태로 실존하는 것으로 표현된다. 목적의식적 활동으로서의 구체노동이 사회구성력으로서의 인간활동을 표현한다면, 가치증식의 수단으로서의 추상노동은 인간활동이 자본의 한 구성요소, 즉 가변자본으로 존재함을 표현한다.

따라서 추상노동으로 표현되는 임노동의 모순적 존재형태, 자본의 내부에 자본의 일부로서만 존재하는 노동 개념은 인간활동의 '소외되고 강제되며 끝없는 노동'으로의 전형을 의미한다. 이러한 의미에서 임노동의 모순은 임노동 내부의 인간과 자본(또는 자본관계) 사이의 모순이라 할 수 있다. 자본주의 사회관계 속에서 임노동자는 인간적 활동과 인간적 욕구라는 유(類)적 존재 규정과, 가변자본으로서의 소외되고 강제된 노동 및 노동력 재생산 수준의 제한된 욕구충족이라는 임노동 형태의 존재 규정 사이의 모순 속에서 존재한다. 임노동자의 이러한 모순적 존재 규정이 임노동자 편에서 본 계급투쟁의 근거이다. 자본주의 사회에서 임노동자가 투쟁하는 것은 임노동의 형태규정이 유적 존재로서의 인간을 부정하고 억압하기 때문이고, 따라서 임노동자의 투쟁은 본질적으로 비인간화에 대한 저항이다. 임노동자의 투쟁이 비인간화에 대한 저항이라는 의미에서 임노동자의 투쟁은 반(反)임노동 투쟁이다.

노동이 자본 내부의 존재라는 노동의 모순적 존재형태는 동시에 자본의 모순적 존재형태를 전제하고 있다. 자본은 노동과 분리되어 실존할 수 없다. 자본의 노동에 대한 이러한 의존은 가변자본으로서의 노동력의 상품형태 규정에서 비롯하는 것으로, 임노동의 노동일이 필요노동과 잉여노동으로 구성되는 것으로 표현된다. 즉, 잉여노동은 노동일 가운데 필요노동을 초과한 부분으로서만 현존할 수 있다. 자본은 임노동과의 관계에서 잉여노동을 추출하는 한에서만 자본일 수 있다. 따라서 자본의 목적은 잉여노동이지만, 그 잉여노동은 필요노동을 전제하고 있다. 노동력의 상품형태에 따른 필요노동과 잉여노동의 이러한 모순적 관계를 근거로 마르크스는 '자본은 살아 있는 모순'이라고 규정한다.

따라서 자본은 필요노동에 대한 반정립으로 현존함과 동시에, 필요노동의 부과 속에서, 그리고 그것을 통해서만 현존한다. 이 모순은 '자본주의적 생산관계의 상품형태'라는 상품형태 규정에 의해 발생하는 내용과 형태의 모순으로 볼 수 있다. 즉, 잉여노동 강탈이라는 계급지배로서의 내용과 노동력 상품의 교환이라는 형태 사이의 모순인 것이다. '개방적' 마르크스주의는 필요노동과 잉여노동 간의 모순적 관계에 근거해 자본을 하나의 구조 또는 구조화된 실재로 파악하는 것을 비판하면서 '자본은 계급투쟁이다'는 명제를 올바로 제시한다. 자본은 자본/임노동의 사회적 관계이고, 따라서 계급투쟁으로 현존하는 모순적 존재이다. 그리고 이러한 모순 때문에 자본은 잉여노동을 증대시키기 위해 필요노동과 잉여노동 간의 관계를 끊임없이 변혁하도록 내몰린다.

요컨대 자본주의적 사회관계의 가치형태 규정으로 인해 임노동, 자본 모두 모순적 존재양식으로 현존하고, 자본/임노동관계의 내적인 모순적 운동이 자본축적의 형태를 구성한다. 자본/임노동관계는 외적으로 대립하는 것이 아니라 그것이 취하는 가치형태 때문에 분리될 수 없이 상호의존하면서 상호대립·투쟁하는 모순적인 내적 관계에 있다.

자본/임노동관계를 이처럼 내적 관계로 파악하는 이론화는 현대자본주의에서 자본축적 형태의 전형과, 자본축적과 계급투쟁의 연관을 내적 관계로 분석하는 중요한 기초가 된다. 또한 구조/행위의 이원론에 입각한 구조주의적 접근방법에 대한 근본적 비판과 대안을 제시한다. 구조주의적 접근방법은 자본/임노동관계를 외재적 관계로 이론화한다. 구조/행위의 이원론에서 문제의 원천은 구조와 행위에 대한 이론화 자체가 구조/행위를 내적 관계로 연관시킬 수 있는 여지를 봉쇄하고 어떻게 연관시키든 외적 관계일 수밖에 없게 만든다는 점에 있다. 자본/임노동관계의 내재적 관계는 구조와 행위를 분리시켜 별도로 파악할 수 없게 만듦으로써 구조/행위 이원론을 근본적으로 극복한다.

2. 마르크스는 『독일 이데올로기』에서 정립한 역사유물론의 중심범주인 토대/상부구조를 『자본론』에서 자본주의적 계급관계의 '경제적 형태'/'정치적 형태'의 구분과 연관으로 더욱 발전시킨다. 자본주의적 생산관계의 경제적 형태가 '경제적 강제'를 낳고, 이 '경제적 강제'를 토대로 자본주의적 생산관계의 정치적 형태가 성립된다는 것이다. 그럼으로써 자본주의적 생산관계의 경제적 형태는 계급관계의 정치적 형태(즉, 국가형태)의 토대로 된다. 요컨대 자본주의 생산양식에서 자본주의적 관계의 경제적 형태는 직접적으로 그 정치적 형태의 토대로 되는 것이 아니라 '경제적 강제'를 매개로 해서 정치적 형태의 토대로 된다.

그런데 이 '경제적 강제' 개념은 물신주의를 표현한 것으로 해석할 수 있다. '경제적 강제' 개념은 '물질적 의존관계'가 의식형태에 반영된 것에 불과한 것이다. '경제적 강제'는 저절로 확보되지 않고, 그러한 기만적 의식형태를 가능하게 하는 조건으로서 '물질적 의존관계' – 달리 표현하면 자본주의적 계급관계 – 를 전제하고 있다.

'경제적 강제'는 지배/예속관계로서의 계급관계에 필연적으로 요구되는 '강제'의 물신화된 형태일 뿐 아니라 '경제외적 강제'를 완전하게 대체하지도 않는다. 따라서 불완전한 '경제적 강제'를 보완하기 위해 필연적으로 '정치적 형태'의 '강제'가 요구된다. 자본주의적 계급관계의 정치적 형태가 '경제적 강제'를 매개해서 정립된다는 것은 정치적 형태의 내용규정이 '경제적 강제'의 전제인 '물질적 의존관계'를 확보하는 것을 의미한다. 따라서 자본주의적 국가의 내용규정, 즉 역할과 기능은 '물질적 의존관계'의 확보, 즉 자본주의적 사회관계의 사회적 재생산으로 일반적으로 규정된다.

한편 '경제적 강제' 개념을 '물신주의 비판'적 관점에서 독해할 때, 자본주의적 국가의 형태와 내용 간의 모순, 그리고 그에 따른 국가역할의 한계 문제를 개념적으로 파악할 수 있다. 자본주의적 국가의 형태와 내용 간의 모순은 모든 사회구성원의 '환상적 공동체'로서의 국가형태와 자본가계급의 계급지배 도구로서의 국가의 성격 간의 모순이다. 즉, 계급관계 및 계급투쟁으로부터의 자립성과 중립성이라는 국가의 형태규정과, 자본가계급의 계급지배를 위해 계급관계 및 계급투쟁에 개입해야 하는 국가의 내용규정 간의 모순이다. 모순의 핵심은 자본가계급의 국가를 통한 계급지배가 자동적으로 보장되지 않는다는 점이다. 왜냐하면 계급지배 자체가 국가기구 안에서 '정치적 형태'의 계급투쟁을 통해서만 관철될 수 있기 때문이다. 계급투쟁에 의한 계급 간 역관계의 변화가 자본주의 국가의 역사적 형태의 끊임없는 전형(轉形), 즉 국가 기능의 역사적 변화·발전을 가져오는 과정은 바로 자본주의 국가의 형태와 내용의 모순적 운동을 통해서이다.

3. 국제적 국가체계 구성과정의 핵심인 제국주의/식민지 관계는 자본/노동관계의 지구적 확장, 즉 자본주의적 관계의 지구적 총체화 과정에서 구성된 국가 간 지배/예속관계로 볼 수 있다.

첫째, 자본주의적 제국주의는 역사적으로 19세기 말~20세기 초에 출현한 현상으로 특정화되어야 한다.

둘째, 19세기 말~20세기 초 제국주의의 출현은 선진 자본주의 국가들 내부의 계급투쟁 및 계급 역관계의 변화에 의해 추동된 것이었다. 제국주의는 이 시기 대불황 속에서의 '경제적 형태' 및 '정치적 형태'의 계급투쟁 과정에서 계급대치의 수세에 몰린 자본과 국가에 의해 추구된 전략이었다. 총체적 계급관계의 위기와 계급적 압력하에서 발생한 과잉자본의 출구로서 이루어진 자본수출이 자본주의적 생산관계의 이식·창출로서 제국주의의 핵심이다.

셋째, 제국주의/식민지는 기본적으로 국가 간 지배/예속관계이고, 이러한 '경제외적 강제'를 통해 식민지에서 자본주의적 관계를 창출하는 과정이었으며, 그것은 식민지 초과착취와 초과이윤으로 현상했다.

넷째, 제국주의/식민지 또는 중심/주변의 부등가교환 역시 국가 간 지배/예속관계를 토대로 한 상품교환관계를 통해 이루어진다. 제국주의 나라들에 의한 식민지 나라들의 '착취'가 자본주의적 상품관계를 통해 일상적으로 이루어진다.

다섯째, 제국주의/식민지 관계는 세계적 차원의 계급 역관계의 변화에 따라 이후 제국주의/신식민지 관계로 그 형태는 변화하나 국가 간 지배/예속관계는 여전히 관철되고 있다. 따라서 제국주의/식민지 관계는 일회적·일시적 관계가 아니라 19세기 말 이래 자본주의 세계체계의 국가 간 지배/예속관계로서 질적 규정성을 획득하고 있다.

결론적으로 국가 간 지배/예속관계로서의 제국주의/(신)식민지 관계는 제국주의 국가들 내부의 계급관계와 식민지·신식민지 국가들 내부의 계급관계를 각각 착취관계와 초과착취관계로 차별적으로 규정한다. 따라서 국제적 국가체계는 동질적인 국민국가들을 계기로 해서 구성되는 것이 아니라 질적으로 차별화된 제국주의/(신)식민지 국가들로 이분할되어 구성된다고 할 수 있다.

4. 세계화 논쟁의 쟁점은 이론적으로 국민경제와 국민국가 사이의 관계로 요약될 수 있다. 이 문제는 바로 마르크스의 '정치경제학 비판 체계 플랜' 후반부의 연관을 밝히는 핵심 문제이기도 하다. 국민경제와 국민국가의 관계는 세계시장과 국민경제의 관계, 국제적 국가체계와 국민국가의 관계, 세계시장과 국제적 국가체계의 관계 등에 대한 이론화를 통해서 파악될 수 있다.

마르크스의 세계시장 개념은 자본주의 생산양식에 의해 생산된 상품시장으로서의 세계시장이고, 자본주의적 생산의 내적 필연성에 따라, 그리고 경쟁을 통해 모든 전(前) 자본주의적 생산양식을 파괴하며, 모든 개인으로 하여금 욕구를 충족하는 데 있어 세계 전체에 의존하도록 만드는 세계시장이다. 따라서 세계적 범위에서의 상품교환관계로서의 세계시장은 표층, 즉 형태규정인 것이고, 그것이 내포하고 있는 심층, 즉 그것이 표현하고 있는 내용은 자본주의 생산양식의 확산, 세계적 범위에서의 사회적 분업의 발달, 그리고 이에 조응하는 '끊임없이 확대되고 풍부해지는 욕구체계' 등이다. 따라서 마르크스에게 세계시장은 자본주의적 생산의 총체, 따라서 잉여가치 생산과 실현의 총체를 구성하는 개념이다. 달리 말하면, 세계시장은 자본주의적 계급관계의 '경제적 형태'의 총체를 구성하는 개념이다.

마르크스의 '시민사회' 또는 '부르주아 사회' 개념은 기본적으로 국민국가를 단위로 한 국민적 시민사회가 아니라 세계시장을 가리키는 세계시민사회, 세계 부르주아 사회를 의미한다. 가치운동은 세계적 범위에서 하나의 총체를 구성하고, 따라서 가치법칙은 비록 현실적 제약에 따라 수정되더라도 세계시장 차원에서 성립되고 관철된다. 따라서 세계시장은 분리된 국민국가들 또는 국민경제들의 총합이 아니다. 국제적 분업에 의해 내적으로 통일된 계기들로서의 국민경제들이 세계시장에서 하나의 총체를 구성하고 있다.

마르크스의 '부르주아 사회를 총괄하는 형태'로서의 추상적 국가형태 규정은 기본적으로 국민국가형태에 그대로 적용된다. 자본주의적 계급관계의 '정치적 형태'는 세계국가형태가 아니라 국민국가형태로 총괄된다. '부르주아 사회의 총괄'이 국민국가형태로 이루어질 수밖에 없는 것은 자본주의적 계급관계의 '정치적 형태'가 비록 물신화되어 추상적 개인들의 '환상적 공동체'로 나타나지만, 사물들 사이의 관계가 아니라 사람들 사이의 관계이기 때문이다. 따라서 '정치적' 계급투쟁은 기본적으로 국민국가형태 안에서 법률, 제도, 정책, 선거 등을 통해 이루어지거나 국가혁명으로 표출된다.

이처럼 자본주의적 계급관계의 '경제적 형태'가 총체를 구성하는 세계시장과 그 '정치적 형태'가 총괄되는 국민국가형태는 그 포괄범위가 일치하지 않는다. 여기서 '국민경제'와 '국제적 국가체계' 문제가 제기된다. 자본주의 세계는 하나의 유기적 총체를 구성하고 있고, 그것의 토대가 '경제적 형태'의 총체로서의 세계시장이다. 그러나 세계시장이라는 토대에 입각한 상부구조는 세계국가가 아니라 '국제적 국가체계'이다. 왜냐하면 자본주의적 계급관계의 '정치적 형태'는 세계국가형태가 아니라 국민국가형태로 총괄되기 때문이다. 세계시장의 구성과정은 동시에 제국주의/식민지 관계를 중심으로 한 '국제적 국가체계'의 구성과정이다.

그런데 세계시장의 구성이라는 이러한 가치의 총체화 운동과정에서 국민국가형태에 조응하는 것으로 '국민적' 토대인 '국민경제' 개념이 등장한다. 이 '국민경제' 개념은 물신적 개념, 즉 기만적 의식형태이다. '환상적 공동체'로서의 국민국가형태가 그에 상응하는 '경제적 형태'로서의 '국민경제'라는 기만적 의식형태를 낳는다. 따라서 '국민경제'가 가치운동의 총체를 구성하는 것으로 나타난다. 또한 국민국가들이 독자적인 것으로 파악되어 국민국가들 간 관계가 외적 관계로 이론화되듯이, '국민경제들'도 독자적인 것으로 파악되어 '국민경제들' 간의 관계 역시 외적 관계로 이론화된다. 그렇게 되면 세계시장은 독자적인 '국민경제들'의 외적 결합 이상으로 이론화될 수 없게 된다. 그러나 실제로는 '국민경제들'이 분리되어 존재하고 외적으로 관계하는 것이 아니라, 분리되어 있지 않고 내적으로 통일되어 세계시장을 구성하고 있다.

요컨대 국민경제와 국민국가의 관계는 단선적·일방적 관계가 아니라 세계시장 및 국제적 국가체계에 의해 매개되는 상호 작용하는 복합적 관계이다. 국민경제는 세계시장의 분리될 수 없는 한 계기로서 구성되고, 동시에 세계시장을 토대로 구성된 국제적 국가체계에 의해 규정되는 국민국가의 반작용을 받는다. 국민경제는 세계시장이라는 '경제적 형태'와 국민국가라는 '정치적 형태'에 의해 동시에 매개되어 구성된다.

5. 역사적 맥락에서 1945년 전후의 계급 역관계를 평가하면, 장기적으로는 19세기 말 이래 노동자계급의 공세가 지속되는 과정에서 노동자계급이 러시아와 제3세계 일부지역의 혁명투쟁에서는 승리하고, 선진국에서는 패배하는 양면적 상황이 이 시기의 세계적 계급 역관계를 규정하고 있다. 따라서 제2차세계대전을 전후한 시기의 계급 역관계는 상반된 평가가 제기될 정도로 양면성을 지닌다. 이는 계급적 적대와 세력균형을 동시에 표현하는 전후 냉전체제의 정립에서 압축적으로 드러났다. 사회주의 진영의 등장은 자본주의 세계시장의 축소를 의미할 뿐 아니라 자본/노동의 적대적 대립이 냉전체제라는 외부화된 대립으로 정립되었음을 의미했다.

'케인스주의적 복지국가'와 장기호황이라는 모순적 현상 ─ 노동자계급의 복지증대와 높은 이윤율 및 축적률의 공존이라는 점에서 ─ 은 이 시기의 모순적 계급 역관계의 표현이었다. 즉, 기본적으로 전 세계 노동자·민중의 혁명적 진출과 공세에 대한 자본의 전략적 대응으로 구성된 계급 역관계와 세력균형을 반영한 것이었다. 따라서 자본주의 세계 내부의 혁명적 세력에 대한 탄압과 노동자계급의 체제 내 포섭이라는 양면 전략은 사회주의진영과의 적대적 대립 속에 있었던 이 시기 자본가계급의 기본 전략이었다. 헤게모니 국가로서의 미국의 유럽 및 일본 등 선진국들과 제3세계의 신생독립국들에 대한 세계전략을 규정한 것도 이것이었고, 선진국 자본가계급의 국내전략의 기본도 이것이었다. 자본의 이러한 전략적 대응과 그에 따른 계급투쟁이 전후 장기호황의 자본축적 형태 및 국가형태를 기본적으로 규정했다.

장기호황 또는 고도성장이라는 균일적 외관의 이면에 있는 모순적이고 역동적 인 계급투쟁의 과정에 대해 세 가지 가설을 제시할 수 있다.

첫째, 이 시기 안정적이고 지속적인 자본축적의 토대를 이룬 것으로 평가되고 있는 단체교섭 제도의 정착은 모순적이고 복합적인 계급 역관계의 산물이었다. 노동자계급의 일방적 공세의 산물도 아니고 노동자계급의 패배에 따른 체제내화 의 산물도 아니었다. 패배와 승리가 중첩된 모순적 계급 역관계, 즉 역사적 세력 균형의 표현이었다. 임금-생산성 연동제나 임금-물가 연동제는 이러한 세력균형 ― 세력관계의 현상유지 지향 ― 을 상징한다.

둘째, 자본의 높은 이윤율을 장기간 가능하게 한 여러 조건 가운데 가장 결정적 으로 작용한 조건은 단체교섭 제도에 의한 노사관계의 안정화나 산업예비군 효과 가 아니라 성·인종 차별을 이용한 노동력의 차별적 재구성이었다. 단체교섭 제도 가 정착할 수 있었던 것은 그 제도에 의해 혜택을 받을 수 있는 노동자계급이 백인 남성 노동자로 제한되었기 때문이다. 즉, 여성과 비백인 소수 인종은 그 제도로부 터 배제되었다. 또 선진국들에서 급속한 자본축적 과정에서 산업예비군이 고갈되 었음에도 불구하고 자본의 높은 이윤율이 지속될 수 있었던 것도 여성과 소수 인 종에 대한 초과착취 때문이었다.

셋째, 냉전체제의 강제로 인한 자본주의 국가의 '통합주의 전략' 때문에 자본축 적 과정에서 발생하는 모순이 국가에 전가될 수 있었던 것이 고도축적의 장기화 를 가능케 했다. 특히 자본에 의한 노동력의 차별적 재구성에 따른 모순은 이들 차별당한 노동자계급의 투쟁에 의해 복지국가로 전가되었다. 자본축적에서의 모 순이 복지국가의 모순으로 치환되었던 것이다. 이 차별화 모순은 케인스주의적 복지국가를 구성하는 주요한 한 계기로 작용했을 뿐 아니라 나중에 복지국가의 위기 자체가 자본축적의 위기를 촉발하는 계기로 작용하게 만들었다.

이 시기의 계급 역관계는 자본가계급에게 '통합주의 전략' 또는 '정치화 전략'을 강제했고, 그 결과 계급투쟁의 역동적 과정을 통해 '복지국가'가 구성되었다. 냉전 체제로 상징되는 계급관계의 위기 또는 적대적 불안정이 '정치적 국가'의 경제 또는 시민사회에 대한 개입을 초래한 것인데, 내용적으로는 '경제적 형태'의 계급관계에 대한 '시장적 조절'이 아닌 '정치적 조절'의 도입이었다. 그리고 그러한 정치적 조절의 핵심은 단체교섭의 제도화에서 드러나듯이, '통합주의 전략'이었다. 계획화는 통합주의 전략의 여러 수단 가운데 하나의 수단에 불과하다. '케인스주의적' 복지국가는 자본가계급의 일방적인 전략으로 단선적으로 관철되었던 것이 아니라 계급투쟁에 의해 구성되었다. 특히 '케인스주의적' 자본축적 형태의 모순, 즉 조직화된 노동자계급뿐만 아니라 배제되고 차별된 하층 노동자계급의 투쟁이 국가형태로 전가 또는 치환되면서 '복지국가'의 내용이 구성되었다.

한편, 냉전체제로 상징되는 이 시기의 계급 역관계는 세계적 차원에서는 헤게모니 국가 미국의 세계전략으로서의 브레턴우즈 체제를 통해 관철되었다. 브레턴우즈 체제는 미국 헤게모니를 반영한 달러 헤게모니와 국민경제를 세계시장에서의 자본운동으로부터 일정하게 격리시키려는 전략으로 구성되었다. 즉, 노동자계급의 투쟁을 봉쇄하기 위해 미국 경제에 기초해서 일국 차원의 케인스주의적 축적형태를 국제적으로 보장하는 것이었다.

또한 이 시기의 계급 역관계는 제3세계에 대해 '반혁명전략'과 '자본주의화 전략'이라는 '신식민주의 전략'을 강제했다. 신식민주의 전략은 적대적인 사회주의 진영에 맞서 제국주의 세력이 한편으로는 제3세계의 민족해방투쟁 역량을 봉쇄하고(반혁명전략), 다른 한편으로는 제3세계 나라들을 자본주의 체제로 편입시키기 위한 전략(자본주의화 전략)이다. 한마디로, 형식적으로는 정치적 독립을 허용하면서 제3세계 내부에 종속적·매판적 자본가계급을 육성해 자본주의 세계체계에 붙들어두려는 전략이었다. 이러한 신식민주의에서 핵심적인 것은 제3세계 나라들이 정치적 독립에도 불구하고 경제적으로 제국주의적 지배/예속관계에서 벗어나지 못했다는 점이다.

경제적 신식민주의에서는 식민지 초과착취관계를 유지하면서 자본/노동관계를 확대시키는 것, 그리고 그를 통한 신식민지 토착자본가계급을 육성하는 것이 핵심이었다. 이것은 '경제적 강제'를 통해 가능했다. 즉, 이미 식민지 시절 정립된 국제분업체계를 통해 한편으로는 남북교역관계에 의해서 경제적 지배/예속관계가 유지될 수 있었고, 다른 한편으로는 해외직접투자의 형태로 미국 자본이 직접 진출함으로써 제3세계 경제에 대한 지배를 강화시켰다. 이러한 과정을 통해 제3

세계에서의 초과착취관계는 유지되었다. 그리고 초과착취관계에 필수적인 정치적 억압은 권위주의적 형태로 재편되었다.

그러나 제3세계의 자본주의화, 즉 자본축적은 제한적일 수밖에 없었다. 초과착취관계로 인해 국내소비가 근본적으로 제약되었고, 토착 부르주아의 경우 제국주의로의 가치이전으로 자본축적 자체가 일정하게 제한되었기 때문이다. 따라서 이 시기 신식민주의는 안정적으로 유지되기 어려웠다. 제3세계의 이러한 사회경제적 조건은 계급투쟁을 격화시켰다. 베트남 민족해방투쟁을 필두로 한 이 시기 제3세계의 계급투쟁은 세계적 계급 역관계를 변화시킨 주요 추동력으로 작용했다.

6. 케인스주의적 자본주의의 위기는 노동자계급 투쟁의 격화에 따라 케인스주의적 자본축적 형태와 국가형태의 상호 규정을 통한 모순적 운동이 더욱 심화되면서 이윤율 저하와 복지국가의 위기라는 형태로 표출되었다.

1968년 '유럽 혁명'을 전환점으로 해서 세계적 계급 역관계가 변화하기 시작했고 선진국 내부에서는 나라별로 치열한 계급투쟁이 전개되었다. 계급투쟁 과정은 자본축적 형태에서의 모순이 모두 국가형태로 전가되어 집중되었고, 그래서 국가정책을 둘러싼 계급투쟁으로 나타났다. 이러한 투쟁은 선진국 가운데 영국에서 가장 전형적으로 나타났다. 특히 인플레이션의 가속화, 정부의 소득정책(임금억제정책) 및 재정지출의 확대 등을 매개로 노자 간에 투쟁이 격화되었으며, 그 과정에서 '케인스주의적' 자본축적 형태와 국가형태의 모순을 더욱 첨예화시켰다. 마침내 1973년 오일쇼크가 촉발제로 작용해 1974~1975년 세계적 공황이 발생했고, 불황 속에서 계급투쟁은 더욱 격화되었다. 자본축적 위기의 현상형태는 침체 속의 인플레이션 현상(스태그플레이션)과 국가의 재정위기, 그리고 브레턴우즈 체제의 붕괴 등으로 나타났다.

이 계급투쟁에서 자본의 대응전략은 한편으로 '탈집중화' 전략을 통해 노조의 힘을 무력화하는 것이었고, 다른 한편으로 복지국가의 해체 전략이었다. 노자 간의 '경제적 형태'의 계급투쟁은 1970년대 전체에 걸쳐 치열하게 전개되었고, 대체로 1979년 2차 오일쇼크 이후의 불황 속에서 자본가계급의 반격에 의해 노동자계급의 패배가 현실적으로 명확하게 드러났다. 그러나 이러한 노동자계급의 패배는 한 번의 투쟁에서의 패배가 아니라 1970년대 전반에 걸친 자본의 '탈집중화 전략'

에 의한 계급 역관계의 변화에 기초한 것이었다. 이러한 계급 역관계의 변화에 의해 자본은 1960년대 말부터 분출된 노동자계급의 공세를 분쇄하는 한편, 1980년대에 전면적인 재구조화 공세로 나아감으로써 자본의 일방적 우위의 계급 역관계를 정착시키게 된다. 이 점에서 1980년대 초반은 하나의 전환점이 되었다.

케인스주의적 국가형태에 대한 자본가계급의 반격은 1974~1975년 세계공황 이후 완전고용을 목표로 한 케인스주의적 재정·금융정책의 포기와 통화주의적 긴축정책으로의 전환, 복지국가의 축소 공세로 표현되었다. 자본의 이러한 반격은 외환투기에 의한 국제적 자본운동을 통해 이루어졌다. 미국의 경우 1975~1976년의 뉴욕 시 재정위기를 계기로 해서 복지국가 해체공세가 본격화되었다. 이러한 재정위기를 계기로 금융자본에 의한 '시장적 조절'을 통해 지방정부의 긴축정책, 즉 사회복지 감축으로의 전환이 이루어졌다. 자본에 의한 케인스주의적 복지국가의 전반적인 해체공세는 1980년대부터 본격적으로 이루어졌다. 브레턴우즈 체제의 붕괴 이후 활발해진 자본의 국제적 이동, 즉 초국적 자본의 운동이 케인스주의적 복지국가의 해체를 강제했다.

요컨대 1970년대 케인스주의의 위기에 직면해 자본은 '탈집중화 전략'이나 국제적 자본운동 등 새로운 전략으로 케인스주의를 공격하고 긴축정책과 복지국가 해체공세를 구사한 반면, 노동자계급 ─ 특히 노조운동 및 노동자정당의 상층부 ─ 은 케인스주의를 유지·급진화시키는 '낡은' 전략으로 대응함으로써 계급투쟁에서 패배했다고 할 수 있다.


7. 신자유주의 시기로의 전형을 초래한 계급 역관계의 역전과 자본의 일방적 우위의 역관계는 1970년대 이래의 자본의 재구조화 공세에 의해 구성되었다. 이 공세는 조직된 노동운동 세력에 대한 무력화 공세에서는 자본의 '탈집중화 전략'이 주요한 역할을 했고, 복지국가에 대한 해체공세에서는 금융자본의 국제적 운동이 주요한 역할을 했다. 특히 자본의 '탈집중화 전략'은 1980년대 이후 정보통신기술을 활용한 생산의 유연화와 세계화 공세로서 계급 역관계의 역전을 가져오고 그것을 고착화시키는 데 결정적 역할을 했고, 정보기술혁명을 활용한 생산과정의 전형을 토대로 계급 역관계를 역전시켰다.

자본의 이러한 재구조화 공세는 '유연화' 공세로 개념화할 수 있다. 자본의 반격과 공세의 초점이 케인스주의적 사회형태의 '경직성', 즉 조직된 노동자계급의 힘에 기초한 사회적 규제를 파괴하는 것이기 때문이다. 따라서 공격의 초점은 조직된 노동자계급의 힘을 무력화시키는 것과 제도화된 사회적 규제를 폐지하는 것이었다. 전자는 생산과정에 대한 유연화 공세로 표현되었고, 후자는 탈규제·자유화·사유화 등으로 표현되었다. 자본의 '유연화' 공세의 모델은 일본적 생산방식, 즉 '도요타주의'였다.

자본은 조직된 노동자계급의 힘을 무력화시키고 노동자계급의 투쟁을 봉쇄하기 위해 생산과정에 컴퓨터를 도입하면서 자동화와 노동조직의 재편성을 추구했다. 즉, '기술적 생산관계'를 변화시켰다. 특히 정보기술혁명을 이용한 노동조직의 재편성이 중요했다. 이는 노동과정 및 고용의 탈집중화와 노동과정 내부의 직무 재편성을 가져왔다. 그 가운데서도 가장 중요한 것이 노동과정의 탈집중화로서 외주·하청이었다. 노동과정·고용·임금 등에서의 다양한 유연화 공세는 노동자계급을 투쟁에서 패배시키는 한편 조직적으로 해체시키고, 나아가 계급으로서 존재하지 못하도록 완전하게 분해하려는 전략적 대응이었고, 이는 노동자계급에게 불안정, 굴욕 및 엄격한 노동규율을 강요함으로써 착취를 강화하는 '유연화-착취' 전략이었다.

생산의 세계화는 자본의 유연화 공세의 구체적 표현이었고, 다른 한편 경쟁의 격화가 초래한 '시장지향' 형태의 세계화에서 비롯되었다. 유연화 형태와 시장지향 형태의 세계화는 상호강화하면서 동시에 추진되었다. 그것은 세계화와 권역화(또는 지역화)의 동시 진행으로 표현되었다. 이러한 생산의 유연화·세계화는 세계 노동자계급의 경쟁을 강화시켜 노동조건의 하향평준화를 관철시켰다. 생산의 유연화·세계화에 따라 출현한 네트워크 생산, 네트워크 기업이 바로 초국적기업이다. 그러나 생산의 세계화와 권역화가 제국주의 자본의 국적성을 뛰어넘는 것은 아니다. 초국적기업의 초국적성은 형태상의 특징에 불과하다. 즉, '기술적 생산관계'의 초국적성이다. 각국의 '사회적 생산관계'의 국적성은 사라지지 않는다. 생산의 유연화·세계화는 제3세계의 초과착취관계를 전제한 것이고 또한 요구하고 있다. 또한 제국주의 자본의 국적성도 제국주의 자본 간 경쟁과 그것의 표현인 3극을 중심으로 형성된 권역화에서 그 존재를 확인해주고 있다. 요컨대 제국주의/신식민지 관계에 의한 세계적 차원에서의 계급관계의 위계적 편성은 생산의 세계화·권역화에 의해 해체되고 동질화되는 것이 아니라 그 위계화와 차별화를 더욱 고착시키고 강화한다.

자본의 유연화·세계화 공세는 동시에 노동자계급에 대한 성·인종·연령 등을 이용한 차별화 전략이기 때문에 노동자계급의 양극화·파편화를 초래했다. 이에 따라 불안정고용·저임금의 비정규직 형태가 급증하고, 여성·소수 인종·청년 노동자들이 주로 이러한 초과착취 형태의 차별화의 대상이다. 노동자계급의 이러한 차별적 양극화는 각국 내부에서, 그리고 동시에 세계적 차원에서 분배의 양극화, 즉 불평등의 심화로 나타났다.

1980년대를 거치면서 자본의 유연화·세계화 공세는 자본의 일방적 우위의 계급 역관계를 정착시켰고, 1989~1991년 소련 및 동구권의 붕괴에 의해 한층 더 힘을 얻게 되었으며, 1990년대 전반은 자본의 일방적인 '신자유주의적 세계화'가 거침없이 전면화되었다. 이러한 자본의 '신자유주의적 세계화'는 1990년대 후반부터 노동자계급의 반격을 불러일으켰고, 그에 따라 세계적 차원에서 계급투쟁이 다시 격화되었으며, 1990년대 말경에는 다시 자본축적의 위기에 빠지게 된다.

8. 1980년대에 구성된 계급 역관계와 계급투쟁의 '경제적 형태'로서 드러난 신자유주의적 자본축적 형태의 주요 특징으로 네 가지를 제시할 수 있다.

첫째, 자본의 유연화·세계화 공세는 '지구적 자본'의 출현으로 표현되고, 자본 간 경쟁의 중층적 형태를 통해 과잉설비·과잉생산의 조건을 형성한다.

둘째, 자본의 일방적 우위의 계급 역관계가 부과하는 노동자계급의 궁핍화는 세계적 차원에서 수요 성장의 둔화와 저성장을 초래하며, 수출지향적 축적형태와 국민국가 간 경쟁을 강제한다.

셋째, 자본의 유연화·세계화 공세 및 복지국가 해체공세는 노동자계급의 저항 때문에 일정한 한계를 부과받게 된다. 그것은 한편으로 통화주의 정책의 후퇴로서의 케인스주의적 신용팽창 정책의 재도입과 그에 따른 기업과 가계의 부채경제화를 초래하고, 다른 한편으로 자본의 '금융적 축적' 전략을 강제하는 것으로 나타난다.

넷째, 자본의 유연화·세계화 공세와 복지국가 해체공세는 직접금융시장의 발달을 가져오는 한편, 자본은 유연화·세계화 공세와는 구별되는 노동자계급의 저항을 회피하기 위한 '도주전략'으로서 '금융적 축적' 전략을 추구한다. 이에 따라 한편으로 세계적 범위의 장기침체와 과잉설비·과잉생산이, 다른 한편으로 부채경제화와 금융적 축적의 가속화 및 생산적 축적으로부터의 분리, 그리고 그에 따른 금융불안정이 신자유주의적 자본축적 형태의 주요 모순으로 나타난다.

한편, 신자유주의적 자본축적 형태의 네 가지 특징은 신자유주의 시대 가치법칙의 역사적 현상형태에 독특한 특징을 부여한다. 잉여가치의 주요한 수취형태가 '지구적 자본'에 의해 지대(地代) 형태를 취하게 된다. 이에 대한 주요 근거로 세 가지를 제시할 수 있다.

첫째, 신자유주의 시대 금융적 축적의 급속한 성장에 따라 생산된 잉여가치가 금융시장에서 '금융이득', 즉 금융지대 형태로 수취된다.

둘째, 자본의 유연화·세계화 공세와 그에 따른 '지구적 자본'은 그 자체 위계화된 국제적 네트워크 기업 형태를 취하지만, 동시에 국내외적 하청 네트워크와 전략적 제휴관계 등을 통해 지배·종속되는 기업에서 생산된 잉여가치를 수탈한다.

셋째, 정보기술혁명을 토대로 신자유주의 시대 주도산업으로 등장한 정보통신산업에서 가장 전형적으로 나타나고, 일반적으로 정보기술혁명이라는 생산력 발전의 결과 생산된 잉여가치가 지적 재산권과 같은 독점에 의한 독점지대로 수취된다.

이처럼 신자유주의 시대 초국적 자본은 지구적 생산관계를 통해 직접적으로 착취할 뿐만 아니라 동시에 다른 자본에 의해 생산된 잉여가치를 다양한 형태로 수탈하고 있다. 자본의 세계화가 이루어질수록 세계적 독과점을 통한 잉여가치의 이전은 더욱 커질 것이다. 그래서 초국적 자본은 세계화의 진전에 강력한 이해관계를 갖는다.

9. 자본주의적 국가 역시 자본의 공세에 의해 재구조화됨으로써 케인스주의적 국가형태는 신자유주의적 국가형태로 전형되었다. 따라서 케인스주의적 국가형태에 대한 공격으로 이루어진 국가영역에서의 이러한 계급투쟁의 주요한 네 가지 계기에 의해 신자유주의적 국가형태의 기본특징이 구성되었다.

첫째, 자본의 유연화·세계화 공세는 '정치적 형태'에서는 자본운동에 대한 모든 사회적 규제의 철폐공세로 표현되었다. 통화주의, 긴축정책, 불황유발정책 등 다양한 이름으로 불리는 자본의 정치적 공세의 핵심은 케인스주의의 핵심인 완전고용정책의 포기이다.

둘째, 자본의 이러한 통화주의 공세를 관철시키기 위해서는 노동자계급에 대한 더욱 공세적인 공격이 요구되었고, 다른 한편 노동자계급의 저항을 분쇄하기 위한 치안의 강화를 필요로 했다. 신자유주의적 국가형태는 반노동적 정책과 제도 변화를 가져왔다. 신자유주의적 국가형태는 계급관계 재생산의 위기에 대응해 계급지배를 위한 '경제외적 강제'로서의 국가권력의 폭력적 성격을 그 중립적 외관을 넘어서 직접적으로 드러내는 경향을 강화시킨다.

셋째, 노동규율을 확립하기 위한 '정치적 형태'에서의 노동자계급에 대한 직접적 공격으로서 사회적 임금을 축소하기 위한 복지국가 해체공세가 일관되게 수행된다. 사회복지 지출의 삭감 공세와 사회복지 지출 삭감의 일환으로서 사유화가 대대적으로 추진되었다. 사회적 서비스를 시장화함으로써 의료·교육·노인복지·사회부조 등 '사회적 서비스'에 대한 '정치적 조절'을 '시장적 조절'로 대체시키려고 한다.

넷째, 노동자계급에 대한 '정치적 형태'에서의 직접적인 공격과는 정반대로 자본에 대한 국가의 일방적 지원은 더 직접적인 형태로 이루어지고 있다. 주로 자본과 부유층에 그 혜택이 돌아가는 조세감면, 기술개발에 대한 직접적 국고지원 등 자본에 대한 직접적 지원으로 나타났다. 그리고 개발된 기술혁신에 대한 '지적 재산권'의 부과를 통해 기술혁신을 촉진하고 보호한다.

신자유주의적 국가형태의 이상의 네 가지 특징은 국가운영 원리로서의 '정치적 조절'을 폐기하고 '시장적 조절'을 도입한 것으로 요약할 수 있다. 국가의 이러한 '시장화' 또는 '자본화' 과정의 특징은 '탈정치화 전략'으로 개념화될 수 있다. 노동자계급의 국가권력에 대한 정치적 영향력을 제거하기 위해 국가운영 원리로서 '정치적 조절' 대신에 '시장적 조절'을 도입함으로써 국가운영에 시장규율을 부과하는 것이 신자유주의적 국가형태의 핵심을 이루기 때문이다.

그러나 국가의 '시장화' 또는 '자본화'로 요약되는 '탈정치화' 전략은 통치기술적 차원에서의 이데올로기적 조작에도 불구하고 그 정당성에서 매우 취약하다. 즉, 신자유주의적 국가형태는 정당성 위기에 쉽게 직면하게 되고, 이 점이 신자유주의적 국가형태의 주요 모순으로 나타난다. '국가의 자본화'가 전면화될수록 계급모순은 매개형태 없이 그대로 표출된다. 이것은 자본주의의 계급모순이 단선적으로 격화될 수 있는 가능성을 의미한다. 그럴 경우 계급모순은 폭력적으로 억압되거나 아니면 노동자계급의 투쟁에 의해 체제변혁으로 나아갈 수밖에 없다.

신자유주의적 국가형태의 이러한 정당성 위기는 신자유주의적 자본축적 형태의 역사적 특징에 의해 더욱 강화된다. 신자유주의적 자본축적을 주도하는 '지구적 자본'이 생산된 잉여가치의 이전을 통한 독점지대적 수탈에 의존하는 경향이 강화될수록 자본주의적 계급관계의 재생산을 유지하기 위한 '경제외적 강제'로서의 국가폭력은 더욱더 노골적으로 행사된다. 선진국 내부의 일국적 차원에서의 국가폭력뿐만 아니라 제국주의/제3세계 관계에서도 '경제외적 강제'로서의 군사·정치적 개입이 강화된다. 이처럼 '지구적 자본'의 지대적 수탈을 보장하기 위해 요구되는 '경제외적 강제'가 강화됨에 따라 신자유주의적 국가형태는 '수탈국가'로서의 약탈적 성격이 강화되었다.

따라서 자본주의 세계체제, 즉 '지구적 자본주의'는 신자유주의적 세계화가 진전될수록 정당성 위기에 빠진다. 세계적 범위에서의 '유연화 착취 및 유연화 초과착취'에 더해 지대적 수탈이 강화되기 때문이다. 이것의 실천적 함의는 세계적 차원에서의 계급투쟁의 격화와 함께 체제변혁적 요구가 대중적으로 제기될 가능성이 커진다는 것이다.


10. 제국주의 자본의 반격과 공세는 제3세계와의 관계에서 직접적인 변화를 초래했다. 경제적 신식민주의의 내용을 변화시킨 크게 세 가지의 계기 – 첫째, 제국주의 독점자본의 유연화·세계화 공세에 따른 초국적 자본의 제3세계로의 생산기지 이전, 둘째, 초국적 자본의 금융화 축적 전략에 따른 제3세계로의 대부자금 유입, 셋째, 1980년대 초반 제3세계 외채위기를 계기로 한 신자유주의적 구조조정 공세 – 가 작용했다. 이러한 세 계기를 통해 제국주의/식민지 관계로 표현되는 국가 간 지배/예속관계는 재강화되었다. 한마디로 제3세계는 '재식민지화'되었다.

제3세계는 1970년대 이래 제국주의 자본의 유연화·세계화 공세와 금융적 축적 전략에 따라 '지구적 자본주의'로 통합되기 시작해 1980년대 외채위기를 결정적 계기로 해서 '지구적 자본주의'에 전면적으로 통합되었다. 이후 제3세계에는 외채위기를 계기로 초국적 자본 세력에 의한 신자유주의적 구조조정 공세가 반복·심화되었고, 그것의 결과는 '경제적 재식민지화'였다. 케인스주의 시대 세계적 차원의 계급 역관계에 의해 확보되었던 '신식민지'로서의 형태적 자율성을 다시 상실하게 된 것이다.

전반적으로 제3세계의 외채위기를 매개로 강제된 긴축정책과 신자유주의 구조조정이 초과착취관계를 재강화시킴에 따라 제3세계에서 반정부 폭동 형태의 사회적 저항을 야기했다. 그래서 제3세계에서의 노동자·민중의 저항은 주로 외채위기 → 세계금융위기의 형태로 간헐적으로 '지구적 자본주의'의 축적위기로 표출되었다. 제3세계 노동자·민중의 저항이 확산·격화됨에 따라 제3세계의 제국주의적 지배를 위한 제국주의 나라들, 특히 미국의 직접적인 정치·군사적 개입이 강화되고 있다. 따라서 '지구적 자본주의'의 상부구조인 신자유주의적 국가형태의 정당성 위기는 제국주의/제3세계 관계에서 훨씬 더 첨예하게 드러나고 있다.

지금까지 이 책의 주요 분석 결과를 요약했다. 끝으로 이 책의 분석이 갖는 한계를 간략히 지적하면서 마무리하고자 한다.

첫째, 이 책에서 새롭게 시도한 마르크스의 '정치경제학 비판'의 확장으로서의 자본주의적 국가와 세계시장, 국제적 국가체계에 대한 이론화는 물론이고, 케인스주의적 자본주의와 신자유주의적 자본주의에 대해 가설적으로 제시한 새로운 분석과 주장들은 '형태 분석'과 '사회적 구성'이라는 역사유물론적 방법론에 입각해서 이루어진 것이지만, 더욱 풍부한 역사적 연구를 통해 보완되어야 할 가설적 분석이고 주장이다. 따라서 기존 좌파이론의 고정관념에 대한 문제제기 수준을 크게 넘어서지 못하고 있다. 이 책에서 제시한 분석과 주장들은 이후 기존 좌파이론의 구조주의적이고 경제주의적인 분석을 극복한 풍부한 역사유물론적 분석들에 의해 검증되고 실증될 것이 요구된다. 이는 한두 명의 연구자의 과제가 아니라 여러 연구자들의 많은 연구가 필요한 과제라고 생각한다.

둘째, 이 책은 그 중요성에 대한 강조에도 불구하고 의식형태, 따라서 주체성 분석을 본격적으로 시도하지 못했다. 이는 계급투쟁형태, 특히 노동자계급의 투쟁형태에 대해 본격적 분석을 하지 못한 한계를 가져왔다. 따라서 역사적으로 드러난 계급투쟁의 결과를 통해 자본주의의 역사적 전형을 분석하고 있지만, 그러한 결과를 초래한 노동자계급의 투쟁형태에 대한 체계적 분석을 결여하고 있다. 이는 이 책의 이론적 분석의 불완전함, 즉 부족함을 초래했다. 이 부분에 대한 분석 역시 이후 체계적 연구가 요청된다.

셋째, 기존 좌파이론의 자본주의 분석에서 중요한 비중을 차지하고 있는 독점 자본에 대한 체계적 분석을 결여하고 있다. 즉, 기존 독점자본 단계론에 대한 체계적 비판과 그에 대한 대안적 분석을 하지 못했다. 이는 독점적 시장 형태를 중심으로 이루어진 기존의 독점자본 이론이 경제주의적 분석, 즉 물신주의에 사로잡힌 분석이기 때문에 근본적으로 한계가 있다는 판단이 작용했다. 달리 말하면, 형태 분석과 사회적 구성의 관점에서 볼 때, 시장형태에서의 변화에 대한 분석 없이도 자본주의의 역사적 전형을 자본주의적 생산관계와 계급투쟁을 중심으로 기본적으로 분석 가능하다고 생각한다. 다만 '경영자 자본주의'나 '주주 자본주의'를 물신주의적 인식, 즉 계급 역관계와 계급투쟁의 전도된 반영으로 해명했듯이, 기존의 독점자본 이론을 체계적으로 비판하고 물신주의적 인식으로 해명하지 못한 점은 이 책의 한계이다.

넷째, 신자유주의적 자본주의에 대한 분석에서 신자유주의적 자본주의의 위기에 대한 구체적인 현상분석을 하지 못했다. 이는 방대한 자료에 입각한 현실 분석과 현재 진행되고 있는 노동자계급의 투쟁형태에 대한 체계적 분석이 필요한 작업이다. 신자유주의적 자본주의의 모순의 성격에 대한 분석은 신자유주의적 자본축적 형태와 국가형태에 대한 분석을 통해 기본적으로 제시했으나, 1990년대 말경부터 본격화된 위기의 현상형태에 대한 체계적 분석은 차후의 연구과제로 남겨진 셈이다.

# 참고문헌

## 1. 국내 문헌

강경희. 2002, 「라틴아메리카의 '세계화' 논쟁」, 『라틴아메리카연구』, 한국라틴아메리카학회.

강남훈. 2002, 『정보혁명의 정치경제학』, 문화과학사.

강수돌. 1996, 「팀 작업의 또 다른 얼굴 – 독일 자동차 산업 사례에서 배우기」, 강수돌·이호창·강석재·김종환 역저, 『팀 신화와 노동의 선택』, 강.

경상대학교 사회과학연구소 편. 2000, 『디지털 혁명과 자본주의의 전망』, 도서출판 한울.

고세훈. 1999, 『영국노동당사: 한 노동운동의 정치화 이야기』, 나남.

_____. 2000, 『복지국가의 이해』, 고려대학교출판부.

권현정. 1993, 「마셀 아글리에타의 자본주의 조절이론에 대한 연구」, 서울대학교 경제학석사학위논문.

김병준. 2000, 「1980년대 미국의 기업매수의 성과 및 성격」, 서울대학교 경제학석사학위논문.

김성구. 1999, 『경제위기와 신자유주의』, 문화과학사.

_____. 2000, 『사회화와 이행의 경제전략』, 이후.

_____. 2002, 「월러스틴의 지적 유행, 비판과 논쟁이 필요하다」, ≪진보평론≫ 11호(봄호).

_____. 2003, 『사회화와 공공부문의 정치경제학』, 문화과학사.

김성구·김세균. 1998, 『자본의 세계화와 신자유주의』, 문화과학사.

김세균. 1993, 「자본주의국가의 기본적 형태성」, ≪이론≫ 제6호.

_____. 1994, 「영국의 CSE 이론가들의 국가이론」, 『현대국가론의 성과와 과제』(한국정치학회 월례발표회 논문집 IV), 한국정치학회, 6월.

김수행. 1986, 『경제변동론』, 비봉.

_____. 1988, 『자본론 연구 I』, 한길사.

_____. 1995, 「영국 신보수주의의 경제적 귀결」, ≪이론≫ 제13호.

_____. 1996, 「자본의 세계화 경향에 관한 일고찰」, ≪경제논집≫, 서울대학교 경제연구소.

_____. 1998, 『21세기 정치경제학』, 새날.

_____. 2003, 「공황이론의 재검토」, 『지구화시대 맑스의 현재성 1』, 문화과학사.

김수행·신정완 편저. 2002, 『현대 마르크스경제학의 쟁점들』, 서울대학교출판부.

김수행·안삼환·정병기·홍태영. 2003b, 『제3의 길과 신자유주의』, 서울대학교출판부.

김영순. 2001, 『복지국가의 위기와 재편: 영국과 스웨덴의 경험』, 서울대학교출판부.

김정훈. 1995, 「국가주의 프로젝트의 위기와 신보수주의」, 김호기·김영범·김정훈 편역, 『포스트 포드주의와 신보수주의의 미래』, 도서출판 한울.

김진방·김균. 2001, 「미국형 기업형태의 역사」, 『미국 자본주의 해부』, 풀빛.

김태성·성경륭. 1993, 『복지국가론』, 나남.

김호기·김영범·김정훈 편역. 1995, 『포스트 포드주의와 신보수주의의 미래』, 도서출판 한울.

김희삼. 1994, 「1970년대 경제위기와 노동유연성 전략」, 서울대학교 경제학석사학위논문.

박승호. 1985, 「독점자본주의 단계의 노동과정이론에 대한 연구」, 서울대학교 경제학석사학위논문.

백영현·이병천 편역. 1998, 『한국사회에 주는 충고』, 삼인.

백준봉. 2001, 「세계화와 자본주의의 구조 변화 ― R. 브와이예의 논의를 중심으로」, ≪사회경제평론≫ 16호.

서익진. 1999, 「한국의 위기, 발전모델의 위기」, 경북대학교 경제경영연구소, ≪경상논집≫ 제27권 제1호.

_____. 2002, 「발전양식으로서의 한국의 개발독재: 작동방식과 규명을 중심으로」, ≪경제학 연구≫ 제50집 제1호, 한국경제학회.

세계화국제포럼. 2003, 『더 나은 세계는 가능하다 ― 세계화, 비판을 넘어 대안으로』(이주명 옮김), 필맥.

손호철. 1994, 「'전략·관계적' 국가론의 비판적 고찰 ― 밥 제숍을 중심으로」, 『현대국가론의 성과와 과제』(한국정치학회 월례발표회 논문집 IV), 한국정치학회, 6월.

_____. 2003, 「반세계화(지구화) 투쟁은 역사적 반동인가?」, 『신자유주의적 세계화: 제국인가, 제국주의인가』(맑스코뮤날레 제1회 쟁점토론회 자료집).

송원근. 2001, 「미국 연기금의 주식투자 ― 현황과 함의」, 『미국 자본주의 해부』, 풀빛.

_____. 2002, 「연금자본주의의 한계와 그 가능성」, ≪사회경제평론≫ 18호.

_____. 2003, 「기업파산과 미국 기업연금의 문제점」, ≪경제학연구≫ 제51집 제1호.

신정완. 1998, 「임노동자기금 논쟁을 통해 본 스웨덴 사회민주주의의 딜레마」, 서울대학교 경제학박사학위논문.

신현호. 1993, 「조절학파의 경제위기이론」, 서울대학교 경제학석사학위논문.

윤수종. 2003, 「안토니오 네그리: 대담, 이력 및 저작」, 『신자유주의적 세계화: 제국인가, 제국주의인가』(맑스코뮤날레 제1회 쟁점토론회 자료집).

이병천. 1999, 「한국의 경제위기와 IMF 체제 ― 종속적 신자유주의의 모험」, ≪사회경제평론≫ 13호.

_____. 2001, 「세계 자본주의 패권 모델로서의 미국경제」, ≪사회경제평론≫ 15호.

이상락. 1999, 『정보시대의 노동전략 ― 슘페터 추종자의 자본전략을 넘어서』, 갈무리.

이상호. 2001, 「글로벌라이제이션과 미국 복지제도」, 『미국 자본주의 해부』, 풀빛.

이성형. 1998, 『IMF 시대의 멕시코』, 서울대학교출판부.

_____. 1999, 『신자유주의의 빛과 그림자』, 한길사.

_____. 2002, 『라틴아메리카 영원한 위기의 정치경제』, 역사비평사.

이채언. 2002, 「맑스의 국제가치이론에 관한 재해석」, ≪사회경제평론≫ 19호.

임영일·이성형 편역. 1985, 『국가란 무엇인가 ― 자본주의와 그 국가이론』, 까치.

전태일을 따르는 민주노조운동연구소 편역. 1998, 『신자유주의와 세계민중운동』, 도서출판 한울.

전창환. 1994, 「아글리에타의 조절 이론에 관한 연구」, 고려대학교 박사학위논문.

_____. 1996, 「글로벌라이제이션과 자유주의」, 김균 외, 『자유주의 비판』, 풀빛.

_____. 1999a, 「금융 글로벌라이제이션과 세기말 자본주의」, ≪사회경제평론≫ 12호.

_____ 편저. 1999b, 『현대자본주의의 미래와 조절이론』, 문원출판.

_____. 1999c, 「국제통화체제의 변형과 통화의 국제화」, ≪한신논문집≫ 제16권 제2호, 한신대학교.

_____. 2001a, 「독일 자본주의의 제도적 기초와 동요」, 『미국식 자본주의와 사회민주적 대안』, 당대.

_____. 2001b, 「신자유주의적 금융화와 미국자본주의의 구조변화」, 『미국 자본주의 해부』, 풀빛.

_____. 2002, 「신자유주의적 금융화와 금융주도 자본주의의 동학」, ≪사회경제평론≫ 18호.

전창환·김영철 편. 2001, 『미국식 자본주의와 사회민주적 대안』, 당대.

정명기. 1991, 「현대자본주의에 대한 조절론적 접근」, ≪사회경제평론≫ 4호.

_____ 편저. 1992, 『위기와 조절-현대자본주의에 대한 조절론적 접근』, 창작과비평사.

정성진. 1984, 「세계자본주의와 불평등교환」, 『세계자본주의론』, 까치.

_____. 1997a, 「세계화인가? 세계적 규모의 자본축적인가?」(한국사회경제학회 10주년 기념 학술대회 발표문), ≪사회경제평론≫ 제16호, 풀빛.

_____. 1997b, 「정치경제학과 사회과학 패러다임 — 맑스의 방법을 중심으로」, ≪세계정치경제≫ 4호.

_____. 1999a, 「세계경제위기와 맑스주의 공황론」, ≪진보평론≫ 창간호, 현장에서 미래로.

_____. 1999b, 「세계체계론: 맑스주의적 비판」, ≪진보평론≫ 2호(겨울).

_____. 2001, 「맑스주의 공황론의 창조적 돌파 — 브레너의 세계경제 위기론」, 『혼돈의 기원』, 이후.

_____. 2002, 「제2인터내셔널의 마르크스주의」, 김수행·신정완 편저, 『현대 마르크스경제학의 쟁점들』, 서울대학교출판부.

_____. 2003a, 「21세기 미국 제국주의 — 맑스주의적 분석」, ≪사회경제평론≫ 20호.

_____. 2003b, 「'제국': 맑스주의적 비판」, 『신자유주의적 세계화: 제국인가, 제국주의인가』(맑스코뮤날레 제1회 쟁점토론회 자료집).

정운영. 1995, 「사회적 축적구조 이론: 소개와 평가」, ≪이론≫ 13호(겨울).

정윤형 편역. 1985, 『제3세계와 외채위기』, 창작과비평사.

조복현. 1997, 『현대 자본주의 경제의 불안정성』, 새날.

조영철. 2001, 「20세기 자본주의의 역사 — 미국과 독일 자본주의를 중심으로」, ≪경제와사회≫ 제52호, 한국산업사회학회.

조정환. 2002, 『지구 제국』, 갈무리.

_____. 2003, 『아우또노미아』, 갈무리.

최민식. 1994, 「'사회적 축적구조'론에 관한 연구」, 서울대학교 경제학석사학위논문.

하선목. 1989, 「1960년대 이후 다국적기업에 관한 일연구」, 서울대학교 경제학석사학위논문.

홍영기. 2001, 「미국 금융시스템의 위기와 대응 — 80~90년대 변화를 중심으로」, 『미국 자본주의 해부』, 풀빛.

황현기. 1991, 「1980년대 이후 세계경제의 변화와 초국적기업」, 서울대학교 경제학박사학위논문.


## 2. 일본 문헌

山田銳夫. 1994, 『20世紀資本主義 — レギュラシオンで讀む』, 東京: 有斐閣, 현대자본주의 연구모임 옮김, 1995, 『20세기 자본주의』, 도서출판 한울.

木下悅二·村岡俊三 編. 1985, 『國家·國際商業·世界市場』, 資本論体系 8, 有斐閣.


## 3. 구미 문헌

Aglietta, Michel. 1979, *A Theory of Capitalist Regulation*, London: New Left Books, 성낙선 외 옮김, 1993, 『자본주의 조절이론』, 한길사.

_____. 1995, 전창환 옮김, 1998, 『금융제도와 거시경제』, 문원.

_____. 1997, 『자본주의 조절이론』3판 후기, 전창환 편저, 1999, 「전환세기의 자본주의와 조절이론」, 『현대자본주의의 미래와 조절이론』, 문원출판.

_____. 1998, "L'Avenir de la Societe Salariale," Projet de Note pour la Fondation Saint-Simon, Aout.

Albritton, R. et. al.(eds.). 2001, *Phases of Capitalist Development*, Palgrave.

Ali, Tariq & Susan Watkins. 1998, *1968: Marching in the Streets*, The Free Press, 안찬수·강정석 옮김, 2001, 『1968: 희망의 시절, 분노의 나날』, 삼인.

Anderson, P. 1992, *Zones of Engagement*, London: Verso.

Angelis, Massimo De. 1995, "Beyond the Technological and the Social Paradigms: A Political Reading of Abstract Labour as the Substance of Value," *Capital & Class* 57.

_____. 1996a, "Social Relations, Commodity-Fetishism and Marx's Critique of Political Economy," *Review of Radical Political Ecomomics*, vol.28(4).

_____. 1996b, 전태일을 따르는 민주노조운동연구소 편역, 1998, 「경제의 자율성과 세계화」, 『신자유주의와 세계민중운동』, 도서출판 한울.

_____. 2000, "Globalisation, New Internationalism and Zapatistas," *Capita l & Class*, no.70.

_____. 2002, "Hayek, Bentham and the Global Work Machine: The Emergence of the Fractal-Panopticon," *The Labour Debate*.

Armstrong, Philip, Andrew Glyn and John Harrison. 1991, *Capitalism Since 1945*, London: Basil Blackwell, 김수행 옮김, 1993, 『1945년 이후의 자본주의』, 동아출판사.

Arrighi, G. 1990, "The Developmentalist Illusion: A Reconceptualization of the Semiperiphery," William G. Martin(ed.), *Semiperipheral States in the World-Economy*, Greenwood, 권현정 외 옮김, 1998, 『발전주의 비판에서 신자유주의 비판으로 ─ 세계체계론의 시각』, 공감.

_____. 1996, "Workers of the World at Century's End," *Review*, Summer 1996, 윤소영 옮김, 2003, 「신자유주의에서 노동자운동의 위기와 전화」, 『마르크스의 '경제학 비판'과 평의회 마르크스주의』, 공감.

_____. 2003, "The Social and Political Economy of Global Turbulence," *New Left Review* 20, Mar/Apr.

Arrighi, G., T. K. Hopkins and I. Wallerstein. 1989, *Antisystemic Movements*, London: Verso, 송철순·천지현 옮김, 1994, 『반체제운동』, 창작과비평사.

Ashton, T. H. & C. H. Philpin(eds.). 1985, *The Brenner Debate*, Cambridge: Cambridge University Press, 이연규 옮김, 1991, 『농업계급구조와 경제발전: 브레너 논쟁』, 집문당.

Backhaus, Hans-Georg. 1992, "Between Philosophy and Science: Marxian Social Economy as Critical Theory," Bonefeld & Gunn and Psychopedis(eds.), 1992b, *Open Marxism vol.I: Dialectics and History*, London: Pluto.

Baker, D., G. Epstein and R. Pollin(eds.). 1998, *Globalization and Progressive Economic Policy*, Cambridge: Cambridge University Press, 백영현 옮김, 2000, 『강요된 신화: 세계화와 진보경제정책』, 새물결.

Balibar. 1974, 이해민 옮김, 1999, 『역사유물론 연구』, 푸른미디어.

Barnet, Richard J. & John Cavanagh. 1994, *Global Dreams: Imperial Corporations and the New World Order*, Simon and Schuster, 황홍선 옮김, 1994, 『글로벌 드림스: 거대 지구기업과 새로운 세계질서』, 고려원.

Bedani, Gino. 1995, *Politics and Ideology in the Italian Workers' Movement*, Oxford: Berg Publishers.

Bello, Walden, Nicola Bullard and Kamal Malhotra(eds.). 2000, *Global Finance: New Thinking on Regulating Speculative Capital Markets*, London: Zed Books.

Bidet, Jacque. 1985, *Que faire du Capital?*, Paris: Klincksieck, 박창렬·김석진 옮김, 1995, 『'자본'의 경제학·철학·이데올로기』, 새날.

Bonefeld, W. 1992, "Social Constitution and the Form of the Capitalist State," *Open Marxism vol.1: Dialectics and History*.

_____. 1995a, "Capital as Subject and the Existence of Labor," *Open Marxism vol.3: Emancipating Marx*.

_____. 1995d, "Monetarism and Crisis," *Global Capital, National State and the Politics of Money*, London: Macmillan.

_____. 1995e, "Money, Equality and Exploitation: An Interpretation of Marx's Treatment of Money," *Global Capital, National State and the Politics of Money*.

_____. 1999, "Notes on Competition, Capitalist Crises and Class," *Historical Materialism*, no.5, Winter.

_____. 2000a, "The Spectre of Globalization: On the Form and Content of the World Market," *The Politics of Change*, London: Palgrave.

_____. 2002, "Capital, Labour and Primitive Accumulation: On Class and Constitution," *The Labour Debate*, Wiltshire: Antony Rowe Ltd.

Bonefeld, W. & J. Holloway(ed.). 1991, *Post-Fordism & Social Form*, Macmillan Academic And Professional LTD.

_____. 1995c, *Global Capital, National State and the Politics of Money*, London: Macmillan, 이원영 옮김, 1999, 『신자유주의와 화폐의 정치』, 갈무리.

_____. 1995f, "Conclusion: Money and Class Struggle," *Global Capital, National State and the Politics of Money*.

Bonefeld & K. Psychopedis(eds.). 2000b, *The Politics of Change*, London: Palgrave.

Bonefeld, R. Gunn, and K. Psychopedis(eds.). 1992b, *Open Marxism vol.1: Dialectics and History*, London: Pluto.

_____. 1992c, *Open Marxism vol.2: Theory and Practice*, London: Pluto.

Bonefeld, R. Gunn, J. Holloway and K. Psychopedis(eds.). 1995b, *Open Marxism vol.3*, London: Pluto.

Boyer, R. 1986, *La theorie de la regulation: Une analyse critique*, La Decouverte, 정신동 옮김, 1991, 『위기에 도전하는 경제학 조절이론』, 학민사.

Bowles, Samuel, D. M. Gordon and T. E. Weisskopf. 1984, *Beyond the Wasteland: A Democratic Alternative to Economic Decline*, London: Verso.

Braverman, Harry. 1974, *Labor and Monopoly Capital: The Degradation of work in the Twentieth Century*, New York: Monthly Review Press, 이한주·강남훈 옮김, 1993, 『노동과 독점자본』, 까치.

Brenner, Robert. 1974, 「전(前)산업시대 유럽의 농업계급구조와 경제발전」, Ashton & Philpin(eds.), 1985, *The Brenner Debate*.

_____. 1998, "The Economics of Global Turbulence," *New Left Review*, May/June, 전용복·백승은 옮김, 2001, 『혼돈의 기원: 세계 경제 위기의 역사, 1950~1998』, 이후.

_____. 1999a, "Reply to James Crotty," *Challenge*, vol.42, no.3.

_____. 1999b, "Competition and Class: A Reply to Roster and McNally," *Monthly Review*, vol.51, no.7.

_____. 2001, 「대담: 자본주의의 기원과 위기」, ≪창작과비평≫ 겨울호.

_____. 2002, *The Boom and the Bubble: The US in the World Economy*, Verso, 정성진 옮김, 2002, 『붐 앤 버블』, 아침이슬.

Brenner & M. Click. 1991, "The Regulation School and the West's Economic Impasse," *New Left Review*, July/August.

Brewer, Anthony. 1980, *Marxist Theories of Imperialism*, London: Routledge & Kegan Paul, 염홍철 옮김, 1984, 『제국주의와 신제국주의: 마르크스에서 아민까지』, 사계절.

Bromley, S. 1991, "The politics of postmordernism," *Capital & Class*, 45.

Burnham, Peter. 1991, "Neo-Gramscian Hegemoney and International Order," *Capital and Class*, 45, Fall.

_____. 1995, "Capital, Crisis and the International State System," Bonefeld & Holloway(eds.), *Global Capital, National State and the Politics of Money*.

_____. 2000, "Globalization, Depoliticization and 'Modern' Economic Management," *The Politics of Change*, London: Palgrave.

Callinicos, A. 1999, "Capitalism, Competition and Profits: A Critique of Robert Brenner's Theory of Crisis," *Historical Materialism*, no.4, Summer.

Carchedi, G. 1999, "A Missed Opportunity: Orthodox versus Marxist Crises Theories," *Historical Materialism*, no.4, Summer.

_____. 2001a, "Imperialism, Dollarization and the Euro," *The Socialist Register 2002*.

_____. 2001b, "Imperialist Contradictions at the Threshold of the Third Millennium: A New Phase," Albritton et. al.(eds.), 2001, *Phases of Capitalist Development*, Palgrave.

Castells, M. 1989, *The Information City*, 최병두 옮김, 2001, 『정보도시 — 정보기술의 정치경제학』, 도서출판 한울.

_____. 2000, *The Rise of the Network Society*, 김묵한·박행웅·오은주 옮김, 2003, 『네트워크 사회의 도래』, 도서출판 한울.

Chesnais, F. 1996a, "Contribution au Debat sur le Cours du Capitalisme a la Fin du XXe Siecle," *Actuel Marx Confrontation, Actualiser l'Economie de Marx*, PUF, 김석진·박민수 엮음, 1997, 「세기말 자본주의의 전망을 둘러싼 토론에 부쳐」, 『세계화와 신자유주의 비판을 위하여』, 공감.

_____. 1996b, "Introduction Generale," *La Mondialisation Financiere: Genese, Cout et Enjeux*, 서익진 옮김, 2002, 「제1장 총론」, 『금융의 세계화: 기원, 비용 및 노림』, 도서출판 한울.

_____ et al. 1996c, *La Mondialisation Financiere: Genese, Cout et Enjeux*, Syros, 서익진 옮김, 『금융의 세계화: 기원, 비용 및 노림』, 도서출판 한울.

_____. 1997, "L'Emergence d'un Regime d'Accumulation Mondial a Dominante Financiere," *La Pensee*, no.309, 이병천·백영현 엮음, 1998, 「금융 지배적인 세계적 축적체계의 출현」, 『한국 사회에 주는 충고』, 삼인.

_____. 1998, *La Mondialisation du Capital(nouvelle edition actualisee)*, Syros, 서익진 옮김, 2003, 『자본의 세계화』, 도서출판 한울.

_____. 2002, "La théorie du régime d'accumulation financiarisé; contenu, portée et interrogations," 전창환 옮김, 2002, 「금융화된 축적 체제론: 내용, 효과와 문제제기」, ≪시민과 세계≫ 창간호.

Chomsky, Noam. 1993, *Year 501: The Conquest Continues*, Boston: South End Press, 오애리 옮김, 2000,

『507년, 정복은 계속된다』, 이후.

Chossudovsky, Michel. 1997, *The Globalization of Poverty: Impacts of IMF and World Bank Reforms*, Penang: Third World Network, 이대훈 옮김, 1998, 『빈곤의 세계화: IMF 경제신탁통치의 실상』, 당대.

_____. 1999, "Recolonisation programme au Bresil," *Le Monde Deplomatique*, March, 전태일을 따르는 민주노조운동연구소 옮김, 「브라질에 대한 재식민지화 프로그램의 집행」, ≪주간정세동향≫ 1999. 3. 29일자.

Clarke, S. 1988a, *Keynesianism, Monetarism and the Crisis of the State*, Aldershot: Edward Elgar.

_____. 1988b, "Overaccumulation, Class Struggle, and the Regulation Approach," *Capital & Class*, vol.36, Winter 1988, 김호기·김영범·김정훈 편역, 1995, 「과잉축적, 계급투쟁, 그리고 조절이론적 접근」, 『포스트 포드주의와 신보수주의의 미래』, 도서출판 한울.

_____(ed.). 1991, *The State Debate*, London: Macmillan.

_____. 1992, "The Global Accumulation of Capital and the Periodisation of the Capitalist State Form," *Open Marxism vol.1: Dialectics and History*.

_____. 1994, *Marx's Theory of Crisis*, London: Macmillan.

_____. 1999, "Capitalist Competition and the Tendency to Overproduction: Comments on Brenner's Uneven Development and the Long Downturn," *Historical Materialism*, no.4, Summer.

_____. 2001, "The Globalisation of Capital, Crisis and Class Struggle," *Capital & Class* 75, 2001 Autumn, 김공회 옮김, 「자본의 세계화·공황·계급투쟁」, 진보저널 읽기모임, 2002년 1월 17일.

_____. 2002, "Class Struggle and the Working Class: The Problem of Commodity Fetishism," *The Labour Debate*, Wiltshire: Antony Rowe Ltd.

Cleaver, Harry. 1979, *Reading Capital Politically*, 권만학 옮김, 1986, 『자본론의 정치적 해석』, 풀빛.

_____. 1992, "The Inversion of Class Perspective in Marxism Theory: From Valorisation to Self-Valorisation," *Open Marxism vol.2: Theory and Practice*.

_____. 1995, "The Subversion of Money-as-Command in the Current Crisis," Bonefeld & Holloway(eds.). 1995, *Global Capital, National State and the Politics of Money*.

Coates, D. 2000, *Models of Capitalism: Growth and Stagnation in the Modern Era*, 이영철 옮김, 『현대자본주의의 유형: 세계 경제의 성장과 정체』, 문학과지성사, 2003.

Cox, R. 1987, *Production, Power, and World Order*, New York: Columbia University Press.

_____. 1992, "Global Perestroika," in *Socialist Register 1992*.

Cox, R. & T. Sinclair. 1996, *Approaches to World Order*, Cambridge: Cambridge University Press.

Crotty, James. 1999, "Review: Turbulence in the World Economy," *Challenge*, vol.42, no.3.

_____. 2002, "The Effects of Increased Product Market Competition and Changes in Financial Markets on the Performance of Nonfinancial Corporations in the Neoliberal Era," *Seoul Journal of Economics*, vol.15, no.2, Summer 2002.

Crotty, James, Gerald Epstein and Patricia Kelly. 1997, "Multinational Corporations, Capital Mobility and the Global Neo-Liberal Regime: Effects on Northern Workers and on Growth Prospects in the Developing World," *Seoul Journal of Economics*, vol.10, no.4, 전태일을 따르는 민주노조운동연구소 편역, 1998, 「신자유주의 체제하에서의 다국적 기업과 자본이동」, 『신자유주의와 세계민중운동』, 도서출판 한울.

Crouch, Colin & Wolfgang Streeck(eds.). 1997, *Political Economy of Modern Capitalism*, London: Sage.

Danaher, Kevin. 1994, *50Years is Enough: The Case Against the World Bank and the International Monetary Fund*, Boston: South End, 최봉실 옮김, 2000, 『50년이면 충분하다: 세계은행·IMF의 신자유주의에 맞서 싸운 사례와 대안』, 아침이슬.

Dinerstein, Ana. 2002b, "What Labour Debate?," *The Labour Debate*.

_____. 2002c, "Anti-Value-in-Motion: Labour, Real Supsumption and the Struggles against Capitalism," *The Labour Debate*.

_____. 2002d, "Regaining Materiality: Unemployment and the Invisible Subjectivity of Labour," *The Labour Debate*.

Dinerstein, Ana & Michael Neary. 2002a, *The Labour Debate*, Wiltshire: Antony Rowe Ltd.

Du Boff, B. Richard, and Edward Herman. 2001, "Merger, Concentration, and the erosion of Democracy," *Monthly Review*, 53.

Dore, Ronald. 2000, "Will global capitalism be Anglo-saxon capitalism?," *New Left Review* 2000 November, 김명록 옮김, 「세계적 자본주의는 앵글로 색슨형의 자본주의가 될 것인가?」, 진보저널 읽기모임, 2001년 12월 5일.

Dumenil, Gerard & D. Levy. 1993, *The Economics of Profit Rate: Competition, Crises, and Historical Tendencies in Capitalism*, Aldershot: Edward Elgar.

_____. 1999a, "The Profit Rate: Where and How Much Did It Fall? Did It Recover? USA 1948~1997," *Review of Radical Political Economy* 25.

_____. 1999b, "Brenner on Distribution," *Historical Materialism*, 4, Summer, 오승연·황성하 옮김, 2002, 「브레너의 분배이론」, http://journal.jinbo.net.

_____. 1999c, "Manufacturing and Global Turbulence: Brenner's Misinterpretation of Profit Rate Differential," *CEPREMAP* Working Paper, http://www. ceprem-ap.cnrs.fr/~levy.

_____. 2001, "Brenner on Competition," *Capital and Class*, no.74.

_____. 2002, "The Nature and Contradictions of Neoliberalism," *Socialist Register 2002*, 김공회 옮김, 「신자유주의의 본질과 모순」, 진보저널 읽기모임, 2002년 7월 20일.

Eagleton, Terry, 1996, *The Illusions of Postmodernism*, Oxford: Blackwell, 김준환 옮김, 2000, 『포스트모더니즘의 환상』, 실천문학사.

Esping-Anderson, Gosta. 1996, *Welfare States in Transition*, London: SAGE Publications Ltd., 한국사회복지학연구회 옮김, 1999, 『변화하는 복지국가』, 인간복지.

Farnetti, Richard. 1996, 서익진 옮김, 2002, 「글로벌 금융의 발흥에 있어서 앵글로 색슨계 연기금과 뮤추얼 펀드의 역할」, 『금융의 세계화: 기원, 비용 및 노림』, 도서출판 한울.

fHUMAN(for Humanity and Against Neoliberalism). 1997, "UK Flexiploitation and Resistance Beyond Waged Labour," 인간성을 옹호하고 신자유주의에 반대하는 운동 런던 위원회, 「'유연화-착취'와 노동자의 저항」, 전태일을 따르는 민주노조운동연구소 편역, 1998, 『신자유주의와 세계민중운동』, 도서출판 한울.

Fine, Ben & Laurence Harris, 1979, *Rereading Capital*, London: Macmillan, 김수행 옮김, 1992, 『현대 정치 경제학 입문: 자본주의의 변모와 원론의 재정립』, 도서출판 한울.

Fine, Ben, Laurence Harris, C. Lapavitsas, and D. Milonakis. 1999, "Adressing the World Economy: Two Steps Back," *Capital and Class*, no.67.

Fraser, Ronald. 1988, *1968: A Student Generation in Revolt*, London: Chatto & Windus, 안효상 옮김, 2002, 『1968년의 목소리: "불가능한 것을 요구하라!"』, 박종철출판사.

George, Susan. 1988, *A Fate Worse Than Debt*, London: Pelican Books.

_____. 1992, *The Debt Boomerang*, Pluto Press, 이대훈 옮김, 1999, 『외채 부메랑』, 당대.

Ghilarducci, Teresa. 2003, "The American Labor Movement's (Surprising) Economic Impact: How Unions Challenge Consumerism and Corporate Governance," Daniel Myers(ed.), *Research in Social Movements, Conflicts, and Change*, 김현경 옮김, 「미국 노동운동의 (놀라운) 경제적 영향: 노동조합이 소비주의와 기업지배에 어떻게 도전하는가」, 진보저널 읽기모임, 2003년 12월 9일.

Giddens, Anthony. 1998, *The Third Way: The Renewal of Social Democracy*, Cambridge: Polity Press, 한상진·박찬욱 옮김, 1998, 『제3의 길』, 생각의 나무.

Gindin, Sam. 2001, "Turning Points and Starting Points: Brenner, Left Turbulence and Class Politics," *Socialist Register 2001*, 오승연 옮김, 「전환점과 시작점: 브래너, 좌파의 혼란, 그리고 계급 정치」, 진보저널 읽기모임, 2002년 3월 9일.

Godley, Wynne. 2003, "The U. S. Economy: A Changing Strategic Predicament," *Stategic Analysis*, March 2003, The Levy Economics Institute.

Gordon, D. M., R. C. Edwards and M. Reich. 1982, *Segmented Work, Divided Workers: The Historical Transformation of Labor in the United States*, Cambridge: Cambridge University Press, 고병웅 옮김, 1998, 『분절된 노동, 분할된 노동자: 미국노동의 역사적 변형』, 신서원.

Gorz, Andre. 1967, *Strategy for Labor*, Beacon Press.

_____. 1999, *Reclaiming Work: Beyond the Wage-Based Society*, Cambridge: Polity Press.

Gough, Ian. 1981, *The Political Economy of the Welfare State*, The Macmillan Press, 김연명·이승욱 옮김, 1990, 『복지국가의 정치경제학』, 도서출판 한울.

Gowan, Peter. 1999, *The Global Gamble: Washington's Faustian Bid for World Dominance*, London: Verso, 홍수원 옮김, 2001, 『세계 없는 세계화: 금융패권을 통한 미국의 세계 지배전략』, 시유시.

Guttmann, Robert. 1996, 서익진 옮김, 2002, 「금융자본의 변동」, 『금융의 세계화: 기원, 비용 및 노림』, 도서출판 한울.

Habermas, Juergen, 1973, *Legitimation Crisis*, London: Heinemann.

Halevi, Joseph & Bill Lucareli. 2002, "Japan's Stagnationist Crisis," *Monthly Review* 52, 정유훈 옮김, 「일본의 침체위기」, 진보저널 읽기모임, 2002년 10월 14일.

Hardt, Michael & Antonio Negri. 2000, *Empire*, Cambridge: Harvard University Press, 윤수종 옮김, 2001, 『제국』, 이학사.

Harman, C. 1984, *Explaining the Crisis: A Marxist Reappraisal*, London: Bookmarks, 김종원 옮김, 1995, 『마르크스주의와 공황론』, 풀무질.

Harvey, David. 1982, *The Limit to Capital*, Oxford: Basil Blackwell, 최병두 옮김, 1995, 『자본의 한계』, 도서출판 한울.

_____. 1989, *The Condition of Postmodernity*, Oxford: Basil Blackwell, 구동회·박영민 옮김, 1994, 『포스트모더니티의 조건』, 도서출판 한울.

Hausler, Jurgen & J. Hirsch. 1989, "Political Regulation: The Crisis of Fordism and the Transition of the Party System in West Germany," *Capitalist Development and Crisis Theory: Accumulation, Regulation and Spatial Restructuring*, 김호기·김영범·김정훈 편역, 1995, 「정치적 조절: 서독에

서의 포드주의의 위기와 정당체제의 변화」,『포스트 포드주의와 신보수주의의 미래』, 도서
출판 한울.

Held, D. 1992, "Democracy: From City States to a Cosmopolitan Order?," *Political Studies*, XL, Special
Issue.

_____. 1995, *Democracy and the Global Order*, Cambridge: Polity.

Held, D., A. McGrew, D. Goldblatt and J. Perraton. 1999, *Global Transformations: Politics, Economics, and
Culture*, Cambridge: Polity, 조효제 옮김, 2002,『전지구적 변환』, 창작과비평사.

Heller, A. 1976, *The Theory of Need in Marx*, London: Allison & Busby, 강정인 옮김, 1990,『마르크스에
있어서 필요의 이론』, 인간사랑.

Henwood, Doug. 1998, *Wall Street: How it Works and For Whom*, London: Verso, 이주명 옮김, 1999,『월
스트리트: 누구를 위해 어떻게 움직이나』, 사계절.

_____ et al. 2001, *The New Economy: Myth and Reality*, Monthly Review, April 2001, 국제연대정책정보
센터 옮김, 2001,『신경제의 신화와 현실』, 이후.

Hilferding, Rudolf, 1910, *Das Finanzkapital: Eine Studie ueber die juengste Entwicklung des Kapitalismus*,
Wien: Wiener Volksbuchhandlung(*Finance Capital: A Study of the Latest Phase of Capitalist
Development*, London: Routledge & Kegan Paul, 1981), 김수행·김진엽 옮김, 1994,『금융자본』,
새날.

Hirsch, Joachim. 1978, "The State Apparatus and Social Reproduction: Elements of a Theory of the
Bourgeois State," *State and Capital, A Marxist Debate*, London: University of Texas Press.

_____. 1983, "Fordist Security State and New Social Movements," *Kapitalistate* 10/11, 김호기·김영범·
김정훈 편역, 1995,「포드주의 안전국가와 신사회운동」,『포스트 포드주의와 신보수주의의
미래』, 도서출판 한울.

_____. 1985, "Fordismus und Postfordismus: die gegenwartige gesellschaftliche Krise und ihre
Folgen," *Politische Vierteljahresschrift* 2, 김호기·김영범·김정훈 편역, 1995,「포드주의와 포스
트 포드주의 — 현재의 사회위기와 그 결과」,『포스트 포드주의와 신보수주의의 미래』, 도서
출판 한울.

_____. 1990, *Kapitalismus ohne Alternative?*, VSA, 정명기 편저, 1992,「조절이론의 내용과 한계」,『위
기와 조절 — 현대자본주의에 대한 조절론적 접근』, 창작과비평사.

_____. 1990b, *Kapitalismus ohne Alternative?*(VSA-Verlag), 정명기 옮김, 1996,『대안 없는 자본주의』,
도서출판 한울.

_____. 1997, "Globalisation of Capital, Nation-States and Democracy," *Studies in Political Economy*, 54.

Hirst, P. & G. Thompson. 1996, *Globalization in Question: The International Economy and the Possibilities of
Governance*, Cambridge: Polity Press.

Hobsbawm, Eric J. 1987, *The Age of Empire 1875~1914*, 김동택 옮김, 1998,『제국의 시대』, 한길사.

_____. 1990, *Nations and nationalism since 1780*, 강명세 옮김, 1994,『1780년 이후의 민족과 민족주의』,
창작과비평사.

_____. 1994, *Age of Extremes: the Short Twentieth Century, 1914~1991*, London: Abacus, 이용우 옮김,
1997,『극단의 시대: 20세기의 역사』, 까치.

Hobson, J. A. 1967, *Imperialism A Study*, The University of Michigan Press, 신홍범·김종철 옮김, 1981,
『제국주의론』, 창작과비평사.

Holloway, John(eds.). 1978, *State and Capital, A Marxist Debate*, London: Edward Arnold.

_____. 1992, "Crisis, Fetishism, Class Composition," *Open Marxism vol.2: Theory and Practice*, London: Pluto.

_____. 1995a, "The Abyss Opens: The Rise and Fall of Keynesianism," Bonefeld & Holloway(eds.), *Global Capital, National State and the Politics of Money*, London: Macmillan.

_____. 1995b, "Global Capital and the National State," Bonefeld & Holloway(eds.), *Global Capital, National State and the Politics of Money*.

_____. 2000, "Zapatist in Wall Street," Bonefeld & Psychopedis(eds.), *The Politics of Change*, London: Palgrave.

_____. 2002a, "Class and Classification: Against, In and Beyond Labour," *The Labour Debate*, Wiltshire: Antony Rowe Ltd.

_____. 2002b, "The Narrowing of Marxism: A Comment on Simon Clarke's Comments," *The Labour Debate*, Wiltshire: Antony Rowe Ltd.

_____. 2002c, *Change the World Without Taking Power*, Pluto Press, 조정환 옮김, 2002, 『권력으로 세상을 바꿀 수 있는가?』, 갈무리.

Holloway, John & Picciotto. 1978a, "Towards a Materialist Theory of the State," Holloway & Picciotto(eds.), *State and Capital*, 임영일·이성형 편역, 1985, 『국가란 무엇인가 ― 자본주의와 그 국가이론』, 까치.

Howard, Michael Charles & John Edward King. 1989, *A History of Marxian Economics: Volume 1, 1883~1929*, London: Macmillan.

_____. 1992, *A History of Marxian Economics: Volume II, 1929~1990*, London: Macmillan.

Jessop, Bob. 1983, "Accumulation Strategies, State Forms, and Hegemonic Projects," *Kapitali-state* 10/11, 김호기·김영범·김정훈 편역, 1995, 「축적전략, 국가형태, 헤게모니 프로젝트」, 『포스트 포드주의와 신보수주의의 미래』, 도서출판 한울.

_____. 1989, "Conservative Regimes and the Transition to Post-Fordism: The Case of Great Britain and West Germany," *Capitalist Development and Crisis Theory: Accumulation, Regulation and Spatial Restructuring*, 김호기·김영범·김정훈 편역, 1995, 「보수주의적 체제와 포스트 포드주의로의 이행 ― 영국과 서독의 사례」, 『포스트 포드주의와 신보수주의의 미래』.

_____. 1990, "Regulation Theories in Retrospect and Prospect," *Economy and Society*, May, 장병승 옮김, 1991, 「조절이론의 회고와 전망」, ≪사회경제평론≫ 3호, 도서출판 한울.

_____. 1990b, 유범상·김문기 옮김, 2000, 『전략관계적 국가이론』, 도서출판 한울.

_____. 1993, "Toward a Schumpeterian Workfare State? Preliminary Remarks on Post-Fordist Political Economy," *Studies in Political Economy* 40, Spring, 김호기·김영범·김정훈 편역, 1995, 「슘페터주의적 근로국가를 향하여? ― 포스트 포드주의 정치경제학에 대한 예비적 고찰」, 『포스트 포드주의와 신보수주의의 미래』, 도서출판 한울.

Jessop, Bob, Bonnett, Bromley, Ling. 1984, "Authoritarian Populism, Two Nations, and Thatcherism," *New Left Review* vol. 25, September/October, 김호기·김영범·김정훈 편역, 1995, 「권위주의적 민중주의, 두 국민, 그리고 대처주의」, 『포스트 포드주의와 신보수주의의 미래』, 도서출판 한울.

Katsiaficas, George. 1987, *The Imagination of the New Left : A Global Analysis of 1968*, Boston: South End

Press, 이재원·이종태 옮김, 1999, 『신좌파의 상상력』, 이후.

Katz, C. 2002, "Imperialism in the 21st Century," *International Viewpoint*, no.345.

Kelly, J. 1998, *Rethinking Industrial Relations: Mobilisation, Collectivism and Long Waves*, London and New York: Routledge.

Kelly, Gavin, Dominic Kelly and Andrew Gamble(eds.). 1997, *Stakeholder Capitalism*, London: Macmillan.

Keohane, Robert O. & Helen V. Milner(eds.). 1996, *Internationalization and Domestic Politics*, Cambridge: Cambridge University Press, 강태규 외 옮김, 1999, 『국제화와 국내정치』, 도서출판 한울.

Kilmister, A. 1998, "Simply Wrong," *Socialist Outlook*, No.20, http://www.labournet.org.uk/20brenner.html.

Kotz, David M. 1990, "A Comparative Analysis of the Theory of Regulation and the Social Structure of Accumulation Theory," *Science & Society*, vol.54, no.1.

Kotz, David M., Terence McDonough and Michael Reich(eds.). 1994, *Social Structures of Accumulation*, Cambridge: Cambridge University Press.

Laclau, Ernesto. 1975, "The Specificity of the Political: The Poulantzas-Miliband Debate," *Economy and Society*, vol. 4, Feb., 임영일·이성형 편역, 『국가란 무엇인가 — 자본주의와 그 국가이론』.

Lazonick, William. 1999, "The Japanese Economy and Corporate Reform: What Path to Sustainable Prosperity?," *Industrial and Corporate Change*, 8.

Lazonick, William & Mary O'Sullivan, 2000, "Maximizing Shareholder Value: A New Ideology of Corporate Governance," *Economy and Society*, 29, 김재유 옮김, 「주주 가치 극대화: 기업 지배구조에 대한 새로운 이데올로기」, 진보저널 읽기모임, 2002년 12월 3일.

Lebowitz, Michael A. 1992, *Beyond Capital: Marx's Political Economy of the Working Class*, London: Macmillan, 홍기빈 옮김, 1999, 『자본론을 넘어서: 맑스의 노동자계급의 정치경제학』, 백의.

_____. 1999, "In Brenner, Everything is Reversed," *Historical Materialism*, No.4, Summer.

Lee, Chai-on. 1990, *On the Three Problems of Abstraction, Reduction and Transformation in Marx's Labour Theory of Value*, Ph. D. Thesis, Birkbeck College, University of London.

Lenin, V. I. 1968, *Imperialism, the Highest Stage of Capitalism*, in Selected Works, Moscow: Progress Publisher, 남상일 옮김, 1988, 『제국주의론』, 백산서당.

Lipietz, Alain. 1985, *The Enchanted World: Inflation, Credit and the World Crisis*, London: Verso, 김균 옮김, 1993, 『조절이론과 마르크스경제학의 재해석』, 인간사랑.

_____. 1986, "Behind the Crisis: The Exhaustion of a Regime of Accumulation. A 'regulation School' Perspective on Some French Works," *Review of Radical Political Economics*, 18.

_____. 1996, 서익진 옮김, 2002, 「배제적 금융화: 라틴아메리카 경제들의 교훈」, 세네 편, 『금융의 세계화』, 도서출판 한울.

Lukács, G. 1923, *History and Class Consciousness*, London: Merlin Press, 1971, 박정호·조만영 옮김, 1993, 『역사와 계급의식: 맑스주의 변증법 연구』, 거름.

Luxemburg, Rosa. 1900, *Sozialereform oder Revolution?*, Leipzig(*Reform or Revolution?*, New York: Pathfinder Press, 1970), 김경미·송병헌 옮김, 2002, 『개량인가 혁명인가』, 책세상.

_____. 1913, *Die Akkumulation des Kapital: Ein Beitrag zug oekonomischen Erklaerung des Imperialismus*, Berlin(*The Accumulation of Capital*, London: Routledge & Kegan Paul, 1951).

_____. 1921, *Die Akkumulation des Kapitals, oder was die Epigonen aus der Marxschen Theorie gemacht haben: Eine Antikritik*, Berlin(K. Tarbuck ed., *Imperialism and the Accumulation of Capital*, London: Allen Lane, 1972).

Magdoff, Harry. 1969, *The Age of Imperialism: The Economics of the US Foreign Policy*, New York: Monthly Review Press, 김기정 옮김, 1982, 『제국주의의 시대』, 풀빛.

Mandel, Ernest. 1975, *Late Capitalism*, London: New Left Books, 신구범 옮김, 1985, 『후기자본주의』, 한마당.

Mandel, Michael. 2000, *Coming Internet Depression*, Basic Books.

Marazzi. 1995, "Money in the World Crisis: The New Basis of Capitalist Power," Bonefeld & Holloway(eds.), *Global Capital, National State and the Politics of Money*.

Martin, William G., 1994, "The World-Systems Perspective in Perspective: Assessing the Attempt to Move Beyond Nineteenth-Century Eurocentric Conceptions," *Review*, Spring, 권현정 외 옮김, 1998, 『발전주의 비판에서 신자유주의 비판으로 — 세계체계론의 시각』, 공감.

Marx, Karl. 1844, 최인호 옮김, 1991, 『1844년의 경제학철학초고』, 박종철출판사.

_____. 1969a, *The German Ideology*, Moscow: Progress Publishers, 최인호 옮김, 1991, 『칼 맑스 프리드리히 엥겔스 저작선집 1』, 박종철출판사.

_____. 1969b, "Resulate des Unmttelbaren Produktionsprozesses," *Archiv Sozialistischer Literatur* 17, Verlag Neue Kritik, Frankfurt/M, 김호균 옮김, 1988, 「직접적 생산과정의 제결과」, 『경제학 노트』, 이론과실천.

_____. 1963, *The Theories of Surplus-Value*, Part I, Moscow: Progress Publishers.

_____. 1968, *The Theories of Surplus-Value*, Part II, Moscow: Progress Publishers.

_____. 1971, *The Theories of Surplus-Value*, Part III, Moscow: Progress Publishers.

_____. 1975a, *Zur Kritik der Politischen Okonomie*, Berlin: Dietz, 김호균 옮김, 1988, 『정치경제학 비판을 위하여』, 청사.

_____. 1975b, "Contribution to the Critique of Hegel's Philosophy of Law," *MECW* Vol.III, London: Lawrence & Wishart.

_____. 1976a, *Grundrisse der Kritik der Politischen Okonomie*, MEGA 42, 김호균 옮김, 2000, 『정치경제학 비판 요강』, I·II·III, 백의.

_____. 1976b, *Capital* I, Penguin Books, 김수행 옮김, 2001, 『자본론』 1권(상·하), 비봉출판사.

_____. 1977, *Le Capital* Livre premier, Paris: Éditions sociales.

_____. 1978, *Capital* II, Penguin Books, 김수행 옮김, 1989, 『자본론』 2권, 비봉출판사.

_____. 1981a, *Capital* III, Penguin Books, 김수행 옮김, 1990, 『자본론』 3권(상·하), 비봉출판사.

_____. 1981b, *Zur Kritik der Hegelschen Rechtsphilosophie*, MEW vol.I, 홍영두 옮김, 1989, 『헤겔 법철학 비판』, 아침.

Marx, Karl & Frederick Engels. 1844b, *The Holy Family, or Critique of Critical Criticism*, Progress Publishers(1956), 1990, 『신성가족』, 도서출판 이웃.

_____. 1848, *The Communist Manifesto*, W. W. Norton & Co., 최인호 옮김, 1991, 『칼 맑스 프리드리히 엥겔스 저작선집 1』, 박종철출판사.

_____. 1985, *Uber 'Das Kapital'*, Berlin: Dietz Verlag, 김호균 옮김, 1990, 『자본론에 관한 서한집』, 중원문화.

McNally, David. 1999a, "Turbulence in the World Economy," *Monthly Review*, June.

_____. 1999b, "The Present as History: Thoughts on Capitalism at the Millennium," *Monthly Review*, JUL/AUG.

Meek, R. L. 1973, *Studies in the Labour Theory of Value*, London: Lawrence & Wishart, 김제민 옮김, 1985, 『노동가치론의 역사』, 풀빛.

Miliband, Ralph & Leo Panitch eds. 1994, "Between Globalism and Nationalism," *Socialist Register 1994*, London: Merlin Press.

Mishra, Ramesh. 1981, *Society and Social Policy — Theories and Practice of Welfare*, The Macmillan Press, 남찬섭 옮김, 1996, 『복지국가의 사상과 이론』, 도서출판 한울.

_____. 1999, *Globalization and the Welfare State*, Edward Elgar Publishing, 이혁구·박시종 옮김, 2002, 『세계화와 복지국가의 위기 — 지구적 사회정책을 향하여』, 성균관대학교출판부.

Monthly Review Editors. 2002a, "U. S. Military Bases and Empire," *Monthly Review*, 53, 오승연 옮김, 「미국 군사기지들과 제국」, 진보저널 읽기모임, 2002년 8월 14일.

_____. 2002b, "The New Face of Capitalism: Slow Growth, Excess Capital, and a Mountain of Debt," *Monthly Review*, 53, 김현경 옮김, 「자본주의의 새 얼굴: 성장둔화, 과잉자본, 부채누적」, 진보저널 읽기모임, 2002년 7월 31일.

_____. 2002c, "US Imperial Ambitions and Iraq," *Monthly Review*, 54, 고봉찬 옮김, 「미국의 제국주의적 야망과 이라, 진보저널 읽기모임, 2003년 1월 28일.

Moody, Kim. 1997, *Workers in a Lean World — Unions in the International Economy*, Verso, 사회진보를 위한 민주연대 옮김, 『신자유주의와 세계의 노동자』, 문화과학사, 1999.

Moseley, Fred. 1999a, "The Decline of the Rate of Profit in the Post-war United States Economy: Due to Increased Composition or Increased Unproductive Labour," *Historical Materialism*, No.4, Summer.

_____. 1999b, "The United States Economy at the Turn of the Century: Entering a New Era of Prosperity?," *Capital and Class*, No.67.

Munck, R. & Waterman, P.(eds.). 1999, *Labour World-wide in the Era of Globalisation*, London and New York: Macmillan, 국제연대정책정보센터 옮김, 2000, 『지구화 시대의 전세계 노동자』, 문화과학사.

Neary, Michael. 1999a, "Labour: The Poetry of the Future," Neary ed., *Global Humanization: Studies in the Manufacture of Labour*.

_____(ed.). 1999b, *Global Humanization: Studies in the Manufacture of Labour*, London and New York: Mansell.

_____. 2002, "Labour Moves: A Critique of the Concept of Social Movement Unionism," Dinerstein, Ana & Michael Neary. *The Labour Debate*, Wiltshire: Antony Rowe Ltd.

Negri, Antonio. 1979, "Domination and Sabotage," *Working Class Autonomy and the Crisis*, Red Notes Collective(ed.), London: Red Notes, 윤수종 옮김, 1996, 「자본주의 지배와 노동자계급 사보타지」, 『지배와 사보타지』, 새길.

_____. 1984, *Marx Beyond Marx: Lessons on the Grundrisse*, Massachusetts: Bergin & Garvey Publishers, 윤수종 옮김, 1994, 『맑스를 넘어선 맑스』, 새길,

_____. 1988, "Revolution Retrieved", *Selected Wrightings on Marx, Keynes, Capitalist Crisis and New Social*

*Subjects*, London: Red Notes, 이원영 옮김, 1996, 「케인즈와 국가에 대한 자본주의적 이론」, 『디오니소스의 노동 I』, 갈무리.

_____. 1989, *The Politics of Subversion: A Manifesto for the Twenty-first Cenury*, Cambrige: Polity, 장현준 옮김, 1991, 『전복의 정치학: 21세기를 위한 선언』, 세계일보.

_____. 1992, "Interpretation of Class Situation Today: Methodological Aspects," *Open Marxism vol. II: Theory and Practice*, London: Pluto, 윤수종 옮김, 1996, 「오늘날의 계급상황에 대한 해석」, 『지배와 사보타지』, 새길.

Negri, Antonio & Michael Hardt. 1994, *Labor of Dionysus: A Critique of the State-form*, University of Minnesota Press, 이원영 옮김, 1996, 『디오니소스의 노동 I·II』, 갈무리.

Nove, Alexander. 1991, *The Economics of Feasible Socialism-Revisited*, London: Routledge, 대안체제연구회 옮김, 2001, 『실현가능한 사회주의의 미래』, 백의.

Offe, Claus & Volker Ronge. 1975, "Theses on the Theory of the State," *New German Critique*, no.6, Fall, 임영일·이성형 편역, 『국가란 무엇인가 — 자본주의와 그 국가이론』, 까치.

Ohmae, Kenichi, 1990, *The Boderless World: Power and Strategy in the Interlinked Economy*, London: Collins, 김용국 옮김, 1994, 『세계경제는 국경이 없다』, 시사영어사.

_____. 1995, *The End of the Nation State*, HarperCollins, 박길부 옮김, 1996, 『국가의 종말』, 한국언론자료간행회.

Palat, R. A. 1993, "Introduction: The Making and Unmaking of Pacific-Asia," Ravi Arvind Palat(ed.), *Pacific-Asia and the Future of the World-System*, Greenwood, 권현정 외 옮김, 1998, 『발전주의 비판에서 신자유주의 비판으로 — 세계체계론의 시각』, 공감.

Panitch, Leo. 1994, "Globalization and the State," *Socialist Register 1994*.

Panitch, Leo & Colin Leys(eds.). 2000, "Necessary and Unnecessary Utopias," *Socialist Register 2000*.

_____. 2001, *Working Classes. Global Realities: Socialist Register 2001*, London: Merlin Press.

_____. 2002, *A World of Contradictions: Socialist Register 2002*, London: Merlin Press.

Panitch, Leo & Sam Gindin. 2000, "Transcending Pessimism: Rekindling Socialist Imagination," *Socialist Register 2000*, 유정숙·김공회 옮김, 「비관주의를 넘어서: 사회주의적 상상력을 다시 발휘하자」, 진보저널 읽기모임, 2002년 11월 15일.

Parker, Mike & Jane Slaughter. 1994, *Choosing Sides: Unions and the Team Concept*, 강수돌·이호창·강석재·김종환 옮김, 『팀 신화와 노동의 선택』, 강, 1996.

Pashukanis, Eugene. 1951, "General Theory of Law and Marxism," *Soviet Legal Philosophy* by Lenin et al., trans. by Hugh W. Babb, 20th Century Legal Philosophy Series, no.5, Harvard University Press.

Payer, Cheryl. 1985, "The IMF in the 1980s: What has it learned; What have we learned about it," *Third World Affairs*, 정윤형 편역, 「1980년대의 IMF」, 『제3세계와 외채위기』, 창작과비평사, 1985.

Pelling, Henry. 1976, *A History of British Trade Unionism*, Macmillan Press, 박홍규 옮김, 1992, 『영국 노동운동의 역사』, 영남대학교출판부.

Petras, J. 2001, 「부시정권하에서 미국의 대 라틴아메리카정책 — 신자유주의에서 신중산주의로」, ≪진보평론≫ 9호(가을).

_____. 2002, *Monthly Review*, May, 「남아메리카에서 미국의 공세: 쿠데타, 후퇴 그리고 급진화」, 국제

연대정책정보센터 인터내셔널 뉴스 178호, 2002년 11월 5일.

Picciotto, S. 1985/1991, "The Internationalisation of Capital and the International State System," *CSE Conference Papers*, 1985; reprinted in Clarke ed., *The State Debate*, London: Macmillan, 1991.

Plihon, Dominique, 1996, 서익진 옮김, 2002, 「세계적 불균형과 금융 불안정: 자유주의 정책의 책임」, 『금융의 세계화』, 도서출판 한울.

Polanyi, Karl, 1944, *The Great Transformation: The Political and Economic Origins of Our Time*, Boston: Beacon Press, 박현수 옮김, 1991, 『거대한 변환: 우리시대의 정치적·경제적 기원』, 민음사.

Postone, M. 1993, *Time, Labour and Social Domination: A Reinterpretation of Marx's Critical Theory*, Cambridge and New York: Cambridge University Press.

Rikowski, Glenn. 2002, "Fuel for the Living Fire: Labour-Power," Dinerstein, Ana & Michael Neary, *The Labour Debate*, Wiltshire: Antony Rowe Ltd.

Roberts, John Michael. 2002, "From reflection to refraction: Opening up open Marxism," *Capital & Class*, Autumn.

Rosdolsky, Roman. 1969, *The Making of Marx's Capital*, 양희석·정성진 옮김, 2003, 『마르크스의 자본론의 형성 1·2』, 백의.

Rubin, I. I. 1928, *Essays on Marx's Theory of Value*.

Salama, Pierre. 1996, 서익진 옮김, 2002, 「배제적 금융화: 라틴아메리카 경제들의 교훈」, 『금융의 세계화』, 도서출판 한울.

Schlesinger, A. 1959, *The Age of Roosevelt: The Coming of the New Deal*, Cambridge, Mass.: The Riverside Press.

Schlitzer, G. 1989, "The International Debt Crisis: Origins, Evolution and Implications for Economic Development of the Third World," *Journal of Regional Policy*, 9.

Schwartz, J. G.(ed.). 1977, *The Subtle Anatomy of Capitalism*, Santa Monica, Cal.: Goodyear.

Serfati, Claude. 1996, 서익진 옮김, 2002, 「경제의 금융화에 있어서 지배적 산업그룹의 능동적 역할」, 『금융의 세계화』, 도서출판 한울.

Shaikh, A. 1999, "Explaining the Global Economic Crisis," *Historical Materialism*, No.5, Winter.

Shaikh, A., D. Papadimitriou, C. Dos Santos and G. Zezza. 2003, "Deficits, Debts, and Growth," *Strategic Analysis*, October, The Levy Economics Institute.

Shanin, T.(ed.). 1983, *Late Marx and the Russian Road: Marx and the Peripheries of Capitalism*, London: Routledge & Kegan Paul.

Smith, T. 1999, "Brenner and Crisis Theory: Issues in Systematic and Historical Dialectics," *Historical Materialism*, No.5, Winter.

Smith, W. Rand. 1990, "Nationalizations for What? Capitalist Power and Public Enterprise in Mitterand's France," *Politics & Society*, 18, no.1, March, 양정석 옮김, 2003, 「무엇을 위한 국유화인가: 프랑스 미테랑 정부 하 자본가적 권력과 공기업」, 김성구 편, 『사회화와 공공부문의 정치경제학』, 문화과학사.

Strange, Susan. 1999, "The New World of Debt," *Capital & Class*.

Tabb, W. 2001, *Amoral Elephant*, Monthly Review Press, 이강국 옮김, 2001, 『반세계화의 논리』, 월간 ≪말≫.

Taylor, Graham. 2002, "Labour and Subjectivity: Rethinking the Limits of Working Class

Consciousness," in Dinerstein, Ana & Neary, Michael, *The Labour Debate*.

Thompson, E. P. 1963, *The Making of The English Working Class*, 나종일 외 옮김, 2000, 『영국 노동계급의 형성』(상·하), 창작과비평사.

von Braunmuhl, C. 1978, "On the Analysis of Capitalist Nation State within the World Market Context," in Holloway & Picciotto, *State and Capital*.

_____. 1978, *The Poverty of Theory and Other Essays*, London: Merlin Press.

Wade, R. 1996, "Globalization and Its Limits: Reports of the Death of the National Economy are Exaggerated," S. Berger, and R. Dore eds., *National Diversity and Global Capitalism*, Cornell University Press.

Wallerstein, Immanuel. 1974, *The Modern World System* I, New York: Academic Press, 나종일 외 옮김, 1999, 『근대세계체제 1』, 까치.

_____. 1979, *The Capitalist World Economy*, Cambridge: Cambridge University Press.

_____. 1991, "Postscript," Etienne Balibar and Immanuel Wallerstein, *Race, Nation, Class: Ambiguous Identities*, Verso, 권현정 외 옮김, 『발전주의 비판에서 신자유주의 비판으로 — 세계체계론의 시각』, 공감.

_____. 1995, *After Liberalism*, New York: New Press, 강문구 옮김, 1996, 『자유주의 이후』, 당대.

_____. 1999, *The End of the World As We Know It: Social Science for the Twenty-First Century*, St. Paul, Minn.: University of Minnesota Press, 『우리가 아는 세계의 종언: 21세기를 위한 사회과학』, 창작과비평사, 2001.

Warburton, Peter. 1999, *Debt and Delusion*, Allen Lane, The Penguin Press.

Waerman, P. 1999, "The New Social Unionism: A New Union Model for a New World Order," Munck, R. and Waterman, P. eds., *Labour World-wide in the Era of Globalisation*, London and New York: Macmillan.

Weiss, Linda. 1998, *The Myth of the Powerless State: Governing the Economy in a Global Era*, Cambridge: Polity Press, 박형준·김남준 옮김, 2002, 『국가몰락의 신화: 세계화시대의 경제운용』, 일신사.

_____. 1999a, "Globalization and National Governance: Antinomy or Interdependence?," *Review of International Studies*, 25.

_____. 1999b, "Managed Openness: Beyond Neoliberal Globalisim," *New Left Review*, 238.

Weisskopf, Thomas E. 1979, "Marxian Crisis Theory and the Rate of Profit in the Postwar US Economy," *Cambridge Journal of Economics*, 3.

Witheford, Nick Dyer, 1999, *Cyber-Marx: Cycles and Circuits of Struggle in High-Technology Capitalism*, 신승철·이현 옮김, 2003, 『사이버-맑스』, 이후.

## 4. 통계자료

IMF(2002), *Global Financial Stability Report: Market Deveopments and Issues*, March.

## 인명

|ㄱ|

긴딘 335

|ㄴ|

네그리 62, 405, 407, 586
니어리 153

|ㄷ|

대처 449
뜨론띠, M. 53

|ㄹ|

레닌 62, 237, 243
레이건 449
로스돌스키, R. 61, 67, 283
롱게 186
루빈, I. I. 61, 68
루스벨트 353
루카치, G. 61, 68
룩셈부르크, R. 61
리보위츠 283
리피에츠, R. 28, 37, 470

|ㅁ|

마랏찌 453

마르쿠제, H. 68
마르크스 285
만델 251, 299, 302, 421
무디 265, 498
미테랑 457
밀리반드 177

|ㅂ|

바스카르, R. 62
버넘 304
본펠트 59, 139, 289
볼페, D. 62
브레너 334, 344, 371, 431, 523
브레진스키 480
브와이예, R. 29, 37, 43
블로흐, M. 61
비데 148
비스마르크 248, 362

|ㅅ|

세르파티 557
세이 258
세네, F. 28, 312, 521, 578
스미스 52, 346
스탈린 62

# 용어

**박승호**

1958년 출생
서울대학교 자연대 졸업.
서울대학교 경제학석사(1985년)
서울대학교 경제학박사(2004년)
전국노동운동단체협의회 노조사업특별위원장, 전태일을 따르는 민주노동연구소 소장, 전태일을 따르는 사이버노동대학 설립추진위원 및 기획위원 등 역임
현 경상대학교·성공회대학교 정치경제학 강사

한울아카데미 1777
**[2판] 좌파 현대자본주의론의 비판적 재구성**

ⓒ 박승호, 2015

지은이 | 박승호
펴낸이 | 김종수
펴낸곳 | 도서출판 한울

편집 | 하명성

초판 1쇄 발행 | 2004년 8월 30일
2판 1쇄 발행 | 2015년 3월 10일

주소 | 413-120 경기도 파주시 광인사길 153 한울시소빌딩 3층
전화 | 031-955-0655
팩스 | 031-955-0656
홈페이지 | www.hanulbooks.co.kr
등록번호 | 제406-2003-000051호

Printed in Korea.
ISBN 978-89-460-5777-7 93320

* 책값은 겉표지에 표시되어 있습니다.